Uwe Danker · Sebastian Lehmann-Himmel

Landespolitik mit Vergangenheit

Geschichtswissenschaftliche Aufarbeitung der personellen und strukturellen Kontinuität in der schleswig-holsteinischen Legislative und Exekutive nach 1945

Durchgeführt im Auftrag des Schleswig-Holsteinischen Landtages

Husum

Umschlagabbildung: Danker, Jahrhundertstory 1

Bibliografische Information der Deutschen Nationalbibliothek
Die Deutsche Nationalbibliothek verzeichnet diese Publikation in der Deutschen Nationalbibliografie; detaillierte bibliografische Daten sind im Internet über http://dnb.dnb.de abrufbar.

Mitwirkende:

Projektleitung: Uwe Danker
Projektkoordination: Sebastian Lehmann-Himmel
Recherchen: Stephan Alexander Glienke

Konzept, Analysen, Text der Studie: Uwe Danker und Sebastian Lehmann-Himmel

Ergänzende und externe Beiträge: Stephan Alexander Glienke, Philipp Marti, Klaus-Detlev Godau-Schüttke, Heiko Scharffenberg

Weitere Mitarbeit:
Studentische Hilfskräfte (EUF Flensburg): Sina Albuschat, Jana Clemens, Amanda Wetzel
Wissenschaftliche Hilfskraft (Berlin): Stephanie Schmitt
Praktikantin und Praktikant (IZRG Schleswig): Charlotte Sophie Kohrs, Henning Petersen
Sonstige Mitarbeit (IZRG Schleswig): Gabriele Heinze, Henrike Rehders
Gestaltung und Satz (Husum-Verlag): Susanne Jensen
Korrektur (Husum-Verlag): Fränze Janetz

Abbildung auf Seite 13 aus dem Bestand des Schleswig-Holsteinischen Landtages

Gesamtherstellung: Husum Druck- und Verlagsgesellschaft
Postfach 1480, D-25804 Husum – www.verlagsgruppe.de
ISBN 978-3-89876-857-3

Inhalt

Teil II. Auswertung: Neue Perspektiven durch quantitative Untersuchungen

Teil III. Erste Folgerungen: Landespolitik als Vergangenheitspolitik

Teil IV. Ergebnisse: Der Fall Schleswig-Holstein

Anfügung I: Recherchen, Referenzen, Reflexionen

Anfügung II: Drei externe Vermessungen / Beiträge

Anhang

Klaus Schlie, MdL

Vorwort des Präsidenten des Schleswig-Holsteinischen Landtages

Geschichte und Vergangenheit sind zwei durchaus verschiedene Dinge und die vorliegende wissenschaftliche Studie über die NS-Vergangenheit von Abgeordneten des Schleswig-Holsteinischen Landtages, von Ministern und Staatssekretären belegt diesen Unterschied eindrucksvoll. Das nationalsozialistische Deutschland fand am 8. Mai 1945 sein Ende, es gehörte damit der Vergangenheit an. Aber es existierte zugleich in den Biografien sehr vieler Menschen weit über dieses Datum hinaus und bestimmte damit ganz direkt die Nachkriegsgeschichte Schleswig-Holsteins und ganz Deutschlands entscheidend mit.

Im Jahre 2016 erinnerte der Schleswig-Holsteinische Landtag an seine erste Sitzung im Frühjahr 1946 und an die Erarbeitung der ersten provisorischen Landesverfassung. Das waren Meilensteine des demokratischen Neuanfangs im Norden. Zugleich aber lastete das Erbe der NS-Zeit schwer auf Schleswig-Holstein. Bereits 1932 gehörte die damalige Provinz zu den Hochburgen der Nazis. Nach 1945 tauchten gerade in Schleswig-Holstein viele NS-Funktionäre, darunter auch Kriegsverbrecher und Menschen, die im Rahmen des unvorstellbaren Massenmordes der Nazis schwerste Schuld auf sich geladen hatten, unter, um ein neues Leben zu beginnen. Auch „Mitläufer", Menschen, die in untergeordneten Positionen in der NSDAP und ihren angeschlossenen Organisationen Karrieren gemacht hatten, orientierten sich rasch im neuen politischen System. Dabei ergriffen etliche wieder Berufe, die sie in hervorgehobene öffentliche Positionen brachten – im Justizwesen, im Gesundheitsdienst und in der Verwaltung. Auch in politischen Parteien und dann als Mandatsträger in den Kommunalparlamenten und im Schleswig-Holsteinischen Landtag engagierten sich Menschen mit NS-Vergangenheit.

Der Ansatz dieser vom Institut für Zeit- und Regionalgeschichte (IZRG) erarbeiteten Studie war es nicht, die individuelle Schuld von Landtagsabgeordneten, Staatssekretären und Ministern mit Blick auf ihre Vergangenheit nachzuweisen. Es ging vielmehr darum, ein Gesamtbild zu erarbeiten, das die Frage beantworten sollte, wie lange und mit welchen strukturellen Verflechtungen es ehemaligen Nazis gelang, nach 1946 im demokratischen Landesparlament und in der Landesregierung Schleswig-Holsteins Fuß zu fassen.

Die Ergebnisse stimmen nachdenklich, sie lassen aufhorchen und machen auch fassungslos: Bis in die siebziger Jahre hinein waren ehemalige NSDAP-Angehörige z. T. in hervorgehobenen Positionen im Landtag und der Landesregierung tätig.

Bedrückend ist vor allem die Erkenntnis, dass der erste Schleswig-Holsteinische Landtag mit vielen überzeugten Nazi-Gegnern den demokratischen Neuanfang begann, bereits in den darauffolgenden Legislaturperioden jedoch die Zahl der ehemaligen NSDAP-Angehörigen in ihren Reihen wieder zunahm.

Eine durchaus positive Erkenntnis der Forscher besteht darin, dass die alten Nazis kein neues Netzwerk errichten konnten oder wollten, das eine „Re-Nazifizierung" Schleswig-Holsteins zum Ziel gehabt hätte. Der demokratische Neuanfang von 1946 war somit trotz der erheblichen Trübungen durch eine Vielzahl von NS-belasteten Akteuren in seinem Kern nachhaltig und echt. Auch die Integrationsleistung der demokratischen Parteien war beachtlich. Ihnen gelang es, eine Vielzahl von zuvor im Nationalsozialismus sozialisierten Menschen nach 1945/46 auf den neuen demokratischen Weg mitzunehmen und damit wertvolle Kräfte für den Wiederaufbau zu aktivieren. Schleswig-Holstein wurde ein demokratisches Bundesland der Bundesrepublik Deutschland und konnte sich dabei auf eine gefestigte parlamentarische Grundlage in Gestalt des Schleswig-Holsteinischen Landtages verlassen.

Es ist das große Verdienst des IZRG und seiner an dieser Arbeit beteiligten Wissenschaftler, hier viel Licht in ein bisher weitgehend dunkles Kapitel unserer Nachkriegsgeschichte gebracht zu haben. Diese Studie zeigt exemplarisch auf, wie diktatorische Regime über ihr Personal auch in die geläuterten Nachfolgegesellschaften noch lange Zeit einwirken – wenn nicht ideologisch, so doch durch personelle Kontinuitäten. Der Schleswig-Holsteinische Landtag hat diesen Auftrag zur wissenschaftlichen Aufarbeitung einstimmig beschlossen.

Unter der Vergangenheit verstehen wir die vergangene Zeit im Gegensatz zu Gegenwart und Zukunft. Geschichte kennt einen solchen Gegensatz nicht, sie ist lebendige Verbindung zur Gegenwart und Zukunft – im Guten wie im Schlechten. Eine Verbindung, die aufgearbeitet, beleuchtet und immer wieder erzählt werden muss.

Jürgen Weber, MdL

Vorwort des Vorsitzenden des Projektbeirats

Als das von der Landesregierung eingebrachte sogenannte Entnazifizierungs-Schlussgesetz 1951 im Landtag beraten wurde, das die ohnehin nicht tiefgreifend durchgeführte Entnazifizierung in Schleswig-Holstein endgültig beendete, formulierte der Oppositionsführer Wilhelm Käber (SPD) mit beißender Ironie: „Wenn man die Tendenz der Vorlage [...] kritisch prüft, dann muss man feststellen, dass dieses Gesetz eigentlich gar nicht vollständig ist. Man müsste noch einen Paragraphen hinzufügen, dessen Absatz 1 zu lauten hätte: Schleswig-Holstein stellt fest, dass es in Deutschland nie einen Nationalsozialismus gegeben hat." Der seinerzeitige Innenminister Paul Pagel (CDU), einziges Kabinettsmitglied ohne NS-Vergangenheit, prägte den provokativen Begriff der „Renazifizierung" angesichts der politischen Karrieren von ehemaligen Nationalsozialisten in Schleswig-Holstein nach 1945.

Bis in die 1980er-Jahre war die historische Aufarbeitung der NS-Zeit und seiner Folgen in unserem Land eher marginal. Es war der Landtag, von dem in den Jahren 1989/1990 schon einmal ein wichtiger Impuls ausging. Aufgrund einer Großen Anfrage der SPD-Fraktion zur Nachwirkung der NS-Vergangenheit und zum aktuellen Rechtsextremismus legte die Landesregierung eine umfassende Bestandsaufnahme vor, die das Wissen und vor allem die Wissenslücken über die Geschichte des Nationalsozialismus in Schleswig-Holstein beleuchtete.

Seitdem ist vieles geschehen: Eine Vielzahl von Forschungsergebnissen und Publikationen liegt vor, die die regionale und lokale Zeitgeschichte und das Wissen um unsere Vergangenheit bereichert haben. Und dennoch: „Eine wissenschaftlich fundierte Aufarbeitung der personellen und strukturellen Kontinuitäten nach 1945 in der Legislative und Exekutive unseres Landes ist nach wie vor ein Desiderat der Forschung", heißt es im gemeinsamen Antrag aller Fraktionen des Landtages vom 25.9.2013 – Startschuss für die jetzt vorliegende Studie.

War der Blick auf die jüngste Geschichte, vor allem auf ihre biografischen Aspekte , über Jahrzehnte Teil der politischen Auseinandersetzungen selbst, so ist es jetzt gelungen, gemeinsam die Frage nach strukturellen und personellen Kontinuitäten und Diskontinuitäten bei Abgeordneten und Regierungsmitgliedern in einer umfassenden Studie untersuchen zu lassen.

Mit der von Uwe Danker und Sebastian Lehmann-Himmel aus dem Institut für Schleswig-Holsteinische Zeit- und Regionalgeschichte (IZRG) vorgelegten Arbeit ist das in herausragender Weise gelungen.

„Historiker sind keine Richter, aber auch keine nur beschreibenden Chronisten" schreiben die beiden Autoren. Und wenn sie weiter formulieren – „Wir nennen Ross und Reiter, aber wir richten nicht, sondern bleiben Historiker" – so ist das sicherlich der Tatsache geschuldet, dass die Erfahrungen der geschichtspolitischen Debatten früherer Jahre es notwendig erscheinen lassen zu unterscheiden zwischen einer notwendigen einordnenden Erklärung und wertenden Deutung als Ziele der Forschungsarbeit einerseits und der Versuchung, einzelne Teilergebnisse als Grundlage für Anprangerung und Entlarvung misszuverstehen.

Nicht misszuverstehen ist das Gesamtergebnis einer erstaunlich hohen Kontinuität von Karrieren ehemaliger Nationalsozialisten in Regierung und Landtag nach 1945 in erster Linie in den bürgerlichen Parteien. Dabei zeigen die Autoren, dass sie die große Materialfülle und Quellenbasis in eine sehr anspruchsvolle Typenbildung von Biografien einfließen lassen, die zu Ergebnissen führt, die uns wegführen von Schlagworten und formalen Kriterien von politischer Belastung und hinführen zu einer differenzierten Betrachtung von politischen Lebensläufen. Bei alledem sind die strukturellen Erkenntnisse nicht weniger bedeutsam als die erschreckenden Erkenntnisse über einzelne Biografien wie z. B. die des Kriegsverbrechers und späteren Abgeordneten Reinefarth.

Die Studie hat das Bild Schleswig-Holsteins als Sonder- und Extremfall von Karrierewegen ehemaliger Nationalsozialisten nicht widerlegt, sondern umfassend bestätigt. Dabei bleibt festzuhalten, dass stabile regionale demokratische Strukturen, aber eben auch moralische Hypotheken kreiert wurden. Welche Folgen das für die politische Kultur hatte, wird Aufgabe weiterer Forschungsarbeit sein müssen.

Der Projektbeirat aus Mitgliedern aller Fraktionen des Landtages hat die Auftragsvergabe und die Arbeit der Historiker des IZRG mit großem Interesse begleitet. Wir danken Uwe Danker, Sebastian Lehmann-Himmel und ihren Mitarbeitern für die eine wegweisende Studie, mit der ein wichtiges Kapitel der jüngsten Parlaments- und Politikgeschichte erhellt worden ist.

Uwe Danker

Einige notwendige Hinweise zur Einführung in dieses Buch

Dieses Buch präsentiert die Ergebnisse unseres Forschungsprojekts zu strukturellen und personellen Kontinuitäten in der schleswig-holsteinischen Landespolitik nach 1945. Es ist nicht nur dick, sondern in Teilen gewiss auch sperrig und bedarf zur besseren Orientierung einer Einführung: Was bietet der Band, was findet sich hier nicht? Wie ist die Studie aufgebaut, welche Hilfsmittel erleichtern den Umgang? Welche Fragen haben wir beantwortet, welche nicht? Wie ordnen und belegen wir unsere Ergebnisse, wie belastbar sind sie also? Und, uns besonders wichtig: Wie sind die Informationen, Interpretationen und Begriffe zu nutzen, ohne Fehldeutungen zu transportieren? Denn naturgemäß ist besondere Vorsicht beim Umgang mit personenbezogenen Aussagen und Qualifizierungen geboten.

I. Eine Fotografie

Ich beginne mit einem kurzen Blick auf eine Fotografie: Zu sehen sind zwei zentrale Protagonisten unseres Themas, fotografiert um 1960: Links der damalige SPD-Fraktionsvorsitzende Wilhelm Käber, in der Zeit der Weimarer Republik war er bereits SPD-Mitglied und Kommunalbeamter gewesen und 1933 im Zusammenhang mit der NS-Machtübernahme entlassen worden, hatte sich danach als Handelsvertreter durchgeschlagen. Man wird auf der Basis aller vorliegenden Informationen Käber für die NS-Zeit eindeutig als „oppositionell" einordnen. Bereits seit 1946 Mitglied des Landtags war der Sozialdemokrat 1947 bis 1950 Innenminister, später wurde er Oppositionsführer. Sarkastisch hatte er 1951 in der Debatte um das „Gesetz zur Beendigung der Entnazifizierung" beantragt, einen weiteren Paragraphen hinzuzufügen: „Schleswig-Holstein stellt fest, daß es in Deutschland nie einen Nationalsozialismus gegeben hat. Die von 1933 bis 1945 begangenen Untaten gegen Leben und Freiheit von Millionen Menschen sind eine böswillige Erfindung." Rechts im Bild ist der Fraktionsvorsitzende des BHE, des „Blocks der Heimatvertriebenen und Entrechteten", Alfred Gille zu sehen, ein Jurist. Noch in der Weimarer Zeit, 1928, war er – wohl als Anhänger der „Deutschnationalen Volkspartei" –Bürgermeister im ostpreußischen Lötzen geworden, ein Amt, das er bis 1945 innehaben würde, war 1933 der SA beigetreten und 1937 der NSDAP, hatte im Zweiten Weltkrieg in Militär- und Zivilverwaltungen als Besatzungsakteur, zeitweise in der mächtigen Rolle als Gebietskommissar in den Reichskommissariaten Ukraine und Ostland gewirkt. Nach der Kriegsgefangenschaft ging er nach Lübeck, wurde dort Rechtsanwalt und war ein wichtiger Vertriebenenfunktionär. Aus der Entnazifizierung ging er als „entlastet" hervor, wir halten ihn auf der Basis der uns vorliegenden Quellen für „exponiert / nationalsozialistisch". Auch Gille brachte in einer Landtagsdebatte spontan einen mündlichen Gesetzesvorschlag ein, allerdings mit Häme, als er 1961 formulierte: „Jeder, der einmal SS- und Polizeiführer oder Ministerialrat im Dritten Reich gewesen ist, verliert sofort sämtliche Versorgungsansprüche, und wenn er noch irgendwo sitzt, hat er sofort herauszugehen!" Dieses Bild erweiternd, erheiterte er seine Zuhörer: „Dann gibt es vielleicht ein Rennen, meine Damen und Herren!" – Zwei in der schleswig-holsteinischen Landespolitik ihrer Zeit sehr geachtete, über Witz und Schlagfertigkeit verfügende vergangenheitspolitische Kontrahenten in freundlicher Verbundenheit auf dieser Fotografie. Sie lässt spüren: Die Institution Landtag ist ein besonderer Ort mit eigenen Regeln.

II. Zur Entstehungsgeschichte des Projektes

Kontinuitätsstudien erleben derzeit eine erstaunliche Konjunktur. Zahlreiche Bundesministerien und -behörden waren oder sind derzeit Gegenstand einschlägiger Forschungen, die sie selbst in Auftrag geben. Als viertes Landesparlament entschied Schleswig-Holsteins Landtag 2013 einhellig, eine „Geschichtswissenschaftliche Aufarbeitung der personellen und strukturellen Kontinuität nach 1945 in der schleswig-holsteinischen Legislative und Exekutive" auszuschreiben.

Bewerben oder nicht? Trotz mäßiger Finanzierung und erheblicher Vorgaben? Sich begeben auf das komplexe Spannungsfeld zwischen seriöser wissenschaftlicher Forschung und geschichtskulturellen Erwartungen? Sich einreihen in einfach strukturierte Auszähl- und Auflistungsvorhaben respektive einen Platz suchen in einem boomenden zeithistorischen Referenzraum einschlägiger institutionengebundener Auftragsforschungen?

Vor allem beschäftigte uns die Sinnfrage: Für aufgrund ihrer staatlichen Karrieren bekanntermaßen überdurchschnittlich ns-infizierte Berufe wie Polizisten, Juristen und Diplomaten sind gruppenbiografische Kontinuitätsstudien von Bundesbehörden und Ministerien fraglos gut begründet und lassen wissenschaftliche Erträge erwarten. Aber Parlamentsstudien? Deren Untersuchungsgruppen sind durch extreme Heterogenität gekennzeichnet. Denn im Idealfall haben wir es bei Abgeordneten und – aufgrund der spezifischen Aufstiegsbedingungen in der Politik – teilweise auch in den Kabinetten mit einer ganz anderen Vielfalt an Berufen, Herkünften und Prägungen zu tun. Einerseits ist es in einem demokratisch verfassten System mehr als berechtigt, biografische Wege und Kenntnisse über Vorbelastungen der Akteure der Legislative in Erfahrung zu bringen, insbesondere wenn es um deren moralische Integrität geht. Andererseits lässt die biografische Buntheit – zunächst jedenfalls – kaum sinnvolle Muster erwarten.

Trotz einiger Fragezeichen entwickelten wir ein Konzept, um – in kleinem Rahmen – methodisches Neuland zu betreten und eine inhaltliche Akzentuierung vorzunehmen. In Konkurrenz zu zwei anderen universitären Anbietern setzten wir uns im Ausschreibungsverfahren schließlich durch.

Die Hauptmitwirkenden im Projekt: Für ein Jahr Stephan Alexander Glienke, der bereits Erfahrungen aus der niedersächsischen Studie einbrachte, als Bearbeiter der Recherchen. Das spezifische Konzept der Typisierung, die Datenverarbeitung, die Analysen sowie die eigentliche Studie realisierten und verfassten Sebastian Lehmann-Himmel und Uwe Danker. Vier Hilfskräfte wirkten an den Recherchen mit: Stephanie Schmitt (Berlin) als wissenschaftliche Hilfskraft, Jana Clemens, Amanda Wetzel und Sina Albuschat (Flensburg) als studentische Hilfskräfte; die Letztgenannte hat später auch die Hauptlast des Korrekturlesens getragen.

II. Hinweise zum gewählten Forschungsansatz

Die von uns definierte Kern-Untersuchungsgruppe umfasst alle infrage kommenden schleswig-holsteinischen Mitglieder des Landtags und Regierungsmitglieder (Minister_innen und Staatssekretäre) der Geburtsjahrgänge bis 1928, Akteure also, die 1945 mindestens 17 Jahre alt gewesen waren – und der NSDAP hätten beitreten können. Sie bestand aus 378 Personen, darunter 342 MdL und 76 Regierungsmitglieder. Da später dieses Alterssegment nicht mehr vertreten war, geht es beim Landtag um die Zeit 1946 bis 1996, respektive um die Landesregierungen von Steltzer (1946/1947) bis Stoltenberg (1971/1982).

Regionale zeithistorische Quellenrecherchen führen immer durch die ganze Republik. Unsere Recherchen konzentrierten sich auf personenbezogene Quellen aus der NS-Zeit sowie auf einschlägige Überlieferungen, die im Kontext ihrer Bewältigung entstanden und heute in öffentlichen Archiven zugänglich sind: beispielsweise Belege für Mitgliedschaften und Funktionen, Selbstäußerungen und Fremdeinschätzungen aus der NS-Zeit wie auch aus der Nachkriegszeit und mit oft gegensätzlichem Inhalt, berufliche Spuren und Personalakten, Aktenbestände der Entnazifizierung, Wiedergutmachung und strafrechtlichen Ahndung, auch politische Daten und einschlägige vergangenheitspolitische Einlassungen. Wir haben nicht nur formale Belastungen recherchiert, sondern weitere Informationen, um die ganze Bandbreite von NS-Verstrickungen bis zu NS-Verfolgungen als biografische Vorerfahrungen der späteren Landespolitikerinnen und -politiker zu erfassen.

Systematisch aufbereitet haben wir die Recherche in die von uns eigens für das Projekt programmierte Datenbank eingefüttert. Auf vier Bearbeitungsflächen können wir Auswertungen zu

- Rollen vor 1933,
- Mitgliedschaften, Biografie und Funktionen während der NS-Zeit,
- vergangenheitsbezogenen Folgen danach (Entnazifizierungen, Wiedergutmachung, Strafermittlungen etc.) sowie
- Karrieren als MdL / Regierungsmitglied ab 1945

vornehmen und quasi beliebig miteinander kombinieren oder spezielle Untersuchungsgruppen zuschneiden. Damit lassen sich bereits differenzierte statistische Bilder konstruieren, aber noch keine belastbaren Aussagen über Individuen vornehmen.

Mit einem zweistufigen Typisierungsmodell versuchen wir, auf Grundlage unserer Quellen einen Mittelweg zwischen abstrakten Zahlen und – was bei fast 400 Akteuren gar nicht ginge – vollbiografischen Recherchen zu finden, damit individuelle Biografien und gruppenspezifische Erfahrungen zu ordnen, um reale Orientierungen, Rollen und Erfahrungen in der NS-Zeit zu erfassen. Soweit ergänzende, hinreichend angereicherte biografische Informationen z. B. über Berufswege und öffentliche Rollen in der NS-Zeit vorliegen, werden sie mit den formalen Daten, die mit diesem Hintergrund auch klarer gedeutet werden können, verknüpft, interpretiert und das betreffende Mitglied unserer Untersuchungsgruppe einer definierten „Grundorientierung" und im Folgeschritt einem definierten „Typ" zugeordnet.

Basis zur Vergabe derartiger Auftragsprojekte zur Parlamentsgeschichte bildet die Annahme, die biografische Vorprägung steuere auch das Nachkriegshandeln der Untersuchungsgruppe. Wir haben uns gefragt, wieweit das tatsächlich zutrifft: Lassen sich Korrelationen zwischen NS-Biografie und politischem Nachkriegsagieren belegen? Lesen wir Parlamentsdebatten, Ausschussprotokolle oder Abstimmungsverhalten wirklich anders, wenn wir über Wissen über Lebenswege und Verhalten in der NS-Zeit verfügen? Welchen Erkenntnisfortschritt also liefert uns das neue biografische Wissen um Rollen in der NS-Zeit für späteres Handeln?

Die Institution Landtag ist ein besonderer Ort. Hier sind Debatten um die „großen Fragen" zu erwarten, politische Konsequenzen und Entscheidungen zu treffen, Auseinandersetzungen zu suchen, auch Konflikte um die Retrospektive. Tatsächlich musste sich der Landtag in Schleswig-Holstein immer wieder der NS-Vergangenheit stellen, wir zählen fast hundert einschlägige Debatten. Unsere Annahme lautete, dass bei diesen Themen am ehesten NS-Prägungen offenbar würden. Wie also wurde der Vergangenheitsdiskurs ausgetragen? Überwog der Konflikt, gab es Konsens? In welchen Rollen agierten Abgeordnete? In eigener (biografischer) Sache, aus einer (vielleicht in der NS-Zeit gewachsenen) ideologischen Position heraus oder aus politischer Pragmatik? Unsere Datenbank macht es möglich, die Abgeordneten mit ihrem konkreten Handeln (oder Nichthandeln) in den vergangenheitspolitischen Debatten zu verknüpfen, also die Quellen tatsächlich neu zu lesen. So ist am Ende auch die Frage nach den Folgen für die politische Kultur des Landes zu stellen.

IV. Zum Aufbau dieser Publikation

Den Hauptumfang macht die Studie aus: Im Teil I stellen wir das Konzept, unser Vorgehen und die Datenverarbeitung vor (S. 19–70), Teil II ist die Auswertung, im ersten Abschnitt basierend auf den quantitativ verarbeiteten Informationen (S. 71–170), im zweiten Abschnitt entsprechend unserer Zuordnungen zu „Grundorientierungen" und „Typen" die realen Profile der einzelnen Landespolitiker und -politikerinnen darstellend (S. 171–294). Im Teil III findet sich als qualitative Analyse der Versuch, das vergangenheitspolitische Handeln der Abgeordneten des Schleswig-Holsteinischen Landtags vor dem Hintergrund ihrer Biografien zu lesen (S. 295–370). Im Teil IV wird die komplette Studie noch einmal systematisch zusammengefasst; eiligen Lesern und Leserinnen sei dieser Abschnitt empfohlen (S. 371–385).

Der Band enthält zwei wesentliche Anfügungen: In drei gesonderten Beiträgen stellt zunächst der Projektmitarbeiter Stephan Alexander Glienke die Recherchewege vor (S. 386–412), erörtert den bundesweiten Forschungsstand (S. 413–431) und reflektiert die begrenzte Vergleichbarkeit der vorliegenden Studien (S. 432–449). Die Anfügung II stellt sozusagen eine Erdung unseres Projektes dar, das – naturgemäß – distanziert sachlich, mit wenigen Geschichten und wohl oft auch recht abstrakt erscheinend umzusetzen und zu präsentieren war. Drei externe Autoren konkretisieren und personalisieren in eigens für diesen Band verfassten Beiträgen exemplarisch jene Probleme, die beschriebene Kontinuitäten erzeugen mussten: Der Schweizer Kollege Philipp Marti erzählt die Nachkriegsbiografie des Kriegsverbrechers, Westerländer Bürgermeisters und Landtagsabgeordneten Heinz Reinefarth (S. 450–467), der Jurist Klaus-Detlev Godau-Schüttke, ein Pionier der Aufarbeitung der schleswig-holsteinischen NS-Nachgeschichte, skizziert die Justizpersonalpolitik in Schleswig-Holstein nach 1945 (S. 468–496), der Historiker Heiko Scharffenberg schließlich fast seine wichtige, 2004 erschienene Studie zur Wiedergutmachung nationalsozialistischen Unrechts in Schleswig-Holstein zusammen (S. 497–519).

Abgeschlossen wird der Band durch einen umfänglichen Anhang: Eine Literaturauswahl (S. 520–543), die nach den einzelnen Personen geordneten Quellennachweise (S. 544–560), eine Übersicht über die von uns als vergangenheitspolitisch identifizierten Landtagsdebatten (S. 561–568), die ausführliche Legende unserer Datenbank (S. 569–601) sowie das für eine gezielte Nutzung des Buchs wichtige Personenregister (S. 602–608).

V. Zum sorgsamen Umgang mit den Ergebnissen

Schließlich möchte ich die Bitte um einen vorsichtigen und sorgsamen Umgang mit unseren Daten, Aussagen und Interpretationen vorbringen. Denn erste Reaktionen in der Öffentlichkeit zeigen, wie leicht auch Missverständnisse auftreten können. Abschließend also ein paar Hinweise.

Wir Historiker sind keine Richter, indes auch keine Chronisten, sondern suchen einordnende Deutung und historische Urteilsbildung. Wir verfolgten ein wissenschaftliches Konzept, wurden nicht geleitet von Zielen einer entlarvenden Aufarbeitung. Zugrunde liegt ein methodischer Ansatz, der quantifizierende, individual- und gruppenbiografische sowie qualitative Methoden verbindet. Wir nennen im gesamten Text „Ross und Reiter", über das Personenregister lassen sich schnell und einfach im Band enthaltene Informationen zu jeder der zur Untersuchungsgruppe zählenden Person auffinden. Wichtig scheint uns, die Informationen nicht aus dem jeweiligen historischen Zusammenhang zu reißen. Ein Beispiel nur, das wir unten ausführlich erläutern: Parteigenosse war nicht gleich Parteigenosse! Eine Mitgliedschaft eines „Alten Kämpfers" vor 1930 in der damals noch irrelevanten NSDAP stand gewiss für ein extremes politisches Bekenntnis, wer aber beispielsweise erst im Zweiten Weltkrieg aufgenommen wurde und zudem noch jung war, mochte vielleicht ohne viel Überlegung – gleichwohl auf ausdrücklichen Antrag – die Übernahme nach Erreichen der HJ-Altersgrenze angestrebt haben. Manchen aus dieser Generation erschien der Beitritt zur NSDAP wohl fast selbstverständlich, hatten sie doch kaum eine andere Gesellschaft kennengelernt. Aus guten Gründen also haben wir für die Gruppe der zwischen 1918 und 1928 geborenen „Jungen" in unserer Untersuchungsgruppe die Sonderkategorie „ns-sozialisiert" geschaffen und in die Analysen korrigierend eingebracht: Stabile Grundorientierungen bei Jugendlichen und jungen Erwachsenen sind noch kaum eindeutig identifizierbar, während diese Alterskohorten ihre Sozialisation zugleich (überwiegend) im Nationalsozialismus erfuhren. – Vorsicht also mit dem vermeintlich entlarvenden Verweis auf eine NSDAP-Mitgliedschaft und Umsicht auch bei der Nutzung unserer analytischen Begriffe: Nur exakte Definitionen und historische Einordnungen lassen Urteile zu.

Es geht nicht nur um Zahlen und Daten, sondern um die Qualifizierung von Menschen. Soweit wir zugeordnet und typisiert haben, achteten wir sehr genau auf die notwendige „Quellendichte", und zwar für jede einzelne Person: Erschien sie uns zu gering, haben wir keine Zuordnung vorgenommen. Die Typisierung fand allein nach unseren präzisen, konsequent angewendeten Definitionen, die dokumentiert und begründet werden, statt. Wir haben im Anhang zu jeder Person die wesentlichen recherchierten und benutzten Quellen genannt. Auf dieser Basis fanden Wertungen und Einordnungen statt. Ansonsten gilt der Quellenvorbehalt: Kommen relevante neue Quellen und Erkenntnisse hinzu, muss auch die Offenheit für Modifikationen der Urteile bestehen. Auch das gehört zu unserer Professionalität als Historiker!

Und ein Letztes: Unsere Konstruktion von Begriffen folgt wissenschaftlichen Regeln und liefert manchmal nicht das, was umgangssprachlich damit verbunden werden mag. So ist beispielsweise die Bezeichnung NS-„Grundorientierung" für uns ein zunächst wertungsfreies Ordnungskriterium, das tatsächlich von einer oppositionellen Haltung gegenüber dem NS-Staat bis hin zur aktiven Mitwirkung am NS-Unrecht reichen kann. Gleiches gilt für unser System der NS-„Typisierung": Es geht um die Abbildung aller Grundmuster und Grunderfahrungen für ein Leben im Nationalsozialismus. Deshalb bitte ich abschließend um Vorsicht im Umgang mit dieser vielleicht befremdlich wirkenden Ausdrucksweise.

Uwe Danker, Sebastian Lehmann-Himmel

Landespolitik mit Vergangenheit

Teil I. Projektanlage: Genese, Referenzraum, Konzept, Forschungsstand, Recherche, Datenbank

1. Genese

Bereits der Koalitionsvertrag der Regierungsparteien SPD, Bündnis 90/Die Grünen und SSW im Jahr 2012 widmete sich in einem gesonderten Punkt der Erinnerungskultur und der Auseinandersetzung mit der NS-Vergangenheit, nämlich der „wissenschaftliche[n] Aufarbeitung der strukturellen und personellen Kontinuität nach dem Dritten Reich in Schleswig-Holstein, insbesondere im Landtag".[1] Im September 2013 verabschiedete der Landtag einhellig einen von sämtlichen Fraktionen eingebrachten Antrag „Geschichtswissenschaftliche Aufarbeitung der personellen und strukturellen Kontinuität nach 1945 in der schleswig-holsteinischen Legislative und Exekutive".[2]

Der Beschluss bat den Landtagspräsidenten, für die Untersuchung „ein wissenschaftlich dafür ausgewiesenes historisches Institut auszuwählen und zu beauftragen". In der Begründung wurde darauf verwiesen, dass im Jahr 1951 ein Landesminister seinem Tagebuch die Klage über eine förmliche „Renazifizierung" der Landespolitik anvertraut hatte; bisher stehe eine eingehende „wissenschaftlich fundierte umfassende Aufarbeitung dieser Vergangenheit in Schleswig-Holstein noch aus", es handele sich um ein „Kernthema der Parlamentsgeschichte", deshalb sehe sich „der Landtag in der Pflicht, eine solche Untersuchung anzustoßen".[3]

Formal und juristisch getragen von der öffentlich-rechtlichen Einrichtung „Gebäudemanagement Schleswig-Holstein" (GMSH) und inhaltlich begleitet wie entschieden von einer interfraktionellen Arbeitsgruppe sowie dem wissenschaftlichen Dienst des Landtages fand An-

1 Bündnis für den Norden. Neue Horizonte für Schleswig-Holstein. Koalitionsvertrag 2012 bis 2017 zwischen der Sozialdemokratischen Partei Deutschlands Landesverband Schleswig-Holstein, Bündnis 90/Die Grünen Landesverband Schleswig-Holstein und dem Südschleswigschen Wählerverband Landesverband, S. 53, Z. 2273f. = http://www.schleswig-holstein.de/Portal/DE/LandesregierungMinisterien/ Landesregierung/ Koalitionsvereinbarung_blob=publicationFile.pdf, aufgerufen am: 18. September 2012.

2 Schleswig-Holsteinischer Landtag 18. Wahlperiode, Drucksache 18/1144 (neu), vom 25. September 2013.

3 Ebd. Innenminister Paul Pagel (CDU) schrieb den Satz in sein Tagebuch am Tag der Verabschiedung des Beendigungsgesetzes zur Entnazifizierung. Vgl. Uwe Danker/Astrid Schwabe: Schleswig-Holstein und der Nationalsozialismus. Neumünster 2005, S. 178.

fang 2014 nach öffentlicher Ausschreibung eines Teilnahmewettbewerbs ein förmliches und komplexes öffentliches Vergabeverfahren[4] statt. In der Endauswahl waren schließlich Anbietergruppen von drei Universitäten. Das Institut für schleswig-holsteinische Zeit- und Regionalgeschichte der Europa-Universität Flensburg (IZRG/EUF) setzte sich mit seinem Konzept durch. Gemäß der Entscheidung des Schleswig-Holsteinischen Landtages übertrug die GMSH dem IZRG zum 10. Juni 2014 die Durchführung des Projektes.

Der Bewilligungsrahmen umfasste ca. 98.000 Euro. Da es sich um Auftragsforschung handelt und öffentliche Forschungseinrichtungen gegenüber privatwirtschaftlich agierenden Mitbewerbern keine Standort- oder Ressourcenvorteile genießen dürfen, bedeutet dies in kostenkalkulatorischer Hinsicht, dass erhebliche, die 40 %-Marke überschreitende Abzüge vorgenommen werden: Universitätsverwaltungen müssen Personalgemeinkosten erheben, Auftragsforschung hat „Gegenleistungscharakter", sie ist deshalb umsatzsteuerpflichtig. – Der finanzielle Rahmen für dieses Projekt war also sehr eng bemessen. Einschlägige Referenzprojekte bei Bundesministerien und -behörden sind um Faktoren im zweistelligen Bereich besser ausgestattet!

Die Forschungsgruppe des IZRG setzte sich aus folgenden Personalien zusammen: Prof. Dr. Uwe Danker als Projektleiter, Dr. Sebastian Lehmann-Himmel als Projektkoordinator und schließlich als Projektbearbeiter auf Zeit für die Recherchen Dr. Stephan Alexander Glienke, der bereits das niedersächsische Referenzprojekt bearbeitet hatte.[5] Drei studentische Hilfskräfte (Jana Clemens, Amanda Wetzel, Sina Albuschat, alle Flensburg), eine wissenschaftliche Hilfskraft (Stephanie Schmitt, Berlin) und zwei Praktikant_innen (Charlotte Sophie Kohrs, Henning Petersen) wirkten unterstützend mit.

Die Ausschreibung zur „Geschichtswissenschaftlichen Aufarbeitung der personellen und strukturellen Kontinuität nach 1945 in der schleswig-holsteinischen Legislative und Exekutive" umfasste im Wesentlichen folgende Aufgabengebiete:

- Dokumentation der NS-Vergangenheit der Mitglieder des Schleswig-Holsteinischen Landtages sowie von Mitgliedern der schleswig-holsteinischen Landesregierungen und Spitzenbeamten, und zwar bezogen auf ihre Zugehörigkeit zu Organisationen *sowie* die Wahrnehmung von Funktionen im NS-Staat,
- Analyse und vergleichende Einordnung dieser Befunde zu Kontinuitäten respektive Diskontinuitäten in den (regional-)historischen Kontext *sowie* insbesondere bezogen auf Erkenntnisse über andere Bundesländer respektive Länderparlamente,
- Diskussion der Frage einer schleswig-holsteinischen „Sonderentwicklung" im Sinne einer besonders intensiven politischen und beruflichen Rehabilitierung ehemaliger Nationalsozialisten oder durch ihre Tätigkeit im NS-Staat belastete Personen,

4 Freihändige Vergabe mit vorhergehendem Teilnahmewettbewerb nach § 3 Abs. 5 lit. h. i. V. m. § 3 Abs. 1 S. 3 VOL/A, Vergabe Nr. ZB-10-13-0938000-4121.1.

5 Stephan A. Glienke: Die NS-Vergangenheit späterer niedersächsischer Landtagsabgeordneter. Hrsg. und eingeleitet vom Präsidenten des Niedersächsischen Landtags. Hannover 2012.

- zugleich Untersuchung der Frage, inwieweit es gelang, ehemalige Nationalsozialisten oder durch ihre Tätigkeit im NS-Staat belastete Personen zu reintegrieren, wobei den Folgen für das politische Klima im Lande ebenfalls Rechnung getragen werden sollte.

Die skizzierten Themen berühren zentrale Aspekte der schleswig-holsteinischen Zeit- und Regionalgeschichte. Mit der Bearbeitung können wichtige Beiträge geleistet werden zur Demokratie- und Parlamentsgeschichte des Bundeslandes sowie zur Geschichte des Umgangs mit der NS-Vergangenheit in Schleswig-Holstein. Vor allem bietet das Projekt jedoch auch einen vielversprechenden Ansatz, den „Fall" Schleswig-Holstein in diesem Zusammenhang einzuordnen und angemessen zu bewerten – eines der bis dato aus wissenschaftlicher Perspektive wenigen Desiderate der zeitgeschichtlichen Forschung zum Nationalsozialismus in Schleswig-Holstein.

2. Referenzraum

Die Ausschreibung des Schleswig-Holsteinischen Landtags reiht sich ein in einen förmlichen Boom der politisch respektive institutionell gewollten „Aufarbeitungen" von NS-Belastungen in Institutionen der bundesdeutschen Legislative und Exekutive.[6] Von vereinzelten Vorläufern abgesehen, erlangte die große Studie zum Auswärtigen Amt (2005/2010)[7] für einschlägige Forschungsvorhaben Initialcharakter und Pionierfunktion: Ein vergangenheitspolitischer Auslöser, die breite konzeptionelle Anlage, eine sehr gute materielle Ausstattung und nach ihrer Vorlage eine intensive öffentliche wie innerwissenschaftliche Debatte um diese Studie[8] bildeten Anstöße für eine ganze Reihe ähnlich gelagerter, gleichwohl nicht konzeptionell verbundener und oft auch nicht miteinander kompatibler institutionenbezogener zeithistorischer Projekte. So wurden Auftragsforschungen aufgelegt für weitere neun Bundesministerien[9]: für Arbeit und Soziales (BMA), für Ernährung, Landwirtschaft und Verbraucherschutz (BML), der Finanzen (BMF), des Innern (BMI), der Justiz (BMJ), für Verkehr (BMV), für Verteidigung (BMVg), für Wirtschaft und Technologie (BMWi), für Bildung und Forschung (BMBF). Einige Bundesbehörden sind ebenfalls zum zeithistorischen Forschungsobjekt erhoben worden: das Bundesamt für Verfassungsschutz (BfV), das Bundeskriminalamt (BKA), der Bundesnachrichtendienst (BND), jedoch auch – unter dem Aspekt der NS-Belastung – eher nachrangige Behörden wie das Bundesarchiv (BArch), der Bundesrechnungshof (BRH) und einige weitere. Einzelne Vorhaben sind beendet, andere stehen

6 Vgl. den systematischen und umfassenden Forschungsüberblick von Christian Mentel/Niels Weise: Die zentralen deutschen Behörden und der Nationalsozialismus. Stand und Perspektiven der Forschung. München/Potsdam 2016 sowie die beiden Überblicksbeiträge von Stephan A. Glienke in der Anfügung I dieser Studie.

7 Vgl. Eckart Conze u. a.: Das Amt und die Vergangenheit. Deutsche Diplomaten im Dritten Reich und der Bundesrepublik. München 2010.

8 Vgl. Martin Sabrow/Christian Mentel (Hrsg.): Das Auswärtige Amt und seine umstrittene Vergangenheit. Eine deutsche Debatte. Frankfurt a. M. 2014.

9 Vgl. zum Folgenden die Dokumentation der Projekte bei Mentel/Weise: Zentrale deutsche Behörden (Anm. 6), man beachte dort auch die zusammenfassenden Überlegungen, S. 87ff.

vor dem Abschluss, weitere werden noch eine Reihe von Teilstudien vorlegen; eine Bilanzierung erscheint noch nicht sinnvoll, aber – polemisch – sprechen Bajohr und Hürter vom „Zertifizierungsunternehmen Zeitgeschichte", dessen Marktbasis darin zu finden sei, dass mit Ankommen des Nationalsozialismus im „kulturellen Gedächtnis" kein Entscheidungsträger mehr auf lebende Akteure Rücksicht nehmen müsse, gleichwohl aber zeitgemäß nicht „antiaufklärerisch" gelten möge.[10] Auch aus anderen Gründen wird dieser Boom der zeithistorischen Auftragsforschungen kontrovers diskutiert. Denn in der Tat treten auf Seiten der beteiligten universitären und außeruniversitären Forschungseinrichtungen pekuniäre Begehrlichkeiten und personelle Beschäftigungsoptionen in einen Zielkonflikt mit den zu erwartenden Forschungseffekten von außen vorgegebener Forschungsgegenstände, -interessen und –schneisen; von der Frage der Freihändigkeit mancher Vergabe einmal ganz abgesehen.[11] Allerdings werden in den meisten Fällen vorbereitende oder begleitende Historikerkommissionen installiert, die wissenschaftliche Standards und sinnvolle Forschungsfragestellungen gewährleisten.

Die finanziellen Ausstattungen – und entsprechend die jeweiligen Forschungsumfänge – variieren zwischen 57.000 Euro[12] und 3,9 Mio. Euro[13], Forschungsgegenstände beziehen sich teilweise ausschließlich auf die Rolle der (Vorgänger-)Institution im NS-Staat,[14] teilweise werden – oft im Kontext einer ganzen Reihe auf die Institution bezogener Teilforschungsvorhaben – (auch) Fragen nach personellen oder sachlichen Kontinuitäten über 1945 hinaus in den Fokus gerückt;[15] die Lage ist von Heterogenität gekennzeichnet. Einige Projekte weisen sich durch sehr ambitionierte Forschungsansätze aus, andere referieren Forschungsstände oder produzieren Dokumentationen, jeweils ganz im Sinne – oder im Rahmen der Toleranz – ihrer öffentlichen Auftraggeber, die im übrigen erst erheblich zeitversetzt nach den großen einschlägigen Unternehmensstudien[16] auf den Plan traten.

Institutionengebundene Auftragsforschungen können auf belastbare zeithistorische Forschungserträge zurückgreifen: Im Forschungskontext anschlussfähig sind beispielsweise

- ein weitgehender Forschungskonsens über das Bündnis tradierter (wilhelminischer, also deutschnationaler) Eliten mit den Emporkömmlingen der NS-Bewegung, auch heute noch das von Ernst Fraenkel im Exil entwickelte Modell der zusammenspielenden Unterscheidung von „Normenstaat" und „Maßnahmenstaat" im Nationalsozialismus[17], Studien zum

10 Frank Bajohr/Johannes Hürter: Auftragsforschung „NS-Belastung". Bemerkungen zu einer Konjunktur. In: Frank Bajohr u. a. (Hrsg.): Mehr als eine Erzählung. Zeitgeschichtliche Perspektiven auf die Bundesrepublik. Festschrift für Axel Schildt. Göttingen 2016, S. 221–233, hier: S. 221f., 229.

11 Vgl. die kritischen Bemerkungen bei Mentel/Weise: Zentrale deutsche Behörden (Anm. 6), S. 100ff.

12 Projekt des BML, vgl. Mentel/Weise: Zentrale deutsche Behörden (Anm. 6), S. 28ff.

13 Projekt des BMWi, vgl. Mentel/Weise: Zentrale deutsche Behörden (Anm. 6), S. 45ff.

14 Z. B. Projekte des BMF, überwiegend auch des BMA, vgl. Mentel/Weise: Zentrale deutsche Behörden (Anm. 6), S. 31, 25.

15 Z. B. die Projekte des BMI, des BMWi und des BMJ, vgl. Mentel/Weise: Zentrale deutsche Behörden (Anm. 6), S. 34–37, 45ff.

16 Vgl. Bajohr/Hürter: „NS-Belastung" (Anm. 10), S. 222–226.

17 Vgl. Ernst Fraenkel: Der Doppelstaat. Frankfurt a. M. 1974.

polykratischen Herrschaftsaufbau sowie gesonderte Arbeiten, die biografische Verankerungen vermeintlich ganz unauffälliger Berufskarrieren, politischer Biografien und „anständiger" Bürger und Bürgerinnen in das NS-Unrechtsregime verdeutlichen,[18]

- wesentliche, seit den 1980er-Jahren publizierte Erkenntnisse über „ganz normale", jedenfalls nicht unbedingt durch und durch „fanatische", manchmal gleichwohl generationenspezifisch sozialisierte, ideologisierte und „unbedingte" NS-Täter und -Rollen,[19] erhellende Arbeiten über NS-Besatzungsregimes insbesondere im „Osten", die eine ganze Bandbreite an – moralisch fraglos verwerflichen, oft auch strafrechtlich relevanten – Verstrickungen von Polizisten, Parteifunktionären, Beamten, Wirtschafts- und Verbandsfunktionären in NS-Vernichtungsprojekte der „Zivilverwaltungen" aufspannen,[20]
- Studien zu Anpassungsformen und Kontinuitäten von staatsnahen Justiz-, Verwaltungs- und Bildungseliten über die deutschen Herrschaftssysteme des 20. Jahrhunderts hinweg, die auch die personelle Rekonstruktion öffentlicher Verwaltungs- und Herrschaftsstrukturen in Westdeutschland in den Fokus genommen haben,[21]

18 Vgl. z. B. Gerhard Hirschfeld/Tobias Jersack (Hrsg.): Karrieren im Nationalsozialismus. Funktionseliten zwischen Mitwirkung und Distanz. Frankfurt a. M./New York 2004. Zur Alltagsdebatte um „Anständigkeit" siehe Ulrich Herbert: NS-Eliten in der Bundesrepublik. In: Wilfried Loth/Bernd-A. Rusinek (Hrsg.): Verwandlungspolitik. NS-Eliten in der westdeutschen Nachkriegsgesellschaft. Frankfurt a. M./New York 1998, S. 93–116, hier S. 110.

19 Vgl. z. B. Christopher R. Browning: Ganz normale Männer. Das Reserve-Polizeibataillon 101 und die „Endlösung" in Polen. Reinbek 1993; Harald Welzer: Täter. Wie aus ganz normalen Menschen Massenmörder werden. Frankfurt a. M. 2005; Ulrich Herbert: Best. Biographische Studien über Radikalismus, Weltanschauung und Vernunft 1903–1989. Bonn 1996; Michael Wildt: Generation des Unbedingten. Das Führungskorps des Reichssicherheitshauptamtes. Hamburg 2002; Michael Zimmermann, Rassenutopie und Genozid. Die nationalsozialistische „Lösung der Zigeunerfrage", Hamburg 1996.

20 Vgl. z. B. die Sammelbände Babette Quinkert/Jörg Morré (Hrsg.): Deutsche Besatzung in der Sowjetunion 1941–1944. Vernichtungskrieg, Reaktionen, Erinnerung. Paderborn 2014; Sebastian Lehmann/Robert Bohn/Uwe Danker (Hrsg.): Reichskommissariat Ostland – Tatort und Erinnerungsobjekt. Paderborn 2012; Ulrich Herbert: Nationalsozialistische Vernichtungspolitik 1939–1945. Neue Forschungen und Kontroversen. Frankfurt a. M. 1998; Dieter Pohl: Nationalsozialistische Judenverfolgung in Ostgalizien 1941–1944. Organisation und Durchführung eines staatlichen Massenverbrechens. München 1996; Christian Gerlach: Kalkulierte Morde. Die deutsche Wirtschafts- und Vernichtungspolitik in Weißrußland 1941–1944. Hamburg 1999; Markus Roth: Herrenmenschen. Die deutschen Kreishauptleute im besetzten Polen – Karrierewege, Herrschaftspraxis und Nachgeschichte. Göttingen 2009; Wolf Kaiser (Hrsg.): Täter im Vernichtungskrieg. Der Überfall auf die Sowjetunion und der Völkermord an den Juden. Berlin 2002.

21 Vgl. z. B. Michael Ruck: Korpsgeist und Staatsbewußtsein. Beamte im deutschen Südwesten 1928–1972. München 1996; Cornelia Rauh-Kühne/Michael Ruck (Hrsg.): Regionale Eliten zwischen Diktatur und Demokratie. München 1993; Udo Wengst: Staatsaufbau und Regierungspraxis 1948–1953. Zur Geschichte der Verfassungsorgane der Bundesrepublik Deutschland. Düsseldorf 1984; Ders.: Beamtentum zwischen Reform und Tradition. Beamtengesetzgebung in der Gründungsphase der Bundesrepublik Deutschland 1948–1953. Düsseldorf 1988. Für Schleswig-Holstein unverzichtbar: Heinz Josef Varain: Parteien und Verbände. Eine Studie über ihren Aufbau, ihre Verflechtung und ihr Wirken in Schleswig-Holstein 1945–1958. Köln/Opladen 1964; siehe auch: Michael Ruck: Auf dem „Sonderweg"? Personelle Rekonstruktion und Modernisierung der Verwaltungen in Schleswig-Holstein bis zum „Ende der Nachkriegszeit". In: Demokratische Geschichte, Band 19 (2008), S. 131–143.

- Studien zu Nachkriegsunterfangen der politischen Säuberung und strafrechtlichen Ahndung,[22] der Reintegration der NS-Eliten in die Gesellschaft der Bundesrepublik und der „Vergangenheitspolitik",[23] sowie – beispielsweise – der andauernden geschichtskulturellen Präsenz des Nationalsozialismus.[24]

Für all diese an unser Themenspektrum anschlussfähigen Forschungsbereiche lassen sich – je nach Ambition umfänglich oder weniger umfänglich – also bedeutende Pionierstudien und ertragreiche Folgearbeiten auflisten, die sich wandelnden Erkenntnisinteressen der Zeitgeschichtsforschung folgten und wissenschaftliche Schneisen geschlagen haben. Ob die derzeit in erheblichem Umfang in Auftrag gegebenen institutionengebundenen Aufarbeitungsforschungen eine vergleichbare, den allgemeinen Erkenntnisfortschritt befördernde Kraft entwickeln können, bleibt abzuwarten.

---

22 Vgl. z. B. weiterhin Lutz Niethammer: Die Mitläuferfabrik. Die Entnazifizierung am Beispiel Bayerns. Berlin 1982; Adalbert Rückerl: NS-Verbrechen vor Gericht. Heidelberg 1984; Gerd R. Ueberschär (Hrsg.): Der Nationalsozialismus vor Gericht. Die alliierten Prozesse gegen Kriegsverbrecher und Soldaten 1943–1952. Frankfurt a. M. 1999; Andreas Eichmüller: Keine Generalamnestie. Die Strafverfolgung von NS-Verbrechen in der frühen Bundesrepublik. München 2012; Marc von Miquel: Ahnden oder amnestieren? Westdeutsche Justiz und Vergangenheitspolitik in den sechziger Jahren. Göttingen 2004; Norbert Frei/Dirk van Laak/Michael Stolleis (Hrsg.): Geschichte vor Gericht. Historiker, Richter und die Suche nach Gerechtigkeit. München 2000; Konrad Kwiet: Von Tätern zu Befehlsempfängern. Legendenbildung und Strafverfolgung nach 1945. In: Jürgen Matthäus/Ders./Jürgen Förster/Richard Breitman (Hrsg.): Ausbildungsziel Judenmord?. Frankfurt a. M. Main 2003, S. 114–138.

23 Vgl. z. B. Herbert: NS-Eliten in der Bundesrepublik (Anm. 18); Ders. zuletzt: Elitenkontinuität in Politik und Verwaltung? Zur NS-Belastung hoher Funktionsträger in der jungen Bundesrepublik. In: Bremische Bürgerschaft (Hrsg.): Die NS-Vergangenheit früherer Mitglieder der Bremischen Bürgerschaft. Projektstudie und wissenschaftliches Colloquium. Bremen 2014, S. 124–139; Wilfried Loth/Bernd-A. Rusinek (Hrsg.): Verwandlungspolitik. NS-Eliten in der westdeutschen Nachkriegsgesellschaft, Frankfurt a. M./New York 1998; Norbert Frei: Vergangenheitspolitik. Die Anfänge der Bundesrepublik und die NS-Vergangenheit. München 1996; Ders.: Karrieren im Zwielicht. Hitlers Eliten nach 1945. Frankfurt a. M. 2001; Joachim Perels/Rolf Pohl (Hrsg.): NS-Täter in der deutschen Gesellschaft. Hannover 2002; Christina Ullrich: „Ich fühl mich nicht als Mörder". Die Integration von NS-Tätern in die Nachkriegsgesellschaft. Darmstadt 2011; Jörg Friedrich: Die kalte Amnestie. NS-Täter in der Bundesrepublik. Neuausgabe Berlin 2007; Klaus-Michael Mallmann/Andrej Angrick (Hrsg.): Die Gestapo nach 1945. Karrieren, Konflikte, Konstruktionen. Darmstadt 2009; für Schleswig-Holstein: Uwe Danker: Vergangenheits„bewältigung" im frühen Land Schleswig-Holstein. In: Landeszentrale für politische Bildung Schleswig-Holstein (Hrsg.): Die Anfangsjahre des Landes Schleswig-Holstein. Kiel 1998, S. 26–43.

24 Vgl. z. B. Peter Reichel: Vergangenheitsbewältigung in Deutschland. Die Auseinandersetzung mit der NS-Diktatur von 1945 bis heute. München 2001; Frank Bösch/Constantin Goschler (Hrsg.): Public History: Öffentliche Darstellungen des Nationalsozialismus jenseits der Geschichtswissenschaft. Frankfurt a. M. 2009; Torben Fischer/Matthias N. Lorenz (Hrsg.): Lexikon der ‚Vergangenheitsbewältigung': Debatten- und Diskursgeschichte des Nationalsozialismus nach 1945. Bielefeld 2015; Aleida Assmann: Der lange Schatten der Vergangenheit. Erinnerungskultur und Geschichtspolitik. München 2006; Dies.: Das neue Unbehagen an der Erinnerungskultur. Eine Intervention. München 2013; Volkhard Knigge/Norbert Frei (Hrsg.): Verbrechen erinnern. Die Auseinandersetzung mit Holocaust und Völkermord. München 2002; für Schleswig-Holstein zuletzt: Uwe Danker: Volksgemeinschaft und Lebensraum: Die Neulandhalle als historischer Lernort. Neumünster/Hamburg 2014.

Immerhin lassen sich bei institutionenbezogenen Auftragsforschungen durchaus überzeugende und wissenschaftlichen Ertrag versprechende kollektivbiografische Analyseansätze wählen, sofern die Untersuchungsgruppen hinreichend homogen erscheinen: Grundsätzlich gilt das für das Karrierefeld von Ministerialbeamten mit juristischer Ausbildung, wohl enger noch für Landwirtschaftsexperten, diplomatisch ausgerichtete Karrieren im AA oder (Kriminal-)Polizisten im BKA. Vergleichbare karrierebedingte Erfahrungen, Korpsgeist, übereinstimmende Herkunfts- und Generationsmerkmale usw. mögen mentale Prägungen über Herrschaftszäsuren hinaus stiften, die belastbare gruppenspezifische Erkenntnisse möglich machen können. Aufgrund der – hinreichend bekannten – Reintegrationsmechanismen etwa durch das in Verbindung mit der Entnazifizierungsschlussgesetzgebung massive Auswirkungen zeitigende „131er-Gesetz“[25] realisierte sich in derartigen Apparaten bereits am Beginn der 1950er-Jahre eine extreme personelle Kontinuität, die trotz des im neuen demokratischen Staat nicht zu hinterfragenden Wegfalls der ausdrücklich nationalsozialistischen Projekte oft gleichwohl sachliche und inhaltliche Fortsetzungen aufwies, etwa in systemübergreifenden Sinnkonstruktionen wie dem im BKA tragenden Bild von Staat versus Verbrecher.[26] In der Tat zeitigen bereits vorgelegte Studien relevante, den wissenschaftlichen Diskurs befruchtende Ergebnisse, andere, ambitioniert angelegte Vorhaben lassen diese erwarten.

Problematischer erscheint uns die Lage auf einem bisher noch nicht angesprochenen Sektor der institutionengebundenen Auftragsforschung, nämlich auf dem Feld der Parlamentsuntersuchungen. Denn hier sind die Untersuchungsgruppen durch einen bedeutend höheren Grad an Heterogenität gekennzeichnet. Auch wenn das demokratische Ideal einer isomorphen soziologischen Abbildung der Gesellschaft im Parlament nie ganz realisiert wird,[27] haben wir es in den Gruppen der Abgeordneten und – aufgrund der spezifischen Aufstiegsbedingungen in der Politik – eingeschränkt auch in den Kabinetten mit einer ganz anderen Vielfalt an Berufen, Herkünften, Prägungen und Biografien zu tun als in Ministerialbürokratien oder berufsspezifischen Behörden. Das hat zur Folge, dass sich die wissenschaftliche Sinnfrage neu stellt: Einerseits ist es in einem demokratisch verfassten System mehr als berechtigt, biografische Wege und Kenntnisse über Vorbelastungen der Angehörigen der Legislative in Erfahrung zu bringen, insbesondere wenn es um moralische Integrität geht. Andererseits lässt eine biografische Buntheit der Parlamente – zunächst jedenfalls – für diese Untersuchungsgruppen und für retrospektiv angereicherte Fragestellungen kaum kollektivbiografische Muster erwarten. Damit läuft, wer keinen Ausweg wählt, Gefahr, aus wissenschaftlicher

25 Vgl. Frei: Vergangenheitspolitik (Anm. 23), S. 54–100.

26 Vgl. Imanuel Baumann/Andrej Stephan/Patrick Wagner: (Um-)Wege in den Rechtsstaat. Das Bundeskriminalamt und die NS-Vergangenheit seiner Gründungsgeneration. In: Zeithistorische Forschungen/Studies in Contemporary History 9 (2012), S. 33–53, hier S. 42f, 52. Ende der 1950er waren 90 % der mittleren und höheren BKA-Mitarbeiter bereits in der NS-Zeit Polizisten gewesen, drei Viertel von ihnen Mitglieder der NSDAP, zwei Drittel der SS, vgl. ebd., S. 38.

27 Vgl. z. B. Werner J. Patzelt: Parlamentssoziologie. In: Viktoria Kaina/Andrea Römmele (Hrsg.). Politische Soziologie. Ein Studienbuch, Wiesbaden 2009, S. 311–351; für Schleswig-Holstein in den 1950ern: Varain, Parteien (Anm. 21).

Perspektive recht unproduktive Recherchearbeit mit vorauszusehenden Ergebnissen zu leisten. – Auftraggebern mag das ja genügen!

2008 legte Hans-Peter Klausch seine im Auftrag der Fraktion Die Linke verfasste Arbeit „Braune Wurzeln – Alte Nazis in den niedersächsischen Landtagsfraktionen von CDU, FDP und DP" vor – markant daran übrigens die gewählte Beschränkung auf drei bürgerliche Fraktionen, die – neben einer unzulässigen historiografischen Verengung – wohl auch den Wunsch nach Beweisführung im politischen Entstehungskontext widerspiegelt. Vergleichbare Recherchearbeiten (teilweise beim gleichen Autor) beauftragten und publizierten regionale Fraktionen der Partei Die Linke in Nordrhein-Westfalen (2011), Hessen (2011) und im Saarland (2013).[28] Die Intentionen derartiger Projekte tauchen durchweg bereits im Titel auf: Entlarvung insbesondere vieler ehemaliger bürgerlicher Landespolitiker_innen als Akteure, die ihr politisches Handeln über die Zäsur 1945 hinaus bruchlos fortsetzten, implizit verbunden mit einer noch gegenwärtig wirkenden moralischen Diskreditierung der solchermaßen kontaminierten Fraktionen. Bei einer politischen Partei, die Antifaschismus als zentrales Normativ pflegt und – jedenfalls in Teilen ihrer Traditionslinien – auf einer antifaschistischen Gründungslegende basiert, verwundert das nicht. In diesem Kontext überraschend jedoch erscheint, dass in Reaktion darauf drei Landesparlamente fraktionsübergreifend wissenschaftliche Folgeprojekte auflegten oder wenigstens erwogen:[29] Niedersachsen beauftragte die Historische Kommission für Niedersachsen und Bremen e. V., bezogen auf sämtliche infrage kommenden Abgeordneten zu klären, „ob und inwieweit sie sich als Angehörige der NSDAP sowie der dieser Partei verbundenen Massenorganisationen in den Jahren zwischen 1933 und 1945 zu den Zielen der nationalsozialistischen Weltanschauung bekannt und in deren Sinne gewirkt haben" (Bearbeiter: Stephan Alexander Glienke, Publikation 2012).[30] Nordrhein-Westfalen griff erste Überlegungen nach dem Wechsel der Legislaturperioden nicht wieder auf, Hessen betraute eine Arbeitsgruppe mit einer Vorstudie (Bearbeiter: Albrecht Kirschner, Publikation 2012), erörterte diese und das weitere Vorgehen auf einer Fachtagung und erwartet abgeleitete Einzelstudien.[31] Ohne den Auslöser durch Die Linke gab die bremische Bürgerschaft eine eigene Studie in Auftrag (Bearbeiter: Karl-Ludwig Sommer, Publikation und Erörterung auf einer Tagung 2014).[32]

Die bisher für Länderparlamente vorgelegten Untersuchungen folgen vergleichbaren Mustern: Die Untersuchungseinbettung liefert rudimentäre Daten zur aktuellen Parlamentsgeschichte des jeweiligen Landes. Im Kern zählen sie anhand der – unterschiedlich aufwändig recherchierten – einschlägigen archivalischen Hinterlassenschaften Mitgliedschaften in den Kernorganisationen der NS-Bewegung aus und verdichten sie in statistischen Angaben, etwa

28 Vgl. Beitrag Forschungsstand Referenzraum von Stephan A. Glienke in der Anfügung I dieser Studie.

29 Vgl. zum Folgenden ebd. sowie Mentel/Weise: Zentrale deutsche Behörden (Anm. 6), S. 68f.

30 Auftrag zitiert in: Forschungsstand Referenzraum von Stephan A. Glienke in der Anfügung I dieser Studie.

31 Albrecht Kirschner: NS-Vergangenheit ehemaliger hessischer Landtagsabgeordneter. In: Norbert Kartmann (Hrsg.): NS-Vergangenheit ehemaliger hessischer Landtagsabgeordneter. Dokumentation der Fachtagung 14. und 15. März 2013 im Hessischen Landtag. Wiesbaden/Marburg 2014, S. 137–206.

32 Karl-Ludwig Sommer: Projektstudie. In: Bremische Bürgerschaft (Hrsg.): Die NS-Vergangenheit früherer Mitglieder der Bremischen Bürgerschaft. Projektstudie und wissenschaftliches Colloquium. Bremen 2014, S. 10–115.

aufgeschlüsselt in Legislaturperioden oder Fraktionen, um – sehr einfach angelegte – Belastungsprofile abzubilden. Zudem werden jeweils steckbriefartig Belastungskurzbiografien ausgewählter Landespolitiker_innen geboten. Das Unbehagen, auf derart überschaubarer Informations- und Analysebasis Belastungen oder gar Belastungsstufen zu publizieren, brachte die Verantwortlichen und den Bearbeiter der Bremer Studie, Karl-Ludwig Sommer, dazu, nicht von Belastungen, sondern von „Betroffenheiten" zu sprechen; zudem lautete die ursprüngliche Absicht, überhaupt keine Namen zu nennen oder Kurzbiografien zu liefern. – Aufgrund öffentlicher Proteste nach Vorlage der Studie sah man sich aber gezwungen, nachzubessern und 96 Kurzbiografien „Betroffener" zu listen![33]

Es geht also um Zahlen und Namen. Und tatsächlich drohen bei diesen Projekten die Grenzen zwischen Aufarbeitung und Forschung, zwischen geschichtskulturellen Erwartungen und wissenschaftlichen Ansprüchen zu verschwimmen. Wenn personelle und sachliche Kontinuitäten die Auftragsforschung zur Parlamentsgeschichte strukturieren, so wird die Zeit nach 1945 ins Visier genommen, so wollen moralische Aufladungen, entsprechende Deutungen und populäre Grundannahmen bedient werden, denn die Ergebnisse sind – wenn auch nicht immer in ihren Dimensionen und Relationen – weitgehend vorhersehbar, ihre anschließende geschichtskulturelle Verwendung auch: wohltuende Distanzierung von den „Alt-Nazis" und die vermeintlich selbstverständliche Annahme, eine NS-Vorbiografie majorisiere das Handeln, also auch die Landespolitik nach 1945.

3. Konzept

Das Konzept unserer auf Schleswig-Holstein bezogenen Studie übernimmt Erfahrungen vorliegender Projekte, bemüht sich aber darum, sie wissenschaftlich fortzuschreiben, indem wir zum einen methodisches „Neuland" erkunden und zum anderen die inhaltlichen Fragestellungen fokussieren wollen.[34] Beides basiert auf der konsequenten Beachtung der Prämisse, dass – anders auch als bei den Studien zu Institutionen der Exekutive – sämtliche unserer Fragen aus der Retrospektive kommen, nämlich ausgehen vom Personalkörper der schleswig-holsteinischen Landespolitik.

Offenbar verweist bereits das im Auftrag des Deutschen Bundestages von der Kommission für Geschichte des Parlamentarismus 2012 vorgelegte Vorkonzept auf jene nicht lösbaren forschungspraktischen Probleme, die einen erwarten, wenn mehrere hundert, im Falle des Bun-

33 Vgl. Sommer: Projektstudie (Anm. 32), S. 56–105; Beitrag Betrachtungen von Stephan A. Glienke in der Anfügung I dieser Studie; Kirschner: NS-Vergangenheit (Anm. 31), S. 56–105.

34 Damit sind wir im Übrigen im Einklang mit den von Mentel und Weise jüngst formulierten Folgerungen für Akzentuierungen weiterer einschlägiger Forschungsvorhaben, vgl. Mentel/Weise: Zentrale deutsche Behörden (Anm. 6), S. 92ff.

destages sogar geschätzte 3000 Akteure biografisch untersucht werden sollen: Eine totalbiografische Analyse ist nicht mehr zu leisten und erscheint auch wissenschaftlich nicht begründbar, weil Aufwand und Ertrag in keinem sinnvollen Verhältnis stehen. Andererseits fördert das bloße Auszählen von Mitgliedschaften kaum Erkenntnisse zutage. Das bis heute nicht weiter verfolgte Vorkonzept empfahl laut Mentel und Weise einen Mix aus exemplarischen Einzelstudien und Teilgruppenbildungen.[35]

Unsere Studie orientiert sich anders, sucht die Lösung in einem neu kreierten methodischen Mittelweg zwischen totalbiografischer Arbeitsweise und rudimentärer Zählarbeit:

Zum einen gehen wir davon aus, dass bei gewissenhafter und systematischer Kombination umfänglicher Daten quantitative Ergebnisse in generalisierende qualitative Ableitungen münden. Beispielsweise verfeinert – für jeden zeithistorisch Vorgebildeten unmittelbar einsichtig – eine Kombination von festgestellter NSDAP-Mitgliedschaft mit dem Beitrittszeitraum und dem Lebensalter die Aussagekraft der formalen Mitgliedschaft ganz erheblich. Das gilt für idealtypische Repräsentationen von Gruppen, bietet auch statistische wie individuelle Zuschreibungswahrscheinlichkeiten, aber für den Einzelfall – ohne weitere Informationen – keine Sicherheit. Zum Beispiel konnte ein 1942 an „Führers Geburtstag" von der HJ – gewiss auf eigenen Antrag – zur NSDAP übergetretener 18-Jähriger als Individuum auch ein besonders fanatischer, gar Gewalt anwendender Nationalsozialist sein; in der Regel aber gehen wir von jugendlicher Selbstverständlichkeit der in der NS-Zeit Sozialisierten aus und billigen dieser Mitgliedschaft zunächst keine besondere Bedeutung zu. Bei einem 30-jährigen im Staatsdienst tätigen Juristen, der im Beitrittsfenster ab Mai 1937 der NSDAP beitrat, halten wir karrieristische Anpassung für nicht unwahrscheinlich, Ausnahmen gab es gleichwohl. Bei vor dem September 1930 eingetretenen und in der NSDAP auf Dauer verbliebenen Altparteigenossen unterstellen wir – wie die zeitgenössische Parteibürokratie auch – eine hohe statische Häufung von überzeugten Aktivisten.

Zudem sei darauf hingewiesen, dass wir – in Erweiterung des niedersächsischen Ansatzes – keineswegs nur auf Belastungen fokussieren, sondern einschließlich der Verfolgungserfahrungen und Distanzierungsmuster von Demokrat_innen und Nicht-Arier_innen versuchen, die volle Bandbreite der Erfahrungen und Verhaltensmuster im Nationalsozialismus zu erfassen. Eine vorgegebene perspektivische Verengung des Blicks auf die NS-Belastung wird der Gesamtheit der Verhaltensweisen von Menschen unter den Bedingungen der Diktatur nur unzureichend gerecht. Das umfassende Spektrum der biografischen Erfahrungen und Entscheidungen im NS-Regime – beispielsweise, aber nicht zuletzt auch die vielfältigen Formen des abweichenden oder gar widerständigen Verhaltens – wird von derartigen Fragestellungen und durch die Auswertung serieller Quellen wie Entnazifizierungsakten oder Mitgliedsunterlagen nicht erfasst.

Ergänzt um weitere aggregierte biografische Hinweise wie beispielsweise Berufslaufbahnen, Selbstauskünfte und Informationen zur individuellen „Vergangenheitsbewältigung" reichen die biografischen Datenbestände unseres Ermessens nach aus, um den Gutteil der insgesamt 390 Personen umfassenden Untersuchungsgruppe einer von insgesamt fünf „Grundori-

35 Vgl. Mentel/Weise: Zentrale deutsche Behörden (Anm. 6), S. 66f.

entierungen", also generalisierten charakteristischen Grundhaltungen und -verhaltensmuster für ein (Über-)Leben im Nationalsozialismus zuzuordnen. In einer zweiten, ebenfalls für das Projekt entwickelten Kategorisierungsstufe wollen wir mit 22 daraus abgeleiteten „Typen" eine Vielfalt an individuellen Rollen, wahrgenommenen Wegen und getroffenen Entscheidungen innerhalb von Handlungsspielräumen im Nationalsozialismus abbilden. – Auch die von Frank Bösch und Andreas Wirsching Ende 2015 vorgelegte Vorstudie des Projektes zum Bundesministerium des Innern (BMI) unterscheidet ausdrücklich zwischen „formaler" und „materieller" Belastung, will sie offenbar kontrastieren.[36]

Unsere inhaltliche Ausgangsthese lautet, dass auch das Einreihen schleswig-holsteinischer Landespolitiker_innen in die bundesdeutsche Nachkriegsdemokratie im Kontext allgemeiner, bereits überzeugend dargestellter Prozesse des biografischen Anknüpfens, Um-Interpretierens und der Reintegrationsprozesse, einschließlich der „Rückkehr in die Bürgerlichkeit" (Herbert) der ehemaligen NS-Funktionseliten,[37] analytisch zu fassen wäre. Dazu gehört die Vorannahme, ehemalige Nationalsozialisten würden ihre im NS-Staat verfolgten Projekte aufgeben, jedenfalls nach einer Übergangszeit neue Loyalitäten zum gewandelten Staat aufbauen und die Verfassung formal achten, sich aber und vielleicht umso subtiler auf den Feldern der „Vergangenheitspolitik" (Frei) betätigen. Umgekehrt unterstellen wir, ehemals widerständige, vielleicht verfolgte Demokrat_innen, die in der britischen Zone gezielt für den politischen Neubeginn rekrutiert wurden, hätten dazu geneigt, auf den gleichen Äckern initiativ zu werden. Kurzum: Im Ausgangspunkt nehmen wir an, dass im Verdichtungsraum der landespolitischen Vergangenheitsbewältigungen beide Erfahrungswelten aufeinanderstieß und konfliktträchtig wie offen den Austrag suchten, dass auf diesen Feldern die Spuren und Konturen der NS-Zeit besonders deutlich und kontrastreich erscheinen würden, in den anderen Fachgebieten der Landespolitik dagegen der anpackende Blick nach vorn gerichtet würde.

Die Institution Landtag ist ein besonderer Ort. Demokratietheoretisch sind hier Debatten um die „großen Fragen" zu erwarten, politische Konsequenzen und Entscheidungen zu treffen, Auseinandersetzungen zu suchen, auch Konflikte um die Retrospektive. Tatsächlich musste sich der Landtag in Schleswig-Holstein immer wieder der NS-Vergangenheit und der regionalen NS-Nachgeschichte stellen: Streit um die Entnazifizierungsgesetzgebungen (1946–1951), Untersuchungs- und Sonderausschüsse zu den regionalen Euthanasieverbrechen (1946–1950/1951–1953), zum Zustand der Landespolizei (1963–1965), zur Affäre um den „Irrentöter" Heyde/Sawade (1959–1960), überregional und international beachtete Debatten um des „braune Eldorado" Schleswig-Holstein (1961), Streit um regionale Zeitgeschichtsforschung im Land (1983, 1987–1990) – die Geschichte des erst 1946 geschaffenen

36 Vgl. Frank Bösch/Andreas Wirsching: Abschlussbericht der Vorstudie zum Thema: Die Nachkriegsgeschichte des Bundesministeriums des Innern (BMI) und des Ministeriums des Innern der DDR (MdI) hinsichtlich möglicher personeller und sachlicher Kontinuitäten zur Zeit des Nationalsozialismus, S. 7 = http://www.ifz-muenchen.de/fileadmin/user_upload/Neuigkeiten%202015/BMI_Abschlussbericht%20 der %20 Vorstudie.pdf, aufgerufen am 09.06.2016.

37 Herbert: NS-Eliten (Anm. 18), S. 110.

Landes Schleswig-Holstein lässt sich auch als friktionsreiche NS-Nachgeschichte schreiben! Auf insgesamt 93 von uns identifizierte vergangenheitspolitische Landtagsdebatten wollen wir fokussieren, wenn wir den Fragen nachgehen, ob und wie biografische NS-Vorprägungen Bedeutendes zur Erklärung von Verhaltensweisen und zur Entwicklung der politischen Kultur des Landes beitragen oder eben nicht.

Fragestellungen richten sich auf die Rolle der NS-Vergangenheit der Mitglieder der Untersuchungsgruppe bezogen auf ihr Handeln als Amts- und Mandatsträger. Lassen sich Korrelationen zwischen politischer Belastung und politischem Agieren belegen? Welche Debatten zur NS-Vergangenheit werden in welcher Form im Plenum geführt, welche Bilder und Eigenbilder werden dabei konstruiert? Werden unterschiedliche Perspektiven von Landtagsfraktionen eingebracht, repräsentieren sie differierende Erfahrungen gesellschaftlicher Gruppen? Marksteine des Diskurses sind unter anderem die Behandlung der Themen Entnazifizierung, Wiedergutmachung von NS-Unrecht, justizielle Aufarbeitung von NS-Verbrechen und die NS-Skandale in den 1950er-/60er-Jahren in der parlamentarischen Arbeit sowohl im Plenum als auch in den Ausschüssen. Nicht zuletzt geht es um die Einordnung des Landtags und der Landesregierung in die geschichtspolitische Tektonik des Bundeslands.

Zudem stellt sich die Frage nach dem Rollenwechsel des Einzelnen, nach dem gewandelten Habitus und potentiell nach gewandelten Denkstilen. Handelt es sich um nachhaltige (gruppen-) biografische Prozesse? Eingedenk des Dahrendorfschen Diktums, „dass auch dieselben Leute zu verschiedenen Zeiten nicht dieselben sind“[38], das auf die auch von Herbert betonte „Bereitschaft [ehemaliger Angehöriger der NS-Funktionseliten], sich auf die neuen demokratischen Verhältnisse ernsthaft einzulassen“[39] rekurrierte, sind einfache Antworten nicht zu erwarten.

In welcher Form wurde all dies von den Akteuren reflektiert oder gar diskutiert? Überwog der Streit, gab es sprachlichen Konsens?[40] Wichtig ist dabei die Frage nach der Kommunikationssituation im politischen Raum, also wie die politischen Akteure, die Parlamentarier_innen wie auch Mitglieder der Exekutive miteinander umgingen: Über welche vergangenheitspolitischen Themen konnte man – öffentlich und nicht-öffentlich – debattieren, was musste ungesagt bleiben, „kommunikativ beschwiegen“ (Hermann Lübbe) werden an einem Ort, an dem (auch) ehemalige Täter_innen und Verfolgte aufeinandertrafen, vor allem aber frühere Unterstützer_innen und Gegner_innen des NS-Regimes? Gaben sie sich zu erkennen, wussten sie voneinander, enttarnten sie sich? Argumentierten sie mit Rekurs auf eigene Erfahrungen?

38 Zitiert nach Ruck: „Sonderweg“ (Anm. 21), S. 142.

39 Ulrich Herbert: NS-Eliten in der Bundesrepublik: Beharrung, Anpassung, Konversion. In: Norbert Kartmann (Hrsg.): NS-Vergangenheit ehemaliger hessischer Landtagsabgeordneter. Dokumentation der Fachtagung 14. und 15. März 2013 im Hessischen Landtag. Wiesbaden/Marburg 2014, S. 87–98, hier S. 94.

40 Vgl. Constantin Goschler: NS-Altlasten in den Nachkriegsparlamenten – Überlegungen zum Umgang mit der personellen Kontinuitätsfrage. In: Norbert Kartmann (Hrsg.): NS-Vergangenheit ehemaliger hessischer Landtagsabgeordneter. Dokumentation der Fachtagung 14. und 15. März 2013 im Hessischen Landtag. Wiesbaden/Marburg 2014, S. 79–86, hier 83f.; Uwe Danker: Der Landtag und die Vergangenheit. Das Thema „Vergangenheitsbewältigung“ im Schleswig-Holsteinischen Landtag 1947–1992. In: Demokratische Geschichte, Band 17 (2006), S. 187–208.

Und: Welchen Erkenntnisfortschritt liefert uns das neue biografische Wissen um Rollen in der NS-Zeit?[41] Lesen wir Parlamentsdebatten, Ausschussprotokolle oder Abstimmungsverhalten anders, wenn wir über Wissen über Lebenswege und Verhalten in der NS-Zeit verfügen?

Zusammengefasst lauten die Grundsätze der Projektanlage:

> Historiker_innen sind keine Richter_innen, aber auch keine nur beschreibenden Chronist_innen: einordnende Erklärung und wertende Deutung bilden die Ziele der Forschungsarbeit, der historischen Urteilsbildung.
>
> Wir verfolgen ein wissenschaftliches, von komplexen und anschlussfähigen Fragestellungen strukturiertes Konzept, werden nicht geleitet von Zielen der „Aufarbeitung" oder Entlarvung.
>
> Zugrunde liegt ein integrativer methodischer Ansatz, der quantifizierende, individual- und gruppenbiografische sowie qualitative Methoden umfasst sowie eng verzahnt.

Der regionalhistorische Rahmen ist gekennzeichnet durch
- eine Vorgeschichte als ländlich strukturierte, protestantische Grenzregion,
- eine Geschichte als nationalsozialistische Hochburg,
- einen Nachkriegsbeginn in Zugehörigkeit zur demokratiepädagogisch ausgerichteten britischen Zone mit „einheimischer" (Bevölkerungs-)Kontinuität in Kombination mit einem extremen demografischen Wandel durch kriegsbedingte Zuwanderung.

Daraus folgen einige projektleitende Setzungen:
- Ansatz einer Recherche nach unterschiedlichen Rollen im Nationalsozialismus, keine ausschließliche Suche nach (formalen) Belastungen, um ein verzerrungsarmes Gesamtbild der Untersuchungsgruppe sicherzustellen.
- Recherchierte formale Belastungen werden um zahlreiche vertiefte Datenerfassungen ergänzt und miteinander verknüpft, um nuancenreichere Einordnungen zu erzeugen, beispielsweise auch generationelle und intentionale Aspekte zu erfassen.
- Eine spezifische Programmierung der Datenbank mit unterschiedlichen Oberflächen stellt Tools bereit, die durch komplexere Verknüpfungen weitere Verfeinerungen der (auf formalen Daten basierenden) Bilder zulassen.
- Der Ansatz einer Unterscheidung formaler Belastungen und realer Rollen erweitert die Perspektiven und Analyseoptionen und ermöglicht differenziertere individuelle Zuordnungen sowie idealtypische Gruppenbildungen.

41 Skeptisch (auch): Goschler: Altlasten (Anm. 40), S. 81ff.; vgl. Bösch/Wirsching: Abschlussbericht (Anm. 36), S. 9.

- Eine auf anschlussfähiger Basismethodik und Ergebnissicherung basierende, andere Bundesländer anzielende Komparatistik liefert das spezifische Profil des „Falles Schleswig-Holstein".
- Die Einordnung des Befundes in den zeithistorischen Forschungs- und Deutungsstand zu biografischen Kontinuitäten der deutschen Bevölkerung und insbesondere auch der Reintegration ehemaliger NS-Funktionseliten in der (frühen) Bundesrepublik unterstützt bei einer differenzierten Gesamtwertung.

4. Regionalhistorischer Forschungsstand

Die im Abschnitt zum Referenzrahmen skizzierte Konjunktur an vergangenheitspolitischen Fragestellungen ist an Schleswig-Holstein nicht vorbeigegangen. Auch hier wurden und werden gegenwärtig die Biografien späterer Akteure auf kommunaler und Kreisebene auf ihre Rolle während der NS-Zeit befragt und zurückliegende Ehrregime aktuell auf den Prüfstand gestellt. Ein Beispiel dafür liefert das Gutachten über das Wirken des ehemaligen Landrats Waldemar von Mohl in der NS-Zeit, das der Kreis Segeberg im Zusammenhang mit einer politischen Kontroverse über dessen Porträt in der Ehrengalerie im Kreishaus in Bad Segeberg einholte.[42] Ähnliche Kontexte spielten auch bei Gutachten eine Rolle, die 2013 und 2014 für die Landräte der Kreise Stormarn[43] und Rendsburg-Eckernförde[44] ausgeschrieben wurden. Ergebnisse sind noch nicht veröffentlicht.[45] Publiziert, wenn auch offenbar mit einer zeitlichen Verzögerung, sind die Ergebnisse eines Gutachtenauftrags zu der NS-Biografie des Landtagsabgeordneten Gerhard Gerlich, einem Mitglied des Untersuchungssamples dieser Studie, die seit November 2015 öffentlich zugänglich sind und die Umbenennung einer Schule in Trappenkamp/Kreis Segeberg zur Folge hatten.[46] Diese und ähnliche Fälle, wie etwa die Diskussion um das Porträt des ehemaligen Stadtpräsidenten Wilhelm Sievers im Kieler Rathaus[47], ver-

42 Vgl. Sebastian Lehmann unter Mitarbeit von Uwe Danker: Zur Rolle des Landrats Waldemar von Mohl in der NS-Zeit. In: Demokratische Geschichte, Band 24 (2013), S. 165–200.

43 Vgl. Anfrage des Kreisarchivs Stormarn an die beiden Autoren vom 29. November 2013.

44 Vgl. Anforderung einer Angebotsabgabe an das IZRG vom 10. Dezember 2014.

45 Die Publikation von Teilergebnissen des Gutachtens für den Kreis Rendsburg-Eckernförde ist für Ende 2016 im Jahrbuch Demokratische Geschichte angekündigt.

46 Vgl. Ulrich Erdmann: Die Lebensstationen von Gerhard Gerlich bis 1947. Gutachten. Kiel 2013 = http://trappenkamp.de/img2/netGutachtenGG.pdf, aufgerufen am: 23.11.2015. Vgl. zur Umbenennung auch Detlef Dreessen: Der Schul-Name muss weg = http://www.kn-online.de/News/Nachrichten-aus-Segeberg/Trappenkamp-Der-Schul-Name-soll-weg, aufgerufen am: 07.06.2016.

47 Vgl. Martin Drexler: Für Sievers ist im Rathaus kein Platz mehr = http://www.kn-online.de/News/Nachrichten-aus-Kiel/Fuer-Sievers-ist-im-Rathaus-kein-Platz-mehr, aufgerufen am: 01.03.2016. Vgl. dazu auch Peter Wulf: Entsorgung der Geschichte in Kiel. In Mitteilungen der Gesellschaft für Schleswig-Holsteinische Geschichte 87 (2014), S. 28f.; Olaf Bräcker: Diskussionsbeitrag zum Beitrag von Peter Wulf „Entsorgung der Geschichte in Kiel" – I. In: Mitteilungen der Gesellschaft für schleswig-holsteinische Geschichte 88 (2015), S. 52ff. und Peter Hopp: Diskussionsbeitrag zum Beitrag von Peter Wulf „Entsorgung der Geschichte in Kiel" – II. In: ebd., S. 54–58.

deutlichen die Aktualität der Fragestellungen und die Kontroversität des vergangenheitspolitischen Umgangs mit den Erkenntnissen. In diesen Kontext gehören auch der vorliegenden Studie im Ansatz vergleichbare Gutachten aus anderen Regionen, deren Untersuchungsgruppe sich mit der dieses Projekts in einzelnen Fällen überschneidet, wie beispielsweise das publizierte Gutachten zu der NS-Vergangenheit dreier Kasseler Oberbürgermeister, zu denen auch der ehemalige Landesdirektor (Staatssekretär) im schleswig-holsteinischen Innenministerium Dr. Lauritz Lauritzen gehört.[48] Bereits vor gutachterlichen Stellungnahmen wie diesen hatte sich die regionale Zeitgeschichtsforschung verstärkt Fragen nach dem Verhalten bestimmter Gruppen und Institutionen in der NS-Zeit zugewandt. Stellvertretend sei hier die Landesuniversität, die Christian-Albrechts-Universität zu Kiel und ihre Angehörigen, genannt, zu der in den vergangenen Jahren intensive Forschungen veröffentlicht wurden,[49] nachdem die Forschungslage lange Zeit als defizitär galt.[50]

(Neuere) regionale vergangenheitspolitische Untersuchungen

Bezogen auf die Nachgeschichte des Nationalsozialismus in Schleswig-Holstein lautete 1995 die Bilanz des regionalen Forschungsstands zunächst noch, dass (abgesehen von Studien zur Besatzungszeit) der Boden „dünn" sei.[51] Hervorzuheben sind als wichtige (relativ) frühe Beiträge Schildts Aufsatz über die Landeskirche[52], Bernd Kastens Blick auf die Kulminationszeit

48 Vgl. Sabine Schneider u. a.: Vergangenheiten. Die Kasseler Oberbürgermeister Seidel, Lauritzen, Branner und der Nationalsozialismus. Marburg 2015; zu Lauritzen vgl. S. 68–91.

49 Vgl. Christoph Cornelißen/Carsten Mish (Hrsg.): Wissenschaft an der Grenze. Die Universität Kiel im Nationalsozialismus. Essen 2009; Hans-Werner Prahl/Sönke Zankel (Hrsg.): UNI-Formierung des Geistes. Universität Kiel im Nationalsozialismus, Band 2. Kiel 2007, sowie exemplarisch Karl-Werner Ratschko: Kieler Hochschulmediziner in der Zeit des Nationalsozialismus. Die Medizinische Fakultät der Christian-Albrechts-Universität im „Dritten Reich". Essen 2014.

50 Explizit als Ausnahme hervorzuheben sind hier die frühen Forschungen von Ralph Uhlig (Hrsg.): Vertriebene Wissenschaftler der Christian-Albrechts-Universität Kiel nach 1933. Geschichte der CAU im Nationalsozialismus. Frankfurt a. M. 1991; ders.: Zur Vertreibung der Kieler Wissenschaftler von der Christian-Albrechts-Universität nach 1933. In: Zeitschrift der Gesellschaft für Schleswig-Holsteinische Geschichte 118 (1993), S. 211–240, sowie Hans-Werner Prahl (Hrsg.): UNI-Formierung des Geistes. Universität Kiel im Nationalsozialismus, Band 1. Kiel 1995 und Manfred Jessen-Klingenberg: Die Christian-Albrechts-Universität in der Zeit der nationalsozialistischen Diktatur. In: Ders.: Standpunkte zur neueren Geschichte Schleswig-Holsteins. Malente 1998, S. 133–144.

51 Vgl. Uwe Danker: Der Stand der historischen Forschung zum Nationalsozialismus in Schleswig-Holstein. In: Informationen zur Schleswig-Holsteinischen Zeitgeschichte 27 (1995), S. 55–67, hier S. 59f. Früh der Beitrag von Klaus Bästlein: Schleswig-Holstein: Ein deutsch-nationales Naturschutzgebiet für NS-Verbrecher? Zur politischen Natur im nördlichsten Bundesland nach 1945. In: Urs J. Diederichs/Hans-Hermann Wiebe (Hrsg.): Schleswig-Holstein unter dem Hakenkreuz. Bad Segeberg 1985, S. 209–261.

52 Vgl. Axel Schildt: „Jetzt liegen alle großen Ordnungs- und Gesittungsmächte zerschlagen im Schutt." Die öffentliche Auseinandersetzung mit dem „Dritten Reich" in Schleswig-Holstein nach 1945 – unter besonderer Berücksichtigung von Stellungnahmen aus der Evangelisch-Lutherischen Kirche. In: Zeitschrift der Gesellschaft für Schleswig-Holsteinische Geschichte 119 (1994), S. 261–276.

der vergangenheitspolitischen Affären in Schleswig-Holstein[53] sowie Godau-Schüttkes Arbeiten zu personellen Kontinuitäten in der schleswig-holsteinischen Justiz[54] und – kurz nach der Bilanz erschienen – zur Heyde/Sawade-Affäre.[55]

Seither sind beklagte Defizite in Angriff genommen worden,[56] insbesondere auf einer Reihe einzelner Felder. Vergleichsweise intensiv beforscht ist mittlerweile das Thema Entnazifizierung[57] – sowohl was beispielsweise seine Behandlung im Schleswig-Holsteinischen Landtag[58] angeht als auch bezogen auf Spezialthemen[59] und in Regionalstudien[60]. Eingeschränkt gilt das

53 Vgl. Bernd Kasten: „Das Ansehen des Landes Schleswig-Holstein". Die Regierung von Hassel im Umgang mit Problemen der nationalsozialistischen Vergangenheit 1954–1961. In: Zeitschrift der Gesellschaft für Schleswig-Holsteinische Geschichte 118 (1993), S. 267–284.

54 Vgl. Klaus-Detlev Godau-Schüttke: „Ich habe nur dem Recht gedient." Die „Renazifizierung" der schleswig-holsteinischen Justiz nach 1945. Baden-Baden 1993.

55 Vgl. Ders.: Die Heyde-Sawade-Affäre. Wie Juristen und Mediziner den NS-Euthanasieprofessor Heyde nach 1945 deckten und straflos blieben. Baden-Baden 1998. Vgl. dazu auch Uwe Danker: „Die Täter bildeten ein Kartell des Schweigens." Die unglaubliche Affäre Heyde/Sawade. In: Ders.: Die Jahrhundertstory, Band 3. Flensburg 1999, S. 168–187.

56 Eine Zwischenbilanz der Forschung zur NS-Geschichte, die auch die NS-Nachgeschichte umfasst, erschien 2005 mit dem Band von Uwe Danker/Astrid Schwabe: Schleswig-Holstein und der Nationalsozialismus. Neumünster 2005. Vgl. außerdem Uwe Danker: Vergangenheits„bewältigung" (Anm. 23); Karl H. Pohl: Überlegungen zur „Vergangenheitsbewältigung" in Schleswig-Holstein nach 1945. In: Demokratische Geschichte, Band 17 (2006), S. 209–220.

57 Jüngst Carmen Smiatacz: Ein gesetzlicher „Schlussstrich"? Der juristische Umgang mit der nationalsozialistischen Vergangenheit in Hamburg und Schleswig-Holstein, 1945–1960. Ein Vergleich. Berlin 2015. Vgl. auch Uwe Danker: Internieren, entnazifizieren und umerziehen. Erste Vergangenheitsbewältigung nach 1945. In: Gerhard Paul/ders./Peter Wulf (Hrsg.): Geschichtsumschlungen. Sozial- und kulturgeschichtliches Lesebuch Schleswig-Holstein 1848–1948. Bonn 1996; Robert Bohn: „Schleswig-Holstein stellt fest, dass es in Deutschland nie einen Nationalsozialismus gegeben hat." Zum mustergültigen Scheitern der Entnazifizierung im ehemaligen Mustergau. In: Demokratische Geschichte, Band 17 (2006), S. 173–186.

58 Vgl. Ulf Billmayer: ‚Entnazifizierung' und ‚Renazifizierung' im Spiegel der Auseinandersetzungen im Schleswig-Holsteinischen Landtag 1946–1959 (Masch. M. A.). Kiel 1991, bzw. Ulf B. Christen: Die Entnazifizierung im Schleswig-Holsteinischen Landtag 1946 bis 1951. In: Demokratische Geschichte, Band 6 (1991), S. 189–21, aber auch Uwe Danker: Der Landtag und die Vergangenheit. Das Thema „Vergangenheitsbewältigung" im Schleswig-Holsteinischen Landtag 1947–1992. In: Demokratische Geschichte, Band 17 (2006), S. 187–208 sowie ders.: „Wir subventionieren die Mörder der Demokratie. Das Tauziehen um die Altersversorgung von Gauleiter und Oberpräsident Hinrich Lohse in den Jahren 1951–1958. In: Zeitschrift der Gesellschaft für Schleswig-Holsteinische Geschichte 120 (1995), S. 173–199.

59 Vgl. beispielsweise Klaus-Detlev Godau-Schüttke: Entnazifizierung von Richtern und Staatsanwälten des Sondergerichts Altona/Kiel. In: Robert Bohn/Uwe Danker (Hrsg.): „Standgericht an der inneren Front". Das Sondergericht Altona/Kiel 1932–1945. Hamburg 1998, S. 325–347; Gesa Grube: Entnazifizierung und Öffentlichkeit in Schleswig-Holstein. Kiel 1993; Gerhard Hoch: Die Zeit der „Persil-Scheine". In: Demokratische Geschichte, Band 4 (1989), S. 355–372.

60 Vgl. beispielsweise. Holger Otten: Entnazifizierung und politische Säuberung in Kiel. In: Arbeitskreis „Demokratische Geschichte" (Hrsg.): Wir sind das Bauvolk. Kiel 1945–1950. Kiel 1985, S. 295–316; Carsten Müller-Boysen: Auf der Suche nach „ardent Nazis". Anfänge der Entnazifizierung im Kreis Rendsburg. In: Rendsburger Jahrbuch, Band 46 (1996), S. 64–106; Julia-Kathrin Büthe: Die Entnazifizierung in Flensburg-Stadt und -Land während der britischen Besatzungszeit. Kiel 1998; Jessica Jürgens: Entnazifizierungspra-

auch für die Verfolgung und strafrechtliche Ahndung von NS-Verbrechen in Schleswig-Holstein[61] und für das Thema Wiedergutmachung nationalsozialistischen Unrechts[62]. Auch das Untertauchen und die Reintegration zum Teil schwer belasteter Personen sind mittlerweile erforscht.[63] Über die Rolle der Landeskirche bezogen auf den Umgang mit der NS-Zeit liegt eine jüngst erschienene Studie vor.[64] Speziell dem Umgang der schleswig-holsteinischen CDU mit dem Problem ehemaliger Nationalsozialisten und deren Integration widmet sich Allan Borup.[65] Mit Knud Andresens Untersuchung zum Schleswig-Holsteinischen Heimatbund liegt zudem eine Studie zu einer wichtigen geschichtspolitisch aktiven Einrichtung vor, in der auch einige Mitglieder der Untersuchungsgruppe aktiv wirkten.[66]

---

xis in Schleswig-Holstein. Eine Fallstudie für den Kreis Rendsburg 1946–1949. In: Zeitschrift der Gesellschaft für Schleswig-Holsteinische Geschichte 125 (2000), S. 145–174; William Boehart: Zwischen Entnazifizierung und Renazifizierung. Zur Nachkriegsgeschichte der NS-Zeit im Kreis Lauenburg. In: Lauenburgische Heimat. Zeitschrift des Heimatbund und Geschichtsvereins Herzogtum Lauenburg 160 (2002), S. 94–110; Manfred Hanisch: Entnazifizierung in Schleswig-Holstein und in Lauenburg. Zum Stand der Forschung und ihrer Defizite. In: Eckardt Opitz (Hrsg.): Ausgewählte Aspekte der Nachkriegsgeschichte im Kreis Herzogtum Lauenburg und in den Nachbarterritorien, Bochum 2004, S. 15–30.

61 Vgl. Smiatacz: „Schlussstrich" (Anm. 57); Uwe Danker: Verantwortung, Schuld und Sühne – oder: ‚... habe ich das Verfahren eingestellt'. Staatsanwaltliche Ermittlungen in Sachen ‚Euthanasie' 1945–1965. In: Landesarchiv Schleswig-Holstein/Institut für schleswig-holsteinische Zeit- und Regionalgeschichte (Hrsg.): Der Hesterberg. 125 Jahre Kinder- und Jugendpsychiatrie und Heilpädagogik in Schleswig. Ausstellung. Schleswig 1997, S. 75–94; Mandy Jakobczyk: „Das Verfahren ist einzustellen". Staatsanwaltschaftliche Ermittlungen wegen nationalsozialistischer Gewaltverbrechen in Schleswig-Holstein bis 1965. In: Demokratische Geschichte, Band 15 (2003), S. 239–291. Vgl. auch Detlef Korte: ‚In Schleswig und Umgebung war folgendes bekannt...': die NS-Zeit in Schleswig und die Nachkriegsermittlungen der Polizei. In: Mitteilungen zur Schleswiger Stadtgeschichte 10 (1995), S. 16–22, und Stephan Linck: Die Fahndung nach Kriegsverbrechern. Die Field Security Sections (FSS) in Schleswig-Holstein. In: Informationen zur Schleswig-Holsteinischen Zeitgeschichte 33/34 (1998), S. 141–152; AK Asche-Prozeß (Hrsg.): Dokumente: Der Asche-Prozeß. Kiel 1985.

62 Vgl. Heiko Scharffenberg: Sieg der Sparsamkeit. Die Wiedergutmachung nationalsozialistischen Unrechts in Schleswig-Holstein. Bielefeld 2004, sowie Florian Bayer: Wiedergutmachung oder enttäuschte Hoffnung? Die Entschädigung von NS-Opfern in Stormarn nach dem Zweiten Weltkrieg. Hamburg 2012.

63 Gerhard Paul: „... zwinkerte man mit den Augen und schwieg." Schweigekartell und Weißwäschersyndikat, oder: Wie aus NS-Tätern und ihren Gehilfen Nachbarn und Kollegen wurden. In: Stadtarchiv Flensburg/Universität Flensburg (Hrsg.): Lange Schatten. Ende der NS-Diktatur und frühe Nachkriegsjahre in Flensburg. Flensburg 2000, S. 311–376.

64 Vgl. Stephan Linck: Neue Anfänge? Der Umgang der Evangelischen Kirche mit der NS-Vergangenheit und ihr Verhältnis zum Judentum. Die Landeskirchen in Nordelbien. Band 1: 1945–1965. Kiel 2013. Vgl. dazu auch die Beiträge in Karl L. Kohlwage/Manfred Kamper/Jens-Hinrich Pörksen (Hrsg.): „Was vor Gott recht ist". Kirchenkampf und theologische Grundlegung für den Neuanfang der Kirche in Schleswig-Holstein nach 1945. Dokumentation einer Tagung in Breklum 2015. Husum 2015.

65 Vgl. Allan Borup: Demokratisierungsprozesse in der Nachkriegszeit. Die CDU in Schleswig-Holstein und die Integration demokratieskeptischer Wähler. Bielefeld 2010.

66 Vgl. Knud Andresen: Schleswig-Holsteins Identitäten. Die Geschichtspolitik des Schleswig-Holsteinischen Heimatbundes 1947–2005. Neumünster 2011. Zu nennen sind vor allem die langjährigen Protagonisten Dr. Rudolf Muuß, Dr. Richard Schenck, Dr. Hanno Schmidt, Dr. Werner Schmidt und Franz Kock.

Zu einzelnen Nachkriegsakteuren und dem Umgang mit ihrer Rolle in der NS-Zeit sind Forschungen erschienen, vor allem Martis umfassende Studie zu Heinz Reinefarth[67], aber auch Beiträge zu Hans-Adolf Asbach[68] oder zu Hartwig Schlegelberger[69]. Wichtig sind in diesem Zusammenhang verschiedene wissenschaftliche Sammelbiografien, in denen auch Mitglieder der Untersuchungsgruppe ausführlich betrachtet werden, zum Teil mit sehr ähnlichen Fragestellungen.[70] Zu der Frage nach formalen politischen Belastungen schleswig-holsteinischer Abgeordneter hat Christina Schubert 2012 einen Beitrag veröffentlicht, der ihre Recherchen als Schülerin für den Geschichtswettbewerb des Bundespräsidenten dokumentiert.[71]

Zu erwähnen sind die oft in Form „grauer Literatur" beziehungsweise im Broschürenformat erschienenen Publikationen zu der NS-Belastung schleswig-holsteinischer Politiker_innen, die zumeist im anklagenden Duktus Hinweise aufzählen, die zum großen Teil auf den oft, aber nicht immer zutreffenden Informationen aus den „Braunbüchern" basieren.[72] Sie sind aus heutiger Perspektive vor allem als Quellen zur Vergangenheitspolitik zu lesen.[73]

67 Vgl. Philipp Marti: Der Fall Reinefarth. Eine biografische Studie zum öffentlichen und juristischen Umgang mit der NS-Vergangenheit. Neumünster/Hamburg 2014.

68 Vgl. Arne Bewersdorff: Hans-Adolf Asbach. Eine Nachkriegskarriere: Vom Kreishauptmann zum Landessozialminister. In: Demokratische Geschichte, Band 19 (2008), S. 71–112.

69 Vgl. Klaus Bästlein: Der Fall Hartwig Schlegelberger. In: Grenzfriedenshefte 55 (2008) 3, S. 289–304, sowie Sebastian Lehmann: Der Fall Schlegelberger – Dreifache Vergangenheitspolitik? In: Harald Schmid (Hrsg.): Erinnerungskultur und Regionalgeschichte. München 2009, S. 191–226.

70 Vgl. beispielsweise die exzellenten Studien zu den Mitgliedern des Gründungspräsidiums des Bundes der Vertriebenen, in denen ausführlich die NS-Biografien von Reinhold Rehs und Alfred Gille behandelt werden, bei Michael Schwartz: Funktionäre mit Vergangenheit. Das Gründungspräsidium des Bundes der Vertriebenen und das „Dritte Reich". München 2013, sowie Roth: Herrenmenschen (Anm. 20), passim, der sich auch intensiv mit der (Nachkriegs-)Biografie von Adolf Asbach beschäftigt.

71 Vgl. Christina Schubert: Die Abgeordneten des Schleswig-Holsteinischen Landtags nach 1945 und ihre nationalsozialistische Vergangenheit. In: Sönke Zankel (Hrsg.): Skandale in Schleswig-Holstein: Beiträge zum Geschichtswettbewerb des Bundespräsidenten. Kiel 2012, S. 71–128.

72 Vgl. zur Verlässlichkeit und zum Quellenwert der Braunbücher Klaus Bästlein: „Nazi-Blutrichter als Stützen des Adenauer-Regimes". Die DDR-Kampagnen gegen NS-Richter und -Staatsanwälte, die Reaktionen der bundesdeutschen Justiz und ihre gescheiterte „Selbstreinigung" 1957–1968. In: Ders./Annette Rosskopf/ Falco Werkentin (Hrsg.): Beiträge zur juristischen Zeitgeschichte der DDR. Schriftenreihe des Berliner Landesbeauftragten für die Unterlagen des Staatssicherheitsdienstes der ehemaligen DDR, Band 12 (2000), S. 53–94, hier S. 63f.

73 Vgl. Vereinigung der Verfolgten des Nazi-Regimes – Bund der Antifaschisten (Hrsg.): Von Asbach bis Lemke. Eine Dokumentation über Wirken und Einfluß von Alt-Nazis im öffentlichen Dienst Schleswig-Holsteins 1949–1976. Kiel 1976, oder Liste für Demokratie und Umweltschutz/Jungdemokraten, Landesverband Schleswig-Holstein/Jungsozialisten (Hrsg.): Von der NSDAP zur CDU. Politische Karrieren in Schleswig-Holstein. O. O. 1979.

Ausgewählte Literatur zum Landtag und zur Nachkriegspolitik

Zur Besatzungszeit und dann zur Nachkriegspolitik immer noch grundlegend sind die Forschungen von Kurt Jürgensen[74] und Heinz Josef Varain.[75] Auch wenn mittlerweile eine Reihe einzelner historiografischer Arbeiten vorliegt, ist eine Gesamtdarstellung der schleswig-holsteinischen Politik nach 1945 nach wie vor ein Desiderat. Wichtig, besonders mit Hinblick auch auf die Geschichte des Landtags, ist die Arbeit von Jessica von Seggern zu den politischen Anfangsjahren des Bundeslands.[76] Für die Regierungspolitik Friedrich Wilhelm Lübkes liegt eine Monografie vor,[77] zu anderen Kabinetten liefern verschiedene Biografien von Ministerpräsidenten Material.[78] Zu den einzelnen Parteien ist der Umfang geschichtswissenschaftlicher Beiträge recht unterschiedlich. Während es zur Geschichte der Landes-CDU,[79] der schleswig-holsteinischen SPD nach 1945[80], zum SSW[81] sowie zum

74 Stellvertretend sei hier genannt: Kurt Jürgensen: Die Gründung des Landes Schleswig-Holstein nach dem Zweiten Weltkrieg. Aufbau der demokratischen Ordnung während der britischen Besatzungszeit 1945–1949. Neumünster 1998.

75 Vgl. Varain: Parteien und Verbände (Anm. 21). Vgl. auch die von ihm zusammengestellte Bibliografie: Schleswig-Holstein 1918–1957. Eine politische Bibliographie. Kiel 1958.

76 Jessica von Seggern: Alte und neue Demokraten in Schleswig-Holstein. Demokratisierung und Neubildung einer politischen Elite auf Kreis- und Landesebene 1945 bis 1950. Stuttgart 2005.

77 Vgl. Claus O. Struck: Die Politik der Landesregierung Friedrich Wilhelm Lübke in Schleswig-Holstein (1951–1954). Frankfurt a. M. u. a. 1997.

78 Siehe Anm. 86–89.

79 Vgl. beispielsweise Klaus Albert: Entstehungsgeschichte und Politik der schleswig-holsteinischen Landesregierung und Ministerpräsident Dr. Bartram (1950–1951). Eine Untersuchung zur Übernahme der Regierungsverantwortung unter Führung der CDU im Lande Schleswig-Holstein. Kiel 1982; Ders.: Die Übernahme der Regierungsverantwortung durch die CDU im Lande Schleswig-Holstein: Rückblick auf die Regierungszeit von Ministerpräsident Dr. Walter Bartram (1950/51). In: Zeitschrift der Gesellschaft für Schleswig-Holsteinische Geschichte 108 (1983), S. 281–317; Borup: Demokratisierungsprozesse (Anm. 65); Helmuth Mosberg: 50 Jahre CDU Schleswig-Holstein 1946–1996. Kiel 1996; Peter Wulf: „Sammlung rechts von der Sozialdemokratie": Die Geschichte der CDU in Schleswig-Holstein 1945/46. In: Zeitschrift der Gesellschaft für Schleswig-Holsteinische Geschichte 126 (2001), S. 119–156, sowie ders.: „Der Landesfürst": Carl Schröter und die schleswig-holsteinische CDU 1945–1951. In Zeitschrift der Gesellschaft für Schleswig-Holsteinische Geschichte 132 (2007), S. 211–254.

80 Vgl. beispielhaft Detlef Siegfried: Zwischen Einheitspartei und „Bruderkampf". SPD und KPD in Schleswig-Holstein 1945/46. Kiel 1991, und Holger Martens: Die Geschichte der Sozialdemokratischen Partei Deutschlands in Schleswig-Holstein 1945–1959. (2 Bände) Malente 1998.

81 Vgl. beispielsweise Martin Klatt/Jørgen Kühl: SSW. Minderheiten- und Regionalpartei in Schleswig-Holstein 1945–2005. Flensburg 2006; Jørgen Kühl: Dänische Minderheitenpolitik in Deutschland: Südschleswigscher Wählerverband (SSW). In: Ders./Robert Bohn (Hrsg.): Ein europäisches Modell? Nationale Minderheiten im deutsch-dänischen Grenzland 1945–2005. Bielefeld 2005, S. 142–206, sowie Lars N. Henningsen/Martin Klatt/Jørgen Kühl: SSW. Dansksindet politik i Sydslesvig 1945–1998. Flensburg 1998, und Uwe Danker: „Wir wollen loyale Untertanen der dänischen Krone sein." Südschleswig 1945 bis 1955: Vom letzten Kampf zum dauerhaften Grenzfrieden. In: Ders.: Die Jahrhundertstory, Band 3. Flensburg 1999, S. 108–127.

BHE[82] eine ganze Reihe von historiografischen Beiträgen gibt, gilt das beispielsweise nicht für die FDP[83].

Von Erich Maletzke, Uwe Danker und anderen stammen verschiedene populärhistorische, vor allem ereignisgeschichtliche Darstellungen der Geschichte des Schleswig-Holsteinischen Landtags.[84] Wichtige Beiträge sind die bereits erwähnten Aufsätze zu den Debatten über die Entnazifizierung und andere vergangenheitspolitische Themen im Landtag.[85]

Beispiele biografischer Literatur zu und von den Mitgliedern der Untersuchungsgruppe

Das Feld der Literatur zu einzelnen Abgeordneten oder Mitgliedern schleswig-holsteinischer Landesregierungen bis einschließlich der Kabinette Stoltenberg ist bunt und bei fast 390 Personen hier nicht vollständig zu referieren. Deshalb seien hier ausgewählte, die Vielfalt repräsentierende Arbeiten vorgestellt.

So liegen eine ganze Reihe eigenständiger biografischer Monografien zu einzelnen Personen des Untersuchungssamples vor, die zum Teil sehr verschiedene Ansätze und Fragestellungen verfolgen und unterschiedliche Schwerpunkte und Nutzen für die Projektfragestellungen haben. Zentral ist dabei die bereits erwähnte Reinefarth-Biografie. Für Ministerpräsident von Hassel liegen sogar zwei, im Titel fast gleichlautende Monografien vor, wobei Speichs Arbeit als

82 Vgl. Borup: Demokratisierungsprozesse (Anm. 65), passim; Helmut Grieser: „Nationalste Partei" und „Männer der Restauration von 1933". SPD und BHE im schleswig-holsteinischen Landtagswahlkampf 1950. In: Gerhard Fouquet u. a. (Hrsg.): Von Menschen, Ländern, Meeren. Festschrift für Thomas Riis zum 65. Geburtstag. Tönning u. a. 2006, S. 143–161; Franz Neumann: Der Block der Heimatvertriebenen und Entrechteten 1950–1960. Ein Beitrag zur Geschichte und Struktur einer politischen Partei. Meisenheim am Glan 1968; Eva-Maria Rott: Der Block der Heimatvertriebenen und Entrechteten (BHE) in Schleswig-Holstein 1950 bis 1957. Kiel 2001; Thomas Schäfer: Die Schleswig-Holsteinische Gemeinschaft 1950–1958. Neumünster 1987.

83 Vgl. Gesellschaft für Freiheitliche Politik e. V. (Hrsg.): 1949–1986: 40 Jahre Liberalismus in Schleswig-Holstein. Kiel 1986 sowie Karsten Schröder: Die FDP in der britischen Besatzungszone 1946–1948. Ein Beitrag zur Organisationsstruktur der Liberalen im Nachkriegsdeutschland. Düsseldorf 1985. Die Online-Datenbank der Schleswig-Holsteinischen Bibliographie weist keinen einzigen geschichtswissenschaftlichen Beitrag zur FDP in Schleswig-Holstein aus (letzter Abruf: 15.03.2016).

84 Vgl. Rudolf Asmus/Erich Maletzke: Das Haus an der Förde. 25 Jahre Schleswig-Holsteinischer Landtag 1947–1972, Kiel 1972; Erich Maletzke/Klaus Volquartz: Der Schleswig-Holsteinische Landtag. Neumünster 1985; Rudolf Titzck (Hrsg.): Landtage in Schleswig-Holstein. Gestern – heute – morgen: Zum 40. Jahrestag der 1. demokratischen Wahl am 20. April 1947. Husum 1987; Jürgen H. Ibs: Landtage in Schleswig-Holstein: Ernannt und gewählt. 1946 bis 1996. Kiel 1996. Vgl. auch Uwe Danker: „Raus aus dem Elend." 20. April 1947: Der erste gewählte Landtag. In: Ders.: Die Jahrhundertstory, Band 1. Flensburg 1998, S. 248–267; Ders. „Wir machen die Zukunft wahr!" Landespolitik in den 70er Jahren. Die Ära Stoltenberg-Steffen. In: Ders. : Die Jahrhundertstory, Band 2. Flensburg 1999, S. 228–247; Ders.: Mit Fehlstart in vier Jahrzehnte bürgerlicher Regierungsmehrheit. 1950–1967. Landespolitik in der Ära Bartram, Lübke, von Hassel und Lemke. In: Ders.: Die Jahrhundertstory, Band 3. Flensburg 1999, S. 148–167.

85 Vgl. Anm. 58.

geschichtswissenschaftliche Dissertationsschrift[86] deutlich andere Ansprüche aufweist als die etwas populärere Darstellung von Koop.[87] Exemplarisch zu erwähnen sind weiterhin die Biografien der Ober- bzw. Ministerpräsidenten Theodor Steltzer[88] und Hermann Lüdemann,[89] des Ministers Edo Osterloh,[90] der Abgeordneten Hermann von Mangoldt[91] und Otto Passarge[92].

Sehr produktiv ist das Milieu der schleswig-holsteinischen Minderheiten, das etliche eigenständige Biografien seiner Vertreter publiziert hat, so beispielsweise die Studien von Thomas Steensen zu Rudolf Muuß[93] und Johannes Oldsen[94] oder jüngst von Claas Riecken über Theodor Bahnsen[95]. Auch im Zusammenhang mit der Geschichte der Arbeiterbewegung in Schleswig-Holstein sind zahlreiche Aufsätze zu einzelnen Protagonisten erschienen, die von kurzen biografischen Skizzen – etwa die zu Otto Gramcko[96] – bis hin zu umfassend dokumentierten Lebensgeschichten – wie der von Otto Preßler[97] – reichen.

Weiterhin lassen sich in themengebundenen Sammelbänden biografische Studien zu den Mitgliedern der Untersuchungsgruppe finden, so etwa in Sammelbänden zur jüdischen Geschichte – beispielsweise biografische Arbeiten zu Rudolf Katz[98] oder Heinz Salomon[99] – sowie die biografischen Skizzen zu weiblichen Abgeordneten.[100] Einige Mitglieder der Untersu-

86 Vgl. Mark Speich: Kai-Uwe von Hassel – Eine politische Biographie. Bonn 2001.

87 Vgl. Volker Koop: Kai-Uwe von Hassel. Eine politische Biographie. Köln u. a. 2007.

88 Vgl. Klaus Alberts: Theodor Steltzer: Szenarien seines Lebens. Eine Biographie. Heide 2009.

89 Vgl. Rolf Fischer: Hermann Lüdemann und die deutsche Demokratie. Neumünster 2006.

90 Vgl. Peter Zocher: Edo Osterloh – Vom Theologen zum christlichen Politiker. Eine Fallstudie zum Verhältnis von Theologie und Politik im 20. Jahrhundert. Göttingen 2007.

91 Vgl. Angelo O. Rohlfs: Hermann von Mangoldt (1895–1953): das Leben des Staatsrechtlers vom Kaiserreich bis zur Bonner Republik. Berlin 1997.

92 Vgl. Dagmar Hemmie: Otto Passarge (1891–1976). Leben und Wirken für Lübeck. Lübeck 2011.

93 Vgl. Thomas Steensen: Rudolf Muuß: Heimatpolitiker in Nordfriesland und Schleswig-Holstein. Husum 1997.

94 Vgl. Ders.: Johannes Oldsen (1894–1958). Bredstedt 1995.

95 Vgl. Claas Riecken: Berthold Bahnsen. Friesisch-schleswigscher Landtagsmann. Eine minderheitenpolitische Biographie. Bredstedt 2015, der auch viel wichtiges, quellenbasiertes Material zu anderen Minderheitspolitikern im Umfeld Bahnsens liefert, die zu der Untersuchungsgruppe gehören.

96 Vgl. als Beispiel von vielen biografischen Kurzporträts im Jahrbuch Demokratische Geschichte Alfred Schulz: Otto Gramcko (*1901). In: Demokratische Geschichte, Band 3 (1988), S. 630ff.

97 Vgl. Detlef Siegfried: „Ich war immer einer von denen, die kein Blatt vor den Mund nahmen!" Kontinuitäten und Brüche im Leben des Kieler Kommunisten Otto Preßler. In: Demokratische Geschichte, Band 4 (1989), S. 259–330.

98 Vgl. Gerhard Paul: „Herr K. ist nur Politiker und als solcher aus Amerika zurückgekommen." Die gelungene Remigration des Dr. Rudolf Katz. In: Ders. / Miriam Gillis-Carlebach (Hrsg.): Menora und Hakenkreuz. Zur Geschichte der Juden in und aus Schleswig-Holstein, Lübeck und Altona (1918–1998). Neumünster 1998, S. 699–711.

99 Vgl. Sigrun Jochims-Bozic: Sie sind der erste Jude, der nach Kiel zurückgekehrt ist: Heinz Salomon, 1900–1969. In: Sabine Hering (Hrsg.): Jüdische Wohlfahrt im Spiegel von Biographien. Frankfurt a. M. 2006, S. 395–403.

100 Sabine Jebens-Ibs/Maria Zachow-Ortmann: Schleswig-Holsteinische Politikerinnen der Nachkriegszeit. Lebensläufe. Kiel 1994. Vgl. auch Nicole Schultheiß: Geht nicht gibt's nicht …: 24 Portraits herausragender Frauen der Kieler Stadtgeschichte. Kiel 2007.

chungsgruppe finden Berücksichtigung im Rahmen anderer Tätigkeiten denn als Landespolitiker_innen, wie zum Beispiel bei dem Theologie-Professor Martin Redeker.[101] Das gilt natürlich auch für systematische Untersuchungen, in denen Mitglieder des Samples als ausführliche Fallbeispiele behandelt werden, wie beispielsweise zu Friedrich Schönemann in einer wissenschaftshistorischen Studie über die Anglistik und Amerikanistik in der NS-Zeit.[102]

Lemmata zu Mitgliedern der Untersuchungsgruppe finden sich in Nachschlagewerken mit sehr unterschiedlichen Sammlungskriterien. Dazu gehören solche mit schleswig-holsteinischem Regionalbezug wie das Biografische Lexikon für Schleswig-Holstein und Lübeck (SHBL) mit seinen 13 Bänden oder das Nachschlagewerk von Karl Sinner zu Lübecker Bürgermeistern und Senator_innen[103] sowie Handbücher zu anderen Regionen.[104] Viele der Nachschlagewerke und lexikalischen Werke wie die Deutsche Biographische Enzyklopädie liefern oft entweder nur stichwortartige oder für die jeweiligen Rollen in der NS-Zeit nur unzureichende Informationen. Expliziten Bezug zur NS-Zeit hingegen haben einschlägige biografische Lexika wie Ernst Klees Personenlexikon zum „Dritten Reich".[105]

Nicht zu vergessen und als Quellen zu lesen sind eigene Publikationen von Angehörigen der Untersuchungsgruppe, wobei die in diesem Kontext relevanten Texte von Dissertationen aus der NS-Zeit[106] bis hin zu selbst geschriebenen politischen Theaterstücken reichen.[107] Selbstverständlich gehören dazu auch Lebenserinnerungen und andere veröffentlichte Selbstzeugnisse, wobei die Spannweite von klassischen Autobiografien – wie denen von Karl Otto Meyer,[108] Ernst Kracht[109] und Peter Petersen[110] – bis hin zu mit umfangreichen biografischen Einordnungen versehenen wissenschaftlich edierten Lebenserinnerungen reicht – wie bei-

101 Vgl. Hansjörg Buss: „Ein Leben zwischen Christen-, Haken- und Verdienstkreuz". Der Kieler Theologe Martin Redeker. In: Hans-Werner Prahl/Sönke Zankel (Hrsg.): UNI-Formierung des Geistes. Universität Kiel und der Nationalsozialismus, Band 2. Kiel 2007, S. 99–132.

102 Vgl. Frank-Rutger Hausmann: Anglistik und Amerikanistik im „Dritten Reich". Frankfurt a. M. 2003, passim, v. a. S. 413–424.

103 Vgl. Karl-Ernst Sinner: Tradition und Fortschritt. Senat und Bürgermeister der Hansestadt Lübeck 1918–2007. Band 46 der Reihe B der Veröffentlichungen zur Geschichte der Hansestadt Lübeck. Herausgegeben vom Archiv der Hansestadt Lübeck. Lübeck 2008.

104 Zu Dr. Herbert Fuchs vgl. beispielsweise Joachim Lilla: Leitende Verwaltungsbeamte und Funktionsträger in Westfalen und Lippe (1918–1945/46). Aschendorf 2004, S. 152.

105 Vgl. Ernst Klee: Das Personenlexikon zum Dritten Reich. Wer war was vor und nach 1945. Koblenz 2011, das jedoch in keinem Fall Informationen lieferte, die nicht durch die Aktenrecherche und Literaturlage erheblich erweitert werden konnten. Gleiches gilt für eher dubiose Nachschlagewerke wie Erich Stockhorst: 5000 Köpfe. Wer war wer im 3. Reich. Kiel 1998[3].

106 Vgl. Paul Rohloff: Die rechtliche Stellung der Deutschen Arbeitsfront. Würzburg 1939.

107 Vgl. Peter Petersen: De Buur steit op! Een Spill in veer Biller. Hamburg 1936.

108 Vgl. Karl O. Meyer: Frihed, lighed og grænseland. Erindringer skrevet i samarbejde med Jørgen Mågård, Bind 1. København 2001.

109 Vgl. Ernst Kracht: Aus meinem Leben. Erinnerungen, Erlebnisse und Erfahrungen. Heide 1986.

110 Vgl. Peter Petersen: Fliegender Sand. Aus dem Leben eines Bauernjungen für das Bauerntum im 20. Jahrhundert. Norderstedt 1985.

spielsweise die von Paul Bromme, herausgegeben von Ulrich Meyenborg.[111] Auch für all diese gilt der Vorbehalt, dass sie als Egodokumente, mithin also als zu interpretierende Quellen zu verstehen und einzuordnen sind.[112]

In eine ähnliche Kategorie fallen Familiengeschichten[113] oder von Familienmitgliedern verfasste Biografien[114] von und über Mitglieder der Untersuchungsgruppe, die keinen wissenschaftlichen Anspruch erheben wollen und können. Das gilt selbstverständlich ebenfalls für Nachrufe[115], zum Teil verfasst von anderen zur Untersuchungsgruppe Gehörenden – beispielsweise Reinhold Borzikowskys Nachruf auf seinen langjährigen Kollegen als Amtschef Werner Schmidt[116] – sowie für alle anderen Formen lobender Würdigungen.[117]

Eine Mischung aus vorgenannten Textsorten sind Erinnerungsbände, die Aufsätze, Dokumente und Erinnerungsbeiträge von Zeitgenossen vereinen und die für einzelne Mitglieder der Untersuchungsgruppe vorliegen, beispielsweise für Andreas Gayk[118], Joachim Steffen[119] und Kurt Hamer.[120]

111 Vgl. Ulrich Meyenborg: Paul Bromme (1906–1975). Ein Sozialdemokrat im politischen Exil und in der Lübecker Nachkriegspolitik. Erinnerungen und Einschätzungen. Lübeck 2013.

112 Das gilt auch für gesammelte Reden etc. wie zum Beispiel Uwe Barschel/Kurt Jürgensen/Horst Wuttke (Hrsg.): Helmut Lemke. Reden, Ansprachen, Gedanken. 1954–1983. Festgabe für Helmut Lemke zum 80. Geburtstag. Neumünster 1987.

113 Vgl. Claus H. Bill: 750 Jahre Heydebrecks. Die Familie Heydebreck vom Mittelalter bis heute 1254–2004. Limburg an der Lahn 2004.

114 Vgl. Hans-Georg von Heydebreck: Biografie unseres Vaters Claus Joachim von Heydebreck von 1945–1985. Limburg an der Lahn 2012.

115 Vgl. beispielsweise Georg C. von Unruh: Klaus von der Groeben 1902–2002. In: Die Verwaltung, Band 35 (2002), S. 289–292.

116 Vgl. Reinhold Borzikowsky: Dr. Werner Schmidt: Ein Leben in Verantwortung und Pflichterfüllung, 1911–1990. Nekrolog zum 80. Geburtstag. In: Jahrbuch der Heimatgemeinschaft Eckernförde e. V., Band 49 (1991), S. 14–24.

117 Die oftmals einen besonderen zeittypischen Quellenwert haben – und sei es nur für die bemerkenswerten Verrenkungen, mit denen Belastendes in einen Lebenslauf integriert werden soll, wie im Beispiel von Ernst Badendieck: Ernst Neumann-Silkow zum 75. Geburtstag. In: Deutsche akademische Blätter 1 (1976), S. 212f., der Neumanns sehr frühen Beitritt zur NSDAP (1. Januar 1932) damit begründet, dass Neumann angesichts der „braunen Flut‘ zu denen gehörte, die resignierten und nur noch die Hoffnung hegten, in der unabwendbaren NSDAP durch rechtzeitige Mitarbeit Einfluß zu gewinnen“, ebd., S. 213.

118 Vgl. Jürgen Jensen/Karl Rickers (Hrsg.): Andreas Gayk und seine Zeit. 1893–1954. Erinnerungen an den Kieler Oberbürgermeister. Neumünster 1974 sowie Uwe Danker/Jürgen Weber (Red.): Andreas Gayk, 1893–1954 (Broschüre der SPD-Landtagsfraktion). Kiel 1993. Vgl. Zu Gayk auch Holger Martens: Zur Rolle von Andreas Gayk in der Kommunal- und Landespolitik 1945–1954. In: Mitteilungen der Gesellschaft für Kieler Stadtgeschichte, Band 79 (1999) und jüngst Wilhelm Knelangen/Birte Meinschien (Hrsg.): „Lieber Gayk! Lieber Freund!“: der Briefwechsel zwischen Andreas Gayk und Michael Freund von 1944 bis 1954. Kiel 2015.

119 Vgl. Jens-Peter Steffen (Hrsg.): Jochen Steffen. Personenbeschreibung. Biographische Skizzen eines streitbaren Sozialisten. Kiel 1997, sowie Uwe Danker/Ingrid Schilf/Jürgen Weber (Bearb.): Jochen Steffen. Eine Dokumentation. Kiel 1990.

120 Vgl. Uwe Danker/Eva Nowottny (Hrsg.): Kurt Hamer. Landespolitiker und Grenzlandbeauftragter. Malente 2003.

5. Recherchen

Den Erkenntnisinteressen und Fragestellungen des Projektes folgend, konzentrierten sich unsere Recherchen primär auf personenbezogene Quellen aus der NS-Zeit sowie auf einschlägige Überlieferungen, die im Kontext ihrer Bewältigung entstanden und heute in öffentlichen Archiven zur wissenschaftlichen Nutzung bereitgehalten werden: beispielsweise formale Belege für Mitgliedschaften und Funktionen, zeitgenössische Selbstäußerungen und Fremdeinschätzungen sowohl während der NS-Zeit als auch retrospektiv in der Nachkriegszeit entstanden und oft Gegensätzliches beinhaltend, berufliche Spuren und Personalakten, Aktenbestände der Entnazifizierung, Wiedergutmachung und strafrechtlichen Ahndung, auch politische Daten und einschlägige vergangenheitspolitische Einlassungen. Darüber hinaus interessierten auch zusätzliche biografische Erkenntnisse aus den Zeiträumen vor und nach der NS-Zeit.[121]

Grundlage jeder personenbezogenen Recherche ist ein Mindestumfang lebensgeschichtlicher Eckdaten, insbesondere volle Namen, Geburtsdaten und Geburtsorte der gesuchten Personen, um möglichen Verwechslungen vorzubeugen. Wie im Folgenden noch gezeigt werden wird, erwies sich die Datenbank des Informationssystems des Schleswig-Holsteinischen Landtags als sehr hilfreich, wenn auch mit klaren Grenzen und einzelnen Problemen. Wir haben biografische Lexika und Handbücher genutzt,[122] doch erwiesen sich die Angaben zur NS-Zeit als meist höchst unbefriedigend. In bekannten Einzelfällen haben wir Autobiografien, Erinnerungen und Einzelfalldarstellungen mit herangezogen.

Angesichts der Größe der Untersuchungsgruppe sowie der zeitlichen, finanziellen und forschungspraktischen Rahmenbedingungen mussten jedoch klare Beschränkungen – wie eine Konzentration auf seriell zu erfassende Quellenbestände mit Ergänzungen durch gezielte und auf Personen bezogene Recherchen – angelegt und im Konzept berücksichtigt werden. Dazu gehörte auch der ausdrückliche Verzicht auf eine systematische personenbezogene Recherche in Privatbeständen und zeitgenössischen Massenmedien. Gleiches gilt für die aufwändige und oft nicht unproblematische, zugleich im Effekt meist sehr begrenzte Auswertung von Nachlässen, obwohl wir in einigen Archiven Rück- und Nachlässe von Angehörigen des Untersuchungssamples ermittelten und listeten. So sind die Reichweite und Belastbarkeit unserer Erkenntnisse zur 390 Personen umfassenden Gesamtuntersuchungsgruppe in jedem Einzelfall vor diesem Quellenvorbehalt zu sehen.

---

121 Vgl. zu diesem Abschnitt den bedeutend ausführlicheren Beitrag von Stephan A. Glienke: Quellenrecherche und Archive in der Anfügung I dieser Studie.

122 Neue Deutsche Biographie (NDB), Deutsche Biographische Enzyklopädie (DBE), Biographisches Lexikon für Schleswig-Holstein und Lübeck (SHLB), Munzinger: Internationales Biographisches Archiv, Schumacher, Martin: M. d. B. – Die Volksvertretung 1946–1972 = http://www.kgparl.de/online-volksvertretung/online-az.html, aufgerufen am 30.5.2016; Ders: M. d. R. – Die Reichstagsabgeordneten der Weimarer Republik in der Zeit des Nationalsozialismus. Politische Verfolgung, Emigration und Ausbürgerung 1933–1945. Düsseldorf 1992, sowie Udo Kempf/Hans-Georg Merz (Hrsg.): Kanzler und Minister 1949–1998. Biografisches Lexikon der deutschen Bundesregierungen. Wiesbaden 2001 und Franz Osterroth: Biographisches Lexikon des Sozialismus, Band 1. Hannover 1960.

Da dem Untersuchungsgegenstand kein geschlossener Quellenbestand zugrunde liegt, waren biografische Recherchen zu Angehörigen der Untersuchungsgruppe auf dem Wege systematischer Archivrecherchen zu realisieren. Aufgrund umfassender eigener Erfahrungen mit der Vielzahl der in diesem Zusammenhang denkbaren Quellenbestände sowie Erfahrungen aus den Referenzprojekten nutzend, konzentrierten wir die Kernrecherchen auf folgende öffentliche Archive:

- das Landesarchiv Schleswig-Holstein (LASH),
- das Archiv der Hansestadt Lübeck (AHL),
- das Bundesarchiv Berlin (BArch Berlin),
- das Bundesarchiv Koblenz (BArch Koblenz),
- das Bundesarchiv Freiburg (BArch Freiburg),
- das Bundesarchiv Ludwigsburg / Zentrale Stelle der Landesjustizverwaltungen zur Aufklärung nationalsozialistischer Verbrechen (BArch Ludwigsburg/ZS),
- das Institut für Zeitgeschichte München (IfZ),
- das Archiv des ehemaligen Ministeriums für Staatssicherheit der DDR bei der Behörde des Bundesbeauftragten für die Stasi-Unterlagen (BStU).

Während in den meisten Einrichtungen über gebundene Kataloge, die EDV oder mittels Karteikästen Eigenrecherchen stattfinden können, werden Recherchen im Bundesarchiv Ludwigsburg und in den Beständen des BStU nur durch die Mitarbeiter_innen der Häuser durchgeführt, was Wochen (BA Ludwigsburg) oder auch Monate (BStU) in Anspruch nimmt. Im Fall der Wehrmachtsauskunftstelle (WASt) haben die extrem langen Bearbeitungszeiten dazu geführt, dass die Projektgruppe von einer Inanspruchnahme gänzlich Abstand nahm.[123]

Vorgaben der Archive und der Erfassungszustand einzelner Bestände zwangen zu einer qualitativ fokussierten Recherche, jeweils ausgerichtet an den Gegebenheiten vor Ort. Archive mit gutem Erfassungszustand – Bundesarchiv Koblenz, Landesarchiv Schleswig-Holstein, Datenbank des Instituts für Zeitgeschichte in München, Bundesarchiv Berlin, Sammlung NS des MfS, Bestände des BDC im Bundesarchiv Berlin – ließen zu, das komplette Sample der 390 Personen zu bearbeiten, was auch in vollem Umfang durchgeführt wurde. Die NSDAP-Mitgliederkarteien stellen den einzigen nicht elektronisch verzeichneten Bestand dar, für den das gesamte Untersuchungssample – in einem aufwändigen mehrstufigen Verfahren – überprüft wurde; auch die Ludwigsburger Dateien wurden von Hand durchgearbeitet.

Zahlreiche Querverweise führten zu Aktenfunden in einer Reihe weiterer Archive.

In ausgesuchten regionalen Archiven – Staatsarchiv Hamburg, Stadtarchiv Kiel, Archiv der Hansestadt Lübeck – legte die Überlieferung nahe, eine Auswahlliste der Personen mit lokalen Bezügen zu bearbeiten. Wir realisierten das über eine Suchstrategie, die sich an den bekannten Wohnorten der Betreffenden orientierte. Das galt insbesondere für die Suche nach Entnazifizierungsakten, da die mehrschichtige Überlieferung der verwirrend konstruierten deutschen Entnazifizierungsausschüsse teilweise kreisweise zusammengefasst ist.

123 Vgl. Glienke, NS-Vergangenheit (Anm. 5), S. 28f.

Das BStU und das Bundesarchiv Ludwigsburg fordern Benutzer_innen auf, sich auf Auswahllisten zu beschränken. Das Ministerium für Staatssicherheit hat in großem Umfang Dokumente aus der NS-Zeit aus „sicherheitspolitischen Erwägungen bzw. politisch-operativen Gründen" zusammengezogen, erfasst und verwaltet. Studien belegen den instrumentellen Charakter vieler Aufarbeitungsaktivitäten des MfS und die Verwendung der Akten in politischen Kampagnen gegen aufgrund ihrer Rolle in der NS-Zeit belastete Angehörige der westdeutschen Eliten.[124] Angesichts der Bearbeitungszeiten von Recherche- und Aktenanfragen durch das BStU wurde unter Berücksichtigung der Auswahlkriterien des MfS eine Auswahlgruppe aus dem Gesamtsample gebildet, die 99 ehemalige Angehörige schleswig-holsteinischer Landesregierungen, Landesparteivorsitzende und Fraktionsvorsitzende sowie weitere Personen, für die Hinweise auf eine einschlägige Überlieferung vorlagen, umfasst. Im Bundesarchiv Ludwigsburg lagern die Ermittlungsakten der „Zentralen Stelle der Landesjustizverwaltungen zur Aufklärung nationalsozialistischer Verbrechen" (Zentrale Stelle). Hier finden sich Karteikarten, Ermittlungsakten und Kopien aus den Verfahrensakten zu allen Fällen, in denen die ZS (vor-)ermittelnd tätig geworden ist. Die Zentrale Stelle ermittelte und ermittelt bei Hinweisen auf das Vorliegen von NS-Verbrechen, die im Zusammenhang mit den Kriegsereignissen standen, jedoch außerhalb der eigentlichen Kriegshandlungen an der Zivilbevölkerung begangen wurden – zunächst beschränkt auf außerhalb des Bundesgebietes begangene Verbrechen, ab 1964 auch auf das Bundesgebiet erweitert; inzwischen ermittelt die Zentrale Stelle auch wegen an Kriegsgefangenen verübter Verbrechen. Mit freundlicher Sondererlaubnis haben wir schließlich sämtliche Personen der Untersuchungsgruppe in den Beständen des Bundesarchivs Ludwigsburg überprüfen können.

Als unterschiedlich ergiebig für Dokumente aus der NS-Zeit erwiesen sich das Bundesarchiv Berlin und das BStU. In beiden Fällen handelt es sich um personenbezogene Bestände und Datensammlungen, die nach Ende des Krieges zu Dossiers zusammengestellt wurden. Im Bundesarchiv Berlin finden sich die Bestände des ehemaligen Berlin Document Center mit seinen umfangreichen Mikrofilmsammlungen zu Mitgliederkarteien der NSDAP, SA und SS sowie die Akten der Reichsministerien („Deutsches Reich" (Abt. R)). Die im Bestand „Berlin Document Center" überlieferten Akten sind von den US-Besatzungsbehörden zusammengetragen, jahrzehntelang genutzt und 1994 dem Bundesarchiv übergeben worden.[125] Die Mitgliederverzeichnisse aus der NS-Zeit enthalten üblicherweise Querverweise auf andere Mitgliedschaften sowie Hinweise auf den Beitrittstermin und nicht selten persönliche Äußerungen der Betroffenen aus der NS-Zeit. Die Karteien sind jedoch nicht vollständig, sondern nur zu jeweils ca. 80 % überliefert.

124 Vgl. u. a. Henry Leide: Die verschlossene Vergangenheit. Sammlung und selektive Nutzung von NS-Materialien durch die Staatssicherheit zu justiziellen, operativen und propagandistischen Zwecken. In: Roger Engelmann/ Clemens Vollnhals (Hrsg.): Justiz im Dienste der Parteiherrschaft. Rechtspraxis und Staatssicherheit in der DDR. Berlin 2000, S. 495–530, hier S. 496; Bästlein: Stützen (Anm. 72) sowie Sabine Dumschat/Ulrike Möhlenbeck: Aufarbeitung des „NS-Archivs" des Ministeriums für Staatssicherheit der DDR: Abschluss der ersten Projektphase. In: Mitteilungen aus dem Bundesarchiv 12 (2004), S. 40–46.

125 Vgl. Babette Heusterberg: Personenbezogene Unterlagen aus der Zeit des Nationalsozialismus. Das Bundesarchiv in Berlin und seine Bestände, insbesondere des ehemaligen amerikanischen Berlin Document Center (BDC). In: Herold-Jahrbuch N.F., Band 5 (2000), S. 149–186.

Bei dem sich als nur begrenzt ergiebig erweisenden Aktenbestand des „NS-Archivs des MfS“ handelt es sich um eine Sammlung mehrheitlich personenbezogener Dokumente sowie Sachakten, die überwiegend aus den Beständen des Behörden- und Parteiapparats des „Dritten Reiches“ stammen.[126] Die Sammlung wurde zur Erledigung „politisch-operativer“ Aufgaben erstellt, zur strafrechtlichen Verfolgung von NS-Verbrechern ebenso wie zum Zwecke der West-Propaganda.[127] Die Dokumententeile waren zunächst größtenteils aus ihrem provenienzmäßigen Zusammenhang herausgelöst und in Schwerpunkt-Dossiers zu Themen oder Personen neu zusammengefasst worden; dies wurde rückgängig gemacht, sodass ein Großteil der Akten nicht mehr im Bundesarchiv vorliegt, sondern auf die zuständigen regionalen Archive verteilt wurde.

Sehr umfang- und ertragreiche Recherchen haben wir im Landesarchiv Schleswig-Holstein durchgeführt. Dort konnte nicht nur die überwiegende Zahl der Entnazifizierungsakten ermittelt werden, sondern es gelang auch, für zahlreiche Personen Personal- sowie Entschädigungsakten zu ermitteln. Insgesamt konnten zu 207 Personen Überlieferungen in den allgemeinen Beständen des Landesarchivs ermittelt werden. Zum überwiegenden Teil im Landesarchiv finden sich insbesondere die Entnazifizierungsakten der auf dem Gebiet des heutigen Bundeslandes Schleswig-Holstein durchgeführten Verfahren – verteilt über regionalisierte Karteien sowie Karteibestände der Britischen Militärverwaltung und des Landeshauptausschusses. Entnazifizierungsakten enthalten zumeist einen Meldebogen des „Military Government“, in dem Angaben über persönliche und dienstliche Verhältnisse sowie das Einkommen des Betroffenen abgefragt werden. Der Umfang ist je nach Berufsgruppe und Zeitpunkt der Erhebung höchst unterschiedlich und kann mitunter einen zwölfseitigen, 133 Fragen umfassenden Bogen beinhalten oder auch nur einige wenige Fragen auf einem einseitig ausgefüllten DIN A5-Blatt. Hinzu kommen Fragebögen der Entnazifizierungsausschüsse für besondere Berufe (Juristen, Landwirte u. a.). In Einzelfällen liegen den Fragebögen Anlagen bei, wie Lebensläufe oder weiterführende Ausführungen zu einzelnen Punkten. Dem Projektteam wurde unter Auflagen außerdem der Zugang zu den im Landesarchiv lagernden Kabinettsprotokollen gewährt. Als Quelle zur politischen Handhabung vergangenheitspolitischer Affären und brisanter Personalvorgänge sind die Protokolle von erheblicher Relevanz.

Zwar nicht quantitativ, aber doch eine inhaltlich sehr wichtige Quellengruppe stellt die Überlieferung der nur in der britischen Zone etablierten Spruchgerichte dar: Eigens eingerichtete, mit deutschem Personal arbeitende „Spruchgerichte“ konnten in zwei Instanzen schnell, aber rechtsstaatlich korrekt NS-Verantwortliche verurteilen. Angehörige jener NS-

126 Vgl. Dagmar Unverhau: Das „NS-Archiv“ des Ministeriums für Staatsicherheit. Stationen einer Entwicklung. Münster 1998; Michael Hollmann: Das „NS-Archiv“ des Ministeriums für Staatsicherheit der DDR und seine archivische Bewältigung durch das Bundesarchiv. In: Mitteilungen aus dem Bundesarchiv 9 (2001), S. 53–62, sowie Sabine Dumschat: Archiv oder „Mülleimer“? Das „NS-Archiv“ des Ministeriums für Staatsicherheit der DDR und seien Aufarbeitung im Bundesarchiv. In: Archivalische Zeitschrift 89 (2007), S. 119–146.

127 Vgl. Leide: Verschlossene Vergangenheit (Anm. 124); ders.: NS-Verbrecher und Staatssicherheit. Die geheime Vergangenheitspolitik der DDR. Göttingen 2008.

Organisationen, die das Nürnberger Urteil für verbrecherisch erklärt hatte, sollten aufgrund ihrer Kenntnisse von Verbrechen wie dem Holocaust oder dem Behindertenmord (sozusagen vorläufig) bestraft werden mit maximal zehn Jahren Haft und Vermögenseinzug. Persönlich verantwortete Handlungen dagegen sollten (später) reguläre deutsche oder alliierte Gerichte ahnden. Verfahrensakten und Urteile der Britischen Spruchgerichte lagern im Bundesarchiv Koblenz.

Staatsanwaltschaftliche Ermittlungsakten wegen des Verdachts der Beteiligung an NSG-Verbrechen ließen sich als Teilkopien im Institut für Zeitgeschichte München, im Staatsarchiv Hamburg, im Hauptstaatsarchiv Hannover, im Landesarchiv Schleswig-Holstein, vor allem jedoch im Bundesarchiv Ludwigsburg ermitteln, wo die Ermittlungsakten der Zentralen Stelle der Landesjustizverwaltungen lagern. Ermittlungsakten erweisen sich wegen der üblicherweise sehr detaillierten Darstellung und der Vielzahl der Zeugenaussagen als hervorragende, wenn auch schwierige Quelle zur Rekonstruktion vergangener Ereignisse, zumal sie oft zeitgenössische Dokumente und Aktenauszüge enthalten, die nicht selten aus privaten Archiven oder aus interner ministerieller oder staatsanwaltschaftlicher Korrespondenz stammen. Die Zeugenaussagen und Vernehmungsprotokolle geben zudem einen Hinweis auf die rückblickende Deutung individueller Lebensabschnitte durch die betroffenen Personen. Alle Angehörigen des Untersuchungssamples wurden in der – in Zusammenarbeit mit dem Archiv der Gedenkstätte Yad Vashem (Jerusalem) erstellten – Datenbank des Instituts für Zeitgeschichte überprüft.[128]

Insgesamt haben wir auf diesen Wegen für 328 Angehörige unserer – in der Summe 390 Landespolitiker_innen umfassenden – Gesamtuntersuchungsgruppe in einem oder mehreren Archiven Quellen recherchieren können.

6. Daten und Setzungen

Untersuchungsgruppe

Das Untersuchungssample umfasst insgesamt 390 Personen. Es ist in verschiedene Untergruppen geteilt.

Die Gruppe der Abgeordneten des Schleswig-Holsteinischen Landtags umfasst insgesamt 342 Personen, nämlich sämtliche Landtagsabgeordnete seit 1946 der Geburtsjahrgänge bis

128 „Die Verfolgung von NS-Verbrechen durch deutsche Justizbehörden seit 1945. Datenbank aller Strafverfahren und Inventar der Verfahrensakten", bearbeitet im Auftrag des Instituts für Zeitgeschichte München-Berlin von Andreas Eichmüller und Edith Raim. Vgl. Andreas Eichmüller: Die Strafverfolgung von NS-Verbrechen durch westdeutsche Justizbehörden seit 1945. Eine Zahlenbilanz. In: Vierteljahrshefte für Zeitgeschichte 56 (2008), S. 621–640; ders.: Die Datenbank des Instituts für Zeitgeschichte München-Berlin zu allen westdeutschen Strafverfahren wegen NS-Verbrechen. In: Jürgen Finger/Sven Keller/Andreas Wirsching (Hrsg.): Vom Recht zur Geschichte. Akten aus NS-Prozessen als Quellen der Zeitgeschichte. Göttingen 2009, S. 231–237.

einschließlich 1928, da nur diese aufgrund ihres Lebensalters überhaupt die Möglichkeit hatten, einer der Kernorganisationen des Nationalsozialismus (NSDAP, SA, SS) beizutreten. Die benannten 342 Personen[129] bilden die Gruppe der Legislative.[130] Sie verteilen sich auf die

129 Es handelt sich um: Adler, Heinz, SPD; Ahrens, Alfred, SPD; Ahrens, Bernhard, SPD; Albrecht, Karl, SPD; Ambrosius, Heinrich, CDU, FDP; Ambs, Hans, KPD; Andersen, Hermann Dr., FDP; Andersen, Jörgen, SSW; Andresen, Matthias, CDU; Andresen, Thomas, CDU; Arfsten, Carl-Christian, CDU; Arp, Erich, o Fr, SPD; Asbach, Hans-Adolf, GB BHE; Asmussen, Peter Christel, FDP; Bachl, Kunigunde Dr. med., CDU; Bahnsen, Berthold, SSW; Bannier, Theodor, CDU, o Fr; Basedau, Rudolf, SPD; Becker, Karl Prof. Dr. rer. pol., SPD; Beer, Herbert Dr. phil., CDU, GB BHE; Bischof, Hugo, KPD; Blöcker, Hans, CDU; Böge, Kurt, CDU; Böhrnsen, Hermann, CDU, DP, o Fr; Böttcher, Walther Dr. jur., CDU; Bols, Hans, CDU, DP, o Fr; Boyens, Claus Henning, CDU; Boyens, Claus Peter, CDU; Brandes, Ilse, CDU, o Fr; Bredenbeck, Julius, SPD; Bremer, Fritz, CDU; Brinkmann, Rudolf Dr., o Fr; Brodersen, Anna, SPD; Bromme, Paul, SPD; Brühl, Walther, GB BHE; Bünemann, Richard Dr. phil., o Fr, SPD; Bues, Heino, CDU; Bundtzen, Hans, CDU; Burmeister, Heinz, FDP, o Fr; Burmester, Rudolf, CDU; Callö, Iver, SSW; Carstens, Hans, CDU, FDP; Cierocki, Josef, CDU; Clasen, Eduard, SPD; Clausen, Hermann Asmuss, SSW; Clausen, Riewert, CDU; Claussen, Ludwig, CDU; Cohrs, Peter Georg, DP, FDP; Conrady, Karl Otto Prof. Dr. phil., SPD; Damm, Walter, SPD; Dennhardt, Oskar-Hubert, CDU; Detlefsen, Max Werner, CDU; Dieckmann, Hermann, CDU; Diekmann, Bruno, SPD; Ditz, Berthold, GB BHE; Dölz, Paul Richard, SPD; Doepner, Friedrich, FDP, GB BHE, o Fr; Dohrn, Peter, CDU; Donath, Rudolf, SPD; Drevs, Gustav, CDU; Drevs, Wolf-Dieter, CDU; Dudda, Waldemar, SPD; Ehlers, Wolfgang, NPD; Eickhorst, Friedrich, FDP; Eisenmann, Otto, FDP, SHB; Eltermann, Erich, SPD; Emcke, Max Dr. jur., CDU; Empen, Peter, SPD; Engelbrecht-Greve, Ernst Dr. h.c., CDU; Engels, Hermann, SPD; Esser, Peter Wilhelm, SPD; Ewers, Hans, DRP; Feldmann, Karl, SPD; Fischer, Heinrich, SPD; Fleck, Rosemarie Dr. sc. pol., SPD; Fleischner, Ernst, SPD; Flöl, Otto, CDU, DP, o Fr; Fölster, Heinz-Wilhelm, CDU; Frahm, Detlef, CDU; Franck, Hermann, SPD; Franzenburg, Hans Jakob, CDU; Franzke, Alfred, SPD; Frauböse, Max Dr., CDU; Frenzel, Jürgen Dr. jur., SPD; Friede, Hans, GB BHE; Friedrich, Günter, CDU; Friese, Benvenuto-Paul, DVU, o Fr; Fuchs, Herbert Dr. jur., CDU; Gayk, Andreas, SPD; Gerisch, Herbert, CDU; Gerlich, Gerhard Prof. Dr. phil., CDU; Gille, Alfred Dr. jur., GB BHE, GDP; Gramcko, Otto, SPD; Groß, Paul, SPD; Grothe, Max, SPD; Gülich, Wilhelm Prof. Dr. sc. pol., SPD; Günther, Rudolf, CDU; Haas, Ernst Otto, CDU; Haase, Detlef, SPD; Hackhe-Döbel, Frieda, SPD; Hagelstein, Alfred, CDU; Hagemann, Heinrich, CDU; Hagenah, Erich, SPD; Hagge, Johannes Jürgen Christian, CDU, FDP; Hahn, Graf, Ferdinand, CDU; Hahn, Werner, CDU; Hamer, Kurt, SPD; Hansen, Manfred, SPD; Harckensee, Walter, CDU, DAP; Hardt, Friedrich, CDU, o Fr; Hart, Gerhard Dr., o Fr; Hartmann, Emil, GB BHE; Hartz, Detlef, SHB; Hassel, von, Kai-Uwe, CDU; Haut, August, SPD; Herbst, Hans-Joachim, FDP; Herwarth, von, Hans, CDU, GB BHE, o Fr; Heydebreck, von, Claus-Joachim, CDU; Hofer, Andreas Matthias, GB BHE, GDP; Hoffmann, Curt Dr., FDP; Hollmann, Wilhelm, CDU; Holtorff, Hans, CDU; Hundt, Hubert, SPD; Husfeldt, Paul Jürgen Dr., CDU; Ingwersen, Hans, CDU; Iversen, Johannes, CDU, o Fr; Jahn, Emil, SPD; Jensen, Carl-Axel, CDU; Jensen, Elisabeth, o Fr; Jensen, Peter, CDU; Johannsen, Willi, SSW; Jürgens, Erwin, CDU, DP, o Fr; Jürgensen, Julius, KPD; Jürgensen, Wilhelm, SHB; Käber, Wilhelm, SPD; Kalk, Bernhard, SPD; Karde, Otto F., CDU; Katz, Rudolf Dr. jur., SPD; Kersig, Hans Dr. rer. pol., FDP; Ketels, Hans Alwin, CDU; Kiekebusch, Heinz Dr. jur., CDU, GB BHE, o Fr; Kilkowski, Erna, CDU; Kintzinger, Ernst Dr., CDU; Klaus, Friedrich, CDU; Klingenberg, Hermann, SPD; Klinke, Heinz, SPD; Klinker, Hans-Jürgen, CDU; Klinsmann, Luise Dr., SPD; Knudsen, Knud Broder, CDU, FDP, o Fr; Koch, Willi, CDU; Kock, Heinrich Dr. phil., CDU; Kock, Heinz, SPD; Kohz, Martin Dr. jur., GB BHE; Konrad, Klaus, SPD; Kraft, Waldemar, GB BHE; Krahnstöver, Anni, SPD; Kühl, Ernst, CDU; Kuhnt, Gottfried Dr., CDU; Kukil, Max, SPD; Kuklinski, Wilhelm, SPD; Langendorff, von, Lesko, CDU; Langmann, Leonhard, SPD; Latendorf, Fritz, CDU; Lausen, Gerd, CDU; Lechner, Eugen, SPD; Lemke, Helmut Dr. jur., CDU; Leverenz, Bernhard Dr. jur., FDP; Lieth, von der, Joachim, SPD; Linden, Elly Dr. phil., SPD; Lindenmeier, Maria, SPD; Lingk, Erwin, SPD; Lober, Karl-Ernst, NPD; Lohmann, Paul, SPD; Loose, Siegfried, CDU; Lübke, Friedrich Wilhelm, CDU; Lüdemann, Hermann, SPD; Lüth, Otto, SPD; Lüthje, Emmy, CDU; Lund, Heinz, SPD; Lur-

genstein, Walter, SPD; Mahler, Christian, SSW; Mangoldt, von, Hermann Prof. Dr., CDU, o Fr; Marschner, Wilhelm, SPD; Martens, Volkert, CDU; Matthews, Emil, KPD; Matthiessen, Peter, CDU; Matzen, Heinrich Johannes, SHB; Meinicke-Pusch, Max Dr., CDU, FDP, o Fr; Mentzel, Walter, CDU; Meyer, Karl Otto, SSW; Meyer, Konrad, CDU; Meyn, Hermann, SPD; Milkereit, Willi, GB BHE; Möller, Dora, SPD; Möller, Herbert, CDU; Möller, Hinrich, CDU; Möller, Paul, SPD; Mohr, Wilhelm, CDU; Müller, Karl Friedrich Ernst Dr., SPD; Müller, Otto, SPD; Münchow, Samuel, SSW; Muuss, Rudolf Dr., CDU; Nagel, Ernst Hinrich August Dr., o Fr; Narjes, Karl-Heinz Dr. jur., CDU; Nielsen, Agnes, KPD; Nielsen, Andreas, SPD; Noll, Friedrich, SPD; Nonnsen, Herbert, SPD; Oberberg, Arthur, FDP; Obersteller, Bernhard, GB BHE; Odening, Friedrich, CDU, o Fr; Oesterle, Karl, SPD; Ohff, Kurt, CDU, o Fr; Ohnesorge, Lena Dr. med., CDU, GB BHE, o Fr; Oldenburg, Jürgen, SPD; Oldenburg, von, Adolf, SPD; Oldorf, Hans, SPD; Oldsen, Johannes, SSW; Olson, Hermann, SPD, SSW; Osterloh, Edo, CDU; Pagel, Paul Friedrich Wilhelm Dr.agr., Dr.rer.pol., CDU; Panitzki, Karl, SPD; Passarge, Otto, SPD; Pauls, Jann Eduard, o Fr; Paulsen, Gustav, o Fr; Petersen, Peter, NPD; Petersen, Peter Ludwig, SHB; Pörksen, Martin Dr., o Fr; Pohle, Kurt, SPD; Pracher, Alexander Dr., CDU, FDP; Preller, Ludwig Prof. Dr., SPD; Preßler, Otto, KPD; Preuss, Paul, SPD; Probandt, Heinz, FDP; Pusch, Hanns Ulrich, CDU; Raabe, Hermann Dr., o Fr; Ramler, Hans Gerhard, SPD; Ratz, Karl Eduard Heinrich, SPD; Redeker, Martin Prof., Dr.theol., Dr.phil., Dr.h.c., CDU; Reeder, Waldemar, SSW; Rehs, Reinhold, SPD; Reinefarth, Heinz, GB BHE, GDP; Reventlow-Criminil, Graf von, Victor, CDU, o Fr, SSW; Richardsen, Carl, CDU; Rickers, Willy, CDU; Riegel, Erwin, SPD; Rösler, Georg, CDU; Rohloff, Paul Dr., CDU, FDP; Rohwedder, Wilhelm Dr. agr., CDU; Rohwer, Franz, CDU; Ronneburger, Uwe, FDP; Rosenberg, von, Alfred, CDU, DP, o Fr; Ryba, Franz Dr., CDU, o Fr; Saffran, Ernst-Willi, GB BHE; Salomon, Heinz, SPD; Salomon, Ludwig, SPD; Schaefer, Carl Anton Dr. rer. pol., GB BHE; Schaefer, Ernst Leopold, GB BHE, o Fr; Schenck, Richard Matthias Friedrich Dr., o Fr, SPD; Schlachta, Eginhard, GB BHE; Schlegelberger, Hartwig Dr. jur., CDU; Schlotfeldt, Johannes, CDU; Schmehl, Wilhelm, SPD; Schmelzkopf, Marie SPD; Schmidt, Hanno Dr. jur., CDU; Schönemann, Friedrich (Hermann) Prof. Dr., FDP; Schoof, Carl-Friedrich, CDU; Schoof, Ernst, CDU; Schröder, Hans, SPD; Schröder, Hinrich, FDP; Schrörs, Adolf, CDU; Schröter, Carl, CDU; Schübeler, Egon Dr. agr., CDU; Schult, Hans, GB BHE; Schulz, Alfred, SPD; Schulz, Kurt, SPD; Schulze, Bertha, KPD; Schuster, Annemarie, CDU; Schwalbach, Hans, SPD; Schwarz, Henning Michael Dr. jur., CDU; Schwichtenberg, Hans, SPD; Schwieger, Hermann, SPD; Schwinkowski, Arthur Dr. phil., CDU; Seeler, Georg, SPD; Sellmann, Heinrich, SPD; Semprich, Kurt, SPD; Siegel, Wilhelm, SPD; Sieh, Claus, CDU, DP, o Fr; Sierks, Johann, SPD; Sievers, Hannelore, CDU; Sievers, Hans Wilhelm, CDU; Siewert, Otto, CDU, o Fr; Simmann, Werner, CDU; Sommer, Ingeborg, SPD; Sommerfeld, Max, SPD; Spaeth, Leopold, CDU; Stade, Hans, SPD; Stäcker, Hans Detlef, CDU, FDP; Stams, Walter, SPD; Steensen, Karl, CDU; Steffen, Joachim, SPD; Stehn, Erich, CDU; Steiger, Adolf, SPD; Steinhörster, Willi, SPD; Steltzer, Theodor, CDU; Stojan, Ernst-Wilhelm, SPD; Stoltenberg, Gerhard Dr. phil., CDU; Strack, Gerhard, SPD; Struck, Hermann, GB BHE; Tackmann, Gerhard, SPD; Thee, Jürgen, CDU; Thietz, Rudolf Dr., CDU, o Fr; Thole, Johannes, CDU; Tiemann, Walter, SPD; Timm, Emil, o Fr; Titzck, Rudolf, CDU; Trapp, Anni, SPD; Urban, Georg, CDU, GB BHE, GDP; Verdieck, Bruno, SPD; Vorbrook, Johann, SPD; Voß, Hugo, SPD; Voß, Karin, DVU, o Fr; Weidemann, Ehrenfried, CDU; Weidling, Herbert, CDU; Weimar, Wolfgang Dr. phil., CDU; Weiß, Margarete (Margareta), FDP, GB BHE; Wendel, Brunhild, SPD; Werner, Charlotte, SPD; Werner, Theodor, SPD; Westphal, Jürgen Dr., CDU; Wiborg, Georg, sen., CDU; Wilckens, Heinrich, SPD; Wirthel, Berta, SPD; Witt, Georg, CDU, o Fr; Wolff, Gottfried Dr. med vet., CDU; Wolff, Heinrich, CDU; Wolgast, Heinrich, FDP; Wulff, Otto, CDU; Zander, Helmuth, GB BHE; Zappe, Fritz, SPD; Zappe, Walter, SPD; Zimmermann, Hans-Joachim, CDU.

130 Der einzige Abgeordnete, zu dem ein Geburtsdatum und damit das notwendige Identifikationsmerkmal fehlt, ist Walter Zappe, MdL 1. ern. Landtag (SPD), für den außer seiner Angehörigkeit zum ersten ernannten Landtag keine Informationen vorliegen.

Fraktionen der CDU[131] (144 Abgeordnete), SPD (125 Abgeordnete), FDP (26 Abgeordnete), GB/BHE (26 Abgeordnete), SSV/SSW (zwölf Abgeordnete), DP (sieben Abgeordnete), KPD (sieben Abgeordnete), SHB[132] (fünf Abgeordnete), NPD (drei Abgeordnete), DVU (zwei Abgeordnete), DAP[133] und DRP (jeweils ein Abgeordneter) sowie 40 fraktionslose Abgeordnete. Aufgrund zahlreicher Fraktionswechsel, insbesondere in den ersten Legislaturperioden, ergeben sich für die 342 Personen insgesamt 399 Fraktionszugehörigkeiten.[134] Abgeordnete der erst in jüngerer Zeit im Landtag vertretenen Parteien wie Bündnis 90/Die Grünen (seit 1996), Die Linke (ab 2009) und Die Piraten (ab 2012) fanden aufgrund ihres Lebensalters keine Berücksichtigung. Die Mitglieder der Gruppe der Abgeordneten verteilen sich auf die ersten beiden ernannten Landtage sowie die Wahlperioden 1 bis 13. Bis 1960 waren die Angehörigen der Untersuchungsgruppe vollständig unter sich; in diesem Jahr rückte ein einziger Abgeordneter nach,[135] der jünger war als Jahrgang 1928. Dabei blieb es, statistisch relevant waren es erst in der sechsten Wahlperiode ab 1971 sechs jüngere Abgeordnete, ab der siebten Wahlperiode sank der Anteil der Angehörigen der Untersuchungsgruppe (56 von insgesamt 79 Abgeordneten) stark, bis es in der 13. Wahlperiode nur noch drei waren.

Eine zweite Gruppe betrifft die Exekutive. Sie umfasst *alle* Mitglieder der Kabinette Steltzer (1946) bis Stoltenberg (1982), also die jeweiligen Ministerpräsidenten, alle Landesministerinnen[136] und Landesminister sowie Staatssekretäre. Nicht miteinbezogen haben wir die Parlamentarischen Vertreter und – früher so genannten – stellvertretenden Minister, die wir als eher der Legislative zugehörig verstehen. Insgesamt zählt diese Gruppe 87 Personen.[137] Dabei

131 Die Kandidaten von CDU, FDP und DP traten bei der Wahl 1950 gemeinsam als „Deutscher Wahlblock“ im Sinne einer bürgerlichen Sammlung an und bildeten für die Zeit der Regierung Bartram auch eine gemeinsame Fraktion. Vgl. dazu Varain: Parteien und Verbände (Anm. 21), S. 156ff., 230–236. Im Zusammenhang mit der Auflösung des Wahlblocks trat eine ganze Reihe von Abgeordneten aus ihren Parteien aus und in andere ein. Die Abgeordneten der Wahlblockfraktion sind hier von Beginn an ihren jeweiligen Parteien zugeordnet.

132 Schleswig-Holstein-Block, 1954 gebildet aus der Schleswig-Holsteinischen Gemeinschaft und der DP und nur in der dritten Wahlperiode im Landtag vertreten, vgl. Schäfer: Schleswig-Holsteinische Gemeinschaft (Anm. 82), S. 174–188.

133 Die Deutsche Aufbaupartei gehörte ebenso wie die Deutsche Rechtspartei zu den konservativen bis rechtsradikalen Splitterparteien, die nur von kurzer, teilweise nur monatelanger Dauer waren, bevor sie in anderen Parteien und Vereinigungen aufgingen, vgl. Varain: Parteien und Verbände (Anm. 21), S. 54f.

134 Anders als andere Projekte haben wir jeden Wechsel – auch innerhalb von Legislaturperioden – verbucht und damit berücksichtigt. Vgl. dagegen Glienke, NS-Vergangenheit, (Anm. 5), S. 112.

135 Klaus Köberle (für Hans Jakob Franzenburg).

136 Dr. Lena Ohnesorge, MdL WP02–04 (GB/BHE, fraktionslos, CDU), Ministerin für Arbeit, Soziales und Vertriebene (1957–1967), ist die einzige weibliche Angehörige der Gruppe.

137 Es handelt sich um: Andersen, Hermann Dr., FDP; Andresen, Thomas, CDU; Arp, Erich, o Fr, SPD; Asbach, Hans-Adolf, GB BHE; Barschel, Uwe Dr. jur., Dr. phil., CDU; Bartram, Walter Dr.; Bendixen, Peter Dr. phil., CDU; Beske, Fritz Prof. Dr.; Böhrnsen, Hermann, CDU, DP, o Fr; Böning, Wolfgang Dr.; Borzikowsky, Reinhold; Boyens, Wilhelm Friedrich Dr.; Boysen, Kurt Dr.; Braun, Walter Prof. Dr. rer. pol., CDU; Bundtzen, Hans, CDU; Claussen, Karl Eduard, CDU; Damm, Walter, SPD; Delbrück, Ernst Dr. ; Diekmann, Bruno, SPD; Eisenmann, Otto, FDP, SHB; Engelbrecht-Greve, Ernst Dr. h.c., CDU; Flessner, Günter, CDU; Frahm, Heinrich;

gibt es starke Überschneidungen mit der Gruppe der Abgeordneten, 50 von ihnen übten neben dem Ministeramt zu irgendeinem Zeitpunkt ein Mandat im Schleswig-Holsteinischen Landtag aus. Die Gruppe definiert sich durch die Zugehörigkeit zu den genannten Kabinetten. Deshalb finden sich – bei einigen Untersuchungsfragen – auch Personen, die nach 1928 geboren wurden, also nie einer der NS-Kernorganisationen hätten angehören können; dabei handelt es sich – soweit wir die entsprechenden Lebensdaten ermitteln konnten – um sieben Personen;[138] für weitere vier Kabinettsmitglieder verfügen wir über kein Geburtsdatum.[139] Für die Untersuchungsfragen, die sich auf die Alterskohorten bis Jahrgang 1928 beziehen, gehen wir folglich von einem Sample von 76 Regierungsmitgliedern aus.

Für eine dritte Gruppe wurde das Untersuchungssample um die Personen der Landtagsdirektoren des betrachteten Untersuchungszeitraums ergänzt. Dabei handelt es sich um insgesamt fünf Personen, die allesamt auch hinsichtlich ihres Alters für Nachforschungen zu ihrer Rolle im Nationalsozialismus einzubeziehen waren.[140]

Gaul, Gerhard; Geib, Ekkehard Prof. Dr.; Groeben, von der, Klaus; Gülich, Wilhelm Prof. Dr. sc. pol., SPD; Hannemann, Kurt; Hassel, von, Kai-Uwe, CDU; Hebbeln, Hanns-Günther; Heydebreck, von, Claus-Joachim, CDU; Käber, Wilhelm, SPD; Katz, Rudolf Dr. jur., SPD; Knack, Hans-Joachim Dr.; Knudsen, Knud Broder, CDU, FDP, o Fr; Kock, Franz; Kracht, Ernst Dr. Dr.; Kraft, Waldemar, GB BHE; Kribben, Klaus, CDU; Kuhnt, Gottfried Dr., CDU; Kuklinski, Wilhelm, SPD; Langenheim, Konrad Prof.; Lauritzen, Lauritz Dr.; Lausen, Gerd, CDU; Lemke, Helmut Dr. jur., CDU; Leverenz, Bernhard Dr. jur., FDP; Lübke, Friedrich Wilhelm, CDU; Lüdemann, Hermann, SPD; Mangoldt, von, Hermann Prof. Dr., CDU, o Fr; Matthews, Emil, KPD; Narjes, Karl-Heinz Dr. jur., CDU; Nebel, Hans; Neumann-Silkow, Ernst Dr.; Ohmstede, Bernhard; Ohnesorge, Lena Dr. med., CDU, GB BHE, o Fr; Osterloh, Edo, CDU; Otto, Hans-Werner Dr.; Pagel, Paul Friedrich Wilhelm Dr.agr., Dr.rer.pol., CDU; Poetzsch-Heffter, Georg; Pohle, Kurt, SPD; Prätorius, Wolfgang Dr.; Preller, Ludwig Prof. Dr., SPD; Qualen, Hans-Hellmuth; Rickers, Willy, CDU; Ryba, Franz Dr., CDU, o Fr; Schaefer, Carl Anton Dr. rer. pol., GB BHE; Schenck, Richard Matthias Friedrich Dr., o Fr, SPD; Schlegelberger, Hartwig Dr. jur., CDU; Schmidt, Werner Dr.; Schücking, Christoph Bernhard; Schwarz, Henning Michael Dr. jur., CDU; Siegel, Wilhelm, SPD; Sieh, Claus, CDU, DP, o Fr; Specht, Fritz; Stamer, Hans Prof. Dr.; Steltzer, Theodor, CDU; Stoltenberg, Gerhard Dr. phil., CDU; Sureth, Fritz; Titzck, Rudolf, CDU; Traulsen, Sönke Dr.; Treml, Karl Dr.; Wartemann, Max; Westphal, Jürgen Dr., CDU; Wetzel, Günter Dr.; Witt, Peter Werner; Wittenburg, Otto; Wormit, Hans-Georg.

138 Dies sind: Dr. Dr. Uwe Barschel, MdL (CDU), Finanzminister (1979), Innenminister (1979–1982), Ministerpräsident (1982–1987); Dr. Peter Bendixen, MdL WP07–13 (CDU), Kultusminister (1979–1988); Dr. Kurt Boysen, Kultusstaatssekretär (1974–1985), Chef der Staatskanzlei (1987–1988); Prof. Dr. Walter Braun, MdL WP07–10 (CDU), Kultusminister (1969–1979), Sozialminister (1979–1983); Karl Eduard Claussen, MdL WP 06–13 (CDU), Sozialminister (1971–1979), Justizminister (1979–1983), Innenminister (1982–1988); Günter Flessner, MdL WP07–11 (CDU), Minister für Ernährung, Landwirtschaft und Forsten (1975–1988); Klaus Kribben, MdL WP08–13 (CDU), Staatssekretär für Wirtschaft und Verkehr (1982).

139 Das betrifft die Staatssekretäre Dr. Sönke Traulsen, Staatssekretär für Ernährung, Landwirtschaft und Forsten (1979–1988) und Dr. Karl Treml, Sozialstaatssekretär (1981–1988), Bernhard Ohmstede, Innenstaatssekretär (1973–1975) und Sozialstaatssekretär (1975–1977) sowie Hans Nebel, Wirtschaftsstaatssekretär (1971–1983).

140 Es handelt sich um Dr. Gerhard Roedel, Ständiger Sekretär des Schleswig-Holsteinischen Provinziallandtags (später umbenannt in Landtagsdirektor; 1946–1951); Eberhard Riedel, Landtagsdirektor (1951–1959); Fritz Völpel, Landtagsdirektor (1959–1967); Dr. Wolfgang Erich (1967–1970); Claudius Hartmann, Landtagsdirektor (1970–1988).

Ausgangsdaten

Anders als für Niedersachsen[141] und Hessen[142] liegen für Schleswig-Holstein keine publizierten Dokumentationen von Parlamentarier_innen und Abgeordneten des Schleswig-Holsteinischen Landtags vor.[143] Landtagshandbücher existieren erst seit der dritten Wahlperiode in gedruckter Form, die Namen früherer Abgeordneter kann man den Wortprotokollen der Landtage entnehmen.[144]

Die Basis an Personendaten für das Projekt lieferte die Datenbank des Informationssystems des Schleswig-Holsteinischen Landtags. Auf dieser Grundlage standen – soweit vorhanden – für alle Mitglieder des Untersuchungssamples die entsprechenden Basisinformationen zur Verfügung, die neben den Personendaten (voller Name (ggf. Geburtsname), Geburtsdatum, Geburtsort, Todesdatum und Geschlecht) Daten zu Aspekten einer Abgeordnetentätigkeit (Mandate in Landtagen und Bundestag, Fraktionsmitgliedschaften, Ausschussmitgliedschaften, Parlamentarische Namen, Mitarbeit in Gremien und Enquetekommissionen, Teilnahme an Bundesversammlungen) und zu wahrgenommenen Regierungsämtern sowie in vielen Fällen auch Kurzbiografien umfassten. Bei den letztgenannten biografischen Angaben handelt es sich entweder um Eigenangaben der Personen, abgegeben für die Handbücher des Schleswig-Holsteinischen Landtags, oder – und das betraf vor allem Abgeordnete der beiden ernannten und des ersten gewählten Landtags – Zusammenstellungen des „Sekretariats des Schleswig-Holsteinischen Landtages" von 1949.[145] Diese wurden 1997 ergänzt durch Recherchen von Claus Heinrich Bill.[146] Die Informationsdichte reicht von Kurzviten mit über 2000 Anschlägen[147] bis zum lapidaren Hinweis: „Wohnte 1955 in Eckernförde."[148]

141 Vgl. Beatrix Herlemann: Biographisches Lexikon niedersächsischer Parlamentarier 1919–1945. Hannover 2004, sowie Barbara Simon: Abgeordnete in Niedersachsen 1946–1994. Hannover 1996.

142 Vgl. Jochen Lengemann: Das Hessen-Parlament 1946–1986. Biographisches Handbuch des Beratenden Landesausschusses, der Verfassungsberatenden Landesversammlung Großhessen und des Hessischen Landtags 1.–11. Wahlperiode. Frankfurt a. M. 1986.

143 Asmus/Maletzke: Haus an der Förde (Anm. 84), S. 262–281, liefern Namen, ggf. Berufe, Mandate als Abgeordnete und Regierungsämter der Abgeordneten der beiden ernannten Landtage sowie der ersten Wahlperioden bis 1972; Maletzke/Volquartz: Schleswig-Holsteinischer Landtag (Anm. 84), S. 236–266, erweitern dies bis zur zehnten Wahlperiode (bis einschließlich 31. Dezember 1984); Titzck: Landtage (Anm. 84), S. 335–339, beschränkt sich auf die Namen und Daten zu den Landtagspräsidenten, Ministerpräsidenten, Landtagsvizepräsidenten, Oppositionsführern, Fraktionsvorsitzenden, Untersuchungsausschussvorsitzenden sowie Sonderausschussvorsitzenden und Ibs: Landtage (Anm. 84) schließlich verzichtet vollständig auf Abgeordnetenlisten.

144 Im Projekt wurden die Protokolle (und auch noch einmal die Abgeordnetenhandbücher) von Hand durchgesehen, um sicherzustellen, dass kein/e Abgeordnete/r – und habe die Person noch so kurz dem Landtag angehört – übersehen wurde.

145 Bei insgesamt 44 Personen der Untersuchungsgruppe.

146 Bei insgesamt 36 Personen der Untersuchungsgruppe.

147 So im Falle von Rudolf Titzck, MdL WP08–11 (CDU), Landtagspräsident (1983–1987), Chef der Staatskanzlei (1970/71), Innenminister (1971–79) und Finanzminister (1979–83).

148 Wie im Falle von Helmuth Zander, MdL WP02 (GB/BHE).

Diese Angaben des Landtagsinformationssystems können nur unter Vorbehalt der Untersuchung zugrunde gelegt werden, da sie in weiten Teilen auf Eigenangaben der Betreffenden aus den Abgeordnetenhandbüchern basieren. Obschon man wohl voraussetzen kann, dass es für die Betroffenen keinen Grund gegeben haben dürfte, in Bezug auf biografische Kerndaten (Geburtstag, Geburtsort etc.) unzutreffende Angaben zu machen, können alle qualitativen Angaben, insbesondere soweit sie die Zeit bis 1945 betreffen, nur als Ausgangspunkt für die weitere Recherche dienen. In Einzelfällen deuten die Ergebnisse der Archivrecherchen tatsächlich auf falsche oder unpräzise Angaben in den Datenbanken und biografischen Handbüchern hin, deren Ursprung womöglich in einer fehlerhaften Übertragung von Eigenangaben der Betroffenen liegen kann oder aber – wahrscheinlicher – auf bewussten Auslassungen basiert. Beispielsweise findet sich nur bei zwei Mitgliedern der Untersuchungsgruppe in den Angaben zum Lebenslauf auch die Mitteilung einer ehemaligen Mitgliedschaft in der NSDAP.[149]

Ergänzt wurde die Basis an lebensgeschichtlichen Eckdaten durch eine personenbezogene Literaturrecherche in einschlägigen Handbüchern und bibliografischen Hilfsmitteln.

Recherchierte Informationen

Die Fragestellungen des Projekts richten sich in erster Linie an die Biografien der Angehörigen der Untersuchungsgruppe in der NS-Zeit, weshalb sich auch die erhobenen Daten zumindest zu einem großen Teil auf die Zeit vor 1945 beziehen. Grundsätzlich lassen sich die Informationen nach verschiedenen Bereichen unterscheiden:

Der erste Bereich lässt sich als politische Sozialisation und politisches Agieren benennen. Hierzu gehören an empirisch relativ einfach erheb- und auswertbaren Daten vor allem Mitgliedschaften in Parteien und politischen Organisationen (einschließlich der Mitgliedschaftsdaten und eventuell wahrgenommener Funktionen) sowie politische Ämter und Mandate. Das beschränkt sich nicht auf die Zeit zwischen 1933 und 1945, sondern ist auf die Zeit davor und danach ausgeweitet. Weitere Erhebungsdaten beziehen sich auf Dienstzeiten in der Wehrmacht. Zudem wurden Informationen gesammelt, ob die Angehörigen der Untersuchungsgruppe Verfolgung durch das NS-Regime ausgesetzt waren, wobei die Informationen glaubhaft belegt sein mussten und die Bandbreite von Entlassungen aus beruflichen Positionen oder politischen Ämtern über Haussuchungen bis hin zur KZ-Haft reichte.

Die Daten sind jeweils den Zeiträumen vor 1933, 1933 bis 1945 und nach 1945 zugeordnet erhoben worden, sodass sie miteinander korreliert werden können. Beispielsweise ist für 18 spätere Abgeordnete des Schleswig-Holsteinischen Landtags belegt, dass sie vor 1933 dem Stahlhelm (Bund der Frontsoldaten) angehört haben, dem rechtsgerichteten, antirepublikanischen Wehrverband der Weimarer Republik, der der Deutschnationalen Volkspartei nahe-

149 Friedrich Doepner, MdL WP03 (GB/BHE, fraktionslos, FDP), und Peter Ludwig Petersen, MdL WP03 (SHB). Wir dürfen annehmen, dass die Angaben nicht von ihnen selbst stammen.

stand.[150] Von diesen 18 Personen erwarben fast genau 60 % später die Mitgliedschaft in der NSDAP und bis auf wenige Ausnahmen, nämlich genau vier Personen, fanden sich diese Personen schließlich in der CDU-Fraktion des Landtags wieder.[151] Das Gegenbeispiel, ebenfalls aus der Gruppe der Landtagsabgeordneten: Für mindestens 18 spätere Abgeordnete lässt sich in den erhobenen Quellen die Mitgliedschaft in der Sozialistischen Arbeiterjugend (SAJ)[152] nachweisen. 14 von ihnen, also mehr als 75 %, machten während der NS-Zeit Verfolgungserfahrungen (in diesem Fall meistens Haft, zum Teil langjährige Konzentrationslagerhaft), nur einer trat der NSDAP bei. Alle 18 saßen schließlich als Mitglieder der SPD-Fraktion im Schleswig-Holsteinischen Landtag.

Diese Ergebnisse überraschen kaum. Aber auch wenn die erzielte Erkenntnis solcher Korrelationen zu erwarten sein mag, zeigen die Verknüpfungen der Zeiträume, dass die erhobenen Daten Sozialisation und Werdegänge abbilden, mithin ein zäsurübergreifendes politisches Profil der Mitglieder der Untersuchungsgruppe erzeugen können.

Mit Einschränkungen gilt das auch für das politische Agieren. Zwar lassen sich in den recherchierten Quellen verlässliche Daten zu politischen Ämtern und Mandaten gewinnen, ebenfalls über die Zäsuren 1933 und 1945 hinaus. Vieles lässt sich jedoch besser erzählen als messen. So ist beispielsweise die vom NS-Propagandaministerium finanzierte Reise des Amerikanisten Prof. Dr. Friedrich Schönemann[153] Ende 1933, auf der er die Zustände in den deutschen Konzentrationslagern skandalös beschönigte,[154] kaum als statistisch auswertbare Information auszudrücken, wohl aber als Teil eines bemerkenswert raschen Anpassungsprozesses des vormaligen DVP-Mitglieds zu erzählen.

Ein zweiter Bereich wird durch berufliche und gesellschaftliche Sozialisation sowie entsprechendes Agieren generiert. Erfasst werden neben beruflichen Ausbildungsstationen und Laufbahnen auch Karriereverläufe und konkretes Handeln in beruflichen Positionen. Zu allen diesen Aspekten haben wir entlang der Recherchewege Informationen erfasst. Von einer detaillierten, sozialwissenschaftlichen Standards entsprechenden Aufbereitung und Auswertung haben wir abgesehen. Zu heterogen sind dafür die Untersuchungsgruppen und zu gering ist der mutmaßliche Erkenntnisgewinn für den aufwändigen Versuch, das durchaus sehr unterschiedlich dicht überlieferte Quellenmaterial so aufzubereiten, dass sich statistisch auswertbare Ergebnisse hinsichtlich der Sozialstruktur und der Karrieremuster erzielen ließen.

150 Vgl. zum Stahlhelm nach wie vor Volker R. Berghahn: Der Stahlhelm. Bund der Frontsoldaten (1918–1935). Düsseldorf 1966; für die Entwicklung in Schleswig-Holstein vgl. Rudolf Rietzler: „Kampf in der Nordmark". Das Aufkommen des Nationalsozialismus in Schleswig-Holstein 1919–1928. Neumünster 1982, S. 260–266.

151 Basis: Projektdatenbank.

152 Vgl. hierzu die verschiedenen Beiträge in Heinrich Eppe/Ulrich Herrmann (Hrsg.): Sozialistische Jugend im 20. Jahrhundert. Studien zur Entwicklung und politischen Praxis der Arbeiterjugendbewegung in Deutschland. Weinheim 2008; für Schleswig-Holstein den Beitrag des ehemaligen Vorsitzenden der Kieler SAJ Albert Witte: Die Sozialistische Arbeiter-Jugend in Kiel, 1919–1925. Der Jungarbeiter 1918. In: Demokratische Geschichte, Band 4 (1989), S. 163–174.

153 MdL WP02 (FDP), Quellendichte: befriedigend.

154 Vgl. Hausmann: Amerikanistik (Anm. 102), S. 192.

Tatsächlich erhoben haben wir zusammenfassende Angaben hinsichtlich der beruflichen oder gesellschaftlichen Rolle in der NS-Zeit, die – korreliert mit hinsichtlich der zentralen Fragestellungen des Projekts wichtigen Daten – durchaus statistisch ausgewertet werden können. So ist beispielsweise festzuhalten, dass mindestens 28 der 342 nachmaligen Abgeordneten zwischen 1933 und 1945 eine mehr oder minder lange Phase der Erwerbslosigkeit aufwiesen. Von diesen gehörte nur eine Person[155] der NSDAP an, aber 23 von ihnen – mithin über 80 % – machten Verfolgungserfahrungen in der NS-Zeit. Ein zweites Beispiel: Von den 22 Rechtsanwälten[156] in der NS-Zeit unter den späteren Mitgliedern des Schleswig-Holsteinischen Landtags gehörten immerhin neun (41 %) der NSDAP an, drei von ihnen erlebten selbst Verfolgungsmaßnahmen des Regimes.

Speziell an den übergreifenden Fragestellungen des Projekts orientiert wurden zudem noch Daten zu vergangenheitspolitischen Aspekten erhoben. Dazu gehören Informationen über durchlaufene Entnazifizierungsverfahren, über strafrechtliche Ermittlungen im Zusammenhang mit NS-Gewaltverbrechen; die Spanne reicht von Zeugenaussagen der jeweils betroffenen Personen über (Vor-)Ermittlungsverfahren bis hin zu ggf. rechtskräftigen Urteilen gegen Angehörige der Gesamtuntersuchungsgruppe. Erfasst haben wir auch Verfahren vor nicht-bundesrepublikanischen Gerichten sowie vor Spruchgerichten der Britischen Zone, die einem Sonderrecht unterlagen.[157] Ebenfalls gesammelt haben wir Informationen zu alliierter Internierung und Kriegsgefangenschaft, darunter auch Zeiträume und Orte. Sowohl als Quellen für die Rolle in der NS-Zeit als auch für die Nachkriegsbiografie sind Unterlagen aus Wiedergutmachungs- und Entschädigungsverfahren relevant, die Angehörige der Untersuchungsgruppe anstrengten. Und schließlich sind gezielt Informationen zu vergangenheitspolitischen Aktivitäten der im Fokus stehenden Landespolitiker_innen einbezogen worden, wenn sie als Angehörige von Entnazifizierungs- oder Kreissonderhilfsausschüssen Mitglieder in wichtigen, mit vergangenheitspolitischen Fragestellungen beschäftigten Gremien des Landtags oder als Teilnehmende an vergangenheitspolitischen Debatten im Plenum des Landtags agierten.[158]

Zu erwähnen sind außerdem noch Einordnungen der Angehörigen der Untersuchungsgruppe entsprechend ihrer biografischen Bezüge zu Schleswig-Holstein. Es geht im Kern um die Frage, in welchem Maß sie zu den in der Region beheimateten Personen gehörten bzw. seit wann sie in Schleswig-Holstein agierten. Dieser Faktor ist in einem Land, das in der Folge des Zweiten Weltkriegs massivsten demografischen Wandel – nämlich mit einem Bevölkerungs-

155 Alfred Ahrens, der nach Verfolgung und langjähriger Erwerbslosigkeit 1937 das Integrationsangebot des Regimes annahm und der NSDAP beitrat. Vgl. zu dem Fall in Teil II Abschnitt „Typ Jongleur".

156 Einbezogen sind hier tatsächlich nur in der NS-Zeit niedergelassene Rechtsanwälte, keine Rechtsreferendare etc., die evtl. nach 1945 praktizierten.

157 Vgl. hierzu Heiner Wember: Umerziehung im Lager. Internierung und Bestrafung von Nationalsozialisten in der britischen Besatzungszone Deutschlands. Essen 1991, S. 276–366.

158 Hierbei haben wir insgesamt 93 vergangenheitspolitisch relevante Debatten des Landtags ausgewählt und die Beteiligung von Angehörigen der Untersuchungsgruppe ausgewertet nach Debattenbeiträgen, Zwischenrufen und Anträgen zur Geschäftsordnung. Vgl. in Teil II und Teil III die Abschnitte zu vergangenheitspolitische Debatten sowie die Übersicht der 93 Debatten im Anhang.

anstieg um Zwei Drittel ein in Deutschland beispielloses Wachsen der Bevölkerung – erlebte, von besonders großer Bedeutung. Entsprechend haben wir fünf Kategorien gebildet: Ein „enger biografischer Bezug“ zu Schleswig-Holstein lag vor bei Personen, die aus Schleswig-Holstein stammten und in der NS-Zeit größtenteils dort handelten bzw. lebten (mit Ausnahme des Wehrdienstes). Abgestuft dazu drückt zurückhaltender formuliert „vor 1945 biografischer Bezug“ zu Schleswig-Holstein aus, dass die betreffende Person entweder nur daher stammte oder zumindest teilweise in Schleswig-Holstein ansässig und aktiv war. Diese Einordnung basiert in vielen Fällen auch auf einer in dieser Hinsicht eingeschränkten Quellenlage. Klar davon abgegrenzt sind Personen der Kategorie „nach 1945 Bezug zu Schleswig-Holstein“, für die belegt ist, dass sie erst nach (oder gegen) Kriegsende ins Land kamen sowie die Gruppe „anerkannte Flüchtlinge“, bestehend nämlich aus Personen, die eindeutig beziehungsweise offiziell als Flüchtlinge oder Vertriebene identifizierbar und anerkannt waren. In einer letzten Kategorie sind jene eingeordnet, für die der biografische Bezug (zumeist wegen der Quellenüberlieferung) „unklar“ bleiben muss.

Quellenkritik

Die Quellenbasis besteht – wie bei personenbezogenen Recherchen auch zu erwarten – in einer großen Zahl der Fälle aus Eigenangaben der betroffenen Personen, basiert zudem teilweise auf Unterlagen, die vor 1945 entstanden, teilweise auf Nachkriegsunterlagen. Dass jede Quelle der quellenkritischen Betrachtung bedarf, ist eine Selbstverständlichkeit; für Ego-Dokumente[159] gilt das im besonderen Maße. Zu diesen Selbstzeugnissen gehören Autobiografien und Tagebücher sowie eigens verfasste Lebensläufe und selbst eigene Angaben in Entnazifizierungsfragebögen – Quellenarten, die den Großteil des erhobenen Materials ausmachen. In ihnen geht es in hohem Maß um Selbstdarstellungen und Selbstdeutungen der eigenen Biografie im jeweils zu beachtenden Kontext.

Bei Quellen aus der NS-Zeit, deren Adressaten Vertreter des Regimes waren (beispielsweise eigenhändig verfasste Lebensläufe in Personalakten), überrascht es nicht, dass viele Verfasser oder Verfasserinnen zumeist darum bemüht sind, in ihrer Biografie eine möglichst große und lang zurückreichende Nähe zum Nationalsozialismus und zur NSDAP zu demonstrieren. Bei einer Partei, die ihre politische Entwicklung in der Weimarer Republik als „Kampfzeit“ gegen das republikanische „System“ verstand und Widerstände, Strafen und erlittene Verletzungen gerne als für die „Bewegung“ dargebrachte „Opfer“ darstellte, erzeugten Verweise auf ebensolchen Einsatz nach 1933 Prestige und Ansprüche auf Kompensation bzw.

159 Vgl. hierzu Winfried Schulze: Ego-Dokumente: Annäherung an den Menschen in der Geschichte? Vorüberlegungen für die Tagung „EGO-DOKUMENTE“. In: Ders. (Hrsg.): Ego-Dokumente. Annäherungen an den Menschen in der Geschichte. Berlin 1996, S. 11–20.

Patronage[160] und vermittelten den Eindruck der „politischen Zuverlässigkeit“[161]. Das wird deutlich in dem selbstbewussten Bewerbungsschreiben, das der spätere Landtagsabgeordnete Martin Kohz im November 1933 an den Obersten SA-Führer richtete mit dem beiläufigen Hinweis, dass er „seit 1930 [...] wohl als einziger Anwalt in Pommern ständig Sa-Männer [sic] fast ausschließlich umsonst verteidigt [habe] und dieserhalb verschiedentlich mit den Behörden zusammengeraten [sei], was sich nachteilig auf meine Praxis auswirkte. Ich bin deshalb zweimal bei der Verleihung des Notariats übergangen worden.“[162] Ein anderes Beispiel ist Otto Flöl, der seinen Lebenslauf in den Akten des Reichsjustizministeriums mit zahlreichen Hinweisen auf seine Einsatzbereitschaft für die nationalsozialistische Sache spickte, so beispielsweise mit der Bemerkung, dass er „von links gemaßregelt“ worden sei, weil er als Staatsanwalt in Weimar 1926 angeblich seine schützende Hand über den dort abgehaltenen Parteitag der NSDAP gehalten hätte. Zudem führte er auf, dass er Träger des Goldenen Reichsabzeichens der NSDAP sowie des „Silbernen Thüringer Adlers der Ältesten Tausend“ sei, also zu den frühesten 100.000 Parteimitgliedern reichsweit sowie zu den ersten 1.000 in Thüringen gehörte.[163]

Nicht alle konnten auf derart überzeugende NS-Meriten wie Kohz oder Flöl verweisen, weshalb Angaben zugespitzt, übertrieben oder auch bisweilen schlichtweg erfunden wurden, wenn ein Engagement für die NS-Bewegung als karriereförderlich angesehen wurde, es die tatsächlichen Umstände aber nicht hergaben. Das musste nicht unbedingt von dem Betreffenden selbst ausgehen. So bescheinigte im November 1939 der Hamburger Rechtsanwalt G. dem Dr. Paul Rohloff (zu diesem Zeitpunkt noch Rechtsreferendar) in einem Arbeitszeugnis: „Herr Dr. Rohloff ist Nationalsozialist und als politischer Leiter in der Partei tätig.“[164] Das war – so zumindest G. im Mai 1947 bei Rohloffs Entnazifizierungsverfahren, in dem dieses Schriftstück zur Sprache kam – als „s.Zt. allgemein übliche Gefälligkeit“ gemeint, die „das berufliche Fortkommen“ Rohloffs habe befördern sollen. Diese Gefälligkeit hätte sich bei einem energischeren Entnazifizierungsausschuss leicht als ernsthaftes Problem herausstellen können, denn als Parteifunktionär hätte Rohloff mit erheblich schwerwiegenderen Sanktionen des Ausschusses rechnen müssen.

Weisen Selbstdarstellungen in der NS-Zeit in dem beschriebenen Kontext die Neigung zur (Über-)Betonung der eigenen NS-Affinität auf, verhält es sich bei Quellen, die nach 1945 entstanden, genau umgekehrt. Im besonderen Maße gilt das für die im Projekt seriell erhobenen Auskünfte aus Entnazifizierungsverfahren, in denen die Tendenz zur Beschönigung und zur Verschleierung bereits strukturell angelegt war, denn faktisch war in diesen Verfahren die Be-

160 Vgl. Frank Bajohr: Parvenüs und Profiteure. Korruption in der NS-Zeit. Frankfurt a. M. 2001, S. 17–34.

161 Vgl. zur nationalsozialistischen Sozialkontrolle mittels politischer Beurteilungen, bei denen die „politische Zuverlässigkeit“ als zentrales Kriterium diente, jüngst Kerstin Thieler: „Volksgemeinschaft“ unter Vorbehalt. Gesinnungskontrolle und politische Mobilisierung in der Herrschaftspraxis der NSDAP-Kreisleitung Göttingen. Göttingen 2014, S. 195–305.

162 Vgl. Kohz an OSAF vom 24. November 1933 in: BArch SA 116–A.

163 Vgl. undatierten Personalbogen, BArch R 3001/55984.

164 Beschluss des Beratenden Ausschusses „Justiz“ für die Ausschaltung von Nationalsozialisten in Hamburg vom 14. Mai 1947, StAHH 221–11, Nr. L 1177.

weislast umgekehrt: Ergaben sich durch Angaben in dem auszufüllenden Fragebogen Hinweise auf eine politische Belastung, beispielsweise durch eine Mitgliedschaft in der NSDAP oder anderer NS-Organisationen, mussten die Betroffenen mithilfe von Leumundszeugnissen (sogenannten „Persilscheinen") nachweisen, dass sie sich nichts Belastendes zuschulden hätten kommen lassen. Obwohl falsche Angaben oder Auslassungen strafrechtlich verfolgt werden konnten, sind die Angaben aus dem Entnazifizierungsverfahren und vor allem aus den Leumundszeugnissen mit hoher quellenkritischer Vorsicht auszuwerten. Allein bei 21 Angehörigen der Untersuchungsgruppe finden sich unterschiedlich große Diskrepanzen zwischen den Angaben in ihren Fragebögen und dem, was durch andere, zumeist zeitgenössische Quellen belegt werden kann, in sechs weiteren Fällen lässt sich belegen, dass sie die Mitgliedschaft in der NSDAP in ihrem Entnazifizierungsverfahren vollständig verschwiegen haben.[165]

Einer davon ist der Fall Bünemann, der zudem einige Probleme der Datenerhebung verdeutlicht. Auf den Standardrecherchewegen des Projekts ließen sich in den einschlägigen Archiven keine belastbaren Informationen zum Lebenslauf von Dr. Richard Bünemann[166], geboren am 21. April 1920 in Hamburg, in der NS-Zeit ermitteln. Das galt allerdings nicht für Peter Bünemann, geboren unter dem gleichen Datum, ebenfalls in Hamburg, für den im Bundesarchiv im Bestand Berlin Document Center sowohl in der Zentralen Mitgliederkartei als auch in der Orts-(gruppen-)kartei NSDAP-Mitgliedskarten überliefert sind, die belegen, dass Peter Bünemann am 24. April 1939 die Mitgliedschaft zur NSDAP beantragte.[167] Die Aufnahme erfolgte dann zum 1. September 1939, jenem Sammeldatum, zu dem insgesamt 103.000 HJ- und BDM-Angehörige der NSDAP beitraten, weshalb davon auszugehen war, dass auch Peter Bünemann den Weg in die Partei aus der Hitlerjugend gefunden hatte.[168] Eine Sonderanfrage an das Staatsarchiv Hamburg förderte eine Entnazifizierungsakte für Richard Bünemann zutage, aus der hervorging, dass dieser zwar noch weitere Vornamen hatte, „Peter" aber nicht dazugehörte. Unter Mitgliedschaft zur NSDAP hatte Richard Bünemann zudem ein „nein" vermerkt, aber als gegenwärtige Anschrift dieselbe Adresse genannt wie Peter

165 Heinz Burmeister (MdL 1.-2. ern. Landtag (fraktionslos, FDP), Quellendichte: befriedigend), Dr. Richard Bünemann (MdL WP06–07 (SPD, fraktionslos), Quellendichte: ausreichend), Gustav Drevs (MdL WP03–07 (CDU), Quellendichte: befriedigend), Victor Graf von Reventlow-Criminil (MdL 1.-2. ern. Landtag (fraktionslos, CDU (Hospitant), SSW), Quellendichte: ausreichend) und Ernst-Wilhelm Stojan (MdL WP05–09 (SPD), Quellendichte: befriedigend) sowie Paul Preuß (MdL WP02, 04–05 (SPD), Quellendichte: befriedigend), der in seinem Entnazifizierungsverfahren (LASH Abt. 460, Nr. 202) als langjähriger Sozialdemokrat (seit 1917) nicht nur seinen NSDAP-Beitritt vom 1. Mai 1937 (BArch BDC OK, Film 3200 R0025) verschweigt, sondern auch seine Mitgliedschaft im NSKK und seine Rolle als Obertruppführer darin (BArch SA 113B).

166 MdL WP06–07 (SPD, fraktionslos), Quellendichte: ausreichend.

167 Vgl. BArch BDC ZK, Film 3100 D0059 sowie BArch BDC OK, Film 3200 C0053.

168 Freiwillig und in diesem Fall ohne die fällige Aufnahmegebühr, vgl. hierzu Armin Nolzen: Vom „Jugendgenossen" zum „Parteigenossen": die Aufnahme von Angehörigen der Hitler-Jugend in die NSDAP. In: Wolfgang Benz (Hrsg.): Wie wurde man Parteigenosse? Die NSDAP und ihre Mitglieder. Frankfurt a. M. 2009, S. 123–150, hier S. 131f.

Bünemann, nämlich Eppendorfer Landstr. 6 in Hamburg.[169] Eine Anfrage beim zuständigen Bezirksamt ergab, dass ein Peter Bünemann weder im Standesamt Hamburg noch im Generalregister zu ermitteln war.[170] Das schloss die Möglichkeit eines denkbaren Zwillings endgültig aus, war aber noch kein belastbarer Beweis für die Personenidentität. Dass Richard Bünemann sich mitunter des Vornamens Peter bediente, ließ sich erst schlüssig belegen durch die Erwähnung eines „Richard (‚Peter') Bünemann" in einer eher abseitigen Publikation zur Geschichte des St. Anthony's College in Oxford, wo Richard Bünemann Anfang der 1950er-Jahre studiert hatte.[171]

Nicht immer blieben solche Auslassungen verborgen, so etwa im Fall von Martin Kohz, der die immensen Ungereimtheiten zwischen den Angaben in seinem Fragebogen und später aufgetauchten Unterlagen aus dem Document Center der US Army nur zum Teil damit erklären konnte, „alles nach oben ‚abgerundet'" zu haben.[172] Auslassungen und Halbwahrheiten bezogen sich indes nicht nur auf Mitgliedschaften, sondern teilweise auch auf reale Rollen. Alfred Gille gelang es beispielsweise, seine Rolle als Zivilverwalter in der besetzten Sowjetunion vor dem zuständigen Entnazifizierungsausschuss vollständig zu verbergen. Obwohl der Ausschuss Unterlagen aus dem Document Center angefordert und auch eine Reproduktion von Gilles NSDAP-Mitgliedskarteikarte erhalten hatte,[173] konnte Gille unwiderlegt behaupten: „Von 1939 an wurde ich Soldat und habe auch mit an der Front gestanden. Ich kam im März 1948 aus der Gefangenschaft zurück."[174] Daran war im engeren Sinne nichts gelogen, allein die entscheidenden Informationen für die Zeit dazwischen fehlten, nämlich dass Gille nach knapp zwei Jahren bei der Wehrmacht im November 1942 als Stadtkommissar in Saporoschje im Reichskommissariat Ukraine (RKU), zwischen November 1943 und März 1944 als leitender Sachbearbeiter für die Abwicklung des Verwaltungsapparats des RKU sowie zwischen März und Juli 1944 als Gebietskommissar in Nowogrodek im Reichskommissariat Ostland amtiert hatte.[175] – Und das sind Rollen in der zivilen Besatzungsherrschaft gewesen, die eine hohe NS-Belastung signalisieren!

---

169 Vgl. Entnazifizierungsfragebogen vom 19. August 1947, StAHH 221–11 Z 6757.

170 Mitteilung des Bezirksamts Hamburg-Nord vom 15. Januar 2016.

171 Gunnar Take sei an dieser Stelle für die Beschaffung des Titels gedankt. Vgl. Christine S. Nicholls: The History of St. Anthony's College, Oxford (1950–2000). London 2000, S. 26: „Deakin succeeded in bringing some German students to St. Anthony's. The first of these, Richard ('Peter') Bünemann, arrived six years after the war had ended, having served in the Wehrmacht. When Bünemann timorously introduced himself to the Warden, Deakin asked him whether he had been a soldier in the war. He said, he had served in the German forces, being wounded in Yugoslowia in Montenegro near the River Lim." Das stimmt mit Richard Bünemanns Angaben zu seinen Militäreinsatzzeiten und -orten überein: „Jugoslawien etwa Okt. 44 – 3.12.44", vgl. Entnazifizierungsfragebogen vom 19. August 1947, StAHH 221–11 Z 6757.

172 Nämlich dass er beispielsweise 1934 aus der SA ausgeschlossen worden sei, er jedoch noch 1937 offiziell als SA-Obersturmführer firmierte, vgl. Niederschrift der öffentlichen Sitzung des Entnazifizierungshauptausschusses des Landes Schleswig-Holstein vom 17. Juni 1950, LASH Abt. 460, Nr. 2821.

173 Bescheinigung des Berlin Military Post 7771 Document Center vom 17. Januar 1950, AHL, Entnazifizierung, „Dena" Soll-Nr. 1341.

174 Aussage Gilles vom 21. Juni 1948, ebd.

175 Vgl. dazu Teil II, Abschnitt „Typ Besatzungsakteur_in" sowie Schwartz: Funktionäre (Anm. 70), S. 376–411.

Mindestens ebenso problematisch wie Entnazifizierungsunterlagen sind Einlassungen in Strafverfahren im Zusammenhang mit NS-Gewaltverbrechen, selbst wenn es sich nur um Zeugenaussagen und nicht um Beschuldigte handelte. Belegt sind regelrechte Vertuschungsnetzwerke[176] wie das um Hans-Adolf Asbach[177], der Zeugen im gegen ihn geführten Verfahren wegen Beteiligung an Judentötungen im Generalgouvernement zu Falschaussagen ermunterte und zum Teil massiv unter Druck setzte, Informationen zu unterschlagen.[178] Ein Beispiel für die in Verhören behauptete Unkenntnis von Massentötungen in der unmittelbaren Umgebung ist Dr. Hermann Andersen,[179] der als Zeuge im Hannoveraner NSG-Verfahren zu Judenerschießungen in Libau, Windau und Mitau (Lettland) befragt wurde. Zum Tatzeitpunkt, nämlich zwischen Oktober 1941 und Februar 1942, war Andersen als Betriebsführer der Firma Gebrüder Andersen beim Wiederaufbau des Kriegshafens von Libau tätig gewesen. Zudem habe er die Libauer Eisenwerke in die deutschen Hermann-Göring-Werke „überführt".[180] Andersen gab zwar zu, dass in dem Betrieb jüdische Zwangsarbeiter beschäftigt gewesen waren, von Judenerschießungen – die nur 15 Kilometer von Libau entfernt stattgefunden hatten – habe er dort nichts erfahren, erst nach seiner Rückkehr nach Kiel. Ein anderes Beispiel liefert Hans-Werner Otto[181]. Otto kam im Mai 1942 zunächst als Vertreter, ab Herbst 1942 als regulärer Stadtkommissar nach Nikolajew im gleichnamigen Generalbezirk und leitete schließlich ab Januar 1943 als Gebietskommissar die Zivilverwaltung im vereinigten Gebiets- und Stadtkommissariat Nikolajew. Die Zentrale Stelle in Ludwigsburg leitete 1965 ein Vorermittlungsverfahren ein, skizzierte seine Rolle in der Besatzungsverwaltung und konnte seine Aussagen, er habe von Judenverfolgungen in seinem Gebiet keine Kenntnis gehabt, schließlich nicht widerlegen.[182] Gleiches gilt für die Arbeit des Enterdungskommandos „Aktion 1005", welches für die Beseitigung von Spuren des Massenmords eingesetzt wurde und das in Nikolajew im November/Dezember 1943 Massengräber mit mindestens zwischen 3.000 und 4.000 Leichen und im Januar 1944 noch einmal unweit der Stadt weitere Gruben mit rund 1.000 jüdischen Opfern öffnete und diese verbrannte.[183] Bereits in dem Ermittlungsverfahren dazu hatte Otto zu Protokoll gegeben, dass er „in der letzten Zeit unserer Anwesenheit in Nikolajew für einige Tage unangenehmen Geruch über der Stadt [wahrgenommen habe], der ab und an zum fragenden Meinungsaus-

176 MdL WP02 (FDP), Minister für Wirtschaft (‚Aufbau) und Verkehr (1950–1952) sowie für Arbeit, Soziales und Vertriebene (1951), Quellendichte: befriedigend.

177 MdL WP02-04 (GB/BHE), Minister für Soziales (1950–1951) und für Arbeit, Soziales und Vertriebene (1954–1957) sowie Stellvertretender Ministerpräsident (1954–1957), Quellendichte: gut.

178 Vgl. Bewersdorff: Asbach (Anm. 68), S. 91–97.

179 MdL WP02 (FDP), Quellendichte befriedigend.

180 Vgl. Aussage Andersen vom 4. September 1963, BArch B 162/2626.

181 Sozialstaatssekretär (1950–1967), Innenstaatssekretär (1967–1971), Quellendichte: befriedigend. Gegen Otto ermittelte die Zentrale Stelle wegen seiner Rolle als Gebietskommissar im RKU. Vgl. zu dem Verfahren Klaus-Detlev Godau-Schüttke: Die Heyde-Sawade-Affäre. Wie Juristen und Mediziner den NS-Euthanasieprofessor Heyde nach 1945 deckten und straflos blieben. Baden-Baden 1998, S. 124ff.

182 Vgl. ebd., S. 125.

183 Vgl. dazu Jens Hoffmann: „Das kann man nicht erzählen". ‚Aktion 1005' – Wie die Nazis die Spuren ihrer Massenmorde in Osteuropa beseitigten. Hamburg 2008, S. 120–123.

tausch führte, ob da nicht Leichen vernichtet würden."[184] Das Verfahren wurde schließlich eingestellt.

Solche Zeugenaussagen haben als Quellen für eventuelle Tatbeteiligungen nur begrenzten Wert. Gleichwohl gehören gerade Justizakten zu den wichtigsten Quellenbeständen zu NS-Gewaltverbrechen und zur deutschen Besatzungsherrschaft in Osteuropa.[185]

Quellendichte

Bei einem Projekt wie diesem, bei dem die Rahmenbedingungen eine kaum individualisierte, sondern auf serienmäßige Überlieferungen beschränkte Quellenrecherche zu den Personen vorgeben, gilt mehr denn je der Vorbehalt, dass alle Aussagen und Einordnungen sich auf die von uns erhobene Datengrundlage beziehen. Die Suchwege und die Ergebnisse der Recherche sind bereits ausführlich dargelegt worden. Im Auswertungsteil werden zahlreiche Teiluntersuchungsgruppen gebildet sowie exemplarisch biografische Beispiele vorgestellt. Dabei ist es angesichts der Unterschiedlichkeit der Quellenlage bezogen auf die jeweils einbezogenen Personen notwendig, die Reichweite der Aussagen und Einordnungen vor dem Hintergrund der Quellensituation festzuhalten. Wir haben uns deshalb entschlossen, für jede Person jeweils die recherchierte „Quellendichte" auszuweisen und entsprechend bei Gruppen eine Art Ausweis der Quellendichte der jeweiligen Gruppenzusammensetzung hinzuzufügen.

Wir haben dazu eine vierstufige Skala gewählt, die in Teilen auf inhaltlichen, in Teilen auf formalen Kriterien basiert und die Reichweite und Aussagekraft der Einordnungen konturieren soll. Die vier Stufen der Quellendichte sind: „gut", „befriedigend", „ausreichend" und „unzureichend".

Eine „gute" Quellendichte zeichnet sich durch folgende Merkmale aus: „Die Quellendichte ist gesättigt sowie durch ausreichende Forschung zusätzlich abgesichert. Es entsteht – bezogen auf die Fragestellungen und Einordnungen – ein umfassendes Bild der Person; sowohl zeitgenössische Überlieferungen als auch jene für die Nachkriegszeit sind aussagekräftig."[186] Ein Beispiel für diese Quellendichte liefert Hans-Adolf Asbach, für den zahlreiche Quellenbestände aus der NS-Zeit vorliegen sowie umfangreiches retrospektives, d. h. nach 1945 ent-

184 Aussage Ottos vom 27. September 1963, BArch B 162/7132.

185 Vgl. die Beiträge in Jürgen Finger/Sven Keller/Andreas Wirsching (Hrsg.): Vom Recht zur Geschichte. Akten aus NS-Prozessen als Quellen der Zeitgeschichte. Göttingen 2009, v. a. Jürgen Finger/Sven Keller: Täter und Opfer – Gedanken zu Quellenkritik und Aussagekontext. In: ebd., S. 114–131 sowie Michael Wildt: Differierende Wahrheiten. Historiker und Staatsanwälte als Ermittler von NS-Verbrechen. In: Norbert Frei/Dirk van Laak/Michael Stolleis (Hrsg.): Geschichte vor Gericht. Historiker, Richter und die Suche nach Gerechtigkeit. München 2000, S. 46–59.

186 Legende der Datenbank im Anhang, S. 595.

standenes Material, und zudem Forschungsliteratur vorhanden ist, welche sich mit seiner Rolle in der NS-Zeit beschäftigt.[187]

Eine „befriedigende" Quellenüberlieferung zeichnet sich durch folgende Aspekte aus: „Die Quellenüberlieferung entlang der im Forschungsdesign ausgeführten Recherchewege ergibt ein einigermaßen kohärentes Bild – allerdings nur bezogen auf die Fragestellungen und die Quellenarten. Die Quellen (und gegebenenfalls genutzte Forschungen) reichen in der Regel nicht für eine Gesamtwürdigung der Person oder des Politikers bzw. der Politikerin. Gleichwohl sind die Einordnungen belastbar. In der Regel gehören dazu Überlieferungen von Entnazifizierungsunterlagen sowie zeitgenössische Unterlagen (Personalakten etc.)."[188] Ein entscheidendes Kriterium dabei ist, dass Nachkriegsunterlagen durch Akten aus der NS-Zeit abgesichert werden, sodass Zuordnungen nicht allein auf der Basis von Informationen aus retrospektiven Quellen getroffen werden. Als Beispiel sei hier die Quellendichte für Karl Feldmann[189] genommen, für den im Landesarchiv Schleswig eine Reihe von Nachkriegsunterlagen überliefert sind,[190] aber auch eine Karteikarte aus dem Bestand Reichssicherheitshauptamt aus dem Jahr 1938, in dem seine Vergangenheit als Gausekretär des Reichsbanners

187 Für ihn liegt eine Mitgliedskarte der NSDAP in der Ortskartei vor (BArch BDC OK, Film 3200 A0038) sowie eine Personalakte im Bestand Reichsjustizministerium (BArch R 3001/50447); im Bundesarchiv Koblenz sind verschiedene, im Projektzusammenhang nicht relevante Materialien überliefert. Im Bundesarchiv Ludwigsburg konnten zahlreiche Aktensignaturen im Zusammenhang mit Ermittlungen gegen ihn recherchiert werden (BArch B 162/4130, 4131, 4144, 4145, 4417, 5178, 26929, 26930, 19941, 4132, 20039, 22009, 20946, 4146, 19305, 19306), im Bundesarchiv Freiburg hingegen keine. In den Unterlagen des BStU taucht Asbachs Name in Material von sehr unterschiedlicher Beschaffenheit auf, nämlich beispielsweise Unterlagen im Zusammenhang mit einem Rechtshilfeersuchen der Kieler Oberstaatsanwaltschaft von 1968 (BStU MfS IX/11 RHE-West 412), umfangreiche Pressemappen (BStU MfS IX 23018) oder Sammlungen von Karteikartenkopien aus der NS-Zeit (BStU MfS IX/11 PA 2353). In der Datenbank des IfZ sind die Ermittlungen der Staatsanwaltschaft Lübeck dokumentiert einschließlich einer Kopie des ca. 450 Seiten starken Schlussberichts. Die Originalakten des Verfahrens sind im Landesarchiv Schleswig-Holstein überliefert (LASH Abt. 352.3, Nr. 17240–17380), das neben einer Reihe weiterer Unterlagen zu Asbach auch dessen umfangreichen, im Rahmen dieses Projekts nicht systematisch ausgewerteten Nachlass (LASH Abt. 399.163) beherbergt. Nicht ermittelt werden konnten die Unterlagen zu seinem Entnazifizierungsverfahren. Die entsprechenden Informationen konnten dem Aufsatz von Bewersdorff: Asbach (Anm. 68) entnommen werden sowie den Passagen zu Asbach in der umfassenden Studie von Roth: Herrenmenschen (Anm. 20). Der historische Kontext zu Asbachs Rolle wird außerdem geliefert durch zahlreiche Publikationen, u. a. Bogdan Musial: Deutsche Zivilverwaltung und Judenverfolgung im Generalgouvernement. Wiesbaden 1999, oder Dieter Pohl: Nationalsozialistische Judenverfolgung in Ostgalizien 1941–1944. Organisation und Durchführung eines staatlichen Massenverbrechens. München u. a. 1996.

188 Legende der Datenbank im Anhang, S. 595f.

189 MdL WP01 (SPD), Quellendichte: befriedigend.

190 So neben einer Ordensakte (LASH Abt. 605, Nr. 13589) und einer Akte, die eine Rede Feldmanns in seiner Eigenschaft als Sonderbeauftragter für die Entnazifizierung enthält (LASH Abt. 605, Nr. 3383), auch Unterlagen aus seinem Entnazifizierungsverfahren (LASH Abt. 460.11, Nr. 808) und die Akten eines Entschädigungsverfahrens (LASH Abt. 761, Nr. 18440), die zahlreiche Informationen über die Verfolgung Feldmanns in der NS-Zeit enthalten sowie ein Bescheid aus dem Berlin Document Center, der das negative Rechercheergebnis zu Feldmann im Bestand ehemaliges BDC bestätigt.

Schleswig-Holstein und die Mitteilung der Staatspolizeistelle Kiel, dass Feldmann „auch heute noch als politisch unzuverlässig" zu gelten habe, dokumentiert sind.[191]

Die Quellendichte wurde als „ausreichend" betrachtet, wenn die Überlieferung folgenden Kriterien entsprach: „Quellenmaterial reicht aus, um belastbare Aussagen jedenfalls zu bestimmten Fragestellungen zu treffen, v. a. Mitgliedschaften, wobei allerdings der Quellenvorbehalt gilt, nämlich dass diese Aussagen in der Regel auf einzelnen, z. T. retrospektiven Quellen basieren. Beispiel: Es liegen Unterlagen aus dem Entnazifizierungsverfahren vor, die nicht oder nur zum Teil durch (zeitgenössische) Parallelüberlieferungen abgesichert sind, weil etwa eine Recherche in BDC-Beständen negativ verlief."[192] Das ist der Fall bei der Recherche zu Peter Dohrn[193], für den im Rahmen des Projekts in erster Linie eine Entnazifizierungsakte ermittelt werden konnte.[194] Auch wenn seine Eigenangaben zur eigenen Haltung in der NS-Zeit sowie zu Verfolgungsmaßnahmen und frühen gewalttätigen Übergriffen durch Nationalsozialisten darin nicht durch andere Überlieferungen bestätigt werden, liefern sie zusammen mit der Tatsache, dass er bereits am 22. Mai 1945 seinen Fragebogen ausfüllt und von der britischen Besatzungsmacht als Kreistagsabgeordneter ernannt sowie als Landrat des Kreises Dithmarschen gewählt wird,[195] das überzeugende Bild eines in der NS-Zeit „abseits" stehenden Unangepassten. Allerdings wurde die Quellendichte „ausreichend" auch bei Personen vergeben, bei denen eine Karteikarte aus den beiden Mitgliederkarteien im Bestand ehemaliges Berlin Document Center überliefert ist, denn damit ist (anders als bei anderen Quellengruppen) zumindest das zentrale Kriterium der Mitgliedschaft in der NSDAP einschließlich des Beitrittsdatums absolut zweifelsfrei belegt, was in einem begrenzten Ausmaß bestimmte Zuordnungen zulässt. Ein Beispiel dafür ist Kurt Böge[196], für den die Karteikarte in der Ortskartei vorliegt, die belegt, dass er noch als 17-jähriger am 21. Februar 1944 seine Aufnahme in die NSDAP beantragte und am 20. April 1944 unter der Mitgliedsnummer 9.858.585 aufgenommen wurde.[197] Diese fragmentarischen Daten sind aussagekräftig genug, um (sehr begrenzt) durchaus tragfähige Zuordnungen und Einschätzungen zu treffen.

Eine „unzureichende" Quellendichte lag in folgenden Fällen vor: „Die mangelhafte Quellenüberlieferung erlaubt keine belastbaren oder auch nur vorsichtigen Aussagen über die Person und ihre Biografie vor 1945; abgesehen von evtl. Splitterüberlieferungen liegen keine aussagekräftigen zeitgenössischen oder Nachkriegsquellen vor, ebenso keine ausreichend umfassenden Entnazifizierungsunterlagen."[198] Das galt insbesondere auch dann, wenn keine

191 BArch R58/9679.

192 Legende der Datenbank im Anhang, S. 596.

193 MdL WP01 (CDU), Quellendichte: ausreichend.

194 LASH Abt. 460.7, Nr. 182. Überliefert ist im Landesarchiv ebenfalls eine Ordensakte (LASH Abt. 605, Nr. 13438). In der Akte sind die Unterlagen (Fragebögen, Action Sheets sowie Erklärungen etc.) auch für den gleichnamigen Sohn (*19. September 1906) enthalten und z. T. miteinander vermischt.

195 Vgl. Erklärung Dohrns vom 27. März 1946, ebd. sowie Schleswig-Holsteinischer Landkreistag (Hrsg.): 125 Jahre Kreise in Schleswig-Holstein. Neumünster 1992, S. 240.

196 MdL WP08–11 (CDU), Quellendichte: ausreichend.

197 BArch BDC OK, Film 3200 B0061.

198 Legende der Datenbank im Anhang, S. 596.

Aussagen über eventuell bestehende Mitgliedschaften getroffen werden konnten. Dies war der Fall bei Emil Timm[199], für den auf den eingeschlagenen Suchwegen weder zeitgenössische Unterlagen noch eine Entnazifizierungsakte ermittelt werden konnten. Überliefert ist allerdings eine Karteikarte, der sich neben der Tatsache, dass Timm von Beruf Holzkaufmann gewesen war und in Eckernförde im Jungfernstieg 88 gelebt hatte, entnehmen lässt, dass er verstarb, wohl relativ kurz nach dem Eingang des (nicht überlieferten) Entnazifizierungsfragebogens im September 1946.[200] Über seine Biografie zwischen 1933 und 1945 wissen wir nichts.

7. Projektdatenbank

Auf 390 Personen bezogene, arbeitsteilig durchgeführte Quellenrecherchen an verstreuten Standorten schaffen besondere Ansprüche an die Dokumentation der Ergebnisse, die Erfassung und Auswertung der zahlreichen Quellen sowie an die Informationsverwaltung, die mit konventionellen Methoden der Quellenauswertung nicht bewältigt werden können. Zur Sicherung und Nutzbarmachung des aggregierten Datenmaterials unter ausdrücklichem Beibehalt der stark unterschiedlichen Quellencharakteristika, um im konkreten Fall differierende Quellenkritik anwenden zu können, war eine komplexe EDV-Lösung erforderlich.

Deshalb haben wir auf der Basis des vergleichsweise leicht erlernbaren, auch von Nicht-Informatikern anzuwendenden und zugleich leistungsstarken und außergewöhnlich viele Lösungen bietenden Datenbankprogramms „Filemaker" speziell für dieses Projekt eine Datenbank entworfen und programmiert, die eine ganze Reihe spezifischer Anforderungen erfüllt.[201] „Filemaker" bietet zudem den wichtigen Vorteil, im laufenden Betrieb Veränderungen und Fortentwicklungen der Programmierung zuzulassen, sodass – insbesondere bezogen auf die Auswertungstools – entsprechend der inhaltlichen Entwicklung des Projektes die Datenbank weiterentwickelt werden kann.

Insgesamt erfüllt die Projektdatenbank vier zentrale Aufgaben, die konventionelle Daten- oder Literaturverwaltungen nicht leisten können:

- Sie lässt zu, die gesammelten Informationen zentral zu erfassen, und erlaubt allen Projektbeteiligten die Einpflege von und den mühelosen Zugriff auf Daten.
- Es lassen sich nachvollziehbar und präzise für jedes Datenblatt der Arbeitsstand und die Recherchewege dauerhaft dokumentieren. Zudem kann berücksichtigt werden, ob ein Suchweg erfolgreich war oder eine Fehlanzeige produziert hat, wer auf welcher Stufe gehandelt hat usw. So lässt sich für die in allen Fällen absolvierten Recherchewege ein Vollständigkeitsanspruch ihrer Dokumentation erheben.

199 MdL 1. ern. Landtag (fraktionslos), Quellendichte: unzureichend.

200 Die handschriftliche Notiz lautet: „verstorben. Fragebogen abgelegt unter nicht geprüfte Fragebögen." Vgl. LASH Abt. 460.1, Nr. 99.

201 FileMaker Pro, Version 10.0v1. Informationen: www.filemaker.com.

- Mit ihrer Hilfe lassen sich die erhobenen Daten in fast beliebiger und sehr flexibler Form verknüpfen wie auswerten. Mithilfe programmierter Routinen und Tools lassen sich etwa Mitgliedschaften in der NSDAP, aber auch Alterskohorten, Ermittlungsverfahren, Wortbeiträge in Landtagsdebatten oder biografische „Typen" vergleichsweise mühelos in Bezug zueinander setzen und statistisch auswerten. Beispielsweise lässt sich gleichsam per Knopfdruck die NS-Vergangenheit der Mitglieder der „Heyde-Sawade-Ausschüsse" zusammenzustellen oder die spezifische Beteiligung ehemaliger HJ-Mitglieder an vergangenheitspolitischen Debatten im Landtag.
- Von der Mutterdatenbank ausgehend lassen sich schließlich quasi beliebig konstruierte Auswahlgruppen untersuchen. Das geschieht durch abgeleitete Teil- oder „Kinder"-datenbanken: So ist es beispielsweise kein Problem, die Landtagsabgeordneten einer ausgesuchten Legislaturperiode oder die Staatssekretäre eines beliebigen Kabinettes gesondert zu betrachten.

Die Datenbank wird je nach Bedarf in durch Auswahl von Datenfeldern und Auswertungstools unterschiedlich gestaltet Benutzeroberflächen – „Layouts" – präsentiert, die spezifische Teilinformationen auffächern. Alle Oberflächen existieren parallel, zwischen ihnen kann hin und her geblättert werden, sie lassen sich auch oberflächenübergreifend verknüpfen und „befragen". Für die Zwecke des Projekts haben wir eine Reihe unterschiedlicher Layouts entworfen, fünf Oberflächen erfüllen die Hauptfunktionen.

Stark vereinfacht darf man sich die Datenbank als einen riesigen Karteikasten vorstellen: Für jede der 390 Personen gäbe es somit jeweils fünf unterschiedlich gefärbte Karteikarten mit spezifischen biografischen Informationen und – nicht mehr wirklich auf Pappe umsetzbar – mit wechselnden Auswertungsmitteilungen zur Gesamtgruppe. Diesem Kasten mit 390 mal fünf Karteikarten könnten – ebenfalls kaum noch haptisch realisierbar – bezogen auf Teilgruppen und inhaltliche Verknüpfungen Fragen gestellt werden, die überwiegend als gezählte Anzahlen beantwortet würden und in der nächsten Verarbeitungsstufe in statistische Diagramme mündeten: z. B. XY MdL waren ehemals in der NSDAP und gehörten später der Fraktion A an, YZ MdL waren ehemals in der NSDAP und gehörten später der Fraktion B an, ...

Die fünf zentralen Oberflächen der Projektdatenbank werden in der im Anhang vollständig dokumentierten Legende Fenster für Fenster präzise erschlossen.[202] Es sind die in Abbildungen 1 bis 5 gezeigten Layouts.

Diese komfortable Datenbank enthält zum Projektabschluss sämtliche gemäß der Rechercheplanungen und -wege ermittelten Quellenbestände und Informationen; sie ist – vorerst – geschlossen. Auch komplexe Abfragen mit multiplen Faktoren können durchgeführt werden. So lassen sich z. B. – so eine fiktive und wenig sinnvolle Konstruktion – alle Angehörigen ausgewählter Geburtsjahrgänge anzeigen, die zur Zeit des Zweiten Weltkriegs Wehrdienst leisteten und vor oder nach einem bestimmten Datum der SA beitraten, nicht jedoch der NSDAP zugehörig waren, und in den Wahlperioden 5 und 6 als Abgeordnete dem Kieler Landtag angehörten, jedoch zu keinem Zeitpunkt vorher oder später dem Deutschen Bundestag. Für jeden einzelnen Eintrag – beispielsweise die Mitteilung der Wehrmachtszugehörigkeit, der Mit-

202 Vgl. Legende der Datenbank im Anhang.

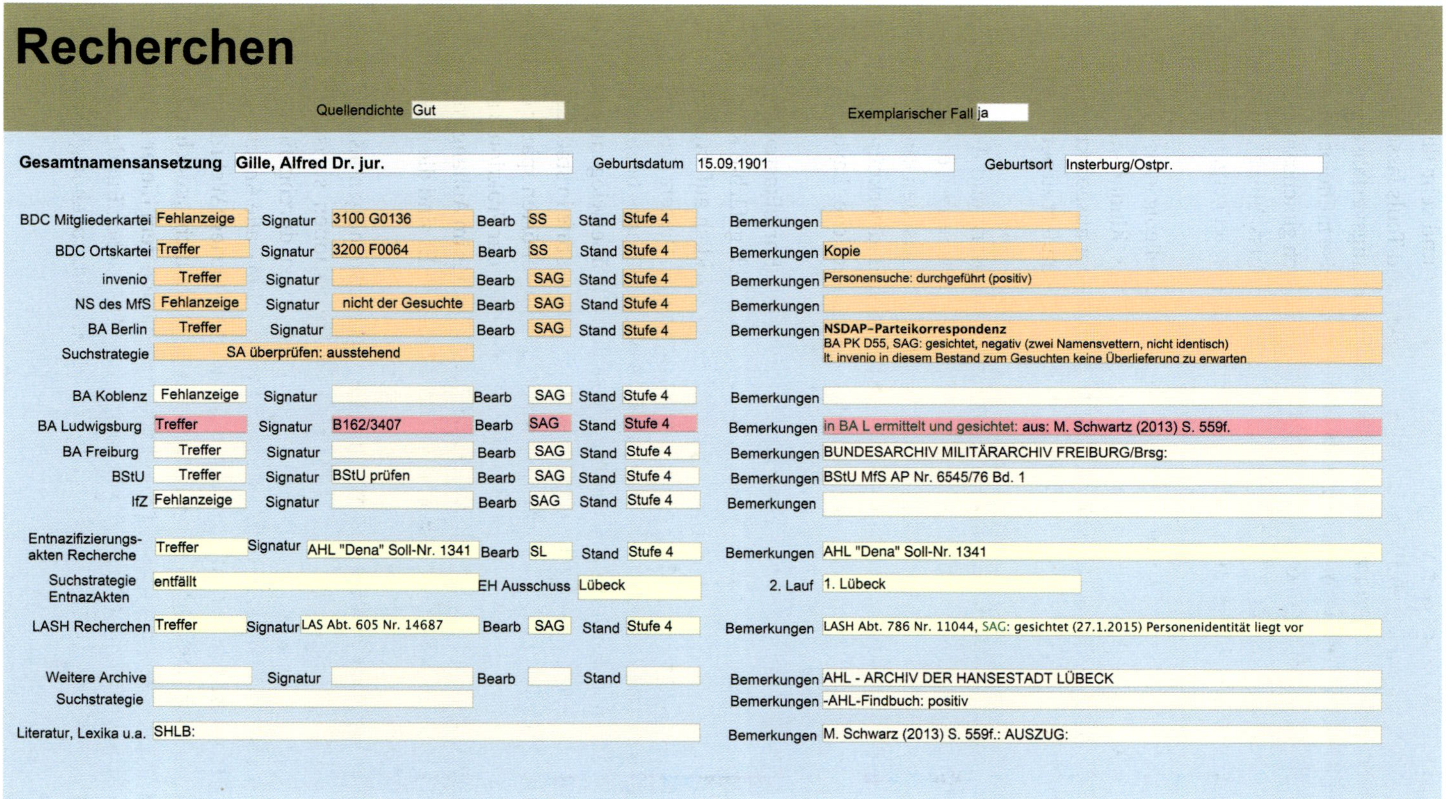

Abbildung 1:
Maske „Recherchen"

Diese Oberfläche dokumentiert die Archivrecherchen systematisch. Für jedes Archiv sind Datenfelder für Recherchetreffer bzw. Fehlanzeigen, für Signaturen, für die Bearbeiter_innen, den Bearbeitungsstand und für ausführlichere Bemerkungen zur Qualifizierung des Rechercheergebnisses eingerichtet. Insbesondere finden sich hier, nach dem Provenienzprinzip geordnet, in den – jeweils zu öffnenden – Feldern „Bemerkungen" die den Quellen entnommenen relevanten Informationen, Einordnungen, Bemerkungen, Verweise usw. Abgebildet wird hier also der komplette Korpus der Daten, Informationen und Erst-Einordnungen.

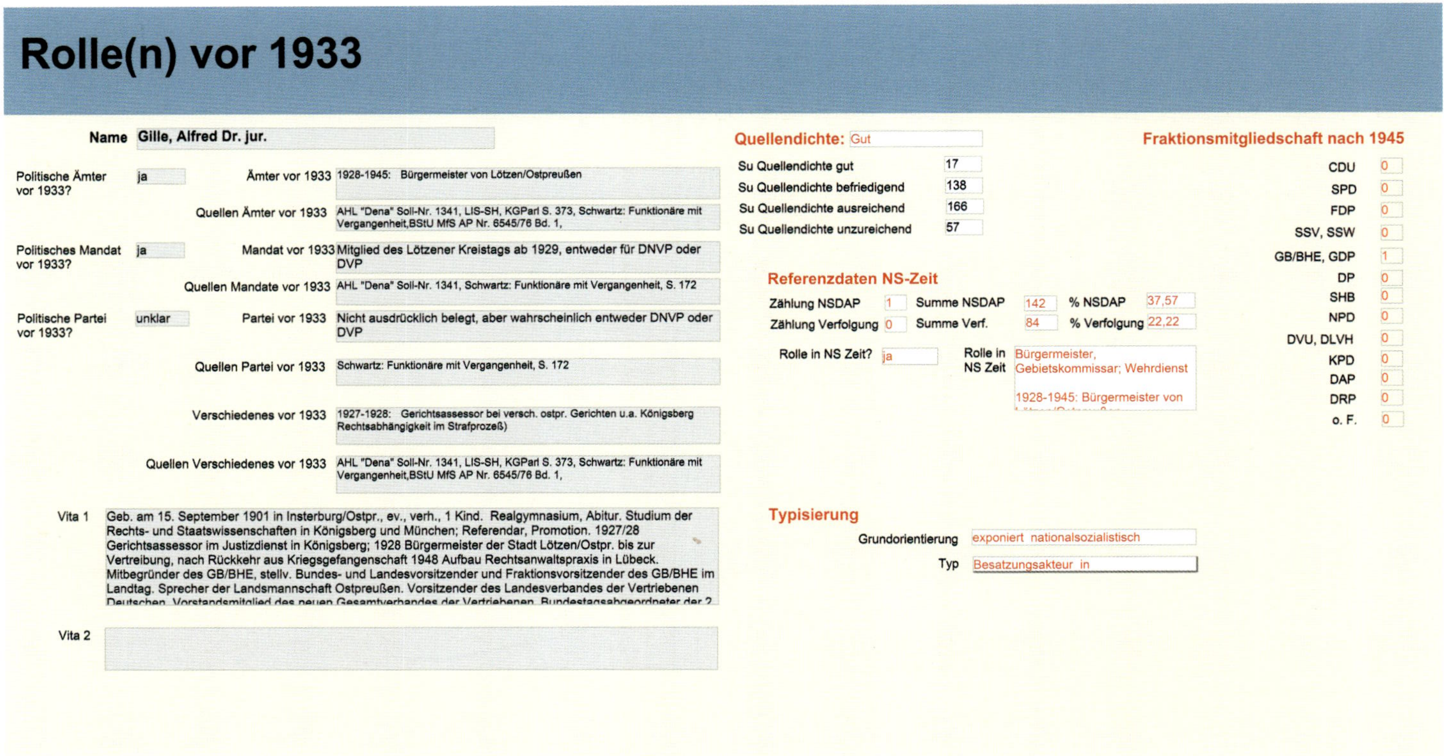

Abbildung 2:
Maske „Rolle(n) vor 1933"

Hier werden jene teilbiografischen Informationen der einzelnen Personen angezeigt und belegt, die sich auf ihre Vita und insbesondere ihr politisches Engagement vor 1933, also in der Zeit der Weimarer Republik oder auch davor, beziehen. Rot abgesetzt finden sich ergänzende Hinweise zur einzelnen Person – teilweise aus den Auswertungen, teilweise aus anderen Phasen – sowie automatische, Einordnung bietende Auswertungen der jeweils aufgerufenen (Teil-)Gruppe: Mit einem Blick lassen sich für die Person des Datenblattes zur Rolle vor 1933 beiziehen die Quellendichte, die Basisdaten zu ihrer Rolle (in Bezug zur aufgerufen Gruppe) in der NS-Zeit, ihre Fraktionsmitgliedschaft(en) nach 1945 sowie die von uns vorgenommene Zuordnung zu einer „Grundorientierung" und einem „Typ".

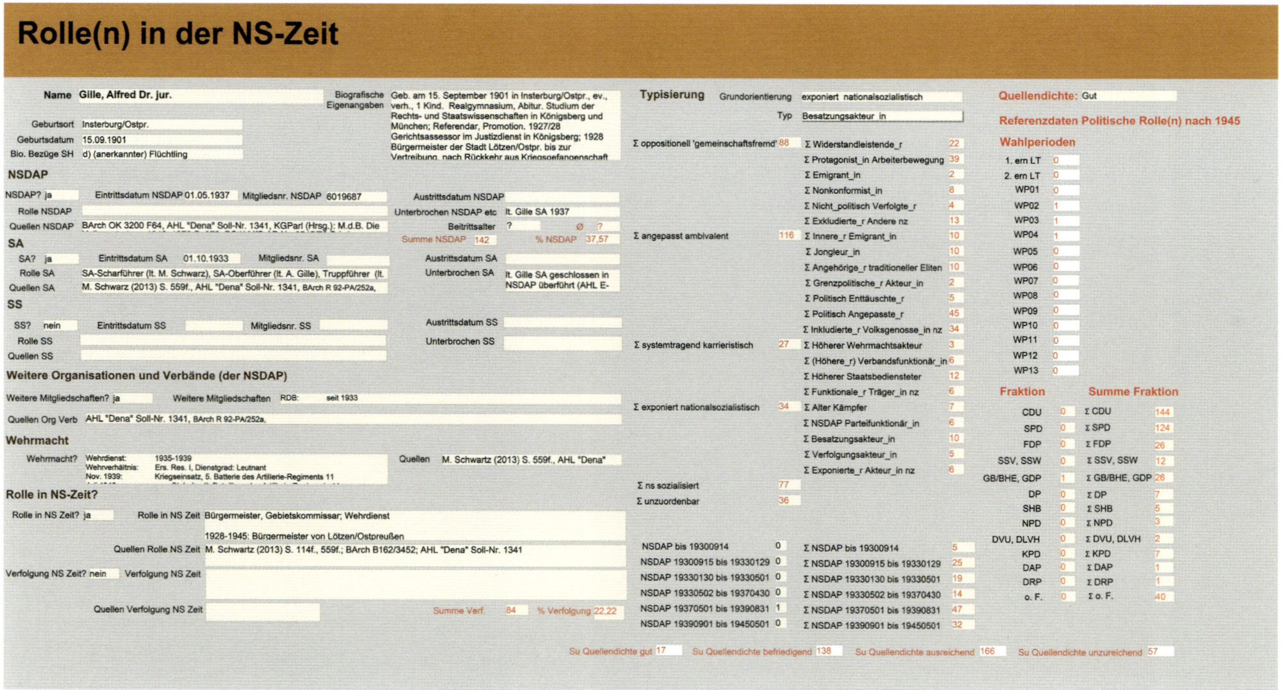

Abbildung 3:
Maske „Rolle(n) in der NS-Zeit"

Diese Oberfläche bietet Platz für spezifische Angaben und Auswertungen der Rechercheergebnisse. Hier sind neben einigen spezifischen biografischen Angaben Mitgliedschaften in NSDAP, SA und SS sowie weiteren NS-Verbänden vermerkt, zudem werden Werdegänge in der Wehrmacht sowie Hinweise auf reale Tätigkeiten und Rollen in der NS-Zeit, gegebenenfalls Funktionen im, jedoch auch Fälle von Verfolgung durch das NS-Regime festgehalten. Sie sind jeweils versehen mit Quellenverweisen und optionalen Bemerkungen. Die Auswertungsflächen bieten die individuelle „Typisierung" sowie die statistisch ausgewiesenen Daten auch der gesamten gerade aufgerufenen (Teil-)Gruppe. Angezeigt werden gegebenenfalls auch statistisch eingebettete Zeiträume des NSDAP-Beitritts sowie als unmittelbar sichtbare Referenzdaten Hinweise zur politischen Karriere nach 1945.

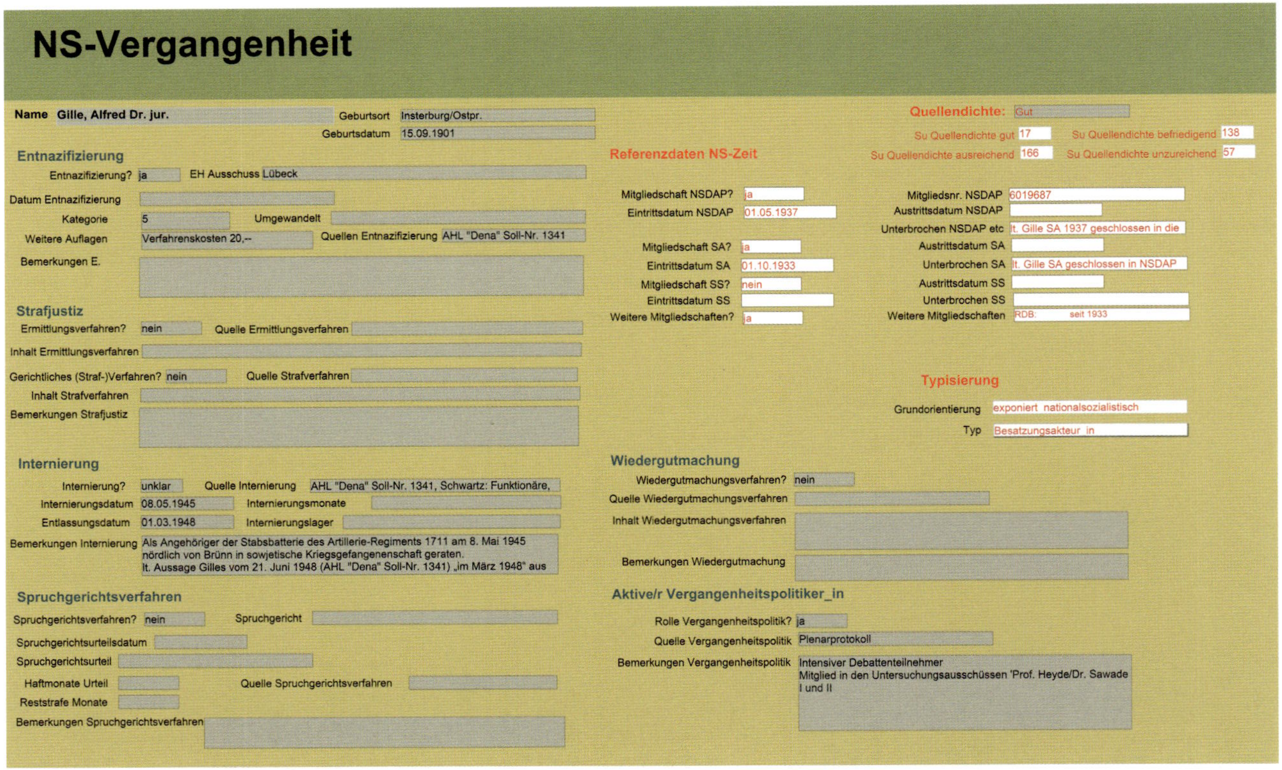

Abbildung 4:
Maske „NS-Vergangenheit"

Auf der Oberfläche „NS-Veergangenheit" werden einzelne Stationen und Aspekte des biografischen Umgangs mit der NS-Zeit dokumentiert, darunter Informationen zur gegebenenfalls erlebten Internierung, zu Entnazifizierungsverfahren, eventuellen Spruchgerichtsverfahren oder gar strafrechtlichen Ermittlungen sowie – sozusagen als Gegensatz – betriebene Wiedergutmachungsverfahren wegen erlittener Schäden an Gesundheit oder Eigentum durch NS-Verfolgungsmaßnahmen. Schließlich wird erfasst, ob die einzelnen Angehörigen der Untersuchungsgruppe in der Landespolitik als aktive Vergangenheitspolitiker_innen auffielen. In diesem Fall bieten die ergänzend dokumentierten roten Auswertungsfelder ausschließlich individuelle biografische Informationen zur aufgerufenen einzelnen Person: Referenzdaten zur Rolle in der NS-Zeit, die Typisierung sowie die Quellendichte.

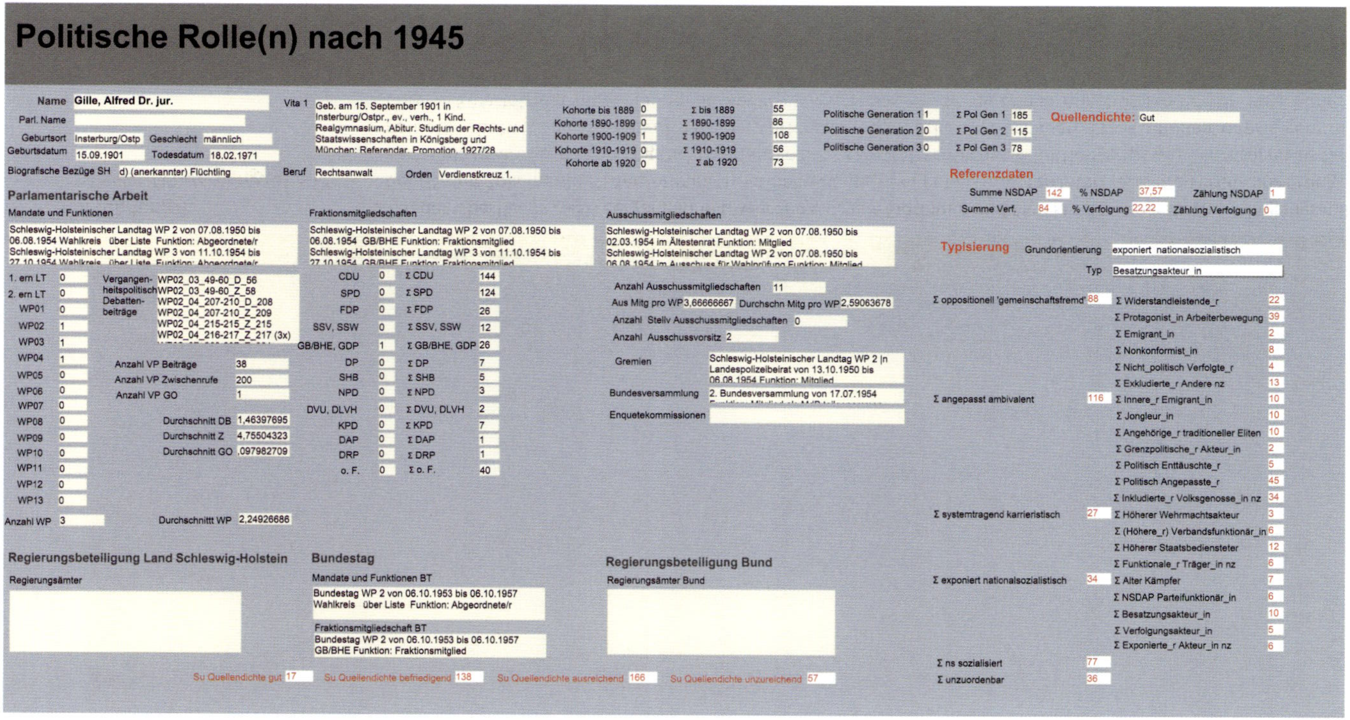

Abbildung 5: Maske „Politische Rolle(n) nach 1945“

Die fünfte zentrale Oberfläche versammelt Daten, die sich überwiegend aus dem landespolitischen Handeln der Angehörigen unserer Untersuchungsgruppe ableiten: Neben – in einigen Fällen bereits statistisch ausgewerteten – Mitteilungen zu Mandaten, Fraktions- und Ausschussmitgliedschaften sowie Kabinettszugehörigkeiten werden eine ganze Reihe biografischer Daten und Zuordnungen etwa zu Generationen oder Alterskohorten gelistet, zudem auch „Abwanderungen“ in den Deutschen Bundestag oder Bundeskabinette. Insbesondere wird auch die Beteiligung an vergangenheitspolitischen Debatten dokumentiert: Das geschieht sehr präzise, indem – bezogen auf insgesamt 93 von uns als vergangenheitspolitisch identifizierte Landtagsdebatten zwischen 1946 und 1992 – alle Beiträge und/oder protokollierten Zwischenrufe exakt benannt werden. An Referenzdaten bietet diese Oberfläche neben dem Hinweis zur Quellendichte individuelle sowie – bezogen auf die gerade aufgerufene (Teil-)Gruppe statistisch ausgewertete – Referenzdaten zur NSDAP-Mitgliedschaft, eventuellen Verfolgungserfahrung und unserer zweistufigen auf die NS-Zeit bezogenen Typisierung.

gliedschaft im NS-Kraftfahrkorps (NSKK) oder biografische Daten, berufliche Stationen etc. – liefert die Datenbank unmittelbar Auskunft zur Herkunft der einzelnen Information, sodass quellenkritische Gesichtspunkte und wissenschaftliche Nachweisstrukturen gewahrt sind. Die Dokumentation der Quellen und Quellenarten, der Fundort-Archive und Suchwege, der handelnden Akteure, der – jeweils begründeten – Rechercheerweiterungen oder -einschränkungen sichert dementsprechend absolute Transparenz, damit die Belastbarkeit der erfassten Bestände und die – begründeten oder pragmatisch angelegten – Grenzen der Projektrecherche, einschließlich von gewiss nicht völlig ausschließbaren Fehlerquellen, ausgewiesen werden können.

Ergänzt wird die Projekt-Dokumentation durch ein auf die Datenbank abgestimmtes System von Dateiordnern zu jedem einzelnen Mitglied des Personensamples, in denen digitale Kopien von Archivalien und Literatur, aber auch Exzerpte bzw. kurze Autorentexte zu den einzelnen Personen abgelegt sind. Sie sind jeweils mit einem Inventar versehen, das wiedergibt, welche digitalen Materialien zu der jeweiligen Person vorliegen. Zusammen bilden beide Elemente eine sehr umfängliche biografische Materialsammlung zur schleswig-holsteinischen Exekutive und Legislative, zugleich eine umfassende und lückenlose Dokumentation des Projekts.

Die Datenbank bildet das technologische und methodische Herzstück des Projektes. Sie verbleibt – wie in Forschungsprojekten jeder Art selbstverständlich – in den Händen der Projektverantwortlichen. Selbst wenn man eine Zugänglichkeit erwägen wollte, lassen Gründe des Urheberschutzes sowie datenschutz- und archivrechtliche Erwägungen keinen anderen Weg zu. Hinzu kommt, und das ist nicht die nachrangigste Begründung, dass eine derart komfortable und zugleich einfach zu bedienende Datenbank förmlich zum Missbrauch und zur wissenschaftlich eben nicht eingeordneten und gedeuteten Verwendung von Informationen einlädt.

Uwe Danker, Sebastian Lehmann-Himmel

Landespolitik mit Vergangenheit

Teil II. Auswertung: Neue Perspektiven durch quantitative Untersuchungen

A. Formale Daten / Belastungen der schleswig-holsteinischen Landespolitiker_innen

In diesem ersten Abschnitt beschränkt sich unsere statistische Auswertung ausschließlich und ohne Vorgriffe auf rein formale Daten und Informationen wie Mitgliedschaften, Geburtsdaten, Aufenthaltsorte sowie eine ganze Reihe weiterer formaler Daten. Bereits mit der Bestimmung von Teilgruppen und in zielgerichteten Kombinationen der erhobenen Daten werden im Folgenden bereits teilweise markante und recht aussagekräftige Gruppenprofile generiert.

Eine rein auf formalen und seriell relativ einfach sowie systematisch recherchierbaren Kriterien der Einordnung beschränkte Auswertung bietet zunächst enorme Vorteile, denn es handelt sich um eindeutige und scheinbar unmittelbar vergleichbare Kriterien. Man denke etwa an eine Kategorisierung nach formalen Mitgliedschaften in der NSDAP, ihren Organisationen, Gliederungen und Verbänden. In der Tat – eine NSDAP-Mitgliedschaft, sofern sie etwa durch eine NSDAP-Mitgliedskarte in der Zentralkartei der NSDAP im Bestand ehemaliges BDC zweifelsfrei belegt ist, ist ein wichtiger Indikator für die jeweilige Positionierung innerhalb des Regimes, sie mag Hinweise geben auf Motivationslagen, insbesondere wenn man beispielsweise dem Beitrittsdatum unter Berücksichtigung des jeweiligen Beitrittsalters Rechnung trägt: Eine frühe, auf das Jahr 1931 datierende Mitgliedschaft in der Allgemeinen SS wird als Bekenntnis zur NS-Bewegung und ihren Zielen erheblich schwerer zu gewichten sein als eine Fördermitgliedschaft in der SS, die auf wenige Monate zum Jahreswechsel 1933/34 beschränkt war, zu einem Zeitpunkt also, als diese Form des unterstützenden „Sponsoring“ vor dem Hintergrund der Mitgliedersperren etc. in einigen Fällen den Charakter von Schutzgeldzahlungen annahm.[203]

Solche – indes zeithistorische Orientierung voraussetzende – Differenzierungen, die durch viele weitere Faktoren erweiterbar wären,[204] erzeugen im Geflecht mit anderen weiteren formalbiografischen Daten der Personen ein zunehmend differenziertes und wirklichkeitsnähe-

203 Vgl. Bastian Hein: Elite für Volk und Führer? Die Allgemeine SS und ihre Mitglieder 1925–1945. München 2012, S. 164–168.

204 Man könnte allein bei NS-Mitgliedschaften berücksichtigen: Gewichtung übernommener Ämter in verschiedenen Organisationen, Zeitdauer von Mitgliedschaften, Beitrittsalter, persönliche Situation, etwa der Rolle des zuständigen NSDAP-Ortsgruppenleiters oder HJ-Führers im Zusammenhang mit Beitritten sowie mögliche Austritte, Ausschlüsse, Ausstoßungen.

res Bild vom Einzelnen und von Gruppen. Das wird in den folgenden Abschnitten deutlich werden, wenn wir den Versuch unternehmen, aus begründet kombinierten quantitativen Datensätzen Qualitäten abzuleiten.

Gleichwohl bleibt alles auf die Aussagekraft formaler Kriterien beschränkt. Für die Einordnung individuellen, mitunter nicht gradlinigen Verhaltens unter den Bedingungen einer Anpassung und Kollaboration fordernden Diktatur ist ein solches Vorgehen tendenziell zu unterkomplex. Es wird im zweiten Hauptteil durch eine andere Methodik ergänzt.

1. Vorstellung der Gruppe aller Landtagsabgeordneten 1946 bis 1996 (bis Jg. 1928)

Im Folgenden geht es zunächst um eine kursorische Vorstellung der Hauptuntersuchungsgruppe der aufgrund ihres Geburtsjahres bis (einschließlich) 1928 für Fragen nach personellen Kontinuitäten überhaupt relevanten 342 Angehörigen der schleswig-holsteinischen Legislative seit 1946.

Diagramm 1 (s. S. 73) gibt für die Jahre 1946 bis 1996 die Fraktionszugehörigkeit sämtlicher Landtagsabgeordneter, die zum Altersspektrum der bis 1928 Geborenen zählen, wieder.[205] Es werden sozusagen ideelle Fraktionsgemeinschaften gebildet, die den Zeitablauf ebenso missachten wie insbesondere in der Zeit bis 1960 häufig vorkommende Wechsel der Fraktionszugehörigkeiten. Ursachen für diese Wanderungsbewegungen lieferte vor allem die CDU, die im Laufe eines Jahrzehnts – von der FDP abgesehen – quasi alle bürgerlichen Parteien aufsog und damit eine beispiellose Integrationsleistung bürgerlicher Politik vollbrachte. Die Summe der auf diese Weise Fraktionen zugerechneten Abgeordneten ist folglich erheblich größer als die tatsächliche Gesamtzahl von 342 Angehörigen unserer Untersuchungsgruppe.

Die CDU[207] stellt mit 144 Abgeordneten unseres Samples, die im Untersuchungszeitraum Angehörige der CDU-Fraktion waren, die deutlich stärkste Gruppe; das deckt sich mit ihrer

205 Allgemein zum schleswig-holsteinischen Parteiensystem in der Nachkriegszeit immer noch grundlegend: Heinz J. Varain: Parteien und Verbände. Eine Studie über ihren Aufbau, ihre Verflechtung und ihr Wirken in Schleswig-Holstein 1945–1958. Köln u. a. 1964.

206 Vgl. zur CDU in Schleswig-Holstein: Klaus Albert: Entstehungsgeschichte und Politik der schleswig-holsteinischen Landesregierung und Ministerpräsident Dr. Bartram (1950–1951). Eine Untersuchung zur Übernahme der Regierungsverantwortung unter Führung der CDU im Lande Schleswig-Holstein. Kiel 1982; ders.: Die Übernahme der Regierungsverantwortung durch die CDU im Lande Schleswig-Holstein. In: Zeitschrift der Gesellschaft für Schleswig-Holsteinische Geschichte 108 (1983), S. 281–317; Allan Borup: Demokratisierungsprozesse in der Nachkriegszeit. Die CDU in Schleswig-Holstein und die Integration demokratieskeptischer Wähler. Bielefeld 2010; Helmuth Mosberg: 50 Jahre CDU Schleswig-Holstein 1946–1996. Kiel 1996; Peter Wulf: „Sammlung rechts von der Sozialdemokratie": Die Geschichte der CDU in Schleswig-Holstein 1945/46. In: Zeitschrift der Gesellschaft für Schleswig-Holsteinische Geschichte 126 (2001), S. 119–156 sowie ders.: „Der Landesfürst": Carl Schröter und die schleswig-holsteinische CDU 1945–1951. In: Zeitschrift der Gesellschaft für Schleswig-Holsteinische Geschichte 132 (2007), S. 211–254.

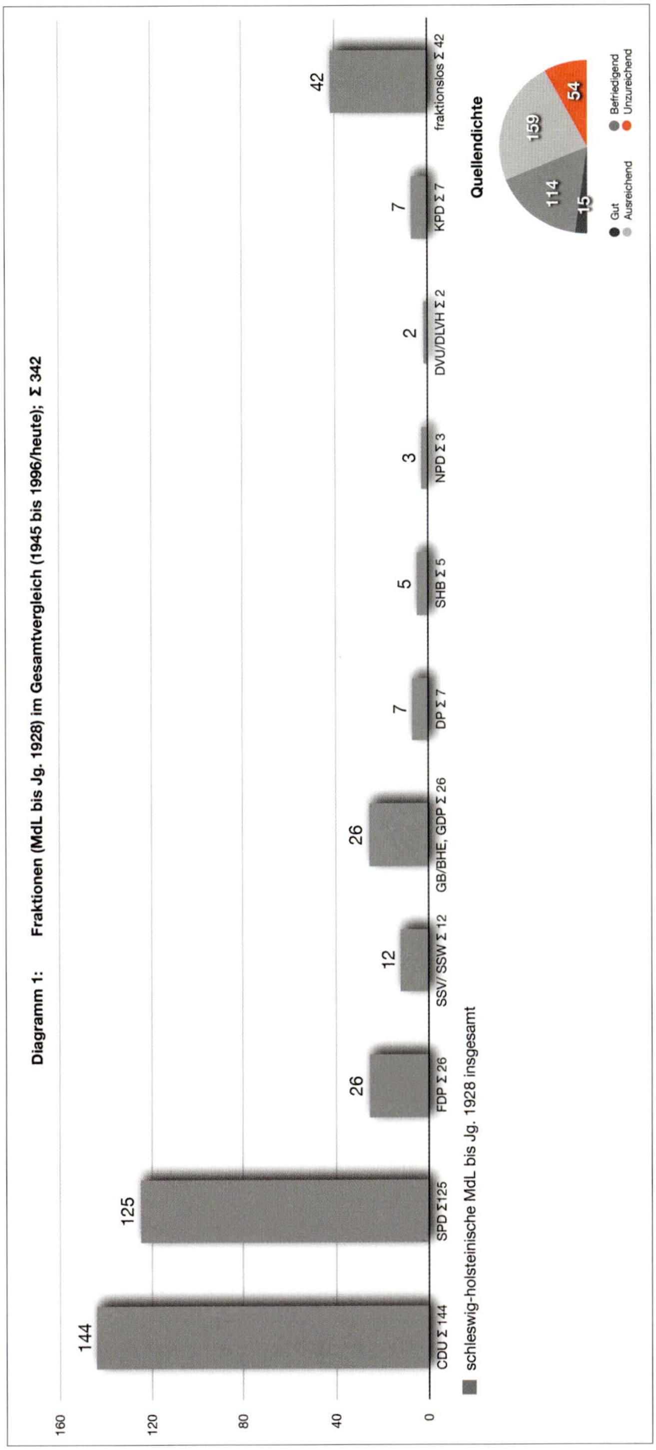

Diagramm 1[207]

207 Basis: Projektdatenbank.

tatsächlichen politischen Rolle im Betrachtungszeitraum. Die SPD[208] wird mit 125 Fraktionsangehörigen ebenfalls deutlich als Volkspartei ausgewiesen; Wanderungsbewegungen von Abgeordneten zu ihr und von ihr weg haben gewissermaßen nicht stattgefunden. Die FDP, nicht in jeder Legislaturperiode im Landtag vertreten, weist insgesamt 26 Angehörige der Altersgruppe auf. Auch der „Südschleswigsche Wählerverband" (SSW)[209] schaffte es aufgrund minderheitenpolitischer Friktionen in den 1950er-Jahren – trotz der schließlich sicheren Befreiung von der Fünf-Prozent-Hürde – nicht in jeder Legislaturperiode in den Landtag. Seine Fraktionsmitglieder zeichnet eine hohe personelle Kontinuität auf, sodass deren Gesamtzahl lediglich zwölf umfasst. Der „Block der Heimatvertriebenen und Entrechteten" (BHE)[210], der spätere „Gesamtdeutsche Block/Bund der Heimatvertriebenen und Entrechteten", kam als Neugründung bei der zweiten Landtagswahl 1950 aus dem Stand auf erstaunliche 23,4 % der Stimmen, 1954 noch einmal auf 14 %. Ende der 1950er-Jahre ließ der erfolgreiche Integrationsprozess der Flüchtlinge und Vertriebenen eine Sondervertretung ihrer Interessen offenbar als obsolet erscheinen: Ab 1958 ist eine deutliche Wanderungsbewegung zur CDU – eingeschränkt auch zur FDP – feststellbar; nur ein Teil der Abgeordneten verblieb bis 1962 in der stetig schrumpfenden Fraktion.

Wege in zukunftsträchtige Parteien waren häufig gewunden: Oft über den Umweg der Fraktionslosigkeit waren die Abgeordneten der nicht auf Dauer lebensfähigen bürgerlichen Parteien entweder zu CDU oder FDP gewandert oder bei Wahlen gescheitert. So erklärt sich auch der mit 42 vorübergehenden Angehörigen erhebliche Anteil fraktionsloser Parlamentsmitglieder durch Wanderungsbewegungen respektive das Ende kleiner rechtsbürgerlicher Par-

---

208 Vgl. zur SPD in Schleswig-Holstein u. a. Holger Martens: Die Geschichte der Sozialdemokratischen Partei Deutschlands 1945–1959. Malente 1998; Detlef Siegfried: Zwischen Einheitspartei und „Bruderkampf". SPD und KPD in Schleswig-Holstein 1945/46. Kiel 1992. Siehe zahlreiche weitere Publikationen z. B. im Jahrbuch Demokratische Geschichte (1985ff., Bde. 1–26), zuletzt Uwe Danker: Schleswig-Holsteins Sozialdemokratie in der Regierungsverantwortung 1988–2009. Eine erste Analyse anhand ausgewählter Politikfelder. In: Demokratische Geschichte, Band 26 (2015), S. 245–270.

209 Vgl. zum SSW als Auswahl: Martin Klatt/Jørgen Kühl: SSW. Minderheiten- und Regionalpartei in Schleswig-Holstein 1945–2005. Flensburg 2006; Jørgen Kühl: Dänische Minderheitenpolitik in Deutschland: Südschleswigscher Wählerverband (SSW). In: Ders./Robert Bohn (Hrsg.): Ein europäisches Modell? Nationale Minderheiten im deutsch-dänischen Grenzland 1945–2005. Bielefeld 2005, S. 142–206 sowie Lars N. Henningsen/Martin Klatt/Jørgen Kühl: SSW. Dansksindet politik i Sydslesvig 1945–1998. Flensburg 1998.

210 Vgl. zum BHE: Allan Borup: Demokratisierungsprozesse (Anm. 206); Helmut Grieser: „Nationalste Partei" und „Männer der Restauration von 1933". SPD und BHE im schleswig-holsteinischen Landtagswahlkampf 1950. In: Gerhard Fouquet u. a. (Hrsg.): Von Menschen, Ländern, Meeren. Festschrift für Thomas Riis zum 65. Geburtstag. Tönning u. a. 2006, S. 143–161; Franz Neumann: Der Block der Heimatvertriebenen und Entrechteten 1950–1960. Ein Beitrag zur Geschichte und Struktur einer politischen Partei. Meisenheim am Glan 1968, sowie Eva-Maria Rott: Der Block der Heimatvertriebenen und Entrechteten (BHE) in Schleswig-Holstein 1950 bis 1957 (Masch. M. A.). Kiel 2001, und Thomas Schäfer: Die Schleswig-Holsteinische Gemeinschaft 1950–1958. Neumünster 1987.

teien. Die „Deutsche Partei" (DP)[211], 1950 im sicheren „Deutschen Wahlblock"[212] mit FDP und CDU angetreten und auf 9,6 % der Stimmen gekommen, löste sich als Fraktion bereits 1952 förmlich auf. Sie trat bei der Landtagswahl 1954 in einem Wahlblock mit der „Schleswig-Holsteiner Gemeinschaft" an: Der „Schleswig-Holstein-Block" (SHB) repräsentierte 5,1 % der Wähler und Wählerinnen.[213] Ab 1958 war die Deutsche Partei nicht mehr im Landesparlament vertreten. Die kommunistische KPD war lediglich in den beiden ernannten Landtagen 1946/47 mit insgesamt sieben Abgeordneten vertreten; bei freien Wahlen gelang ihr zu keinem Zeitpunkt der Einzug in den schleswig-holsteinischen Landtag. Die rechtsextreme NPD dagegen zog 1967 für eine Legislaturperiode im Landtag ein, sie hatte 5,9 % der Stimmen erzielt. Ebenfalls für nur eine Legislaturperiode war die rechtsextreme „Deutsche Volksunion" (DVU) 1992 mit 6,3 % der Stimmen im Landtag vertreten, noch während der Periode spaltete sich die Fraktion; sie existierte unter dem Namen „Deutsche Liga für Volk und Heimat" (DLVH) noch fort.

Es sei noch einmal klargestellt: In diesem wie in allen folgenden Diagrammen werden – wenn nicht ausdrücklich anderes angezeigt wird – allein die Alterskohorten jener Abgeordneten, die bis einschließlich des Jahres 1928 geboren wurden, aufgeführt. Es handelt sich damit genau um jene Gruppe, die überhaupt für eine Mitgliedschaft oder Tätigkeit in der NSDAP infrage kommt. Wie noch deutlich werden wird, gilt bis 1971, dass diese Alterskohorten im Landtag quasi unter sich waren, also (fast) alle Abgeordneten stellten; anschließend nahm ihr Anteil an der Gesamtgruppe der Abgeordneten stetig ab, bis die Letzten von ihnen nach der 13. Wahlperiode 1996 ausschieden.

Ebenfalls für alle folgenden Diagramme respektive bildlichen Umsetzungen unserer statistischen Erkenntnisse gilt, dass eine kleine „Halbtorte" die spezifische „Quellendichte" der jeweils zu Grunde liegenden, vor allem auf die NS-Zeit bezogenen biografischen Angaben für die ausgewählte (Teil-)Untersuchungsgruppe abbildet. Unsere Definition der „Quellendichte" lautet exakt

211 Zur DP und den rechtsradikalen Parteien vgl. Uwe Danker: Rechtsextreme im Schleswig-Holsteinischen Landesparlament. Erfahrungen, Gefahren und Perspektiven. In: Landeszentrale für politische Bildung (Hrsg.): Dem Rechtsextremismus begegnen. Kiel 1995, S. 103–124; Ingo Nathusius: Am rechten Rand der Union. Der Weg der Deutschen Partei bis 1953. Mainz 1992; Heinz Sahner: Rechtsradikale Strömungen in Schleswig-Holstein: NSDAP, NPD und KLA. In: Urs J. Diederichs/Hans-Hermann Wiebe (Hrsg.): Schleswig-Holstein unter dem Hakenkreuz. Bad Segeberg 1985, S. 265–278; ders.: Die NPD in der Landtagswahl 1967 in Schleswig-Holstein. Eine Aggregatdatenanalyse unter besonderer Berücksichtigung einiger Hypothesen Rudolf Heberles. Köln 1969; Jürgen Hoffmann/Norbert Lepszy: Die DVU in den Landesparlamenten: inkompetent, zerstritten, politikunfähig. Eine Bilanz rechtsextremer Politik nach zehn Jahren. Sankt Augustin 1998 (zu Schleswig-Holstein, S. 29–46); Horst W. Schmollinger: Die Deutsche Partei. In: Richard Stöss (Hrsg.): Parteienhandbuch. Die Parteien der Bundesrepublik Deutschland 1945–1980, Band 1. Opladen 1983, S. 1025–1111.

212 Der Wahlblock hatte zwar offiziell Fraktionsstatus, für unsere Zwecke seien die Parteien jedoch einzeln aufgeführt. Zur Bildung des Wahlblocks vgl. Borup: Demokratisierungsprozesse (Anm. 206), S. 191–196.

213 Vgl. hierzu Schäfer: Schleswig-Holsteinische Gemeinschaft (Anm. 210).

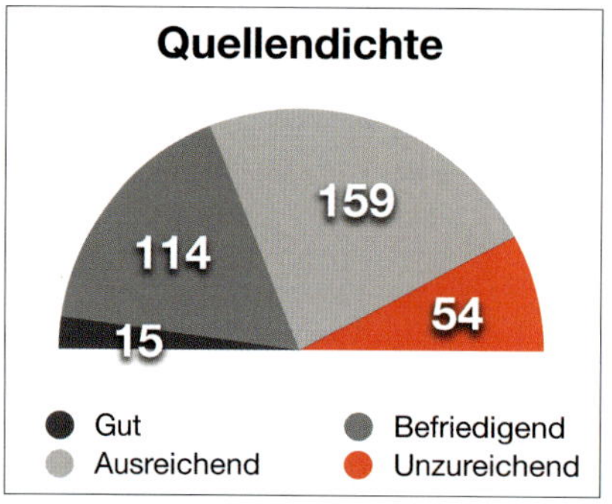

wiedergegeben: „Bewertung der Qualität der Quellenüberlieferung bezogen auf die jeweils aufgerufene Person; Kriterien der Kategorien:

- *„gut": Die Quellendichte ist gesättigt sowie durch ausreichende Forschung zusätzlich abgesichert. Es entsteht – bezogen auf die Fragestellungen und Einordnungen – ein umfassendes Bild der Person; sowohl zeitgenössische Überlieferungen als auch jene für die Nachkriegszeit sind aussagekräftig.*
- *„befriedigend": Die Quellenüberlieferung entlang der im Forschungsdesign ausgeführten Recherchewege ergibt ein einigermaßen kohärentes Bild – allerdings nur bezogen auf die Fragestellungen und die Quellenarten. Die Quellen (und gegebenenfalls genutzte Forschungen) reichen in der Regel nicht für eine Gesamtwürdigung der Person oder des Politikers bzw. der Politikerin. Gleichwohl sind die Einordnungen belastbar. In der Regel gehören dazu Überlieferungen von Entnazifizierungsunterlagen sowie zeitgenössische Unterlagen (Personalakten etc.).*
- *„ausreichend": Quellenmaterial reicht aus, um belastbare Aussagen jedenfalls zu bestimmten Fragestellungen zu treffen, v. a. Mitgliedschaften, wobei allerdings der Quellenvorbehalt gilt, nämlich dass diese Aussagen in der Regel auf einzelnen, z. T. retrospektiven Quellen basieren. Beispiel: Es liegen Unterlagen aus dem Entnazifizierungsverfahren vor, die nicht oder nur zum Teil durch (zeitgenössische) Parallelüberlieferungen abgesichert sind, weil etwa eine Recherche in BDC-Beständen negativ verlief.*
- *„unzureichend": Die mangelhafte Quellenüberlieferung erlaubt keine belastbaren oder auch nur vorsichtigen Aussagen über die Person und ihre Biografie vor 1945; abgesehen von evtl. Splitterüberlieferungen liegen keine aussagekräftigen zeitgenössischen oder Nachkriegsquellen vor, ebenso keine ausreichend umfassenden Entnazifizierungsunterlagen."*[214]

Es werden also bei jeder Aufbereitung statistischer Daten der Grad und Umfang der Quellengrundlage für die Biografien der jeweils zur Untersuchungsgruppe gehörenden Personen angegeben. Es geht um die Informationsdichte zu den jeweils ausgewählten Personen, nicht um eine Einschränkung bezogen auf die konkrete Fragestellung; für die sind immer hinreichende Informationen vorhanden, wenn Zuordnungen vorgenommen werden. Beispiel: Im konkreten Fall wissen wir über alle 342 Abgeordneten selbstverständlich über den Verlauf ihrer Fraktionszugehörigkeiten genau Bescheid; die Halbtorte informiert über unser auf die NS-Zeit bezogenes biografisches Wissen zur aktuellen Untersuchungsgruppe: Über 15 sind wir – bezogen auf die Fragestellungen des Projektes – gut informiert, über 103 befriedigend, über weitere 170 ausreichend und lediglich über 54 unzureichend.

Diagramm 2 (s. S. 77) weist innerhalb der Betrachtungsgruppe aller Abgeordneten mit Geburtsdatum bis 1928 die Relationen der Geschlechter aus. Ganz deutlich wird, dass innerhalb

214 Legende der Datenbank im Anhang, S. 595f.

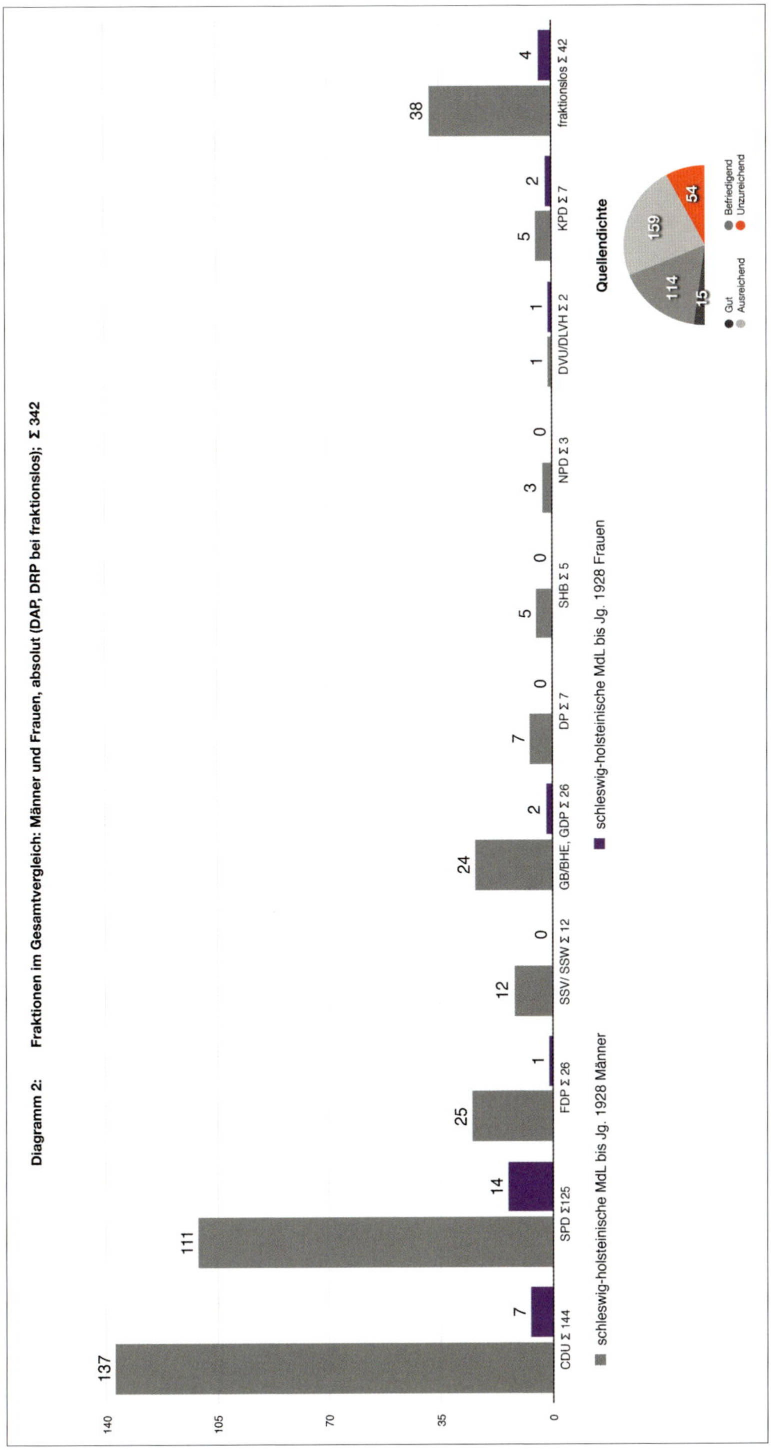

Diagramm 2[215]

215 Basis: Projektdatenbank.

dieser Alterskohorten Landespolitik (noch) ein rein männliches Phänomen darstellte: Lediglich sieben (= 4,9 %) der christdemokratischen Abgeordneten und beim BHE zwei (= 7,7 %) respektive bei der FDP eine (= 3,8 %) waren Frauen, in den Fraktionen von SSW, DP und SHB gab es überhaupt keine; die (ideelle Gesamt-)Fraktion der SPD wies mit 14 weiblichen Abgeordneten einen Frauenanteil von immerhin 11,2 % auf, die der KPD mit zweien 28,6 %. – *In allen Fällen, in denen jedenfalls theoretisch eine weibliche Beteiligung vorstellbar ist, haben wir uns im Folgenden bemüht, geschlechtsneutral zu formulieren, in den verbliebenen die maskuline Form gewählt.*

Zum Kennenlernen unserer Untersuchungsgruppe gehört auch die Frage nach der Verteilung ihrer geografischen Herkunft, denn diese definiert biografische Bezüge zu Schleswig-Holstein. Zudem muss in Hinblick auf unsere Fragestellungen von einem recht unterschiedlichen Grad an Transparenz über die persönliche Biografie vor 1945 ausgegangen werden: Wer immer im überschaubaren Schleswig-Holstein gelebt und gewirkt hatte, konnte im Zweifelsfall frühere Rollen und Handlungen jedenfalls tendenziell weniger kaschieren als Zugereiste aus ferneren (ehemals) deutschen Regionen.

> *Einen vor 1945 engen biografischen Bezug zu Schleswig-Holstein haben wir definiert als „aus Schleswig-Holstein stammend und in der NS-Zeit größtenteils dort handelnd respektive lebend mit der Ausnahme des Wehrdienstes". Ein für die Zeit vor 1945 nachweisbarer biografischer Bezug zu Schleswig-Holstein wurde definiert als „daher stammend oder während NS-Zeit dort (teilweise) handelnd respektive lebend"; diese Einordnung ist oft auch einer begrenzten Quellenlage, die eben nur diese benannten Fakten zweifelsfrei aufweist, geschuldet. Ein ausdrücklicher Bezug erst nach 1945 zu Schleswig-Holstein ist definiert als „erst nach 1945 in der Region handelnd respektive lebend". Für die additive Gruppe der (anerkannten) Flüchtlinge gilt als Definition: „eindeutig als Flüchtling oder Vertriebene_r identifizierbar". Unklare geografische Bezüge werden als „unklar" auch zugeordnet.*[216]

40 % der Abgeordneten unserer Untersuchungsgruppe weisen einen engen biografischen Bezug aus der Zeit vor 1945 zu Schleswig-Holstein auf; immerhin noch 21 % verfügen über einen gewissen biografischen Bezug zum späteren Bundesland Schleswig-Holstein vor 1945. – Mithin sind fast zwei Drittel aller Abgeordneten als einheimische Schleswig-Holsteiner zu bezeichnen. 30 % der späteren Abgeordneten entwickelten erst nach 1945 einen Bezug zu Schleswig-Holstein, darunter ein Drittel ausgewiesene Flüchtlinge, zwei Drittel Zugereiste ohne den Flüchtlingsausweis. Für 9 % aller Abgeordneten besitzen wir kein hinreichendes Wissen über deren biografische Bezüge zu Schleswig-Holstein.

Das Profil der CDU ist durch Heimatverbundenheit geprägt: 69 % aller Fraktionsangehörigen der Alterskohorte bis 1928 weisen eine schleswig-holsteinische Herkunft auf, trotz der Wanderung vom BHE in die CDU findet sich nur ein Flüchtlingsanteil von 7 %, der von 21 % weiteren Zuwanderern spiegelt die Integrationskraft dieser bürgerlichen Sammlungspartei.

216 Legende der Datenbank im Anhang, S. 571.

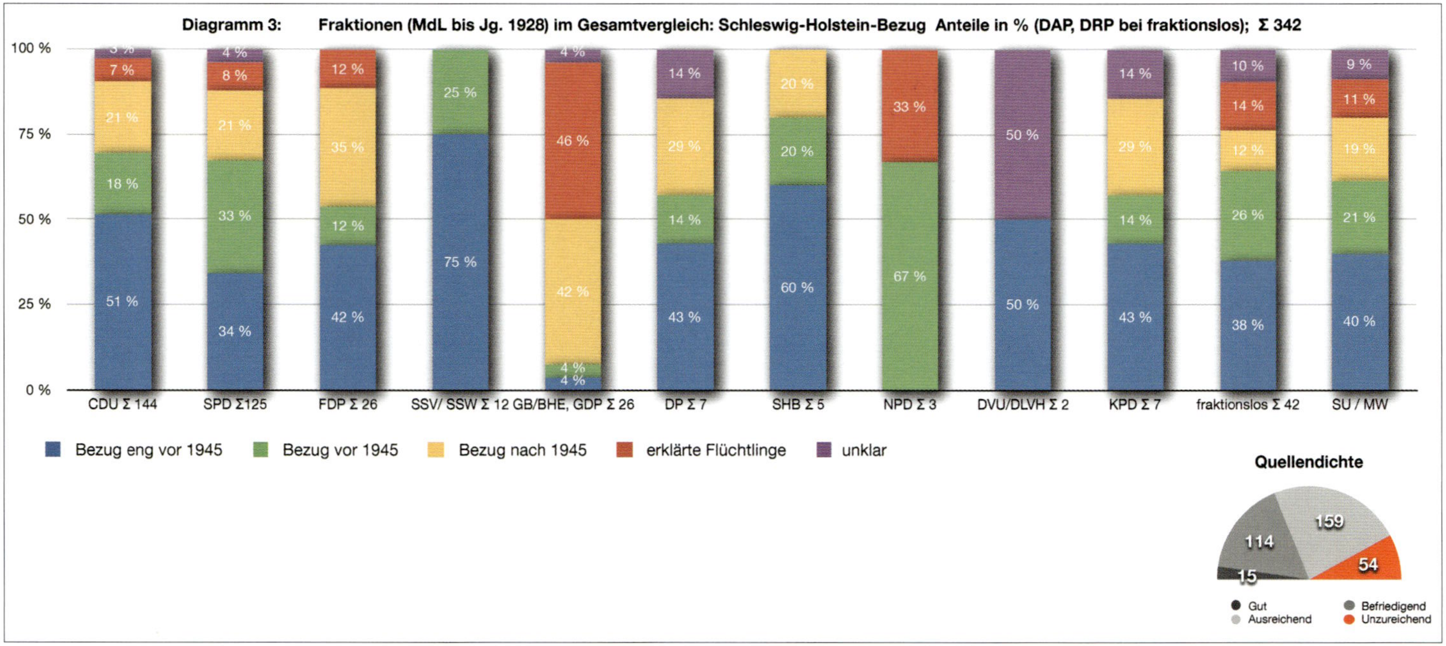

Diagramm 3[217]

217 Basis: Projektdatenbank.

Auch in der SPD-Fraktion überwiegen die Einheimischen mit einem Zweidrittelanteil sehr deutlich gegenüber Zugewanderten. Die – offenbar flexible – FDP kennzeichnet ein auffallend hoher Anteil Neu-Schleswig-Holsteiner; den SSW profiliert – naturgemäß – eine homogen einheimische Abgeordnetengruppe aus dem Landesteil Schleswig. Auch der SHB drückt mit 80 % Einheimischen eine unmissverständliche regionale Verbundenheit aus. Umgekehrt sind – rollengemäß – die Verhältnisse beim BHE: Der ausgewiesene Flüchtlingsanteil beträgt 46 %, jener anderer Zuwanderer noch einmal 42 %.

Wir wollen die Vorstellung der Untersuchungsgruppe abschließen mit einer Betrachtung der Alterskohorten. Die „Normalverteilung" in der Gesamtgruppe findet sich in der Grafik (s. S. 81) ganz rechts: Der Anteil der vor 1890 Geborenen beträgt 14 %, die Gruppe der im letzten Jahrzehnt des 19. Jahrhunderts Geborenen 26 %, der Anteil der im ersten Jahrzehnt des 20. Jahrhunderts zur Welt gekommen 27 %, der Teil der zwischen 1910 und 1919 Geborenen dagegen nur 12 % und die Gruppe der zwischen 1920 und 1928 Geborenen dann wieder 21 %. Bei den letzten drei Gruppen spiegelt die Zusammensetzung der Landtagsabgeordneten die demografischen Folgen des Zweiten Weltkriegs, die bei wehrtüchtigen Männern durch eine extreme Mortalitätsrate tiefe Einschnitte in den Alterskohorten erzeugte. Insbesondere die zwischen etwa 1910 bis etwa 1925 Geborenen waren davon betroffen.

Die einzelnen Fraktionen geben diese Kohortenverteilung in etwa wieder: In der SPD ist ein vergleichsweise starker Anteil jener zwischen 1890 und 1910 Geborenen zu verzeichnen, es waren die bereits in der Weimarer Zeit (und davor) politisch Sozialisierten der Arbeiterbewegung. In der CDU und noch stärker in der FDP ist dagegen der Anteil der „Frontgeneration" vergleichsweise stark, die SPD erscheint insgesamt – trotz des genannten Aspektes – als etwas jünger als die beiden konkurrierenden Parteien. Der SSW entspricht weitgehend dem Durchschnitt, im BHE fehlt die junge Generation völlig, was auch daran liegen wird, dass diese Partei ein schnelles Ende fand. Überhaupt erscheinen BHE, DP und die KPD, die ohne Verjüngungschance allein an ihre Weimarer Tradition anknüpfte und 1950 von der Bildfläche verschwand, deutlich überaltert. Hingegen ist der SHB vergleichsweise jung: Radikale neue Parteien ziehen offenbar in besonderem Maße junge Akteure an.[218]

218 Wobei dies bei einer Zahl von fünf Abgeordneten des Schleswig-Holstein-Blocks, der aus der Schleswig-Holsteinischen Gemeinschaft (SHG) und der DP bestand, nur eine begrenzte Aussagekraft hat. (Relativ) jung bedeutete aber keineswegs progressiv, die politischen und biografischen Wurzeln lagen vielfach in der rückwärtsgewandten schleswig-holsteinischen Landvolkbewegung der Weimarer Republik, vgl. Schäfer: Schleswig-Holsteinische Gemeinschaft (Anm. 8), S. 95–126. Ein in dieser Hinsicht typischer Vertreter ist dabei Peter Ludwig Petersen (MdL WP03 (SHB), Quellendichte: befriedigend), der schon in der Weimarer Republik im Raum Husum für die Landvolkbewegung aktiv gewesen ist: Bereits im Dezember 1928 wird er Mitglied der NSDAP sowie 1929 Mitglied der SA. Nach 1933 amtiert er als Ortsgruppenleiter, stellvertr. Kreisleiter und Kreisamtsleiter sowie Hauptabteilungsleiter in der Landesbauernschaft. Aus der britischen Internierung entlassen wird er 1948 in Kategorie IV entnazifiziert. Vgl. zu seiner Vita LASH Abt. 458, Nr. 1153; LASH Abt. 460, Nr. 1339; BArch R16–I/419; BArch BDC OK, Film 3200 Q0067.

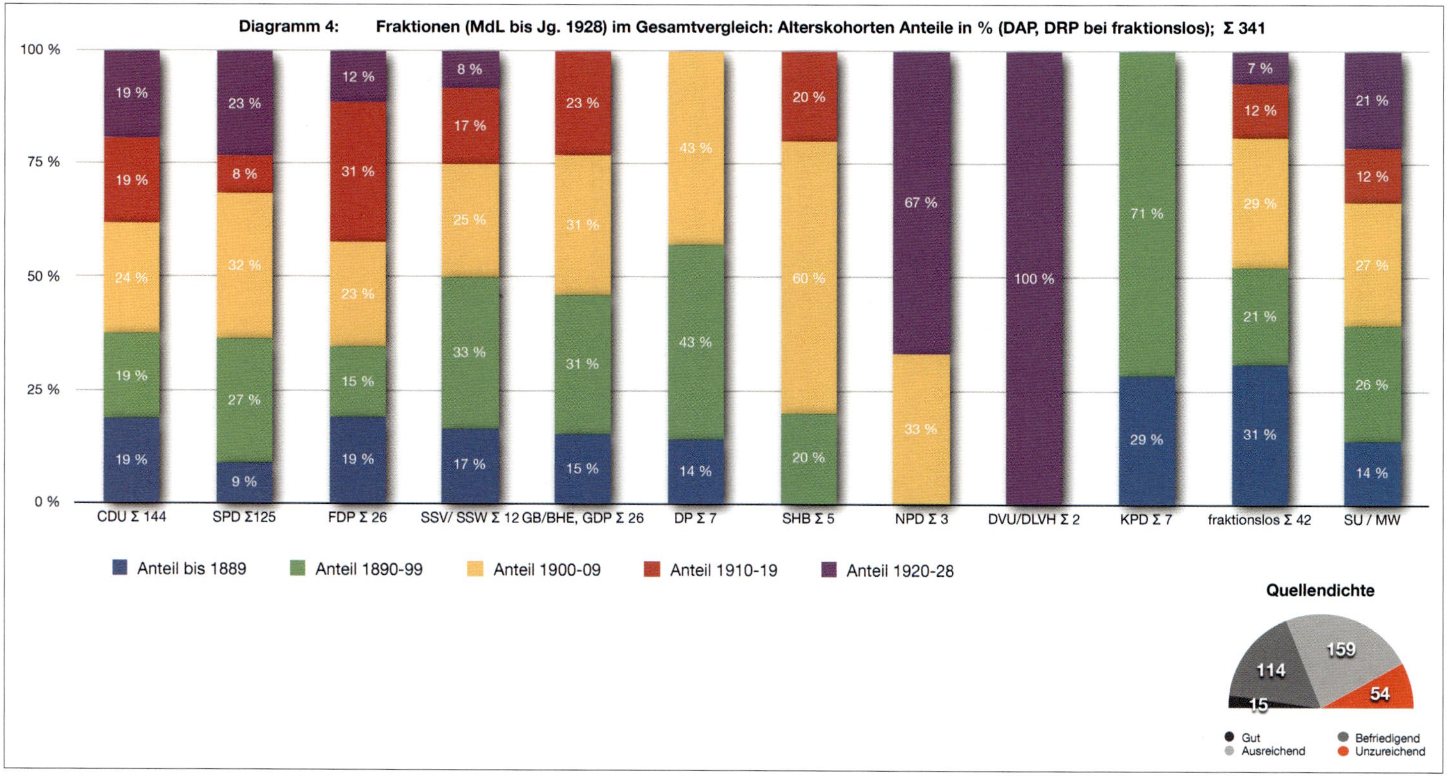

Diagramm 4[219]

219 Basis: Projektdatenbank.

In Hinblick auf jene Fragen, die hier im Gutachten im Vordergrund stehen, sei darauf verwiesen, dass Alterskohorten ab 1910 quasi nicht zu den frühen NSDAP-Mitgliedern, also den sogenannten „Alten Kämpfern" zählen konnten. Und jene ab 1920 Geborenen traten quasi noch als Jugendliche der NSDAP bei, ohne wirklich bewusst ein anderes politisches System und Denken kennengelernt zu haben. – Wir kommen darauf zurück.

2. Formale Kennzeichen von Abgeordneten, das schleswig-holsteinische Profil I

Für 115 Abgeordnete der insgesamt 342 zur Untersuchungsgruppe der bis 1928 Geborenen Gehörenden besitzen wir gesicherte Informationen über eine Mitgliedschaft in der NSDAP. Wie oben ausgeführt, basieren sie in aller Regel auf Quellen aus dem Bundesarchiv Berlin, dem ehemaligen „Berlin Document Center", das die (nicht vollständig überlieferten) NSDAP-Mitgliederkarteien beherbergt, oder vereinzelt auch auf anderen Unterlagen, so stammen in genau zehn Fällen unsere Daten nur aus Entnazifizierungsverfahren, in drei Fällen aus anderen zeitgenössischen Quellen. Die Quote von 33,6 % – also genau einem Drittel – aller Abgeordneten der infrage kommenden Altersgruppen stellt einen erheblichen Anteil dar. Unsere Untersuchungsgruppe weicht mit diesem Merkmal signifikant vom Bevölkerungsdurchschnitt ab. Die Parteistatistik der NSDAP wies für 1937 10,2 % der männlichen (und nur 0,5 % der weiblichen) Deutschen als Mitglieder der NSDAP aus.[220] Die Quote von 10 % der erwachsenen Deutschen wurde von der Parteiführung als Obergrenze erachtet, die es nach Möglichkeit nicht zu durchbrechen galt.[221] Zuletzt verfügte die NSDAP über circa 8,5 Millionen Mitglieder, was einem Bevölkerungsanteil[222] von weniger als 11 % entsprach. Auch wenn berücksichtigt wird, dass unsere Untersuchungsgruppe zu 89,5 % aus Männern besteht, und selbst unter der Maßgabe, dass Schleswig-Holstein 1935 den an der Gesamtbevölkerung gemessen reichsweit höchsten NSDAP-Mitgliederanteil hatte (nämlich ein „PG" auf 18,1 „Volksgenossen" gegenüber einem zu 26,4 im Reichsdurchschnitt)[223], ist das Ergebnis eindeutig: Der Anteil der Landtagsabgeordneten, die ehemals Mitglieder der NSDAP waren, weicht signifikant nach oben ab, ist mithin etwa doppelt so hoch wie beim (männlichen erwachsenen) Bevölkerungsdurchschnitt.

Diagramm 5 (s. S. 83) weist die prozentualen Anteile ehemaliger NSDAP-Mitglieder an allen Altersgruppen verteilt auf alle Legislaturperioden bis 1987 aus: In den ernannten Landtagen

220 Vgl. Reichsorganisationsleiter der NSDAP (Hrsg.): Partei-Statistik. O. O. und o. J. (München 1937). Bd. I (Parteimitglieder), S. 40.

221 Vgl. Juliane Wetzel: Die NSDAP zwischen Öffnung und Mitgliedersperre. In: Wolfgang Benz (Hrsg.): Wie wurde man Parteigenosse? Die NSDAP und ihre Mitglieder. Frankfurt a. M. 2009, S. 74–90, hier S. 82.

222 Volkszählung 1939/41 (inklusive Österreich): 79,4 Millionen.

223 Vgl. Parteistatistik Band 1 (Anm. 220), S. 34.

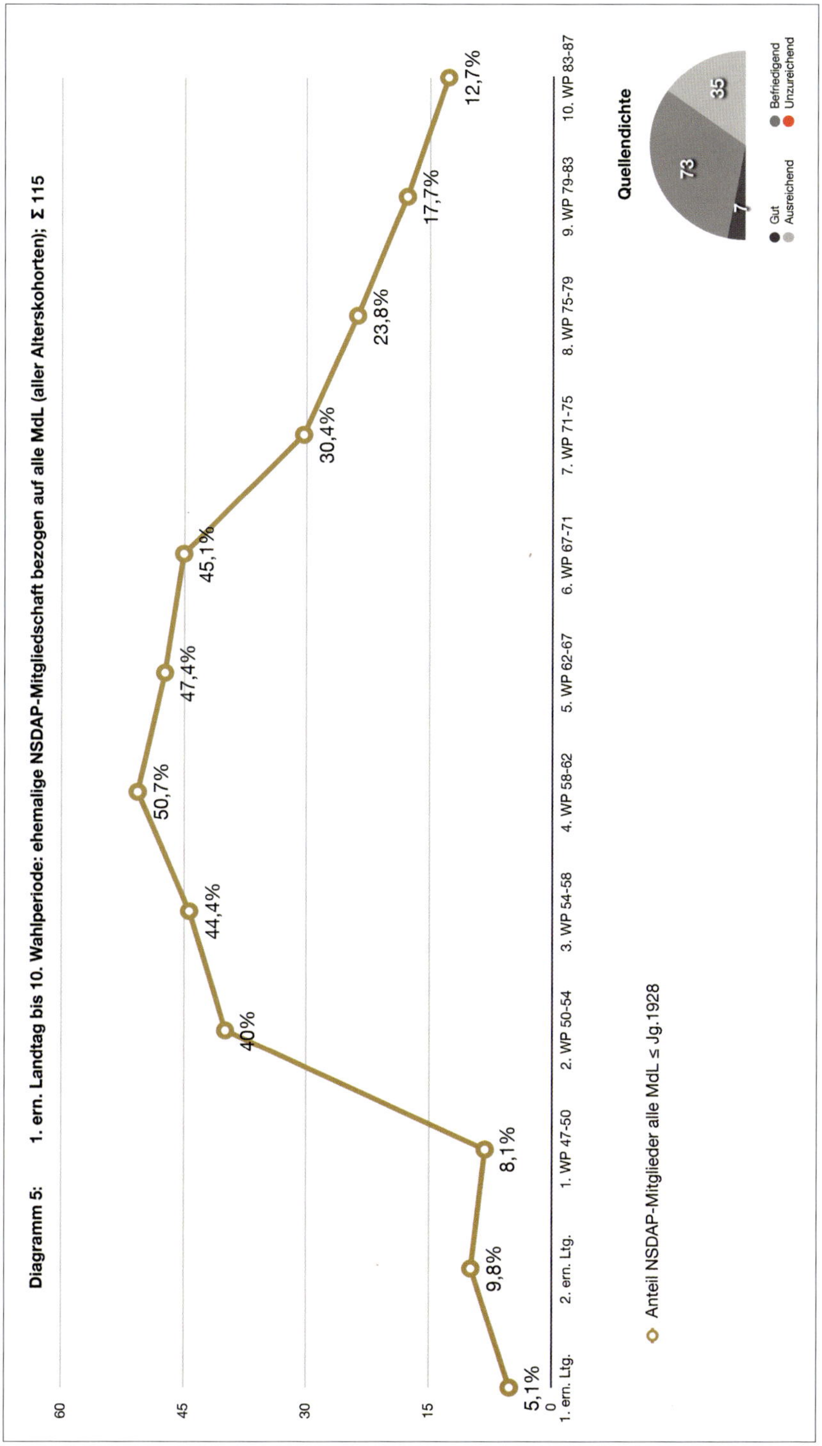

Diagramm 5[224]

224 Basis: Projektdatenbank.

1946 lag der Anteil ehemaliger Parteigenossen bei 5,1 % respektive 9,8 %; auch bei der ersten freien Landtagswahl 1947 wurden insgesamt nur 8,1 % ehemalige NSDAP-Mitglieder in den Landtag gewählt. Eine extreme Zäsur lieferte die Landtagswahl 1950: Bereits 40 % aller gewählten Abgeordneten der 2. Legislaturperiode waren ehemalige Nationalsozialisten, 1954 schon 44,4 %, in der 4. Wahlperiode 1958–62 sogar mit 50,7 % mehr als die Hälfte aller schleswig-holsteinischen Landtagsabgeordneten. In den 1960er-Jahren sank der Anteil zunächst leicht auf 47,4 % (1962) und 45,1 % (1967). Erst mit der Landtagswahl 1971 verringerte sich – im Rahmen allgemeiner Verjüngung – der Anteil ehemaliger Mitglieder der NSDAP im Schleswig-Holsteinischen Landtag erheblich auf 30,4 %, 1975 auf 23,8 %, 1979 auf 17,7 % und dann 1983 auf 12,7 %. – Bezogen auf die Untersuchungsgruppe selbst verringerte sich die Quote im Übrigen quasi nicht.[225]

Diese Zahlen sprechen eine eindeutige Sprache: Zwischen 1950 und 1971, also für zwei volle Jahrzehnte, waren im Landtag fast zur Hälfte, teilweise über die Hälfte aller Abgeordneten ehemalige Mitglieder der NSDAP. Das Wahljahr 1950 ist in der Landesgeschichte seit Langem als Zäsur bekannt. Dass allerdings – bezogen auf das formale Kriterium einer ehemaligen Zugehörigkeit zur NSDAP – im Landesparlament eine weitere Steigerung eintreten und eine Dauer von zwei Jahrzehnten vermessen würde, ist eine neue, auf diesen statistischen Daten basierende Erkenntnis.

Die Grundanlage unseres Projektes zielte darauf, die volle Bandbreite denkbarer biografischer Muster und Rollen in der NS-Zeit zu erfassen, nicht nur „Belastungen" zu recherchieren, sondern die *ganze Bandbreite* vergangener Realität, um die Untersuchungsgruppe *insgesamt* zu charakterisieren. Auf der Ebene rein formaler Kriterien ist das nur in sehr begrenztem Umfang möglich. Ehemaligen NS-Mitgliedschaften stehen zum einen die empirisch jedenfalls weitgehend abgesicherten Nicht-Mitgliedschaften gegenüber. Ihre Aussagekraft ist indes begrenzt, kann sie doch bewusstes Nicht-dazu-gehören-Wollen ausdrücken, aber auch vieles andere, zum Beispiel eine naturell- oder traditionsbedingte Zurückhaltung gegenüber einer Parteimitgliedschaft oder auch eine ideologische Übereinstimmung bei gesellschaftlicher Distanz gegenüber den Rabauken in der örtlichen NSDAP usw. Hin und wieder retrospektiv behauptete NS-Gegnerschaften oder berichtetes abweichendes Verhalten sind selten verifizierbar – und doch als Narrativ sehr verbreitet gewesen. Wir haben entsprechende Hinweise, wenn nicht völlige Glaubwürdigkeit gegeben war oder weitere Quellen fehlten, zwar erfasst, aber keine statistische Folgerung abgeleitet. Wenn nach unserer Definition gilt: „Verfolgungserfahrungen bei Würdigung der vorliegenden Daten denk-, aber nicht belegbar oder (Eigen-)Angaben zu Verfolgungserfahrungen erscheinen zweifelhaft", finden sich Hinweise in der Datenbank oft hinterlegt beim Eintrag „unklar" in der Rubrik „Verfolgung NS Zeit?".[226] Erlittene Verfolgungen in der NS-Zeit, die allerdings nicht immer auch politische NS-Gegnerschaften repräsentierten, sondern beispielsweise auch aus rassischen Gründen erfolgt waren, sind dagegen oft mit ein-

225 Vgl. Projektdatenbank.

226 Legende der Datenbank im Anhang, S. 575.

deutigen Quellen belegbar. Ihre Bandbreite ist sehr groß. Immer dann, wenn eindeutige Quellenbelege die Bejahung der folgenden Definition ermöglichen: „Verfolgungserfahrungen liegen vor, belegbare Information verfügbar; Bandbreite reicht von Entlassungen oder Haussuchungen bis zu KZ-Haft", haben wir in der Rubrik „Verfolgung NS Zeit?" ein „ja" verbucht.[227]

Zu den Abgeordneten mit massivster politischer Verfolgungserfahrung gehört der KPD-Funktionär Emil Matthews,[228] der während der ersten Monate 1933 untertaucht und am 10. April 1933 in Kiel verhaftet und in die Haftanstalt Celle überführt wird. Er muss sich einem Verfahren wegen des Vorwurfs der Anschaffung von Sprengstoffen zur Begehung von Sprengstoffverbrechen und wegen unbefugten Schusswaffenbesitzes stellen, wird zusammen mit anderen verurteilt und im Herbst 1936 bei der Haftentlassung von der Gestapo erneut verhaftet und ins KZ Sachsenhausen verbracht, wo er bis April 1939 inhaftiert bleibt. Bereits bei Kriegsbeginn erfolgt die erneute Verhaftung durch die Gestapo und eine zehnwöchige KZ-Haft im KZ Sachsenhausen.[229] Danach wird Matthews unter Polizeiaufsicht gestellt, er muss sich zweimal pro Woche melden. Im Mai 1943 wird er zur Organisation Todt dienstverpflichtet. Im ersten Kabinett Steltzer leitet Matthews 1946 das Ressort Gesundheitswesen.

Zur Kategorie zählen wir auf der anderen Seite des Spektrums aber auch Fälle von nachgewiesener episodischer Verfolgungserfahrung, wie der des Jörgen Andersen,[230] der im September 1933 als Meister im Elektrizitätswerk „wegen seiner Antinazi-Gesinnung" – so Andersen 1946 in seinem Entnazifizierungsfragebogen – auf der Basis des „Gesetzes zur Wiederherstellung des Berufsbeamtentums" entlassen, zwei Wochen später jedoch wieder eingestellt wird und sofort der Marine-SA beitritt, die er im Juni 1936 wieder verlässt, und im Dezember einen Aufnahmeantrag zur NSDAP unterschreibt.[231] Dieser Fall ist ein Beispiel dafür, dass das sich formierende Regime politische Gegner aus der Zeit der Weimarer Republik (Andersen ist vor 1933 Mitglied der SPD und des Reichsbanners Schwarz-Rot-Gold sowie Kassierer im Ortsausschuss des Allgemeinen Deutschen Gewerkschaftsbunds gewesen) zu Wohlverhalten und offenbar auch zu nach außen offen demonstriertem massiven Anpassungsverhalten zwingen konnte.

Als „unklar" in Bezug auf Verfolgung mussten Fälle eingestuft bleiben wie der von Dr. Wilhelm Rohwedder,[232] der auf seinem Entnazifizierungsfragebogen vom 2. November 1945 einträgt, dass er als Amtsvorsteher des Amtsbezirks Brodau (Kreis Oldenburg/Holstein) wegen „[s]einer demokratischen Einstellung" entlassen worden sei, jedoch Gemeindevorsteher in Schashagen bis 1938 bleibt. Zudem ist er ab Januar 1934 Fördermitglied der SS (bis 1943) und fungiert ab 1940 als lokaler Funktionär des Reichsnährstands.[233] Aufgrund dieser Inkon-

227 Legende der Datenbank im Anhang, S. 575.

228 MdL 1. ern. Landtag (KPD), Quellendichte: befriedigend.

229 Vgl. zu seiner Vita in der NS-Zeit BArch R 3001/102770; LASH Abt. 460, Nr. 1541; LASH Abt. 458, Nr. 992; zu seiner Ernennung zum Minister LASH Abt. 605, Nr. 1992 sowie zu Nachkriegsermittlungen wegen Staatsgefährdung LASH Abt. 354, Nr. 5227.

230 MdL WP02 (SSW), Quellendichte: befriedigend.

231 Die Aufnahme erfolgt rückwirkend zum 1. Mai 1937. Vgl. BArch BDC OK, Film 3200 A0026. Vgl. zu seiner Vita in der NS-Zeit ebenfalls LASH Abt. 460.12, Nr. 7.

232 MdL WP04–06 (CDU), Quellendichte: ausreichend.

233 Vgl. zu seiner Vita in der NS-Zeit LASH Abt. 460.8, Nr. 819.

sistenzen und der Tatsache, dass lediglich Entnazifizierungsunterlagen für ihn überliefert sind, qualifizieren wir seine Verfolgungserfahrungen als „unklar“.

Diagramm 6 (s. S. 87) kontrastiert (in relativen Anteilen) die eindrückliche Kurve der NSDAP-Mitgliedschaften mit belegten ehemaligen Verfolgungserfahrungen späterer Landtagsabgeordneter. In den ersten beiden ernannten Landtagen und im ersten gewählten Landtag 1947–1950 lag der Anteil ehemals im NS-Staat nachweislich Verfolgter zwischen 42,3 % und 50,8 % aller Abgeordneten; im Gegensatz dazu lag der Anteil ehemaliger NSDAP-Mitglieder im Landtag in dieser Phase durchweg unter 10 %. Darin spiegelt sich zum einen die von den britischen Besatzungsbehörden vorgenommene Auswahl der 1946 nicht gewählten, sondern zweimal ernannten politischen Repräsentanten.[234] Aber auch bei der ersten freien Landtagswahl 1947 war der Geist eines völligen Neuanfangs (noch) sehr deutlich zu spüren: 48,3 %, mithin die Hälfte der gewählten Abgeordneten, wies eine Verfolgungserfahrung auf. Eine gewissermaßen doppelte rechnerische Verstärkung resultierte daraus, dass die bei der Wahl siegreiche, traditionell antinationalsozialistisch ausgewiesene SPD zudem vom (britischen) Mehrheitswahlrecht profitierte. Ab 1950 nahm der Anteil jener Abgeordneten, die auf Verfolgungen im NS-Staat zurückblickten, drastisch und kontinuierlich ab: 1950 auf 30 %, 1954 auf 21 %, 1958 auf 17,3 %, um 1962 11,8 %, um 1967 schließlich nur noch 3,7 % zu erreichen und fortan als Erfahrungsgruppe gar nicht mehr im Landtag vertreten zu sein. Umgekehrt proportional verläuft die Kurve der Abgeordneten im Landtag, die ehemals NSDAP-Mitglieder gewesen waren.

Die Zäsur des Jahres 1950 und die Grundbotschaft der beiden folgenden Jahrzehnte sind eindeutig: Nicht ein von ausgewiesenen NS-Gegnern respektive NS-Verfolgten getragener Neubeginn, sondern eine von ehemals „Nicht-abseits-Stehenden“, also von Unauffälligen sowie auch in erheblichem Umfang von ehemaligen Nationalsozialisten geschulterte, Kontinuität ausdrückende biografische Zusammensetzung konturierte die Gruppe der Landespolitiker_innen – und spiegelt damit auf zuspitzende Weise die generelle gesellschaftliche Ausrichtung der 1950er- und 1960er-Jahre.

Dabei handelte es sich um ein biografisches Grundverständnis, nicht – jedenfalls nicht automatisch – auch um (konkrete) Politik: Zunächst drückte sich damit nämlich „nur“ das biografische Selbstverständnis aus, unabhängig von Zäsuren, an die sich jeweils ein fortgesetztes individuelles Leben anschloss – also in verschieden strukturierten Gesellschaften mitzumischen, auch in unterschiedlichen Staatsverfassungen politisch mitzuwirken, gegebenenfalls einer Partei anzugehören, unter Umständen eine berufspolitische Laufbahn auf Zeit anzustreben.

Das Beharren auf politischer Mitgestaltung unabhängig von der Staatsform war damit die Kernbotschaft, die jene Akteure aussendeten, die trotz undemokratischer Belastungsmomente schon ab 1950 in erheblicher Zahl in die demokratische Landespolitik strebten. – Ob damit auch politische Implikationen verbunden waren, kann eine derartige Statistik nicht klären oder ausdrücken.

234 Vgl. hierzu und zu Folgendem auch Heinz J. Varain: Kandidaten und Abgeordnete in Schleswig-Holstein 1947–1958. In: Politische Vierteljahresschrift 4 (1961), S. 363–411.

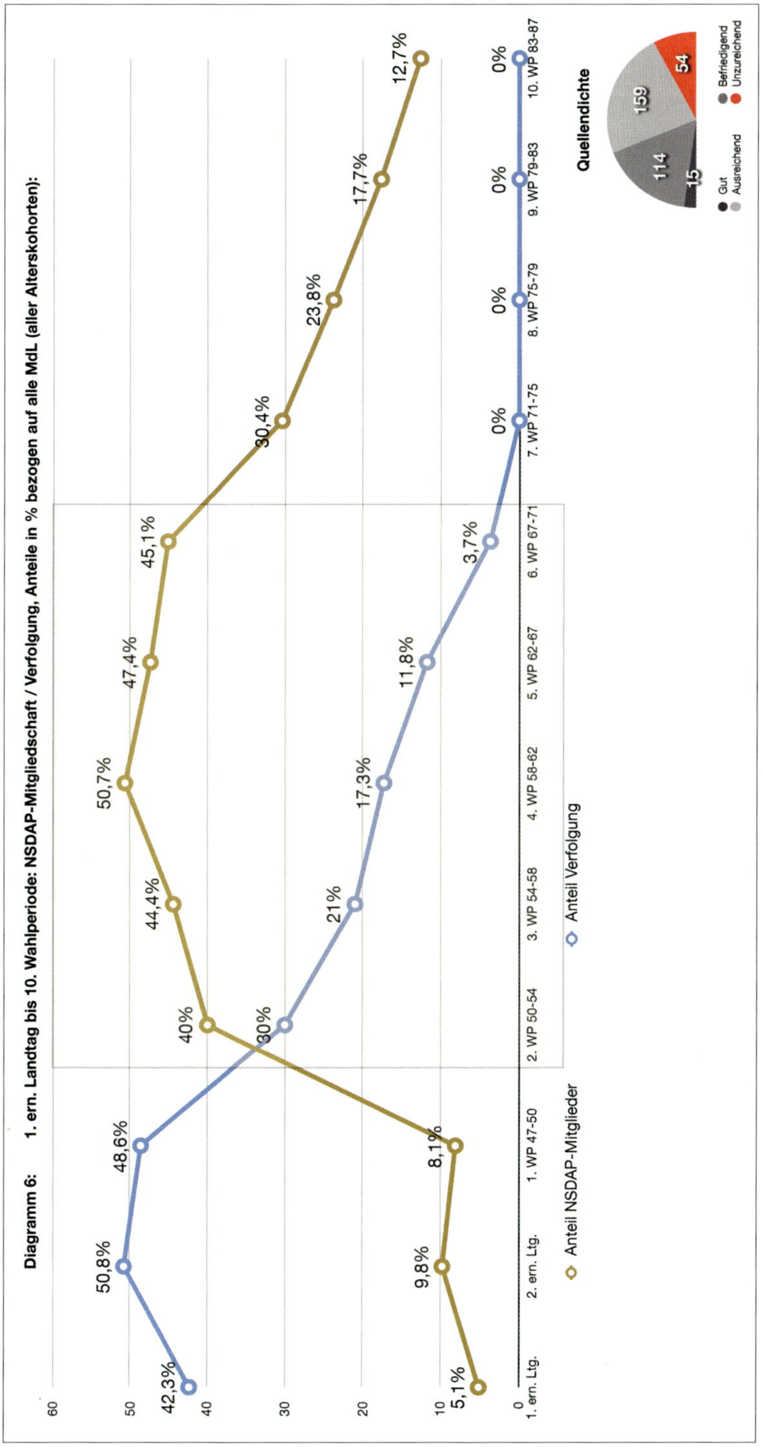

Diagramm 6[235]

235 Basis: Projektdatenbank.

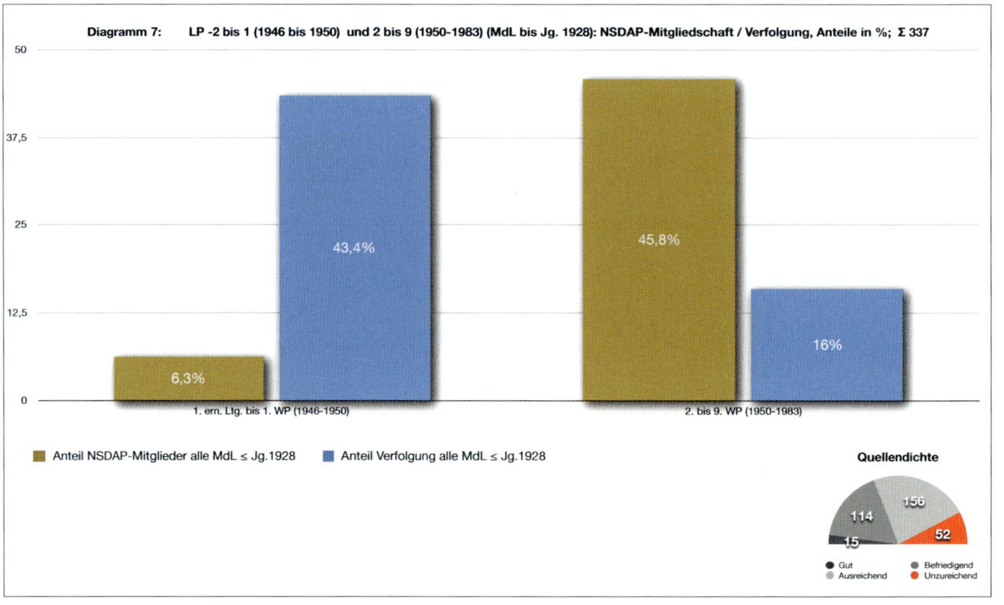

Diagramm 7[236]

Diagramm 7 unterstreicht ganz deutlich den Kontrast, den die Zäsur des Jahres 1950 bedeutete: Von 1946 bis 1950 überwog im Landtag mit fast der Hälfte aller Abgeordneten die Gruppe der in der NS-Zeit Verfolgten; nur jeder 16. Abgeordnete hatte der NSDAP angehört. Umgekehrt proportional zeigten sich die Verhältnisse zwischen 1950 und 1983: Fast die Hälfte aller Abgeordneten (der entsprechen Altersgruppe) waren ehemalige NSDAP-Mitglieder, im Durchschnitt nur jeder siebte ein ehemals Verfolgter.

Diagramm 8 (s. S. 89) liefert das vollständige Bild für alle Wahlperioden zwischen 1946 und 1996: Die dunkelgrauen, rechts platzierten Felder geben jeweils die Gesamtzahl aller Abgeordneten aller Altersgruppen im Schleswig-Holsteinischen Landtag wieder, die hellgrauen daneben die Gesamtzahlen der Abgeordneten unserer Untersuchungsgruppe. Deutlich erkennbar ist, dass die Gruppe der bis 1928 Geborenen bis 1971 im Landtag quasi unter sich blieb: Seit 1958 war jeweils nur ein Abgeordneter jünger, 1967 waren es weiterhin nur fünf. Erst mit der 7. Wahlperiode änderte sich die Zusammensetzung unter dem Blickwinkel von NS-Erfahrungen signifikant: Der Anteil unserer Untersuchungsgruppe sank massiv und stetig ab. Bereits 1975 gehörten ihr weniger als die Hälfte aller Abgeordneten an, 1983 nur mehr ein Viertel, in der 13. Wahlperiode ab 1992 verblieben lediglich noch drei Mitglieder dieser Altersgruppen. Die Zeit, in der die Angehörigen der „Erlebnisgenerationen“ die Landespolitik allein bestimmten, endete also 1971; relevanten Einfluss auf landespolitische Entscheidungen konnten sie allerdings noch für anderthalb Jahrzehnte ausüben.

236 Basis: Projektdatenbank.

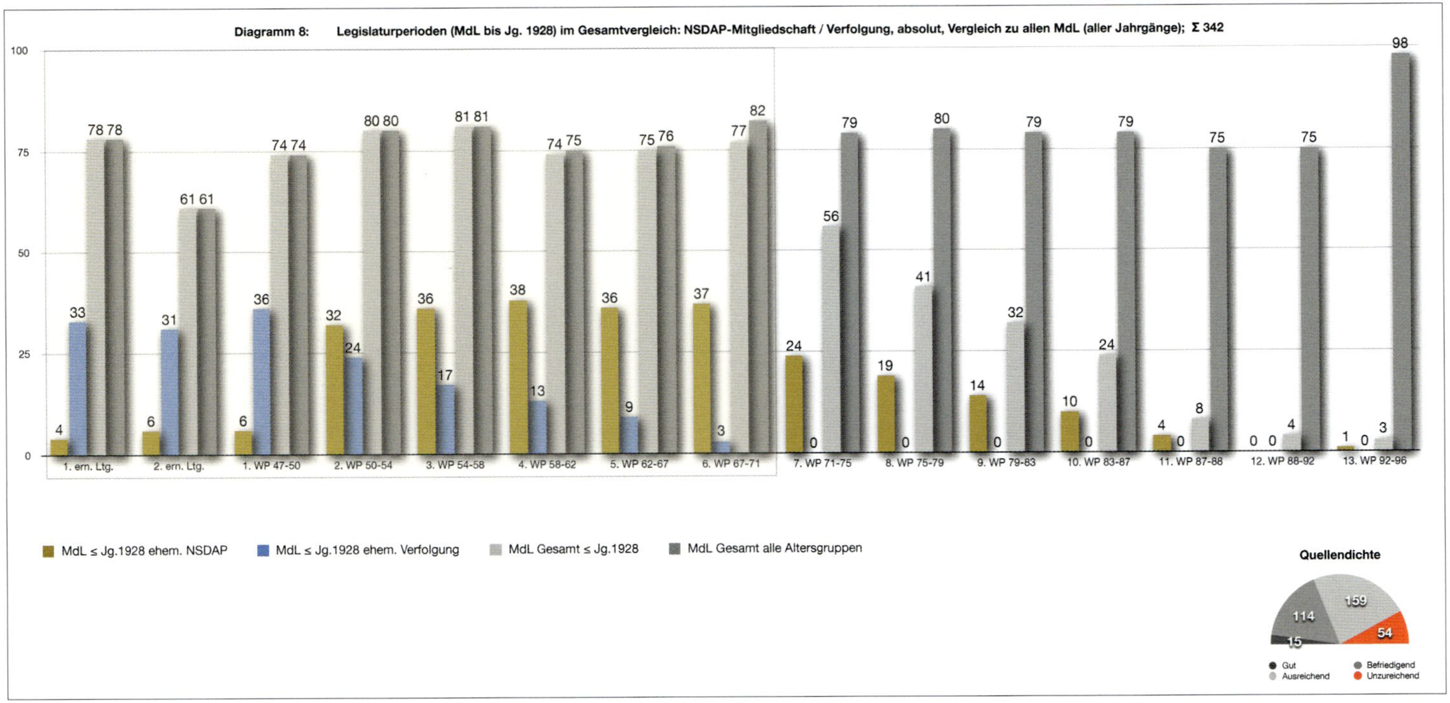

Diagramm 8[237]

237 Basis: Projektdatenbank.

Mit Blick auf die statistische Relevanz ehemaliger NSDAP-Mitgliedschaften lassen sich folglich drei Phasen kennzeichnen: eine kurze unmittelbare Nachkriegsphase bis 1950 mit sehr wenigen ehemaligen „PGs", die anschließenden zwei Jahrzehnte einer massiven Präsenz ehemaliger NSDAP-Mitglieder im Landtag, der noch ausschließlich von Altersgruppen der bis 1928 Geborenen getragen wurde, und schließlich der Zeitraum von 1971 bis Mitte der 1980er-Jahre, in dem – mit abnehmender Tendenz – die Angehörigen der Untersuchungsgruppe landespolitisch noch maßgeblich mitwirkten.

Wir können das als das schleswig-holsteinische Profil begreifen: bis 1950 ein politischer Neubeginn, getragen von biografischen Verfolgungs- oder Distanzerfahrungen im Nationalsozialismus, ab 1950 für ganze zwei Jahrzehnte eine massive, etwa hälftige Präsenz ehemaliger NSDAP-Mitglieder im homogen aus den Altersgruppen bis Jahrgang 1928 zusammengesetzten Landesparlament, schließlich ab 1971 die verjüngungsbedingte sukzessive Abnahme des Anteils dieser Gruppe; innerhalb der Altersgruppe bleibt der Anteil dagegen stabil. Die Landespolitik Schleswig-Holstein weist 1950 eine markante Zäsur auf, die eine nachhaltige Umkehr der biografischen Vorprägungen signalisierte.

Es stellt sich die Frage, ob für andere Länder ähnliche oder andere Entwicklungen feststellbar sind. Wie oben ausgeführt, ist es nur in sehr begrenztem Maße möglich, den statistischen Vergleich zu anderen Bundesländern vorzunehmen. Zum einen gibt es lediglich drei hinreichend verlässliche Referenzstudien.[238] Zum anderen weisen auch diese lediglich eine sehr begrenzte Informationsdichte auf. In der Regel beschränken sich die Untersuchungen darauf, formale NS-Mitgliedschaften der späteren Abgeordneten aufzulisten. Bezogen auf die publizierten Datensätze können wir folglich lediglich die formalen Mitgliedschaften in NSDAP, SA und SS vergleichen, dabei immerhin die Zeitachse betrachten, nämlich Unterschiede der biografischen Zusammensetzungen der Landtage unterschiedlicher Legislaturperioden heranziehen.

Diagramm 9 (s. S. 91) zeigt den unmittelbaren Vergleich der Gesamtzusammensetzungen der Landtage Schleswig-Holsteins, Niedersachsens, Hessens und Bremens bezogen auf die identisch konstruierte Untersuchungsgruppe von Abgeordneten der Alterskohorten bis zum Jahrgang 1928: In Bremen waren insgesamt 20,2 % aller Abgeordneten der Altersgruppe ehemalige Mitglieder der NSDAP, in Hessen mit 22,8 % ein sehr ähnlicher Anteil. Niedersachsen weicht mit einem Anteil von 27 % ehemaligen NSDAP-Mitgliedern ziemlich nach oben ab. Schleswig-Holstein folgt mit einem weiteren signifikanten Sprung auf 33,6 %.

238 Vgl. Stephan A. Glienke: Die NS-Vergangenheit späterer niedersächsischer Landtagsabgeordneter: Abschlussbericht zu einem Projekt der Historischen Kommission für Niedersachsen und Bremen. Hannover 2012; Albrecht Kirschner: Abschlussbericht der Arbeitsgruppe zur Vorstudie „NS-Vergangenheit ehemaliger hessischer Landtagsabgeordneter" der Kommission des Hessischen Landtags für das Forschungsvorhaben „Politische und parlamentarische Geschichte des Landes Hessen". Wiesbaden 2013, sowie Karl-Ludwig Sommer: Die NS-Vergangenheit früherer Mitglieder der Bremischen Bürgerschaft: Projektstudie und wissenschaftliches Colloquium. Hrsg. von der Bremischen Bürgerschaft. Bremen 2014.

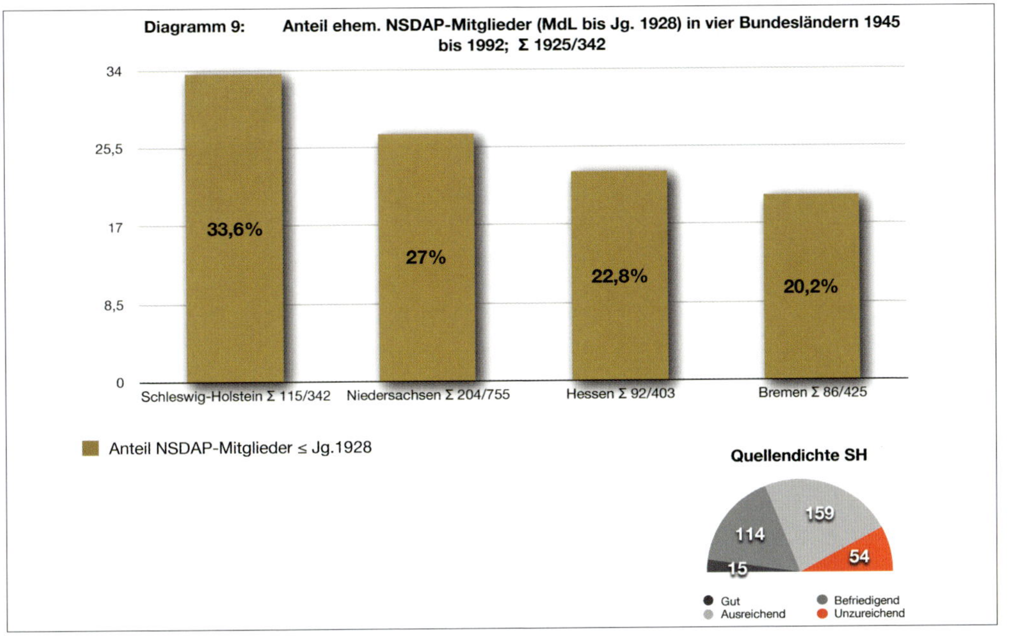

Diagramm 9[239]

Niedersachsen verfügt über eine ähnliche Struktur wie Schleswig-Holstein: norddeutsch, ländlich geprägt und protestantisch. In derartigen Regionen erlangten die Nationalsozialisten in den 1930er-Jahren bei Wahlen ihre Spitzenwerte.[240] Auch in der NS-Nachgeschichte gab es vergleichbare Probleme: rechtsextreme kleine Parteien, reüssierende ehemalige NS-Repräsentanten, die öffentliche Skandale auslösten.[241] Vor dem Hintergrund dieser Ähnlichkeiten wäre zu erwarten, dass neben einer weitgehenden Übereinstimmung zwischen Hessen und Bremen auch eine entsprechende Gleichverteilung der mutmaßlich vergleichbar nach oben abweichenden Anteile ehemaliger NSDAP-Mitglieder in den Landtagen Niedersachsens und Schleswig-Holsteins herrschte. Das ist bei der Differenz von 6,6 Prozentpunkten nicht eingetreten: Schleswig-Holstein nimmt mit 33,6 % ehemaligen NSDAP-Mitgliedern im Landtag eine deutlich nach oben abweichende Spitzenposition ein!

Betrachtet man die in Diagramm 10 (s. S. 92) wiedergegebene zeitliche Entwicklung nach Wahlperioden, erscheint das Ergebnis teilweise noch markanter: Am Ende der 1950er-Jahre liegt der Anteil ehemaliger NSDAP-Mitglieder in Schleswig-Holstein schlicht doppelt so hoch

239 Basis: Projektdatenbank sowie Glienke: NS-Vergangenheit (Anm. 238); Kirschner: Abschlussbericht (Anm. 238); Sommer: NS-Vergangenheit (Anm. 238).

240 Vgl. Adelheid von Saldern: Sozialmilieus und der Aufstieg des Nationalsozialismus in Norddeutschland (1930–1933). In: Frank Bajohr (Hrsg.): Norddeutschland im Nationalsozialismus. Hamburg 1993, S. 20–51.

241 Vgl. die Beiträge in Bernd Weißbrod (Hrsg.): Rechtsradikalismus in der politischen Kultur der Nachkriegszeit. Die verzögerte Normalisierung in Niedersachsen. Hannover 1995.

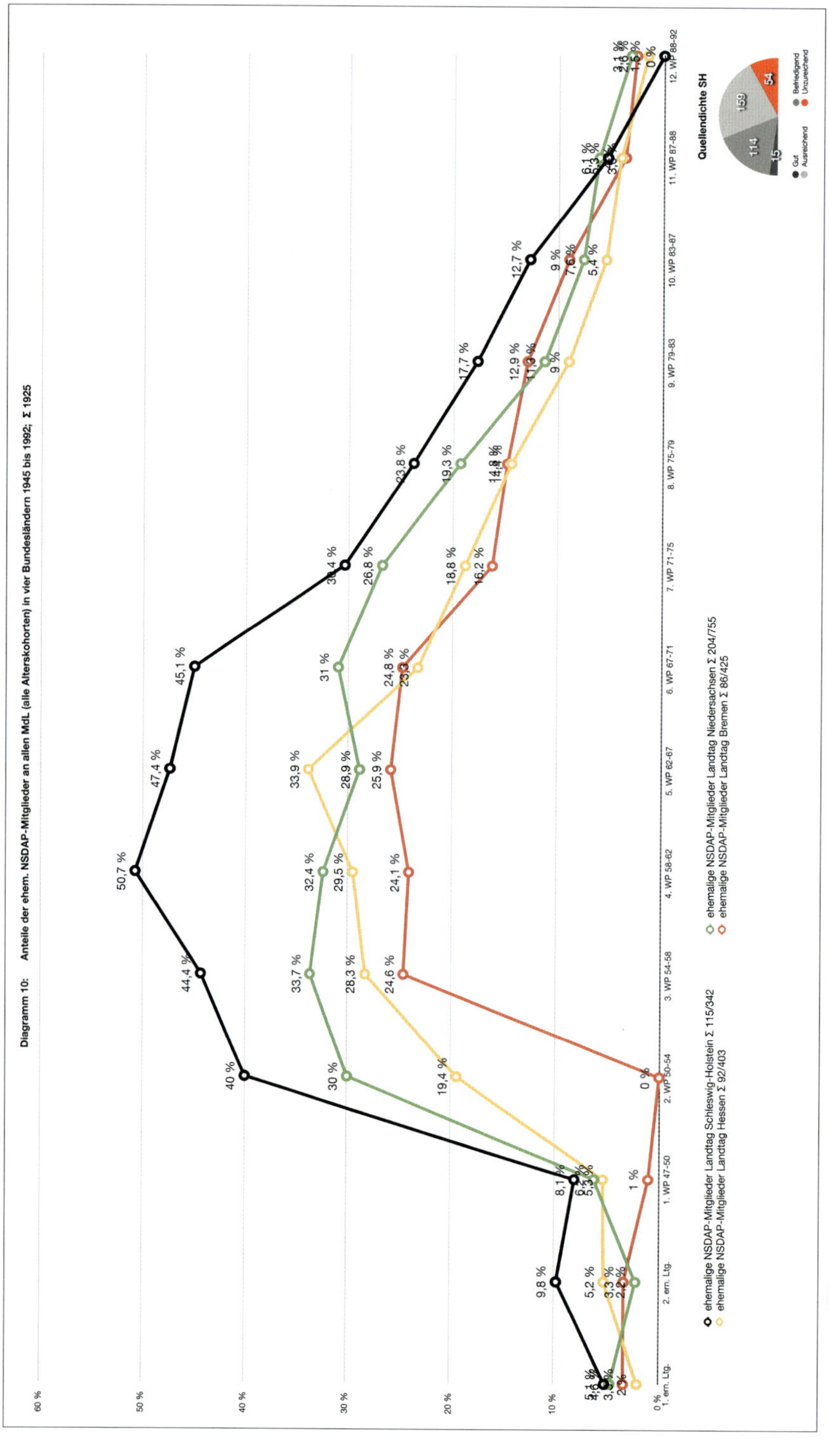

Diagramm 10[242]

242 Basis: Projektdatenbank sowie Glienke: NS-Vergangenheit (Anm. 238); Kirschner: Abschlussbericht (Anm. 238); Sommer, NS-Vergangenheit (Anm. 238).

wie in Bremen oder Hessen, in Relation zu Niedersachsen immer noch um circa 60 % höher. Abgesehen von der (aufgrund extrem kleiner Zahlen statistisch nicht mehr ernsthaft vergleichbaren) Schlussphase an der Wende zu den 1990er-Jahren weist Schleswig-Holstein ohne Ausnahme Spitzenwerte auf, und zwar mit sehr deutlichem Abstand!

Interessant ist gleichwohl der sehr ähnliche Kurvenverlauf für alle vier Landtage: der gemeinsame Beginn in den 1940er-Jahren mit einem sehr geringen Anteil ehemaliger „PGs", eine Anfang der 1950er eintretende Zäsur, die in allen Bundesländern gravierend ausfällt, auch ein vergleichbarer Abfall unserer Alterskohorten am Beginn der 1970er-Jahre mit kontinuierlichem Absinken in der Folgezeit. Die Steigungen der Kurve und die erreichten Höchstzahlen sind für Schleswig-Holstein jedoch deutlich höher als in den Vergleichsländern: Schleswig-Holstein ist ein Sonderfall!

3. Vertiefung, das schleswig-holsteinische Profil II

Werden die erhobenen formalen Daten auf einzelne Fraktionen und Wahlperioden heruntergebrochen, so setzt eine erste Verfeinerung des Gesamtbildes ein.

Diagramm 11 (s. S. 94) weist die Anteile ehemaliger NSDAP-Mitgliedschaften und Verfolgungserfahrungen innerhalb der einzelnen (ideellen Gesamt-)Fraktionen des Schleswig-Holsteinischen Landtags aus. Die Teilgruppe der Fraktionslosen muss dabei nicht weiter betrachtet werden, wenn Berücksichtigung findet, dass dieser Status in aller Regel eine Durchgangsposition bildete. Wenn in der KPD-Fraktion, die nur von 1947 bis 1950 im Landtag vertreten war, keine Mitglieder der NSDAP, sondern zu 75 % ehemals Verfolgte vertreten waren, überrascht es nicht, denn diese Partei knüpfte, wie schon die Altersstruktur auswies, personell quasi ausschließlich an ihr Handeln in der Weimarer Zeit und im Widerstand gegen den Nationalsozialismus an. Bei den rechtsextremen Gruppierungen NPD und Deutsche Volksunion (DVU) ist der Anteil ehemaliger NSDAP-Mitglieder erwartungsgemäß hoch. Für die sehr rechts stehende Deutsche Partei (DP) gilt Ähnliches, obgleich ein Anteil von über 85 % an ehemaligen „PGs" für eine Fraktion[243] im Jahr 1950 schon eine Nachricht darstellte! Im – aus DP und „Schleswig-Holsteiner Gemeinschaft" gebildeten – „Schleswig-Holstein-Block" (SHB) waren ab 1954 ausschließlich ehemalige Mitglieder der NSDAP vertreten.

Ein fokussierender Blick auf die langlebigeren und bedeutenderen Fraktionen in Diagramm 12 (s. S. 95), das einen unveränderten Auszug aus Diagramm 11 (s. S. 94) darstellt, liefert durchaus markante Fraktionskonturen: In der Vertriebenenpartei „Gesamtdeutscher Block/Bund der Heimatvertriebenen und Entrechteten" (GB/BHE) waren zwei Drittel der Abgeordneten ehemalige NSDAP-Mitglieder; gleiches gilt für die FDP, die in ihren Reihen über einen noch geringe-

243 Ganz präzise müsste man von einer Teilfraktion sprechen, da CDU, FDP und DP 1950 nicht nur einen Wahlblock, sondern anschließend auch eine gemeinsame Fraktion gebildet hatten.

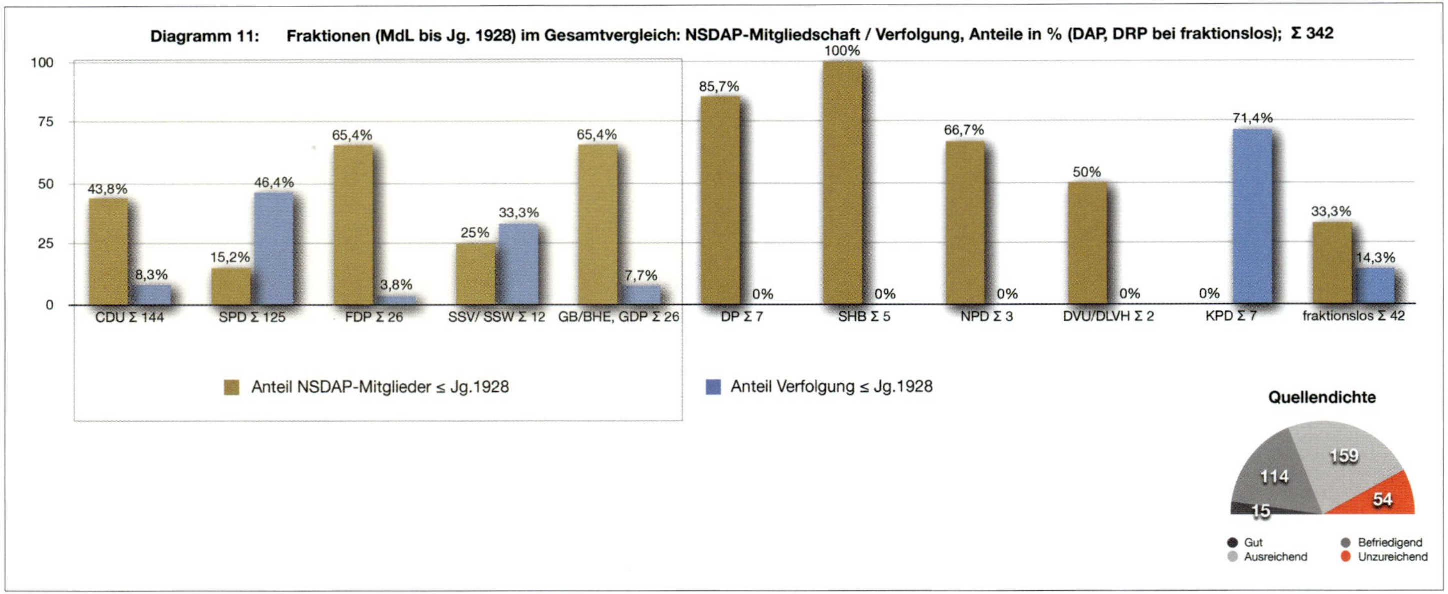

Diagramm 11[244]

244 Basis: Projektdatenbank.

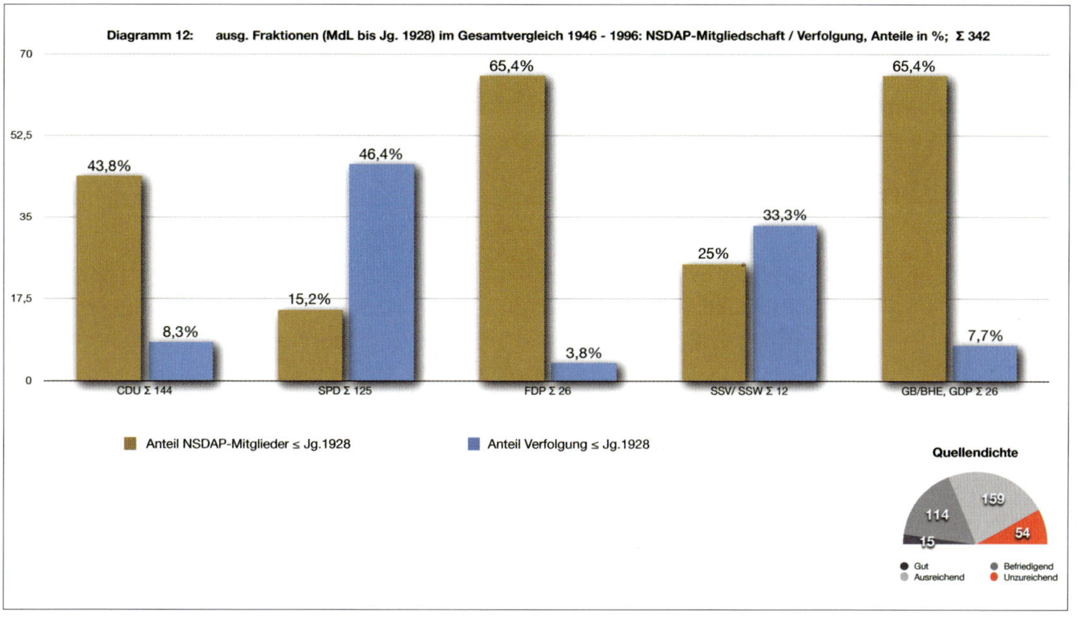

Diagramm 12[245]

ren Anteil ehemaliger Verfolgter verfügte. In der Gruppe der zwölf Abgeordneten des SSW weist ein Viertel eine ehemalige NSDAP-Mitgliedschaft auf, ein Drittel zählt zu den ehemals Verfolgten. Eindrucksvoll ist die spiegelbildliche Aufstellung von CDU und SPD: Während der Anteil ehemaliger Mitglieder der NS-Partei in der SPD nur 15,2 %, jener ehemals Verfolgter dagegen 46,4 % beträgt, gilt für die CDU ein umgekehrtes Zahlenverhältnis mit 8,3 % ehemals Verfolgten gegenüber 43,8 % ehemaligen NSDAP-Mitgliedern. – Bezogen auf die Sozialdemokratie wird in diesen Zahlen deren demokratische und antinationalsozialistische Tradition deutlich. Bei der CDU spiegelt sich auch deren politischer Erfolg, nämlich das Aufsaugen aller bürgerlichen Parteien außer der FDP in den 1950ern und überhaupt eine ausgeprägte Aufnahmebereitschaft für ehemalige Nationalsozialisten.[246] Sichtbar wird so die Schattenseite einer beispiellosen Integrationsleistung!

Die Grundstruktur der Parteiprofile lässt sich bezogen auf sämtliche Wahlperioden genauer betrachten: Wie ausgeführt und in Diagramm 13 (s. S. 96) wiedergegeben, begann die Landespolitik im von den Briten ersten ernannten Landtag überwiegend mit Abgeordneten, die Verfolgungs- und Distanzerfahrungen aufwiesen; nur im Ausnahmefall wurden (wahrschein-

245 Basis: Projektdatenbank.

246 Vgl. Borup: Demokratisierungsprozesse (Anm. 206).

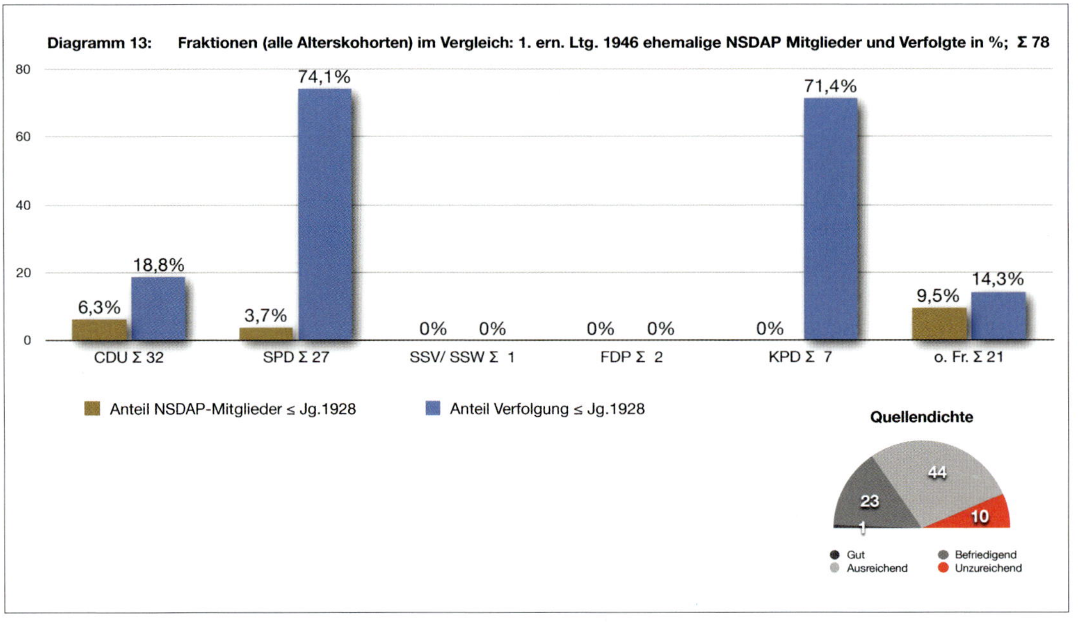

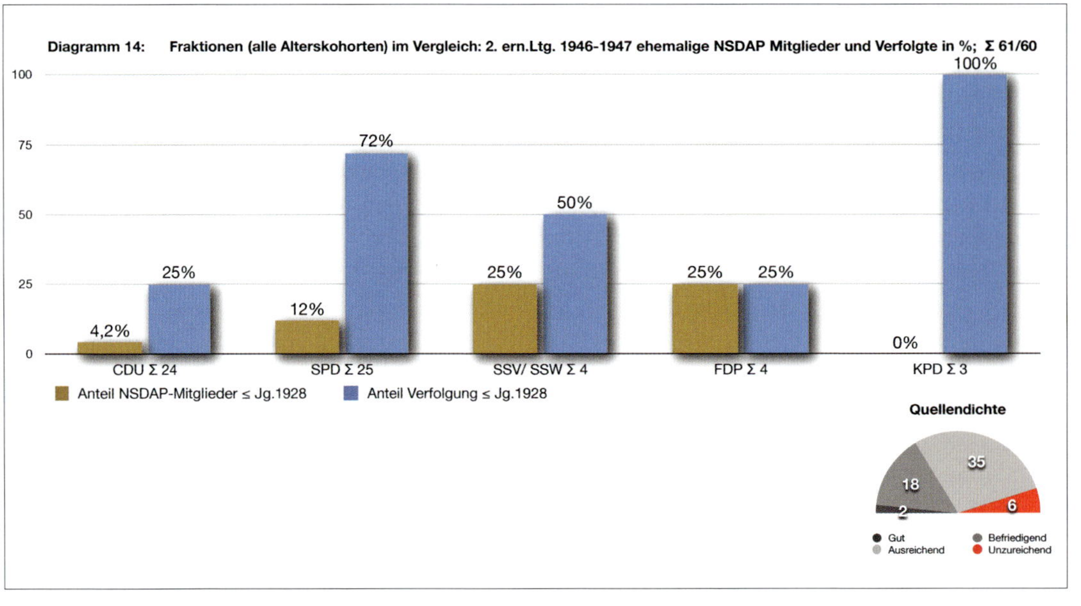

Diagramme 13 und 14[247]

247 Basis: Projektdatenbank.

lich unwissentlich) ehemalige NSDAP-Mitglieder rekrutiert.[248] Diagramm 14 (s. S. 96) spiegelt wider, wie der nach der ersten freien Kommunalwahl leicht korrigierte zweite ernannte Landtag sehr ähnlich konturiert blieb.[249]

Im ersten gewählten Landtag in der Wahlperiode 1947 bis 1950 setzte sich die Grundrichtung noch fort: Das Wahlergebnis hatte gelautet: SPD 43,8 %, CDU 34,0 %, SSV 9,3 %; nicht im Landtag vertreten waren FDP 5,0 % und KPD 4,7 %. Das von den britischen Besatzungsbehörden gestaltete Wahlrecht tendierte stärker zum Mehrheitsprinzip als zum – gleichwohl korrigierend angewandten – Verhältniswahlrecht und bevorzugte so den Wahlsieger etwas, sodass die SPD 43 Sitze erhielt, die CDU 21 und SSV sechs. Diagramm 15 (s. S. 98) zeigt, dass in SSV/SSW ein Fraktionsmitglied, in der SPD-Fraktion fünf Abgeordnete und in der CDU-Fraktion kein Mitglied ehemalige nationalsozialistische Parteimitglieder gewesen waren;[250] die

248 Die vier ehemaligen NSDAP-Mitglieder des ersten ernannten Landtags waren: Heinz Burmeister (MdL 1. u. 2. ern. Landtag (FDP), Quellendichte: befriedigend), der seine zwischenzeitliche NSDAP-Mitgliedschaft zwischen August 1932 und Januar 1933 (vgl. BArch BDC ZK, Film 3100 D0091) im Gegensatz zu seiner Zugehörigkeit zum NSKK in seinem Entnazifizierungsfragebogen vom 10.10.1945 unerwähnt lässt (vgl. LASH Abt. 460.8, Nr. 239); Victor Graf von Reventlow-Criminil (MdL 1. ern. Landtag-WP01 (fraktionslos, CDU (Hosp.), Dän. Volksgruppe/SSW), Quellendichte: ausreichend), der nach Aktenlage ebenfalls verschweigt, zum 1. Januar 1935 der NSDAP beigetreten zu sein, möglicherweise weil er die Mitgliedschaft als nach seinem Eintritt in die Kriegsmarine im April 1936 (fälschlicherweise) für erledigt betrachtet (vgl. BArch BDC OK, Film 3200 S0004 und LASH Abt. 460.4, Nr. 272); Ferdinand Graf Hahn (MdL 1. ern. Landtag (CDU), Quellendichte: befriedigend), der sich erst nach den insgesamt nur sechs Wochen, in denen er dem Landtag angehörte, einem Entnazifizierungsverfahren unterzieht, in dem er dann auch seine NSDAP-Mitgliedschaft ab 1937 angibt (vgl. LASH Abt. 460.10, Nr. 179 sowie weiter unten); Erich Arp (MdL 1. ern. Landtag-WP01 (SPD, fraktionslos), Landwirtschaftsminister (1946–1948), Quellenlage: befriedigend), der seine ab Oktober 1941 bestehende Mitgliedschaft dem Entnazifizierungsausschuss überzeugend als Tarnung für Widerstandsaktivitäten erläutert (vgl. BArch BDC OK, Film 3200 A0037; BStU MfS IX/11 PA 13 und 18; LASH Abt. 460.9, Nr. 143).

249 Neben Heinz Burmeister, Erich Arp, Victor Graf von Reventlow-Criminil waren die früheren Angehörigen der NSDAP: Fritz Bremer (MdL 2. ern. Landtag (CDU), PG zwischen Januar und März 1932 sowie in der NS-Zeit „einige Monate" Fördermitglied der SS (jeweils Eigenangaben aus LASH Abt. 460.16, Nr. 272); Joachim von der Lieth (MdL 2. ern. Landtag-WP01 (SPD), Quellendichte: ausreichend), PG seit 1. Mai 1937 (BArch BDC OK, Film 3200 N0040), der im September gegenüber dem Entnazifizierungsausschuss erklärt, nur „Parteianwärter" gewesen und aus dem NSKK wegen „Dienstverweigerung" entlassen worden zu sein, was dieser akzeptiert und seine Kandidatur als Kreistagsabgeordneter für die SPD empfiehlt (LASH Abt. 460.5, Nr. 172); Dr. Richard Schenck (MdL 2. ern. Landtag-WP01 (SPD, fraktionslos), Finanzminister (1947–1949), Volksbildungsminister (1949–1950)), Quellendichte: ausreichend), der im Mai 1933 der Partei beigetreten war, sie jedoch im Juli 1934 wieder verließ (BArch BDC OK, Film 3200 T0030), wahrscheinlich im Zusammenhang mit seiner „Inschutzhaftnahme" 1934/35 (vgl. Kurt G. Wernicke/Hans Booms/Walter Vogel (Hrsg.): Der Parlamentarische Rat 1948–1949. Akten und Protokolle, Band 14: Hauptausschuss, Teilband 1. München 2009, S. 377, FN 7).

250 Neben Heinz Burmeister, Erich Arp, Victor Graf von Reventlow-Criminil, Richard Schenck waren das: Dr. Karl Friedrich Müller (MdL WP01 (SPD), Quellendichte: ausreichend), PG seit 1. Mai 1937 (BArch BDC OK, Film 3200 P0037; LASH Abt. 460.5, Nr. 369); Gerhard Tackmann (MdL WP01 (SPD), Quellendichte: befriedigend), PG seit dem 1. Oktober 1940 (BArch BDC OK, Film 3200 W0084; LASH Abt. 460.3, Nr. 57).

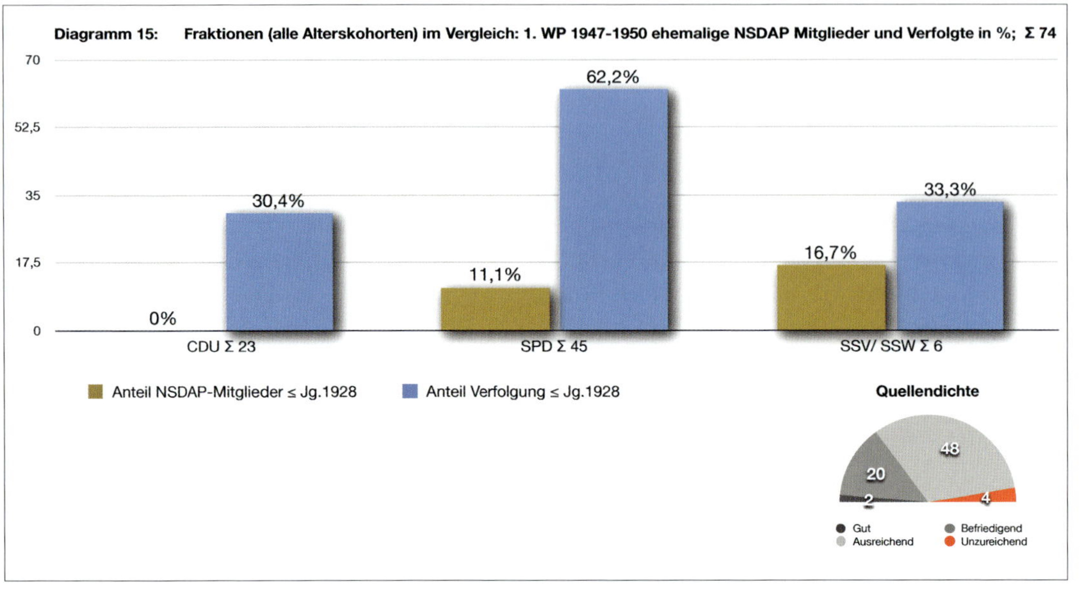

Diagramm 15[251]

ehemals Verfolgten waren bedeutend stärker vertreten: in der SPD mit 62,2 %, im SSV/SSW mit 33,3 %, in der CDU mit 30,4 %. In heutiger Diktion würden Wahlforscher sagen: Das Wahlergebnis spiegelt die Stimmung eines politisch ausgedrückten geistig-moralischen Neubeginns.

Das änderte sich bei der nächsten Wahl im Jahr 1950 radikal: Die SPD kam nur noch auf 27,5 %, der neu gegründete GB/BHE aus dem Stand auf 23,4 %, die erstmals zugelassene „Südschleswigsche Wählervereinigung" SSW erzielte 5,5 %, CDU (19,8 %), DP (9,6 %) und FDP (7,1 %) hatten – um das Wahlrecht durch Wahlabsprachen in den Wahlkreisen optimal zu nutzen – den „Deutschen Wahlblock" gebildet. Dem deutlichen Wahlsieg der Bürgerlichen und der Vertriebenenpartei entsprach die Sitzverteilung: SPD 19, CDU 16, GB/BHE 15, FDP acht, DP sieben, SSW vier. Auch in der personellen Zusammensetzung der Fraktionen spiegelte sich – abgesehen von den aus dem Rückgang der dezidiert antinationalsozialistisch orientierten SPD resultierenden statistischen Effekten – die tiefgreifende Zäsur des Jahres 1950: Bei den Christdemokraten waren jetzt 53,8 %, nämlich 14 der Abgeordneten, ehemalige NSDAP-Mitglieder, bei der FDP mit acht von neun Abgeordneten 88,9 %. Im erstmals vertretenen BHE waren mehr als die Hälfte der Abgeordneten, in der DP 85,7 % ehemalige Nationalsozialisten. Die SSW-Fraktion bot normalverteilt alles: je zwei ehemalige Nationalsozialisten, ehemals Verfolgte und Unbeschriebene. – Man würde gern etwas über Stimmung und Umgangsformen in dieser kleinen Fraktion erfahren. In der SPD-Fraktion waren zwei ehemalige NSDAP-Mitglieder, dagegen 19 ehemals Verfolgte (s. Diagramm 16, s. S. 99).

251 Basis: Projektdatenbank.

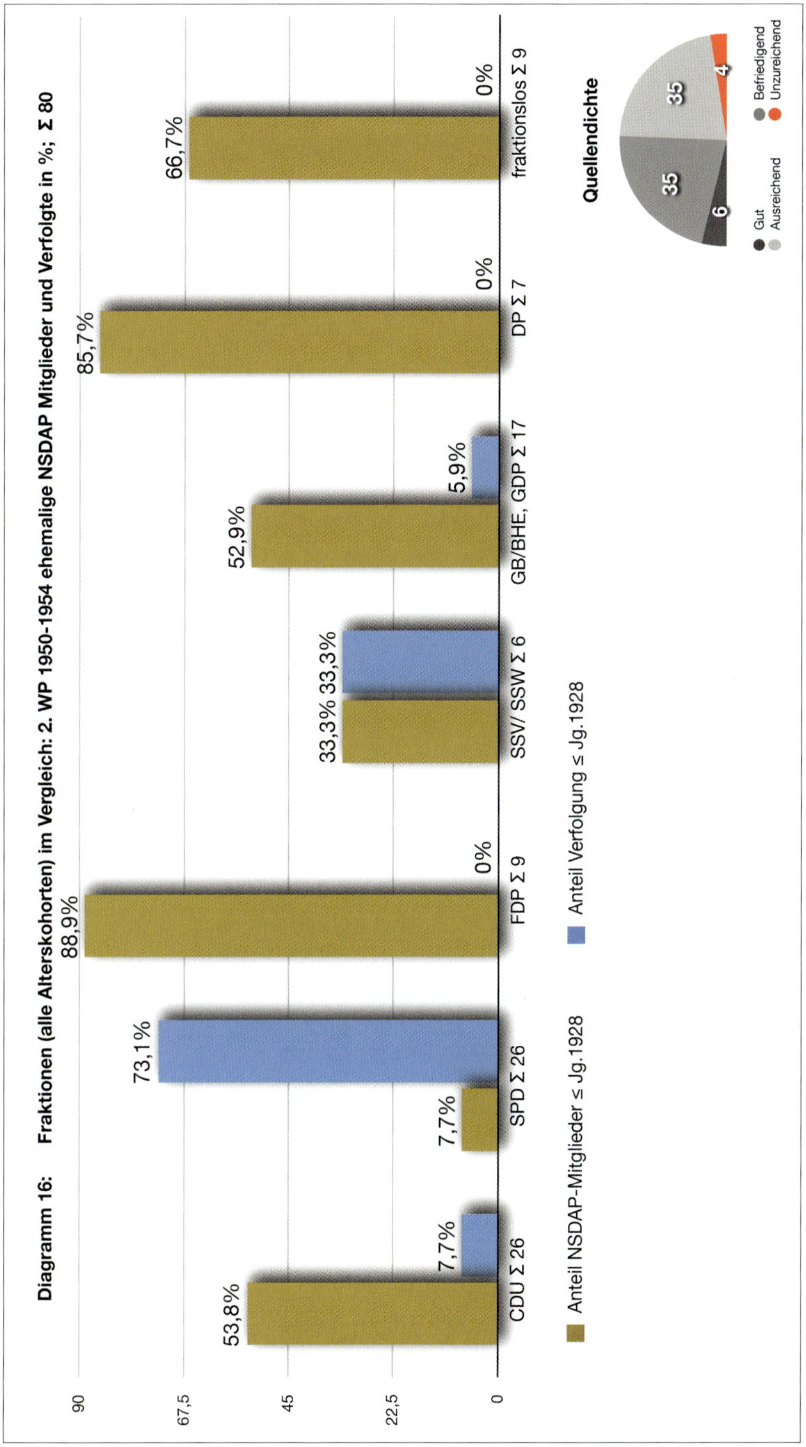

Diagramm 16[252]

252 Basis: Projektdatenbank.

An dieser Stelle eine bezogen auf Begrifflichkeiten und Themen teilweise vorgreifende Überlegung, die die Leistungsfähigkeit inhaltlich gesteuerter kombinierter Abfragen unserer Projektdatenbank ausnutzt: Von den insgesamt 32 ehemaligen Angehörigen der NSDAP in dieser zweiten Wahlperiode des Schleswig-Holsteinischen Landtags zählte ein überproportionaler Teil zu denjenigen, die erst nach 1945 nach Schleswig-Holstein gekommen waren, nämlich 19, also 59 %, gegenüber 32 von 80, also 40 % aller MdL in dieser WP. Immerhin neun haben wir der weiter unten erläuterten Grundorientierung „exponiert / nationalsozialistisch" zugeordnet – und sie kamen 1950 ohne Ausnahme neu ins Parlament. Es handelte sich um diejenigen, die in vielen Fällen jetzt zu diesem Zeitpunkt in der Lage waren, Volksvertreter zu werden; dies unter anderem, weil sie vorher mit ihrer Entnazifizierung beschäftigt waren.

Ein Beispiel für diese Teilgruppe liefert Erwin Jürgens[253], der zunächst der rechtsgerichteten DP angehört und schon in seiner ersten Wahlperiode in die CDU wechselt. Er ist bereits NSDAP-Parteigenosse kurz nach der September-Wahl 1930 gewesen, dem Durchbruch der NSDAP. Zudem war er unterstützendes Mitglied in NSKK und DAF. Sein langwieriges Entnazifizierungsverfahren endet erst im Mai 1950, wenige Monate vor der Landtagswahl mit seiner finalen Umstufung in die Gruppe der „Entlasteten". Ihm geht es wie vielen, die erst mit ein wenig Anlauf die Hürde der Entnazifizierung schaffen, damit also überhaupt erst *formal wählbar* werden und sich erst langsam in den politischen Prozess einfinden. Im Wahlkampf kursiert sogar die Behauptung aufseiten des BHE, dass die SPD Entnazifizierungsbemühungen verstärke, um sich lästige Konkurrenten unter den Kandidaten „vom Halse zu halten".[254]

1950 war dann ihre Stunde gekommen, zumal auch innerhalb der CDU ein Umbruch Platz griff. Die Hälfte der ehemaligen Landtagsabgeordneten bewarb sich nicht wieder für ein Mandat. Gleiches galt für die FDP: Sechs der neun Kandidaten traten zum ersten Mal an![255] Durch die Wahlblockstrategie zur Absicherung vor dem Mehrheitswahlrecht wurde jeweils nur ein bürgerlicher Kandidat der CDU, FDP oder DP aufgestellt. Der BHE war ohnehin zum ersten Mal dabei. Es handelte sich also um eine neue Politikergeneration, die die Bühne betrat. Viele ihrer Angehörigen besaßen eine nationalsozialistische Vergangenheit. Diese 32 ehemaligen NSDAP-Mitglieder verblieben im Schnitt 2,2 Wahlperioden im Landtag und lagen damit unter dem Durchschnitt von 2,8 WP; der größte Teil von ihnen, nämlich 19, also fast 60 %, verließen das Parlament nach nur einer Wahlperiode bereits wieder.

In der dritten Wahlperiode schien sich dieser Vorgang zu wiederholen: Von den 81 Mitgliedern des Landtags in dieser Wahlperiode gehören 36 oder rund 44 % in die Gruppe der ehemaligen NSDAP-Mitglieder. 26 Personen, mithin mehr als 70 %, waren Neulinge, wurden zum

253 MdL WP02–05 (DP, CDU), Quellendichte: befriedigend. Vgl. zu seiner Vita BArch BDC ZK, Film 3100 K0120; BArch BDC OK, Film 3200 J0051; BArch PK F204; LASH Abt. 460.7, Nr. 272.

254 So interpretierte BHE-Landtagskandidat Hans-Adolf Asbach den Aufruf des SPD-Innenministers Käber an seine Kabinettskollegen, möglichst auf die Einstellung belasteten Personals zu verzichten; vgl. Grieser: „Nationalste Partei" (Anm. 210), S. 155 und 159.

255 Vgl. Varain: Kandidaten (Anm. 234), S. 374f., der diesen Umstand so interpretiert, dass die „Führungsebene" der Christdemokraten zu diesem Zeitpunkt noch nicht „gefestigt" genug gewesen sei.

ersten Mal in den Landtag gewählt. Allerdings wiesen sie eine deutlich größere Stabilität auf: Fast 70 % von ihnen blieben länger als die eine Wahlperiode! Zu ihnen gehörten so prägende Parlamentarier wie Dr. Helmut Lemke mit insgesamt sieben Wahlperioden Abgeordnetentätigkeit[256], Gustav Drevs mit fünf Wahlperioden[257] oder der langjährige CDU-Fraktionsvorsitzende Walter Mentzel mit vier Wahlperioden.[258] – Damit war die personelle Grundlage für eine lang anhaltende Dominanz ehemaliger NSDAP-Mitglieder im Landtag gelegt.

Das Wahlergebnis 1954 bescherte der SPD zwar erhebliche Gewinne, stabilisierte aber die bürgerliche Mehrheit mit einer bereits spürbaren Tendenz zur CDU: SPD 33,2 % (25 Sitze), CDU 32,2 % (25 Sitze), GB/BHE 14,0 % (zehn Sitze), FDP 7,5 % (fünf Sitze) und SHB 5,1 % (vier Sitze); der SSW – noch nicht von ihr befreit – scheiterte an der 5 %-Hürde. Diagramm 17 (s. S. 102) zeigt, wie selbstverständlich Mitte der 1950er-Jahre ehemalige Nationalsozialisten im Schleswig-Holsteinischen Landtag agierten: bei FDP und BHE je zwei Drittel, im SHB alle, mehr als die Hälfte in der CDU und lediglich innerhalb der SPD-Fraktion mit 10,7 % eine kleine Minderheit. In CDU und BHE waren in dieser Legislaturperiode noch knapp ein Zehntel der Fraktionsmitglieder ehemals NS-Verfolgte, in der SPD sogar 42,9 %. In dieser Wahlperiode setzten erste Friktionen im GB/BHE ein, die Zahlen weisen deutlich sichtbare Wanderungen in die Gruppe der Fraktionslosen und die CDU-Fraktion aus. Im Kontext der Fraktionslosigkeit fällt grundsätzlich auf, dass diese – auch in anderen Legislaturperioden – oft in den letzten Monaten einer Legislaturperiode zahlenmäßig anstieg, was auf Verärgerungen über nicht geglückte Wiederaufstellungen zurückgeführt werden kann.

Ende der 1950er-Jahre deutete sich das Modell der zwei starken Volksparteien und der kleinen FPD sowie des nunmehr von der 5 %-Hürde befreiten SSW an; parallel zur gesellschaftlichen und wirtschaftlichen Integration der Vertriebenen im Kontext völliger außenpolitischer Erstarrung durch den Ost-West-Konflikt schien der Niedergang einer eigenen Vertriebenenpartei unaufhaltsam. Mit der Landtagswahl 1958 setzte in Schleswig-Holstein die Phase der unübersehbaren Dominanz der CDU ein: 44,4 % (33 Mandate) entfielen auf sie, die SPD erhielt 35,9 % (26 Mandate), GB/BHE 6,9 % (fünf Mandate), FDP 5,4 % (drei Mandate) und schließlich SSW mit 2,8 % zwei Mandate. In der von Diagramm 18 (s. S. 103) wiedergegebenen 6. Wahlperiode 1958 bis 1962 wies die SPD-Fraktion noch sechs und der BHE wie die CDU jeweils einen Abgeordneten mit Erinnerung an erlittene NS-Verfolgung auf, während CDU, FDP und BHE drei Viertel und mehr Abgeordnete mit ehemaliger NSDAP-Mitgliedschaft beherbergten und auch bereits ein Fünftel der Mitglieder der SPD-Fraktion. In der schleswig-holsteinischen Legislative galt eine ehemalige Zugehörigkeit zur NS-Bewegung offenbar überhaupt nicht mehr als ein Makel!

256 MdL WP03–07, Landtagspräsident (1971–1983), Kultusminister (1954–1956), Innenminister (1955–1963), Ministerpräsident (1963–1971), Quellendichte: gut.

257 MdL WP03–07 (CDU); Quellendichte: befriedigend.

258 MdL WP03–06 (CDU); Quellendichte: befriedigend.

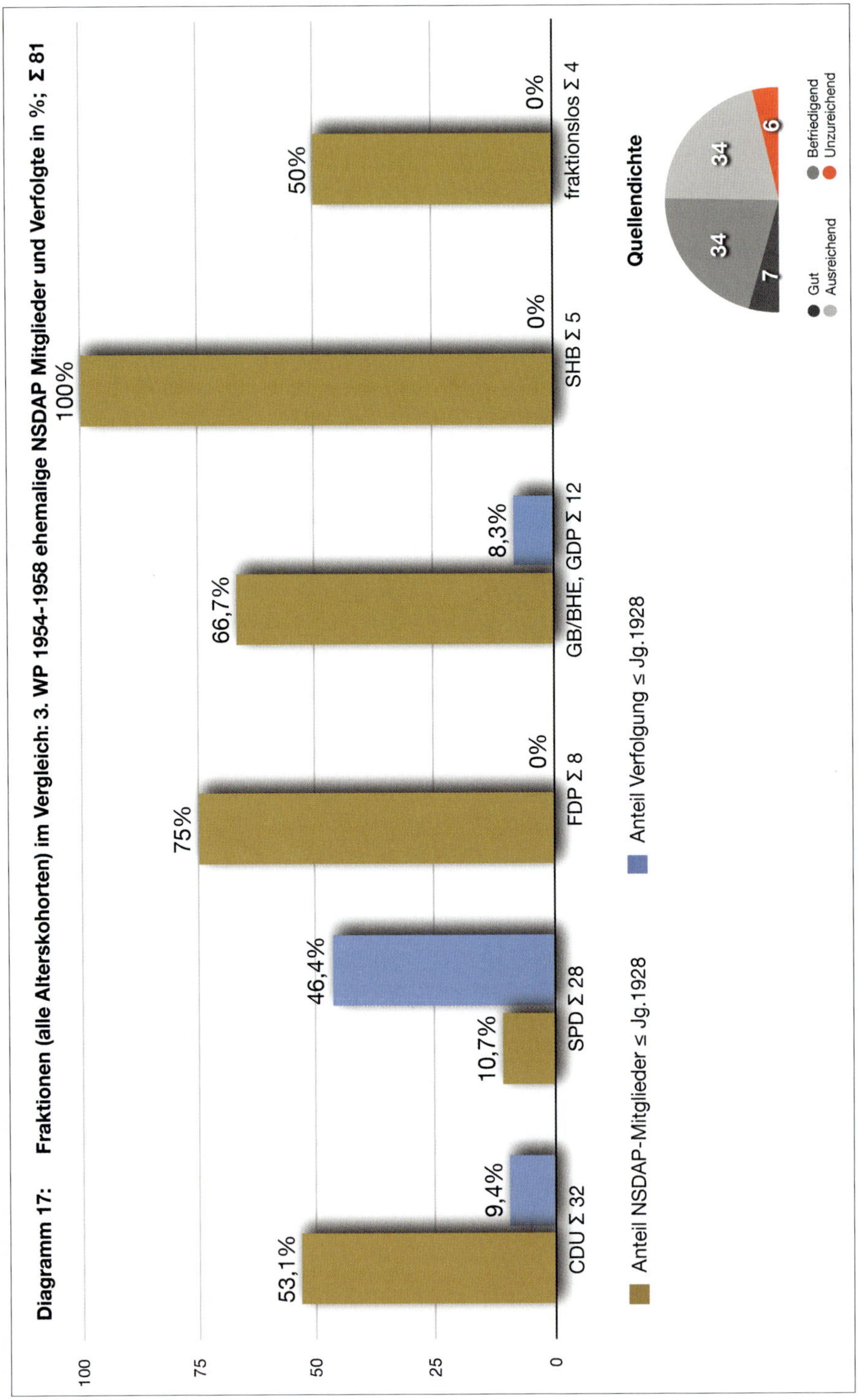

Diagramm 17[259]

259 Basis: Projektdatenbank.

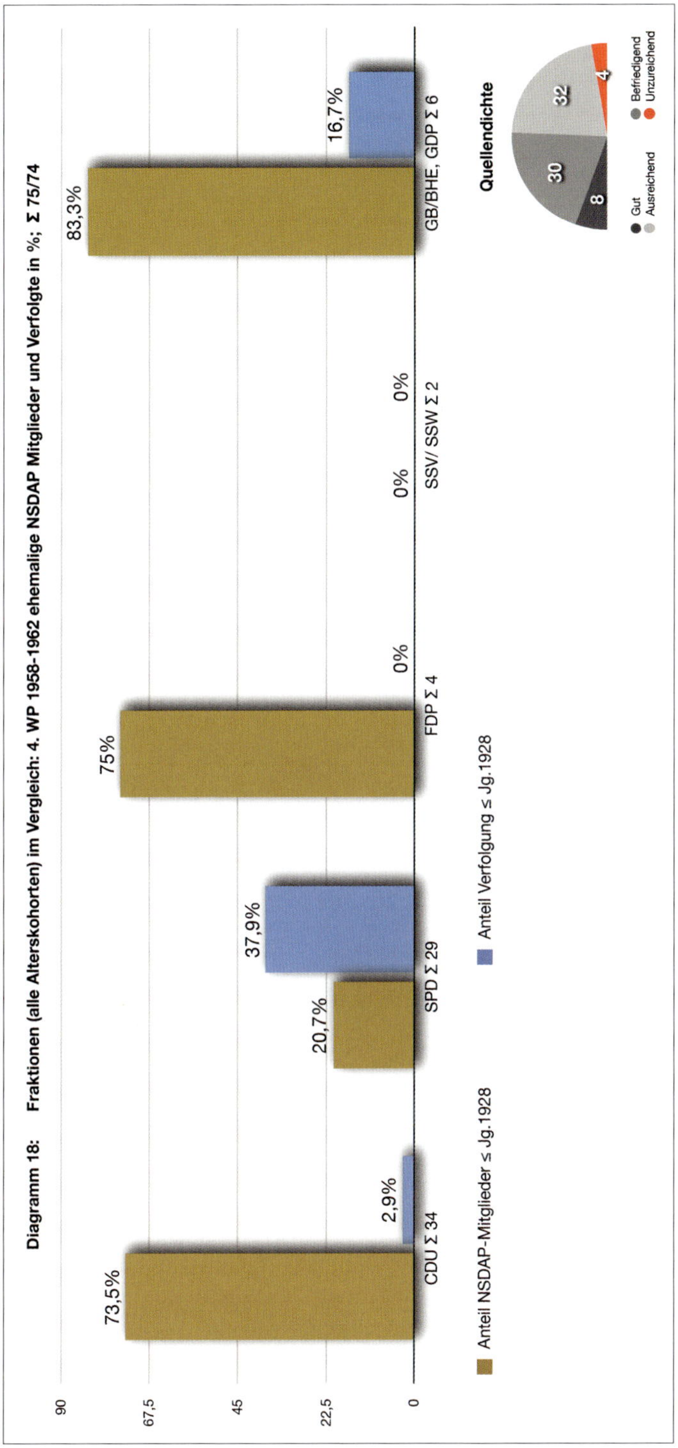

Diagramm 18[260]

260 Basis: Projektdatenbank.

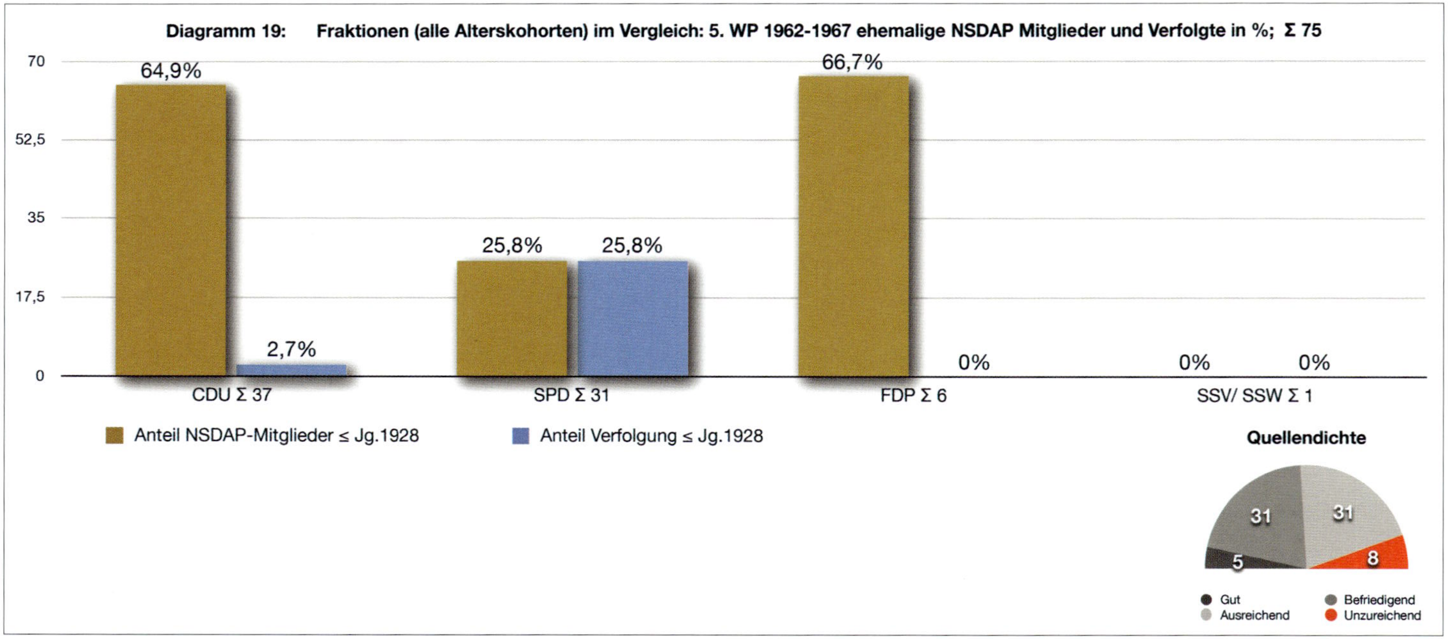

Diagramm 19[261]

261 Basis: Projektdatenbank.

Anfang der 1960er-Jahre stabilisiert sich dieses Bild (Diagramm 19, s. S. 104): Zwei Drittel ehemalige Nationalsozialisten in den Fraktionen von CDU und FDP sowie ein Viertel in der SPD-Fraktion, dagegen lediglich sieben NS-Verfolgte in der SPD Fraktion und einer in der CDU. Das Wahlergebnis 1962 hatte den Trend zum 3+1-Parteiensystem in Schleswig-Holstein unterstrichen: CDU 45,0 % (34 Sitze), SPD 39,2 % (29 Sitze), FDP 7,9 % (fünf Sitze) und SSW 2,3 % (ein Sitz).

In der letzten Legislaturperiode des Landtages 1967–1971, in der die Altersgruppe der bis 1928 Geborenen – von fünf Abgeordneten abgesehen – quasi noch unter sich war, spielte die rechtsextreme NDP, die 5,8 % der Stimmen erreicht hatte (vier Mandate), eine vorübergehende Gastrolle. Die CDU erhielt 46,0 % (34 Mandate), die SPD 39,4 % (30 Mandate), die FDP 5,9 % (vier Mandate) und der SSW 1,9 % (ein Mandat). Diagramm 20 (s. S. 106) weist aus, dass in der SPD noch zwei ehemals Verfolgte mitwirkten, dagegen acht ehemalige Angehörige der NSDAP; in der CDU waren es 24 ehemalige NSDAP-Mitglieder, in der FDP fünf und damit alle Fraktionsmitglieder. Auch zwei der drei NPD-Abgeordneten waren bereits in der NSDAP gewesen.

Wir haben weitere formale Merkmale wie Mitgliedschaften in zahlreichen abgeleiteten Formationen betrachtet, darunter auch die besonders relevanten Sturmabteilungen (SA) und die Schutzstaffel (SS). Bezogen auf die späteren Landtagsabgeordneten nach Fraktionen liefert Diagramm 21 (s. S. 107) die Gesamtverteilung: Insbesondere in jenen Fraktionen, in denen auch vergleichsweise viele ehemalige NSDAP-Mitglieder vertreten waren, tauchen – jedoch mit deutlich geringeren absoluten Zahlen[262] – auch Zugehörigkeiten zu SA und SS auf, und zwar relativ stark bei den rechten Parteien DP sowie dem (teilidentischen) SHB, jedoch auch in CDU, FDP und – relativ gesehen deutlich vermindert – SPD.

Die CDU beherbergte insgesamt 144 der Abgeordneten unserer Altersgruppen, 63 waren ehemals in der NSDAP gewesen, 25 ehemals in der SA und immerhin zwölf in der SS! Für die bedeutend kleinere FDP lauten die Zahlen: insgesamt 26 Mitglieder, 17 von ihnen ehemals in der NSDAP, zwei in der SA, eines in der SS. Insgesamt 125 Abgeordnete der Untersuchungsgruppe wies die SPD auf, 19 ehemalige Mitglieder der NS-Partei, je zwei der SA und der SS. Nur ein Mitglied des SSW war – soweit belegbar – ehemals in der SA, drei der insgesamt zwölf Abgeord-

262 Da es anders als bei der NSDAP-Mitgliederkartei keine zentrale kartei- oder listenmäßige Überlieferung von Angehörigen von Gliederungen oder Organisationen gibt, sind diese Zahlen weniger belastbar und damit auch weniger aussagekräftig als die zur Parteimitgliedschaft. Zumindest die Zahl der ehemaligen SA-Mitglieder dürfte weit größer gewesen sein, wenn man den Gesamtanteil in Schleswig-Holstein als Maßstab nimmt: 1935 (vor der Lockerung der Mitgliedersperre) gab es bei 1.668.799 Einwohnern 92.330 Parteigenossen (Parteistatistik Band I (Anm. 220), S. 36), aber über 160.000 Mitglieder der SA (einschließlich der SA-Reserve II), von denen wiederum fast 80 % (noch) nicht Mitglied in der NSDAP waren. Selbst ohne die älteren, zumeist aus dem Stahlhelm übernommenen Mitglieder der SA-Reserve II, zählte die SA zu diesem Zeitpunkt fast 75.000 Mann in Schleswig-Holstein (Parteistatistik Band III (Anm. 220), S. 82f).

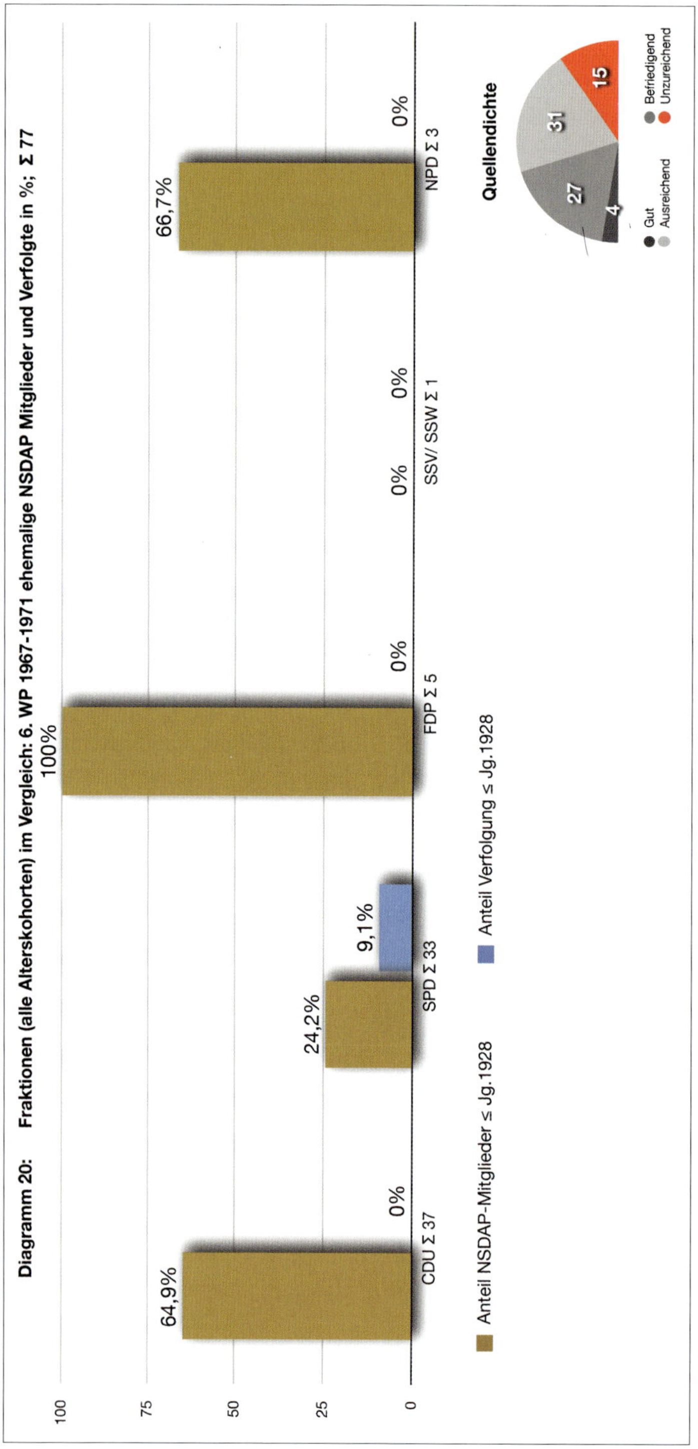

Diagramm 20[263]

263 Basis: Projektdatenbank.

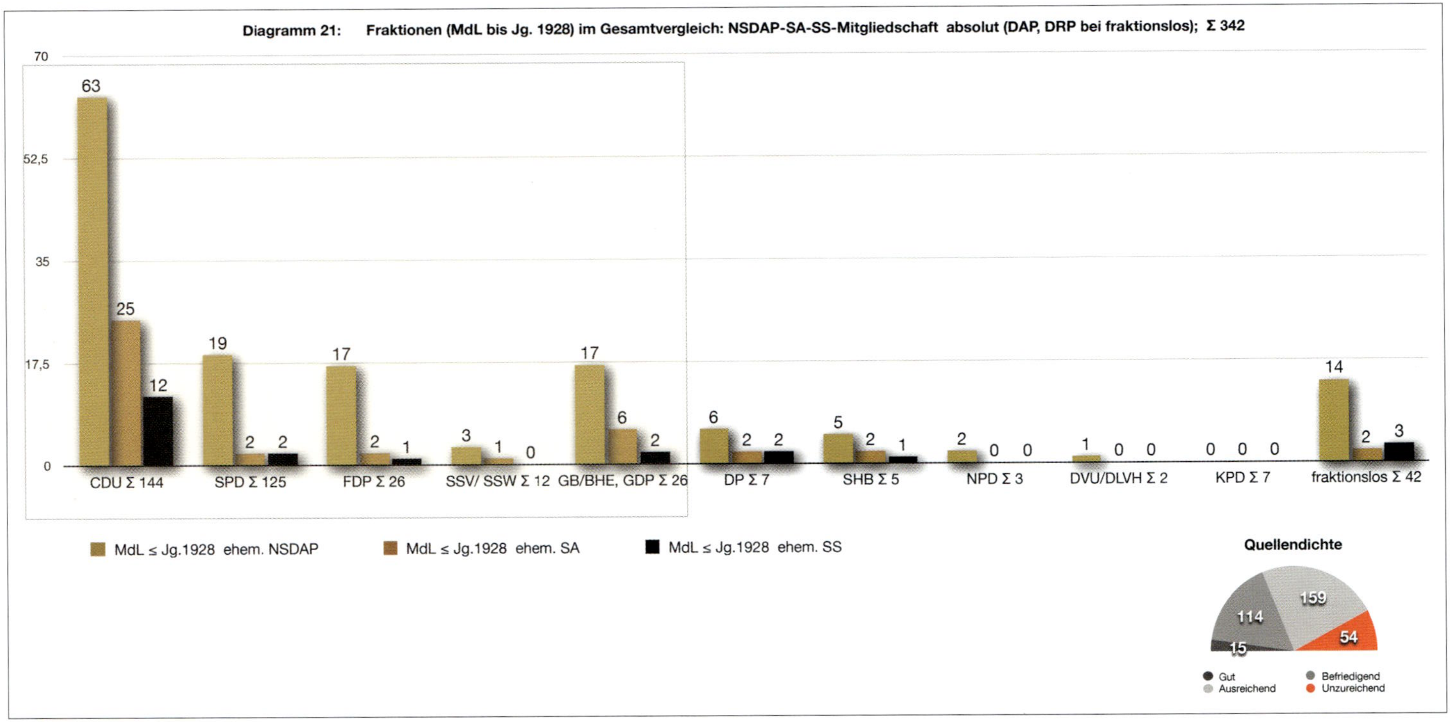

Diagramm 21[264]

264 Basis: Projektdatenbank.

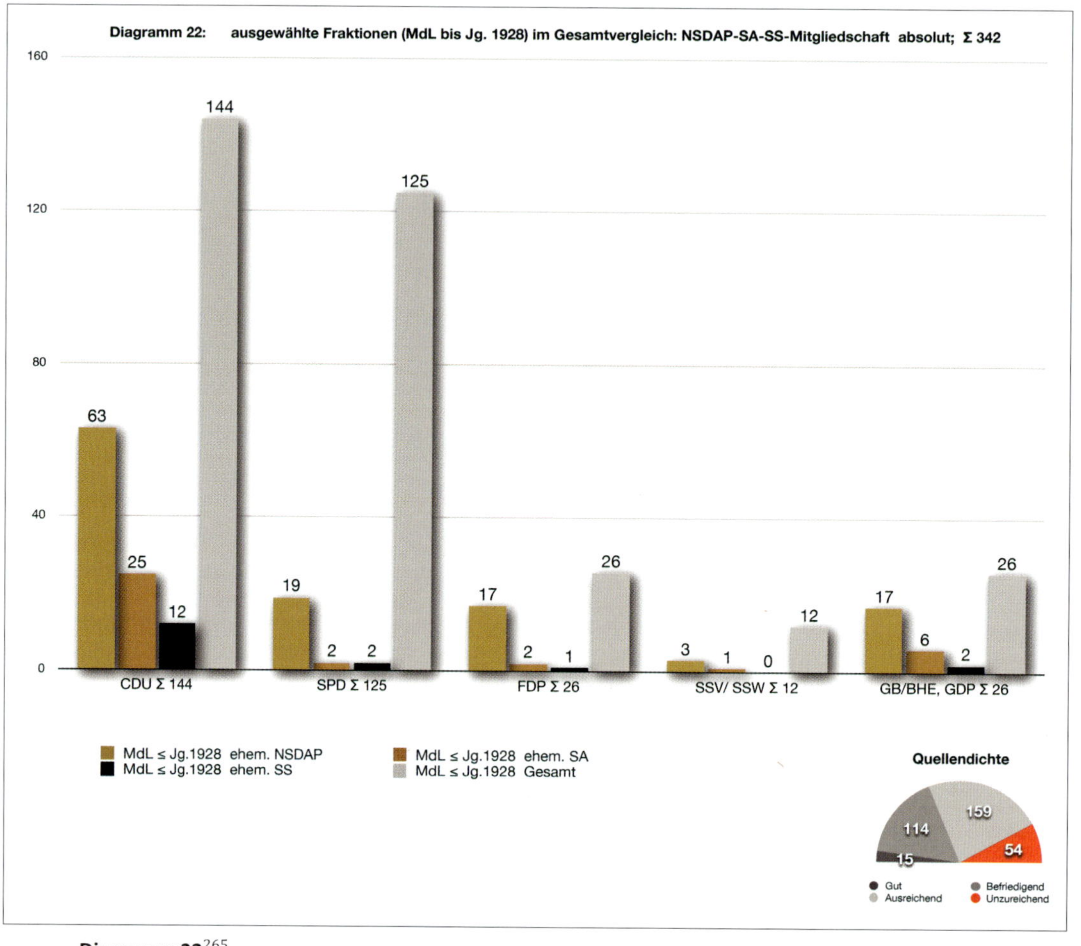

Diagramm 22[265]

neten in der NSDAP. Die am stärksten formal belastete Struktur wies der GB/BHE auf: 17 von 26 Fraktionsmitgliedern waren in der NSDAP gewesen, sechs in der SA und zwei in der SS!

Die Diagramme 23 und 24 (s. S. 109) liefern durch die relative Wiedergabe dieser absoluten Zahlen ein klares Bild, das die Charakteristika der einzelnen Fraktionen mit den anderen vergleichbar macht: In absoluten Zahlen – und aufgrund ihrer mächtigen Rolle auch real von größter Relevanz – integrierte die ideelle CDU-Gesamtfraktion mit Abstand die meisten ehemaligen NSDAP-, SA- und SS-Angehörigen. Im relativen Maß waren die internen Strukturen von FDP und GB/BHE bezogen auf die NSDAP-Mitgliedschaft erheblich stärker durch Belastungen gekennzeichnet, bezogen auf die abgeleiteten Formationen SA und SS gilt dies – soweit nachweisbar – so nicht.

265 Basis: Projektdatenbank.

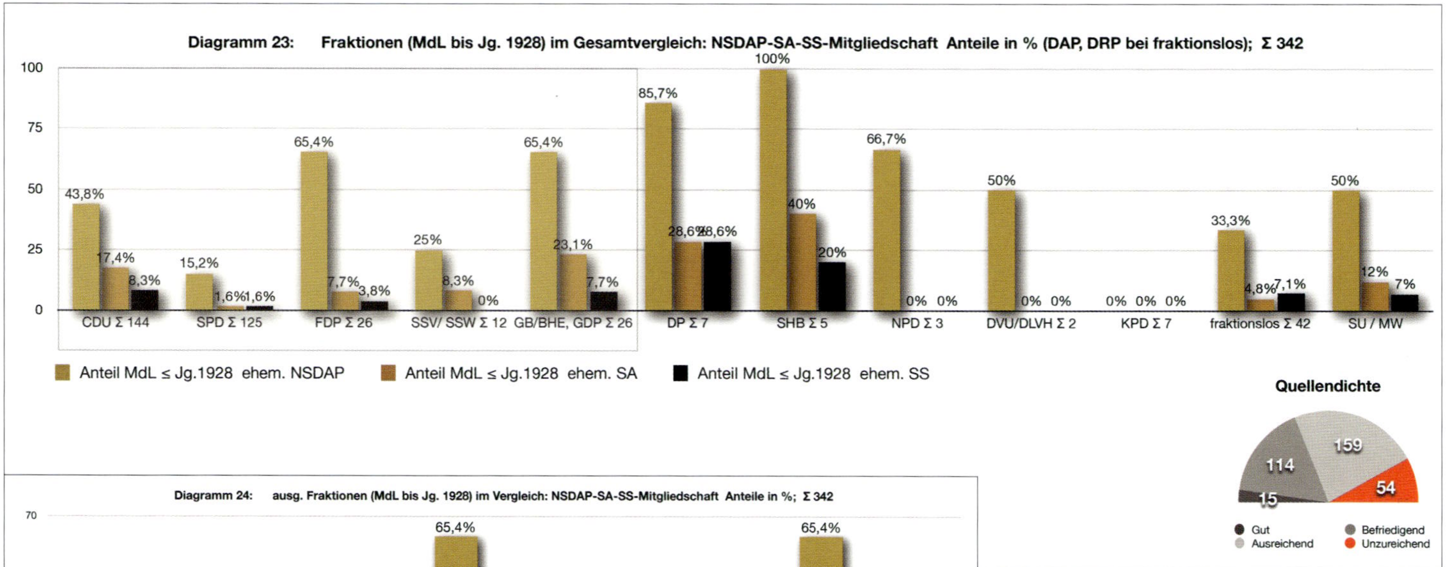

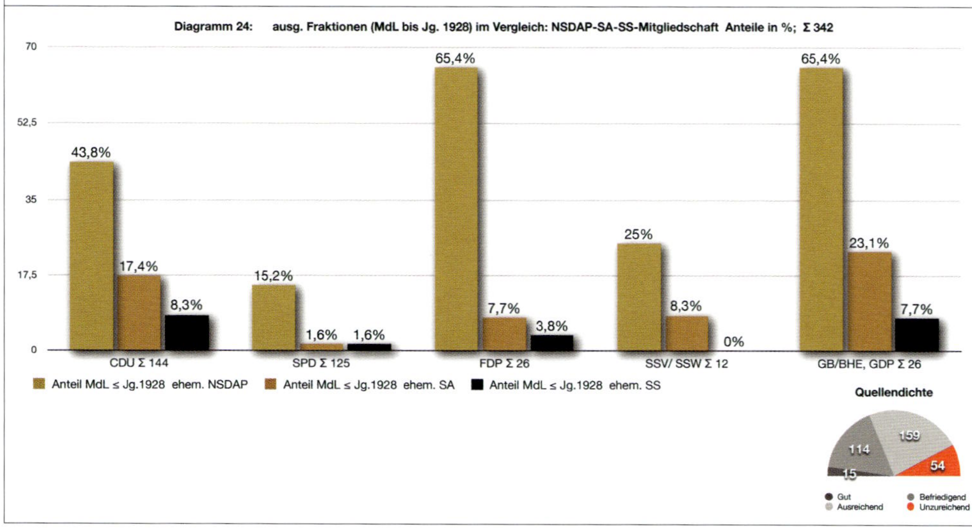

Diagramm 23 und 24[266]

266 Basis: Projektdatenbank.

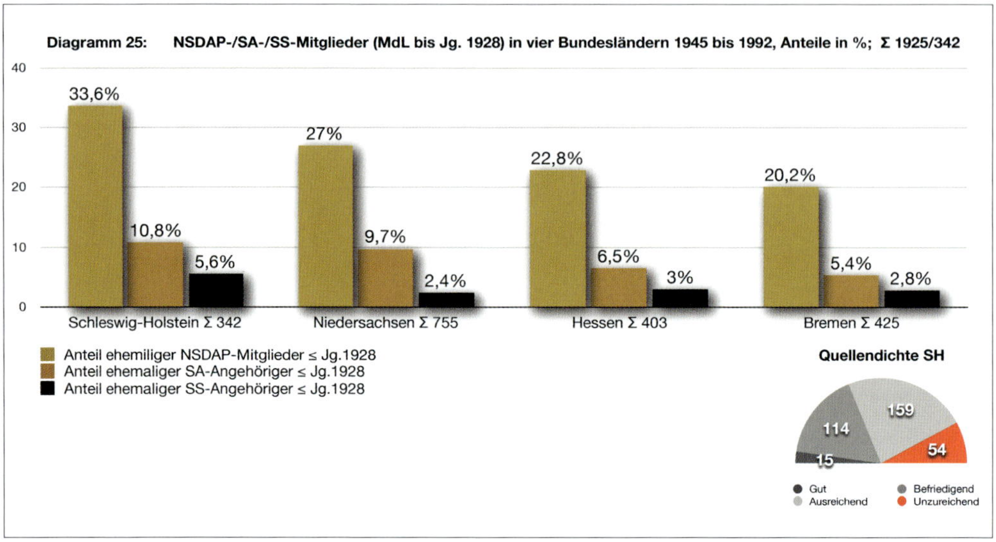

Diagramm 25[267]

Diagramm 25 schließlich bietet die – aufgrund der anderen Forschungsansätze quasi letzte – Vergleichsmöglichkeit mit ebenfalls untersuchten Bundesländern: Auch bei der Berücksichtigung von SA und SS bestätigt sich die durchweg höhere Quote in Schleswig-Holstein, ja dessen Sonderrolle, jedenfalls bezogen auf formale Mitgliedschaften in ehemaligen NS-Verbänden. Bei ehemaligen SS-Mitgliedschaften war der relative Anteil in Schleswig-Holstein durchweg doppelt so hoch wie in den drei anderen Bundesländern!

Vergleiche bezogen auf die NS-Zeit sind im Übrigen wenig sinnvoll, weil Schleswig-Holstein die einzige Region der vier späteren Bundesländer ist, die eine zumindest teilweise bestehende territoriale Kontinuität zu 1935 (für das die Parteistatistik Zahlen liefern könnte) aufweist – wenn man die erheblichen gebietlichen Änderungen durch das Groß-Hamburg-Gesetz 1937 vernachlässigt.

Spannend erschien uns die Frage, ob biografische Bezüge zu Schleswig-Holstein in irgendeiner Weise in relationaler Verbindung zu den hier betrachteten formalen Kennzeichen der Landtagsabgeordneten standen: Stammten beispielsweise ehemalige NSDAP-Mitglieder unter den späteren Abgeordneten eher aus Schleswig-Holstein oder aus der Gruppe der Zugewanderten? Wie verhielt es sich in den Gruppen der ehemals Verfolgten oder den weder so noch so formal Gekennzeichneten? Wir haben die oben erläuterten vier regionalbiografischen Definitionen bei der Recherche wie bei der Entwicklung der Datenbank berücksichtigt. Diagramm 26 (s. S. 112) gibt – bezogen auf die Hauptuntersuchungsgruppe der 342 Land-

267 Basis: Projektdatenbank sowie Glienke: NS-Vergangenheit (Anm. 238); Kirschner: Abschlussbericht (Anm. 238); Sommer: NS-Vergangenheit (Anm. 238).

tagsabgeordneten – die absoluten Zahlen wieder, Diagramm 27 (s. S. 113), das sofort mit in den Blick genommen werden sollte, die relativen Anteile an den jeweiligen Kategorien NSDAP-Mitglieder, Verfolgte und Gesamtgruppe. Vier Teilgruppen werden – exakt wie oben bei der Vorstellung der Untersuchungsgruppe definiert – gebildet: zwei mit engem respektive mit gewissem biografischen Bezug zu Schleswig-Holstein vor 1945, zwei bestehend aus nach 1945 nach Schleswig-Holstein (allgemein) Zugezogenen und ausgewiesenen Flüchtlingen. (Eine fünfte kleine Restgruppe besteht aus den Abgeordneten, deren geografische Vita nicht hinreichend bekannt respektive in den Quellen dokumentiert ist.)

Die relativen Prozentangaben beziehen sich jeweils auf die gesamte definierte Teilgruppe. Deshalb bildet die Gleichverteilung in der Gruppe der vor 1945 bereits eng biografisch mit Schleswig-Holstein Verbundenen die neutrale Normalsituation: In allen Gruppen ist ihr Anteil gleich hoch. Dieser hohe Anteil an Verfolgten mit geringem Schleswig-Holstein-Bezug vor 1945 lässt sich mit den Auswahlprinzipien der Briten erklären: Es handelt sich mit 26 von 33 Erfassten stark überwiegend um sozialdemokratische Abgeordnete, deren Leumund auf der Basis einer gewissen Bekanntheit in der Region offenbar hinreichte. Der proportional geringe Anteil ehemals Verfolgter bei der Gruppe der ab 1945 Zugezogenen wird vielleicht etwas verstärkt durch mangelnde zeitgenössische und in unseren retrospektiven Zuordnungen auch quellenmäßige Kenntnis ihrer Biografien; die Grundaussage aber bleibt, dass in dieser Gruppe Verfolgungserfahrungen deutlich unterrepräsentiert waren. Der erklärungsbedürftige, recht hohe Anteil der NS-Mitglieder bei ab 1945 Zugewanderten verteilt sich mit 15 auf CDU-, acht auf SPD-, sieben FDP- und neun BHE-Fraktionsangehörige, in der Gruppe der Flüchtlinge mit vier auf CDU-, zwei auf SPD-, drei FDP- und 7 BHE-Fraktionsangehörige. Es sieht so aus, dass der Mut zum biografisch-politischen Neubeginn bei Zugereisten, über die zunächst weniger Kenntnisse vorlagen als über Einheimische, tatsächlich vergleichsweise stark ausgeprägt war. – Zwar gehörten Anfragen an das Berlin Document Center noch keineswegs zum Standardverfahren, in Einzelfällen sind diese jedoch belegt, so etwa im Fall von Dr. Martin Kohz, der aus Pommern nach Schleswig-Holstein gekommen war. Dokumente aus seiner SA-Akte im Berlin Document Center, die erhebliche Zweifel an seiner Version der eigenen Rolle in der NS-Zeit haben aufkommen lassen, führten dazu, dass sein Entnazifizierungsverfahren wieder aufgerollt wurde – wenn auch mit faktisch identischem Ergebnis.[268] In einem anderen Fall erregten Auftreten und Aussagen des anerkannten Flüchtlings und Rechtsanwalts Otto Siewert[269] in Niebüll so sehr das Misstrauen des zuständigen Entnazifizierungsausschusses, dass eine Reihe von Anfragen, u. a. an das Polizeipräsidium Berlin, gestellt wurden, ob dort belastendes Material gegen Siewert, der angegeben hatte, nicht Mitglied der NSDAP gewesen zu sein, vorläge; offenbar ohne weiterführendes Ergebnis. Jedenfalls dürfen wir annehmen, dass – anfangs jedenfalls nicht ungefährliche – Schummeleien in Entnazifizierungsverfahren wohl umgekehrt proportional zum regionalen Bekanntheitsgrad Betroffener stattgefunden haben. Von den insge-

268 Vgl. zu seinem Fall unten Abschnitt „Typ ‚Alter Kämpfer'".

269 MdL 1. ern. Landtag (fraktionslos, CDU), Quellendichte: ausreichend. Vgl. zu seiner Vita: LASH Abt. 460.17, Nr. 175.

Diagramm 26: Biografische Bezüge zu SH (MdL bis Jg. 1928) im Vergleich: NSDAP-Mitgliedschaft / Verfolgung, absolut; Σ 342

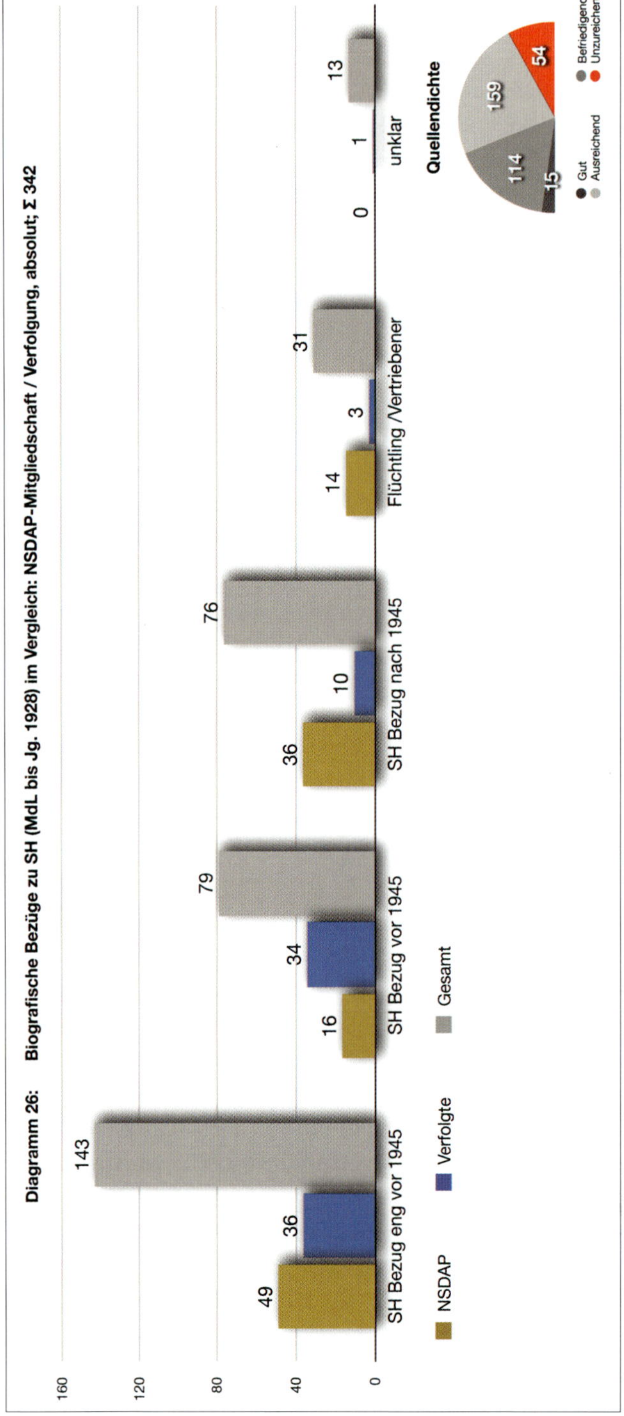

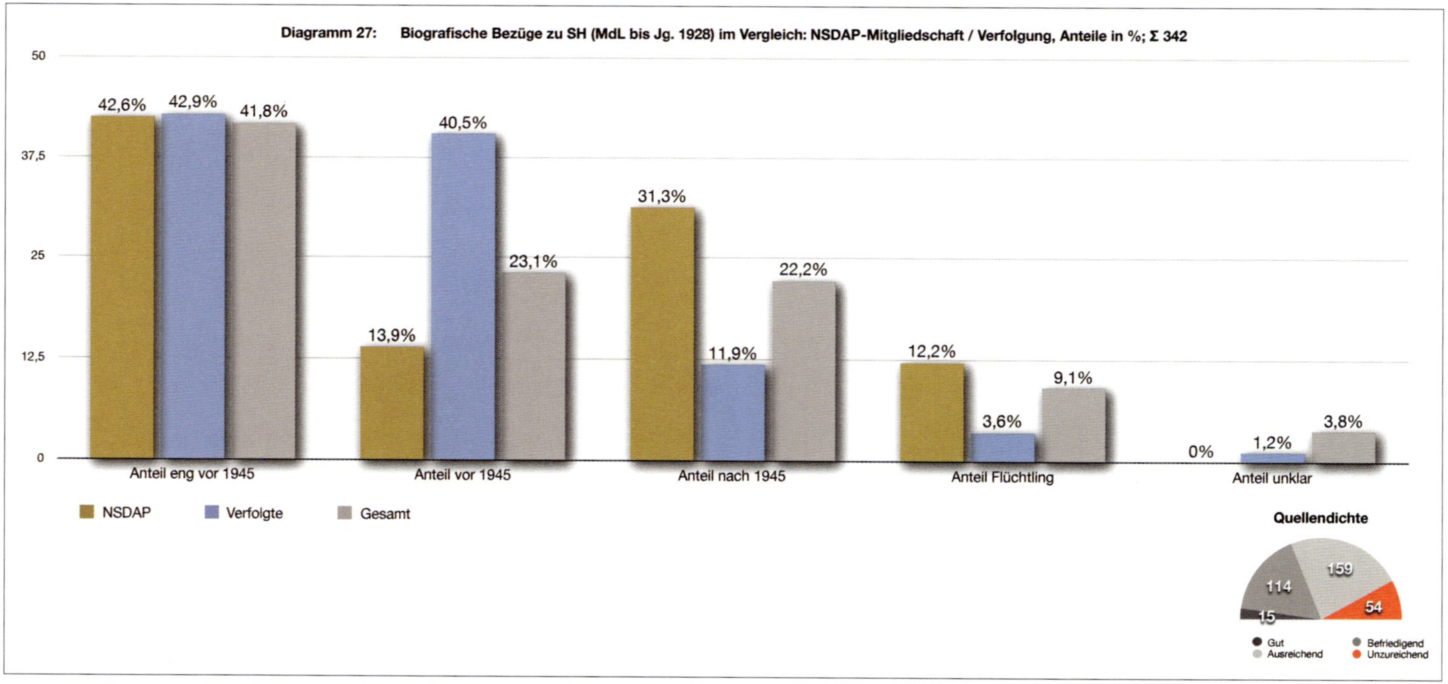

Diagramm 26 und 27[270]

270 Basis: Projektdatenbank.

samt sechs Mitgliedern der Untersuchungsgruppe, die ihre nachweisbare NSDAP-Mitgliedschaft im Zusammenhang mit ihrer Entnazifizierung vollständig unterschlugen, hatte nur jeweils einer einen sehr engen bzw. engen Bezug zu Schleswig-Holstein vor 1945.[271] Bei mindestens 21 Mitgliedern der Gesamtuntersuchungsgruppe ergeben sich bei den Basisdaten zur NSDAP-Mitgliedschaft Differenzen zwischen dem, was in den zeitgenössischen Quellen (v. a. Mitgliederkarteien) überliefert ist, und was im Entnazifizierungsverfahren erinnert wurde, wobei es sich zum Teil um Parteiaustritte handelt, die wahrscheinlich nicht stattgefunden haben[272] oder gar langjährige Tätigkeiten als hauptamtlicher Parteifunktionär, die unerwähnt blieben,[273] in den meisten Fällen jedoch nur um Unterschiede bei den Beitrittsdaten von wenigen Monaten.[274] Unwahrheiten in dieser Form waren subtiler als unterschlagene Mitgliedschaften, sodass es hier keine Auffälligkeiten bei den regionalen Bezügen zu verzeichnen gibt.[275]

Im Übrigen werden an dieser Stelle die Grenzen der Aussagekraft ganz weniger rein formaler Eigenschaften recht deutlich. Das weist in die Richtung weiterer, nämlich qualitativer Einordnungsansätze, die wir weiter unten auch verfolgen werden; dabei werden auch Fragen nach Differenzierungen der regionalen Bezüge ebenfalls wieder aufgenommen.

271 Heinz Burmeister (MdL 1.-2. ern. Landtag (fraktionslos, FDP), Quellendichte: befriedigend), Dr. Richard Bünemann (MdL WP06–07 (SPD, fraktionslos), Quellendichte: ausreichend), Gustav Drevs (MdL WP03–07 (CDU), Quellendichte: befriedigend), Victor Graf von Reventlow-Criminil (MdL 1.-2. ern. Landtag (fraktionslos, CDU (Hospitant), SSW), Quellendichte: ausreichend) und Ernst-Wilhelm Stojan (MdL WP05–09 (SPD), Quellendichte: befriedigend) sowie Paul Preuß (MdL WP02, 04–05 (SPD), Quellendichte: befriedigend), der in seinem Entnazifizierungsverfahren (LASH Abt. 460, Nr. 202) als langjähriger Sozialdemokrat (seit 1917) nicht nur seinen NSDAP-Beitritt vom 1. Mai 1937 (BArch BDC OK, Film 3200 R0025) verschweigt, sondern auch seine Mitgliedschaft im NSKK und seine Rolle als Obertruppführer darin (BArch SA 113B).

272 So offenbar der Fall bei Margarete Weiß (MdL WP02–03, 05–06 (GB/BHE, FDP), Quellendichte: ausreichend), die in ihrem Fragebogen vom 7. Dezember 1946 angab, 1933 in die NSDAP eingetreten und 1935 wieder ausgetreten zu sein (LASH Abt. 460.21, Nr. 341). Beide penibel geführten Mitgliederkarteien dokumentieren eine ungebrochene Mitgliedschaft in der Partei bis zum Ende der NS-Herrschaft (BArch BDC OK, Film 3200 S0070; BArch BDC ZK, Film 3100 N0133).

273 Vgl. den besonders krassen Fall von Fragebogenfälschung von Georg Urban unten Abschnitt „Typ Parteifunktionär".

274 So wie im Fall von Hans Holtorf (MdL WP05 (CDU), Quellendichte: befriedigend), der in seinem Entnazifizierungsverfahren angibt, im Mai 1938 der NSDAP beigetreten zu sein (vgl. Entnazifizierungsfragebogen vom 28. Februar 1947; LASH Abt. 460.13, Nr. 168), dies laut der Mitgliederkartei jedoch mit Antrag vom 26. Dezember 1937 rückwirkend zum 1. Mai 1937 geschah (vgl. BArch BDC ZK, Film 3100 J0045).

275 Acht Personen mit engem, fünf mit gewissem Bezug zu Schleswig-Holstein vor 1945, des Weiteren fünf, die nach 1945 nach Schleswig-Holstein kamen, sowie drei anerkannte Flüchtlinge.

4. Weitere Differenzierung des schleswig-holsteinischen Profils durch Alterskohorten, Beitrittsdaten und Beitrittsalter

Die bereits bei der Vorstellung der Untersuchungsgruppe eingeführten Alterskohorten in Zehnjahresschritten lassen – bezogen auf die beiden Kriterien NSDAP-Mitgliedschaft und Verfolgungserfahrung – nicht uninteressante Differenzierungen zu: In Diagramm 28 (s. S. 116) finden sich die absoluten Zahlen im Vergleich der Kohorten, in Diagramm 29 (s. S. 117) die relative Präsenz, jeweils bezüglich der benannten Teilgruppe.

Die vor 1890 Geborenen machen 16,1 % aller Angehörigen der Untersuchungsgruppe aus, stellen mit 5,2 % damit nur vergleichsweise wenige aus der Teilgruppe der ehemaligen NSDAP-Mitglieder, umgekehrt mit 30,1 % aller ehemals Verfolgten eine erklärungsbedürftige Abweichung nach oben. Vermindert in den Ausschlägen bleiben die gleichen Aussagen auch in der zweitältesten Kohorte bestehen: Ihr Gesamtanteil beträgt nur 23,8 %, sie repräsentiert lediglich 16,5 % der ehemaligen „PGs", hingegen 36,2 % der ehemals NS-Verfolgten. – Die Interpretation liegt auf der Hand: Die bekanntermaßen jugendliche NSDAP hatte in den älteren Jahrgängen nur unterdurchschnittlich viele Mitglieder rekrutiert. Zugleich waren es in besonderem Maße gefestigte, lebenserfahrene und stabil sozialisierte Ältere, die den Rabauken und Parvenüs der NS-Bewegung Paroli geboten oder Distanz angezeigt hatten, folglich in besonderem Maße zu Zielobjekten nationalsozialistischer Unrechtsmaßnahmen geworden waren und nach Ende der NS-Herrschaft (jedenfalls in der Anfangsphase) am politischen Neubeginn mitwirkten. In dieser Teilgruppe dürfen wir sowohl Angehörige der als Gegengesellschaft zur deutschen Monarchie ausformulierten Arbeiterbewegung vermuten, als auch ausdrücklich liberal gesinnte Demokraten sowie unbeirrte Angehörige traditioneller, meist nationalkonservativ gesinnter Eliten.

Noch in der Alterskohorte der im ersten Jahrzehnt des neuen Jahrhunderts Geborenen und politisch überwiegend in der Weimarer Republik Geprägten finden wir einen deutlichen, nunmehr aber dem Gesamtanteil der Altersgruppe entsprechenden Anteil an NS-Verfolgten. Aus den beiden folgenden Alterskohorten stammten fast keine NS-Verfolgten: Zwischen 1910 und 1928 geboren, erfuhren sie ihre Sozialisierung stark überwiegend und alternativlos bereits in der NS-Zeit. Kaum überraschend ist in den gleichen Kohorten, dass die NSDAP leicht über dem Durchschnitt des Gesamtanteils ihre Mitglieder hatte rekrutieren können. Interessant ist der deutlich nach oben abweichende Anteil der ehemaligen NSDAP-Mitglieder in der Alterskohorte der 1900 bis 1909 Geborenen: Zum einen spiegelt dieser Anteil an den späteren schleswig-holsteinischen Landtagsabgeordneten die Sozialstruktur der NSDAP, zum anderen das Phänomen, dass diese Altersgruppe – im Gegensatz zu den Älteren im Stichjahr 1950 im Durchschnitt 45 Jahre alt – lebenserfahren und aktiv zugleich erschien.

Ein besonderes Gewicht bei der Beurteilung des formalen Kriteriums der NSDAP-Mitgliedschaft messen wir dem Zeitpunkt des Beitritts bei. Denn die Zeitgenossen pflegten ihn zu bewerten, auch retrospektiv deutenden Historikern sagt er etwas, in Kombination mit dem – in unserer Studie ebenfalls ausgewiesenen – Lebensalter sogar auch auf den individuellen Fall bezogen noch einiges mehr. Diagramm 30 (s. S. 118) gibt für die 115 ehemaligen „PGs" aus der

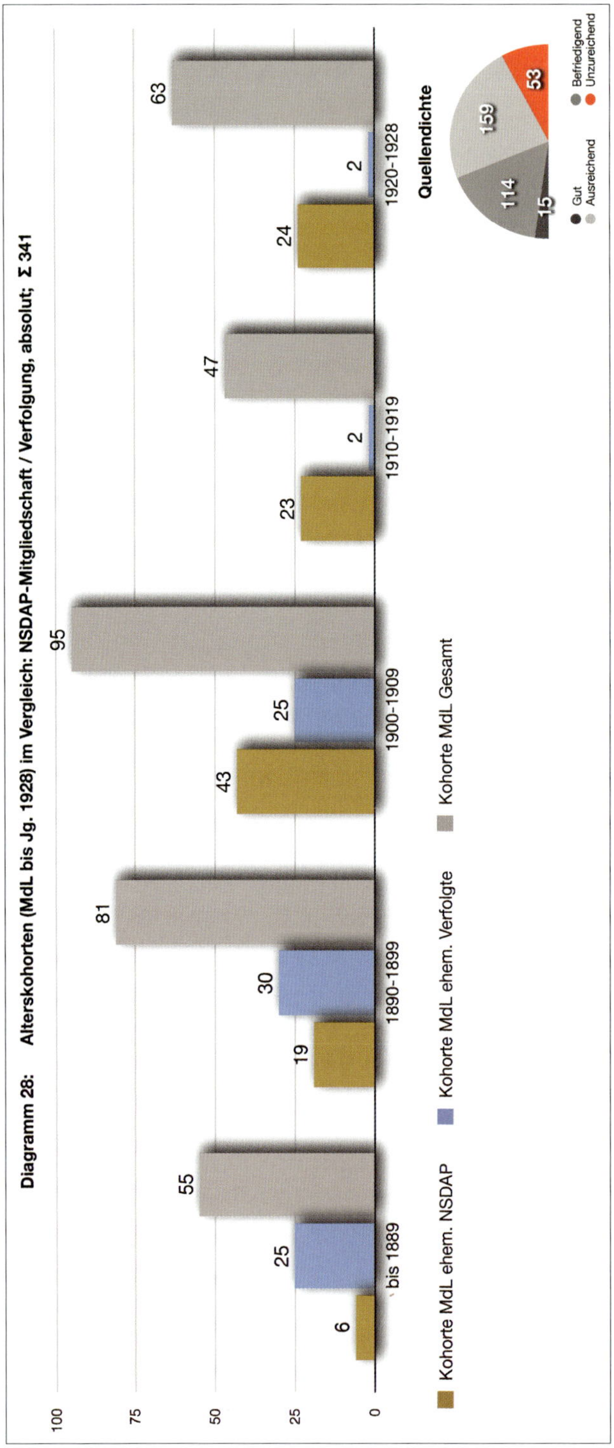

Diagramm 28: Alterskohorten (MdL bis Jg. 1928) im Vergleich: NSDAP-Mitgliedschaft / Verfolgung, absolut; Σ 341

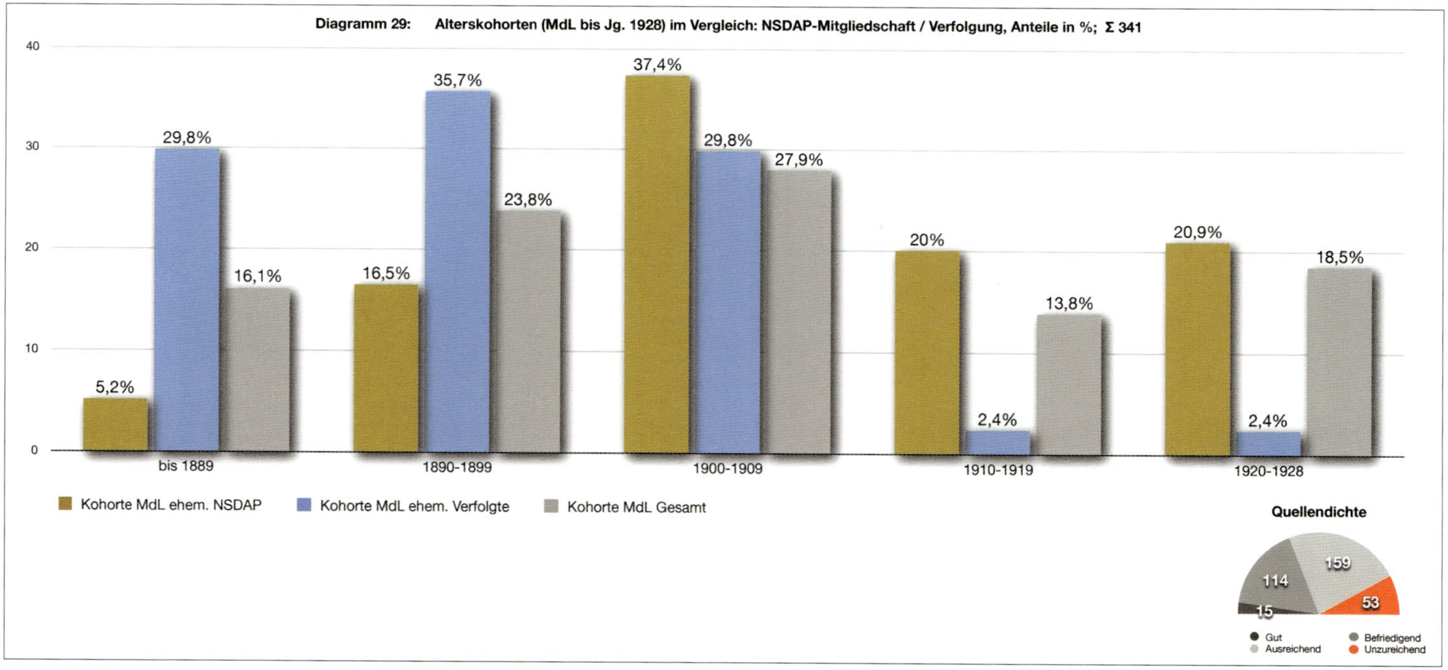

Diagramm 28 und 29[276]

276 Basis: Projektdatenbank; Gruppengröße 341, weil ein Geburtsdatum unbekannt.

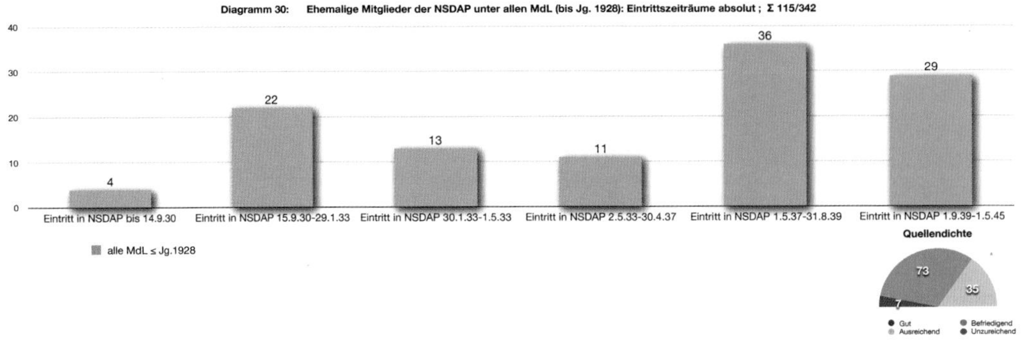

Eintritt in NSDAP bis 14.9.30:
Bols, Hans, CDU, DP, o Fr; Cohrs, Peter Georg, DP, FDP; Flöl, Otto, CDU, DP, o Fr; Petersen, Peter Ludwig, SHB.

Eintritt in NSDAP 15.9.30-29.1.33:
Bremer, Fritz, CDU; Brühl, Walther, GB BHE; Burmeister, Heinz, FDP, o Fr; Ditz, Berthold, GB BHE; Hofer, Andreas Matthias, GB BHE, GDP; Jürgens, Erwin, CDU, DP, o Fr; Karde, Otto F., CDU; Kohz, Martin Dr. jur., GB BHE; Langendorff, von, Lesko, CDU; Lemke, Helmut Dr. jur., CDU; Matthiessen, Peter, CDU; Matzen, Heinrich Johannes, SHB; Mentzel, Walter, CDU; Meyn, Hermann, SPD; Petersen, Peter, NPD; Reinefarth, Heinz, GB BHE, GDP; Schwinkowski, Arthur Dr. phil., CDU; Sieh, Claus, CDU, DP, o Fr; Sievers, Hans Wilhelm, CDU; Thee, Jürgen, CDU; Urban, Georg, CDU, GB BHE, GDP; Weidemann, Ehrenfried, CDU.

Eintritt in NSDAP 30.1.33-1.5.33:
Asbach, Hans-Adolf, GB BHE; Beer, Herbert Dr. phil., CDU, GB BHE; Blöcker, Hans, CDU; Böhrnsen, Hermann, CDU, DP, o Fr; Franzenburg, Hans Jakob, CDU; Fuchs, Herbert Dr. jur., CDU; Leverenz, Bernhard Dr. jur., FDP; Martens, Volkert, CDU; Osterloh, Edo, CDU; Redeker, Martin Prof., Dr.theol., Dr.phil., Dr.h.c., CDU; Schenck, Richard Matthias Friedrich Dr., o Fr, SPD; Schönemann, Friedrich (Hermann) Prof. Dr., FDP; Weiß, Margarete (Margareta), FDP, GB BHE.

Eintritt in NSDAP 2.5.33-30.4.37:
Bues, Heino, CDU; Claussen, Ludwig, CDU; Engelbrecht-Greve, Ernst Dr. h.c., CDU; Jürgensen, Wilhelm, SHB; Ketels, Hans Alwin, CDU; Reventlow-Criminil, Graf von, Victor, CDU, o Fr, SSW; Saffran, Ernst-Willi, GB BHE; Schaefer, Carl Anton Dr. rer. pol., GB BHE; Schoof, Ernst, CDU; Simmann, Werner, CDU; Wiborg, Georg, sen., CDU.

Eintritt in NSDAP 1.5.37-31.8.39:
Ahrens, Alfred, SPD; Andersen, Hermann Dr., FDP; Andersen, Jörgen, SSW; Andresen, Matthias, CDU; Callö, Iver, SSW; Drevs, Gustav, CDU; Eisenmann, Otto, FDP, SHB; Gerlich, Gerhard Prof. Dr. phil., CDU; Gille, Alfred Dr. jur., GB BHE, GDP; Hagenah, Erich, SPD; Hahn, Graf, Ferdinand, CDU; Hartz, Detlef, SHB; Herbst, Hans-Joachim, FDP; Hoffmann, Curt Dr., FDP; Holtorff, Hans, CDU; Ingwersen, Hans, CDU; Jensen, Carl-Axel, CDU; Kersig, Hans Dr. rer. pol., FDP; Kiekebusch, Heinz Dr. jur., CDU, GB BHE, o Fr; Kock, Heinrich Dr. phil., CDU; Konrad, Klaus, SPD; Lieth, von der, Joachim, SPD; Meinicke-Pusch, Max Dr., CDU, FDP, o Fr; Meyer, Konrad, CDU; Milkereit, Willi, GB BHE; Müller, Karl Friedrich Ernst Dr., SPD; Pracher, Alexander Dr., CDU, FDP; Preuss, Paul, SPD; Pusch, Hanns Ulrich, CDU; Rehs, Reinhold, SPD; Rohloff, Paul Dr., CDU, FDP; Schlotfeldt, Johannes, CDU; Schoof, Carl-Friedrich, CDU; Stehn, Erich, CDU; Wolgast, Heinrich, FDP; Zander, Helmuth, GB BHE.

Eintritt in NSDAP 1.9.39-1.5.45:
Arp, Erich, o Fr, SPD; Bachl, Kunigunde Dr. med., CDU; Böge, Kurt, CDU; Bünemann, Richard Dr. phil., o Fr, SPD; Carstens, Hans, CDU, FDP; Conrady, Karl Otto Prof. Dr. phil., SPD; Doepner, Friedrich, FDP, GB BHE, o Fr; Fölster, Heinz-Wilhelm, CDU; Franck, Hermann, SPD; Friedrich, Günter, CDU; Gerisch, Herbert, CDU; Hahn, Werner, CDU; Hamer, Kurt, SPD; Kraft, Waldemar, GB BHE; Lober, Karl-Ernst, NPD; Lund, Heinz, SPD; Möller, Herbert, CDU; Schulz, Kurt, SPD; Sierks, Johann, SPD; Sievers, Hannelore, CDU; Stäcker, Hans Detlef, CDU, FDP; Stojan, Ernst-Wilhelm, SPD; Tackmann, Gerhard, SPD; Titzck, Rudolf, CDU; Voß, Karin, DVU, o Fr; Weidling, Herbert, CDU; Weimar, Wolfgang Dr. phil., CDU; Westphal, Jürgen Dr., CDU; Zimmermann, Hans-Joachim, CDU.

Diagramm 30[277]

Untersuchungsgruppe der insgesamt 342 bis 1928 geborenen Landtagsabgeordneten die Zeiträume ihrer Beitritte zur NSDAP vollständig wieder. Außerdem werden sämtliche Namen mit späteren Fraktionszugehörigkeiten ausgewiesen.

Die Karteikarten der beiden im ehemaligen Berlin Document Center, heute im Bundesarchiv Berlin verwahrten Mitgliedskarteien der NSDAP liefern den unumstößlichen Beleg der Mitgliedschaft – zudem in zahlreichen Fällen auch der Antragstellung sowie der Ein- wie denkbaren Austrittszeitpunkte. Was in dieser Kartei niedergelegt war, galt aus Sicht der NSDAP, denn vor 1945 wurde zum Teil erbittert um Beitrittsdaten, Mitgliedsnummern und Ähnliches gestritten. Ein frühes Beitrittsdatum und eine niedrige Parteinummer galten als Ausweis für politische Zuverlässigkeit und öffneten Türen auch außerhalb der Partei.

Beitrittsdaten vor dem NSDAP-Wahlsieg vom 14. September 1930, als die NSDAP bei Reichstagswahlen den Status einer Splitterpartei verlor, wiesen ihre „Inhaber" als Nationalsozialisten der ersten Stunde aus, als „Alte Kämpfer", wenn die Mitgliedsnummer unter 100.000 lag.

277 Basis: Projektdatenbank.

Den Status als „Altparteigenossen“ durften diejenigen genießen, die vor dem 30. Januar 1933 den Weg in die Partei gefunden hatten. Als nach Hitlers Ernennung zum Reichskanzler die Parteizentrale der NSDAP mit über einer Million Anträgen förmlich überflutet wurde, erließ die NS-Führung zum 1. Mai 1933 einen Aufnahmestopp.[278] Diejenigen, die man noch berücksichtigte, wurden mit Ausdrücken wie „Märzgefallene“, „März-“ oder „Maiveilchen“ betitelt, da ihnen gewiss meist nicht zu Unrecht in erster Linie Opportunismus und „Konjunkturrittertum“ unterstellt wurden. Aufnahme fanden fortan nur noch bestimmte Gruppen, beispielsweise Mitglieder der Hitlerjugend (HJ), der gewerkschaftsähnlichen NS-Betriebszellenorganisation (NSBO) oder der mittelstandvereinigungsähnlichen NS-Handwerks-, Handels- und Gewerbeorganisation (NS-HAGO) oder verdiente SA- und SS-Angehörige.

Zum 1. Mai 1937 lockerte die NS-Führung die Aufnahmesperre – in erster Linie, um durch Mitgliedsbeiträge Finanzmittel für die Parteiorganisation zu generieren – für „Volksgenossen“, die sich „durch ihre nationalsozialistische Haltung und Betätigung“ seit 1933 eine „Anwartschaft auf Aufnahme in die NSDAP erworben“ hatten.[279] Erneut ergoss sich eine Flut von Anträgen über die Parteiorganisation – überwiegend wieder nicht von in der Wolle gefärbten Nationalsozialisten, sondern von Personen, die auch formal ihre Anpassungsbereitschaft und Systemtreue zu untermauern suchten. Jedenfalls gilt das für jene, deren Lebensalter relativ fortgeschritten war; junge Erwachsene dagegen wie etwa Angehörige der HJ oder anderer NS-Formationen, die „überführt“ wurden, mochten eher überzeugte Nationalsozialisten gewesen sein, kannten sie doch kaum (noch) alternative gesellschaftliche oder staatlichen Strukturen, zudem waren sie als Angehörige der Jugendorganisationen deutlich höheren Erwartungen zum Beitritt ausgesetzt als Ältere. Das galt ab Kriegsbeginn in sich weiter verstärkender Form.[280] Deshalb liefert die Kombination von Lebensalter und Eintrittsdatum oft recht belastbare Informationen und wichtige Differenzierungen. Unabhängig vom Datum des Antrags erhielten die zunächst als „Parteianwärter“ geführten Antragssteller den 1. Mai 1937 als Beitrittsdatum in die Mitgliedskarte geschrieben bzw. gestempelt.[281] Deshalb ist bei der

278 Vgl. hierzu und zu Folgendem Björn Weigel: „Märzgefallene“ und Aufnahmestopp im Frühjahr 1933. Eine Studie über den Opportunismus. In: Wolfgang Benz (Hrsg.): Wie wurde man Parteigenosse? Die NSDAP und ihre Mitglieder. Frankfurt a. M. 2009, S. 91–109.

279 Anordnung 18/37 des Reichsschatzmeisters der NSDAP, zitiert nach Wetzel: Öffnung (Anm. 221), S. 76. Vgl. auch zu Folgendem.

280 Vgl. Armin Nolzen: Vom „Jugendgenossen“ zum „Parteigenossen“: die Aufnahme von Angehörigen der Hitler-Jugend in die NSDAP. In: Wolfgang Benz (Hrsg.): Wie wurde man Parteigenosse? Die NSDAP und ihre Mitglieder. Frankfurt a. M. 2009, S. 123–150, hier S. 133–145.

281 Dieser Status beinhaltete den kompletten Pflichtenkanon eines regulären Parteimitglieds, jedoch ohne dass der oder die Kandidat_in auch alle Rechte in Anspruch nehmen konnte, zumindest für die drei Monate, die theoretisch zwischen Antrag und Übergabe des Mitgliederbuchs vergehen sollten, vgl. Wetzel: Öffnung (Anm. 19), S. 77f. Eine bemerkenswerte Konjunktur erlebte der Status im Zuge der Entnazifizierung, in der zahlreiche Betroffene für sich in Anspruch nahmen, „nur“ Parteianwärter gewesen zu sein. Damit sollte mit sprachlichen Mitteln der Eindruck von Distanz zum Nationalsozialismus erweckt werden, was angesichts der bürokratischen Konstruktion der „Parteianwärterschaft“ absurd ist. Zu diesen gehörte auch der sich dem Regime besonders eifrig andienende Dr. Dr. Martin Redeker (MdL WP03-05 (CDU), Quellendichte: gut), der in seinem Entnazifizierungsverfahren argumentierte, dass er zwischen Mai 1933

Untersuchung des Anpassungsverhaltens wichtig, das Datum des Mitglieds*antrags* kritisch zu betrachten (wenn es denn überliefert ist). In der Tat machte es manchmal einen wesentlichen Unterschied, ob der Antrag bereits am allerersten Tag nach Lockerung der Mitgliedersperre oder erst einen wahrnehmbaren Zeitraum später gestellt wurde.

Nach mehreren Sperrfristen wurde die Mitgliedersperre zum 1. Mai 1939 aufgehoben und die Anwärterschaft abgeschafft, wodurch fortan der direkte Weg in die NSDAP allen „Ariern", die älter waren als 21 Lebensjahre, offenstand. Bis zur Verhängung der totalen Mitgliedersperre für die Dauer des Kriegs zum 2. Februar 1942, von der dann tatsächlich nur noch die Überführungen von der HJ (und ehemalige Wehrmachtsangehörige) ausgenommen waren, wurde der informelle Druck auf bestimmte Gruppen von Nichtparteigenossen – man denke beispielsweise an gehobene Laufbahnen im Öffentlichen Dienst, an bedeutende Repräsentanten der regionalen oder örtlichen Wirtschaft – noch einmal verstärkt, nun doch der NSDAP beizutreten.[282]

Gleichwohl gilt grundsätzlich und ohne Ausnahme, dass eine Mitgliedschaft zu jedem Zeitpunkt auf Freiwilligkeit beruhte und eine eigenhändige Unterschrift auf den Mitgliedsanträgen unverzichtbare Voraussetzung blieb. Das gilt auch für die Fälle, die retrospektiv als automatische Überleitungen etwa aus der HJ begriffen und erinnert wurden. Angehörige der HJ erhielten bis zum Schluss die Möglichkeit, auf der Basis nachgewiesener Dienstzeit, ausgefüllter und un-

und August 1939 „Anwärter" gewesen sei und – da er niemals ein Mitgliedsbuch erhalten habe – deshalb auch nicht als Parteimitglied gelten könne. Vgl. seinen Fragebogen vom 15. März 1947 einschl. der Anlagen, LASH Abt. 460, Nr. 4478. Die Mitgliederkartei weist ihn hingegen als vollkommen reguläres Mitglied seit dem 1. Mai 1933 aus, vgl. BArch BDC OK, Film 3200 R0062.

282 Das scheint höchstens für vier Mitglieder der Gruppe derjenigen denkbar zu sein, die nach Kriegsbeginn in die NSDAP aufgenommen wurden, weil sie zumindest im Ansatz in dieses Profil passen könnten. Dabei handelt es sich um Friedrich Doepner (MdL WP03 (GB/BHE, fraktionslos, FDP), Quellendichte: befriedigend), Jg. 1893, NSDAP-Mitglied seit Juli 1940 und seit 1919 selbstständiger Landwirt auf einem 133 ha großen Betrieb im ostpreußischen Gumbinnen (BArch BDC OK, Film 3200 D0033; BArch BDC ZK, Film 3100 E0156; LASH Abt. 460, Nr. 1930); Hermann Franck (MdL WP03–05 (SPD), Quellendichte: ausreichend), Jg. 1908, Expedient und Abteilungsleiter in der Seehafenspedition sowie PG seit Februar 1940 (BArch BDC OK, Film 3200 E0071); Gerhard Tackmann (MdL WP01 (SPD), Quellendichte: befriedigend), Jg. 1911, PG seit dem 1. Oktober 1940 und im Krieg als Sachbearbeiter im Forschungsrat des Reichsluftfahrtministeriums dienstverpflichtet, dabei mit der Überwachung des Brief- und Telefonverkehrs sowie ausländischer Rundfunksendungen beschäftigt. Tackmann gibt allerdings (unglaubwürdigerweise) an, erst nach Kriegsende von seiner Parteimitgliedschaft erfahren zu haben (BArch BDC OK, Film 3200 W0084; LASH Abt. 460.3, Nr. 57). Der Fall Waldemar Kraft ist dabei etwas komplexer, denn er hätte als „Volksdeutscher" in Polen zwar die Möglichkeit gehabt, Mitglied der Auslandsorganisation der NSDAP zu werden, trat aber erst kurz nach der Eroberung Polens der SS im ehrenhalber von Himmler verliehenen Rang eines Hauptsturmführers (BArch SSO 206A; BArch PK G216) bei und erst im Mai 1943 (also nach Verhängung der endgültigen Mitgliedersperre) der NSDAP (BArch BDC OK, Film 3200 L0071). Auch wenn er in seinem Entnazifizierungsverfahren den eigenen Werdegang auf hanebüchene Weise in eine Widerstandsvita umdeutet (Vgl. LASH Abt. 460.5, Nr. 158), wird in seinem Fall eine Ermunterung, sich zum Nationalsozialismus zu bekennen, kaum nötig gewesen sein, war er doch als Geschäftsführer der Reichsgesellschaft für Landbewirtschaftung (Ostland- bzw. Reichsland-GmbH) von 1940 an mit der Enteignung polnischen und jüdischen landwirtschaftlichen Besitzes betraut gewesen. Vgl. dazu auch Michael Schwartz: Funktionäre mit Vergangenheit. Das Gründungspräsidium des Bundes der Vertriebenen und das „Dritte Reich". München 2013, S. 6f.

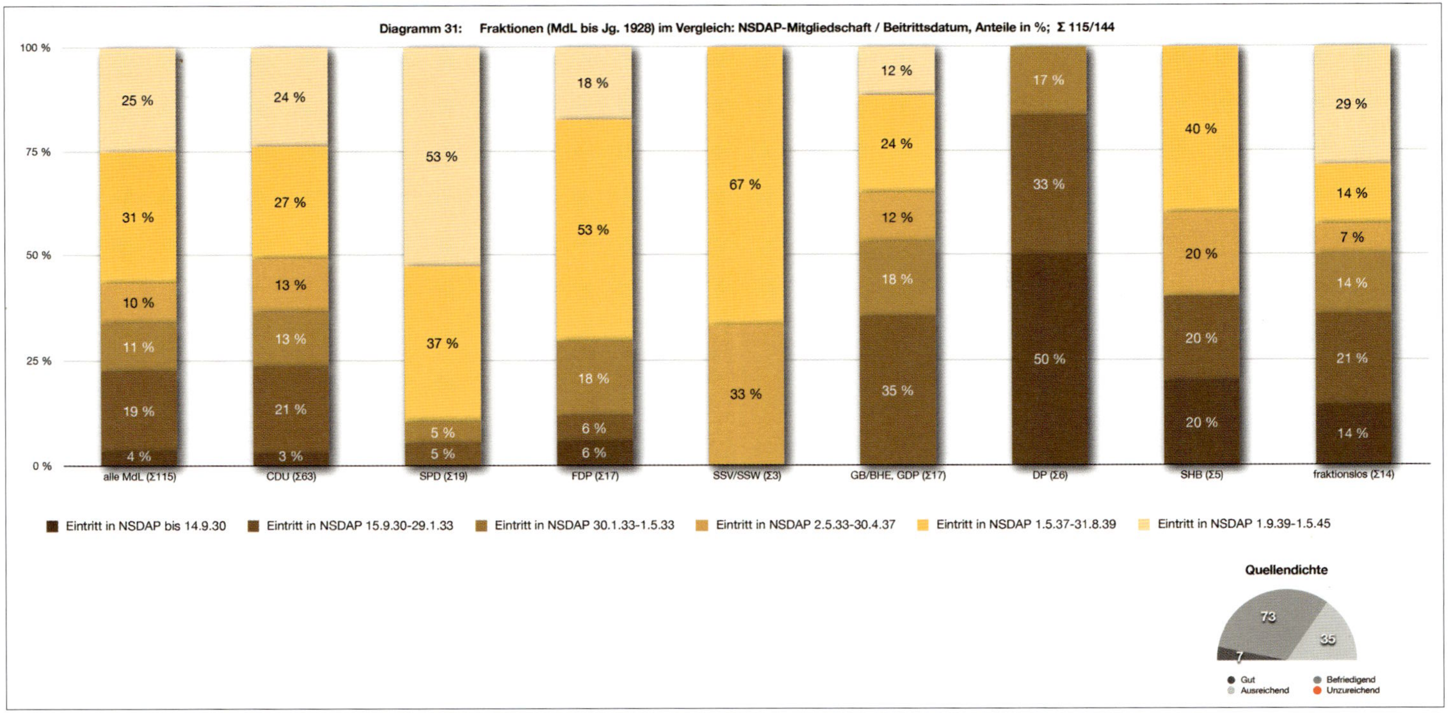

Diagramm 31[283]

283 Basis: Projektdatenbank. Die KPD-Fraktion wies keine ehemaligen NSDAP-Mitglieder auf, NPD und DVU wurden aufgrund ihrer späten und irrelevanten Rollen hier nicht berücksichtigt.

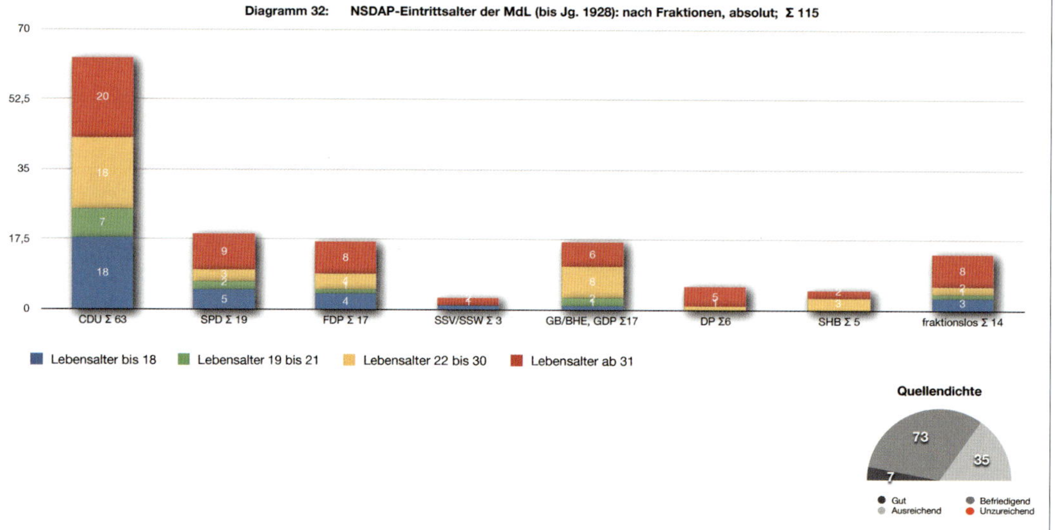

Eintritt in NSDAP in Lebensalter bis 18:
Beer, Herbert Dr. phil., CDU, GB BHE; Böge, Kurt, CDU; Burmeister, Heinz, FDP, o Fr; Carstens, Hans, CDU, FDP; Conrady, Karl Otto Prof. Dr. phil., SPD; Engelbrecht-Greve, Ernst Dr. h.c., CDU; Fölster, Heinz-Wilhelm, CDU; Friedrich, Günter, CDU; Gerisch, Herbert, CDU; Hahn, Werner, CDU; Hamer, Kurt, SPD; Herbst, Hans-Joachim, FDP; Lober, Karl-Ernst, NPD; Lund, Heinz, SPD; Möller, Herbert, CDU; Reventlow-Criminil, Graf von, Victor, CDU, o Fr, SSW; Schulz, Kurt, SPD; Sievers, Hannelore, CDU; Stäcker, Hans Detlef, CDU, FDP; Stehn, Erich, CDU; Stojan, Ernst-Wilhelm, SPD; Titzck, Rudolf, CDU; Voß, Karin, DVU, o Fr; Weidemann, Ehrenfried, CDU; Weimar, Wolfgang Dr. phil., CDU; Westphal, Jürgen Dr., CDU; Zimmermann, Hans-Joachim, CDU.

Eintritt in NSDAP in Lebensalter 19 bis 21:
Bachl, Kunigunde Dr. med., CDU; Bünemann, Richard Dr. phil., o Fr, SPD; Ketels, Hans Alwin, CDU; Langendorff, von, Lesko, CDU; Pusch, Hanns Ulrich, CDU; Saffran, Ernst-Willi, GB BHE; Sierks, Johann, SPD; Sievers, Hans Wilhelm, CDU; Simmann, Werner, CDU; Weidling, Herbert, CDU; Weiß, Margarete (Margareta), FDP, GB BHE.

Eintritt in NSDAP in Lebensalter 22 bis 30:
Asbach, Hans-Adolf, GB BHE; Bols, Hans, CDU, DP, o Fr; Claussen, Ludwig, CDU; Ditz, Berthold, GB BHE; Drevs, Gustav, CDU; Eisenmann, Otto, FDP, SHB; Gerlich, Gerhard Prof. Dr. phil., CDU; Hofer, Andreas Matthias, GB BHE, GDP; Ingwersen, Hans, CDU; Jensen, Carl-Axel, CDU; Karde, Otto F., CDU; Kiekebusch, Heinz Dr. jur., CDU, GB BHE, o Fr; Kock, Heinrich Dr. phil., CDU; Kohz, Martin Dr. jur., GB BHE; Konrad, Klaus, SPD; Lemke, Helmut Dr. jur., CDU; Leverenz, Bernhard Dr. jur., FDP; Matthiessen, Peter, CDU; Matzen, Heinrich Johannes, SHB; Meyn, Hermann, SPD; Milkereit, Willi, GB BHE; Osterloh, Edo, CDU; Petersen, Peter, NPD; Petersen, Peter Ludwig, SHB; Pracher, Alexander Dr., CDU, FDP; Reinefarth, Heinz, GB BHE, GDP; Rohloff, Paul Dr., CDU, FDP; Schoof, Carl-Friedrich, CDU; Schwinkowski, Arthur Dr. phil., CDU; Tackmann, Gerhard, SPD; Thee, Jürgen, CDU; Urban, Georg, CDU, GB BHE, GDP.

Eintritt in NSDAP in Lebensalter ab 31:
Ahrens, Alfred, SPD; Andersen, Hermann Dr., FDP; Andersen, Jörgen, SSW; Andresen, Matthias, CDU; Arp, Erich, o Fr, SPD; Blöcker, Hans, CDU; Böhrnsen, Hermann, CDU, DP, o Fr; Bremer, Fritz, CDU; Brühl, Walther, GB BHE; Bues, Heino, CDU; Callö, Iver, SSW; Cohrs, Peter Georg, DP, FDP; Doepner, Friedrich, FDP, GB BHE, o Fr; Flöl, Otto, CDU, DP, o Fr; Franck, Hermann, SPD; Franzenburg, Hans Jakob, CDU; Fuchs, Herbert Dr. jur., CDU; Gille, Alfred Dr. jur., GB BHE, GDP; Hagenah, Erich, SPD; Hahn, Graf, Ferdinand, CDU; Hartz, Detlef, SHB; Hoffmann, Curt Dr., FDP; Holtorff, Hans, CDU; Jürgens, Erwin, CDU, DP, o Fr; Jürgensen, Wilhelm, SHB; Kersig, Hans Dr. rer. pol., FDP; Kraft, Waldemar, GB BHE; Lieth, von der, Joachim, SPD; Martens, Volkert, CDU; Meinicke-Pusch, Max Dr., CDU, FDP, o Fr; Mentzel, Walter, CDU; Meyer, Konrad, CDU; Müller, Karl Friedrich Ernst Dr., SPD; Preuss, Paul, SPD; Redeker, Martin Prof., Dr.theol., Dr.phil., Dr.h.c., CDU; Rehs, Reinhold, SPD; Schaefer, Carl Anton Dr. rer. pol., GB BHE; Schenck, Richard Matthias Friedrich Dr., o Fr, SPD; Schlotfeldt, Johannes, CDU; Schönemann, Friedrich (Hermann) Prof. Dr., FDP; Schoof, Ernst, CDU; Sieh, Claus, CDU, DP, o Fr; Wiborg, Georg, sen., CDU; Wolgast, Heinrich, FDP; Zander, Helmuth, GB BHE.

Diagramm 32[284]

terschriebener Anträge und nach Prüfung durch den Ortsgruppenleiter, in die NSDAP überführt zu werden – oder es sein zu lassen.[285] Als typisches Beispiel sei hier Hans-Joachim Zimmermann[286] genannt, der (Jg. 1925) im Januar 1943 noch als siebzehnjähriger Jungzugführer der Deutschen Jugend seinen NSDAP-Aufnahmeantrag einreicht. Begleitet von erheblich größerem

284 Basis: Projektdatenbank.

285 Vgl. hierzu Nolzen: „Jugendgenossen" (Anm. 168), v.a. S. 140ff.

286 MdL WP07–10 (CDU), Quellendichte: befriedigend.

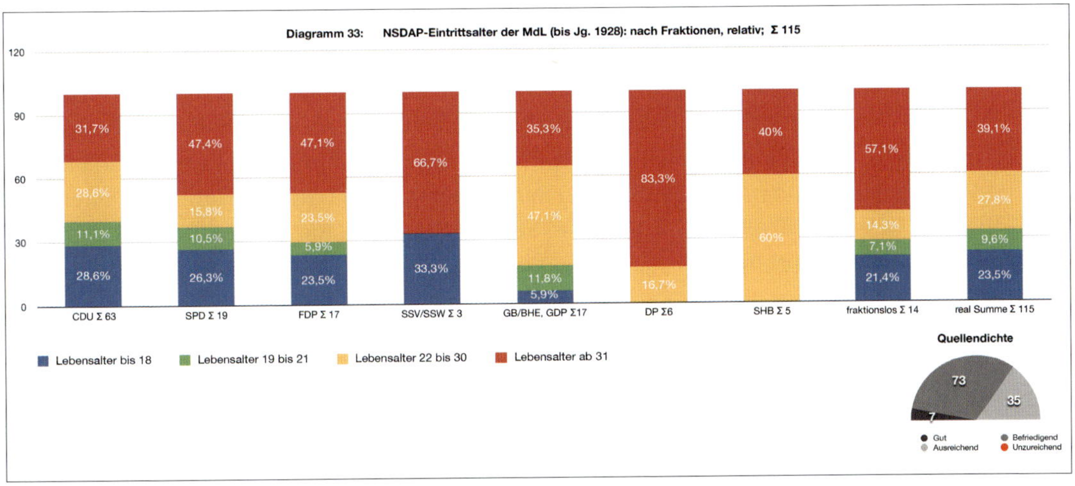

Diagramm 33[284] (siehe Fußnote S. 122)

propagandistischen Aufwand als in den Jahren zuvor, finden die kollektiven Aufnahmefeierlichkeiten für Angehörige der HJ und des BDM zum ersten Mal an Hitlers Geburtstag am 20. April 1943 statt. Wenige Wochen später folgt Zimmermann seiner Einberufung zur Wehrmacht.[287]

Diagramm 30 (s. S. 118) benennt die vier „Alten Kämpfer" respektive sehr frühe Nationalsozialisten sowie die 22 „Altparteigenossen", die später Landtagsabgeordnete im schleswig-holsteinischen Parlament wurden. Ebenso finden sich die 13 „Märzgefallenen", elf während der Mitgliedersperre in die NSDAP bis 1937 Überführte, schließlich 26 zwischen Mai 1937 und Kriegsbeginn und 29 noch während des Krieges in die NSDAP Aufgenommene. Wir dürfen – jedenfalls in Kombination mit dem Eintrittslebensalter – die Einordnung in generelle Interpretationen vermuten; mehr aber auch nicht; wir werden, wie beschrieben, so keine individuellen Biografien erfassen. Hinzu kommt: Der markante Anstieg der Beitrittszahlen in beiden Phasen ab 1937 hat teilweise *auch* mit der Konstruktion unserer Untersuchungsgruppe zu tun, wenn alle späteren Landtagsabgeordneten bis Jahrgang 1928 zu ihr zählen, also aufwachsend jüngere Jahrgänge tendenziell stärker erfasst werden. – So werden an diesem relativ einfachen Exempel Leistungsstärke und Begrenztheit kombinierter Auswertung formaler Daten deutlich. Weiter unten wird eine denkbare Lösung präsentiert.

Die erhobenen Daten lassen es zu, entsprechende in relativen Anteilen ausgedrückte Fraktionsprofile, die Diagramm 31 (s. S. 121) zeigt, zu erstellen: Die Norm unserer Untersuchungsgruppe findet sich in der Fläche links. Dass die daneben platzierte CDU-Fraktion kaum abweicht, hat auch statistische Gründe; stellte sie doch mit 63 ehemaligen NSDAP-Mitgliedern die mit Abstand größte Teilgruppe. Immerhin fanden sich in ihren Reihen zwei sehr frühe und 13 „Altparteigenossen". In der SPD-Fraktion stellen die sehr spät eingetretenen und damals teilweise recht jungen, ns-sozialisierten Akteure die Mehrheit der insgesamt 19 ehemaligen

287 Vgl. BArch BDC ZK, Film 3100 T0178; LASH Abt. 460, Nr. 4087.

„PGs". In der FDP überwiegt bei einer Gesamtzahl von 17 jene Gruppe der 1937 bis 1939 Eingetretenen, denen bereits zeitgenössisch oft Opportunismus unterstellt wurde, sofern sie nicht erst zu diesem Zeitpunkt in das beitrittsfähige Alter gekommen waren.[288] Soweit die Gesamtzahl von drei Betroffenen noch eine sinnvolle statistische Gruppierung signalisieren kann, gilt für den SSW der späte Beitritt als Norm. Der BHE weist die umgekehrte Tendenz in Richtung relativ früher Beitritte bei einer Summe von 19 ehemaligen NSDAP-Mitgliedern auf. Und die DP erscheint als eine Partei, deren sechs ehemalige Nationalsozialisten sehr früh zur NS-Bewegung gehört hatten.

Betrachten wir schließlich als letztes zeitbezogenes Kriterium das Lebensalter der 115 betroffenen späteren schleswig-holsteinischen Landtagsabgeordneten zum Zeitpunkt ihres Eintritts in die NSDAP: Die absoluten und relativen Verteilungen der Lebensalter nach Fraktionen finden sich in den Diagrammen 32 und 33, in Diagramm 32 ergänzt um sämtliche Namen. Deutlich wird ein teilweise interessantes Korrektiv: Wollte man beispielsweise bezogen auf die späteren Sozialdemokraten aus dem mehrheitlichen Anteil der erst im Krieg in die NSDAP Eingetretenen auch auf deren damalige Jugendlichkeit schließen, so trifft dies jedoch keineswegs durchgängig zu, übrigens ebenso wie beim SSW. Es handelt sich dabei um überraschende und nicht einfach zu interpretierende Daten, über die wir an dieser Stelle nicht weiter spekulieren wollen. Erst die *individuelle Kombination* der Informationen Beitrittszeitraum und Beitrittsalter liefert eine Basis für belastbare Interpretationen. Diese individuelle Betrachtungsweise ist mithilfe einer Kombination der Diagramme 30 und 32 durch die Nutzung der damit für jede Person ausgewiesenen Beitritts- und Altersdaten möglich.

Auf die gesamte Untersuchungsgruppe bezogen dürfen wir bei aller Zurückhaltung allerdings das auffallend stark vertretene recht hohe Lebensalter zum Zeitpunkt des NSDAP-Beitritts als einen statistischen Hinweis in Richtung eines verbreiteten Anpassungsverhaltens innerhalb dieser besonderen Klientel interpretieren.

5. Sonderaspekte: Entnazifizierung, vergangenheitspolitische Debatten, Weimarer Prägung?, Ordensverleihungen und Dauer der Landtagskarrieren

Eine interessante Randfrage lautet, ob zwischen Entnazifizierungsersteingruppierungen und späterer Fraktionsmitgliedschaft ein innerer Zusammenhang erkennbar ist oder nicht. Die politische Säuberung hatte in Schleswig-Holstein ca. 406.500 Menschen erreicht, überwiegend durch den Fragebogen und eine Auswertung nach formalen Kriterien unter Berücksich-

288 Und das trifft bei diesen nur auf einen zu, nämlich auf Hans-Joachim Herbst (MdL WP03–06 (FDP), Quellendichte: ausreichend), der als Angehöriger des Jahrgangs 1918 bei der Verhängung der Mitgliedersperre 1933 erst 14 Jahre alt ist und deshalb erst 1937 der NSDAP beitreten kann (BArch BDC ZK, Film 3100 H0136; BArch BDC OK, Film 3200 H0090).

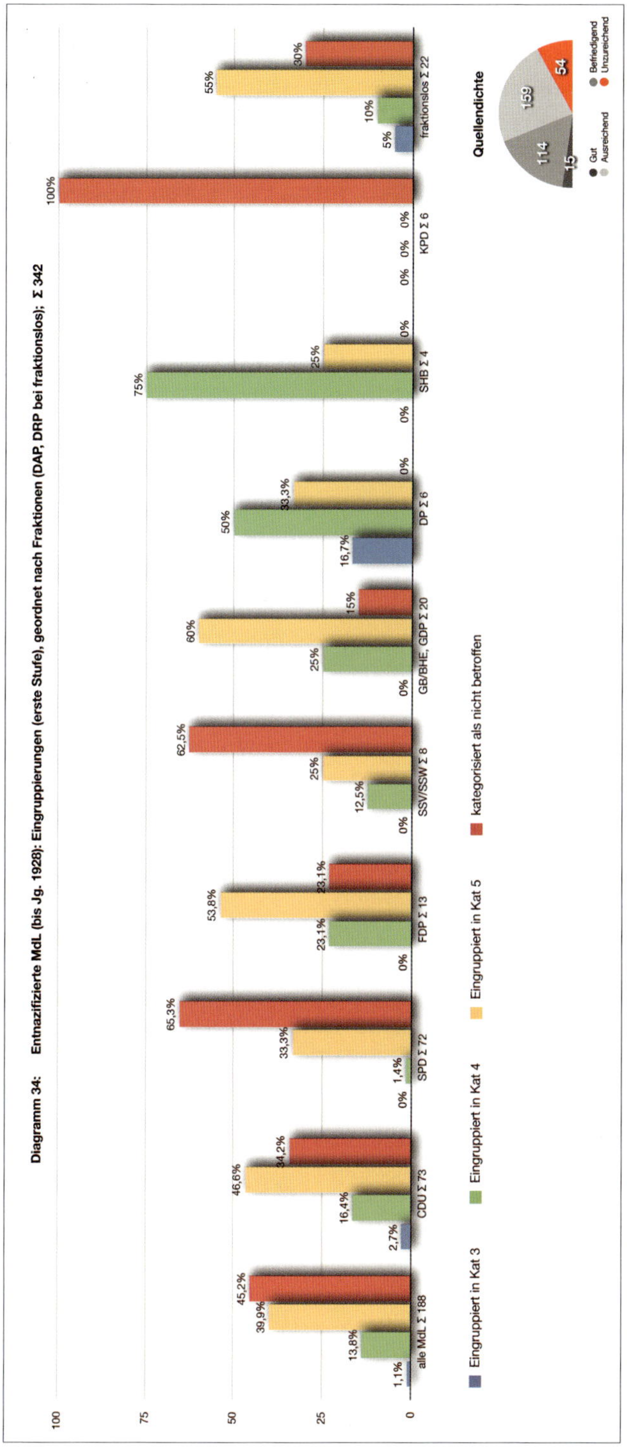

Diagramm 34[289]

289 Basis: Projektdatenbank.

tigung von Leumundszeugnissen, sogenannten „Persilscheinen".[290] Das Massenverfahren basierte auf abwägenden Einzelfallprüfungen, ab 1948 galt auch in Schleswig-Holstein die Kategorisierung in I „Hauptschuldige", II „Schuldige", III „Belastete", IV „Mitläufer" und V „Entlastete". In die Kategorien I und II wurde im Land niemand eingestuft, 2.217 Verfahren endeten in der ersten Instanz, also vor der generell zulässigen Neuaufnahme, mit Kategorie III, was Sanktionen wie Geldstrafe, Entlassung aus dem Dienst und Einschränkung der Pensionsansprüche bedeuten konnte. Die Restlichen verteilten sich auf die Kategorie „Mitläufer" (IV), 66.500, und „Entlastete" (V), 206.000, 131.600 galten als „nicht betroffen". Der Instanzenweg sorgte dafür, dass schon im Jahr 1950 fast alle, nämlich 99,4 % der Betroffenen, völlig rehabilitiert oder mit geringen Geldstrafen belegt aus dem Verfahren hervorgingen. Nach Verabschiedung des „Entnazifizierungsbeendigungsgesetzes" im Schleswig-Holsteinischen Landtag im März 1951 blieben nur noch einzelne extreme Sonderfälle übrig.

Für 260 der insgesamt 342 zur Untersuchungsgruppe zählenden Landtagsabgeordneten bis zum Geburtsjahrgang 1928 haben wir den Nachweis einer Berücksichtigung im Prozess der Entnazifizierung gefunden.[291] Allerdings findet sich in den einschlägigen Akten lediglich für 188 spätere Abgeordnete auch die (Erst-)Eingruppierung. Obwohl in Schleswig-Holstein sämtliche Entnazifizierungsaktenbestände in den einschlägigen Archiven verwahrt werden, ist das ein übliches, ja gutes Ergebnis. Im Massenverfahren wurden oft nur Karteikarten mit Kurzeinträgen überliefert – und ab 1945 nach Schleswig-Holstein Zugewanderte sind in den einschlägigen regionalen Entnazifizierungsbeständen ohnehin seltener auffindbar.

Diagramm 34 (s. S. 125) gibt für unsere Untersuchungsgruppe die Verteilung ihrer Erst-Eingruppierungen wieder, und zwar bezogen auf die Gesamtgruppe und auf die Fraktionen. Nur 1,1 %, nämlich zwei Abgeordnete, waren im Verfahren der Entnazifizierung zunächst als „Belastete" eingruppiert worden; der eine, Otto Flöl,[292] gehörte nach überstandenem Entna-

290 Vgl. zur regionalen Entnazifizierung u. a.: Ulf B. Christen: Die Entnazifizierung im Schleswig-Holsteinischen Landtag 1946 bis 1951. In Demokratische Geschichte, Band 6 (1991), S. 189–212; Uwe Danker: Vergangenheits„bewältigung" im frühen Land Schleswig-Holstein. In: Landeszentrale für politische Bildung (Hrsg.): Die Anfangsjahre des Landes Schleswig-Holstein. Kiel 1998, S. 26–43; Robert Bohn: „Schleswig-Holstein stellt fest, dass es in Deutschland nie einen Nationalsozialismus gegeben hat." Zum mustergültigen Scheitern der Entnazifizierung im ehemaligen Mustergau. In: Demokratische Geschichte, Band 17 (2006), S. 173–186.

291 Das entspricht einer Quote von 76 % ermittelten Entnazifizierungsakten gegenüber einer Quote von 62,2 % für Niedersachsen (471 von 755 Abgeordneten), 66,7 % für Hessen (Entnazifizierungsakten für 269 von 403 Abgeordneten) sowie 77,2 % für Bremen (269+59 von 425 Abgeordneten), vgl. Glienke: NS-Vergangenheit (Anm. 238), S. 18; Kirschner: Abschlussbericht (Anm. 238), S. 5; Sommer: Projektstudie (Anm. 238), S. 11f.

292 MdL WP02 (DP, fraktionslos, CDU), Quellendichte: befriedigend; will nach eigenen Angaben bereits 1923 enge Verbindungen zur NSDAP gehabt haben (BArch R3001/55984); sein offizielles Beitrittsdatum wird später von 1931 auf 1928 vordatiert und er selbst zum Träger des Goldenen Parteiabzeichens (BArch BDC PK C237). Nach der Machtübernahme fungiert er u. a. als Oberstaatsanwalt beim Sondergericht für Thüringen. Flöl wird zunächst in Kategorie III eingestuft, im Berufungsverfahren erfolgt dann die Einstufung in Kategorie V (LASH Abt. 460, Nr. 1486 und 6010). Seine NS-Vergangenheit und eine (nicht belegbare) Fragebogenfälschung wird im Wahlkampf 1950 auf einem Flugblatt des SPD-Kandidaten Heinrich Fischer thematisiert, vgl. undatiertes Flugblatt in LASH Abt. 352.3, Nr. 1739.

zifizierungsverfahren ursprünglich zur DP-Fraktion und später zur CDU, der andere, Hans Wilhelm Sievers,[293] war Angehöriger der CDU-Landtagsfraktion. 13,8 %, nämlich 26 Abgeordnete, trugen nach der ersten Stufe ihrer Entnazifizierung das Stigma der „Mitläufer"; sie fanden später leicht überrepräsentiert in die CDU-Fraktion, stärker überrepräsentiert in die FDP, den BHE und die DP. Auffallend ist das Phänomen, dass auch die „Entlasteten", die insgesamt 39,9 %, nämlich 75 Abgeordnete, repräsentierten, überdurchschnittlich in den Fraktionen von CDU, FDP und BHE vertreten waren. Die Begründung dafür lag im Verfahren der Entnazifizierung: Leumundszeugnisse reichten auch bei NS-Mitgliedschaften und nachrangigen Funktionen im NS-Staat aus, um schließlich die Entlastung herbeizuführen. Wer hingegen weder Mitglied der Kernorganisationen der NS-Bewegung noch Amtsträger gewesen war, verließ das Säuberungsverfahren als „nicht betroffen". Von unserer Untersuchungsgruppe waren dies 45,2 %, numerisch 85 Personen. Stark überdurchschnittlich vertreten waren sie in den Fraktionen von SPD, SSW und KPD, unterdurchschnittlich hingegen bei CDU, FDP und BHE. – Die Grundrichtung der Kombination von ursprünglicher Entnazifizierung und späterer Fraktionspräferenz deckt sich mit den Profilen, die die Fraktionen unter Berücksichtigung der anderen formalen Kriterien bereits ausweisen. Oder anders formuliert: So ganz falsch lagen die Entnazifizierungsausschüsse nicht in ihren Entscheidungsfindungen.

Gibt es einen inneren Zusammenhang zwischen vergangenheitspolitischen Debatten im Schleswig-Holsteinischen Landtag und der formalen Vorgeschichte aktiv beteiligter Abgeordneter? Gab es besonders engagierte Fraktionen oder ist vielleicht kein innerer Bezug vorhanden?

Diagramm 35 (s. S. 128) bildet jene 93 von uns identifizierten Landtagsdebatten von 1946 bis 1996 ab, die einem dezidiert vergangenheitspolitischen Thema galten. Diagramm 36 (s. S. 129) weist im Format einer Kurvendarstellung ihre Häufigkeit aus: Der Höhepunkt vergangenheitspolitischer Debatten lag mit 23 fraglos in der ersten Wahlperiode 1947 bis 1950; das Entnazifizierungsgesetz wurde in dieser Zeit erarbeitet, erste intensive Befassungen mit den Euthanasieverbrechen fanden statt, der gesellschaftliche, ökonomische und staatliche Neubeginn war Dauerthema. In der zweiten Wahlperiode 1950 bis 1954, nach der politischen Zäsur mit dem krassen Mehrheitswechsel, fanden 17 einschlägige Debatten statt, eine also ebenfalls recht hohe Frequenz; das Entnazifizierungsbeendigungsgesetz war beispielsweise auf der Agenda, zum Teil spiegelte die Häufigkeit auch die Friktionen des Wandels der einschlägigen Neuausrichtung der Landespolitik. Von Mitte der 1950er-Jahre bis Mitte der 1960er-Jahre fanden in drei Wahlperioden insgesamt lediglich 20 einschlägige Debatten statt, im anschließenden Zeitraum von 1967 bis 1983 insgesamt lediglich noch drei; diese

293 MdL WP05 (CDU), Quellendichte: ausreichend. Der Landwirt Sievers, seit 1932 Parteigenosse und SA-Mann, war im Oktober 1947 vom Entnazifizierungsausschuss in Kategorie III eingestuft worden. Nach Änderung der Gesetzeslage beantragte ein Jahr später der Öffentliche Kläger die Aufhebung der Entscheidung sowie die Einstufung in Kategorie IV mit sofortiger Umstufung in Kategorie V. Es ist davon auszugehen, dass dieser Antrag auch umgesetzt wurde, auch wenn die Belege nicht überliefert sind (LASH Abt. 460.11, Nr. 888).

Diagramm 35: Anzahl vergangenheitspolitischer Debatten im Landtag / Anzahl der Teilnehmenden (MdL bis Jg. 1928) nach Wahlperioden (1946-1996)

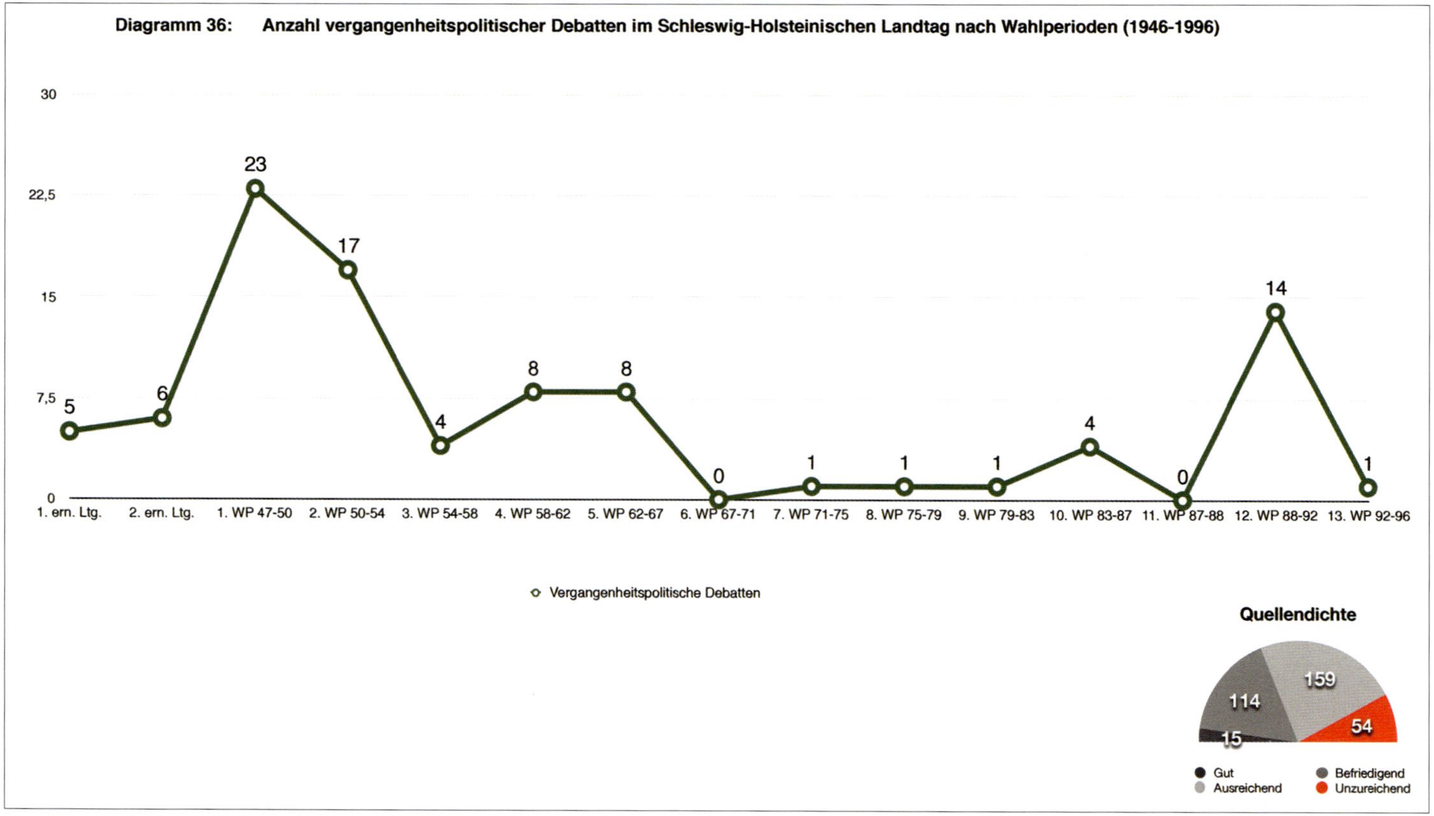

Diagramm 35 und 36[294]

294 Basis: Projektdatenbank sowie Auflistung der 93 identifizierten Debatten im Anhang dieser Studie.

Phase muss für den Schleswig-Holsteinischen Landtag als ein Zeitraum des vergangenheitspolitischen Beschweigens gekennzeichnet werden. In der 10. Wahlperiode 1983 bis 1987 fanden wieder vier einschlägige Debatten, in der 12. Periode 1988 bis 1992 sogar 14 statt; damit drückten sich unter anderem zwei Große Anfragen der SPD-Landtagsfraktion sowie eine drastisch zunehmende Sensibilisierung gegenüber Fragen der regionalhistorischen Aufarbeitung der NS-Geschichte aus. Die einzige vermerkte, deshalb hier so unauffällige Debatte der 13. Legislaturperiode 1992 bis 1996 steht allerdings für ein ganz zentrales und beeindruckendes Zusammenrücken des Schleswig-Holsteinischen Landtags gegenüber der neu eingezogenen DVU-Fraktion.

Diagramm 35 (s. S. 128) weist auch die numerische Anzahl ihrer Teilnehmer_innen aus, wobei die Auswahl sich auf unsere Untersuchungsgruppe beschränkt, also ab der 7. Wahlperiode nicht mehr identisch ist mit der Gesamtzahl der Debattenbeiträger_innen, weil die Alterskohorten bis zum Geburtsjahrgang 1928 seither anteilsmäßig sukzessive abnehmen.

Während die zahlreichen vergangenheitspolitischen Debatten in der 1. Wahlperiode von einem Zirkel von 31 Abgeordneten bestritten wurden, deutet eine mit 52 Akteuren bedeutend höhere Teilnehmerzahl an den einschlägigen Debatten in der 2. Wahlperiode ab 1950 auf den vergleichsweise hohen Grad an Friktionen hin. Ähnliches dürfen wir für die acht einschlägigen Debatten der 4. Wahlperiode 1958 bis 1962 vermuten, an denen sich 39 Abgeordnete beteiligten; es war die Phase der Diskussionen um die Zentrale Stelle der Landesjustizverwaltung in Ludwigsburg, der Heyde/Sawade-Affäre und dem von der Regierung von Hassel gesuchten Kulminationspunkt der Debatte um den Ruf Schleswig-Holsteins. Auch für die 5. Wahlperiode demonstrierten Debatten und Teilnehmerzahl die Intensität der Beschäftigung; in dieser Phase agierte beispielsweise der Untersuchungsausschuss zur Landespolizei.

Die Diagramme 37 (s. S. 132) und – fokussiert – 38 (s. S. 133) ordnen das vergangenheitspolitische Engagement den Fraktionen zu: Als „aktiv beteiligte" Abgeordnete haben wir bei der Abfrage der Datenbank jene definiert, die mindestens fünf oder mehr eigenständige Debattenbeiträge respektive zehn oder mehr protokollierte Zwischenrufe in den einschlägigen Debatten geleistet haben. Als „beteiligt" haben wir jene Abgeordneten definiert, die zwischen einem und vier Debattenbeiträge oder fünf bis neun Zwischenrufe, die protokolliert wurden, einbrachten. Schließlich haben wir als „kaum oder nicht beteiligt" definiert jene Abgeordneten, die keine vergangenheitspolitischen Beiträge oder weniger als fünf Zwischenrufe geleistet haben. Die Gruppe der Fraktionslosen erscheint ebenso zurückhaltend wie die rechtsradikalen Parteien DVU, NPD und SHB. Für die letztgenannte Fraktion ist das deshalb markant, weil im SHB majorisierend ehemalige DP-Mitglieder versammelt waren, die in der Legislaturperiode zuvor noch vergleichsweise aktiv in einschlägigen Debatten aufgetreten waren. Auffallend ist auch, dass die kommunistischen Abgeordneten in den beiden ernannten Landtagen jedenfalls nicht durch übermäßige vergangenheitspolitische Aktivitäten auffielen.

Konzentriert auf die bedeutenderen und langlebigeren Fraktionen weist Diagramm 38 für die großen Fraktionen und den SSW ein uniformes Bild auf: Etwa ein Sechstel der Fraktionsangehörigen war sehr aktiv, bis zu einem weiteren Viertel aktiv und bis zu Zwei Drittel der Fraktionsangehörigen beteiligten sich nicht an vergangenheitspolitischen Debatten. Es scheint so, dass sich in den großen Fraktionen von CDU und SPD die „Fachzuständigkeit" bei 40 bis 50 Akteuren ballt. Überdurchschnittlich aktiv waren nach dem Kriterium teilnehmender Abgeordneter hingegen die BHE- und vor allem die FDP-Fraktion. Da die gezählte Mitwirkung nichts über inhaltliche Ausrichtungen und Ursachen der Beteiligung ausdrückt, ist die Aussage kraft dieser rein statistischen Verknüpfungen beschränkt oder lässt sich nur spekulieren. Eine inhaltliche Analyse einschlägiger Debatten, wie wir sie beispielhaft im Folgenden vornehmen, hilft weiter.

Ähnliches gilt auch für Diagramm 39 (s. S. 134), das widerspiegelt, in welchem Maße sich ehemalige NSDAP-Mitglieder, ehemals Verfolgte und die Gesamtgruppe in vergangenheitspolitische Debatten einbrachten oder auch nicht. Die Verhaltensmuster aller drei Gruppen sind weitgehend identisch, wenn wir von einer relevanten Ausnahme absehen: Dem vergleichsweise deutlich höheren Beteiligungsgrad ehemaliger Verfolgter, denen es, so dürfen wir unterstellen, im konkreten Fall schwerer fiel zu schweigen als Unbeschriebenen oder ehemaligen NSDAP-Mitgliedern. Auch waren sie in den ersten Legislaturperioden, in denen viele einschlägige Debatten stattfanden, stärker repräsentiert. Darüberhinaus lässt sich aber aus dieser statischen Verknüpfung keine Aussage ableiten.

Markanter erscheint das Ergebnis, fragt man, wie in Diagramm 40 (s. S. 135) wiedergegeben, nach potentiellen politischen Prägungen während der Zeit der Weimarer Republik. Wir haben all jene, die bis 1933 in irgendeiner politischen Partei Mitglied waren, jedoch nicht *allein* in der NSDAP, gekennzeichnet; ihre Anteile in den späteren Landtagsfraktionen sind nicht unerheblich: Bei der FDP sechs von 26, beim SSW drei von zwölf, bei der CDU 30 von 144 und schließlich bei der SPD mit 71 von 125 Abgeordneten insgesamt sogar deutlich mehr als die Hälfte. Insgesamt verfügten 120 Abgeordnete unserer Gesamtuntersuchungsgruppe von 342 über Parteimitgliedschaften bis 1933, die wenigstens *auch* eine andere Partei als die NSDAP betrafen. Trotz der Tatsache, dass einige von ihnen in der Endphase der Weimarer Republik bereits NSDAP-Mitglieder wurden, können wir generalisierend sagen, dass diese Gruppe jedenfalls stark überwiegend ihr demokratisches Potential aus der Weimarer Prägung in die Nachkriegszeit in Schleswig-Holstein einbrachte respektive einbringen konnte. Mit einem Anteil von einem Drittel in der Gruppe sämtlicher Abgeordneten der entsprechenden Altersgruppe kann jedenfalls festgehalten werden, dass die schleswig-holsteinische Landespolitik nach 1945 jedenfalls anfangs maßgeblich von Politiker_innen mitgeprägt wurde, die ihre demokratische Sozialisation in der Weimarer Zeit erfahren hatten. – Wir werden bei inhaltlichen Qualifizierungen weiter unten (Diagramm 78) noch einmal auf diesen Aspekt zurückkommen.

Eine interessante Frage lautet, was denn ein Erfolgsmodell darstellen mochte für spätere Akteure in der schleswig-holsteinischen Landespolitik – ehemalige Distanz oder Verfolgungserfahrung im Nationalsozialismus, die Unbeschriebenheit in der NS-Zeit oder gar die NSDAP-Mitgliedschaft? Verknüpft man die Dauer der Mitwirkung im Landtag als ein Erfolgskriterium mit formalen Merkmalen aus der NS-Zeit oder betrachtet man die Ordensverleihungen, so resultieren erstaunliche Ergebnisse!

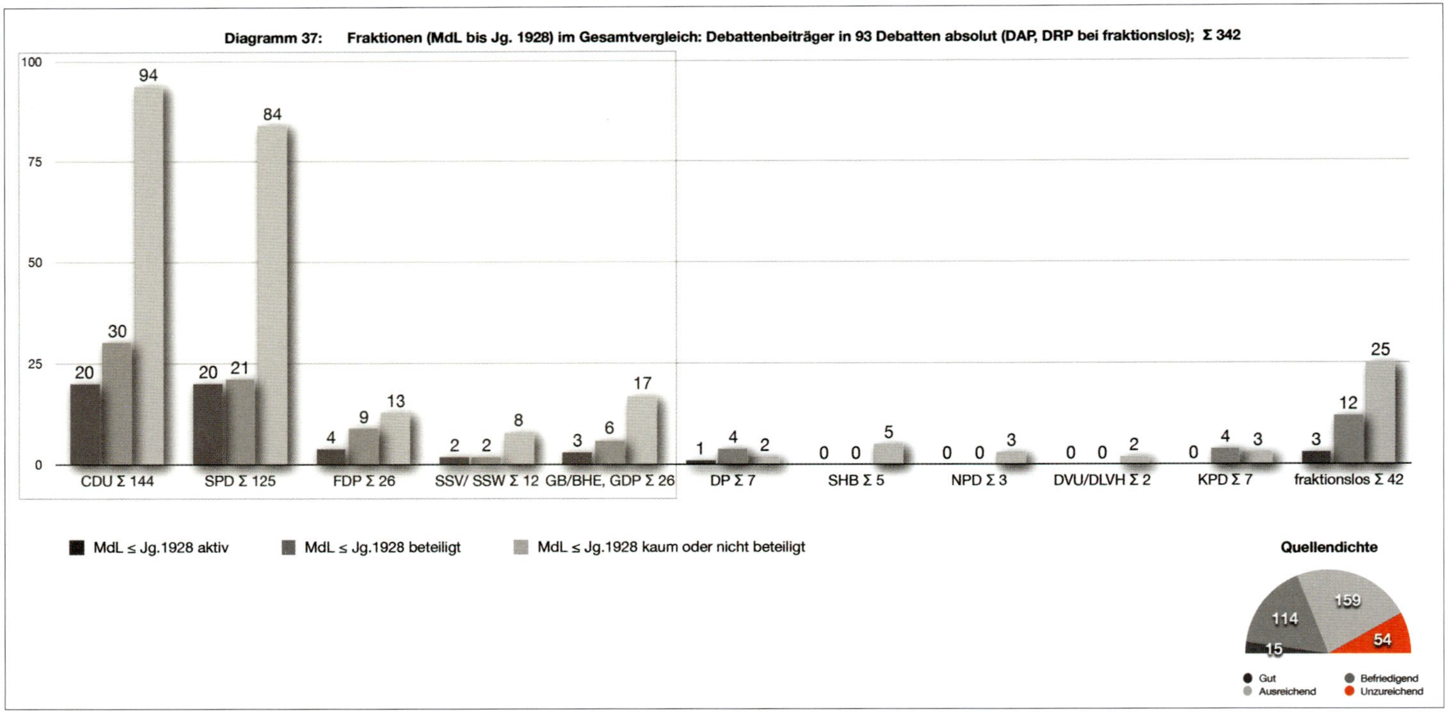

Diagramm 37[295]

295 Basis: Projektdatenbank sowie Auflistung der 93 identifizierten Debatten im Anhang dieser Studie.

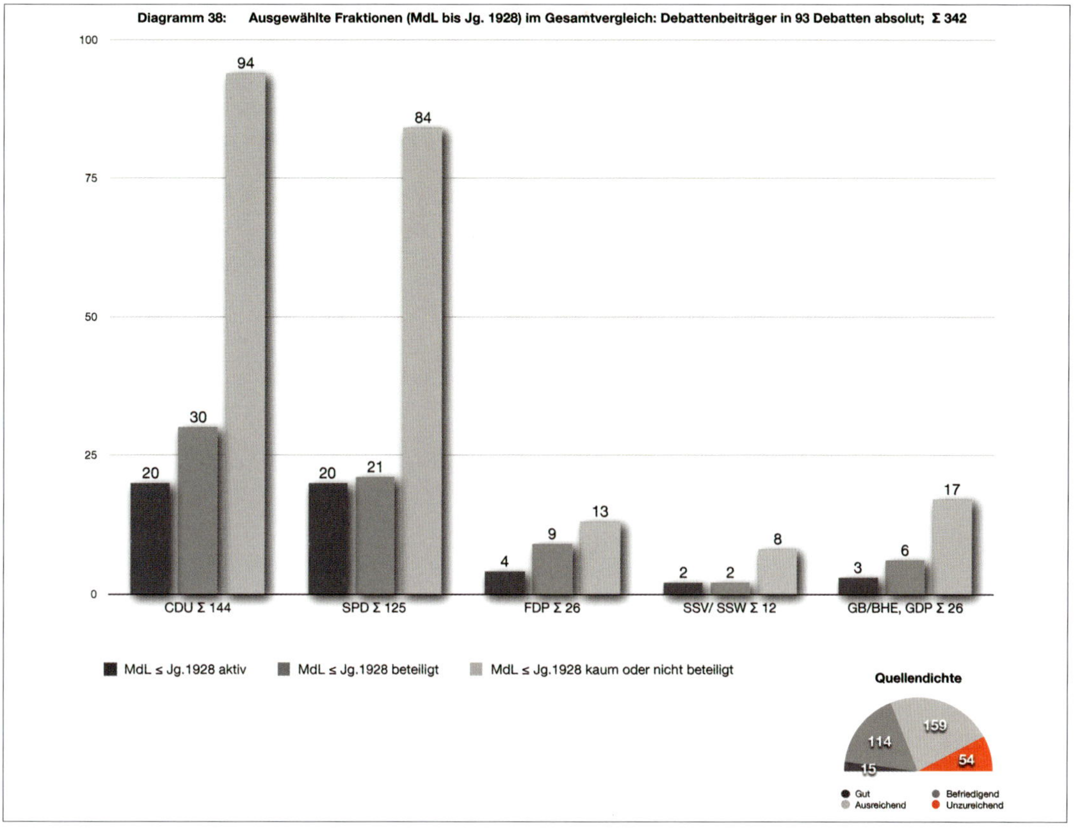

Diagramm 38[295] (siehe Fußnote S. 132)

Diagramm 41 (s. S. 136) gibt wieder, wie lange, gemessen in Wahlperioden, ehemalige NSDAP-Mitglieder und ehemals Verfolgte im Schleswig-Holsteinischen Landtag vertreten waren: Betrug ihr Gesamtanteil 24,3 %, stellten ehemals NS-Verfolgte in der Teilgruppe jener Abgeordneten, die mehr als drei Wahlperioden im Landtag vertreten waren, also als durchaus erfolgreich gelten durften, nur einen Anteil von 16,4 %; proportional umgekehrt entwickelte sich das Verhältnis ehemaliger NSDAP-Mitglieder – ihr Gesamtanteil an der Untersuchungsgruppe betrug 33,6 %, bei den erfolgreichen, mehr als drei Wahlperioden im Landtag vertretenden Abgeordneten lag ihr Anteil hingegen bei 42,5 %. – Die Schlussfolgerung lautet: Ehemalige NSDAP-Mitglieder waren erfolgreicher als ehemals Verfolgte in der schleswig-holsteinischen Landespolitik vertreten; bei der einen Teilgruppe steigt ihr Anteil mit dem Erfolgskriterium, bei der anderen Teilgruppe sinkt er deutlich.

Auf eher skurrile Weise unterstreicht Diagramm 42 (s. S. 137) das Phänomen: Das Landtagsinformationssystem listet zuverlässig für die schleswig-holsteinischen Abgeordneten auf, ob sie jemals Orden oder Ehrenzeichen erhielten. Der Anteil der Ordensträger in der Gesamtuntersuchungsgruppe beträgt immerhin stolze 32,5 %, mithin ein Drittel der Gesamtgruppe. Bei

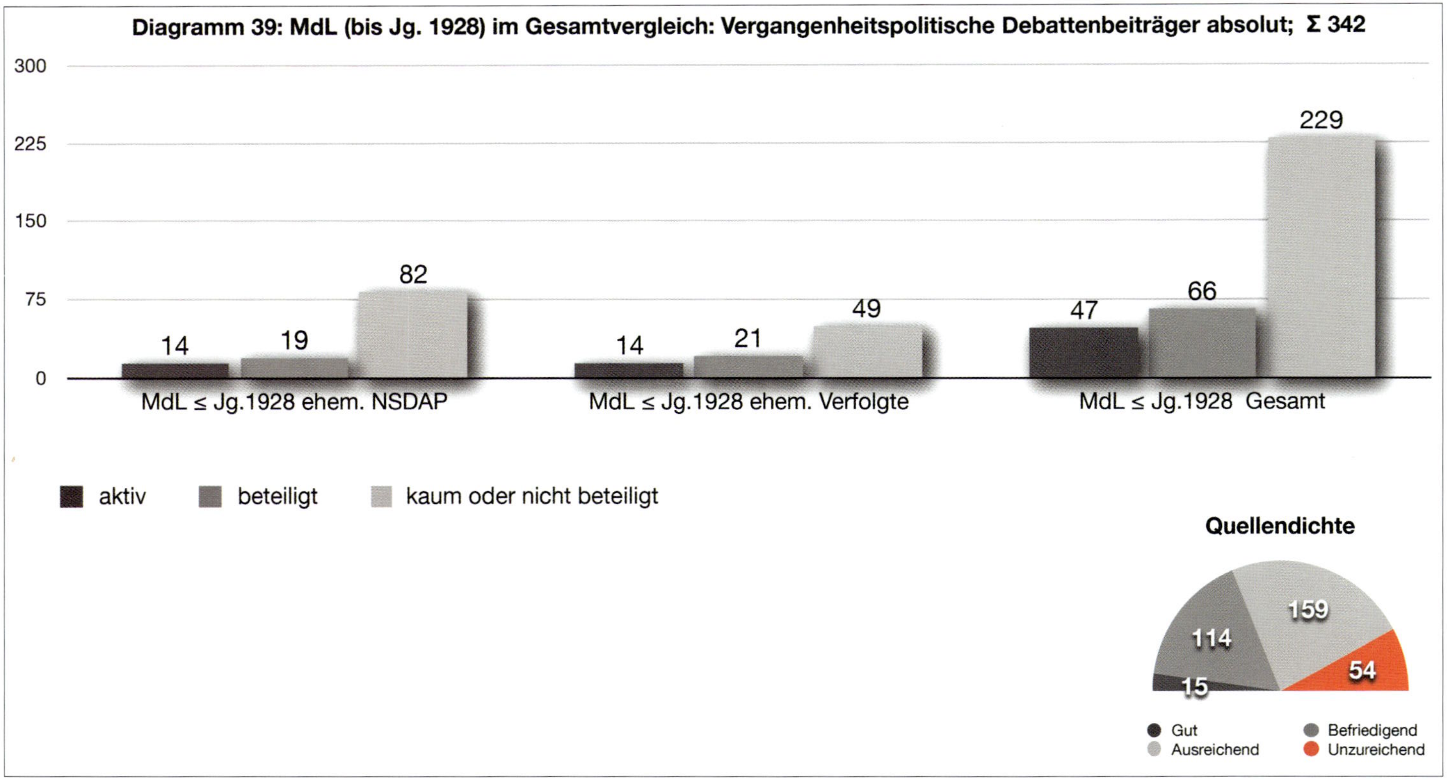

Diagramm 39[296]

296 Basis: Projektdatenbank sowie Auflistung der 93 identifizierten Debatten im Anhang dieser Studie.

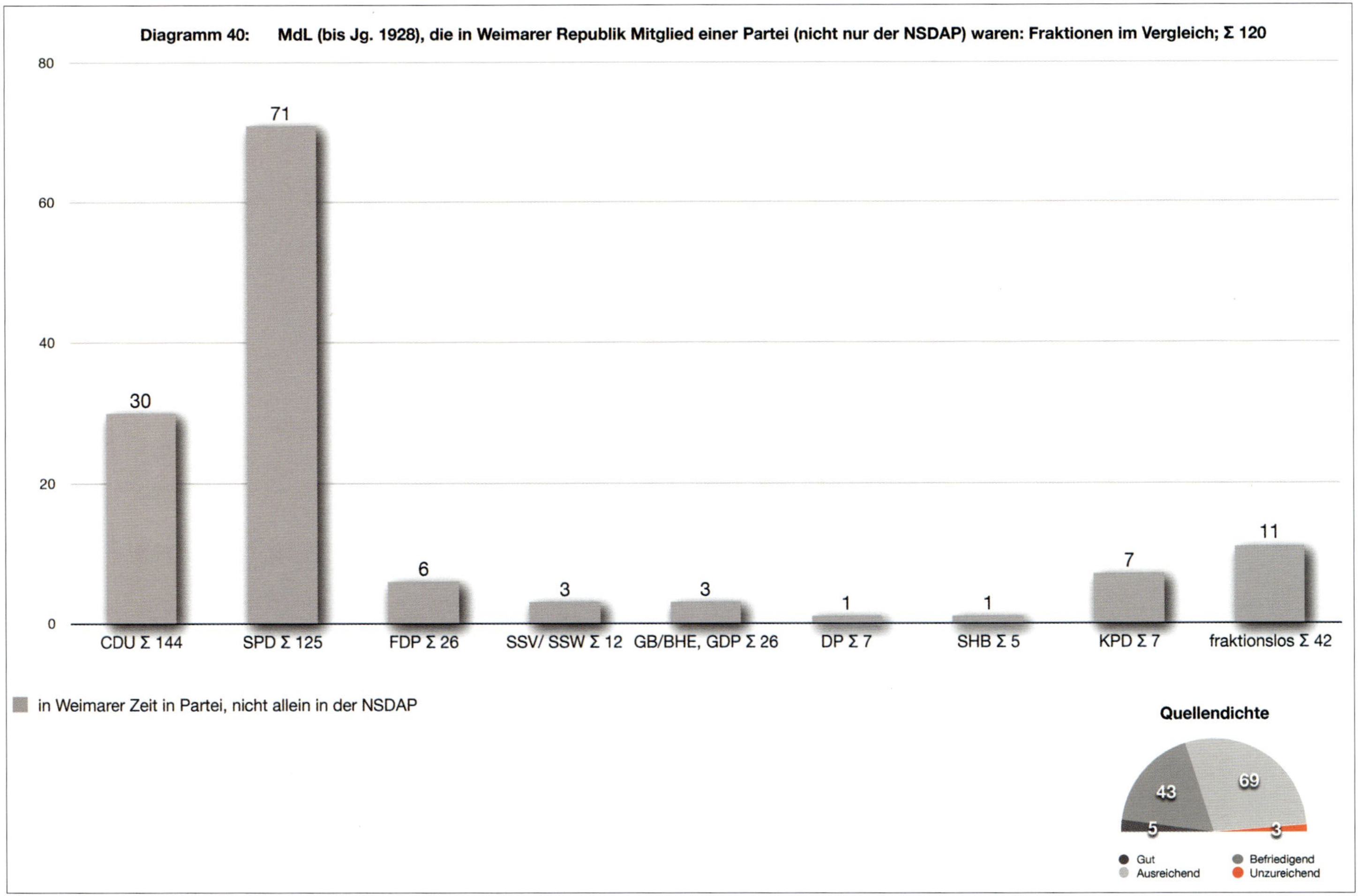

Diagramm 40[297]

297 Basis: Projektdatenbank.

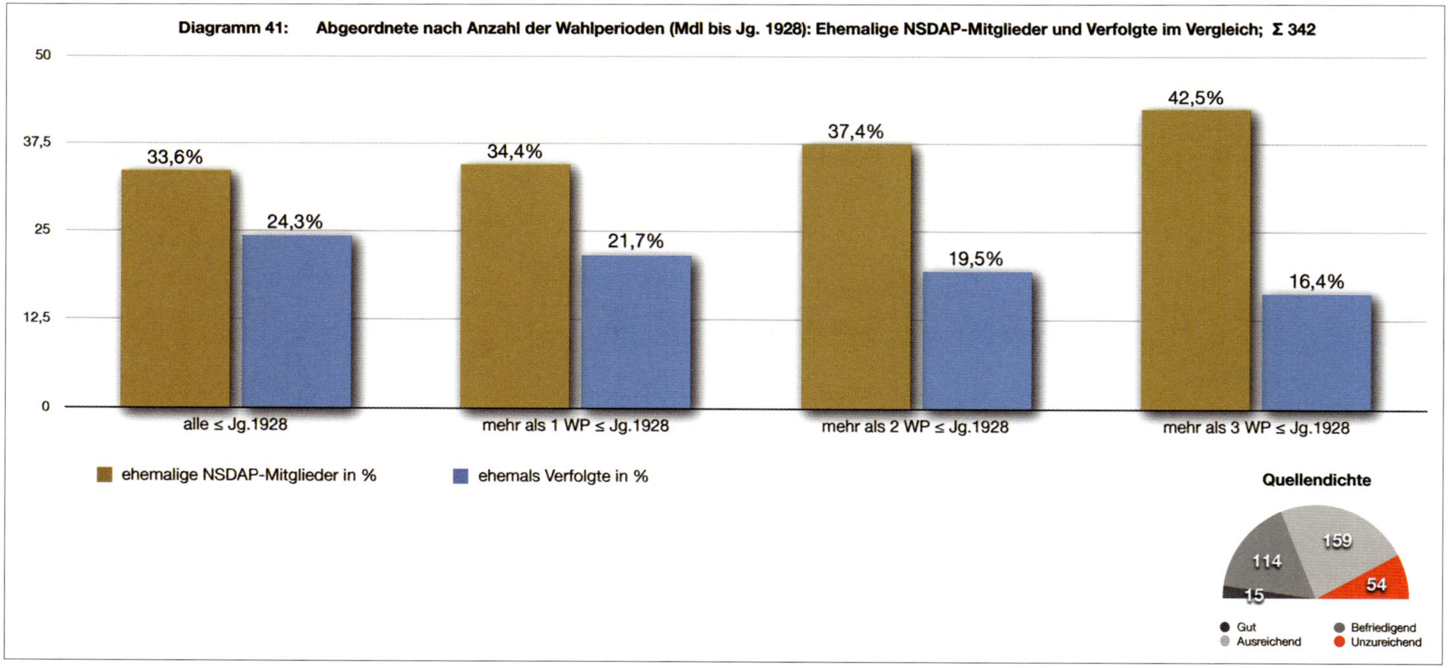

Diagramm 41[298]

298 Basis: Projektdatenbank.

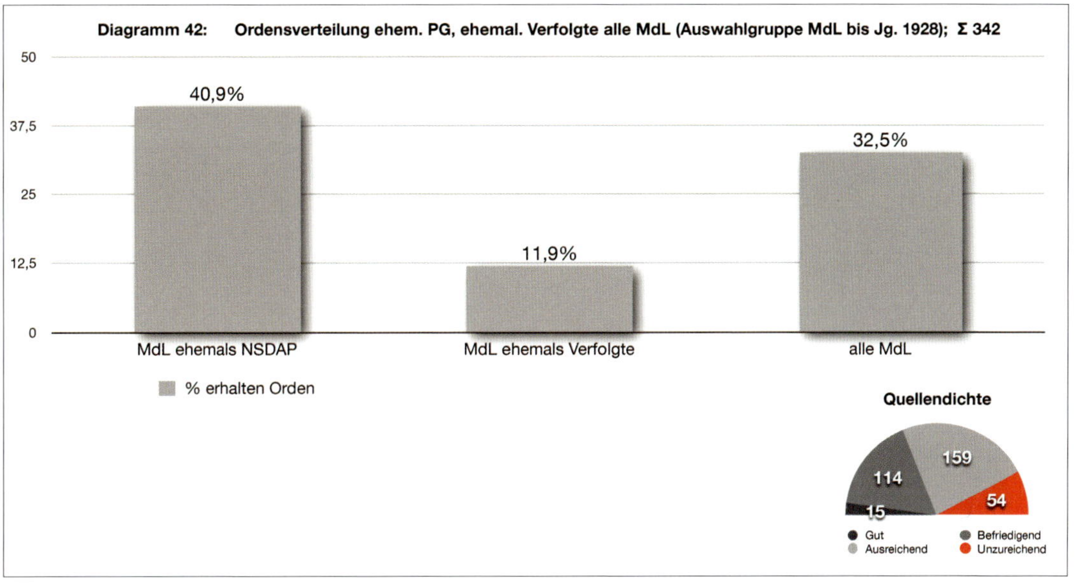

Diagramm 42[299]

der Teilgruppe der ehemals NS-Verfolgten liegt ihr Anteil lediglich bei 10,8 %, mithin um zwei Drittel niedriger, wohingegen ehemalige NSDAP-Mitglieder mit 40,9 % deutlich nach oben abweichen, also mit vergrößerter Wahrscheinlichkeit Orden und Ehrenzeichen erhielten. – Wie soll man das interpretieren?

Dieses doch recht peinliche demokratische Ordensbild lässt sich jedenfalls teilweise sachfremd erläutern und in der Aussagekraft etwas einschränken; Diagramm 43 (s. S. 138) liefert Hinweise: Bezogen auf die bereits mehrfach betrachteten einzelnen Alterskohorten zeigt sich, dass allein in der Kohorte der 1900 bis 1909 Geborenen eine symmetrische Gleichverteilung der Ordensanteile und des Anteils der Altersgruppe vorhanden ist. Ältere hingegen erhielten bedeutend weniger Orden, während Jüngere, also in der Tendenz auch später im Landtag zahlenmäßig ansteigende Alterskohorten, einen deutlich wachsenden Anteil an Ehrungen für ihre Tätigkeiten einfuhren. Diese eigentümliche Veränderung nach Alterskohorten lässt sich so deuten, dass die Frequenz der Ordensverleihungen mit Ablauf der Legislaturperioden zunahm und sich folglich auf Kohorten immer späterer Jahrgänge konzentrierte. – Markant bleibt das Phänomen der Ordensverleihungen für Verdienste insbesondere ehemaliger NSDAP-Mitglieder gleichwohl: Hierin mag sich das Bedürfnis des Landesparlament spiegeln, Läuterung zu goutieren und lässliche Sünden zu verzeihen, eine eigene symbolische Form der NS-Bewältigung zu betreiben.

299 Basis: Projektdatenbank.

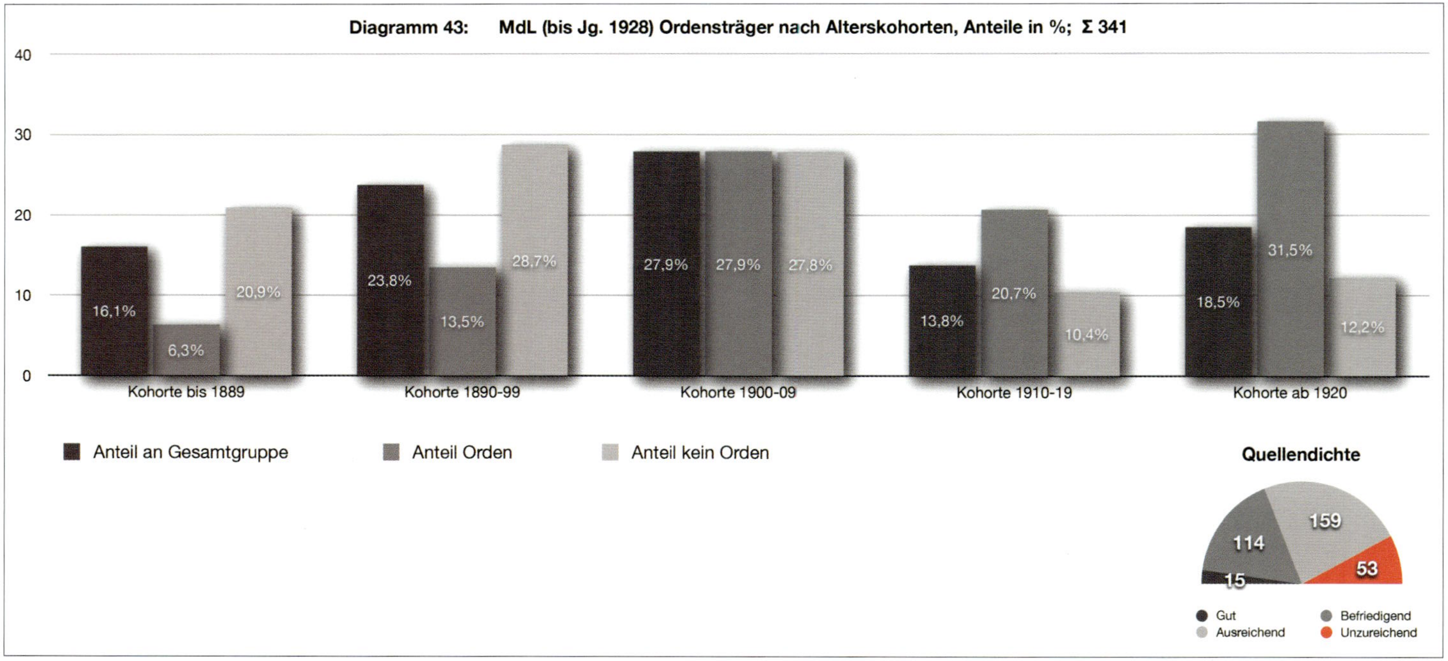

Diagramm 43[300]

300 Basis: Projektdatenbank.

6. Strafrechtliche Berührungen der Gesamtuntersuchungsgruppe

Eine ganze Reihe von Personen der gesamten Untersuchungsgruppe war nach 1945 in irgendeiner Weise in strafrechtliche Ermittlungen zur NS-Vergangenheit einbezogen, einige als Zeugen, einige aber auch als Beschuldigte.[301] Kein einziges Mitglied der Untersuchungsgruppe wurde strafrechtlich von einem ordentlichen westdeutschen Gericht verurteilt, gegen keinen eröffnete ein solches Gericht auch nur ein Hauptverfahren. Spruchgerichte der Britischen Zone, die anfangs von der britischen Besatzungsmacht eingerichtet worden waren, die sie allerdings mit deutschen Juristen besetzten und auf deren Urteilsfindung die Briten keinen direkten Einfluss nehmen konnten,[302] verhandelten gegen sechs Mitglieder der Untersuchungsgruppe: Dr. Hermann Andersen,[303] Waldemar Kraft,[304] Heinz Reinefarth,[305] Dr. Dr. Ernst Kracht,[306] Klaus von der Groeben[307] und Fritz Völpel.[308] In (wohl)[309] allen Fällen erging Freispruch.

Eine Person wurde im Zuge der „Rechtsabrechnung" in Dänemark verurteilt, eine weitere im Zuge der sogenannten „Waldheim-Prozesse". Das Verfahren gegen Klaus Konrad fand mit dem Tod des Beschuldigten sein vorzeitiges Ende.

Im Einzelnen lassen sich auf der Basis unserer Recherchewege folgende Begegnungen von Mitgliedern der Untersuchungsgruppe mit der Strafjustiz belegen:

- Wilhelm Jürgensen,[310] ein Lehrer und grenzpolitischer Publizist der Deutschen Minderheit in Nordschleswig, Mitglied der NSDAP-Auslandsorganisation „Gau Dänemark" seit Mai

301 Für eines der Mitglieder der Untersuchungsgruppe, Dr. Ernst Nagel (MdL 1. ern. Landtag (fraktionslos), Quellendichte: ausreichend), gibt es im Zuge der Recherchen einen Hinweis auf ein Strafverfahren der Staatsanwaltschaft Hamburg (gegen einen Ernst Nagel unbekannten Geburtsdatums) mit dem Tatvorwurf „Verbrechen gegen die Menschlichkeit" (AZ: 14 Js 316/50, eingestellt am 16. Februar 1950), bei dem sich die Identität nicht verifizieren ließ, da die Akten noch bei der Staatsanwaltschaft vernichtet und nicht an das Staatsarchiv abgegeben wurden (Mitteilung des Staatsarchivs Hamburg vom 30. November 2015). Ob es sich um das Mitglied der Untersuchungsgruppe handelt, ist nicht mehr zu klären.

302 Vgl. zu den Spruchgerichten Heiner Wember: Umerziehung im Lager. Internierung und Bestrafung von Nationalsozialisten in der britischen Besatzungszone Deutschlands. Essen 1991, S. 276–367.

303 Vgl. BArch Z 42-IV/1939.

304 Vgl. BArch N 1267, Nr. 2.

305 Vgl. BArch Z 42 III/3820. Hier liegt in der Akte keine Urteilsschrift vor. Zu Verfahren und Freispruch vgl. Philipp Marti: Der Fall Reinefarth. Eine biographische Studie zum öffentlichen und juristischen Umgang mit der NS-Vergangenheit. Neumünster/Hamburg 2014, S. 90–96.

306 Vgl. BArch Z 42 III/1688.

307 Vgl. BArch Z 42-IV/39.

308 Vgl. BArch Z 42V/3732.

309 Bei Waldemar Kraft, MdL WP02 (GB/BHE), Quellendichte: befriedigend, ist das eigentliche Spruchgerichtsurteil in der Quellenrecherche nicht ermittelt worden, lediglich die Anklageschrift und von ihm selbst verfasste Ausführungen zum Verlauf der Hauptverhandlung liegen vor und legen nahe, dass es nicht zu einer Verurteilung kam. Vgl. dazu BArch N 1267, Nr. 2.

310 MdL WP03 (SHB), Quellendichte: befriedigend.

1934 und Landesschulungsleiter, wurde bei Kriegsende verhaftet, interniert und im Zuge der „Rechtsabrechnung" im so genannten „Volksgruppenprozess" 1948 vor allem wegen seiner propagandistischen Publikationen zu zehn Jahren, im Berufungsverfahren 1949 zu sieben Jahren Gefängnis verurteilt, jedoch umgehend und vorzeitig entlassen.[311]

- Dr. Ernst Neumann-Silkow,[312] Parteigenosse seit dem 1. Januar 1932 und in der NS-Zeit zuletzt Bezirksbürgermeister in Berlin,[313] wurde – nach jahrelanger Haft in ostdeutschen Haftanstalten – im Zuge der Waldheim-Prozesse wegen „Verbrechen gegen die Menschlichkeit" im Juni 1932 zu sieben Jahren und zwei Monaten Zuchthaus verurteilt, jedoch drei Wochen nach dem Urteil wegen Strafablaufs entlassen.[314]
- Gegen Klaus Konrad,[315] seit 1933 SA-Mitglied und seit 1937 auch der NSDAP,[316] eröffnete im Januar 2006 ein Militärgericht in La Spezia die gerichtliche Vorverhandlung wegen der Beteiligung an der Erschießung von italienischen Zivilisten im „Massaker von San Polo" am 14. Juli 1944. Konrad, der aus Gesundheitsgründen nicht an der Verhandlung teilnahm, verstarb im August 2006 während des Verfahrens.[317] Wegen der Erschießungen hatte die Staatsanwaltschaft Gießen bereits 1967 ein Ermittlungsverfahren wegen Mordes gegen Konrad und sechs weitere Beschuldigte eröffnet, es jedoch 1972 wieder eingestellt, weil dem damaligen Oberleutnant Konrad nicht nachgewiesen werden konnte, dass er „der Exekution beigewohnt" hatte. Er hatte jedoch zugegeben, dass er im Zusammenhang mit Vernehmungen gefangenengenommener mutmaßlicher Partisanen schwere Misshandlungen angeordnet hatte.[318] Nach neuen Hinweisen nahm die Gießener Staatsanwaltschaft im August 2005 die Ermittlungen erneut auf,[319] die schließlich zu der Eröffnung des Verfahrens in La Spezia führten.
- Heinz Reinefarth[320] war Gegenstand zahlreicher Ermittlungen der Flensburger Staatsanwaltschaft,[321] einige davon wurden schnell wegen mangelnden Tatverdachts eingestellt.

311 Vgl. Sabine Lorek: Retsopgør – Rechtsabrechnung. Die politische Säuberung nach dem Zweiten Weltkrieg in Nordschleswig. Eine Untersuchung unter besonderer Berücksichtigung der Rechtskreise Apenrade/Aabenraa, Gravenstein/Gråsten und Tondern/Tønder. Neumünster 1998, v. a. S. 432–436, 452 und 456f. sowie Schäfer: Schleswig-Holsteinische Gemeinschaft (Anm. 8), S. 178f. Vgl. auch BArch BDC ZK, Film 3100 K0121; BArch BDC OK, Film J0051; LASH Abt. 460, Nr. 1376; LASH Abt. 811, Nr. 14236.

312 Chef der Staatskanzlei (1963–1969), Quellendichte: befriedigend.

313 Vgl. BArch BDC Ortskartei Neumann, Ernst; BArch BDC PK I283; BArch R 3001/69541; BStU MfS IX/11 PA 2611.

314 Vgl. BArch DO 1/Kartei der Waldheim-Verurteilten sowie BArch DP 3/484. Vgl. zu den Waldheim-Prozessen Wolfgang Eisert: Die Waldheimer Prozesse. Der stalinistische Terror 1950. Ein dunkles Kapitel der DDR-Justiz. Esslingen u. a. 1993 sowie Norbert Haase/Bert Pampe (Hrsg.): Die Waldheimer „Prozesse" – fünfzig Jahre danach. Dokumentation einer Tagung der Stiftung Sächsische Gedenkstätten am 28. und 29. September 2000 in Waldheim. Baden-Baden 2001.

315 MdL WP04–06 (SPD), Quellendichte: ausreichend.

316 Vgl. LASH Abt. 460.3, Nr. 72 sowie LASH Abt. 786, Nr. 1378.

317 „Ex-Abgeordneter Klaus Konrad gestorben". In: Die Welt vom 17.8.2006.

318 Vgl. Einstellungsverfügung der Staatsanwaltschaft Gießen vom 7. November 1972, BArch B 162/18194.

319 Vgl. Verfügung vom 7. Dezember 2004, BArch Ludwigsburg 110AR 870/04

320 MdL WP04 (GB/BHE, GDP), Quellendichte: gut.

321 Sie legt allein zehn Js-Registerzeichen an.

Die beiden Verfahren wegen der Massentötungen von Zivilisten bei der Niederschlagung des Warschauer Aufstandes von 1958 und 1961 hingegen zogen sich ausführlich hin und führten in Zusammenhang mit seiner Rolle als Kommunalpolitiker und Landtagsabgeordnetem zu einem handfesten Skandal mit erheblichen politischen Weiterungen.[322] Eingestellt wurden sie allesamt, das zu seiner Rolle in Warschau mangels Beweises und nicht wie von ihm vehement bis zum Schluss gefordert wegen erwiesener Unschuld.[323]

- Ebenfalls mit sehr viel öffentlicher Aufmerksamkeit verfolgt wurden die Anfang der 1960er-Jahre, 1989 und 1995 erhobenen Vorwürfe gegen Dr. Hartwig Schlegelberger,[324] der zwar nie Mitglied der NSDAP wurde, dafür aber als Marinerichter tätig gewesen war.[325] Nachdem bereits 1960 erste Hinweise darauf auftauchten, dass Schlegelberger die Todesstrafe wegen eines angeblichen Bagatelldelikts gefordert habe, ging 1963 bei der Kieler Staatsanwaltschaft eine Anzeige wegen versuchten Mordes ein, die zwar zu einer intensiven öffentlichen Diskussion führte, jedoch nicht zur Einleitung eines Ermittlungsverfahrens. 1989 wurde seine Vergangenheit erneut thematisiert, zunächst in der Presse und schließlich auch in strafrechtlicher Hinsicht Relevanz entfaltend, weil aufgrund neu aufgetauchter Fälle die Staatsanwaltschaft Kiel erneut Vorermittlungen aufnahm. Sie zog jedoch nach wenigen Monaten den Schluss, keine förmlichen Ermittlungen einzuleiten, unter anderem weil sie die Todesstrafen, an denen Schlegelberger als Anklagevertreter beteiligt gewesen war, für durch die „damals geltende Rechtsordnung gedeckt" sah, eine „Rechtsbeugung" also nicht vorgelegen hätte. Ausdrücklich wollte sie damit keine „moralisch-ethische[n] Bewertungen" abgegeben haben.[326] Zu Schlegelbergers Rückzug aus seinen Ehrenämtern führte schließlich die dritte Thematisierung seiner Tätigkeit als Marinerichter im Jahre 1995 und auch die Berliner Staatsanwaltschaft legte Anfang 1996 einen neuen Js-Vorgang an, ging also von einem Anfangsverdacht aus.[327] 1997 starb Schlegelberger.
- Gegen den vormaligen Landessozialminister und Landtagsabgeordneten Hans-Adolf Asbach[328] leitete die Kieler Staatsanwaltschaft ab 1964 ein Ermittlungsverfahren ein, nachdem zuvor bei der Zentralen Stelle der Landesjustizverwaltungen zur Aufklärung nationalsozialistischer Verbrechen in Ludwigsburg eine Anzeige gegen Asbach wegen Mordes an Juden in Galizien eingegangen war. Hintergrund war Asbachs Rolle als Kreishauptmann im besetzten Polen in den Kreisen Janow und Brzezany. Die sehr gründlichen Ermittlungen der

322 Vgl. dazu Marti: Reinefarth (Anm. 305).

323 Vgl. hierzu ebd., S. 256ff.

324 MdL WP04–07 (CDU), Landesminister in den Kabinetten von Hassel und Lemke, Quellendichte: gut.

325 Vgl. dazu v. a. Klaus Bästlein: Der Fall Hartwig Schlegelberger. In: Grenzfriedenshefte 55 (2008), S. 289–304 und Sebastian Lehmann: Der Fall Schlegelberger – Dreifache Vergangenheitspolitik? In: Harald Schmid (Hrsg.): Erinnerungskultur und Regionalgeschichte. München 2009, S. 191–226.

326 Presseerklärung des leitenden Kieler Oberstaatsanwalts vom 12. Dezember 1989, BArch Ludwigsburg AZ 416 AR Nr. 430/96.

327 Vgl. Verfügung des Oberstaatsanwalts, Staatsanwaltschaft I beim Landgericht Berlin vom 18. Januar 1996, ebd.

328 MdL WP02–04 (GB/BHE), Landessozialminister (1950–1951, 1954–1957), Stellvertretender Ministerpräsident (1954–1957), Quellendichte: gut.

Kieler Staatsanwaltschaft, die die Situation in Galizien und die Rolle der Zivilverwaltung ausführlich rekonstruierte und unter anderem ein Vertuschungsnetzwerk ehemaliger Zivilverwalter zur Abwehr juristischer Folgen ihrer Tätigkeit in Polen aufdeckte, führten 1969 auch zur Eröffnung eines Voruntersuchungsverfahrens gegen Asbach, in dem für sieben der ursprünglich 19 Taten zusammengefasst die Verantwortung Asbachs für die Ermordung von insgesamt 3.148 Juden und eines Polen festgestellt werden sollte. Anders als der nach Abschluss der Ermittlungen zum Leiter des Flensburger Kraftfahrt-Bundesamtes aufgestiegene Staatsanwalt kam der Leitende Oberstaatsanwalt bei dem zeitraubenden Voruntersuchungsverfahren zu dem Schluss, dass die Beweislast gegen Asbach und zwei weitere Beschuldigte nicht ausreichte und empfahl, sie außer Verfolgung zu setzen, was 1976, wenige Tage vor Asbachs Tod, schließlich auch endgültig geschah.[329]

- Ebenfalls im Zusammenhang mit Besatzungsverbrechen ermittelte die Zentrale Stelle gegen Hans-Werner Otto[330] wegen seiner Rolle als Gebietskommissar im Reichskommissariat Ukraine.[331] Otto war im Mai 1942 zunächst als Vertreter, ab Herbst 1942 als regulärer Stadtkommissar in Nikolajew im gleichnamigen Generalbezirk tätig gewesen und leitete schließlich ab Januar 1943 als Gebietskommissar die Zivilverwaltung im vereinigten Gebiets- und Stadtkommissariat Nikolajew. Die Zentrale Stelle leitete ein Vorermittlungsverfahren ein, skizzierte seine Rolle in der Besatzungsverwaltung und konnte seine Aussagen, er habe von Judenverfolgungen in seinem Gebiet keine Kenntnis gehabt, schließlich nicht widerlegen.[332] Gleiches gilt für die Arbeit des Enterdungskommandos „Aktion 1005", welches für die Beseitigung von Spuren des Massenmords eingesetzt wurde und in Nikolajew im November/Dezember 1943 Massengräber mit mindestens zwischen 3.000 und 4.000 Leichen und im Januar 1944 noch einmal unweit der Stadt weitere Gruben mit rund 1.000 jüdischen Opfern geöffnet und die Leichname verbrannt hatte.[333] Bereits in dem Ermittlungsverfahren dazu hatte Otto zu Protokoll gegeben, dass er „in der letzten Zeit unserer Anwesenheit in Nikolajew für einige Tage unangenehmen Geruch über der Stadt [wahrgenommen habe], der ab und an zum fragenden Meinungsaustausch führte, ob da nicht Leichen vernichtet würden."[334] Die Vorermittlungen wurden schließlich eingestellt.
- In den Kontext der Ermittlungen gegen die Zivilverwalter im Reichskommissariat Ukraine gehört auch, dass die Zentrale Stelle Ludwigsburg zu an der jüdischen Bevölkerung des

329 Vgl. zu dem Verfahren Arne Bewersdorff: Hans-Adolf Asbach. Eine Nachkriegskarriere: Vom Kreishauptmann zum Landessozialminister. In: Demokratische Geschichte, Band 19 (2008), S. 71–112; Markus Roth: Herrenmenschen. Die deutschen Kreishauptleute im besetzten Polen – Karrierewege, Herrschaftspraxis und Nachgeschichte. Göttingen 2009, S. 354–372. BArch B 162/4130, 4131, 4144, 4145, 4417, 5178, 26929, 26930, 19941, 4132, 20039, 22009, 20946, 4146, 19305, 19306.

330 Staatssekretär in den Kabinetten Bartram, Lübke, von Hassel und Lemke, Quellendichte gut.

331 Vgl. zu dem Verfahren Klaus-Detlev Godau-Schüttke: Heyde-Sawade-Affäre. Wie Juristen und Mediziner den NS-Euthanasieprofessor Heyde nach 1945 deckten und straflos blieben. Baden-Baden 1998, S. 124ff.

332 Vgl. ebd., S. 125.

333 Vgl. dazu Jens Hoffmann: „Das kann man nicht erzählen." ‚Aktion 1005' – Wie die Nazis die Spuren ihrer Massenmorde in Osteuropa beseitigten. Hamburg 2008, S. 120–123.

334 Aussage Ottos vom 27. September 1963, BArch B 162/7132.

Reichskommissariats Ukraine begangenen Verbrechen ermittelte, primär gegen Reichskommissar Erich Koch. Dabei wurden aber auch mögliche Ermittlungen gegen Hauptabteilungsleiter sowie deren Stellvertreter und deren Behandlung als Beschuldigte erwogen. In diesem Zusammenhang wurde auch Klaus von der Groeben[335] als Leiter der Personalabteilung genannt; das Verfahren konzentrierte sich jedoch schlussendlich auf Koch, gegen von der Groeben wurden keine Ermittlungen geführt.[336]

- Dr. Alfred Gilles[337] Tätigkeit als Stadt- bzw. Gebietskommissar im Reichskommissariat Ukraine und in Weißrussland blieb zwar einer breiteren Öffentlichkeit bis vor Kurzem verborgen,[338] gleichwohl sorgte sie dafür, dass er in den 1960er Jahren im Zuge staatsanwaltschaftlicher Ermittlungen vernommen wurde. Diese richteten sich aber gegen Dritte, beispielsweise gegen Wilhelm Reuter, stellvertretender Gebietskommissar in Nowogrodek, wo Gille im Sommer 1944 als Gebietskommissar eingesetzt war. Gille selbst war zeitlich erst weit nach den im Mittelpunkt des Verfahrens stehenden Massenmorden an den dort lebenden Juden in Nowogrodek eingetroffen, sodass die Befragung für ihn folgenlos blieb.[339]
- Als Zeuge im Hannoveraner NSG-Verfahren wegen Judenerschießungen in Libau, Windau und Mitau (Lettland) wurde Dr. Hermann Andersen[340] befragt, der in der fraglichen Zeit, nämlich zwischen Oktober 1941 und Februar 1942, als Betriebsführer der Firma Gebrüder Andersen beim Wiederaufbau des Kriegshafens von Libau tätig gewesen war. Zudem hätte er die Libauer Eisenwerke in die deutschen Hermann-Göring-Werke „überführt".[341] Andersen gab zu, dass in dem Betrieb jüdische Zwangsarbeiter beschäftigt gewesen waren, von Judenerschießungen hätte er dort nichts erfahren, erst nach seiner Rückkehr nach Kiel.
- Ebenfalls im Zusammenhang mit Ermittlungen wegen Judenerschießungen im lettischen Libau, Windau und Mitau wurde Peter Matthiessen[342] staatsanwaltschaftlich vernommen. Er hätte lediglich „gesprächsweise" etwas über die Massenmorde erfahren, führte er ohne weitere Ermittlungsfolgen aus.[343]
- Auch der Name des Flensburger Bürgermeisters in der NS-Zeit, Dr. Dr. Ernst Kracht,[344] tauchte in mehreren Ermittlungen der Flensburger Staatsanwaltschaft auf, wobei man gegen ihn keine konkreten Vorwürfe erhob, sondern er wohl vor allem wegen seiner exponierten Position gleichsam qua Amt zum Beschuldigtenkreis gezählt wurde. So tauchte er

335 Innenstaatssekretär (1957–1967), Quellendichte: befriedigend.

336 Vgl. Abschlussbericht vom 23. Juni 1976, BArch B 162/5790.

337 MdL WP02–04 (GB/BHE), Quellendichte: gut.

338 Vgl. Schwartz: Funktionäre (Anm. 282), v. a. S. 377–381.

339 Vgl. Aussage Gille vom 19. Januar 1963, BArch 162, Nr. 3452; vgl. auch Gilles Aussage vom 17. September 1962 im Zusammenhang mit dem Verfahren gegen den früheren SS-Hauptsturmführer und andere wegen Judenerschießungen in Weißrussland, ebd. sowie Schwartz: Funktionäre (Anm. 282), S. 378–381.

340 MdL WP02 (FDP), Minister in den Kabinetten Bartram und Lübke, Quellendichte: befriedigend.

341 Vgl. Aussage Andersen vom 4. September 1963, BArch B 162/2626.

342 MdL WP06–07 (CDU), Quellendichte: befriedigend.

343 Vgl. Aussage Matthiessen vom 12. Dezember 1963, BArch B162/2627. Die Aussage wird auch beim Verfahren gegen Maywald herangezogen. Vgl. BArch B 162/3032.

344 1950 bis 1958 Leiter der Landes-/Staatskanzlei in den Kabinetten Bartram bis von Hassel, Quellendichte: gut.

beispielsweise in einer Anzeige auf, die im September 1946 bei der Staatsanwaltschaft Flensburg einging und in der es um die Inschutzhaftnahme und politische Verfolgung eines Tankstellenbesitzers ging. Das Ermittlungsverfahren wurde mangels Nachweises einer strafbaren Handlung eingestellt.[345] Eine ähnliche Konstellation ist für das Verfahren wegen Freiheitsberaubung und Mordes an einem Patienten der Landesheilanstalt Schleswig anzunehmen, der angeblich wegen persönlicher Gegnerschaft zu lokalen Staats- und Parteiamtsträgern für geisteskrank erklärt und eingewiesen worden und schließlich in der Heil- und Pflegeanstalt Bernburg verstorben war. Das Verfahren wurde schließlich an den Oberstaatsanwalt in Bernburg abgegeben und endete auch mit Anklageerhebungen und Verurteilungen – nicht jedoch für Kracht, für den keine strafbaren Handlungen ermittelt wurden.[346]

- Matthias Andresen[347] gehörte zu eine größeren Gruppe von Personen, die früh, nämlich schon 1949, in Ermittlungen der Staatsanwaltschaft Flensburg einbezogen wurden im Zusammenhang mit Misshandlungen politischer Gegner in Husum 1934.[348] Bei dem gesamten Vorgang handelte es sich um die strafrechtliche Aufarbeitung einer Reihe von Gewalttaten von SA-Angehörigen in Husum 1933–1935, die 1949 in einem Verfahren zusammengezogen wurden. Einige Übergriffe waren bereits unmittelbar nach dem Geschehen 1934 Teil strafrechtlicher Untersuchungen geworden, dann jedoch aufgrund der Straffreiheitsgesetzgebung eingestellt worden. Andresen, zu diesem Zeitpunkt Angehöriger der Reserve-SA, war bereits bei den ersten Ermittlungen 1934 als Zeuge vernommen worden, bestritt jedoch, an den Übergriffen beteiligt gewesen zu sein. Als 1949 wieder Ermittlungen begannen, verfügte der Oberstaatsanwalt, dass sie sich nur gegen die Hauptbeteiligten und Rädelsführer richten sollten, gegen bloße Teilnehmer – zu denen man Andresen zählte – möge abgewartet werden, damit der Kreis der Angeklagten nicht zu groß werde. Die Hauptverdächtigen wurden schließlich zu zum Teil mehrjährigen Haftstrafen verurteilt. Andersen gehörte nicht dazu.[349]
- Gegen Otto F. Karde[350], der bereits 1932 im Zusammenhang mit seiner Rolle bei den Handgranatenwürfen gegen ein kommunistisches Verkehrslokal in Rendsburg zu einer kurzen Haftstrafe verurteilt worden war,[351] ging im Dezember 1964 bei der Zentralen Stelle in Ludwigsburg eine anonyme Anzeige ein mit dem Vorwurf, in der „Kristallnacht", also in der

345 Vgl. LASH Abt. 354, Nr. 2597.

346 Vgl. LASH Abt. 354, Nr. 2595.

347 MdL WP03–06 (CDU), Quellendichte: befriedigend.

348 Die Vorgänge sind dokumentiert bei Christian M. Sörensen: Zur NS-Herrschaft in Husum. Gleichschaltung, SA-Ausschreitungen gegen Freimaurer (1934), Verfolgungen. In: Beiträge zur Husumer Stadtgeschichte, Band 6 (1998), S. 84–116, sowie ders.: Ein Nachtrag: NS-Verfolgung 1933–1939 am Beispiel des Bücherrevisors Hans Ausborn. In: Beiträge zur Husumer Stadtgeschichte, Band 7 (2000), S. 53–60.

349 Vgl. LASH Abt. 354, Nr. 995 I und II sowie Andresens Aussage vom 7. August 1934 in LASH Abt. 354, Nr. 995 II, Bd. 3, fol. 73.

350 MdL WP05 (CDU), Quellendichte: befriedigend.

351 Vgl. unten den Abschnitt Typisierung.

Nacht vom 9. auf den 10. November 1938, in Hamburg an der Ermordung von zwei Menschen beteiligt gewesen zu sein. Die Anzeige wurde an die zuständige Staatsanwaltschaft in Hamburg abgegeben und – da Details oder weitere Anhaltspunkte nicht vorlagen – von ihr 1965 eingestellt. Es ist nicht wahrscheinlich, dass der angezeigte Karde jemals von den Vorwürfen erfuhr.[352]

- Walter Mentzel[353] wurde in mindestens[354] einem Verfahren wegen Massenmordes an jüdischen Bürgern in Estland als Zeuge geladen, wobei er allerdings nicht bereit war, formell als Zeuge auszusagen, sondern nur Auskunft zu geben, damit er sich nicht „durch eine Unterschrift unter ein Protokoll binden" müsse.[355]
- Gegen Hermann Meyn[356] wurde 1964 – offenbar als kuriose Folge eines anhaltenden Nachbarschaftsstreits – Anzeige erstattet mit dem Inhalt, er habe während des Zweiten Weltkriegs in Polen an Erschießungen von Zivilisten teilgenommen. Die Vorwürfe erwiesen sich schnell als haltlos, unter anderem weil Meyn nie in Polen eingesetzt gewesen war. Das Verfahren wurde mangels begründeten Tatverdachts eingestellt.[357]
- Reinhold Rehs[358] wurde 1962 von einer Mitarbeiterin der Zentralen Stelle im Zuge von Ermittlungen zu Vorgängen im Zusammenhang mit Karl-Sigmund Litzmanns Rolle in der SA-Gruppe Ostland in Königsberg im April 1933 befragt, konnte jedoch keine weiterführenden Auskünfte geben, da er zu diesem Zeitpunkt noch nicht der SA angehört hatte; sein Beitritt war tatsächlich erst zum 15. August 1933 erfolgt.[359]
- Zu Alfred von Rosenberg[360] konnten auf den Recherchewegen dieses Projekts Unterlagen der Staatsanwaltschaft Itzehoe ermittelt werden. Darin ging es um von Rosenbergs Rolle bei dem Tod eines Mitgefangenen im Offizierslager „Concordia" in Kansas/USA im Jahr 1943. Der Mitgefangene, der Kriegsverwaltungsrat T., hatte angeblich defätistische Äußerungen und Tagebucheintragungen gemacht und soll deshalb von den Lagerinsassen zum Suizid gedrängt worden sein. Von Rosenberg gehörte zur Lagerleitung und damit zu denjenigen, die T. zunächst vor der aufgebrachten Menge an Mitgefangenen in „Schutzhaft" genommen hatten. Er soll zumindest davon gewusst und nichts dagegen unternommen haben, dass T. aus dem Leben scheiden wollte. Das allein war nicht strafbar. Aktives Handeln, wie ein Zeuge unterstellte, nämlich, dass er T. einen Strick auf den Tisch gelegt hätte, konnte

352 Vgl. StAHH AZ 141 Js 164/65; BArch Ludwigsburg (ZS), 414 AR 3387/64.
353 MdL 03–06 (CDU), Quellendichte: befriedigend.
354 In der Kartei der Zentralen Stelle sind einige Vermerke auf Mentzel betreffenden Karten gesperrt, sodass ein vollständiges Bild seiner Rolle in NSG-Verfahren nicht darstellbar ist.
355 Vgl. Vermerk des Landeskriminalpolizeiamts Schleswig-Holstein vom 21. Juni 1960, BArch B162/5106.
356 MdL WP03–06 (SPD), Quellendichte: ausreichend.
357 Vgl. LASH Abt. 352.2, Nr. 785.
358 MdL WP02 (SPD), Quellendichte: befriedigend.
359 Vgl. Bericht vom 8. März 1962 zur Aussage Rehs', BArch B162/2971. Zu Rehs' Rolle in Königsberg vgl. Schwartz: Funktionäre (Anm. 282), S. 174–187, 286ff. und 412f.
360 MdL WP02 (DP, fraktionslos, CDU), Quellendichte: unzureichend.

ihm nicht nachgewiesen werden, weshalb das Landgericht Itzehoe von Rosenberg außer Verfolgung setzte.[361]

- Über Carl Anton Schaefers[362] „Untersuchungshaft“ und die anschließende Einstellung des Strafverfahrens („ordonnance de non-lieu“) erfahren wir nur aus seinem eigenen Bericht in einem Schreiben an den Vorstand der Landeszentralbank vom Oktober 1948, nachdem er seit November 1945 in einem französischen Gefängnis in Baden-Baden und ab August 1946 in einem Militärgefängnis in Paris wegen der „völlig an den Haaren herbeigezogenen Beschuldigung der Plünderung“ inhaftiert gewesen war. Erst am 16. Juni 1948 sei er rehabilitiert entlassen worden.[363]

Schließlich das Gegenstück, der Versuch der Mitwirkung an Ermittlungen: Hochbetagt und nur etwas als ein Jahr vor seinem Tod 1967 machte Theodor Steltzer[364] noch einmal Aussagen als Zeuge bei Ermittlungen gegen Walter Huppenkothen im Zusammenhang mit den Morden an den Attentätern des 20. Juli 1944.[365]

7. Regierungsprofile

Einen Gutteil der statistischen Fragen, die an die Untersuchungsgruppe der Landtagabgeordneten gerichtet wurden, lässt sich auch an die Exekutive, die Landesregierungen, richten und valide bearbeiten. Wir haben uns beschränkt auf die Betrachtung sämtlicher Kabinette von Steltzer bis Stoltenberg, also die Landesregierungen zwischen 1946 und 1982, weil anschließend die massive Verjüngung der Kabinette sinnvolle statistische Ergebnisse nicht mehr zuließ. Keine Berücksichtigung finden auch Parlamentarische Vertreter und Vertreterinnen von Ministern, die wir aufgrund ihrer Beschränkung auf repräsentative Aufgaben in der Exekutive weiter als Teil der Legislative begreifen – und in der Untersuchungsgruppe der Abgeordneten bereits berücksichtigt haben. Zur Gesamtgruppe zählen also sämtliche Ministerinnen und Minister sowie Staatssekretäre der benannten Kabinette. Unabhängig von Alterskohorten und unseren Kenntnisständen handelt es sich um 87 Personen, sieben von ihnen – mit einer Ausnahme erst in den Kabinetten Stoltenberg tätig – wurden *nach* 1928 geboren,[366] über eine

361 Vgl. Vernehmung von Rosenbergs am 28. Dezember 1959, LASH Abt. 352.2, Nr. 922 sowie Beschluss in der Voruntersuchungssache gegen Alfred von Rosenberg-Lipinski vom 11. August 1961, LASH Abt. 352.2, Nr. 923.

362 MdL WP03 (GB/BHE), Landesminister für Finanzen (1953–1954, 1958–1961), Landesminister der Justiz (1953–1954) sowie Stellvertretender Ministerpräsident (1957–1958), Quellendichte: befriedigend.

363 Vgl. Schaefer an den Vorstand der Landeszentralbank vom 17. Oktober 1948, BArch PERS 101/20335.

364 MdL 1. ern. Landtag-WP01 (CDU), Ministerpräsident (1946–1947), Quellendichte: befriedigend.

365 Vgl. Aussage Steltzers vom 15. Juli 1966, BArch B 162/3232.

366 Barschel, Uwe Dr. jur., Dr. phil., CDU; Bendixen, Peter Dr. phil., CDU; Boysen, Kurt Dr.; Braun, Walter Prof. Dr. rer. pol., CDU; Claussen, Karl Eduard, CDU; Flessner, Günter, CDU; Kribben, Klaus, CDU.

Person wissen wir quasi nichts,[367] für drei weitere – ebenfalls aus den Kabinetten Stoltenberg – liegt kein Geburtsdatum vor,[368] verbleiben 76 Mitglieder der Kernuntersuchungsgruppe aller nachgewiesenen Geburtsjahrgänge bis einschließlich 1928.[369]

Diagramm 44 (s. S. 148) benennt aus dieser Gruppe die 39 ehemaligen NSDAP-Mitglieder und 16 ehemals Verfolgten namentlich und bildet sie in einer Häufigkeitsverteilung ab. Die Grundaussage ähnelt der des Landtages. Der Gesamtanteil ehemaliger NSDAP-Mitglieder an der Gruppe der bis 1928 geborenen Regierungsmitglieder ist jedoch mit 51,3 % ganz erheblich höher als die direkt vergleichbare Relation im Parlament, die 33,6 % betrug: In Schleswig-Holsteins Legislative betrug der Anteil ehemaliger NSDAP-Mitglieder also exakt ein Drittel innerhalb der Gruppe aller vom Lebensalter überhaupt infrage Kommenden, in der Exekutive mehr als die Hälfte!

Selbst ohne die Beschränkung auf die Alterskohorten bis 1928 – bezogen auf alle Landesregierungen von 1946 bis 1982 – bleibt der Anteil mit 44,8 % ehemaliger „PGs" sehr hoch.

Der Anteil der ehemals verfolgten Regierungsmitglieder 1946 bis 1982 an der Gruppe der bis 1928 Geborenen betrug 21,1 %, lag mithin deutlich niedriger als jener von 24,6 % in der Legislative.

Die Diagramme 45 (s. S. 150) und 46 (s. S. 151) geben die Anteile ehemals Verfolgter und ehemaliger NSDAP-Mitglieder wieder, geordnet in der zeitlichen Abfolge nach den Kabinetten der aufeinanderfolgenden Ministerpräsidenten. Das bedeutet insbesondere für die Zeit ab

367 Ohmstede, Bernhard, Staatssekretär in den Kabinetten Stoltenberg 1973 bis 1977 (1973–1975 Inneres, 1975–1977 Soziales).

368 Nebel, Hans; Traulsen, Sönke Dr.; Treml, Karl Dr.

369 Andersen, Hermann Dr., FDP; Andresen, Thomas, CDU; Arp, Erich, o Fr, SPD; Asbach, Hans-Adolf, GB/BHE; Bartram, Walter Dr.; Beske, Fritz Prof. Dr.; Böhrnsen, Hermann, CDU, DP, o Fr; Böning, Wolfgang Dr.; Borzikowsky, Reinhold; Boyens, Wilhelm Friedrich Dr.; Bundtzen, Hans, CDU; Damm, Walter, SPD; Delbrück, Ernst Dr.; Diekmann, Bruno, SPD; Eisenmann, Otto, FDP, SHB; Engelbrecht-Greve, Ernst Dr. h.c., CDU; Frahm, Heinrich; Gaul, Gerhard; Geib, Ekkehard Prof. Dr.; Groeben, von der, Klaus; Gülich, Wilhelm Prof. Dr. sc. pol., SPD; Hannemann, Kurt; Hassel, von, Kai-Uwe, CDU; Hebbeln, Hanns-Günther; Heydebreck, von, Claus-Joachim, CDU; Käber, Wilhelm, SPD; Katz, Rudolf Dr. jur., SPD; Knack, Hans-Joachim Dr.; Knudsen, Knud Broder, CDU, FDP, o Fr; Kock, Franz; Kracht, Ernst Dr. Dr.; Kraft, Waldemar, GB/BHE; Kuhnt, Gottfried Dr., CDU; Kuklinski, Wilhelm, SPD; Langenheim, Konrad Prof.; Lauritzen, Lauritz Dr.; Lausen, Gerd, CDU; Lemke, Helmut Dr. jur., CDU; Leverenz, Bernhard Dr. jur., FDP; Lübke, Friedrich Wilhelm, CDU; Lüdemann, Hermann, SPD; Mangoldt, von, Hermann Prof. Dr., CDU, o Fr; Matthews, Emil, KPD; Narjes, Karl-Heinz Dr. jur., CDU; Neumann-Silkow, Ernst Dr.; Ohnesorge, Lena Dr. med., CDU, GB/BHE, o Fr; Osterloh, Edo, CDU; Otto, Hans-Werner Dr.; Pagel, Paul Friedrich Wilhelm Dr.agr., Dr.rer.pol., CDU; Poetzsch-Heffter, Georg; Pohle, Kurt, SPD; Prätorius, Wolfgang Dr.; Preller, Ludwig Prof. Dr., SPD; Qualen, Hans-Hellmuth; Rickers, Willy, CDU; Ryba, Franz Dr., CDU, o Fr; Schaefer, Carl Anton Dr. rer. pol., GB/BHE; Schenck, Richard Matthias Friedrich Dr., o Fr, SPD; Schlegelberger, Hartwig Dr. jur., CDU; Schmidt, Werner Dr.; Schücking, Christoph Bernhard; Schwarz, Henning Michael Dr. jur., CDU; Siegel, Wilhelm, SPD; Sieh, Claus, CDU, DP, o Fr; Specht, Fritz; Stamer, Hans Prof. Dr.; Steltzer, Theodor, CDU; Stoltenberg, Gerhard Dr. phil., CDU; Sureth, Fritz; Titzck, Rudolf, CDU; Wartemann, Max; Westphal, Jürgen Dr., CDU; Wetzel, Günter Dr.; Witt, Peter Werner; Wittenburg, Otto; Wormit, Hans-Georg.

Diagramm 44: Regierungsmitglieder (bis Jg. 1928): NSDAP-Mitglieder / Verfolgung in Schleswig-Holstein; Σ 76

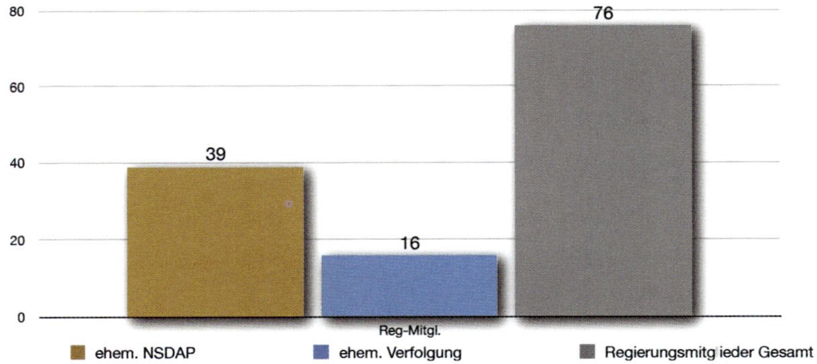

Quellendichte

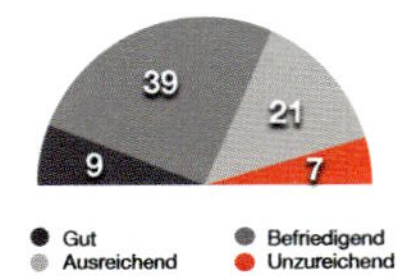

Regierungsmitglieder.: NSDAP-Mitglieder
Andersen, Hermann Dr.; Arp, Erich; Asbach, Hans-Adolf; Bartram, Walter Dr.; Böhrnsen, Hermann; Borzikowsky, Reinhold; Boyens, Wilhelm Friedrich Dr.; Delbrück, Ernst Dr.; Eisenmann, Otto; Engelbrecht-Greve, Ernst Dr. h.c.; Frahm, Heinrich; Gaul, Gerhard; Geib, Ekkehard Prof. Dr.; Groeben, von der, Klaus; Hebbeln, Hanns-Günther; Kock, Franz; Kracht, Ernst Dr. Dr.; Kraft, Waldemar; Langenheim, Konrad Prof.; Lemke, Helmut Dr. jur.; Leverenz, Bernhard Dr. jur.; Neumann-Silkow, Ernst Dr.; Osterloh, Edo; Otto, Hans-Werner Dr.; Qualen, Hans-Hellmuth; Schaefer, Carl Anton Dr. rer. pol.; Schenck, Richard Matthias Friedrich Dr.; Schmidt, Werner Dr.; Schücking, Christoph Bernhard; Sieh, Claus; Specht, Fritz; Stamer, Hans Prof. Dr.; Titzck, Rudolf; Wartemann, Max; Westphal, Jürgen Dr.; Wetzel, Günter Dr.; Witt, Peter Werner; Wittenburg, Otto; Wormit, Hans-Georg.

Regierungsmitglieder.: Verfolgungserfahrung
Arp, Erich; Bundtzen, Hans; Diekmann, Bruno; Käber, Wilhelm; Katz, Rudolf Dr. jur.; Kuhnt, Gottfried Dr.; Kuklinski, Wilhelm; Lübke, Friedrich Wilhelm; Lüdemann, Hermann; Matthews, Emil; Pagel, Paul Friedrich Wilhelm Dr.agr., Dr.rer.pol.; Pohle, Kurt; Preller, Ludwig Prof. Dr.; Schenck, Richard Matthias Friedrich Dr.; Steltzer, Theodor.

Diagramm 44[370]

370 Basis: Projektdatenbank.

1954, dass – abgekoppelt von den Legislaturperioden – die jeweils mehrzähligen Kabinette von Hassel,[371] Lemke[372] und Stoltenberg[373] jeweils nach den Ministerpräsidenten zusammengefasst wurden und deshalb im Vergleich mehr Mitglieder aufweisen.

Analog zum Profil des Landtags nimmt der Anteil ehemals Verfolgter, die in den Kabinetten von Steltzer[374] bis Lüdemann/Diekmann[375] noch die Mehrheit der Regierungsmitglieder stellten, mit der Wende von 1950 drastisch ab auf 7,7 %, dann noch einmal leicht erhöht 13,3 % im Kabinett Lübke,[376] um in den Regierungen von Hassel noch mit 3,8 % – nämlich einer Person, Dr. Dr. Paul Pagel[377] – vertreten zu sein. Umgekehrt proportional verhält es sich mit dem Anteil ehemaliger NSDAP-Mitglieder, der indes ganz erheblich höher ist als in der

371 Vgl. zu den Kabinetten von Hassel: Kai-Uwe von Hassel: „Oppositionsführer" und die erste Koalition. In: Rudolf Titzck (Hrsg.): Landtage in Schleswig-Holstein. Gestern – heute – morgen. Zum 40. Jahrestag der ersten demokratischen Wahl am 20. April 1947. Husum 1987, S. 161–164; Mark Speich: Kai-Uwe von Hassel – Eine politische Biographie. Bonn 2001, S. 105–237; Erich Maletzke/ Klaus Volquartz: Der Schleswig-Holsteinische Landtag, Rendsburg o. J. (1985), S. 79–98; Uwe Danker: Mit Fehlstart in vier Jahrzehnte bürgerlicher Regierungsmehrheit: 1950–1967. Landespolitik in der Ära Bartram, Lübke, von Hassel und Lemke. In: Ders.: Die Jahrhundertstory, Band 3. Flensburg 1999, S. 148–167.

372 Vgl. zur Regierungszeit Lemkes: Maletzke/Volquartz: Der Schleswig-Hosteinische Landtag (Anm. 371), S. 99–122; Uwe Danker: Fehlstart (Anm. 371), S. 148–167.

373 Vgl. zur Regierungszeit Stoltenberg: Uwe Danker: „Wir machen die Zukunft wahr!" Landespolitik in den 70er Jahren, Ära Stoltenberg-Steffen. In: Ders.: Die Jahrhundertstory, Band 2. Flensburg 1999, S. 228–247; Maletzke/Volquartz: Der Schleswig-Holsteinische Landtag (Anm. 371), S. 123–166; Wolfgang Börnsen: Fels in der Brandung? Gerhard Stoltenberg – der verkannte Visionär. Sankt Augustin 2004.

374 Vgl. zur Regierung Steltzer: Kurt Jürgensen: Die Gründung des Landes Schleswig-Holstein nach dem Zweiten Weltkrieg. Aufbau der demokratischen Ordnung während der britischen Besatzungszeit 1945–1949. 2., erw. Auflage. Neumünster 1998; Maletzke/Volquartz: Der Schleswig-Hosteinische Landtag (Anm. 371), S. 99–126; Uwe Danker: „Raus aus dem Elend". Selbstverortung und Programmatik schleswig-holsteinischer Nachkriegspolitik in sozialdemokratischer Regie. In: Demokratische Geschichte, Band 19 (2008), S. 145–169.

375 Vgl. zur Regierung Lüdemann/Diekmann: Jürgensen: Gründung (Anm. 374); Uwe Danker: „Raus aus dem Elend" (Anm. 374), S. 248–267; Rolf Fischer: Hermann Lüdemann und die deutsche Demokratie. Neumünster 2006; Gisela M. Krause: Hermann Lüdemann. In: Neue Deutsche Biographie, Band 15. Berlin 1987, S. 450ff.

376 Vgl. zum Kabinett Lübke: Claus O. Struck: Die Politik der Landesregierung Friedrich Wilhelm Lübke in Schleswig-Holstein (1951–1954). Frankfurt a. M. u. a. 1997; Danker: Fehlstart (Anm. 371), S. 148–167; Maletzke/Volquartz: Der Schleswig-Hosteinische Landtag (Anm. 371), S. 63–78.

377 MdL 2. ern. Landtag, WP02–03 (CDU), Sozialminister (1947), Kultusminister (1950–1954), Innenminister (1950–1955), Stellvertretender Ministerpräsident (1951; 1953), Quellendichte: ausreichend. Pagel wird 1934 als Direktor des Arbeitsamtes Greifswald in den Ruhestand zu verkürzten Bezügen versetzt und muss seinen Lebensunterhalt als landwirtschaftlicher Sachverständiger, Verwalter und Lektor verdienen. Er schließt sich später einer liberal orientierten Widerstandsgruppe um Strassmann und Robinsohn an; vgl. Wolfgang Benz: Eine liberale Widerstandsgruppe und ihre Ziele. Hans Robinsohns Denkschrift aus dem Jahre 1939. In: Vierteljahrshefte für Zeitgeschichte 29 (1981), S. 437–471 sowie zu Pagels Vita: Dorothea Oelze: Wiederentdeckt: Die Tagebücher des schleswig-holsteinischen Innenministers Paul Pagel (29.12.1894–11.8.1955). Gründungsjahre und Regierungskrisen Schleswig-Holsteins im Spiegel einer zeitgenössischen Quelle. In: Historisch-Politische Mitteilungen 16 (2009), S. 305–323, hier S. 309–312; Brigitte Kaff: Paul Pagel. In: Neue Deutsche Biographien, Band 19. Berlin 1999, S. 760f.

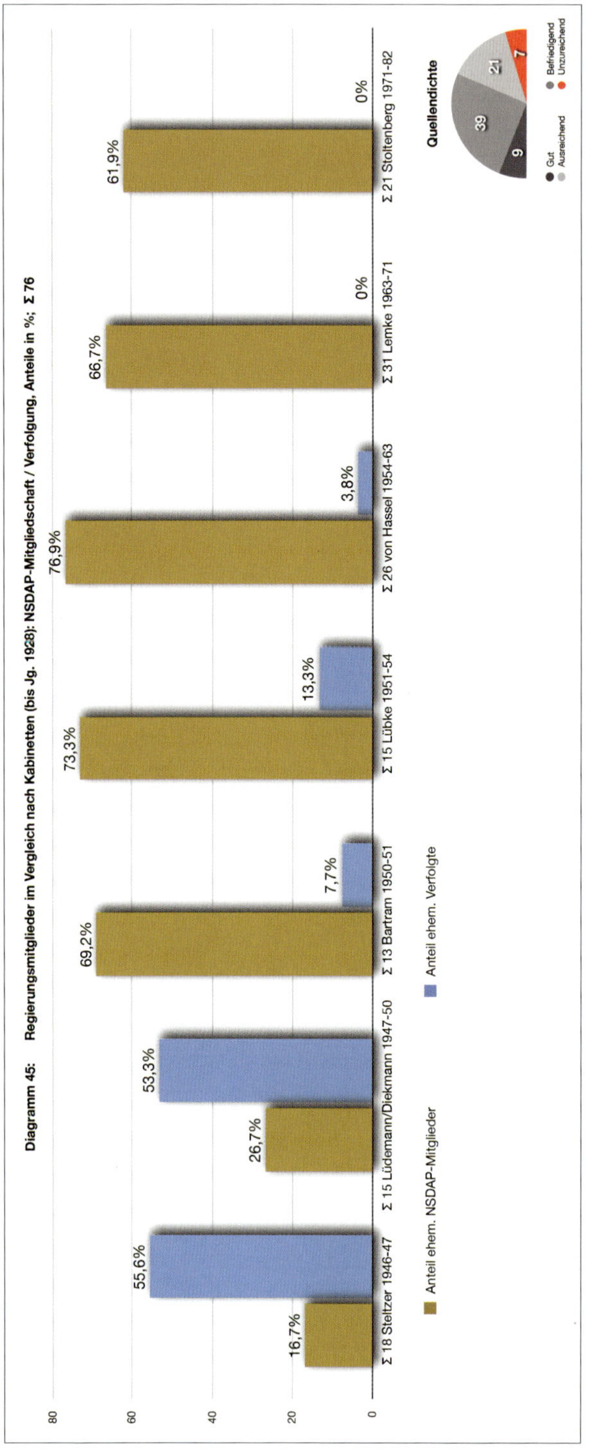

Diagramm 45: Regierungsmitglieder im Vergleich nach Kabinetten (bis Jg. 1928): NSDAP-Mitgliedschaft / Verfolgung, Anteile in %; Σ 76

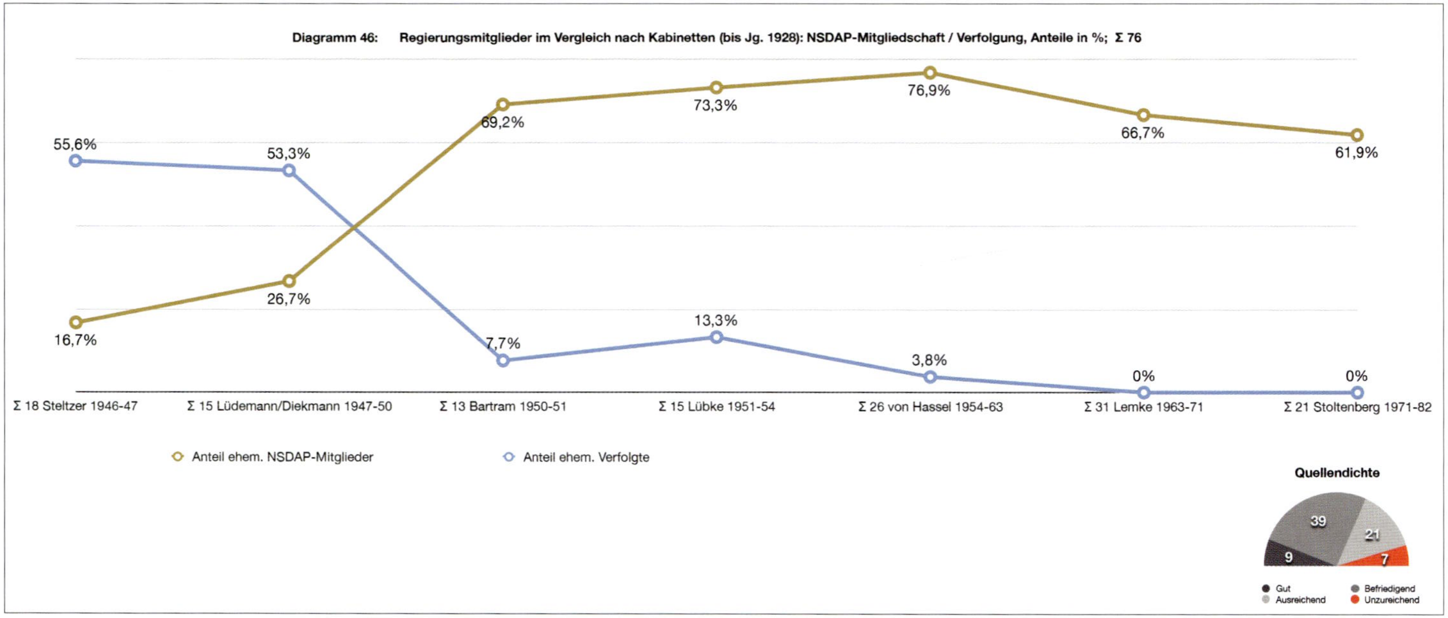

Diagramm 45 und 46[378]

378 Basis: Projektdatenbank.

Vergleichsgruppe der Abgeordneten: Bereits in den Kabinetten von Steltzer war der Anteil mit drei Regierungsmitgliedern bei 16,7 %, in den Regierungen Lüdemann/Diekmann bei mehr als einem Viertel, und ab der Regierung Bartram[379] bis einschließlich der Kabinette Lemke bei über zwei Drittel und noch in den Kabinetten Stoltenberg bei 62 %. Den Höchstpunkt erreichten die Kabinette von Hassel mit mehr als drei Viertel aller Mitglieder, die ehemals in der NSDAP gewesen waren. – Was formale Kenndaten zur NS-Vergangenheit angeht, ist das schleswig-holsteinische Regierungsprofil also noch bedeutend schärfer von Belastung konturiert als das des Landtages: In den 1950er- und 1960er-Jahren waren durchweg zwischen zwei Drittel und drei Viertel aller Regierungsmitglieder ehemalige NSDAP-Mitglieder, während selbst anfangs nur sehr wenige eine Verfolgungserfahrung aufwiesen.

Dieses drastische Bild verliert nichts an Deutlichkeit, wenn, wie in Diagramm 47 (s. S. 153) wiedergegeben, die Regierungszusammensetzungen völlig unabhängig von Altersrekrutierungen wiedergegeben werden. Bis einschließlich der Kabinette von Helmut Lemke war die Gruppe der bis 1928 Geborenen gewissermaßen völlig unter sich (nämlich abgesehen von einem Regierungsmitglied im letzten Kabinett Lemke); erst in den Kabinetten Gerhard Stoltenbergs setzt die Verjüngung spürbar ein, sodass unsere Alterskohorte auf einen Anteil von zwei Drittel aller Regierungsmitglieder sinkt. Der Befund bleibt also erhalten!

Betrachten wir, wie in Diagramm 48 (s. S. 154) ausgeführt, die Alterskohorten aller Regierungsmitglieder von 1946 bis 1982, so zeigt sich, dass ehemals Verfolgte – ähnlich wie in der Untersuchungsgruppe der Abgeordneten – stark überwiegend zu den Alterskohorten der bis 1900 Geborenen zählen, hingegen der Hauptteil der ehemaligen NSDAP-Mitglieder im ersten Jahrzehnt des 20. Jahrhunderts geboren worden war. Was diese Aufstellung so aussagekräftig macht, ist die Tatsache, dass in den jungen Kohorten (ab 1910) mit insgesamt 37 Regierungsmitgliedern fast die Hälfte aller Akteure vertreten ist, mit lediglich 13 von insgesamt 39 NSDAP-Mitgliedern aber nur exakt ein Drittel der ehemaligen Nationalsozialisten. Das besagt, dass unter den Regierungsmitgliedern nur zu einem sehr geringen Anteil jene Ex-Mitglieder der NS-Partei zu suchen sind, die als Jugendliche respektive junge Erwachsene von der HJ in die NSDAP „überführt" worden waren, hingegen genau die Gruppe jener besonders stark vertreten ist, die durch Vorerfahrungen und berufliche Karrieren bereits etabliert waren, nämlich während der NS-Zeit den Grund für ihre spätere Verwendbarkeit legten, oft gewiss verstärkt auch durch den karrierebefördernden Beitritt in die NSDAP. Die relative Wiedergabe dieser markanten Unterschiedlichkeit der Alterskohorten in Diagramm 49 (s. S. 155) unterstreicht das hier Ausgeführte sehr deutlich: Die Normalverteilung lieferten jeweils drei gleich große Säulen; die geradezu extremen Abweichungen zeigen auf, welche Relevanz in diesem Kontext Alterskohorten besitzen.

379 Vgl. zur Regierung Bartram: Maletzke/Volquartz: Der Schleswig-Holsteinische Landtag (Anm. 371), S. 63–78; Uwe Danker: Fehlstart (Anm. 371), S. 148–167.

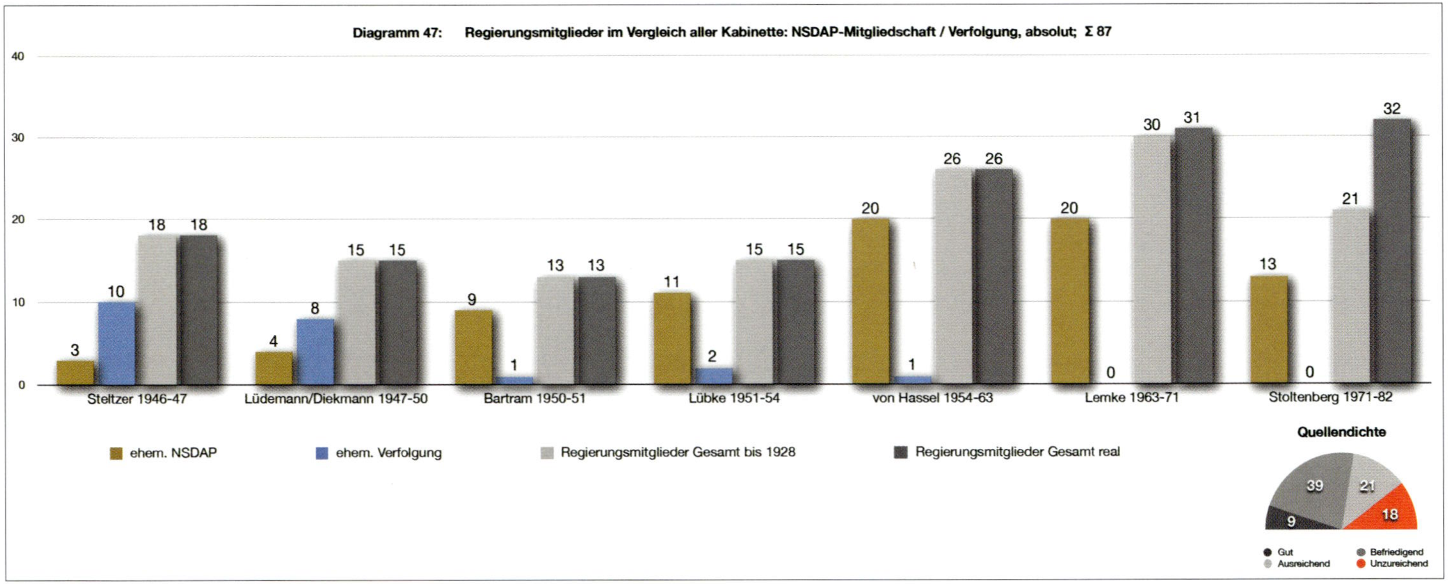

Diagramm 47[380]

380 Basis: Projektdatenbank. Die sieben nach 1928 geborenen Kabinettsmitglieder der Regierungen Stoltenberg werden bei Quellendichte aus technischen Gründen unter „unzureichend" geführt.

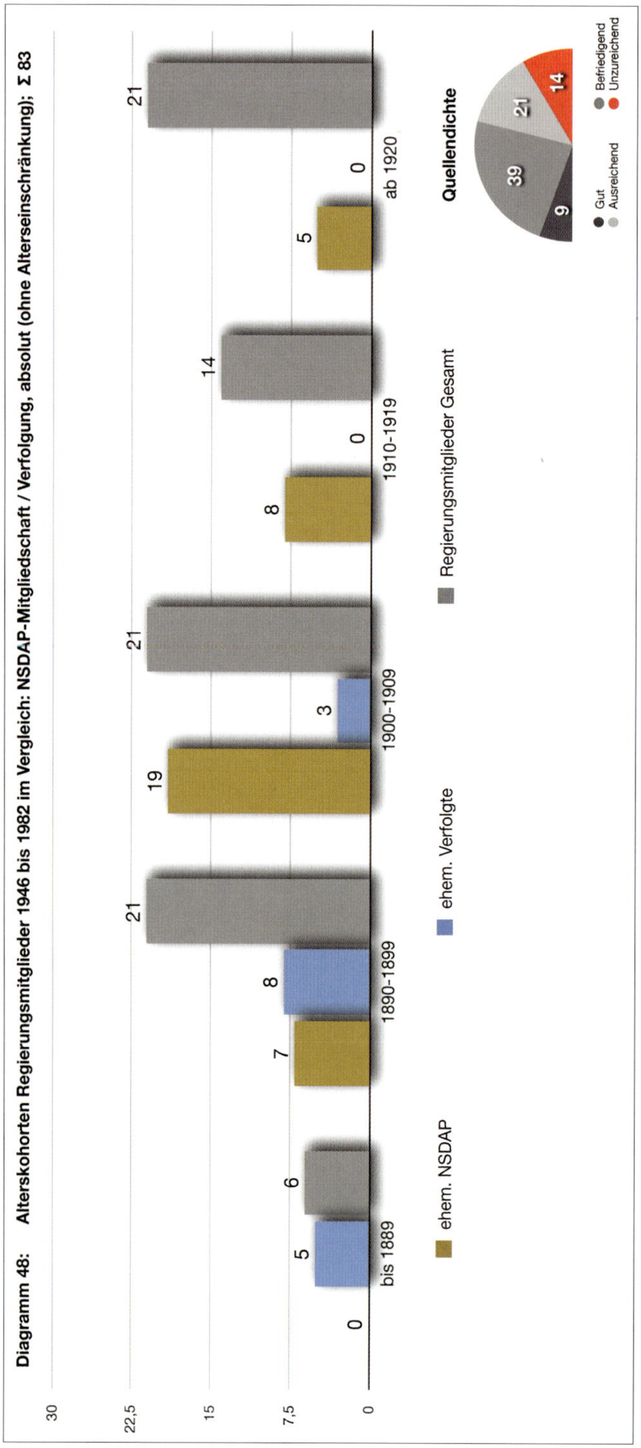

Diagramm 48: Alterskohorten Regierungsmitglieder 1946 bis 1982 im Vergleich: NSDAP-Mitgliedschaft / Verfolgung, absolut (ohne Alterseinschränkung); Σ 83

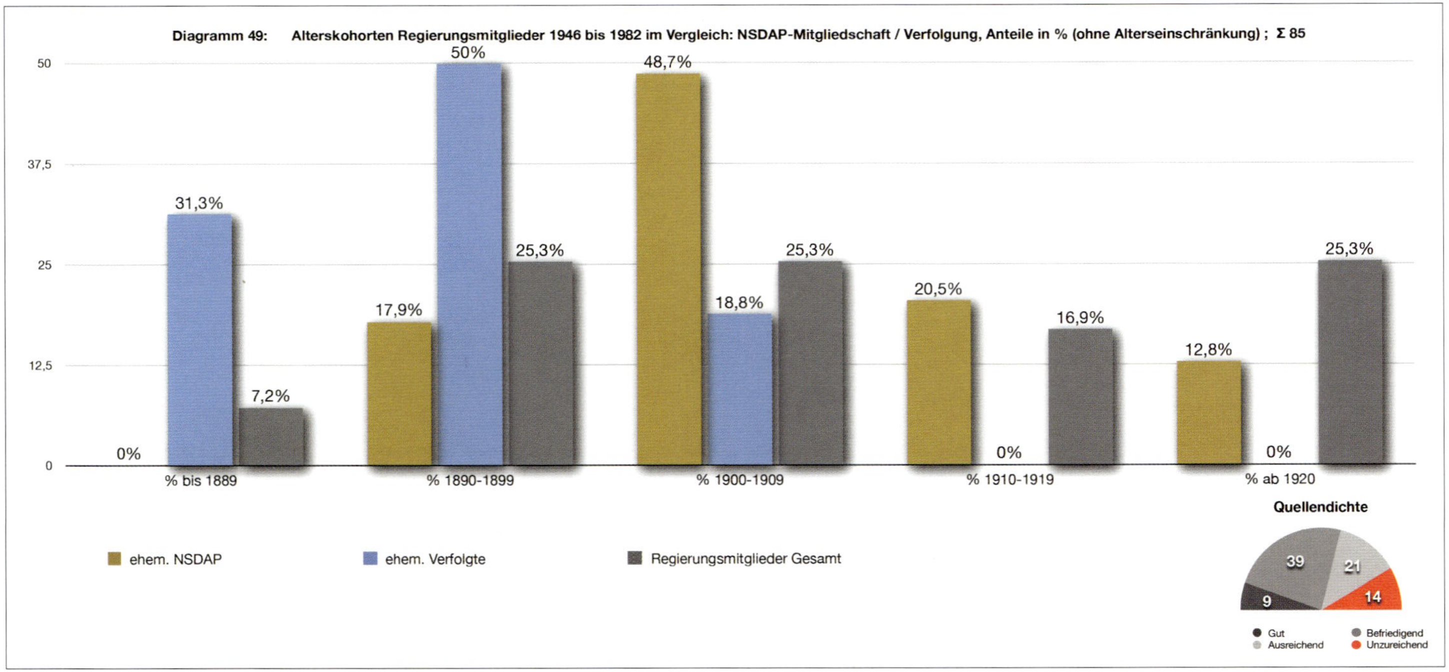

Diagramm 48 und 49[381]

381 Basis: Projektdatenbank. N=83, weil Geburtsdatum in vier Fällen unbekannt.

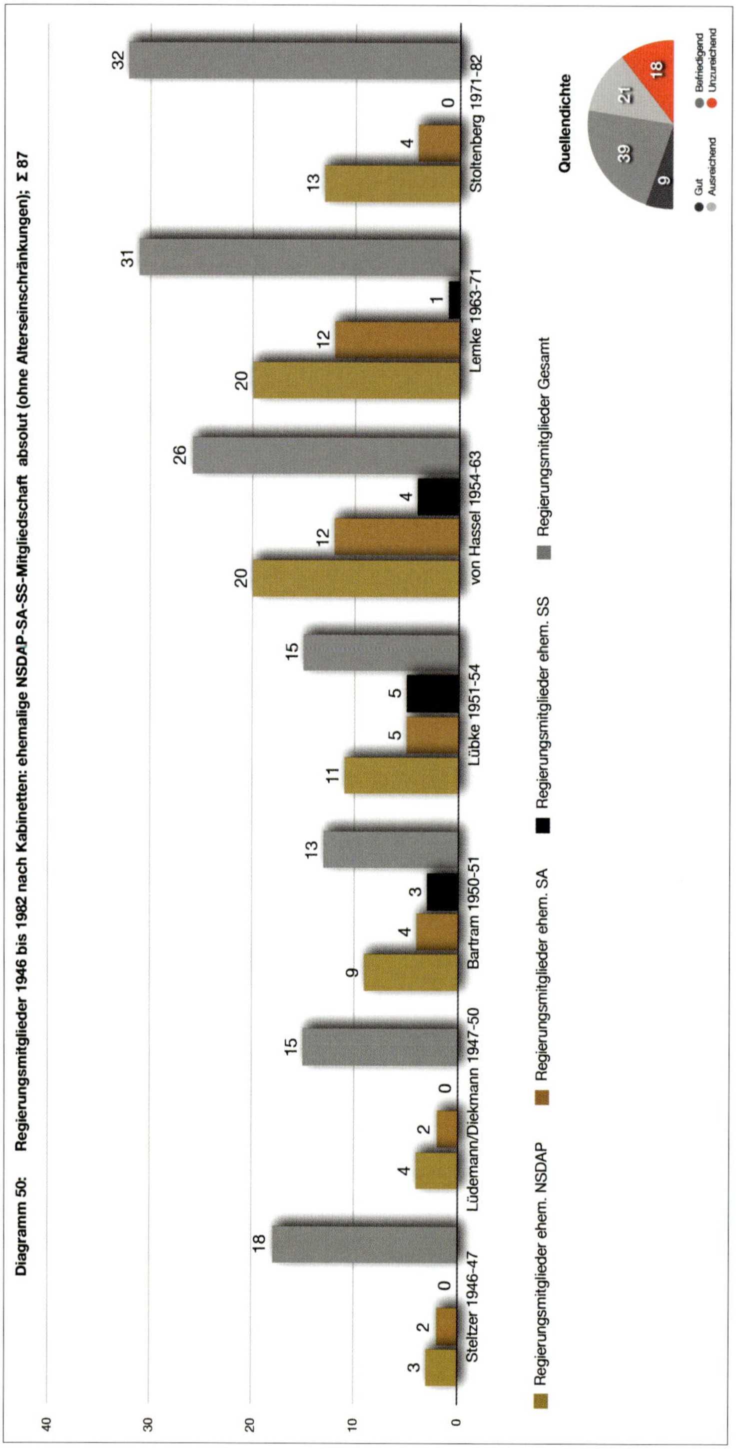

Diagramm 50: Regierungsmitglieder 1946 bis 1982 nach Kabinetten: ehemalige NSDAP-SA-SS-Mitgliedschaft absolut (ohne Alterseinschränkungen); Σ 87

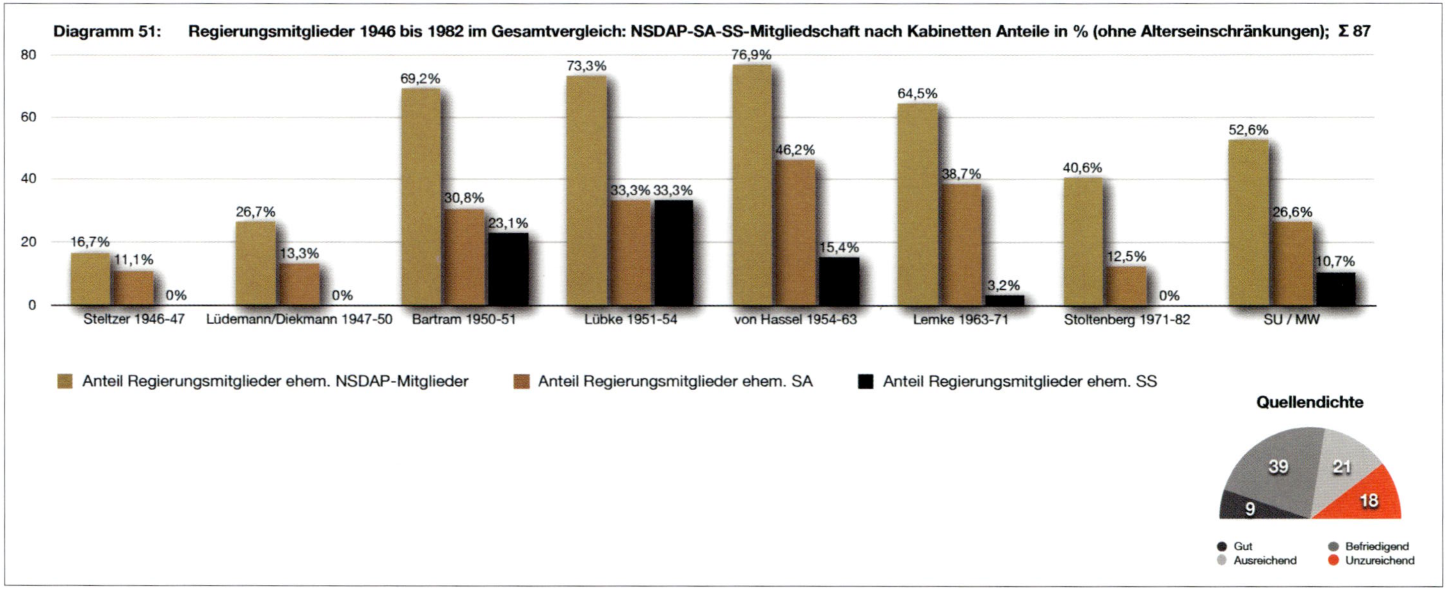

Diagramm 50 und 51[382]

382 Basis: Projektdatenbank.

Analog zur Landtagsuntersuchungsgruppe weist Diagramm 50 (s. S. 156) für die Regierungsmitglieder aller Kabinette neben ehemaliger NSDAP-Mitgliedschaft auch die Zugehörigkeiten zur SA und zur SS aus. In den Kabinetten Steltzer bis Diekmann waren bereits zwei ehemalige SA-Angehörige vertreten,[383] deren Anteil stieg bei Bartram und Lübke leicht, erreichte die Zahl zwölf in den Kabinetten von Hassel und Lemke, um in den Kabinetten Stoltenberg auf nur noch vier zu sinken. Im Kabinett Bartram gab es drei ehemalige SS-Angehörige, im Kabinett Lübke sogar fünf, in den Kabinetten von Hassels noch vier, in der Zeit Lemkes nur noch eine Person. Verglichen mit der Untersuchungsgruppe der Landtagsabgeordneten ist auch bezogen auf diese NS-Kernorganisationen der Anteil signifikant höher, was im Übrigen auch für die Relation zur Parteimitgliedschaft in der NSDAP gilt.

Das Ergebnis ist eindeutig: Der formale Belastungsgrad der Regierungen von 1950 an ist um einiges höher und deutlicher ausgeprägt als im Landesparlament! Ja, wenn ehemalige Mitgliedschaften in NSDAP, SA und SS als eingeschränkt aussagekräftig gewertet werden, muss für die Landesregierungen von Bartram bis Lemke, also wieder für die entscheidenden zwei Jahrzehnte 1950 bis 1971, von einer ganz erheblichen formalen Belastung gesprochen werden, die in relativer Verteilung in Diagramm 51 (s. S. 157) wiedergegeben und verdeutlicht wird.

Eine wesentliche Erklärung für diese Differenz findet sich in den unterschiedlich verteilten Berufsbildern in Legislative und Exekutive: Während im Landtag sehr unterschiedliche Berufe und biografische Entwürfe repräsentiert sein können und die Rekrutierungswege das in der Tendenz jedenfalls auch tatsächlich leisten, dürfen wir in Ministerialbürokratien auf staatliche Verwaltungskarrieren ausgerichtete beruflichen Orientierungen wie ein Jurastudium oder Verwaltungsqualifizierungen usw. unterstellen. Auf staatliche Laufbahnen ausgerichtete Berufswege werden also per se stärker als im Bevölkerungsdurchschnitt auch Symbole von Staatsnähe aufweisen, darunter für die Zeit im NS-Staat oft auch Zugehörigkeiten zur Bewegung, worin auch immer die Beitritte im Einzelnen motiviert gewesen sein mögen. Erste Ergebnisse aus Untersuchungen zu Bundesministerien bestätigen den Trend, dass höhere

383 Dabei handelt es sich einerseits um den zwischen 1946 und 1959 allen Kabinetten als Finanzstaatssekretär angehörenden Max Wartemann (Quellendichte: befriedigend), der im November 1933 der SA beitritt (und sie eigenen Nachkriegsangaben zufolge bereits im Juli 1935 wieder verlässt, vgl. LASH Abt. 460.19, Nr. 435. Allerdings gibt er auf einem Personalfragebogen von 1936 seine SA-Mitgliedschaft noch an, vgl. seine Personalakte in den Beständen des Landesfinanzministeriums Schleswig-Holstein). Zudem wird er zum Mai 1937 in die NSDAP aufgenommen und gehört seit 1935 dem NSKK an (vgl. ebd. sowie BArch BDC OK, Film 3200 Y0024). Dieses Mitgliedschaftsprofil repräsentiert klassisch nachholendes Anpassungsverhalten nach Verhängung der Mitgliedersperre 1933, obwohl der Jurist Wartemann keine Verwaltungs- oder Gerichtsbeamtenlaufbahn einschlägt, sondern als Syndikus bei der Landesbrandkasse angestellt ist. Der andere ist der Dr. Lauritz Lauritzen (Quellendichte: befriedigend), Landesdirektor (Staatssekretär) im Landesinnenministerium von 1946 bis 1950/51, der ab April 1934 als SA-Anwärter, später als SA-Mann geführt wurde. Vgl. BArch R 3012/354 sowie Kirschner: Abschlussbericht (Anm. 238), S. 34 und Sabine Schneider u. a.: Vergangenheiten. Die Kasseler Oberbürgermeister Seidel, Lauritzen, Branner und der Nationalsozialismus. Marburg 2015, S. 68–91.

Diagramm 52: Ehemalige Mitglieder der NSDAP unter allen Regierungsmitgliedern der Kabinette Steltzer bis Stoltenberg (1945 - 1982): Σ 39

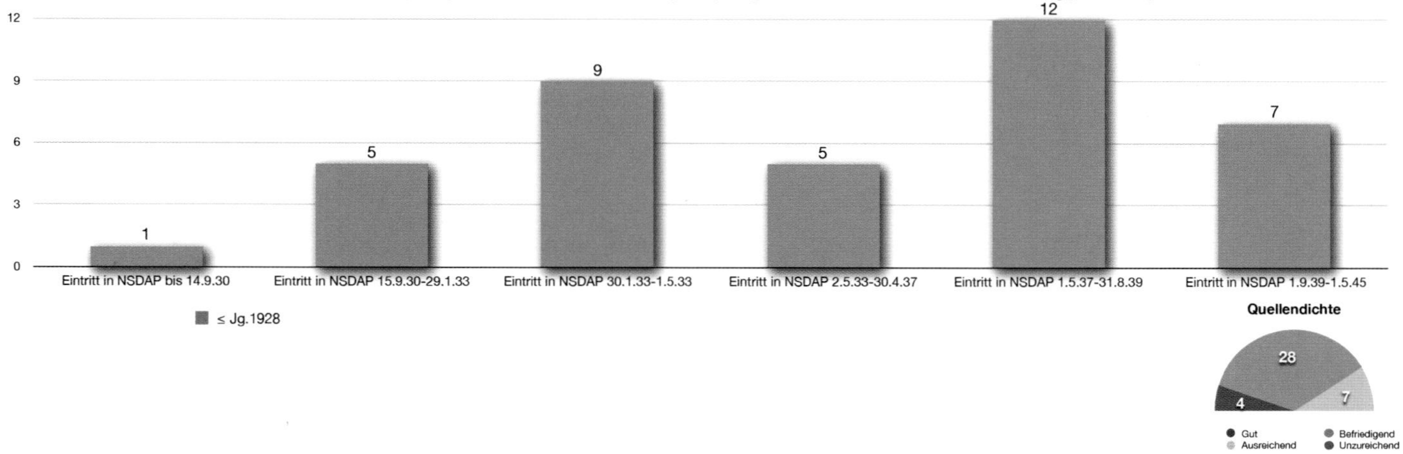

Eintritt in NSDAP bis 14.9.30:
Schmidt, Werner Dr.

Eintritt in NSDAP 15.9.30-29.1.33:
Groeben, von der, Klaus; Lemke, Helmut Dr. jur., CDU; Neumann-Silkow, Ernst Dr.; Otto, Hans-Werner Dr.; Sieh, Claus, CDU, DP, o Fr.

Eintritt in NSDAP 30.1.33-1.5.33:
Asbach, Hans-Adolf, GB BHE; Böhrnsen, Hermann, CDU, DP, o Fr; Boyens, Wilhelm Friedrich Dr.; Kock, Franz; Kracht, Ernst Dr. Dr.; Langenheim, Konrad Prof.; Leverenz, Bernhard Dr. jur., FDP; Osterloh, Edo, CDU; Schenck, Richard Matthias Friedrich Dr., o Fr, SPD.

Eintritt in NSDAP 2.5.33-30.4.37:
Bartram, Walter Dr.; Engelbrecht-Greve, Ernst Dr. h.c., CDU; Frahm, Heinrich; Schaefer, Carl Anton Dr. rer. pol., GB BHE; Specht, Fritz.

Eintritt in NSDAP 1.5.37-31.8.39:
Andersen, Hermann Dr., FDP; Borzikowsky, Reinhold; Delbrück, Ernst Dr.; Eisenmann, Otto, FDP, SHB; Gaul, Gerhard; Geib, Ekkehard Prof. Dr.; Qualen, Hans-Hellmuth; Schücking, Christoph Bernhard; Wartemann, Max; Witt, Peter Werner; Wittenburg, Otto; Wormit, Hans-Georg.

Eintritt in NSDAP 1.9.39-1.5.45:
Arp, Erich, o Fr, SPD; Hebbeln, Hanns-Günther; Kraft, Waldemar, GB BHE; Stamer, Hans Prof. Dr.; Titzck, Rudolf, CDU; Westphal, Jürgen Dr., CDU; Wetzel, Günter Dr.

Diagramm 52[384]

384 Basis: Projektdatenbank.

Staatsbeamte aufgrund ihrer Karrierewege zur NSDAP-Mitgliedschaft neigten. So liefert die Studie zum Bundesministerium des Innern (BMI) einen sehr hohen formalen Belastungsgrad unter den führenden Beamten, nämlich einen Anteil von ehemaligen NSDAP-Mitgliedern, der zwischen Mitte der 1950er- und Mitte der 1960er-Jahre bei zwei Drittel lag und zwischen 1950 und 1970 nie unter einen Anteil von 50 % sank.[385]

Landesregierungen sind in diesem Kontext Zwitterwesen: Zum einen finden sich in ihnen – dann meist in Ministerämtern – (ehemalige) Mandatsträger, zum anderen – überwiegend, aber nicht nur in Staatssekretärsrollen – auch Akteure, die ihre Berufslaufbahn im öffentlichen Dienst krönen.

Aus dem Gesagten resultiert: Statistische Verteilungen der formalen NS-Belastungen in Parlamenten lassen sich nicht oder kaum mit jenen in (Ministerial-)Bürokratien vergleichen, ebenfalls nicht mit Landesregierungen. Deshalb ist es bedauerlich, dass keine Vergleichsdaten zu den Regierungen anderer Bundesländer vorliegen.

Wie für die Untersuchungsgruppe der Landtagsabgeordneten haben wir bezogen auf die späteren Regierungsmitglieder genau aufgelistet, wann und in welchem Lebensalter Betroffene aus dieser Untersuchungsgruppe – es sind exakt 39 – in die NSDAP eingetreten sind: Mit Dr. Werner Schmidt gab es einen „Alten Kämpfer". Fünf „Altparteigenossen" standen für Beitritte während der Aufstiegsphase der NSDAP. Die Haupteintrittszeitfenster späterer Regierungsmitglieder bildeten jedoch die Anpassungsphasen von Januar bis Mai 1933 und von Mai 1937 bis Kriegsbeginn 1939: Mehr als die Hälfte aller Beitritte fällt in diese Zeiträume. Weitere fünf ehemalige „PGs" wurden offenbar aus NS-Formationen zwischen den Frühjahren 1933 und 1937 überführt, zusätzliche sieben während des Zweiten Weltkriegs.

Diese Daten präzisieren bereits ein wenig das zunächst so klar konturierte Bild einer formalen Belastung der schleswig-holsteinischen Regierungen. Jene der Aufgelisteten in Diagramm 52 (s. S. 159) in den Blick nehmend, für die keine Fraktionszugehörigkeit ausgewiesen wurde, fokussieren wir auf ausdrückliche berufliche Karrieren im Staatsdienst: Damit verstärkt sich der Eindruck, dass sich mutmaßlich ein Teil der NSDAP-Mitgliedschaften aus Karrieremotiven erklären lässt. Er könnte auch – ebenfalls karriereorientiert – für Vorsicht bis 1932/33 sprechen, als eine NSDAP-Mitgliedschaft für Beamte in Preußen karriereschädlich und teilweise auch verboten war, weshalb viele mit der NSDAP vielleicht sympathisierende Beamte erst nach Beginn der Kanzlerschaft Hitlers den Weg in die Partei fanden.[386]

385 Vgl. Frank Bösch / Andreas Wirsching: Abschlussbericht der Vorstudie zum Thema: Die Nachkriegsgeschichte des Bundesministeriums des Innern (BMI) und des Ministeriums des Innern der DDR (MdI) hinsichtlich möglicher personeller und sachlicher Kontinuitäten zur Zeit des Nationalsozialismus = http://www.ifz-muenchen.de/fileadmin/user_upload/Neuigkeiten%202015/BMI_Abschlussbericht%20der%20Vorstudie.pdf, aufgerufen am: 09.06.2016.

386 Vgl. Hans Mommsen: Beamtentum im Dritten Reich. Mit ausgewählten Quellen zur nationalsozialistischen Beamtenpolitik. Stuttgart 1966, S. 28f.

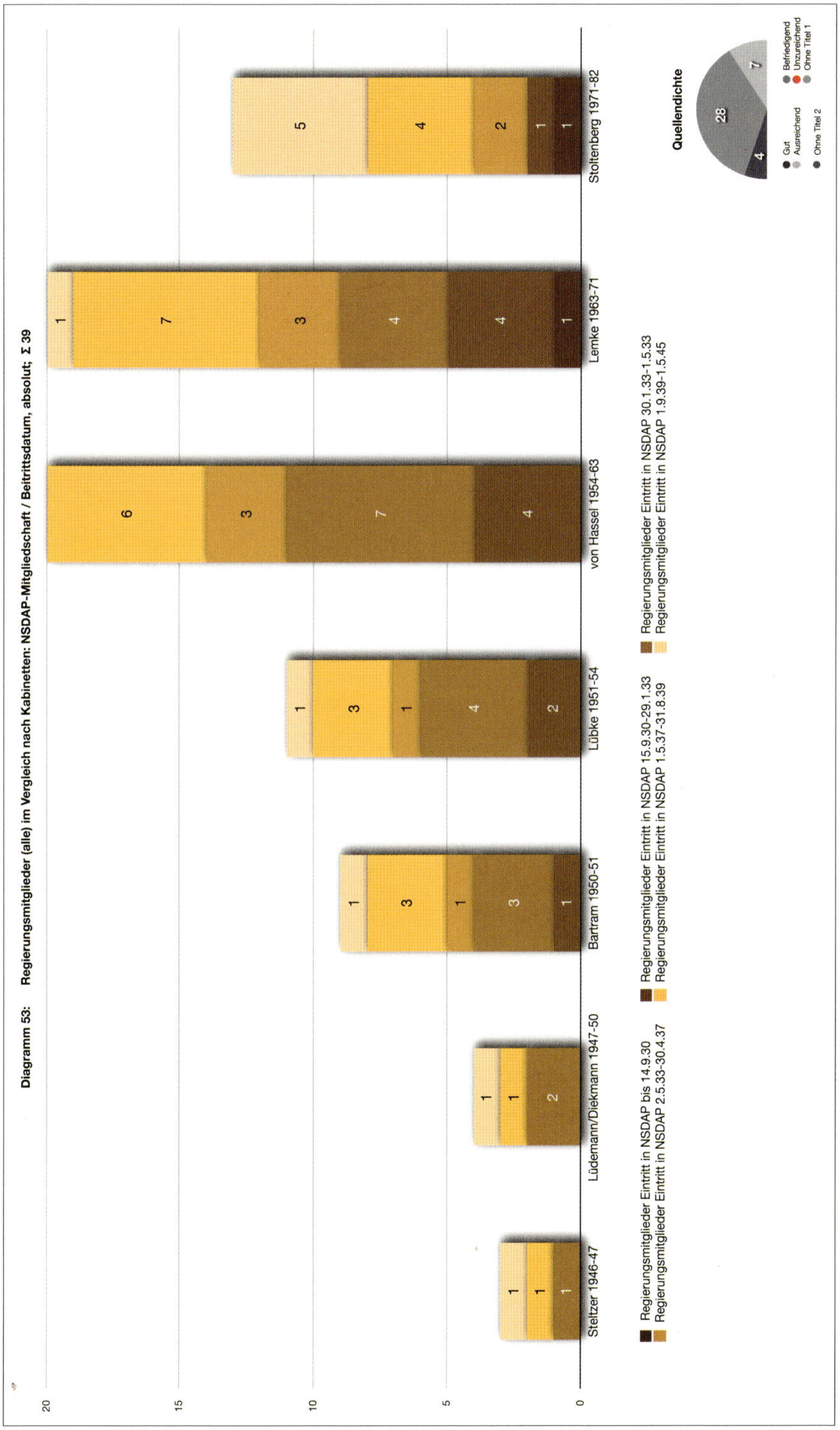

Diagramm 53[387]

387 Basis: Projektdatenbank.

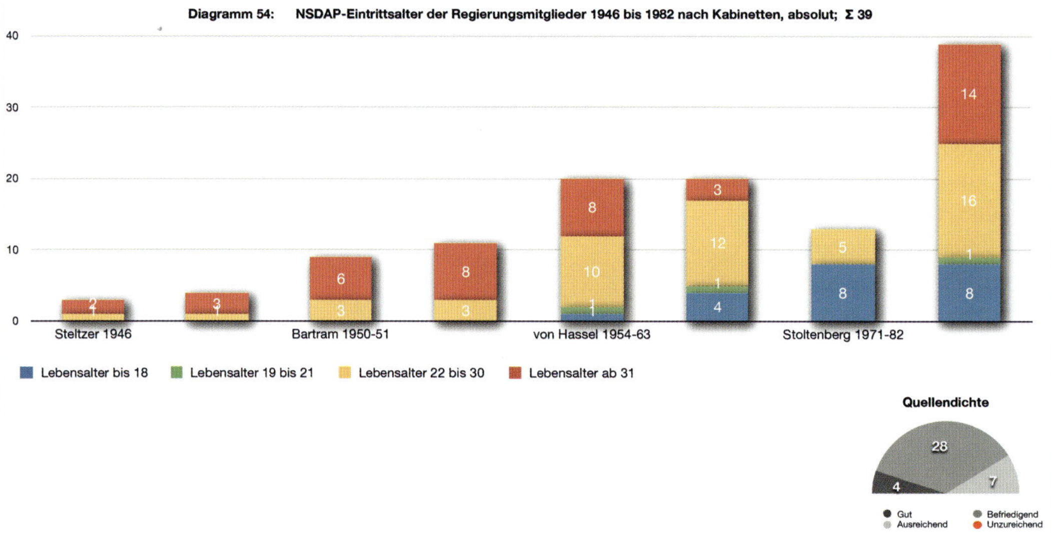

Eintritt in NSDAP in Lebensalter bis 18:
Engelbrecht-Greve, Ernst Dr. h.c., CDU; Frahm, Heinrich; Hebbeln, Hanns-Günther; Schmidt, Werner Dr.; Stamer, Hans Prof. Dr.; Titzck, Rudolf, CDU; Westphal, Jürgen Dr., CDU; Wetzel, Günter Dr.

Eintritt in NSDAP in Lebensalter 19 bis 21:
Specht, Fritz.

Eintritt in NSDAP in Lebensalter 22 bis 30:
Asbach, Hans-Adolf, GB BHE; Borzikowsky, Reinhold; Boyens, Wilhelm Friedrich Dr.; Eisenmann, Otto, FDP, SHB; Gaul, Gerhard; Geib, Ekkehard Prof. Dr.; Groeben, von der, Klaus; Langenheim, Konrad Prof.; Lemke, Helmut Dr. jur., CDU; Leverenz, Bernhard Dr. jur., FDP; Neumann-Silkow, Ernst Dr.; Osterloh, Edo, CDU; Otto, Hans-Werner Dr.; Qualen, Hans-Hellmuth; Schücking, Christoph Bernhard; Wormit, Hans-Georg.

Eintritt in NSDAP in Lebensalter ab 31:
Andersen, Hermann Dr., FDP; Arp, Erich, o Fr, SPD; Bartram, Walter Dr.; Böhrnsen, Hermann, CDU, DP, o Fr; Delbrück, Ernst Dr. ; Kock, Franz; Kracht, Ernst Dr. Dr.; Kraft, Waldemar, GB BHE; Schaefer, Carl Anton Dr. rer. pol., GB BHE; Schenck, Richard Matthias Friedrich Dr., o Fr, SPD; Sieh, Claus, CDU, DP, o Fr; Wartemann, Max; Witt, Peter Werner; Wittenburg, Otto.

Diagramm 54[388]

Die in Diagramm 53 (s. S. 161) in verschiedenen Brauntönen wiedergegebene Staffelung der Beitrittsphasen mag, geordnet nach Kabinetten, das Gesagte unterstreichen: Der dritte und der fünfte Braunton – gemessen von dunkel nach hell – signalisieren die Zeiträume, in denen (auch) die üblichen Anpassungseintritte stattfanden, die beiden dunklen Brauntöne, erstaunlicherweise erst spät massiver vertreten, stehen für die „Altparteigenossen“ um Lemke sowie den „Alten Kämpfer“, wohingegen der ganz helle Ton mit erhöhter Wahrscheinlichkeit Übertritte junger ehemaliger HJ-Angehöriger in die NSDAP anzeigt. Der numerische Anstieg in den Kabinetten von Hassel und Lemke sowie Stoltenberg hat statistische Ursachen: In diesen Fällen werden jeweils mehrere Kabinette gebündelt, die bei aller Kontinuität eine stärkere Fluktuation und damit mehr Personalbedarf als in den Einzelkabinetten zuvor bewirken mussten.

388 Basis: Projektdatenbank.

Abschließend liefert Diagramm 54 (s. S. 162) Informationen über das Eintrittsalter jener Mitglieder der Kabinette von Steltzer bis Stoltenberg, die der NSDAP beitraten: Der Anteil der über 21-Jährigen überwiegt mit 30 von 39 Personen sehr deutlich, übrigens auch im Vergleich zur Gruppe der Landtagsabgeordneten (siehe Diagramm 33). Auch diese Tendenz mag die Annahme karrieristischer Ambitionen leicht unterstreichen.

8. Profile der Staatssekretäre

Im Folgenden wollen wir einige der Fragestellungen zusätzlich an eine ganz spezifische Gruppe der Regierungsmitglieder, an die der beamteten Staatssekretäre, richten. Es handelt sich in den Kabinetten von Steltzer bis Stoltenberg um eine Gesamtgruppe von lediglich 35 Akteuren. Für den gesamten Untersuchungszeitraum von 1945 bis 1982 lässt sich folglich eine ganz erstaunliche personelle Kontinuität in dieser Gruppe konstatieren: Abgesehen von jenen, die zu Landesministern (und damit zu Berufspolitikern) „aufstiegen", blieben beamtete Staatssekretäre sehr oft unabhängig von Regierungsneubildungen über lange Zeiträume im Amt.

Zwei der Staatssekretäre, Klaus Kribben (Jg. 1937) und Dr. Kurt Boysen (Jg. 1933) wurden definitiv erst nach 1928 geboren, für vier weitere,[389] die ebenfalls in Kabinetten Stoltenberg tätig waren, liegen keine Geburtsdaten oder sonstige belastbare Fakten vor.[390]

Die Teilgruppe der Staatssekretäre weist – jedenfalls in Relation zu den vollständigen Landesregierungen und zum Landtag – eine erstaunliche Homogenität auf: 22, mithin drei Viertel aller Gruppenangehörigen der Jahrgänge bis 1928, waren ehemals Mitglieder der NSDAP, kein Einziger wies eine Verfolgungserfahrung auf. Diagramm 55 (s. S. 164) gibt die Relationen und die Namen wieder.

Diagramm 56 (s. S. 165) zeigt zum einen an, dass in keinem der Kabinette von Steltzer bis Stoltenberg, also zwischen 1946 und 1982, jemals ein Staatssekretär tätig war, der auf eine Verfolgungserfahrung zurückblickte. Ansonsten werden in Relation zur Gesamtgruppe der Staatssekretäre der Jahrgänge bis 1928 die relativen Anteile derjenigen angegeben, die ehemals Mitglieder der NS-Partei waren: Bereits in den Kabinetten von Steltzer betrug ihr Anteil 50 % (zwei Akteure), bei Lüdemann und Diekmann leicht abgesunken auf 40 % (nämlich weiterhin zwei, jetzt von fünf Staatssekretären ausdrückend), stieg der Anteil in der Regierung Bartram auf 57,1 % (vier von sieben Staatssekretären), in der Regierung Lübke auf 75 % (sechs von acht) und schließlich in den Kabinetten von Hassel auf 85,7 % (das waren zwölf der 14 in diesen Kabinetten tätigen Staatssekretäre), leicht absinkend in den Kabinetten Lemke auf 80 % (zwölf von 15) und dann in den Kabinetten Stoltenberg auf einen Anteil von

389 Hans Nebel, Bernhard Ohmstede, Dr. Sönke Traulsen und Dr. Karl Treml.

390 Bei altersbezogenen statistischen Ansätzen werden sie folglich nicht berücksichtigt, also n=29 gewählt.

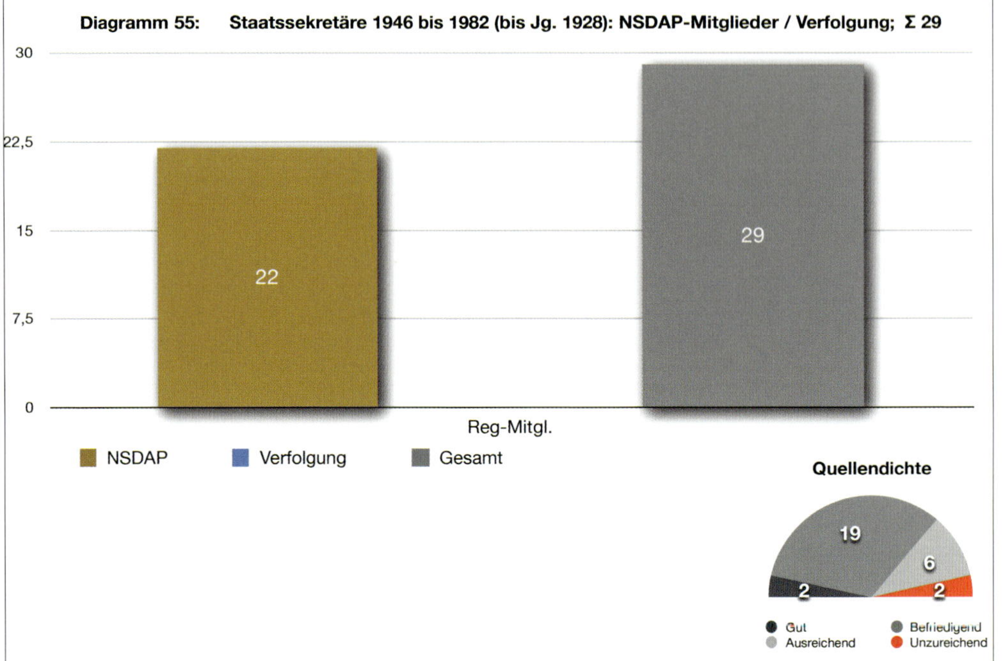

Staatssekretäre: ehemalige NSDAP-Mitglieder
Borzikowsky, Reinhold; Boyens, Wilhelm Friedrich Dr.; Delbrück, Ernst Dr.; Frahm, Heinrich; Geib, Ekkehard Prof. Dr.; Groeben, von der, Klaus; Hebbeln, Hanns-Günther; Kock, Franz; Kracht, Ernst Dr. Dr.; Langenheim, Konrad Prof.; Neumann-Silkow, Ernst Dr.; Otto, Hans-Werner Dr.; Qualen, Hans-Hellmuth; Schmidt, Werner Dr.; Schücking, Christoph Bernhard; Specht, Fritz; Stamer, Hans Prof. Dr.; Titzck, Rudolf; Wartemann, Max; Wetzel, Günter Dr.; Witt, Peter Werner; Wormit, Hans-Georg.

Staatssekretäre: Verfolgungserfahrung
niemand

Diagramm 55[391]

71,4 % (zehn von 14 Staatssekretären aller Altersgruppen bis 1928). Eindeutig spiegelt sich in dieser Gruppenhomogenität das Berufsbild staatlicher Karrieren!

Wollte man auch jüngere Jahrgänge berücksichtigen, so würde allein in den Kabinetten Stoltenberg eine gewisse Änderung eintreten: die anteilige Reduktion der ehemals der NSDAP angehörenden Staatssekretäre auf einen Anteil von (immer noch) 50 %, nämlich zehn von insgesamt 20.

391 Basis: Projektdatenbank.

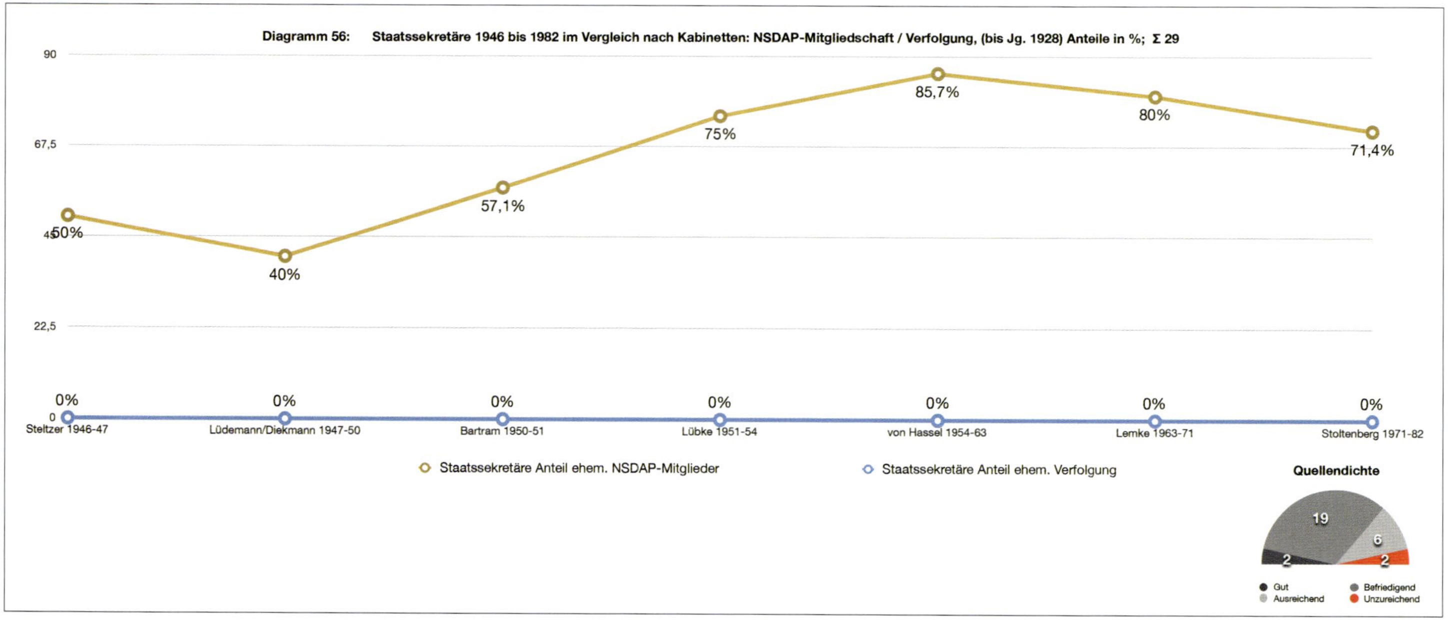

Diagramm 56[392]

392 Basis: Projektdatenbank.

Das Ergebnis ist eindeutig wie frappierend: Die übergroße Mehrheit aller Staatssekretäre bis in die 1970er-Jahre hinein blickte auf die Vorerfahrung einer Mitgliedschaft in der NSDAP zurück. Formal betrachtet, und das unterstreicht auch Diagramm 57 (s. S. 167), das alle Alterskohorten berücksichtigt, waren die beamteten Regierungsteile in Schleswig-Holstein über Jahrzehnte extrem stark belastet, ohne dass es auch nur phasenweise in der Riege der Amtschefs das personelle Korrektiv einer gegenteiligen Erfahrung durch Distanz respektive Verfolgung gab. Bis 1971 blieb die Gruppe der Staatssekretäre aus den Alterskohorten bis zum Geburtsjahrgang 1928 völlig unter sich.

Auch für Anteile ehemaliger Zugehörigkeiten zur SA, aufgrund ihres Bedeutungswandels nur bis 1934 ein frühzeitiges, aktiv handelndes Bekenntnis zur NS-Bewegung ausdrückend, sind die Zahlen deutlich nach oben ausgreifend: Circa die Hälfte aller Staatssekretäre der Regierungen von Bartram bis Lemke verfügte über eine SA-Erfahrung. Bezogen auf die SS haben wir es zum einen mit einem langjährigen Staatssekretär, nämlich mit dem Chef der Staatskanzlei Dr. Dr. Ernst Kracht zu tun, dem ehemaligen Flensburger Oberbürgermeister und Dithmarscher Landrat, einem exzellenten Verwaltungsfachmann, der sehr spät, nämlich erst im November 1942, in die Allgemeine SS aufgenommen wurde.[393] Der zweite SS-Angehörige in dieser Gruppe war Hermann Böhrnsen, der indes 1934 vorübergehend für einige Monate lediglich als Fördermitglied geführt wurde, eine also ebenfalls eher belanglose Mitgliedschaft.[394]

Der Blick auf Diagramm 59 (s. S. 169) zeigt, wie eine bereits für alle Regierungsmitglieder festgestellte Tendenz in dieser Teilgruppe ihre Fortsetzung findet: Insbesondere in den Kabinetten ab von Hassel überwiegen in den „Braunfärbungen" die karrieristischen Phasen des Eintritts im Zeitfenster Februar bis April 1933 respektive ab Mai 1937. Das passt durchaus zur – oft durch eine juristische Ausbildung oder Verwaltungserfahrung geprägten – Berufskarriere späterer Staatssekretäre!

Dieses Phänomen findet seine Bestärkung in der Betrachtung des persönlichen Eintrittsalters der Staatssekretäre, die Mitglieder der NSDAP waren: Fast jeder Zweite (nämlich zehn der insgesamt 22), so drückt Diagramm 60 (s. S. 170) aus, trat ehemals in der Karrierestartphase des Lebensalters zwischen 22 und 30 Jahren in die NS-Partei ein, weitere fünf sind mindestens 31 Jahre alt gewesen.

393 Vgl. die Unterlagen in BArch SSO 205–A sowie die Ausführungen zu seiner Biografie unter Abschnitte „Typ Höherer Staatsbediensteter".

394 Vgl. die Unterlagen in LASH Abt. 460.11, Nr. 72/46.

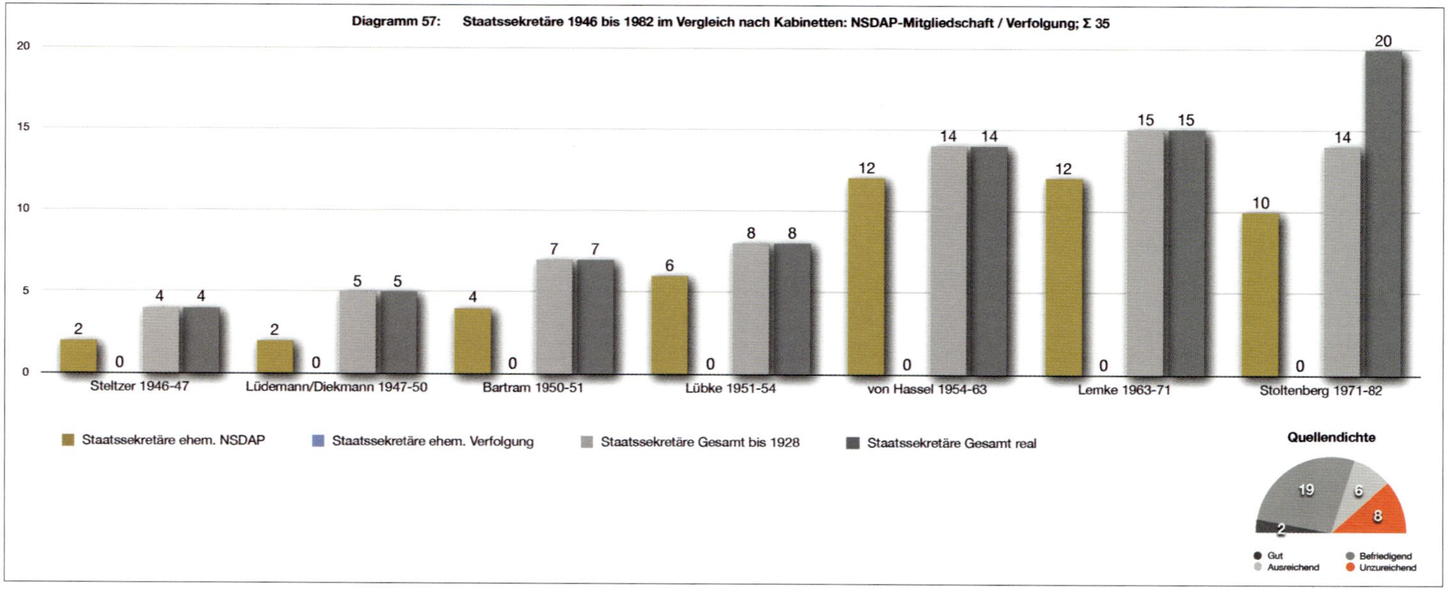

Diagramm 57[395]

395 Basis: Projektdatenbank.

Diagramm 58: Staatssekretäre 1946 bis 1982 nach Kabinetten: NSDAP-SA-SS-Mitgliedschaft (ohne Altereinschränkungen) absolut; Σ 35

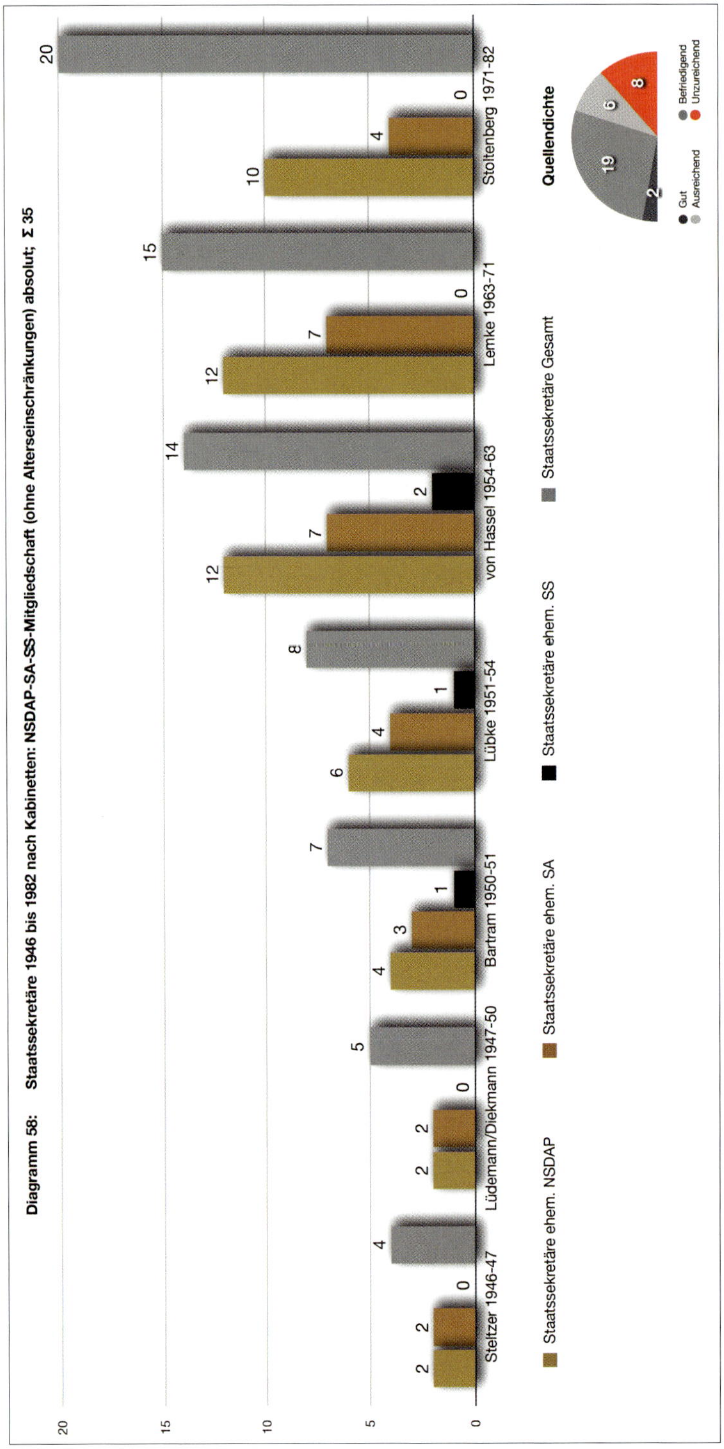

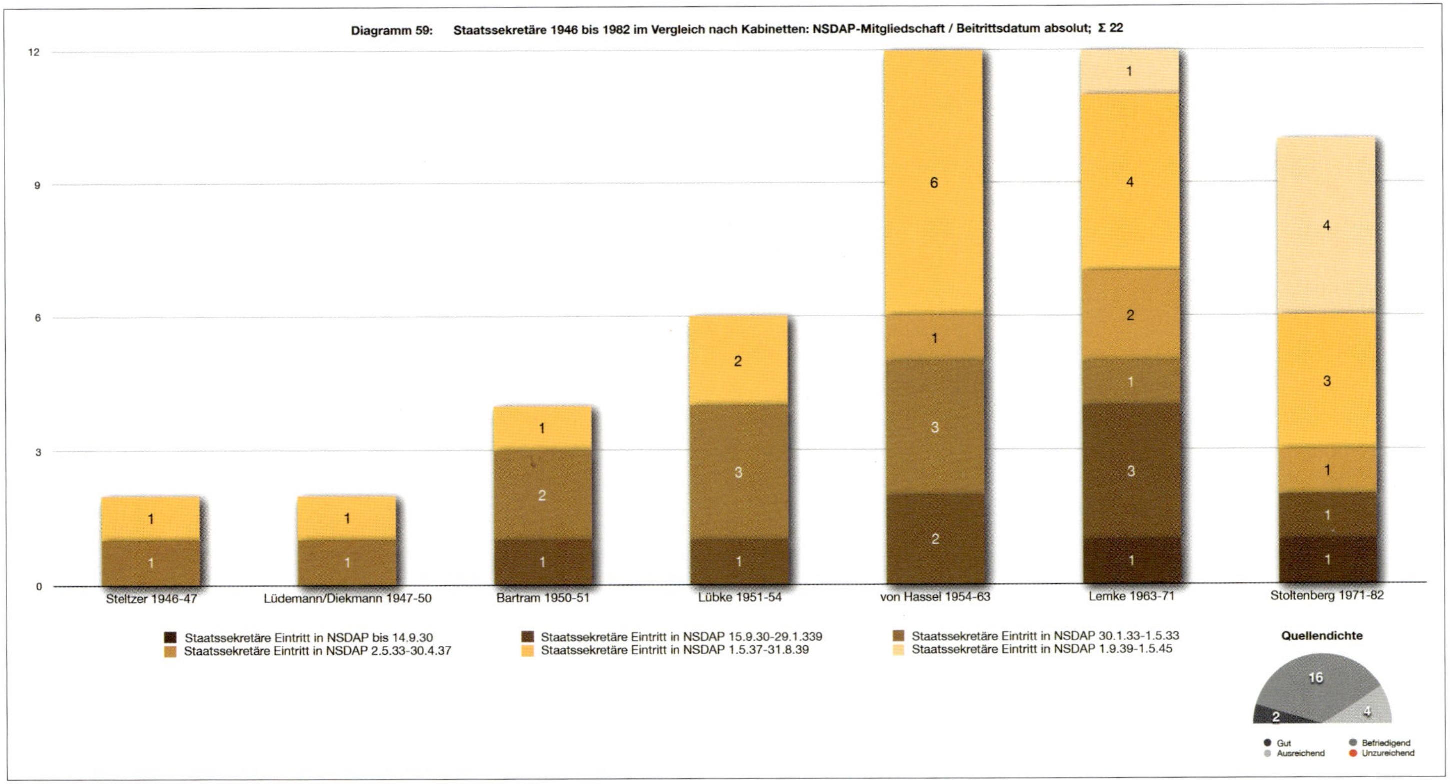

Diagramm 58 und 59[396]

396 Basis: Projektdatenbank.

Diagramm 60: NSDAP-Eintrittsalter der Staatssekretäre 1946 bis 1982 nach Kabinetten, absolut; Σ 22

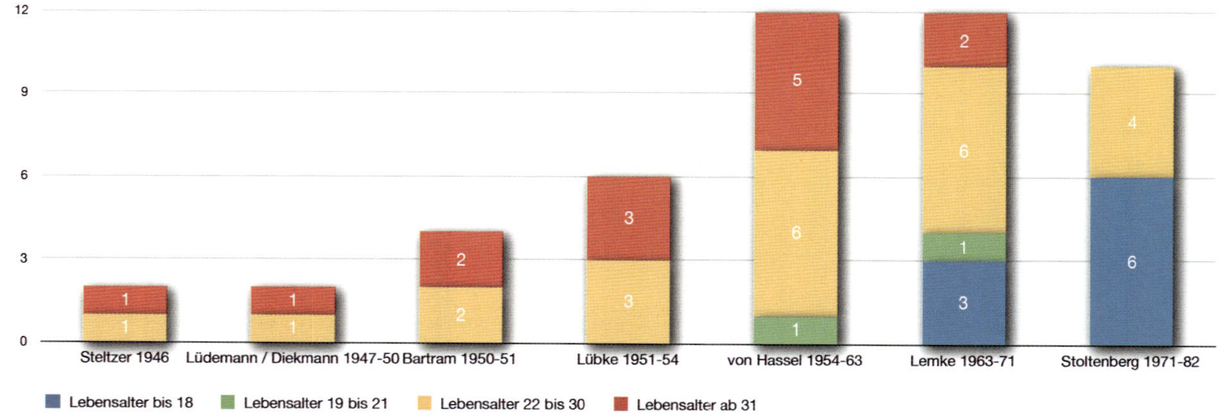

Quellendichte

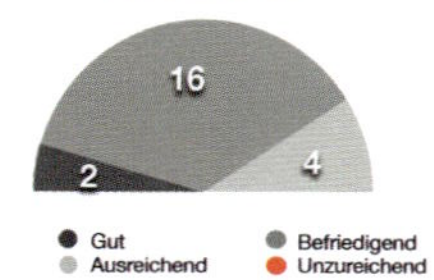

Eintritt in NSDAP in Lebensalter bis 18:
Frahm, Heinrich; Hebbeln, Hanns-Günther; Schmidt, Werner Dr.; Stamer, Hans Prof. Dr.; Titzck, Rudolf; Wetzel, Günter Dr.

Eintritt in NSDAP in Lebensalter 19 bis 21:
Specht, Fritz.

Eintritt in NSDAP in Lebensalter 22 bis 30:
Borzikowsky, Reinhold; Boyens, Wilhelm Friedrich Dr.; Geib, Ekkehard Prof. Dr.; Groeben, von der, Klaus; Langenheim, Konrad Prof.; Neumann-Silkow, Ernst Dr.; Otto, Hans-Werner Dr.; Qualen, Hans-Hellmuth; Schücking, Christoph Bernhard; Wormit, Hans-Georg.

Eintritt in NSDAP in Lebensalter ab 31:
Delbrück, Ernst Dr. ; Kock, Franz; Kracht, Ernst Dr. Dr.; Wartemann, Max; Witt, Peter Werner.

Diagramm 60[397]

397 Basis: Projektdatenbank.

B. Reale Profile der schleswig-holsteinischen Landespolitiker_innen in der NS-Zeit

Einordnung:

Daten lassen sich in vielfältiger Weise verknüpfen, dimensionieren, korrelieren, aggregieren. Wie ausgeführt liefern diese Verfeinerungen möglicherweise statistisch aussagekräftige Erkenntnisse, jedoch – ohne überkomplexe, keine Sinnkonstruktionen mehr bietende mathematische Spielereien – keine belastbaren Aussagen über Individuen. Das lässt sich, so meinen wir, anders lösen: Angereichert nämlich um weitere aggregierte biografische Hinweise wie beispielsweise Berufslaufbahnen, Selbstauskünfte und Informationen zur individuellen „Vergangenheitsbewältigung" reichen die recherchierten biografischen Datenbestände unseres Ermessens aus, um jedenfalls die große Mehrheit der Angehörigen der Untersuchungsgruppe belastbar einer von insgesamt fünf „Grundorientierungen", also generalisierten charakteristischen Grundhaltungen und -verhaltensmustern für ein (Über-)Leben im Nationalsozialismus, zuzuordnen. In diesem zweiten Hauptabschnitt unserer *weiterhin statistisch ausgerichteten* Auswertungen wird nunmehr der Versuch unternommen, tatsächliche Orientierungs- und Verhaltensmuster, die das jeweilige individuelle (Über-)Leben im Nationalsozialismus hinreichend und auf den Kern bringend charakterisieren können, zu entwickeln und anzuwenden. Das Ziel lautet, bezogen auf die Angehörigen unserer Untersuchungsgruppe, deren real eingenommene Rollen in der NS-Zeit zu erfassen, ohne – was bei einer Gruppe von annähernd 400 Personen auch gar nicht möglich wäre – jeweils eine komplette Einzelbiografie zu rekonstruieren. Unser im Folgenden entfaltetes zweistufiges Modell der NS-„Grundorientierungen" und NS-„Typisierung" betritt wissenschaftliches „Neuland" und wird folglich auch zum ersten Mal auf seine Tauglichkeit getestet.

Die Zielvorgabe lautet: Indem wir die volle Bandbreite vom Widerstandleistenden bis zum Verfolgungsakteur betrachten, wollen wir alle Muster des Abweichens, der Anpassung, des Mitmachens, der Verstrickung erfassen. Dabei stehen für uns Bewertungen von Schuld und Verantwortung weniger im Zentrum als Fragen nach Handlungsspielräumen, -motiven und Entscheidungen. So lassen sich die Verhaltensmuster ausdifferenzieren, reale NS-Verstrickungen, die es in unserer Untersuchungsgruppe gab, präziser adressieren und beispielsweise von Anpassungsmustern oder jugendlichem (Fehl-)Verhalten abgrenzen. Teilweise sehr unterschiedliche Profile stellen, so meinen wir, aussagekräftige und belastbare, stark differenzierte, nämlich zwischen Schwarz und Weiß zahlreiche Grautöne aufweisende, feiner ziselierte Bilder dar – ein Grad an Differenziertheit, der uns wichtig ist.

Unser Ansatz enthält Potentiale und Grenzen, die im Folgenden angedeutet werden sollen. Zunächst zu seiner Positionierung: Die Bremer Referenzstudie hat versucht, durch eine Bündelung von vorwiegend formalen Kriterien gestufte Gruppen der „Betroffenheit" – von „Belastungen" spricht Karl-Ludwig Sommer bei der beschränkten Informationsdichte ausdrücklich nicht[398] – zu erzeugen: 1. „Mitgliedschaft in der NSDAP"; 2. „Mitgliedschaft in der SA oder SS"; 3. „langjährige Zugehörigkeit und Führungsposition in einer NS-Jugendorganisation oder einem der NSDAP angeschlossenen Verband"; 4. „Ausübung ranghöherer Funktionen im nationalsozialistischen Herrschaftsapparat auf regionaler oder überregionaler Ebene"; 5. „hauptamtliche Tätigkeit in einer der gleichgeschalteten wirtschaftlichen und berufsständischen Organisationen und Institutionen oder für eine nationalsozialistische Zeitung"; 6. „intensive, allerdings vergebliche Bemühungen um eine Aufnahme in die NSDAP".[399] Anhand dieser sechs Merkmale ordnete Karl-Ludwig Sommer in seiner Projektstudie die nachmaligen Mitglieder der Bremischen Bürgerschaft dichotomisch entweder der Gruppe der „Betroffenen" oder „Unbetroffenen" im Sinne der Projektfragestellungen zu. Auf eine Auswertung der Untersuchungsgruppe nach gegenläufigen Kriterien wie etwa vom NS-Regime Verfolgte oder Widerstand leistende Personen verzichtete der Autor aufgrund der begrenzten zeitlichen und finanziellen Ressourcen des Projekts. Als Gegenpol mag die exzellente Referenzstudie zu der Rolle von 13 Mitgliedern des Gründungspräsidiums des Bundes der Vertriebenen in der NS-Zeit gelten: Sie untersucht die Gruppe mit einer hohen biografischen Tiefe, die sehr abgewogene Urteile und die ausführliche Würdigung biografischer Entwicklungen und Entscheidungen zulässt. Sie kann bei einer dafür noch gerade überschaubaren Untersuchungsgruppe diese Recherchetiefe und narrative Breite anzielen. Das ist ein biografisches Niveau, das bei unserem Untersuchungssample nicht leistbar ist.[400]

Unsere Untersuchung strebt deshalb einen Mittelweg zwischen auf rein formalen Kriterien beruhender Einordnung und quasi-totalbiografischer Betrachtung an. Wir wagen den Blick auf eingenommene Rollen und auf Verhaltensweisen der Mitglieder der Untersuchungsgruppe(n) während der NS-Zeit mit dem Ziel, jeweils ein Profil der Person zu erzeugen. Die Potenziale eines solchen Ansatzes liegen auf der Hand. Sofern es möglich ist, eindeutige und belastbare Formen der Einordnung zu finden, steht ein Instrumentarium zur Verfügung, mit dem nuanciert differenzierte und sogar sich (vermeintlich) widersprechende Verhaltensweisen nicht zuletzt auch in einer zeitlichen Dynamik bewerten werden können, um sich einer Rekonstruktion der Herrschaftswirklichkeit anzunähern, die über Dichotomien wie Herrschen und Beherrschtwerden, Täter und Opfer etc. hinausgeht und sich der Vorstellung von Herrschaft als sozialer Praxis[401] annähern könnte. Auf diese Weise, so meinen wir, ist es möglich, eine Basis für den Aspekt der NS-Vergangenheit als *biografische Erfahrung* im Leben und Handeln späterer Akteure in Legislative und Exekutive zu schaffen.

398 Sommer: Projektstudie (Anm. 238), S. 12.

399 Ebd., S. 18.

400 Vgl. Schwartz: Funktionäre (Anm. 238). Das Veto der Arbeitsökonomie gilt in diesem Fall – verbunden mit der großen Heterogenität der Quellendichte und dem Problem, bei einem so großen Sample angemessene Darstellungsformen zu finden – bedauerlicherweise auch mit Hinblick auf den anregenden Ansatz, die Biografien querschnittartig in den zeitlichen Abschnitten vor 1933, 1933–1939, 1939–1945 direkt miteinander zu vergleichen.

401 Alf Lüdtke: Einleitung: Herrschaft als soziale Praxis. In: Ders. (Hrsg.): Herrschaft als soziale Praxis. Historische und sozial-anthropologische Studien. Göttingen 1991, S. 9–63.

Ein solcher Versuch der komplexeren Form der Einordnung der Mitglieder der Untersuchungsgruppe ist mit Problemen verbunden. Das gewichtigste Problem liegt begründet in der Heterogenität der Untersuchungsgruppe respektive dem Umstand, dass das konstituierende Kriterium der Untersuchungsgruppe allein in der Ausübung einer späteren Tätigkeit als schleswig-holsteinische_r Abgeordnete_r oder als Regierungsmitglied besteht. Individuelle Wege zu dieser Tätigkeit, die sich zudem auf einen Zeitraum von rund fünfzig Jahren verteilt, sind potenziell außerordentlich vielfältig. Anders sind die Bedingungen bei Gruppen, deren Konstitutionskriterium die Tätigkeit in der NS-Zeit bildet und die zum Teil an formalisierte Laufbahnen gebunden sind: Das gilt besonders für sammelbiografische Untersuchungen zu einzelnen Funktions- bzw. Machteliten zur Zeit des Nationalsozialismus wie Oberbürgermeister[402], Landräte[403], Verwaltungsbeamte[404], Kreisleiter der NSDAP[405] oder beispielsweise auch Hochschulmediziner[406], deren Gruppendefinition sich ja auf die NS-Zeit bezieht, wodurch eine gewisse Homogenität erzeugt wird, innerhalb derer Werdegänge, Positionen, Handlungsspielräume und damit auch Verhaltensweisen in der NS-Zeit unmittelbar vergleichbar sind. Für unsere Gruppe, die – abgesehen von der Sondergruppe der Staatssekretäre – eine über Jahrzehnte verteilte demokratische Rekrutierung der Landespolitik schuf, müssen wir von einer weit erheblicheren Heterogenität der biografischen Stationen, Qualifikationen und Karriere- oder Leidenswege in der NS-Zeit ausgehen. Diese Biografien lassen sich möglicherweise nur begrenzt gemeinsam betrachten bzw. zu sinnvollen Mustern bündeln.

Unternimmt man – wie wir es im Folgenden wagen – gleichwohl den Versuch einer Typisierung, so muss diese Ordnung besondere Anforderungen der Klassifizierung erfüllen, beispielsweise theoretisch das gesamte Spektrum denkbarer Verhaltensweisen und Positionierungen umfassen, um schließlich jedes Mitglied der Untersuchungsgruppe berücksichtigen zu können. Zugleich sollte sie möglichst schnittarm sein, um weitgehend eindeutige Zuordnungen zu schaffen. Damit werden die spezifischen Potenziale des Konzeptes erkennbar, weil es – möglicherweise – in seiner Grundanlage auf andere Fragestellungen und Gruppenbildungen übertragen werden kann.

Aufgrund der uneinheitlichen Quellengrundlage haben Referenzstudien wie beispielsweise die zur Bremischen Bürgerschaft einen derartigen Versuch von vornherein verworfen.[407]

402 Vgl. Horst Matzerath: Oberbürgermeister im Dritten Reich – Auswertung einer quantitativen Analyse. In: Klaus Schwabe (Hrsg.): Oberbürgermeister – Büdinger Forschungen zur Sozialgeschichte 1979. Boppard am Rhein 1981, S. 157–200; hier S. 175ff.

403 Vgl. Wolfgang Stelbrink: Der preußische Landrat im Nationalsozialismus – Studien zur nationalsozialistischen Personal- und Verwaltungspolitik auf Landkreisebene. Münster 1998, S. 43–46.

404 Vgl. Michael Ruck: Korpsgeist und Standesbewusstsein. Beamte im deutschen Südwesten 1928–1972. München 1996.

405 Vgl. Claudia Roth: Parteikreis und Kreisleiter des NSDAP unter besonderer Berücksichtigung Bayerns. München 1997, oder Sebastian Lehmann: Kreisleiter der NSDAP in Schleswig-Holstein. Lebensläufe und Herrschaftspraxis einer regionalen Machtelite. Bielefeld 2007.

406 Vgl. Karl-Werner Ratschko: Kieler Hochschulmediziner in der Zeit des Nationalsozialismus. Die Medizinische Fakultät der Christian-Albrechts-Universität im „Dritten Reich". Essen 2014, S. 465–506.

407 Vgl. Sommer: Projektstudie (Anm. 238), S. 12.

In der Tat: Unser Ansatz einer umfassenden Typisierung einer großen Gesamtgruppe wird durch eine aufs Individuum bezogen naturgemäß vergleichsweise recht geringe Quellenbasis und mangelnde biografische Individualisierung begrenzt. Natürlich birgt das besondere Gefahren der Angreifbarkeit, wird jedermann doch leicht eine Person auswählen und herausstellen können, über die man durch Beiziehung weiterer Quellen „mehr weiß", um die vorgenommene Einordnung – vielleicht auch von subjektivem Eifer getragen – zu hinterfragen und zu kritisieren.

Die Kategorisierung stellt – und das wollen wir ausdrücklich betonen – *keine biografische Gesamtwürdigung* der Personen dar. Der Versuch einer Typisierung bzw. Profilbildung strebt lediglich an, einen auf rein formalen Kriterien (NSDAP-Mitgliedschaften u. ä.) basierenden Ansatz zu ergänzen und feinere Konturen zu schaffen: Es geht um quellenbasierte Zuordnungen zu bestimmten idealtypischen Mustern, die den realen biografischen Erfahrungen nicht vollständig entsprechen müssen, da es sich um A-priori-Modelle ohne konkrete soziale Realität handelt, an denen sich die Einordnung der belegbaren Lebenswege und Handlungsweisen der untersuchten Personen zu orientieren hat. Deshalb kommt es ganz besonders auf die penible Auslegung (und Akzeptanz) unserer Definitionen an.

Die Frage nach der Quellenbasis besitzt dabei enorme Bedeutung. Deshalb stellen wir unsere Ergebnisse konsequent unter den *doppelten Quellenvorbehalt*: Zum einen basieren sie (fast ausschließlich) auf den innerhalb unserer transparent angegebenen Suchstrategien systematisch erhobenen Quellenbeständen – und eben nicht auf weiteren, zu denken wäre an Privatnachlässe, anderswo verborgene Quellenschätze usw. Zum zweiten geben wir durch die Ausweisung der jeweiligen *Quellendichte* auch jeweils den Grad der Belastbarkeit der Zuordnungen bekannt.

9. Erste Stufe: vier NS-„Grundorientierungen" und „ns-sozialisiert"

NS-„Grundorientierungen"

Wir haben ein zweistufiges Modell der Einordnung gewählt, das auf einer ersten Stufe aus einem viergliedrigen Spektrum besteht und durch zwei weitere Kategorien ergänzt wird. Es ist eine grundlegende Einordnung des Verhaltens der jeweiligen Person während der NS-Zeit. Bezugspunkt dabei sind der NS-Staat und dessen prinzipielles Kollaborationsangebot für alle („arischen") Personen, im nationalsozialistischen Sinn am Aufbau der NS-„Volksgemeinschaft" mitzuwirken und sich von ihr inkludieren zu lassen. Das Bestehen der NS-Diktatur erforderte das Mitwirken der Mehrzahl der Beherrschten, wobei das Regime auf unterschiedlichsten Ebenen Dissensverhalten negativ sanktionierte und konformes Verhalten belohnte. Maßgeblicher Akteur war dabei die NSDAP, die in diesem Sinne als „Wohlverhaltenspartei"[408] zu verstehen ist. Vor diesem Hintergrund waren die Zeitgenossen gezwungen, sich gegenüber

408 Vgl. Armin Nolzen: Parteigerichtsbarkeit und Parteiausschlüsse in der NSDAP 1921–1945. In: Zeitschrift für Geschichtswissenschaft 28 (2000), S. 965–989, hier S. 977.

dem Regime in irgendeiner Weise zu positionieren und zu verhalten. Sofern sie sich in Quellen niedergeschlagen haben, lassen sich dabei Muster von Verhaltensweisen identifizieren, die wir hier zu vier „Grundorientierungen“ zuspitzen. Sie beziehen sich *handlungs- respektive erfahrungsbezogen* auf die NS-Zeit, blenden dabei (auf dieser Stufe) biografische Dispositionen der einzuordnenden Personen vor 1933 wie beispielsweise soziale Herkunft oder politische Prägungen noch weitgehend aus. Formale Mitgliedschaften in der NSDAP, ihren Gliederungen, Organisationen und Verbänden sind relevant insofern, als dass sie verschieden stark ausgeprägte Ausdrucksformen von Anpassungsverhalten repräsentieren und damit einen Aspekt bei der Zuordnung unter anderen darstellen. Entscheidend sind, soweit auf der erhobenen Quellenbasis rekonstruierbar, Verhaltensweisen und Entscheidungen.

Insgesamt bilden die hier vorgestellten vier Grundorientierungen unseres Erachtens ein vollständiges und schnittfreies Spektrum an grundlegenden Verhaltensmustern im Nationalsozialismus: „oppositionell / ‚gemeinschaftsfremd‘“, „angepasst / ambivalent“, „systemtragend / karrieristisch“ und „exponiert / nationalsozialistisch“. Zunächst werden die – teilweise recht abstrakt erscheinenden, um Präzision bemühten – Definitionen vorgestellt. Ihre jeweilige biografische Bandbreite wird weiter unten bei der Vorstellung der diesen Grundorientierungen zugeordneten „Typen“ deutlicher werden und durch jeweils ein Beispiel pro Typ erheblich konkretisiert.

Die Grundorientierung „oppositionell / ‚gemeinschaftsfremd‘“:

Diese Grundorientierung haben wir folgendermaßen definiert: „Sie umfasst sowohl aktive Widerstandstätigkeit bis hin zu (nachweisbarem) Beharren auf nicht-regimekonformen Positionen, besonders, wenn das (nachweisbare) Folgen hatte, welche von schwerer Verfolgung bis hin zu erkennbaren gesellschaftlichen, wirtschaftlichen oder beruflichen Nachteilen reichen können. Einbezogen sind nichtfreiwillige Ausgrenzungen der Personen, beispielsweise aufgrund rassistischer oder religiöser Gründe.“[409] Diese Definition erfasst also beide Perspektiven einer Nicht-Zugehörigkeit zur NS-Volksgemeinschaft: Das politisch bewusste, ausdrückliche und nachhaltige „Beiseite-Stehen“ jener, die die NS-Diktatur und ihr Verlangen nach Mitwirkung ablehnten, sowie die grundsätzlich unfreiwillig erlangte Rolle Ausgegrenzter und Verfolgter, die als „Nichtarier“ und weitere ins Visier der Nationalsozialisten geratene gesellschaftliche Minderheiten repräsentierten. Aufgrund seines aktiven Anteils lässt sich oppositionelles Verhalten problemlos als Orientierung begreifen; aber auch Überlebensstrategien derjenigen, die die NS-Volksgemeinschaft aktiv ausgrenzte, tragen Orientierungscharakter.

Innerhalb der bis Jahrgang 1928 gebildeten Gesamtuntersuchungsgruppe (MdL, Regierungsmitglieder und Landtagsdirektoren; n=378) haben wir dieser Grundorientierung 88 Personen[410] (23,3 %) zugeordnet.

409 Legende der Datenbank im Anhang, S. 576.

410 Quellendichte: gut: sechs; befriedigend: 29; ausreichend: 50; unzureichend: drei.

Die Grundorientierung „angepasst / ambivalent“:

Diese Grundorientierung ist wie folgt definiert: „Sie vereint in Teilen oft uneinheitliche Verhaltensmuster (und in Teilen auch disparate Dispositionen), in der Regel ein nicht exponiertes Agieren in der NS-Zeit; kann sowohl ausgesprochenes Anpassungsverhalten, was sich auch in Mitgliedschaften der NSDAP, ihrer Gliederungen und Verbände niederschlägt (dann in der Regel jedoch erst ab 1933), als auch Verfolgungserfahrungen, welche dann durch erwünschtes Verhalten im Sinne des NS-Regimes beantwortet werden müssen, beinhalten.“[411] Kennzeichen der von dieser Grundorientierung gesteuerten Verhaltensmuster sind immer wieder Handlungen, die am ehesten als strategische Anpassungsmaßnahmen oder als reagierende Anpassungen interpretiert werden können.

Innerhalb der bis Jahrgang 1928 gebildeten Gesamtuntersuchungsgruppe (MdL, Regierungsmitglieder und Landtagsdirektoren; n=378) haben wir dieser Grundorientierung 116 Personen[412] (30,7 %) zugeordnet.

Die Grundorientierung „systemtragend / karrieristisch“:

Die Definition dieser Grundorientierung lautet: „Sie kennzeichnet Zugehörigkeit zu wirtschaftlichen, gesellschaftlichen, administrativen und politischen Führungsgruppen, die während der NS-Zeit (weiterhin) eine Rolle spielen und auf diese Weise zum Funktionieren des NS-Staats wesentlich beitragen. In dieser Grundorientierung finden sich sowohl Akteure mit z. T. glaubhaft innerer Distanz zum Nationalsozialismus als auch offenbar klar überzeugte Unterstützer des Nationalsozialismus. Zentral sind ihre Funktion und ihr Funktionieren. In Ernst Fraenkels Sinne agieren sie überwiegend noch im ‚Normenstaat'.“[413] Für diese Definition einmal mehr genutzt haben wir das von Ernst Fraenkel schon 1940 im Exil entwickelte Modell des „Doppelstaats“.[414] Es besitzt noch heute analytische Kraft: Die NS-Herrschaft basierte auch auf der Kooperation mit gleichgeschalteten traditionellen Eliten, denn ohne Fachkompetenzen und Verwaltungsstrukturen ist der moderne Staat nicht handlungsfähig. Staats- und Justizverwaltungen mit ihren tradierten Normen repräsentierten dabei den „Normenstaat“, die durch keine Regeln kontrollierten oder gebändigten staatlichen Maßnahmen und neuen NS-Institutionen den „Maßnahmenstaat“. Man denke an das Beispiel der Justiz: Aus der Perspektive der NS-Bewegung bedurfte es ihrer gar nicht; solange sie aber – wie geschehen – im Sinne des NS-Staats (meist) tradierte Aufgaben integrierte, trug sie erheblich zur Funktionsweise der NS-Herrschaft bei und durfte verbleiben. So lassen sich für die Gruppe der „systemtragend / karrieristisch“ agierenden Angehörigen der Untersuchungsgruppe nolens volens ein entscheidender Beitrag zum Fortbestehen und der Leistungsfähigkeit des Regimes –

411 Legende der Datenbank im Anhang, S. 576.

412 Quellendichte: gut: drei; befriedigend: 45; ausreichend: 68; unzureichend: keine/r.

413 Legende der Datenbank im Anhang, S. 576f.

414 Vgl. Ernst Fraenkel: Der Doppelstaat. Frankfurt a. M. 1974.

an welchem Ort auch immer diese Kollaboration stattfand – und ein entsprechend hohes Maß an Verantwortung und politischer Belastung feststellen.

Innerhalb der bis Jahrgang 1928 gebildeten Gesamtuntersuchungsgruppe (MdL, Regierungsmitglieder und Landtagsdirektoren; n=378) haben wir dieser Grundorientierung 27 Personen[415] (7,1 %) zugeordnet.

Die Grundorientierung „exponiert / nationalsozialistisch":

Diese Grundorientierung wollen wir wie folgt definieren: „Damit sind bezeichnet herausgehobene und in ihrem Handeln (und in ihrer Repräsentation) ausgewiesene Nationalsozialisten; in der Regel ist von höheren Funktionären in NSDAP, NS-Gliederungen und NS-Verbänden auszugehen, aber auch von solchen, die in ausgesprochenen, die Diktatur kennzeichnenden staatlichen Positionen agierten, beispielsweise Besatzungsverwaltungsangehörige oder Akteure der Wehrmachts- und Sonderjustiz. In Ernst Fraenkels Sinne agieren sie überwiegend im ‚Maßnahmenstaat'."[416] Dieser Orientierung folgten also jene, die oft „unbedingt" (Michael Wildt) ihre Projekte verfolgten, jedenfalls ohne Rücksicht auf abendländische Normen und tradierte Institutionen im Sinne der „Bewegung" handelten, dabei meist zu verantwortlichen Akteuren nationalsozialistischer Unrechts- und Gewaltmaßnahmen wurden: „richtige" Nationalsozialisten eben.

Innerhalb der bis Jahrgang 1928 gebildeten Gesamtuntersuchungsgruppe (MdL, Regierungsmitglieder und Landtagsdirektoren; n=378) haben wir dieser Grundorientierung 34 Personen[417] (9,0 %) zugeordnet.

Eine Bemerkung zur Begrifflichkeit der „Grundorientierungen" ist uns noch wichtig: Man könnte versucht sein, die Schrägstriche als Bindestriche zu lesen. Tatsächlich aber handelt es sich um *Begriffspaare*, die in allen vier Fällen (auch) Raum lassen für zwei unterschiedliche Aspekte der jeweiligen Grundorientierung: Für geringste Vergehen Todesurteile sprechende Marinerichter zählen wir auch als Nicht-NSDAP-Mitglieder zur letzten Kategorie, relevante systemtragende Rollen konnte man auch einnehmen, ohne karrieristisch ausgerichtet zu sein usw.

Das Spektrum dieser vier Grundorientierungen wird komplementiert durch eine Gruppe, deren Zusammensetzung auf dem formalen Kriterium der Zugehörigkeit zu bestimmten Geburtsjahrgängen, nämlich den Jahrgängen 1918 bis 1928, basiert. Sie ist inhaltlich zunächst *völlig wertneutral*.

415 Quellendichte: gut: eine/r; befriedigend: 20; ausreichend: sechs; unzureichend: keine/r.

416 Legende der Datenbank im Anhang, S. 577.

417 Quellendichte: gut: acht; befriedigend: 23; ausreichend: drei; unzureichend: keine/r.

Die Gruppe der „NS-Sozialisierten"

Für die Zuordnung zu dieser Gruppe haben wir folgenden Definition zugrunde gelegt: „Hierunter fallen grundsätzlich alle Angehörigen der Jahrgänge ab (einschließlich) 1918 bis (einschließlich) 1928; in besonderer Weise werden sie (trotz eventueller Kindheit in der Weimarer Zeit) durch ihr Aufwachsen in der Diktatur (politisch) sozialisiert, weshalb ihre Verhaltensweisen nicht den gleichen Kategorisierungskriterien unterliegen können wie bei älteren Personen, zumal beispielsweise Mitgliedschaften in (Jugendorganisationen) der NSDAP anderen Bedingungen unterlagen."[418]

Innerhalb der bis Jahrgang 1928 gebildeten Gesamtuntersuchungsgruppe (MdL, Regierungsmitglieder und Landtagsdirektoren; n=378) haben wir 77 Personen[419] (20,4 %) dieser Altersgruppe identifiziert.

Die Entscheidung, bestimmte Geburtsjahrgänge gesondert als eigene Gruppe unter der *wertneutral genutzten* Bezeichnung „ns-sozialisiert" zu betrachten, basiert in erster Linie auf der Erkenntnis, dass Bewertung und Einordnung von Handlungsweisen und persönlichen Entscheidungen neben anderen Faktoren stark abhängig sein können sowohl von der jeweiligen Lebensphase als auch den jeweils aktuellen Zeitumständen: So ist der Entschluss, der NSDAP beizutreten, bei einem 18-jährigen Schüler deutlich anders zu bewerten als bei einem 35-jährigen Beamten, auch macht es einen erheblichen Unterschied, ob ein Beitritt im Jahr 1933 oder 1943 vollzogen wurde. Auch reale Handlungsmuster von Jugendlichen wollen wir anders bewerten können als jene von Erwachsenen. Kurz: Da stabile Grundorientierungen und Charakterprägungen bei Jugendlichen und jungen Erwachsenen noch kaum eindeutig zu identifizieren und zu benennen sind, diese Alterskohorten ihre Sozialisation aber (überwiegend) im Nationalsozialismus erfuhren, haben wir uns entschlossen, diese Gruppe gesondert zu betrachten.

So lassen sich auch Mitgliedschaften in der NSDAP besser einordnen, wie beispielsweise die von Kurt Hamer[420], der drei Monate vor seinem 18. Geburtstag den Aufnahmeantrag in die NSDAP unterschreibt und einreicht.[421] Die offizielle Aufnahme erfolgt wie bei allen Antragsstellern der Jahrgänge 1926/27 zum 20. April 1944 und ist, obwohl immer noch im Prinzip freiwillig und eine individuelle Unterschrift benötigend, vielfach von deutlich mehr informellem Druck auf die infrage kommenden Angehörigen der HJ geprägt als in den Jahren zuvor. Inwieweit dies auch für Hamer gilt, der seit 1936 Angehöriger der DJ bzw. HJ ist und dort den Rang eines Oberkameradschaftsführers innehat, lässt sich nicht mehr nachvollziehen. Im September 1944 tritt Hamer seinen Wehrdienst an. Nahezu identische Eckdaten weist der Werdegang von Ernst-Wilhelm Stojan[422] auf, ebenfalls Angehöriger des Jahrgang 1926, der

418 Legende der Datenbank im Anhang, S. 577.

419 Quellendichte: gut: keine/r; befriedigend: 14; ausreichend: 35; unzureichend: 28.

420 MdL WP06–10 (SPD), 1. Landtagsvizepräsident (1975–1987), Quellendichte: befriedigend.

421 Vgl. zu seiner Vita LASH Abt. 460, Nr. 4190; LASH Abt. 811, Nr. 33436; LASH Abt. 605, Nr. 4338; BArch BDC OK, Film 3200 G0086. Zu Hamers Wirken nach 1945 vgl. Uwe Danker/Eva Nowottny (Hrsg.): Kurt Hamer. Landespolitiker und Grenzlandbeauftragter. Malente 2003.

422 MdL WP05–09 (SPD), Quellendichte: befriedigend.

wie Hamer seit 1936 der DJ bzw. HJ angehört und auch fast drei Monate vor seinem 18. Geburtstag den Aufnahmeantrag unterschreibt.[423]

Die besondere Gruppierung der Jahrgänge 1918 bis 1928 bedeutet im Übrigen nicht, dass die Biografien der Angehörigen dieser Gruppe *im Bereich der formalen Belastungen* weniger genau betrachtet wurden. Sie besitzt, bezogen auf die Frage nach der Belastung, durchaus eine eigene Kontur. Jedoch wird man bei Jugendlichen und jungen Erwachsenen – die in aller Regel Schüler-, HJ- und Wehrmachtskarrieren aufwiesen – zurückhaltender sein müssen, wenn es darum geht, ihre *reale Rolle* im Nationalsozialismus auf den Punkt zu bringen. Klar ist auch, dass sich bezogen auf unsere Recherchewege, die sich in erster Linie auf Informationen zur NS-Zeit konzentrierten, die Quellenlage dramatisch verschlechtert, je jünger die Jahrgänge werden. Ein im Jahr 1943 20-jähriger Schüler hinterlässt deutlich weniger Spuren in behördlichem Aktenmaterial als ein 35-jähriger Beamter. Hinzu kommen in Bezug auf die Entnazifizierung, in deren Zusammenhang ein wesentlicher Teil der Quellen in diesem Projekt entstanden, Jugendamnestien, die in der Praxis sehr unterschiedlich aussahen, was in unserer Datenbank zu der besonders geringen Quellendichte für diese Jahrgänge beiträgt: Für vier von fünf der Angehörigen der Gruppe taxieren wir sie nur als „ausreichend" oder gar „unzureichend".

Bei der Wahl der unteren Altersgrenze für diese Gruppe beim Jahrgang 1918 spielte die Überlegung eine wesentliche Rolle, dass die zum Zeitpunkt der NS-Machtübernahme noch nicht 16jährigen ihre politische Sozialisation überwiegend in der NS-Zeit erfahren würden und zum Zeitpunkt der Kapitulation maximal 27 Jahre alt sein konnten.[424] Die typischen biografischen Stationen lauten in den allermeisten Fällen: Schule, ev. Berufsausbildung oder (Teil-)Studium, Wehrdienst; die frühen Kohorten dieser Gruppe stehen für jene Jahrgänge, die über mehrere Jahre Kriegsdienst geleistet hatten. Eine sehr ähnliche Altersgrenze beschloss der Schleswig-Holsteinische Landtag auch für die Jugendamnestie bei der Entnazifizierung.[425]

Bezogen auf die Gruppe der Landtagsabgeordneten gelten nach der Definition 67 Personen als „ns-sozialisiert", sie verteilen sich über die Jahrgänge relativ gleichmäßig.[426] Gegenüber

423 Vgl. BArch BDC OK, Film 3200 W0050. Im Gegensatz zu Hamers findet Stojans Mitgliedschaft in dessen Entnazifizierungsfragebogen keine Erwähnung. Vgl. Entnazifizierungsfragebogen vom 2. Dezember 1948, LASH Abt. 460.17, Nr. 159. Es ist zwar fraglich, ob es sich um eine bewusste Fragebogenfälschung handelte, letztlich aber auch unerheblich, weil nicht zu klären und wenig Erkenntnisgewinn erzeugend. Vgl. zu der vielschichtigen Diskussion um die Frage, ob es möglich gewesen sei, ohne Kenntnis Mitglied in der NSDAP zu werden, anhand der Beispiele Martin Broszats, Walter Jens' und anderer, Sven F. Kellerhoff: Die Erfindung des Parteimitglieds. Rhetorik des Herauswindens: Wie heute die NSDAP-Mitgliedschaft kleingeredet wird. In: Wolfgang Benz (Hrsg.): Wie wurde man Parteigenosse? Die NSDAP und ihre Mitglieder. Frankfurt a. M. 2009, S. 167–180.

424 So auch die Argumentation bei Wilhelm Bürklin: Demokratische Einstellungen im Wandel: Von der repräsentativen zur plebiszitären Demokratie? In: Ders./Hilke Rebenstorf (Hrsg.): Eliten in Deutschland. Rekrutierung und Integration. Opladen 1997, S. 391–420, hier: S. 395; zit. nach Schwartz: Funktionäre (Anm. 282), S. 84.

425 Vgl. Carmen Smiatacz: Ein gesetzlicher „Schlussstrich"? Der juristische Umgang mit der nationalsozialistischen Vergangenheit in Hamburg und Schleswig-Holstein, 1945–1960. Ein Vergleich. Berlin 2015, S. 295f.

426 Jg. 1918: eine Person; Jg. 1919: vier Personen; Jg. 1920: zehn Personen; Jg. 1921: sechs Personen; Jg. 1922: sechs Personen; Jg. 1923: sechs Personen; Jg. 1924: fünf Personen; Jg. 1925: acht Personen; Jg. 1926: sieben Personen; Jg. 1927: drei Personen; Jg. 1928: elf Personen.

der Gesamtgruppe der Abgeordneten bis Jahrgang 1928 weisen sie mit 38,8 % (oder 26 Personen) einen leicht erhöhten Anteil an ehemaligen NSDAP-Mitgliedern auf.[427] Das durchschnittliche Eintrittsalter zur NSDAP liegt bei ihnen bei 18,3 Jahren.[428] Hinweise auf SA-Mitgliedschaften liegen nicht vor, allerdings gehört ein ehemaliger Angehöriger der Allgemeinen SS[429] zu der Gruppe sowie zusätzlich zwei weitere Personen, die in der Kriegsendphase der Waffen-SS angehörten.[430] Unter allen „NS-Sozialisierten" der gesamten Untersuchungsgruppe befindet sich – von einer begründeten Ausnahme der Umgruppierung abgesehen[431] – nur ein Verfolgter, nämlich Detlef Haase[432], Jahrgang 1924, der nach dem Krieg angibt, dass er unmittelbar vor Kriegsende, am 27. April 1945 wegen „Wehrkraftzersetzung" und „marxisti-

427 Gegenüber einem Anteil von 33,6 % an der Gesamtgruppe der betrachteten Abgeordneten.

428 Das Eintrittsalter aller ehemaligen NSDAP-Angehörigen unter den nachmaligen Abgeordneten liegt mit 28,4 Jahren fast exakt zehn Jahre darüber.

429 Dabei handelt es sich um Johann Sierks, Jg. 1924, MdL WP07–08 (SPD), Quellendichte: befriedigend, der seit 3. November 1941 (als 17-jähriger) SS-Bewerber, ab 21. Dezember 1944 als Untersturmführer der Allgemeinen SS angehört; 1944 leistet er Dienst in der Waffen-SS (Einheit unbekannt, Einsatzort 1944: Karelien/Finnland); zuvor hatte er der HJ ab 1935 angehört, der NSDAP seit 20. April 1943 (Aufnahmeantrag am 21. Mai 1943). Vgl. BArch B 162/21898; BArch BDC OK, Film 3200 V0055; BArch SSO 136–B; LASH Abt. 460.16, Nr. 252.

430 Dabei handelt es sich um Heinrich Hagemann, Jg. 1921, MdL WP08–10 (CDU), Quellendichte: befriedigend. 1944 erfolgt seine „Einberufung zum Militärdienst innerhalb einer Panzer-Einheit der Waffen-SS". Er ist kein NSDAP-Mitglied, aber 1933–1940 in HJ, DAF, NS-Reichsbund für Leibesübungen, NS-Altherrenbund, NSFK, Deutsche Studentenschaft sowie NSDStB (Studentenführer der Ingenieursschule Wismar), vgl. BArch R 9361-II/348502 und LASH Abt. 460.5, Nr. 103, sowie um Walter Tiemann, Jg. 1926, MdL WP05–07 (SPD), Quellendichte: ausreichend. Tiemann ist Angehöriger der Waffen-SS seit 15. April 1944, ab 15. September 1944 bei der SS-Panzerdivision 3 „Totenkopf"; er nimmt an Kämpfen in Polen, Ungarn und Österreich als Panzergrenadier teil; Gefangennahme durch amerikanische Streitkräfte und Übergabe an sowjetische Streitkräfte; aus sowjetischer Kriegsgefangenschaft am 6. September 1946 krankheitshalber entlassen, vgl. LASH Abt. 460.19, Nr. 377.

431 Wir haben – auch auf die Gefahr hin, dass methodische Inkonsequenz unterstellt wird – die folgende Ausnahme gemacht: Dr. Jürgen Frenzel, MdL WP05 (SPD), Quellendichte ausreichend, aus rassischen Gründen ab 1943 massiv verfolgt als „jüdischer Mischling", war zwar Geburtsjahrgang 1922 und wurde von uns gleichwohl der Grundrichtung „oppositionell / ‚gemeinschaftsfremd'" zugeordnet. Ausgerechnet ihm eine NS-Sozialisierung zuzuordnen, ging uns nicht aus der Feder. Zudem trägt die gewählte Kategorie: Da die Merkmale der „(nicht politisch) Verfolgten" jedoch als einziger Typ keine Handlungsoptionen der Personen beinhalten, die beispielsweise aufgrund eventuell vorliegenden jugendlichen Alters differenziert werden müssten, sondern auf zeitgenössischen, mithin für die Betreffenden nicht zu beeinflussenden (NS-)Kriterien basieren, konnte die automatische Zuordnung zu „ns-sozialisiert" in diesem einzigen Fall entfallen; Frenzel war durch seine Stigmatisierung als jüdischer Mischling in einer Situation, in der seine Verhaltensweisen gegenüber dem Regime vollkommen irrelevant erschienen. Er konnte machen, was er wollte, er blieb „gemeinschaftsfremd" und exkludiert aus der „Volksgemeinschaft" mit allen Konsequenzen der Verfolgung etc. Da half ihm auch der Versuch, in der HJ mitzutun und durch Wehrdienst fürs Vaterland dazuzugehören, nichts. Dadurch wird auch die Altersgrenze irrelevant, die ja die Relevanz bestimmter Entscheidungen (Nähe/Distanz zum Regime) vorsichtiger greifen soll, weil wir Menschen, die aufgrund ihres jungen Alters und der ihre Sozialisation bestimmenden Umstände handeln, anders beurteilen als Erwachsene.

432 MdL WP03–04 (SPD), Quellendichte: ausreichend.

scher Machenschaften" zum Tode verurteilt, das Urteil jedoch in „Frontbewährung" umgewandelt worden sei.[433]

Ein durchaus typisches Beispiel für die Mitglieder dieser Gruppe ist Dr. Richard Bünemann[434]. Nach Klärung der Identität[435] ergibt sich für Bünemanns Werdegang das zunächst relativ wenig außergewöhnliche Bild eines bei der NS-Machtübernahme zwölfjährigen Oberschülers, der kurz vor seinem 13. Geburtstag dem Deutschen Jungvolk in der HJ beitritt und dort immerhin den Rang eines Oberfähnleinführers[436] erreicht. Derart sozialisiert ist der Übergang zur NSDAP für Bünemann sicherlich auch mehr oder minder selbstverständlich, auch wenn die Aufnahme in die Partei freiwillig ist und die eigenhändige Unterschrift erfordert. Noch am Tag seines Abiturs – so gibt er in seinem Fragebogen an – erfolgt die Einziehung als Rekrut zur Wehrmacht, für die er als Unteroffizier am Vernichtungsfeldzug gegen die Sowjetunion teilnimmt, dort unter anderem mit dem Eisernen Kreuz dekoriert wird. 1942 bis 1944 gehört er zur deutschen Besatzungstruppe in Griechenland und wird 1944 in Jugoslawien verwundet, sodass seine linke Hand gelähmt ist. Bemerkenswerterweise ist er offenbar mindestens zwischen Oktober 1946 und Dezember 1946 in Hamburg-Neuengamme interniert, eigentlich ein Zivilinterniertenlager der britischen Besatzungsmacht;[437] die Gründe hierfür sind in diesem Rahmen nicht ermittelbar und müssen offen bleiben. In seinem Entnazifzierungsverfahren erhebt der zuständige Ausschuss keine Bedenken und kategorisiert Bünemann ohne weitere Auflagen in Gruppe V („Entlastete") ein.[438] Bünemann gehörte dem Schleswig-Holsteinischen Landtag in zwei Wahlperioden an. In vergangenheitspolitischen Debatten trat er als Fragesteller an den Kultusminister in Erscheinung im Zusammenhang mit Vorwürfen, dass an einer Husumer Schule 1972 im Unterricht nationalsozialistisches Gedankengut verbreitet worden sei.[439]

„nicht zuordenbar / Quellenlage"

Neben diesen fünf *inhaltlich begründeten* Teilgruppen des Samples identifizieren wir eine weitere Gruppe von Mitgliedern der Untersuchungsgruppe, bei denen die nach unseren Suchwegen generierte Materiallage weder ausreicht, um belastbar eine Grundorientierung zu

433 Vgl. undatierter Lebenslauf in LASH Abt. 580, Nr. 1711.

434 MdL WP06–07 (SPD, fraktionslos), Quellendichte: ausreichend.

435 Siehe oben Teil I, Abschnitt 6. Daten und Setzungen, Quellenkritik.

436 Und damit zum Führerkorps gehört, vgl. Michael Buddrus: Totale Erziehung für den totalen Krieg. Hitlerjugend und nationalsozialistische Jugendpolitik, Teil 1. München 2003, S. 327, FN 90.

437 Vgl. zum „C.I.C. 6 Neuengamme" Heiner Wember: Umerziehung im Lager. Internierung und Bestrafung von Nationalsozialisten in der britischen Besatzungszone Deutschlands. Essen 1991, S. 70–73, sowie Detlef Garbe (Hrsg.): Konzentrationslager Neuengamme. Geschichte/Nachgeschichte/Erinnerungen. Katalog der Ausstellungen, Bd. 1 (Hauptausstellung). Hamburg 2014, S. 326–335.

438 Vgl. Fragebogen Action Sheet vom 18. März 1949, StAHH 221-11 Z 6757.

439 Vgl. Stenographischer Bericht des Schleswig-Holsteinischen Landtages, 7. Wahlperiode, 14. Tagung, 7. März 1972, S. 787f.

bestimmen, noch gar anschließend einen „Typ" zu bestimmen. Diese werden gruppiert unter der Bezeichnung „nicht zuordenbar / Quellenlage".

Innerhalb der bis Jahrgang 1928 gebildeten Gesamtuntersuchungsgruppe (MdL, Regierungsmitglieder und Landtagsdirektoren; n=378) mussten wir dieser Kategorie 36 Personen[440] (9,5 %) zuordnen. – Der Befund, dass bei immerhin einem Viertel der Mitglieder dieser Gruppe die Quellendichte „ausreichend" sei, mag auf den ersten Blick paradox anmuten, erklärt sich aber aus der auf formalen Kriterien basierenden Definition von Quellendichte. Beispielsweise sind für die 1897 in Altena/Westfalen geborene Landtagsabgeordnete Ilse Brandes[441] zwar eine Karteikarte und ein Fragebogen aus ihrem Entnazifizierungsverfahren überliefert,[442] hinreichende Aussagekraft über ihr Verhalten und ihre Rolle in der NS-Zeit bieten die Quellen jedoch nicht. Abgesehen von ihrem Alter, ihren Körpermaßen, dem Umstand, dass sie nach eigenen Aussagen keiner einschlägigen NS-Organisation angehörte, seit 1932 Mitglied des DRK war und bis 1936 als Hausfrau über kein eigenes Einkommen verfügte, ab diesem Zeitpunkt Hinterbliebenenbezüge durch das Versorgungsamt Berlin bezog, erfahren wir nichts über ihr Leben und Wirken vor 1945.[443] Belastbare Aussagen lassen sich nicht treffen.

10. NS-„Grundorientierungen" der Gruppe der späteren MdL

In diesem Abschnitt wenden wir das Modell der Zuordnungen nach „Grundorientierungen" in der NS-Zeit zunächst auf die Gruppe der 342 Abgeordneten unseres Untersuchungssamples der bis 1928 Geborenen an. Abgesehen von 35 (10,2 %) Landtagsabgeordneten, über deren Biografie in der NS-Zeit wir zu wenig für eine belastbare Zuordnung wissen, erwies sich das im Vornhinein entwickelte Modell als sehr praktikabel, indem die hinreichend dokumentierten 307 Biografien späterer Abgeordneter – in konsequenter Anwendung der Definitionen und auf Basis unserer Quellen – jeweils einer der vier Grundorientierungen oder der Kategorie „ns-sozialisiert" zugeordnet werden konnten, in den allermeisten Fällen auf sehr eindeutige Weise.

Wie bei der Analyse der formalen Daten bilden wir – natürlich unter Beibehalt der vorgenommenen individuellen Zuordnungen – relevante Teilmengen für spezifische Untersuchungsgruppen respektive einschlägige Fragestellungen, um mit diesem Instrumentarium Legisla-

440 Quellendichte: gut: keine/r; befriedigend: keine/r; ausreichend: zehn; unzureichend: 26.

441 MdL WP01 (CDU, fraktionslos), Quellendichte: ausreichend.

442 Vgl. AHL, Entnazifizierung, „Unbetroffen" Nr. 4310/48.

443 Vgl. Fragebogen vom 7. Februar 1947, ebd. Auch die Autorinnen einer kurzen biografischen Skizze über Ilse Brandes kommen zu dem Ergebnis: „Über ihre persönlichen Verhältnisse vor 1946 wissen wir nur, daß sie mit einem in Kiel stationierten Marinesoldaten verheiratet war, der offenbar im Krieg fiel." Sabine Jebens-Ibs/Maria Zachow-Ortmann: Ilse Brandes. In: Landeszentrale für politische Bildung Schleswig-Holstein (Hrsg.): Schleswig-Holsteinische Politikerinnen der Nachkriegszeit. Lebensläufe. Kiel 1994, S. 13ff., hier S. 13.

turperioden, Fraktionen und Alterskohorten, aber auch geografische Bezüge, Weimarer Prägungen und andere Teilaspekte differenzierter charakterisieren zu können. Das Ziel lautet, die Erkenntnisse über unsere Untersuchungsgruppe zu verfeinern und, soweit nötig, zu korrigieren.

Additionen der nach den fünf Definitionen vorgenommenen Zuordnungen zeichnen statistische Gruppenbilder, die reale Profile identifizieren lassen, nämlich NS-Belastungen, Karrieren, Anpassungsmuster, aber auch abweichendes oder ausgegrenztes Leben während der NS-Zeit.

Durchgängig nutzen wir hier als Darstellungsmittel das (Halb-)Tortendiagramm. Grau steht für „oppositionell / ‚gemeinschaftsfremd'", blau für „angepasst / ambivalent", grüne Segmente geben den Anteil der von uns zu den „systemtragend / karrieristisch" Orientierten Gezählten wieder, braune jenen der ehemals „exponiert / nationalsozialistisch" Orientierten, gelb-meliert erscheint die Gruppe der jungen als „ns-sozialisiert" gekennzeichneten Geburtsjahrgänge 1918 bis 1928, in Rosa werden schließlich die Akteure angezeigt, über deren NS-Biografie unsere Quellen zu wenig hergeben, die wir deshalb – bezogen auf die Grundorientierung – als „unzuordenbar" bezeichnen. Im Titel aller Diagramme findet sich jeweils die genaue Kennzeichnung der zugrunde liegenden Ausgangsgruppe, zudem ihre jeweilige Gesamtzahl. In der Legende werden jeweils die absoluten Zahlen der Teilgruppen benannt, sodass die Ausgangstabelle rekonstruierbar ist, während im Tortendiagramm selbst prinzipiell die relativen Anteile ausgewiesen werden. Wie im Bereich der formalen Auswertungen auch, wird die jeweilige Quellendichte für die ausgewählte Untersuchungsgruppe in einem zweiten (Halb-)Tortendiagramm nachgewiesen. Da sich Quellendichte – in genau jenen Anteilen wie oben definiert – immer auf die Gesamtbiografie und nicht die spezifische Fragestellung bezieht, sind Abweichungen zwischen einer „unzureichenden" Quellendichte und der Markierung „unzuordenbar" erklärbar: Beispielsweise kann die Überlieferung für eine Person extrem dünn sein, durch das Geburtsdatum im Korridor von 1918 bis 1928 aber hier hinreichen, um zur Gruppe der wertneutral genau durch das Geburtsdatum definierten „NS-Sozialisierten" zu zählen.

In Hinblick auf ihre Orientierungsmuster in der NS-Zeit lässt sich die Gruppe aller 342 Landtagsabgeordneten unserer Untersuchungsgruppe durch die Lektüre von Diagramm 61 (s. S. 184/185) wie folgt charakterisieren: Über jedes zehnte MdL (35; 10,2 %) wissen wir für eine belastbare Zuordnung zu wenig, jedes fünfte (67; 19,6 %) zählt zur Gruppe der jungen NS-Sozialisierten. Ein Viertel aller Abgeordneten (88; 25,7 %) hatte in der NS-Zeit „abseits gestanden", wie die Zeitgenossen damals zu formulieren pflegten, also nachweislich oppositionell agiert oder auf abweichenden Meinungen beharrt, oder war nach den rassischen Kategorien der Nationalsozialisten der Gruppe der „Gemeinschaftsfremden" zugerechnet worden. Fast ein Drittel (109; 31,9 %) der späteren Landtagsmitglieder hatte sich im Zeitraum 1933 bis 1945 unauffällig verhalten, angepasst oder auch ambivalent. Zur Gruppe der im NS-Staat systemtragenden, karrieristisch Orientierten, meist Angehörigen funktionaler Eliten, zählen wir 15 (4,4 %) der späteren Abgeordneten. Als ehemals exponiert / nationalsozialistisch

Diagramm 61: Grundorientierung alle MdL (bis Jg. 1928); Σ 342

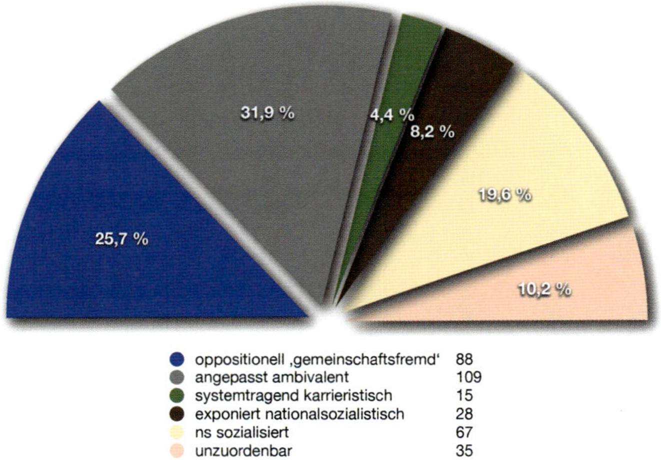

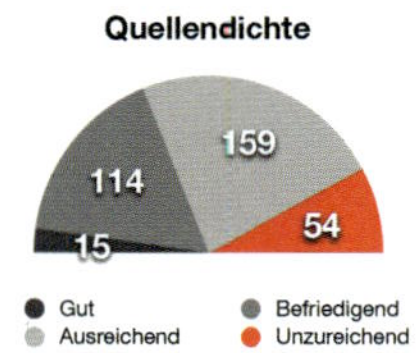

Grundorientierung „oppositionell / ‚gemeinschaftsfremd'": Albrecht, Karl, SPD; Ambs, Hans, KPD; Arp, Erich, o Fr, SPD; Basedau, Rudolf, SPD; Bischof, Hugo, KPD; Böttcher, Walther Dr. jur., CDU; Bredenbeck, Julius, SPD; Brinkmann, Rudolf Dr., o Fr; Brodersen, Anna, SPD; Bromme, Paul, SPD; Burmester, Rudolf, CDU; Cierocki, Josef, CDU; Clasen, Eduard, SPD; Clausen, Hermann Asmuss, SSW; Damm, Walter, SPD; Diekmann, Bruno, SPD; Dölz, Paul Richard, SPD; Dohrn, Peter, CDU; Eickhorst, Friedrich, FDP; Engels, Hermann, SPD; Esser, Peter Wilhelm, SPD; Ewers, Hans, DRP; Feldmann, Karl, SPD; Fischer, Heinrich, SPD; Frenzel, Jürgen Dr. jur., SPD; Gayk, Andreas, SPD; Gramcko, Otto, SPD; Groß, Paul, SPD; Hagge, Johannes Jürgen Christian, CDU, FDP; Hart, Gerhard Dr., o Fr; Haut, August, SPD; Hundt, Hubert, SPD; Jahn, Emil, SPD; Jürgensen, Julius, KPD; Käber, Wilhelm, SPD; Kalk, Bernhard, SPD; Katz, Rudolf Dr. jur., SPD; Klinsmann, Luise Dr., SPD; Kock, Heinz, SPD; Krahnstöver, Anni, SPD; Kuhnt, Gottfried Dr., CDU; Kukil, Max, SPD; Kuklinski, Wilhelm, SPD; Lechner, Eugen, SPD; Lohmann, Paul, SPD; Lübke, Friedrich Wilhelm, CDU; Lüdemann, Hermann, SPD; Lurgenstein, Walter, SPD; Matthews, Emil, KPD; Möller, Dora, SPD; Nielsen, Agnes, KPD; Nielsen, Andreas, SPD; Oesterle, Karl, SPD; Ohnesorge, Lena Dr. med., CDU, GB BHE, o Fr; Oldorf, Hans, SPD; Oldsen, Johannes, SSW; Olson, Hermann, SPD, SSW; Pagel, Paul Friedrich Wilhelm Dr.agr., Dr.rer.pol., CDU; Panitzki, Karl, SPD; Passarge, Otto, SPD; Pohle, Kurt, SPD; Preller, Ludwig Prof. Dr., SPD; Preßler, Otto, KPD; Ratz, Karl Eduard Heinrich, SPD; Salomon, Heinz, SPD; Salomon, Ludwig, SPD; Schmehl, Wilhelm, SPD; Schmelzkopf, Marie, SPD; Schmidt, Hanno Dr. jur., CDU; Schröder, Hans, SPD; Schröter, Carl, CDU; Schulze, Bertha, KPD; Schwichtenberg, Hans, SPD; Schwieger, Hermann, SPD; Seeler, Georg, SPD; Sellmann, Heinrich, SPD; Sommerfeld, Max, SPD; Stade, Hans, SPD; Steiger, Adolf, SPD; Steinhörster, Willi, SPD; Steltzer, Theodor, CDU; Verdieck, Bruno, SPD; Vorbrook, Johann, SPD; Voß, Hugo, SPD; Werner, Theodor, SPD; Wilckens, Heinrich, SPD; Wirthel, Berta, SPD; Zappe, Fritz, SPD.

Grundorientierung „angepasst / ambivalent": Adler, Heinz, SPD; Ahrens, Alfred, SPD; Ahrens, Bernhard, SPD; Ambrosius, Heinrich, CDU, FDP; Andersen, Jörgen, SSW; Andresen, Matthias, CDU; Andresen, Thomas, CDU; Arfsten, Carl-Christian, CDU; Asmussen, Peter Christel, FDP; Bahnsen, Berthold, SSW; Bannier, Theodor, CDU, o Fr; Becker, Karl Prof. Dr. rer. pol., SPD; Beer, Herbert Dr. phil., CDU, GB BHE; Böhrnsen, Hermann, CDU, DP, o Fr; Boyens, Claus Peter, CDU; Bremer, Fritz, CDU; Bues, Heino, CDU; Bundtzen, Hans, CDU; Burmeister, Heinz, FDP, o Fr; Callö, Iver, SSW; Claussen, Ludwig, CDU; Dieckmann, Hermann, CDU; Doepner, Friedrich, FDP, GB BHE, o Fr; Drevs, Gustav, CDU; Eisenmann, Otto, FDP, SHB; Eltermann, Erich, SPD; Emcke, Max Dr. jur., CDU; Engelbrecht-Greve, Ernst Dr. h.c., CDU; Frahm, Detlef, CDU; Franck, Hermann, SPD; Franzke, Alfred, SPD; Frauböse, Max

Dr., CDU; Grothe, Max, SPD; Gülich, Wilhelm Prof. Dr. sc. pol., SPD; Hackhe-Döbel, Frieda, SPD; Hagelstein, Alfred, CDU; Hagenah, Erich, SPD; Hahn, Graf, Ferdinand, CDU; Harckensee, Walter, CDU, DAP; Hardt, Friedrich, CDU, o Fr; Hartmann, Emil, GB BHE; Hartz, Detlef, SHB; Hassel, von, Kai-Uwe, CDU; Herwarth, von, Hans, CDU, GB BHE, o Fr; Heydebreck, von, Claus-Joachim, CDU; Holtorff, Hans, CDU; Husfeldt, Paul Jürgen Dr., CDU; Ingwersen, Hans, CDU; Jensen, Carl-Axel, CDU; Jensen, Elisabeth, o Fr; Jensen, Peter, CDU; Johannsen, Willi, SSW; Kersig, Hans Dr. rer. pol., FDP; Kintzinger, Ernst Dr., CDU; Klingenberg, Hermann, SPD; Knudsen, Knud Broder, CDU, FDP, o Fr; Koch, Willi, CDU; Kock, Heinrich Dr. phil., CDU; Konrad, Klaus, SPD; Kühl, Ernst, CDU; Lieth, von der, Joachim, SPD; Linden, Elly Dr. phil., SPD; Loose, Siegfried, CDU; Lüth, Otto, SPD; Lüthje, Emmy, CDU; Mangoldt, von, Hermann Prof. Dr., CDU, o Fr; Martens, Volkert, CDU; Meyer, Konrad, CDU; Meyn, Hermann, SPD; Milkereit, Willi, GB BHE; Möller, Hinrich, CDU; Mohr, Wilhelm, CDU; Müller, Otto, SPD; Münchow, Samuel, SSW; Muuss, Rudolf Dr., CDU; Nagel, Ernst Hinrich August Dr., o Fr; Oberberg, Arthur, FDP; Odening, Friedrich, CDU, o Fr; Ohff, Kurt, CDU, o Fr; Osterloh, Edo, CDU; Paulsen, Gustav, o Fr; Pörksen, Martin Dr., o Fr; Pracher, Alexander Dr., CDU, FDP; Preuss, Paul, SPD; Pusch, Hanns Ulrich, CDU; Raabe, Hermann Dr., o Fr; Rehs, Reinhold, SPD; Reventlow-Criminil, Graf von, Victor, CDU, o Fr, SSW; Rickers, Willy, CDU; Rohloff, Paul Dr., CDU, FDP; Rohwedder, Wilhelm Dr. agr., CDU; Saffran, Ernst-Willi, GB BHE; Schenck, Richard Matthias Friedrich Dr., o Fr, SPD; Schlotfeldt, Johannes, CDU; Schoof, Carl-Friedrich, CDU; Schoof, Ernst, CDU; Schrörs, Adolf, CDU; Schult, Hans, GB BHE; Schwinkowski, Arthur Dr. phil., CDU; Siegel, Wilhelm, SPD; Siewert, Otto, CDU, o Fr; Simmann, Werner, CDU; Thietz, Rudolf Dr., CDU, o Fr; Thole, Johannes, CDU; Weidemann, Ehrenfried, CDU; Weiß, Margarete (Margareta), FDP, GB BHE; Wiborg, Georg, sen., CDU; Wolgast, Heinrich, FDP; Wulff, Otto, CDU.

Grundorientierung „systemtragend / karrieristisch“: Andersen, Hermann Dr., FDP; Blöcker, Hans, CDU; Brühl, Walther, GB BHE; Dennhardt, Oskar-Hubert, CDU; Franzenburg, Hans Jakob, CDU; Fuchs, Herbert Dr. jur., CDU; Gerlich, Gerhard Prof. Dr. phil., CDU; Hoffmann, Curt Dr., FDP; Kiekebusch, Heinz Dr. jur., CDU, GB BHE, o Fr; Meinicke-Pusch, Max Dr., CDU, FDP, o Fr; Müller, Karl Friedrich Ernst Dr., SPD; Schönemann, Friedrich (Hermann) Prof. Dr., FDP; Stams, Walter, SPD; Tackmann, Gerhard, SPD; Wolff, Heinrich, CDU.

Grundorientierung „exponiert / nationalsozialistisch“: Asbach, Hans-Adolf, GB BHE; Bols, Hans, CDU, DP, o Fr; Cohrs, Peter Georg, DP, FDP; Ditz, Berthold, GB BHE; Flöl, Otto, CDU, DP, o Fr; Gille, Alfred Dr. jur., GB BHE, GDP; Jürgens, Erwin, CDU, DP, o Fr; Jürgensen, Wilhelm, SHB; Karde, Otto F., CDU; Ketels, Hans Alwin, CDU; Kohz, Martin Dr. jur., GB BHE; Kraft, Waldemar, GB BHE; Langendorff, von, Lesko, CDU; Lemke, Helmut Dr. jur., CDU; Leverenz, Bernhard Dr. jur., FDP; Matthiessen, Peter, CDU; Matzen, Heinrich Johannes, SHB; Mentzel, Walter, CDU; Petersen, Peter, NPD; Petersen, Peter Ludwig, SHB; Redeker, Martin Prof., Dr.theol., Dr.phil., Dr.h.c., CDU; Reinefarth, Heinz, GB BHE, GDP; Schaefer, Carl Anton Dr. rer. pol., GB BHE; Schlegelberger, Hartwig Dr. jur., CDU; Sieh, Claus, CDU, DP, o Fr; Sievers, Hans Wilhelm, CDU; Thee, Jürgen, CDU; Urban, Georg, CDU, GB BHE, GDP.

Grundorientierung „ns-sozialisiert“: Bachl, Kunigunde Dr. med., CDU; Böge, Kurt, CDU; Bünemann, Richard Dr. phil., o Fr, SPD; Carstens, Hans, CDU, FDP; Conrady, Karl Otto Prof. Dr. phil., SPD; Detlefsen, Max Werner, CDU; Dudda, Waldemar, SPD; Ehlers, Wolfgang, NPD; Empen, Peter, SPD; Fleck, Rosemarie Dr. sc. pol., SPD; Fleischner, Ernst, SPD; Fölster, Heinz-Wilhelm, CDU; Friedrich, Günter, CDU; Friese, Benvenuto-Paul, DVU, o Fr; Gerisch, Herbert, CDU; Haase, Detlef, SPD; Hagemann, Heinrich, CDU; Hahn, Werner, CDU; Hamer, Kurt, SPD; Hansen, Manfred, SPD; Herbst, Hans-Joachim, FDP; Hollmann, Wilhelm, CDU; Klinke, Heinz, SPD; Klinker, Hans-Jürgen, CDU; Langmann, Leonhard, SPD; Latendorf, Fritz, CDU; Lausen, Gerd, CDU; Lindenmeier, Maria, SPD; Lingk, Erwin, SPD; Lober, Karl-Ernst, NPD; Lund, Heinz, SPD; Marschner, Wilhelm, SPD; Meyer, Karl Otto, SSW; Möller, Herbert, CDU; Narjes, Karl-Heinz Dr. jur., CDU; Noll, Friedrich, SPD; Oldenburg, Jürgen, SPD; Probandt, Heinz, FDP; Ramler, Hans Gerhard, SPD; Riegel, Erwin, SPD; Rösler, Georg, CDU; Ronneburger, Uwe, FDP; Schlachta, Eginhard, GB BHE; Schübeler, Egon Dr. agr., CDU; Schulz, Alfred, SPD; Schulz, Kurt, SPD; Schwalbach, Hans, SPD; Schwarz, Henning Michael Dr. jur., CDU; Semprich, Kurt, SPD; Sierks, Johann, SPD; Sievers, Hannelore, CDU; Sommer, Ingeborg, SPD; Spaeth, Leopold, CDU; Stäcker, Hans Detlef, CDU, FDP; Steffen, Joachim, SPD; Stehn, Erich, CDU; Stojan, Ernst-Wilhelm, SPD; Stoltenberg, Gerhard Dr. phil., CDU; Tiemann, Walter, SPD; Titzck, Rudolf, CDU; Voß, Karin, DVU, o Fr; Weidling, Herbert, CDU; Weimar, Wolfgang Dr. phil., CDU; Wendel, Brunhild, SPD; Westphal, Jürgen Dr., CDU; Wolff, Gottfried Dr. med vet., CDU; Zimmermann, Hans-Joachim, CDU.

unzuordenbar: Boyens, Claus Henning, CDU; Brandes, Ilse, CDU, o Fr; Clausen, Riewert, CDU; Donath, Rudolf, SPD; Drevs, Wolf-Dieter, CDU; Friede, Hans, GB BHE; Günther, Rudolf, CDU; Haas, Ernst Otto, CDU; Hofer, Andreas Matthias, GB BHE, GDP; Iversen, Johannes, CDU, o Fr; Kilkowski, Erna, CDU; Klaus, Friedrich, CDU; Mahler, Christian, SSW; Möller, Paul, SPD; Nonnsen, Herbert, SPD; Obersteller, Bernhard, GB BHE; Oldenburg, von, Adolf, SPD; Pauls, Jann Eduard, o Fr; Reeder, Waldemar, SSW; Richardsen, Carl, CDU; Rohwer, Franz, CDU; Rosenberg, von, Alfred, CDU, DP, o Fr; Ryba, Franz Dr., CDU, o Fr; Schaefer, Ernst Leopold, GB BHE, o Fr; Schröder, Hinrich, FDP; Schuster, Annemarie, CDU; Steensen, Karl, CDU; Strack, Gerhard, SPD; Struck, Hermann, GB BHE; Timm, Emil, o Fr; Trapp, Anni, SPD; Werner, Charlotte, SPD; Witt, Georg, CDU, o Fr; Zander, Helmuth, GB BHE; Zappe, Walter, SPD.

Diagramm 61[444]

444 Basis: Projektdatenbank.

agierende, teilweise verantwortlich in Verfolgungs- und problematische Besatzungsmaßnahmen Verstrickte erkennen wir 28, mithin 8,2 % der Abgeordneten. – Damit wird von uns die Teilgruppe der verantwortlichen und/oder verstrickten ehemaligen NS-Akteure innerhalb der altersmäßig infrage kommenden schleswig-holsteinischen Landtagsabgeordneten auf einen Anteil von zusammen 43 Personen respektive 12,6 % taxiert.

Am Diagramm finden sich in alphabetischer Sortierung und mit Fraktionszugehörigkeiten sämtliche Angehörige der Untersuchungsgruppe den einzelnen Kategorien zugeordnet. Noch einmal sei unterstrichen, dass diese Zuordnungen auf konsequenter Anwendung unserer Definitionen vorgenommen wurden; sie erheben keinen Anspruch auf eine darüber hinaus gehende, gar absolute Geltung. Im Übrigen gilt der Quellenvorbehalt: Alle Aussagen fußen auf der von uns jeweils genau gekennzeichneten Reichweite und Quellendichte im Rahmen unserer dokumentierten Recherchewege; bei fast 400 Personen muss eine Suche begrenzt werden, auch wenn zu einzelnen Personen noch mehr vorliegen mag. Mit der Dokumentation der Namenslisten machen wir unsere Zuordnungen transparent, daraus abgeleitete Aussagen kritisierbar; das darf von einer wissenschaftlichen Studie erwartet werden. Es handelt sich aber ausdrücklich nicht um „Prangerlisten": Eine Isolation von Namen aus dem jeweils von uns gestalteten Kontext oder der von uns mit Bedacht vorgenommenen Zuordnung ist nicht im Sinne dieser analytischen Arbeitsweise!

Die Diagramme 62 und 63 (s. S. 187) stellen die Grundorientierungen aller Landtagsabgeordneten (bis Jahrgang 1928) in den Legislaturperioden 1946 bis 1950 sowie 1950 bis 1983 getrennt dar. Eine vergleichende Betrachtung bestätigt auch auf der Basis dieser verfeinerten Zuordnungen die bereits aus der Auswertung formaler Daten bekannte, ganz starke Zäsur des Jahres 1950: Ordneten wir für die beiden ernannten Landtage sowie den ersten gewählten Landtag 1947 bis 1950 fast jede_n zweite_n Abgeordnete_n (69; 48,3 %) der Grundorientierung „oppositionell / ‚gemeinschaftsfremd'" zu, so war dies für die zweite bis neunte Wahlperiode 1950 bis 1987 lediglich jede_r sechste Abgeordnete (39; 17,3 %). Der Anteil der von uns als „angepasst / ambivalent" in ihrer ehemaligen NS-Orientierung eingeordneten MdL beträgt für den ersten Zeitraum mehr als ein Drittel (54; 37,8 %), für den zweiten weniger als ein Drittel (65; 28,9 %), wobei die Gruppe der jungen „NS-Sozialisierten" naturgemäß erst im zweiten Zeitraum eine – wachsende – Relevanz entfaltete, schließlich mit 62 Akteuren einen Anteil von 27,6 % stellte. Mit nur zwei „systemtragend / karrieristisch" und keinem „exponiert / nationalsozialistisch" Zugeordneten ist der reale Belastungsgrad der Abgeordneten der Anfangsjahre 1946 bis 1950 extrem gering, noch deutlich unter der oben betrachteten formalen Belastung! Hingegen für den Zeitraum von 1950 bis 1983 erachten wir mehr als jede_n sechste_n Abgeordnete_n als real vorbelastet, nämlich 13 (5,8 %) als „systemtragend / karrieristisch" in der NS-Zeit orientiert und sogar 28 (12,4 %) als ehemals „exponiert / nationalsozialistisch" Handelnde.

Diagramm 62: 1. ern. Ltg bis 1. WP (1946-1950): Grundorientierung alle MdL (bis Jg. 1928); Σ 143

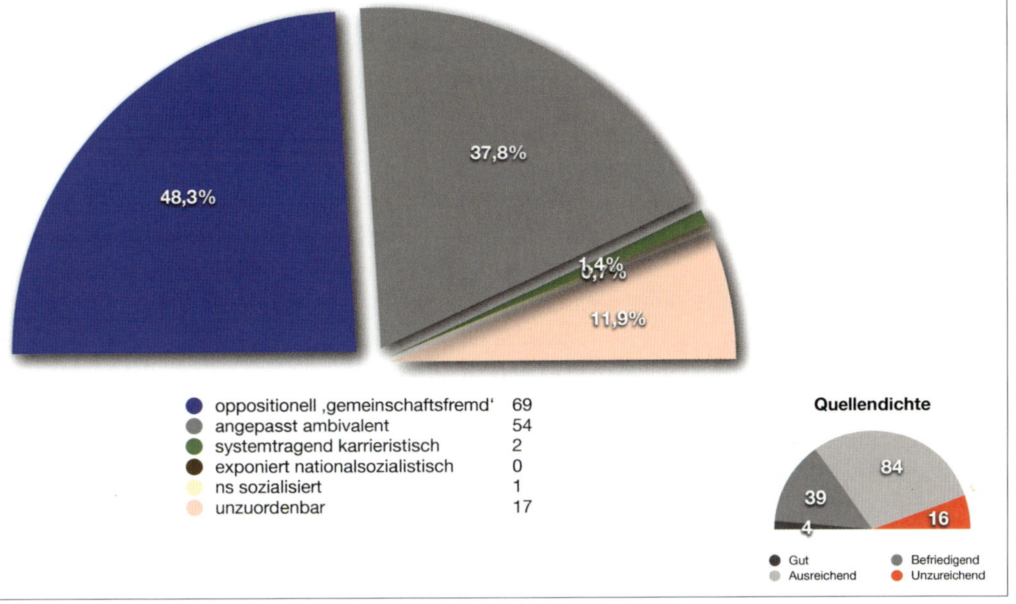

Diagramm 63: 2. bis 9. WP (1950-1983): Grundorientierung alle MdL (bis Jg. 1928); Σ 225

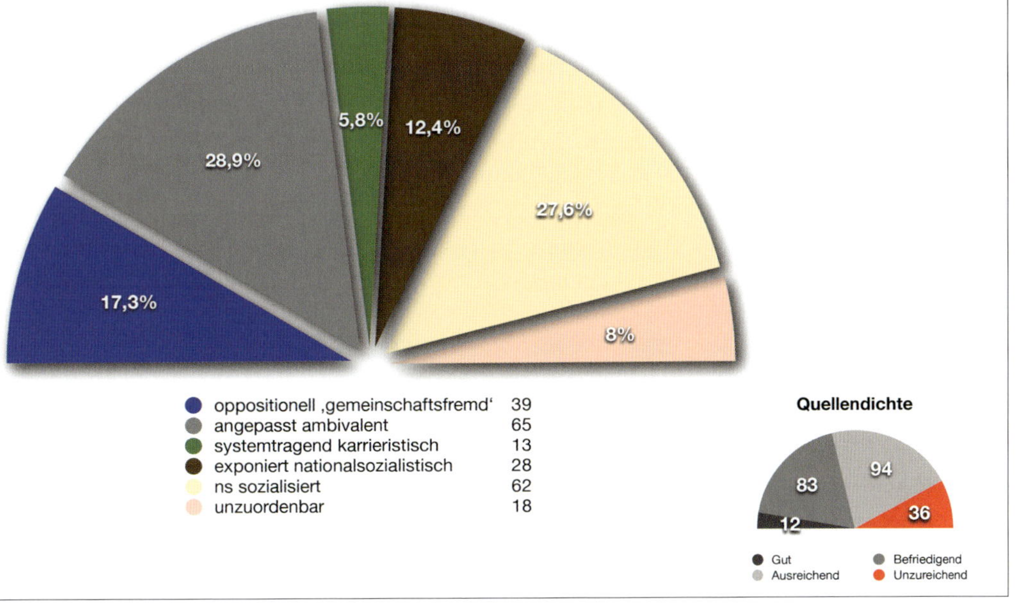

Diagramm 62 und 63[445]

445 Basis: Projektdatenbank.

Die Datenbank ermöglicht weitere Verfeinerungen, beispielsweise für jede Legislaturperiode ein eigenes Profil der ehemaligen Grundorientierungen der Landtagsabgeordneten (bis Jahrgang 1928) anzufertigen; wir beschränken uns auf den Zeitraum bis 1971, also die Phase der absoluten Dominanz unserer Alterskohorten in der schleswig-holsteinischen Landespolitik. Im ersten und zweiten (von den britischen Besatzern) ernannten Landtag gab es 1946/47 neben nicht zuordenbaren Mitgliedern lediglich solche Abgeordneten, die wir den NS-Orientierungen „oppositionell / ‚gemeinschaftsfremd'" und „angepasst / ambivalent" zuordnen. Nach der ersten freien Wahl im April 1947 erreichte der Anteil derjenigen, die wir zur Grundorientierung „oppositionell / ‚gemeinschaftsfremd'" rechnen, mit 55,4 % sein absolutes Maximum. Eine Ursache liegt darin, dass das angewandte Mehrheitswahlrecht die siegreiche SPD tendenziell bevorzugte, eine Partei, die ihrer demokratischen und antinationalsozialistischen Tradition gemäß in besonders hohem Maße ausgewiesene ehemalige NS-Oppositionelle in ihren Reihen aufwies. Aber auch CDU und SSV (die politische Partei SSW war noch nicht zugelassen) als einzige weitere Fraktionen beherbergten keine_n einzige_n Abgeordnete_n mit der ehemaligen Orientierung „exponiert / nationalsozialistisch"; die beiden von uns der Kategorie „systemtragend / karrieristisch" Zugeordneten zählten zur SPD-Fraktion.[446]

Der vergleichende Blick auf die Diagramme 67 bis 71 (s. S. 189–192) lässt den Anteil der „oppositionell / ‚gemeinschaftsfremd'" Zugeordneten von 1950/54 noch 31,3 % stetig auf schließlich 1967/71 7,8 % absinken. Der Anteil jener, die wir als „angepasst / ambivalent" eingruppiert haben, mäandert von der 2. bis zur 5. Legislaturperiode zwischen 37 % und 41,9 % auf sehr stabiler Höhe, er fällt in der 6. Wahlperiode auf 32,5 %; eine Ursache dafür ist der schließlich starke Anstieg jüngerer Alterskohorten, die wir unter „ns-sozialisiert" subsummieren: 1950/54 nur 2,5 %, in den anschließenden beiden Legislaturperioden bei circa 10 %, 1962/67 20 % und 1967/71 40,3 % erreichend und normale Verjüngung des Parlaments anzeigend. Der Anteil der „systemtragend / karrieristisch" charakterisierten MdL erreichte in der 2. Wahlperiode mit 8,8 % seinen Höhepunkt, um in den folgenden Legislaturperioden zwischen 5,4 % und 1,3 % im sehr niedrigen Bereich zu mäandern; es mag – auch im Vorgriff auf ganz andere Zahlen für die Exekutive – sein, dass die Abgeordnetentätigkeit für Angehörige dieser beruflichen Profile schlicht unattraktiv erschien. Die Gruppe der ehemals „exponiert / nationalsozialistisch" handelnden Abgeordneten erscheint dagegen zwischen 1950 und 1967 als recht stark vertreten: 1950/54 11,3 %, 1954/58 18,5 %, 1958/1962 16,2 % und 1962/67 14,7 %, erst 1967/71 geht der Anteil auf 9,1 % zurück, wieder vor allem eine statistische Folge fortgesetzter Verjüngung. – Die Aussage ist deutlich: Diese Repräsentanten der ehemals überwiegend in NS-Verfolgungsinstitutionen real Verstrickten war ab 1950 für zwei Jahrzehnte in signifikanter Gruppengröße vertreten, sie stellten von Mitte der 1950er- bis Mitte der 1960er-Jahre jede_n sechste_n Abgeordnete_n des Schleswig-Holsteinischen Landtags!

446 Dr. Karl Friedrich Ernst Müller, MdL WP01 (SPD), Quellendichte: ausreichend; Gerhard Tackmann, MdL WP01 (SPD), Quellendichte: befriedigend.

Diagramm 64: **1. ernannter Landtag: Grundorientierung alle MdL (bis Jg. 1928); Σ 78**

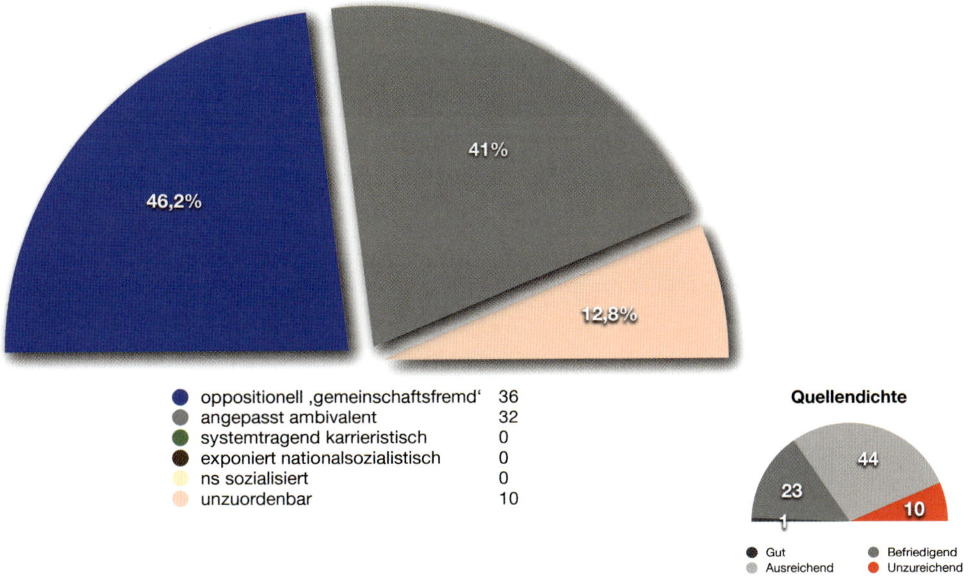

Diagramm 65: **2. ernannter Landtag: Grundorientierung alle MdL (bis Jg. 1928); Σ 61**

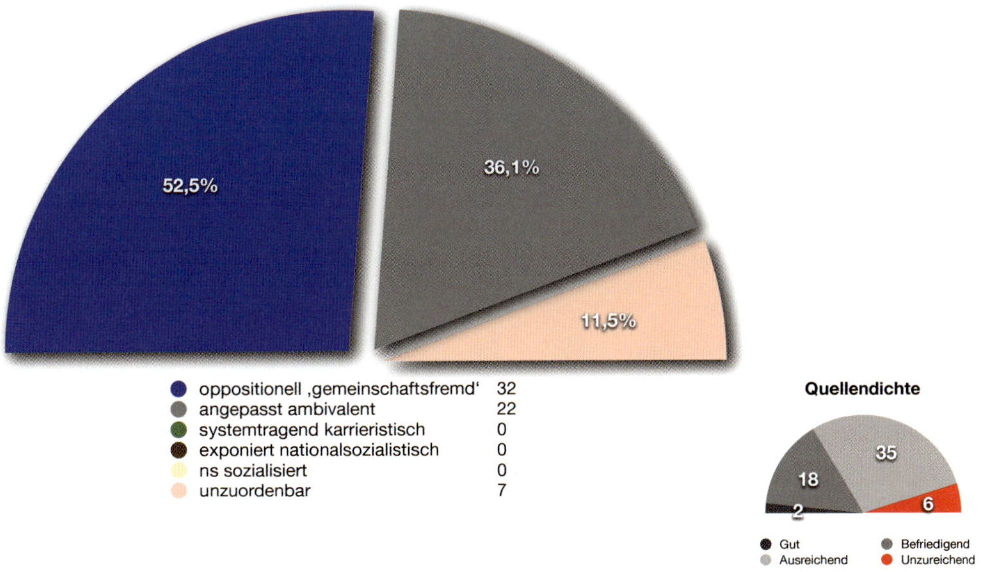

Diagramm 66: **1. Wahlperiode 1947-1950: Grundorientierung alle MdL (bis Jg. 1928); Σ 74**

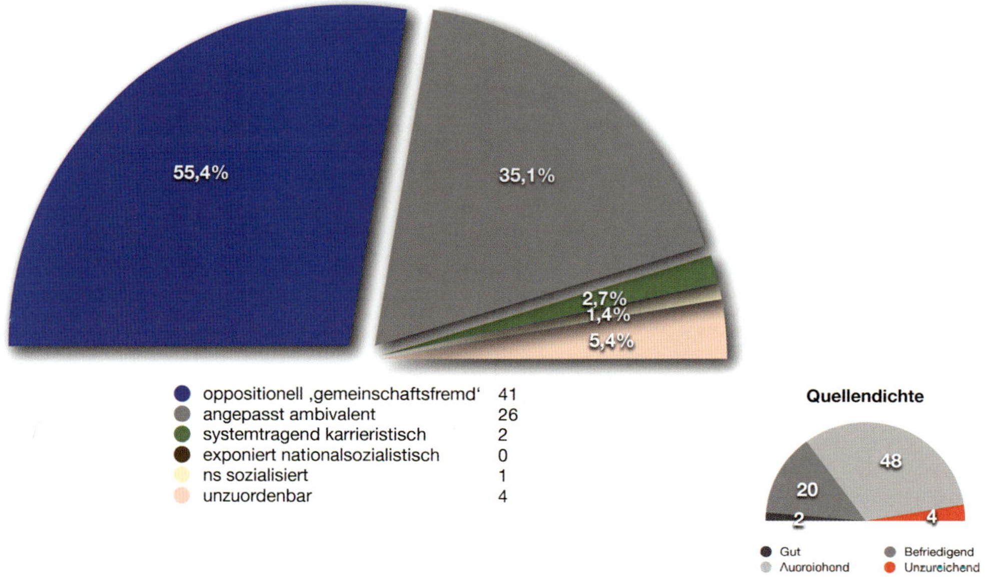

Diagramm 67: **2. Wahlperiode 1950-1954: Grundorientierung alle MdL (bis Jg. 1928); Σ 80**

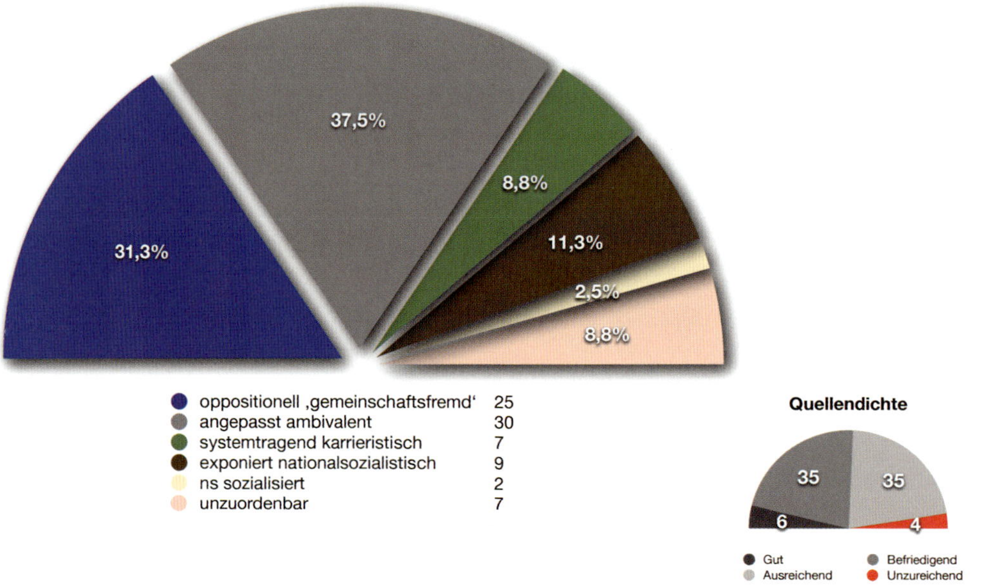

Diagramm 68: 3. Wahlperiode 1954-1958: Grundorientierung alle MdL (bis Jg. 1928); Σ 81

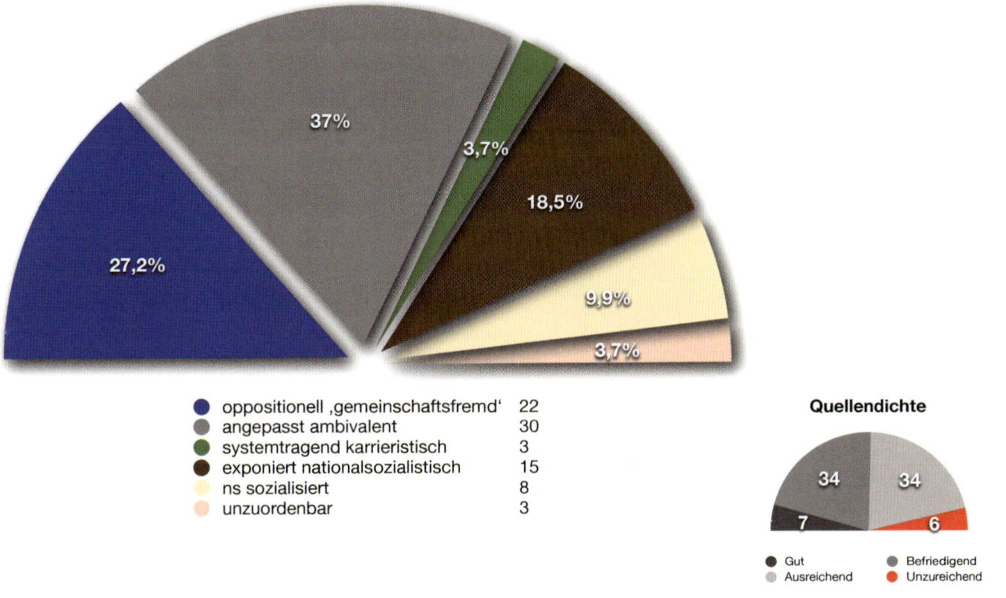

Diagramm 69: 4. Wahlperiode 1958-1962: Grundorientierung alle MdL (bis Jg. 1928); Σ 74

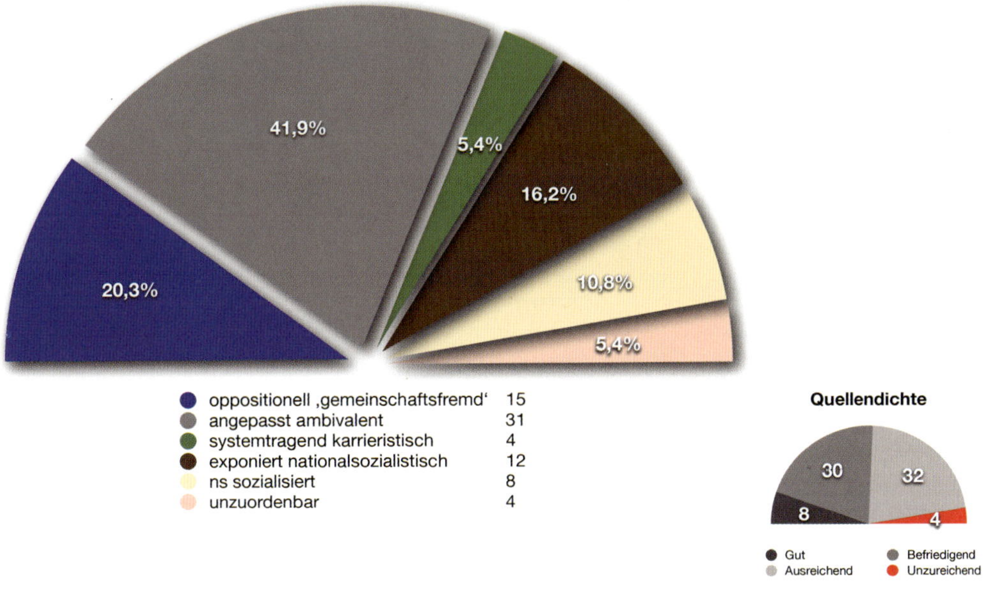

Diagramm 70: **5. Wahlperiode 1962-1967: Grundorientierung alle MdL (bis Jg. 1928); Σ 75**

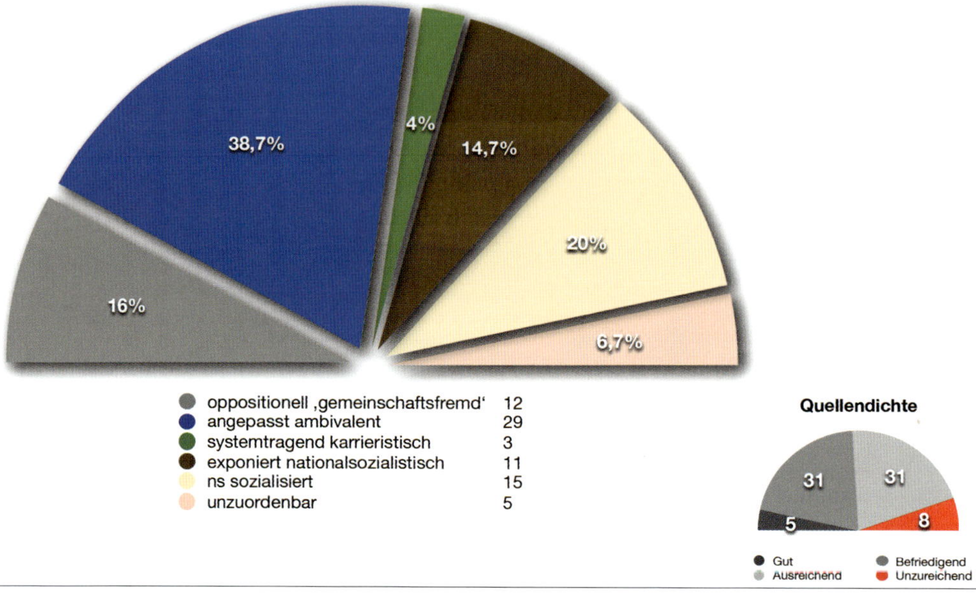

Diagramm 71: **6. Wahlperiode 1967-1971: Grundorientierung alle MdL (bis Jg. 1928); Σ 77**

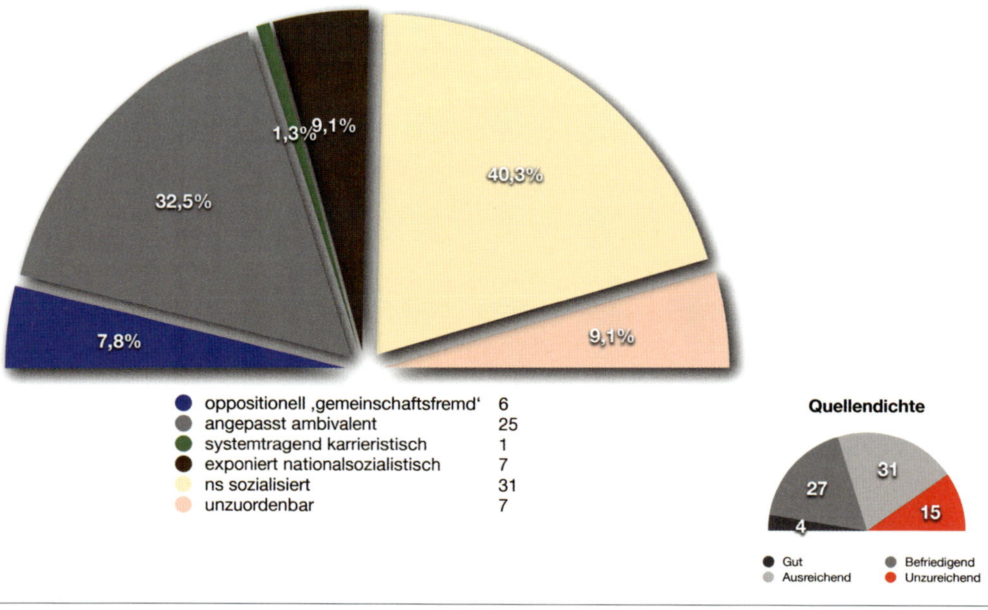

Diagramm 64 bis 71[447]

447 Basis: Projektdatenbank.

Betrachten wir die beiden im Doppelstaatsmodell von Ernst Fraenkel das NS-System ehemals maßgeblich stützenden, aus den Grundorientierungen „systemtragend / karrieristisch“ und „exponiert / nationalsozialistisch“ gebildeten Gruppen zusammen, so erhalten wir folgende addierten Werte: 1950/54 20,1 %, 1954/58 als Höhepunkt 22,2 %, 1958/62 21,6 %, dann – mit der relativen Verjüngung des Landtags einhergehend – das Absinken auf 1962/67 18,7 % und 1967/71 10,4 %. Die von uns angewandte Charakterisierung unserer Untersuchungsgruppe führt also zu einer erheblichen Verfeinerung und teilweisen Modifikation des formalen Befundes: Zwar lag der Anteil ehemaliger NSDAP-Mitglieder 1950 bis 1971 mit erstaunender Konstanz für zwei volle Jahrzehnte bei fast bis über der Hälfte aller MdL. Eine relevante *reale Verstrickung* in die NS-Unrechtsherrschaft weisen wir für den Zeitraum 1950 bis 1967 recht konstant etwa jeder bzw. jedem fünften Landtagsabgeordneten zu, in der anschließenden 6. Wahlperiode noch jeder bzw. jedem zehnten. Gegenläufig wirkte die Verjüngung der Gruppe, 1962/67 stellten die „ns-sozialisierten“ Jahrgänge 1918 bis 1928 bereits 20 %, 1967/71 schon 40,3 % der Abgeordneten. Ein signifikanter Teil von ihnen wies zwar eine ehemalige NSDAP-Mitgliedschaft auf, der wir aber in Fällen jugendlicher Entscheidung eine geringe Bedeutung beimessen; eine verantwortliche Verstrickung dieser Alterskohorten in das NS-Herrschaftssystem wäre zwar vorstellbar, aber als statistisch verwertbare Klassifizierung aus den von uns oben ausgeführten Gründen nicht sinnvoll und praktikabel.

Die Profile der relevanten Fraktionen fallen wieder recht unterschiedlich aus. Auch sie erscheinen mit dem Modell der Grundorientierung erheblich differenzierter getroffen als durch auf bloße Mitgliedschaftsdaten zurückgeführte Darstellungen.

Das Profil des ab 1950 zunächst nicht unbedeutenden „Bund(es) der Heimatvertriebenen und Entrechteten“ (BHE) überrascht nicht, es war auch den Zeitgenossen bekannt (Diagramm 72 – s. S. 194): Acht der insgesamt 26 Fraktionsangehörigen (30,8 %) werden von uns der real belasteten Gruppe der ehemals „exponiert / nationalsozialistisch“ Handelnden zugeordnet, weitere zwei (7,7 %) klassifizieren wir als „systemtragend / karrieristisch“. Da der BHE nur in den 1950ern Relevanz besaß, ist der geringe Anteil (3,8 %) junger „NS-Sozialisierter“ naheliegend, auch der mit 23,1 % vergleichsweise hohe Anteil an Mitgliedern, über die wir biografisch zu wenig wissen, überrascht bei einer „Flüchtlingspartei“ zunächst nicht. Acht Fraktionsangehörige (30,8 %) erachten wir als ehemals „angepasst / ambivalent“, nur ein einziges Mitglied (3,8 %) als „oppositionell / ‚gemeinschaftsfremd‘“.

Dass ebenfalls die FDP der Nachkriegsjahrzehnte eine teilweise belastete Mitgliederstruktur aufwies, ist nicht neu (Diagramm 73– s. S. 194). Aber gerade an ihrem Beispiel zeigt sich die Differenzierungsstärke des Modells: Zwei (7,7 %) der insgesamt 26 Fraktionsmitglieder unserer Alterskohorten erachten wir als „exponiert / nationalsozialistisch“, vier (15,4 %) als „systemtragend / karrieristisch“. Fünf Mitglieder sind zwischen 1918 und 1928 geboren, also „ns-sozialisiert“. Die größte Gruppe in dieser Gesamtfraktion stellten die als „angepasst / ambivalent“ charakterisierten Mitglieder, nämlich zwölf (46,2 %). Schließlich weist die FDP-Fraktion auch zwei (7,7 %) als „oppositionell / ‚gemeinschaftsfremd‘“ Eingruppierte auf.

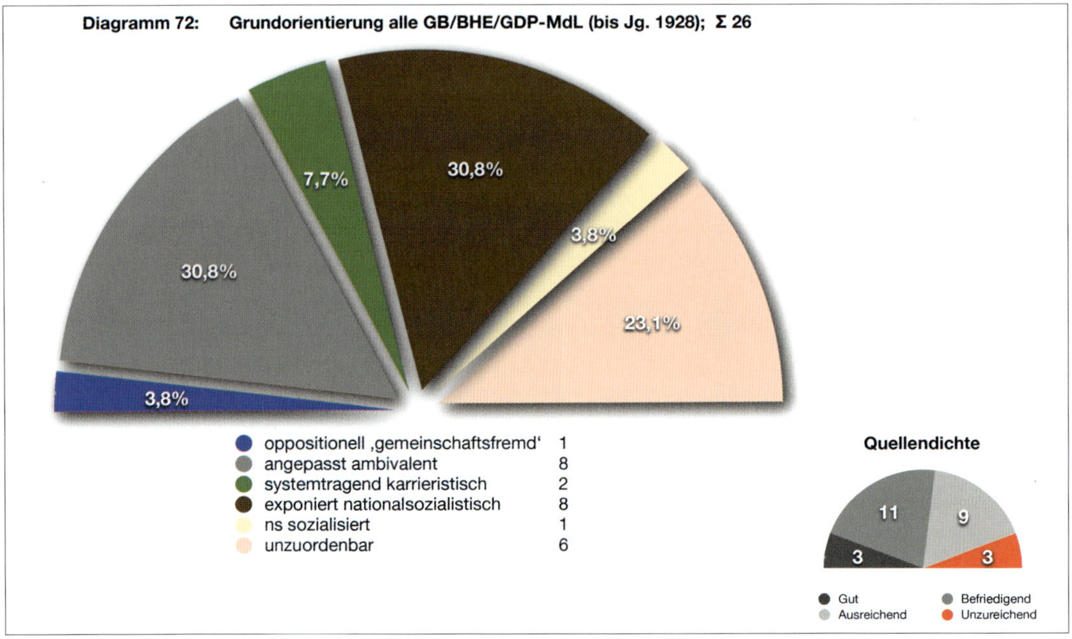

Diagramm 72[448]

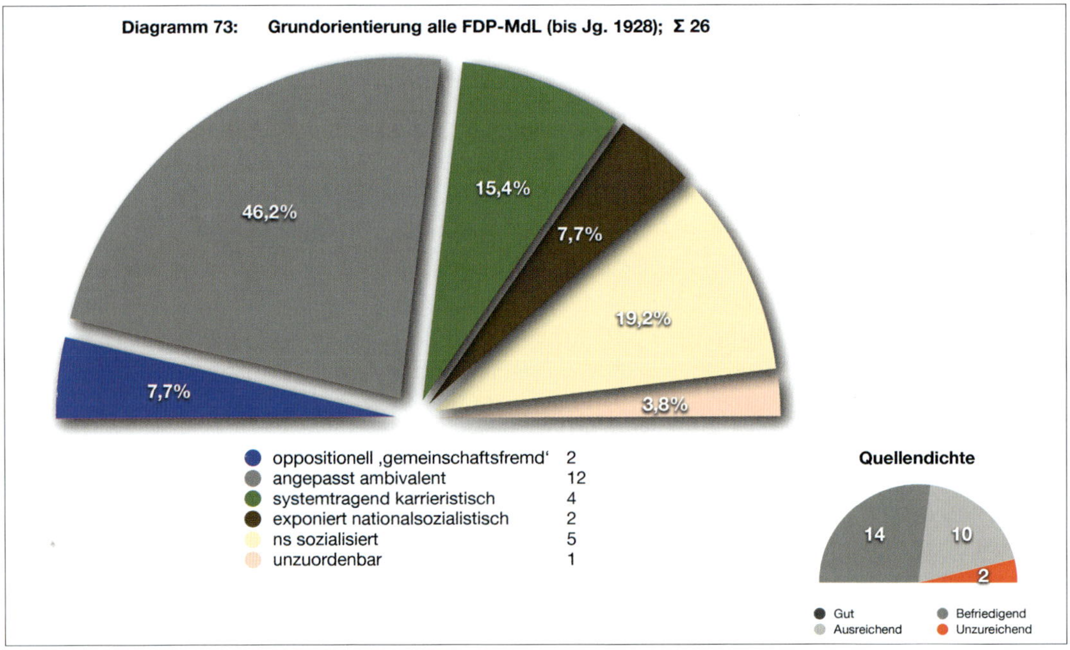

Diagramm 73[449]

448 Basis: Projektdatenbank.

449 Basis: Projektdatenbank.

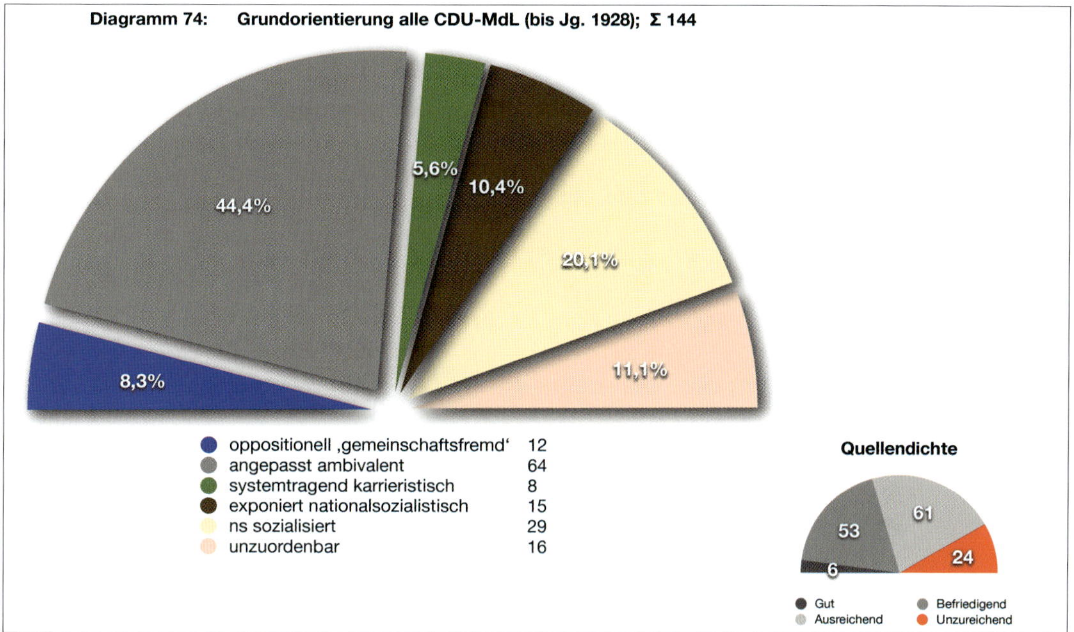

Diagramm 74[450]

Die CDU-Gesamtfraktion wies – aufgrund ihrer Größe nicht anteilig, aber in absoluten Zahlen gemessen – mit Abstand die meisten auch real NS-Belasteten auf (Diagramm 74): 15 (10,4 %) ehemals „exponiert / nationalsozialistisch" Handelnde sowie acht (5,6 %) als „systemtragend / karrieristisch" Begriffene. In dieser starken Teilgruppe ehemaliger NS-Akteure spiegelt sich der nachhaltige politische Erfolg der Christdemokraten in den 1950ern, nämlich das Aufsaugen aller konkurrierenden bürgerlichen Parteien außer der FDP – es handelt sich quasi um die moralische Schattenseite einer beispiellosen Integrationsleistung. Der relativ hohe Anteil Nichtzuordenbarer (16; 11,1 %) spiegelt ebenfalls die Aufnahme – in Schleswig-Holstein biografisch oft unbeschriebener – Zuwanderer, der Anteil von 29 (20,1 %) jungen „NS-Sozialisierten" steht für eine natürliche Verjüngung der Fraktion.

Das davon klar abgegrenzte sozialdemokratische Profil bildet die demokratische und antinationalsozialistische Tradition der Partei ab und nuanciert die grobe Zeichnung von 15 % ehemaligen „PGs" sowie 46 % ehemals Verfolgten in ihren Reihen erheblich (Diagramm 75 – s. S. 196): Jedes zweite Fraktionsmitglied (63; 50,4 %) der Geburtsjahrgänge bis 1928 ordnen wir der Grundorientierung „oppositionell / ‚gemeinschaftsfremd'" zu. Fast jedes vierte Mitglied (29; 23,2 %) gilt durch sein Geburtsdatum als „ns-sozialisiert". Kein_e Fraktionsangehörige_r war nach unserer Definition ehemals „exponiert / nationalsozialistisch" orientiert, lediglich zwei (2,4 %) erachten wir als „systemtragend / karrieristisch" im NS-Staat. Auch die Gruppe jener, die als „angepasst / ambivalent" charakterisiert werden, ist mit 22 (17,6 %) vergleichsweise klein.

450 Basis: Projektdatenbank.

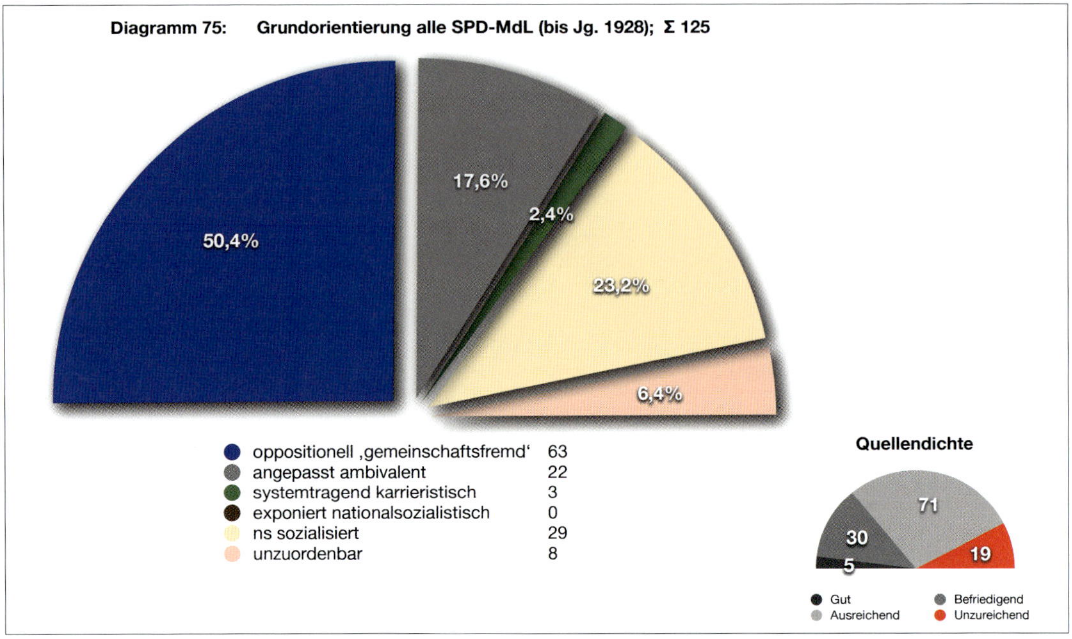

Diagramm 75[451]

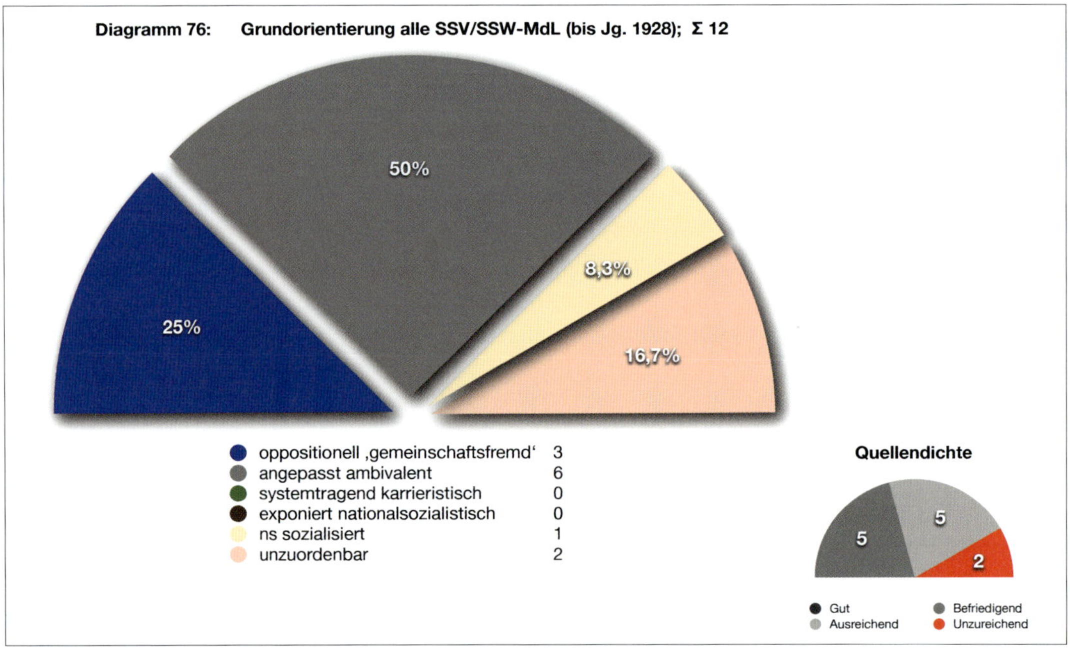

Diagramm 76[452]

451 Basis: Projektdatenbank.

452 Basis: Projektdatenbank.

Die ideelle Gesamtfraktion des SSW weist für unsere Alterskohorten nur zwölf Mitglieder aus (Diagramm 76 – s. S. 196): Jedes zweite Mitglied zählen wir zur Gruppe der als „angepasst / ambivalent" Begriffenen, jedes vierte zur Orientierung „oppositionell / ‚gemeinschaftsfremd'". NS-Belastete beider Kategorien haben wir nicht gefunden. Ein Fraktionsmitglied ist zwischen 1918 und 1928 geboren, gilt folglich in unserem Zuordnungssystem als „ns-sozialisiert", über zwei Personen wissen wir zu wenig.

Ohne eigene Diagramme seien noch zwei vorübergehend im Landtag vertretene Parteien erwähnt: Die sieben Mitglieder der in beiden ernannten Landtagen vertretenen KPD standen für deren „antifaschistische" und an das Vorkriegspersonal anknüpfende Traditionslinien: allesamt waren zweifelsfrei der Orientierung „oppositionell / ‚gemeinschaftsfremd'" zuzuordnen. Fast umgekehrt proportional war die Lage bei der weit rechts stehenden Deutschen Partei (DP): Fünf (71,4 %) ihrer insgesamt sieben Mitglieder klassifizieren wir als „exponiert / nationalsozialistisch", je eine Person als „angepasst / ambivalent" respektive nicht zuordenbar.

Besonders interessant erscheint uns die Differenzierung durch Grundorientierungen bezogen auf die 115 ehemaligen Mitglieder der NSDAP in der Gruppe der Landtagsabgeordneten (Diagramm 77 – s. S. 198): Nur ein Abgeordneter (0,9 %) dieser Gruppe, Erich Arp, lässt sich – auf den ersten Blick paradoxerweise – dem oppositionellen Spektrum zuordnen, als Widerstandsangehöriger war er glaubhaft allein zu Tarnungszwecken beigetreten. Über zwei Personen (1,7 %) wissen wir zu wenig. Jeder Fünfte (26; 22,6 %) gehört zur Gruppe der „ns-sozialisierten" Jungen, 47 respektive 40,9 % der ehemaligen „PGs" erachten wir in ihrer *tatsächlichen* Rolle in der NS-Zeit lediglich als „angepasst / ambivalent" ausgerichtet. Jedes zehnte NSDAP-Mitglied (12; 10,4 %) hingegen erscheint in unseren Quellen als „systemtragend / karrieristisch", und „nur" 27 respektive 23,5 % der Ex-NSDAP-Mitglieder erachten wir als ehemals „exponiert / nationalsozialistisch". – Dieses Beispiel der ehemaligen „PGs" verdeutlicht, wie unser Versuch, über die quellengestützte Zuordnung der Personen zu Grundorientierungen deren reale Rollen in der NS-Zeit zu kennzeichnen, zu einer Modifikation einfacher Einordnungen und Bilder führt: Ein Drittel der ehemaligen Parteimitglieder halten wir indes für tatsächlich und klar belastet.

Am Diagramm findet sich eine nach Grundorientierungen sortierte komplette Liste aller ehemaligen NSDAP-Mitglieder in der Gruppe der späteren Landtagsabgeordneten bis zum Jahrgang 1928. Es gilt auch für diese transparente Listung das oben Geschriebene: Aus dem jeweiligen Kontext gerissene „Prangerlisten" sind wertlos und führen in die Irre.

Je ein hier ausgeführtes Zuordnungsbeispiel möge unser Vorgehen und die Differenzierung verdeutlichen:

Diagramm 77: Grundorientierung ehemalige „PGs" unter MdL (bis Jg. 1928); Σ 115 mNamen

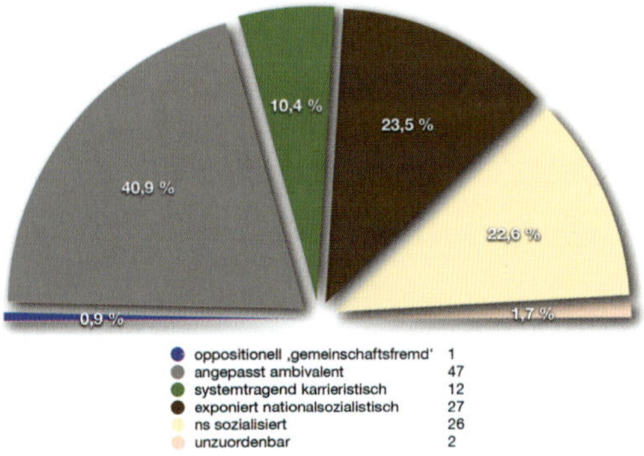

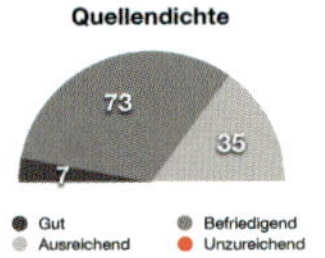

Grundorientierung „oppositionell / ‚gemeinschaftsfremd'": Arp, Erich, o Fr, SPD.

Grundorientierung „angepasst / ambivalent": Ahrens, Alfred, SPD; Andersen, Jörgen, SSW; Andresen, Matthias, CDU; Beer, Herbert Dr. phil., CDU, GB BHE; Böhmsen, Hermann, CDU, DP, o Fr; Bremer, Fritz, CDU; Bues, Heino, CDU; Burmeister, Heinz, FDP, o Fr; Callö, Iver, SSW; Claussen, Ludwig, CDU; Doepner, Friedrich, FDP, GB BHE, o Fr; Drevs, Gustav, CDU; Eisenmann, Otto, FDP, SHB; Engelbrecht-Greve, Ernst Dr. h.c., CDU; Franck, Hermann, SPD; Hagenah, Erich, SPD; Hahn, Graf, Ferdinand, CDU; Hartz, Detlef, SHB; Holtorff, Hans, CDU; Ingwersen, Hans, CDU; Jensen, Carl-Axel, CDU; Kersig, Hans Dr. rer. pol., FDP; Kock, Heinrich Dr. phil., CDU; Konrad, Klaus, SPD; Lieth, von der, Joachim, SPD; Martens, Volkert, CDU; Meyer, Konrad, CDU; Meyn, Hermann, SPD; Milkereit, Willi, GB BHE; Osterloh, Edo, CDU; Pracher, Alexander Dr., CDU, FDP; Preuss, Paul, SPD; Pusch, Hanns Ulrich, CDU; Rehs, Reinhold, SPD; Reventlow-Criminil, Graf von, Victor, CDU, o Fr, SSW; Rohloff, Paul Dr., CDU, FDP; Saffran, Ernst-Willi, GB BHE; Schenck, Richard Matthias Friedrich Dr., o Fr, SPD; Schlotfeldt, Johannes, CDU; Schoof, Carl-Friedrich, CDU; Schoof, Ernst, CDU; Schwinkowski, Arthur Dr. phil., CDU; Simmann, Werner, CDU; Weidemann, Ehrenfried, CDU; Weiß, Margarete (Margareta), FDP, GB BHE; Wiborg, Georg, sen., CDU; Wolgast, Heinrich, FDP.

Grundorientierung „systemtragend / karrieristisch": Andersen, Hermann Dr., FDP; Blöcker, Hans, CDU; Brühl, Walther, GB BHE; Franzenburg, Hans Jakob, CDU; Fuchs, Herbert Dr. jur., CDU; Gerlich, Gerhard Prof. Dr. phil., CDU; Hoffmann, Curt Dr., FDP; Kiekebusch, Heinz Dr. jur., CDU, GB BHE, o Fr; Meinicke-Pusch, Max Dr., CDU, FDP, o Fr; Müller, Karl Friedrich Ernst Dr., SPD; Schönemann, Friedrich (Hermann) Prof. Dr., FDP; Tackmann, Gerhard, SPD.

Grundorientierung „exponiert / nationalsozialistisch": Asbach, Hans-Adolf, GB BHE; Bols, Hans, CDU, DP, o Fr; Cohrs, Peter Georg, DP, FDP; Ditz, Berthold, GB BHE; Flöl, Otto, CDU, DP, o Fr; Gille, Alfred Dr. jur., GB BHE, GDP; Jürgens, Erwin, CDU, DP, o Fr; Jürgensen, Wilhelm, SHB; Karde, Otto F., CDU; Ketels, Hans Alwin, CDU; Kohz, Martin Dr. jur., GB BHE; Kraft, Waldemar, GB BHE; Langendorff, von, Lesko, CDU; Lemke, Helmut Dr. jur., CDU; Leverenz, Bernhard Dr. jur., FDP; Matthiessen, Peter, CDU; Matzen, Heinrich Johannes, SHB; Mentzel, Walter, CDU; Petersen, Peter, NPD; Petersen, Peter Ludwig, SHB; Redeker, Martin Prof., Dr.theol., Dr.phil., Dr.h.c., CDU; Reinefarth, Heinz, GB BHE, GDP; Schaefer, Carl Anton Dr. rer. pol., GB BHE; Sieh, Claus, CDU, DP, o Fr; Sievers, Hans Wilhelm, CDU; Thee, Jürgen, CDU; Urban, Georg, CDU, GB BHE, GDP.

Grundorientierung „ns-sozialisiert": Bachl, Kunigunde Dr. med., CDU; Böge, Kurt, CDU; Bünemann, Richard Dr. phil., o Fr, SPD; Carstens, Hans, CDU, FDP; Conrady, Karl Otto Prof. Dr. phil., SPD; Fölster, Heinz-Wilhelm, CDU; Friedrich, Günter, CDU; Gerisch, Herbert, CDU; Hahn, Werner, CDU; Hamer, Kurt, SPD; Herbst, Hans-Joachim, FDP; Lober, Karl-Ernst, NPD; Lund, Heinz, SPD; Möller, Herbert, CDU; Schulz, Kurt, SPD; Sierks, Johann, SPD; Sievers, Hannelore, CDU; Stäcker, Hans Detlef, CDU, FDP; Stehn, Erich, CDU; Stojan, Ernst-Wilhelm, SPD; Titzck, Rudolf, CDU; Voß, Karin, DVU, o Fr; Weidling, Herbert, CDU; Weimar, Wolfgang Dr. phil., CDU; Westphal, Jürgen Dr., CDU; Zimmermann, Hans-Joachim, CDU.

unzuordenbar: Hofer, Andreas Matthias, GB BHE; Zander, Helmuth, GB BHE.

Diagramm 77[453]

Erich Arp, Grundorientierung „oppositionell / ‚gemeinschaftsfremd'":

Arp[454] weist als Student und politischer Aktivist eine sozialdemokratische Vita auf, ist vor 1933 aktiv im Vorstand der Sozialistischen Studentenschaft Deutschlands und Österreichs, Leiter der Berliner Reichsbannerstudentengruppen und zahlreicher anderer Organisationen, SPD-Mitglied seit 1932. Er engagiert sich in der politischen Auseinandersetzung, gibt an-

453 Basis: Projektdatenbank.

454 MdL 1. ern. Landtag-WP01 (SPD, fraktionslos), Minister für Aufbau und Arbeit (1946–1947) sowie für Ernährung, Landwirtschaft und Forsten (1947–1948), Quellendichte: befriedigend. Vgl. zu seiner Vita in der NS-Zeit BArch BDC OK, Film 3200 A0037; BStU MfS IX/11 PA 18; LASH Abt. 460.9, Nr. 143 sowie Detlef Siegfried: Die Befreiung Elmshorns durch SPD und KPD im Mai 1945. In: Demokratische Geschichte, Band 3 (1988), S. 559–567.

tinazistische Publikationen heraus. Im Frühjahr 1933 emigriert Arp kurzzeitig nach Amsterdam, um nach Verhaftung und Misshandlung in einer SA-Kaserne in Berlin weiterer Verfolgung durch die Nationalsozialisten zu entgehen. Er kehrt zurück, arbeitet im Kreis Pinneberg zunächst als Angestellter in einer Margarinefabrik, macht sich später selbstständig als Fabrikant für Speisefettherstellung, fungiert nebenbei als Einzelhändler für Hausgeräte, Porzellan etc. Arp hält Verbindung zu Exilkreisen in Dänemark, entfaltet ab 1942 ein hohes Maß an Widerstandaktivitäten als Mitglied im „Antifaschistischen Kampfkomitee Hamburg", verteilt Flugschriften, ist Verbindungsmann zwischen den illegalen Parteien SPD und KPD. Im Sommer 1941 tritt Arp in Altona in die NSDAP ein – glaubhaft aus Gründen der Tarnung, denn er verfasst und verteilt weiterhin Flugschriften – und gehört Ende 1944 bis zu seiner Ausmusterung dem Volkssturm an. Im Mai 1945 ist er führend an der Selbstbefreiung Elmshorns durch die KPD und SPD beteiligt.

Erich Arp ist Mitglied des Schleswig-Holsteinischen Landtags vom ersten ernannten Landtag bis in die erste Wahlperiode, ist Landesminister für Aufbau und Arbeit sowie für Ernährung, Landwirtschaft und Forsten in den Kabinetten Steltzer und Lüdemann. Um einem Parteiausschluss wegen Kontaktes zur SED zuvorzukommen, tritt Arp aus der SPD aus, wird 1957 erneut SPD-Mitglied und Mitglied der Hamburger Bürgerschaft.

In vergangenheitspolitischen Debatten meldet er sich nicht zu Wort.

Edo Osterloh, Grundorientierung „angepasst / ambivalent":

Dem aus bescheidenen Verhältnissen stammenden Osterloh[455] (* 2. April 1909) wird durch ein Stipendium ein Theologie- und Philosophiestudium und damit der gesellschaftliche Aufstieg ermöglicht. Als Student steht er der nationalsozialistischen Deutsche-Christen-Bewegung nahe, deren Hochschulgruppenführer in Göttingen er zunächst ist, zum 1. Mai 1933 tritt er der NSDAP und der SA bei. Eine führende Rolle an der am 10. Mai 1933 in Göttingen stattfindenden Bücherverbrennungsaktion, wie jüngst nahegelegt,[456] lässt sich nicht nachweisen.[457] Bereits Ende 1933 beginnt er sich von der Glaubensbewegung zu distanzieren, erwägt auch wohl einen – nie vollzogenen – Austritt aus der NSDAP und sucht die Nähe zur Bekennenden Kirche. Nach seinem Vikariat übernimmt er eine Dozentur an der Kirchlichen Hochschule in Berlin, einer vom Regime offiziell verbotenen, gleichwohl aber tolerierten Einrichtung mit großer Nähe zur Bekennenden Kirche, wo er sich zudem als Studentenpfarrer enga-

455 MdL WP04–05 (CDU), Kultusminister (1956–1964), Quellendichte: befriedigend. Vgl. zu seiner Vita BArch BDC OK, Film 3200 Q0032 sowie Peter Zocher: Edo Osterloh – Vom Theologen zum christlichen Politiker. Eine Fallstudie zum Verhältnis von Theologie und Politik im 20. Jahrhundert. Göttingen 2007.

456 So lässt sich zumindest der Hinweis bei Hartwig Hohnsbein: Bekenntnisse aus dem Verlag V&R. In: Ossietzky Nr. 16 (2010), S. 587 = http://www.spops.org/aufsaetze/4c5e9cd7b7676/1.phtml, aufgerufen am: 11.06.2016, lesen.

457 Weder bei Werner Treß/Klaus Wettig: Göttingen. In: Julius H. Schoeps/Werner Treß (Hrsg.): Orte der Bücherverbrennungen in Deutschland 1933. Hildesheim u. a. 2008, S. 377–391, noch bei Zocher: Osterloh (Anm.455) finden sich Hinweise auf eine Beteiligung, geschweige denn eine führende Rolle Osterlohs.

giert. 1940 wird Osterloh eingezogen und dient als Artillerieoffizier unter anderem im Russlandfeldzug. Während des Krieges, 1941, wird er als Pfarrer berufen, eine Stelle, die er jedoch erst nach seiner Flucht aus der kurzzeitigen sowjetischen Kriegsgefangenschaft aus einem Lager auf tschechischem Gebiet antritt.

Edo Osterloh gehört dem Schleswig-Holsteinischen Landtag als Mitglied in der vierten und fünften Wahlperiode an und leitet als Landesminister das Kultusressort in den Kabinetten von Hassel und Lemke zwischen 1956 und 1964.

Als vergangenheitspolitischer Debattenbeiträger tritt er so gut wie überhaupt nicht in Erscheinung, allerdings gerät er in vergangenheitspolitischen Auseinandersetzungen im Zuge der Heyde/Sawade-Affäre[458] und noch viel intensiver bei der Affäre um den Kieler Ordiniarius und Kinder-Euthanasiearzt Prof. Dr. Werner Catel unter großen öffentlichen Druck.[459] Unmittelbar vor seinem mutmaßlichen Freitod 1963 erreicht eine weitere Affäre Osterlohs Ministerium, nämlich ein umstrittener Auftritt des Großadmiral a. D. Karl Dönitz in einem Gymnasium in Geesthacht, der laute Proteste über Schleswig-Holsteins Grenzen hinaus hervorruft und dessen Skandalisierung schließlich im Suizid des verantwortlichen Schulleiters gipfelt.[460] – Einladender Schülersprecher ist Uwe Barschel, der spätere Landespolitiker.

Dr. Herbert Fuchs, Grundorientierung „systemtragend / karrieristisch":

Als späterer Landtagsabgeordneter zählt Dr. Herbert Fuchs[461] in dieser Ausrichtung eher zu der Minderheit gegenüber einer Mehrzahl derjenigen, die ihre Karrieren in der Exekutive fortsetzen. Bezogen auf die Laufbahn vor 1945 ist sein Lebensweg jedoch durchaus typisch für die Angehörigen der nationalsozialistischen Funktionselite in Staat und Verwaltung: Fuchs wird 1898 in Dresden geboren und besucht das Gymnasium in Dessau, legt sein Abitur 1916 jedoch in der traditionsreichen Anstalt der Ritterakademie in Brandenburg/Havel ab.[462] Er ist jung genug, um noch als Soldat (zunächst Fahnenjunker, später stellvertretender Batail-

458 Hier wird ihm eine frühe Mitwisserschaft um die Identität des untergetauchten und unter falschem Namen praktizierenden ehemaligen führenden Euthanasieakteurs Prof. Dr. Werner Heyde unterstellt, vgl. hierzu Klaus-Detlev Godau-Schüttke: Die Heyde-Sawade-Affäre. Wie Juristen und Mediziner den NS-Euthanasieprofessor Heyde nach 1945 deckten und straflos blieben. Baden-Baden 1998, v. a. S. 307ff., sowie Zocher: Osterloh (Anm. 455), S. 468f.

459 Vgl. Zocher: Osterloh (Anm. 455), S. 469–474 sowie Hans-Christian Petersen/Sönke Zankel: „Ein exzellenter Kinderarzt, wenn man von den Euthanasie-Dingen einmal absieht." Werner Catel und die Vergangenheitspolitik der Universität Kiel. In: Hans-Werner Prahl/Sönke Zankel (Hrsg.): Uni-Formierung des Geistes. Universität Kiel und der Nationalsozialismus. Bd. 2. Kiel 2007, S. 133–179.

460 Vgl. Zocher: Osterloh (Anm. 455), S. 474f. sowie 13a des Otto-Hahn-Gymnasiums (Geesthacht): Die Dönitz-Affäre 1963. In: Sönke Zankel (Hrsg.): Skandale in Schleswig-Holstein: Beiträge zum Geschichtswettbewerb des Bundespräsidenten. Kiel 2012, S. 13–70.

461 MdL WP04 (CDU), Quellendichte: befriedigend.

462 Vgl. zu seiner Vita LASH Abt. 460.19, Nr. 5 und LASH Abt. 460, Nr. 612; BArch BDC OK, Film 3200 F0018; BArch PK C342; BArch R 9361-I/830, R 9361-II/267624 sowie Joachim Lilla: Leitende Verwaltungsbeamte und Funktionsträger in Westfalen und Lippe (1918–1945/46). Aschendorf 2004, S. 152.

lonsadjutant) im Ersten Weltkrieg zu dienen. Er bleibt es bis 1919, als er ein Studium der Rechts- und Staatswissenschaften in Königsberg und Berlin aufnimmt, dieses mit „befriedigend" abschließt und „cum laude" zum Dr. jur. promoviert wird. Nach der großen Staatsprüfung für den Höheren Verwaltungsdienst durchläuft er als Assessor und Regierungsrat verschiedene Verwaltungsstationen, um schließlich 1932 als Landrat in Altena/Westfalen eingesetzt zu werden. Fuchs, der noch 1932 Mitglied der DVP geworden ist,[463] beantragt zum 1. Mai 1933 (offenbar auf sanften Druck des NSDAP-Kreisleiters) die Mitgliedschaft in der Partei.[464] Trotzdem wird er – wohl im Zusammenhang mit einer umfassenderen Welle von „politisch motivierten Ablösungen Weimarer Landräte im Gau Westfalen-Süd" – wenige Tage später ins Preußische Innenministerium (später Reichsministerium des Inneren) versetzt[465], was sich keineswegs als Karriererückschritt erweist, denn er steigt dort zum Ministerialdirigenten auf. Eine vorübergehende Beauftragung mit der Verwaltung des Regierungsbezirks Düsseldorf endet jedoch schnell wieder, angeblich wegen „Schwierigkeiten mit Gauleiter Florian".[466] Dass Fuchs trotz seiner Parteimitgliedschaft (und seiner 1939 angeblich „ehrenhalber" erfolgten Ernennung zum HJ-Oberbannführer) in der Praxis ein hohes Maß an Staats- und Standesbewusstsein sowie gegenüber der NSDAP die Organisationsperspektive der inneren Verwaltung besitzt, wird deutlich an einer Anekdote, die trotz ihrer Überlieferung in einem Leumundszeugnis sehr glaubwürdig erscheint: Fuchs habe, so heißt es dort, den Stormarner Landrat Bock von Wülfingen zu sich ins Innenministerium zitiert und ihm angesichts dessen passiver Haltung gegenüber dem übergriffigen NSDAP-Kreisleiter Erich Friedrich massive Vorhaltungen gemacht, ihn schließlich kurzerhand seines Amts als Landrat enthoben.[467]

Bei Kriegsende wird Fuchs von den amerikanischen Militärbehörden festgesetzt und im Internment Camp 71 (Ludwigsburg) bis mindestens Januar 1946 interniert.[468] 1948 stellt die Stadt Kiel Fuchs als Stadtkämmerer ein, zwei Jahre später ist er dort hauptamtlicher Bürgermeister.

Dr. Herbert Fuchs (CDU) gehört in der vierten Wahlperiode dem Schleswig-Holsteinischen Landtag an. In vergangenheitspolitischer Hinsicht äußert er sich durch eine Reihe von Zwischenrufen unter anderem bei der Debatte um die Einsetzung des ersten Heyde/Sawade-Ausschusses.[469]

463 Am 30. Januar 1948 berichtet der dann amtierende Landrat von Altena an den Regierungspräsidenten in Arnsberg, dass Fuchs Mitglied der DNVP und des Stahlhelms gewesen sei. Vgl. LASH Abt. 460, Nr. 612.

464 Aussage Fuchs' vor dem Entnazifizierungsausschuss Kiel vom 6. November 1947, ebd.

465 Vgl. Stelbrink: Landrat (Anm. 403), S. 28f.

466 So Fuchs in seinem Entnazifizierungsbogen vom 9. September 1946, LASH Abt. 460, Nr. 612.

467 Vgl. die Aussage von Landesdirektor Müthling vor dem Entnazifizierungsausschuss Kiel vom 6. November 1947, ebd. Vgl. zu dem Vorgang um die Auseinandersetzung zwischen Kreisleiter bzw. Parteidienststellen und Landrat, der in der Folge und den einstweiligen Ruhestand versetzt und anschließend zum Regierungsrat degradiert wurde, Lehmann: Kreisleiter (Anm. 405), S. 282–287.

468 Vgl. Entnazifizierungsbogen vom 9. September 1946, LASH Abt. 460, Nr. 612.

469 Vgl. Stenographischer Bericht des Schleswig-Holsteinischen Landtages, 4. Wahlperiode, 13. Tagung, 29. Sitzung, 14. Dezember 1959, S. 847f., 852 und 862.

Peter Ludwig Petersen, Grundorientierung „exponiert / nationalsozialistisch“:

Petersen[470] wird 1901 im damals zum Deutschen Reich gehörenden Hadersleben in Nordschleswig geboren und besucht dort bis zum Erreichen der Sekundareife das dortige Königliche Gymnasium (Johanneum). Er wird als Landwirt in Schleswig ausgebildet und übernimmt Mitte der 1920er-Jahre einen Pachtbetrieb in der Nähe von Husum an der schleswig-holsteinischen Westküste. Dort erfasst ihn die schleswig-holsteinische Landvolkbewegung, jene bäuerliche Protestbewegung, die sich, rückwärtsgewandt, antimodernistisch und rechtsradikaler Blut- und Bodenideologie verwandt, ab 1928 massiv gegen die Institutionen des demokratischen Systems richtet und damit im Norden der NSDAP den Weg ebnet.[471] Petersen agiert als Mitglied einer „Not- und Schicksalsgemeinschaft“ gegen Zwangsräumungen und -vollstreckungen gegen Berufsgenossen, 1932 wird er wegen Beamtenbeleidigung zu einer Geldstrafe verurteilt.[472] Er findet bereits sehr früh den Weg zur NSDAP, nämlich zum 1. Dezember 1928 unter der Mitgliedsnummer 108.202, womit er knapp die automatische Anspruchsberechtigung auf das Goldene Parteiabzeichen der NSDAP verfehlt. Er gehört sofort zu den regionalen Führungsfiguren der Bewegung, wird 1929 Ortsgruppenleiter, 1932 Kreisamtsleiter für Agrarpolitik, amtiert ab 1933 als stellvertretender Kreisleiter und schließlich ab 1935 als Gauhauptstellenleiter im Amt für Agrarpolitik. Zudem gehört er der SA an und wird bis zum Hauptsturmführer befördert. Neben den Parteiämtern agiert Petersen als Verbandsfunktionär in der Landesbauernschaft, ist dort Hauptabteilungsleiter II und nimmt verschiedene andere Rollen ein, unter anderem als Aufsichtsratsmitglied der Schleswig-Holsteinischen Höfebank und der Schleswig-Holsteinischen Landgesellschaft sowie als Erbhofrichter beim Landeserbhofgericht in Celle. Nach einem frühen Einstieg in die NS-Bewegung gehört Petersen zu den führenden Akteuren der schleswig-holsteinischen Landwirtschaftspolitik und gestaltet sie – soweit dies die hier erhobene Quellensituation darstellt – maßgeblich mit.

Nach Kriegsende fällt Petersen als Gauhauptstellenleiter in die automatic arrest-Kategorien der Besatzungsmacht und wird zunächst in Neumünster-Gadeland, später im Lager Eselheide bei Paderborn interniert; offenbar ohne sich einem Spruchgerichtsverfahren stellen zu müssen, erfolgt im Januar 1947 die Entlassung, provisorisch wird er in Kategorie III „Belastete“ eingestuft.

Als Mitglied gehört Petersen (SHB) in der dritten Wahlperiode dem Schleswig-Holsteinischen Landtag an, an vergangenheitspolitischen Debatten beteiligt er sich nicht.

470 MdL WP03 (SHB), Quellendichte: befriedigend. Vgl. zu seiner Vita: BArch BDC OK, Film 3200 Q0067; BArch R16–I/419; LASH Abt. 458, Nr. 1153; LASH Abt. 460, Nr. 1339 sowie Christian M. Sörensen: Politische Entwicklung und Aufstieg der NSDAP in den Kreisen Husum und Eiderstedt,1918–1933. Neumünster 1995, v. a. S. 268ff.

471 Vgl. zur Landvolkbewegung zusammenfassend den Beitrag Proteste der Landvolkbewegung / Scheiternde Demokratie. In: Uwe Danker/Utz Schließky (Hrsg.): Schleswig-Holstein 1800 bis heute. Eine historische Landeskunde. Husum 2014, S. 213–222.

472 Das Verfahren ist überliefert in LASH Abt. 354, Nr. 1518.

Rudolf Titzck, Grundorientierung „ns-sozialisiert":

Geboren 1925 in Neukirchen/Südtondern in einer Pfarrersfamilie, absolviert Rudolf Titzck[473] 1943 in Flensburg das Abitur und beginnt in Freiburg/Br. ein Studium der Rechts- und Staatswissenschaften. Im April 1944 wird der zunächst untauglich gemusterte Titzck zum Wehrdienst eingezogen, nimmt nicht an Kampfhandlungen teil, erkrankt an TBC und wird anschließend in ein Kriegsgefangenenlager überstellt, das er erst im Januar 1946 verlässt. Ab 1934 gehörte Titzck dem Deutschen Jungvolk und der HJ an, fungierte ab November 1941 als Fähnleinführer. Mit Erreichen der Altersgrenze fand zum 20. April 1943 die – indes in allen Fällen persönlich beantragte – Überführung in die NSDAP statt.

Rudolf Titzck ist Landtagsabgeordneter (CDU) in den Wahlperioden 08 bis 11 (1975 bis 1988), wirkt 1983–87 als Landtagspräsident, war 1970/71 Chef der Staatskanzlei, 1971–79 Innenminister und 1979–83 Finanzminister.

Helmuth Zander, nicht zuordenbar:

Geboren am 15. September 1888 in Babusch (Pommern), tritt Zander[474] zum 1. Mai 1937 der NSDAP bei, zu diesem Zeitpunkt ist er Baurat und lebt im pommerschen Stolp. Er zieht 1950 für den neu gegründeten BHE in den Landtag ein (über die Liste) und bleibt nur für diese eine Wahlperiode dort. Danach lebt er in Eckernförde. Archivalisch ist nur seine Mitgliedskarte der NSDAP überliefert. In vergangenheitspolitischen Debatten tritt er nicht in Erscheinung.

Ein Blick auf die ebenfalls bereits (Diagramm 78 – s. S. 204) vorgestellte Gruppe jener 120 späteren MdL, die bereits während der Zeit der Weimarer Republik Mitglied irgendeiner politischen Partei (exakte Definition: Mitglied „nur nicht nur der NSDAP") gewesen waren, lässt Näheres über diese Sondergruppe erfahren. Die oben ausgesprochene und durch Parteipräferenzen unterstrichene Vermutung, dass sie Träger eines demokratischen Potentials wären, wird mit der Methode der Zuordnung nach Grundorientierungen eindrucksvoll bestätigt: Diese späteren Landtagsabgeordneten bildeten mit einem Anteil von fast zwei Drittel (73; 60,8 %) für die Ausrichtung „oppositionell / ‚gemeinschaftsfremd', dagegen lediglich 38 (31,7 %) als ehemals „angepasst / ambivalent" Eingeordnete sowie mit „nur" sechs Akteuren (5 %), die wir als während der NS-Zeit „systemtragend / karrieristisch" erachten, sowie lediglich einer Person (0,8 %) der Orientierung „exponiert / nationalsozialistisch" *das* demokratische Fundament des jungen Landes Schleswig-Holstein; jedenfalls, wie wir zeigten: vorübergehend.

473 MdL WP08–11 (CDU), Chef der Staatskanzlei (1970–1971), Innenminister (1971–1979), Finanzminister (1979–1983) und Landtagspräsident (1983–1987), Quellendichte: ausreichend. Vgl. zu seiner Vita LASH Abt. 460.12, Nr. 708 sowie seine Personalakte in der Altregistratur des Finanzministeriums Schleswig-Holstein. Vgl. auch Rudolf Titzck: Mein Lebensweg. Kiel 2005.

474 MdL WP02 (GB/BHE), Quellendichte: ausreichend. Vgl. BArch BDC ZK, Film 3100 T0134.

Diagramm 78: **Grundorientierung MdL (ab Jg. 1928), die in Weimarer Republik Mitglieder einer Partei (nicht nur NSDAP) waren; Σ 120**

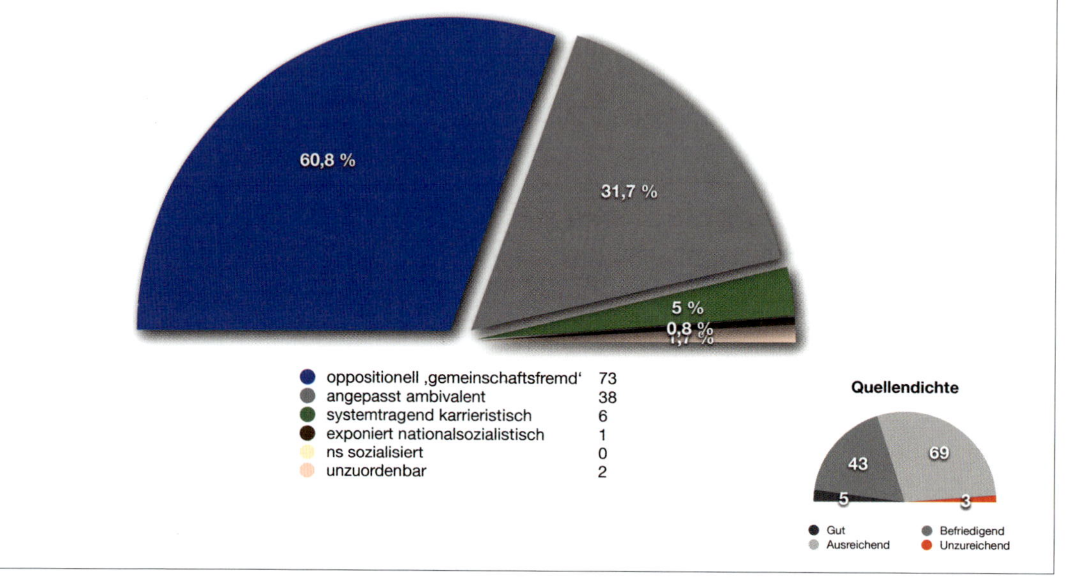

Diagramm 78[475]

Markante Unterschiede liefern im Modell auch die biografisch-regionalen Bezüge: Jene 222 Landtagsabgeordneten der Jahrgänge bis 1928, die aus Schleswig-Holstein stammten oder zumindest bereits vor 1945 hier lebten, lassen sich zu je einem Drittel der Orientierung „oppositionell / ‚gemeinschaftsfremd'" (71; 32 %) respektive „angepasst / ambivalent" (74; 33,3 %) zuordnen, nur fünf beziehungsweise 2,3 % gelten uns als ehemals „systemtragend / karrieristisch", 16 oder 7,2 % als „exponiert / nationalsozialistisch". Bei der Gruppe der 107 Zugewanderten, Vertriebenen oder Flüchtlinge liegt die Quote der Orientierung „angepasst / ambivalent" knapp darunter (33; 30,8 %), der Anteil der ehemaligen Grundorientierung „oppositionell / ‚gemeinschaftsfremd'" erreicht dagegen nur 15 Akteure oder 14 %, während zehn spätere MdL oder 9,3 % als „systemtragend / karrieristisch" und zwölf MdL beziehungsweise 11,2 % als ehemals „exponiert / nationalsozialistisch" gelten, beide zusammen – relativ gesehen – mithin mehr als zweimal so stark vertreten waren wie bei ‚Einheimischen'. – Die Gruppe der zugewanderten Landtagsabgeordneten wies also eine deutlich stärkere reale Vorbelastung auf!

475 Basis: Projektdatenbank.

Diagramm 79: Grundorientierung alle MdL (ab Jg. 1928) mit biografischen Bezügen zu Schleswig-Holstein vor 1945 (stark und leicht); Σ 222

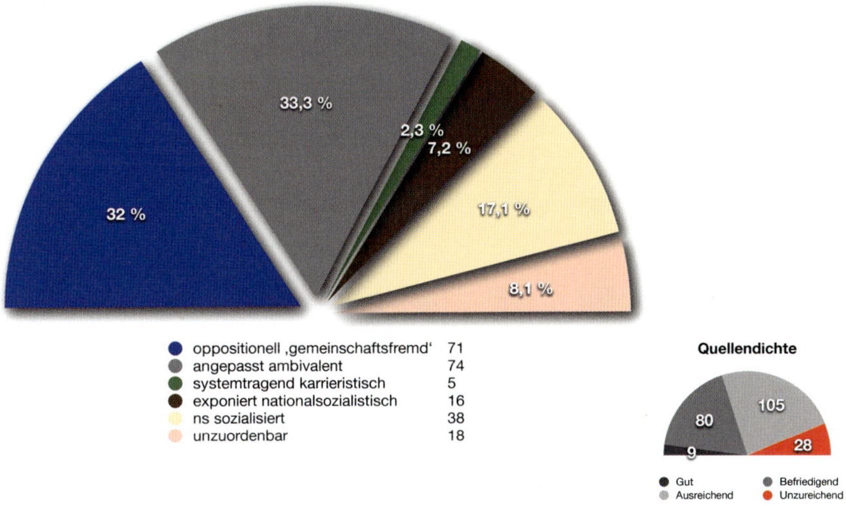

Diagramm 80: Grundorientierung alle MdL (ab Jg. 1928) ohne biografische Bezüge zu Schleswig-Holstein vor 1945; Σ 107

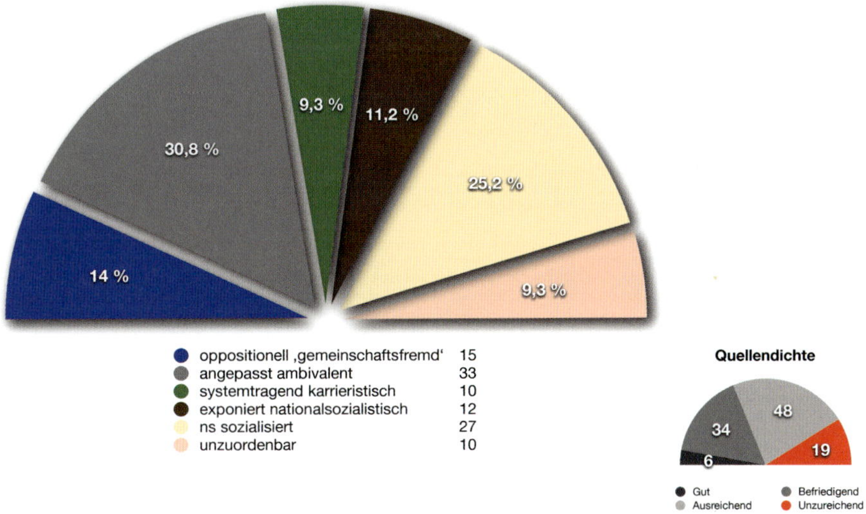

Diagramm 79 und 80[476]

476 Basis: Projektdatenbank.

11. NS-„Grundorientierungen" der späteren Regierungsmitglieder

Das Gesamtprofil der insgesamt 87 Mitglieder aller Kabinette von Steltzer (1945) bis Stoltenberg (1982) fällt – wie schon im Bereich formaler Belastungen – deutlich anders als das der Legislative aus: Mit insgesamt 15 Personen folglich jedes sechste Mitglied (17,2 %) ordnen wir der ehemaligen Grundorientierung „oppositionell / ‚gemeinschaftsfremd'" zu, ein knappes Viertel, nämlich 24,1 % oder 21 Kabinettsangehörige, zählen wir zur ehemaligen Kategorie „angepasst / ambivalent", hingegen zwölf oder 13,8 % kennzeichnen wir als ehemals „systemtragend / karrieristisch" und ebenfalls 13,8 % respektive zwölf Regierungsmitglieder als ehemals „exponiert / nationalsozialistisch". Sieben Regierungsmitglieder (der Kabinette Stol-

Diagramm 81: Grundorientierung alle Kabinette Steltzer bis Stoltenberg (1946-1982); Σ 87

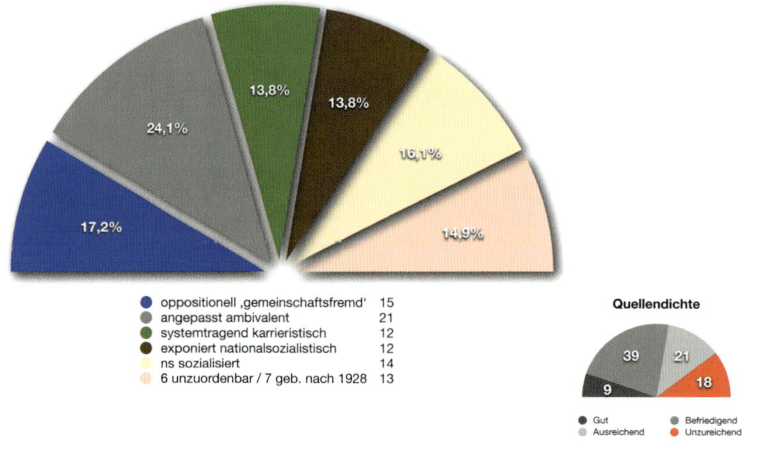

Grundorientierung „oppositionell / ‚gemeinschaftsfremd'": Arp, Erich, o Fr, SPD; Damm, Walter, SPD; Diekmann, Bruno, SPD; Käber, Wilhelm, SPD; Katz, Rudolf Dr. jur., SPD; Kuhnt, Gottfried Dr., CDU; Kuklinski, Wilhelm, SPD; Lübke, Friedrich Wilhelm, CDU; Lüdemann, Hermann, SPD; Matthews, Emil, KPD; Ohnesorge, Lena Dr. med., CDU, GB BHE, o Fr; Pagel, Paul Friedrich Wilhelm Dr.agr., Dr.rer.pol., CDU; Pohle, Kurt, SPD; Preller, Ludwig Prof. Dr., SPD; Steltzer, Theodor, CDU.

Grundorientierung „angepasst / ambivalent": Andresen, Thomas, CDU; Böhrnsen, Hermann, CDU, DP, o Fr; Bundtzen, Hans, CDU; Eisenmann, Otto, FDP, SHB; Engelbrecht-Greve, Ernst Dr. h.c., CDU; Frahm, Heinrich; Gülich, Wilhelm Prof. Dr. sc. pol., SPD; Hassel, von, Kai-Uwe, CDU; Heydebreck, von, Claus-Joachim, CDU; Knudsen, Knud Broder, CDU, FDP, o Fr; Lauritzen, Lauritz Dr.; Mangoldt, von, Hermann Prof. Dr., CDU, o Fr; Osterloh, Edo, CDU; Prätorius, Wolfgang Dr.; Rickers, Willy, CDU; Schenck, Richard Matthias Friedrich Dr., o Fr, SPD; Schücking, Christoph Bernhard; Siegel, Wilhelm, SPD; Specht, Fritz; Wartemann, Max; Wittenburg, Otto.

Grundorientierung „systemtragend / karrieristisch": Andersen, Hermann Dr., FDP; Bartram, Walter Dr.; Borzikowsky, Reinhold; Geib, Ekkehard Prof. Dr.; Kock, Franz; Kracht, Ernst Dr. Dr.; Langenheim, Konrad Prof.; Neumann-Silkow, Ernst Dr.; Qualen, Hans-Hellmuth; Witt, Peter Werner; Wormit, Hans-Georg.

Grundorientierung „exponiert / nationalsozialistisch": Asbach, Hans-Adolf, GB BHE; Boyens, Wilhelm Friedrich Dr.; Gaul, Gerhard; Groeben, von der, Klaus; Kraft, Waldemar, GB BHE; Lemke, Helmut Dr. jur., CDU; Leverenz, Bernhard Dr. jur., FDP; Otto, Hans-Werner Dr.; Schaefer, Carl Anton Dr. rer. pol., GB BHE; Schlegelberger, Hartwig Dr. jur., CDU; Schmidt, Werner Dr.; Sieh, Claus, CDU, DP, o Fr.

Grundorientierung „ns-sozialisiert": Beske, Fritz Prof. Dr.; Böning, Wolfgang Dr.; Hannemann, Kurt; Hebbeln, Hanns-Günther; Knack, Hans-Joachim Dr.; Lausen, Gerd, CDU; Narjes, Karl-Heinz Dr. jur., CDU; Poetzsch-Heffter, Georg; Schwarz, Henning Michael Dr. jur., CDU; Stamer, Hans Prof. Dr.; Stoltenberg, Gerhard Dr. phil., CDU; Titzck, Rudolf, CDU; Westphal, Jürgen Dr., CDU; Wetzel, Günter Dr.

unzuordenbar oder nach 1928 geboren: Barschel, Uwe Dr. jur., Dr. phil., CDU; Bendixen, Peter Dr. phil., CDU; Boysen, Kurt Dr.; Braun, Walter Prof. Dr. rer. pol., CDU; Claussen, Karl Eduard, CDU; Flessner, Günter, CDU; Kribben, Klaus, CDU; Nebel, Hans; Ohmstede, Bernhard; Ryba, Franz Dr., CDU, o Fr; Sureth, Fritz; Traulsen, Sönke Dr.; Treml, Karl Dr.

Diagramm 81[477]

477 Basis: Projektdatenbank.

tenberg) sind nach 1928 geboren, über sechs weitere wissen wir zu wenig. (Da sie alle auch bei der Quellendichte unter „unzureichend" subsummiert werden, erscheint die rote Teilfläche als ungewöhnlich groß.) – Der für reale Vorbelastungen stehende grün-braune Anteil ist mit 27,6 % als erheblich einzuordnen!

Beachten wir, um einen zulässigen Vergleich mit der Untersuchungsgruppe der Landtagsabgeordneten vorzunehmen, nur diejenigen, die definitiv bis 1928 geboren wurden, so steigt der *relative Anteil* real Belasteter auf 24 von 76, also 39,5 %, bei der Parlamentariergruppe betrug er lediglich12,6 % (Diagramm 61), mithin weniger als ein Drittel! – Dieser Befund verweist noch nachdrücklicher als die bisherigen Teilbefunde auf tradierte, systemübergreifende Karrieremuster: Wer eine staatliche Verwaltungslaufbahn anstrebt oder einschlägt, sucht in der Regel eine geeignete berufliche Ausbildung im Bereich der Rechts- und Staatswissenschaft oder im Verwaltungsbereich respektive wählt den Weg des politischen Engagements. Jedenfalls steht er – unsere diesbezügliche Untersuchungsgruppe umfasst nur Männer – bei einem politischen Systemwechsel oft vor der Frage: Arrangieren oder nicht? Die in der deutschen Geschichte des 20. Jahrhunderts im Falle der tatsächlichen Wahlmöglichkeit jeweils mehrheitlich gewählte Antwort ist bekannt und ein wesentlicher Faktor für personelle wie institutionelle Kontinuitäten, womit jedoch weiter unten aufgegriffene Fragen nach der Bedeutung dieser Kontinuitäten noch nicht geklärt sind.

Einschränkend sei darauf hingewiesen, dass Kabinette in gewisser Weise eine Zwitterstellung zwischen Legislative und ministerieller Exekutive einnehmen: Berufliche Staatkarrieren strebten in der Regel von vornherein die Staatssekretäre an, in der Gruppe der Minister_innen befinden sich ebenfalls solche, jedoch auch Akteure, die im Laufe ihrer politischen Laufbahn von der Legislative in die Exekutive wechselten und die im Prinzip jede berufliche Ausrichtung aufweisen können.

Das Diagramm listet alle Namen der den Orientierungen zugeordneten Regierungsmitglieder auf. Es gilt auch für diese transparente Listung das oben Geschriebene: Aus dem jeweiligen Kontext gerissene „Prangerlisten" sind wertlos und führen in die Irre.

Im Folgenden werden in den meisten Berechnungen unabhängig von Geburtsjahrgängen die *tatsächlichen* Kabinettsmitglieder berücksichtigt. Bis 1971 (also bis zum Ende der Kabinette Lemke) gehörten quasi alle Regierungsmitglieder ohnehin zu den Geburtsjahrgängen bis einschließlich 1928; nur in den letzten beiden Regierungsjahren Lemkes saß mit Kultusminister Braun ab 1969 der erste Repräsentant der später Geborenen am Kabinettstisch. Sieben jüngere Mitglieder arbeiteten dann in den Kabinetten Stoltenberg, bezogen allein auch auf deren Strukturen bleiben letzte Zweifel, ausgelöst durch weitere vier Akteure, von denen wir kein Geburtsdatum wissen.

Unterscheiden wir auch für die Exekutive anhand der Zäsur von 1950 die Phasen davor und danach, so entsteht ebenfalls ein deutlicher Kontrast zwischen den Kabinetten Steltzer bis Diekmann (1946–1950) sowie Bartram bis Stoltenberg (1950–1982). In den ersten Kabinet-

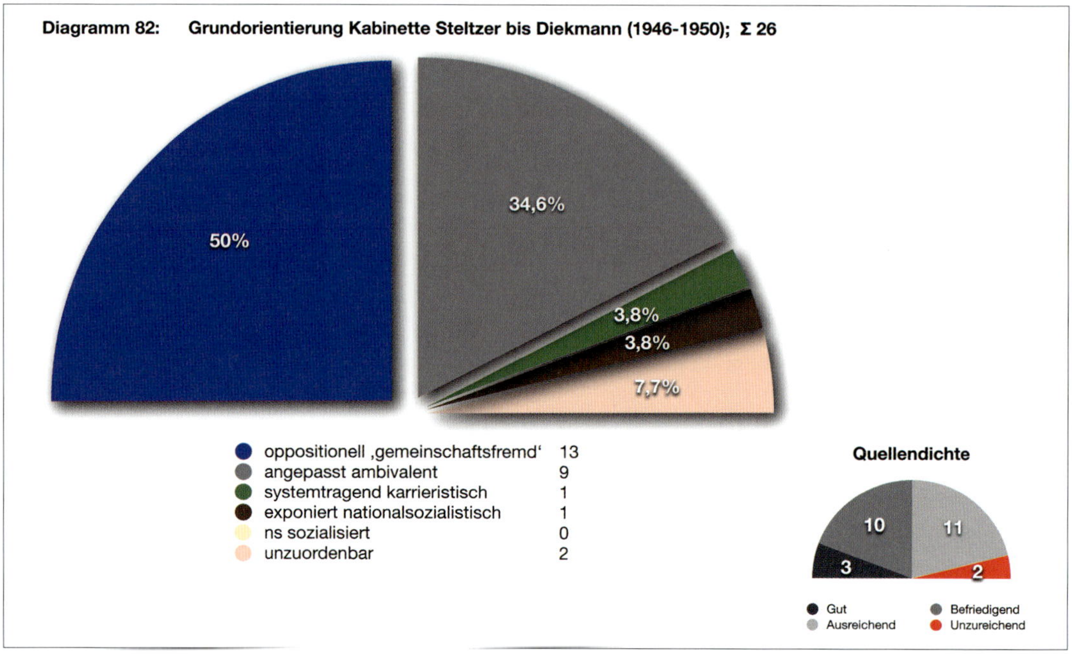

Diagramm 82[478]

ten überwiegt mit exakt 50 % oder 13 Personen die Gruppe jener, die in der NS-Zeit als „oppositionell / ‚gemeinschaftsfremd'" galten, ein Drittel (neun; 34,6 %) der Regierungsmitglieder der Kabinette Steltzer, Lüdemann oder Diekmann war ehemals „angepasst / ambivalent", nur je ein Mitglied (3,8 %) erachten wir als im NS-Staat „systemtragend / karrieristisch" oder „exponiert / nationalsozialistisch", über zwei Kabinettsangehörige wissen wir zu wenig für eine Zuordnung.

Im Zeitraum 1950 bis 1982, in den Kabinetten Bartram, Lübke, von Hassel, Lemke und Stoltenberg, war das Profil trotz geringer Fluktuation ein ganz anderes: Nur mehr drei (4,5 %) Regierungsmitglieder zählten in der NS-Herrschaftsphase zur Orientierung „oppositionell / ‚gemeinschaftsfremd'", 14 (21,2 %) waren ehemals „angepasst / ambivalent", dagegen zwölf (18,2 %) „systemtragend / karrieristisch" und elf (16,7 %) „exponiert / nationalsozialistisch" gewesen. Die sukzessive Verjüngung der Kabinette drückt sich mit 14 Personen (21,2 %) der Geburtsjahrgänge 1918 bis 1928 aus, zudem mit sieben nach 1928 Geborenen (und vier ohne Geburtsdatum gelisteten) in der (insgesamt zwölf Personen, 18,2 % umfassenden) Kategorie „unzuordenbar / geboren nach 1928". – Das Jahr 1950 brachte für unseren Bezugsrahmen personeller Kontinuitäten ganz offenbar die entscheidende und sehr nachhaltige Weichenstellung: Der von antinazistischen und demokratischen Biografien personell ausgedrückte und getragene Neubeginn der unmittelbaren Nachkriegsjahre wurde abgelöst durch die

478 Basis: Projektdatenbank.

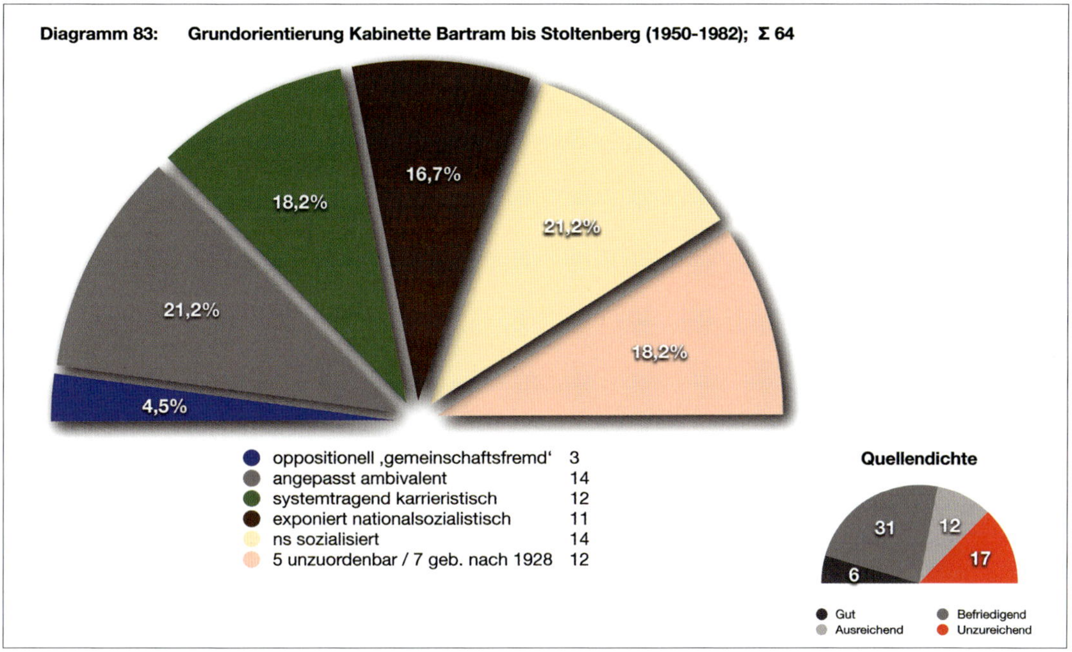

Diagramm 83[479]

Rückkehr tradierter Karrieremuster und bedeutender Teilgruppen, die in der NS-Zeit bereits tragende Funktionen ausgeübt hatten.

Abgeleitet von den jeweiligen Regierungschefs lassen sich die jeweiligen Profile der Kabinette betrachten: Diagramm 84 (s. S. 210) spiegelt mit der Grundstruktur der Anfangskabinette unter Theodor Steltzer die Auswahl der britischen Besatzer. Markant erscheint nur, dass mit Dr. Friedrich Wilhelm Boyens ein ns-vorbelastetes Regierungsmitglied auftaucht: Er war als höherer Verwaltungsakteur 1939 bis 1945 in der Landbewirtschaftungsstelle Krakau tätig und – laut Eigenauskunft während der NS-Zeit – „Blutordensträger".[480] Die in Diagramm 85 (s. S. 210) wiedergegebenen NS-Grundorientierungen der Mitglieder der Kabinette Lüdemann/Diekmann (1947–1950) geben den in der Landtagswahl 1947 zum Ausdruck gekommenen Willen zum Neuanfang wieder: acht in der NS-Zeit „oppositionell / ‚gemeinschaftsfremd'" Orientierte arbeiteten in den Kabinetten mit fünf „angepasst / ambivalent" Ausgerichteten und einem ehemals „exponiert / nationalsozialistisch" Handelnden – nämlich weiterhin Boyens – zusammen.

Nach der einschneidenden Zäsur 1950 erscheint das Profil der Kabinette Bartram (1950–1951), Lübke (1951–1954) und von Hassel (1954–1963) in seiner Grundstruktur ganz erstaunlich stabil: Der Anteil ehemals „oppositionell / ‚gemeinschaftsfremd'" Lebender

479 Basis: Projektdatenbank.

480 Staatssekretär Ernährung, Landwirtschaft und Forsten (1946–1949), Quellendichte: befriedigend. Vgl. BArch BDC OK, Film 3200 C0008; BArch NS 12/3015; BArch R 9361–I/341; LASH Abt. 460.11, Nr. 228.

Diagramm 84: Grundorientierung Kabinette Steltzer (1946-1947); Σ 18

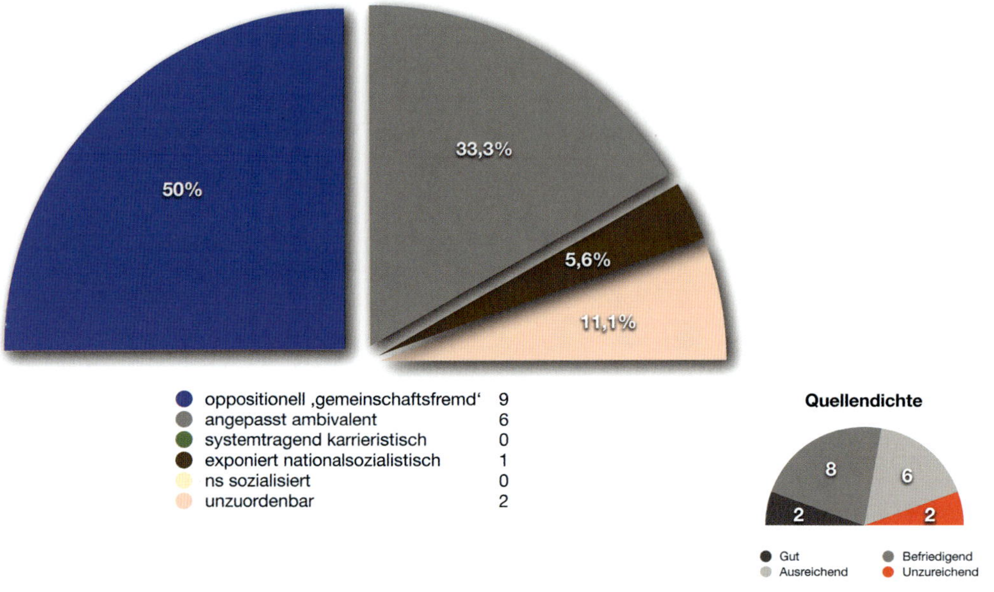

Diagramm 85: Grundorientierung Kabinette Lüdemann/Diekmann (1947-1950); Σ 15

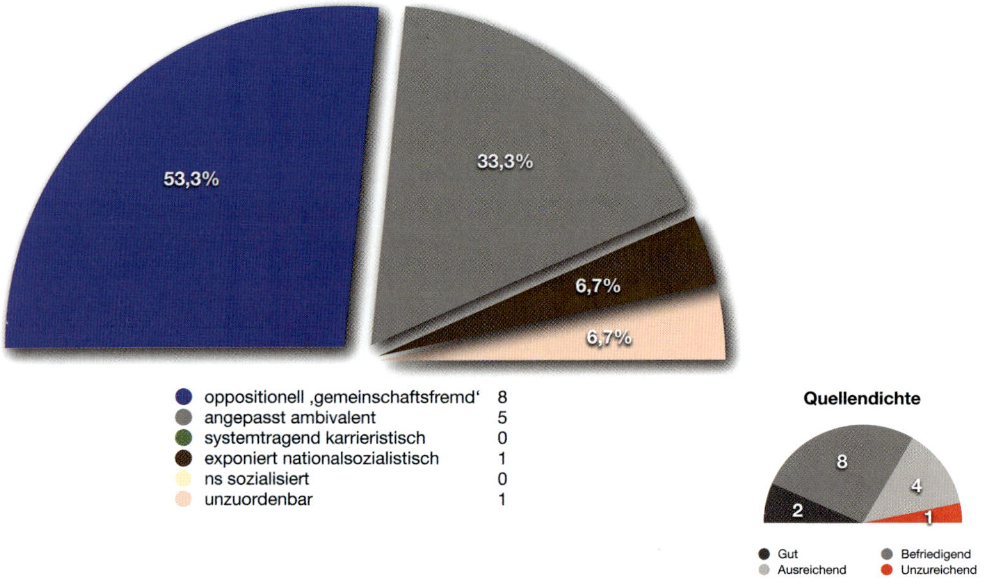

Diagramm 86: Grundorientierung Kabinett Bartram (1950-1951); Σ 13

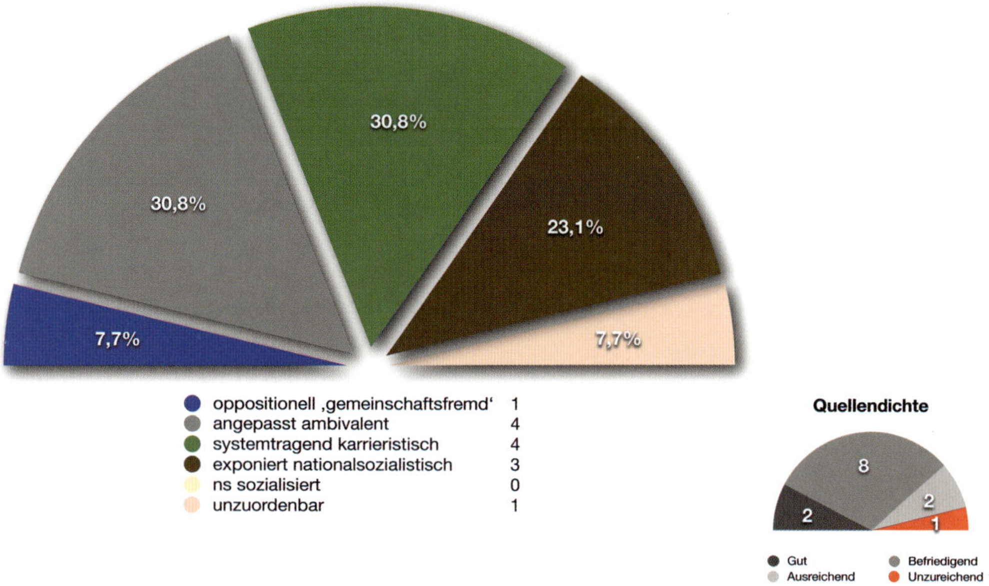

Diagramm 87: Grundorientierung Kabinett Lübke (1951-1954); Σ 15

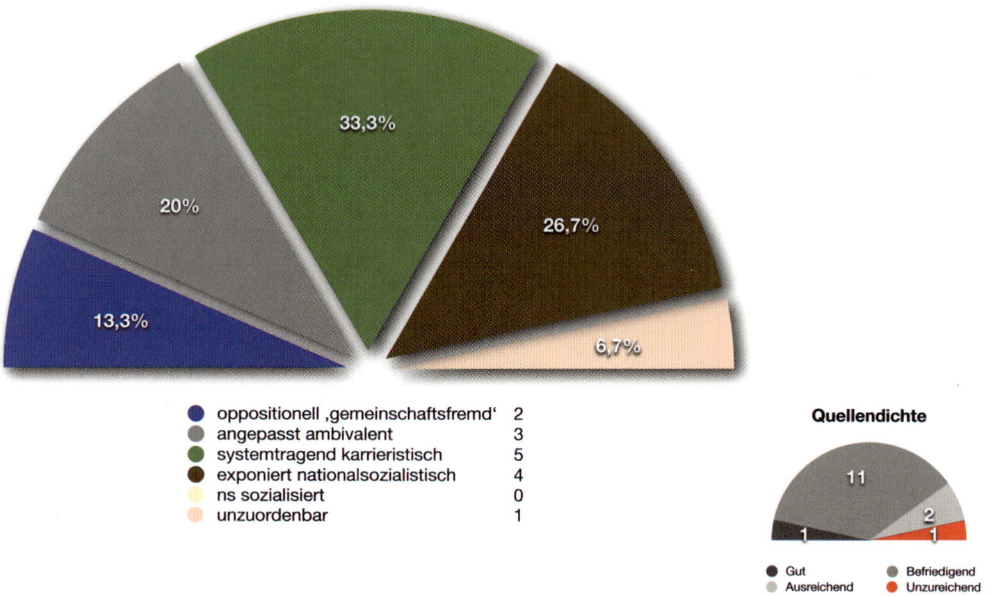

Diagramm 88: Grundorientierung Kabinette von Hassel (1954-1963); Σ 26

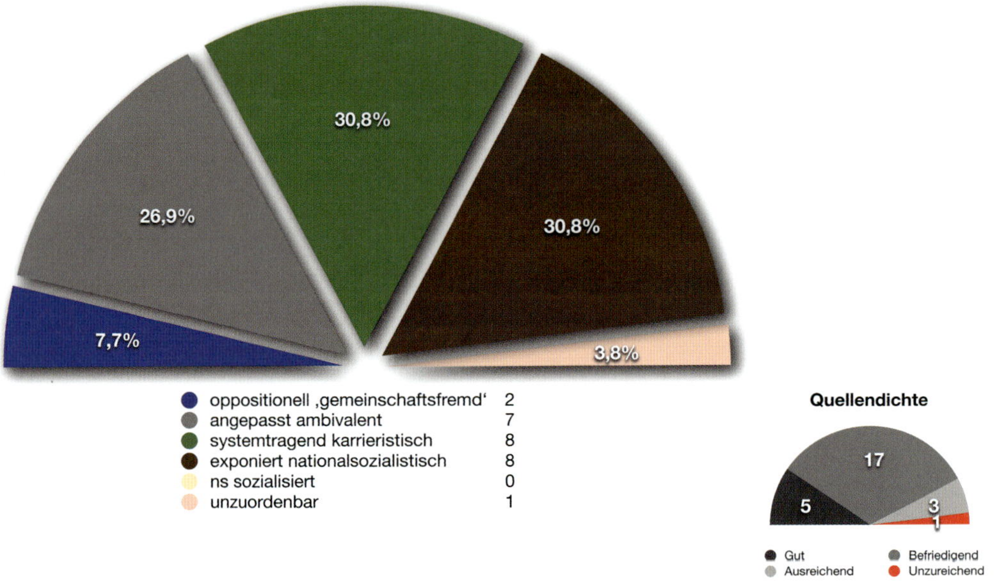

Diagramm 89: Grundorientierung Kabinette Lemke (1963-1971); Σ 31

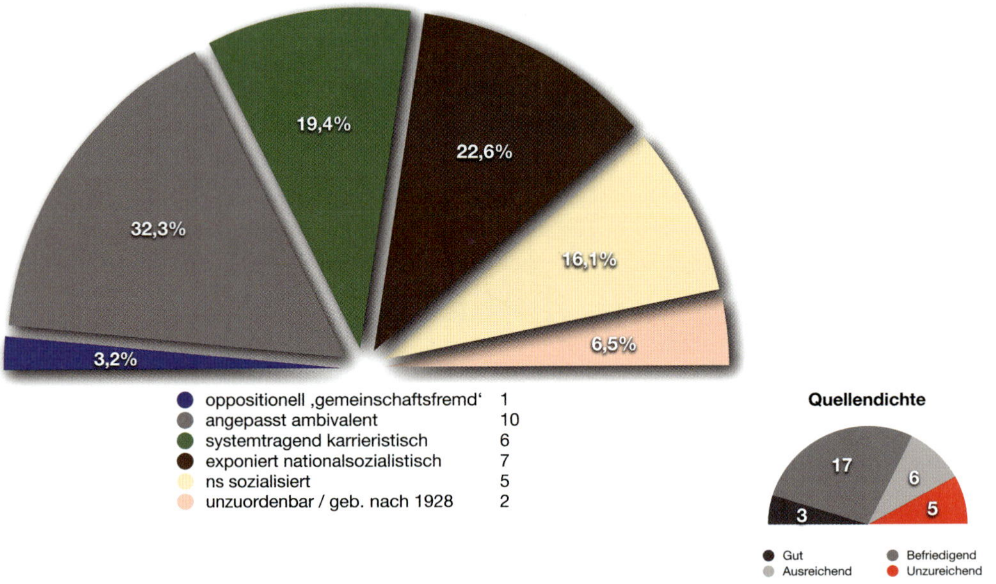

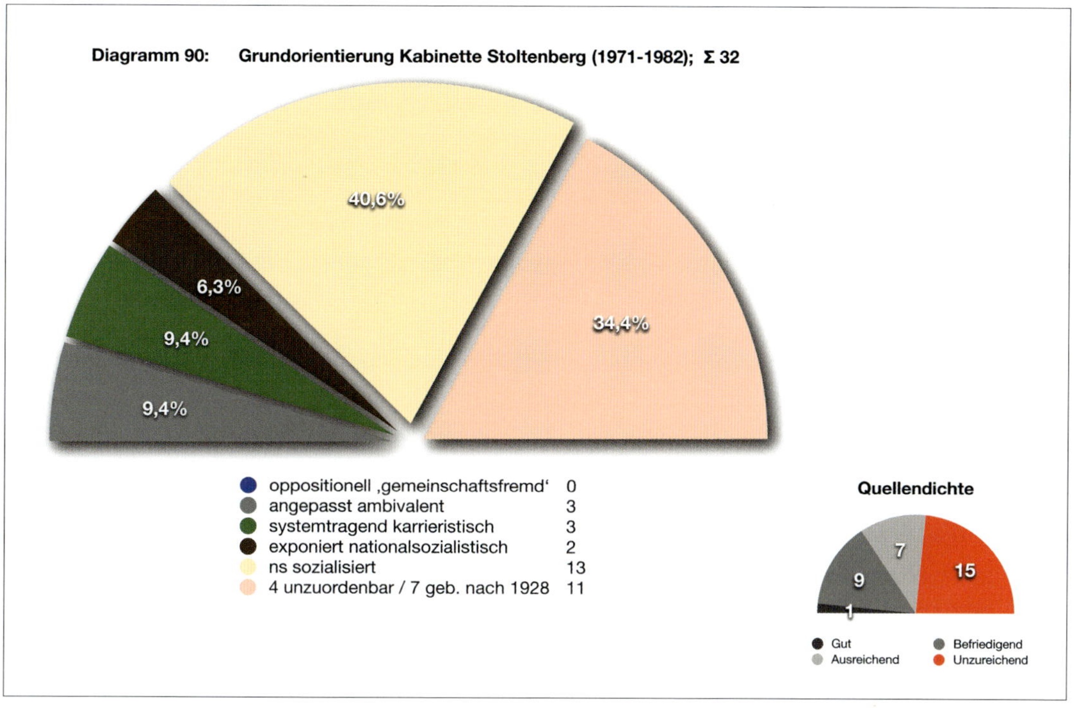

Diagramm 84 bis 90[481]

lag zwischen 7,7 % und 13,3 %, der Anteil jener, die wir für die NS-Zeit als „angepasst / ambivalent" klassifizieren, betrug zwischen 20 % und 30,8 %, zu denen, die bis 1945 als „systemtragend / karrieristisch" zu betrachten sind, zählten 30,8 % bis 33,3 %, schließlich wuchs der Anteil der ehemals „exponiert / nationalsozialistisch" Agierenden von 23,1 % in der Regierung Bartram auf erhebliche 30,8 % – damit auf fast ein Drittel aller Kabinettsmitglieder – in den Kabinetten von Hassel (1954–1963). – Auch an dieser Stelle wird, so meinen wir, der mit dem Modell der „Grundorientierung" verbundene Gewinn an differenzierter Erkenntnis deutlich: Denn anders als in der Landesgeschichtsschreibung bisher angenommen, war also – noch deutlicher als oben im Bereich der formalen Belastungsanalyse erkennbar – nicht die Regierung Bartram personell am problematischsten zusammengesetzt,[482] sondern leitete einige Jahre später der weltgewandte, jugendlich wirkende Ministerpräsident Kai-Uwe von Hassel die schleswig-holsteinischen Kabinette mit den höchsten Anteilen real ns-belasteter Mitglieder!

481 Basis: Projektdatenbank.

482 Die Regierung Bartram sei eine „Koalition aus SA, SS und NSDAP" gewesen, schreibt in einer eher journalistischen Geschichtspräsentation Michael Legband, vgl. ders.: Von der Provinz zum Bundesland. Schleswig-Holstein im 20. Jahrhundert. In: Jann M. Witt/Heiko Vosgerau (Hrsg.): Schleswig-Holstein von den Ursprüngen bis zur Gegenwart. Hamburg 2002, S. 327–383, hier S. 360.

Bis 1963 galt: Quasi alle Regierungsmitglieder in diesem Zeitraum waren vor 1918 geboren. Erst mit den Kabinetten Lemke (1963–1971) und dann besonders deutlich Stoltenberg (1971–1982) setzte der Prozess der Verjüngung ein: Neben einem (3,2 %) ehemals „oppositionell / ‚gemeinschaftsfremd'" zu Verortenden und zehn (32,3 %) „angepasst / ambivalent" Ausgerichteten saßen am Kabinettstisch Lemkes (Diagramm 89 – s. S. 212) noch sechs (19,4 %) ehemals „systemtragend / karrieristisch" und sieben (22,6 %) „exponiert / nationalsozialistisch" Handelnde neben den ersten sechs ab 1918 Geborenen, darunter ab 1969 mit Kultusminister Prof. Dr. Walter Braun auch ein Akteur, dessen Geburtsjahr 1930 war, also aus der Kategorie „ns-sozialisiert" herausweist. In den Kabinetten Stoltenberg (Diagramm 90 – s. S. 213) waren schließlich (mindestens)[483] 13 zwischen 1918 und 1928 sowie sieben nach 1928 Geborene vertreten; mithin zwei Drittel aller Kabinettsmitglieder! Zur Gruppe der altgedienten Regierenden zählten noch drei im NS-Staat „angepasst / ambivalent" Orientierte, für real ns-vorbelastet erachten wir lediglich fünf, nämlich zwei ehemals „exponiert / nationalsozialistisch" und drei „systemtragend / karrieristisch" aufgetretene Kabinettsmitglieder. – Der Einfluss dieser qualifizierten Minderheit am Kabinettstisch sollte nicht zu gering erachtet werden, auch befanden sich, wie oben gezeigt, unter den 13 „NS-Sozialisierten" fünf ehemalige NSDAP-Mitglieder. Aber die Dominanz der Akteure, die in der NS-Zeit bereits wichtige Funktionen eingenommen hatten und zu einem erheblichen Teil auch als belastet gelten mussten, war vorüber.

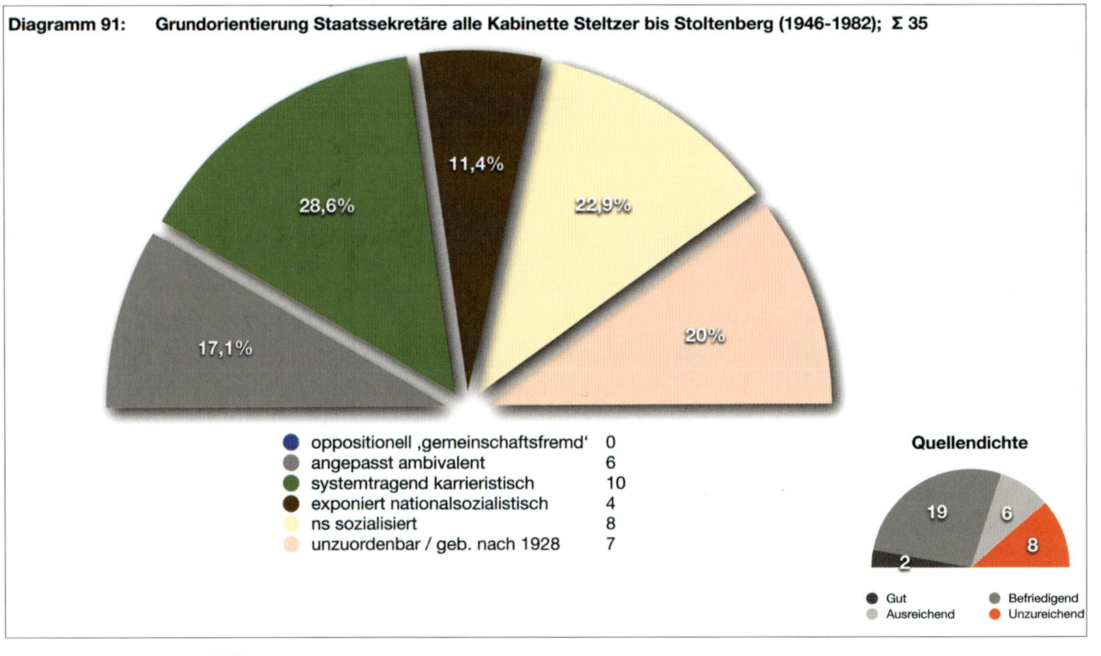

Diagramm 91[484]

483 Wie oben ausgeführt kennen wir in vier Fällen der Kabinettsmitglieder Stoltenbergs kein Geburtsdatum.
484 Basis: Projektdatenbank.

Wie schon erörtert (Diagramm 91 – s. S. 214) dürfen wir für die Teilgruppe der beamteten Staatssekretäre von einem höheren Homogenitätsgrad ausgehen: Berufs- und Karrierewege zeigen mehr Übereinstimmungen, die juristische Profession überwiegt deutlich, ebenso die Anlehnung an den Arbeitgeber Staat. Der Blick auf das Profil der 35 Akteure umfassenden Gesamtgruppe aller Staatssekretäre in schleswig-holsteinische Landesregierungen 1946 bis 1982 bestätigt die Vorannahmen: Kein einziger von ihnen war nach unseren Kriterien in der NS-Zeit „oppositionell / ‚gemeinschaftsfremd'" orientiert, sechs (17,1 %) von ihnen „angepasst / ambivalent", immerhin zehn (28,6 %) gelten uns als ehemals „systemtragend / karrieristisch" und vier (11,4 %) als „exponiert / nationalsozialistisch". Zusammen stellte die Teilgruppe der durch ihre vergangenen Rollen und Funktionen real Belasteten einen Anteil von exakt 40 %! Die im letzten Phasendrittel sukzessive einsetzende Verjüngung drückt sich im Anteil der acht (22,9 %) zwischen 1918 und 1928 sowie zwei weiteren nach 1928 Geborenen aus; für vier der weiteren als „unzuordenbar" eingeordneten fünf Staatssekretäre liegt uns kein Geburtsdatum vor.

Der kursorische Vergleich der Zeitabschnitte vor und nach 1950 bestätigt unsere bisherigen Erkenntnisse im erwarteten Sinne nicht! (Diagramm 92 und 93 – s. S. 216.) Unsere Kategorisierung beginnt für diese Gesamtgruppe erst mit der Orientierung „angepasst / ambivalent". Eine Ursache liegt darin, dass mit insgesamt sechs Staatssekretären bis 1950 eine für belastbare statistische Vergleiche zu kleine Gruppe entstand. Gleichwohl ist es bemerkenswert, dass es selbst den Ministerpräsidenten Steltzer (CDU) und Lüdemann (SPD), die beide dem Widerstand angehört hatten, offenbar 1946 und 1947 nicht gelang, beamtete Staatssekretäre zu rekrutieren, die als Gegner des NS-Regimes ausgewiesen waren – wenn das denn überhaupt ein priorisiertes Rekrutierungskriterium war.

Aufgrund der geringen absoluten Zahlen unter einem ziemlichen Vorbehalt sollen zum Abschluss die von den jeweiligen Ministerpräsidenten abgeleiteten Profile der von ihnen betrauten beamteten Staatssekretäre am Kabinettstisch betrachtet werden (Diagramme 94–100 – s. S. 217–220): Neben dem bereits erörterten Fehlen ehemals Oppositioneller in den Kabinetten Steltzer und Lüdemann überrascht, dass – wie oben schon einmal vermerkt – mit Dr. Wilhelm Friedrich Boyens ein ehemaliger Besatzungsakteur der „Landbewirtschaftungsstelle Krakau" und – nach Eigenangabe – „Blutordensträger der NSDAP", also ein ehemals „exponiert / nationalsozialistisch" Orientierter als Staatssekretär wirkte. Seine Sachkompetenz scheint unstrittig gewesen zu sein, war er doch Autor und „Beauftragter" der nach Friktionen schließlich umgesetzten Bodenreformpolitik der Regierung Lüdemann.[485]

Mit der Regierung Bartram hielten ehemals „systemtragend / karrieristisch" ausgerichtete Staatssekretäre Einzug in die schleswig-holsteinischen Kabinette, beginnend mit einem Anteil von 28,6 %, 1951 im Kabinett Lübke (mit vier von acht) ansteigend auf 50 %, 1954 bis 1963 in den Kabinetten von Hassel mit acht Akteuren einen Anteil von 57,1 % stellend, um

485 Vgl. Jenspeter Rosenfeldt: „Nicht einer ... viele sollen leben!" Landreform in Schleswig-Holstein 1945–1950. Kiel 1991, insb. S. 100ff.

Diagramm 92: Grundorientierung Staatssekretäre der Kabinette Steltzer bis Diekmann (1946-1950); Σ 6

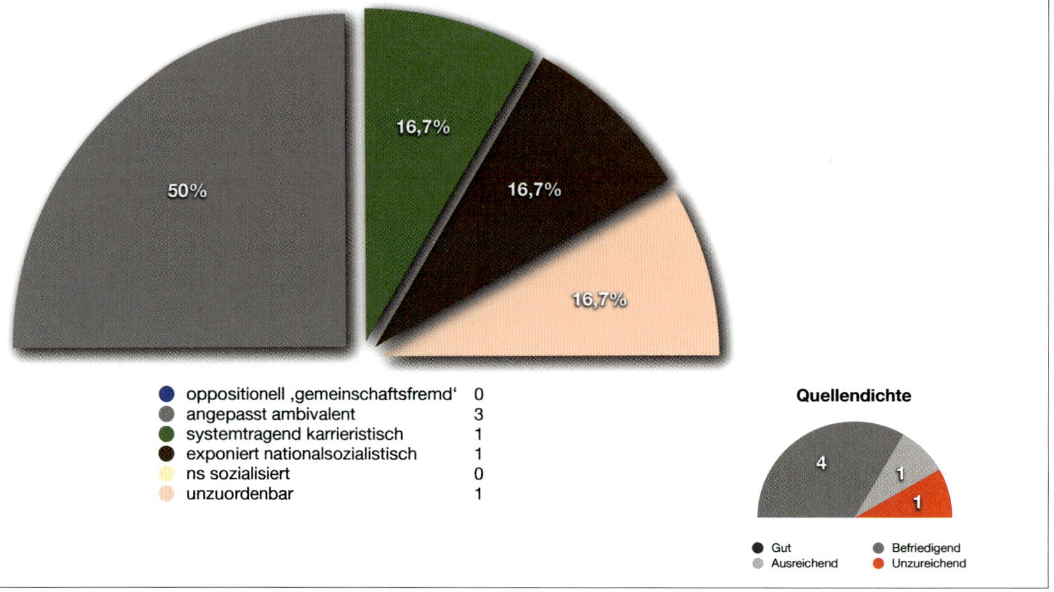

Diagramm 93: Grundorientierung Staatssekretäre der Kabinette Bartram bis Stoltenberg (1950-1982); Σ 34

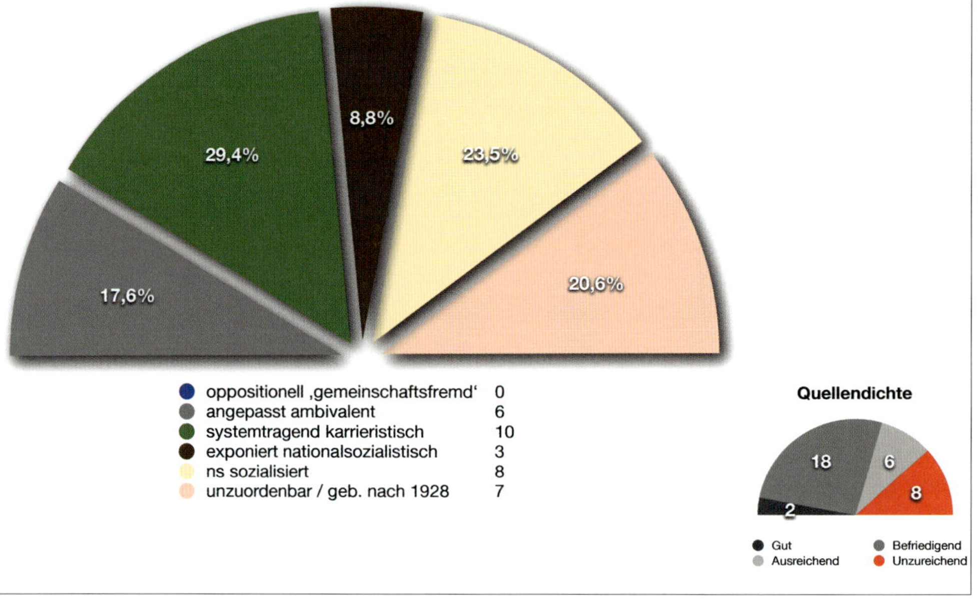

Diagramm 92 und 93[485]

486 Basis: Projektdatenbank.

Diagramm 94: Grundorientierung Staatssekretäre Kabinette Steltzer (1946-1947); Σ 4

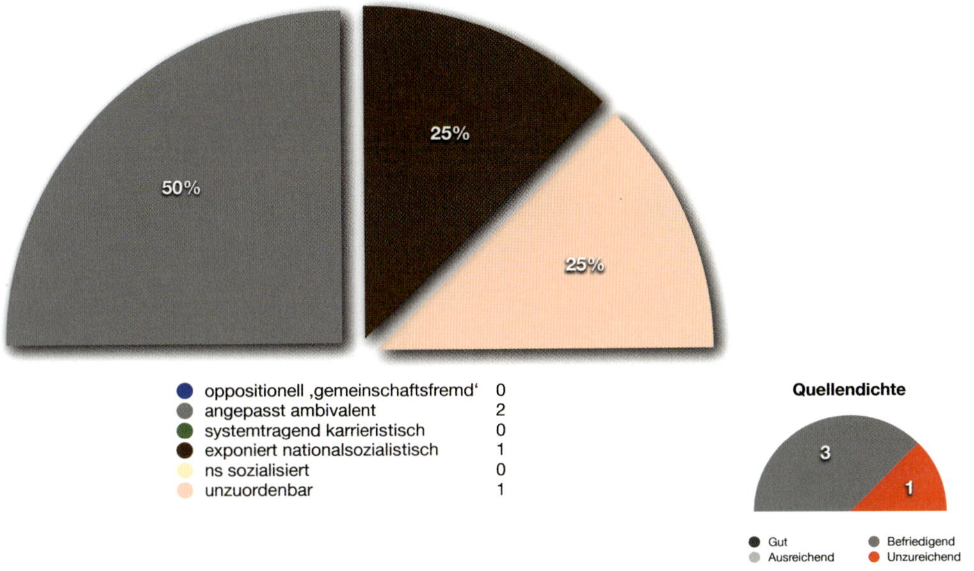

Diagramm 95: Grundorientierung Staatssekretäre Kabinette Lüdemann/Diekmann (1947-1950); Σ 5

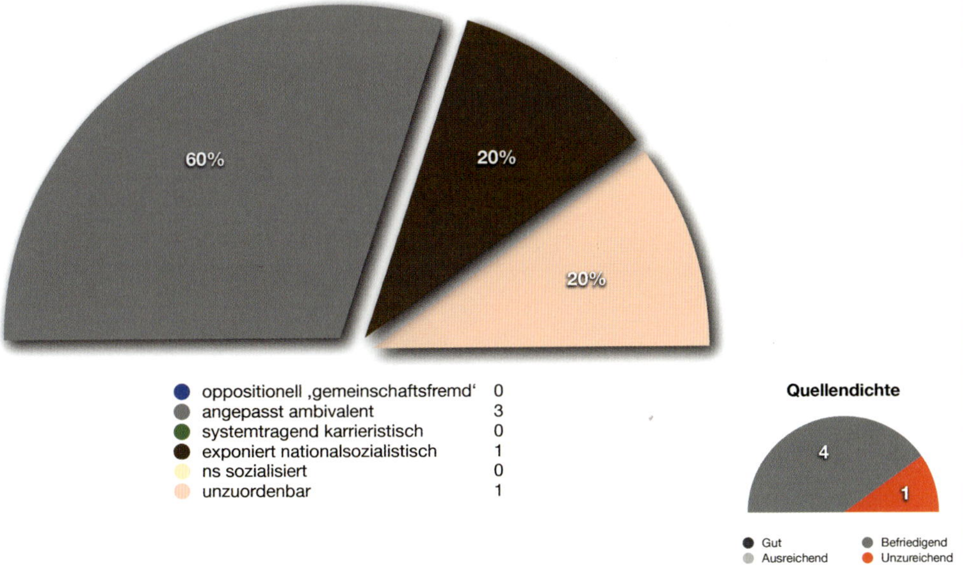

Diagramm 96: Grundorientierung Staatssekretäre Kabinett Bartram (1950-1951); Σ 7

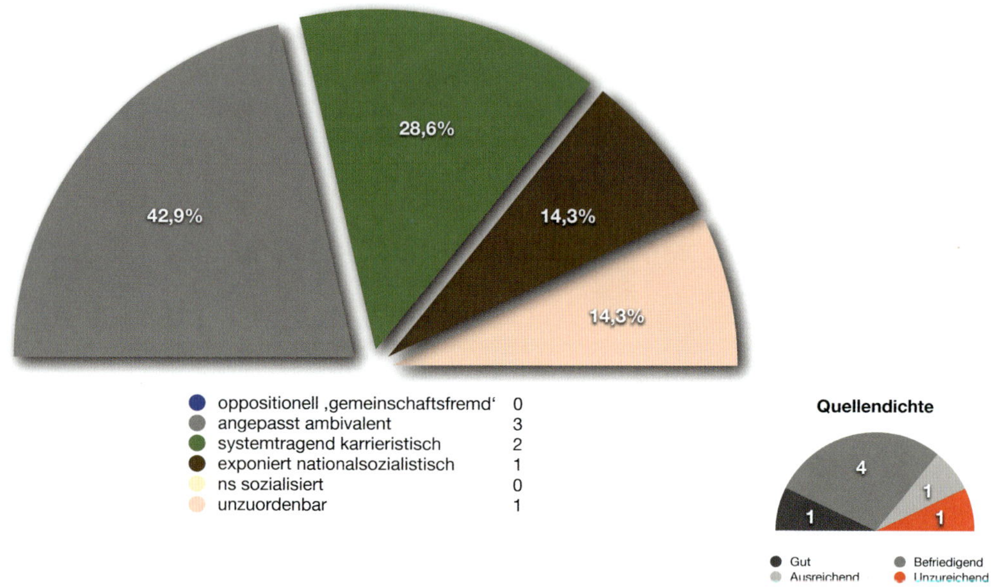

Diagramm 97: Grundorientierung Staatssekretäre Kabinett Lübke (1951-1954); Σ 8

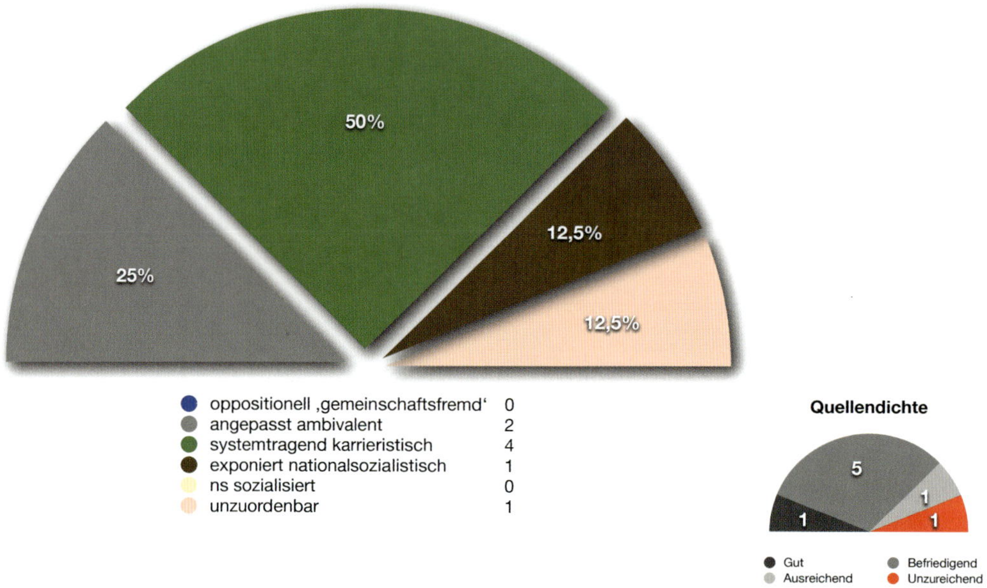

Diagramm 98: Grundorientierung Staatssekretäre Kabinette von Hassel (1954-1963); Σ 14

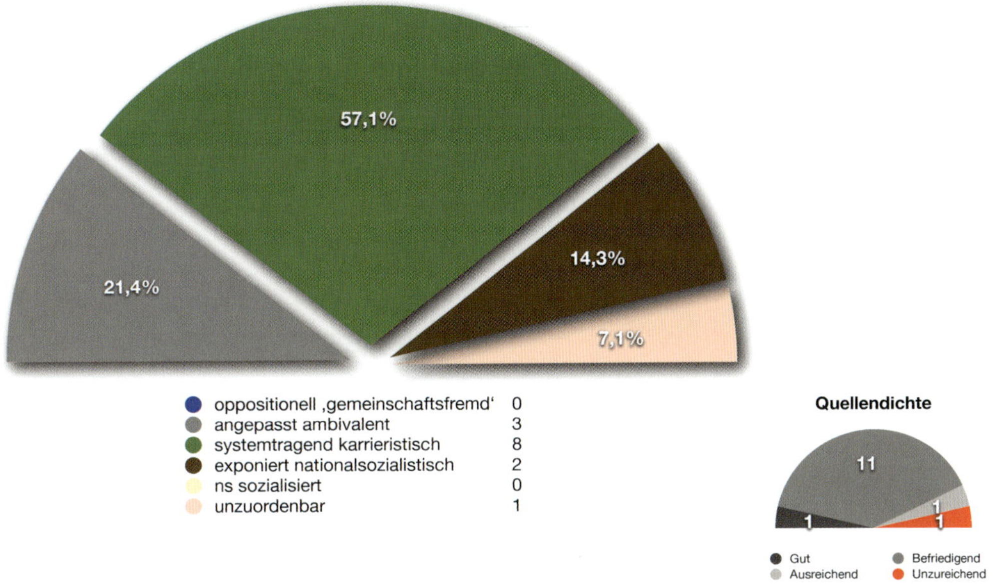

Diagramm 99: Grundorientierung Staatssekretäre Kabinette Lemke (1963-1971); Σ 15

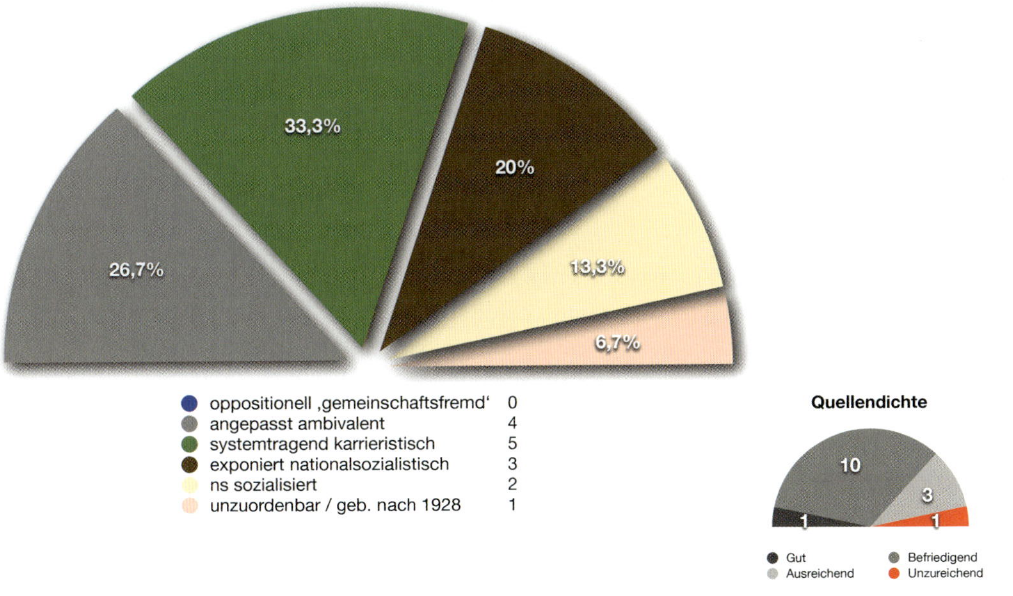

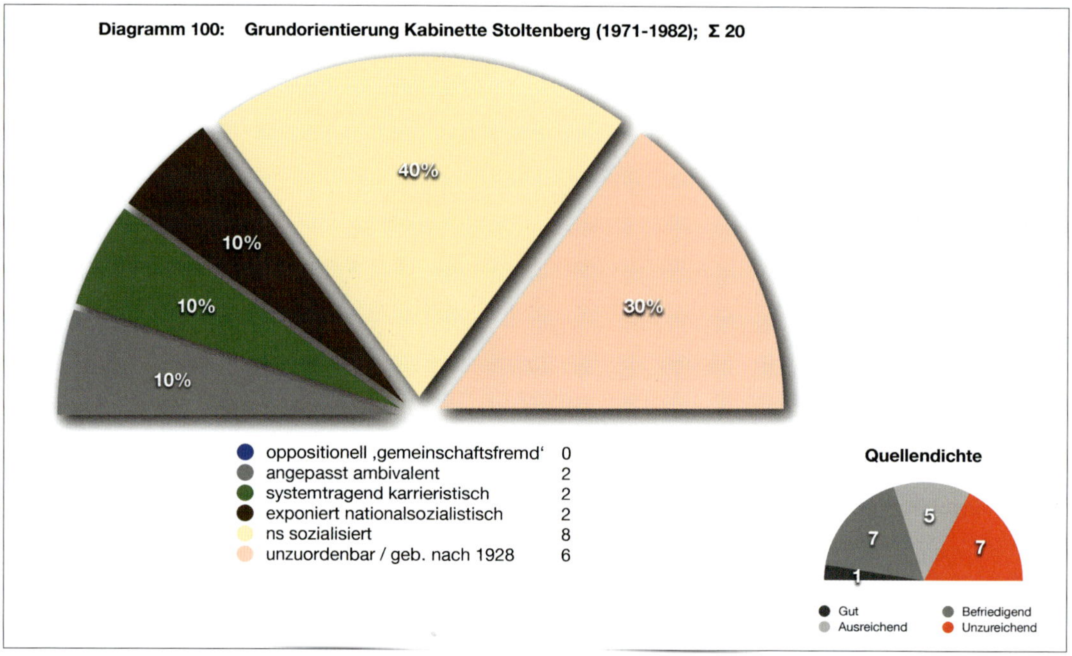

Diagramm 94 bis 100[487]

dann in den Kabinetten Lemke 1963 bis 1971 auf 33,3 % fallend, schließlich – im Kontext rasanter Verjüngung – in Stoltenbergs Kabinetten nur noch mit zwei Personen 10 % zu repräsentieren. Der Anteil ehemals „exponiert / nationalsozialistisch" ausgerichteter Staatssekretäre mäanderte zwischen 1950 und 1982 in den Kabinetten Bartram bis Stoltenberg zwischen 10 % und 20 %. Von uns als ehemals „angepasst / ambivalent" Kategorisierte waren zwischen 1951 und 1971 in den Kabinetten Lübke bis Lemke recht stabil mit 21,4 % bis 26,7 % vertreten, davor kurz erheblich stärker, danach geringer.

Diese auf staatliche Karrieren ausgerichtete, juristisch ausgebildete Funktionselite war seit den monarchischen Zeiten, während derer 21 respektive 60 % der hier betrachteten Akteure auch noch geboren waren, von besonderer Homogenität gekennzeichnet. Ihre tradierten, den Wechsel von Staatsverfassungen überdauernden Karrierewege drückten sich am deutlichsten darin aus, dass in sämtlichen Kabinetten der Jahrzehnte zwischen 1951 und 1971 der addierte Anteil der durch ihre Rollen oder Funktionen in der NS-Zeit real vorbelasteten Angehörigen der Orientierungen „systemtragend / karrieristisch" und „exponiert / nationalsozialistisch" 62,5 % (Kabinett Lübke), 71,4 % (Kabinette von Hassel) und immerhin noch 53,3 % (Kabinette Lemke) betrug. – Und wieder fällt die Regierungszeit von Hassels (1954–1963) aus dem Rahmen, nämlich sehr deutlich nach oben!

487 Basis: Projektdatenbank.

12. Zweite Stufe: 18 plus vier NS-„Typen" mit biografischen Beispielen

Als zweite Stufe der Kategorisierung haben wir, jeweils abgeleitet aus einer der vier Grundorientierungen, zur weiteren Ausdifferenzierung „Typen" gebildet. Dabei geht es um wesentliche, die Person, ihr Handeln, ihre Biografie und ihre Wahrnehmung im Sinne der übergreifenden Fragestellungen des Projekts prägende und markante Aspekte. Einbezogen sind neben Verhaltensweisen, soweit Relevanz entfaltend, auch biografische Dispositionen. Die Kategorisierungsstufe „Typen" bildet als Zuordnungssystem eine Vielfalt an individuellen Rollen, wahrgenommenen Wegen und getroffenen Entscheidungen innerhalb von Handlungsspielräumen im Nationalsozialismus ab. Orientiert an der „sozialen Praxis" (Lüdtke) des NS-Herrschaftssystems schaffen die von uns ebenfalls a priori konstruierten 18 plus 4 „Typen" abgeleitete Untergruppen der „Grundorientierungen".

Diese Typisierung bildet ein pragmatisches, indes heterogenes Konglomerat von (dominierenden) Rollen, Erfahrungen, Verhalten und Prägungen. Damit ist das Modell nicht völlig schnittfrei. Die den einzelnen Typen zugrundeliegenden Definitionen stammen aus den folgenden, sehr unterschiedlichen Bezugssystemen: grundlegende Verhaltensmuster, Prägungen durch Herkunft, unfreiwillige Zielgruppen nationalsozialistischen Handelns, berufliche Karrieren und exponierte gesellschaftliche oder politische Rollen. – Die Belastbarkeit des Konzerts daraus abgeleiteter, heterogen definierter Typen ist zu testen.

Im Vergleich mit den Grundorientierungen sind die Typen, so glauben wir, gleichwohl in stärkerem Maße in der Lage, individuelle Wege und auch Verhaltensänderungen abzubilden, da sie – anders als die Grundorientierungen – nicht zwangsläufig auf ein eindeutiges Spektrum innerhalb der jeweiligen Grundorientierung angelegt sind, sondern eine Reihe von Merkmalen zu als idealtypisch verstandenen Mustern bündeln. Bei dieser Anlage müssen die den jeweiligen Typen zugeordneten, auf der vorliegenden Quellenbasis konstruierten Lebenswege und Verhaltensformen den Definitionen nicht vollständig entsprechen, wohl aber in den meisten Merkmalen. Denn auf Basis der recherchierten Quellen haben wir versucht, jeweils den *individuell-biografischen Kern dessen zu identifizieren, was die Person, ihr Handeln, ihre Biografie und ihre tatsächliche Rolle im NS-Regime ausmachte.* Anders als bei der Zuordnung zu den Grundorientierungen war bei der Zuweisung zu einzelnen Typen in einigen Fällen auch mehr als nur eine Möglichkeit zumindest denkbar. Der entscheidende Faktor für die Zuordnung bestand in der Frage nach den eine Person überwiegend charakterisierenden Merkmalen. Wir haben begründet und reflektiert Entscheidungen getroffen, bezogen auf die Typen mögen andere zu anderen kommen können (s. Abb. S. 220).

Der Fall des späteren langjährigen schleswig-holsteinischen Finanzstaatssekretärs Dr. Ekkehard Geib[488] mag das exemplarisch verdeutlichen. 1909 in Berlin geboren, studiert Geib 1928–1932 Rechtswissenschaften in Berlin, Paris und Kiel, wird 1932 promoviert, durchläuft

488 Finanzstaatssekretär (1962–1975), Quellendichte: befriedigend.

Abbildung 6: Typisierung

bis 1936 als Gerichts- und später als Regierungsreferendar in den ersten Jahren des sich formierenden nationalsozialistischen Deutschen Reichs erfolgreich schleswig-holsteinische Stationen der höheren Verwaltungsbeamtenlaufbahn. Zwischen 1936 und 1939 ist Geib als Regierungsassessor beim Landratsamt in Oppeln/OS und bei der Regierung Liegnitz eingesetzt, bis er dann nach dem Bruch des Münchener Abkommens und der sogenannten „Zerschlagung der Rest-Tschechei" in den neu dem Deutschen Reich einverleibten „Reichsgau" Sudetenland versetzt wird, zunächst als kommissarischer Landrat in Sternberg (Regierungsbezirk Troppau), später als (stellvertretender) Landrat in Bärn (ebendort) und Falkenau sowie Elbogen (beide Regierungsbezirk Eger). In der Kriegsendphase ab August 1944 leistet Geib als Unteroffizier Wehrdienst.[489]

Politisch engagiert sich Geib vor 1933 nur als Schüler 1925 im Jungstahlhelm und findet vor Mai 1933, dem Beginn der Mitgliedersperre, nicht den Weg in die NSDAP. Offenbar verspürt er jedoch im Zuge seiner weiteren Laufbahn einen so erheblichen Anpassungsdruck, dass er dem NSKK beitritt, darin 1939 den Rang eines Oberscharführers bekleidet,[490] und am 1. Mai 1937, dem ersten Tag der Lockerung der Mitgliedersperre, einen Aufnahmeantrag der NSDAP unterschreibt,[491] in der er zudem kommissarisch das Amt einen Blockleiters übernimmt. Insgesamt keinesfalls ein ungewöhnlicher Lebenslauf, vielmehr nahezu klassisch bezogen auf Karriereweg und Anpassungsverhalten für einen höheren Verwaltungsbeamten im „Dritten Reich", sodass die Zuordnung zum Typ „(Höherer) Staatsbediensteter" in der Grundorientierung „systemtragend / karrieristisch" auf der Hand liegt.

Allerdings gibt es auch durchaus Aspekte, die eine andere Zuordnung, nämlich entweder zum Typ „Verfolgungsakteur" bzw. „Besatzungsakteur" und damit eine Grundorientierung „exponiert / nationalsozialistisch", nicht ausschließen. So ist zum einen seine Rolle als Landrat im Sudetenland ungeklärt und mit Hinblick auf die Implementierung nationalsozialistischer Politik zu untersuchen.[492] Zum anderen ist in einem Personendossier des MfS zu Geib eine Notiz überliefert, die ihn 1939 als „Reg.Rat, Landrat in Pinczow, Distrikt Radom in Polen" platziert, mithin in das von Deutschen errichtete Generalgouvernement und damit in den Zusammenhang der dortigen Besatzungsverbrechen, was ihn als Besatzungsakteur charakterisiert.[493] Ohne vertiefte Recherche sind beide Aspekte jedoch nicht substanziell genug, um die

489 Vgl. zu seinem Lebenslauf die Unterlagen in seiner Personalakte in der Altregistratur des schleswig-holsteinischen Finanzministeriums sowie seine Personalakte als Honorarprofessor am Juristischen Seminar der CAU Kiel, LASH Abt. 47, Nr. 6588.

490 Vgl. Ernennungsvorschlag zum Regierungsrat vom 30. September 1939; BStU MfS HA IX/11 PA 2676.

491 Vgl. Aufnahmeantrag vom 1. Mai 1937.

492 Vgl. zum Aufbau der Verwaltung im Sudetengau Volker Zimmermann: Die Sudetendeutschen im NS-Staat. Politik und Stimmung der Bevölkerung im Reichsgau Sudetenland (1938–1945). Essen 1999, v. a. S. 137–163, sowie zur NS-Judenpolitik Jörg Osterloh: Nationalsozialistische Judenverfolgung im Reichsgau Sudetenland 1938–1945. München 2007.

493 Vgl. undatierte Zusammenstellung in BStU MfS HA IX/11 PA 2676, die als Quellennachweis Personalakten anderer Personen aus dem Reichsministerium des Inneren angibt. Allerdings existierte keine eigene Hauptmannschaft Pinczow, der Landkreis Pinczow gehörte zur Kreishauptmannschaft Miechów, bis zum 13. Dezember 1939 unter der Leitung von Kreishauptmann Dr. Eduard Boos, vgl. Roth: Herrenmenschen (Anm. 329), S. 444, 462.

vorgenommene Einordnung zu korrigieren, so überwiegen nach unserer Analyse die Typenmerkmale „(Höherer) Staatsbediensteter", wobei zukünftige vertiefte Kenntnisse eine Umgruppierung bewirken könnten.

Als weiteres Beispiel mag der Fall des späteren Landtagsdirektors Fritz Völpel[494] dienen, der aufgrund seiner langjährigen Tätigkeit (1942–1945) beim Reichskommissar für Norwegen dem Typ „Besatzungsakteur" der Grundorientierung „exponiert / nationalsozialistisch" zuzuordnen ist.[495] Denkbar wäre auch die Kategorisierung als „Verfolgungsakteur" wegen seiner vertretungsweisen Tätigkeit als Bearbeiter von Sondergerichtssachen bei der Staatsanwaltschaft Frankfurt a. M. 1933/34[496] bzw. wegen des Hinweises, dass er mit Wirkung zum 1. Mai 1943 zum „Führer im RSHA" (Reichssicherheitshauptamt) ernannt worden sei.[497] Wie in allen Zweifelsfällen war auch hier für die Zuordnung entscheidend, welcher Aspekt wesentlich für die Einschätzung des Verhaltens und Wirkens der Person anzulegen ist – unserem Urteil nach die Tätigkeit als Teil der deutschen Besatzungsherrschaft in Norwegen.

Das Modell der Typen haben wir auf gewissem zeithistorischen Horizont und in ungefährer Gesamtkenntnis unserer Quellen, aber nicht anhand der einzelnen Lebensläufe – und erst recht nicht mit der Maßgabe, möglichst alle Mitglieder der Untersuchungsgruppe „unterzubringen" – a priori gebildet. Die derart konstruierten Typen erfassen bei konsequenter Beachtung unseres Zuordnungssystems und der Definitionen nicht alle Akteure aus unserem Sample. In anderen Fällen reicht die Quellenlage nicht hin für die Entscheidung. Deshalb gehört zu jeder Grundorientierung neben einer differenzierten Zahl an Typen jeweils auch eine meist eher abstrakt klingende Sammelkategorie für Personen, welche die Merkmale der Grundorientierung (eindeutig) erfüllen, jedoch keinem konstruierten Typ der Grundorientierung zuzuordnen sind.

Die Typen der Grundorientierung „oppositionell / ‚gemeinschaftsfremd'"

Zur Erinnerung die Definition dieser Grundorientierung: „Sie umfasst sowohl aktive Widerstandstätigkeit bis hin zu (nachweisbarem) Beharren auf nicht-regimekonformen Positionen, besonders, wenn das (nachweisbare) Folgen hatte, welche von schwerer Verfolgung bis hin zu erkennbaren gesellschaftlichen, wirtschaftlichen oder beruflichen Nachteilen reichen können. Einbezogen sind nichtfreiwillige Ausgrenzungen der Personen, beispielsweise aufgrund rassistischer oder religiöser Gründe."[498]

494 Direktor des Landtags (1959–1967), Quellendichte: befriedigend.

495 Vgl. zu Völpels prononciert nationalsozialistischer Karriere einschl. Mitgliedschaft in NSDAP und SS (bis Obersturmführer) seit 1. März 1933, zeitweise Zugehörigkeit zum Sicherheitsdienst der SS etc., LASH Abt. 786, Nr. 11980; BArch Z 42V/3732; BArch R 3001/78995; BArch SSO 207–B; BArch RS G 440.

496 Vgl. die lobende Erwähnung dieser Tätigkeit in dem Personal- und Befähigungsnachweis vom 5. Mai 1934, BArch R 3001/78995.

497 Vgl. Kartei in BArch Ludwigsburg Versch. Bd. 124 Ord. 301 AAq, Bild 109.

498 Legende der Datenbank im Anhang, S. 576.

Aus dieser Grundorientierung haben wir insgesamt sechs Typen abgeleitet: „Widerstandleistende_r", „Protagonist_in der Arbeiterbewegung", „Emigrant_in", „Nonkonformist_in", „(nicht politisch) Verfolgte_r" und „Exkludierte_r Andere_r", die im Folgenden erläutert und an konkreten biografischen Beispielen aus der gesamten Untersuchungsgruppe verdeutlicht werden.

Typ „Widerstandleistende_r":

Für diesen Typ sind folgende Merkmale konstitutiv: „belegte Mitwirkung an (auch, aber nicht ausschließlich organisiertem) Widerstand, unabhängig der politischen Couleur; evtl. politisches Engagement vor 1933 (Arbeiterbewegung oder bürgerliches Lager); Verfolgungserfahrung durch NS-Regime ist die Regel".[499]

Innerhalb der bis Jahrgang 1928 gebildeten Gesamtuntersuchungsgruppe (MdL, Regierungsmitglieder und Landtagsdirektoren; n=378) haben wir diesem Typ 22 Personen[500] (5,8 % der Gesamtgruppe oder 25 % der Grundorientierung) zugeordnet.

Wichtig ist – wie bei allen Typen – nicht die vollständige Entsprechung der Vita mit den Merkmalen, sondern dass die Biografie in ihrer Gesamtwürdigung einem Großteil der Kennzeichen entspricht. In diesem Sinne liefert der Fall Josef Cierocki[501] einen exemplarischen Lebensweg für diesen Typ: Der 1886 in Mirchau/Westpreußen geborene gelernte Bierbrauer gehört zum katholischen Arbeitermilieu der seit 1920 bestehenden Freien Stadt Danzig und ist dort seit 1919 hauptamtlicher Gewerkschaftssekretär der Christlichen Transportarbeitergewerkschaft sowie seit 1920 Mitglied im Danziger Parlament (Volkstag) für die Zentrumspartei.[502] Im Zuge der nationalsozialistischen Machtübernahme, die sich aufgrund des völkerrechtlichen Sonderstatus des Territoriums nicht vollständig analog zur Situation im Deutschen Reich entwickelt,[503] und der gewaltsamen Auflösung der Gewerkschaften verliert Cierocki seine Position und muss wegen Korruptionsvorwürfen, eines gängigen Mittels zur Diffamierung politischer Gegner, eine Haftstrafe von fünf Monaten größtenteils absitzen, ehe er aufgrund einer Amnestie wieder auf freien Fuß kommt. In der Folgezeit gibt er die kirchliche Zeitung „Der katholische Arbeiter" heraus, die bis 1939, der endgültigen Inkorporierung Danzigs in das Deutsche Reich, trotz offenbar massiver Repressionen (Beschlagnahme, Verhaftung Cierockis) durch die nationalsozialistische Regierung weiter erscheint. Bereits dies lässt sich unter den spezifischen Danziger Verhältnissen eindeutig als Widerstandshandeln werten. Nachdem Cierocki eine Zeit lang als Versicherungsvertreter gearbeitet hat, erfolgt 1941 seine Dienstverpflichtung zur Luftschutzpolizei. Gemeinsam mit ehemaligen kommunistischen und

499 Legende der Datenbank im Anhang, S. 577.

500 Quellendichte: gut: zwei; befriedigend: elf; ausreichend: neun; unzureichend: keine/r.

501 MdL WP01 (CDU), Quellendichte: ausreichend.

502 Vgl. zu seinem Lebenslauf die Unterlagen aus seinem Entschädigungsverfahren (größtenteils Eigenaussagen), LASH Abt. 761, Nr. 8080.

503 Vgl. Dieter Schenk: Danzig 1930–1945. Das Ende einer freien Stadt. Berlin 2013.

sozialdemokratischen Funktionären hört Cierocki nach dem Dienst ausländische Sender ab und gehört damit eigenen Aussagen nach zu einer „regelrechte[n] Widerstandsbewegung“[504], wofür er 1944 erneut verhaftet wird.[505] Auch wenn sich der zuständige Kreissonderhilfsausschuss 1949 zunächst skeptisch und ablehnend gegenüber dem Widerstandscharakter von Cierockis Agieren und damit vor allem gegenüber seinen Entschädigungsansprüchen äußert, kann aus heutiger Sicht kaum ein Zweifel darüber bestehen, dass Cierocki auf unterschiedlichen Ebenen aktiv Widerstand geleistet hat und somit die Einordnung zu Recht besteht.[506]

Josef Cierocki gehört nur in der ersten Wahlperiode dem Schleswig-Holsteinischen Landtag an. Er ist Mitglied in insgesamt fünf Ausschüssen, in vergangenheitspolitischen Debatten meldet er sich nicht zu Wort.

Ein quellenmäßig besser überliefertes Beispiel für „Widerstandleistende“ bietet Wilhelm Schmehl[507], 1892 in Burg/Kreis Wetzlar geboren. Er tritt bereits 1909 der SPD bei und lernt wie sein Vater den Beruf des Formers. Nach der Teilnahme am Ersten Weltkrieg arbeitet er als Geselle und schließlich als Werkmeister in Harrisleefeld, wo er auch bis 1933 SPD-Ortsvorsitzender ist. Nach der NS-Machtübernahme ist Schmehl zentrales Mitglied eines sozialdemokratischen Widerstandsnetzwerks im Umfeld des Harrisleer Cafés „Waldheim“, über das Kontakt zur Exilorganisation der SPD in Dänemark gehalten wird sowie Emigrant_innen aus und illegale Druckschriften nach Deutschland geschmuggelt werden.[508] Schmehl versieht selbst Kurierdienste zwischen der Leitung der Exilant_innen in Kopenhagen und deutschen Stellen und bringt zwischen 1933 und 1938 zahlreiche Flüchtlinge über die grüne Grenze bei Flensburg. Er wird mehrfach von der Gestapo verhaftet und muss vorübergehend seinen Pass abgeben. Nach der Besetzung Dänemarks wird er im Mai 1940 erneut verhaftet „wegen des dringenden Verdachts der Vorbereitung zum Hochverat“; im Januar 1941 verurteilt ihn das Hanseatische Oberlandesgericht Hamburg zu 18 Monaten Gefängnis, die er in Kiel und Neumünster in Einzelhaft verbringt.[509] Aufgrund eines Gnadengesuchs seines Arbeitgebers wird ihm ein kleiner Teil der Reststrafe mit dreijähriger Bewährung erlassen.

504 Offenbar folgte der für die Anerkennung seiner Entschädigungsansprüche zuständige Kreissonderhilfsausschuss Eutin 1949 nach einigem Zögern seiner Argumentation, vgl. Auszug aus dem Protokoll der 69. Sitzung des Kreissonderhilfsausschusses Eutin vom 19. Mai 1949, LASH Abt. 761, Nr. 8080.

505 Zum in der Regel als Dissens zu wertenden Tatbestand des „Abhörens von Feindsendern“ vgl. Michael P. Hensle: Rundfunkverbrechen. Das Hören von „Feindsendern“ im Nationalsozialismus. Berlin 2003; für Schleswig-Holstein Uwe Danker: Der Schutz der „Volksgemeinschaft“: Zur Arbeit des schleswig-holsteinischen Sondergerichts in statistischer Hinsicht sowie an den Beispielen Rundfunk- und Volksschädlingsverordnung. In: Robert Bohn/Uwe Danker (Hrsg.): „Standgericht der inneren Front“. Das Sondergericht Altona/Kiel 1932–1945. Hamburg 1998, S. 39–87, hier S. 50–53.

506 Vgl. als Überblick über neuere Bewertungen Peter Steinbach/Johannes Tuchel: Der Widerstand gegen die nationalsozialistische Diktatur. In: Dies. (Hrsg.): Der Widerstand gegen die nationalsozialistische Diktatur 1933–1945. Bonn 2004, S. 11–25, sowie Gerhard Paul: Dissens und Verweigerung. In: Ebd., S. 226–248.

507 MdL WP01 (SPD), Quellendichte: befriedigend.

508 Vgl. zu dem Fall Gerhard Paul: Widerstand an der Grenze. Das ‚Café Waldheim‘ und das Ehepaar Lützen. In: Ders. (Hrsg.): Landunter. Schleswig-Holstein und das Hakenkreuz. Münster 2001, S. 122–135 sowie LASH Abt. 761, Nr. 14775.

509 Vgl. ebd. sowie BArch R 58/9694.

Wilhelm Schmehl zieht als Nachrücker im Mai 1948 in den ersten gewählten Schleswig-Holsteinischen Landtag ein und gehört dort der SPD-Fraktion an. In vergangenheitspolitischen Debatten tritt er nicht in Erscheinung.

Typ „Protagonist_in der Arbeiterbewegung":

Für diesen Typ sind folgende Merkmale konstitutiv: „langjähriges, exponiertes Engagement für die Arbeiterbewegung vor 1933; Parteimitgliedschaften in SPD oder KPD vor 1933; nicht unbedingt organisierte und aktive Widerstandstätigkeit; teilweise Verfolgungserfahrungen; in der Regel keine Mitgliedschaft in der NSDAP oder ihrer Gliederungen und Verbände (einzelne Ausnahmen möglich)".[510] Bei diesem Typ besitzt die biografische Disposition große Bedeutung, wenn sie die Rolle und das Handeln auch über die Zäsur 1933 hinweg prägte und ein hohes Maß an Regimeferne ausdrückte. Mitunter ist der Unterschied zum Typ des/der „Widerstandleistenden" sehr graduell. Deshalb sei erinnert, dass bei der Zuordnung zu einem Typ in Zweifelsfällen entscheidend ist, welche Merkmale uns wesentlich für das Profil einer Person in der NS-Zeit erscheinen.

Innerhalb der bis Jahrgang 1928 gebildeten Gesamtuntersuchungsgruppe (MdL, Regierungsmitglieder und Landtagsdirektoren; n=378) haben wir diesem Typ 39 Personen[511] (10,3 % der Gesamtgruppe oder 44,3 % der Grundorientierung) zugeordnet.

Zu dieser Gruppe gehört auch Berta Wirthel[512], die für den Typ eine exemplarische Biografie aufweist:[513] Sie wird als eines von 13 Kindern einer Lübecker Arbeiterfamilie geboren, lernt den Beruf der Schneiderin und beginnt sich früh im sozialdemokratischen Milieu Lübecks politisch einzubringen. Sie tritt 1925 der SPD bei, wird Distriktleiterin der SPD Holstentor-Nord und in den Vorstand der Sozialdemokratischen Frauen gewählt, engagiert sich ehrenamtlich in öffentlichen Gremien und Funktionen, beispielsweise als Mitglied des Jugendamtes (ab 1930). Gemeinsam mit ihrem Ehemann betreut sie die Hausmeisterstelle im Gewerkschaftshaus in der Johannisstraße 46–52, neben den Geschäftsstellen der SPD-Ortsvereine einer der zentralen Orte der Lübecker Arbeiterbewegung. Aus dieser Hausmeisterwohnung vertreiben SA- und SS-Männer im Mai 1933 das Ehepaar gewaltsam, fortan erfährt Wirthel verschiedene Formen politischer Verfolgung unterhalb der Schwelle der Inhaftierung: Sie wird überwacht, muss sich zunächst täglich polizeilich melden, später beschränkt sich die

510 Legende der Datenbank im Anhang, S. 577f.

511 Quellendichte: gut: eine/r; befriedigend: zehn; ausreichend: 26; unzureichend: zwei.

512 MdL WP02 (SPD), Quellendichte: befriedigend.

513 Vgl. zu ihrem Lebenslauf die Unterlagen aus ihrem Entnazifizierungsverfahren unter AHL, Entnazifizierung, „Unbetroffen" Nr. 3127/48; aus dem Entschädigungsverfahren unter AHL, Kreissonderhilfsausschuß, Nr. 2566, ihrer Personalakte unter AHL Hauptamt, Nr. 450 sowie die Beiträge von Meike Kruse: Berta Wirthel. In: SHBL 13, S. 491–494 und Sabine Jebens-Ibs/Maria Zachow-Ortmann: Berta Wirthel. In: Landeszentrale für politische Bildung Schleswig-Holstein (Hrsg.): Schleswig-Holsteinische Politikerinnen der Nachkriegszeit. Lebensläufe. Kiel 1994, S. 55ff., sowie Karl-Ernst Sinner: Tradition und Fortschritt. Senat und Bürgermeister der Hansestadt Lübeck 1918–2007. Lübeck 2008, S. 251.

An- und Abmeldepflicht auf das Verlassen der Lübecker Stadtgrenzen, sie und ihr Mann erleben jahrelange politisch motivierte Erwerbslosigkeit, bis sie 1939 eine Stelle als Näherin, zunächst beim Drägerwerk, später in einer Sattlerei findet. Berta Wirthel hält Kontakt zu sozialdemokratischen Kreisen, offenbar aber ohne im engeren Sinne politisch aktiv zu sein oder in organisierte Widerstandsaktivitäten einbezogen zu werden. Zum NS-Regime wahrt sie deutliche Distanz; ihre Mitgliedschaft in der DAF 1939–1942 ist offenbar ein Minimalzugeständnis für die Anstellung im Drägerwerk und verdeutlicht den massiven politischen Druck zum „freiwilligen" Beitritt zu der größten NS-Massenorganisation.[514]

1954 zieht sie als Nachrückerin für etwas mehr als sieben Monate in den zweiten gewählten Schleswig-Holsteinischen Landtag ein und gehört dem Ausschuss für Heimatvertriebene an. In vergangenheitspolitischen Debatten ergreift sie nicht das Wort.

Typ „Emigrant_in":

Für diesen Typ sind folgende Merkmale konstitutiv: „Emigration aus politischen oder anderen Verfolgungsgründen; Exildauer umfasst einen wesentlichen Teil der NS-Zeit".[515]

Innerhalb der bis Jahrgang 1928 gebildeten Gesamtuntersuchungsgruppe (MdL, Regierungsmitglieder und Landtagsdirektoren; n=378) haben wir diesem Typ zwei Personen[516] (0,5 % der Gesamtgruppe oder 2,3 % der Grundorientierung) zugeordnet.

Dr. Rudolf Katz[517], neben Paul Bromme der einzige Vertreter dieses Typs, verlässt seine deutsche Heimat sehr früh, nämlich bereits am Tag vor den reichsweiten antisemitischen Boykottmaßnahmen vom 1. April 1933.[518] Dafür hat er gute Gründe, denn als Mitglied einer bekannten Kieler jüdischen Familie und als sozialdemokratischer Politiker ist er bereits vor 1933 Zielscheibe nationalsozialistischer Anfeindungen gewesen. Katz wird 1895 als Sohn eines jüdischen Kantors geboren, studiert in Kiel Rechtswissenschaften und kämpft als Leutnant im Kaiserlichen Heer 1914–1918, wird mehrfach verwundet und für seine Tapferkeit ausgezeichnet. Nach Beendigung des Studiums geht er zunächst nach Lübeck, zieht jedoch bald weiter nach Altona, wo er in der zweiten Hälfte der 1920er-Jahre als Notar und Rechtsanwalt lebt und arbeitet. Dort gehört er seit 1929 der SPD-Fraktion der Stadtverordnetenver-

514 Vgl. zu diesem Aspekt Michael Schneider: „Organisation aller schaffenden Deutschen der Stirn und der Faust". Die Deutsche Arbeitsfront (DAF). In: Stephanie Becker/Christoph Studt (Hrsg.): „Und sie werden nicht mehr frei sein ihr ganzes Leben". Funktion und Stellenwert der NSDAP, ihrer Gliederungen und angeschlossenen Verbände im „Dritten Reich". Münster 2012, S. 159–178, hier S. 165–169.

515 Legende der Datenbank im Anhang, S. 578.

516 Quellendichte: gut: zwei; befriedigend: keine/r; ausreichend: keine/r; unzureichend: keine/r.

517 Landesminister für Justiz (1947–1950) und für Volksbildung (1949), MdL WP02 (SPD): Quellendichte: gut.

518 Vgl. zu seiner Vita und zu Folgendem Gerhard Paul: „Herr K. ist nur Politiker und als solcher aus Amerika zurückgekommen". Die gelungene Remigration des Dr. Rudolf Katz. In: Ders./Miriam Gillis-Carlebach (Hrsg.): Menora und Hakenkreuz. Zur Geschichte der Juden in und aus Schleswig-Holstein, Lübeck und Altona (1918–1998). Neumünster 1998, S. 699–711 sowie seine Personalakten in LASH Abt. 352.1, Nr. 1002.

sammlung an, 1932/33 ist er Stadtverordnetenvorsteher. Vor seiner bevorstehenden Festnahme flieht Katz mit seinem Freund, dem Altonaer Oberbürgermeister Max Brauer, zunächst nach Paris, später weiter nach China. Ende 1934 findet Katz berufliche Perspektiven in den USA, wo er in der Exil-SPD politisch tätig und als Redakteur der in New York erscheinenden sozialdemokratischen Neuen Volks-Zeitung auch publizistisch aktiv wird. Seine deutsche Staatsbürgerschaft verliert er durch Ausbürgerung 1938, er wird nun US-Amerikaner. Im Sommer 1946 kehrt Rudolf Katz zurück nach Deutschland und tritt im Dezember 1947 als Justizminister in das Kabinett Lüdemann ein, zwischenzeitlich auch als Minister für Volksbildung. Als Minister organisiert Katz den Aufbau der schleswig-holsteinischen Justiz, trägt in diesem Zusammenhang wesentlich dazu bei, dass sie durch ein bemerkenswert hohes Maß an personeller Kontinuität zur NS-Zeit geprägt wird: Unter seiner Ägide finden zahlreiche durch ihre Rolle in der NS-Zeit schwer belastete Juristen den Weg (zurück) in die Justiz des Landes, womöglich gerade weil er nicht Gleiches mit Gleichem vergelten will.[519]

Katz gehört zudem auch als Abgeordneter dem Landtag in der 2. Wahlperiode an. In dieser Eigenschaft meldet er sich in vergangenheitspolitischen Debatten häufig zu Wort, vor allem spricht er zu den gesetzlichen Grundlagen der Entnazifizierung bzw. deren Beendigung.[520]

Typ „Nonkonformist_in“:

Für diesen Typ sind folgende Merkmale konstitutiv: „ggf. ns-ferne politische Vita (beispielsweise konfessionelle Bindung/Zentrum etc.); ‚Kritikaster‘, ‚Abseits-Stehende_r‘, unangepasste Person; in der Regel keine Mitgliedschaft in der NSDAP oder ihrer Gliederungen und Verbände (einzelne Ausnahmen möglich)“.[521] Entscheidend ist hierbei der individuelle Charakter des abweichenden Handelns, der zwar weltanschaulich motiviert sein mag, aber sich nicht in organisiertem und zielgerichtetem Handeln ausdrückt.

Innerhalb der bis Jahrgang 1928 gebildeten Gesamtuntersuchungsgruppe (MdL, Regierungsmitglieder und Landtagsdirektoren; n=378) haben wir diesem Typ acht Personen[522] (2,1 % der Gesamtgruppe oder 9,1 % der Grundorientierung) zugeordnet.

Zu dieser relativ disparaten Gruppe gehört Dr. Gerhard Hart (früher Schmidt oder auch Schmidt-Hart)[523], Jahrgang 1889, der bereits seit 1909 als Zahnarzt praktiziert und sich in Kiel einen ausgezeichneten fachlichen Namen als praktischer Zahnmediziner und Wissen-

519 Vgl. hierzu ausführlich Klaus-Detlev Godau-Schüttke: „Ich habe nur dem Recht gedient“. Die „Renazifizierung“ der schleswig-holsteinischen Justiz nach 1945. Baden-Baden 1993, besonders S. 41–61 sowie ders. in Anfügung II dieser Studie.

520 Vgl. beispielsweise Wortprotokoll des Schleswig-Holsteinischen Landtages, 2. Wahlperiode, 7. Tagung, 29., 30. und 31. Januar 1951, S. 279–283; Wortprotokoll des Schleswig-Holsteinischen Landtages, 2. Wahlperiode, 9. Tagung, 12., 13. und 14. März 1951, S. 206–241 mit zahlreichen Zwischenrufen.

521 Legende der Datenbank im Anhang, S. 578.

522 Quellendichte: gut: keine/r; befriedigend: vier; ausreichend: vier; unzureichend: keine/r.

523 MdL 1. ern. Landtag (fraktionslos), Quellendichte: befriedigend.

schaftler macht.[524] Nach der Machtübernahme der NSDAP stößt Hart zunehmend auf Schwierigkeiten, offenbar weil er als der SPD nahestehend gilt, obwohl er vor 1933 nicht Mitglied einer Partei gewesen ist. Der NSDAP oder einer ihrer Gliederungen, Organisationen und Verbände gehört er nicht an, sondern wahrt klar erkennbar Distanz zum NS-Regime. Vor allem jedoch scheint er seine Ablehnung des Nationalsozialismus auch öffentlich nur schwer verbergen zu können, beispielsweise lehnt er es demonstrativ ab, den „Deutschen Gruß" zu entbieten, was ihm die Gegnerschaft überzeugter Nationalsozialisten einbringt, unter anderem die des NS-Funktionärs Prof. Dr. Hanns Löhr, Lehrstuhlinhaber für Innere Medizin und Prorektor der CAU Kiel.[525] Die Arbeit in der Forschungsstation der Medizinischen Klinik muss er deshalb aufgeben. 1941 gerät er – möglicherweise auch als Folge seiner Konflikte mit Löhr – ins Visier der Gestapo, er wird bespitzelt, verhört und geschlagen. Die Vorwürfe lauten auf Devisenvergehen und staatsfeindliche Äußerungen. Dabei geht der Gestapobeamte Mertens offenbar teilweise in Eigenregie vor. Mehrfach erfolgen Haussuchungen und die Beschlagnahme von Gegenständen. Mertens bedroht Hart mit der Einweisung in ein Konzentrationslager und eigenhändigem Erschießen und presst ihm schließlich insgesamt fast 10.000 Reichsmark ab.

1948 erstattet Hart gegen den ehemaligen Gestapobeamten Anzeige. Mertens wird wegen Verbrechens gegen die Menschlichkeit, Amtsunterschlagung und räuberischer Erpressung zu einer Haftstrafe von achteinhalb Jahren verurteilt.[526] Harts Anträge auf Entschädigung wegen erlittener Schäden an Körper und Gesundheit, Freiheit und Vermögen lehnt die Kieler Entschädigungskammer jedoch ab. Sie kommt zu dem Schluss, dass er nicht als Opfer nationalsozialistischer Verfolgung, sondern als Objekt erpresserischen Handelns eines Einzelnen zu gelten habe.[527]

Gerhart Hart gehört dem ersten ernannten Schleswig-Holsteinischen Landtag an, in dem er den stellvertretenden Vorsitz im Ausschuss für Gesundheitswesen übernimmt. In vergangenheitspolitischen Debatten meldet er sich nicht zu Wort.

Typ „(nicht politisch) Verfolgte_r":

Für diesen Typ sind folgende Merkmale konstitutiv: „belegbar verfolgt aus rassischen oder religiösen Gründen, beispielsweise als Jude, Sinti/Roma oder als Zeuge Jehovas; in der Regel verbunden mit KZ-Haft. Nicht eingeschlossen sind Personen, die aufgrund ihrer politischen Überzeugungen oder ihrer Rolle in der Arbeiterbewegung ausgeschlossen und verfolgt wurden; kein oder nur kurzzeitiges Exil".[528]

524 Vgl. zu seinem Lebenslauf die Angaben in dem Entnazifizierungsfragebogen vom 13. August 1946, LASH Abt. 460.19, Nr. 907 sowie aus seinem Entschädigungsverfahren, LASH Abt. 761, Nr. 19716.

525 Vgl. zu Löhr: Ratschko: Hochschulmediziner (Anm. 406), S. 187–214.

526 Vgl. hierzu das Nachkriegsstrafverfahren gegen den ehemaligen Gestapobeamten Mertens in LASH Abt. 352.3, Nr. 2680–2686.

527 Vgl. Bescheid des Landgerichts (Entschädigungskammer) Kiel vom 5. August 1955.

528 Legende der Datenbank im Anhang, S. 578.

Innerhalb der bis Jahrgang 1928 gebildeten Gesamtuntersuchungsgruppe (MdL, Regierungsmitglieder und Landtagsdirektoren; n=378) haben wir diesem Typ vier Personen[529] (1,1 % der Gesamtgruppe oder 4,5 % der Grundorientierung) zugeordnet.

Von den lediglich vier Vertretern des Typs werden Heinz Salomon[530] und Ludwig Salomon[531] als Juden verfolgt. Beide überleben in sogenannten „Mischehen" mit nicht-jüdischen Partnerinnen, was zwar einen begrenzten, aber keinen wirklich sicheren Schutz bot vor Deportationen, vor allem jedoch nicht vor Ausgrenzung, Zwangsmaßnahmen wie Ghettoisierung und Berufsverboten sowie massiver Verfolgung.[532] Heinz Salomon wird im Zuge der Verfolgungen im Zusammenhang mit der sogenannten „Reichspogromnacht" für mehrere Monate im KZ Sachsenhausen inhaftiert, muss in der Folgezeit Zwangsarbeit leisten und wird im Februar 1945 erneut verhaftet und in das KZ Theresienstadt verbracht. In Ludwig Salomons Fall kommt als Verfolgungsgrund noch hinzu, dass er vor 1933 als sozialdemokratischer Gewerkschaftsfunktionär und Geschäftsführer beim Gesamtverband der Arbeitnehmer öffentlicher Betriebe ist.

Friedrich Eickhorst[533] erlebt Verfolgungsmaßnahmen als „arischer" Partner einer „Mischehe". Seine Ehefrau wird in Ahrensburg als Jüdin verfolgt, muss ihre Apotheke aufgeben und zahlreiche Zwangsmaßnahmen über sich ergehen lassen. Im März 1939 gelingt den beiden die Emigration nach Chile.[534]

Besondere Beachtung verdient der Fall Dr. Jürgen Frenzels[535], der wegen seines Geburtsdatums (21. April 1922) eigentlich aus formalen Gründen der Gruppe der „NS-Sozialisierten" zugerechnet werden müsste. Da die Merkmale der „(nicht politisch) Verfolgten" jedoch als einziger Typ keine Handlungsoptionen der Personen beinhalten, die beispielsweise aufgrund eventuell vorliegenden jugendlichen Alters differenziert werden müssten, sondern auf zeitgenössischen, mithin für die Betreffenden nicht zu beeinflussenden (NS-)Kriterien basieren, entfällt die automatische Zuordnung in diesem einzigen Fall.

Soweit sich aus den wenigen verfügbaren Quellen rekonstruieren lässt,[536] besucht der 1922 in Kiel geborene Frenzel dort die Volks- und Oberrealschule, 1939 besteht er an der Lü-

529 Quellendichte: gut: keine/r; befriedigend: zwei; ausreichend: zwei; unzureichend: keine/r.

530 MdL 1. ern. Landtag (SPD), Quellendichte: ausreichend. Vgl. zu seiner Vita LASH Abt. 460, Nr. 3651; LASH Abt. 761, Nr. 96c sowie Sigrun Jochims-Bozic: Sie sind der erste Jude, der nach Kiel zurückgekehrt ist: Heinz Salomon, 1900–1969. In: Sabine Hering (Hrsg.): Jüdische Wohlfahrt im Spiegel von Biographien. Frankfurt a. M. 2006, S. 395–403.

531 MdL 1. ern. Landtag (SPD), Quellendichte: befriedigend. Vgl. zu seiner Vita LASH Abt. 352.3, Nr. 6555 und AHL, Entnazifizierung, „Ohne Kosten" Nr. 2322.

532 Vgl. dazu allgemein Beate Meyer: „Jüdische Mischlinge". Rassenpolitik und Verfolgungserfahrung 1933–1945. München 2002, S. 24–94.

533 MdL 2. ern. Landtag (FDP), Quellendichte: ausreichend.

534 Vgl. zu seiner Vita und den Verfolgungsmaßnahmen LASH Abt. 761, Nr. 8330 sowie Martina Moede: Die Geschichte der jüdischen Gemeinde von Ahrensburg. Von der ersten Ansiedlung 1788 bis zur Deportation 1941. Neumünster 2003, S. 355–380.

535 MdL WP05 (SPD), Quellendichte: ausreichend.

536 Vgl. den Entnazifizierungsfragebogen vom 23. September 1946 sowie den auf den 26. Oktober 1946 datierten Lebenslauf in Frenzels Personalakte als Referendar, LASH Abt. 786, Nr. 6476.

becker Oberschule zum Dom das Abitur. Seit 1935 gilt der evangelisch getaufte Frenzel nach nationalsozialistischer Lesart als „jüdischer Mischling", wobei unklar ist, ob er als „jüdischer Mischling ersten Grades" (zwei jüdische Großelternteile) oder „zweiten Grades" (ein jüdisches Großelternteil) im Sinne des nationalsozialistischen Reichsbürgergesetzes („Nürnberger Gesetze") betrachtet wird.[537] Frenzel gehört zwischen 1933 und 1939 der HJ an, was „jüdischen Mischlingen" ausdrücklich erlaubt war, zum Studium wird er jedoch nicht zugelassen. Stattdessen versieht er 1939 zunächst Kriegshilfsdienste auf der Schlichting-Werft in Lübeck-Travemünde und wird 1940 zur Luftwaffe eingezogen, in der er als Bordfunker und als Fallschirmjäger dient. Im Januar 1943 wird er aus der Wehrmacht ausgestoßen und tritt, wie er 1946 in einem Lebenslauf lakonisch kurz zusammenfasst, „als Hilfsarbeiter in die Stülcken-Werft, Hamburg, ein, um den nun einsetzenden Verfolgungen durch die Gestapo zu entgehen. Doch am 3. Oktober 1944 wurde ich im Rahmen einer grossen Aktion inhaftiert und in das Konzentrationslager Kiel-Drachensee[538] eingeliefert. Von dort aus wurde ich mit meinem Bruder zusammen zu Sonderminenkommandos bei der Doggerbank und im Skagerak eingesetzt."[539] Er überlebt dieses Himmelfahrtskommando und das Ende der NS-Herrschaft. Nach der Kapitulation tritt er als Praktikant in den Dienst der Pinneberger Stadtverwaltung und nimmt anschließend ein Jurastudium auf.

Auch Frenzel ist nur kurze Zeit in der 5. Wahlperiode für die SPD Mitglied des Schleswig-Holsteinischen Landtags. Nach weniger als zwei Jahren Abgeordnetentätigkeit legt er sein Mandat nieder. In vergangenheitspolitischen Debatten meldet er sich nicht zu Wort. Abgesehen von zwei kürzeren Beiträgen von Heinz Salomon[540] und Friedrich Eickhorst[541] gilt das für alle Mitglieder des Typs.

Typ „Exkludierte_r Andere" (n.z.):

Zu diesem Sammel-Typ gehören jene Personen, die (beispielsweise aufgrund der Quellenlage) keinem spezifischen Typ innerhalb dieser Grundorientierung, in die sie aber zweifelsfrei gehören, zugeordnet werden konnten.[542]

537 Vgl. zu dem Themenkomplex umfassend Meyer: „Jüdische Mischlinge" (Anm. 532).

538 Gemeint ist vermutlich die Haftbaracke der Kieler Polizei bzw. Gestapo „Drachensee". Denkbar ist allerdings auch das in Sichtweite seit Juni 1944 bestehende Arbeitserziehungslager (AEL) „Nordmark". Vgl. dazu Detlef Korte: Erziehung ins Massengrab. Die Geschichte des Arbeitserziehungslagers „Nordmark" Kiel-Russee. Kiel 1991.

539 Lebenslauf vom 26. Oktober 1946, LASH Abt. 786, Nr. 6476.

540 Ein kurzer technischer Einwand im Zusammenhang mit einem Antrag zur Unterstützung hinterbliebener Ehefrauen ehemals politisch verfolgter Gegner des Nationalsozialismus, vgl. Wortprotokoll des 1. ernannten Schleswig-Holsteinischen Landtages, 4. Sitzung, 6. und 7. Mai 1946, S. 50.

541 Eickhorst beantragte die Einsetzung eines Ausschusses zur Vorbereitung der Lösung von Restitutionsfragen, eine Aufgabe, die an den Justizausschuss überwiesen wurde. Vgl. Wortprotokoll des 2. ernannten Schleswig-Holsteinischen Landtages, 5. Sitzung, 12. und 24. Juni 1946, S. 77f.

542 Vgl. Legende der Datenbank im Anhang, S. 578.

Innerhalb der bis Jahrgang 1928 gebildeten Gesamtuntersuchungsgruppe (MdL, Regierungsmitglieder und Landtagsdirektoren; n=378) haben wir diesem Typ 13 Personen[543] (3,4 % der Gesamtgruppe oder 14,8 % der Grundorientierung) zugeordnet.

Zu dieser Gruppe gehört auch der spätere Landtagsabgeordnete und Schleswiger Landrat, der 1893 geborene Johannes Hagge[544], zu dessen Vita vor 1945 nur die eigenen Angaben aus einem vierseitigen Entnazifizierungsfragebogen überliefert sind.[545] Entsprechend wenig ist über sein politisches Vorleben bekannt. Zwar hat er vor 1933 keiner Partei angehört, eigenen Angaben zufolge aber 1918/19 dem Großen Vollzugsrat in Berlin, dem reichsweit zunächst höchsten Gremium der deutschen Novemberrevolution. Er ist also einer der Revolutionäre, offenbar als Mitglied des Soldatenrats, denn zu dieser Zeit leistet er als Eisenbahner weiterhin seinen Militärdienst ab. Nach dem Besuch der Volksschule macht er eine Ausbildung in der Bahnspedition und in Lebensmittelagenturen. Weitere Berufe gibt er 1946 mit Kaufmann, Hotelier, Makler und Wirtschaftsberater an. Ebenfalls in dem Fragebogen unterstreicht er seine oppositionelle Haltung. So habe er sich 1935 zunächst geweigert, der DAF beizutreten, weshalb ihn die Stadt Schleswig und die Provinzialbehörden als Lieferanten gestrichen hätten. Zudem sei er, wie er in seinem Entnazifizierungsfragebogen angibt, „nach dem 20. Juli 1940 [sic?]“ von der Gestapo wegen angeblich abfälliger Äußerungen verfolgt worden, und nur wegen Intervention Schleswiger Kriminalpolizeibeamter sei ihm eine Verhaftung erspart geblieben.[546] Die Mitgliedschaft in der DAF holt er nach, Mitglied der NSV ist er zu diesem Zeitpunkt bereits ebenso wie der NS-Kriegsopferversorgung (NSKOV). Zum Wehrdienst im Zweiten Weltkrieg wird er nicht herangezogen, abgesehen von drei Monaten bei der Heimatflak in Schleswig 1944. Bemerkenswert ist allerdings die fraglos beträchtliche Steigerung seines Einkommens in der NS-Zeit, 1940 betrug es fast 35.000 RM.

Trotz solcher scheinbaren Inkonsistenzen ist die Zuordnung Hagges zur Grundorientierung „oppositionell / gemeinschaftsfremd“ auf der eingeschränkten Quellenbasis aus unserer Sicht vertretbar, eine weitergehende Zuordnung zu einem bestimmten Typus der Grundorientierung hingegen nicht.

Johannes Hagge gehört dem Schleswig-Holsteinischen Landtag in der ersten Wahlperiode (CDU) an. In vergangenheitspolitisch relevantem Kontext meldet er sich mit einem Antrag zu Wort, der eine gesetzliche Grundlage für die Wiedergutmachung nationalsozialistischen Unrechts vorantreiben soll.[547] Nach einem Mandat für den ersten Bundestag wirkt Hagge in der dritten Wahlperiode erneut als Landtagsabgeordneter, dann allerdings als Fraktionsmitglied der FDP.[548]

543 Quellendichte: gut: eine/r; befriedigend: zwei; ausreichend: neun; unzureichend: eine/r.

544 MdL WP01, WP03 (CDU, FDP), Quellendichte: ausreichend.

545 Vgl. Entnazifizierungsfragebogen vom 4. Februar 1946, LASH Abt. 460.12, Nr. 198.

546 Ebd., dabei kann er sogar ein Gestapo-Aktenzeichen und Kriminalbeamte als Zeugen angeben.

547 Vgl. Wortprotokoll des Schleswig-Holsteinischen Landtages, 1. Wahlperiode, 3. Sitzung, 4. bis 6. August 1947, S. 88f., 91.

548 Vgl. zu dem Hintergrund seines Parteiwechsels Mark Speich: Kai-Uwe von Hassel – Eine politische Biographie. (Masch. Diss.) Bonn 2001, S. 95, 98f.

Um die Spannbreite der diesem Typ zugeordneten Personen zu verdeutlichen, sei auch hier ein weiteres Beispiel genannt. Der zum Jahrgang 1901 gehörende Dr. Walther Böttcher[549] absolviert, nachdem er bereits das Lehrerseminar besucht hat, gewissermaßen auf dem zweiten Bildungsweg das Abitur auf der Lübecker Oberschule zum Dom, studiert Rechtswissenschaften in Hamburg und Göttingen, wird promoviert und lässt sich bereits vor 1933 als Rechtsanwalt in Lübeck nieder.[550] Der NSDAP und anderen NS-Organisationen bleibt er fern, lediglich der NSV und der Standesorganisation NSRB tritt er bei. Seinen Wehrdienst leistet er ab 1941 bis Kriegsende in der Wehrkreisverwaltung X, dort ist er mit Versorgungsfragen beschäftigt.

In seinem Entnazifizierungsverfahren führt Böttcher auf, dass die Gestapo ihn „telefonisch" überwacht habe, unter anderem weil er als Strafverteidiger für katholische Geistliche vor dem Volksgerichtshof und Beschuldigte vor dem Sondergericht aufgetreten sei. Tatsächlich ist seine Rolle als Verteidiger der katholischen Geistlichen Eduard Müller, Johannes Prassek und Hermann Lange im „Lübecker Christenprozess" 1943 belegt.[551] Zudem lässt sich seine Mitwirkung in mindestens vier Verhandlungen vor dem schleswig-holsteinischen Sondergericht nachweisen.[552] Insgesamt zeigt sich in seiner Vita und seinem Handeln ein moralisch aufrechtes, deutlich regimefernes Verhalten, ohne jedoch auf der Basis der im Projekt erhobenen Quellen genaue Aussagen über die Motive und Ziele seines Handelns treffen zu können.

Walther Böttcher gehört dem Schleswig-Holsteinischen Landtag von der ersten bis zur vierten Wahlperiode als Mitglied der CDU-Fraktion an, zudem fungiert er von 1954 bis 1959 als Landtagspräsident.[553] In vergangenheitspolitischer Hinsicht ist Böttcher als Mitglied des Entnazifizierungsausschusses und des Justizausschusses, der sich mit dem Thema Euthanasie beschäftigt, tätig. Im Plenum meldet er sich mit einem an überparteiliche Einigkeit appellierenden Beitrag zum „Gesetz über die Fortführung und den Abschluss der Entnazifizierung" zu Wort.[554]

549 MdL WP01–04 (CDU), Landtagspräsident (1954–1959), Quellendichte: ausreichend.

550 Vgl. zu seiner Vita: AHL, Entnazifizierungsausschuss „Ohne Kosten" Nr. 2072; LASH Abt. 786, Nr. 10733 sowie Sinner: Tradition (Anm. 513), S. 44f.

551 Vgl. Else Pelke: Der Lübecker Christenprozess 1943. Mainz 1974, S. 39, 44ff., die aus Böttchers Erinnerungen an das Verfahren in seiner Gedenkrede 1946 zitiert. Böttcher findet auch Erwähnung bei Gisela Thoemmes: Erinnerungen an Johannes Prassek. In: Isabella Spolovnjak/Helmut Siepenkort (Hrsg.): Ökumene im Widerstand. Der Lübecker Christenprozeß 1943. Lübeck 2001, S. 91–103, hier S. 92.

552 Dabei handelt es sich um zwei Anklagen wegen „Heimtücke", vgl. LASH Abt. 358, Nr. 1571 und Nr. 1177, ein Verfahren gegen einen Zeugen Jehovas wegen „Zuwiderhandlung gegen das Organisationsverbot", LASH Abt. 358, Nr. 884, sowie ein Verfahren wegen „Kriegswirtschaftsverbrechen", LASH Abt. 358, Nr. 5108.

553 Er trat 1959 zurück, nachdem Vorwürfe wegen verschiedener Formen der unberechtigten Einflussnahme und Unregelmäßigkeiten öffentlich wurden und auch nicht durch einen Parlamentarischen Untersuchungsausschuss vollständig ausgeräumt werden konnten. Vgl. hierzu Sinner: Tradition (Anm. 311), S. 45 sowie Maletzke/Volquartz: Schleswig-Holsteinischer Landtag (Anm. 371), S. 204ff.

554 Vgl. Wortprotokoll des Schleswig-Holsteinischen Landtages, 1. Wahlperiode, 7. Tagung, 02. Dezember 1947, S. 131f. Charakteristisch für den mehrfach von zustimmenden Rufen unterbrochenen Beitrag ist Böttchers harmonisierender Hinweis: „Und, meine Damen und Herren, wir sind auch aus einem ganz anderen und allgemeinrechtlichen Grunde berufen, die Entnazifizierung durchzuführen, weil wir, die in diesem Hohen Hause zusammen sind, schon gegen die Machenschaften der NSDAP gewesen sind zu einer Zeit, wo das Ausland mit der Diktatur der Nazimachthaber von gestern noch paktierte und ihr freundliche Worte sagte!", ebd., S. 132.

Die Typen der Grundorientierung „angepasst / ambivalent“

Zur Erinnerung die Definition dieser Grundorientierung: „Sie vereint in Teilen oft uneinheitliche Verhaltensmuster (und in Teilen auch disparate Dispositionen), in der Regel ein nicht exponiertes Agieren in der NS-Zeit; kann sowohl ausgesprochenes Anpassungsverhalten, was sich auch in Mitgliedschaften der NSDAP, ihrer Gliederungen und Verbänden niederschlägt (dann in der Regel jedoch erst ab 1933), als auch Verfolgungserfahrungen, welche dann durch erwünschtes Verhalten im Sinne des NS-Regimes beantwortet werden müssen, beinhalten.“[555]

Aus dieser Grundorientierung haben wir insgesamt sieben Typen abgeleitet: „Innere_r Emigrant_in“, „Jongleur_in“, „Angehörige_r traditioneller Eliten“, „Grenzpolitische_r Akteur_in“, „Politisch Enttäuschte_r“, „Politisch Angepasste_r“ und „Inkludierte_r Volksgenosse_in“, die im Folgenden erläutert und an konkreten biografischen Beispielen aus der gesamten Untersuchungsgruppe verdeutlicht werden.

Typ „Innere_r Emigrant_in“:

Für diesen Typ sind folgende Merkmale konstitutiv: „bewusster und belegbarer Rückzug ins Privatleben; Distanz zum NS; Abwesenheit von Mitgliedschaften (abgesehen von Massenorganisationen wie DAF/NSV) oder Engagement, in der Regel keine politische Betätigung vor 1933“.[556]

Innerhalb der bis Jahrgang 1928 gebildeten Gesamtuntersuchungsgruppe (MdL, Regierungsmitglieder und Landtagsdirektoren; n=378) haben wir diesem Typ zehn Personen[557] (2,6 % der Gesamtgruppe oder 8,6 % der Grundorientierung) zugeordnet.

Dieser Typ gehört zu den problematischsten Kategorien, denn die wesentlichen Merkmale beziehen sich auf eine quellenmäßig abgestützte *Ab*wesenheit von Haltungen und Verhaltensweisen. Dies ist mit zeitgenössischen Quellen unter den Bedingungen des Regimes nur äußerst schwer zu belegen; denkbar sind ggf. Vorwürfe von Parteidienststellen o. Ä., die jedoch ebenso wie retrospektive Quellen (Entnazifizierungsakten etc.) dem Vorbehalt der Quellenkritik unterliegen, da beispielsweise Entlastungsschreiben, sogenannte „Persilscheine“, wie sie viele Entnazifizierungsanträge begleiten, nur sehr eingeschränkt herangezogen werden können. Entscheidend für die Zuordnung ist eine deutlich erkennbare, nicht erzwungene Zurückhaltung, beispielsweise bei der Fortführung projektierter Lebenswege.

Das Beispiel von Heinrich Ambrosius mag das Problem des eindeutigen Belegs verdeutlichen. Ambrosius,[558] 1879 in Lübeck geboren, gehört zur Kaufmannschaft der Hansestadt, seit

555 Legende der Datenbank im Anhang, S. 576.

556 Legende der Datenbank im Anhang, S. 578.

557 Quellendichte: gut: keine/r; befriedigend: zwei; ausreichend: acht; unzureichend: keine/r.

558 MdL 1. ern. Landtag (FDP, CDU), Quellendichte: ausreichend.

1929 ist er Inhaber einer Großhandelsfirma für Drogeriewaren, pflanzliche Nahrungsmittel und Chemikalien.[559] Er tritt besonders hervor durch sein soziales und sozialpolitisches Engagement am Ende des Ersten Weltkriegs, das ihn in seiner Heimatstadt bekannt macht. So arbeitet er als Vertreter bürgerlicher Kreise mit dem Arbeiter- und Soldatenrat zusammen und wird 1919 für die DDP in die Bürgerschaft gewählt, ohne der Partei zunächst anzugehören. Bereits in der zweiten Hälfte der 1920er-Jahre zieht er sich sukzessive aus der Politik zurück und beschränkt sich schließlich auf seine privatwirtschaftlichen und wenige Aktivitäten in der Kaufmannschaft und für die Possehl-Stiftung. In der NS-Zeit tritt er – nach Quellenlage – offenbar vollständig aus dem öffentlichen Leben zurück, er ist auch nicht Mitglied irgendeiner nationalsozialistischen Organisation oder eines Verbandes.

Erst nach dem Zweiten Weltkrieg übernimmt er wieder öffentliche Ämter und Aufgaben, wozu auch seine Mitgliedschaft im ersten ernannten Schleswig-Holsteinischen Landtag gehört, zunächst als Mitglied der FDP-Fraktion, später der CDU-Fraktion. In vergangenheitspolitischen Zusammenhängen meldet er sich lediglich mit einem Ergänzungsvorschlag zu einem Antrag betreffend die Erhebung von Gebühren bei Entnazifizierungsverfahren zu Wort.[560]

Vieles spricht dafür, dass Ambrosius' Konzentration auf das Privat(wirtschaftlich)e in engem Zusammenhang mit der Herrschaft des Nationalsozialismus zu sehen ist, explizite Belege fehlen indes.

Ein weiteres Beispiel für eine Zuordnung zu diesem Typ liefert die Biografie von Dr. Wolfgang Prätorius.[561] 1910 in Schleswig als Sohn eines Oberstudienrats geboren, erlebt Prätorius seine politische Sozialisation in der Weimarer Republik, zunächst als Schüler, ab 1928 als Student der Rechts- und Staatswissenschaften in Tübingen, Berlin und Kiel.[562] Es folgen die üblichen Stationen einer vielversprechenden Juristenlaufbahn bis hin zur Position als Richter am Amts- und Landgericht Stettin, die Prätorius 1939 nach nur acht Monaten freiwillig wieder verlässt, um eine Stelle als Syndikus in einem Industriebetrieb zu übernehmen. In einem Lebenslauf vom August 1945 wird er diesen Schritt mit seiner antinationalsozialistischen Einstellung begründen, die er aus seinem Elternhaus vorgelebt bekommen und als Student selbst praktiziert habe. Tatsächlich erscheint diese retrospektive Selbstcharakterisierung glaubhaft, denn er bleibt bis 1945 der NSDAP und ihren Gliederungen fern, seine Mitgliedschaft in der NSV (1939) sowie in der juristischen Berufsorganisation NSRB (seit 1936) müssen als minimale Zugeständnisse an das Regime betrachtet werden, unterstreichen jedoch die Charakterisierung seiner Verhaltensweisen in der NS-Zeit als eine Form der „inneren Emigration". Während des Zweiten Weltkriegs ist er, obwohl Reserveoffizier, dauerhaft unabkömmlich gestellt.

559 Vgl. zu seiner Vita Alken Bruns: Heinrich Ambrosius. In: SHBL 13, S. 14ff., Sinner: Tradition (Anm. 313), S. 26f. sowie AHL, Entnazifizierung, „Unbetroffen" Nr. 84.

560 Vgl. Wortprotokoll des 1. ernannten Schleswig-Holsteinischen Landtages, 4. Tagung, 6. und 7. Mai 1946, S. 54.

561 Staatssekretär Justizministerium (1947–1970), Quellendichte: befriedigend.

562 Vgl. zu seiner Vita LASH Abt. 786, Nr. 6752; AHL Bestand Entnazifizierung „Unbetroffen", GZ 6008/6; LASH Abt. 460, Nr. 1561 (Karteikarte) sowie Godau-Schüttke: Renazifizierung (Anm. 519), S. 40.

Nach Kriegende und einer kurzen Zeit als Oberverwaltungsrat in seiner eigentlichen Heimatstadt Lübeck übernimmt er im Juni 1946 unter Oberpräsident Steltzer die Leitung der Präsidialkanzlei bzw. Landeskanzlei, ein knappes Jahr später wechselt er als Amtschef in das Justizministerium. Er bleibt Justizstaatssekretär bis zu seiner vorzeitigen Versetzung in den Ruhestand 1970, ein Zeitraum von fast einem Vierteljahrhundert!

Typ „Jongleur_in":

Für diesen Typ sind folgende Merkmale konstitutiv: „charakterisiert durch einen in der Regel nicht einheitlichen Weg unter den Bedingungen des Regimes, wobei beides glaubhaft oder belegt sein muss: Anpassungsverhalten und abweichendes Verhalten; formale Anpassungsbereitschaft, belegt durch Mitgliedschaften, zugleich reale oder nach 1945 einigermaßen glaubhaft behauptete Distanz zum Regime; Behauptung, Mitgliedschaften als Schutzschild benutzt zu haben; Mischung aus Opportunismus und abweichendem Verhalten".[563]

Innerhalb der bis Jahrgang 1928 gebildeten Gesamtuntersuchungsgruppe (MdL, Regierungsmitglieder und Landtagsdirektoren; n=378) haben wir diesem Typ zehn Personen[564] (2,6 % der Gesamtgruppe oder 8,6 % der Grundorientierung) zugeordnet.

Sehr nahe an der Definition des Typs bewegt sich der Fall von Alfred Ahrens[565]. Er wird 1899 in Berlin/Kreis Segeberg geboren und wird auf dem unweit gelegenen Gut Seedorf als Gutssekretär ausgebildet.[566] Als die Revolution im November 1918 in Kiel ihren Anfang nimmt, mischt Ahrens mit, er wird später der SPD beitreten. Er kehrt kurze Zeit danach zurück in seine Heimatgemeinde als Amts- und Gutssekretär, kurz nach der Auflösung der Gutsbezirke in Schleswig-Holstein 1928 wird Ahrens Amtsvorsteher und Bürgermeister in Seedorf. Im Nebenerwerb betreut er dort auch noch die Geschäftsstelle der Vereinsbank Bad Segeberg, die Außenstelle des Arbeitsamts Neumünster und die Poststelle der Gemeinde. Nach der NS-Machtübernahme 1933 wird der frisch bestätigte Ahrens aus seinem Amt entfernt und für zehn Tage in „Schutzhaft" genommen. Er tritt erneut zur Gemeindewahl an und wird postwendend erneut verhaftet und im Konzentrationslager Kuhlen/Kreis Segeberg festgehalten. Seine Haftentlassung zwei Wochen später erfolgt unter der Auflage, sein Siedlungshaus zu verkaufen, den Kreis Segeberg zu verlassen und fortzuziehen. Seine Nebenerwerbsquellen sind zu diesem Zeitpunkt bereits versiegt. Es folgen Jahre der Erwerbslosigkeit. Erst 1937 findet er als Verwaltungsinspektor der Gemeinde Schwedeneck eine Anstellung – offenbar allerdings erst, nachdem er mit dem Mitgliedsantrag zur NSDAP seine Bereitschaft demonstriert hat, nicht mehr ‚abseits' zu stehen, sondern sich in die NS-„Volksgemeinschaft" zu integrieren. Zu diesem Schritt entschlossen habe er sich, so Ahrens 1957 in der Rückschau,

563 Legende der Datenbank im Anhang, S. 578.

564 Quellendichte: gut: keine/r; befriedigend: vier; ausreichend: sechs; unzureichend: keine/r.

565 MdL WP03 (SPD), Quellendichte: befriedigend.

566 Vgl. zu seiner Vita LASH Abt. 460.1, Nr. 158; LASH Abt. 761, Nr. 16227.

auf Anraten von Freunden in der SPD.[567] Er wird Mitglied in der DAF und übernimmt nach Kriegsbeginn zusätzlich noch das Amt des einberufenen Ortsgruppenamtsleiters der NSV. Bis zum Ende des Krieges und darüber hinaus bleibt er auf seinem Posten als Verwaltungsfachkraft, der zuständige deutsche Entnazifizierungsausschuss Eckernförde betrachtet ihn als rein nominelles Mitglied und empfiehlt den britischen Militärbehörden seine Beibehaltung, die diese auch ausspricht. Ein 1957 angestrengtes Entschädigungsverfahren wird abschlägig beschieden: Seine Mitgliedschaft in der NSDAP schließt Ansprüche bereits aus formalen Gründen aus.[568]

Zu diesem Zeitpunkt ist Ahrens für die SPD Mitglied im dritten gewählten Schleswig-Holsteinischen Landtag, ist Fraktionsvorstandsbeisitzer und gehört mehreren Ausschüssen an. Zu vergangenheitspolitischen Themen äußert er sich nicht.

Typ „Angehörige_r traditioneller Eliten“:

Für diesen Typ sind folgende Merkmale konstitutiv: „hierbei spielen die Disposition und das Fortwirken eine ebenso große Rolle wie bei Angehörigen der Arbeiterbewegung in anderer Kategorie; kennzeichnend ist ein erkennbares Lavieren zwischen tradierter gesellschaftlicher Führungsrolle/Vorbildfunktion und zum Teil erkennbarer Distanz bzw. ein sich nicht (vollständiges) Einlassenwollen auf die homines novi des NS“.[569]

Innerhalb der bis Jahrgang 1928 gebildeten Gesamtuntersuchungsgruppe (MdL, Regierungsmitglieder und Landtagsdirektoren; n=378) haben wir diesem Typ zehn Personen[570] (2,6 % der Gesamtgruppe oder 8,6 % der Grundorientierung) zugeordnet.

Als Vertreter der diesem Typ zugeordneten Angehörigen der Untersuchungsgruppe sei hier Ferdinand Graf Hahn[571] vorgestellt. Er wird 1875 auf dem familieneigenen Gut Neuhaus bei Lütjenburg geboren und entstammt einem weit verzweigten Adelsgeschlecht.[572] Als Mitglied der Schleswig-Holsteinischen Ritterschaft verkörpert er geradezu die gesellschaftliche Führungselite im ländlichen Kreis Plön. Die Liste seiner öffentlichen Ehrenämter, die er in seinem Entnazifizierungsverfahren angibt, ist lang und umfasst zahlreiche Vorsitze und Vorstandsmitgliedschaften, von denen nicht wenige bruchlos über die Zäsur 1933 hinausgehen. Das gilt vor allem für seine politischen Ämter. So bleibt er Amtsvorsteher, Gemeinderat sowie Kreistags- und Kreisausschussmitglied. Vor 1933 gehört er der DNVP an. Der NSDAP tritt er nach Lockerung der Mitgliedersperre 1937 bei, sein Aufnahmeantrag trägt die befürwortende Unterschrift des Gauleiters Hinrich Lohse, was den strategischen Wert unterstreicht, wel-

567 Vgl. die NSDAP-Mitgliedskarteikarte in BArch BDC OK, Film 3200 A0010 sowie seinen Bericht vom 14. Mai 1957, LASH Abt. 761, Nr. 16227.

568 Vgl. Bescheid des Landesentschädigungsamts Kiel vom 14. September 1947, LASH Abt. 761, Nr. 16227.

569 Legende der Datenbank im Anhang, S. 579.

570 Quellendichte: gut: keine/r; befriedigend: drei; ausreichend: sieben; unzureichend: keine/r.

571 MdL 1. ern. Landtag (CDU), Quellendichte: befriedigend.

572 Vgl. zu seiner Vita LASH Abt. 460.10, Nr. 179; BArch BDC OK, Film 3200 G0076 sowie seinen NSDAP-Aufnahmeantrag im BArch BDC.

che die regionale NS-Führung Hahns Mitgliedschaft als Elitenangehörigem beimisst. Daneben gehört er der NSV an, als Veteran des Ersten Weltkriegs dem NS-Reichskriegerbund, der Deutschen Jägerschaft sowie dem Reichsluftschutzbund – und seit 1934 als Fördermitglied auch der SS. Den Beitrag dafür, so führt er lapidar in seinem Entnazifizierungsverfahren 1947 aus, habe er „bezahlt, wie er so viele andere Sachen bezahlt" habe.[573] Der zuständige britische Special Branch Officer erhebt keine Einwände gegen die Empfehlung des deutschen Ausschusses und ordnet Hahn in Kategorie V („unbelastet") ein. Zu diesem Zeitpunkt ist er bereits lange wieder aus dem Schleswig-Holsteinischen Landtag ausgeschieden, dem er nur insgesamt sechs Wochen im Frühjahr 1946 angehört hat. Vergangenheitspolitisch ist er dabei nicht in Erscheinung getreten.

Ein weiteres Beispiel ist Gustav Drevs[574], Sohn des Besitzers eines 1850 Morgen großen Rittergutes in Pommern.[575] Nach dem Abitur, einer landwirtschaftlichen Ausbildung und einem Studium in Leipzig und Jena unterstützt er den väterlichen Gutsbetrieb. 1944 wird er Mitbesitzer. Zu diesem Zeitpunkt oder kurz danach ist er zu einem Baupionierbataillon eingezogen: „Versetzung als Folge des 20. Juli" – wie er in seinem Entnazifizierungsverfahren ausführt. Nach dem Kriegsende, das er in französischer Gefangenschaft erlebt, kann er nicht auf das väterliche Gut zurückkehren, sondern landet als Vertriebener in Schleswig-Holstein.

Drevs ist seiner Herkunft entsprechend deutschnational gesinnt. Um den Beitritt zur NSDAP zu vermeiden, so seine Erklärung gegenüber dem deutschen Entnazifizierungsausschuss 1947, sei er im Dezember 1933 der SA beigetreten, in Ermangelung geeigneter Führungspersönlichkeiten habe er die Funktion eines Truppführers übernommen. Im Sommer 1937 habe der informelle Druck, der NSDAP beizutreten, zugenommen und zugleich habe er gemeinsam mit seinem Vater verstärkt die Nähe zur Bekennenden Kirche gesucht. Deshalb habe er seine Bindung zur SA gelöst. Infolgedessen sei er aus der Gemeindevertretung entfernt worden. Dieser in sich stimmigen Selbstdeutung folgen der deutsche Entnazifizierungsausschuss und die britischen Behörden, letztere erlauben die Beibehaltung seiner Stellung als landwirtschaftlicher Verwalter. Nicht mit dieser Selbstdeutung in Einklang zu bringen sind allerdings zwei Karteikarten aus der Mitglieder- und der Ortskartei der NSDAP, die Drevs' Beitritt zur NSDAP unter der Mitgliedsnummer 4.865.045 zum 1. Mai 1937 (rückwirkend) eindeutig belegen.[576] Der Erwerb der Mitgliedschaft zu diesem Zeitpunkt ist als sehr klares Anpassungsverhalten zu deuten. Hiermit will der damals Dreißigjährige – eher zögerlich als eilfertig, wie das überlieferte Antragsdatum vom 9. Juni 1937 nahelegt – offenbar Regimenähe demonstrieren, möglicherweise um die Folgen des Austritts aus der SA (sofern er denn tatsächlich vollzogen wurde) abzufedern.

Vor allem unterstreicht Drevs' erfolgreiche Fragebogenfälschung, dass Flüchtlinge und Vertriebene leichter ihre NS-Vergangenheit abstreifen und belastende Tatsachen verschwei-

573 Empfehlungsbeschluss des deutschen Entnazifizierungsausschusses Kreis Plön vom 7. Juni 1947, LASH Abt. 460.10, Nr. 179.

574 MdL WP03–07 (CDU); Quellendichte: befriedigend.

575 Vgl. zu seiner Vita LASH Abt. 460.5, Nr. 328.

576 Vgl. BArch BDC OK, Film 3200 D0046 sowie BArch BDC ZK, Film 3100 F0042.

gen können, zumeist mit Hinweis auf verloren gegangene Unterlagen, wie auch im Fall von Drevs.

Während der fünf Wahlperioden, in denen Gustav Drevs dem Schleswig-Holsteinischen Landtag angehört, ist er zwischen 1958 und 1975 Parlamentarischer Vertreter zunächst der Sozialministerin und dann des Innenministers und arbeitet in zahlreichen Ausschüssen mit, unter anderem in beiden Untersuchungsausschüssen zur Heyde/Sawade-Affäre. In Debatten zur NS-Vergangenheit meldet er sich nicht zu Wort, nur einmal muss er in seiner Eigenschaft als Parlamentarischer Vertreter von Ministerin Ohnesorge Fragen des Abgeordneten Steffen (SPD) zu Renten- und Entschädigungszahlungen an Angehörige der verurteilten Kriegsverbrecher Oderberg und Biberstein Rede und Antwort stehen.[577]

Typ „Grenzpolitische Akteur_in“:

Für diesen Typ sind folgende Merkmale konstitutiv: „intensives grenzpolitisches Engagement auch während der NS-Zeit; NS-Affinität, bzw. Übereinstimmung mit NS-Zielen/ -Ideologie eher zweitrangig, oft abnehmend“.[578]

Innerhalb der bis Jahrgang 1928 gebildeten Gesamtuntersuchungsgruppe (MdL, Regierungsmitglieder und Landtagsdirektoren; n=378) haben wir diesem Typ zwei Personen[579] (0,5 % der Gesamtgruppe oder 1,7 % der Grundorientierung) zugeordnet.

Eine von ihnen ist Dr. Rudolf Muuß[580], 1892 in Meldorf geboren und bereits sehr früh in der Grenzlandfrage aktiv:[581] Nach seinem Theologiestudium lässt er sich 1919 frisch ordiniert beurlauben, um als Redakteur der neu gegründeten Flensburger Nachrichten im Abstimmungskampf um die deutsch-dänische Grenze vehement die deutsche Seite zu vertreten. Mit dem endgültigen Verlauf der, wie er sie versteht, „Gewaltgrenze“ kann sich der zunächst auf Eiderstedt und ab 1930 in unmittelbarer Grenznähe in Stedesand wirkende Pastor nur schwer abfinden und bleibt grenzpolitisch aktiv. Ab 1926 wendet er sich den Belangen der nordfriesischen Minderheit zu. Die Machtübernahme der Nationalsozialisten begrüßt Muuß zunächst zutiefst, nicht zuletzt aufgrund der damit verbundenen Hoffnung auf eine Revision der Grenze, wohl aber auch wegen der von ihm vertretenen Volkstumsideologie, die eine hohe Anschlussfähigkeit zum Nationalsozialismus aufweist.[582] Ein Beitritt zur NSDAP erfolgt nicht, wohl aber die Mitgliedschaft im Kampfbund für deutsche Kultur, in der NSV und der SA-Reser-

577 Vgl. Stenographischer Bericht des Schleswig-Holsteinischen Landtages, 5. Wahlperiode, 35. Sitzung, 12. April 1964, S. 1189–1192.

578 Legende der Datenbank im Anhang, S. 579.

579 Quellendichte: gut: eine/r; befriedigend: keine/r; ausreichend: eine/r; unzureichend: keine/r.

580 MdL 1. ern. Landtag (CDU/Hospitant); Quellendichte: gut.

581 Vgl. zu seiner Vita LASH Abt. 460.17, Nr. 292; BArch RK I 233 sowie Thomas Steensen: Rudolf Muuß: Heimatpolitiker in Nordfriesland und Schleswig-Holstein. Husum 1997 sowie ders.: Rudolf Muuß. In SHBL, Bd. 11, S. 289–294.

582 Wobei er kein Rassenfanatiker gewesen sei, so sein Biograf Steensen, vgl. ders.: Heimatpolitiker (Anm. 581), S. 59f.

ve II.[583] In der Praxis muss Muuß schnell feststellen, dass beim Regime seine Vorstellungen eher wenig Anklang finden. Im Juli 1934 belegt die zuständige Kreisleitung ihn mit einem öffentlichen Redeverbot zu kulturellen Fragen. Zu diesem Zeitpunkt hat er sich bereits selbst aus der ns-affinen „Deutsche Christen"-Bewegung, in der er kurzzeitig die Probsteileitung übernommen hatte, gelöst und die Nähe zur Bekennenden Kirche gesucht. Aktiv bleibt er vor allem in der eigenen Gemeinde. Wegen kritischer Bemerkungen in einem Konfirmationsgottesdienst wird er auf die Gestapo-Außenstelle in Niebüll geladen und mit der Zahlung eines „Sicherungsgelds" in Höhe von 3000 RM bestraft.

Muuß gehört zu den Gründungsmitgliedern der CDU in Südtondern, ist Abgeordneter im ersten ernannten Schleswig-Holsteinischen Landtag[584] und dort ein eifriger Debattenteilnehmer. Bezogen auf vergangenheitspolitische Fragen spricht er im Zusammenhang mit der Einsetzung des Euthanasie-Ausschusses über eigene Erfahrungen mit Hinterbliebenen des Behindertenmords.[585] In der gleichen Sitzung plädiert er bei der Frage, ob ehemalige Nationalsozialisten Wohnraum zugunsten von Opfern des NS-Regimes freimachen müssten, für Augenmaß, damit sich nicht „die Verkehrten", also die Demokratiewilligen, von der neuen Staatsform abwendeten.[586]

Typ „Politisch Enttäuschte_r":

Für diesen Typ sind folgende Merkmale konstitutiv: „Person bringt Disposition für NS-Affinität mit bzw. findet bei sich früh Anschlussmöglichkeiten für den Nationalsozialismus, bringt sich früh (vor 1933 bis deutlich vor Kriegsbeginn) in die Bewegung ein, wird (i. d. R.) politisch desillusioniert, ohne jedoch oppositionell zu werden (Ausnahme ggf.: Mitgliedschaft in der Bekennenden Kirche); i. d. R. deutlich erkennbare Entwicklung im Laufe der NS-Zeit, frühes Engagement in Partei oder Verbänden; ggf. beibehaltene Mitgliedschaften".[587]

Innerhalb der bis Jahrgang 1928 gebildeten Gesamtuntersuchungsgruppe (MdL, Regierungsmitglieder und Landtagsdirektoren; n=378) haben wir diesem Typ fünf Personen[588] (1,3 % der Gesamtgruppe oder 4,3 % der Grundorientierung) zugeordnet.

583 Das geht aus einem Fragebogen der Reichskulturkammer vom 11. Juni 1934 (Eingangsstempel) hervor, wobei unklar ist, wann der Eintritt erfolgte, denn die SA-Reserve II war erst im November 1933 etabliert worden, u. a. um Mitglieder des aufzulösenden Kyffhäuserbundes und Stahlhelms bzw. alle über 45-Jährigen zu integrieren, vgl. Wolfgang Sauer: Die Mobilmachung der Gewalt. In: Karl-Dietrich Bracher/Ders./ Gerhard Schulz: Die nationalsozialistische Machtergreifung. Studien zur Errichtung des totalitären Herrschaftssystems in Deutschland 1933/34. Köln/Opladen 1960, S. 685–972, hier S. 892.

584 Zwischenzeitlich als Hospitant der CDU-Fraktion aufgrund einer Anweisung der Kirchenleitung, die Mitgliedschaften in politischen Parteien ausschloss. Vgl. Steensen: Heimatpolitiker (Anm. 581), S. 81.

585 Vgl. Wortprotokoll des 1. ernannten Schleswig-Holsteinischen Landtages, 4. Tagung, 6. und 7. Mai 1946, S. 38.

586 Vgl. ebd., S. 42 sowie Steensen: Heimatpolitiker (Anm. 581), S. 81.

587 Legende der Datenbank im Anhang, S. 579.

588 Quellendichte: gut: keine/r; befriedigend: zwei; ausreichend: drei; unzureichend: keine/r.

Einige Parallelen, aber auch markante Unterschiede zum eben vorgestellten Rudolf Muuß weist der Lebensweg von Hermann Böhrnsen[589] in der NS-Zeit auf, der deshalb dem Typ des „Politisch Enttäuschten" zugeordnet ist: „Bis 1933 war ich entschiedener Gegner des Nationalsozialismus."[590] So charakterisiert Hermann Böhrnsen seine (frühe) politische Haltung vor den Mitgliedern des zuständigen Entnazifizierungsausschusses Rendsburg im Jahr 1948. Die verfügbaren Quellen deuten hingegen darauf hin, dass Böhrnsen gerade in der Anfangszeit die Nähe zum Nationalsozialismus intensiv sucht und findet.[591] Der 1900 geborene Böhrnsen erlebt noch die letzten Monate des Ersten Weltkriegs als Rekrut, absolviert anschließend seine Ausbildung als Tischlergeselle und geht auf mehrjährige Wanderschaft. Eigenen Angaben zufolge ist er vor 1933 (partei-)politisch nicht aktiv, allerdings seit 1927 Mitglied im revisionistischen Volksbund für das Deutschtum im Ausland (VDA). Zum Zeitpunkt der NS-Machtübernahme gehört er als selbstständiger Tischlermeister in Rendsburg im ererbten Betrieb und Schriftführer in der Tischlerinnung offenbar bereits zu den etablierten Persönlichkeiten in der weniger als 20.000 Einwohner zählenden Kreisstadt. Noch rechtzeitig vor der Mitgliedersperre im Mai 1933 beantragt Böhrnsen die Mitgliedschaft in der NSDAP und übernimmt das Amt eines Geschäftsführers in der neu gegründeten Ortsgruppe des Kampfbunds für deutsche Kultur (KfdK).[592] Neben der Gleichschaltung der kulturellen Vereine Rendsburgs unter dem Dach des KfdK, die Böhrnsen mitorganisiert, veranstaltet die Ortsgruppe als ersten öffentlichen Auftritt im Oktober 1933 eine Bücherverbrennung zuvor konfiszierter „Schundliteratur".[593] Böhrnsens präzise Rolle dabei lässt sich nicht mehr eindeutig klären. Wenige Monate später scheidet er aus dem Amt und dem KfdK aus. Ebenfalls in diesen Zeitraum fallen eine vorübergehende SS-Fördermitgliedschaft, wenig später kommen noch Mitgliedschaften in der NSV und der DAF hinzu.

Parallel dazu wendet sich Böhrnsen, der zuvor der nationalsozialistisch orientierten Glaubensbewegung angehört, der Bekennenden Kirche zu, so schildert er es, nachdem er die zwischenzeitige Absetzung des ihm bekannten Pastors der Rendsburger Christkirche, Johann Bielfeldt, erlebt hat.[594] Als Synodaler nimmt er an den beiden Bekenntnissynoden der evangelisch-lutherischen Landeskirche teil. In berufsständischer Hinsicht schadet ihm dieses Enga-

589 MdL WP02–05 (DP, fraktionslos, CDU), Wirtschafts- und Verkehrsminister (1952–1967), Quellendichte: befriedigend.

590 Hermann Böhrnsen an den Entnazifizierungsausschuss des Kreises Rendsburg vom 08. März 1948, LASH Abt. 460.11, Nr. 72/46.

591 Vgl. zu seiner Vita LASH Abt. 460.11, Nr. 72 sowie BArch BDC OK, Film 3200 B0065 und BArch BDC ZK, Film 3100 C0055. Für seine Ministertätigkeit auch die Personalakte LASH Abt. 691, Nr. 1895.

592 Zu Geschichte und Wesen des Kampfbunds für deutsche Kultur vgl. Reinhard Bollmus: Das Amt Rosenberg und seine Gegner. Studien zum Machtkampf im nationalsozialistischen Herrschaftssystem. Stuttgart 1970, sowie für Schleswig-Holstein Thomas Scheck: Grundzüge nationalsozialistischer Kulturpolitik in Schleswig-Holstein. In: Informationen zur Schleswig-Holsteinischen Zeitgeschichte 30 (1996), S. 3–25.

593 Vgl. Regina-Maria Becker: Rendsburg. 9. Oktober 1933 auf dem Paradeplatz. In: Julius H. Schoeps/Werner Treß (Hrsg.): Orte der Bücherverbrennung in Schleswig-Holstein 1933. Hildesheim u. a. 2013, S. 61–68.

594 Vgl. Böhrnsen an den Entnazifizierungsausschuss des Kreises Rendsburg vom 08. März 1948, LASH Abt. 460.11, Nr. 72 sowie Felicitas Glade: Ernst Bamberger – Wilhelm Hamkens. Eine Freundschaft in Mittelholstein unter dem NS-Regime. Norderstedt 2000, S. 124f.

gement nicht, ab 1935 ist er Obermeister der Tischlerinnung in Rendsburg. Zudem ist er durch die uk-Stellung privilegiert, er muss (abgesehen von zwei Monaten in der Schreibstube in Rendsburg) keinen Wehrdienst leisten, sondern kann seinen Betrieb weiterführen.

Anders als seine eingangs erwähnte Selbstcharakterisierung ist Böhrnsens Weg (mit Einschränkungen) als der eines politisch (teilweise) Desillusionierten zu beschreiben, der anfangs ein beträchtliches Engagement in der NS-Bewegung entfaltet, was nicht von innerer Distanz zeugt. Sukzessive und wahrscheinlich auch unter dem Eindruck der Verfolgungserfahrung in seinem Bekanntenkreis aber justiert Böhrnsen nach einiger Zeit sein Verhältnis zu Partei und Regime neu, wendet sich jedoch keineswegs vollständig ab.

In den Schleswig-Holsteinischen Landtag zieht Böhrnsen 1950 zunächst als Abgeordneter der rechtsgerichteten Deutschen Partei ein, verlässt diese nach zwei Jahren und wechselt nach kurzer Zeit als fraktionsloser Abgeordneter zur CDU. Zwischen 1952 und 1967 ist er Landesminister mit dem Ressort Wirtschaft und Verkehr. In vergangenheitspolitischen Kontexten meldet er sich wiederholt zu Wort, beispielsweise am 12. Oktober 1950 bei der ersten Lesung des Entnazifizierungsschlussgesetzes mit einem vehementen Appell, nicht nur die Entnazifizierung endlich zu beenden, sondern auch die Debatte darüber.[595]

Typ „Politisch Angepasste_r":

Für diesen Typ sind folgende Merkmale konstitutiv: „belegbare Anpassungsschritte (Mitgliedschaften in NSDAP, NS-Organisationen ab 1933) ohne glaubhafte Zwänge; bewusstes ‚Dazugehören'-Wollen".[596]

Innerhalb der bis Jahrgang 1928 gebildeten Gesamtuntersuchungsgruppe (MdL, Regierungsmitglieder und Landtagsdirektoren; n=378) haben wir diesem Typ 45 Personen[597] (11,9 % der Gesamtgruppe oder 38,8 % der Grundorientierung) zugeordnet.

Dass eine recht hohe Zahl an Personen diesem Typ zugeordnet werden kann, nämlich die größte Gruppe innerhalb der zahlenmäßig größten Grundorientierung, hat möglicherweise auch mit der relativ großen Offenheit der Definition zu tun. Entscheidender wird jedoch sein, dass mit den erwähnten Merkmalen – bewusste, aktive und sehr deutliche Anpassung an das Regime – ein Verhaltensmuster von hoher Relevanz für die NS-Zeit beschrieben wird. Der Fall von Dr. Hans Kersig[598] ist bei diesem Typ von besonderer Exemplarität, da er die Merkmale in zugespitzter Weise repräsentiert.

Hans Kersig wird 1902 in Kiel geboren und legt 1921 sein Abitur an der Oberrealschule II Kiel, der späteren Max-Planck-Schule, ab, anschließend absolviert er eine Banklehre und be-

595 Vgl. Wortprotokoll des Schleswig-Holsteinischen Landtages, 2. Wahlperiode, 4. Tagung, 12. Oktober 1950, S. 59.

596 Legende der Datenbank im Anhang, S. 579.

597 Quellendichte: gut: eine/r; befriedigend: 31; ausreichend: 13; unzureichend: keine/r.

598 MdL WP03 (FDP), Quellendichte: befriedigend.

sucht daneben Vorlesungen an der Kieler Universität.[599] Nach einem halben Jahr als Effektenhändler studiert er Betriebs- und Volkswirtschaftslehre sowie Rechtswissenschaften an der Universität und Handelshochschule Frankfurt a. M. und schließt mit dem Dr. rer.pol. ab. Nach einer kurzen Tätigkeit als Prokurist in der Bauwirtschaft steigt Kersig 1928 als 25-Jähriger bei der Landesbank der Provinz Schleswig-Holstein ein, wo sich sein außerordentlich steiler Weg fortsetzt: Zwei Jahre später bereits ist er Prokurist und Leiter der Kredit- und Beitreibungsabteilungen sowie der Grundstücksverwaltung der Landesbank. Er ist Mitglied im traditionsreichen Ersten Kieler Ruder-Club, aktiv vor allem in dessen Reitabteilung. Außerdem gehört er seit seinem Studium dem VDA und einer Vorläuferorganisation des Reichskolonialbunds an. Mit welchen Gefühlen und Erwartungen er die Machtübernahme der Nationalsozialisten erlebt, ist nicht rekonstruierbar. Belegt ist, dass er sich im Frühjahr 1933 um die Aufnahme in die NSDAP bemüht, sogar eine Karteikarte mit Beitrittsdatum (1. Mai 1933) und Mitgliedsnummer (2.729.810) ausgestellt wird. Diese Aufnahme verliert jedoch mit Wirkung vom Juli 1935 ihre Gültigkeit, wobei die Gründe dafür zunächst ebenso unklar bleiben wie die Akteure. Bereits seit Sommer 1933 ist Kersig Mitglied in der Reiter-SA, eigenen Nachkriegsangaben zufolge durch Umwandlung der Reitabteilung seines Ruderclubs in einen SA-Reitersturm. Unabhängig vom Wahrheitsgehalt dieser in seinem Entnazifizierungsverfahren dargelegten Umstände[600] bringt Kersig diese Tätigkeit – er ist Verwaltungs- und Rechnungsprüfer im Rang eines SA-Truppführers – mit einem Zeugnis des Führers seiner Reiterstandarte ins Spiel, als er 1937 erneut einen Mitgliedsantrag für die NSDAP stellt. Wieder wird sein Antrag torpediert, diesmal ausdrücklich auf Betreiben des Kieler NSDAP-Kreisleiters Otto Ziegenbein. Das NSDAP-Kreisgericht als zuständige Instanz charakterisiert Kersig als „in typisch kapitalistisch-reaktionären Anschauungen befangenen Volksgenossen“, der sich zu Unrecht als „alter Anhänger der Bewegung“ stilisiere. Hinter dem Widerstand gegen Kersigs Parteibeitritt stehen offenbar persönliche Gegner, die sich Kersig in seiner Eigenschaft als Entscheider bei Kreditgewährungen und Zwangsvollstreckungen gemacht hat. In unserem Zusammenhang bedeutsam ist allerdings sein Bemühen, sich quasi in die Partei „hineinzuklagen“, was ihm schließlich auch gelingt. Das von ihm angerufene NSDAP-Gaugericht entscheidet im November 1938 zugunsten seiner Aufnahme und gegen die Entscheidung der Vorinstanz – und den ausdrücklichen Wunsch des NSDAP-Kreisleiters.[601] Mit Wirkung vom 1. Mai 1937 ist Dr. Hans Kersig endgültig und bis zu deren Auflösung Mitglied der NSDAP.

Stellvertretend für den Typ exemplifiziert der Fall Versuche, (hier mit relativ großem Aufwand betrieben) durch die Mitgliedschaft in der NSDAP die eigene Karriere in Beruf und Ge-

599 Vgl. zu seiner Vita LASH Abt. 460.19, Nr. 2230 sowie BArch PK F353 und BArch BDC OK, Film 3200 K0034.

600 Vgl. Kersig an den Berufungsausschuss für Entnazifizierung (Land SH) vom 1. Oktober 1947, LASH Abt. 460.19, Nr. 2230.

601 Überliefert ist der Vorgang in BArch PK F353.

sellschaft abzusichern, ohne dabei (nach Aktenlage) unbedingt ein in der Wolle gefärbter Nationalsozialist zu sein.[602]

Kersig ist nur eine Legislaturperiode Mitglied des Schleswig-Holsteinischen Landtags, sitzt in insgesamt vier Ausschüssen, ist Mitglied im Landeswahlausschuss und agiert als Parlamentarischer Vertreter von Justizminister Bernhard Leverenz. Zu vergangenheitspolitischen Themen äußert er sich im Plenum nicht.

Eine weitere exemplarische Biografie dieses Typs repräsentiert eine andere Form des Anpassungsverhaltens in der NS-Zeit: Dr. Paul Rohloff[603] wird 1912 in Hamburg geboren als Sohn eines Postbeamten und besucht die Oberrealschule Eppendorf.[604] Die nationalsozialistische Machtübernahme erlebt er als Abiturient und beginnt das Jurastudium an den Universitäten Hamburg und München. 1937 besteht er das erste Staatsexamen und nimmt anschließend den Vorbereitungsdienst als Gerichtsreferendar auf, der durch seine Einberufung zum Wehrdienst im Februar 1940 unterbrochen wird. Das Kriegsende erlebt er als amerikanischer Kriegsgefangener. Während seine Studiums tritt Rohloff dem NS-Studentenbund bei, als Referendar dem NS-Rechtswahrerbund. Im Mai 1937 wird er auch Mitglied der NSDAP, ein Schritt, der ihm in Hinblick auf eine bevorstehende Karriere in der deutschen Justiz zu diesem Zeitpunkt geboten scheint. Bemerkenswerter als diese formalen Anpassungsleistungen ist der Blick in die Dissertation, mit der er im Januar 1939 promoviert wird: „Die rechtliche Stellung der Deutschen Arbeitsfront" diskutiert im Kern die Frage, ob es sich bei der DAF um eine Körperschaft öffentlichen Rechts handelt.[605] Der Duktus ist zwar unaufgeregt und nüchtern, inhaltlich folgt der Autor in der historischen Einordnung des Problems unmissverständlich der nationalsozialistischen Lesart von der notwendigen Zerschlagung der Gewerkschaften und der Verfolgung der Gewerkschaftsführer. Bei der Wahl eines solchen Themas für eine Dissertation 1938/39 wäre ein anderer Befund sicherlich auch mehr als ungewöhnlich gewesen. Dass Rohloff dieses Thema überhaupt wählt, ist dabei die wesentliche Entscheidung, mit der sich der Autor grundsätzlich und sichtbar in der Nähe zum Regime positioniert, ohne dabei notwendigerweise ein zutiefst über-

602 Nach 1945 lässt sich auf bemerkenswerte Weise die nahezu spiegelbildliche Argumentation im Zusammenhang mit Kersigs Entnazifizierungsverfahren beobachten. In erster Instanz wird er wegen seiner formalen Belastung in Kategorie IV („Mitläufer") eingeordnet. Er legt Berufung ein mit der Begründung, seine Aufnahme sei im Zusammenhang eines geschlossenen Übertritts der Mitglieder des Reitersturms erfolgt, die Ablehnung sei laut (unbeglaubigter) Abschrift des Kreisgerichts ergangen, weil er ein in „typisch liberalistischen Ausstreuungen befangene[r] Volksgenosse" wäre. Zudem habe seine Mitgliedschaft nur aus einer Anwärterschaft bestanden, die ohnehin erst 1939 (sic) bestätigt worden sei. Seine Mitgliedschaft in der Reiter-SA sei im Übrigen nicht belastend, da es sich 1933 um einen reinen Etikettenwechsel gehandelt habe, „Truppführer" sei als „Reitlehrer" zu verstehen gewesen. Vgl. Kersig an den Berufungsausschuss für Entnazifizierung (Land SH) vom 1. Oktober 1947, LASH Abt. 460.19, Nr. 2230. Der Berufungsausschuss Kiel folgt Kersigs Antrag in seiner Begründung der Kategorisierung in Gruppe V fast wortwörtlich, vgl. Entscheidung des Entnazifizierungsberufungsausschusses Kiel vom 6. Dezember 1948, ebd. Siehe auch die von ehrlicher Empörung geprägten Ausführungen des Öffentlichen Anklägers an den Entnazifizierungsberufungsausschuss Kiel vom 13. Juli 1948, ebd.

603 MdL WP02, 04–06 (FDP, CDU), Landtagspräsident (1964–1971), Quellendichte: befriedigend.

604 Vgl. zu seiner Vita StAHH 221-11, Nr. L 1177; BArch BDC OK, Film 3200 S0045.

605 Paul Rohloff: Die rechtliche Stellung der Deutschen Arbeitsfront. Würzburg 1939.

zeugter Nationalsozialist zu sein.[606] Das wird auch von einer Anekdote unterstrichen, die in Rohloffs Entnazifizierungsverfahren überliefert ist. Die mit seinem Fall befassten Ausschussmitglieder nehmen Anstoß an einer Formulierung, die ein Rechtsanwalt in Rohloffs Arbeitszeugnis hinterlassen hat, welches dann in dessen Personalakten gelangt: „Herr Dr. Rohloff ist Nationalsozialist und als politischer Leiter in der Partei tätig." Vor den Ausschuss geladen, kann sich der Rechtsanwalt der Umstände nicht mehr entsinnen: „Mit Bestimmtheit konnte er lediglich bekunden, dass der Antragsteller sich ihm gegenüber stets kritisch gegenüber dem Nationalsozialismus, seinen Massnahmen und führenden Persönlichkeiten geäussert habe", die Bezeichnung als „Nationalsozialist" sei „eine s.Zt. allgemein übliche Gefälligkeit [gewesen], die nur den Zweck gehabt habe, das berufliche Fortkommen [Rohloffs] zu erleichtern".[607] Die Bescheinigung einer angeblichen Tätigkeit als „Politischer Leiter", also als Parteifunktionär der NSDAP, erklärt der Rechtsanwalt vor dem Ausschuss (mit Einhilfe Rohloffs) als Missverständnis. Über den anekdotenhaften Charakter hinaus verdeutlicht diese Episode die zeitgenössisch vorherrschende Praxis, Regimenähe in offiziellen Kontexten grundsätzlich und demonstrativ zu behaupten bzw. als Charakterisierung zuzulassen – wodurch diese auch soziale Realität wurde.

Dr. Paul Rohloff gehörte dem Schleswig-Holsteinischen Landtag mit Unterbrechungen insgesamt über vier Wahlperioden an. Er war Mitglied und Vorsitzender zahlreicher Ausschüsse sowie Mitglied im Landeswahlausschuss. Zudem fungierte er zwischen 1959 und 1963 als Parlamentarischer Vertreter der Landesfinanzminister Dr. Carl Anton Schaefer, Dr. Hartwig Schlegelberger und Hans-Hellmuth Qualen. Von 1964 bis 1971 war er Landtagspräsident.

In vergangenheitspolitischer Hinsicht nimmt Rohloff wichtige Rollen ein, vor allem durch den Vorsitz in beiden Untersuchungsausschüssen zur Heyde/Sawade-Affäre und bis zu seiner Wahl als Landtagspräsident auch als Vorsitzender des Untersuchungsausschusses zur Aufklärung der Situation im Polizeiwesen. Mehrfach ergreift er das Wort in vergangenheitspolitischen Debatten, beispielsweise zu beamtenrechtlichen Aspekten der Entnazifizierungsgesetzgebung,[608] bei der Debatte um strafrechtlichen Schritte gegen Oberverwaltungsrat Peter Orlowski[609] und

606 Bei zahlreichen anderen rechtswissenschaftlichen Problemen wäre es wahrscheinlich zu umgehen gewesen, innerhalb der ersten fünf Fußnoten dreimal Hitlers „Mein Kampf" zu zitieren. Als Erstgutachter betreute die Arbeit der Hamburger Ordinarius für Öffentliches Recht, Prof. Dr. Rudolf Laun, vor 1933 Mitglied der SPD. Vgl. zu dessen Vita Rainer Nicolaysen: Laun, Rudolf. In: Franklin Kopitsch/Dirk Brietzke (Hrsg.): Hamburgische Biografie. Personenlexikon, Band 5. Göttingen 2010, S. 227–230.

607 Beschluss des Beratenden Ausschusses „Justiz" für die Ausschaltung von Nationalsozialisten in Hamburg vom 14. Mai 1947, StAHH 221–11, Nr. L 1177.

608 Vgl. Wortprotokoll des Schleswig-Holsteinischen Landtages, 2. Wahlperiode, 9. Tagung, 14. März 1951, S. 235ff.

609 Oberverwaltungsrat Orlowski, ein ehemaliger Landrat und NSDAP-Kreisleiter im Warthegau, hatte in einer öffentlichen Diskussionsveranstaltung das Gemeinde- und Kreiswahlgesetz als ein „zweites Gesetz zur Wiederherstellung der Einheit von Partei und Staat" bezeichnet, worin der Verfassungsausschuss des Landtags eine Beleidigung des Parlaments erkannte und beantragte, dem Oberstaatsanwalt die Ermächtigung zur Strafverfolgung Orlowskis zu geben, was zu hitzigen Debatten, auch vergangenheitspolitischen Inhalts, führte. Vgl. Schleswig-Holsteinischer Landtag, 4. Wahlperiode, Drucksache Nr. 311 sowie Stenographischer Bericht des Schleswig-Holsteinischen Landtages, 4. Wahlperiode, 13. Tagung, 44. Sitzung, 28. Juni 1960, S. 1374.

bei der Debatte um die Einsetzung eines Untersuchungsausschusses zur Heyde/Sawade-Affäre.[610]

Typ „Inkludierte_r ‚Volksgenosse_in'":

Zu diesem Sammel-Typ gehören jene Personen, die (beispielsweise aufgrund der Quellenlage) keinem spezifischen Typ innerhalb dieser Grundorientierung, in die sie aber zweifelsfrei gehören, zugeordnet werden können.[611]

Innerhalb der bis Jahrgang 1928 gebildeten Gesamtuntersuchungsgruppe (MdL, Regierungsmitglieder und Landtagsdirektoren; n=378) haben wir diesem Typ 34 Personen[612] (9,0 % der Gesamtgruppe oder 29,3 % der Grundorientierung) zugeordnet.

Das Beispiel von Claus-Joachim von Heydebreck[613] kann verdeutlichen, dass die Zuordnung zu einer Grundorientierung trägt, ohne dass der Fall eindeutig einem bestimmten Typ zugewiesen werden kann. Von Heydebreck wird 1906 als Sohn eine Berufsoffiziers in Potsdam geboren, die offenbar häufigen Standortwechsel spiegeln sich in den insgesamt fünf verschiedenen Schulen wider, die von Heydebreck bis zum Abitur 1925 besucht.[614] Nach dem Studium der Rechts- und Staatswissenschaften in Göttingen und Berlin absolviert er den Vorbereitungsdienst, den er aus wirtschaftlichen Gründen zwischenzeitlich unterbrechen muss, um als Sachbearbeiter in der Rechtsabteilung der Siemenswerke seinen Lebensunterhalt zu sichern. 1934, mit einem voll befriedigenden Examen, lässt er sich in Berlin als Rechtsanwalt nieder. Bei Kriegsbeginn erfolgt die Einberufung zum Wehrdienst, den er bis zur Kapitulation 1945 leistet. Nach Aktenlage tritt von Heydebreck nicht der NSDAP bei, wohl aber ist er SA-Mann zwischen Oktober 1933 und Sommer 1934. Eigenen Nachkriegsangaben zufolge wird er als Mitglied des Stahlhelms in die SA überführt, die er jedoch unter dem Eindruck der Röhm-Morde wieder verlässt. Darüber hinaus gehört er noch dem NS-Rechtswahrerbund, dem Reichsluftschutzbund sowie ab 1942 auch der NSV an. Insgesamt ist das zunächst eine eher unauffällige Biografie im Nationalsozialismus. Schwer einzuschätzen für eine sichere Zuordnung für einen bestimmten Typ sind allerdings zwei Aspekte, nämlich zum einen die Bemerkung in seinem Entnazifizierungsfragebogen, dass er sich 1937 in einem Verfahren vor der Berliner Anwaltskammer wegen der Vertretung der „jüdischen" Firma Erich Wilde & Co. habe verantworten müssen.[615] Auf-

610 Stenographischer Bericht des Schleswig-Holsteinischen Landtages, 4. Wahlperiode, 19. Tagung, 29. Sitzung, 14. Dezember 1959, S. 852f., 860.

611 Vgl. Legende der Datenbank im Anhang, S. 579.

612 Quellendichte: gut: eine/r; befriedigend: drei; ausreichend: 30; unzureichend: keine/r.

613 MdL WP04–06 (CDU), Landeskultusminister (1964–1969) und Landesjustizminister (1969), Quellendichte: ausreichend.

614 Vgl. zu seiner Vita LASH Abt. 460.14, Nr. 60 sowie LASH Abt. 786, Nr. 1302. Nicht berücksichtigt wurde der Nachlass von Heydebrecks (Bestand 01–286) im Archiv für Christlich-Demokratische Politik der Konrad-Adenauer-Stiftung (Laufzeit 1946–1985) sowie die im Eigenverlag erschienenen „Lebenserinnerungen unseres Vaters Claus Joachim von Heydebreck bis 1945". Hrsg. von seinen Kindern. O. O. 1986.

615 Vgl. Fragebogen vom 1. August 1946, LASH Abt. 460.14, Nr. 60.

grund so minimaler Informationen in einem quellenkritisch problematischen Kontext ist eine abgesicherte Bewertung bezogen auf Haltungen und Verhaltensweise nicht zu treffen. Andererseits wäre auch von Heydebrecks Rolle im Wirtschaftsstab Ost genauer zu betrachten, dem er bis Januar 1944 als Militärverwaltungsrat angehört, nachdem er wegen einer Verletzung ab Juli 1941 nicht mehr felddienstverwendungsfähig ist. In seinem Entnazifizierungsfragebogen beschreibt er seine Funktion als Personalreferent, dennoch bleiben Fragen, vor allem solche nach von Heydebrecks tatsächlichen Aufgaben, offen, denn der Wirtschaftsstab Ost ist der wichtigste militärische Apparat zur Ausbeutung der Ressourcen der besetzten Gebiete der Sowjetunion an Rohstoffen, Industrieprodukten und Arbeitskräften.[616] Beide Aspekte, sowohl ein mögliches Eintreten für von Verfolgung bedrohte Juden[617] als auch eine genauere Konturierung der Rolle bei der Ausbeutung der besetzten Ostgebiete, könnten für eine Bewertung von Heydebrecks und seiner Rolle in der NS-Zeit entscheidend werden, lassen sich auf der Basis der im Projekt beschrittenen Recherchewege, die nur retrospektive Quellen zu von Heydebrecks Vita vor 1945 zutage gefördert haben, nicht klären. Deshalb erfolgt unsere zurückhaltende Zuordnung zu dem Typ „Inkludierter Volksgenosse" der Grundorientierung „angepasst / ambivalent".

Zu erwähnen bleibt, dass von Heydebreck in der Nachkriegszeit in verschiedenen Kriegsverbrecherprozessen als Strafverteidiger auftritt.[618]

Claus-Joachim von Heydebreck gehört dem Schleswig-Holsteinischen Landtag in drei Wahlperioden an, arbeitet in einer Reihe von Ausschüssen mit, in denen er auch zum Teil den Vorsitz übernimmt, er ist Mitglied im Ältestenrat des Parlaments und des Landeswahlausschusses 1962. Zwischen 1959 und 1964 ist er Landtagspräsident des Schleswig-Holsteinischen Landtags. Zwischen 1964 und 1969 amtiert er als Kultusminister des Landes, 1969 als Justizminister. In vergangenheitspolitischen Debatten tritt er ausschließlich in seiner Rolle als Landtagspräsident in Erscheinung.

Die Typen der Grundorientierung „systemtragend / karrieristisch"

Zur Erinnerung die Definition dieser Grundorientierung: „Sie kennzeichnet Zugehörigkeit zu wirtschaftlichen, gesellschaftlichen, administrativen und politischen Führungsgruppen, die während der NS-Zeit (weiterhin) eine Rolle spielen und auf diese Weise zum Funktionieren des NS-Staats wesentlich beitragen. In dieser Grundorientierung finden sich sowohl Akteure mit z. T. glaubhaft innerer Distanz zum Nationalsozialismus als auch offenbar klar überzeugte Unterstützer des Nationalsozialismus. Zentral sind ihre Funktion und ihr Funktionieren. In Ernst Fraenkels Sinne agieren sie überwiegend noch im ‚Normenstaat'."[619]

616 Vgl. zu Aufbau und Aufgaben Christian Gerlach: Kalkulierte Morde. Die deutsche Wirtschafts- und Vernichtungspolitik in Weißrußland 1941–1944. Hamburg 1999, S. 142–150.

617 Von Heydebreck gibt dafür als Zeugen den Firmeninhaber Erich Wilde und dessen mutmaßliche Frau an, vgl. Fragebogen vom 1. August 1946, LASH Abt. 460.14, Nr. 60.

618 Vgl. Hans-Georg von Heydebreck: Biografie unseres Vaters Claus Joachim von Heydebreck von 1945–1985, Limburg 2012, S. 32–52.

619 Legende der Datenbank im Anhang, S. 576f.

Aus dieser Grundorientierung haben wir insgesamt vier Typen abgeleitet: „Höherer Wehrmachtsakteur", „Höhere_r Verbandsfunktionär_in", „Höherer Staatsbediensteter", „Funktionale_r Träger_in", die im Folgenden erläutert und an konkreten biografischen Beispielen aus der gesamten Untersuchungsgruppe verdeutlicht werden.

Typ „Höherer Wehrmachtsakteur":

Für diesen Typ sind folgende Merkmale konstitutiv: „Berufsoffiziere der Wehrmacht sowie höhere Angehörige der Wehrmachtsverwaltung und Wehrmachtsjustiz (sofern diese nicht beispielsweise wegen nachgewiesener Todesurteile dem Typ Verfolgungsakteur zugeordnet werden)".[620]

Innerhalb der bis Jahrgang 1928 gebildeten Gesamtuntersuchungsgruppe (MdL, Regierungsmitglieder und Landtagsdirektoren; n=378) haben wir diesem Typ drei Personen[621] (0,8 % der Gesamtgruppe oder 11,1 % der Grundorientierung) zugeordnet.

Zu Oskar Hubert Dennhardt[622] sind vergleichsweise wenige Unterlagen überliefert, aus denen sich sein Lebenslauf rekonstruieren lässt.[623] Er wird am 30. Juni 1915 in der sächsischen Kleinstadt Markranstätt geboren, sein Vater ist zuerst Lehrer, später Offizier. Die Kindheit war durch verschiedene Standortwechsel geprägt, Hameln, Osterwald, Bitterfeld und Gardelegen lauten die Stationen seiner Kindheit und Schullaufbahn, die er 1934 mit dem Abitur auf dem Reform-Realgymnasium abschließt. Er tritt als Fahnenjunker in den Dienst der Reichswehr und durchläuft die Ausbildungsstufen zum Berufsoffizier. 1936 ist er Leutnant und Ausbildungsoffizier, 1939 Oberleutnant der Infanterie. Als solcher nimmt er am Überfall auf Polen, am Frankreichfeldzug und am „Unternehmen Barbarossa", dem Vernichtungskrieg gegen die Sowjetunion, teil. Er wird insgesamt zwölfmal verwundet und mehrfach ausgezeichnet, unter anderem mit dem Ritterkreuz des Eisernen Kreuzes. Über seine Rolle als Berufsoffizier hinaus ist wenig bekannt. Eine Mitgliedschaft in der NSDAP, wie mitunter kolportiert wird,[624] lässt sich nicht verifizieren: Keine der Karteien des ehemaligen BDC enthält eine Mitgliedskarte der NSDAP, bereits im Zuge seines Entnazifizierungsverfahrens ist eine Anfrage an das Document Center negativ verlaufen.[625] Eine Zugehörigkeit zur NSDAP ist für Dennhardt ohne-

620 Legende der Datenbank im Anhang, S. 579.

621 Quellendichte: gut: keine/r; befriedigend: keine/r; ausreichend: drei; unzureichend: keine/r.

622 MdL WP02 (CDU), Quellendichte: ausreichend.

623 Vgl. die schmale Personalakte als Landesbeauftragter für die Entnazifizierung, LASH Abt. 605, Nr. 4104, einen Vorgang zu seiner Berufung bzw. Abberufung, LASH Abt. 611, Nr. 5361 sowie die eigene, nur einen kurzen Fragebogen vom 12. Juli 1948 und eine negative Anfrage beim BDC umfassende Entnazifizierungsakte in LASH Abt. 460.15, Nr. 88.

624 Vgl. Die Zeit vom 26. Januar 1990: „Das braune Schleswig-Holstein". Der Artikel bezieht sich in weiten Teilen auf die Antwort der Landesregierung auf die Große Anfrage der SPD-Fraktion zum Rechtsextremismus in Schleswig-Holstein, Drucksache 12/608 vom 6. Dezember 1989. Dort wird Dennhardt als „altes NSDAP-Mitglied" genannt, vgl. ebd., S. 15.

625 Vgl. undatierte Antwort des „Office of Military Government (U.S.)"/ „Document Center Berlin" auf eine Anfrage vom 9. März 1949, LASH Abt. 460.15, Nr. 88.

hin (und unabhängig von bestehenden Mitgliedersperren) nur in den zwei Jahren nach Juni 1933 (Dennhardts Vollendung des 18. Lebensjahres) denkbar gewesen, denn das ab Mai 1935 gültige Wehrgesetz untersagt im § 26 Soldaten die aktive Mitgliedschaft in der NSDAP und ihren Verbänden; bestehende Mitgliedschaften sollen fortan „ruhen".[626] Überliefert ist allerdings eine Karteikarte im Bestand „SS-Unterführer und Mannschaften" im Bundesarchiv Berlin unter dem Namen und Geburtsdatum Dennhardts: Sie führt ihn unter der Bezeichnung „Ehemaliger SS-Ang." mit der SS-Mitgliedsnummer 140.902 und als Träger des „Ritterkr. d. EK 2.4.44".[627] Dies legt die Deutung nahe, dass Dennhardt offenbar nach seinem 18. Geburtstag in die SS aufgenommen worden ist, er danach die Mitgliedschaft aber entweder beendet oder ruhen lässt.

Dennhardt ist in der zweiten Wahlperiode Mitglied des Schleswig-Holsteinischen Landtags, Mitglied in fünf Ausschüssen sowie 1954 im Landeswahlausschuss. Zwischen 1. Oktober 1950 und März 1952 fungiert er als Sonderbeauftragter für die Entnazifizierung des Landes Schleswig-Holstein. In dieser Eigenschaft äußert er sich wiederholt zum Thema Entnazifizierung im Plenum[628] und zu Fragen des Verfassungsschutzes beziehungsweise der Bekämpfung rechtsradikaler Vereinigungen.[629]

Typ „(Höhere_r) Verbandsfunktionär_in":

Für diesen Typ sind folgenden Merkmale konstitutiv: „in der Regel (hauptamtliche) Tätigkeit als Funktionär in einem angeschlossenen Berufsverband, z. B. Reichsnährstand, Reichhandwerkerschaft etc., vor allem, wenn Verband Mobilisierungsfunktion oder starke NS-Aufladung aufweist".[630]

Innerhalb der bis Jahrgang 1928 gebildeten Gesamtuntersuchungsgruppe (MdL, Regierungsmitglieder und Landtagsdirektoren; n=378) haben wir diesem Typ sechs Personen[631] (1,6 % der Gesamtgruppe oder 22,2 % der Grundorientierung) zugeordnet.

Wie bei den höheren Wehrmachtsakteuren liegt die systemtragende Funktion der Verbandsfunktionäre auf der Hand, wobei es für die Zuordnung zu diesem Typ auch darauf an-

626 Vgl. zur zeitgenössischen Interpretation des § 26 Wehrgesetz aus Sicht der NSDAP: Carl Haidn/Ludwig Fischer (Hrsg.): Das Recht der NSDAP. München 1938, S. 351ff. Nach dem Attentat vom 20. Juli 1944 wurde das Wehrgesetz dahingehend geändert, dass nunmehr die Mitgliedschaften aktiv blieben und eine politische Betätigung „erwünscht" war. Vgl. auch Nolzen: „Jugendgenossen" (Anm. 408), FN 90.

627 BArch SM C23: Oskar Dennhardt.

628 Vgl. Wortprotokoll des Schleswig-Holsteinischen Landtages, 2. Wahlperiode, 7. Tagung, 31. Januar 1951, S. 271f., 287f.; Wortprotokoll des Schleswig-Holsteinischen Landtages, 2. Wahlperiode, 9. Tagung, 14. März 1951, S. 231ff.; Wortprotokoll des Schleswig-Holsteinischen Landtages, 2. Wahlperiode, 14. Tagung, 9. Oktober 1951, S. 98–103,146f.; Wortprotokoll des Schleswig-Holsteinischen Landtages, 2. Wahlperiode, 23. Tagung, 52. Sitzung vom 29. Oktober 1952, S. 186.

629 Ebd., S. 167f., 172, 179 und 186f.

630 Legende der Datenbank im Anhang, S. 579.

631 Quellendichte: gut: keine/r; befriedigend: vier; ausreichend: zwei; unzureichend: keine/r.

kommt, dass sowohl die Rolle der Betreffenden in dem jeweiligen Verband als auch der Verband selbst als relevant für das NS-Herrschaftssystem zu bewerten sind. Das konnte auf sehr unterschiedlichen Ebenen geschehen und wird von uns bis hinunter auf die Ortsebene einbezogen. Dabei ist tatsächliche Praxis (soweit rekonstruierbar) zu berücksichtigen, die für eine Zuordnung von größerer Bedeutung ist als formale Ränge. Das Beispiel von Walther Brühl[632], auch wenn sein Lebenslauf nur fragmentarisch überliefert ist, soll das verdeutlichen helfen: Brühl wird 1894 in Spiegel, in der damals preußischen Provinz Posen geboren, besucht die Volksschule und das Gymnasium, welches er mit der Mittleren Reife verlässt.[633] Als dekorierter Weltkriegsteilnehmer besucht er 1921/22 das Gewerbelehrerseminar. Anfang der 1930er-Jahre ist er Gewerbeoberlehrer in Breslau. Im April 1932 tritt Brühl, der zuvor noch Mitglied in der DVP gewesen ist, der NSDAP bei.[634] Nach der Machtübernahme entfaltet die frühe Mitgliedschaft ihre Wirkung, insbesondere im Zusammenspiel mit dem Beitritt zum NS-Lehrerbund, dem er seit Juli 1933 angehört und wenig später als Fachschaftsleiter dient, wie aus seinem Entnazifizierungsverfahren hervorgeht. Nach Aktenlage gehört Brühl 1933/34 zu einer von der Regierung in Breslau eingesetzten und dem NS-Lehrerbund angeschlossenen Kommission zur Wiederherstellung des Berufsbeamtentums mit dem Auftrag, den Lehrkörper auf Personen zu überprüfen, die – angeblich – als „Parteibuchbeamte" ohne fachliche Eignung eingestellt wurden, vor allem aber politische Gegner der Nationalsozialisten zu suchen und ihrer aller Entlassung zu empfehlen. Offenbar bewährt sich Brühl aus der Perspektive der NSDAP in dieser Rolle – die er, späteren Vorwürfen zufolge, mit „entehrenden Beleidigungen und Beschimpfungen" inszeniert und die, wieder späteren Zeugenaussagen zufolge, in der Entlassung von 90 Lehrkräften mündet[635] –, denn bereits 1934 wird er Berufsschuldirektor und zwei Jahre später Berufsschulrevisor im Regierungsbezirk Breslau, verantwortlich also für die Überprüfung der Berufsschulen. In Brühls Fall ist es konkretes Handeln in einer fachlichen Funktion, mag sie nominell als Fachschaftsleiter auch eher gering gewesen sein, das für uns den Ausschlag für die Zuordnung zu diesem Typ in der Grundorientierung gibt.

Walther Brühl ist in der zweiten Wahlperiode Mitglied des Schleswig-Holsteinischen Landtags, ohne sich an vergangenheitspolitischen Debatten zu beteiligen.

---

632 MdL WP02 (GB/BHE), Quellendichte: befriedigend.

633 Vgl. zu seiner Vita die Unterlagen aus seinem Entnazifizierungsverfahren, überliefert in LASH Abt. 458, Nr. 1430.

634 Vgl. Mitgliedskarte der NSDAP in BArch BDC OK, Film 3200 C0040. Das Datum stimmt mit den Angaben aus dem Entnazifizierungsfragebogen überein, vgl. Fragebogen vom 13. April 1948, LASH Abt. 458, Nr. 1430.

635 Vgl. zu Rolle und Vorwürfen die Ausführungen in dem Wiederaufnahmeantrag des Öffentlichen Klägers des Entnazifizierungshauptausschusses Schleswig vom 13. Juni 1949 sowie die undatierten Einlassungen Brühls zu den Vorwürfen, LASH Abt. 458, Nr. 1430. Der Hauptausschuss folgt im Wiederaufnahmeverfahren nicht dem Öffentlichen Kläger, sondern belässt es bei der Einreihung Brühls in Kategorie IV („Mitläufer") ohne Maßnahmen, da er den Aussagen Brühls Glauben schenkt, der darauf beharrt, in der Kommission „mehr geholfen als geschadet" habe. Wegen der Dauer des Verfahrens und Brühls guter Führung nach 1945 beschließt der Ausschuss zudem Brühls Umstufung in die Kategorie V („Entlasteter"). Vgl. Niederschrift der öffentlichen Sitzung des Hauptausschusses Eckernförde vom 30. Juni 1949, ebd.

Typ „Höhere_r Staatsbedienstete_r":

Für diesen Typ sind folgende Merkmale konstitutiv: „Höhere (zumeist Verwaltungs-/Justiz-) Beamtenlaufbahn, zumeist bereits vor der Machtübernahme begonnen; zumeist konservative politische Bindung (z. T. frühere Mitgliedschaft in DNVP oder DVP); hohes Maß an Standesbewusstsein; evtl. Abgrenzung zu offener Gewalt des Nationalsozialismus".[636]

Innerhalb der bis Jahrgang 1928 gebildeten Gesamtuntersuchungsgruppe (MdL, Regierungsmitglieder und Landtagsdirektoren; n=378) haben wir diesem Typ zwölf Personen[637] (3,2 % der Gesamtgruppe oder 44,4 % der Grundorientierung) zugeordnet.

Neben den bereits erwähnten Dr. Herbert Fuchs und Dr. Ekkehard Geib gehört Franz Kock[638] in mehrfacher Hinsicht zu den exemplarischen Vertretern dieses Typs, auch wenn seine kleinbürgerliche Herkunft und die aus wirtschaftlichen Schwierigkeiten resultierende Notwendigkeit, sein Studium erst auf dem zweiten Bildungsweg abzuschließen, nicht unbedingt typisch ist: Kock wird 1901 als eines von vier Kindern eines Kolonialwarenhändlers geboren und muss sein Ziel, zu studieren, aus finanziellen Gründen zunächst aufgeben. Nach einer kaufmännischen Ausbildung nimmt er nach einigen Widrigkeiten doch das Studium der Rechte und der Volkswirtschaft auf, schließt es 1925 ab und durchläuft die Ausbildungsstationen eines Rechtsreferendars, wobei er seine Eltern finanziell unterstützen muss. Ab 1929 arbeitet er als Richter, wird 1934 Landgerichtsrat beim Landgericht Kiel. Er bleibt dort bis 1940, ohne – wie er später sagen wird – an Sondergerichtssachen mitzuwirken. Im gleichen Zeitraum versieht er die Aufgaben als Universitätsrat der Christian-Albrechts-Universität zu Kiel, woraus sich langfristig die Perspektive ergibt, in die Hochschulverwaltung überzutreten, zunächst als Kurator der Universität Innsbruck, ab März 1941 als Referent im Reichserziehungsministerium, in dem er bis zum Ministerialrat aufsteigt.

Der NSDAP tritt Kock kurz vor Verhängung der Mitgliedersperre im Mai 1933 bei, der SA im Juli 1933, in ihr führt er zuletzt den Rang eines Truppführers. Daneben ist er Mitglied einer Reihe von Organisationen und Verbänden wie NSV, NSRB, NS-Altherrenbund, Reichsluftschutzbund und Reichsbund der Deutschen Beamten.

Franz Kock tritt 1952 als Kultusstaatssekretär in das erweiterte Kabinett Lübke ein und bleibt bis 1966 Amtschef im Kultusministerium. Er verkörpert Kontinuität also in mehrfacher Hinsicht: Zunächst steht er für den (nahezu) bruchlosen Übergang der Funktionseliten von der Republik zur Diktatur einschließlich des Reüssierens in der Bundesrepublik. Darüberhinaus personifiziert er das extrem hohe Maß an Kontinuität auf Staatssekretärsebene in Schleswig-Holstein in den 1950er- und 1960er-Jahren. Und zudem steht er als langjähriger

636 Legende der Datenbank im Anhang, S. 579f.

637 Quellendichte: gut: eine/r; befriedigend: zehn; ausreichend: eine/r; unzureichend: keine/r.

638 Kultusstaatssekretär (1952–1966), Quellendichte: befriedigend. Vgl. zu seiner Vita BArch BDC OK, Film 3200 L0016; BArch DS A 39; BArch R 3001/63898; LASH Abt. 460.19, Nr. 463 sowie Michael Grüttner: Biographisches Lexikon zur nationalsozialistischen Wissenschaftspolitik. Heidelberg 2004, S. 94.

Vorsitzender des Schleswig-Holsteinischen Heimatbundes auch für kulturelle und geschichtspolitische Beständigkeit im nördlichsten Bundesland.[639]

Ebenfalls zu diesem Typus zählt Dr. Dr. Ernst Kracht[640], obwohl seine umfassend dokumentierte Vita in der NS-Zeit[641] zahlreiche (formal) schwer belastende Aspekte aufweist, die für sich genommen zweifellos auch eine Zuordnung zur Grundorientierung „exponiert / nationalsozialistisch" rechtfertigen würden: Parteigenosse seit Mai 1933, neben seiner Rolle als Landrat und Oberbürgermeister ab 1934 auch NSDAP-Kreisamtsleiter für Kommunalpolitik, NSDAP-Gauamtsleiter für Volkstumsfragen ab 1943, SA-Mitglied 1934–1936, SS-Sturmbannführer der Waffen-SS seit 1942, SS-Untersturmführer der Allgemeinen SS seit 1944, um nur die wichtigsten Mitgliedschaften und Ränge zu nennen. Gleichwohl haben wir die Zuordnung zum Typ des „Höheren Staatsbediensteten" vorgenommen, da Kracht seiner Ausbildung (Befähigung zum Richteramt), seiner dienstlichen Laufbahn (Landrat seit 1919 über die Zäsuren 1920, 1932 und 1933 hinweg), seiner politischen Prägung (Mitglied in der Schleswig-Holsteinischen Landespartei und der DVP) und auch seinem Habitus sowie selbst in Teilen seiner formalen Belastung nach diesem Typ in vielerlei Hinsicht in einem derartigen Ausmaß entspricht, dass er – wenn auch als Grenzfall – zu den Varianten dieses Typs zu zählen ist.

Typ „Funktionale_r Träger_in (n.z.)":

Zu diesem Sammel-Typ gehören jene Personen, die (beispielsweise aufgrund der Quellenlage) keinem spezifischen Typ innerhalb dieser Grundorientierung, in die sie aber zweifelsfrei gehören, zugeordnet werden konnten.[642]

Innerhalb der bis Jahrgang 1928 gebildeten Gesamtuntersuchungsgruppe (MdL, Regierungsmitglieder und Landtagsdirektoren; n=378) haben wir diesem Typ sechs Personen[643] (1,6 % der Gesamtgruppe oder 22,2 % der Grundorientierung) zugeordnet.

Im Fall des Dr. Gerhard Roedel[644] ist es weniger die Quellenlage als vielmehr sein vergleichsweise vielgestaltiger Lebenslauf in der NS-Zeit, der die Zuordnung zu dem als Sammel-

639 Vgl. Knud Andresen: Schleswig-Holsteins Identitäten. Die Geschichtspolitik des Schleswig-Holsteinischen Heimatbundes 1947–2005. Neumünster 2011, passim.

640 Chef der Landes-, später Staatskanzlei (1950–1958); Quellendichte: gut.

641 Vgl. LASH Abt. 399.1295; LASH Abt. 460, Nr. 2826; BArch Z 42 III/1668; BArch PK G208; BArch SSO 205-A; BArch BDC OK, Film 3200 L0065 sowie Uwe Danker: „... ich in einem ganz bescheidenen Maße auch teilhatte ...": schleswig-holsteinische Biographien im 20. Jahrhundert: Ernst Kracht und Johann Ohrtmann. In: Ders.: Die Jahrhundertstory, Band 3. Flensburg 1999, S. 248–267. Vgl. auch die Autobiografien Ernst Kracht: Aus meinem Leben. Erinnerungen, Erlebnisse und Erfahrungen. Heide 1986, und Erna Kracht: Eine Dithmarscherin erzählt aus ihrem Leben: Rückblick auf politische Ereignisse an der Seite eines Beamten unter vier Regierungen. Husum 1987.

642 Vgl. Legende der Datenbank im Anhang, S. 580.

643 Quellendichte: gut: keine/r; befriedigend: sechs; ausreichend: keine/r; unzureichend: keine/r.

644 Direktor des Landtags (1946–1951), Quellendichte: befriedigend.

kategorie zu verstehenden Typ „Funktionale_r Träger_in" begründet, da er den Kriterien der Grundorientierung eindeutig entspricht, jedoch keinem der daraus abgeleiteten Typen.[645]

Roedel wird 1908 in Berlin in eine Beamtenfamilie geboren, sein Vater ist Landesrechnungsdirektor. Nach dem Abitur und dem Jurastudium (einschließlich der Promotion zum Dr. jur.) in Berlin und Marburg wird er 1931 Rechtsreferendar. Neben dem Vorbereitungsdienst ist er offenbar auch noch mit anderen Dingen beschäftigt, sodass er trotz allgemein belobigter juristischer Fähigkeiten die Große Staatsprüfung 1935 im ersten Anlauf nicht besteht und ein Jahr später erneut antreten muss (Prädikatsexamen). Neben einer Nebentätigkeit als Liquidator einer Berliner Grundstück-AG mag dafür sein relativ intensives politisches Engagement eine Rolle gespielt habe, das er spätestens ab 1933 entfaltet. Er wird Mitglied, Oberscharführer und Rechtsreferent der SA-Motorstandarte 50, die später im NSKK aufgeht. Zudem tritt er im Mai 1933 der NSDAP bei, übernimmt als Politischer Leiter das Amt eines Blockleiters, später stellvertretenden Zellenleiters in der Berliner NSDAP-Ortsgruppe Schill, eine Tätigkeit, die er wegen der Inanspruchnahme durch den SA-Dienst wieder aufgibt. Zunächst arbeitet er bei der Deutschen Rentenbank als Assessor in der Entschuldungsabteilung, tritt ab Januar 1937 in den Dienst des Deutschen Luftsportverbands, begleitet dessen Umformung in das Nationalsozialistische Fliegerkorps (NSFK) juristisch und wird dessen Justitiar. Er bekleidet den Rang eines NSFK-Obersturmführers und ist nebenher noch in der Sozial- und Arbeitsrechtsverwaltung der DAF Luftwaffe tätig. 1941 tritt er seinen Dienst als Justitiar mit konsularischen Befugnissen bei der Deutschen Botschaft in Rom an. Auch in dieser Position agiert er nebenamtlich als Rechtsberater für die NSDAP, hier in der Auslandsorganisation, Gruppe Italien. Nach einem Jahr kehrt er zurück aus Italien und tritt wenig später zunächst als Angestellter, ab Juli 1944 als Regierungsrat in den Dienst des Reichsministeriums für Ernährung und Landwirtschaft. Sein Werdegang in der NS-Zeit ist in der Retrospektive nicht ganz einfach zu dechiffrieren. Unklar ist beispielsweise, ob er eine Justiz- oder Verwaltungsbeamtenlaufbahn nicht konsequent verfolgt, weil er sich eher im Milieu der NS-Verbände verortet, oder ob er seine Aktivitäten für die NS-Bewegung in den dokumentierten Spielarten als Trittbrett für eine Karriere zu nutzen versucht, die ihn (ohne Bezüge) den diplomatischen Dienst ausprobieren lässt und die schließlich (acht Jahre nach seinem Assessorexamen) als Regierungsrat vorerst endet.

1945 wird Roedel Persönlicher Referent von Oberpräsident Steltzer, ab Frühsommer 1946 bis 1951 zunächst Ständiger Sekretär des Schleswig-Holsteinischen Landtags beziehungsweise Direktor des Schleswig-Holsteinischen Landtags.[646]

645 Vgl. zu seiner Vita LASH Abt. 460.19, Nr. 475; LASH Abt. 611, Nr. 2027; BArch R 3001, Nr. 72494; BArch R 55, Nr. 23984; BArch R 3601/5286; BArch PK O 226; BArch BDC OK, Film 3200 S0036.

646 Vgl. dazu auch Wortprotokoll des 1. ernannten Schleswig-Holsteinischen Landtages, 4. Tagung, 7. Mai 1946, S. 115f. sowie Wortprotokoll des 1. ernannten Schleswig-Holsteinischen Landtages, 5. Tagung, 12. Juni 1946, S. 5.

Die Typen der Grundorientierung „exponiert / nationalsozialistisch"

Zur Erinnerung die Definition dieser Grundorientierung: „Damit sind bezeichnet herausgehobene und in ihrem Handeln (und in ihrer Repräsentation) ausgewiesene Nationalsozialisten; in der Regel ist von höheren Funktionären in NSDAP, NS-Gliederungen und NS-Verbänden auszugehen, aber auch von solchen, die in ausgesprochenen, die Diktatur kennzeichnenden staatlichen Positionen agierten, beispielsweise Besatzungsverwaltungsangehörige oder Akteure der Wehrmachts- und Sonderjustiz. In Ernst Fraenkels Sinne agieren sie überwiegend im ‚Maßnahmenstaat'."[647]

Aus dieser Grundorientierung haben wir insgesamt fünf Typen abgeleitet: „‚Alter Kämpfer'", „NSDAP-Parteifunktionär_in", „Besatzungsakteur_in", „Verfolgungsakteur_in", „Exponierte_r Akteur_in", die im Folgenden erläutert und an konkreten biografischen Beispielen aus der gesamten Untersuchungsgruppe verdeutlicht werden.

Typ „Alter Kämpfer":

Für diesen Typ sind folgende Merkmale konstitutiv: „lange, in der Regel bis mindestens 1930/31 zurückreichende Mitgliedschaft in der NSDAP, komplementiert mit Engagement in SA und/oder SS; weitere Mitgliedschaften; während NS-Zeit nicht unbedingt aktiv in Partei und Staat, genießt aber als ‚Alter Kämpfer' Status und Prestige".[648]

Innerhalb der bis Jahrgang 1928 gebildeten Gesamtuntersuchungsgruppe (MdL, Regierungsmitglieder und Landtagsdirektoren; n=378) haben wir diesem Typ sieben Personen[649] (1,9 % der Gesamtgruppe oder 20,6 % der Grundorientierung) zugeordnet.

Einer von ihnen ist Dr. Martin Kohz[650], geboren 1902 in Posen,[651] der bei der Machtübernahme 1933 auf eine lange rechtsradikale Vita zurückblicken kann. Bereits als Schüler während des Ersten Weltkriegs lässt er sich vormilitärisch ausbilden und tritt im Alter von 16 Jahren dem Grenzschutz Ost als Freikorpsmitglied bei. Er nimmt eigenen Angaben zufolge 1920 an der „Niederwerfung kommunistischer Plünderungen" und am Kapp-Lüttwitz-Putsch teil.[652] Zwischen 1921 und 1925 gehört er dem Stahlhelm an. Eine Teilnahme am Hitler-Putsch 1923

647 Legende der Datenbank im Anhang, S. 577.

648 Legende der Datenbank im Anhang, S. 580.

649 Quellendichte: gut: eine/r; befriedigend: fünf; ausreichend: eine/r; unzureichend: keine/r.

650 MdL WP02 (GB/BHE); Quellendichte: befriedigend.

651 Vgl. zu seiner Vita LASH Abt. 460, Nr. 2821; BArch OPG, F53; BArch SA D 146; BArch SA 116–A; BArch PK G153; BArch R 3001/64180. Vgl. auch Christina Schubert: Die Abgeordneten des Schleswig-Holsteinischen Landtags nach 1945 und ihre nationalsozialistische Vergangenheit. In: Sönke Zankel (Hrsg.): Skandale in Schleswig-Holstein: Beiträge zum Geschichtswettbewerb des Bundespräsidenten. Kiel 2012, S. 71–128, hier S. 92ff.

652 Vgl. hierzu und zu Folgendem Kohz' Selbstdarstellung im Lebenslauf vom 31. Oktober 1933, BArch SA 116–A.

in München scheitert angeblich an Kohz' Verhaftung durch die thüringische Polizei bei der Anreise. Zum 1. Oktober 1930, unmittelbar nach dem ersten durchschlagenden Wahlerfolg der NSDAP, tritt er der Partei bei. Er übernimmt vorübergehend das Presseamt seiner Ortsgruppe und ist deren stellvertretender Leiter. Seit Dezember 1930 gehört er der SA als Truppführer und Rechtsberater an und seit Sommer 1931 auch dem NSKK sowie dem Bund Nationalsozialistischer Deutscher Juristen, für den er bis Februar 1933 auch als Gauobmann agiert. Nach dem Abitur und Studium der Rechts- und Staatswissenschaften, der Promotion und der zweiten Staatsprüfung praktiziert Kohz seit 1928 als Rechtsanwalt in Köslin. Dabei verteidigt er in der „Kampfzeit" regelmäßig und „fast ausschließlich umsonst", wie er 1933 betont, SA-Männer vor Gericht. Vor diesem Hintergrund scheint es ihm zu diesem Zeitpunkt selbstverständlich, dass ihm ein steiler Aufstieg im neuen „Dritten Reich" bevorstehe. Er rechne, so schreibt er im November 1933 an den Obersten SA-Führer, mit einer „hauptamtliche[n] Übernahme in die zu erwartende SA-Justizverwaltung", weshalb er um nähere Details bitte, weil er vom „Gauleiter für die Übernahme in den Staatsdienst als Oberstaatsanwalt in Aussicht genommen worden" sei.[653] Zwar erhält er ein Notariat, wird Stadtverordnetenvorsteher von Köslin und Vorstandsmitglied der Anwaltskammer, gleichwohl reüssiert Kohz, gemessen an den oben ausgeführten Erwartungen, eher bescheiden. So überrascht es nicht, dass er zu denjenigen „Alten Kämpfern" gehört, die in massive innerparteiliche Auseinandersetzungen verwickelt werden, die zumeist auf echten oder imaginierten Konkurrenzen und Ehrverletzungen basieren und die Partei- bzw. SA-/SS-Gerichtsbarkeit beschäftigen.[654] Solche Konflikte sind keineswegs zu verwechseln mit Dissens, „politischer Unzuverlässigkeit" oder ideologischer Distanz zum NS-Regime, wie es beispielsweise Kohz 1948 in seinem Entnazifizierungsverfahren für sich in Anspruch nimmt, indem er unter anderem das von ihm selbst angestrengte Ehrenschutzverfahren[655] vor dem NSDAP-Gaugericht in politische Verfolgung umdeutet.[656] Zunächst hat er damit auch Erfolg und kann nach einer ursprünglichen Einstufung in Gruppe IV („Mitläufer") in einem Wiederaufnahmeverfahren erreichen, als „entlastet" zu gelten. Allerdings tauchen kurz darauf Dokumente auf, die belegen, dass Kohz seine Rolle in der NS-Zeit und vor allem seine formale Belastung massiv verharmlost hat (nämlich „nach oben ‚abgerundet'", wie er es später ausdrückt), unter anderem durch die falsche Behauptung, er sei aus der SA wegen „Meuterei" entfernt worden, obwohl er noch Jahre später als Obersturmführer auftrat. Trotz eines erneuten Wiederaufnahmeverfahrens kommt Kohz

653 Vgl. Kohz an OSAF vom 24. November 1933, ebd.

654 Vgl. zu der Auseinandersetzung, in deren Zuge sich Kohz 1937 von der SA in das NSKK (dem er vorher bereits schon einmal angehört hatte) überweisen ließ, die umfangreichen Schriftwechsel in BArch SA D 146. Die Unterlagen zu dem von ihm gegen sich selbst als Ehrenschutzverfahren angestrengten Verfahren vor dem NSDAP-Gaugericht Pommern gelten als vermisst (Signatur BArch OPG F53), sind jedoch im Ergebnis (Einstellung) indirekt überliefert, vgl. ebd.

655 Verfahren vor Parteigerichten, die NSDAP-Mitglieder selber beantragen konnten, um sich gegen ungerechtfertigte Vorwürfe ehrverletzender Art zu wehren. Vgl. Reichsorganisationsleiter der NSDAP (Hrsg.): Organisationsbuch der NSDAP. München 1937, S. 345.

656 Vgl. Kohz an Öffentlichen Kläger beim Entnazifizierungshauptausschuss Eutin vom 9. August 1948, LASH Abt. 460, Nr. 2821.

wiederum glimpflich davon: Zwar wird er erneut in Kategorie IV eingereiht, ein wohlwollender Ausschuss und eine Besonderheit im schleswig-holsteinischen Entnazifizierungsrecht erlauben damit im Sommer 1950 seine sofortige Umstufung in die Gruppe der Entlasteten.[657]

Keine zwei Monate nach der Entscheidung tritt Dr. Martin Kohz sein Mandat als Mitglied des Schleswig-Holsteinischen Landtags in der zweiten Wahlperiode an, das sein einziges bleiben wird. Er ist unter anderem Mitglied im Justizausschuss, der sich mit dem Thema der strafrechtlichen Aufarbeitung der NS-Euthanasie in Schleswig-Holstein befasst.[658] In vergangenheitspolitischen Kontexten ergreift Kohz unter anderem bei der ersten Lesung des „Gesetzes zur Beendigung der Entnazifizierung" das Wort und bezeichnet die Entnazifizierung als zu beendendes Unrecht – mehrfach unterbrochen von scharfen Zwischenrufen, die andeuten, dass Kohz' nationalsozialistische Vergangenheit in Reihen der Opposition nicht unbekannt ist.[659] Bemerkenswerterweise argumentiert Kohz nicht nur für die Beendigung der Entnazifizierung, sondern auch gegen die im Gesetz vorgesehene Vernichtung der Akten mit der Begründung, es handele sich um „Kulturdokumente" und man wolle nicht den Eindruck entstehen lassen, es solle etwas beseitigt werden.[660]

Typ „NSDAP-Parteifunktionär_in":

Für diesen Typ sind folgende Merkmale konstitutiv: „Person ist (zumindest zeitweise) hauptamtlicher Parteifunktionär in der NSDAP bzw. ihren Gliederungen".[661]

Innerhalb der bis Jahrgang 1928 gebildeten Gesamtuntersuchungsgruppe (MdL, Regierungsmitglieder und Landtagsdirektoren; n=378) haben wir diesem Typ sechs Personen[662] (1,6 % der Gesamtgruppe oder 17,6 % der Grundorientierung) zugeordnet.

Der Entnazifizierungsfragebogen, den Georg Urban[663] im Juni 1948 bei dem zuständigen Entnazifizierungshauptausschuss Segeberg einreicht, ist eine verkürzte Version und umfasst nur eine Seite beziehungsweise 19 Fragen.[664] Er besitzt den Flüchtlingsausweis A, der ihn als Flüchtling ausweist, der bereits vor 1938 in den Ostgebieten wohnhaft gewesen ist. Geboren ist er in der niederschlesischen Industriestadt Waldenburg. Der ehemalige Versicherungsan-

657 Vgl. Niederschrift der öffentlichen Sitzung des Entnazifizierungshauptausschusses des Landes Schleswig-Holstein vom 17. Juni 1950, ebd.

658 Vgl. hierzu Teil III dieser Studie.

659 So zum Beispiel als Kohz davon spricht, dass es in der Debatte nicht um die Greueltaten der Nationalsozialisten ginge, und der Abgeordnete Stade (SPD) den Zwischenruf macht: „Aber sie [sic] waren mit schuld!", Wortprotokoll des Schleswig-Holsteinischen Landtages, 2. Wahlperiode, 7. Tagung, 31. Januar 1951, S. 275f. Hans Stade war vor 1933 Gewerkschaftler und SPD-Funktionär und nach seiner Festnahme im Mai 1933 im frühen Konzentrationslager Heuberg in Sigmaringen inhaftiert. Vgl. LASH Abt. 460.19, Nr. 354.

660 Vgl. Wortprotokoll des Schleswig-Holsteinischen Landtages, 2. Wahlperiode, 7. Tagung, 31. Januar 1951, S. 278.

661 Legende der Datenbank im Anhang, S. 580.

662 Quellendichte: gut: keine/r; befriedigend: sechs; ausreichend: keine/r; unzureichend: keine/r.

663 MdL WP04 (GB/BHE, GDP, CDU), Quellendichte: befriedigend.

664 Vgl. Fragebogen vom 20. Juli 1948, LASH Abt. 460.13, Nr. 444.

gestellte betreibt nun in Bad Segeberg zusammen mit einem Partner eine Firma zur Schädlingsbekämpfung. Er gibt an, ab 1934 oder 1935 in Breslau Mitglied der DAF und der NSV geworden und zum 1. Mai 1933 der NSDAP beigetreten zu sein. Das und das Fehlen weiterer Angaben zu Ämtern und Tätigkeiten in nationalsozialistischen Organisationen oder Institutionen lassen ihn als relativ „kleinen Fisch" erscheinen. Der Ausschuss entscheidet am 8. April 1949: Kategorie IV („Mitläufer"), keine Vermögenssperre, keine Berufsbeschränkung.

Zwei Mitgliederkarteikarten[665] aus dem Berlin Document Center und eine Personalkarte des Reichsschulungsleiters[666] erzählen eine andere Geschichte von Urbans Werdegang in der NS-Zeit. Nach dem Besuch der Volksschule und einer Lehre als Versicherungskaufmann tritt Georg Urbanski, wie er bis 1939 heißt,[667] im Alter von 23 Jahren am 1. Dezember 1931 der NSDAP bei und übernimmt zunächst das Amt eines Blockleiters.[668] Unklar ist, ob er zu diesem Zeitpunkt bereits Mitglied der SA oder HJ ist, oder erst später eintritt, in der HJ erreicht er den Rang eines HJ-Unterbannführers, in der SA den eines SA-Scharführers. Das sind zunächst noch eher untergeordnete Positionen. In den Jahren nach der Machtübernahme empfiehlt sich Urbanski offenbar für höhere Aufgaben, denn 1935 nimmt er an einem ersten einmonatigen Schulungskurs der Gauleitung teil und wird ein Jahr später dazu ausgewählt, auf der NS-Ordensburg Vogelsang die einjährige Ausbildung eines Ordensjunkers zu durchlaufen. Er gehört damit zum zweiten Jahrgang von Ordensjunkern, die auf einer der drei Ordensburgen auf ihre Aufgabe als künftige Elite der politischen Organisation vorbereitet werden sollen.[669] Zwar entspricht die Praxis diesen Ansprüchen in der Regel eher nicht, gleichwohl sind es die Ordensschüler, die in den Folgejahren eine wichtige Personalreserve der NSDAP bilden. Nach dem Lehrgang auf Vogelsang wechselt Urbanski als hauptamtlicher Parteifunktionär in den Gau Köln-Aachen, er wird NSDAP-Kreisamtsleiter bzw. Kreisschulungsleiter bei der Kreisleitung Bonn, verantwortlich für die ideologische Ausbildung und Mobilisierung der Parteigenossenschaft. Ab April 1939 erhält er die Berechtigung, als Gauschulungsredner aufzutreten. Danach versiegen die Quellen, allein seine Einberufung zur Wehrmacht am 5. März 1942 ist noch dokumentiert.[670] Ob Urban tatsächlich als Leutnant der Reserve beim Grenadierregiment 795 dient, wie er auf seinem Entnazifizierungsfragebogen angibt, oder eventuell zu den vielen Ordensjunkern zählt, die im Zweiten Weltkrieg das personelle Rückgrat der zivilen

665 BArch BDC ZK, Film 3100 S0073 und BArch BDC OK, Film 3200 X0056.

666 BArch PK S3.

667 Vgl. Namensänderungsmeldung des Gauschatzmeisters Köln-Aachen an Reichsschatzmeister vom 11. Oktober 1939, ebd.

668 Vgl. hierzu Detlef Schmiechen-Ackermann: Der „Blockwart". Die unteren Parteifunktionäre im nationalsozialistischen Terror- und Überwachungsapparat. In: Vierteljahrshefte für Zeitgeschichte 48 (2000), S. 575–602.

669 Vgl. hierzu Franz A. Heinen: Ordensburg Vogelsang. Die Geschichte der NS-Kaderschmiede in der Eifel. Berlin 2014 sowie ders.: NS-Ordensburgen. Vogelsang, Sonthofen, Krössinsee. Berlin 2011. Zu einem ähnlichen Werdegang wie Urbanski, nämlich der Biografie von Otto Gubitz aus Bad Segeberg, vgl. Sebastian Lehmann: „... mit Stiehr von 21.00 bis 3.00 Uhr morgens Plakate geklebt". Das Werden eines „Straßenterroristen" im Spiegel der retrospektiven Tagebuchaufzeichnungen von Otto Gubitz, Bad Segeberg. In: Demokratische Geschichte, Band 20 (2009), S. 147–196, hier S. 147–152.

670 Vgl. Veränderungsmeldung vom 22. Juli 1942, BArch PK S3.

deutschen Besatzungsverwaltungen in Polen und in den Reichskommissariaten „Ostland" und „Ukraine" bilden,[671] erfordert weitere Recherchen und muss in diesem Zusammenhang offen bleiben. Georg Urban ist – nach Aktenlage – der krasseste Fall von Fragebogenfälschung in der Untersuchungsgruppe. Dass Betroffene bestimmte Aspekte ihrer Vita im Entnazifizierungsverfahren unterbelichteten, Beitrittsdaten verlegten oder schlicht „vergaßen", gehört zu den Allgemeinplätzen über die Praxis der Entnazifizierung. Die Chuzpe von Urban ist gleichwohl bemerkenswert!

Georg Urban gehört während der 4. Wahlperiode dem Schleswig-Holsteinischen Landtag an, zunächst als Mitglied der Fraktion des GB/BHE, nach dessen Fusion mit der Deutschen Partei als Mitglied der Fraktion der Gesamtdeutschen Partei. Schließlich wechselt er im Februar 1962 für die verbleibenden acht Monate der Legislaturperiode zur CDU-Fraktion. In vergangenheitspolitischen Debatten tritt er nur durch Zwischenrufe zur Unterstützung seines Parteifreunds Dr. Alfred Gille in der Aussprache zur bekannt gewordenen Regierungserklärung Ministerpräsident von Hassels im Januar 1961 in Erscheinung.[672]

Typ „Besatzungsakteur_in":

Für diesen Typ sind folgende Merkmale konstitutiv: „Rolle in der Besatzungsverwaltung, v. a. in Polen oder Sowjetunion; Rolle ist bei der retrospektiven Gesamtwürdigung als so gewichtig zu bewerten, dass die zeitliche Beschränkung auf die Kriegszeit akzeptabel ist".[673]

Innerhalb der bis Jahrgang 1928 gebildeten Gesamtuntersuchungsgruppe (MdL, Regierungsmitglieder und Landtagsdirektoren; n=378) haben wir diesem Typ zehn Personen[674] (2,6 % der Gesamtgruppe oder 29,4 % der Grundorientierung) zugeordnet.

Wie bereits in der Definition ausgeführt, besteht ein Problem dieses Typs in der Reduzierung des Betrachtungszeitraums. Deshalb erfolgt eine Zuordnung zu diesem Typ nur in Fällen, in denen aus unserer Sicht die Rolle der betroffenen Person als Angehöriger des jeweiligen Besatzungsregimes als zentral für die Gesamtwürdigung des Handelns in der NS-Zeit zu bewerten ist. Diese definitorische Setzung basiert unter anderem darauf, dass viele Akteure in der Besatzungsherrschaft, vor allem in Polen und in den besetzten Gebieten der Sowjetunion, aber auch in anderen Regionen, die Besatzungserfahrung als Kristallisationspunkt ihres Handelns in der NS-Zeit erfuhren: Hier verfügten sie beispielsweise als Kreishauptleute oder als Gebietskommissare über eine Machtfülle, die mit ihren früheren Funktionen im Reich meist kaum zu vergleichen war; hier traten sie bisweilen als allmächtige „Herrenmenschen"

671 Vgl. hierzu Franz A. Heinen: Gottlos, schamlos, gewissenlos. Zum Osteinsatz der Ordensburg-Mannschaften. Düsseldorf 2007, sowie Wendy Lower: Hitlers Kolonisatoren in der Ukraine. Zivilverwalter und der Holocaust in Shitomir. In: Vogelsang IP Gemeinnützige GmbH (Hrsg.): „Fackelträger der Nation". Elitebildung in den NS-Ordensburgen. Köln/Weimar/Wien 2010, S. 199–227.

672 Vgl. Stenographischer Bericht des Schleswig-Holsteinischen Landtages, 4. Wahlperiode, 23. Tagung, 55. Sitzung, 16. Januar 1961, S. 1909 und 1911ff.

673 Legende der Datenbank im Anhang, S. 580.

674 Quellendichte: gut: zwei; befriedigend: acht; ausreichend: keine/r; unzureichend: keine/r.

auf, hier wurden sie allerdings auch gegebenenfalls mit realer blutiger Gewalt konfrontiert, die manche von ihnen abstieß.[675]

Mit welchen Emotionen Dr. Alfred Gille[676] dem gewalttätigen Geschehen in der Ukraine begegnet, ist trotz aktueller Forschung zu seiner Rolle in der NS-Zeit unbekannt.[677] Dass Gille als Stadtkommissar in Saporoschje/Ukraine und Nowogrodek/Weißrussland während des Zweiten Weltkriegs Mitglied der deutschen Besatzungsregimes ist, bleibt einer breiteren Öffentlichkeit bis über seinen Tod 1971 hinaus verborgen. In seinem Entnazifizierungsverfahren und auch später bei seiner Zulassung als Notar gelingt es Gille durch geradezu virtuose Halbwahrheiten und Auslassungen, seine Tätigkeit als Besatzungsakteur vollständig zu verschleiern.[678] Gille wird 1901 als Sohn eines Berufssoldaten im ostpreußischen Insterburg geboren, studiert nach dem Abitur 1920 Staats- und Rechtswissenschaften in Königsberg und München, legt beide Examina erfolgreich ab und wird zum Dr. jur. promoviert. 1928 tritt der erst 26-Jährige die Stelle als Bürgermeister der ostpreußischen Kreisstadt Lötzen an, die er zumindest auf dem Papier bis 1945 ausfüllt.[679] Nach der Machtübernahme tritt er zunächst der NSDAP nicht bei – er wird den Schritt am ersten Tag der Lockerung der Mitgliedersperre am 1. Mai 1937 nachholen –,[680] wohl aber bereits der SA, in der er zum SA-Scharführer ernannt wird. Gille verhält sich den neuen Machthabern gegenüber zunächst distanziert, bleibt aber trotz Nähe zur DVP bzw. DNVP im Amt und arrangiert sich in der Folgezeit in der Form, dass er nationalsozialistische Politik in seiner Rolle als Bürgermeister umsetzt – möglicherweise ohne tiefe innere Überzeugung vom Nationalsozialismus, wie sein Biograf Schwartz nahelegt, aber größtenteils reibungsfrei und funktional.[681] Kurz nach Kriegsbeginn erfolgt Gilles

675 Vgl. das Beispiel des (nicht zur Untersuchungsgruppe gehörenden, aber aus Schleswig-Holstein stammenden) Gebietskommissars in Schaulen/Litauen im „Reichskommissariat Ostland" Hans Gewecke, in dessen gut dokumentiertem Fall beide Verhaltensweisen belegt sind, nämlich anfängliches Zögern angesichts der Gewalt wie auch das Auftreten als „Herrenmensch", Sebastian Lehmann: Reichskommissariat Ostland – Tatort und Erinnerungsobjekt. Einleitung. In: Ders./Uwe Danker/Robert Bohn (Hrsg.): Reichskommissariat Ostland – Tatort und Erinnerungsobjekt. Paderborn u. a. 2012, S. 9–32, hier S. 13–28.

676 MdL WP02–04 (GB/BHE, GDP), Quellendichte: gut.

677 Vgl. Schwartz: Funktionäre (Anm. 282), der sich neben zwölf anderen Mitgliedern des Gründungspräsidiums des Bundes der Vertriebenen auch umfassend mit Gille und seiner NS-Vergangenheit beschäftigt, passim, v. a. aber S. 166–172, 277–286, 376–412 und 559f. Zudem wurden zu seiner Vita im Rahmen der Projektrecherche folgende Archivalien ermittelt und benutzt: LASH Abt. 786, Nr. 11044; AHL, Entnazifizierung, „Dena", Soll-Nr. 1341; BStU MfS AP Nr. 6545/76 Bd. 1; BArch B162/3452; BArch R 6/3056; BArch R 92–PA/252a; BArch R 94/17; BArch R 94/18; BArch R 93/13; BArch R 1501/141776 sowie BArch BDC OK, Film 3200 F0064. Nicht ausgewertet wurde das Privatarchiv Gilles im AHL 05.5, dessen Unterlagen Laufzeiten zwischen 1950 und 1968 haben.

678 Vgl. hierzu Schwartz: Funktionäre (Anm. 282), S. 376f.

679 Vgl. ebd., S. 114.

680 Vgl. Mitgliedskarte in BArch BDC OK, Film 3200 F0064. Gille behauptet 1948, sein Beitritt sei im Rahmen einer geschlossenen Übernahme der SA in die Partei erfolgt, vgl. Gilles Aussage beim Öffentlichen Kläger des Entnazifizierungshauptausschusses Lübeck vom 21. Juni 1948, AHL, Entnazifizierung, „Dena" Soll-Nr. 1341.

681 Vgl. die Analyse von Gilles Handeln als Bürgermeister in Lötzen zwischen 1933 und 1939 bei Schwartz: Funktionäre (Anm. 282), S. 277–286.

Einberufung zur Wehrmacht, bei der er schließlich ab 1941 als Kriegsverwaltungsrat seinen Dienst versieht und ab Spätsommer 1942 als Stadtkommissar der Militärverwaltung nach Saporoschje in der besetzten Ukraine. Nach wenigen Monaten übernimmt er an gleicher Stelle die Rolle als Zivilverwalter und setzt dort die vor allem auf brutale Ausbeutung der Ressourcen abzielende Besatzungspolitik des „Reichskommissars für die Ukraine", seines Dienstvorgesetzten aus Ostpreußen, Gauleiter und Oberpräsident Erich Koch, um. Nicht zuletzt gehört unter anderem dazu auch die organisatorische Begleitung des Völkermords an den Juden oder die Beteiligung an Aushebungen von Zwangsarbeitenden für den „Arbeitseinsatz" im Reich. Nachweislich bei Letzterem tut sich Gille maßgeblich hervor, als Stadtkommissar ist er für die Umsetzung der Arbeitsdienstpflicht verantwortlich, was unter anderem über die Registrierung der arbeitsfähigen Bevölkerung geschieht.[682] Für Gille ist beispielsweise überliefert, dass er in Saporoschje ein „Arbeitserziehungslager" einrichten lässt zur Disziplinierung als arbeitsunwillig eingeschätzter Ukrainer, eine Einrichtung, die zudem seiner Kontrolle als Stadtkommissar unterliegt.[683] Nach der Räumung Saporoschje vor der anrückenden Roten Armee im Oktober 1943 organisiert Gille die personelle Abwicklung des Reichskommissariats Ukraine, anschließend ist er für wenige Monate als Gebietskommissar im weißrussischen Nowogrodek tätig, bis er Anfang Juli 1944 auch dort seinen Posten räumen muss.[684] Bis Kriegsende dient er erneut in der Wehrmacht, was ihm später ermöglicht, die bisherige Rolle als Besatzungsakteur erfolgreich zu vertuschen. Direkte Tatbeteiligungen an konkreten Besatzungsverbrechen wie Massenerschießungen in seiner Zeit als Stadt- bzw. Gebietskommissar lassen sich für Gille nicht nachweisen. Jedoch ergibt sich schon durch den verbrecherischen Charakter der deutschen Besatzungsherrschaft gerade in der Ukraine[685] und Gilles Beteiligung an ihrer Aufrechterhaltung eine erhebliche Belastung. Schwartz kommt in der Beurteilung von Gilles Tätigkeit in der Ukraine zum dem auch für andere Besatzungsakteure zutreffenden Schluss, dass er nach Aktenlage offenbar „kein Vertreter exzessiver persönlicher Gewaltausübung, aber sehr wohl ein Repräsentant der bürokratisch organisierten strukturellen Gewalt des NS-Besatzungsregimes in Osteuropa" gewesen sei.[686]

Im Zusammenhang mit seiner Rolle als Zivilverwalter in der Ukraine und in Weißrussland wird Gille in staatsanwaltschaftliche Ermittlungsverfahren einbezogen, die sich allerdings nicht gegen ihn richten und in denen er lediglich Zeugenaussagen macht.[687] Bisweilen kolportierte Angaben, Gille habe eine wichtige Rolle in der SS gespielt und sei zudem Beisitzer am

682 Vgl. Schwartz: Funktionäre (Anm. 282), S. 401ff.

683 Vgl. ebd., S. 400.

684 Schwartz diskutiert eine eventuelle Mitverantwortung Gilles an Verbrechen u. a. im Zusammenhang mit der Partisanenbekämpfung, ohne zu einem eindeutigen Schuldnachweis zu kommen, vgl. ebd., S. 408ff.

685 Vgl. dazu die zusammenfassenden Ausführungen bei Schwartz: Funktionäre (Anm. 282), S. 389–398. Vgl. zur Rolle der Gebietskommissare exemplarisch Wendy Lower: „On Him Rests the Weight of the Administration": Nazi Civilian Rulers and the Holocaust in Zhytomyr. In: Ray Brandon/dies. (Hrsg.): The Shoa in Ukraine. History, Testimony, Memoralization. Bloomington 2008, S. 224–247.

686 Schwartz: Funktionäre (Anm. 282), S. 398.

687 Vgl. ebd., S. 378–381 sowie BArch B 162/3452.

Volksgerichtshof[688] gewesen, basieren zumindest im ersten Fall auf Verwechslungen und gehören zu den eher seltenen und später stillschweigend korrigierten Fehlern der DDR-Propaganda bezogen auf belastetes Personal der Bundesrepublik.[689]

Dr. Alfred Gille gehört dem Schleswig-Holsteinischen Landtag über drei Legislaturperioden an, unterbrochen durch die Wahrnehmung eines Mandats als Bundestagsabgeordneter.[690] Er lässt sich als äußert aktiver Vergangenheitspolitiker beschreiben. So meldet er sich insgesamt 38 mal mit zum Teil umfangreichen Beiträgen in vergangenheitspolitischen Debatten zu Wort, zudem protokollieren Landtagsstenografen in diesen Debatten nicht weniger als 200 Zwischenrufe von Gille!

Die Bandbreite der diesem Typ zugeordneten Personen umfasst auch Mitglieder der Untersuchungsgruppe, die in anderer Form als Gille wesentliche Beiträge zur Okkupation (und Ausbeutung) deutsch besetzter Gebiete Europas leisteten. Das zu erläutern und um auf Desiderata hinzuweisen, sei exemplarisch auch kurz die Vita von Dr. Carl Anton Schaefer[691] vorgestellt: Der 1890 in Zweibrücken geborene promovierte Rechts- und Staatswissenschaftler ist vor und nach dem Ersten Weltkrieg, an dem er als Soldat teilnimmt, vorwiegend privatwirtschaftlich tätig, vor allem im Bankengewerbe.[692] Für seine Zeit in Danzig, wo er seit 1933 als Präsident der Bank von Danzig agiert, lassen sich in den Quellen Hinweise auf eine Beteiligung an der wirtschaftlichen Ausplünderung der jüdischen Bevölkerung, der sogenannten „Arisierung“ finden. Ingo Loose liefert ein Zitat Schaefers aus dem Dezember 1938 – also wenige Wochen nach den antijüdischen Übergriffen im Zusammenhang mit der „Reichspogromnacht“ – mit dem organisatorischen Vorschlag an den stellvertretenden NSDAP-Gauleiter und Senatspräsidenten Arthur Greiser, eine „Zentralstelle zur Durchführung der Arisierung der Wirtschaft“ zu schaffen.[693] Über Schaefers anschließende Tätigkeit als Bevollmächtigter der Reichbank im besetzten Polen, wo er als Währungsfachmann offenbar mit der Einrichtung des Reichskreditkassenorganisation betraut ist,[694] liegen auf der Basis der im Projekt verfolgten Recherchewege keine hinreichend gesicherten Kenntnisse vor, die notwendig wären, um seine Rolle in der NS-Zeit angemessen intensiv konturieren zu können. Gleiches gilt für die

688 Vgl. Die Zeit vom 26. Januar 1990: „Das braune Schleswig-Holstein“. Der Artikel bezieht sich in weiten Teilen auf die Antwort der Landesregierung auf die Große Anfrage der SPD-Fraktion zum Rechtsextremismus in Schleswig-Holstein, Drucksache 12/608 vom 6.12.1989. Gilles angebliche Tätigkeit als Beisitzer beim Volksgerichtshof wird dort auf S. 14 erwähnt.

689 Vgl. Schwartz: Funktionäre (Anm. 282), S. 385ff.

690 In der zweiten Wahlperiode des Bundestags vom 6. Oktober 1953 bis zum 6. Oktober 1957.

691 MdL WP03 (GB/BHE), Landesminister für Finanzen (1953–1954, 1958–1961), Landesminister der Justiz (1953–1954), Stellvertretender Ministerpräsident (1957–1958), Quellendichte: befriedigend.

692 Vgl. zur Vita des am 1. Dezember 1934 der NSDAP beigetretenen Schaefer LASH Abt. 605, Nr. 1992, Fasz. 20; BArch BDC ZK, Film 3100 00035; BArch OK, Film 3200 T0010; BArch PERS 101/20335.

693 Vgl. Ingo Loose: Kredite für NS-Verbrechen. Die deutschen Kreditinstitute in Polen und die Ausraubung der polnischen und jüdischen Bevölkerung 1939–1945. München 2007, S. 39.

694 Vgl. Götz Aly: Hitlers Volksstaat. Raub, Rassenkrieg und nationaler Sozialismus. Bonn 2005, S. 170. Das Reichskreditkassensystem etablierte in den besetzten Ländern ein Zahlungsmittelsystem und war damit ein Instrument zur finanziellen Ausbeutung, indem es Warenexporten ins Reich zwangsweise ungedeckte Zahlungsmittel gegenüberstellte, vgl. ebd., S. 103–114.

weiteren Stationen Schaefers, nämlich als Kommissar der Banque de France ab Juni 1940[695] und währungspolitischer Feuerwehrmann zur Stabilisierung der Drachme in Griechenland zwischen Oktober 1942 und Februar 1943.[696] Nach Kriegsende verbringt Schaefer fast drei Jahre in französischer Internierung, aus der er im Juni 1948 entlassen wird, nachdem seiner eigenen Schilderung zufolge Vorwürfe der „Plünderung" verworfen worden sind.[697]

Weder während seiner zwei Wochen als Abgeordneter des Schleswig-Holsteinischen Landtags noch als Mitglied der Kabinette Lübkes und von Hassels äußert sich Schaefer im Plenum zu vergangenheitspolitischen Themen.

Typ „Verfolgungsakteur_in":

Für diesen Typ sind folgende Merkmale konstitutiv: „nachweisbare (auch nur zeitweise) Tätigkeit im genuin nationalsozialistischen Verfolgungsapparat beispielsweise Gestapo, Sondergerichtsbarkeit und auch Wehrmachtsjustiz (letzteres nur bei nachgewiesener Beteiligung bei Todesurteilen berücksichtigt); direkt verantwortete Gewalt- und Verfolgungsmaßnahmen".[698]

Innerhalb der bis Jahrgang 1928 gebildeten Gesamtuntersuchungsgruppe (MdL, Regierungsmitglieder und Landtagsdirektoren; n=378) haben wir diesem Typ fünf Personen[699] (1,3 % der Gesamtgruppe oder 14,7 % der Grundorientierung) zugeordnet.

Während die Zuordnung Otto Flöls[700] als thüringischer Sonderrichter 1933–1934[701] und Heinz Reinefarths[702] als Akteur in Himmlers SS-Apparat und Protagonist bei der Niederschlagung des Warschauer Aufstands 1944[703] zu diesem Typ auf der Hand liegen, bedarf die Zuordnung von Dr. Hartwig Schlegelberger, Dr. Bernhard Leverenz und Gerhard Gaul der näheren Erläuterung: Alle drei dienten während des Zweiten Weltkriegs als Marinerichter, alle drei ha-

695 Vgl. Aly: Volksstaat (Anm. 694), S. 169–177, sowie David Marsh: Der Euro. Die geheime Geschichte der neuen Weltwährung. Hamburg 2009, S. 40–44.

696 Vgl. ebd. (Anm. 694), S. 289 sowie Carl Schaefer an den Vorstand der Landeszentralbank von Bayern vom 17. Oktober 1948, BArch PERS 101/20335. Beide Stationen werden auch im offiziellen Lebenslauf Schaefers bei seiner Vorstellung als neuer Landesminister für Finanzen und Justiz durch die Pressestelle der Landesregierung Schleswig-Holstein vom 9. November 1953 erwähnt, LASH Abt. 605, Nr. 1992, Fasz. 20.

697 Vgl. ebd. Carl Schaefer an den Vorstand der Landeszentralbank von Bayern vom 17. Oktober 1948, BArch PERS 101/20335. Ebenfalls nach Schaefers Angaben wurde er anschließend von der Spruchkammer Erding als „Mitläufer" entnazifiziert.

698 Legende der Datenbank im Anhang, S. 580.

699 Quellendichte: gut: zwei; befriedigend: drei; ausreichend: keine/r; unzureichend: keine/r.

700 MdL WP02 (DP, fraktionslos, CDU), Quellendichte: befriedigend.

701 Vgl. zu seiner Vita: LASH Abt. 460, Nr. 6010; LASH Abt. 460, Nr. 1486; BArch BDC OK, Film 3200 E0062; BArch PK C237; BArch R 3001/55984.

702 MdL WP04 (GB/BHE, GP), Quellendichte: gut.

703 Vgl. zu Reinefarth den Beitrag von Philipp Marti in Anfügung II dieser Studie.

ben nachweislich an Todesurteilen mitgewirkt, was sie nach unserer Definition zu Akteuren im militärjuristischen Verfolgungsapparat macht.[704]

Nachdem bis in die 1980er-Jahre das historische Bild von einer sauberen und unabhängigen Militärjustiz dominierte, herrscht mittlerweile in der Wissenschaft unwidersprochener Konsens darüber, dass die NS-Wehrmachtsjustiz zu den genuin nationalsozialistischen Verfolgungsinstrumenten des Regimes gehörte.[705] Schätzungen zu den Zahlen während des Zweiten Weltkriegs verhängter Todesurteile bewegen sich bei einer Größenordnung von 25.000 bis 30.000 und belegen das Ausmaß der Verfolgung und Unterdrückung im Namen der „Volks- und Wehrgemeinschaft".[706] Durch die zentrale Rolle des Gerichtsherrn (militärische Vorgesetzte wie Divisionskommandeure oder Admirale), die alle Verfahren nicht nur anordneten, sondern auch die Urteile bestätigen oder verwerfen konnten, kann von einer faktischen und politischen Unabhängigkeit der Militärgerichte und der Richter nicht die Rede sein. Sie setzten in erster Linie nationalsozialistische Repressionspolitik um. 1995 erklärte auch der Bundesgerichtshof (BGH) in einem Aufsehen erregenden Urteil die Todesstrafenpraxis folgerichtig als „rechtsbeugerisch".[707]

Dr. Bernhard Leverenz[708] wird 1909 in Grabow/Mecklenburg als Sohn eines Justizinspektors geboren, studiert Rechtswissenschaften, legt 1931 das erste Staatsexamen, 1934 die Große Staatsprüfung ab und lässt sich nach einem Jahr Tätigkeit als Gerichtsassessor an den Landgerichten Schwerin und Neustrelitz als Rechtsanwalt in Rostock nieder.[709] Über seine Haltung zum Nationalsozialismus ist als Hinweis allein der Beitritt zur NSDAP noch kurz vor Verhängung der Mitgliedersperre im Mai 1933 überliefert, was zumindest als ein Indiz für ein nicht zu vernachlässigendes Maß an Anpassungsbereitschaft des 34-jährigen unverheirateten Rechtsreferendars zu nehmen ist. Leverenz praktiziert weiter bis August 1941, dann er-

704 Um eine in diesem Projektzusammenhang nicht zu leistende Würdigung der einzelnen Urteile als denkbare Differenzierungsmöglichkeit zu vermeiden, erfolgte die Setzung der Mitwirkung an Todesurteilen unabhängig von dem Delikt, von deren tatsächlichen Vollstreckung und von der Form der Mitwirkung, denn der Wechsel der Rolle von Ankläger und Richter war dabei gang und gäbe.

705 Grundlegend: Manfred Messerschmidt: Die Wehrmachtsjustiz 1933–1945. Paderborn u.a. 2005. Zum Forschungsstand vgl. Claudia Bade: Die Wehrmachtsjustiz im Zweiten Weltkrieg: Forschungsüberblick und Perspektiven. Eine Einführung. In: Dies./Lars Skrowronski/Michael Viebig (Hrsg.): NS-Militärjustiz im Zweiten Weltkrieg. Disziplinierungs- und Repressionsinstrument in europäischer Dimension. Göttingen 2015, S. 7–22.

706 Vgl. auch zu Folgendem: Manfred Messerschmidt: Das System Wehrmachtsjustiz. Aufgaben und Wirken der deutschen Kriegsgerichte. In: Ulrich Baumann/Magnus Koch (Hrsg.): „Was damals Recht war …" Soldaten und Zivilisten vor Gerichten der Wehrmacht. Berlin 2008, S. 27–42, hier S. 32.

707 Zitiert nach Wolfram Wette: Frühe Selbstentlastung der Wehrmachtsrichter – späte Rehabilitierung ihrer Opfer. In: Joachim Perels/ders. (Hrsg.): Mit reinem Gewissen. Wehrmachtsrichter in der Bundesrepublik und ihre Opfer. Berlin 2011, S. 81–96, hier S. 92.

708 MdL WP03–05 (FDP), Landesminister der Justiz (1954–1962, 1963–1967), Stellvertretender Ministerpräsident (1958–1962); Quellendichte: befriedigend.

709 Vgl. zu seiner Vita LASH Abt. 399.1380, Nr. 1; LASH Abt. 352.3, Nr. 2433; BArch BDC OK, Film 3200 N0032 sowie die Angaben bei Godau-Schüttke: Renazifizierung (Anm. 519), S. 81–86 sowie den Beitrag desselben Autors in Anfügung II dieser Studie. Zu einer Sammlung von Nachweisen von Urteilen unter der Beteiligung Leverenz' vgl. BStU MfS IX/11 PA 3057.

hält er den Auftrag zum Hilfsrichter am Landgericht Güstrow, allerdings nur für ein halbes Jahr, denn zum Januar wird Leverenz zur Marinejustiz eingezogen. Zunächst dient er als Richter beim Gericht des Küstenbefehlshabers westliche Ostsee, wechselt im September 1942 für zwei Jahre als Marinerichter an das Gericht des Admirals norwegische Westküste. Gegen Kriegsende folgen als zwei weitere Stationen das Gericht des Führers der Minenschiffe in Kopenhagen und Sønderborg (September bis Dezember 1944) sowie das Gericht des Admirals Skagerak in Århus (Dezember 1944 bis Kriegsende), zuletzt als Oberstabsrichter. Seine Praxis in Rostock erhält er offenbar aufrecht, bekommt 1943 sogar ein Notariat zugeteilt.

Leverenz wechselt relativ spät aus dem Zivilleben zur Marinejustiz und tatsächlich scheint er alles andere als ein Hardliner zu sein. So veröffentlicht er 1943 in der Zeitschrift für Wehrrecht einen juristischen Fachaufsatz, in dem er die scharfe Handhabung des häufig für Todesurteile verantwortlichen Delikts der „Wehrkraftzersetzung“ ausdrücklich moniert, was wohl als ungewöhnlich deutliche Kritik gegenüber der Wehrmachtsjustiz verstanden werden kann.[710] Allerdings ist auch für ihn die Mitwirkung an Todesurteilen überliefert, bemerkenswerterweise durch ihn selbst, denn als im Frühjahr 1963 öffentliche Vorwürfe gegen Leverenz‘ Kabinettskollegen Schlegelberger hervorgebracht werden, prüft er seine eigene Tätigkeit als Marinerichter auf eventuell inkriminierende Fälle und legt sie Ministerpräsident Lemke vor. Offenbar aus der Erinnerung schildert er insgesamt vier Todesurteile, die er als Verhandlungsführer fällte, drei wegen Mordes bzw. versuchten Mordes (jeweils auch vollstreckt) und eines wegen „Wehrkraftzersetzung“ gegen einen 17jährigen, das jedoch vom Oberkommando der Marine in zehn Jahre Gefängnis umgewandelt worden sei. Zudem berichtet er von einem weiteren Fall aus den letzten Tagen des Kriegs, in dem er wegen Wehrkraftzersetzung selbst die Todesstrafe gefordert habe, die auch ausgesprochen und bestätigt worden sei, er selbst habe aber dafür gesorgt, dass die Vollstreckung bis Kriegsende aufgeschoben wurde und der Betreffende freikam.[711] Zweifellos bleibt Leverenz vor dem Hintergrund seiner Eigenangaben in mancherlei Hinsicht ein Grenzfall, wie auch die Einschätzung seines Wirkens nach 1945 ambivalent erscheint.[712]

In vergangenheitspolitischen Debatten steht Leverenz vor allem in seiner Eigenschaft als Justizminister zu Beginn der Heyde/Sawade-Affäre Rede und Antwort[713] und beteiligt sich

710 Dabei forderte Leverenz Straffreiheit bei im vertrauten Kreis getätigten „zersetzenden“ Äußerungen. Vgl. Godau-Schüttke: Renazifizierung (Anm. 519), S. 84.

711 Vgl. undatierte Darstellung von Leverenz (fehlende Seiten), LASH Abt. 399.1380, Nr. 1. Ebenfalls enthalten ist ein Schreiben von Ministerpräsident Lemke, in dem er von der Durchsicht der Akten durch seinen Ministerialdirigenten Neumann-Silkow berichtet, der ihm in sehr allgemeinen Worten ein sehr positives Zeugnis über seine Richtertätigkeit ausstellt, allerdings eben auch nicht die Mitwirkung an Todesurteilen ausschließt. Der Brief gleicht dem für Schlegelberger ausgestellten Zeugnis für dessen Marinerichtertätigkeit (worunter sich auch nachweislich Todesurteile befanden) zum Teil bis aufs Wort. Vgl. dazu Lehmann: Schlegelberger (Anm. 325), S. 200. Vgl. Schreiben von Lemke an Schlegelberger vom 28. Mai 1963, zit. n. Mitteilung Nr. 171/63 der Pressestelle der Landesregierung Schleswig-Holstein, LASH, Abt. 611, Nr. 11258.

712 Vgl. den Beitrag von Godau-Schüttke in Anfügung II dieser Studie.

713 Vgl. Stenographischer Bericht des Schleswig-Holsteinischen Landtages, 4. Wahlperiode, 12. Tagung, 28. Sitzung, 30. November 1959, S. 818–832.

(auch mit einer ganzen Reihe von Zwischenrufen) an der Aussprache zur Regierungserklärung von Ministerpräsident von Hassel im Januar 1961.[714]

Während sich Leverenz nie öffentlich für seine Rolle als Marinerichter erklären muss, verhält es sich im Fall Dr. Hartwig Schlegelberger[715] nahezu umgekehrt, denn ihn begleitet die eigene Vergangenheit bzw. die seines Vaters,[716] noch bevor er die Bühne der schleswig-holsteinischen Landespolitik betritt.[717] 1913 geboren, erfolgt nach Jurastudium, Vorbereitungsdienst und Promotion 1942 die Einberufung zur Wehrmacht, die ihn nach Stationen beim Oberprisenhof und in der Marinejustiz im besetzten Griechenland und Frankreich schließlich als Marineoberstabsrichter nach Berlin bringt. Der NSDAP tritt er zunächst nicht bei, allerdings – in relativ deutlich erscheinender Absicht der Kompensation – der SA und dem NSKK.[718] Nach 1945 wird seine Tätigkeit mehrfach thematisiert, zunächst zu Beginn der 1960er-Jahre nach der Strafanzeige eines Göttinger Rechtsanwalts.[719] Schlegelberger lässt sein Amt ruhen und die Akten seiner Marinerichtertätigkeit auf belastende Fälle überprüfen und bekommt von Ministerpräsident Lemke daraufhin eine ebensolche Ehrenerklärung ausgestellt wie sein Kabinettskollege Leverenz. Zudem stellt er sich einem bemerkenswerten Dialog mit einem Oppositionspolitiker, dem Abgeordneten Jochen Steffen. Erneut wird seine Vergangenheit im Zusammenhang mit dem Regierungswechsel am Ende der 1980er-Jahre thematisiert, Schlegelberger ist zu diesem Zeitpunkt Präsident des Deutschen Roten Kreuzes Berlin, diesmal tauchen Verfahrensdokumente auf, die belegen, dass er als Ankläger Todesstrafen gefordert und auch erzielt hat. Der Kieler Oberstaatsanwalt prüft eine noch bestehende strafrechtliche Relevanz der Vorwürfe und verneint diese. 1995 findet vor dem Hintergrund einer veränderten Rechtslage (der BGH hat inzwischen geurteilt) eine erneute Thematisierung der Vergangenheit Schlegelbergers statt, die zu seinem Rückzug von öffentlichen Ehrenämtern führt.

714 Vgl. Stenographischer Bericht des Schleswig-Holsteinischen Landtages, 4. Wahlperiode, 23. Tagung, 55. Sitzung, 16. Januar 1961, S. 1911f., 1914–18 und 1925.

715 MdL WP04–07 (CDU), Finanzminister (1961–1963, 1967–1971), Innenminister (1963–1971), Stellvertretender Ministerpräsident (1963–1971); Quellendichte: gut.

716 Dr. Franz Schlegelberger gehörte als NS-Justizstaatssekretär und zeitweilig amtierender Reichsjustizminister zu den verurteilten Hauptangeklagten des Nürnberger Juristenprozesses. Nach vorzeitiger Haftentlassung lebte er in Flensburg und war als Empfänger einer ungekürzten Pension – ein auch im Landtag thematisiertes – Politikum. Vgl. zu Schlegelberger Michael Förster: Jurist im Dienste des Unrechts. Leben und Werk des ehemaligen Staatssekretärs im Reichsjustizministerium Franz Schlegelberger (1876–1970). Baden-Baden 1995.

717 Vgl. zu Hartwig Schlegelbergers Vita LASH Abt. 460.4, Nr. 209; LASH Abt. 611 Nr. 11258; LASH Abt. 786, Nr. 117 66; Archiv der Humboldt-Universität zu Berlin, NS-Doz ZD I, 1018; BArch R 3001/74190; BStU MfS ZAIG 11425; BStU MfS IX/11 PA 107; BStU MfS IX/11 RHE 32/89; BStU MfS HA IX Nr. 23006; BArch 416 AR Nr. 430/96 (Altsignatur ZS Ludwigsburg) sowie Lehmann: Schlegelberger (Anm. 325) und Bästlein: Schlegelberger (Anm. 325).

718 Allerdings tauchen 1995 Vorwürfe auf, Schlegelberger habe verschiedenfach versucht, die Mitgliedschaft in der Partei zu erlangen, vgl. Lehmann: Schlegelberger (Anm. 325), S. 212 und FN 68.

719 Vgl. zu Folgendem ebd., S. 197–212.

Dr. Hartwig Schlegelberger gehört dem Schleswig-Holsteinischen Landtag vier Wahlperioden an, amtiert als Finanz- und Innenminister und ist darüber hinaus stellvertretender Ministerpräsident. In vergangenheitspolitischen Debatten ergreift Schlegelberger ausschließlich in seiner Rolle als Innenminister im Zusammenhang mit dem Untersuchungsausschuss zur Situation im Polizeiwesen das Wort.[720]

Bei aller Eindeutigkeit der Zuordnung auf der Basis der angewendeten Kriterien und ohne die Folgenschwere ihres Handelns in der NS-Zeit nivellieren zu wollen, entbehrt die Einordnung von Schlegelberger – und, wie bereits ausgeführt, Leverenz – nicht eines gewissen tragischen Moments, gehört doch der als modern geltende Schlegelberger zu denjenigen, die sich bei der ersten Thematisierung seiner Rolle als Marinerichter vergleichsweise offen zum Dialog bereit finden, und nicht wie etwa der baden-württembergische Ministerpräsident und frühere Marinerichter Karl Filbinger – zugespitzt in dessen Diktum: „Was damals Recht war, kann heute nicht Unrecht sein"[721] – ohne die Fähigkeit zur selbstkritischen Distanz.

Deutlich weniger einsichtsvoll zeigt sich auch Gerhard Gaul[722], als dessen Vergangenheit in der Marinejustiz und mindestens drei von ihm als Marinerichter verantwortete Todesurteile im Gefolge der Affäre Filbinger verhandelt werden, indem er sich auf das Formaljuristische zurückzieht.[723] Gaul ist SA-Mitglied seit September 1933 und Parteigenosse seit 1937.[724] Er gehört nicht dem Landtag an, sondern amtiert zwischen 1967 und 1969 als Justizminister und betreut vorübergehend auch das Ressort Wirtschaft und Verkehr. Im Plenum beteiligt er sich nicht an vergangenheitspolitischen Debatten.

Typ „Exponierte_r Akteur_in (n.z.)":

Zu diesem Sammel-Typ gehören jene Personen, die (beispielsweise aufgrund der Quellenlage) keinem spezifischen Typ innerhalb dieser Grundorientierung, in die sie aber zweifelsfrei gehören, zugeordnet werden können.[725]

720 Vgl. unten Teil III Vergangenheitspolitik sowie Stenographischer Bericht des Schleswig-Holsteinischen Landtages, 5. Wahlperiode, 37. Tagung, 63. Sitzung, 14. Juni 1966, S. 2309–2315 und 2332–2335; Stenographischer Bericht des Schleswig-Holsteinischen Landtages, 5. Wahlperiode, 44. Tagung, 75. Sitzung, 21. März 1967, S. 2738–2749; Stenographischer Bericht des Schleswig-Holsteinischen Landtages, 5. Wahlperiode, 44. Tagung, 76. Sitzung, 30. März 1967, S. 2798–2800 und 2803.

721 Vgl. Wolfram Wette: Der Fall Filbinger. In: Ders. (Hrsg.): Filbinger – eine deutsche Karriere. Springe 2006, S. 15–34.

722 Justizminister (1967–1969), Verkehrs- und Wirtschaftsminister (1969), Quellendichte: befriedigend.

723 Vgl. Godau-Schüttke: Renazifizierung (Anm. 519), S. 126ff., der Gaul gegenüber den Lübecker Nachrichten im Juli 1978 zitiert. Vgl. auch Viola Roggenkamp: „Gnadenlose Härte". Die Todesurteile des Stadtpräsidenten Gaul. In: Die Zeit vom 14.7.1978. Der Fall war auch etwas für die DDR-Propaganda, vgl. die Unterlagen und Zeitungsausschnitte in BStU MfS IX/11 PA Nr. 6226; BStU MfS IX Nr. 22912; BStU MfS ZAIG 11438.

724 Vgl. zu Gauls Vita zudem LASH Abt. 460, Nr. 4441, AHL Neues Senatsarchiv Bestand Kreissonderhilfsausschuss, Nr. 5293; BArch BDC OK, Film 3200 F0037; BArch B 198/3675.

725 Vgl. Legende der Datenbank im Anhang, S. 580.

Innerhalb der bis Jahrgang 1928 gebildeten Gesamtuntersuchungsgruppe (MdL, Regierungsmitglieder und Landtagsdirektoren; n=378) ordnen wir diesem Typ sechs Personen[726] (1,6 % der Gesamtgruppe oder 17,6 % der Grundorientierung) zu.

Otto Karde[727] ist bereits zum Ende der Weimarer Republik in den politischen Kampf verwickelt. Im gewalttätigen Sommer 1932 gehört der damals 25-jährige zu einer Gruppe von Nationalsozialisten, die mit einer über Schleswig-Holstein hinaus reichenden, koordinierten Serie von Handgranatenanschlägen auf Einrichtungen und Verkehrslokale der SPD und KPD in der Nacht der Reichstagswahl am 31. Juli 1932 Aufstände auslösen, diese mithilfe der Reichswehr niederschlagen und somit letztlich die gewaltsame nationalsozialistische Machtübernahme erzwingen wollen.[728] Die unzureichend geplanten und zum Teil stümperhaft ausgeführten Anschlagsversuche, die in Schleswig-Holstein an insgesamt zehn Orten stattfinden, missraten zum Teil erheblich. So auch in Rendsburg, wo drei Nationalsozialisten zwei Stielhandgranaten auf ein kommunistisches Parteilokal werfen, von denen eine im Inneren explodiert, die andere an der Mauer abprallt und den Handgranatenwerfer mit Splittern selbst schwer verletzt. Karde, der im Vorfeld auch den Sprengstoff bei sich versteckt, fährt bei dem Anschlag den Wagen und bringt den schwer blutenden SS-Mann in ein Versteck. Von den ursprünglich 40 Beschuldigten werden 22 verurteilt, zum Teil zu mehrjährigen Zuchthausstrafen. Karde, der bereits mehrfach wegen Körperverletzung vorbestraft ist und eine Beteiligung weitgehend leugnet, kommt mit einem Monat Gefängnis wegen Begünstigung davon.

Karde wird 1907 in Dammstedt, unweit von Rendsburg, geboren und absolviert nach der mittleren Reife eine Zimmermannslehre und lässt sich auf der Tiefbauschule Rendsburg zum Bautechniker ausbilden. Im Alter von zwanzig Jahren ist er Bauingenieur. Die Beteiligung an den Anschlägen und seine Verurteilung wirken sich nicht nachteilig auf seinen weiteren Werdegang aus,[729] im Gegenteil wird der selbstständige Bauunternehmer Karde, der seit Februar 1932 Parteigenosse und seit April 1932 (eigenen Angaben zufolge nur bis Sommer 1933) auch Mitglied der SS ist, 1933 u. a. zwischenzeitlich Leiter der Tiefbauabteilung der Stadt Elmshorn. Ab 1936 ist er wieder selbstständiger Unternehmer mit einem florierenden Baugeschäft und einem mittleren bis hohen fünfstelligen Jahreseinkommen.[730] Abgesehen von dem offenkundig außerordentlichen wirtschaftlichen Aufstieg ist wenig über Kardes Verhältnisse und Rolle bekannt. Allein drei, zum Teil beiläufig erscheinende Angaben aus seinem Entnazifizierungsfragebogen geben Hinweise. Zum einen gibt Karde an, dass er kurz nach Kriegsende sein Bauunternehmen nicht weiterbetreibt, wegen „Verlusts der gesamten Baugeräte

726 Quellendichte: gut: drei; befriedigend: eine/r; ausreichend: zwei; unzureichend: keine/r.

727 MdL WP05 (CDU), Quellendichte: befriedigend.

728 So das Sondergericht beim Landgericht Altona in seinem Urteil vom 21. November 1932, vgl. LASH Abt. 358, Nr. 8386. Der Prozess ist dokumentiert in LASH Abt. 358, Nr. 8385–8388. Vgl. auch Rolf Schwarz: Die SS „schenkt" Rendsburg einen „Bombenkrug". In: Kurt Hamer/Karl-Werner Schunck/Drsb. (Hrsg.): Vergessen + Verdrängt. Eine andere Heimatgeschichte. Arbeiterbewegung und Nationalsozialismus in den Kreisen Rendsburg und Eckernförde. Schleswig 1953, S. 111ff.

729 Vgl. zu seiner Vita LASH Abt 460.9, Nr. 149, BArch BDC OK, Film 3200 K0005.

730 Vgl. Einkommensübersicht im Entnazifizierungsfragebogen vom 9. Dezember 1946 in LASH Abt. 460.9, Nr. 149.

i.d. russ. Zone". Dies deutet zunächst daraufhin, dass Karde spätestens im Krieg vor allem außerhalb Schleswig-Holsteins tätig ist und dass sein Maschinenpark offenbar im von der Sowjetunion besetzten Teil Deutschlands strandet und dort requiriert wird. Zusammen mit den anderen beiden Hinweisen, nämlich, dass er zur „Ausführung dringender Aufträge" vom Militärdienst freigestellt und zwischen Juni und Dezember 1943 im ukrainischen Eisenerzabbauzentrum Kriwoj Rog für die „Berg- und Hüttenwerksgesellschaft Ost"[731] zur „Ausführung von Bauarbeiten" tätig gewesen ist, zeichnet sich in Umrissen das Bild eines äußerst erfolgreichen Unternehmers ab, der offenbar von dem Bauboom in Folge der Aufrüstungsbestrebungen des Deutschen Reichs außerordentlich profitiert zu haben scheint und zumindest bei dem Wiederaufbau der kriegswichtigen ukrainischen Stahlproduktion für die deutsche Kriegswirtschaft auch direkt in den besetzten Gebieten im Osten agiert. Wie genau dies aussieht und welche Rolle der Bauunternehmer selbst dabei spielt, lässt sich auf der Basis der im Projekt erhobenen Quellen nicht rekonstruieren und erfordert tiefergehende Forschungen. Nach dem Verkauf des Baugeschäfts an seinen Bruder betätigt sich Karde ab Herbst 1945 als Landwirt auf einem im Herbst 1938[732] erworbenen Bauernhof in Langenhesten/Kreis Lauenburg. Der deutsche Entnazifizierungsausschuss Pinneberg empfiehlt 1946, die von Karde angestrebte Treuhänderschaft des Bauernhofs abzulehnen und diesen zu enteignen.[733] Die britischen Behörden entscheiden sich daraufhin im April 1947 dafür, ihn auf seinem Bauernhof zu belassen, jedoch unter Aufsicht.[734] Einiges zu Kardes Rolle in der NS-Zeit muss in diesem Zusammenhang offen bleiben. Dazu passt, dass im Dezember 1964 eine anonyme Anzeige gegen ihn eingeht, die ihn beschuldigt, für die Ermordung zweier Menschen in der sogenannten „Kristallnacht" 1938 in Hamburg verantwortlich gewesen zu sein. Da abgesehen von der Anschuldigung keine weiteren Anhaltspunkte genannt werden, stellt die Hamburger Staatsanwaltschaft die Ermittlungen ein, ohne weiteres zu unternehmen.[735]

Otto Karde ist in der fünften Wahlperiode Mitglied der CDU-Fraktion im Schleswig-Holsteinischen Landtag und agiert in einer Reihe von Ausschüssen. In vergangenheitspolitischen Debatten meldet er sich nicht zu Wort.

Hans Alwin Ketels'[736] Zuordnung zu dem Typ basiert in erster Linie auf einer im Bestand „Entnazifizierungsunterlagen der Britischen Militärregierung" überlieferten Karteikarte, die den 1913 geborenen Landwirt als Mitglied der NSDAP seit 1934, Angehörigen der SA seit 1932 (im Range eines Truppführers) sowie als vormaligen Scharführer der HJ (1930–1932) aus-

731 Vgl. zu diesem eigentlichen Monopolbetrieb, unter dessen ausschließlicher Ägide die Ausbeutung der Eisen- und Bergbauindustrie in den besetzten Gebieten der Sowjetunion erfolgte, Matthias Riedel: Bergbau und Eisenhüttenindustrie in der Ukraine (1941–1944). In: Vierteljahrshefte für Zeitgeschichte 21 (1973), S. 245–284.

732 Soweit sich die kaum lesbaren Angaben entziffern lassen.

733 Vgl. Empfehlung des Deutschen Entnazifizierungsausschusses Kreis Pinneberg vom 12. Dezember 1946 in LASH Abt. 460.9, Nr. 149.

734 Vgl. Fragebogen Action Sheet vom 21. April 1947, ebd.

735 Die Ermittlungen sind unter dem Aktenzeichen 141 Js 164/65 bei der Hamburger Staatsanwaltschaft (Signatur bei der Zentralen Stelle Ludwigsburg 1 AR 3387/64) überliefert. Es ist sehr wahrscheinlich, dass Karde nicht über die Anzeige informiert wurde.

736 MdL WP05–09 (CDU), Quellendichte: ausreichend.

weist.[737] Zudem belegt die Kartei, dass er Ortsgruppenleiter der NSDAP[738] ist, und zwar der Ortsgruppe Osterhever/Poppenbüll/Westerhever/Augustenkoog/Horst-Wessel-Koog.[739] Ketels fungiert im 1938 eingeweihten Horst-Wessel-Koog (nach 1945: Norderheverkoog) zudem als Amtsvorsteher. Die Fertigstellung des Koogs und seine Besiedlung ist Teil des umfassenden „Lohseplans", der ideologisch aufgeladenen NS-Landgewinnung an der schleswig-holsteinischen Westküste.[740] Die Auswahl der Neusiedler in den Kögen erfolgt vor allem nach rassischen Kriterien und nach politischer Zuverlässigkeit. Auch wenn die Eröffnung des Horst-Wessel-Koogs deutlich weniger propagandistisch ausgeschlachtet wird als die Einweihung des Adolf-Hitler-Koogs oder des Hermann-Göring-Koogs,[741] kann kaum ein Zweifel darüber bestehen, dass in diesem der SA und ihrem Märtyrer gewidmeten nationalsozialistischen Siedlungsprojekt die ausgewählten Bewohner und erst recht der NSDAP-Ortsgruppenleiter und Amtsvorsteher ideologisch gefestigte Nationalsozialisten sind.

Ketels gehört dem Schleswig-Holsteinischen Landtag von der 5. bis zur 9. Wahlperiode durchweg in der CDU-Fraktion an und arbeitet in zahlreichen Ausschüssen. In vergangenheitspolitischen Debatten beteiligt er sich nicht.

Ebenfalls dem Typ und damit auch dieser Grundorientierung zugeordnet ist Dr. Helmut Lemke[742]. Der Vergleich mit Dr. Dr. Ernst Kracht, von uns als – Extremfall des Typs – „Höherer Staatsbediensteter" in der Grundorientierung „staatstragend / karrieristisch" eingeordnet, verdeutlicht die – allerdings entscheidenden – Nuancen, in denen sich beide Biografien unterscheiden: Lemke, 1907 in Kiel geboren, durchläuft nach dem Abitur die einschlägigen Stationen einer Juristenlaufbahn,[743] bis er 1933 von der nationalsozialistischen Mehrheit in Eckernförde als Bürgermeister gewählt wird.[744] Seine Mitgliedskarte weist ihn als Mitglied der NSDAP seit dem 1. April 1932 aus. Eigenen Angaben (vor 1945) zufolge gehört er der Partei jedoch bereits 1931 an und wird (weil Referendar, dem politische Betätigung untersagt

737 Vgl. LASH Abt. 460, Nr. 1519.

738 Vgl. ebd. Das Amt eines Ortsgruppenleiters wurde in der Regel nicht hauptamtlich besetzt, weshalb Ketels nicht dem Typ „Parteifunktionär" zugeordnet ist. Vgl. Carl-Wilhelm Reibel: Das Fundament der Diktatur. Die Ortsgruppen der NSDAP 1932–1945. Paderborn u.a. 2002, S. 97f.

739 Vgl. Jochen Moseberg: Eindeichung und Bewässerung in Nordfriesland zur Zeit des Nationalsozialismus. (Masch. MA.) Kiel 1996, S. 43, FN 163.

740 Vgl. hierzu zusammenfassend Uwe Danker: Volksgemeinschaft und Lebensraum: Die Neulandhalle als historischer Lernort. Neumünster/Hamburg 2014, S. 18–35.

741 Vgl. Moseberg: Eindeichung (Anm. 739), S. 43f.

742 MdL WP03–07, Landtagspräsident (1971–1983), Kultusminister (1954–1956), Innenminister (1955–1963), Ministerpräsident (1963–1971), Quellendichte: gut.

743 Jurastudium in Tübingen und Kiel, Referendariat, Promotion zum Dr. jur. 1929 in Heidelberg und Tätigkeit als Gerichtsassessor bei den Staatsanwaltschaften Kiel und Altona (Mai 1932 bis Mai 1933).

744 Vgl. zu seiner Vita u.a. LASH Abt. 460.12, Nr. 372; LASH Abt. 786, Nr. 11409; LASH Abt. 605, Nr. 4308; StA Eckernförde I K b 013; BArch BDC OK, Film 3200 N0022; BArch R 3001/66213; Barch ZA VI 0215 A. 04; BStU MfS IX/11 AV 2/79 Bd. 1; BStU MfS IX/11 AS 310/68, Bd. 1; BStU MfS IX/11 AS 310/68, Bd. 4; BStU MfS IX/11 AF 1 C III; BStU MfS XX Nr. 4035; BStU MfS IX/11 AF Prm. Obj. nach 1945; BStU MfS IX/11 AS 310/68, Bd. 2; BStU MfS IX/11 PA 104 sowie Uwe Barschel/Kurt Jürgensen/Horst Wutke (Hrsg.): Helmut Lemke. Reden, Ansprachen, Gedanken. 1954–1983. Festgabe für Helmut Lemke zum 80. Geburtstag. Neumünster 1987.

war) auf einer „Geheimliste" geführt.[745] Zu diesem Zeitpunkt fungiert er als Rechtsberater der NS-Betriebszellenorganisation in Kiel. Ab 1932 tritt er offen als Nationalsozialist auf, ist Wahlkämpfer und ab 1933 Gauredner, tritt der SA bei (steigt bis zum SA-Hauptsturmführer auf und ist Rechtsberater), ist zeitweise „Kreisfachberater" (Kreisamtsleiter) für Kommunalpolitik sowie ab 1933 Vorsitzender des NSDAP-Kreisgerichts in Eckernförde und nach seiner Berufung als Bürgermeister in Schleswig 1937 auch dort. Lemke nimmt an Schulungskursen teil, hält Vorträge und tritt selbst in Schulungskursen auf. 1944 beantragt er seine Überführung von der SA in die SS. 1945 wird er als SS-Bewerber geführt, ob eine offizielle Mitgliedschaft noch wirksam wird, ist unklar.[746] 1939 wird er zur Marine eingezogen und dient als Seeoffizier und Kommandant auf einem Vorposten-Minensuchboot bis 1945. Dieser kurz skizzierte Überblick verdeutlicht das frühe, sehr intensive Engagement Lemkes in der NS-Bewegung, teilweise unter konspirativen Bedingungen, was zweifellos ein wichtiger Faktor für seine Berufung zum Bürgermeister in Eckernförde und Schleswig wie überhaupt für seinen Werdegang in der NS-Zeit ist und ihn als exponierten Nationalsozialisten ausweist. Eine ausführlichere Würdigung der Rolle seiner Bürgermeistertätigkeit kann im Rahmen des Projekts nicht geleistet werden, nach Aktenlage hat er nationalsozialistische Politik funktional und reibungslos auf dem ihm zugewiesenen Aufgabenfeld ausgeführt, ohne dabei so zu agieren, dass es nach 1945 justiziabel wird. Ernst Krachts Werdegang dagegen ist (allein schon generationell bedingt, er ist Jahrgang 1890 und damit 17 Jahre älter) im hohen Maß durch seine langjährige Laufbahn während der gesamten Weimarer Zeit geprägt, die erst nach 1933 sukzessive nationalsozialistisch überformt wird und, wie bei dem Großteil seiner Landratskollegen auch, ein großes Maß an Anpassungsbereitschaft und Willen zum Mitmachen verdeutlicht. Insbesondere vor diesem Hintergrund der unterschiedlichen Prägung und des sehr deutlichen Unterschieds in Hinblick auf den politischen Aktivismus sind deshalb, so meinen wir, die Unterschiede auf der Ebene des Agierens (Kracht als Landrat und Oberbürgermeister – Lemke eine Stufe darunter) und die entsprechende formale Ausstattung (Kracht als Gauamtsleiter – Lemke mit Parteiämtern auf Kreisebene) weniger erheblich, sodass die Zuordnung zu unterschiedlichen Typen trägt.

13. NS-„Typisierung" der Gruppe der späteren MdL

Nach diesen präzisen und mit konkreten Beispielen gespickten Erläuterungen der zweiten Stufe respektive Ebene unseres Zuordnungsmodells erfolgt hier ohne große weitere Kommentierungen die konkrete Anwendung der Typisierung. Wir haben darauf hingewiesen, dass die Ebene der Typen schon nach dem disparateren definitorischen Ansatz, in den gleich-

745 So Lemke in einem eigenhändig unterschriebenen Lebenslauf vom 5. August 1934, BStU MfS HA IX/11 AV 2/79 Bd. 1.

746 Vgl. hierzu Abschrift der Mitteilung des britischen HQ Land Schleswig-Holstein an Landesjustizministerium vom 24. August 1949, LASH Abt. 786, Nr. 11409 (pag. 57).

Diagramm 101: 1. ernannter Landtag bis 13. WP (1946-1996): Typisierung der MdL (bis Jg. 1928); Σ 342

oppositionell ‚gemeinschaftsfremd‘: zugehörige Typen; Σ 88

Exkludierte_r Andere nz	13
Nicht_politisch Verfolgte_r	4
Nonkonformist_in	8
Emigrant/in	2
Protagonist_in Arbeiterbewegung	39
Widerstandleistende_r	22

zusätzlich:

ns sozialisiert	**67**
unzuordenbar	**35**

Quellendichte

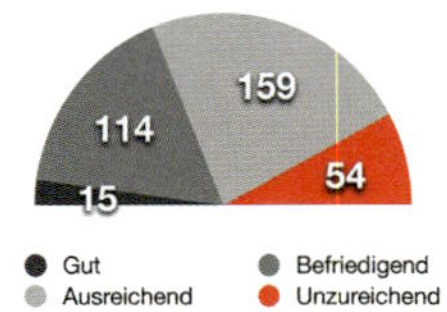

angepasst ambivalent: zugehörige Typen; Σ 109

Inkludierte_r Volksgenosse_in nz	34
Politisch Angepasste_r	39
Politisch Enttäuschte_r	5
Grenzpolitische_r Akteur_in	2
Angehörige_r traditioneller Eliten	10
Jongleur_in	10
Innere_r Emigrant_in	9

systemtragend karrieristisch: zugehörige Typen; Σ 15

exponiert nationalsozialistisch: zugehörige Typen; Σ 28

Grundorientierung: oppositionell ‚gemeinschaftsfremd'

Widerstandleistende_r: Arp, Erich, o Fr, SPD; Bischof, Hugo, KPD; Cierocki, Josef, CDU; Feldmann, Karl, SPD; Jürgensen, Julius, KPD; Kukil, Max, SPD; Lohmann, Paul, SPD; Lübke, Friedrich Wilhelm, CDU; Lüdemann, Hermann, SPD; Matthews, Emil, KPD; Nielsen, Agnes, KPD; Oldorf, Hans, SPD; Pagel, Paul Friedrich Wilhelm Dr.agr., Dr.rer.pol., CDU; Passarge, Otto, SPD; Ratz, Karl Eduard Heinrich, SPD; Schmehl, Wilhelm, SPD; Schröder, Hans, SPD; Seeler, Georg, SPD; Sommerfeld, Max, SPD; Steltzer, Theodor, CDU; Verdieck, Bruno, SPD; Zappe, Fritz, SPD.

Protagonist_in Arbeiterbewegung: Albrecht, Karl, SPD; Ambs, Hans, KPD; Bredenbeck, Julius, SPD; Brodersen, Anna, SPD; Clasen, Eduard, SPD; Clausen, Hermann Asmuss, SSW; Damm, Walter, SPD; Diekmann, Bruno, SPD; Dölz, Paul Richard, SPD; Fischer, Heinrich, SPD; Gayk, Andreas, SPD; Gramcko, Otto, SPD; Haut, August, SPD; Jahn, Emil, SPD; Käber, Wilhelm, SPD; Kalk, Bernhard, SPD; Kock, Heinz, SPD; Krahnstöver, Anni, SPD; Kuklinski, Wilhelm, SPD; Lechner, Eugen, SPD; Lurgenstein, Walter, SPD; Möller, Dora, SPD; Nielsen, Andreas, SPD; Oesterle, Karl, SPD; Olson, Hermann, SPD, SSW; Panitzki, Karl, SPD; Pohle, Kurt, SPD; Preßler, Otto, KPD; Schmelzkopf, Marie, SPD; Schulze, Bertha, KPD; Schwieger, Hermann, SPD; Sellmann, Heinrich, SPD; Stade, Hans, SPD; Steiger, Adolf, SPD; Steinhörster, Willi, SPD; Voß, Hugo, SPD; Werner, Theodor, SPD; Wilckens, Heinrich, SPD; Wirthel, Berta, SPD.

Emigrant/in: Bromme, Paul, SPD; Katz, Rudolf Dr. jur., SPD.

Nonkonformist_in: Dohrn, Peter, CDU; Ewers, Hans, DRP; Groß, Paul, SPD; Hart, Gerhard Dr., o Fr; Ohnesorge, Lena Dr. med., CDU, GB BHE, o Fr; Oldsen, Johannes, SSW; Schmidt, Hanno Dr. jur., CDU; Schröter, Carl, CDU.

Nicht_politisch Verfolgte_r: Eickhorst, Friedrich, FDP; Frenzel, Jürgen Dr. jur., SPD; Salomon, Heinz, SPD; Salomon, Ludwig, SPD.

Exkludierte_r Andere nz: Basedau, Rudolf, SPD; Böttcher, Walther Dr. jur., CDU; Brinkmann, Rudolf Dr., o Fr; Burmester, Rudolf, CDU; Engels, Hermann, SPD; Esser, Peter Wilhelm, SPD; Hagge, Johannes Jürgen Christian, CDU, FDP; Hundt, Hubert, SPD; Klinsmann, Luise Dr., SPD; Kuhnt, Gottfried Dr., CDU; Preller, Ludwig Prof. Dr., SPD; Schwichtenberg, Hans, SPD; Vorbrook, Johann, SPD.

Grundorientierung: angepasst ambivalent

Innere_r Emigrant_in: Ambrosius, Heinrich, CDU, FDP; Dieckmann, Hermann, CDU; Grothe, Max, SPD; Kintzinger, Ernst Dr., CDU; Koch, Willi, CDU; Linden, Elly Dr. phil., SPD; Lüth, Otto, SPD; Odening, Friedrich, CDU, o Fr; Raabe, Hermann Dr., o Fr.

Jongleur_in: Ahrens, Alfred, SPD; Andersen, Jörgen, SSW; Gülich, Wilhelm Prof. Dr. sc. pol., SPD; Hackhe-Döbel, Frieda, SPD; Hagenah, Erich, SPD; Johannsen, Willi, SSW; Rohwedder, Wilhelm Dr. agr., CDU; Schrörs, Adolf, CDU; Thietz, Rudolf Dr., CDU, o Fr; Thole, Johannes, CDU.

Angehörige_r traditioneller Eliten: Arfsten, Carl-Christian, CDU; Bannier, Theodor, CDU, o Fr; Boyens, Claus Peter, CDU; Bundtzen, Hans, CDU; Drevs, Gustav, CDU; Hahn, Graf, Ferdinand, CDU; Harckensee, Walter, CDU, DAP; Hardt, Friedrich, CDU, o Fr; Jensen, Peter, CDU; Reventlow-Criminil, Graf von, Victor, CDU, o Fr, SSW.

Grenzpolitische_r Akteur_in: Münchow, Samuel, SSW; Muuss, Rudolf Dr., CDU.

Politisch Enttäuschte_r: Böhrnsen, Hermann, CDU, DP, o Fr; Bremer, Fritz, CDU; Knudsen, Knud Broder, CDU, FDP, o Fr; Osterloh, Edo, CDU; Schenck, Richard Matthias Friedrich Dr., o Fr, SPD.

Politisch Angepasste_r: Andresen, Matthias, CDU; Beer, Herbert Dr. phil., CDU, GB BHE; Bues, Heino, CDU; Burmeister, Heinz, FDP, o Fr; Callö, Iver, SSW; Claussen, Ludwig, CDU; Doepner, Friedrich, FDP, GB BHE, o Fr; Eisenmann, Otto, FDP, SHB; Engelbrecht-Greve, Ernst Dr. h.c., CDU; Frauböse, Max Dr., CDU; Hartz, Detlef, SHB; Holtorff, Hans, CDU; Ingwersen, Hans, CDU; Kersig, Hans Dr. rer. pol., FDP; Kock, Heinrich Dr. phil., CDU; Konrad, Klaus, SPD; Lieth, von der, Joachim, SPD; Mangoldt, von, Hermann Prof. Dr., CDU, o Fr; Martens, Volkert, CDU; Meyer, Konrad, CDU; Meyn, Hermann, SPD; Milkereit, Willi, GB BHE; Nagel, Ernst Hinrich August Dr., o Fr; Pracher, Alexander Dr., CDU, FDP; Preuss, Paul, SPD; Pusch, Hanns Ulrich, CDU; Rehs, Reinhold, SPD; Rohloff, Paul Dr., CDU, FDP; Saffran, Ernst-Willi, GB BHE; Schlotfeldt, Johannes, CDU; Schoof, Carl-Friedrich, CDU; Schoof, Ernst, CDU; Schult, Hans, GB BHE; Schwinkowski, Arthur Dr. phil., CDU; Simmann, Werner, CDU; Weidemann, Ehrenfried, CDU; Weiß, Margarete (Margareta), FDP, GB BHE; Wiborg, Georg, sen., CDU; Wolgast, Heinrich, FDP.

Inkludierte_r Volksgenosse_in nz: Adler, Heinz, SPD; Ahrens, Bernhard, SPD; Andresen, Thomas, CDU; Asmussen, Peter Christel, FDP; Bahnsen, Berthold, SSW; Becker, Karl Prof. Dr. rer. pol., SPD; Eltermann, Erich, SPD; Emcke, Max Dr. jur., CDU; Frahm, Detlef, CDU; Franck, Hermann, SPD; Franzke, Alfred, SPD; Hagelstein, Alfred, CDU; Hartmann, Emil, GB BHE; Hassel, von, Kai-Uwe, CDU; Herwarth, von, Hans, CDU, GB BHE, o Fr; Heydebreck, von, Claus-Joachim, CDU; Husfeldt, Paul Jürgen Dr., CDU; Jensen, Carl-Axel, CDU; Jensen, Elisabeth, o Fr; Klingenberg, Hermann, SPD; Kühl, Ernst, CDU; Loose, Siegfried, CDU; Lüthje, Emmy, CDU; Möller, Hinrich, CDU; Mohr, Wilhelm, CDU; Müller, Otto, SPD; Oberberg, Arthur, FDP; Ohff, Kurt, CDU, o Fr; Paulsen, Gustav, o Fr; Pörksen, Martin Dr., o Fr; Rickers, Willy, CDU; Siegel, Wilhelm, SPD; Siewert, Otto, CDU, o Fr; Wulff, Otto, CDU.

Grundorientierung: systemtragend karrieristisch

Höherer Wehrmachtsakteur: Dennhardt, Oskar-Hubert, CDU; Meinicke-Pusch, Max Dr., CDU, FDP, o Fr; Stams, Walter, SPD.

(Höhere_r) Verbandsfunktionär_in: Andersen, Hermann Dr., FDP; Blöcker, Hans, CDU; Brühl, Walther, GB BHE; Franzenburg, Hans Jakob, CDU; Hoffmann, Curt Dr., FDP; Müller, Karl Friedrich Ernst Dr., SPD.

Höherer Staatsbediensteter: Fuchs, Herbert Dr. jur., CDU; Wolff, Heinrich, CDU.

Funktionale_r Träger_in nz: Gerlich, Gerhard Prof. Dr. phil., CDU; Kiekebusch, Heinz Dr. jur., CDU, GB BHE, o Fr; Schönemann, Friedrich (Hermann) Prof. Dr., FDP; Tackmann, Gerhard, SPD.

Grundorientierung: exponiert nationalsozialistisch

'Alter Kämpfer': Bols, Hans, CDU, DP, o Fr; Jürgens, Erwin, CDU, DP, o Fr; Kohz, Martin Dr. jur., GB BHE; Langendorff, von, Lesko, CDU; Matzen, Heinrich Johannes, SHB; Thee, Jürgen, CDU.

NSDAP Parteifunktionär_in: Cohrs, Peter Georg, DP, FDP; Ditz, Berthold, GB BHE; Jürgensen, Wilhelm, SHB; Petersen, Peter Ludwig, SHB; Sieh, Claus, CDU, DP, o Fr; Urban, Georg, CDU, GB BHE, GDP.

Besatzungsakteur_in: Asbach, Hans-Adolf, GB BHE; Gille, Alfred Dr. jur., GB BHE, GDP; Kraft, Waldemar, GB BHE; Matthiessen, Peter, CDU; Mentzel, Walter, CDU; Schaefer, Carl Anton Dr. rer. pol., GB BHE.

Verfolgungsakteur_in: Flöl, Otto, CDU, DP, o Fr; Leverenz, Bernhard Dr. jur., FDP; Reinefarth, Heinz, GB BHE, GDP; Schlegelberger, Hartwig Dr. jur., CDU.

Exponierte_r Akteur_in: Karde, Otto F., CDU; Ketels, Hans Alwin, CDU; Lemke, Helmut Dr. jur., CDU; Petersen, Peter, NPD; Redeker, Martin Prof., Dr.theol., Dr.phil., Dr.h.c., CDU; Sievers, Hans Wilhelm, CDU.

ns-sozialisiert (Jg. 1918-1928): Bachl, Kunigunde Dr. med., CDU; Böge, Kurt, CDU; Bünemann, Richard Dr. phil., o Fr, SPD; Carstens, Hans, CDU, FDP; Conrady, Karl Otto Prof. Dr. phil., SPD; Detlefsen, Max Werner, CDU; Dudda, Waldemar, SPD; Ehlers, Wolfgang, NPD; Empen, Peter, SPD; Fleck, Rosemarie Dr. sc. pol., SPD; Fleischner, Ernst, SPD; Fölster, Heinz-Wilhelm, CDU; Friedrich, Günter, CDU; Friese, Benvenuto-Paul, DVU, o Fr; Gerisch, Herbert, CDU; Haase, Detlef, SPD; Hagemann, Heinrich, CDU; Hahn, Werner, CDU; Hamer, Kurt, SPD; Hansen, Manfred, SPD; Herbst, Hans-Joachim, FDP; Hollmann, Wilhelm, CDU; Klinke, Heinz, SPD; Klinker, Hans-Jürgen, CDU; Langmann, Leonhard, SPD; Latendorf, Fritz, CDU; Lausen, Gerd, CDU; Lindenmeier, Maria, SPD; Lingk, Erwin, SPD; Lober, Karl-Ernst, NPD; Lund, Heinz, SPD; Marschner, Wilhelm, SPD; Meyer, Karl Otto, SSW; Möller, Herbert, CDU; Narjes, Karl-Heinz Dr. jur., CDU; Noll, Friedrich, SPD; Oldenburg, Jürgen, SPD; Probandt, Heinz, FDP; Ramler, Hans Gerhard, SPD; Riegel, Erwin, SPD; Rösler, Georg, CDU; Ronneburger, Uwe, FDP; Schlachta, Eginhard, GB BHE; Schübeler, Egon Dr. agr., CDU; Schulz, Alfred, SPD; Schulz, Kurt, SPD; Schwalbach, Hans, SPD; Schwarz, Henning Michael Dr. jur., CDU; Semprich, Kurt, SPD; Sierks, Johann, SPD; Sievers, Hannelore, CDU; Sommer, Ingeborg, SPD; Spaeth, Leopold, CDU; Stäcker, Hans Detlef, CDU, FDP; Steffen, Joachim, SPD; Stehn, Erich, CDU; Stojan, Ernst-Wilhelm, SPD; Stoltenberg, Gerhard Dr. phil., CDU; Tiemann, Walter, SPD; Titzck, Rudolf, CDU; Voß, Karin, DVU, o Fr; Weidling, Herbert, CDU; Weimar, Wolfgang Dr. phil., CDU; Wendel, Brunhild, SPD; Westphal, Jürgen Dr., CDU; Wolff, Gottfried Dr. med vet., CDU; Zimmermann, Hans-Joachim, CDU.

nicht zuordenbar (Quellenlage): Boyens, Claus Henning, CDU; Brandes, Ilse, CDU, o Fr; Clausen, Riewert, CDU; Donath, Rudolf, SPD; Drevs, Wolf-Dieter, CDU; Friede, Hans, GB BHE; Günther, Rudolf, CDU; Haas, Ernst Otto, CDU; Hofer, Andreas Matthias, GB BHE, GDP; Iversen, Johannes, CDU, o Fr; Kilkowski, Erna, CDU; Klaus, Friedrich, CDU; Mahler, Christian, SSW; Möller, Paul, SPD; Nonnsen, Herbert, SPD; Obersteller, Bernhard, GB BHE; Oldenburg, von, Adolf, SPD; Pauls, Jann Eduard, o Fr; Reeder, Waldemar, SSW; Richardsen, Carl, CDU; Rohwer, Franz, CDU; Rosenberg, von, Alfred, CDU, DP, o Fr; Ryba, Franz Dr., CDU, o Fr; Schaefer, Ernst Leopold, GB BHE, o Fr; Schröder, Hinrich, FDP; Schuster, Annemarie, CDU; Steensen, Karl, CDU; Strack, Gerhard, SPD; Struck, Hermann, GB BHE; Timm, Emil, o Fr; Trapp, Anni, SPD; Werner, Charlotte, SPD; Witt, Georg, CDU, o Fr; Zander, Helmuth, GB BHE; Zappe, Walter, SPD.

Diagramm 101[747]

747 Basis: Projektdatenbank.

Diagramm 102: 1. ernannter Landtag bis 1. WP (1946-1950): Typisierung der MdL (bis Jg. 1928); Σ 143

oppositionell ‚gemeinschaftsfremd': zugehörige Typen; Σ 69

Exkludierte_r Andere nz	9
Nicht_politisch Verfolgte_r	3
Nonkonformist_in	6
Emigrant/in	0
Protagonist_in Arbeiterbewegung	33
Widerstandleistende_r	18

zusätzlich	
ns sozialisiert	**1**
unzuordenbar	**17**

Quellendichte

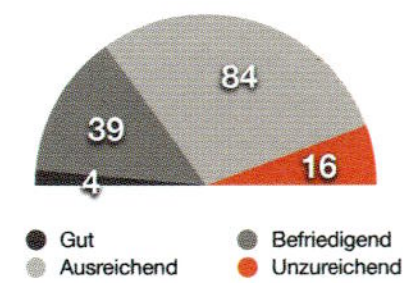

angepasst ambivalent: zugehörige Typen; Σ 54

Inkludierte_r Volksgenosse_in nz	22
Politisch Angepasste_r	5
Politisch Enttäuschte_r	2
Grenzpolitische_r Akteur_in	2
Angehörige_r traditioneller Eliten	9
Jongleur_in	6
Innere_r Emigrant_in	8

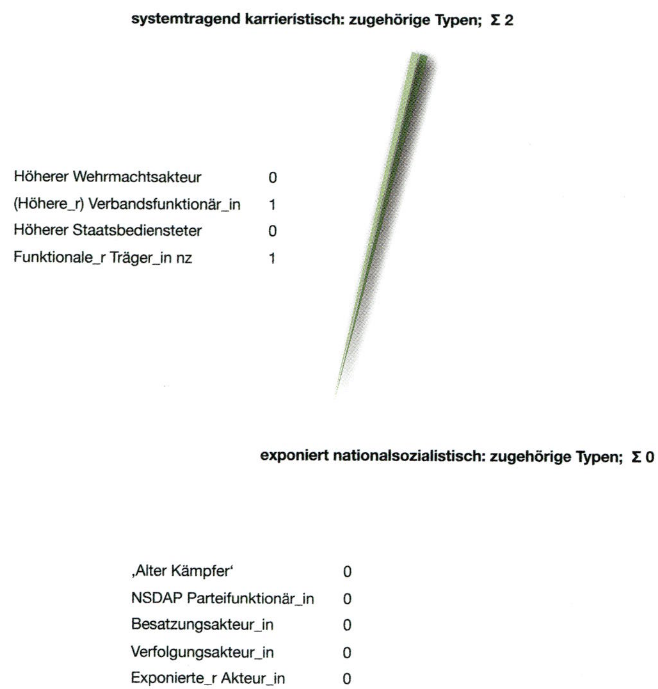

Diagramme 102[748] (siehe Fußnote Seite 279)

Diagramm 103: 2. bis 9. WP (1950-1983): Typisierung der MdL (bis Jg. 1928); Σ 225

oppositionell ‚gemeinschaftsfremd': zugehörige Typen; Σ 39

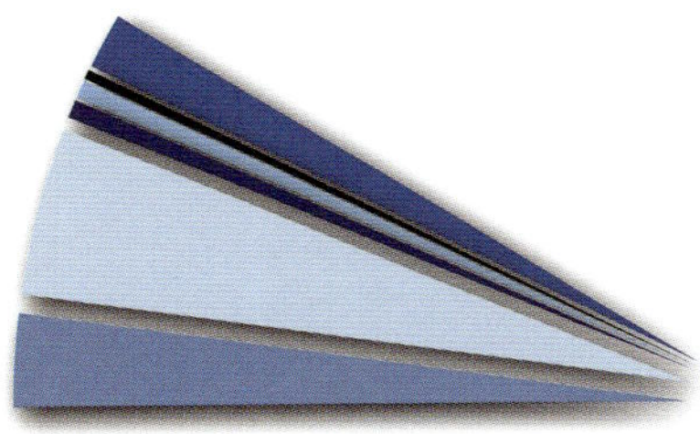

Exkludierte_r Andere nz	6
Nicht_politisch Verfolgte_r	1
Nonkonformist_in	2
Emigrant/in	2
Protagonist_in Arbeiterbewegung	18
Widerstandleistende_r	10

zusätzlich:

ns sozialisiert	**62**
unzuordenbar	**18**

Quellendichte

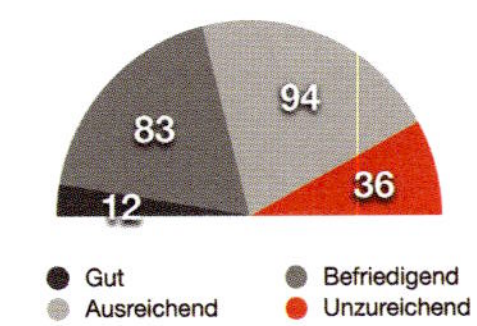

angepasst ambivalent: zugehörige Typen; Σ 65

Inkludierte_r Volksgenosse_in nz	18
Politisch Angepasste_r	34
Politisch Enttäuschte_r	3
Grenzpolitische_r Akteur_in	1
Angehörige_r traditioneller Eliten	3
Jongleur_in	4
Innere_r Emigrant_in	2

systemtragend karrieristisch: zugehörige Typen; Σ 13

exponiert nationalsozialistisch: zugehörige Typen; Σ 28

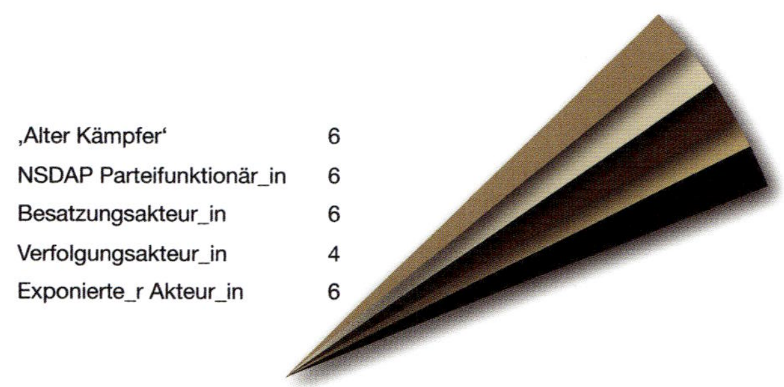

Diagramme 103[748]

748 Basis: Projektdatenbank.

Diagramm 104: Typisierung MdL (ab Jg. 1928), Parteimitglieder in Weimarer Republik (nicht nur in der NSDAP); Σ 120

oppositionell ‚gemeinschaftsfremd': zugehörige Typen; Σ 73

Exkludierte_r Andere nz	7
Nicht_politisch Verfolgte_r	1
Nonkonformist_in	4
Emigrant/in	2
Protagonist_in Arbeiterbewegung	39
Widerstandleistende_r	20

zusätzlich:

ns sozialisiert	**0**
unzuordenbar	**2**

Quellendichte

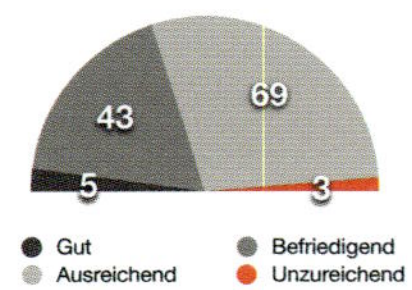

angepasst ambivalent: zugehörige Typen; Σ 38

Inkludierte_r Volksgenosse_in nz	11
Politisch Angepasste_r	8
Politisch Enttäuschte_r	1
Grenzpolitische_r Akteur_in	0
Angehörige_r traditioneller Eliten	7
Jongleur_in	5
Innere_r Emigrant_in	6

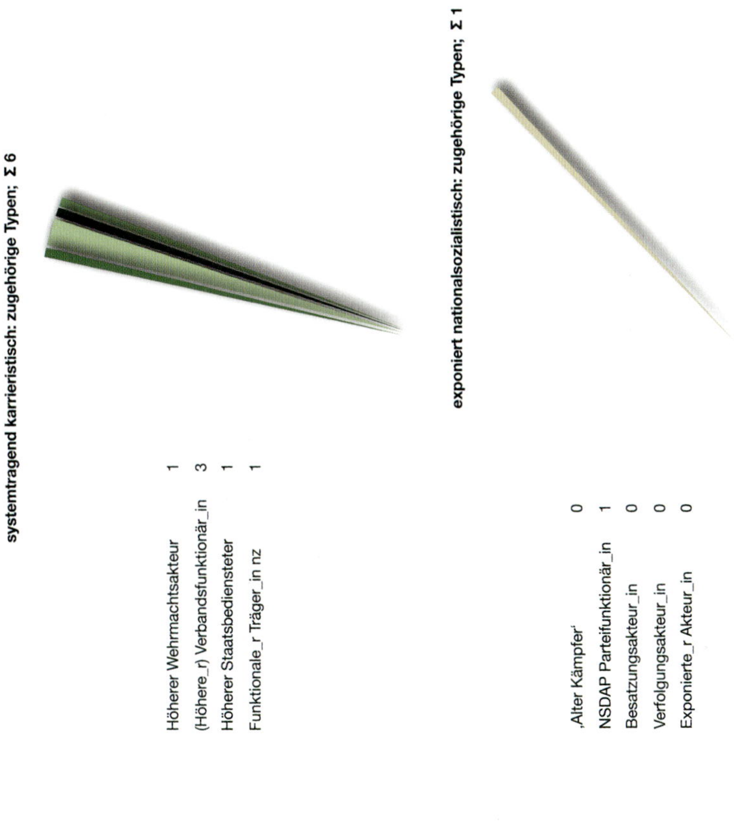

Diagramm 104[749]

749 Basis: Projektdatenbank.

Diagramm 105: Typisierung alle MdL (ab Jg. 1928) mit biografischen Bezügen zu Schleswig-Holstein vor 1945 (stark und leicht); Σ 222

oppositionell ‚gemeinschaftsfremd‘: zugehörige Typen; Σ 71

Exkludierte_r Andere nz	9
Nicht_politisch Verfolgte_r	3
Nonkonformist_in	6
Emigrant/in	2
Protagonist_in Arbeiterbewegung	33
Widerstandleistende_r	18

zusätzlich:
ns sozialisiert 38
unzuordenbar 18

Quellendichte

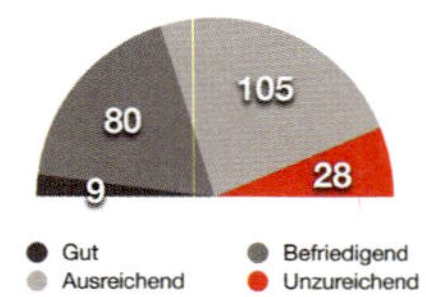

angepasst ambivalent: zugehörige Typen; Σ 74

Inkludierte_r Volksgenosse_in nz	20
Politisch Angepasste_r	22
Politisch Enttäuschte_r	5
Grenzpolitische_r Akteur_in	2
Angehörige_r traditioneller Eliten	9
Jongleur_in	9
Innere_r Emigrant_in	7

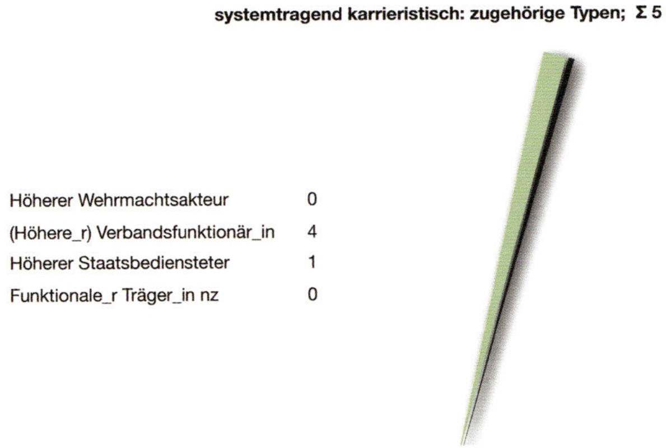

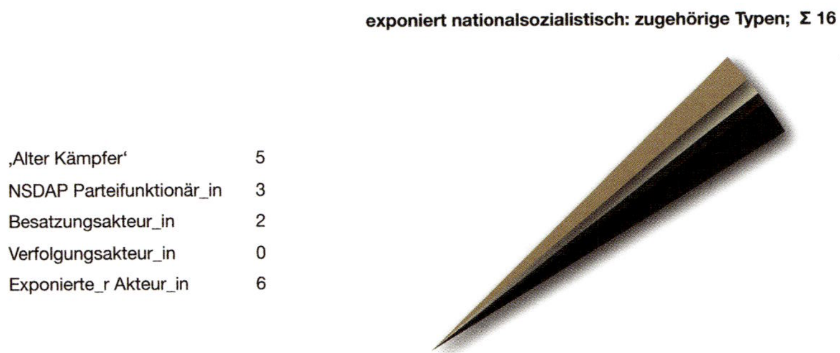

Diagramm 105 [750] (siehe Fußnote Seite 285)

Diagramm 106: Typisierung alle MdL (ab Jg. 1928) ohne biografische Bezüge zu Schleswig-Holstein vor 1945 (nach 1945 und Flüchtlinge); Σ 107

oppositionell ‚gemeinschaftsfremd': zugehörige Typen; Σ 15

Exkludierte_r Andere nz	3
Nicht_politisch Verfolgte_r	1
Nonkonformist_in	2
Emigrant/in	0
Protagonist_in Arbeiterbewegung	5
Widerstandleistende_r	4

zusätzlich:

ns sozialisiert	**27**
unzuordenbar	**10**

Quellendichte

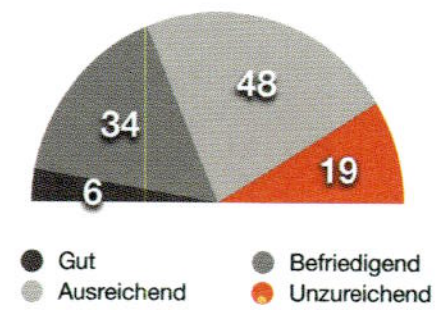

angepasst ambivalent: zugehörige Typen; Σ 33

Inkludierte_r Volksgenosse_in nz	12
Politisch Angepasste_r	17
Politisch Enttäuschte_r	0
Grenzpolitische_r Akteur_in	0
Angehörige_r traditioneller Eliten	1
Jongleur_in	1
Innere_r Emigrant_in	2

systemtragend karrieristisch: zugehörige Typen; Σ 10

exponiert nationalsozialistisch: zugehörige Typen; Σ 12

Diagramm 106[750]

750 Basis: Projektdatenbank.

Diagramm 107: Kabinette Steltzer bis Stoltenberg 1946-1982: Typisierung der Regierungsmitglieder (bis Jg. 1928); Σ 76

oppositionell ‚gemeinschaftsfremd': zugehörige Typen; Σ 15

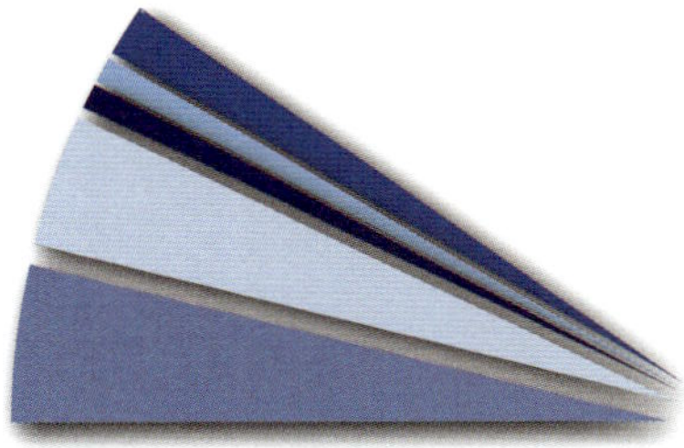

Exkludierte_r Andere nz	2
Nicht_politisch Verfolgte_r	0
Nonkonformist_in	1
Emigrant/in	1
Protagonist_in Arbeiterbewegung	5
Widerstandleistende_r	6

außerdem:

ns sozialisiert	**14**
unzuordenbar	**2**

Quellendichte

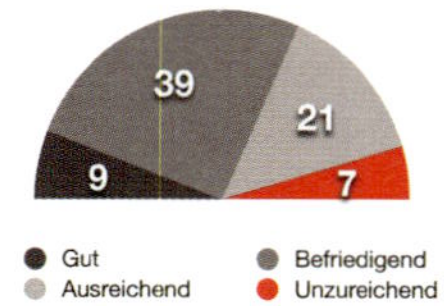

angepasst ambivalent: zugehörige Typen; Σ 21

Inkludierte_r Volksgenosse_in nz	5
Politisch Angepasste_r	9
Politisch Enttäuschte_r	4
Grenzpolitische_r Akteur_in	0
Angehörige_r traditioneller Eliten	1
Jongleur_in	1
Innere_r Emigrant_in	1

systemtragend karrieristisch: zugehörige Typen; Σ 12

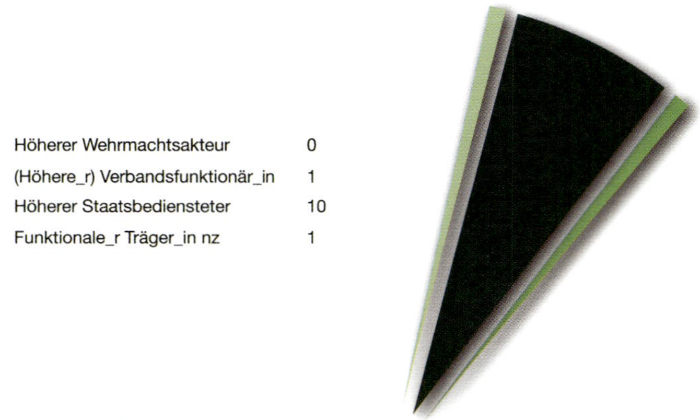

exponiert nationalsozialistisch: zugehörige Typen; Σ 12

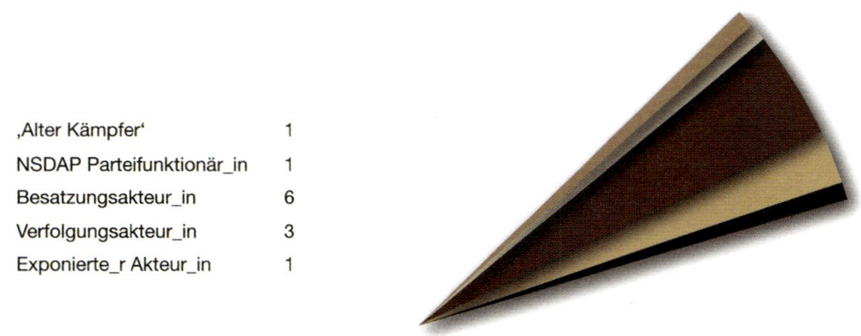

Grundorientierung: oppositionell ‚gemeinschaftsfremd'

Widerstandleistende_r: Arp, Erich, o Fr, SPD; Lübke, Friedrich Wilhelm, CDU; Lüdemann, Hermann, SPD; Matthews, Emil, KPD; Pagel, Paul Friedrich Wilhelm Dr.agr., Dr.rer.pol., CDU; Steltzer, Theodor, CDU.

Protagonist_in Arbeiterbewegung: Damm, Walter, SPD; Diekmann, Bruno, SPD; Käber, Wilhelm, SPD; Kuklinski, Wilhelm, SPD; Pohle, Kurt, SPD.

Emigrant/in: Katz, Rudolf Dr. jur., SPD.

Nonkonformist_in: Ohnesorge, Lena Dr. med., CDU, GB BHE, o Fr.

Nicht_politisch Verfolgte_r: 0

Exkludierte_r Andere nz: Kuhnt, Gottfried Dr., CDU; Preller, Ludwig Prof. Dr., SPD.

Grundorientierung: angepasst ambivalent

Innere_r Emigrant_in: Prätorius, Wolfgang Dr.

Jongleur_in: Gülich, Wilhelm Prof. Dr. sc. pol., SPD.

Angehörige_r traditioneller Eliten: Bundtzen, Hans, CDU.

Grenzpolitische_r Akteur_in: 0

Politisch Enttäuschte_r: Böhrnsen, Hermann, CDU, DP, o Fr; Knudsen, Knud Broder, CDU, FDP o Fr; Osterloh, Edo, CDU; Schenck, Richard Matthias Friedrich Dr., o Fr, SPD.

Politisch Angepasste_r: Eisenmann, Otto, FDP, SHB; Engelbrecht-Greve, Ernst Dr. h.c., CDU; Frahm, Heinrich; Lauritzen, Lauritz Dr.; Mangoldt, von, Hermann Prof. Dr., CDU, o Fr; Schücking, Christoph Bernhard; Specht, Fritz; Wartemann, Max; Wittenburg, Otto.

Inkludierte_r Volksgenosse_in nz: Andresen, Thomas, CDU; Hassel, von, Kai-Uwe, CDU; Heydebreck, von, Claus-Joachim, CDU; Rickers, Willy, CDU; Siegel, Wilhelm, SPD.

Grundorientierung: systemtragend karrieristisch

Höherer Wehrmachtsakteur: 0

(Höhere_r) Verbandsfunktionär_in: Andersen, Hermann Dr., FDP.

Höherer Staatsbediensteter: Borzikowsky, Reinhold; Delbrück, Ernst Dr.; Geib, Ekkehard Prof. Dr.; Kock, Franz; Kracht, Ernst Dr. Dr.; Langenheim, Konrad Prof.; Neumann-Silkow, Ernst Dr.; Qualen, Hans-Hellmuth; Witt, Peter Werner; Wormit, Hans-Georg.

Funktionale_r Träger_in nz: Bartram, Walter Dr.

Grundorientierung: exponiert nationalsozialistisch

‚Alter Kämpfer': Schmidt, Werner Dr.

NSDAP Parteifunktionär_in: Sieh, Claus, CDU, DP, o Fr.

Besatzungsakteur_in: Asbach, Hans-Adolf, GB BHE; Boyens, Wilhelm Friedrich Dr.; Groeben, von der, Klaus; Kraft, Waldemar, GB BHE; Otto, Hans-Werner Dr.; Schaefer, Carl Anton Dr. rer. pol., GB BHE.

Verfolgungsakteur_in: Gaul, Gerhard; Leverenz, Bernhard Dr. jur., FDP; Schlegelberger, Hartwig Dr. jur., CDU.

Exponierte_r Akteur_in: Lemke, Helmut Dr. jur., CDU.

Diagramm 107[751]

751 Basis: Projektdatenbank.

rangig zentrale Rollen, Erfahrungen, Verhaltensweisen oder prägende Wurzeln eingingen, nicht völlig schnittfrei respektive intersubjektiv nachvollziehbar funktionieren kann. Wir haben gleichwohl versucht, in strikter Anwendung der Definitionen quellengestützt jeweils für alle 342 schleswig-holsteinischen Landtagsabgeordneten und 76 Regierungsmitglieder der Alterskohorten bis Jahrgang 1928 den je individuell-biografischen Kern dessen zu identifizieren, was die Person, ihr Handeln, ihre Biografie und ihre tatsächliche Rolle im NS-Regime ausmachte. Andere mögen selbst bei gleicher Quellengrundlage je nach Perspektive auch anders entscheiden; unsere Zuordnungen sind jedoch in jedem Einzelfall auf Basis unserer Quellen argumentativ abgesichert und damit vielleicht im Einzelfall nicht unstrittig, aber belastbar.

Als Schlusspunkt unseres Versuches einer systematischen, quellengestützten Ordnung, die relevante Einstellungen und Erfahrungen, Rollen und Handlungsmuster im Nationalsozialismus erfasst, werden hier für alle 342 Landtagsabgeordneten unserer Untersuchungsgruppe die Zuordnungen statistisch wie grafisch wiedergegeben, zudem auch namentlich aufgelistet. Zwischen aktivem Widerstand und konkreter Mitwirkung an Verfolgungen wird im Diagramm 101 (s. S. 272–275) das volle Spektrum realer Rollen im Nationalsozialismus förmlich aufgefächert.

In der Grundorientierung „oppositionell / ‚gemeinschaftsfremd'" dominieren 39 „Protagonist_innen der Arbeiterbewegung" und finden sich 22 „Widerstandleistende", Personen also, die nachweislich aktiv gehandelt haben, in aller Regel dafür verfolgt worden sind. In der Grundorientierung „angepasst / ambivalent" überwiegen 39 „Politisch Angepasste"; allerdings sind auch jene 34, die wir nicht präziser fassen konnten und deshalb als „Inkludierte Volksgenossen" listen, als sehr relevante Teilgruppe zu bezeichnen, die deutlich unterstreicht, wie individuell und nicht mit Klassifizierungen greifbar auch unauffällige Wege im Nationalsozialismus verlaufen konnten. In den beiden reale Belastungen spiegelnden Grundorientierungen „systemtragend / karrieristisch" und „exponiert / nationalsozialistisch" werden ziemlich gleichverteilt alle a priori von uns entwickelten „Typen" erfasst und damit das Spektrum recht genau charakterisiert. Insgesamt 35 Angehörige der Untersuchungsgruppe ließen sich aufgrund der Quellenlage bereits oben keiner Grundorientierung zuordnen, folglich erst recht keinem Typ, auch die Teilgruppe der 67 „NS-Sozialisierten", weil zwischen 1918 und 1928 Geborenen, wird hier fortgeschrieben.

Die getrennte Betrachtung der nach ehemaligen NS-„Typen" geordneten Landtagszusammensetzungen bis und nach 1950 (s. Diagramm 102 und 103 – S. 276–279) präzisiert noch einmal, grafisch recht beeindruckend, die bereits mehrfach erörterten Erkenntnisse zur nachhaltigen Zäsur am Beginn der zweiten Legislaturperiode!

Ebenfalls zur Präzision unserer Ergebnisse tragen die visualisierten „Typisierungen" für spezifische Fragestellungen bei; so wird in Diagramm 104 (s. S. 280/281) deutlich erkennbar, woraus sich im Rekurs auf die Zeit der Weimarer Republik das demokratische Potential der frühen schleswig-holsteinischen Landespolitik speiste: 20 „Widerstandleistende" jeder poli-

Diagramm 108: Kabinette Steltzer bis Diekmann 1946-1950: Typisierung der Regierungsmitglieder; Σ 26

oppositionell ‚gemeinschaftsfremd': zugehörige Typen; Σ 13

Exkludierte_r Andere nz	2
Nicht_politisch Verfolgte_r	0
Nonkonformist_in	0
Emigrant/in	1
Protagonist_in Arbeiterbewegung	5
Widerstandleistende_r	5

zusätzlich:	
ns sozialisiert	**0**
unzuordenbar	**2**

Quellendichte

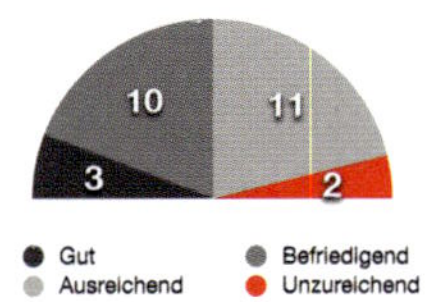

angepasst ambivalent: zugehörige Typen; Σ 9

Inkludierte_r Volksgenosse_in nz	3
Politisch Angepasste_r	2
Politisch Enttäuschte_r	1
Grenzpolitische_r Akteur_in	0
Angehörige_r traditioneller Eliten	1
Jongleur_in	1
Innere_r Emigrant_in	1

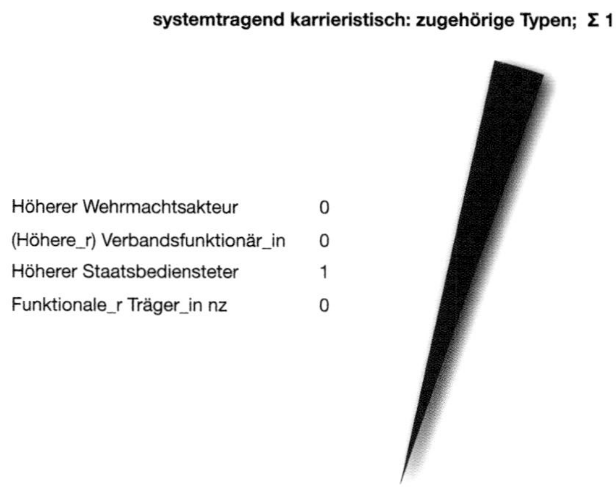

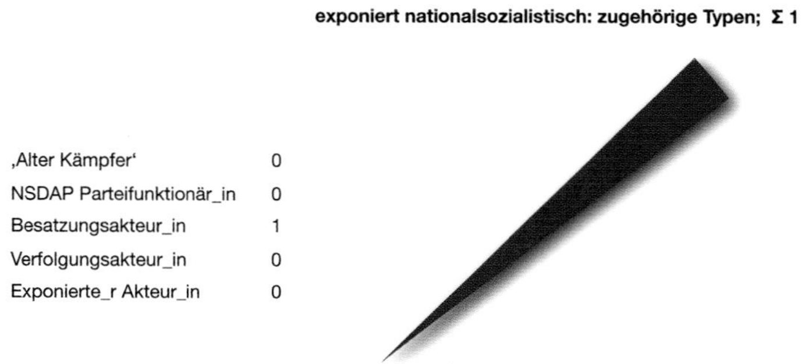

Diagramm 108[752] (s. Fußnote Seite 293)

Diagramm 109: Kabinette Bartram bis Stoltenberg 1950-1982: Typisierung der Regierungsmitglieder (bis Jg. 1928); Σ 55

oppositionell ‚gemeinschaftsfremd‘: zugehörige Typen; Σ 3

Exkludierte_r Andere nz	0
Nicht_politisch Verfolgte_r	0
Nonkonformist_in	1
Emigrant/in	0
Protagonist_in Arbeiterbewegung	0
Widerstandleistende_r	2

außerdem:

ns sozialisiert	**14**
unzuordenbar	**1**

Quellendichte

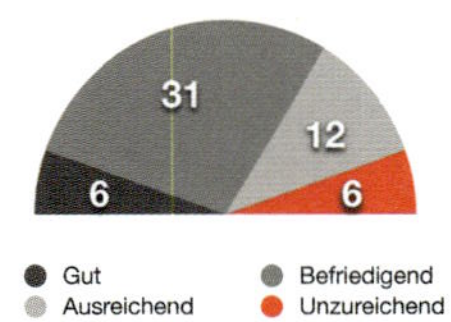

angepasst ambivalent: zugehörige Typen; Σ 14

Inkludierte_r Volksgenosse_in nz	2
Politisch Angepasste_r	8
Politisch Enttäuschte_r	3
Grenzpolitische_r Akteur_in	0
Angehörige_r traditioneller Eliten	0
Jongleur_in	0
Innere_r Emigrant_in	1

systemtragend karrieristisch: zugehörige Typen; Σ 12

Höherer Wehrmachtsakteur	0
(Höhere_r) Verbandsfunktionär_in	1
Höherer Staatsbediensteter	10
Funktionale_r Träger_in nz	1

exponiert nationalsozialistisch: zugehörige Typen; Σ 11

‚Alter Kämpfer‘	1
NSDAP Parteifunktionär_in	1
Besatzungsakteur_in	5
Verfolgungsakteur_in	3
Exponierte_r Akteur_in	1

Diagramm 109[752]

752 Basis: Projektdatenbank.

tischen Couleur und 39 „Protagonist_innen der Arbeiterbewegung“ bildeten den wesentlichen Teil des (anfänglichen) Fundaments.

Auch präzisieren und modifizieren die „Typisierungen“ der späteren Landtagsabgeordneten ohne biografische Wurzeln bis 1945 in Schleswig-Holstein die vergleichenden Aussagen insbesondere im Belastungsbereich (s. Diagramm 105 und 106 – S. 282–285): Sowohl in relativen Anteilen als auch bei besonders problematischen „Typen“ wie je vier „Besatzungsakteuren“ und „Verfolgungsakteuren“ zeigt sich in der Gruppe der Migranten die erheblich stärkere Vorbelastung. Das ist deshalb nicht völlig uninteressant, weil aus Schleswig-Holstein überdurchschnittlich viele Akteure aus NSDAP und provinzieller Verwaltung als Besatzungsangehörige 1941 bis 1944 im „Reichskommissariat Ostland“ gewirkt hatten und nach 1945 oft durchaus reüssierten.[753]

14. NS-„Typisierung“ der späteren Regierungsmitglieder

Schließlich wenden wir das Zuordnungssystem der „Typen“ eines (Über-)Lebens im Nationalsozialismus auch auf die Exekutive an. Diagramm 107 (s. S. 286–288) weist sämtliche Kabinette von Steltzer (1945) bis Stoltenberg (1982) aus. Mit neun „politisch Angepassten“, neun „höheren Staatsbediensteten“ und sechs „Besatzungsakteuren“ bei einer Gesamtgruppe von 76 Personen bis zum Jahrgang 1928 dominieren einschlägige staatsorientierte Berufsbilder und zwar quer durch die NS-Grundorientierungen.

Abschließend bieten die Diagramme 108 und 109 (s. S. 290–293) wieder den kontrastierenden Vergleich der Kabinette von 1946 bis 1950 und 1950 bis 1982. Deutlich wird, dass die soeben beschriebene Dominanz in die Zeit nach 1950 und nicht in die landespolitische Aufbruchsphase fällt.

753 Vgl. Lehmann: Reichskommissariat Ostland (Anm. 675), S. 7–10.

Uwe Danker, Sebastian Lehmann-Himmel

Landespolitik mit Vergangenheit

Teil III. Erste Folgerungen: Landespolitik als Vergangenheitspolitik

1. Ausgangsbasis

Für viele Deutsche galt 1945: Es gab ein Leben davor und es würde eine Fortsetzung danach geben. Die Chance zur biografischen Neuorientierung beinhaltete eine Reihe an Fragen und Optionen: Ließ sich die bisherige Teilbiografie in persönliche und gesellschaftliche Zukunftsperspektiven integrieren? Was verlangte dem Einzelnen die individuelle Retrospektive ab – distanzieren oder bekennen, schweigen oder reden, reflektieren eigener Erfahrungen, Entscheidungen und Handlungen? Der Blick in das soziale Umfeld zeigte schnell: Viele Karten würden neu gemischt, andere blieben auf der Hand. Das produzierte weitere Fragen: Anknüpfen oder Neubeginn, Ausgrenzung oder Reintegration, Neuorientierung oder Tradierung – oder von allem etwas. Feste Muster gab es nicht, die Vorbiografie erklärt wenig, zu viele Variablen beeinflussten auch individuelle Entwicklungen. Wir haben es oben im Teil I zur Grundannahme erhoben: Alle gesellschaftlichen Aspekte des deutschen Neustarts galten auch für (spätere) Landespolitiker_innen: die Offenheit der Optionen, die Suche nach neuen Rollen, gegebenenfalls die Teilhabe an der Reintegration von Funktionseliten, im Zweifel auch eine wiederholte Ausgrenzungserfahrung als ehemals „Abseitsstehende_r".

Bezogen auf landespolitisches Agieren lassen sich gewiss Muster entwerfen, vielleicht sogar Idealtypen formulieren: „Neubeginner_in", „Anpacker_in", „Fortsetzer_in", „Spieler_in" wären Ideen. Auch könnte man sich handlungsbezogene Begriffspaare vorstellen: „aufräumen / abrechnen", „Vergangenes ruhen lassen / nach vorne blicken", „bestreiten / schönreden" oder „vertuschen / Netzwerke stricken". Wir haben damit experimentiert, konnten auch einzelnen Begriffen konkrete Akteure zuordnen. Gleichwohl haben wir vor der Vielfalt der Wirklichkeit kapituliert. Abbildung 7 (s. S. 296) versucht in einfachen Andeutungen mit der Perspektive auf Landespolitiker_innen leicht vorstellbare Entwicklungsoptionen auszudrücken. Es mag einzelne Entwicklungswege geben, die man eher ausschließen kann. Aber allein die angedeuteten Optionen, aus den vier NS-Grundorientierungen in vier Nachkriegsmuster zu gehen, enthalten bereits elf realistische Entwicklungstypen.

Das einfache Modell – wie in Abbildung 8 (s. S. 296) ausgeführt leicht modifiziert und fortgesetzt in Richtung einer potentiellen Bilanzierung der individuellen landespolitischen Biografien – drückt aus, dass eine Typisierung überkomplex und damit nicht sinnvoll erscheint.

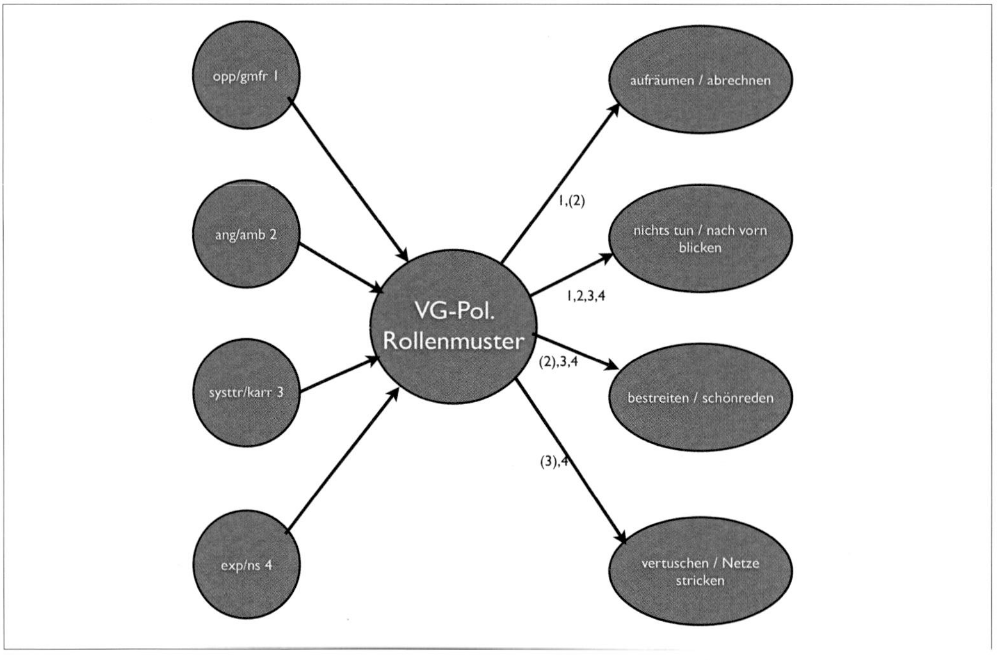

Abbildung 7: NS-Grundorientierung und vergangenheitspolitische Rollenmuster

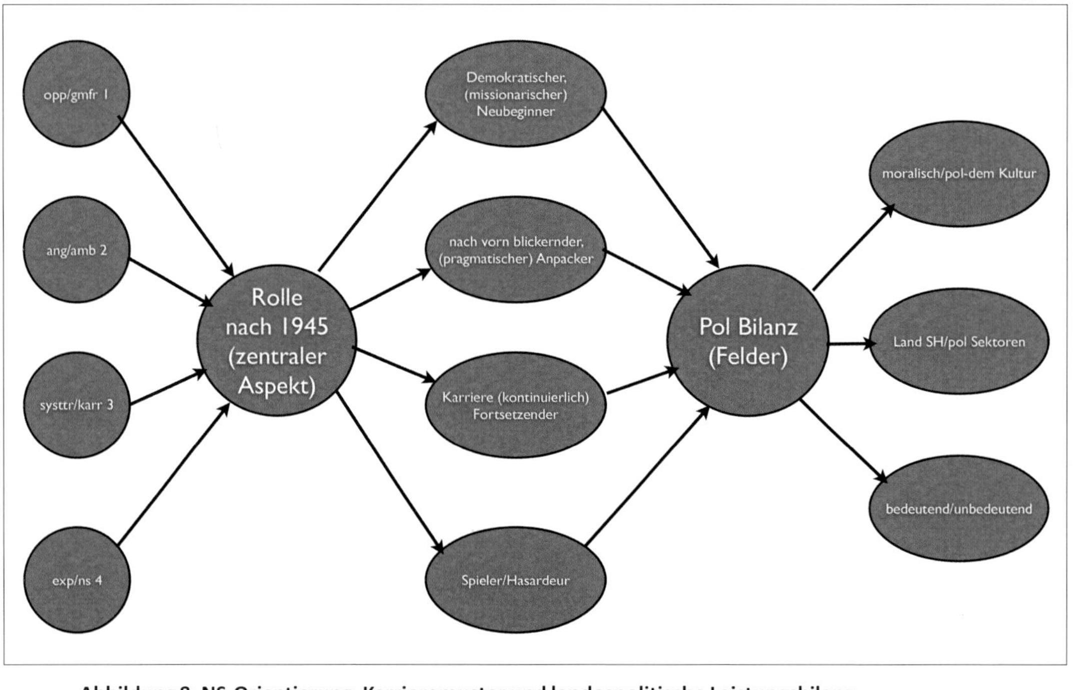

Abbildung 8: NS-Orientierung, Karrieremuster und landespolitische Leistungsbilanz

Unsere Schlussfolgerung lautet: Jeder Versuch, für unsere Untersuchungsgruppe Typisierungen auch für die Zeit nach 1945 zu entwickeln, wird an der angedeuteten Vielfalt der Optionen und Muster scheitern. Sollte man das anders bewerten wollen, wären allerdings umfängliche Rechercheausweitungen vonnöten.

Aus diesen Gründen steht in diesem Teil nicht der Versuch einer zweiten Typisierung, sondern das Handlungsfeld Landespolitik als Vergangenheitspolitik im analytischen Zentrum.

2. Fragestellungen und Definition

Wie im Teil I bei der Entwicklung unseres Konzeptes erläutert, geht es im Folgenden also um die Kernfrage, ob die schleswig-holsteinische Landespolitik vergangenheitspolitische Besonderheiten und Aspekte aufweist, die jetzt in einem anderen Licht zu lesen sind. Einige der oben entwickelten Fragen seien hier in Erinnerung gerufen:

Lassen sich Korrelationen zwischen NS-Biografie und politischem Nachkriegsagieren belegen, ohne dass diese Vorannahme zu einer Perspektivverengung führt?

Welche Debatten zur NS-Vergangenheit wurden geführt, welche Bilder und Eigenbilder haben die Landtagsabgeordneten dabei konstruiert?

Brachten Landtagsfraktionen unterschiedliche Perspektiven ein, repräsentierten sie differierende Erfahrungen von gesellschaftlichen Gruppen?

Liefern – oft entgegengesetzte – biografische Erfahrungen jeweils eine belegbare Richtschnur für von Empathie getragene Politik für oder gegen Interessen ehemaliger NS-Opfer, für oder gegen Interessen ehemaliger Nationalsozialisten?

Wir haben im Teil I zugespitzt gefragt: Welchen Erkenntnisfortschritt liefert uns eigentlich das neue biografische Wissen um Rollen in der NS-Zeit? Lesen wir Parlamentsdebatten, Ausschussprotokolle oder Abstimmungsverhalten wirklich anders, wenn wir über Wissen über Lebenswege und Verhalten in der NS-Zeit verfügen? Könnte es umgekehrt sein, dass in der Institution Parlament die Strukturen, Normen und Verhaltensmuster so wirkmächtig sind, tagespolitische Ziele, (berufs-)politische Karrieren und (partei-)fraktionspolitische Erforderlichkeiten ganz eigenen und derart dominanten Gesetzmäßigkeiten unterliegen, dass sie biografische (Vor-)Erfahrungen in den Hintergrund treten lassen?

Viele der vergangenheitspolitischen Befassungen im Landtag sind unter verschiedenen Fragestellungen bereits Gegenstand historiografischer Untersuchungen gewesen, erinnert sei an die oben im Forschungsüberblick vorgestellten Arbeiten zum Thema Entnazifizierung, zur Wiedergutmachung nationalsozialistischen Unrechts oder zur Heyde/Sawade-Affäre. Im Folgenden geht es hier allein darum, welche Rolle die Biografien der Abgeordneten im Zusammenhang mit ihrer vergangenheitspolitischen Betätigung spielen, in welcher Form sich Biografisches in dem Handeln als Parlamentarier widerspiegelt beziehungsweise ob und wie sich Zusammenhänge zwischen der Rolle in der NS-Zeit und im Landtag sinnvoll herstellen lassen. Dazu gehören auch Fragen danach, inwieweit die NS-Zeit dort überhaupt Thema war, also welche Debatten zur NS-Vergangenheit geführt wurden. Ebenfalls ist zu fragen, ob die eigene Vergangenheit von den Akteuren reflektiert und mit in die Kommunikationssituation im politischen Raum eingebracht wurde, also wie die politischen Akteure miteinander umgingen: Über welche vergangenheitspolitischen Themen konnte man – öffentlich und nicht-öffentlich – debattieren, was musste ungesagt bleiben an einem Ort, an dem (mitunter) ehemalige Täter und Verfolgte aufeinandertrafen, vor allem aber frühere Unterstützer und Gegner des NS-Regimes? Dazu gehört auch ein Seitenblick auf die Kommunikationsformen bis hin zu sprachlichen Konsensen.[754] Im Folgenden wollen wir also den Versuch wagen, einige Antworten auf diese Fragenkomplexe exemplarisch und bezogen auf die Angehörigen der Untersuchungsgruppe zu finden und gegebenenfalls neue Fragen für zukünftige Forschungen abzuleiten.

Der von Norbert Frei eingeführte Begriff der „Vergangenheitspolitik" zielt im engeren Sinne auf die politische Maßnahmen in den frühen 1950er-Jahren der „Amnestie, Integration und Abgrenzung" (gegenüber NS-Überbleibseln) großer, vormals das NS-Regime stützender deutscher Bevölkerungsgruppen.[755] Parallel dazu hat sich in Teilen durchgesetzt, „Vergangenheitspolitik" aus diesem zeitlich und räumlich, aber auch inhaltlich begrenzten Kontext zu lösen und für die juristische und legislative Aufarbeitung von Diktaturen zu verwenden, gewissermaßen als Unterbegriff des umfassenderen Konzepts der „Geschichtspolitik".[756] In unserem Zusammenhang und mit Hinblick auf unsere Fragestellungen sei der adjektivische Begriff „vergangenheitspolitisch" in einem zugleich erweiterten wie begrenzteren Sinne gebraucht, nämlich bezogen auf die politische Auseinandersetzung mit der NS-Zeit und ihren Folgen im parlamentarischen Raum des Schleswig-Holsteinischen Landtages.

3. Vergangenheitspolitische Debatten

Die Angehörigen der untersuchten Teilgruppe „Landtagsabgeordnete" waren aktiv in den ersten beiden ernannten Landtagen sowie in den Wahlperioden eins bis 13. Der Blick auf ihr Handeln in (parlamentarischen) vergangenheitspolitischen Kontexten bezieht sich also allein auf diese 15 Legislaturperioden, in denen wir insgesamt 93 parlamentarische Befassun-

754 Uwe Danker: Der Landtag und die Vergangenheit. Das Thema „Vergangenheitsbewältigung" im Schleswig-Holsteinischen Landtag 1947–1992. In: Demokratische Geschichte, Band 17 (2006), S. 187–208.

755 Vgl. Norbert Frei: Vergangenheitspolitik. Die Anfänge der Bundesrepublik und die NS-Vergangenheit. München 2003[2], S. 13f. Zu dem umfassenderen Konzept der Geschichtspolitik sei hier verwiesen auf den die Diskussion zusammenfassenden Artikel von Stefan Troebst: Geschichtspolitik. Version 1.0. In: Docupedia-Zeitgeschichte. 04. August 2014 = http://www.docupedia.de/zg/Geschichtspolitik, aufgerufen am: 23.04.2016.

756 Vgl. ebd., Abschnitt: „Rivalen" sowie etwa Norbert Frei (Hrsg.): Transnationale Vergangenheitspolitik. Der Umgang mit deutschen Kriegsverbrechen in Europa nach dem Zweiten Weltkrieg. Göttingen 2006, oder das Themenheft „Vergangenheitspolitik", Aus Politik und Zeitgeschichte 42 (2006).

gen im Plenum identifiziert haben, die wir in unserem Sinne als vergangenheitspolitisch relevant betrachten; eine auflistende Übersicht findet sich im Anhang. Entscheidende Kriterien für die Auswahl bilden der ausdrückliche Bezug zur NS-Vergangenheit beziehungsweise der Umgang damit. Kern dieser Debatten waren ganz konkrete Auseinandersetzungen mit Themen wie dem Behindertenmord an Patienten aus Schleswig-Holstein oder im Land generell, die gesetzliche Handhabung der Entnazifizierung sowie der Wiedergutmachung, die strafrechtliche Ahndung nationalsozialistischer Verbrechen oder der gesellschaftliche Umgang mit Kontinuitäten zur NS-Zeit.

Aufgenommen haben wir sowohl ausführliche Debatten, wie beispielsweise die um den Antrag der SPD-Fraktion aus dem Jahr 1952 bezogen auf die Einsetzung eines Ausschusses für Verfassungsschutz, in der es vor allem darum ging, das Treiben rechtsradikaler, Kontinuitäten zur NS-Zeit herstellender Organisationen und der Tätigkeit wichtiger politischer Akteure[757] darin zu untersuchen[758], als auch vergleichsweise kurze Fragestunden wie etwa die, in welcher der Abgeordnete von Hassel als parlamentarischer Vertreter des verhinderten Innenministers Fragen des Oppositionsführers Käber zum Pensionsantrag des ehemaligen Gauleiters und Oberpräsidenten Hinrich Lohse und der Eignung des Westerländer Bürgermeisters Heinz Reinefarth zur Ausübung seines Amtes beantwortete.[759] Berücksichtigt wurden auch Debatten, die nicht direkt der NS-Vergangenheit galten, deren vergangenheitspolitische Bedeutung jedoch auf der Hand liegt, da sie entweder die Haltung der Abgeordneten zur NS-Vergangenheit berühren und somit auch einen Gradmesser für die Sensibilisierung gegenüber dem Nationalsozialismus und seinen Nachwirkungen bilden, oder weil sie mehr oder minder direkt die Aufarbeitung des NS-Vergangenheit im kultur-, bildungs- oder wissenschaftspolitischen Sinne betreffen. Zur ersten Gruppe gehören Debatten wie die um die angemessene justizielle Handhabung des in einer öffentlichen Diskussion gezogenen Dritte-Reich-Vergleichs eines Verwaltungsbeamten[760] oder die Fragestunde zum Umgang der Landesregierung mit einem Hitlerzitat in der Eingangshalle einer Grundschule in Neustadt/Holstein.[761] Zur zweiten Gruppe zählen die drei Debatten um die „Berücksichtigung der Empfehlung der deutsch-polnischen Schulbuchkommission", die im Detail klare vergangenheitspolitische Auseinandersetzungen bargen[762], sowie die Debatten um die Initiative zur

757 Unter anderem ging es darin um die Rollen Dr. Werner Schmidts, zu diesem Zeitpunkt nach umstrittener Ernennung Bürgermeister von Eckernförde, oder Walter Mentzels (siehe hier weiter unten).

758 Vgl. Stenographischer Bericht des Schleswig-Holsteinischen Landtages, 2. Wahlperiode, 52. Sitzung, 29. Oktober 1952, S. 153–200.

759 Vgl. Stenographischer Bericht des Schleswig-Holsteinischen Landtages, 2. Wahlperiode, 15. Sitzung, 27. November 1951, S. 129ff.

760 Vgl. Stenographischer Bericht des Schleswig-Holsteinischen Landtages, 4. Wahlperiode, 44. Sitzung, 28. Juni 1960, S. 1366–1376.

761 Vgl. Plenarprotokoll 10/42 des Schleswig-Holsteinischen Landtags, 10. Wahlperiode, 29. Januar 1985, S. 2467–2470.

762 Vgl. die Plenarprotokolle 08/45 des Schleswig-Holsteinischen Landtags, 8. Wahlperiode, 20. September 1977, S. 3063–3083, 10/83 des Schleswig-Holsteinischen Landtags, 10. Wahlperiode, 19. August 1986, S. 5213–5222 und 12/18 des Schleswig-Holsteinischen Landtags, 12. Wahlperiode, vom 15. Februar 1989, S. 930–941.

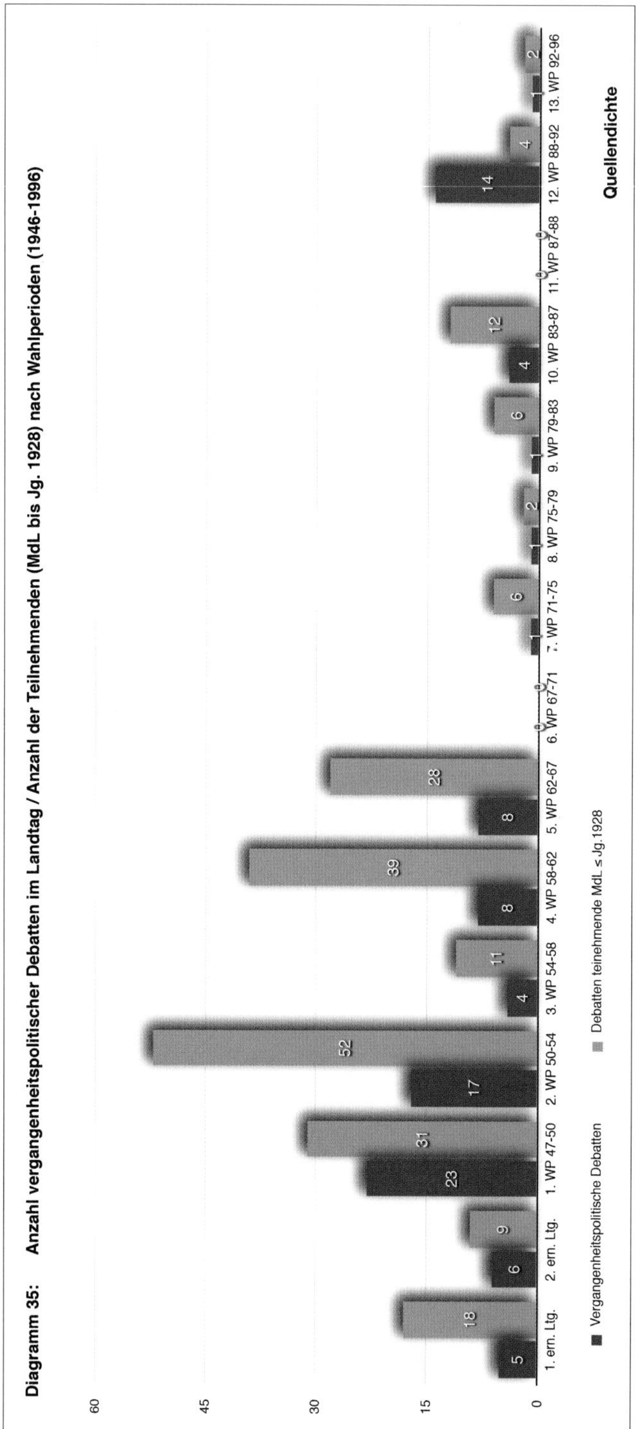

Diagramm 35 (aus Teil II)

Entwicklung des Archivwesens, in denen es nicht zuletzt auch um die Zugänglichkeit von Quellen zur NS-Zeit und damit um Defizite in der zeitgeschichtlichen Forschung des Landes ging.[763]

Wie bereits auf Seite 300 ausgeführt, zeigt sich bei der Auswertung der Häufigkeitsverteilung der Debatten auf die einzelnen Legislaturperioden (Diagramm 35), dass insbesondere die ersten beiden Wahlperioden (1947–50 und 1950–54) als absolute Höhepunkte der vergangenheitspolitischen Auseinandersetzung im Plenum des Landtages zu begreifen sind, also in jenen Zeitraum fallen, der von Frei im engeren Sinne als Periode der „Vergangenheitspolitik" bezeichnet wird. Dabei ging es – abgesehen von wenigen Ausnahmen – fast ausschließlich um die Themen Entnazifizierung und Wiedergutmachung. Nach dem legislativen Abschluss der in dieser Hinsicht absolut dominanten Themen waren es ab der zweiten Hälfte der 1950er-Jahre vor allem die vergangenheitspolitischen Affären, die „Störfälle"[764], wie die Vorgänge zu den Pensionsansprüchen ehemaliger NS-Protagonisten wie Lohse, Schröder, Lautz, Heydrich und Schlegelberger, insbesondere aber die Heyde/Sawade-Affäre, die ein politisches Erdbeben auslöste, sowie die Auseinandersetzung um die Ergebnisse des Polizei-Untersuchungsausschusses, welche das Thema NS-Vergangenheit im Landtag aktuell hielten und schließlich am Jahresbeginn 1961 in einer Regierungserklärung des Ministerpräsidenten von Hassel im Landtag gipfelten. Was folgte, ist – von wenigen Ausnahmen abgesehen – als „Periode der Stille"[765] zu begreifen, die sich (zumindest für die 1970er- und frühen 1980er-Jahre) zum Teil auf die gesamte öffentliche Thematisierung der NS-Zeit erweitern ließe, von Ulrich Herbert auch bezogen auf zeithistorische Forschungen als „Phase der zweiten Verdrängung" charakterisiert.[766] Für Schleswig-Holstein lässt sich diese Phase bis in die 12. Wahlperiode verlängern – mit der wichtigen Ausnahme der Debatte um die Große Anfrage der SPD zur „Nationalsozialistischen Gewaltherrschaft in Schleswig-Holstein"[767], neben der Debatte um die „Entschädigung für alle Opfer des Nationalsozialismus"[768] *die* zentrale vergangenheitspolitische Beschäftigung des Landtags vor dem Regierungswechsel 1988. In der 12. Wahlperiode spiegelt die Zahl von 14 Debatten die grundlegend geänderte Beschäftigung mit der regionalen NS-Vergangenheit, allein sechs der parlamentarischen Befassungen betreffen die Novelle des Landesarchivgesetzes, von der sich viele zu diesem Zeitpunkt eine echte Zäsur für die regio-

763 Vgl. die Plenarprotokolle 12/26 des Schleswig-Holsteinischen Landtags, 12. Wahlperiode, 30. Mai 1989, S. 1433–1438; 12/34, 10. Oktober 1989, S. 1959–1965; 12/67, 11. Dezember 1990, S. 3990–4000; 12/70, 23. Januar 191, S. 4164–4172; 12/86, 25. September 1991, S. 5087–5096 und 12/98, 25. Februar 1992, S. 5882–5892.

764 Vgl. Danker: Landtag (Anm. 754), S. 193–196.

765 Vgl. ebd., S. 198–201.

766 Vgl. Ulrich Herbert: Vernichtungspolitik. In: Ders. (Hrsg.): Nationalsozialistische Vernichtungspolitik 1939–1945. Neuere Forschungen und Kontroversen. Frankfurt a. M. 1998, S. 9–66, hier S. 19.

767 Vgl. Plenarprotokoll 10/73 des Schleswig-Holsteinischen Landtags, 10. Wahlperiode, 19. März 1986, S. 4504–4543.

768 Vgl. Plenarprotokoll 12/18 des Schleswig-Holsteinischen Landtags, 12. Wahlperiode, 27. Januar 1987, S. 6095–6104.

nale Zeitgeschichtsschreibung erhofften.[769] Schließlich, als letzte vergangenheitspolitische Debatte, an der noch Mitglieder der Untersuchungsgruppe teilnahmen, ist die Aussprache zu den „Nationalsozialistischen Gewaltverbrechen und dem neuen Rechtsextremismus von DVU und anderen Organisationen" in Wahlperiode 13 zu verzeichnen.

Wir haben zudem für die Mitglieder der Untersuchungsgruppe jeweils die Beteiligung an den ausgewählten Debatten ermittelt und dokumentiert, jeweils unterschieden in ordnungsgemäße Redebeiträge und im Protokoll verzeichnete, namentlich zugeordnete Zwischenrufe.[770] Die Spanne der Beteiligung ist bei unserer Untersuchungsgruppe erwartungsgemäß groß; sie reicht von absoluter Nichtbeteiligung bis hin zum Abgeordneten Wilhelm Käber[771], der sich in den von uns ausgewählten vergangenheitspolitischen Debatten mit insgesamt 54 mehr oder weniger umfangreichen Beiträgen zu Wort meldet, wobei der Großteil davon in seine Zeit als Fraktionsvorsitzender der SPD fällt, also auch wesentlich mit der parlamentarischen Rolle zu tun hat. Zudem vermerkte das Protokoll nicht weniger als 65 Zwischenrufe Käbers – ein Wert, der allerdings nicht an die der Abgeordneten Gille[772] (200 Zwischenrufe) und Gayk[773] (196 Zwischenrufe) heranreicht, wobei auch bei diesen eine Rolle gespielt haben wird, dass beide (zumindest zeitweise) den Vorsitz ihrer Fraktion innehatten. Die drei Beispiele deuten an, dass der Blick auf die einzelnen Akteure und ihre Biografien wichtig ist.

4. Vergangenheitspolitische Akteure

Wir haben deshalb die Mitglieder der Untersuchungsgruppe hinsichtlich ihres vergangenheitspolitischen Engagements kategorisiert: „aktiv beteiligt" waren Abgeordnete mit fünf oder mehr Debattenbeiträgen oder mehr als neun Zwischenrufen. Als „beteiligt" haben wir jene Abgeordneten angesehen, die zwischen einem und vier Debattenbeiträgen lieferten oder

769 Vgl. Klaus Bästlein u. a.: Grundforderungen an ein Landesarchivgesetz für Schleswig-Holstein. In: Mitteilungen des Beirats für Geschichte der Demokratie und Arbeiterbewegung in Schleswig-Holstein Nr. 10 (1990), S. 48 sowie Klaus Bästlein: Entwurf für ein Landesarchivgesetz Schleswig-Holstein. In: ebd., S. 49–56.

770 Als dritte Kategorie wurden gesondert reine Anträge zur Geschäftsordnung aufgenommen, auch wenn sie erkennbar über rein technische Fragen hinaus debattentaktische Relevanz besaßen.

771 MdL 2. ern. Landtag-WP05 (SPD), Innenminister (1947–1950), Stellvertretender Ministerpräsident (1949–1950), Quellendichte: befriedigend; Zuordnung: oppositionell / „gemeinschaftsfremd" (Typ: „Protagonist Arbeiterbewegung"). Vgl. zu seiner Vita in der NS-Zeit: LASH Abt. 460.14, Nr. 216; LASH Abt. 611, Nr. 1934; LASH Abt. 761, Nr. 22984 sowie Frank Lubowitz: Wilhelm Käber. In: SHBL 11 (2000), S. 202–205, und ders.: Wilhelm Käber – Regierung und Opposition. Kiel 1986.

772 MdL WP02–04 (GB/BHE, GDP), Quellendichte: gut; Zuordnung: exponiert / nationalsozialistisch (Typ: „Besatzungsakteur"). Damit kommt Gille auf durchschnittlich 67 Zwischenrufe in vergangenheitspolitischen Debatten pro Wahlperiode.

773 MdL 1. ern. Landtag-WP03 (SPD), Quellendichte: befriedigend; Zuordnung: oppositionell / „gemeinschaftsfremd" (Typ: „Protagonist Arbeiterbewegung"). Durchschnittlich sind das fast 40 Zwischenrufe pro Wahlperiode.

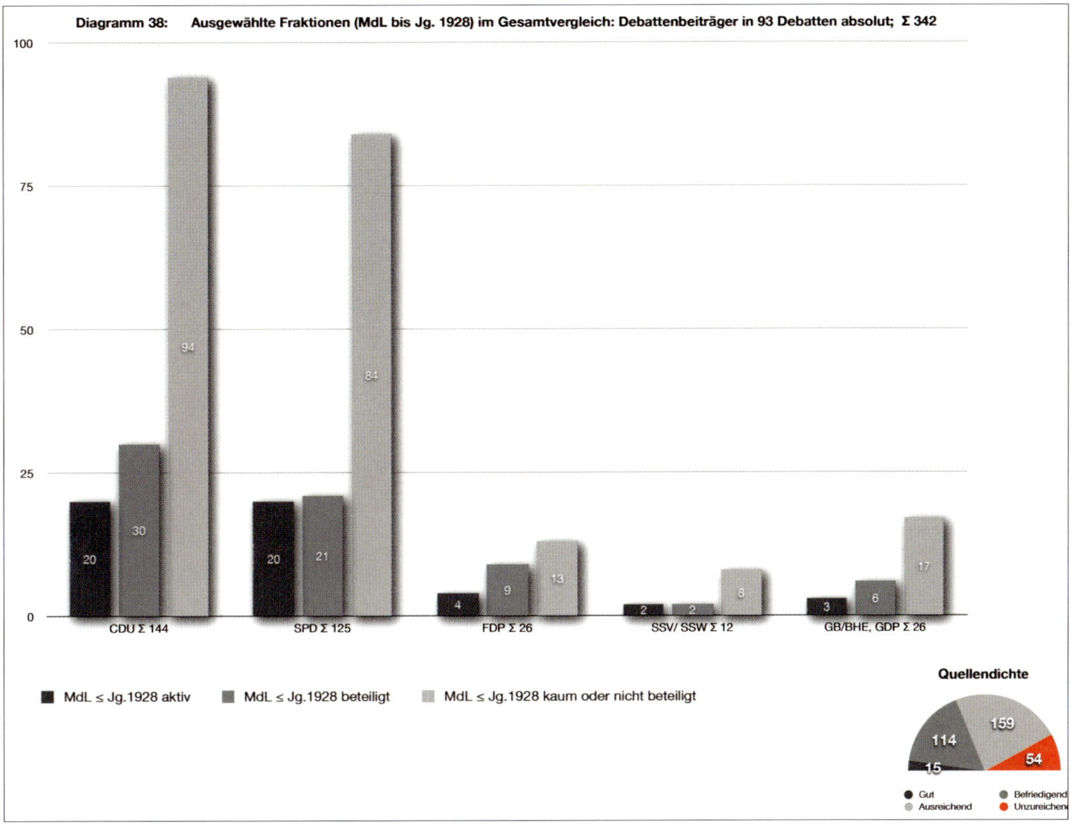

Diagramm 38 (aus Teil II)

fünf bis neun Zwischenrufe. Als „kaum oder nicht beteiligt“ gelten uns Abgeordnete, die sich nicht mit eigenen Beiträgen oder weniger als fünf Zwischenrufen einbrachten. Die Verteilung auf die Fraktionen (Diagramm 38) zeigt für die statistisch relevanten großen Fraktionen von CDU und SPD ähnliche Muster, nämlich eine geringe oder nicht vorhandene Beteiligung von rund zwei Dritteln der Abgeordneten und etwa bei einem Sechstel von ihnen ein hohes vergangenheitspolitisches Engagement im Plenum.

Die Verknüpfung der vergangenheitspolitischen Aktivität mit einer eventuell vorhandenen NSDAP-Mitgliedschaft oder Verfolgungserfahrung (Diagramm 39 – s. S. 304) zeigt erstaunlich ähnliche Muster aller drei Gruppen (Gesamtgruppe, Ex-„PGs“ und ehemals Verfolgte) bis auf die Tatsache, dass Letztere sich in vergleichsweise hohem Maße beteiligten – eine Aussage, die wir als Hinweis in die inhaltliche Betrachtung ausgewählter Debatten mitnehmen können.

Ein Ergebnis der statistischen Auswertung ist, dass es offenbar eine Reihe von Abgeordneten gab, die nach unseren Kriterien als im Plenum vergangenheitspolitisch besonders aktiv gelten können, insgesamt kommen wir auf die Zahl 47. Der Anteil der ehemaligen NSDAP-Mit-

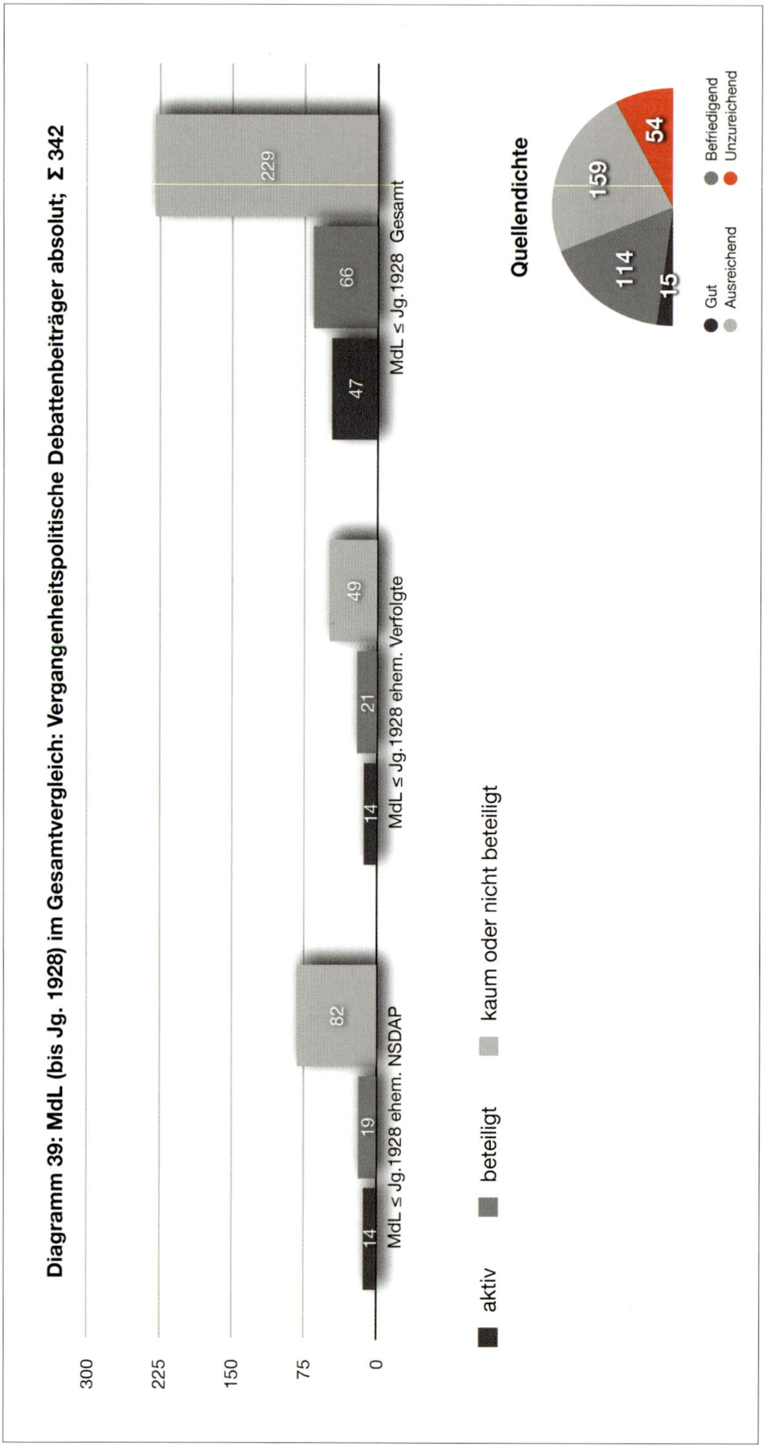

Diagramm 39 (aus Teil II)

glieder und ehemals Verfolgten ist mit fast genau 30 %[774] identisch. Betrachtet man die Grundorientierungen der Mitglieder dieser Gruppe, so zeigen sich wenig signifikante Abweichungen (außer bei der Gruppe der „Unzuordenbaren"), was lediglich den Zusammenhang zwischen Präsenz im Plenum und historiografischer „Prominenz" belegt.[775]

Werden wir konkret und betrachten sehr unterschiedliche Beispiele aktiver Vergangenheitspolitiker:

Exempel: Walter Mentzel

Mit 15 von uns registrierten inhaltlichen Beiträgen in vergangenheitspolitischen Debatten sowie weiteren 61 Zwischenrufen zählt Walter Mentzel[776] zu den aktiven vergangenheitspolitischen Abgeordneten. Er gehörte dem Landtag von der dritten bis einschließlich der sechsten Wahlperiode an und führte die CDU-Fraktion zwischen 1958 und 1969 und damit über ein Jahrzehnt im Landtag als Vorsitzender. Seine Biografie vor 1945 ist geprägt durch eine sehr frühe Hinwendung zum Nationalsozialismus und ein hochrangiges Agieren als Teil der regionalen NS-Funktionseliten.[777] 1899 in Torgelow/Pommern geboren, studierte Mentzel nach dem Abitur Rechtswissenschaften und nahm noch im letzten Kriegsjahr am Ersten Weltkrieg teil; 1919 gehörte er als Mitglied dem antirevolutionären und antirepublikanischen Freikorps „Brigade Ehrhardt" an. Zeitgenössischen Hinweise zufolge hatte er bereits Ende der 1920er-Jahre Verbindungen zu nationalsozialistischen Kreisen, trat der NSDAP aber offiziell erst zum 1. Oktober 1930 bei, kurz nach dem ersten großen Wahlerfolg der Partei. Ein Jahr später erfolgte auch der Beitritt zur SA. Vor der Machtübernahme praktizierte Mentzel, der eigenen Angaben zufolge 1929 aus „politischen Gründen"[778] aus dem Staatsdienst hatte scheiden müssen, in Kiel als Rechtsanwalt, wobei er mehrfach sowohl SA-Männer als auch die

774 Es handelt sich jeweils um 14 Personen, Basis: Projektdatenbank.

775 Die Anteilsverhältnisse im Vergleich: „oppositionell / ‚gemeinschaftsfremd'": 30 % der vergangenheitspolitisch Aktiven, 25,7 % der Gesamtgruppe; „angepasst / ambivalent": 28,3 % der vergangenheitspolitisch Aktiven, 31,9 % der Gesamtgruppe; „systemtragend / karrieristisch": 6,5 % der vergangenheitspolitisch Aktiven, 4,4 % der Gesamtgruppe; „exponiert / nationalsozialistisch": 13 % der vergangenheitspolitisch Aktiven, 8,2 % der Gesamtgruppe; „ns-sozialisiert": 19,6 % der vergangenheitspolitisch Aktiven, 19,6 % der Gesamtgruppe; „nicht zuordenbar": 2,2 % der vergangenheitspolitisch Aktiven, 10,2 % der Gesamtgruppe.

776 MdL WP03–06 (CDU), Quellendichte: befriedigend; Zuordnung: exponiert / nationalsozialistisch (Typ: „Besatzungsakteur").

777 Vgl. zu seiner Vita Sebastian Lehmann: Kreisleiter und Parteiorganisation der NSDAP in Kiel. In: Mitteilungen der Gesellschaft für Kieler Stadtgeschichte (MKStG) 84 (2008), S. 115–152, hier FN 89, S. 150 sowie die Zeitschriftensammlung des Stadtarchivs Kiel; LASH Abt. 351, Nr. 346; LASH Abt. 460, Nr. 2844; LASH Abt. 611, Nr. 1978; LASH Abt. 786, Nr. 1450 sowie Mentzels Nachlass im Stadtarchiv Eckernförde (Abt. 7); außerdem BArch BDC OK, Film 3200 O0064; BArch B162/5106; BArch PK I41; BArch R 3001/68103; BArch SA 45–B. Siehe auch Geerd Bellmann: Landrat Walter Mentzel. In: Jahrbuch der Heimatgemeinschaft Eckernförde e.V., Band 48 (1990), S. 16ff.

778 Vgl. Kieler Zeitung vom 29. April 1933: „Pg. Mentzel. Der neue Bürgermeister". Der Subtext lautet unüberhörbar, dass er entlassen worden sei, weil er als Sympathisant der NSDAP aufgetreten war.

NSDAP, etwa bei Zeitungsverboten, vor Gericht vertrat.[779] Im Zusammenhang mit der Machtübernahme erfolgte seine Ernennung zum 2. Bürgermeister der Stadt Kiel als Stellvertreter von Oberbürgermeister Behrens. Mentzel war in Kiel als Mitglied von zwei studentischen Corps und im Kaiserlichen Yachtclub, dem er später als „Vereinsführer" vorstand, außerordentlich gut vernetzt und als Jurist mit Verwaltungserfahrung der richtige Mann für die Ausrichtung der Kommunalpolitik im Kieler Rathaus nach nationalsozialistischen Grundsätzen. In der NS-Standesorganisation NSRB übernahm er das Amt des Gauehrengerichtsvorsitzenden und in der SA erfolgte seine Ernennung zum Standartenführer. Über seine Zeit im Rathaus wissen wir wenig, er blieb jedoch an seinem Platz bis zu seiner Einberufung bei Kriegsbeginn. Nach dem Tod zweier Söhne wurde er „unabkömmlich gestellt" und trat 1941 in den Dienst des Reichsministeriums für die besetzten Ostgebiete: Unter Reichskommissar Hinrich Lohse folgte er wie viele andere Angehörige der schleswig-holsteinischen Macht- und Funktionseliten seinem Oberpräsidenten und NSDAP-Gauleiter als Zivilverwalter ins Reichskommissariat Ostland, wo er als Stadtkommissar für Reval im Generalkommissariat Estland seinen Teil zur Ausbeutung des besetzten Baltikum für die deutschen Kriegsanstrengungen beitrug.[780] Wir haben ihn aufgrund seines Werdegangs der Grundorientierung „exponiert / nationalsozialistisch" zugeordnet und darin dem Typ „Besatzungsakteur". Die Einzelheiten dieser Tätigkeit sind ebenfalls ein Desiderat, klar ist nur, dass er 1944 zusammen mit den übrigen Zivilverwaltern ins Reich und nach Schleswig-Holstein zurückkehrte und dort im Januar 1945 die Dienstgeschäfte als Landrat von Eckernförde übernahm. Kurz nach der Kapitulation wurde Mentzel verhaftet und für die folgenden zwei Jahre interniert, ohne sich jedoch vor einem Spruchgericht verantworten zu müssen. Er betrieb nach seiner Entlassung sein Entnazifizierungsverfahren, das sich recht lange hinzog; erstrittene Ansprüche auf eine Pension als Bürgermeister verlor er zunächst wieder.[781] Er durfte jedoch bald wieder als Rechtsanwalt praktizieren und erhielt ein Notariat. Ab 1951 wurde er stellvertretender Landrat im Landkreis Eckernförde, den er (seit 1954 neben seiner Tätigkeit als Landtagsabgeordneter) 1956 bis 1965 führte. Der CDU gehörte Mentzel seit 1952 an. Zuvor jedoch war er Mitglied und im Landesvorstand der rechtsgerichteten Deutschen Partei gewesen, zudem hatte er der „Gemeinschaft der Kriegs-

---

779 Vgl. hierzu seine umfangreiche Einlassung vom 22. Mai 1948 im Zusammenhang mit seinem Entnazifizierungsverfahren, StA Eckernförde Abt. 7, Nachlass Walter Mentzel.

780 Vgl. hierzu allgemein Sebastian Lehmann / Robert Bohn / Uwe Danker: Reichskommissariat Ostland – Tatort und Erinnerungsobjekt. Paderborn 2012, sowie zu Estland Toomas Hiio (Hrsg.): Estonia 1940–1945. Reports of the Estonian International Commission for the Investigation of Crimes against Humanity. Tallinn 2006.

781 Diese Aberkennung der Ansprüche erfolgt durch Entscheidung des Landesausschusses für Entnazifizierung, bestehend aus den Landtagsabgeordneten Lechner, Böttcher, Emcke, Gramcko und Klinsmann unter der Leitung des Sonderbeauftragten für die Entnazifizierung Feldmann, vom 22. Oktober 1949, LASH Abt. 786, Nr. 1450. Ein halbes Jahr später wurden ihm bereits 20 % der Ansprüche zugebilligt, im Februar 1951 erreichte er im Wiederaufnahmeverfahren die Einreihung in die Gruppe der Entlasteten (V), vgl. LASH Abt. 460, Nr. 2844.

generation" (GKG)[782] angehört, die Verbindungen zu rechtsradikalen Parteien wie der Sozialistischen Reichspartei und der geheimbündlerisch-radikalen „Bruderschaft" hielt. Im Rahmen einer intensiven Landtagsdebatte zu einem zu bildenden Ausschuss für Verfassungsschutz 1952 wurden seine Verbindungen sowie die Rolle des zu diesem Zeitpunkt stellvertretenden CDU-Fraktionsvorsitzenden und späteren Ministerpräsidenten von Hassel zu der GKG thematisiert und vor allem von den Vertretern der SPD als ernst zu nehmende Gefahr einer nationalsozialistischen Restauration in Form einer Infiltrationsarbeit ehemaliger Nationalsozialisten in den Parteien des Wahlblocks dargestellt.[783] In der Debatte fiel mehrfach auch Mentzels Name, der (inzwischen von der DP zur CDU gewechselt) als Sprecher der GKG genannt wurde.[784] Durch sein Engagement in der GKG war Mentzel auch in der CDU nicht unumstritten, insbesondere Innenminister Pagel stand ihm und anderen Angehörigen der GKG, die er für verfassungsfeindlich hielt, ablehnend gegenüber.[785] Gleichwohl entwickelte sich sein Aufstieg innerhalb der CDU relativ steil, bereits in seiner ersten Legislaturperiode im Landtag (1954–58) war er stellvertretender Fraktionsvorsitzender und wurde nach dem überraschenden Tod Pagels 1955 zunächst als geeignetster Kandidat für dessen Nachfolge als Innenminister gehandelt. Jetzt holte ihn jedoch seine nationalsozialistische Vergangenheit ein, insbesondere die SPD und die Gewerkschaften kündigten hinter den Kulissen für den Fall seiner Ernennung eine politische Kampagne an, weshalb von Hassel Abstand davon nahm, wie es die Presse zu berichten wusste.[786] Bemerkenswerterweise wurde im Plenum weder in diesem Zusammenhang noch anscheinend später in anderen Kontexten Mentzels NS-Vergangenheit öffentlich thematisiert. Das gilt in jedem Fall für vergangenheitspolitische Debatten unter seiner Beteiligung und hing möglicherweise mit der großen Rollensicherheit zusammen, mit der Mentzel in diesen auftrat. Als Fraktionsvorsitzender der größten Regierungspartei agierte er in der Regel in der Sache kompromisslos und – wie beispielsweise sein Verhalten im Zusammenhang mit den Untersuchungsausschüssen zur Heyde/Sawade-Affäre

782 Vgl. zur GFG, die mit Anklängen an Volksgemeinschaftsideologie und „Führertum" viele ehemalige Nationalsozialisten sammelte und in Schleswig-Holstein bei Kommunalwahlen antrat, Heinz J. Varain: Parteien und Verbände. Eine Studie über ihren Aufbau, ihre Verflechtung und ihr Wirken in Schleswig-Holstein 1945–1958. Köln u. a. 1964, S. 240ff.; Wolfgang Benz: Potsdam 1945. Besatzungsherrschaft und Neuaufbau im Vier-Zonen-Deutschland. München 2005, S. 17f. sowie Knud Andresen: Schleswig-Holsteins Identitäten. Die Geschichtspolitik des Schleswig-Holsteinischen Heimatbundes 1947–2005. Neumünster 2011, S. 276, FN 183.

783 Vgl. Stenographischer Bericht des Schleswig-Holsteinischen Landtages, 2. Wahlperiode, 52. Sitzung, 29. Oktober 1952, S. 153–200.

784 Vgl. ebd., S. 160.

785 Vgl. hierzu Mark Speich: Kai-Uwe von Hassel – Eine politische Biografie. Bonn 2001, S. 85f.

786 Vgl. ebd., S. 154. Es drohte ein zweiter „Fall Schlüter", mit dem Rücktritt des niedersächsischen Kultusministers nach wenigen Wochen wegen dessen Nähe zu rechtsextremen Kreisen. Vgl. Die Zeit vom 13. Oktober 1955: „Noch ein ‚Schlüter?'". Vgl. außerdem Heinz-Georg Marten: Der niedersächsische Ministersturz. Protest und Widerstand der Georg-August-Universität Göttingen gegen den Kultusminister Schlüter im Jahre 1955. Göttingen 1987.

zeigte[787] – mit allen parlamentarischen Wassern gewaschen; im Ton hingegen trat Mentzel bei aller Konfrontation verbindlich auf und auch bei den zahlreichen Zwischenrufen[788] ohne persönlich verletzende Angriffe. Bei Mentzels Verhalten in vergangenheitspolitischen Debatten wird deutlich, dass er als Fraktionsvorsitzender eine politische Rolle ausfüllte, die von der Durchsetzung der politischen Interessen seiner Partei im Landtag geprägt war und aus der sich keine Spurenelemente seiner nationalsozialistischen Vergangenheit destillieren lassen, auch nicht in die NS-Zeit betreffenden Zusammenhängen. Offenbar war dies auch den Zeitgenossen bewusst, für die seine exponierten Funktionen in der NS-Zeit als offenes Geheimnis gelten konnten. Anders als im Landtag wurde Mentzels nationalsozialistisches Vorleben gegen Ende seiner politischen Karriere im Zusammenhang mit einer innerparteilichen „Personalintrige" gegen ihn instrumentalisiert, nämlich als Ministerpräsident Lemke (zusammen mit seinem Stellvertreter Schlegelberger) Mentzel dem Anschein nach als Landtagspräsident verhindern wollte, indem er ihn in einem Brief an seine politische Belastung aus der NS-Zeit erinnerte – was angesichts Lemkes eigener einschlägiger NS-Vita vor 1945 in den eigenen Reihen allgemeines Befremden auslöste.[789] Obwohl Mentzel auf der Basis der statistischen Auswertung der vergangenheitspolitischen Debatten und ihrer Beiträger als äußerst aktiver Vergangenheitspolitiker gelten muss, bleibt sein eigentliches Profil in dieser Hinsicht blass und im Wesentlichen durch aktuelles parteipolitisches Handeln gekennzeichnet. Sein Beispiel verdeutlicht, dass in den 1950er- und 1960er-Jahren offenbar auch Akteure mit (bekannter) sehr intensiver nationalsozialistischer Biografie im parlamentarischen Raum wichtige und offenbar auch respektierte Rollen einnehmen durften, ohne dass sie Gefahr liefen, mit der eigenen Vergangenheit öffentlich konfrontiert zu werden – zumindest solange sie bestimmte Grenzen nicht überschritten. Nimmt man den Fall Mentzel als Maßstab, lauteten die Grenzen erstens: keine exponierten öffentlichen Ämter (Innenminister), sondern Beschränkung auf parteinahe, Rollen und zweitens: Bewährung in der demokratisch-parlamentarischen Arbeit.

So mag man den Umgang mit Mentzels Vita im Parlament als Beispiel für Hermann Lübbes „kommunikatives Beschweigen" nehmen, also für das stillschweigende Ausblenden der NS-Vergangenheit aus dem öffentlichen Diskurs durch Unterstützer und Gegner des Nationalsozialismus als Voraussetzung für die Akzeptanz des neuen Staates.[790] Ob Mentzel als Landtags-

787 Vgl. zu der konfliktreichen Plenardebatte um die Einsetzung der Untersuchungsausschüsse den Stenographischen Bericht des Schleswig-Holsteinischen Landtages, 4. Wahlperiode, 29. Sitzung, 14. Dezember 1959, S. 843–87[1] sowie Klaus-Detlev Godau-Schüttke: Die Heyde-Sawade-Affäre. Wie Juristen und Mediziner den NS-Euthanasieprofessor Heyde nach 1945 deckten und straflos blieben. Baden-Baden 1998, S. 219–222.

788 Allein bei dieser Debatte zählen wir 15 Zwischenrufe.

789 Vgl. hierzu Die Zeit vom 11. April 1969: „Kieler CDU-Personalpolitik: Alte Freunde" sowie Der Spiegel 20/1971: „Scherze am Meer", S. 60.

790 Vgl. zu Lübbes ursprünglich in einem Vortrag öffentlich gemachten Thesen in diesem Zusammenhang Dominik Rigoll: Grenzen des Sagbaren. NS-Belastung und NS-Verfolgungserfahrung bei Bundestagsabgeordneten. In: Zeitschrift für Parlamentsfragen 45 (2014), S. 128–140, hier S. 132f., sowie Axel Schildt: Zur Durchsetzung einer Apologie. Hermann Lübbes Vortrag zum 50. Jahrestag des 30. Januar 1933. In: Zeithistorische Forschungen/Studies in Contemporary History 10 (2013), S. 148–152 = http://www.zeithistorische-forschungen.de/1-2013/id=4679, aufgerufen am: 12.06.2016.

präsident zu diesem Zeitpunkt auch öffentlich vermittelbar gewesen wäre, muss offen bleiben, zumindest ging Lemke offenbar davon aus, dass die NS-Biografie seines Parteifreundes als ausreichend politisches Negativkapital gewirkt hätte, um seine Wahl zu verhindern.

Exempel: Max Kukil

Zu denjenigen, die 1952/53 zu den energischsten Gegnern der politischen Aktivitäten Mentzels und seiner Mitstreiter in der GKG gehört hatten, zählte Max Kukil[791], der bezogen auf seine sehr kurze, nämlich nicht einmal drei Jahre währende Zeit als Abgeordneter im Schleswig-Holsteinischen Landtag mit neun Debattenbeiträgen und 57 Zwischenrufen in beiden Kategorien einen der Spitzenplätze einnimmt.[792] Der Werdegang Max Kukielczynskis[793], der seinen Nachnamen 1950 in Kukil ändern ließ, lässt sich als prototypisch sozialdemokratisch charakterisieren. Er wurde 1904 in Breslau geboren und absolvierte nach dem Besuch der Volksschule eine kaufmännische Lehre bei einem Versicherungsunternehmen, besuchte darüber hinaus die Handelsschule und gewerkschaftliche Fortbildungskurse. 1919 trat er in die Sozialistische Arbeiterjugend ein und 1925 in die SPD, übernahm dort verschiedene Aufgaben und Ämter und arbeitete ab 1928 schließlich als hauptamtlicher Funktionär zunächst des Reichsbanners Schwarz-Rot-Gold. Ab 1931 war er Parteisekretär der SPD in seiner Geburtsstadt. Dort war er seit 1932 Mitglied der Stadtverordnetenversammlung und offenbar in gewalttätige politische Auseinandersetzungen verwickelt, so etwa als (letztlich freigesprochener) Prozessbeteiligter in einem Verfahren wegen Landfriedensbruch im Zusammenhang mit einer Schlägerei von SA- und Reichsbannermännern. Ende April 1933 erfolgte seine Verhaftung und bis Dezember des Jahres verblieb er in Konzentrationslagerhaft, zunächst im KZ Breslau-Dürrgoy, später im KZ Esterwegen. Nach einem halben Jahr Erwerbslosigkeit arbeitete Kukil, nunmehr Mitglied der DAF, zunächst als Versicherungsvertreter, später als Geschäftsstellenleiter einer Versicherung. Im Herbst 1935 wurde er erneut verhaftet und verbrachte weitere Wochen in „Schutzhaft“. Er suchte und fand Anschluss an den Widerstandskreis um Wilhelm Leuschner. Ab 1943 leistete er Wehrdienst und geriet in englische Kriegsgefangenschaft. Wir haben Kukil der Grundorientierung „oppositionell / ‚gemeinschaftsfremd'“ zugeordnet sowie dem Typ „Widerstandleistender“. Nach seiner Entlassung zog Kukil nach Schleswig-Holstein, wurde Gemeindedirektor, übernahm erneut Parteiämter und zog

791 MdL WP02 (SPD), Quellendichte: ausreichend; Zuordnung: oppositionell / „gemeinschaftsfremd“ (Typ: „Widerstandleistender“).

792 Auf die Anzahl der Wahlperioden gerechnet wird er dabei nur von dem Abgeordneten Gille übertroffen, der es auf durchschnittlich zwölf Debattenbeiträge und 67 Zwischenrufe pro Wahlperiode brachte.

793 Vgl. zu seiner Vita LASH Abt. 352.3, Nr. 10026; LASH Abt. 460, Nr. 1530; LASH Abt. 761, Nr. 25521. Zudem existiert ein Nachlass, der für dieses Projekt keine Berücksichtigung fand, vgl. Archiv der sozialen Demokratie (AdsD), Nachlass Max Kukielczynski (Kukil). Weitere biografische Hinweise finden sich in der Auswertung eines Interviews Jochen Steffens mit Max Kukil für Steffens Forschungsarbeit „Soziologie und Psychologie der Parteiarbeit“, undatiertes Manuskript, Archiv der sozialen Demokratie (AdsD), 1 JSAA000133. Für den Hinweis sei Thorsten Harbeke gedankt.

im August 1950 in den 2. gewählten Schleswig-Holsteinischen Landtag ein. Obwohl er ihm nur bis Mai 1953 angehörte, war Kukil zusammen mit Wilhelm Käber und Andreas Gayk der profilierteste sozialdemokratische Vergangenheitspolitiker im Parlament. Nach seinem Abschied aus Schleswig-Holstein bis zu seinem überraschendem Tod 1959 blieb Kukil unermüdlicher vergangenheitspolitischer Akteur, so koordinierte er als hauptamtliches Mitglied des SPD-Parteivorstands in der Arbeitsgemeinschaft ehemals verfolgter Sozialdemokraten als Vorsitzender unter anderem die Beratung ehemals Verfolgter in Entschädigungsfragen,[794] war ab 1957 Mitglied der Prüfungsgruppe der Annahmeorganisation der Bundeswehr für die Überprüfung ehemaliger SS-Angehöriger[795] und protestierte gegen skandalträchtige Freisprüche in NSG-Verfahren.[796] Im Landtag zeichnete sich Kukil durch zugespitzte Beiträge aus, mehrfach konfrontierte er ehemalige Nationalsozialisten mit ihrer Vergangenheit, wobei er durchaus explizit aus der biografischen Erfahrung als Antifaschist und ehemaliger Verfolgter argumentierte. Ein Beispiel ist die bereits erwähnte Debatte um die Einrichtung eines Ausschusses für Verfassungsschutz, bei der es unter anderem um Mentzels Rolle in der GKG ging.[797] Immer wieder verwies der ehemalige „Schutzhäftling“ auf die Weimarer Erfahrung, die politische Gewalt der Freikorps, nannte auch die Brigade Ehrhardt explizit, erwähnte die in den „Boxheimer Dokumenten“ enthaltenen gewaltsamen Umsturzpläne und entgegnete dem Abgeordneten von Hassel, der die NS-Zeit zum großen Teil im ehemaligen Ostafrika verbracht hatte: „Ich bin schon in die Naziversammlungen gegangen, als Sie noch in Tanganjika waren!“[798] Auch in den weiter unten betrachteten Debatten zur Entnazifizierung wurde immer wieder deutlich, wie persönlich betroffen Kukil sich in diese Themen einbrachte und welches Gewicht die biografische Verfolgungserfahrung in einer Debatte argumentativ entwickeln konnte.

Kukils Beispiel zeigt, dass die biografische Verfolgungs- und Widerstandserfahrung ein starkes Movens in vergangenheitspolitischer Hinsicht sein konnte, in seinem Fall offenbar *das* bestimmende Element seines politischen Handelns nach 1945. Von „kommunikativem Beschweigen“ kann bei Kukil nun wirklich keine Rede sein, das Gegenteil war der Fall.

794 Vgl. Kristina Meyer: Die SPD und die NS-Vergangenheit 1945–1990. Göttingen 2015, passim, v. a. 181ff.

795 Vgl. Matthias Molt: Von der Wehrmacht zur Bundeswehr. Personelle Kontinuität und Diskontinuität beim Aufbau der deutschen Streitkräfte 1955–1966. (Masch. Diss.) Heidelberg 2007, S. 379.

796 Vgl. Andreas Eichmüller: Keine Generalamnestie. Die Strafverfolgung von NS-Verbrechen in der frühen Bundesrepublik. München 2012, S. 173, 177.

797 Vgl. Stenographischer Bericht des Schleswig-Holsteinischen Landtages, 2. Wahlperiode, 52. Sitzung, 29. Oktober 1952, S. 153–200. Kukil verfasste im Nachgang zu der Debatte einen pointierten Beitrag für den Sozialdemokratischen Pressedienst: Schleswig-Holstein – Tummelplatz des Rechtsradikalismus. In: Sozialdemokratischer Pressedienst vom 13.02.1953, S. 4–7.

798 Vgl. Stenographischer Bericht des Schleswig-Holsteinischen Landtages, 2. Wahlperiode, 52. Sitzung, 29. Oktober 1952, S. 188.

Exempel: Heinrich Fischer

Nach zwei sehr gegensätzlichen Beispielen, an denen sich vor allem studieren ließ, wie schwach oder wie stark sich die Rolle in der NS-Zeit im späteren Auftreten im Landtag widerspiegeln konnte, sei noch eine dritte biografische „Variante" vorgestellt, nämlich diejenige eines Abgeordneten, der in vergangenheitspolitischen Debatten im Parlament nur wenig in Erscheinung trat, jedoch gleichzeitig außerhalb des Plenums sehr intensiv als Vergangenheitspolitiker agierte. Für Heinrich Fischer[799] sind in unserem Projekt lediglich ein inhaltlicher vergangenheitspolitischer Beitrag und sieben Zwischenrufe im Landtag nachgewiesen, obwohl er diesem insgesamt sieben Legislaturperioden angehörte. Heinrich Fischers Werdegang vor 1933 trägt die charakteristischen Züge eines Vertreters der Arbeiterbewegung: 1909 in Kiel geboren, besuchte er Volksschule und Volkshochschule, nach einer Ausbildung als Sattler auch noch die Akademie der Arbeit. Er war Mitglied der Gewerkschaftsjugend, der Sozialistischen Arbeiterjugend und des Reichsbanners Schwarz-Rot-Gold. 1930 trat er 21-jährig in die SPD ein. Er durchlebte lange Phasen der Erwerbslosigkeit, nach der NS-Machtübernahme zunächst unterbrochen durch die Teilnahme am Freiwilligen Arbeitsdienst. Er trat als Mitglied in die DAF ein. Nach einer kurzen Tätigkeit als Bauarbeiter fand er 1935 Anstellung als Segelmacher auf der Friedrich Krupp Germaniawerft. Fischer gehörte dem Schleswig-Holsteinischen Landtag von 1946 (erster ernannter Landtag) bis 1971 als Abgeordneter an – mit Ausnahme der zweiten Wahlperiode. In der ersten freien Landtagswahl setzte sich Fischer im Wahlkreis Segeberg-Nord noch gegen den ehemaligen Widerstandsangehörigen, Segeberger Landrat, Minister für Volkswohlfahrt im 2. Kabinett Steltzer und CDU-Kandidaten Dr. Dr. Paul Pagel durch. Im Vorfeld zu der Wahl 1950 erregte Fischer jedoch mehrfach Aufsehen in vergangenheitspolitischer Hinsicht. Zum einen war er im November 1949 derjenige, der den weit über Schleswig-Holstein hinaus Aufsehen erregenden Fall Hedler publik machte, indem er seine Mitschrift von Wolfgang Hedlers Rede in Neumünster-Einfeld an die Presse weiterleitete, in der der DP-Bundestagsabgeordnete mehrfach antisemitische Ausfälle und Beleidigungen gegen Angehörige des deutschen Widerstands geäußert hatte.[800] Der nachfolgende Skandal schlug bundesweit Wellen, vor allem nach Hedlers erstinstanzlichem Freispruch und anschließenden Protestkundgebungen. Zum anderen thematisierte Fischer im leicht zeitversetzt beginnenden Landtagswahlkampf gezielt die nationalsozialistische Vergangenheit des politischen Gegners, und der war 1950 neben der CDU vor allem der Bund der Heimatvertriebenen und Entrechteten (BHE). In einer Wahlkampfveranstaltung Ende Juni 1950 deutete Fischer an, dass der spätere Sozialminister Hans-Adolf Asbach sein Einfamilienhaus aus „hinübergeretteten" Mitteln seiner Zeit als Funktionär der DAF gebaut habe und dass sein Gegenkandidat im Wahlkreis, Willi Milkereit, „wegen unklarer und

799 MdL 1. ern. Landtag-WP01, WP03–06 (SPD), Quellendichte: ausreichend; Zuordnung: oppositionell / „gemeinschaftsfremd" (Typ: „Protagonist Arbeiterbewegung").

800 Vgl. Detlef Korte: Der Hedler-Skandal 1949–53. Ein rechtsradikales MdB aus Rendsburg und eine Schlägerei im Bundestag. In Demokratische Geschichte, Band 9 (1995), S. 275–292; Norbert Frei: Der Fall Hedler und die strafrechtliche Normsetzung. In: Ders.: Vergangenheitspolitik. München 1996, S. 309–325.

unsauberer Sachen" aus der CDU geworfen worden sei.[801] Zudem ließ er ein Wahlkampfplakat drucken, auf dem er die NS-Vergangenheit seiner beiden Konkurrenten Milkereit (BHE) und Otto Flöl (Wahlblock) als tabellarischen Lebenslauf der Belastung seinem eigenen (sozialdemokratischen) Werdegang gegenüberstellte: Milkereit als Ortsgruppenpropagandaleiter der NSDAP und Flöl unter anderem als frühes Mitglied der NSDAP (1928) und Träger des Goldenen Parteiabzeichens sowie als „Oberstaatsanwalt der Nazi-Sondergerichte in Thüringen" und verurteilter Fragebogenfälscher. Bemerkenswerterweise lautet dabei (neben der Mitteilung, dass es sich bei Flöl um einen ausgewiesenen Nationalsozialisten handele) die eigentliche Argumentation des Plakats, dass das Verschweigen der Vergangenheit gegenüber der eigentlichen Rolle in der NS-Zeit die offenbar größere politische Sünde sei.[802]

Politisches Kapital konnte Fischer aus der vergangenheitspolitischen Thematisierung offenbar nur wenig schlagen, tatsächlich scheint der vergangenheitspolitische Rekurs negative Folgen für ihn gezeitigt zu haben, denn im Gegensatz zu ihm zogen sowohl Milkereit als auch Flöl in den 2. gewählten Landtag im August 1950 ein. – Zusammengenommen deuten die drei vorgestellten Beispiele bereits die Möglichkeiten, aber auch die Probleme und Grenzen einer Herangehensweise an, die biografische Perspektiven mit konkretem vergangenheitspolitischen Agieren verknüpft.

5. Thematisierung der Vergangenheit als politisches Mittel

Abgesehen von den als vergangenheitspolitisch ausgewiesenen Debatten lässt sich eine ganze Anzahl vergangenheitspolitischer Thematisierungen finden, in denen außerhalb einer im engeren Sinne auf die NS-Vergangenheit bezogenen Debatte diese trotzdem explizit zur Sprache kommen, oftmals sogar in gänzlich anderen Kontexten. Auf eine systematische Auswertung mussten wir verzichten, perspektivisch deutet sich ein breites Untersuchungsfeld auf unterschiedlichsten Ebenen an, beispielsweise dem Rekurs auf bestimmte Kontinuitäten zur NS-Zeit zur Delegitimierung gegensätzlicher politischer Positionen beziehungsweise zur Diffamierung des politischen Gegners. Bei dieser Form der Instrumentalisierung der NS-Zeit für aktuelle politische Anlässe, die „zum gängigen Repertoire des politischen Schlagabtauschs in der BRD" gehörte,[803] ist das Spektrum breit. Es reicht vom klassischen „Dritte Reich"-Vergleich – wie in einer Fragestunde zu einer Ausgabe des Informationsblattes der Landesregierung, welches wegen erheblicher inhaltlicher Mängel nicht ausgeliefert wurde, bei der ein

801 Vgl. Strafverfahren gegen Heinrich Fischer auf Anzeige von Hans-Adolf Asbach und Willi Milkereit wegen Beleidigung 1950–51, LASH Abt. 352.3, Nr. 1739. Das Strafverfahren endet mit einem Vergleich, in dem Fischer öffentlich erklärte, diese Aussagen nicht gemacht zu haben, keinem der beiden zu nahe treten zu wollen und sich zur Übernahme der Prozesskosten bereit erklärte.

802 Das Plakat ist überliefert in LASH Abt. 352.3, Nr. 1739.

803 Vgl. das Lemma „Nazi-Vergleich/Nazivergleich". In: Thorsten Eitz/Georg Stötzel: Wörterbuch der „Vergangenheitsbewältigung". Die NS-Vergangenheit im öffentlichen Sprachgebrauch, Band 1. Hildesheim u. a. 2007, S. 135–142.

Verweis des antwortenden Ministerpräsidenten Lemke auf ähnliche Fälle andernorts mit Zwischenrufen aus der SPD-Fraktion: „Das ist ja wie beim Dritten Reich! Immer sind es die anderen!" beantwortet wurde[804] – über die eher scherzhaft gemeinte Anspielung auf die propagandistischen Titel von Reichsparteitagen der NSDAP im Zusammenhang mit der Charakterisierung von Haushaltsentwürfen der Landesregierung,[805] bis hin zu Anspielungen auf die jeweilige NS-Vergangenheit von Mitgliedern des anderen Lagers – wie beispielsweise der des Abgeordneten Steffen[806], der auf Vorwürfe, er habe im Wahlkampf zur „physischen Auseinandersetzung" aufgerufen, mit einem Zwischenruf antwortete: „Da müssen Sie einmal Ihre SA-Leute fragen. [...] Da fragen Sie doch einmal Ihre Nazis."[807] Noch polemischeren Charakter besaß der Anwurf des Abgeordneten Busack[808] gegen Ministerpräsident Lemke im Rahmen einer Aktuellen Stunde im Landtag zu Äußerungen Lemkes in Hinblick auf eine angebliche Öffnung der CDU gegenüber Wählern der NPD. Busack nahm direkt Bezug auf Lemkes nationalsozialistische Vergangenheit: „Wer wie der Ministerpräsident über lange Jahre an der Stabilisierung des Herrschaftssystems des Dritten Reiches aktiv mitgewirkt hat, wer wie der Ministerpräsident lange Jahre hindurch an der Erhaltung der Herrschaft und des Unrechts und der Unmenschlichkeit aktiv mitgewirkt hat, wer wie der Ministerpräsident auf diese Weise schuldig geworden ist, der sollte, wenn er, wie der Ministerpräsident, dennoch den Mut findet, weiterhin politisch zu wirken, zumindest alles tun, um klarzumachen, daß er 1945 einen Gesinnungswandel vollzog, als er die Haken vom Kreuz nahm. Das heißt auch, er sollte alles vermeiden, was nach Gemeinsamkeit mit den ideologischen Nachlaßverwaltern des Dritten Reiches aussieht, Nachlaßverwaltern, denen nur noch die SA fehlt, um auch im Firmenschild an dieses Dritte Reich zu erinnern."[809]

Lemkes Rolle als nationalsozialistischer Bürgermeister in Eckernförde und Schleswig war alles andere als ein Geheimnis; in anderen Fällen gehörte die Kenntnis über die Rolle von poli-

804 Vgl. Stenographischer Bericht des Schleswig-Holsteinischen Landtages, 6. Wahlperiode, 64. Sitzung am 23. März 1970, S. 2830.

805 So der Abgeordnete Eugen Lechner (MdL 2. ern. Landtag-WP04 (SPD), Quellendichte: ausreichend; Zuordnung: oppositionell / „gemeinschaftsfremd" (Typ: „Protagonist Arbeiterbewegung")) in seiner Antwort auf den Haushaltsentwurf der Landesregierung für das Jahr 1956: „Ich bin geneigt, den Vorschlag zu machen, diesen Haushalt den ‚Haushalt des Finanzfriedens' zu nennen, (Abg. Siegel: Gab es nicht früher Parteitage des - - ?) denn natürlich auch dieser Ausdruck kam Ihrer Rede vor. Unwillkürlich mußte ich daran denken, daß wir schon einmal so etwas Ähnliches wie ‚Triumph des Willens' gehabt haben, (Heiterkeit) und dann hatten wir so Parteitage der Freiheit, der Ehre, der Arbeit, des Sieges. (Heiterkeit. – Zuruf von der SPD: Und der Freude!) Da gibt es so eine ganze Menge Möglichkeiten für die Zukunft, die ich Ihnen also hiermit offiziell anbiete: Haushalt des guten Glaubens, (Heiterkeit) Haushalt der Stärke – Haushalt der Kraft haben wir schon gehabt – und vielleicht noch Haushalt der Schönheit." Stenographischer Bericht des Schleswig-Holsteinischen Landtages, 3. Wahlperiode, 32. Sitzung, 2. Februar 1956, S. 1326.

806 MdL WP04–08 (SPD), Quellendichte: ausreichend; Zuordnung: ns-sozialisiert.

807 Plenarprotokoll 7/3 des Schleswig-Holsteinischen Landtages, 7. Wahlperiode, 16. Juni 1971, S. 82.

808 Jürgen Busack (SPD), wegen seines Geburtsjahres 1935 nicht Mitglied der Untersuchungsgruppe.

809 Stenographischer Bericht des Schleswig-Holsteinischen Landtages, 6. Wahlperiode, 67. Sitzung am 5. Mai 1970, S. 2997.

tischen Akteuren in der NS-Zeit weniger zum Allgemeingut. Die Untersuchung, wie solches Wissen um belastende Vergangenheit als politisches Kapital genutzt und in welcher Form dies auf den verschiedenen in Frage kommenden Ebenen verhandelt wurde, erfordert einen komplexen Ansatz, der im Zusammenhang mit dieser Studie nicht geleistet werden kann. Dass diese Kenntnisse zum Teil in der politischen Auseinandersetzung auf offener Bühne im Plenum in die Waagschale geworfen wurden, ist – wie sich an den wenigen erwähnten Exempeln zeigen lässt – vielfach belegbar, zum Teil aber nur mit speziellem Hintergrundwissen zu dechiffrieren. Ein Beispiel hierfür bietet Ministerpräsident Stoltenberg[810]. In einer Debatte um Äußerungen des SPD-Abgeordneten Dr. Bünemann zur Verfassungskonformität der DKP und des Spartakusbunds reizte der scheidende Oppositionsführer Jochen Steffen den Ministerpräsidenten Dr. Stoltenberg (beide kannten sich seit ihrer gemeinsamen Zeit als wissenschaftliche Mitarbeiter am Lehrstuhl Michael Freunds in den frühen 1950er-Jahren) mit Zwischenrufen so sehr, dass er sich unter dem lebhaften Beifall der CDU-Fraktion direkt an Steffen wandte mit der Bemerkung: „Und wenn Herr Kollege Steffen es für richtig hält, in Zwischenrufen auf die politische Vergangenheit einzelner leitender Beamter der Landesregierung einzugehen, dann können wir dieses Thema einmal erweitern und darauf verweisen, daß sich auch unter den sozialdemokratischen Mitgliedern der Bundesregierung frühere Mitglieder der NSDAP befinden, darunter auch solche, die nach Auffassung vieler Sozialdemokraten noch eine herausgehobene Rolle in diesem Lande spielen sollen, meine Damen und Herren!“[811] Damit spielte Stoltenberg auf den als Nachfolger für Steffen gehandelten Dr. Lauritz Lauritzen[812] an, dessen ehemalige SA-Mitgliedschaft offenbar in Unionskreisen bekannt war und zum Gegenstand des Landtagswahlkampfs gemacht werden sollte.[813]

Ein weiteres Beispiel für Anspielungen mag die Bemerkung von Max Kukil im Zusammenhang mit der Zweiten Lesung des Gesetzes zur Beendigung der Entnazifizierung in Richtung Justizminister Waldemar Kraft im März 1951 bieten, als Kukil nach einem Zwischenruf Krafts anmerkte: „Herr Kraft, Sie meinen, daß [eine problematische Eingruppierung] zu Zeiten der SPD-Regierung geschehen ist. Sie wissen wahrscheinlich auch aus eigener Erfahrung, oder Anschauung, wie viele Sicherheitszeugnisse (Landesminister Kraft: Persilscheine!) ausge-

810 MdL WP03, WP07–09 (CDU), Ministerpräsident (1971–1982), Quellendichte: ausreichend; Zuordnung: ns-sozialisiert.

811 Schleswig-Holsteinischer Landtag, Plenarprotokoll 7/33 vom 27. März 1973, S. 1960.

812 Innenstaatssekretär (1946–1950), Quellendichte: befriedigend; Zuordnung: angepasst / ambivalent (Typ: „Politisch Angepasster“).

813 Vgl. Sabine Schneider u. a.: Vergangenheiten. Die Kasseler Oberbürgermeister Seidel, Lauritzen, Branner und der Nationalsozialismus. Marburg 2015, S. 91f., sowie „Durchaus pikant“. In: Der Spiegel 21 vom 21.05.1973, S. 33f. Lauritzen beichtete einige Wochen später Steffen in einem Brief seine SA-Mitgliedschaft 1934–1938 und teilt ihm seine Befürchtung mit, die CDU könne versuchen, dies (und seine Zeit als schleswig-holsteinischer Innenminister) im Wahlkampf zu thematisieren. Vgl. Lauritzen an Steffen vom 14. April 1973, Archiv der sozialen Demokratie (AdsD) 3/SHAB001074. Für den Hinweis auf den Brief sei Thorsten Harbeke gedankt.

stellt worden sind für Leute, die entnazifiziert werden sollten […].“[814] Tatsächlich hatte Kraft in seinem eigenen, nur knapp zweieinhalb Jahre zurückliegenden Entnazifizierungsverfahren nicht weniger als die rekordverdächtige Zahl von 36 Leumundszeugen präsentiert, unter anderem für die in seinem Fall recht waghalsige Behauptung, er sei Angehöriger des deutschen Widerstands gewesen.[815]

6. Frühe Beschäftigung mit der Vergangenheit (1): Euthanasie

Im Folgenden wird über die tangierten Einzelfälle hinaus exemplarisch eine Reihe von jeweils umfänglichen und relevanten vergangenheitspolitischen Beispielen aus der konkreten parlamentarischen Arbeit behandelt. Neben einer kurzen Skizze zum jeweiligen historischen Kontext und der Debatte geht es insbesondere darum, welchen Erkenntniswert das Wissen um die biografische Rolle der Beteiligten besitzt – ob man die Debattenbeiträge nun mitunter anders liest, wenn man weiß, wie sich die betreffende Person in der NS-Zeit positioniert hatte.

Fast auf den Tag genau ein Jahr nach der bedingungslosen Kapitulation, am 6. Mai 1946, ergriff der SPD-Fraktionsvorsitzende Andreas Gayk[816] im Landtag, der für diese Sitzung im Hörsaal der Milchforschungsanstalt in Kiel tagte, das Wort, um einen Antrag seiner Fraktion zu begründen. Es handelte sich dabei nicht nur um einen der ersten inhaltlichen Anträge in der jungen Institution des ersten ernannten Landtages, der erst zu seiner vierten Sitzung zusammengekommen war, sondern um den ersten Antrag, der eine ausdrücklich vergangenheitspolitische Angelegenheit verfolgte: Es ging um die „Überprüfung der Durchführung der Euthanasie in Schleswig-Holstein“ und der Antrag warb darum, „mit größter Beschleunigung“ das Ausmaß und die Schuldigen der Euthanasiemaßnahmen während der NS-Zeit in Schleswig-Holstein zu untersuchen. In seiner Begründung erinnerte Gayk daran, dass die Verbrechen des Kranken- und Behindertenmords auch in der Provinz Schleswig-Holstein für jeden Zeitgenossen wahrnehmbar verübt worden seien, zunächst anhand von Gerüchten, später „durch eine Serie von Todesanzeigen in den Tageszeitungen“. Zudem arbeitete er heraus, warum die nationalsozialistische Euthanasie den verbrecherischen Charakter der NS-Regimes auf den Punkt brächte. Gayk betonte, dass der Antrag einen doppelten Zweck verfolge, nämlich einerseits die Untersuchung der Verbrechen und deren Ahndung, also die Bestrafung der Täter, andererseits sollte von diesem Ausschuss ein besonderes Signal ausgehen, nämlich zur „Besinnung auf die geistige und politische Tradition Europas und zur Besinnung auf die sittlichen Fundamente unserer Kultur beitragen. Er soll der politischen Öffentlichkeit zeigen, daß die Allmacht des Staates, ganz gleichgültig, wie dieser Staat sich nennen möge, mit einem Verlust

814 Wortprotokoll über die 9. Tagung des 4. Schleswig-Holsteinischen Landtages, 14. März 1951, S. 221.
815 Vgl. LASH Abt. 460.5, Nr. 158.
816 Gayk ist von uns der Gruppe der „Protagonisten der Arbeiterbewegung“ zugeordnet worden.

der Freiheit erkauft wird, ohne die das Leben für uns nicht mehr lebenswert ist."[817] Damit markierte Gayk einen sehr hohen Anspruch an die Arbeit des Ausschusses. Es folgte ihm der Abgeordnete Siewert[818] (CDU), der anregte, einen Beamten der Staatsanwaltschaft mit in die Arbeit des Ausschusses einzubeziehen, um die strafrechtliche Dimension des Geschehens unmittelbar zu integrieren. Sodann meldete sich Dr. Rudolf Muuß[819], wegen seiner Rolle als Pastor nur als Hospitant der CDU-Fraktion zugehörig, mit dem Hinweis, dass sich der Ausschuss für Volkswohlfahrt mit dem Thema beschäftige und bereits ein Ortstermin in Schleswig angesetzt sei. Er selbst habe erst zwei Wochen zuvor einen Bauern beerdigt, dessen Tochter und Sohn Opfer des Behinderten- bzw. Krankenmords geworden waren; er persönlich habe bereits seit 1941 davon gewusst. Er verwies zudem auf die Interventionsversuche der katholischen und evangelischen Kirchen. Gayks Antrag wurde schließlich modifiziert und einstimmig angenommen, die Aufgabe damit zunächst dem Ausschuss für Volkswohlfahrt übertragen.

Zwei Sitzungen und zwei Monate später berichtete der im Ausschuss für Volkswohlfahrt sitzende zuständige Minister Kurt Pohle[820], dass man zwar eine erste Bestandsaufnahme geleistet hätte, aber mit der Untersuchung und Beurteilung der handelnden Personen überfordert wäre, angesichts der „vielen Probleme, die den Ausschuss bedrängen", sodass die Einrichtung eines eigenen Unterausschusses, wie ursprünglich in dem Antrag gefordert, nötig wäre.[821] Dieser wurde in der nächsten Sitzung konstituiert mit Mitgliedern aller Fraktio-

817 Wortprotokoll der 4. Sitzung des ersten ernannten Schleswig-Holsteinischen Landtages, 6./7. Mai 1946, S. 35f. Vgl. zu der Geschichte der Euthanasiemaßnahmen Klaus Bästlein: Die ‚Kinderfachabteilung' Schleswig 1941 bis 1945. In: Informationen zur Schleswig-Holsteinischen Zeitgeschichte 20 (1991), S. 16–45; Peter Delius: Das Ende von Strecknitz. Die Lübecker Heilanstalt und ihre Auflösung 1941. Beitrag zur Sozialgeschichte der Psychiatrie im Nationalsozialismus. Kiel 1988; Harald Jenner: ... ein langer Weg. Kropper Anstalten, Diakonissenanstalt, Diakoniewerk Kropp. 111 Jahre helfen, heilen, trösten. Flensburg 1990; ders.: „Euthanasie"-Verbrechen in Schleswig-Stadtfeld und Schleswig-Holstein. In: Ders. (Hrsg.): Frühjahrstagung des AK Geschichte der ‚Euthanasie' und Zwangssterilisation, Mai 1995. Schleswig/Hamburg 1996, S. 5–20; ders.: Die Geschichte einer psychiatrischen Klinik. Schleswig-Stadtfeld. Schleswig 1995; Landesarchiv Schleswig-Holstein/IZRG (Hrsg.): Der Hesterberg. 125 Jahre Kinder- und Jugendpsychiatrie und Heilpädagogik in Schleswig. Ausstellung. Schleswig 1997; Kathrin Schepermann: Schicksale psychiatrischer Patienten der Lübecker Heilanstalt Strecknitz im Dritten Reich. Lübeck 2003; Friedrich Ernst Struwe: Landesheilanstalt Neustadt in Holstein. Berichte aus den Jahren 1918–1945. Heiligenhafen 2013; Marija van Zijverden: Die Euthanasiegeschichte der ehemaligen Provinzial-Heil- und Pflegeanstalt Neustadt in Holstein. Ein Forschungsprojekt. In: Informationen zur Schleswig-Holsteinischen Zeitgeschichte 37 (2000), S. 93–95.

818 MdL 1. ern. Landtag (fraktionslos, CDU), Quellendichte: ausreichend; Zuordnung: angepasst / ambivalent (Typ: „Inkludierter Volksgenosse").

819 MdL 1. ern. Landtag (CDU, Hospitant), Quellendichte: gut; Zuordnung: angepasst / ambivalent (Typ: „Grenzpolitischer Akteur").

820 MdL 1. ern. Landtag-WP01 (SPD), Minister für Volkswohlfahrt bzw. Gesundheitswesen 1946–1947, Quellendichte: ausreichend; Zuordnung: oppositionell / „gemeinschaftsfremd" (Typ: „Protagonist Arbeiterbewegung").

821 Vgl. Wortprotokoll des ersten ernannten Schleswig-Holsteinischen Landtages, 6. Sitzung, 10. Juli 1946, S. 12f.

nen:[822] Für die CDU wirkten die Abgeordneten Johannes Iversen[823] und Rudolf Muuß, für die KPD Landesminister Emil Matthews[824] und für die SPD die Abgeordneten Johann Vorbrook[825] und Emil Jahn[826]. Von den fünf Mitgliedern hatten mindestens drei zum Teil massive Verfolgungserfahrungen in der NS-Zeit erlebt.[827] Über die Arbeit des Ausschusses liegen keine direkten Unterlagen vor. Allerdings gehörte keiner der fünf Abgeordneten mehr dem 2. ernannten Landtag an, der ab Dezember 1946 die Arbeit seines Vorgängers aufnahm, Aktivitäten fanden offenbar keine mehr statt.

Wir erfahren später aus dem Bericht der Abgeordneten Dr. Ohnesorge (BHE)[828], dass die Untersuchung vom Euthanasieausschuss[829] 1947 an den Ausschuss für Gesundheitswesen übertragen wurde. Dieser sei bereits im Januar 1948 zu dem Ergebnis gekommen, dass „eine bewusste Teilnahme der Ärzte der in Frage kommenden Landesanstalten" nicht stattgefunden hätte: „Im Bereiche des Landes sind keine Euthanasiefälle durchgeführt worden. Ein Verschulden der Ärzte konnte nicht festgestellt werden, da Ärzte auf Anweisung gehandelt haben." Dieses Ergebnis sei jedoch nicht mitgeteilt worden, um die parallel laufenden staatsanwaltschaftlichen Ermittlungen nicht politisch zu konterkarieren. Nach der Einstellung des Verfahrens durch den Oberstaatsanwalt am 2. Dezember 1950 sei es nun möglich, Bericht zu geben. Angesichts des „furchtbaren Bild[es]", das sich hinter den von ihr genannten Zahlen verberge, nämlich rund 2.000 Menschen aus Schleswig-Holstein, die – außerhalb der Landesgrenzen und deshalb außerhalb des Wirkungskreises der hiesigen Mediziner – ermordet worden waren, bat die Berichterstatterin, dem Antrag „ohne Debatte" zuzustimmen, den Bericht des Oberstaatsanwalts zur Kenntnis zu nehmen, die Untersuchungen des Landtagsausschusses für Gesundheitswesen einstellen zu lassen und die „Angelegenheit [...] dem Landtagsausschuss für Justiz [zu] übergeben."[830] Der Antrag wurde einstimmig angenommen.

Diese erste vergangenheitspolitische Befassung des Landtags lässt sich zu folgendem Zwischenfazit zusammenfassen: Auf Anregung der SPD-Fraktion nahm sich der 1. ernannte Land-

822 Vgl. Wortprotokoll des ersten ernannten Schleswig-Holsteinischen Landtages, 7. Sitzung, 30. Juli 1946, S. 15f. Vgl. auch die Landtagsvorlage 74/46.

823 MdL 1. ern. Landtag (fraktionslos, Hospitant der CDU), Quellendichte: unzureichend; Zuordnung: nicht zuordenbar.

824 MdL 1. ern. Landtag (KPD), Minister für Gesundheitswesen (1946), Quellendichte: befriedigend; Zuordnung: oppositionell / „gemeinschaftsfremd" (Typ: „Widerstandleistender").

825 MdL 1. ern. Landtag (SPD), Quellendichte: ausreichend; Zuordnung: oppositionell / „gemeinschaftsfremd" (Typ: „Exkludierter ‚Anderer'").

826 MdL 1. ern. Landtag (SPD), Quellendichte: befriedigend; Zuordnung: oppositionell / „gemeinschaftsfremd" (Typ: „Protagonist Arbeiterbewegung").

827 Bei den anderen beiden erlaubt die Quellenlage keine belastbare Zuordnung, politische Verfolgung ist aber mindestens im Fall von Johann Vorbrook, der in einem Strafbataillon Kriegsdienst leistete, sehr wahrscheinlich, vgl. hierzu LASH Abt. 460.12, Nr. 727.

828 MdL WP02–03, WP05, Sozialministerin (1957–1967), Quellendichte: ausreichend; Zuordnung: oppositionell / „gemeinschaftsfremd" (Typ: „Nonkonformistin").

829 Die Zusammensetzung ist unbekannt.

830 Wortprotokoll über die 10. Tagung des 4. Schleswig-Holsteinischen Landtags vom 8. Mai 1951, S. 140f. Vgl. auch Landtagsvorlage 109/4.

tag mit Enthusiasmus des Themas an, machte es quasi zum Symbol eines aufklärerischen Neuanfangs nach der NS-Zeit. Der Gesundheitsausschuss stellte schnell seine Überforderung fest, betraute einen Unterausschuss damit, dessen Mitglieder zwar eigene Verfolgungserfahrung und vor diesem Hintergrund mit hoher Wahrscheinlichkeit großes Engagement mitbrachten, wenige Monate nach Einrichtung des Ausschusses jedoch keine Parlamentarier mehr waren. Die Arbeit verschleppte sich – offenbar auch vor dem Hintergrund der parallel stattfindenden, eher dilatorischen staatsanwaltschaftlichen Ermittlungen, die ab Herbst 1947 erneut aufgenommen wurden. Sie verliefen ungewöhnlich wechselhaft, changierten zwischen Einstellung und Anklage, um dann Ende 1950 mit dem Einstellungsbeschluss zu enden.[831]

Die Arbeit des Justizausschusses ist mit Wortprotokollen gut dokumentiert, insgesamt beschäftigte er sich zwischen September 1951 und April 1953 zwölfmal mit dem Thema, bei der Hälfte der Sitzungen wurde es jedoch nur vertagt.[832]

Als Ausschussmitglieder traten zunächst auf: Dr. Max Meinicke-Pusch (Dt. Wahlblock/FDP)[833] als Vorsitzender, Dr. Walther Böttcher (Dt. Wahlblock/FDP)[834], Otto Flöl (Dt. Wahlblock/DP)[835], der Meinicke-Pusch nach dessen Übertritt zur CDU als Vorsitzenden ablöste, Ernst Schoof (Dt. Wahlblock/CDU)[836], Hans Friede (BHE)[837], Dr. Martin Kohz (BHE)[838], Reinhold Rehs (SPD)[839], Dr. Rudolf Katz (SPD)[840] sowie Hermann Lüdemann (SPD)[841]. Später ge-

831 Vgl. Uwe Danker: Verantwortung, Schuld und Sühne – oder: ‚... habe ich das Verfahren eingestellt'. Staatsanwaltliche Ermittlungen in Sachen ‚Euthanasie' 1945–1965. In: Landesarchiv Schleswig-Holstein/Institut für schleswig-holsteinische Zeit- und Regionalgeschichte (Hrsg.): Der Hesterberg. 125 Jahre Kinder- und Jugendpsychiatrie und Heilpädagogik in Schleswig. Ausstellung. Schleswig 1997, S. 75–94, hier S. 75, sowie ausführlich Godau-Schüttke: Heyde-Sawade-Affäre (Anm. 787), S. 94–108.

832 Die Niederschriften der Ausschusssitzungen des Ausschusses für Justiz des 4. Schleswig-Holsteinischen Landtages sind in einem Aktenband in dem Archiv des Landtags zugänglich. Ausgewertet sind die Unterlagen bei Rolf Schwarz: Ausgrenzung und Vernichtung kranker und schwacher Schleswig-Holsteiner. Fragen zu einem unbearbeiteten Problem der Geschichte unseres Landes von 1939–1945. In: Demokratische Geschichte, Band 1 (1986), S. 317–337.

833 MdL WP02 (FDP, fraktionslos, CDU), Quellendichte: ausreichend; Zuordnung: systemtragend / karrieristisch (Typ: „Höherer Wehrmachtsakteur").

834 MdL WP02–04 (CDU), Landtagspräsident (1954–1959), Quellendichte: ausreichend; Zuordnung: oppositionell / „gemeinschaftsfremd" (Typ: „Exkludierter ‚Anderer'").

835 MdL WP02 (DP, fraktionslos, CDU), Quellendichte: befriedigend; Zuordnung: exponiert / nationalsozialistisch (Typ: „Verfolgungsakteur").

836 MdL WP02–06 (CDU), Quellendichte: befriedigend; Zuordnung: angepasst / ambivalent (Typ: „Politisch Angepasster").

837 MdL WP02 (GB/BHE), Quellendichte: ausreichend; Zuordnung: nicht zuordenbar.

838 MdL WP02 (GB/BHE); Quellendichte: befriedigend; Zuordnung: exponiert / nationalsozialistisch (Typ: „‚Alter Kämpfer'").

839 MdL WP02 (SPD); Quellendichte: gut; Zuordnung: angepasst / ambivalent (Typ: „Politisch Angepasster").

840 MdL WP02 (SPD); Quellendichte: gut; Justizminister (1947–1950) und Minister für Volksbildung (1949); Zuordnung: oppositionell / „gemeinschaftsfremd" (Typ: „Emigrant").

841 MdL 2. ern. Landtag-WP03 (SPD); Quellendichte: gut; Innenminister (1946–1947), Stellv. Ministerpräsident (1946–1947), Ministerpräsident (1947–1949); Zuordnung: oppositionell / „gemeinschaftsfremd" (Typ: „Widerstandleistender").

hörten Heinz Adler (SPD)[842] und Dr. Alexander Pracher (Dt. Wahlblock/FDP)[843] für Meinicke-Pusch und Katz dem Ausschuss an. Die Zusammensetzung spiegelt das gesamte Spektrum der im Landtag versammelten Biografien wider: Vom Widerstandleistenden und politisch Verfolgten Lüdemann und dem verfolgten jüdischen Emigranten Katz über Böttcher, der politisch Verfolgte vor dem Volksgerichtshof und dem schleswig-holsteinischen Sondergericht verteidigt hatte, hin zu sich politisch angepasst verhaltenden Mitgliedern wie Schoof und Pracher, einem mit einer frühen „völkischen" Vita ausgestatteten Rechtsanwalt, der sich später jedoch eher angepasst verhielt (Rehs), über einen ehemaligen Richter der Wehrmachtsjustiz (Meinicke-Pusch) bis hin zu in der Wolle gefärbten ehemaligen Nationalsozialisten wie Flöl und Kohz. Sechs der insgesamt elf Ausschussmitglieder hatten vor 1945 der NSDAP angehört, nur Katz und Lüdemann waren ehemals politisch Verfolgte. Insofern bildet die Zusammensetzung des Ausschusses in sehr angemessener Form die gesammelte politische Erfahrung der NS-Zeit im Landtag auch im Kleinen ab.

In der ersten inhaltlichen Sitzung zur Euthanasie erstattete Schoof Bericht über die Ermittlungsergebnisse der Staatsanwaltschaft und kam wie diese zu dem Schluss, dass „in Schleswig-Holstein niemand verantwortlich zu machen" sei, weshalb der Ausschuss sich mit der Einstellungsbeschluss einverstanden erklären solle.[844] Offenbar war das zusammengetragene Material eindrucksvoll genug, um der staatsbürgerlichen Bildung zu dienen: „Es wäre allerdings gut, wenn die jüngere Generation an Hand dieses von der Staatsanwaltschaft zusammengetragenen Materials darüber belehrt werden würde, was im Dritten Reich passiert ist." Meinicke-Pusch, seines Zeichens ehemaliger Wehrmachtsrichter und Parteigenosse ab 1937[845], hingegen mochte sich damit nicht zufrieden geben. Gerade bei den beiden zentralen ärztlichen Akteuren Burckhardt und Grabow seien erhebliche Zweifel angebracht und die Staatsanwaltschaft wäre „sehr großzügig" mit den Einlassungen der Beschuldigten umgegangen. Meinicke-Pusch hatte bereits auf Einladung des Gesundheitsausschusses die Akten studiert und es für „ausreichend" empfunden, wenn dieser eine „Beurteilung" der ermittelten Vorgänge sowie der staatsanwaltschaftlichen Ermittlungen gäbe.[846] Deshalb, so Meinicke-Pusch, sei zu prüfen, ob nicht ein Gericht den Tatbestand zu klären habe. Böttcher schloss sich dem an, indem er dafür plädierte, dem Einstellungsbeschluss ausdrücklich nicht zuzustim-

842 MdL 2. ern. Landtag-WP06 (SPD), Quellendichte: ausreichend; Zuordnung: angepasst / ambivalent (Typ: „Inkludierter ‚Volksgenosse'").

843 MdL WP02 (FDP, DS, CDU), Quellendichte: befriedigend; Zuordnung: angepasst / ambivalent (Typ: „Politisch Angepasster").

844 Niederschrift über die 5. Sitzung des Ausschusses für Justiz des 4. Schleswig-Holsteinischen Landtages vom 12.09.1951 (pag. 39f.) Vgl. hierzu und auch zu Folgendem ausführlich Godau-Schüttke: Heyde-Sawade-Affäre (Anm. 787), S. 108–118.

845 Vgl. zu seiner Vita LASH Abt. 460.14, Nr. 196.

846 Zitiert nach Godau-Schüttke: Heyde-Sawade-Affäre (Anm. 787), S. 111. Jahre später, im Untersuchungsausschuss zur Heyde/Sawade-Affäre, beurteilte Meinicke-Pusch den Umgang mit dem Bericht recht zynisch folgendermaßen: „Sie werden sich erinnern, daß der Ausschuss für Gesundheitswesen dann mit mehr oder weniger leeren Händen das Paket in die Hände des Rechtsauschusses übergab, nachdem einige Tränen vergossen worden waren, die aber keinen politischen Gehalt hatten." Niederschrift über die 24. Sitzung des Parlamentarischen Untersuchungsausschusses I (Prof. Heyde/Dr. Sawade) vom 10.12.1960, S. 2.

men, denn die Ermittlungen wären zu allgemein geführt worden. Zu einer bemerkenswerten, vor dem Hintergrund seiner nationalsozialistischen Vita womöglich ableitbaren, deshalb aber umso dreist-brachialeren Bemerkung ließ sich Kohz hinreißen, der meinte, „man solle nicht päpstlicher sein als der Papst. Wenn die Staatsanwaltschaft überzeugt sei, daß das Verfahren einzustellen ist, sollte der Ausschuss sich überlegen, welche politischen und vielleicht sogar außenpolitischen Folgen durch einen anderen Beschluß des Justizausschusses entstehen könnten. Über ‚Euthanasie' könne man verschiedener Ansicht sein. Der Ausschuss solle froh sein, diese Dinge endgültig beerdigen zu können. Man wisse nicht, was daraus einstehen könne. Die Gefahr der Radikalisierung, durch die Entnazifizierung ins Rollen gebracht, lasse befürchten, daß man auf dem politischen Sektor Überraschungen erlebe, wenn man diese Sache wieder aufgriffe."[847] Schoof, offenbar um Fassung ringend, erinnerte laut Protokoll daran, dass es sich dabei um „ohne Zweifel unerhörte Verbrechen" gehandelt habe, weshalb man prüfen müsse, ob ein solcher Einstellungsbeschluss überhaupt „verantwortet werden könne". Auch Rehs machte deutlich, dass er sich auf keinem Fall Kohz' Auffassung anschließen könne, auch wenn er die Akten noch nicht kenne. Deshalb kündigte er für die nächste Sitzung ein Koreferat an, dass er allerdings nie halten sollte. In den nächsten Sitzungen wurde das Thema zunächst nicht wieder verhandelt, unter anderem weil Katz ausschied und durch Adler ersetzt wurde.[848]

Der wichtigere, weil den gesamten Verlauf der Verhandlungen im Ausschuss verändernde Personalwechsel war jedoch das Ausscheiden Meinicke-Puschs wegen seines Austritts aus der FDP; er wurde durch Pracher ersetzt. Meinicke-Puschs designierter Nachfolger als Ausschussvorsitzender war Otto Flöl, dessen nationalsozialistische Vergangenheit als „Alter Kämpfer" der NSDAP, Träger des „Goldenen Parteiabzeichens", „NS-Sonderrichter" und „Blutordenträger" bereits im Wahlkampf thematisiert worden war.[849] Nur mit Müh' und Not wurde er zum Vorsitzenden gewählt.[850] Erst im Juni 1952 beschäftigte sich der Ausschuss wieder inhaltlich mit dem Thema, wenn auch ohne den Hauptberichterstatter Schoof. Flöl war für die SPD (und gewiss auch für die bürgerlichen Abgeordneten) als Berichterstatter für ein vergangenheitspolitisch derart sensibles Thema so unerträglich, dass als Kompromiss schließlich Schoof im Plenum referieren sollte.[851]

Im Ausschuss selbst formierten sich bezogen auf das Thema die Lager deutlich, insbesondere in der Sitzung am 1. Juni 1952, als der Tagesordnungspunkt „Euthanasie in Schleswig-

847 Niederschrift über die 5. Sitzung des Ausschusses für Justiz des 4. Schleswig-Holsteinischen Landtages vom 12. September 1951 (pag. 40).

848 Vgl. auch hierzu wie zu Folgendem Godau-Schüttke: Heyde-Sawade-Affäre (Anm. 787), S. 113f.

849 Vgl. oben in diesem Teil.

850 Die Wahl erfolgt mit drei zu einer Stimme bei vier Enthaltungen, vgl. Godau-Schüttke: Heyde-Sawade-Affäre (Anm. 787), S. 114, FN 244.

851 Meinicke-Pusch dazu im Heyde/Sawade-Ausschuss: „Herr Schoof hat als Nichtvorsitzender den Bericht erstattet – wie Sie noch wissen –, weil meines Wissens die SPD seinerzeit Einwendungen dagegen erhoben hatte, dass ausgerechnet der Blutordenträger Flöl den Schwanengesang singe." Niederschrift über die 24. Sitzung des Parlamentarischen Untersuchungsausschusses I (Prof. Heyde/Dr. Sawade) vom 10.12.1960, S. 2. Hinweis bei Godau-Schüttke: Heyde-Sawade-Affäre (Anm. 787), FN 242, S. 113.

Holstein" am intensivsten diskutiert wurde.[852] Auf der einen Seite machten die Abgeordneten Adler, Böttcher und Rehs keinen Hehl daraus, dass sie von dem Ermittlungsergebnis der Staatsanwaltschaft sehr unbefriedigt waren und weitere Ermittlungen für notwendig hielten. So regte Adler eine „gerichtliche Klärung" an beziehungsweise eine Empfehlung des Landtags an den Justizminister zur Wiederaufnahme des Verfahrens. Dem schlossen sich Böttcher und Rehs an. Böttcher sprach sogar direkt Zweifel an der Gewissenhaftigkeit der Staatsanwaltschaft aus, die „Unterlagen seien nach seiner Kenntnis nicht gründlich genug geprüft worden".[853] Auf der anderen Seite standen die beiden ausgewiesenen ehemaligen Nationalsozialisten Kohz und Flöl gewissermaßen als Gegenspieler, die sich ausdrücklich und vehement gegen alle Versuche sträubten, einen Beschluss zuzulassen, der auf eine Empfehlung zur Weiterführung der Ermittlungen hinausliefe. Dabei argumentierten sie zunächst formal gegen eine Möglichkeit, der Justiz politische Anweisungen geben zu können. Darin wurden sie unterstützt von der Justiz, die neben den beiden Justizbeamten Landgerichtsdirektor Johann-Nikolaus Fürsen[854] und Landgerichtsrat Max Dohle[855] mit Justizstaatssekretär Dr. Wolfgang Prätorius[856] und Generalstaatsanwalt Karl Mannzen[857] hochrangig vertreten war. Mannzen argumentierte, der Justizminister habe persönlich den Einstellungsbeschluss angewiesen, deshalb „wäre sehr zu überlegen, ob diese Angelegenheit einen derart sensationell wirkenden Schritt vertrüge".[858] Adler machte daraufhin noch einmal deutlich, worum es seiner Ansicht nach ginge, nämlich angesichts von 2.000 ermordeten Menschen um „ein echtes Politikum".[859] Adler, der nach unserer Recherche keine abweichende Vita in der NS-Zeit ausweist und von uns der Gruppe der „Inkludierten Volksgenossen" zugeordnet wird[860], war allerdings ein engagierter Vergangenheitspolitiker, nahm aktiv an vergangenheitspolitischen Debatten im Plenum teil, war Mitglied des Entnazifizierungsausschusses im Landtag und Beisitzer im Kreissonderhilfsausschuss in seinem Wahlkreis Oldenburg/H. Kohz entgegnete, dass nach seiner Auffassung „die Staatsanwaltschaft diesen Fall objektiv geprüft" habe und sich der

852 Vgl. zu Folgendem ebd., S. 114ff. sowie die Niederschrift über die 16. Sitzung des Ausschusses für Justiz des 4. Schleswig-Holsteinischen Landtages vom 17. Juni 1952, pag. 120–123.

853 Vgl. ebd., pag. 121.

854 Vgl. zu seiner Vita den Beitrag von Godau-Schüttke in der Anfügung II dieser Studie.

855 Vgl. zu Max Dohles Vita Godau-Schüttke: Heyde-Sawade-Affäre (Anm. 787), S. 239, sowie LASH Abt. 786, Nr. 42 und 16501; BArch BDC ZK, Film 3100 F0003.

856 Staatssekretär Justizministerium (1947–1970), Quellendichte: befriedigend; Zuordnung: angepasst / ambivalent (Typ: „Innerer Emigrant").

857 Vgl. zu Mannzen Klaus-Detlev Godau-Schüttke: „Ich habe nur dem Recht gedient." Die „Renazifizierung" der schleswig-holsteinischen Justiz nach 1945. Baden-Baden 1993, S. 59ff.

858 Vgl. Niederschrift über die 16. Sitzung des Ausschusses für Justiz des 4. Schleswig-Holsteinischen Landtages vom 17. Juni 1952, pag. 121.

859 Vgl. ebd., pag.122.

860 Der 1912 geborene und durch sein Elternhaus liberal geprägte Adler war nach dem Studium der Rechts- und Staatswissenschaften (neben dem Studium der Kompositionslehre, Bühnenregie, Gesangs- und Schauspielkunst) Rechtsreferendar gewesen und hatte sich 1944 als Rechtsanwalt niedergelassen. Er war Mitglied im NS-Rechtswahrerbund, der Nationalsozialistischen Volkswohlfahrt (NSV) und des Nationalsozialistischen Fliegerkorps geworden. Vgl. zu seiner Vita LASH Abt. 460.8, Nr. 152.

Landtag nach der Zustimmung des Ministers zur Einstellung nicht mehr damit befassen dürfe.[861] Trotz Einsprüchen von Rehs und einem Kompromissvorschlag von Lüdemann insistierten Flöl und Kohz, dass es nicht zu einem Beschluss kommen dürfe, der als Angriff gegen die „gewissenhaft" untersuchende Staatsanwaltschaft und damit als Vorwurf, „gegen die Grundlagen des Rechtsstaates verstoßen zu haben", zu verstehen sei.[862] Das war dann auch dem bis dahin schweigenden Pracher zu viel, der sich auf seine Entscheidungsfreiheit als Abgeordneter berief, die Regierung „nach der Berichterstattung und Prüfung der Angelegenheit" zum Handeln auffordern zu können. Ohne weitere Einigkeit zu erzielen, wurde für die nächste Sitzung der verantwortliche Staatsanwalt geladen. Dieser stellte sich den Fragen der skeptischen Abgeordneten und so kam, obwohl offenbar nicht alle Zweifel ausgeräumt werden konnten – Rehs beharrte zunächst auf einer Empfehlung einer richterlichen Nachprüfung –, nach eingehender Beratung ein von Flöl formulierter Beschlussentwurf zustande, in dem der Verzicht auf weitere Nachprüfungen über die „bisherigen gründlichen Ermittlungen der Staatsanwaltschaft" hinaus mit geringen Erfolgsaussichten begründet wurde.[863] Das war offenbar nicht für alle Fraktionen akzeptabel, über den Abgeordneten Böttcher ließ der Ältestenrat Überarbeitungswünsche mitteilen, damit Einstimmigkeit im Plenum erzielt werden könne.[864] Die Überarbeitung zog sich fast ein halbes Jahr hin. Erst im März 1953 lag dann ein Entwurf (der vor allem auf der Basis der Ausarbeitungen des Abgeordneten Schoof beruhte) vor, der allen Abgeordneten vertraulich zuging und im April 1953 im Vorwege als akzeptabel deklariert an den Ausschuss zurückging.[865]

In dem Abschlussbericht, der die Beendigung der Nachprüfung empfahl, wird deutlich, dass der Beschluss ein offenbar notwendiger Kompromiss war, bei dem es sich die Mitglieder nicht leicht gemacht hatten: „Der Justizausschuß hat für die ihm vom Landtag übertragene Aufgabe weit über das übliche Maß hinausgehende Zeit und Arbeitskraft verwendet, ohne aber eine in einem Rechtsstaat verantwortbare Möglichkeit zu finden, Schuldige der Bestrafung zuzuführen. Eine große Anzahl von Verbrechen muß leider ungesühnt bleiben. Es bleibt dem Landtag aus der Kenntnis dieses Geschehens die Verpflichtung, alles in menschlicher Macht stehende zu tun, um die Wiederholung solcher Verbrechen für die Zukunft auszuschließen."[866] Der Abschlussbericht selbst wurde schließlich im Juni 1953 ganz am Rand einer Plenarsitzung als

861 Vgl. Niederschrift über die 16. Sitzung des Ausschusses für Justiz des 4. Schleswig-Holsteinischen Landtages vom 17. Juni 1952, pag. 122.

862 Vgl. ebd.

863 Vgl. Niederschrift über die 17. Sitzung des Ausschusses für Justiz des 4. Schleswig-Holsteinischen Landtages vom 12. August 1952, pag. 131.

864 Vgl. Niederschrift über die 19. Sitzung des Ausschusses für Justiz des 4. Schleswig-Holsteinischen Landtages vom 16. September 1952, pag 136. Damit wurden die Abgeordneten Adler und Schoof beauftragt, vgl. Niederschrift über die 20. Sitzung des Ausschusses für Justiz des 4. Schleswig-Holsteinischen Landtages vom 14. Oktober 1952, pag. 137.

865 Vgl. Niederschrift über die 25. Sitzung des Ausschusses für Justiz des 4. Schleswig-Holsteinischen Landtages vom 3. März 1953, pag. 168 und Niederschrift über die 27. Sitzung des Ausschusses für Justiz des 4. Schleswig-Holsteinischen Landtages vom 14. April 1953, pag. 174.

866 Schleswig-Holsteinischer Landtag, 2. Wahlperiode 1950, Drucksache Nr. 303.

letzter Tagesordnungspunkt aufgerufen und ohne Verlesung oder Aussprache vollkommen schmucklos zur Kenntnis genommen.[867]

Einen bleibenden Eindruck erzeugt einerseits das zum Teil unverschämte Auftreten von Kohz und das Beharren von Flöl, beides scheint aus ihrer NS-Vita erklärbar zu sein, andererseits das prinzipiell aufklärerische Bemühen von Adler, Böttcher, mit Einschränkung auch Rehs und Pracher, für das sich in Teilen auch eine denkbare biografische Motivation herstellen lässt, sowie die überraschende Zurückhaltung Lüdemanns, der sich bis auf einen kurzen ausgleichenden Beitrag komplett aus der Auseinandersetzung heraushielt.

Zusammenfassend lässt sich sagen, dass am Beispiel der Behandlung der Euthanasie deutliche Entwicklungen erkennbar sind, die möglicherweise grundsätzliche Linien der ersten Landtage widerspiegeln: Unzweifelhaft starten die Abgeordneten mit erkennbarem Elan und gleichermaßen auf strafende Gerechtigkeit wie auch auf Aufklärung zielendem Impetus, die emotionale Betroffenheit spricht aus nahezu allen Beiträgen zu dem symbolhaft ausgesuchten vergangenheitspolitischen Thema. Relativ schnell folgt die Überforderung angesichts der umfassenden Aufbauaufgaben im neuen Staat, in diesem Fall gepaart mit dem Umstand, dass die mit der Untersuchung beauftragten Abgeordneten nach der Auflösung und erneuten Ernennung des Landtags diesem nun nicht mehr angehören. Die nächste Phase ist geprägt durch ein „Im-Stich-gelassen-Werden" von der Exekutive, denn die Staatsanwaltschaft hatte das Verfahren ohne allzu großes Engagement geführt und schließlich offenkundig dilatorisch behandelt. Im Landtag selbst hatte das Thema in der ersten Wahlperiode schließlich auch wenig Beachtung gefunden, wobei unklar bleiben muss, ob der Grund dafür in einer Überforderung hinsichtlich der Mittel oder in Unklarheit über das eigentliche Ziel der Untersuchung zu suchen ist. Nach dem Regierungswechsel und dem deutlich veränderten Klima im Landtag finden sich die Abgeordneten bezogen auf das mittlerweile zur Altlast gewandelten Thema der Euthanasie in einer anderen Situation wieder. Nun müssen sie sich irgendwie mit den nun im Landtag mit bemerkenswertem Selbstvertrauen auftretenden ehemaligen Nationalsozialisten arrangieren, die (in diesem Fall) wieder von der Exekutive beziehungsweise Vertretern der Justiz unterstützt werden.

Schließlich läuft es auf einen in einigen Fällen offenbar zähneknirschenden Kompromiss der Demokraten hinaus, wiederum nachdem das Thema lange Zeit stiefmütterlich behandelt wurde. Eine vergangenheitspolitische Zuspitzung, so scheint es, ist offenbar für keine Fraktion eine Option. Am Ende steht eine stille und auch ein wenig würdelos anmutende Beerdigung des Themas.

867 Vgl. Stenographischer Bericht des Schleswig-Holsteinischen Landtages, 2. Wahlperiode, 64. Sitzung, 30. Juni 1953, S. 809.

7. Frühe Beschäftigung mit der Vergangenheit (2): Entnazifizierung

Zu den wichtigsten – deutlich mehr Anteilnahme als die Euthanasie erzeugenden – landespolitischen Themen der ersten Legislaturperioden gehörte die von den Alliierten ausgehende Entnazifizierung. Bezogen auf die Beschäftigung mit der NS-Zeit im Schleswig-Holsteinischen Landtag kann man sogar von einem dominierenden Thema sprechen, was angesichts des Charakters der Entnazifizierung als umfassendes, weil nahezu jede Familie betreffendes „soziales Großexperiment“[868] auch nicht verwundert. Bis zum Ende der 2. Wahlperiode, in der sie ihren gesetzgeberischen Abschluss fand, beschäftigten sich die Volksvertreter und Volksvertreterinnen insgesamt 22 Mal in eigenen Tagesordnungspunkten mit der politischen Säuberung.[869]

Dabei war die Entnazifizierung zunächst ausschließlich Sache der alliierten Besatzungsmächte, die sich bereits während des Krieges, auf der Konferenz von Jalta im Februar 1945, in ihren Planungen für eine gemeinsame Nachkriegsdeutschlandpolitik auf einen Umgang mit Nationalsozialisten und ihren Unterstützern einigten, auch wenn sich die tatsächliche Praxis später in den einzelnen Besatzungszonen erheblich unterschied.[870] Zentral waren zunächst Sicherheitsüberlegungen, weshalb unmittelbar nach der Besetzung per „automatic arrest“, also aufgrund formaler Kategorien, die Verhaftung der deutschen Funktions- und Machteliten in Staat und Partei einsetzte. Das betraf neben Funktionären der NSDAP das Führungspersonal der NS-Kernorganisationen wie SA, SS, NSKK etc., Mitarbeiter des Reichssicherheitshauptamtes und andere höhere Polizeibeamte der Sicherheits- und Kriminalpolizei, aber auch höhere Staatsbeamte – in der Britischen Besatzungszone insgesamt mehr als 70.000 Personen, die festgesetzt und in Internierungslager verbracht wurden.[871] In Schleswig-Holstein stand dafür zunächst die ehemalige Lederfabrik Emil-Köster (Civil Internment Settle-

868 Vgl. Uwe Danker: Internieren, entnazifizieren und umerziehen. Erste Vergangenheitsbewältigung nach 1945. In: Gerhard Paul u. a. (Hrsg.): Geschichtsumschlungen. Sozial- und kulturgeschichtliches Lesebuch Schleswig-Holstein 1848–1948. Bonn 1996, S. 289.

869 Hinzu kommen noch weitere Thematisierungen der Entnazifizierung in konkreten Fällen, wie beispielsweise bei der Fragestunde, in welcher der Abgeordnete Käber Innenminister Pagel zu dem Entnazifizierungsverfahren gegen den ehemaligen NSDAP-Gauleiter und Oberpräsidenten Hinrich Lohse befragte. Vgl. Wortprotokoll des Schleswig-Holsteinischen Landtages, 2. Wahlperiode, 16. Tagung, 23. Januar 1952, S. 324ff.

870 Vgl. allgemein zur Entnazifizierung nach wie vor Clemens Vollnhals (Hrsg.): Entnazifizierung. Politische Säuberung und Rehabilitierung in den vier Besatzungszonen 1945–1949. München 1991. Vgl. für Schleswig-Holstein und zum Folgendem Carmen Smiatacz: Ein gesetzlicher „Schlussstrich“? Der juristische Umgang mit der nationalsozialistischen Vergangenheit in Hamburg und Schleswig-Holstein, 1945–1960. Ein Vergleich. Berlin 2015; Ulf B. Christen: Die Entnazifizierung im Schleswig-Holsteinischen Landtag 1946–1951. In: Demokratische Geschichte, Band 6 (1991), S. 189–212; Ulf Billmeyer: ‚Entnazifizierung‘ und ‚Renazifizierung‘ im Spiegel der Auseinandersetzungen im Schleswig-Holsteinischen Landtag 1946–1959. Kiel 1991; Robert Bohn: „Schleswig-Holstein stellt fest, dass es in Deutschland nie einen Nationalsozialismus gegeben hat.“ Zum mustergültigen Scheitern der Entnazifizierung im ehemaligen Mustergau. In: Demokratische Geschichte, Band 17 (2006), S. 173–186, sowie Danker: Internieren (Anm. 868).

871 Vgl. hierzu Heiner Wember: Umerziehung im Lager. Internierung und Bestrafung von Nationalsozialisten in der britischen Besatzungszone Deutschlands. Essen 1991 (2007), v. a. S. 26–47.

ment No. 1) in Neumünster-Gadeland zur Verfügung. Neben diesen Maßnahmen veranlassten (bereits auf der Basis von ersten Fragebögen) die alliierten Behörden die Entlassung von mehreren zehntausend Personen aus dem öffentlichen Dienst. Davon betroffen waren in Schleswig-Holstein vier von fünf Bürgermeistern, jede_r vierte Lehrer_in und jeder zehnte Angehörige der Polizei – allein in Kiel mussten rund 500 Angehörige der Stadtverwaltung (zunächst) aus dem Dienst ausscheiden.[872] Auch in der Privatwirtschaft wurden Entlassungen erzwungen, jedoch blieben die Maßnahmen uneinheitlich und unkoordiniert. Insgesamt zeigte sich nach einem halben Jahr alliierter Besatzung vor dem Hintergrund der massiven Versorgungskrise in Schleswig-Holstein (und auch auf der heimischen Insel), dass aus Sicht der britischen Besatzungsmacht ein pragmatischer Ansatz notwendig wurde.

Bereits Ende Dezember 1945 gab es in Schleswig-Holstein erste Anweisungen auf Kreisebene zur Bildung deutscher Entnazifizierungsausschüsse.[873] Mit der Kontrollratsdirektive Nr. 24 im Januar 1946 ergingen schließlich die vereinheitlichten Regelungen, aufgrund derer deutsche Ausschüsse nach Einzelfallprüfung auf der Basis der Fragebögen eine Empfehlung über Verbleib oder Entfernung der betroffenen Person in bzw. aus der jeweiligen Stellung für die Militärregierung abgeben sollten. Es folgten zahlreiche Änderungen, die allemal nicht dazu beitrugen, das ohnehin äußerst unbeliebte Verfahren transparenter zu machen und Akzeptanz in der deutschen Bevölkerung zu erzeugen.

Ab April 1946 besaßen die Betroffenen die Möglichkeit, getroffene Entnazifizierungsentscheidungen überprüfen zu lassen, zudem wurden für einzelne Berufsgruppen, beispielsweise Landwirte, Richter, Pastoren oder Universitätsangehörige, spezielle Ausschüsse gebildet. Im Februar 1947 übernahmen die Briten das System der Kategorisierungen mit einem abgestuften Maßnahmenkatalog aus der amerikanischen Besatzungszone mit den Kategorien I bis V bzw. VI (nicht betroffen). Zudem erhielten die deutschen Ausschüsse die Zuständigkeit für die Fälle der Kategorien III (Minderbelastete), IV (Mitläufer) und V (Entlastete), von denen die letzten beiden Gruppen über 99 % der Fälle umfassten, nämlich über 400.000 Personen betrafen, nur rund 2200 Fälle fielen unter Kategorie III. Die Briten behielten sich die Entscheidungen für die Kategorien I (Hauptschuldige) und II (Belastete) weiter vor – auch wenn lediglich ein einziger Fall dafür in Schleswig-Holstein überliefert ist. Zum 1. Oktober 1947 schließlich ging die Entnazifizierung mit der Verordnung Nr. 110 der Militärregierung vollständig in deutsche Hände über, nämlich in die Zuständigkeit der Länder, wodurch nun auch der Landtag zentral in seiner gesetzgeberischen Funktion miteinbezogen wurde.[874]

872 Zahlen bei Christen: Entnazifizierung (Anm. 870), S. 191 sowie Holger Otten: Entnazifizierung und politische Säuberung in Kiel. In: Arbeitskreis Demokratische Geschichte (Hrsg.): Wir sind das Bauvolk. Kiel 1945 bis 1950. Kiel 1985, S. 295–316.

873 Vgl. Carsten Müller-Boysen: Auf der Suche nach ‚ardent Nazis'. Die Anfänge der Entnazifizierung in Schleswig-Holstein am Beispiel des Kreises Rendsburg. In: Rendsburger Jahrbuch (1996), S. 64–104, hier S. 67.

874 Befasst hatte sich der Landtag bereits seit der ersten Legislaturperiode mit dem Thema Entnazifizierung, zunächst im Juni 1946 durch die Schaffung eines „Denazifizierungsausschusses", der sich unter anderem mit der Ausarbeitung einer Verfahrensordnung zur Beseitigung „schwerwiegende[r] Mängel" und „Verschiedenheiten in der Beurteilung" befasste, vgl. hierzu Wortprotokoll des 1. ernannten Schleswig-Holsteinischen Landtages, 5. Sitzung, 26. Juni 1946, S. 127, sowie Christen: Entnazifizierung (Anm. 870), S. 193ff.

Zu diesem Zeitpunkt herrschte in der deutschen Bevölkerung weitgehend Einigkeit darüber, dass die Entnazifizierung abzulehnen sei, weil sie ungerecht, zu langwierig, vor allem aber bezogen auf ihr Ziel der Beseitigung des Nationalsozialismus ineffektiv sei.[875] Die Verordnung Nr. 110 enthielt die recht unrealistische Maßgabe, die Entnazifizierung bis zum 1. Januar 1948 abzuschließen, also alle Entlassungen aus politischen Gründen bis zu diesem Zeitpunkt vollzogen zu haben. Als einziges Land setzte Schleswig-Holstein die Verordnung in Gesetzesform um („Gesetz zur Fortführung und zum Abschluß der Entnazifizierung" vom 10. Februar 1948), indem es unter anderem Wiedereinstellungsansprüche entlassener Beamter und Angestellter regelte, vor allem aber auch die Möglichkeit einer Überprüfung und Neueinstufung nach einem Jahr eröffnete.[876] Eine Reihe von Änderungen im Gesetzestext machten das inhaltlich nichts grundlegend ändernde „Gesetz zur Änderung des Gesetzes zur Fortführung und zum Abschluß der Entnazifizierung" vom 6. Juli 1948 nötig. Das im Mai 1949 verabschiedete „Gesetz zur Abwicklung der Entnazifizierung und Kategorisierung" spiegelte den Wunsch nach einem baldigen, aber geregelten Ende der Entnazifizierung wider, indem die auf Kreisebene bestehenden Ausschüsse aufgelöst und – neben dem Landesausschuss – nur noch in jedem der vier Landgerichtsbezirke Schleswig-Holsteins für Berufungsverfahren Hauptausschüsse aufrechterhalten wurden.

Waren sich die Parteien in den ersten Jahren bei allen Unterschieden einig in der Kritik an der von der Besatzungsmacht verantworteten Entnazifizierung, wurde der Ton im Zusammenhang mit dem Landtagswahlkampf 1950, in dem das Thema Entnazifizierung eine zentrale Rolle spielte, deutlich rauer; Schlussstrich-Vokabeln standen im Mittelpunkt. Das galt in hohem Maße für den erst seit Kurzem bestehenden BHE und die zum bürgerlich-konservativen Deutschen Wahlblock zusammengeschlossenen Parteien CDU, FDP und DP, der im Falle eines Wahlsieges das sofortige Ende der Entnazifizierung angekündigt hatte.[877] Die SPD, die im Wahlkampf zwar damit geworben hatte, dass Schleswig-Holstein unter der von ihr geführten Landesregierung „als erstes der deutschen Länder die Entnazifizierung praktisch so gut wie abgeschlossen" hätte,[878] konnte als Regierungspartei offenbar weniger überzeugend einen schnellen Abschluss versprechen, denn der BHE wurde am 9. Juli 1950 zum deutlichen Wahlsieger und bildete zusammen mit dem Deutschen Wahlblock die Koalitionsregierung unter Ministerpräsident Bartram. Diese machte sich sofort an die Umsetzung ihres zentralen Wahlversprechens und brachte bereits in der dritten Landtagssitzung den Entwurf eines „Ge-

875 Vgl. Smiatacz: Schlussstrich (Anm. 870), S. 279f., die eine Umfrage der britischen Militärregierung in Schleswig-Holstein vom Mai 1948 auswertet.

876 Vgl. hierzu und zu Folgendem Smiatacz: Schlussstrich (Anm. 870), S. 290–300 sowie Christen: Entnazifizierung (Anm. 870), S. 199–202.

877 Vgl. Uwe Danker: Vergangenheits„bewältigung" im frühen Land Schleswig-Holstein. In: Landeszentrale für politische Bildung Schleswig-Holstein (Hrsg.): Die Anfangsjahre des Landes Schleswig-Holstein. Kiel 1998, S. 26–43, hier S. 34.

878 Zitiert nach Helmut Grieser: „Nationalste Partei" und „Männer der Restauration von 1933". SPD und BHE im schleswig-holsteinischen Landtagswahlkampf 1950. In: Gerhard Fouquet u. a. (Hrsg.): Von Menschen, Ländern, Meeren. Festschrift für Thomas Riis zum 65. Geburtstag. Tönning u. a. 2006, S. 143–161, hier S. 155.

setzes zur Fortführung und zum Abschluss der Entnazifizierung" in einer Dringlichkeitsvorlage ein.[879] Das Gesetz sah vor, dass keine neuen Verfahren mehr aufgenommen und ausstehende Zahlungen von Verfahrenskosten und Beiträgen zum Wiederaufbaufond bis zu einer endgültigen Beendigung der Entnazifizierung ausgesetzt werden sollten. Die oppositionelle SPD, welche auf die angekündigte bundeseinheitliche Gesetzgebung warten wollte, argumentierte vehement gegen die Dringlichkeit des Vorgehens, da die wenigen übrig gebliebenen Fälle teilweise umso brisanter waren, sowie gegen die Inhalte der Regelungen, da zu befürchten stand, dass ein Aussetzen der Eintreibung der ausstehenden Zahlungen über kurz oder lang deren Abschreibung bedeuten würde. Sie ließ es in der zweiten Lesung zum zuvor angekündigten Eklat kommen, indem sie die Mitarbeit an der Gesetzgebung, aber auch in den Ausschüssen aufkündigte und sämtliche Personalbesetzungsvorschläge auf Haupt-, Berufungs- und Landesauschussebene zurückzog.[880]

Nachdem im Dezember 1950 auf Bundesebene erste einheitliche Regelungen beschlossen worden waren, traf die Landesregierung Vorbereitungen für ein Abschlussgesetz der Entnazifizierung, das zu einer ersten Lesung Ende Januar 1951 in den Landtag eingebracht wurde und das im Kern die Gleichstellung der Kategorisierungsgruppen III und IV mit den Unbelasteten der Gruppe V und die Auflösung der Entnazifizierungsausschüsse vorsah.[881] Die sozialdemokratische Opposition versicherte, dass auch sie für ein Ende der Entnazifizierung sei, kritisierte allerdings den aus den Regelungen abzuleitenden Wiedereinstellungsanspruch von Beschäftigten des öffentliches Dienstes als finanziell nicht tragbar. Die Debatte war durch intensiven verbalen Schlagabtausch zwischen Vertretern der Regierungsparteien und der Opposition geprägt. Das galt auch für die zweite Lesung sechs Wochen später, zumal in den vorangehenden Ausschusssitzungen keine Einigung über eine gemeinsame Gesetzesvorlage erzielt werden konnte. In der Landtagssitzung einigten sich die Regierungsparteien auf einen kurzfristig vom BHE eingebrachten Entwurf, der als Kompromisslösung den Wiedereinstellungsanspruch von Beamten abmilderte. Bei Stimmenthaltung der SPD-Fraktion wurde das Gesetz verabschiedet und beendete damit im Wesentlichen die Entnazifizierung.[882] Die letzten Verfahren wurden im Mai 1952 für abgeschlossen erklärt.[883]

Das Thema der Entnazifizierung ist mittlerweile auch für Schleswig-Holstein im Vergleich zu anderen Themenfeldern relativ gut erforscht und auch die Behandlung im Landtag ist bereits

879 Vgl. Smiatacz: Schlussstrich (Anm. 870), S. 310ff. sowie Christen: Entnazifizierung (Anm. 870), S. 203–206.

880 Vgl. Smiatacz: Schlussstrich (Anm. 870), S. 315 sowie Christen: Entnazifizierung (Anm. 870), S. 205f.

881 Vgl. hierzu und zu Folgendem Smiatacz: Schlussstrich (Anm. 117), S. 316–326 sowie Christen: Entnazifizierung (Anm. 870), S. 206–209.

882 In legislativer Hinsicht wurde im August 1951 noch einmal nachgebessert mit dem „Gesetz zur Berichtigung des Gesetzes zur Beendigung der Entnazifizierung", vgl. Christen: Entnazifizierung (Anm. 870), S. 209. Zudem erwies sich die Behandlung von Fällen wie dem von Hinrich Lohse als problematischer als angekündigt, vgl. hierzu Uwe Danker: „Wir subventionieren die Mörder der Demokratie". Das Tauziehen um die Altersversorgung von Gauleiter und Oberpräsident Hinrich Lohse in den Jahren 1951–1958. In: Zeitschrift der Gesellschaft für Schleswig-Holsteinische Geschichte 120 (1995), S. 173–199.

883 Vgl. Smiatacz: Schlussstrich (Anm. 870), S. 331.

mehrfach Gegenstand von Betrachtungen gewesen. Wie nun verändern die im Zusammenhang dieses Gutachtens vertieften Kenntnisse über die Rollen, welche die Beteiligten in der NS-Zeit eingenommen hatten, den Blick auf das Geschehen? Anhand ausgewählter, für die Behandlung des Themas im Landtag exemplarischer Beispiele sei dieser Frage nachgegangen.

Einer der in der Retrospektive hervorstechendsten Aspekte der Behandlung der Entnazifizierung ist die Einmütigkeit, mit der nahezu alle Beteiligten die grundsätzliche Notwendigkeit ihrer Beendigung verkündeten, wobei lediglich über die Art und Weise Differenzen bestanden.[884] Das galt im Kern selbst bei kontroversen Thematisierungen im Plenum, für welche die folgende Debatte ein Beispiel liefert.

Im zweiten ernannten Landtag debattierten die Abgeordneten nach einem Dringlichkeitsantrag der SPD intensiv über die Frage der Entnazifizierung der Landwirte, die als Berufsgruppe durch die Militärregierung von der Entnazifizierung zurückgestellt werden sollten.[885] Auch wenn die in ihrer personellen Zusammensetzung von der Besatzungsmacht zusammengestellten Landtage sich – wie in Teil II gezeigt (vgl. Diagramm 63) – dadurch auszeichneten, dass ihnen nahezu keine durch die NS-Zeit belasteten Abgeordneten angehörten, sondern rund die Hälfte von ihnen als „oppositionell / ‚gemeinschaftsfremd'" zu charakterisieren sind und ein ebenso großer Anteil eigene Verfolgungserfahrung während der NS-Zeit mitbrachte (vgl. Diagramm 6), zeigten sich die Standpunkte der Debatte doch relativ eindeutig entlang der Parteilinien. Der SPD-Abgeordnete Seeler[886] plädierte für eine schnelle Entnazifizierung, wobei auch für die Landwirte keine Ausnahmen zulässig seien, denn „die, die in vorderster Reihe standen und die Bevölkerung terrorisierten, müssen auch aus der Landwirtschaft so schnell wie möglich entfernt werden".[887] Dem entgegnete der Abgeordnete Lübke (CDU)[888], dass wegen der angespannten Ernährungslage und der unklaren Richtlinie die Landwirtschaft für ein Jahr von der Entnazifizierung ausgenommen werden solle, auch wenn natürlich „die wirklich Schuldigen so schnell wie möglich auch in der Landwirtschaft gefunden werden sollten"[889]. Beide – auch wenn sie in ihren Werdegängen und der politischen Sozialisation (der eine als Volksschullehrer und Gewerkschaftsfunktionär[890], der andere als Schiffsoffizier, Landwirt und Landwirtschaftspolitiker[891]) starke Unterschiede aufweisen – wurden von uns

884 So Danker: Landtag (Anm. 754), S. 193.

885 Vgl. Wortprotokoll des 2. ernannten Schleswig-Holsteinischen Landtages, 2. Sitzung, 20. Dezember 1946, S. 33–40.

886 MdL 1.–2. ern. Landtag (SPD), Quellendichte: ausreichend; Zuordnung: oppositionell / „gemeinschaftsfremd" (Typ: „Widerstandleistender").

887 Wortprotokoll des 2. ernannten Schleswig-Holsteinischen Landtages, 2. Sitzung, 20. Dezember 1946, S. 34.

888 MdL 2. ern. Landtag-WP01, WP03 (CDU), geschäftsführender Landesminister für Ernährung, Landwirtschaft und Forsten/Finanzen/Justiz (1951), Landesminister für Wirtschaft und Verkehr (1952), Ministerpräsident (1951–1954), Quellendichte: befriedigend; Zuordnung: oppositionell / „gemeinschaftsfremd" (Typ: „Widerstandleistender").

889 Wortprotokoll des 2. ernannten Schleswig-Holsteinischen Landtages, 2. Sitzung, 20. Dezember 1946, S. 35.

890 Vgl. zu Georg Seeler LASH Abt. 460.15, Nr. 351.

891 Vgl. zu Friedrich Wilhelm Lübke SHBL, Bd. 7 (1985), S. 127ff.; Claus O. Struck: Die Politik der Landesregierung Friedrich Wilhelm Lübke in Schleswig-Holstein (1951–1954). Frankfurt a. M. u. a. 1997 sowie BArch RK I333 und LASH Abt. 460.4, Nr. 265.

als „Widerstandleistende" eingeordnet. Seeler war Mitglied der Kampfgruppe der Sozialistischen Arbeiterpartei und Verbindungsmann deutscher Emigranten in Skandinavien gewesen, Lübke hatte als Marineoffizier dazu beigetragen, die Deportation dänischer Juden zu sabotieren. Beider Verhalten in der NS-Zeit ist durch mutiges, die eigene Sicherheit gefährdendes Handeln charakterisiert, über ihre prinzipielle Distanz zum NS-Regime können wenig Zweifel bestehen, trotzdem wird deutlich, dass andere Faktoren konkretes politisches Handeln bestimmen konnten, Prognosen sich nur eingeschränkt ableiten lassen.

Das wird noch deutlicher, wenn man die anderen Debattenteilnehmer miteinbezieht. Als ebenfalls der Gruppe der „Widerstandleistenden" Zuzurechnender vertrat anschließend der KPD-Abgeordnete Bischof[892] die Position einer beschleunigten Entnazifizierung der Bauern, damit schnell „die unbedingt Schuldigen" herausgesucht werden und die übrigen „in Ruhe und Frieden ihrer Arbeit nachgehen" könnten.[893] Ihm folgte der Abgeordnete Lechner (SPD)[894], von uns unter anderem wegen seiner Rolle als vormaliger hauptamtlicher Angestellter des Reichsbanners Schwarz-Rot-Gold zu den „Protagonisten der Arbeiterbewegung" gezählt, der in seinem kurzen Beitrag ebenfalls für eine schnelle Entnazifizierung plädierte, bei der die „wirklich Schuldigen" zu identifizieren und entfernen seien. Der Abgeordnete Ewers, obgleich von uns wegen seines abweichenden Verhaltens gegenüber dem NS-Regime und seiner Entfernung als Lübecker Senator ebenfalls der Grundorientierung „oppositionell / ‚gemeinschaftsfremd'" bzw. als „Nonkonformist" eingeordnet, vertrat als Abgeordneter der Deutschen Rechtspartei – Konservative Vereinigung pointiert rechtsgerichtete Positionen, so auch in dieser Debatte: Er erinnerte daran, dass die NS-Bewegung vor allem in den ländlichen Regionen Schleswig-Holsteins früh Fuß gefasst hatte, teilweise ganze Dörfer bereits vor 1933 vollständig Mitglieder der NSDAP gewesen seien – dies vor allem aus wirtschaftlicher Gründen, gewissermaßen in Notwehr, so Ewers. Darum wäre es fatal, wenn die Entnazifizierung der Bauern aufgrund formaler Kriterien erfolge, weshalb er vor dem Hintergrund der kritischen Ernährungslage ebenfalls für eine Aussetzung plädiere, bis zumindest die allgemeingültige Kriterien für die Entnazifizierung feststünden.[895] Auch der freidemokratische Abgeordnete Arthur Oberberg[896] – über dessen Vita wir relativ wenig wissen, weshalb wir uns bei

892 MdL 1.–2. ern. Landtag (KPD), Quellendichte: befriedigend; Zuordnung: oppositionell / „gemeinschaftsfremd" (Typ: „Widerstandleistender"). Vgl. zu Bischofs Vita, der massive Verfolgungserfahrungen einschließlich Konzentrationslagerhaft zwischen Mai und September 1933 machen musste: BArch R 3009/352; LASH Abt. 460.9, Nr. 38; LASH Abt. 761, Nr. 16614 sowie Hermann Weber/ Andreas Herbst: Deutsche Kommunisten. Biographisches Handbuch 1918 bis 1945. Berlin 2008², S. 117.

893 Vgl. Wortprotokoll des 2. ernannten Schleswig-Holsteinischen Landtages, 2. Sitzung, 20. Dezember 1946, S. 36.

894 MdL 2. ern. Landtag (DRP), Quellendichte: befriedigend; Zuordnung: oppositionell / „gemeinschaftsfremd" (Typ: „Protagonist Arbeiterbewegung ").

895 Vgl. Wortprotokoll des 2. ernannten Schleswig-Holsteinischen Landtages, 2. Sitzung, 20. Dezember 1946, S. 37f.

896 MdL 2. ern. Landtag (FDP), Quellendichte: ausreichend; Zuordnung: angepasst / ambivalent (Typ: „Inkludierter ‚Volksgenosse'").

ihm lediglich auf die Grundorientierung „angepasst / ambivalent“[897] festgelegt haben – meinte sich mit den übrigen Beteiligten der Debatte einig, als er den Wunsch vertrat, dass „die Entnazifizierung nur die wirklich Schuldigen trifft und das Verfahren möglichst bald durchgeführt wird“. Allein die in den Kategorien I und II einzuordnenden Personen, nämlich die „wahrhaft Schuldigen“, seien heranzuziehen und zu bestrafen.[898] Zwar sei prinzipiell auch er für eine schnelle Entnazifizierung der Landwirtschaft, zuvorderst aber, auch vor dem Hintergrund seiner eigenen Tätigkeit als Mitglied in Entnazifizierungsausschüssen auf Kreis- und Provinzebene, plädiere er für eine Generalamnestie, da die augenblickliche „ungeheure Unsicherheit“ der Situation lähmend wirke. In Antwort darauf war es wiederum der Abgeordnete Seeler (SPD), der dem sich bei seinen Vorrednern andeutenden deutschen „Opferdiskurs“ die moralische Verpflichtung zu einer gründlichen und freiwilligen Entnazifizierung gegenüberstellte, die sich aus den „Millionen Tote[n]“ der NS-Zeit ergäbe, indem er den Bogen von den Morden an Liebknecht und Luxemburg über den Kapp-Putsch bis hin zur Landvolkbewegung und den noch bestehenden „SA-Siedlungen, wie den Hermann-Göring-Koog und den Adolf-Hitler-Koog, in denen die Nationalsozialisten klumpenweise sitzen“, schlug.[899] Allerdings kam auch der eindringliche Appell Seelers nicht ohne Verweis auf die „wirklich Schuldigen“ aus, was auf ein Grundmuster aller Entnazifizierungsdebatten hindeutet, nämlich dass grundsätzlich Einigkeit darüber herrschte, dass die „wirklichen“ oder „wahren“ Schuldigen von den anderen, ergo „Unschuldigen“, getrennt und zur Rechenschaft gezogen werden mussten. Uneins, so scheint es, war man sich lediglich über die Vorgehensweise dazu.

Abgesehen von dem Abgeordneten Oberberg, über den wir relativ wenig wissen, haben wir auf der Basis der im Projekt erhobenen Daten alle Debattenteilnehmer verschiedenen Typen der Grundorientierung „oppositionell / ‚gemeinschaftsfremd‘“ zugeordnet, wobei ihre Lebensläufe, wie mit Hinblick auf die Abgeordneten Seeler und Lübke bereits angedeutet, durch sehr unterschiedliche Sozialisation und politische Orientierungen geprägt sind. Unbestreitbar enthalten die Beiträge auch Hinweise auf persönliche biografische Erfahrungen während der NS-Zeit, die Standpunkte sind gleichwohl von den Perspektiven der vertretenen Interessen bestimmt. Es deutet sich an, dass, erstens, die biografische Heterogenität der Untersuchungsgruppe nicht durch eine Kategorisierung mit Bezugspunkt NS-Zeit entscheidend verändert wird und dass, zweitens, die biografische Erfahrung in der jeweils aktuellen politischen Auseinandersetzung offenbar nur ein Faktor unter vielen ist, selbst bei Themen, die unmittelbar die in diesem Fall alles andere als ferne NS-Vergangenheit betreffen.

---

897 Über Oberberg, den langjährigen Bankdirektor aus Itzehoe (* 16. November 1888), wissen wir aus seinen Entnazifizierungsunterlagen nur, dass er vor 1933 Mitglied der Deutschen Demokratischen Partei gewesen war und außer der NSV keiner NS-Organisation angehört hatte, daher erfolgt aufgrund der Quellenlage die Zuordnung zum Typ „Inkludierter Volksgenosse“. Vgl. zu seiner Vita LASH Abt. 460.14, Nr. 282.

898 Wortprotokoll des 2. ernannten Schleswig-Holsteinischen Landtages, 2. Sitzung, 20. Dezember 1946, S. 38.

899 Vgl. ebd., S. 38ff.

Blicken wir in einem zweiten Beispiel auf die Akteure, die sich vier Jahre später, nach dem Regierungswechsel in der zweiten Wahlperiode, mit den Gesetzen über „vorläufige Maßnahmen zum Abschluss der Entnazifizierung" und „zur Beendigung der Entnazifizierung" auseinandersetzten. Vorbereitet wurde das Gesetz im Ausschuss für Innere Verwaltung, dessen Zusammensetzung das gesamte Spektrum der von uns entworfenen Grundorientierungen bietet. Mit Dr. Alfred Gille[900] (BHE), den wir als „Besatzungsakteur" eingeordnet haben, sowie Hans Bols[901], zu diesem Zeitpunkt noch Abgeordneter der Deutschen Partei, der nach unseren Kriterien zu den „Alten Kämpfern" zu zählen ist,[902] gehörten zwei Mitglieder des Ausschusses zur Grundorientierung „exponiert / nationalsozialistisch". Vier von ihnen sind der Grundorientierung „angepasst / ambivalent" zugeordnet: Carl-Christian Arfsten[903] (CDU), Hans von Herwarth[904] (BHE), Reinhold Rehs[905] (SPD) und Heinrich Wolgast[906] (FDP). Unter den zur Grundorientierung „oppositionell / „gemeinschaftsfremd"" gehörenden Mitgliedern finden sich mit Wilhelm Käber ein „Protagonist der Arbeiterbewegung" sowie ein „Widerstandleistender" mit Max Kukil[907] (beide SPD). Der Gruppe der aufgrund ihres Alters als „ns-sozialisiert" Zugeordneten gehört Hans-Jürgen Klinker[908] (CDU) an. Weiterhin traten in den Sitzun-

900 MdL WP02–04 (GB/BHE, GDP), Quellendichte: gut; Zuordnung: exponiert / nationalsozialistisch (Typ: „Besatzungsakteur").

901 MdL WP02 (DP, fraktionslos, CDU), Quellendichte: befriedigend; Zuordnung: exponiert / nationalsozialistisch (Typ: „'Alter Kämpfer'").

902 Bols gehörte bereits seit Juli 1927 der NSDAP an, war Träger des Goldenen Parteiabzeichens, aber darüber hinaus nach Aktenlage in Ämtern und Funktionen nicht in Erscheinung getreten. Er hatte jedoch im Krieg der Landwacht angehört, zu deren Aufgaben unter anderem die Unterstützung der Polizei bei der Überwachung der ausländischen Arbeitskräfte bzw. Zwangsarbeitenden gehört hatte, vgl. hierzu Nils Köhler: Zwangsarbeit in der Lüneburger Heide. Organisation und Alltag des „Ausländereinsatzes" 1939–1945. Bielefeld 2003, S. 451. Zu Bols' Vita in der NS-Zeit vgl. BArch BDC ZK, Film 3100 C0084; BArch BDC OK, Film B0074; LASH Abt. 460.16, Nr. 171.

903 MdL WP01–03 (CDU), Quellendichte: ausreichend; Zuordnung: angepasst / ambivalent (Typ: „Angehöriger alter Eliten"). Vgl. zu seiner Vita in der NS-Zeit LASH Abt. 460.14, Nr. 254.

904 MdL WP02–03 (GB/BHE, fraktionslos, CDU), Quellendichte: ausreichend; Zuordnung: angepasst / ambivalent (Typ: „Inkludierter Volksgenosse"). Vgl. zu seiner Vita in der NS-Zeit LASH Abt. 460, Nr. 3863.

905 MdL WP02 (SPD), Quellendichte: gut; Zuordnung: angepasst / ambivalent (Typ: „Politisch Angepasster"). Vgl. zu seiner Vita BArch BDC OK, Film 3200 R0090; BArch B162/2971; BArch R 3001/71744; BStU MfS-HA IX/11 PA 1155; LASH Abt. 460.19, Nr. 500; Michael Schwartz: Funktionäre mit Vergangenheit. Das Gründungspräsidium des Bundes der Vertriebenen und das „Dritte Reich". München 2013, S. 174–187, 286ff., 412f. sowie 575f.

906 MdL WP02–05 (FDP), Quellendichte: befriedigend; Zuordnung: angepasst / ambivalent (Typ: „Politisch Angepasster"). Vgl. zu seiner Vita BArch BDC ZK, Film 3100 T0109; BArch BDC OK, Film 3200 Z0045; LASH Abt. 460.15, Nr. 415.

907 MdL WP02 (SPD), Quellendichte: ausreichend; Zuordnung: oppositionell / „gemeinschaftsfremd" (Typ: „Widerstandleistender"). Vgl. zu seiner Vita in der NS-Zeit: LASH Abt. 352.3, Nr. 10026; LASH Abt. 460, Nr. 1530; LASH Abt. 761, Nr. 25521.

908 MdL WP01–05 (CDU), Quellendichte: ausreichend; Zuordnung: „ns-sozialisiert". Vgl. zu seiner Vita LASH Abt. 460.12, Nr. 314 sowie Klinker, Hans-Jürgen. In: Berthold Hamer (Hrsg.): Biografien der Landschaft Angeln, Bd. 2. Husum 2007, S. 435f.

gen zur Vorbereitung des Beendigungsgesetzes noch als beratendes Mitglied Samuel Münchow[909] (SSW) und Oskar-Hubert Dennhardt[910] (CDU) in Erscheinung.[911]

Nimmt man die zehn stimmberechtigten Mitglieder des Ausschusses, so bilden sie unter dem Aspekt NSDAP-Mitgliedschaft und Verfolgungserfahrung recht gut das Profil der Abgeordneten dieser Wahlperiode ab (vgl. Diagramm 6 in Teil II): Die vier ehemaligen Parteigenossen[912] entsprechen exakt dem Anteil von 40 % ehemaliger NSDAP-Angehöriger, den diese auch im 2. gewählten Landtag stellten. Abgeordnete mit konkreter Verfolgungserfahrung, genau 30 % der Gesamtgruppe in der Wahlperiode, waren im Ausschuss mit zwei Personen[913] allerdings unterrepräsentiert – wenn das angesichts der geringen Gruppengröße von zehn überhaupt Aussagekraft besitzt.

Das erste Treffen des Ausschusses, bei dem das Thema Entnazifizierung erörtert wurde – es war erst die zweite Sitzung überhaupt und es gab auch keine Tagesordnung –, wurde spontan in der Mittagspause der dritten Landtagssitzung am 13. Oktober 1950 auf Bitten Käbers einberufen, um „endgültig Stellung zur Landtagsvorlage 24/4", also dem sehr schnell eingebrachten Gesetzesentwurf zu den vorläufigen Maßnahmen, nehmen zu können.[914] Neben den Ausschussmitgliedern, von denen Rehs fehlte, nahmen auch Innenminister Pagel, Landesdirektor Hans-Georg Wormit sowie Oberregierungsdirektor Franz Kock an der Sitzung teil.[915]

Nahezu geschlossen äußerten sich die Abgeordneten der Regierungskoalition aus BHE und Deutschem Wahlblock im Sinne der Vorlage:[916] Arfsten, Wolgast, Gille und von Herwarth „betonen die Notwendigkeit eines sofortigen Entnazifizierungsstops". Käber und der Abgeordnete Eugen Lechner (SPD), der als „Zuhörer" an der knapp halbstündigen Sitzung teilnahm, empfahlen, mit einer neuen gesetzlichen Regelung zu warten, da eine bundeseinheitliche Regelung bevorstünde. Stattdessen, so Käber, könne die Landesregierung auf der bestehenden gesetzlichen Grundlage „ein vereinfachtes Verfahren im Verordnungswege" veranlassen, was vom Ausschussvorsitzenden Gille für nicht rechtswirksam eingeschätzt wurde. Lechner wies darauf hin, dass nach der Annahme einer Vorlage wie der von der Regierungskoalition vorgeschlagenen Schleswig-Holstein zum Sammelpunkt für „gefährdete Nazis" aus anderen Bundesländern würde, um

909 MdL 2. ern. Landtag-WP02, WP04 (SSW), Quellendichte: ausreichend; Zuordnung: angepasst / ambivalent (Typ: „Grenzpolitischer Akteur").

910 MdL WP02 (CDU), Quellendichte: ausreichend; Zuordnung: systemtragend / karrieristisch (Typ: „Wehrmachtsakteur").

911 Der Abgeordnete Kohz (BHE) fehlte entschuldigt in den Sitzungen am 2. und 9. März 1951, in denen er als beratendes Mitglied benannt war, vgl. Niederschrift über die 10. bzw. 11. Sitzung des Ausschusses für Innere Verwaltung des 4. Schleswig-Holsteinischen Landtags am 2. bzw. 9. März 1951. In: Niederschriftensammlung des Landtagsausschusses für Innere Verwaltung der 2. Wahlperiode, pag. 74 bzw. 81, Bibliothek des Schleswig-Holsteinischen Landtags.

912 Hans Bols, Dr. Alfred Gille, Reinhold Rehs und Heinrich Wolgast.

913 Wilhelm Käber und Max Kukil.

914 Vgl. Niederschrift über die 2. Sitzung des Ausschusses für Innere Verwaltung des 4. Schleswig-Holsteinischen Landtages am 13.10.1950. In: Niederschriftensammlung (Anm. 911), pag. 7f.

915 Alle drei gehören ebenfalls zur Gesamtuntersuchungsgruppe.

916 Die folgenden Zitate aus Niederschrift über die 2. Sitzung des Ausschusses für Innere Verwaltung des 4. Schleswig-Holsteinischen Landtages am 13.10.1950. In: Niederschriftensammlung (Anm. 911), pag. 7f.

von dem „mildere[n] Gesetze gegen ehemalige Nazis" zu profitieren. Die (Regierungs-)Mehrheit des Ausschusses einigte sich schließlich auf den entscheidenden § 1 der Vorlage, der vorsah, dass ab sofort weitere Verfahren nur noch auf Antrag Betroffener, nämlich zur Entlastung, eingeleitet werden konnten. Käber erklärte daraufhin die grundsätzliche Bereitschaft seiner Fraktion, an der Beendigung der Entnazifizierung mitzuwirken, aber nur nach einer bundeseinheitlichen Regelung und nicht „in der vorgeschlagenen Form", weshalb er für die Landtagssitzung per Geschäftsordnung Einspruch oder Protest per Erklärung ankündigte. Dies wurde schließlich auch während der ersten und zweiten Lesung im Plenum von der SPD umgesetzt, indem sie zunächst die Dringlichkeit in einem Antrag zur Geschäftsordnung bestritt und nach der Debatte bzw. Verabschiedung des Gesetzesentwurfs die Mitarbeit in den Entnazifizierungsausschüssen einstellte.[917]

Im Kern werden bei der kurzen Thematisierung im Ausschuss zwei wichtige Charakteristika deutlich: die grundsätzliche, fraktionsübergreifende Zustimmung zur Beendigung der Entnazifizierung sowie der sich an technischen Gesichtspunkten orientierende, entlang der Lagergrenzen verlaufende Dissens zwischen Regierung und Opposition. Nicht ganz in das Konsens vermittelnde Bild passend und deshalb umso aufschlussreicher ist in diesem Zusammenhang eine Bemerkung des Abgeordneten von Herwarth in der Ausschusssitzung, der sich auf einen Moment des Eklats im Plenum vor der Mittagspause, in der die Ausschusssitzung stattfand, bezog, nämlich „daß es endlich aufhören müsse, daß aus den Reihen der Abgeordneten während der Landtagssitzungen Zurufe erfolgen, die sich auf die umstrittene nazistische Vergangenheit von gewählten Abgeordneten beziehen"[918]. Wenige Minuten vorher war nämlich der Abgeordnete Kukil in der Landtagssitzung den Abgeordneten Schönemann[919] (Wahlblock/ FDP) mit einem Zwischenruf persönlich hart angegangen, als dieser über sozialdemokratische Parteibuchpolitik im Landeserziehungsbeirat gesprochen hatte, indem er auf Schönemanns problematisches Entnazifizierungsverfahren anspielte: „Ja, und wo waren Sie denn früher im Dritten Reich? Was haben Sie denn damals gemacht? Sie wissen doch, was das Ausland über Sie geschrieben hat! Und nun stellen Sie sich heute als Hüter der Demokratie hierher!"[920] Schöne-

917 Vgl. zur Debatte im Landtag oben sowie Christen: Entnazifizierung (Anm. 870), S. 204f.

918 Niederschrift über die 2. Sitzung des Ausschusses für Innere Verwaltung des 4. Schleswig-Holsteinischen Landtages am 13.10.1950. In: Niederschriftensammlung (Anm. 911), pag. 8.

919 MdL WP02 (FDP), Quellendichte: befriedigend; Zuordnung: systemtragend / karrieristisch (Typ: Funktionaler Träger (n.z.)).

920 Wortprotokoll des 4. Schleswig-Holsteinischen Landtages, 3. Tagung am 13. Oktober 1950, S. 110. Das Protokoll vermerkt „große Unruhe". Schönemanns Reaktion („Es war eine Wohltat während des Wahlkampfes, daß sogar die Sozialdemokratie sich damals an die sehr vernünftige Anordnung des Herrn Diekmann vom Burgfrieden hielt. Ich meine, der Angriff heute gehört zu den ollen Kamellen. Ich habe schon die letzten Jahre bewiesen, daß ich ein wahrer Demokrat war, und habe mir in meinem Kreis allmählich das Vertrauen verdient, mein verehrter Herr Kollege. Hoffentlich verdienen Sie sich Ihr Vertrauen so auch weiter. Drittes oder viertes oder fünftes Reich ist dabei ganz belanglos.") beantwortete Kukil mit einem „Das ist Ihnen wohl unangenehm?", was wiederum Unruhe auslöste und Schönemann zu der das Grundmotiv der Diskussion um die Entnazifizierung auf den Punkt bringenden Bemerkung veranlasste: „Wenn wir jetzt sogar ins Parlament diese Geschichten hereinbringen, wie wollen Sie dann einmal eine demokratische Einheitsfront erzielen, möchte ich fragen", ebd., S. 111.

mann, NSDAP-Mitglied seit 1933, zeitweise NSDAP-Blockleiter und Angehöriger zahlreicher NS-Organisationen, war vor allem wegen seiner publizistischen Tätigkeit als Amerikanist im Dritten Reich in ein sehr umfangreiches Entnazifizierungsverfahren verwickelt gewesen, das durch mehrere Instanzen hindurch die verschiedensten Entnazifizierungsausschüsse beschäftigt hatte – zuletzt auch den Landtagsausschuss für Entnazifizierung im Juni 1949, besetzt mit Abgeordneten, die ein knappes Jahr später zusammen mit ihm im Parlament sitzen sollten.[921] Das Wortgefecht im Plenum zeigt deutlich, dass es unterhalb der Ebene der inhaltlichen Auseinandersetzung, in der die politischen Parteien argumentativ den grundsätzlichen gesellschaftlichen Konsens gegen die Entnazifizierung und damit für den Schlussstrich unter der NS-Vergangenheit widerspiegeln, eine emotionalere, dichter bei der biografischen Erfahrung verlaufende Schicht gab, die in Momenten der emotionalen Zuspitzung freigelegt wurde. Dabei war es kein Zufall, dass ausgerechnet Kukil Schönemanns Vergangenheit thematisierte, denn er gehörte zu den Abgeordneten, die persönlich massiv politische Verfolgung in der NS-Zeit erlebt hatten, nämlich achtmonatige Konzentrationslagerhaft in den KZs Breslau-Dürrgoy und Esterwegen 1933 sowie Gestapohaft im Oktober/November 1935.[922] Dass es sich bei der Thematisierung von Schönemanns Vergangenheit eher um einen spontanen Ausbruch gehandelt haben wird, mag der Umstand bedeuten, dass es sich bei Schönemann – von uns noch dem Typ des „Politisch Angepassten" zugeordnet – bei Weitem nicht um das am stärksten ns-belastete MdL der Wahlperiode handelte, angesichts von Abgeordnetenkollegen wie Asbach, Kohz und Flöl, deren NS-Vergangenheiten zu diesem Zeitpunkt als öffentlich bekannt gelten können.

Das galt insbesondere für Flöl, dessen Vergangenheit bereits in der zweiten Tagung der Legislaturperiode thematisiert worden war mit einem Zwischenruf des Abgeordneten Stade[923], der auf „Blutordenträger" in den Reihen der Regierungsfraktionen hinwies. Das provozierte den Abgeordneten Dr. Meinicke-Pusch – den Zwischenrufer korrigierend, dass es sich richtigerweise vielmehr um einen Träger des Goldenen Parteiabzeichens der NSDAP handelte – zu der den politischen Integrationskurs der Wahlblock-Parteien kennzeichnenden Aussage: „Auch wer nämlich ein goldenes Parteiabzeichen getragen hat, kann gleichwohl ein guter Demokrat sein."[924]

Außer Frage steht, dass sich in der Auseinandersetzung des mit harten Bandagen geführten Wahlkampfs[925] und in den ersten Monaten der Legislaturperiode einiges aufgestaut hatte, was nun anlässlich der ersten Lesung des Entnazifizierungsbeendigungsgesetzes durchbrach.

921 Der Landtagsentnazifizierungsausschuss bestätigte am 10. Juni 1949 die Spruchentscheidung des Husumer Hauptentnazifizierungsausschusses vom 10. Februar 1948, nämlich die Einstufung in Kategorie IV bei sofortiger Umstufung in Kategorie V. Vgl. LASH Abt. 460.6, Nr. 153 sowie Frank-Rutger Hausmann: Anglistik und Amerikanistik im „Dritten Reich". Frankfurt a. M. 2003, S. 413–424.

922 Vgl. die Angaben in den Entschädigungsverfahren in LASH Abt. 352.3, Nr. 10026; LASH Abt. 761, Nr. 25521.

923 MdL 1. ern. Landtag, WP01–02 (SPD), Quellendichte: ausreichend; Zuordnung: oppositionell / „gemeinschaftsfremd" (Typ: „Protagonist Arbeiterbewegung").

924 Wortprotokoll des Schleswig-Holsteinischen Landtages, 2. Wahlperiode, 2. Tagung, 5./6. September 1950, S. 47f.

925 Vgl. hierzu Grieser: Nationalste Partei (Anm. 878), passim.

Das galt offenbar für alle Seiten. Der von der neuen Koalitionsregierung ernannte Sonderbeauftragte für die Entnazifizierung Dennhardt gab zu Beginn der Generaldebatte im Plenum des Landtags den Ton vor, indem er bewusst den Begriff der „Wiedergutmachung", der eigentlich für durch den Nationalsozialismus erlittenes Unrecht stand, nun für Nachteile verwendete, die Entnazifizierten entstanden wären.[926] Damit ging er deutlich über konsensfähige Semantik hinaus, denn auf diese Weise vollzog er eine Umdeutung der Opferrolle – und zwar nicht nur bezogen auf die Allgemeinheit der deutschen Bevölkerung, sondern offenbar auch auf ehemalige Nationalsozialisten. Mit der Bemerkung, dass es „notwendig [sei], alles das, was im Rahmen der Entnazifizierung an die Oberfläche gespült worden ist, zu beseitigen", fiel der zu ziehende Schlussstrich zudem deutlich umfassender aus, als es vielen Anwesenden akzeptabel erschien. Seine Ausführungen gipfelten in der These, dass ohne die Entnazifizierung die „Demokratie heute gefestigter dastünde", was der Abgeordnete Stade mit dem Zwischenruf „Wenn die alten Nazis noch da wären, nicht wahr?" unterbrach, sichtlich erregt angesichts der Rhetorik der Abgeordneten der Regierungskoalition. Stade gehörte zu den Abgeordneten mit persönlicher Verfolgungserfahrung, 1933 war er im KZ Heuberg/Sigmaringen inhaftiert worden.[927]

Aber auch die Opposition hatte rhetorisch aufgerüstet. Oppositionsführer Käber schlug sarkastisch vor, das Gesetz um den Paragrafen zu erweitern „Schleswig-Holstein stellt fest, daß es in Deutschland nie einen Nationalsozialismus gegeben hat" und „Die von 1933 bis 1945 begangenen Untaten gegen Leben und Freiheit von Millionen Menschen sind eine böswillige Erfindung" – das Gesetz ziele, so Käber (Dennhardts Vorlage aufnehmend), auf eine „Wiedergutmachung für ehemalige Nationalsozialisten".[928] Dieser Austausch setzte den Ton für die sich anschließende Debatte, die in der Folge immer wieder durch Unruhe und Zwischenrufe unterbrochen wurde.[929] So griff der bereits erwähnte Stade den Abgeordneten Kohz frontal an. Dieser hatte darauf hingewiesen, dass es in der Debatte nicht um die „Behandlung der Greueltaten" des Nationalsozialismus ginge, sondern um das Entnazifizierungsgesetz, woraufhin Stade ihm ein erregtes „Aber sie [sic] waren mit schuld!" entgegenrief – offenbar ein Rekurs auf Kohz' nationalsozialistische Vergangenheit.[930] Und als Kohz auf „Gegner der demokratischen Staatsordnung" zu sprechen kam, kommentierte dies Stade erneut mit einem Zwischenruf: „Dazu gehören Sie anscheinend auch!", wofür ihm Landtagspräsident Ratz einen Ordnungsruf erteilte[931] und die Abgeordneten mehrfach zur Ruhe aufforderte, denn inzwischen nahmen die Unruhe im Plenum und die gegenseitigen Zurufe massive Formen an. Dazu gehört auch der

926 Vgl. Wortprotokoll des Schleswig-Holsteinischen Landtages, 2. Wahlperiode, 7. Tagung, 29./30./31. Januar 1951, S. 272.

927 LASH Abt. 460.19, Nr. 354.

928 Wortprotokoll des Schleswig-Holsteinischen Landtages, 2. Wahlperiode, 7. Tagung, 29./30./31. Januar 1951, S. 275.

929 Ein Faktor mag dabei die vorgerückte Uhrzeit gewesen sein; die Sitzung, in der noch eine Reihe weiterer Tagesordnungspunkte folgte, endete erst um 2.50 Uhr morgens.

930 Vgl. Wortprotokoll des Schleswig-Holsteinischen Landtages, 2. Wahlperiode, 7. Tagung, 29./30./31. Januar 1951, S. 276f.

931 Ebd., S. 277.

angebliche Zwischenruf „Wer ist dieser Hund?"[932] des Abgeordneten Lohmann[933], gerichtet an Dennhardt.

Tatsächlich waren die Abgeordneten der Regierungskoalition rhetorisch und argumentativ vergangenheitspolitisch sehr selbstbewusst aufgetreten. So hatte beispielsweise Kohz Entnazifizierung als „völkerrechtswidrig" und auch nach deutschem Recht „rechtswidrig" bezeichnet, weil dadurch Personen „wegen [ihrer] politischen Anschauung benachteiligt" würden. Er sprach gar von der „Rechtsbeugung der Entnazifizierung".[934] Einen eher emotionalen rhetorischen Reizpunkt hingegen setzte die BHE-Abgeordnete Margarete Weiß[935]: „Lassen Sie mich als deutsche Frau etwas zum Entnazifizierungsgesetz sagen. [...] Herr Käber, wir vertreten die Rechtsbelange deutscher Menschen. [...] Ich halte es als deutsche Frau für eine Schande, deutsche Menschen in Gruppen einzustufen. Ich bitte dringend darum, daß wir der Beendigung der Entnazifizierung zustimmen."[936]

Der Tonfall der Debatte änderte sich erst, als der Abgeordnete Lohmann das Wort zu einem persönlichen Redebeitrag ergriff. Lohmann hatte in der NS-Zeit massive Verfolgungserfahrung gemacht: 1933 war er zu drei Jahren Zuchthaus verurteilt worden, bei Kriegsbeginn war er erneut verhaftet worden und hatte weitere 18 Monate im Konzentrationslager Sachsenhausen überlebt. Bereits 1953 würde er an den Spätfolgen seiner Haft sterben.[937] Er erläuterte seinen emotionalen Einwurf gegen Dennhardt, indem er Rekurs nahm auf die eigene Biografie: Er erwähnte, dass er wegen seines Einsatzes gegen das Regime mit „Zuchthaus und Kz" bestraft worden sei, sich gleichwohl unmittelbar nach Kriegsende für eine Aussöhnung mit dem ehemaligen politischen Gegner eingesetzt habe. Er sei bereit, so führte er aus, „mit einem früheren überzeugten Nationalsozialisten heute durch dick und dünn zu gehen, wenn er sich zum Begriff der Demokratie und zu den Mitteln bekennt, die wir als menschlich bezeichnen"[938]. Dann kam er auf den eigentlichen Punkt zu sprechen: „Aber was uns oft kränkt und persönlich anstößt, Herr Dennhardt, das ist der Ton, der Ton und nicht das Ziel."[939] Und für die Empfindungen der Gruppe der Verfolgten sprechend beschrieb Lohmann seinen Eindruck, „daß vielleicht einige Ihrer Redner zu sehr mit einer bestimmten Empfindung sympathisierten und vielleicht weniger die Empfindungen derjenigen verständen, die damals die Konsequenzen getragen haben und oftmals einen Weg gingen, der nicht

---

932 Wortprotokoll des Schleswig-Holsteinischen Landtages, 2. Wahlperiode, 7. Tagung, 29./30./31. Januar 1951, S. 277ff. Auf Nachfrage erklärte Lohmann, er habe „Wer ist dieser Mann?" gerufen.

933 MdL WP01–02 (SPD), Quellendichte: ausreichend; Zuordnung: oppositionell / „gemeinschaftsfremd" (Typ: „Widerstandleistender").

934 Vgl. Wortprotokoll des Schleswig-Holsteinischen Landtages, 2. Wahlperiode, 7. Tagung, 29./30./31. Januar 1951, S. 276ff.

935 MdL WP02–03, WP05–06 (GB/BHE, FDP), Quellendichte: befriedigend; Zuordnung: angepasst / ambivalent (Typ: „Politisch Angepasste").

936 Wortprotokoll des Schleswig-Holsteinischen Landtages, 2. Wahlperiode, 7. Tagung, 29./30./31. Januar 1951, S. 283.

937 Vgl. zu Lohmanns Vita LASH Abt. 460.21, Nr. 85; LASH Abt. 761, Nr. 19346; LASH Abt. 761, Nr. 22415.

938 Vgl. Wortprotokoll des Schleswig-Holsteinischen Landtages, 2. Wahlperiode, 7. Tagung, 29./30./31. Januar 1951, S. 286.

939 Vgl. ebd., S. 285.

schön war".[940] Bei aller Offenheit, seine eigene Biografie miteinzubeziehen, zeigen die verklausulierten Formulierungen, wie schwer es ehemals Verfolgten fiel, nicht nur nazistisch-restaurative Tendenzen beim Namen zu nennen, sondern auch das eigene Leiden mehr als nur anzudeuten. Trotzdem wirkte Lohmanns Beitrag zumindest mit Hinblick auf den Ton mäßigend, mehrfach gingen die folgenden Beiträger direkt auf sein offenes Wort ein.[941] So beispielsweise der Stellvertretende Ministerpräsident Waldemar Kraft[942], der Lohmann als einen Menschen würdigte, der aus seinem Leiden „ohne Haßgefühle" hervorgegangen sei, und davon ausgehend dafür plädierte, das Thema „völlig leidenschaftslos" zu behandeln.[943] Das war aber auch schon alles an Konzilianz, was Kraft zu bieten hatte, denn gleichzeitig wetterte er unverhohlen Richtung Opposition, dass man nicht alle als „Nazis" bezeichnen könne, „die man im Moment aus irgendwelchen Gründen ablehnt"[944], und dass man sich außerdem gegen eine „Kollektivverurteilung" des deutschen Volkes zur Wehr setzen müsse,[945] da ein „latenter Bürgerkrieg" herrsche, den es zu beenden gelte.

Den Schlusspunkt setzte wiederum der Vergangenheitspolitiker Kukil, der in einem weit gespannten Bogen die Emotionalität der Debatte und der Teilnehmenden einordnete und deutliche Worte fand, beispielsweise für die Abgeordnete Weiß mit dem Hinweis, dass man mit der „Überbetonung", beispielsweise als „deutsche Frau" zu sprechen, „in der Vergangenheit" durchaus „schlechte Erfahrungen" gemacht habe.[946] Krafts „Kollektivverurteilung" setzte er den Begriff der „Kollektivverantwortung"[947] entgegen und zog schließlich eine Linie zwischen dem viel beschworenen Konsens, Ungerechtigkeiten zu beseitigen, und dem „Schritt der Rückwärtsrevidierung", der vom BHE im Wahlkampf angekündigt worden sei. Dazu sei man nicht bereit, insbesondere nicht vor der historischen Erfahrung der fatalen „Duldsamkeit der Republikaner"[948] in der Weimarer Republik.

Nach der turbulenten ersten Lesung des Gesetzesentwurfs machte sich der Ausschuss für Innere Verwaltung in zwei Sitzungen am 2. und am 9. März 1951 an die Arbeit zu dem Gesetz.[949]

940 Vgl. ebd.
941 So auch ausdrücklich die Abgeordneten Dennhardt und Meinicke-Pusch in ihren Beiträgen.
942 MdL WP02 (GB/BHE), Finanzminister (1950–1951), Justizminister (1951–1953), Stellvertretender Ministerpräsident (1950–1953), Quellendichte: befriedigend; Zuordnung: exponiert / nationalsozialistisch (Typ: „Besatzungsakteur").
943 Vgl. Wortprotokoll des Schleswig-Holsteinischen Landtages, 2. Wahlperiode, 7. Tagung, 29./30./31. Januar 1951, S. 286.
944 Vgl. ebd., S. 287.
945 Die vehemente Abwehr des angeblichen Vorwurfs einer Kollektivschuld gehörte zu den zentralen Nachkriegstopoi insbesondere in Debatten um die Entnazifizierung, vgl. hierzu Helmut Dubiel: Niemand ist frei von der Geschichte. Die nationalsozialistische Herrschaft in den Debatten des Deutschen Bundestages. München/Wien 1999, S. 70ff. sowie das Lemma „Kollektivschuldthese" in Eitz/Stötzel: Wörterbuch (Anm. 803), S. 371–395.
946 Vgl. Wortprotokoll des Schleswig-Holsteinischen Landtages, 2. Wahlperiode, 7. Tagung, 29./30./31. Januar 1951, S. 292.
947 Vgl. ebd., S. 293.
948 Vgl. ebd., S. 295.
949 Vgl. Niederschrift über die 10. bzw. 11. Sitzung des Ausschusses für Innere Verwaltung des 4. Schleswig-Holsteinischen Landtags am 2. bzw. 9. März 1951. In: Niederschriftensammlung (Anm. 911), pag. 74–87.

Der Ausschuss, der grundsätzlich in der gleichen Besetzung wie zuvor agierte,[950] zeigte zunächst in wichtigen Punkten Konsensfähigkeit: Einmütig empfahl der Ausschuss dem Kabinett, über den Bundesrat eine Bundeszuständigkeit für die Entnazifizierung zu erwirken, und stellte fest, dass eine Beendigung der Entnazifizierung sowohl die Beendigung aller Verfahren und die „staatsbürgerliche Gleichstellung der Gruppen II bis V unter Aufhebung aller vorgesehenen Beschränkungen" bedeute. Hinsichtlich der Umsetzung hatten die gegensätzlichen Positionen weiterhin Bestand, was sich inhaltlich-argumentativ, aber auch sprachlich äußerte. So identifizierte Gille den Grundgedanken der Entnazifizierung in der Klassifizierung und damit als Vorgehen gegen „Menschen allein wegen ihrer Äußerung einer politischen Gesinnung, ohne daß sie gegen strafrechtliche Bestimmungen verstoßen" hätten.[951] Der Abgeordnete Dennhardt, zu diesem Zeitpunkt bereits seit einigen Monaten Sonderbeauftragter für die Entnazifizierung, wurde deutlicher, indem er ausdrücklich vom „Unrecht der Entnazifizierung" sprach.[952] Beiden Akteuren war es anschließend vorbehalten, den vor dem thematischen Hintergrund recht provokanten Zusammenhang zu der Zahlung „namhafte[r]" Haftentschädigungen herzustellen, welche in Schleswig-Holstein an „erbliche Feinde der Demokratie" getätigt würden, woraufhin Kukil daran erinnern musste, dass dies nicht nur linksradikale, sondern auch rechtsradikale Kreise betreffe. Die sich anschließende Ausschussarbeit an den Einzelbestimmungen des Gesetzentwurfs war geprägt von inhaltlichen Diskussionen zu Wiedereinstellungsansprüchen von Beamten und dem Umgang mit den Entnazifizierungsakten, wobei der Ton durchgehend sachlich blieb, wie auch bei der zweiten Lesung des Gesetzentwurfs im Plenum von allen Beteiligten betont wurde[953] – offenbar vor der Erfahrung der aufgeheizten Auseinandersetzung bei der ersten Lesung im Landtag. Bei der zweiten Lesung im Ausschuss am 9. März 1951 ging es dann vor allem um die finanziellen Auswirkungen des Gesetzes sowie um die Verknüpfung mit Fragen der Wiedergutmachung nationalsozialistischen Unrechts, die bereits in der ersten Lesung des Gesetzes im Landtag hergestellt worden war.[954] Allerdings erzielten die Ausschussmitglieder in diesen strittigen Fragen keine Einigkeit. Nachdem sogar über einzelne Absätze von Paragrafen gesondert abgestimmt werden musste, wurden schließlich zwei Vorschläge in den Landtag zu Abstimmung eingebracht.

In der zweiten Lesung des Gesetzentwurfs im Landtag war trotz inhaltlicher Differenzen von der aufgeheizten Atmosphäre der ersten Lesung nicht mehr viel zu spüren; das Protokoll vermerkt an mehreren Stellen Heiterkeit, so etwa als Landtagspräsident Ratz, nachdem Roh-

950 An den beiden entsprechenden Sitzungen nahmen zudem der Chef der Landeskanzlei Dr. Dr. Ernst Kracht, Franz Kock als Vertreter des Volksbildungsministeriums, ein nicht näher zu identifizierender Regierungsrat Neumann vom Innenministerium und Dr. Ernst Delbrück für das Finanzministerium teil sowie (auf ausdrückliche Einladung des Ausschusses) an der Sitzung vom 9. März 1951 Landesminister Pagel.

951 Niederschrift über die 10. Sitzung des Ausschusses für Innere Verwaltung des 4. Schleswig-Holsteinischen Landtags am 2. März 1951. In: Niederschriftensammlung (Anm. 911), pag. 76.

952 Vgl. ebd.

953 Vgl. beispielsweise Kukil, Wortprotokoll des Schleswig-Holsteinischen Landtages, 2. Wahlperiode, 9. Tagung, 12./13./14. März 1951, S. 220.

954 Vgl. Niederschrift über die 11. Sitzung des Ausschusses für Innere Verwaltung des 4. Schleswig-Holsteinischen Landtags am 9. März 1951. In: Niederschriftensammlung (Anm. 911), pag. 81–87.

loff und Katz die Klingen über beamtenrechtliche Fragestellungen gekreuzt hatten, launisch anmerkte: „Nachdem sich zwei Juristen gestritten haben, hat nun der dritte das Wort. – Herr Dr. Gille! (Heiterkeit)."[955]

Insgesamt und insbesondere vor dem Hintergrund der ersten Lesung im Plenum verlief die Debatte sachlich. Selbst der Abgeordnete Dennhardt war deutlich konzilianter und rief sogar die Opposition dazu auf, ernsthaft über einen von allen getragenen Beschluss nachzudenken.[956] Nur an zwei Stellen in der Debatte kam es zu deutlichen Einsprüchen, die die Diskussion zumindest kurzfristig wieder direkt auf die nationalsozialistische Herrschaft zurückführten. Da war zunächst der Abgeordnete Bruno Verdieck[957], der auf die Ausführungen des Abgeordneten Meinicke-Pusch zur Unterstützung derjenigen, die von der britischen Besatzungsmacht interniert gewesen waren und deshalb massive Probleme hätten, in einem Zwischenruf: „Haben Sie auch an die Konzentrationäre gedacht?" vor einem verfehlten Opferdiskurs warnte.[958] Zu den „Konzentrationären" gehörte Verdieck selbst, nach der Fortsetzung der illegalen Gewerkschaftstätigkeit nach 1933 war er 1936 verhaftet worden und nach Gestapohaft zu zweieinhalb Jahren Zuchthaus wegen Vorbereitung zum Hochverrat verurteilt worden, es folgten weitere eineinhalb Jahre KZ-Haft im Konzentrationslager/Polizeihaftlager Hamburg-Fuhlsbüttel.[959] Am Ende der Debatte brachte Kukil selbst auch noch einmal die moralische Überlegenheit eines politischen Verfolgten ins Spiel: „Wir haben in den Jahren von 1933 bis 1945 in den Konzentrationslagern, Gefängnissen und Zuchthäusern gesessen, nicht weil wir den diktatorischen Prinzipien angehangen haben, sondern weil wir gemäß der Weimarer Verfassung unsere Auffassung vertraten."[960] Bezeichnenderweise nahm Kukil diese Perspektive an einem sehr emotionalen Punkt der Debatte ein, nämlich als auf seine Bemerkung, dass ein Unterschied zwischen Verfolgten des NS-Regimes und ehemaligen Nationalsozialisten bestünde, Peter Georg Cohrs[961] ein hämisches „Das tut es allerdings!" zwischenrief. Kukil forderte von ihm eine Klarstellung, was er denn damit meine, denn „dann könnten wir in diesem Landtag die Fronten klar aufzeigen. Die politisch Verfolgten draußen wünschen es zu hören, damit sie wissen, wie die Situation in diesem Landtag ist".[962] Mit Kukil

955 Vgl. Wortprotokoll des Schleswig-Holsteinischen Landtages, 2. Wahlperiode, 9. Tagung, 12./13./14. März 1951, S. 237.

956 Vgl. ebd., S. 234.

957 MdL WP02 (SPD), Quellendichte: ausreichend; Zuordnung: oppositionell / „gemeinschaftsfremd" (Typ: „Widerstandleistender").

958 Vgl. Wortprotokoll des Schleswig-Holsteinischen Landtages, 2. Wahlperiode, 9. Tagung, 12./13./14. März 1951, S. 247.

959 Vgl. die Angaben in LASH Abt. 460.19, Nr. 792.

960 Vgl. Wortprotokoll des Schleswig-Holsteinischen Landtages, 2. Wahlperiode, 9. Tagung, 12./13./14. März 1951, S. 248.

961 MdL WP02 (DP, FDP), Quellendichte: befriedigend; Zuordnung: exponiert / nationalsozialistisch (Typ: „NSDAP-Parteifunktionär").

962 Cohrs gehörte seit Oktober 1930 der NSDAP an und war Anfang der 1930er-Jahre Kreisleiter, bis er offenbar aufgrund einer Zusammenlegung von Parteikreisen diese Funktion verlor, womit er sich anscheinend nur schwer abfinden konnte, wie die umfangreiche Akte des Obersten Parteigerichts zu der Causa Cohrs belegt, vgl. BArch BDC OPG C25; vgl. auch BArch BDC OK, Film 3200 C0076 sowie den fragmentarisch überlieferten Vorgang seiner Entnazifizierung in LASH Abt. 460.9, Nr. 2, 34 und 403.

traf erneut ein ehemaliger Verfolgter auf einen früheren Repräsentanten des NS-Regimes, denn bei Cohrs handelte es sich um einen früheren Kreisleiter der NSDAP in Hamburg. Es ist nicht zu klären, aber keineswegs unwahrscheinlich, dass Kukil die politische Vergangenheit von Cohrs kannte, denn nur ein paar Sätze weiter ging er direkt auf „Reichsredner, Kreisleiter und Angehörige dieser Organisationen ein, die nun in den Gruppen IV und V eingeordnet" worden seien.[963]

Bei dem Thema Entnazifizierung waren die Abgeordneten nicht nur als Gesetzgeber, sondern auch als (ehemalige) Zielobjekte und teilweise sogar als Akteure (im Landesausschuss) unmittelbar an der Auseinandersetzung mit der NS-Vergangenheit beteiligt. Oft ebenso die eigene Biografie tangierend, ging es um (Um-)Deutungen von Rollen in der NS-Zeit. Deshalb ist es kein Wunder, dass ausgerechnet bei diesem Thema die Emotionen in einigen – wenn auch seltenen – Momenten durchbrachen und die Abgeordneten die eigenen biografischen Rollen mit in ihre Beiträge einbezogen. Das galt nicht zuletzt, wenn ehemalige Nationalsozialisten besonders dreist auftraten. Dann wurde tatsächlich auch relativ unverblümt Klartext geredet. Dabei traten vor allem ehemals Verfolgte hervor, die eine besondere moralische Autorität in Anspruch nehmen konnten (Lohmann, Kukil) und dies auch taten, wenn auch teilweise in semantisch eng gesteckten Grenzen. Andererseits reagierten ehemals Belastete verständlicherweise durchaus empfindlich, wenn ihre NS-Vergangenheit thematisiert wurde.

Derart emotionale Momente waren jedoch nur kurz und verdeutlichen dadurch den Kontrast zum unmittelbar danach einsetzenden, durch politische Usancen geprägten Normalverhalten umso stärker. Insgesamt lässt sich deshalb bezogen auf unsere Fragestellungen als Zwischenfazit festhalten, dass bei der Betrachtung des politischen Handelns – selbst bei zentralen Themen der NS-Vergangenheit – eine eindimensionale Reduzierung der Akteure auf biografische Aspekte (oder noch enger: einen Aspekt der Biografie) viel zu kurz greift; viele andere Faktoren spielen dabei ebenfalls eine Rolle. Wesentlich sind dabei die parlamentarischen Rollen und Regeln der besonderen Institution Landtag, Positionen lassen sich zumeist entlang der politischen Lager konturieren und weniger anhand von in der Vergangenheit eingenommenen Rollen – zumal diese Zuschreibungen ohnehin retrospektiv vorgenommen wurden.

8. Bemerkungen zum „Affärenland" Schleswig-Holstein

Als am 16. Januar 1961 der schleswig-holsteinische Ministerpräsident Kai-Uwe von Hassel kurz nach elf Uhr vormittags im Landeshaus das Wort zu einer Regierungserklärung ergriff, tat er dies ausdrücklich, um Vorwürfen in- und ausländischer Medien entgegenzutreten,

963 Vgl. Wortprotokoll des Schleswig-Holsteinischen Landtages, 2. Wahlperiode, 9. Tagung, 12./13./14. März 1951, S. 248. Diese Einordnung hatte Cohrs übrigens auch erreicht, vgl. LASH Abt. 460.9, Nr. 2, 34 und 403.

Schleswig-Holstein wäre ein „Schlupfwinkel für die braune Pest".[964] Sorgen um den Ruf des Landes angesichts einer vermeintlichen Renazifizierung waren zu diesem Zeitpunkt alles andere als neu, bereits nach dem Wahlsieg des bürgerlichen Lagers 1950 waren solche Befürchtungen auch im Plenum geäußert worden: Am Rande der zweiten Lesung des Entnazifizierungsbeendigungsgesetzes hatte der Justizminister und Stellvertretende Ministerpräsident Kraft der sozialdemokratischen Opposition vorgeworfen, die „Schwarzen" in der Landesregierung gegenüber der Bundesregierung als „braun in braun" gefärbt dargestellt zu haben, was der Abgeordnete Kukil im Laufe der eigentlichen Debatte aufgenommen hatte und bemerkte, dass die neue Regierungskoalition im Zuge dessen, was er „Renazifizierung" nannte, selbst dafür sorge, als „braun" bezeichnet zu werden.[965] Zuvor hatte er den (zu diesem Zeitpunkt noch absurd wirkenden) Fall an die Wand gemalt, dass bei dem eingeschlagenen politischen Kurs der Landesregierung bald der ehemalige Gauleiter Lohse kommen und Ansprüche auf seine Pension als Oberpräsident erheben könnte: „Ich glaube", so Kukil, „niemand von uns hat ein Interesse daran, von unserem Lande ein solches Bild bei den anderen Bundesländern und über die Grenzen der Bundesrepublik hinaus entstehen zu lassen."[966] Kukils Schreckensszenario erwies sich als ebenso realistisch wie seine Worte prophetisch, denn in dem folgenden Jahrzehnt reihte sich in Schleswig-Holstein – beginnend mit der Auseinandersetzung um ebenjene tatsächlich beantragte und in Höhe von einem Viertel zunächst auch zugesprochene Pension Lohses[967] – ein vergangenheitspolitischer Skandal beziehungsweise eine Skandalisierung an die nächste.[968] Dazu gehörte auch die Auseinandersetzung um die Wahl des ehemaligen hohen HJ-Führers und Ministerialbeamten im Reichsinnenministerium, Dr. Werner Schmidt[969], zum Bürgermeister in Eckernförde im Sommer 1952, die von Innenminister Pagel zwischenzeitlich gestoppt wurde wegen der nationalsozialistischen Vergangenheit Schmidts, und dessen Fall ausführlich in der erwähnten Debatte um den Ausschuss für Verfas-

964 Vgl. Stenographischer Bericht des Schleswig-Holsteinischen Landtags, 4. Wahlperiode, 55. Sitzung, 16. Januar 1961, S. 1885–1931, hier S. 1886, sowie Stenographischer Bericht des Schleswig-Holsteinischen Landtags, 4. Wahlperiode, 56. Sitzung, 17. Januar 1961, S. 1931–1938.

965 Vgl. Wortprotokoll des Schleswig-Holsteinischen Landtages, 2. Wahlperiode, 9. Tagung, 12./13./14. März 1951, S. 193 und 223.

966 Vgl. ebd., S. 222f.

967 Vgl. Danker: Wir subventionieren (Anm. 822), passim.

968 Vgl. zu Folgendem Bernd Kasten: „Das Ansehen des Landes Schleswig-Holstein". Die Regierung von Hassel im Umgang mit Problemen der nationalsozialistischen Vergangenheit. In: Zeitschrift der Gesellschaft für Schleswig-Holsteinische Geschichte 118 (1993), S. 267–284.

969 Sozialstaatssekretär (1967–1971), Innenstaatssekretär (1971–1973), Quellendichte: gut; Zuordnung: exponiert / nationalsozialistisch (Typ: „„Alter Kämpfer""). Vgl. zu seiner Vita BArch BDC ZK, Film 3100 P0058; BArch Ludwigsburg Kartei ZS 206 AR 3636/65; BStU IX/11 RHE 2/82; BStU MfS IX/11 PA 4194; LASH Abt. 460, Nr. 1778; LASH Abt. 460.1, Nr. 97; LASH Abt. 761, Nr. 1191; StA Eckernförde I K b 016. Siehe auch Hans Jessen: Dr. Werner Schmidt. 1911–1990. In: Jahrbuch der Heimatgemeinschaft Eckernförde e. V., Band 48 (1990), S. 11–15; Reinhold Borzikowsky: Dr. Werner Schmidt – ein Leben in Verantwortung und Pflichterfüllung 1911–1990. In: Jahrbuch der Heimatgemeinschaft Eckernförde e. V., Band 49 (1991), S. 18–24; Werner Schmidt: Leben in einem Volk. Individuelle und kollektive Biografie 1930/1945. Husum o. J. (1989).

sungsschutz verhandelt wurde, nicht zuletzt deshalb, weil er ein Schulfreund des späteren Ministerpräsidenten Kai-Uwe von Hassel[970] war.[971] Im Herbst 1951 war es zuvor im Landtag im Zusammenhang mit der Frage nach Lohses Pension auch zu einer heftigen Auseinandersetzung um das Vermögen und eine Kriegerwitwenrente von Lina Heydrich, der Witwe von SS-Obergruppenführer Reinhard Heydrich, gekommen.[972] Das Verfahren zog sich hin bis 1958, als sie den positiven Bescheid bekam, und reihte sich ein in eine Sammlung weiterer politisch hochproblematischer Pensionsfälle. Einer davon war der von Walther Schröder, seines Zeichens vormaliger Lübecker NSDAP-Kreisleiter, Polizeipräsident und Höherer SS- und Polizeiführer im Generalkommissariat Lettland, der nach seiner Entlassung aus der Internierungshaft nicht nur eine Pension als Polizeisenator erstritt, sondern auch noch Wiedergutmachungszahlungen in Höhe von 65.000 DM für die Einrichtung seiner Dienstvilla geltend machte.[973] Ein anderer Fall betraf den vormaligen Oberreichsanwalt Ernst Lautz, Oberster Ankläger beim Volksgerichtshof, der ebenso wie Schröder und andere ehemalige Nationalsozialisten von der gesetzlichen Regelung profitierte, dass eine Verurteilung durch ein alliiertes Gericht wie beispielsweise der Internationale Militärgerichtshof in Nürnberg sowie die Folgeprozesse, zu denen auch die Spruchgerichtsverfahren der britischen Zone zählten, deutsche Gerichtsverfahren in derselben Sache unmöglich machte.[974] Die öffentliche Empörung war enorm. Ministerpräsident von Hassel und Innenminister Lemke sahen sich im März 1956 gezwungen, im Landtag eine Erklärung zu den Fällen Lautz und Schröder abzugeben.[975] Wenig später wurde der Fall Oberheuser publik, nachdem die an Menschenversuchen im KZ Ravensbrück beteiligte Ärztin 1956 von einer Überlebenden erkannt worden war. Zu diesem Zeitpunkt praktizierte sie bereits wieder in der kleinen holsteinischen Gemeinde Stocksee, denn im Zuge des Nürnberger Ärzteprozesses war sie zwar wegen ihrer Rolle in Ravensbrück zu zwanzig Jahren Haft verurteilt worden, ihre Approbation hatte man ihr jedoch nicht entzogen. Dies tat das Innenministerium 1958, nachdem die Kieler Staatsanwaltschaft ein Ermittlungsverfahren einstellen musste, weil sie in Nürnberg bereits verurteilt worden war, und die öffentliche Kritik an der als verschleppend wahrgenommen Re-

970 MdL WP02–05 (CDU), Quellendichte: gut; Kultusminister (1954), Ministerpräsident (1954–1963), Innenminister (1955), Justizminister (1962–1963); Zuordnung: angepasst / ambivalent (Typ: „Inkludierter ‚Volksgenosse'").

971 Vgl. in diesem Teil oben sowie Speich: von Hassel (Anm. 785), S. 85f.

972 Vgl. hierzu den Antrag der SPD-Landtagsfraktion betr. Abberufung des Sonderbeauftragten für die Entnazifizierung, Wortprotokoll des 4. Schleswig-Holsteinischen Landtages, 14. Tagung, 8./9./10. Oktober 1951, S. 81–150 sowie Uwe Danker: NS-Opfer und Täter – Versorgungen mit zweierlei Maß. Lina Heydrich und Dr. Norbert L. mit Rentenangelegenheiten vor Gericht. In: Demokratische Geschichte, Band 10 (1996), S. 277–305.

973 Vgl. Kasten: Ansehen des Landes (Anm. 968), S. 268f. sowie zu Schröders Vita Lehmann: Kreisleiter (Anm. 777), passim, v. a. S. 159–169.

974 Vgl. Kasten: Ansehen des Landes (Anm. 968), S. 269f.

975 Vgl. Stenographischer Bericht des Schleswig-Holsteinischen Landtags, 3. Wahlperiode, 35. Sitzung, 6. März 1956, S. 1506–1509.

aktion der Landesregierung auch internationale Medien erreichte.[976] Als die Entziehung von Oberheusers Approbation 1960 nach einer sich hinziehenden juristischen Auseinandersetzung endgültig rechtskräftig wurde, beherrschten bereits andere vergangenheitspolitische Fälle die Landespolitik.

Mittlerweile bestimmte die Heyde/Sawade-Affäre die Schlagzeilen: Der wegen seiner zentralen Rolle beim Euthanasieverbrechen steckbrieflich Gesuchte war enttarnt und verhaftet worden, zwei Untersuchungsausschüsse des Landtags waren eingesetzt und tagten bereits.[977]

Ausgelöst worden war die Affäre durch eine absurde Nachbarschaftsposse: Weil sich der Kieler Klinikchef für Innere Medizin durch feiernde Studenten beharrlich in seiner Nachtruhe gestört und anschließend von der Justiz missachtet fühlte, darauf zunächst recht allgemein mit skandalösen Enthüllungen drohte, reagierten Regierungskreise alarmiert und wurde schließlich im November 1959 auch offiziell bekannt, was man sich in Mediziner- und Juristenkreisen in Flensburg, Schleswig und Kiel bereits seit Langem unter der Hand erzählt hatte, nämlich dass der steckbrieflich gesuchte ehemalige Hauptakteur des NS-Euthanasieprogramm Prof. Dr. Werner Heyde unter dem falschen Namen Dr. Fritz Sawade in Flensburg lebte und praktizierte. Heyde, Würzburger Psychiatrie-Ordinarius, als Leiter und Chefgutachter organisatorisch verantwortlich für die Ermordung von über 80.000 Patienten, war 1947 aus amerikanischem Gewahrsam entflohen, untergetaucht und hatte sich schließlich mit falschen Papieren ausgestattet nicht nur eine bürgerliche Existenz als Sportarzt in Flensburg aufgebaut, sondern – unterstützt von zahlreichen Mitwissern – als Gutachter in über 7000 Verfahren gewirkt, unter anderem vor dem Landessozialgericht und dem Oberlandesgericht. Die außerordentliche Sprengkraft der Enthüllung lag in der gesellschaftlichen Dimension der Affäre, denn sie legte offen, wie im überschaubaren Schleswig-Holstein „ein Kartell des Schweigens“[978] entstehen konnte durch die enge Verzahnung akademischer Milieus in Kombination mit falsch verstandener Kollegialität und einem augenzwinkernden Verständnis gegenüber Personen, selbst wenn sie in schwerste nationalsozialistische Verbrechen verstrickt waren, sofern sie sich nur habituell als Standesgenossen ausweisen konnten.

Das Klima, das derart skandalträchtige Mischungen begünstigte, wird am besten beschrieben durch eine eher beiläufige Bemerkung, die einer der am stärksten belasteten Akteure, Landessozialgerichtspräsident Dr. Ernst-Siegfried Buresch, im Untersuchungsausschuss des

---

976 Vgl. Kasten: Ansehen des Landes (Anm. 968), S. 278; Uwe Danker/Astrid Schwabe: Schleswig-Holstein und der Nationalsozialismus. Neumünster 2005, S. 180f.; Silvija Kavcic: Dr. Herta Oberheuser – Karriere einer Ärztin. In: Viola Schubert-Lenhardt/Sylvia Korch (Hrsg.): Frauen als Täterinnen und Mittäterinnen im Nationalsozialismus. Gestaltungsspielräume und Handlungsmöglichkeiten. Beiträge zum 5. Tag der Frauen- und Geschlechterforschung an der Martin-Luther-Universität Halle-Wittenberg. Halle 2006, S. 99–113.

977 Vgl. zu der Affäre ausführlich Godau-Schüttke: Heyde-Sawade-Affäre (Anm. 787) sowie Uwe Danker: „Die Täter bildeten ein Kartell des Schweigens.“ Die unglaubliche Affäre Heyde/Sawade. In: Ders.: Die Jahrhundertstory, Band 3. Flensburg 1999, S. 168–187.

978 Vgl. Godau-Schüttke: Heyde-Sawade-Affäre (Anm. 787), S. 132.

Landtags machte: „Es ist sehr schwierig, sich in die Zeit von vor zehn Jahren zurückzuversetzen [...], weil man damals vielleicht auch gegen falsche Namen nicht besonders empfindlich war, nicht so wie heute [...]."[979] Die gesellschaftlichen und politischen Folgen der Enthüllung waren immens, da im Zuge der Affäre nicht nur zahlreiche direkte und indirekte komplizenhafte Unterstützer Heydes/Sawades bekannt wurden, sondern auch Spitzenpolitiker wie Ministerpräsident von Hassel und Kultusminister Osterloh als frühe Mitwisser verdächtigt wurden.[980] Zum parteipolitischen Streitpunkt wurde die Affäre schließlich durch den Antrag der SPD, einen Untersuchungsausschuss ihre personellen Implikationen prüfen zu lassen, woran die Regierungsparteien CDU/FDP kein Interesse besaßen.[981] Sie nutzten die sehr offensiven, aber unbewiesenen Verdächtigungen, die der Abgeordnete Steffen in einem Artikel in der Flensburger Presse und zuvor im Plenum hinsichtlich einer Mitwisserschaft von Regierungsmitgliedern und Abgeordneten vorgebracht hatte, um die Erweiterung des Auftrags an den Untersuchungsausschuss um die Prüfung von Steffens Behauptungen zu ergänzen. Der Antrag wurde von der SPD-Fraktion als Störmanöver gegen den Untersuchungsausschuss empfunden und sorgte auf offener Bühne für stürmische Auseinandersetzungen zwischen Vertretern der Opposition und der Regierungsfraktionen.[982] Zusätzlich überschattet war die Landtagsdebatte durch die Bestellung des neuen Landtagsdirektors Fritz Völpel[983] gewesen, der wegen schwerer Belastung durch seine NS-Vergangenheit von der SPD als ungeeignet betrachtet wurde.[984] Zur Lösung wurde die Einsetzung zweier Untersuchungsausschüsse beschlossen, die sich, in fast identischer Besetzung, der Fragenkomplexe getrennt annahmen.[985]

979 Stenographischer Bericht über die nichtöffentliche Vernehmung durch den Vorsitzenden des Parlamentarischen Untersuchungsausschusses I (Prof. Heyde/Dr. Sawade) am 8. April 1961. In: Schleswig-Holsteinischer Landtag, 4. Wahlperiode: Niederschriftensammlung des Parlamentarischen Untersuchungsausschusses I (Prof. Heyde/Dr. Sawade), Bd. 3, S. 81.

980 Der für die Veröffentlichung der Vorwürfe gegen die beiden verantwortliche Journalist der Frankfurter Rundschau war am Ende der Affäre der einzige aller Beteiligten, der rechtskräftig verurteilt wurde, alle anderen kamen straflos davon, Heyde/Sawade entzog sich der Justiz durch Freitod. Vgl. Godau-Schüttke: Heyde-Sawade-Affäre (Anm. 787), S. 265–310.

981 Vgl. hierzu und zu Folgendem ebd., S. 219–233.

982 Vgl. Stenographischer Bericht des Schleswig-Holsteinischen Landtages, 4. Wahlperiode, 29. Sitzung, 14. Dezember 1959, S. 843–871.

983 Direktor des Schleswig-Holsteinischen Landtags (07.12.1959–30.9.1967), Quellendichte: befriedigend; Zuordnung: exponiert / nationalsozialistisch (Typ: „Besatzungsakteur"), vgl. LASH Abt. 786, Nr. 11980; BArch Z 42 V, Nr. 3732; BArch R 3001/78995; BArch SSO 207-B; BArch RS G 440.

984 Vgl. Godau-Schüttke: Heyde-Sawade-Affäre (Anm. 787), S. 223 sowie „Landtagspräsident scharf angegriffen", Kieler Nachrichten vom 12./13. Dezember 1959.

985 Für die SPD gehörten dem Ausschuss an: Heinz Adler (MdL 2. ern. Landtag-WP06 (SPD), Quellendichte: ausreichend; Zuordnung: angepasst / ambivalent (Typ: „Inkludierter ‚Volksgenosse'")), Julius Bredenbeck (MdL WP04 (SPD), Quellendichte: befriedigend; Zuordnung: oppositionell / „gemeinschaftsfremd" (Typ: „Protagonist Arbeiterbewegung")), Joachim Steffen (MdL WP04–08 (SPD), Quellendichte: ausreichend; Zuordnung: ns-sozialisiert) und Gerhard Strack (MdL WP03–06 (SPD), Quellendichte: unzureichend; Zuordnung: nicht zuordenbar); für die CDU: Gustav Drevs (MdL WP03–07 (CDU), Quellendichte: befriedigend; Zuordnung: angepasst / ambivalent (Typ: „Angehöriger traditioneller Eliten")), Dr. Gerhard Gerlich (MdL WP02–05 (CDU), Quellendichte: befriedigend; Zuordnung: systemtragend / karrieristisch

Unter dem Vorsitz der Abgeordneten Rohloff und Adler verlief die Arbeit der Ausschüsse in den insgesamt 43 öffentlichen und nicht-öffentlichen (Untersuchungsausschuss I) beziehungsweise acht (Untersuchungsausschuss II) Sitzungen im Kontrast zum Vorspiel im Plenum sehr sachlich und konstruktiv.[986] Der Abschlussbericht zählt schließlich 46 Persönlichkeiten aus der schleswig-holsteinischen Medizin, Justiz und Ministerialbürokratie auf, die zumindest partiell Beteiligte des „Schweigekartells" gewesen waren, nachweislich hatten 18 von ihnen frühzeitig alles gewusst.

Neben diesem im beschaulichen Schleswig-Holstein einem politischen Erdbeben gleichenden Skandal verblassten nahezu zeitgleich ans Licht kommende Fälle allerdings nicht etwa, sondern erhielten vielmehr zusätzliche Beachtung, wie beispielsweise der des ebenfalls zentral in nationalsozialistische Euthanasiemorde verwickelten Kieler Pädiatrie-Ordinarius Prof. Dr. Werner Catel, dessen Rolle bei der Ermordung behinderter Kinder von der direkten Beteiligung bei der Tötung in einem Fall bis zur Gutachtertätigkeit des über die Tötung von Patienten entscheidenden „Reichsausschuss[es] zur wissenschaftlichen Erfassung von erb- und anlagebedingten schweren Leiden" gereicht hatte.[987] Kultusminister Osterloh, als für disziplinarisches Vorgehen zuständiger Ressortchef, geriet nach einer Anzeige gegen Catel und der nachfolgenden medialen Berichterstattung unter erheblichen Druck, da er gegenüber der Presse den Eindruck vermittelt hatte, Verständnis für Catels Sicht der Dinge zu haben, der sich keiner moralischen Schuld bewusst zeigte.[988] Zudem schwelte weiterhin die Affäre Reinefarth um die Rolle des Westerländer Bürgermeisters und Landtagsabgeordneten des GB/BHE bei

(Typ: „Funktionaler Träger")), Erwin Jürgens (MdL WP02–05 (DP, fraktionslos, CDU), Quellendichte: befriedigend; Zuordnung: exponiert / nationalsozialistisch (Typ: „„Alter Kämpfer"")), Hans-Jürgen Klinker (MdL WP01–05 (CDU), Quellendichte: ausreichend; Zuordnung: ns-sozialisiert), Hanns Ulrich Pusch (MdL WP04 (CDU), Quellendichte: ausreichend; Zuordnung: angepasst / ambivalent (Typ: „Politisch Angepasster")) und Dr. Paul Rohloff (MdL WP02, WP04–06 (CDU), Landtagspräsident 1964–1971, Quellendichte: befriedigend; Zuordnung: angepasst / ambivalent (Typ: „Politisch Angepasster")); für die FDP: Heinrich Wolgast (MdL WP02–05 (FDP), Quellendichte: befriedigend; Zuordnung: angepasst / ambivalent (Typ: „Politisch Angepasster")); für den BHE: Dr. Alfred Gille (MdL WP02–04 (GB/BHE), Quellendichte: gut; Zuordnung: exponiert / nationalsozialistisch (Typ: „Besatzungsakteur")) sowie für den SSW: Samuel Münchow (MdL 2. ern. Landtag-WP02, WP04 (SSW), Quellendichte: ausreichend; Zuordnung angepasst / ambivalent (Typ: „Grenzpolitsicher Akteur")). Im Untersuchungsausschuss II nahm der Abgeordnete Kurt Schulz (MdL WP04–07 (SPD), Quellendichte: befriedigend; Zuordnung: ns-sozialisiert) die Nachfolge von Steffen wahr.

986 Vgl. Godau-Schüttke: Heyde-Sawade-Affäre (Anm. 787), S. 223–228, sowie Schleswig-Holsteinischer Landtag, 4. Wahlperiode: Niederschriftensammlung des Parlamentarischen Untersuchungsausschusses I (Prof. Heyde/Dr. Sawade), Bde. 1–3 und Schleswig-Holsteinischer Landtag, 4. Wahlperiode: Niederschriftensammlung des Parlamentarischen Untersuchungsausschusses II (Prof. Heyde/Dr. Sawade).

987 Vgl. zu Catel Hans-Christian Petersen/Sönke Zankel: „Ein exzellenter Kinderarzt, wenn man von den Euthanasie-Dingen einmal absieht." Werner Catel und die Vergangenheitspolitik der Universität Kiel. In: Hans-Werner Prahl/ Dies. (Hrsg.): UNI-Formierung des Geistes. Universität Kiel und der Nationalsozialismus, Band 2. Kiel 2007, S. 133–178.

988 Vgl. hierzu ebd., S. 160–164, sowie Peter Zocher: Edo Osterloh – Vom Theologen zum christlichen Politiker. Eine Fallstudie zum Verhältnis von Theologie und Politik im 20. Jahrhundert. Göttingen 2007, S. 469–474.

dem Massaker im Zuge des Warschauer Aufstands 1944; seine Wahl in den Landtag hatte 1958 für massive Proteste und politische Auseinandersetzungen auch innerhalb der Regierungskoalition gesorgt.[989]

Die bereits vor allem in den Medien außerhalb des Landes stattfindende Beschäftigung mit den vergangenheitspolitischen Skandalen in Schleswig-Holstein erreichte schließlich ihren Höhepunkt,[990] als das Schleswig-Holsteinische Verwaltungsgericht im November 1960 die Ansprüche des ehemaligen Amtschefs und stellvertretenden Ministers im Reichsjustizministerium, Dr. Franz Schlegelberger, auf Weiterzahlung seiner Pension bestätigte, die bereits Gegenstand mehrerer Kleiner Anfragen der SPD im Bundestag gewesen war.[991]

Das nun einsetzende Medienecho, angeführt von der Frankfurter Rundschau, war massiv, denn auch deutlich regierungsnähere Blätter wie der Rheinische Merkur widmeten sich der „erschreckenden Häufung düsterer Justizbeschlüsse" und Fällen von „brauner Patronage in Schleswig-Holstein".[992] Der Druck kulminierte zur Jahreswende 1960/61 derart, dass Ministerpräsident von Hassel, der bundespolitische Ambitionen besaß, im Januar 1961 zum Befreiungsschlag ausholte, um mit einer Regierungserklärung die Politik und Haltung der Landesregierung gegenüber den Abgeordneten des Landtags, vor allem aber gegenüber den rund vierzig eigens angereisten in- und ausländischen Pressevertretern zu rechtfertigen.[993]

Nach einer sehr detaillierten Darstellung der Vorwürfe in der Berichterstattung, teilweise unter Nennung einzelner Journalisten und Zeitungsartikel, schilderte er ebenso ausführlich die Fälle Schlegelberger, Lautz, Oberheuser, Stielau[994] und Reinefarth, die Affäre um Heyde/Sawade sowie Fälle problematischer Personalpolitik,[995] mithin „Einzelfälle" in denen sich die Landesregierung „seit Jahren" um „Bereinigung" bemühte.[996] Dies sei „bewundernswert" gewesen[997] angesichts der Ausgangslage des Landes, als in „einer chaotischen Zeit" mit „geringe[n] Vollmachten" ausgestattete deutsche Behörden eine auf zeitweise „4,8 Millionen Menschen" angeschwol-

989 Vgl. hierzu den Beitrag von Marti in Anfügung II dieser Studie.

990 Vgl. hierzu Kasten: Ansehen des Landes (Anm. 968), S. 280.

991 Vgl. hierzu Michael Förster: Jurist im Dienst des Unrechts. Leben und Werk des ehemaligen Staatssekretärs im Reichsjustizministerium Franz Schlegelberger (1876–1970). Baden-Baden 1995, S. 170–175.

992 Zitiert nach Kasten: Ansehen des Landes (Anm. 968), S. 281.

993 Vgl. Stenographischer Bericht des Schleswig-Holsteinischen Landtages, 4. Wahlperiode, 55. Sitzung, 16. Januar 1961, S. 1885–1931 sowie Kasten: Ansehen des Landes (Anm. 993), S. 282f. Von Hassel, der ursprünglich sogar geplant hatte, die Erklärung vor der Bundespressekonferenz zu geben, ließ sie in 1000 Exemplaren drucken und in allen Ressorts der Landesregierung wie auch an die Bundespresse und die deutschen Botschaften im Ausland verteilen, vgl. Speich: von Hassel (Anm. 785), S. 216.

994 Der an der Lübecker Oberschule zum Dom tätige Studienrat Lothar Stielau hatte in einem Artikel in einer Alumni-Publikation der Schule die Tagebücher von Anne Frank als Fälschung bezeichnet.

995 Dabei ging es um die Personen der Professoren Helmich, Dr. Wilhelm, Ivo Braak und Dr. Beyer sowie den ersten Staatsanwalt Jaager und den Landtagsdirektor Fritz Völpel (siehe weiter oben in diesem Teil.).

996 Vgl. Stenographischer Bericht des Schleswig-Holsteinischen Landtages, 4. Wahlperiode, 55. Sitzung, 16. Januar 1961, S. 1888f. Vgl. zu Folgendem auch Danker: Landtag (Anm. 754), S. 196ff.

997 Vgl. Stenographischer Bericht des Schleswig-Holsteinischen Landtages, 4. Wahlperiode, 55. Sitzung, 16. Januar 1961, S. 1899.

lene Bevölkerungszahl, von der nur jeder Dritte ein Einheimischer gewesen sei, hätten kontrollieren sollen. Trotz dieser Herausforderungen und der Tatsache, dass zehn Jahre zuvor die Situation auch in Schleswig-Holstein noch durch radikale Kräfte mitgeprägt worden sei, verkörpert durch Wolfgang Hedler, den „Deutschen Block" und die Sozialistische Reichspartei,[998] gebe es nun „praktisch keinen Radikalismus mehr" im Land. Obwohl er Rekurs nahm auf „alle demokratischen Kräfte in unserem Lande", lautete der Subtext: Die Integrationsstrategie der CDU gegenüber den ehemaligen Anhängern des Nationalsozialismus sei sinnvoll und erfolgreich gewesen. Im Übrigen sei an die „Unabhängigkeit der Richter" als Grundpfeiler des demokratischen Zusammenlebens zu erinnern, weshalb der Ministerpräsident die geforderte „Urteilsschelte" in den genannten Fällen ablehnte.[999] Von Hassels in erster Linie „formaljuristische" Argumentation reflektierte wesentlich den „funktionalen Charakter", den Vergangenheitspolitik für ihn besaß.[1000] Dem Bild, die Landesregierung hätte alles innerhalb rechtsstaatlicher Rahmenbedingungen Mögliche zur Festigung der demokratischen Grundordnung unternommen, setzte von Hassel schließlich mit der Chiffre einer „zweiten Welle der Entnazifizierung" die vermeintlich drohende Alternative entgegen,[1001] die er in den Vorwürfen zu erkennen glaubte.

Mit der Instrumentalisierung dieser „stigmatisierten Geschichtsvokabel"[1002] ließen sich vortrefflich die Bemühungen um die Aufklärung belasteter Kontinuitäten delegitimieren. Und so beeilte sich Oppositionsführer Käber auch in seiner darauf folgenden Antwort zu unterstreichen: „Wir Sozialdemokraten wollen keine neue Entnazifizierung."[1003] Trotz der in einer Entgegnung auf eine Regierungserklärung zu erwartenden Kritik, nämlich unter anderem an der „polemischen Auseinandersetzung gegen die Presse" und der Ausführung anderer „pure[r] Selbstverständlichkeiten", wird in seinem Beitrag das Dilemma deutlich, einerseits das schlechte Krisenmanagement der Regierung zu problematisieren, andererseits eine offene Flanke für Vorwürfe zu bieten, ebenfalls hinter den vermeintlich „unberechtigten Angriffe[n] auf den Ruf des Landes" zu stehen.[1004]

Die sich anschließende Aussprache blieb bezogen auf die NS-Zeit und ihre Auswirkungen inhaltlich vielfach überwiegend an der Oberfläche beziehungsweise bemerkenswert blass. Der Abgeordnete Münchow[1005] (SSW) mahnte zwar Konsequenz an und erinnerte daran, dass noch immer diejenigen, „die in der Nazizeit Richter waren und andere verurteilten, ins KZ zu kommen, heute die großen Gehälter und Pensionen bekommen, während diejenigen, die damals noch von ihren Richtern verurteilt wurden, noch nicht mit ihren Renten oder Erstattun-

998 Vgl. hierzu Varain: Parteien und Verbände (Anm. 782), S. 55.

999 Stenographischer Bericht des Schleswig-Holsteinischen Landtages, 4. Wahlperiode, 55. Sitzung, 16. Januar 1961, S. 1899.

1000 So Speich: von Hassel (Anm. 785), S. 217.

1001 Vgl. Stenographischer Bericht des Schleswig-Holsteinischen Landtages, 4. Wahlperiode, 55. Sitzung, 16. Januar 1961, S. 1900.

1002 Vgl. das Lemma „Entnazifizierung". In: Eitz/Stötzel: Wörterbuch (Anm. 803), S. 197–214, hier S. 208.

1003 Stenographischer Bericht des Schleswig-Holsteinischen Landtages, 4. Wahlperiode, 55. Sitzung, 16. Januar 1961, S. 1905.

1004 So Käber, den Appell der Landesregierung wiedergebend, ebd., S. 1907.

1005 MdL 2. ern. Landtag-WP02, WP04 (SSW), Quellendichte: ausreichend; Zuordnung: angepasst / ambivalent (Typ: „Grenzpolitischer Akteur").

gen befriedigt" seien.[1006] Auf von Hassels Zwischenruf, was die Landesregierung denn tun solle, konnte er jedoch nur erwidern, dass sie sich in Bonn für die Revision der gesetzlichen Grundlagen einsetzen möge. Dem CDU-Fraktionsvorsitzenden Mentzel war es erwartungsgemäß vorbehalten, die Ausführungen seines Parteifreunds von Hassel zu unterstützen, diejenigen des Oppositionsführers zu kritisieren und im Übrigen anzumerken, dass die Vorwürfe gegen die Landesregierung „jeder Berechtigung entbehren".[1007] Der Fraktionsvorsitzende der FDP Heinrich Wolgast schloss sich dem an, wiederholte inhaltlich vieles der Regierungserklärung und versäumte nicht, selbst noch einmal ausführlich auf die Entnazifizierung und ihre Probleme einzugehen, eine (allerdings auch hier von niemandem vorgeschlagene) Neuauflage entschieden abzulehnen sowie zu begrüßen, dass auch die SPD einer „Änderung geltenden Rechts" in dieser Hinsicht eine Absage erteilt habe.[1008] Dem Konsens, dass die Schatten der NS-Vergangenheit vor allem ein Problem der Presseberichterstattung seien, mochte sich der Abgeordnete Adler nicht anschließen, sondern beharrte auf der Feststellung des Problems, „daß Schleswig-Holstein in weiten Kreisen des In- und Auslandes als Land der demokratischen Fragwürdigkeiten" gelte. Zudem benannte er als ein zentrales Problem die Diskrepanz zwischen rechtsstaatlich korrektem, gleichwohl formaljuristischem Handeln und dessen „geradezu irrsinnigen Ergebnissen" wie der Zahlung hoher Pensionen an belastete NS-Funktionsträger, für das eine Lösung gefunden werden müsse.[1009] Abgesehen von diesen Bemerkungen war die Debatte anschließend endgültig in der Tagespolitik angekommen, denn sie drehte sich um konkrete Fragen der Kooperation bei der parallel laufenden Heyde/Sawade-Ausschussarbeit. Zum Abschluss der Aussprache an diesem Tage trat der Abgeordnete und amtierende Landtagspräsident von Heydebreck auf,[1010] als einziger Teilnehmer der Debatte auf seine eigene biografische Erfahrung zurückgreifend – allerdings nicht als ehemals Verfolgter, sondern „vom Standpunkte eines Juristen und Anwalts, der in den Jahren 1934 bis 1939 in politischen Prozessen hat verteidigen müssen – ich kann auch ebenso gut sagen, hat verteidigen d ü r f e n" und nach 1945 „Angehörige der Wehrmacht, auch Angehörige des nationalsozialis-

1006 Stenographischer Bericht des Schleswig-Holsteinischen Landtages, 4. Wahlperiode, 55. Sitzung, 16. Januar 1961, S. 1919. Vgl. auch zu Folgendem ebd.

1007 Vgl. ebd., S. 1921. Bemerkenswert sind vor dem Hintergrund seiner durch exponierte Rollen belasteten Vita in der NS-Zeit und der unmittelbaren Nachkriegszeit (siehe oben in diesem Teil) seine Bemerkungen, mit denen er – wahrscheinlich eher ohne Absicht – seinen eigenen Werdegang in der frühen Bundesrepublik reflektiert: „Es gab, so will ich einmal sagen – so naive Leute, die glaubten, die Besatzungsmächte würden am Kanal stehenbleiben und eine freie Zone lassen. Das hat viele veranlaßt – ich weiß das; ich war damals zum Schluß des Krieges hier –, nördlich des Kanals in Schleswig-Holstein zu erscheinen. Darauf ist es vielleicht zurückzuführen, daß sich hier nach dem Kriege radikale Gruppen gezeigt haben. [...] Es ist aber doch gerade ein Zeichen für eine Weiterführung des parlamentarisch-demokratischen Gedankens in der Bevölkerung und für eine Fundierung dieser Staatsform, daß diese radikalen Gruppen [...] zahlenmäßig völlig abgesunken sind und keine Rolle mehr spielen."

1008 Vgl. ebd., S. 1922ff.

1009 Vgl. ebd., S. 1924f.

1010 MdL WP04–06 (CDU), Landeskultusminister (1964–1969) und Landesjustizminister (1969), Quellendichte: ausreichend; Zuordnung: angepasst / ambivalent (Typ: „Inkludierter ‚Volksgenosse'").

tischen Staates verteidigt hat".[1011] Die Perspektive nun endgültig umkehrend, konzentrierte sich von Heydebreck vor allem auf die Nöte von Beschuldigten in NSG-Prozessen, erwähnt deren seelisches Leiden angesichts sich hinziehender Prozesse, streifte die Probleme von Zeugenaussagen zu jahrzehntelang zurückliegenden Tatvorgängen, riss den Komplex „Befehlsnotstand" an, um dann auf das Beispiel eines besonders human urteilenden Sonderrichters einzugehen, dem – wäre er noch am Leben – nach den nun geltenden Maßstäben der Verlust der Pensionsansprüche drohen würde.[1012] Sein erkennbar vom eigenen Erleben als Jurist geprägter Beitrag gipfelte schließlich in den Ausführungen zu den ethischen Dimensionen der Strafverfolgung am Beispiels eines nach 15 Jahren im Untergrund verhafteten NS-Täters, über den er in der Zeitung gelesen hätte: „Ich möchte sagen – ich weiß, daß es nicht unwidersprochen bleiben wird – daß dieser Mann, wenn er auf der Anklagebank sitzt, nicht mehr derselbe ist wie der, der er war, als er die Taten beging."[1013] Das erregte den kopfschüttelnden Einspruch eines der 13 in dieser Wahlperiode verbliebenen ehemaligen NS-Verfolgten, Detlef Haase[1014] (SPD), der nach eigenen Angaben noch in den letzten Kriegstagen „wegen angeblicher Wehrkraftzersetzung und marxistischer Machenschaften" zum Tode verurteilt worden sei,[1015] und dem das dann wohl doch zu viel Verständnis für einen ehemaligen Lagerkommandanten in den Konzentrationslagern Auschwitz und Mittelbau-Dora war.

Das war jedoch fast schon der konfrontativste Moment an diesem Tag, der angesichts des Themas der Aussprache durch eine bemerkenswerte Bereitschaft zum Unernst geprägt war. Das Protokoll verzeichnete während der Debattenbeiträge 37 Mal „Heiterkeit" beziehungsweise „Stürmische Heiterkeit". Verantwortlich hierfür war in weiten Teilen der Abgeordnete Dr. Alfred Gille[1016], der in dieser Debatte als eine Art „Alleinunterhalter"[1017] zu großer Form auflief, nicht weniger als 24 Zwischenrufe tätigte und dabei teilweise Zwiegespräche mit den anderen Rednern hielt. Gille, zu diesem Zeitpunkt in seiner dritten und letzten Legislaturperiode im Schleswig-Holsteinischen Landtag, war einer der aktivsten, intensivsten und zugleich wortgewandtesten Vergangenheitspolitiker im Parlament. Er gehörte beiden Heyde/

1011 Stenographischer Bericht des Schleswig-Holsteinischen Landtages, 4. Wahlperiode, 55. Sitzung, 16. Januar 1961, S. 1928 (Hervorhebung im Original).

1012 Dabei ging es um den Vorsitzenden des Sondergerichts in Berlin, der von Heydebreck gegenüber bekannt habe, eigentlich freizusprechende Beschuldigte zu geringen Haftstrafen zu verurteilen, um sie dem drohenden Zugriff der Gestapo zu entziehen, vgl. ebd., S. 1930. Tatsächlich war der besagte Vorsitzende bereits im Prozess gegen Pastor Niemöller durch bemerkenswertes Wohlwollen dem Beschuldigten gegenüber aufgefallen, vgl. hierzu Hans Buchheim: Ein NS-Funktionär zum Niemöller-Prozeß. In: Vierteljahrshefte für Zeitgeschichte 4 (1956), S. 307–315, hier S. 310.

1013 Stenographischer Bericht des Schleswig-Holsteinischen Landtages, 4. Wahlperiode, 55. Sitzung, 16. Januar 1961, S. 1930. Dabei handelte es sich um den letzten Lagerkommandanten der KZs Auschwitz und Mittelbau-Dora, SS-Sturmbannführer Richard Baer, der unter dem Namen Karl Neumann in der Nähe von Hamburg untergetaucht war und 1960 enttarnt wurde, vgl. Ernst Klee: Das Personenlexikon zum Dritten Reich. Wer war was vor und nach 1945. Koblenz 2011, S. 24.

1014 MdL WP03–04 (SPD), Quellendichte: ausreichend; Zuordnung: ns-sozialisiert.

1015 Vgl. hierzu die Angaben in Haases eigenhändigem, undatierten Lebenslauf, LASH Abt. 580, Nr. 1711.

1016 MdL WP02–04 (GB/BHE, GDP), Quellendichte: gut; Zuordnung exponiert / nationalsozialistisch (Typ: „Besatzungsakteur").

1017 So auch Kasten: Ansehen des Landes (Anm. 968), S. 283, FN 118.

Sawade-Untersuchungsausschüssen an, war Vorsitzender des Ausschusses für Innere Verwaltung und organisierte in dieser Funktion die Umsetzung der Entnazifizierungsgesetzgebung im Ausschuss sowie als Berichterstatter im Plenum. Hierbei trat er nicht zuletzt als sehr kenntnisreicher und gremienerfahrener Verwaltungsjurist hervor – Eigenschaften, für deren Erwerb er auf Erfahrung aus seiner ersten Karriere vor 1945 als nationalsozialistischer Bürgermeister in Ostpreußen und Zivilverwalter in der deutsch besetzten Ukraine und Weißruthenien zurückgreifen konnte.[1018] Sein nationalsozialistisches Vorleben konnte er weitgehend aus der Öffentlichkeit heraushalten, nachdem er durch geschickte Auslassungen das Entnazifizierungsverfahren erfolgreich durchlaufen hatte. Deshalb ist sein offensiver Einsatz als Vergangenheitspolitiker mit 38 in dieser Hinsicht relevanten Debattenbeiträgen und 200 ebensolchen Zwischenrufen umso bemerkenswerter, da ab dem Ende der 1950er-Jahre auch ehemaligen Zivilverwaltern strafrechtlich relevante Fragen gestellt wurden. So ermittelte beispielsweise bereits ab 1957 die Staatsanwaltschaft in Gilles neuer Wahlheimat Lübeck gegen seinen ehemaligen Kollegen als Gebietskommissar Hans Gewecke wegen Mordes.[1019] Auch Gille selbst sollte wenige Jahre später wegen seiner Tätigkeit als Gebietskommissar staatsanwaltschaftlich vernommen werden, wenn auch lediglich als Zeuge.[1020] Zwar liegen nach Aktenlage keine direkten Hinweise auf konkretes strafbares Handeln Gilles vor, dennoch dürfte der sich andeutende Umschwung in der strafrechtlichen Aufarbeitung der deutschen Besatzungsherrschaft im Osten für potenziell Betroffene durchaus als Bedrohungskulisse wahrgenommen worden sein. Gilles selbstbewusstes Auftreten und seine konturierte vergangenheitspolitische Positionierung waren davon zumindest öffentlich ungetrübt, wie sein Beitrag in der Aussprache zur Regierungserklärung, der mit Abstand der umfangreichste des Tages war und von insgesamt 51 Zwischenrufen unterbrochen wurde, unter Beweis stellt. Dort zog er zunächst die journalistischen Kritiker außerhalb des Landes mit Bemerkungen wie der, dass sie sich „einmal etwas von der anständigen, sauberen Luft Schleswig-Holsteins durch [die] Lunge" wehen lassen sollten, durch den Kakao, um dann mit einem hämischen, weil aus zeitgenössischer Perspektive absurden Gesetzesvorschlag sein Publikum zu erheitern: „Jeder, der einmal SS- und Polizeiführer oder Ministerialrat im ‚Dritten Reich' gewesen ist, verliert sofort seine sämtlichen Versorgungsansprüche, und wenn er noch irgendwo sitzt, hat er sofort herauszugehen!"[1021] Wenig später nahm er das eigene Bild noch einmal auf und erweiterte es: „Wer einmal Ministerialrat war, muß raus, sogar aus der Partei raus! (Heiterkeit bei der SPD und beim BG/BHE.) Na, dann gibt es vielleicht ein Rennen! Dann gibt es vielleicht ein Rennen, meine Damen und Herren! (Stürmische Heiter-

1018 Vgl. zu seiner Vita in der NS-Zeit und zu seinem Entnazifizierungsverfahren Schwartz: Funktionäre (Anm. 905), passim, v.a. S. 277–286 sowie AHL, Entnazifizierung, „Dena", Soll-Nr. 1341. Siehe die Vorstellung Gilles in Teil II.

1019 In seinem Fall sollten bis zu einer Verurteilung allerdings 13 Jahre vergehen, vgl. Lehmann: Kreisleiter (Anm. 777), S. 469f. sowie Uwe Danker: Der gescheiterte Versuch, die Legende der ‚sauberen' Zivilverwaltung zu entzaubern. In: Robert Bohn (Hrsg.): Die deutsche Herrschaft in den „germanischen" Ländern 1940–1945. Stuttgart 1997, S. 159–185.

1020 Vgl. Schwartz: Funktionäre (Anm. 905), v.a. S. 377–381.

1021 Stenographischer Bericht des Schleswig-Holsteinischen Landtages, 4. Wahlperiode, 55. Sitzung, 16. Januar 1961, S. 1909.

keit.)"[1022] Dies und die entgeisterten Reaktionen von Justizminister Leverenz, an dem (wohl als Einzigem) der scherzhafte Charakter von Gilles Vorschlag vorbeigegangen war, verraten indes die Selbstverständlichkeit, mit der personelle Kontinuitäten zur NS-Zeit in der Verwaltung 1961 allgemein wahrgenommen wurden und welche Maßstäbe zu diesem Zeitpunkt bei der Beurteilung galten: „Ich kann doch nicht jemand, der SS-Führer gewesen ist, nur wegen dieser Tatsache disqualifizieren!"[1023]

Auch wenn Gilles vergangenheitspolitische Position den Zeitgenossen offenbar klar vor Augen stand, wie ein anderer Zwischenruf Leverenz' in diesem Zusammenhang unterstreicht: „Mich wundert, daß Sie so etwas anregen! [...] Sie stellen sich doch sonst immer als Verteidiger dieser Leute [d. h. ehemaliger Nationalsozialisten, Anm. d. Autoren] dar!"[1024], darf Gilles Wirken in dieser Hinsicht keinesfalls nur als eindimensionale Agitation eines ehemaligen nationalsozialistischen Akteurs in mehr oder minder eigener Sache wahrgenommen werden. Denn unbenommen seiner aus heutiger Sicht äußerst problematisch anmutenden Form zielte sein polemischer Einwand auf das durchaus ungelöste Problem des rechtsstaatlichen Umgangs mit personellen Altlasten als Folgeerscheinung einer in ihrem wesentlichen Anliegen gescheiterten Entnazifizierung, das den Kern eines Großteils der Skandale im „Affärenland" Schleswig-Holstein bildete, nämlich die klaffende Lücke zwischen der juristischen Bewertung der NS-Vergangenheit und eines politisch angemessenen Umgangs damit. Gille verstand sich selbst als einen Hüter dieses Rechtsstaats, er zählte sich und seine Fraktion (an von Hassel gewandt) zu den „verläßlichen Demokraten in Ihrem Landtag", die mit dafür verantwortlich seien, dass durch das Parlament „noch nie ein kommunistischer Abgeordneter gegangen ist – auch keiner von den Rechtsradikalen".[1025] Die Selbstwahrnehmung des früheren NS-Funktionsträgers – sofern er sich überhaupt als solcher begriff – war die eines aufrechten Streiters für Recht und Demokratie, der die (eigene) NS-Vergangenheit nun endgültig hinter sich zu lassen gedachte.

9. Das Beispiel Polizeiausschuss

Im September 1963 richtete der Landtag auf Antrag und mit den Stimmen der SPD-Opposition bei Enthaltung der Fraktionen von CDU und FDP einen Untersuchungsausschuss „zur Aufklärung der Situation im Polizeiwesen" ein.[1026] Drei Jahre würde er vier zunächst unverfänglich

1022 Stenographischer Bericht des Schleswig-Holsteinischen Landtages, 4. Wahlperiode, 55. Sitzung, 16. Januar 1961, S. 1914.

1023 Ebd., S. 1910.

1024 Ebd.

1025 Vgl. ebd., S. 1913, 1915. Mit dieser Argumentation befand sich Gille durchaus im Zeitgeist, denn zeitgleich wurde auch im Bundestag vor allem darüber gestritten, ob die „Vergegenwärtigung der politischen Verantwortung für diese deutsche Vergangenheit die Fundamente der von den Westalliierten eingerichteten formalen Demokratie untergrub – oder eben festigte", so Dubiel in einem Zwischenfazit zum Umgang mit der NS-Vergangenheit im Bundesparlament in den 1960er-Jahren, vgl. Dubiel: Niemand ist frei (Anm. 9454), S. 84.

1026 Schleswig-Holsteinischer Landtag, 5. Wahlperiode 1962, Drucksache Nr. 136, Antrag der SPD-Fraktion betr. Einsetzung eines Untersuchungsausschusses zur Aufklärung der Situation im Polizeiwesen.

klingenden Fragen nach technischer, räumlicher, sozialer und organisatorischer Ausstattung der Landespolizei nachgehen. Weil nämlich die Angst bestanden hatte, Schleswig-Holstein werde wieder einmal von der überregionalen Presse als „,Hort der braunen Vergangenheit'" präsentiert, hatte sich auf Anregung der CDU eine eigentümliche Allianz von Oppositions- und Regierungsfraktionen darauf geeinigt, das tatsächliche Haupt-Untersuchungsziel völlig zu verschleiern: nämlich die Frage danach, ob und in welchem Maße das Führungspersonal der Landespolizei in strafrechtliche (Vor-)Ermittlungen in Sachen NS-Gewaltverbrechen verwickelt sei.

Die politische Stoßrichtung der Aufklärungsarbeit zielte auf Versäumnisse der Landesregierung bei Einstellungen und Beförderungen von Oberbeamten im Bereich der Landespolizei, also der Beschäftigten vom Kommissar aufwärts. Im Fadenkreuz der Ausschussarbeit stand als verantwortliches Ressort das Innenministerium, als Person dabei nicht der erst seit Mai 1963 amtierende Innenminister Dr. Hartwig Schlegelberger[1027], sondern dessen langjähriger Vorgänger und jetzt amtierende Ministerpräsident Dr. Helmut Lemke[1028].

Die Ausschusszusammensetzung spiegelt die volle Bandbreite ehemaliger Grundorientierungen von Landtagsabgeordneten in der NS-Zeit; Heinrich Fischer (SPD)[1029] repräsentierte als einziges Mitglied die Zuordnung „oppositionell / ‚gemeinschaftsfremd'". Mit Berthold Bahnsen (SSW)[1030], Klaus Konrad (SPD)[1031], Dr. Paul Rohloff (CDU)[1032], Dr. Wilhelm Rohwedder (CDU)[1033], Werner Simmann (CDU)[1034], Heinrich Wolgast (FDP)[1035] und Ernst Schoof (CDU)[1036] dominierte im Ausschuss sehr deutlich die NS-Grundorientierung „angepasst / ambivalent". Als „systemtragend / karrieristisch" erachten wir die Ausschussmitglieder Walter Stams (SPD),[1037] ehemals ein höherer Wehrmachtsakteur, und Heinrich Wolff

1027 MdL WP04–07 (CDU), Minister in verschiedenen Ressorts (1961–1971), Quellendichte: gut; Zuordnung: exponiert / nationalsozialistisch (Typ: „Verfolgungsakteur").

1028 MdL WP03–09 (CDU), Minister in verschiedenen Ressorts (1954–1963), u. a. Innenminister (1954–1963), Ministerpräsident (1963–1971), Quellendichte: gut; Zuordnung: exponiert / nationalsozialistisch (Typ: „Exponierter Akteur").

1029 MdL 1. ern. Landtag-WP01, WP03–06 (SPD), Quellendichte: ausreichend; Zuordnung: oppositionell / „gemeinschaftsfremd" (Typ: „Protagonist Arbeiterbewegung").

1030 MdL WP01–02, WP04–07 (SSW), Quellendichte: befriedigend; Zuordnung: angepasst / ambivalent (Typ: „Inkludierter ‚Volksgenosse'" (n.z.)).

1031 MdL WP04–06 (SPD), Quellendichte: ausreichend; Zuordnung: angepasst / ambivalent (Typ: „Politisch Angepasster").

1032 MdL WP02, WP04–06 (CDU), Quellendichte: befriedigend; Zuordnung: angepasst / ambivalent (Typ: „Politisch Angepasster"). Er war Mitglied und Vorsitzender des Ausschusses nur bis 6. April 1964, sein Ausscheiden erfolgte aufgrund seiner Wahl zum Parlamentspräsidenten.

1033 MdL WP04–06 (CDU), Quellendichte: ausreichend; Zuordnung: angepasst / ambivalent (Typ: „Jongleur").

1034 MdL WP04–07 (CDU), Quellendichte: ausreichend; Zuordnung: angepasst / ambivalent (Typ: „Politisch Angepasster").

1035 MdL WP02–05 (FDP), Quellendichte: befriedigend; Zuordnung: angepasst / ambivalent (Typ: „Politisch Angepasster").

1036 MdL WP02–06 (CDU), Quellendichte: befriedigend; Zuordnung: angepasst / ambivalent (Typ: „Politisch Angepasster"); Mitglied und Vorsitzender des Ausschusses ab 18. März 1965.

1037 MdL WP04–05 (SPD), Quellendichte: ausreichend; Zuordnung: systemtragend / karrieristisch (Typ: „Höherer Wehrmachtsakteur").

(CDU)[1038]. Für ehemals „exponiert / nationalsozialistisch" halten wir den „Alten Kämpfer" Jürgen Thee (CDU)[1039]. Herbert Gerisch (CDU)[1040] zählen wir zur Gruppe der NS-Sozialisierten und über Gerhard Strack (SPD)[1041] wissen wir bezogen auf die NS-Zeit zu wenig, um ihn einordnen zu können. Das nicht schriftlich fixierte Agreement zwischen den Fraktionsspitzen führte während der Ausschussarbeit zu Konflikten bei der Auslegung des Untersuchungsauftrages. Der Vorsitzende Heinrich Wolff (CDU) verrannte sich in seinen Begrenzungszielen derart, dass er den Ausschuss schließlich Anfang 1965 verließ und als Mitglied und Vorsitzender vom sachlich auftretenden und integren Ernst Schoof (CDU) abgelöst wurde.[1042]

Der inhaltliche Hintergrund des Untersuchungsausschusses galt Personalia: Im Vorfeld waren im Rahmen der „Braunbuch"-Kampagnen aus der DDR und auch in überregionalen bundesdeutschen Medien wie dem „Spiegel" konkrete Hinweise publiziert worden, Spitzenpolizisten Schleswig-Holsteins seien in schwere NS-Gewaltverbrechen verwickelt gewesen, es würden Vorermittlungsverfahren der Zentralen Stelle der Landesjustizverwaltungen in Ludwigsburg sowie konkrete staatsanwaltschaftliche Ermittlungsverfahren laufen.[1043] Nach Verjährungen aller anderen Delikte ging es dabei ausschließlich noch um Mord und Beihilfe resp. Mittäterschaft. Die verspätet begonnene NSG-Justiz akzeptierte zu dieser Zeit noch gern Entlastungsmomente wie „Befehlsnotstand" oder unterstellte, sofern nicht Exzesstaten oder niedere Motive erkennbar ausgedrückt und eigenständig ausgelebt worden waren, den seit 1960 verjährten Totschlag, beispielsweise bei Ermittlungen gegen Angehörige von Einsatzgruppen, die massenhafte Grubenerschießungen durchgeführt oder gar kommandiert hatten.[1044] Einerseits bedeuteten NSG-Mordermittlungen also besonders schwerwiegende Verdachtsmomente, andererseits stellte sich die Frage, wie mit Akteuren zu verfahren sei, deren schwe-

1038 MdL WP05-07 (CDU), Quellendichte: befriedigend; Zuordnung: systemtragend / karrieristisch (Typ: „Höherer Staatsbediensteter"); Mitglied und Vorsitzender des Ausschusses vom 28. April 1964 bis 29. Januar 1965, Ausscheiden aufgrund seiner Sturheit bei der Auslegung des Untersuchungsauftrages.

1039 MdL WP03-06 (CDU), Quellendichte: befriedigend; Zuordnung: exponiert / nationalsozialistisch (Typ: „„Alter Kämpfer"").

1040 MdL WP05-08 (CDU), Quellendichte: befriedigend; Zuordnung: ns-sozialisiert.

1041 MdL WP03-06 (SPD), Quellendichte: unzureichend; Zuordnung: nicht zuordenbar.

1042 Vgl. Niederschrift über die 13./14. (8./9. nichtöffentliche) Sitzung des Parlamentarischen Untersuchungsausschusses zur Aufklärung der Situation im Polizeiwesen des Schleswig-Holsteinischen Landtages am 22./28. Januar 1965. In: Schleswig-Holsteinischer Landtag, 5. Wahlperiode 1962, Untersuchungsausschuss zur Aufklärung der Situation im Polizeiwesen, Band 1, (Zusammenstellung des Archivs) XIII E 161, pag. 73–83.

1043 Vgl. Nationalrat der Nationalen Front des demokratischen Deutschland (Hrsg.): Braunbuch. Kriegs- und Naziverbrecher in der Bundesrepublik. Berlin 1965; Niederschrift über die 19. (14. nichtöffentliche) Sitzung des Parlamentarischen Untersuchungsausschusses zur Aufklärung der Situation im Polizeiwesen des Schleswig-Holsteinischen Landtages am 17. August 1965. In: Schleswig-Holsteinischer Landtag, 5. Wahlperiode 1962, Untersuchungsausschuss zur Aufklärung der Situation im Polizeiwesen, Band 1, (Zusammenstellung des Archivs) XIII E 161, pag. 99.

1044 Vgl. Adalbert Rückerl: NS-Verbrechen vor Gericht. Heidelberg 1984; Eichmüller: Keine Generalamnestie (Anm. 796); Marc von Miquel: Ahnden oder amnestieren? Westdeutsche Justiz und Vergangenheitspolitik in den sechziger Jahren. Göttingen 2004.

re Verbrechen nur aufgrund von Verjährung nicht geahndet wurden. Jedenfalls stand der im Untersuchungsausschuss immer wieder von den oppositionellen Sozialdemokraten vorgebrachte Verdacht im Raum, im Vergleich zu anderen Bundesländern agiere die schleswig-holsteinische Landesregierung weniger sensibel, sie hätte ohne hinreichendes Bemühen um Informationen Oberbeamte eingestellt und ohne Blick auf laufende Ermittlungen befördert.

Bei dem Gewicht der tangierten Verbrechen stutzt man natürlich: Wieso ausgerechnet Polizisten, die Exekutoren von Recht und Ordnung? Tatsächlich war das Berufsfeld in der NS-Zeit schwer infiziert worden. Polizei wurde ab 1933 zum Instrument des unrechtsstaatlichen Handels, bald als staatliche Institution auch organisatorisch verquickt mit der Parteitruppe SS. Die Gestapo ohnehin, aber auch Kripo und Ordnungspolizei sahen sich sukzessive in verbrecherisches Handeln verstrickt, Polizeikarrieren wurden mit Bewährungen im Sinne dieses NS-Unrechts verknüpft.[1045] Im Zweiten Weltkrieg schließlich wurden reguläre Polizisten in großer Anzahl in die sogenannten Einsatzgruppen versetzt, auf deren Konto vielhunderttausendfacher Mord an Zivilisten hinter den Fronten und in Besatzungsregimes im Osten geht.[1046]

Ins Visier von staatsanwaltschaftlichen Ermittlungen und Ausschussarbeit gerieten beispielsweise der Leitende Polizeidirektor der Abteilung Polizei im Innenministerium und – später – der Chef des Landeskriminalamts (LKA). Gegen 20 der insgesamt 268 Oberbeamten der Landespolizei ermittelte die Staatsanwaltschaft, die knappe Hälfte davon war Ende 1965 eingestellt, aus Mangel an (Mord-)Beweisen oder aufgrund „Befehlsnotstands"; zehn laufende Verfahren gegen Oberbeamte, die der Innenmister im Dezember 1965 auflistete, galten meist Positionen in Einsatzgruppen, Sonderkommandos und Polizeibataillonen, die Massenerschießungen durchgeführt hatten.[1047] Je nach Lesart, nämlich Qualifizierung von Rollen und Altersgruppen, kamen Berichterstatter zu unterschiedlichen Gesamtzahlen. Der im Ausschuss aktivste Oppositionsabgeordnete Gerhard Strack (SPD), über dessen Vorgeschichte wir fast nichts wissen, errechnete insgesamt 55 von Ermittlungen Betroffene, Beteiligte oder Tatverdächtige, mithin 50 % der von ihm als infrage kommenden Alterskohorten identifizierten 110 (der insgesamt 268) Oberbeamten der Landespolizei; vorübergehend neigte der Vor-

1045 Vgl. Friedrich Wilhelm: Die Polizei im NS-Staat. Die Geschichte ihrer Organisation im Überblick. Paderborn 1997; Hans Buchheim: SS und Polizei im NS-Staat. Duisdorf 1964. Für Schleswig-Holstein: Stephan Linck: Der Ordnung verpflichtet: Deutsche Polizei 1933–1949. Der Fall Flensburg. Paderborn 2000.

1046 Stefan Klemp: „Nicht ermittelt." Polizeibataillone und die Nachkriegsjustiz. Essen 2011; Christopher R. Browning: Ganz normale Männer. Der Reservepolizeibataillon 101 und die „Endlösung" in Polen. Reinbek 1993; Andrej Angrick: Besatzungspolitik und Massenmord. Die Einsatzgruppe D in der südlichen Sowjetunion 1941–1943. Hamburg 2003; Helmut Krausnick/Hans-Heinrich Wilhelm: Die Truppe des Weltanschauungskrieges. Die Einsatzgruppen der Sicherheitspolizei und des SD 1938–1942. Stuttgart 1981; Peter Klein (Hrsg.): Die Einsatzgruppen in der besetzten Sowjetunion 1941/42. Berlin 1997.

1047 Niederschrift über die 25. (18. nichtöffentliche) Sitzung des Parlamentarischen Untersuchungsausschusses zur Aufklärung der Situation im Polizeiwesen des Schleswig-Holsteinischen Landtages am 10. Dezember 1965, Anlage. In: Schleswig-Holsteinischer Landtag, 5. Wahlperiode 1962, Untersuchungsausschuss zur Aufklärung der Situation im Polizeiwesen, Band 2 (Zusammenstellung des Archivs), XIII E 162, pag. 6f. Gegen einzelne Spitzenbeamte, die der Ausschuss vernahm, wurden erst später Ermittlungen eingeleitet, so etwa gegen den damaligen Chef des LKA.

sitzende Schoof (CDU) sogar zur Schätzung von 80 irgendwie involvierten Oberbeamten, der Abschlussbericht beließ es dann bei der amtlichen Zahl 20.[1048]

Insgesamt acht Spitzenbeamte der schleswig-holsteinischen Landespolizei vernahm der Ausschuss zu ihren Berufslaufbahnen während der NS-Zeit und danach in nichtöffentlichen Sitzungen, durchgängig wortwörtlich protokolliert.[1049] Dabei offenbarten sich typische Polizeikarrieren im Unrechtsstaat, jedoch auch die Schwierigkeiten der zweifelsfreien Rekonstruktion von „Kriegseinsätzen". Mit hoher Sachkunde fragten Ausschussmitglieder wie der Vorsitzende Schoof (CDU) oder die Hauptakteure der Opposition Strack (SPD) und Konrad (SPD) nach Verschleierungsformeln wie (sogenannten) Partisanenkämpfen,[1050] „Objektschutz" im „Polizeiregiment Russland Mitte",[1051] nach „Sondereinsätzen. Sie wissen, was ich meine?"[1052]. Immer wieder gerieten die Zeugen in schwierige Situationen, etwa der Leitende Polizeidirektor B., der nach seiner Mitteilung „Ich kann Ihnen ganz wahrheitsgetreu sagen: Ich bin niemals an solchen Aktionen beteiligt gewesen" unvermittelt von Strack gefragt wurde: „Sind Sie mit Herrn Reinefarth zusammengetroffen?" und stotternd antworten musste:

1048 Vgl. Schleswig-Holsteinischer Landtag 5. Wahlperiode 1962, Stenographischer Bericht über die 37. Tagung, 63. Sitzung am 14. Juni 1966, S. 2304 und 2307; Niederschrift über die 22. (16. nichtöffentliche) Sitzung des Parlamentarischen Untersuchungsausschusses zur Aufklärung der Situation im Polizeiwesen des Schleswig-Holsteinischen Landtages am 28. Oktober 1965, Anlage. In: Schleswig-Holsteinischer Landtag, 5. Wahlperiode 1962, Untersuchungsausschuss zur Aufklärung der Situation im Polizeiwesen, Band 1 (Zusammenstellung des Archivs), XIII E 161, pag. 171.

1049 Vgl. Niederschrift über die 24. (17. nichtöffentliche) Sitzung des Parlamentarischen Untersuchungsausschusses zur Aufklärung der Situation im Polizeiwesen des Schleswig-Holsteinischen Landtages am 23. November 1965, Anlage. In: Schleswig-Holsteinischer Landtag, 5. Wahlperiode 1962, Untersuchungsausschuss zur Aufklärung der Situation im Polizeiwesen, Band 1 (Zusammenstellung des Archivs), XIII E 161, pag. 259–377; Niederschrift über die 25. (18. nichtöffentliche) Sitzung des Parlamentarischen Untersuchungsausschusses zur Aufklärung der Situation im Polizeiwesen des Schleswig-Holsteinischen Landtages am 10. Dezember 1965, Anlage. In: Schleswig-Holsteinischer Landtag, 5. Wahlperiode 1962, Untersuchungsausschuss zur Aufklärung der Situation im Polizeiwesen, Band 2, (Zusammenstellung des Archivs) XIII E 162, pag. 6–68; Niederschrift über die 26. (19. nichtöffentliche) Sitzung des Parlamentarischen Untersuchungsausschusses zur Aufklärung der Situation im Polizeiwesen des Schleswig-Holsteinischen Landtages am 16. Dezember 1965, Anlage. In: Schleswig-Holsteinischer Landtag, 5. Wahlperiode 1962, Untersuchungsausschuss zur Aufklärung der Situation im Polizeiwesen, Band 2, (Zusammenstellung des Archivs) XIII E 162, pag. 69–110.

1050 Vgl. z. B. Niederschrift über die 26. (19. nichtöffentliche) Sitzung des Parlamentarischen Untersuchungsausschusses zur Aufklärung der Situation im Polizeiwesen des Schleswig-Holsteinischen Landtages am 16. Dezember 1965, Anlage. In: Schleswig-Holsteinischer Landtag, 5. Wahlperiode 1962, Untersuchungsausschuss zur Aufklärung der Situation im Polizeiwesen, Band 2, (Zusammenstellung des Archivs) XIII E 162, pag. 105.

1051 Ebd., pag. 79.

1052 Niederschrift über die 24. (17. nichtöffentliche) Sitzung des Parlamentarischen Untersuchungsausschusses zur Aufklärung der Situation im Polizeiwesen des Schleswig-Holsteinischen Landtages am 23. November 1965, Anlage. In: Schleswig-Holsteinischer Landtag, 5. Wahlperiode 1962, Untersuchungsausschuss zur Aufklärung der Situation im Polizeiwesen, Band 1, (Zusammenstellung des Archivs) XIII E 161, pag. 278.

„Richtig, jawohl! Er war ja Befehlshaber in Posen. ... aber ich bin – oh, das habe ich vorhin übersehen, entschuldigen Sie! – während der Posener Zeit, während des Warschauer Aufstandes, in Warschau gewesen, und zwar bei dem Stab Reinefarth. Ich bin Ordonanzoffizier gewesen und habe dort ... die Lagekarte geführt."[1053]

Die Sitzung am 28. Oktober 1965 geriet zu einem Höhepunkt der Ausschusstätigkeit. Um ohne aktuelle Berichterstattung belastbare Hintergrundkenntnisse zu erhalten, nahmen die Mitglieder der Landespressekonferenz (LPK) an der nichtöffentlichen Sitzung teil, die wieder wortwörtlich protokolliert wurde. Der mit den einschlägigen internen Ermittlungen betraute Oberkommissar der KriPo (Karl-Georg) Schulz und der (zu diesem Zeitpunkt Kieler) NSG-Staatsanwalt (Oswalt) Kleiner waren geladen und berichteten über ihre Arbeit.[1054]

Schulz schilderte zunächst die strukturelle Rolle der Polizei im NS-Staat. Dann gelang es ihm auf sehr beeindruckende Weise, ohne die Leiden der ermordeten Opfer – „unschuldige Männer, Frauen und Kinder", wie er mehrfach betonte – auszublenden, die sich schrittweise verstrickenden Karrieren von Polizisten im NS-Staat vorzustellen, die mit Geschehnissen endeten, „die man heute mit Mord als Tatbestand aus niedrigen Beweggründen bezeichnet".[1055] An konkreten Biografien schilderte Schulz dem Ausschuss die zugemuteten Stufen des Unrechts und Verbrechens, die Momente des Neinsagens hätten werden sollen, die furchtbaren Geständnisse der vernommenen Kollegen: Ein Beamter, ab 1939 eingesetzt und 1965 weiter im Dienst, damals zunächst Gotenhafen. „Von einigen Festnahmen erzählt er. Er weiß nicht die Gründe der Festnahme – das war natürlich schon der Mißbrauch der Polizei. Heute fragt man: Wo hast Du den Haftbefehl? Weshalb holst Du den Mann ran? Er sagt nur: Ja, wir mußten diese Leute der Sicherheitspolizei zuführen. Also, es begann schon - -." Der nächste Schritt laut Schulz: „Dann kommt er in den Reichsgau Danzig/Westpreußen. Er kommt nach unten hin. Er sagt, er hat dort nicht viel gemacht. Er war Polizeiposten. Ich will damit nur sagen, daß nicht nur die großen Kommandos getötet haben, nein, auch von einer kleinen Dienststelle muß man das natürlich einmal sehen. Dann sagt er, das Umsiedeln, das Aussiedeln der Polen habe er mitgemacht." Und schließlich: „Jetzt holen sie das nächste Ghetto. So stolpert der kleine Beamte von Geschehen zu Geschehen. Er kommt dann in Bialystok mit einer Intelligenzaktion in Berührung. Da haben sie Leute abholen müssen. Er sagt, es seien Partisanenverdächtige gewesen. Allerdings

1053 Niederschrift über die 24. (17. nichtöffentliche) Sitzung des Parlamentarischen Untersuchungsausschusses zur Aufklärung der Situation im Polizeiwesen des Schleswig-Holsteinischen Landtages am 23. November 1965, Anlage. In: Schleswig-Holsteinischer Landtag, 5. Wahlperiode 1962, Untersuchungsausschuss zur Aufklärung der Situation im Polizeiwesen, Band 1, (Zusammenstellung des Archivs) XIII E 161, pag. 278.

1054 Niederschrift über die 22. (16. nichtöffentliche) Sitzung des Parlamentarischen Untersuchungsausschusses zur Aufklärung der Situation im Polizeiwesen des Schleswig-Holsteinischen Landtages am 28. Oktober 1965, Anlage. In: Schleswig-Holsteinischer Landtag, 5. Wahlperiode 1962, Untersuchungsausschuss zur Aufklärung der Situation im Polizeiwesen, Band 1, (Zusammenstellung des Archivs) XIII E 161, pag. 112–177. Georg Schulz war später Leitender Kriminaldirektor im BKA, blieb Fachmann für den juristischen Umgang mit der NS-Zeit, vgl. Bundeskriminalamt (Hrsg.): Der Nationalsozialismus und die Geschichte des BKA. Spurensuche in eigener Sache. Köln 2011, S. 81, 86, 92f.

1055 Niederschrift über die 22. (16. nichtöffentliche) Sitzung (Anm. 1054), pag. 121.

mußten – damit auch kein Haß auftauchen konnte – Männer, Frauen und Kinder mit abgeholt werden. Es wurden also gleich Grubenerschießungen vorgenommen."[1056]

Atemlos, so scheint es bei der retrospektiven Lektüre des Protokolls, referierte Schulz weitere Beispiele von Kollegen, die er persönlich vernommen hatte: „Es ist nichts passiert bei uns da oben. Dann spricht er allerdings von Vergeltungsmaßnahmen. ... Dann sagt er allerdings, er sei auch bei Judenaktionen eingesetzt worden ... Nun sagt er: ‚Ich will ehrlich sagen, daß das Sonderkommando lediglich zur Vernichtung der Juden in Rußland eingesetzt war. Andere Aufgaben hatten wir kaum'".[1057] Das Sitzungsprotokoll dokumentiert auch das Erschaudern des Oberkommissars vor den Dimensionen des Berichteten: „Wenn man denkt, es sei nur ein ganz kleiner Kreis eingesetzt gewesen: So ist es ja nicht. Zum Beispiel im baltischen Raum in einer Woche 28 000 Leute umzulegen, aus dem Getto herauszubringen! Meine Herren, ich bitte Sie, 28 000! Die Schwurgerichte werden sicherlich auch mit diesen Zahlen, mit diesem Geschehen nicht fertig."[1058] Schulz meinte 1965 seine Arbeit verteidigen zu müssen: „Erst wenn man es sich vor Augen stellt, was für ein menschliches Leid von deutschen Menschen überhaupt – in unserem Namen – verursacht worden ist, hat man, glaube ich, zu der ganzen Ermittlungstätigkeit eine etwas andere Einstellung, als sie leider vielfach in anderen Kreisen eingenommen wird."[1059] Die Nöte der Sonderermittler, die gegen Kollegen vorgingen, bestätigte in einer späteren Vernehmung auch sein Vorgesetzter, der Chef des LKA, gegen den Jahre später ebenfalls NSG-Ermittlungen aufgenommen würden: „Es ist ja wohl bekannt oder es könnte wohl bekannt geworden sein, daß es die Beamten der Sonderkommission nicht ganz leicht haben. Sie werden von allen Seiten – na, nicht angegriffen, aber abgelehnt."[1060] Ebenso engagiert wie Schulz trat der noch junge Staatsanwalt Kleiner vor den Ausschuss, schilderte Stufen der Verstrickung und zerlegte mit eindrucksvoller, lesenswerter juristischer Argumentation die verbreitete Verteidigungslinie eines „subjektiven Befehlsnotstands".[1061]

Aus der Retrospektive des Jahres 2016 sei festgehalten: In Texten aus der Mitte der 1960er-Jahre sind Verstrickungswege und Verbrechen ganz normaler Polizisten und zugleich die Leiden ihrer Opfer kaum so plastisch, so präzise und dicht geschildert zu finden wie in diesen protokollierten Aussagen von Schulz und Kleiner. Das ist eine Tiefe und Klarheit der Erkenntnis zu finden, die die Geschichtswissenschaft erst drei Jahrzehnte später eben mit der Auswertung von Strafverfahren und den Produkten engagierter NSG-Ermittler erreichen würde.[1062]

Eigentümlich, ja wirklich verstörend erscheint nur die ebenfalls genau protokollierte Reaktion der Abgeordneten, mehrheitlich Juristen übrigens: Zu den Verbrechen und Verstrickungen findet sich kein einziges Wort! Ausschließlich Nachfragen dazu, ob und wie intensiv sich

1056 Niederschrift über die 22. (16. nichtöffentliche) Sitzung (Anm. 1054), pag. 123ff.
1057 Ebd., pag. 125.
1058 Ebd., pag. 128.
1059 Ebd., pag. 130.
1060 Ebd., pag. 324f.
1061 Vgl. ebd., pag. 139, 153f.
1062 Vgl. z. B. Eichmüller: Generalamnestie (Anm. 796); Miquel: Ahnden (Anm. 1044); Browning: Männer (Anm. 1046).

das personalführende Landesinnenministerium über strafrechtliche Vor-Ermittlungen (und deren Einstellungen) etc. gegen Polizisten bisher jeweils informiert habe, insbesondere bei Einstellungen und Beförderungen. Es ist klar: Die politische Stoßrichtung des Untersuchungsausschusses galt der Landesregierung, also gegenwärtigen Fragen. – Es bleibt irritierend.

Das Gegenstück zur Vernehmung von Schulz und Kleiner lieferte am 6. April 1966 mit einem teilweise hemdsärmelig-selbstgefälligen Auftritt der als Zeuge vernommene Ministerialdirigent a. D. Baß. Als ehemals Verantwortlicher bot er einen markanten Einblick in die vergangenheitsblinde Einstellungspolitik der Nachkriegszeit. 1947, 1949 und wieder ab 1953 war er im Innenministerium zuständig gewesen für Personalia der Landespolizei.[1063] Er begann mit den Beschäftigungszwängen, die aus der Schlussstrichpolitik resultierten: Bereits zu sozialdemokratischen Regierungszeiten sei in Einzelfällen auf Anstellungsrechte von Bewerbern verwiesen worden, in der Phase zwischen 1950 und 1953 habe es zahlreiche Einstellungen gegeben, sodass in der Folgezeit zunächst überhaupt keine Oberbeamten mehr neu installiert wurden: „Sie werden sich erinnern, daß wir die ‚alten Konserven' hatten." Es seien nur noch „die Leute eingestellt worden, die wir Kraft Gesetzes einstellen mußten, um einen Prozeß zu vermeiden, weil [nach dem 131er Gesetz; Anm. d. Autoren] ein Rechtsanspruch vorlag."[1064] Darum habe es in Schleswig-Holstein einen großen „Überhang an Kommissaren" gegeben, der Landtag habe Mitte der 1950er-Jahre laufend „Sonderbeförderungsstellen für die ‚alten Konserven' bewilligt".[1065] Beförderungen habe „der jetzige Herr Ministerpräsident", Helmut Lemke, immer sehr ernst genommen, sei „durchaus nicht immer einverstanden" gewesen, er hätte dann „diskutiert über dieses und jenes, über die Gründe für und wider": „Nein, meine Herren! Die Dinge lagen so: Gerade der Herr Ministerpräsident, als er Innenminister war, legte – wie soll ich einmal sagen – auf eine gerechte Handhabung der Sache ein sehr entscheidendes Gewicht und ließ sich die sogenannte, vielzitierte Rangdienstaltersliste vorlegen. Die lag bei ihm in seinem Zimmer auf dem Aktenbock. Und wenn eine Beförderung kam, dann schlug er die Rangdienstaltersliste auf." Auf die polemische Frage des Abgeordneten Strack „Welche? Die aus der NS-Zeit oder die neue?" lautete die Antwort, „die neu angelegte", und auf die auf Lemkes NS-Vergangenheit anspielende Nachfrage „Die alte lag nicht daneben?" gab es ein „Nein!".[1066]

1063 Vgl. Niederschrift über die 28. (21. nichtöffentliche) Sitzung des Parlamentarischen Untersuchungsausschusses zur Aufklärung der Situation im Polizeiwesen des Schleswig-Holsteinischen Landtages am 6. April 1966, Anlage. In: Schleswig-Holsteinischer Landtag, 5. Wahlperiode 1962, Untersuchungsausschuss zur Aufklärung der Situation im Polizeiwesen, Band 2, (Zusammenstellung des Archivs) XIII E 162, pag. 156–185, hier 156ff.

1064 Im Abschlussbericht wird es heißen: „Das war eine Folge der bekannten Tatsache, daß in Schleswig-Holstein unmittelbar nach dem Kriege eine verhältnismäßig große Zahl von Polizeioffizieren verblieben war." Stenographischer Bericht des Schleswig-Holsteinischen Landtages, 5. Wahlperiode, 37. Tagung, 63. Sitzung, 14. Juni 1966, S. 2304.

1065 Niederschrift über die 28. (21. nichtöffentliche) Sitzung des Parlamentarischen Untersuchungsausschusses zur Aufklärung der Situation im Polizeiwesen des Schleswig-Holsteinischen Landtages am 6. April 1966, Anlage. In: Schleswig-Holsteinischer Landtag, 5. Wahlperiode 1962, Untersuchungsausschuss zur Aufklärung der Situation im Polizeiwesen, Band 2, (Zusammenstellung des Archivs) XIII E 162, pag. 159.

1066 Ebd., pag. 180f. Zu Lemke siehe auch Teil II.

Die NS-Zeit allerdings habe bei derartigen Fragen keine Rolle gespielt: „Für mich war die Kriegsverwendung überhaupt völlig uninteressant, bis die Ludwigsburger Verfahren anliefen, denn nachdem das Entnazifizierungsverfahren abgeschlossen war – – Ich wußte auch nicht, ob irgendwelche Vorwürfe bestanden. Was der Mann früher gemacht hat oder wo er war, war für mich uninteressant." Heute sehe man die Dinge ja anders: „Wenn Sie den Fragebogen haben, stellen Sie fest, daß da drinsteht: Gewesen beim Polizeibataillon 305 oder 306. Was sind für mich die Polizeibataillone 305 oder 306? Heute weiß ich, daß im Raum Minsk – oder was weiß ich, irgendwo –, dieses oder jenes Bataillon eingesetzt war und sich nicht gerade sehr vorteilhaft benommen haben soll. Dadurch kriegt die Sache ein anderes Gesicht."[1067]

Ja, bezogen auf den konkreten Fall des M., gegen den derzeit wegen vielfachen Mordes ermittelt werde, habe es in der Tat frühe Hinweise „aufgrund einer polnischen Intervention" gegeben, „von drüben". Weiter heißt es: „Meine Herren! Gestatten Sie mir ein Wort! Was heißt denn hier Mörder! ... Wenn es aus der Ostzone kam, wurde weiß Gott nicht viel darauf gegeben; selbst Urteile der alliierten Gerichte sind für die Deutschen nicht bindend. Erinnern Sie sich doch bitte an die Zeiten." Baß schob als Sottise gegen Generalstaatsanwalt Fritz Bauer, zu diesem Zeitpunkt Chefankläger im laufenden Auschwitzprozess in Frankfurt, nach, dass der „Generalstaatsanwalt in Hessen" 1951 bis 1961 zehn Jahre Zeit besessen habe, einen Haftbefehl auszustellen, wenn er denn die Hinweise ernst genommen hätte. Stattdessen sei auch aus Hessen der Hinweis geklommen, „nichts drin ... Fahndungen sind aufgehoben. So sieht das doch aus."[1068] Er selbst habe in einem ähnlich gelagerten Fall die Akten einer Mordermittlung nach Kenntnisnahme im „Panzerschrank" verwahrt. Der Beschuldigte habe in der Folgezeit den Nachweis seiner Unschuld erbringen können. „Meine Herren! So liegen die Dinge. Ich muß doch immer erst warten." Und wenn aktuell nach der Totschlagsverjährung Verfahren eingestellt würden, dann sei „die Sache [auch] disziplinarrechtlich verjährt", der Betroffene könne dann „im Karteiraum oder sonst irgendwie beschäftigt werden", oder man möge, wie im Fall belasteter Richter, ein Gesetz erlassen, das derartigen Beamten den vorzeitigen Ruhestand ermögliche.[1069]

In der Debatte zum Bericht des Untersuchungsausschusses nahm Oppositionsführer Joachim Steffen (SPD) mehrfach Bezug zu diesem ihn erkennbar verärgernden Auftritt vor dem Ausschuss: Man lese die „sehr bezeichnende Aussage von Herrn Baß; da waren Entnazifizierung, Verbrechen gegen die Menschlichkeit alles eine Suppe; das interessierte nicht!" Wenn man beachte, welch entscheidende Rolle der Ministerialdirigent a. D. gespielt habe, gehe es in der Bewertung jetzt auch darum, ob das Parlament „Vertrauen haben kann zu den Maßstäben, mit denen Beamte beurteilt ... wurden".[1070]

1067 Niederschrift über die 28. (21. nichtöffentliche) Sitzung des Parlamentarischen Untersuchungsausschusses zur Aufklärung der Situation im Polizeiwesen des Schleswig-Holsteinischen Landtages am 6. April 1966, Anlage. In: Schleswig-Holsteinischer Landtag, 5. Wahlperiode 1962, Untersuchungsausschuss zur Aufklärung der Situation im Polizeiwesen, Band 2, (Zusammenstellung des Archivs) XIII E 162, pag. 182.

1068 Ebd., pag. 172.

1069 Ebd., pag. 184f.

1070 Stenographischer Bericht des Schleswig-Holsteinischen Landtages, 5. Wahlperiode, 37. Tagung, 63. Sitzung, 14. Juni 1966, S. 2326, 2317.

Was lesen wir mit neuem Wissen über die Ausschussmitglieder anders als bisher? Die aufgrund späterer Ermittlungen und Medienveröffentlichungen bekannt gewordene mutmaßliche Vorgeschichte des Abgeordneten Klaus Konrad, der durchweg als stellvertretender Ausschussvorsitzender amtierte, sorgt zunächst fraglos dafür, dass man seine Ausführungen und Fragen in einem beklemmend neuen Licht sieht.[1071] Der Tatvorwurf lautet, dass Konrad als einer von drei örtlich verantwortlichen Offizieren am 14. Juli 1944 ein schweres Kriegsverbrechen des Grenadierregimentes 274 der 94. Infanteriedivision, nämlich die Ermordung von 25 Zivilisten in San Polo in der Provinz Arezzo in Italien, mitverantwortet habe. 1969 bis 1972 ermittelte die Staatsanwaltschaft Gießen, qualifizierte das Massaker als Totschlag, der seit 1960 verjährt war, und stellte das Verfahren ein. Im Kontext einer italienischen Anklageerhebung gegen den indes nicht zum Verfahren angereisten, 90jährigen Konrad begann die Staatsanwaltschaft Gießen erneut zu ermitteln. Mit dem Tod des Beschuldigten endete das Verfahren 2006.[1072]

Als am 16. Dezember 1964 der vorgeladene ehemalige Spitzenbeamte der Polizei M. seinen ehemaligen „Osteinsatz" in Kiew in flapsiger Sprache charakterisierte, nämlich als Schutz „Vor den Partisanenüberfällen! Die kamen ständig und versuchten zu stören!", fragte ihn Konrad: „Haben Sie bei Ihren Einsätzen an Erschießungen teilgenommen?" und weiter: „Sie haben auch keine Einheiten befehligt, die solche Erschießungen befehlsgemäß durchzuführen hatten?"[1073] Immer wieder insistierte Konrad im Ausschuss, Polizeibeamte hätten ihre Tätigkeiten während des Krieges vollständig zu offenbaren und umgekehrt müsse der Dienstherr nach Kräften ermitteln. Denn: „Die Offenbarungspflicht des einzelnen habe ihre menschlich vielleicht verständlichen Grenzen, nicht jedoch die Pflicht des verantwortlichen Ministers, sich einen Grundsatz bei der Überlegung darüber zu bilden, ob er solche Beamte bei der Besetzung von Schlüsselstellungen berücksichtigen sollte."[1074] – Was mag ihm selbst an diesem Punkt durch den Kopf gegangen sein?

In der Schlussphase der Arbeit des Untersuchungsausschusses legte Konrad Wert darauf, dass das Spektrum der zur Sprache gekommenen Verbrechen im Abschlussbericht abgebildet werden müsse: „Abg. Konrad empfiehlt, in der nächsten Sitzung den Eindruck, den der Ausschuß im Laufe seiner Tätigkeit von der Situation der Polizei gewonnen hat, ohne Schuldfeststellung zusammenzufassen, wobei nicht verschwiegen werden dürfe, in welchem Umfang Polizeibeamte an verbrecherischen Aktionen während des Krieges im Osten beteiligt waren. Über den Werdegang dieser Beamten sollte der Ausschuß in seinem Bericht Feststellungen treffen."[1075]

1071 MdL WP04–06 (SPD), Quellendichte: ausreichend; Zuordnung: angepasst / ambivalent (Typ: „Politisch Angepasster").

1072 Vgl. BArch B162/18194 („Ermittlungen der StA Gießen gegen Ewert u. a., darunter: Klaus Konrad (geb. 22. Dezember 1914 in Berlin) wegen Mordes (NSG)").

1073 Niederschrift über die 26. (19. nichtöffentliche) Sitzung des Parlamentarischen Untersuchungsausschusses zur Aufklärung der Situation im Polizeiwesen des Schleswig-Holsteinischen Landtages am 16. Dezember 1965, Anlage. In: Schleswig-Holsteinischer Landtag, 5. Wahlperiode 1962, Untersuchungsausschuss zur Aufklärung der Situation im Polizeiwesen, Band 2, (Zusammenstellung des Archivs) XIII E 162, pag. 105f.

1074 Vgl. ebd., pag. 97, 110.

1075 Niederschrift über die 28. (21. nichtöffentliche) Sitzung des Parlamentarischen Untersuchungsausschusses zur Aufklärung der Situation im Polizeiwesen des Schleswig-Holsteinischen Landtages am 6. April 1966, Anlage. In: Schleswig-Holsteinischer Landtag, 5. Wahlperiode 1962, Untersuchungsausschuss zur Aufklärung der Situation im Polizeiwesen, Band 2, (Zusammenstellung des Archivs) XIII E 162, pag. 116.

Abgesehen von diesem Sonderfall lässt sich nicht sagen, dass biografische Erkenntnisse zur NS-Zeit das Agieren der Ausschussmitglieder in einem spezifischen Licht erscheinen lassen. Die im Untersuchungsausschuss stark überwiegende Grundorientierung „angepasst / ambivalent" mag dazu beigetragen haben, dass die Konflikte sich nicht auf differierende vergangenheitspolitische Einschätzungen, sondern prozedurale und tagespolitische Fragen konzentrierten. Der Ausschussvorsitzende Schoof (CDU) hakte im Zweifelsfall durchaus kritisch nach, vertrat gegenüber der Landesregierung die Ausschussrechte und propagierte inhaltlich das elegante Bild des neuen vergangenheitsbezogenen Blicks: Erst zehn Jahre nach Kriegsende habe man damit begonnen, sich für die Vergangenheit führender Beamter zu interessieren, bis „dahin habe man nicht nur bei der Verwaltung, sondern auch in weiten Kreisen der Bevölkerung die Dinge anders gesehen als jetzt."[1076] Innenminister Dr. Hartwig Schlegelberger (CDU), als ehemaliger Marinerichter mit sehr ambivalenter Biografie von uns der Grundorientierung „exponiert / nationalsozialistisch" zugeordnet,[1077] schaffte es auf elegante Weise, zugleich Verantwortung für die erörterten problematischen Personalia sowohl anzunehmen als auch seinem Vorgänger zuzuweisen,[1078] er sprach offen und distanziert über Einzelfälle[1079] und verwies auf frühere Wissensdefizite, denn erst aktuell würden „die ganzen komplexen Zusammenhänge des Osteinsatzes" deutlich.[1080] Er könne belastete Oberbeamte, gegen die wegen Verjährung des Totschlags nicht mehr ermittelt werde, nicht weiter als Polizisten gebrauchen, müsse sie beamtenrechtlich „aus der Polizei herausnehmen" oder mit „unwichtigen Aufgaben" beschäftigen.[1081] Grundsätzlich sei „Fingerspitzengefühl" vonnöten, führte Schlegelberger Verständnis erheischend in der abschließenden Plenardebatte aus: Er nutze Handlungsspielräume im Einzelfall, müsse aber Rechtsstaatlichkeit und Beamtenrecht wahren und lasse einen Beamten, gegen den ermittelt werde, prinzipiell nicht fallen, „bevor seine Schuld ... nicht nachgewiesen ist".[1082]

An diesem 14. Juni 1966 verlas der Ausschussvorsitzende Ernst Schoof (CDU) zunächst den umfänglichen Ausschussbericht, der bei aller Regierungsfreundlichkeit auch zwei recht kritische Passagen enthielt: Der Ausschuss habe zum einen den Eindruck gewonnen, „daß die Er-

1076 Niederschrift über die 19. (14. nichtöffentliche) Sitzung des Parlamentarischen Untersuchungsausschusses zur Aufklärung der Situation im Polizeiwesen des Schleswig-Holsteinischen Landtages am 17. August 1965, Anlage. In: Schleswig-Holsteinischer Landtag, 5. Wahlperiode 1962, Untersuchungsausschuss zur Aufklärung der Situation im Polizeiwesen, Band 1, (Zusammenstellung des Archivs) XIII E 161, pag. 98.

1077 Zur Einordung Schlegelbergers siehe Teil II.

1078 Niederschrift über die 28. (21. nichtöffentliche) Sitzung des Parlamentarischen Untersuchungsausschusses zur Aufklärung der Situation im Polizeiwesen des Schleswig-Holsteinischen Landtages am 6. April 1966, Anlage. In: Schleswig-Holsteinischer Landtag, 5. Wahlperiode 1962, Untersuchungsausschuss zur Aufklärung der Situation im Polizeiwesen, Band 2, (Zusammenstellung des Archivs) XIII E 162, pag. 121.

1079 Ebd., pag. 124ff.

1080 Ebd., pag. 132.

1081 Ebd., pag. 138.

1082 Stenographischer Bericht des Schleswig-Holsteinischen Landtages, 5. Wahlperiode, 37. Tagung, 63. Sitzung, 14. Juni 1966, S. 2304, 2334, vgl. S. 2310ff.

mittlungsverfahren und die Tätigkeit der Zentralstelle in Ludwigsburg zu spät angelaufen sind. Es hat nicht immer die notwendige Einsicht in die Folgen bestanden, die sich daraus ergeben mußten, daß die Ermittlungsverfahren entweder gar nicht oder nur unzureichend ausgewertet worden sind." Zum anderen sei der Ausschuss zum Ergebnis gekommen, derzeit lägen die „maßgeblichen Entscheidungen" in „sachkundigen Händen", womit nur der amtierende Innenminister gemeint sein konnte. „Es bleibt aber die Einschränkung, daß im Einzelfall personalpolitische Entscheidungen ergangen sind, die besser nicht ergangen wären."[1083] All diese Probleme, so endete Schoof im Namen des Gremiums, würden aus der Phase von 1933 bis 1945 resultieren, „während der der Polizeibeamte überwiegend ohne eigenes Zutun zu Dienstleistungen herangezogen wurde, die er bei freier Entscheidung nicht übernommen hätte". Dieses laste seit Kriegsende auf der Innenpolitik der Landesregierungen: „Unsere Generation wird mit dieser Hypothek belastet bleiben."[1084]

In der Debatte betonte Oppositionsführer Joachim Steffen (SPD)[1085] unter Rekurs auf aktuelle elitentheoretische Publikationen von Zapf und Dahrendorf[1086] Kernprobleme der Elitenkontinuität, unterstrich, die „Ausübung totalitärer Herrschaft" bedürfe für die Rekrutierung von Polizisten „eines bestimmten Typs der Menschen" und zitierte Einschlägiges aus Himmlers berüchtigter Posener Rede, worauf der in diesem Teil weiter oben eingehend vorgestellte CDU-Fraktionsvorsitzende Walter Mentzel[1087] sich dagegen verwahrte, Oberbeamte wären in Dinge verstrickt gewesen, „die Kollege Steffen über Himmler vorgelesen hat". Er und seine Fraktion besäßen volles Vertrauen darin, dass die Landespolizei die „Sicherheit des Bürgers und des verfassungsmäßigen Staates" gewährleiste: „Dieses Vertrauen haben wir, und das kann durch nichts abgerungen werden."[1088]

Gerhard Strack (SPD), der die Arbeit in weiten Strecken vorangetrieben hatte, zeigte sich unzufrieden mit der Bewertung des Untersuchungsausschusses, der mit Mehrheit der Regierungskoalition auf das Beiziehen von staatsanwaltschaftlichen Unterlagen und damit auf ein Stück Aufklärung verzichtet habe.[1089] Schließlich lenkte Strack mit seinem Schlussbeitrag als einziger und ein einziges Mal den Blick auf unterschiedliche ns-biografische Erfahrungen im Plenum: „Sie, meine Damen und Herren, haben alle diese Zeit miterlebt. Die Einstellung zu dem, was wir wollen – oder besser gesagt nicht wollen, das heißt Menschen, die an NS-Verbrechen mitgewirkt haben, also Beteiligte waren, sollen und dürfen nicht Inhaber von Polizeifüh-

1083 Stenographischer Bericht des Schleswig-Holsteinischen Landtages, 5. Wahlperiode, 37. Tagung, 63. Sitzung, 14. Juni 1966, S. 2304.

1084 Ebd., S. 2305.

1085 MdL WP04–08 (SPD), Quellendichte: ausreichend; Zuordnung: ns-sozialisiert.

1086 Vgl. Wolfgang Zapf: Wandlungen der deutschen Elite. Ein Zirkulationsmodell deutscher Führungsgruppen 1919–1961. München 1965; Ralf Dahrendorf: Gesellschaft und Freiheit. Zur soziologischen Analyse der Gegenwart. München 1961.

1087 MdL WP03–06 (CDU), Quellendichte befriedigend; Zuordnung: exponiert / nationalsozialistisch (Typ: „Besatzungsakteur").

1088 Stenographischer Bericht des Schleswig-Holsteinischen Landtages, 5. Wahlperiode, 37. Tagung, 63. Sitzung, 14. Juni 1966, S. 2316, 2318, 2320, 2315.

1089 Ebd., S. 2307.

rungsstellen sein –, wird sicherlich unterschiedlich sein. Sie wird sicherlich davon beeinflußt, inwieweit der einzelne Mitwirkender oder Stütze dieses Regimes gewesen ist. Sicherlich wird der politische Emigrant dieser Zeit oder werden die Kinder derjenigen Väter, die dem politischen Mord in dieser Zeit zum Opfer fielen, oder diejenigen, die auf Grund ihrer politischen Überzeugung oder ihrer religiösen Einstellung in Gefängnissen, Zuchthäusern und KZs gesessen haben, eine andere Einstellung zu diesen Fragen haben als diejenigen, die als Bannerträger oder Spitzenfunktionäre diesem System gehuldigt oder es gar getragen haben."[1090]

So entsteht ein ambivalentes Bild: Der Landtag erweist sich als ein Ort differenzierter und komplexer Informationserhebung und -bewertung. Beeindruckend erscheint die erreichte Erkenntnistiefe zum zeithistorischen Geschehen in der NS-Zeit, die der Ausschuss, darin der bundesdeutschen Öffentlichkeit weit voraus, erreichte. Die vergangenheitspolitischen Schlussfolgerungen, die die Abgeordneten zogen, entfernten sich indes nicht von der gesellschaftlichen und juristischen Wirklichkeit, die weiterhin auch sehr schwer belasteten Polizisten Beschäftigungsrechte und Schutz vor Strafverfolgung gewährte, zugleich aber eine langsam zunehmende Sensibilität gegenüber Verstrickungen in NS-Unrecht und NS-Gewaltverbrechen aufbaute. Aufgrund der besonderen Gesetzmäßigkeiten politischen Handelns im Parlament konzentrierte man sich schließlich auf das tagespolitische Wechselspiel Opposition-Regierungskoalition und baute sich entsprechend der Parteilinien auch auf. Besondere Positionierungen, die auf individuelle Erfahrungen in der NS-Zeit zurückzuführen wären, sind in der umfänglichen Ausschussüberlieferung nicht zu identifizieren.

10. Retrospektive und Gegenwart: Zwei späte Debatten

Was nach 1961 der Regierungserklärung und der Debatte um die vergangenheitspolitischen „Störfälle" in der Landespolitik folgte, war – abgesehen von dem in seinem Wesen noch stärker als zuvor auf den aktuellen politischen Bezug abzielenden Untersuchungsausschuss zur Situation in der Polizei – im Landtag vor allem eine „Periode der Stille"[1091] in vergangenheitspolitsicher Hinsicht. Tatsächlich bildet 1986 die Große Anfrage der SPD-Fraktion zur „Nationalsozialistischen Gewaltherrschaft in Schleswig-Holstein"[1092] eine Zäsur in mehrfacher Hinsicht. Nicht nur beendete sie das auffällige Nicht-Befassen mit der NS-Vergangenheit in einer würdigen und zeitgemäßen Form, indem sich alle Beteiligten bei allen politischen Unterschieden auf eine aktuelle Diskurse in Wissenschaft und Feuilleton einbindende Grundlage stellten und so in der Lage waren, offener und differenzierter über die NS-Zeit zu debattieren

1090 Stenographischer Bericht des Schleswig-Holsteinischen Landtages, 5. Wahlperiode, 37. Tagung, 63. Sitzung, 14. Juni 1966, S. 2308.

1091 Vgl. Danker: Landtag (Anm. 754), S. 201.

1092 Vgl. Plenarprotokoll 10/73 des Schleswig-Holsteinischen Landtags, 10. Wahlperiode vom 19. März 1986, S. 4504–4543 sowie Landtagsdrucksache 10/1433.

als zuvor.[1093] Es hatte sich nicht zuletzt auch die Zusammensetzung gegenüber den 1960er-Jahren erheblich gewandelt: Von den 79 Abgeordneten der Wahlperiode (bei insgesamt 74 Sitzen) gehörte immerhin noch fast ein Drittel, nämlich 24 MdL, zu unserer Untersuchungsgruppe. Abgesehen von der 1917 geborenen Annemarie Schuster[1094] zählen sie aufgrund ihres Geburtsdatums sämtlich zu der Gruppe der „NS-Sozialisierten".[1095] Die zehn ehemaligen NSDAP-Mitglieder unter ihnen repräsentierten einen Anteil von knapp über 40 % der Angehörigen der Altersgruppe in der Wahlperiode, ehemals Verfolgte gab es zu diesem Zeitpunkt im Parlament schon lange nicht mehr. Aktiv an der Debatte beteiligten sich jedoch nur noch wenige Angehörige der Untersuchungsgruppe. Rudolf Titzck[1096] leitete als Landtagspräsident die Sitzung, hielt sich aber, den Usancen des Landtags entsprechend, inhaltlich zurück. Der Abgeordnete Fritz Latendorf spendete Ministerpräsident Dr. Barschel während dessen Redebeitrag demonstrativen Beifall,[1097] Annemarie Schuster unterstützte ihn mit einem zustimmenden Zwischenruf.[1098] Der Abgeordnete Alfred Schulz[1099] antwortete kritisch auf Barschels Ausführungen zu den historischen Ursachen des Scheiterns der Weimarer Demokratie und zum diesen zugrunde liegenden Totalitarismuskonzept. Dabei ging Schulz, der vor seiner Abgeordnetentätigkeit Deutsch und Geschichte unterrichtet hatte, auf aktuelle Fragen nach der politischen Bildung in Schule und Öffentlichkeit ein. Einen Bezug zu seiner eigenen Biografie in der NS-Zeit, zu der wir keine Informationen haben, stellte er nicht her.[1100] Gleiches gilt für Dr. Egon Schübeler[1101], der in seinem Beitrag im Wesentlichen die Ausführungen der Antwort der Landesregierung bestätigte.[1102] Sehr ausführlich, detailliert und kenntnisreich nahm der Abgeordnete Karl Otto Meyer[1103] gleich in zwei Beiträgen Stellung zu der Antwort

1093 Vgl. hierzu auch Danker: Landtag (Anm. 754), S. 202f.

1094 MdL WP05–10 (CDU), Quellendichte: unzureichend; Zuordnung: unzuordenbar.

1095 Dabei handelte es sich um Dr. Kunigunde Bachl, Kurt Böge, Max Detlefsen, Heinz-Wilhelm Fölster, Günther Friedrich, Heinrich Hagemann, Kurt Hamer, Wilhelm Hollmann, Fritz Latendorf, Maria Lindenmeier, Wilhelm Marschner, Karl Otto Meyer, Herbert Möller, Hans Gerhard Ramler, Georg Rösler, Dr. Egon Schübeler, Alfred Schulz, Dr. Henning Schwarz, Leopold Spaeth, Hans Detlef Stäcker, Rudolf Titzck, Dr. Jürgen Westphal und Hans-Joachim Zimmermann.

1096 MdL WP08–11 (CDU), Chef der Staatskanzlei (1970–1971), Innenminister (1971–1979), Finanzminister (1979–1983) und Landtagspräsident (1983–1987), Quellendichte: ausreichend; Zuordnung: ns-sozialisiert.

1097 Plenarprotokoll 10/73 des Schleswig-Holsteinischen Landtags, 10. Wahlperiode vom 19. März 1986, S. 4523.

1098 Plenarprotokoll 10/73 des Schleswig-Holsteinischen Landtags, 10. Wahlperiode vom 19. März 1986, S. 4525.

1099 MdL WP07–12 (SPD), Quellendichte: unzureichend; Zuordnung: ns-sozialisiert.

1100 Vgl. Plenarprotokoll 10/73 des Schleswig-Holsteinischen Landtags, 10. Wahlperiode vom 19. März 1986, S. 4526–4529.

1101 MdL WP06–10 (CDU), Quellendichte: unzureichend; Zuordnung: ns-sozialisiert.

1102 Vgl. Plenarprotokoll 10/73 des Schleswig-Holsteinischen Landtags, 10. Wahlperiode vom 19. März 1986, S. 4529–4532.

1103 MdL WP07–13 (SSW), Quellendichte: unzureichend; Zuordnung: ns-sozialisiert. Vgl. zu seiner Vita Karl Otto Meyer: Frihed, lighed og grænseland. Erindringer skrevet i samarbejde med Jørgen Mågård, Bind 1. København 2001.

der Landesregierung und regte im Sinne der Anfrage zahlreiche neue Aspekte der regionalen wissenschaftlichen und gesellschaftlichen Auseinandersetzung mit der NS-Geschichte an.[1104] Für unsere Fragestellungen interessant ist, dass er, als Mitglied der dänischen Minderheit, ausdrücklich Rekurs auf seine eigene biografische Erfahrung nahm, die in der Desertion aus dem Reichsarbeitsdienst für die deutsche Wehrmacht und der Zugehörigkeit zu einer dänischen Widerstandsgruppe bestand, und die Schmähungen, denen er deshalb nach Kriegsende ausgesetzt war, referierte: „Ich weiß aber, wie es war, als wir zurückkamen, nachdem wir der Stimme des Gewissens gefolgt waren; ich weiß, was man von uns hielt."[1105] Deutlich spricht aus seinen Beiträgen die große persönliche Anteilnahme, mit der er das Thema verfolgte.

Ein ähnlich zentrales politisches Anliegen war die Auseinandersetzung mit der NS-Geschichte für den eigentlichen Protagonisten der Debatte, den Initiator und Hauptautor der Großen Anfrage Kurt Hamer[1106], der jedoch bei der Aussprache schwer erkrankt fehlte, wie viele der Beiträger in ihren Ausführungen bedauernd anmerkten. Statt seiner sprach der Abgeordnete Gert Börnsen auf der Grundlage von Hamers Manuskript.[1107] Ob Hamer bei einer persönlichen Mitwirkung bei der Aussprache seine eigene Biografie miteinbezogen hätte, muss ebenso offen bleiben wie die Antwort auf die Frage, welche Rolle seine eigenen Erfahrungen während der NS-Zeit, zu denen die Mitgliedschaft in der Hitlerjugend sowie der Übertritt zur NSDAP zum 20. April 1944 gehörten,[1108] bei der Entscheidung gespielt hatten, die kritische Beschäftigung mit der NS-Vergangenheit zu einem zentralen Aspekt der eigenen politischen Arbeit zu machen.

Die mehr als acht Jahre später stattfindende Debatte „Nationalsozialistische Gewaltverbrechen und der neue Rechtsextremismus von DVU und anderen Organisationen" im Oktober 1992 bildete als „Sternstunde des Landtages"[1109] trotz ihrer relativen Kürze einen späten Höhepunkt, gewissermaßen eine „Spätlese" der parlamentarischen Auseinandersetzung mit dem Nationalsozialismus – zumindest bezogen auf unsere Untersuchungsgruppe.[1110] In dieser letzten für unsere Fragestellungen überhaupt noch relevanten 13. Wahlperiode waren an in Betracht kommenden Abgeordneten neben Karl Otto Meyer nur die beiden Mandats-

1104 Vgl. Plenarprotokoll 10/73 des Schleswig-Holsteinischen Landtags, 10. Wahlperiode vom 19. März 1986, S. 4518–4522, 4532ff.

1105 Ebd., S. 4534.

1106 MdL WP06–10 (SPD), Quellendichte: befriedigend; Zuordnung: ns-sozialisiert.

1107 Vgl. Plenarprotokoll 10/73 des Schleswig-Holsteinischen Landtags, 10. Wahlperiode vom 19. März 1986, S. 4508–4516, hier S. 4509.

1108 Vgl. zu Hamers Vita in der NS-Zeit BArch BDC OK, Film 3200 G0086; LASH Abt. 460, Nr. 4190; LASH Abt. 811, Nr. 33436.

1109 Vgl. Danker: Landtag (Anm. 754), S. 304.

1110 Vgl. Plenarprotokoll 13/11 des Schleswig-Holsteinischen Landtags, 13. Wahlperiode vom 30. Oktober 1992, S. 666–683.

träger der rechtsextremistischen DVU Karin Voß[1111] und Benvenuto-Paul Friese[1112] übrig geblieben.

Anlass der Debatte war unter anderem ein Eklat, ausgelöst durch Landtagsabgeordnete der DVU, die in dieser Legislaturperiode mit sechs Mandaten im Landtag eingezogen waren, im Rahmen eines Besuchs einer Landtagsdelegation in der KZ-Gedenkstätte Neuengamme, bei dem sie einen Kranz mit der Aufschrift „Den Opfern der Gewaltherrschaft und des alliierten Terrors" niedergelegt hatten. Wieder war es – nach den sich von der DVU abgrenzenden, sprachlich deutlichen und inhaltlich entschlossenen Beiträgen der Abgeordneten Dr. Rossmann (SPD), Dr. Bendixen (CDU) und Dr. Klug (FDP) – der Abgeordnete Meyer, der – sichtlich erregt – vor dem Hintergrund seiner eigenen biografischen Erfahrung der NS-Zeit sprach: „Ich sage ja ganz offen: Ich war Mitglied der dänischen Widerstandsbewegung und gehörte also zu den alliierten Truppen.[...] Ich bekenne das offen. Ich bin bereit, hier in der nächsten Landtagssitzung mit der Armbinde der dänischen Widerstandsbewegung aufzutreten. Dann will ich mal sehen, wer was kann mit der Armbinde, die man in Deutschland 1933 bis 1945 trug." Meyer berichtete weiter von seinen Kameraden aus dem dänischen Widerstand und ihren Leiden in deutscher KZ-Haft, die er durch den Inhalt des DVU-Antrags auf unerträgliche Weise relativiert sah: „Ich habe Christian Stærmose, Svendborg, erlebt, Mitglied unserer Kompagnie. Er wurde von den Deutschen gefangen und saß im KZ, kam Ende April mit den dänischen Bussen, als Bernadotte die dänischen Gefangenen herausbekam. [...] Ich habe Johanne Hansen, Vollerup, gesehen, die in Ravensbrück gesessen hatte. 86 Pfund wog sie, als sie zurückkam. Wir fanden am 7. Mai in einem Wald auf Fünen einen Menschen. Wir dachten, es sei ein versteckter SS-Mann, und wir holten ihn. Das war aber auch einer, der aus dem Zug, Bernadottes Zug, gesprungen war und sich versteckt hatte. Er hatte noch nicht gewußt, daß Frieden war. Er schrie wie ein Tier, als wir kamen, weil er glaubte, wir seien die Deutschen. Ich habe seine Narben gesehen, auf der Stirn, auf den Händen!"[1113]

Über die Biografie der DVU-Abgeordneten Voß in der NS-Zeit wissen wir nur, dass sie Kindheit und Jugend an ihrem Geburtsort Kronprinzenkoog an der schleswig-holsteinischen Westküste in Dithmarschen verbrachte und dort auch ein Vierteljahr vor ihrem 18. Geburtstag (9. November 1941) die Aufnahme in die NSDAP beantragte, der sie dann ab September 1941 auch angehörte.[1114] Sie war damit das letzte Mitglied des Schleswig-Holsteinischen Landtags, das ehemals der NSDAP angehört hatte. Es ist wohl davon auszugehen, dass dies den übrigen Abgeordneten unbekannt war, zumindest konnten keine Anspielungen in dieser

1111 MdL WP13 (DVU, ohne Fraktion, DLVH, ohne Fraktion), Quellendichte: ausreichend; Zuordnung: ns-sozialisiert.

1112 MdL WP13 (DVU, ohne Fraktion, DLVH, ohne Fraktion), Quellendichte: unzureichend; Zuordnung: ns-sozialisiert.

1113 Plenarprotokoll 13/11 des Schleswig-Holsteinischen Landtags, 13. Wahlperiode, 30. Oktober 1992, S. 677f.

1114 Vgl. BArch BDC OK, Film 3200 J0044.

Hinsicht in den Plenarprotokollen ermittelt werden.[1115] In ihrem Redebeitrag, bei dem es um die Einrichtung einer Gedenkstätte im Stile Yad Vashems für deutsche Opfer des Zweiten Weltkriegs ging, distanzierte Voß sich zwar verbal von einer „Verharmlosung der Nationalsozialisten", um im gleichen Atemzug jedoch das revisionistische Standardrepertoire rechtsextremer Positionen, beispielsweise vom „alliierten Bombenterror" abzuspulen.[1116] Zudem forderte sie Meyer direkt und erkennbar provokant auf, doch auch „der gefangenen Deutschen in Sibirien" zu gedenken. Der Abgeordnete Friese (DVU) schwieg beziehungsweise beteiligte sich lediglich als stummer Claqueur für die Redebeiträge seiner Parteifreunde Stawitz und Voß.

Neben dem eindrucksvollen Beitrag des Abgeordneten Meyer sticht vor allem die Entschlossenheit der Demokraten heraus, sich von dem Rechtsextremismus der DVU klar abzugrenzen und mit differenzierten Bildern der NS-Vergangenheit Kontinuitäten zu benennen, allen voran die Bildungspolitiker Rossmann, Bendixen und Klug, die beiden Letzteren von Beruf Historiker, aber auch Innenminister Dr. Bull (SPD) und der Abgeordnete Kubicki (FDP), der explizit aus der Perspektive des nach 1945 Geborenen argumentierte.[1117] In Hinblick auf unsere Fragestellungen ist auch von Bedeutung, dass hier ein letztes Mal ein aktiver Widerstandleistender und eine ehemalige Nationalsozialistin (in Meyers Fall bekanntermaßen, im Fall von Karin Voß wahrscheinlich unerkannt) gegenüberstanden und bei einem explizit vergangenheitspolitischen Thema die Klingen kreuzten. Auch wenn Meyer nach unseren Kriterien nicht zu der Gruppe der Verfolgten gezählt werden konnte: Markanter als an seinem Beitrag kann man den semantischen Wandel im Benennen nationalsozialistischen Unrechts und der Leiden der Opfer im Vergleich zu den Debatten der 1950er-Jahren kaum studieren. Deutlich spiegeln sich hier die gewandelten Maßstäbe dessen, was sagbar war, wider.

11. Vorläufige Bilanz und Perspektiven

Grundsätzlich und auf den gesamten Untersuchungszeitraum bezogen ist festzuhalten, dass die Bereitschaft, öffentlich über die eigene biografische Erfahrung während der NS-Zeit zu sprechen, eher gering ausgeprägt war. Das gilt für ehemalige Verfolgte des NS-Regimes ebenso wie für Anhänger des Nationalsozialismus, wenn auch in unterschiedlichem Ausmaß und vermutlich aus unterschiedlichen Gründen. Die Möglichkeit zum offensiven Umgang mit einer eigenen Belastung war naturgemäß begrenzt, da er öffentlich vermittelbar nur die Rolle des nach einem Lernprozess geläuterten Demokraten bereithalten konnte, die im politischen Geschäft wenig attraktiv erscheinen mochte und ohne öffentliches Vorbild war. Für ehemals Verfolgte war die Situation gleichwohl bedeutend komplexer. Ein Faktor dabei war einerseits

1115 Die Betitelung „Nazitante" durch den Abgeordneten Dr. Ottfried Hennig ist in dem Kontext wahrscheinlich eher im Sinne von „neonazistisch" zu verstehen. Vgl. Plenarprotokoll 13/11 des Schleswig-Holsteinischen Landtags, 13. Wahlperiode, 30. Oktober 1992, S. 682.

1116 Ebd., S. 681f.

1117 Ebd., 682.

sicherlich der Umstand, dass sie in der Nachkriegszeit einer ehemals gut in die NS-„Volksgemeinschaft“ integrierten Bevölkerungsmehrheit gegenüberstanden, die eine offensive Thematisierung der nationalsozialistischen Vergangenheit ablehnte und tendenziell eher bestrafte als belohnte, wie das Beispiel Heinrich Fischers deutlich macht. Exemplarisch lässt sich dieser gesellschaftliche Abwehrreflex im Zusammenhang mit der Entnazifizierung nachvollziehen, die in der deutschen Bevölkerung schnell auf Unzufriedenheit und Ablehnung stieß, als Thema bald nur noch zur Negativabgrenzung öffentlich vermittelbar war und bis in die 1960er-Jahre als politisch hochtoxisches Schlagwort eingesetzt wurde. Andererseits war die Thematisierung der eigenen Biografie und damit auch des eigenen Leidens gewiss auch eine Frage der persönlichen Entscheidung, wie weit man traumatisierende Erfahrungen teilen wollte. Es gab offensiv damit umgehende Persönlichkeiten wie Kukil, der die Vergangenheitspolitik zum zentralen Motiv seines politischen Handelns machte, ebenso wie andere, die lieber schwiegen – öffentlich und privat, oft lebenslang.

Geprägt war das Sprechen über die Vergangenheit immer vom Kontext des politischen Raums, sodass sich in fast allen Fällen die (aktuelle) politische Dimension in den Mitteilungen – wenn auch in unterschiedlichem Ausmaß – erkennen lässt. Sehr selten sind direkte Bekenntnisse wie die des Abgeordneten Lohmann, der (wenn auch in engen semantischen Grenzen) darauf hinwies, wie verletzend der konfrontative Ton der betreffenden Debatte auf Verfolgte wirke. Allerdings waren dies nur Augenblicke, die zwar von den Beteiligten wahrgenommen und (kurz) gewürdigt wurden, gleichzeitig aber verdeutlichen, dass üblicherweise bei der Beschäftigung mit der NS-Vergangenheit ein funktionaler bis instrumenteller Charakter überwog. Wenn indes bestimmte Grenzen der Toleranz überschritten wurden, verließen Abgeordnete doch das Korsett der Institution und handelten direkt, emotional, vielleicht sogar im Wortsinne unbedacht. Insofern dominierten im Regelfall die unausgesprochenen Formen und Spielregeln des besonderen Raums Landtag – ein Ausbrechen daraus blieb die Ausnahme.

Erst mit dem zeitlichen Abstand einer Generationenlänge lässt sich ab Mitte der 1980er-Jahre feststellen, dass eine neue Diskursform an dem besonderen Ort des Landtags Einzug hielt, der auch andere gesellschaftliche Konsense reflektierte.

Am Beispiel der Beschäftigung des Landtags mit dem Thema Euthanasie lässt sich die Fieberkurve der Bedeutung zeichnen, welche dem Thema Beschäftigung mit der NS-Vergangenheit im Parlament beziehungsweise im politischen Raum beigemessen wurde: Ihr Stellenwert wandelte sich vom bewusst ausgewählten und mit geradezu erzieherischen Auftrag versehenen Symbol des Neuanfangs zur politischen Altlast, die schließlich entsorgt wurde. Dazwischen lässt sich zunächst eine Phase der in Teilen hilflos anmutenden Überforderung angesichts umfassender Aufbauaufgaben gepaart mit einer am Thema bestenfalls uninteressierten Exekutive beziehungsweise Judikative erkennen, gefolgt von der die prägende Zäsur des Regierungswechsels widerspiegelnden Auseinandersetzung im Ausschuss für Innere Verwaltung zwischen ehemaligen Nationalsozialisten und Demokraten, die schließlich in einem erkennbar angestrengten Kompromiss endete.

Wie bereits ausgeführt, dominierte die biografische Heterogenität als Merkmal die Untersuchungsgruppe, sodass eine Kategorisierung mit Bezugspunkt NS-Zeit nur einen Faktor von vielen bildet, folglich die biografische Erfahrung in der aktuellen politischen Auseinandersetzung (sofern nicht explizit geäußert) als Aspekt kaum herauszufiltern ist, sogar bei zentralen Themen der NS-Vergangenheit. Selbst vermeintlich eindeutige Motivlagen bei durch ihre nationalsozialistische Vergangenheit hoch belasteten Mandatsträgern sind bei näherem Hinschauen kaum direkt mit politischen Äußerungen oder gar Handlungen im parlamentarischen Raum zu verknüpfen.

Aus den gewonnenen Erkenntnissen lassen sich weitere Fragekomplexe ableiten und Forschungsperspektiven formulieren. Dazu gehören gewiss Fragen nach dem Wissen unter den Abgeordneten um die jeweiligen Rollen in der NS-Zeit: Wie wurde dieses Wissen jenseits der Bühne des Plenarsaals kommuniziert und gegebenenfalls als Kapital betrachtet, um es in der politischen Auseinandersetzung einzusetzen? Wurden bestimmte Themen gesetzt, Biografien gezielt angesprochen? Von welchen Faktoren hing es ab, ob biografische NS-Belastungen thematisiert wurden oder nicht? Für Schleswig-Holstein haben wir das Beispiel Walter Mentzels als spannenden Fall zumindest in Ansätzen ausleuchten können. Für eine weiter vertiefte Beschäftigung wird es außerdem notwendig sein, systematisch zu untersuchen, welche Themen in welchen Phasen und welchen Kontexten auftauchen. Ein zentrales Moment für zukünftige Forschungen könnte zudem ein gezielter, aber auch klar begrenzter, nämlich Aufwand und Ertrag in ein sinnvolles Verhältnis stellender komparatistischer Ansatz sein.

Uwe Danker, Sebastian Lehmann-Himmel

Landespolitik mit Vergangenheit

Teil IV. Ergebnisse: Der Fall Schleswig-Holstein

1. Genese und Projektanlage

Ausgangspunkt war im September 2013 ein vom Landtag einhellig beschlossener Antrag „Geschichtswissenschaftliche Aufarbeitung der personellen und strukturellen Kontinuität nach 1945 in der schleswig-holsteinische Legislative und Exekutive".[1118] Als Aufgaben benannte die Entschließung eine Dokumentation der NS-Vergangenheit der Mitglieder des Schleswig-Holsteinischen Landtages sowie der Landesregierungen bezogen auf Mitgliedschaften und Funktionen im NS-Staat, die regionalhistorische und komparatistische Einordnung des Befundes sowie die multiperspektivische Analyse einer mutmaßlich „besonders ausgeprägten Tendenz" zur Rehabilitierung ehemaliger Nationalsozialisten.

Im öffentlich ausgeschriebenen förmlichen Vergabeverfahren setzte sich das Konzept des Instituts für schleswig-holsteinische Zeit- und Regionalgeschichte der Europa-Universität Flensburg (IZRG/EUF) durch.

Vier in den Wettbewerb eingebrachte Grundlinien bestimmten das Vorgehen der Forschungsgruppe:

- Historiker sind keine Richter, aber auch keine nur beschreibenden Chronisten: Einordnende Erklärung und wertende Deutung bilden die Ziele der Forschungsarbeit, der historischen Urteilsbildung. Wir klären auf, rekonstruieren und erzählen unsere Geschichte(n), aber wir prangern nicht an. Wir nennen Ross und Reiter, aber richten nicht, sondern bleiben Historiker.
- Wir verfolgen ein wissenschaftliches, von komplexen und anschlussfähigen Fragestellungen strukturiertes Konzept, suchen die komparatistische Einordnung des Befundes in den zeithistorischen Forschungs- und Deutungsstand und werden nicht getragen von Zielen der „Aufarbeitung".
- Um ein verzerrungsarmes Gesamtbild der Untersuchungsgruppe sicherzustellen, wird keine ausschließliche Suche nach (formalen) Belastungen unternommen, sondern umfasst die Recherche die volle Bandbreite denkbarer Rollen im Nationalsozialismus. Die Ankündigung: „Wir recherchieren Kontinuitäten und Diskontinuitäten der Biografien aller infrage kommenden MdL, Minister_innen und Staatssekretäre, aber nicht nur in Hinblick auf NS-

1118 Schleswig-Holsteinischer Landtag 18. Wahlperiode, Drucksache 18/1144(neu), 25. September 2013.

Belastungen, sondern bezogen auf alle biografischen Muster – denn sonst produzierten wir ein schiefes, unvollkommenes Bild."

- Zugrunde liegt ein integrativer methodischer Ansatz, der quantifizierende, individual- und gruppenbiografische sowie qualitative Methoden umfasst sowie eng verzahnt, insbesondere auch nach realen Rollen fragt. Die Ankündigung: „Wir ermitteln mit einem umfassenden, transparenten und genau dokumentierten Ansatz rund 400 individuelle Biografien, beschreiben schließlich reale Beispiele, aber wir wollen Typisierungen vornehmen, eine Reihe unterschiedlicher Lebenswege abstrahieren und deren Repräsentanz bewerten."

Den regionalhistorischen Rahmen Schleswig-Holsteins charakterisiert eine Vorgeschichte als ländlich strukturierte, protestantische Grenzregion und frühe nationalsozialistische Hochburg, eine Herrschaftsphase als „NS-Mustergau" und ein Nachkriegsbeginn in Zugehörigkeit zur demokratiepädagogisch ausgerichteten britischen Zone mit „einheimischer" (Bevölkerungs-)Kontinuität in Kombination mit massivem demografischen Wandel durch extreme, die Bevölkerungszahl um 60 % erhöhende Zuwanderung.

2. Konzept

Unsere auf Schleswig-Holstein bezogene Studie übernahm Erfahrungen vorliegender Referenzprojekte, bemühte sich aber gleichermaßen darum, sie wissenschaftlich fortzuschreiben, indem wir zum einen methodisches Neuland erkundeten und zum anderen die inhaltlichen Fragestellungen fokussierten. Wir kreierten einen methodischen Mittelweg zwischen totalbiografischer Arbeitsweise und einfacher Statistik, verbanden multiple Datenverknüpfung mit einem Modell der Typisierung.

Zum einen gingen wir davon aus, dass bei gewissenhafter und systematischer Kombination umfänglicher Daten quantitative Ergebnisse in generalisierende qualitative Ableitungen münden. Daten lassen sich in vielfältiger Weise verknüpfen, dimensionieren, korrelieren, aggregieren. Zum anderen versuchen wir ohne perspektivische Verengung des Blicks auf die NS-Belastung die Gesamtheit der Verhaltensweisen von Menschen unter den Bedingungen der Diktatur, die volle Bandbreite der Erfahrungen und Verhaltensmuster im Nationalsozialismus zu erfassen.

Derartige statistische Verfeinerungen der Bilder liefern allerdings noch keine belastbaren Aussagen über Individuen. Angereichert nämlich um weitere aggregierte biografische Informationen sollte daher die Option geschaffen werden, die Mehrheit der Angehörigen der Untersuchungsgruppe belastbar einer von insgesamt fünf „Grundorientierungen", also generalisierten charakteristischen Grundhaltungen und -verhaltensmustern für ein (Über-)Leben im Nationalsozialismus zuzuordnen. In einer zweiten, ebenfalls für das Projekt entwickelten Kategorisierungsstufe versuchten wir mit 18+4 daraus abgeleiteten „Typen" eine Vielfalt an individuellen Rollen, wahrgenommenen Wegen und getroffenen Entscheidungen innerhalb von Handlungsspielräumen im Nationalsozialismus abzubilden.

Unsere inhaltliche Ausgangsthese lautete dabei, dass auch das Ankommen schleswig-holsteinischer Landespolitiker_innen in der bundesdeutschen Nachkriegsdemokratie im Kontext allgemeiner Prozesse des biografischen Anknüpfens, Um-Interpretierens und der Reintegration analytisch zu fassen wäre. Dazu gehört auch die Vorannahme, ehemalige Nationalsozialisten würden neue Loyalitäten zum gewandelten Staat aufbauen und die Verfassung wenigstens formal achten, sich aber – und vielleicht umso subtiler – auf den Feldern der „Vergangenheitspolitik" (Norbert Frei) betätigen. Umgekehrt unterstellten wir, ehemals widerständige, verfolgte Demokraten würden dazu neigen, ebendort initiativ zu werden. Im Verdichtungsraum der landespolitischen Vergangenheitsbewältigungen würden also beide Erfahrungswelten aufeinanderstoßen und konfliktträchtig wie offen den Austrag suchen.

Den inhaltlichen Fokus unserer Arbeit richteten wir deshalb auf Vergangenheitspolitik. Tatsächlich stellte sich der Landtag in Schleswig-Holstein immer wieder der NS-Vergangenheit und der regionalen NS-Nachgeschichte. Insgesamt 93 vergangenheitspolitische Landtagsdebatten bildeten die Quellengrundlage, als wir den Fragen nachgingen, ob und wie biografische NS-Vorprägungen Bedeutendes zur Erklärung von Verhaltensweisen und zur Entwicklung der politischen Kultur des Landes beitragen oder eben nicht.

3. Recherchen und Datenbank

Unser Gesamt-Untersuchungssample umfasst 390 Personen: 342 Angehörige der Legislative, nämlich alle Abgeordneten des Schleswig-Holsteinischen Landtages seit 1946 der Geburtsjahrgänge bis einschließlich 1928, da nur diese über die Option verfügten, einer der Kernorganisationen des Nationalsozialismus (NSDAP, SA, SS) beizutreten. Bis 1960 waren die Angehörigen der Altersgruppe im Landtag vollständig unter sich, ein statistisch relevanter Generationenwechsel trat sukzessive erst ab 1971 ein. Eine zweite Gruppe mit altersunabhängig insgesamt 87, auf die Jahrgänge bis 1928 bezogen 76 Personen, betrifft die Exekutive: Sie umfasst die Mitglieder der Kabinette Theodor Steltzer (1946) bis Gerhard Stoltenberg (1982). Dem demokratischen Herrschaftsmodell entsprechend gibt es mit 50 Personen erhebliche Überschneidungen beider Gruppen.

Den Erkenntnisinteressen und Fragestellungen des Projektes folgend konzentrierten sich unsere Recherchen primär auf personenbezogene Quellen aus der NS-Zeit sowie auf einschlägige Überlieferungen, die im Kontext ihrer Bewältigung entstanden und heute in öffentlichen Archiven zugänglich sind. Darüber hinaus interessierten zusätzliche biografische Erkenntnisse aus den Zeiträumen vor und nach der NS-Zeit. Da kein geschlossener Quellenbestand zugrunde liegt, waren biografische Recherchen auf dem Wege systematischer Archivrecherchen im gesamten Bundesgebiet zu realisieren. Diese Recherchen fanden seriell, transparent und eingeschränkt statt. Reichweite und Belastbarkeit der Erkenntnisse zur 390-köpfigen Untersuchungsgruppe sind vor diesem Quellenvorbehalt zu sehen.

Grundsätzlich lassen sich die Quellen und Informationen nach drei Sektoren unterscheiden: Der erste Bereich umfasst Daten über Mitgliedschaften und Funktionen sowie politische Ämter und Mandate der Zeiträume vor 1933, 1933 bis 1945 und nach 1945, er lässt sich als politische Sozialisation benennen. Der zweite Sektor gilt Karrieren und Handeln in beruflichen wie öffentlichen Positionen, repräsentiert die berufliche und gesellschaftliche Sozialisation. Das dritte Teilprofil betrifft Quellenfunde zum breiten Feld der individuellen „Vergangenheitsbewältigung" und korreliert mit dokumentierten vergangenheitspolitischen Aktivitäten unserer Protagonisten.

Bestände und Einzelquellen, die während der NS-Zeit oder im Kontext der Entnazifizierung respektive strafrechtlichen Bewältigungsversuche entstanden, bereinigt oder zu Dossiers zusammengestellt wurden – insbesondere in diesen Kontexten produzierte Selbstdarstellungen und Selbstdeutungen, also „Egodokumente" spezifischer Art – bedürfen besonders intensiver und spezifischer quellenkritischer Betrachtungen.

Bei einem derart öffentlichkeitswirksamen Projekt ist damit aber zugleich eine konfliktträchtige Schnittstelle von Wissenschaft und Geschichtskultur benannt, an der Nachkommen oder sonstige Akteure mit ihren eigenen Lesarten der Quellen unbeirrbar und laut ihre Korrekturen vorbringen.

Wer Unterlagen zu 390 Biografien recherchiert, stößt jedenfalls auf zahlreiche Einzelfälle quellenkritischer Bewährung. Das generiert besondere Ansprüche an Dokumentation, Erfassung und Auswertung der Quellen, also eine Informationsverwaltung, die mit konventionellen Methoden nicht bewältigt werden kann. Zur Sicherung und Nutzbarmachung unter ausdrücklicher Beibehaltung der stark unterschiedlichen Quellencharakteristika und -provenienzen war somit die Entwicklung einer spezifischen Lösung erforderlich.

Die von uns dazu entwickelte Projektdatenbank erfüllt insgesamt vier Kernaufgaben: Zentrale, arbeitsteilig umgesetzte Datenerfassung, Dokumentation der Arbeitsstände und Recherchewege, fast beliebige, im Forschungsprozess erweiterbare Verknüpfungs- und Auswertungsoptionen sowie die Möglichkeit, von der Mutterdatenbank abgeleitete „Töchter-Datenbanken" für konstruierte Auswahlgruppen zu erhalten. Auch komplexe Abfragen mit multiplen Faktoren können durchgeführt werden. Datenfelder und Auswertungstools werden in fünf unterschiedlich gestalteten, jedoch übergreifend verknüpften Benutzeroberflächen – „Layouts" – präsentiert, die spezifische Teilinformationen auffächern: „Recherchen", „Rolle(n) vor 1933", „Rolle(n) in der NS-Zeit", „NS-Vergangenheit", „Politische Rolle(n) nach 1945".

4. Empirische Ergebnisse: formale Belastungen – Mitgliedschaften, verfeinerte Daten

Bereits die quantitative Analyse formaler Daten liefert ein konturiertes vergangenheitsbezogenes Personalprofil der schleswig-holsteinischen Landespolitik:

In den ersten Landtagen wiesen viele Mitglieder NS-Verfolgungserfahrungen auf und nur sehr wenige waren ehemals in der NSDAP gewesen. Darin spiegelt sich die britische Auswahl der frühen politischen Repräsentanten; auch bei der ersten freien Landtagswahl 1947 dominierte noch der Geist des Neuanfangs. Mit der zweiten Landtagswahl 1950 trat ein dramatischer und nachhaltiger Umschwung nicht nur zugunsten bürgerlicher Parteien ein: Der Anteil ehemals Verfolgter nahm drastisch und fortan kontinuierlich ab, umgekehrt proportional steigt die Kurve der ehemaligen NSDAP-Mitglieder im Landtag an – zwischen 1950 und 1971 waren fast zur Hälfte, bis Ende der 1950er ansteigend sogar mehr als die Hälfte aller Abgeordneten ehemalige Mitglieder der NSDAP.

Die Zäsur von 1950 lässt in ihren quantitativen Strukturen quasi gegensätzliche Zeiträume 1945/46–1950 und 1950–1982/83 entstehen: mit moralischer Autorität personifizierter demokratischer Neubeginn versus Wiederkehr und politische Reintegration ehemaliger Nationalsozialisten. Die Phase von 1950 bis 1971 bildet eine Einheit: Für zwei Jahrzehnte sind generationell betroffene Alterskohorten unter sich und weisen eine quantitativ erhebliche formale NS-Belastung auf. Zwar war die Zäsur des Wahljahres 1950 bekannt. Dass allerdings – bezogen auf das formale Kriterium einer ehemaligen Zugehörigkeit in der NSDAP – im Landesparlament eine weitere Steigerung eintreten und eine Dauer von mehr als zwei Jahrzehnten vermessen würde, stellt eine neue Erkenntnis dar.

Eine Grundbotschaft der beiden auf 1950 folgenden Jahrzehnte lautet also: Nicht ein von NS-Gegnern respektive NS-Verfolgten getragener Neubeginn, sondern eine von ehemals „Nicht-abseits-Stehenden", also von Unauffälligen sowie auch in erheblichem Umfang von ehemaligen Nationalsozialisten geschulterte, Kontinuität ausdrückende biografische Zusammensetzung konturierte die Gruppe der schleswig-holsteinischen Landespolitiker. Allerdings wird daran lediglich jenes biografisches Grundverständnis deutlich, auch unabhängig von Zäsuren, die ein individuelles Leben überdauerte, und auch in unterschiedlichen Staatsverfassungen politisch mitzuwirken, gegebenenfalls einer Partei anzugehören, unter Umständen eine berufspolitische Laufbahn auf Zeit anzustreben. – Ob damit auch politische Implikationen verbunden waren, bleibt dabei zunächst offen.

Im Ländervergleich mit Hessen, Bremen und Niedersachsen ergibt sich für Schleswig-Holstein indes eine Sonderentwicklung; die Anteile formal Belasteter sind es, die ganz erheblich nach oben abweichen und ausnahmslos Spitzenergebnisse erzielen – teilweise werden doppelt so hohe Anteile erreicht. Da Niedersachsen über ähnliche sozialstrukturelle Konturen wie Schleswig-Holstein verfügt, wären vergleichbare Ergebnisse zu erwarten gewesen. Das ist mitnichten der Fall: Zwar ist der Kurvenverlauf für alle Landtage sehr ähnlich, aber Steigungen und Höchstzahlen weisen aus – Schleswig-Holstein bildet einen Sonderfall!

Die Exekutive erscheint 1950 bis 1971/82 noch deutlich stärker formal ns-belastet als die Legislative. Mit Anteilen von 62 % bis 77 % ehemaliger NSDAP-Mitglieder in den Kabinetten wurden erheblich vorbelastete Gremien geschaffen. Innerhalb der Gruppe der Staatssekretäre muss man von quasi homogener Vorbelastung sprechen, wenn die Anteile bis 85 % erreichen – eine Gruppe, die zudem wenig Fluktuation aufwies.

Dieser Befund verweist nachdrücklich auf tradierte, systemübergreifende Karrieremuster: Wer beispielsweise eine staatliche Verwaltungslaufbahn anstrebt oder ergreift, sucht in der Regel eine einschlägige berufliche Ausbildung im Bereich der Rechts- und Staatswissenschaft oder im Verwaltungsbereich respektive wählt den Weg des politischen Engagements. Jedenfalls steht er – unsere diesbezügliche Untersuchungsgruppe der Staatssekretäre umfasst nur Männer – bei einem politischen Systemwechsel oft vor der Frage: Arrangieren oder nicht? Die in der deutschen Geschichte des 20. Jahrhunderts im Falle der tatsächlichen Wahlmöglichkeit jeweils mehrheitlich gewählte Antwort ist bekannt und ein wesentlicher Faktor für personelle wie institutionelle Kontinuitäten.

Es soll aber nicht ausgeblendet werden, dass aus der berufsbiografischen Perspektive Landesregierungen eine gewisse Zwischenstellung einnehmen: Zum einen finden sich – insbesondere in der Gruppe der beamteten Staatssekretäre – die staatsnahen, relativ homogen strukturierten Berufslaufbahnen, zum anderen der Typus des demokratischen Berufspolitikers, dessen politische Karriere auf partei-, kommunal- und landespolitischen Meriten basiert und in allen Berufsfeldern wurzeln kann.

Bereits auf der Ebene rein quantifizierender Datenauswertungen lassen sich die Konturen des Falles Schleswig-Holstein klarer, feiner und differenzierter ausarbeiten: Die Profile der Fraktionen unterscheiden sich sehr, auch Legislaturperioden und Kabinette lassen sich klar abgrenzen. Wanderungen und Wandel werden erkennbar, auch nachhaltige biografische Kontinuitäten oder Unterschiede zwischen Zugewanderten und Einheimischen. Zeithistorisch eingeordnete Daten zu Eintrittszeitpunkten und -lebensalter präzisieren und differenzieren und lassen Gruppen formal unterschiedlich Belasteter entstehen, die in generelle Interpretationen integriert werden; mehr indes nicht: Individuelle Biografien lassen sich so nicht erfassen.

Insgesamt entsteht bereits auf der Analyseebene formaler Belastungen ein markantes, ausdifferenzierte Strukturen andeutendes Bild des Falles Schleswig-Holstein. Es bleibt indes in Teilen recht grobkörnig und – aufgrund der Natur rein formaler Daten – für individuelle Biografien von recht geringer Aussagekraft. Die mit verfeinerten Datenverknüpfungen geleistete Ausdifferenzierung stößt hier an Grenzen, unterstreicht damit die Zweifelhaftigkeit eines allein auf formalen Belastungen basierenden Analyseansatzes und weist auf die Notwendigkeit vertiefter Befassung mit realen Rollen und individuellen Biografien.

5. Empirische Ergebnisse: Reale Rollen – 4 „Grundorientierungen", 18+4 „Typen"

In dieser Hinsicht soll das speziell entwickelte zweistufige Typisierungsmodell Abhilfe leisten: Hinreichend angereicherte biografische Informationen über Berufswege und öffentliche Rollen in der NS-Zeit etc. werden mit den formalen Daten verknüpft, interpretiert und für die Zuordnung zu einer definierten „Grundorientierung" genutzt. Das ist der Versuch eines qualitativen Sprunges zur individuellen Kategorisierung, ohne eine totalbiografische Recherche vorzulegen.

Mit einer Betrachtung der vollen Bandbreite vom Widerstandleistenden bis zum Verfolgungsakteur wird dabei der Versuch unternommen, alle Muster des Abweichens, der Anpassung, des Mitmachens, der Verstrickung zu erfassen. Dabei stehen Bewertungen von Schuld und Verantwortung weniger im Zentrum als Fragen nach Handlungsspielräumen, -entscheidungen und -motiven. Eine derartige Rekonstruktion geht über Dichotomien wie Herrschen und Beherrschtwerden, Täter und Opfer hinaus, versteht Herrschaft als „soziale Praxis" (Alf Lüdtke). Damit wird es auch möglich, die heterogene Auswahlgruppe retrospektiv bezogen auf die NS-Zeit in ein Ordnungssystem mit gruppenbiografischen Kennzeichen einzubringen und den Aspekt der NS-Vergangenheit als *biografische Erfahrung* späterer Akteure in Legislative und Exekutive zu schaffen.

Die von uns als erste Ordnungsebene entwickelte Kategorisierung „Grundorientierung" generiert vier generalisierte charakteristische Grundhaltungen und -verhaltensmuster für ein Leben im Nationalsozialismus von Individuen, Alterskohorten, sozialen Gruppen und Milieus: „oppositionell / ‚gemeinschaftsfremd'", „angepasst / ambivalent", „systemtragend / karrieristisch" sowie „exponiert / nationalsozialistisch". Für die jungen Geburtsjahrgänge zwischen 1918 und 1928 gilt die – *wertungsfrei* genutzte – Sammelkategorie „ns-sozialisiert", da stabile Grundorientierungen noch kaum eindeutig identifizierbar sind, diese Alterskohorten zugleich ihre Sozialisation (überwiegend) im Nationalsozialismus erfuhren.

Die Praxis hat gezeigt: Alle Zugehörigen der Gesamtuntersuchungsgruppe, für die eine hinreichende Quellengrundlage recherchiert wurde, lassen sich problemlos und jeweils eindeutig einer Grundorientierung zuordnen. Das Modell funktioniert, und zwar schnittfrei. Allerdings erweist sich auch die fünfte Kategorie der NS-Sozialisation als hilfreich.

Diese durch Quellen belegten realen individuellen Ausrichtungen der späteren Landespolitiker_innen liefern die Basis für je nach Fragestellung und Teilgruppenbildung unterschiedlich generierte Profilbilder auf der Ordnungsbasis der Grundorientierung während der NS-Zeit. Sie verfeinern und modifizieren die Erkenntnisse über die Untersuchungsgruppe signifikant. So können zum Beispiel Zeiträume und Legislaturperioden, Fraktionen und Kabinette, Alterskohorten der MdL, Einheimische und Zugewanderte, Weimarer Politiker und manche andere Teilgruppe belastbar charakterisiert werden.

Die zweite Kategorisierungsstufe „Typen" bildet als Zuordnungssystem eine Vielfalt an individuellen Rollen, gewählten Wegen und getroffenen Entscheidungen innerhalb von Handlungsspielräumen im Nationalsozialismus ab. Ebenfalls a priori abgeleitet aus den „Grundorientierungen" bilden die konstruierten 18+4 „Typen" ein heterogenes, pragmatisches Konglomerat von (dominierenden) Rollen, Erfahrungen, Verhaltensmustern und prägenden Wurzeln.

Auf Basis der recherchierten Quellen wird versucht, jeweils den individuell-biografischen Kern dessen zu identifizieren, was die Person, ihr Handeln, ihre Biografie und ihre tatsächliche Rolle im NS-Regime ausmachte. Es geht um die eine spezifische Person überwiegend charakterisierenden Merkmale. Die Zuordnung ist in jedem Fall aus den Quellen begründet, jedoch nicht immer ganz eindeutig. Diese Modellebene wiederum ist aufgrund der Heterogenität der Typen (und ihrer Wurzeln) nicht völlig schnittfrei.

Das methodische Vorgehen über durchdeklinierte Zuweisungen von Grundorientierung und Typ lässt es zu, die tatsächliche NS-Rolle (oder -Erfahrung) späterer Landespolitiker_innen zu graduieren und zu vermessen. Die aus Legislaturperioden, Fraktions- oder Kabinettszugehörigkeiten und weiteren Zugängen konstruierten Teilgruppen erhalten mithilfe der Typisierung erheblich verfeinerte Profile eines realen Personen zugeordneten Kernverhaltens in der NS-Zeit. Die jeweils die volle Bandbreite aufweisenden Tortendiagramme präzisieren und korrigieren jene der aus formalen Kriterien abgeleiteten Resultate erheblich, liefern Bilder mit Grautönen.

Die konkreten Ergebnisse sind im Einzelnen vorgeführt worden: Fraktionen unterschieden sich wie bei den formalen Belastungen auch beim Kriterium der ehemaligen realen Rollen im Nationalsozialismus erheblich. Auch die einzelnen Landtage und Kabinette wiesen spezifische Profile auf; es fanden sich teilweise relevante biografische Belastungen. Soweit die Quellenlage es zuließ und Zuordnungen vorgenommen wurden, finden sich diese im Gutachten auch namentlich aufgelistet.

So wird erkennbar, wie Fraktionen, Landtage und Regierungen zusammengesetzt waren, oft jedenfalls weniger homogen, als es die erhobenen formalen Kriterien nahelegten, indes in anderen Fällen auch noch deutlicher. Einerseits bestätigen sich die zentralen Erkenntnisse wie die nachhaltige Zäsur des Jahres 1950. Andererseits lassen sich die Verhaltensmuster ausdifferenzieren, tatsächliche NS-Verstrickungen, die es real gab, präziser adressieren und beispielsweise von Anpassungsmustern oder jugendlichem (Fehl-)Verhalten abgrenzen: Nur ein Drittel der 115 ehemaligen NSDAP-Mitglieder gelten im Ordnungssystem der Grundorientierungen als tatsächlich und klar belastet, andererseits erscheinen die Profile der Fraktionen geschärfter, werden die Unterschiede (noch) markanter.

Fazit: Durch ihre Konstruktion (Landespolitiker_innen der Geburtsjahrgänge bis 1928 nach 1945) war die Untersuchungsgruppe zu heterogen, um bezüglich der Retrospektive auf den

Nationalsozialismus eine kollektivbiografische Einordnung vorzunehmen. Individuelle Biografien in erheblicher Bandbreite und gruppenspezifische Erfahrungen ließen sich aber bündeln in „Grundorientierungen" und idealtypische Teilgruppen, nämlich „Typen". Weitere Generalisierung erscheint nicht sinnvoll.

Die spezifisch entwickelte Methodik sichert einen erheblichen Grad an Differenziertheit und platziert die schleswig-holsteinische Studie zwischen den vorliegenden grobmaschigen Erhebungen formaler Belastungen und jenen Projekten, die – etwa bezogen auf Führungsebenen von Bundesministerien – den Versuch unternehmen, alle relevanten Einzelbiografien vollständig zu erfassen, was bei einer 390-köpfigen Untersuchungsgruppe ausgeschlossen ist.

Oberflächliche Rezeption könnte zu der Fehlannahme führen, mit dem Modell der Typisierung werde der schleswig-holsteinische Befund „schön gerechnet". Das ist falsch: Alle Zuordnungen, Zusammenstellungen und Schlussfolgerungen basieren auf dem Versuch, neben – in ihrer Aussagetiefe zunächst arg begrenzter – rein formaler Datenerhebungen in einem normierten Verfahren aus den Quellen belastbare Informationen zum realen NS-Profil der betrachteten Personen zu sammeln, zu bündeln und zu qualifizieren, um erstens Gruppenbilder mit mehr Tiefenschärfe und Nuancierungen und um zweitens überhaupt individuelle Profile zu erhalten. Darin unterscheidet sich das Vorgehen von Referenzstudien, die auf der (meist einfachsten) formalen Ebene verbleiben, sodass leider keine Komparatistik möglich ist.

Die erste Stufe des Ordnungsmodells, die der „Grundorientierungen", hat sich in der Anwendung problemlos bewährt. Auf der Stufe der „Typen" deutet die erhebliche Größe unscharfer Zuordnungen ein gehöriges Maß an Unsicherheit an, das Unbehagen erzeugt: Die Probleme mögen auch an der Unvollständigkeit der Typisierung und an der Heterogenität ihrer Bezugssysteme liegen, deutlich werden vor allem die inhaltlichen Grenzen dieses Modells zwischen formaler Datenauswertung und überschaubarer, systematischer Auswertung biografischer Quellen. Ein weiteres strukturelles Problem dieses methodischen Ansatzes ist dessen naturgemäß mangelhafte Transparenz, nämlich eine nicht zu leistende Begründungs- und Belegstruktur bei mehreren hundert vorzunehmenden Zuordnungen.

6. Empirische Ergebnisse: Biografische Perspektiven vor und nach 1945

Ansatzgemäß bietet die Untersuchung empirisch-analytische Tiefe und Belastbarkeit der Erkenntnisse überwiegend für die retrospektive NS-Einordnung. Dem Untersuchungsdesign entsprechend erreicht die Studie für die Zeit nach 1945 diese Erkenntnistiefe nicht: Hier haben wir exemplarisch gearbeitet, Varianzen benannt, vorsichtiger gewertet, Thesen aufgestellt, Fragen formuliert – diese Abschnitte entwickeln überwiegend Perspektiven für zukünftige Forschungen.

Die Konstruktion der Untersuchungsgruppe basiert ausschließlich auf einer Nachkriegsauswahl: „Landespolitiker_in der Jahrgänge bis 1928 in Landtag resp. Regierung". Auch wenn das demokratische Ideal einer soziologischen Abbildung der Gesellschaft im Parlament wohl nie realisiert wird, haben wir es in den Gruppen der Abgeordneten und – aufgrund der spezifischen Aufstiegsbedingungen in der Politik – eingeschränkt auch in den Kabinetten mit einer Vielfalt an Berufen, Herkünften, Prägungen und Biografien, mit Heterogenität also, zu tun.

Wir unterscheiden zwischen den Teilbiografien vor und nach 1945. Der innere Zusammenhang beider biografischer Phasen ist noch genauer auszuleuchten. Als Tendenz haben wir festgestellt: Statistische Befunde wie die deutliche Abweichung der NS-Belastung von der Norm weisen auf tradierte, systemübergreifende Karrieremuster einschlägiger Teilgruppen. Prognostische Aussagen zum Verhalten und zu Rollenbewertungen in der Nachkriegspolitik jedoch erscheinen kaum ableitbar.

Die Zäsur von 1945 bot vielen Deutschen Chancen zur biografischen Neuorientierung. Die Integration des bisherigen persönlichen Weges in das persönliche und gesellschaftliche Leben von Gegenwart und Zukunft produzierte viele Fragen und Antworten: Distanzieren oder bekennen, schweigen oder reden über die Vergangenheit, Bewertung eigener Erfahrungen, Entscheidungen und Handlungen; und dann die Perspektiven und Ziele, viele Karten wurden neu gemischt. Es gab ein Leben bis 1945 und eines danach. Nach 1945 konnten Menschen gleicher Vorgeschichte unterschiedlich agieren, konnten aber auch Menschen unterschiedlicher Vorerfahrungen gemeinsamen Orientierungsmustern folgen.

Das alles gilt auch für Landespolitiker_innen. Es gab ehemalige Nationalsozialisten in der schleswig-holsteinischen Landespolitik, die in Netzwerken aktive apologetische Vergangenheitspolitik betrieben, andere, die eine zweite, diesmal demokratische biografische Chance nutzten und lebten; es gab ehemalige Angehörige des Widerstands, die – vorübergehend – das moralische Fundament der geschenkten Demokratie bildeten, es gab ehemals verfolgte Demokraten, die sehr tolerant mit ehemals Verstrickten verfuhren. Schon diese Beispiele spiegeln die Bandbreite der Wirklichkeit. Zudem finden wir zahlreiche unklare, widersprüchliche, gebrochene Biografien. Schwarz-weiß-Raster schließen sich also aus, Grautöne überwiegen, auch Wandel innerhalb von individuellen Biografien.

Jeder Versuch, von der NS-Rolle ableitend, also aus der Retrospektive blickend, auch für die Zeit nach 1945 Grundmuster und Typisierungen zu konturieren, wird die Heterogenität der Untersuchungsgruppe, die Bandbreite an belastbar generalisierten Vorerfahrungen sowie die Individualität von Biografien berücksichtigen müssen: Wer dieser biografischen und politischen Vielfalt, übrigens auch den betroffenen Menschen gerecht werden will, müsste, um der Komplexität des Bildes zu entsprechen, zu viele Einzelbiografien erzählen, wenn er Exempel vorführen wollte. Und kollektivbiografische Ordnungen für die Zeit nach 1945 können für die heterogene Untersuchungsgruppe nur scheitern.

Im Ausgangspunkt nahmen wir an, dass im Verdichtungsraum der landespolitischen Vergangenheitsbewältigungen beide Erfahrungswelten aufeinanderstoßen und konfliktträchtig wie offen den Austrag suchen, dass auf diesen Feldern die Spuren und Konturen der NS-Zeit besonders deutlich und kontrastreich erscheinen würden, in den anderen Fachgebieten der Landespolitik dagegen eher der anpackende Blick nach vorn gerichtet würde. Den inhaltlichen Fokus unserer Arbeit richteten wir deshalb auf Vergangenheitspolitik.

Exemplarisch haben wir Paradoxien, auffallende, nicht generalisierbare Verhaltensweisen und erklärungsbedürftige Kommunikationsmuster aus dem breiten Feld der Vergangenheitspolitik berichtet. Einige Auffälligkeiten haben wir benannt: die Exempel Euthanasieaufklärung, Entnazifizierung, Polizeiausschuss; Sprachgemeinsamkeiten und Kommunikationsstrukturen, Kulminationspunkte parlamentarischer Befassung mit der Vergangenheit und ihrer „Bewältigung". Aspekte, die andeuten, dass möglicherweise die NS-Fokussierung nicht so zentral war, wie wir retrospektiv annehmen. NS-Erfahrungen erklären nicht alles, sind wohl nur im Ausnahmefall Haupttriebfeder für politisches Nachkriegsagieren. Ja, schon diese monokausal anmutende Vorannahme führt leicht zur Perspektivverengung.

Gewendet, neuen politischen, modifizierten gesellschaftlichen und tradierten individual-biografischen Zielen dienend, agierten die einen, andere setzten fort, was sie – ob konservativ, liberal oder sozialdemokratisch fundiert – in der Weimarer Zeit bereits verfolgt hatten; wieder andere kamen mehr oder weniger vorgeprägt hinzu und machten unverkrampft Landespolitik, wie sie diese verstanden, gestalterisch oder interessenvertretend. Für alles haben wir Belege; die Größenverhältnisse, Beziehungsgeflechte und weitere Konturen dieses Gruppenbildes sind jedoch vorerst unklar.

Gewiss aber resultierten aus der hier im Fokus stehenden Rekrutierung der schleswig-holsteinischen Landespolitiker_innen 1945/1950 bis 1971/1982 Folgen für die politische Kultur des Landes. Welche, das können wir über erste Eindrücke, Thesen und von uns referierte plastische Beispiele hinaus seriös noch nicht beantworten, jedenfalls nicht im Sinne eines hinreichend belastbaren, konturierten und differenzierten Bildes.

Wissenschaftliche Erkenntnis benennt ihre Reichweite, formuliert weiterführende Fragen:

- Gab es in der schleswig-holsteinischen Landespolitik seit 1945 Muster und Gruppenbildungen im grundsätzlichen demokratischen Engagement oder im engeren vergangenheitspolitischen Agieren, die in einem plausiblen Zusammenhang zur jeweiligen Teilbiografie im NS-Staat standen?
- Wie gestaltete sich im Kommunikationsraum Landtag der Umgang zwischen den in der NS-Zeit ganz unterschiedlich grundorientierten MdL? Sicherlich umeinander wissend, konnten sie vorwurfsvoll oder zurückhaltend, (weiterhin) ausgrenzend und verständnislos oder zurückhaltend vorsichtig usw. kommunizieren. Auch hier dürfen wir biografische Vielfalt annehmen, bevor Muster destilliert werden.

- Welche tatsächliche Relevanz besaßen innerhalb von Parlament und Regierung Beziehungen zu Seilschaften der Rekonstruktion sehr belasteter Arbeitskollegien (wie in Sektoren von Landespolizei, Landessozialverwaltung und Justiz) oder zu Netzen kollektiver Strafvereitelung bei höchst relevanten Verbrechen (wie beispielsweise im Kontext der Heyde/Sawade-Affäre)? Wir wissen von Einzelnen aus der Untersuchungsgruppe; stehen sie für sich oder für ein Phänomen?
- Wie entwickelten sich Angehörige der ehemaligen Funktionseliten im NS-Staat in Parlament und Regierungen der jungen schleswig-holsteinischen Demokratie? Lässt sich eine Bandbreite von vielleicht karrieristisch motivierter, äußerlicher Anpassung an neue Zeiten bis hin zur Internalisierung demokratischer Verfassungsideale und der entsprechenden Kultur identifizieren? Gibt es möglicherweise auch biografische Bewegungen von Muster zu Muster?
- Lässt sich politisches Agieren – insbesondere bei vergangenheitspolitischen Themen – überhaupt direkt auf die eigene Biografie beziehen? In welchen Rollen agieren die Abgeordneten? In eigener (biografischer) Sache, aus einer (während ihrer politischen Sozialisation in der NS-Zeit gewachsenen) ideologischen Position heraus oder aus politischer Pragmatik (etwa auch mit Blick auf die eigene Wählerschaft)? Diese drei Ebenen lassen sich theoretisch unterscheiden, in der Praxis jedoch nur in Ausnahmefällen identifizieren.

7. Abschließende Bemerkungen

Eine Reihe konkreter Betrachtungen der Vergangenheitspolitik im Schleswig-Holsteinischen Landtag sowie auf ihren Forschungen basierende, aktualisierte Detailstudien von Philip Marti zum Fall Heinz Reinefarth, Klaus-Detlev Godau-Schüttke zur schleswig-holsteinischen Justizpersonalpolitik nach 1945 und Heiko Scharffenberg zur Wiedergutmachung NS-Unrechts in Schleswig-Holstein in der Anfügung II führen uns von eher abstrakten, funktionsbezogenen gruppenbiografischen Perspektiven zurück zu konkreten, Menschen unmittelbar betreffenden Problemen und Folgen personeller Kontinuitäten.

Im regionalen Zentrum, quasi im Maschinenraum der neuen demokratisch-rechtsstaatlichen Ordnung, fand die Integration überdurchschnittlich vieler ehemaliger NS-Akteure statt. Das war ein Prozess, der gesellschaftlich wie herrschaftlich offenkundig sehr erfolgreich verlief, stabile regionale demokratische Strukturen schuf, moralisch jedoch gewiss belastend verlief, beispielsweise als „Kollateralschaden“ die Gruppe der NS-Opfer wieder an den gesellschaftlichen Rand verwies und möglicherweise auch andere Probleme kreierte. – Kann man den Preis für diese Reintegration taxieren, die Amoral, das Ungerechte an diesem Prozess, die Leiden der erneut in den Schatten der gesellschaftlichen Marginalisierung gedrängten ehemals „Abseitsstehenden“?

Man fragt sich: Warum weicht Schleswig-Holstein derartig ab im Ländervergleich? Drei einfache Teilantworten lassen sich geben: In einem Land, in dem in einigen Regionen 70 % und mehr 1932/33 NSDAP gewählt hatten, galt auch später eine ehemalige NS-Mitgliedschaft kaum als anrüchig; man war hier nachsichtiger. Die extrem zahlreich Zugereisten waren dagegen unbekannt, konnten mit mehr Mut oder mehr Chuzpe antreten. Und schließlich gab es für drei Jahrzehnte eine bürgerliche Mehrheit, getragen von Fraktionen, die per se höhere Anteile ehemaliger Angehöriger der NS-Bewegung aufwiesen.

Es handelte sich indes nicht um eine „Renazifizierung", wie in den 1950ern mancher meinte und seit den 1980ern auch die Perspektive der Aufarbeitung einnehmende Historiker_innen schrieben. Nein, Schleswig-Holstein wurde nicht von Alt-Nazis respektive „Braunen Cliquen" in Parlament und Regierung gesteuert, denn dieses hätte vorausgesetzt, dass die Akteure alte Ziele in formaldemokratischer Tarnung weiterverfolgt hätten, etwa kollektiv als Putschisten (wie die Clique um Achenbach und Naumann in der nordrhein-westfälischen FDP)[1119] agiert hätten. Dafür gibt es keinerlei Anzeichen oder Exempel.

Selbst jene unsere Untersuchungsgruppe leicht tangierenden, fraglos anrüchigen personellen Seilschaften und Vertuschungsnetze als extreme Verhaltensmuster zielten nicht auf eine politische Renazifizierung, sondern meinten das gesellschaftliche und berufliche Reüssieren im neu verfassten Staat. Dass sich darunter auch Schwerverbrecher befanden, weil innerhalb der tradierten Eliten und in besonders infizierten Berufsmilieus schließlich keine Grenzen gezogen wurden, das Terrain des Normalen beliebig vergrößert wurde, ist belastend, aber nicht regionalspezifisch. Es gehört vielmehr in den von Ulrich Herbert und anderen immer wieder beschriebenen Integrationsprozess der NS-Funktionseliten in die junge bundesrepublikanische Gesellschaft.

Für Angehörige ehemaliger NS-Funktionseliten, die in beiden Teilsystemen des Fraenkelschen Doppelstaats agiert hatten, mochte es nach 1945 sinn- und gruppenstiftende Kontinuitätslegitimationen geben: Indem sie dem Nachkriegsintegrationsangebot entsprechend ihre Maßnahmenstaatsprojekte aufgaben, gar manches wie „Hitlers Judenverfolgung" nunmehr für falsch hielten (und aus ihrer Biografie löschten), anderes aber, etwa den Kampf gegen die Sowjetunion, für richtig erklärten und als biografisches Kontinuum begreifen konnten, für das „der Westen" sie noch als Bündnispartner benötigen werde, integrierten sie ihre bereinigte Biografie in Gegenwart und Zukunft, die, so meinten sie, ihrer bedürften. Das Normativ eines überpolitischen Staates, der nicht ohne professionelle Funktionseliten auskommt, sicherte das *gemeinsame* Ankommen und Einordnen ehemaliger NS-Funktionseliten und nicht vorbelasteter, „normaler" (Landes-)Politiker im Aufbau der (regionalen) westorientierten Demokratie.

Ob die Tendenz zur gesellschaftlichen, beruflichen und politischen Rehabilitation ehemaliger Nationalsozialisten in Schleswig-Holstein insgesamt besonders ausgeprägt war, müssen wir

1119 Vgl. Norbert Frei: Vergangenheitspolitik. Die Anfänge der Bundesrepublik und die NS-Vergangenheit. München 1996, S. 361–396.

beim derzeitigen Forschungsstand offen lassen; manche Fragen lassen sich erst auf Grundlage dieser Studie bearbeiten. Unbeantwortet bleibt zunächst auch, wieso Schleswig-Holstein in den 1950er-Jahren so häufig und nachhallend mit Affären einer (zu recht kritisierten) mangelhaften und unsensiblen NS-Bewältigung Schlagzeilen machte, ja, mit der Heyde/Sawade-Affäre 1959 sogar eine gesellschaftliche Anomie offenbarte. Eine Erklärung für erkennbar fehlende Sensibilitäten könnte tatsächlich im landesspezifischen Profil hoher biografischer Kontinuitäten zu finden sein.

Bezogen auf die schleswig-holsteinische Landespolitik haben wir ebenfalls klare Ergebnisse vorgelegt. Sie belegen und differenzieren besonders ausgeprägte personelle Kontinuitäten und nicht zuletzt auch eine gewisse strukturelle Selbstverständlichkeit, mit der ehemalige NSDAP-Mitglieder die Landespolitik dominierten, in der Exekutive deutlicher noch als in der Legislative. In diesem Prozess ist es gelungen, auch Belastete, nämlich ehemals den NS-Staat tragende und auch dezidierte Nationalsozialisten in den demokratischen Staat zu integrieren, einige zu seinen wichtigen Protagonisten werden zu lassen. Den moralischen Preis dafür haben wir benannt. Welche generellen Folgen für die politische Kultur des Landes einhergingen, wäre noch zu untersuchen.

Im Kern geht es um immer wieder in neuen Kontexten auftauchende, brennend aktuelle Fragen an gesellschaftliches und politisches Neubeginnen nach der Ablösung von Diktaturen. Die Angehörigen unserer Untersuchungsgruppe, landespolitische Protagonisten in Parlament und Regierungen, agierten im Kontext ihrer Vergangenheitspolitik in drei Rollen, nämlich als Kontrolleure, Akteure und Adressaten zugleich. Nicht zuletzt auch diese Dreifachrolle macht die – in unserer Studie erst im Ansatz enthaltene – intensive historische, vielleicht exemplarische Analyse ihres Handelns und ihrer Perspektiven so sinnvoll.

Anfügung I. Recherchen, Referenzen, Reflexionen

Stephan A. Glienke:

1. Quellenrecherche und Archive
2. Forschungsstand Referenzraum
3. Betrachtungen zur Vergleichbarkeit der Studien

Stephan A. Glienke

Quellenrecherche und Archive

1. Aufgabenstellung

Entsprechend der Fragestellungen des Projekts war die Recherche primär auf die Rolle und das Verhalten der Mitglieder der Untersuchungsgruppe während der NS-Zeit bezogen. Das dafür infrage kommende Quellenmaterial umfasste Mikrodaten, Merkmale zur Person wie grundlegende formale Daten zu Funktionen und Mitgliedschaften, aber auch weitere Quellen zur zeitgenössischen Eigen- und Fremdbewertung der Betroffenen und ihres möglichen Engagements oder Nicht-Engagements zur Zeit des Nationalsozialismus, wie auch zur retrospektiven Eigen- und Fremdbewertung, beispielsweise im Rahmen von Entnazifizierungs- oder Entschädigungsverfahren. Darüber hinaus wurden auch individuelle zeitgenössische und retrospektive Aussagen zur Zeit des Nationalsozialismus bzw. zu Themen, die einen entsprechenden Bezug aufwiesen, etwa im Rahmen von Debatten des Schleswig-Holsteinischen Landtags oder in den parlamentarischen Ausschüssen, herangezogen. Die Recherche zielte auf die Ermittlung lebensgeschichtlicher Kerndaten ab, insbesondere auf Daten mit NS-Bezug, sprich personenbezogene Daten aus der NS-Zeit sowie solche aus der Zeit nach 1945 mit Bezug oder im Hinblick auf diese, sowohl von den Betreffenden als auch von Dritten. Die ermittelten Daten waren durch archivalische und gedruckte Quellen oder Forschungsliteratur zu belegen. Neben den formalen Daten sollten qualitative Informationen gewonnen werden, die Hinweise auf das Verhalten im und die Einstellung des Betroffenen gegenüber dem Nationalsozialismus geben. Über zeitgenössische Aussagen des Betroffenen und von Dritten über den Betroffenen hinaus waren auch retrospektive Berichte relevant. Für die Recherchen, die Auswertung der ermittelten Quellen und die Übertragung der Recherche- und Auswertungsergebnisse in die Projektdatenbank standen 12 Monate Bearbeitungszeit zur Verfügung, von Oktober 2014 bis September 2015.[1]

2. Untersuchungsgruppe

Die Untersuchungsgruppe umfasst insgesamt 390 Personen. Die wichtigste und größte Untergruppe bilden jene 342 Landtagsabgeordnete, die zu Kriegsende mindestens das 17. Lebensjahr vollendet hatten, also alle Geburtsjahrgänge bis einschließlich 1928. Angehörige dieser Jahrgänge hatten aufgrund wiederholten Absenkens des Mindesteintrittsalters theo-

1 Die Arbeiten wurden von Dr. Stephan Alexander Glienke im Rahmen einer zeitlich befristeten Projektstelle durchgeführt, unterstützt von Stephanie Schmidt, M. A., als wissenschaftlicher Hilfskraft und Sina Albuschat, Amanda Wetzel, B. A., und Jana Clemens, B. A., als studentische Hilfskräfte. Zudem waren Charlotte Sophie Cohrs, B. A., und Henning Petersen als Praktikant_innen des IZRG zeitweise in die Recherche eingebunden.

retisch die Möglichkeit, die Mitgliedschaft in der NSDAP zu beantragen und in die Partei aufgenommen zu werden. Zudem bestand für die Geburtsjahrgänge bis 1928 potentiell die Möglichkeit, auch noch gegen Ende des Krieges der Waffen-SS angehört oder in die Wehrmacht eingezogen worden zu sein.[2] Neben dieser Gruppe wurden alle Landesminister, Staatssekretäre und Landtagsdirektoren bis einschließlich der Kabinette von Steltzer bis Stoltenberg, also die Angehörigen der Landesregierungen zwischen 1946 und 1982, in die Untersuchung mit einbezogen. In Summe ergibt dies wegen zahlreicher Überschneidungen die 390 Personen umfassende Untersuchungsgruppe.

3. Grundsätzliche Recherchestrategie

Die Recherche gliedert sich in eine Grund- und eine Hauptrecherche. Ziel der Grundrecherche war die Ermittlung zentraler Lebensdaten (Name, Geburtsname, Geburtsdatum, Geburtsort) als Grundlageninformationen für die weitere Recherche. Die Ermittlung dieser Grundlageninformationen wurde weitestgehend über das Landtagsinformationssystem Schleswig-Holstein (LIS-SH) geführt.[3] Dabei waren die Informationen, insbesondere in Bezug auf Angehörige der ernannten Landtage, in Einzelfällen lückenhaft. Bestehende Informationslücken konnten nur teilweise über die Heranziehung biografischer Lexika geschlossen werden. Zumeist wurden die Daten durch Ziehen von Querbezügen bei der Aktensichtung im Ausschlussverfahren auf Grundlage der bekannten Daten sukzessive erweitert und vervollständigt.[4] Im Rahmen der Grundrecherche wurden bereits aus dem LIS-SH zur Verfügung stehende Kerndaten zum politischen Wirken der Angehörigen der Untersuchungsgruppe (Fraktionszugehörigkeit(en), Mandate und Wahlperiode, Funktionen im Landtag und/oder in der Landesregierung, u. a. m.) in die Datenbank übernommen.[5] Biografische Handbücher und Lexika wurden zur Ergänzung fehlender Lebensdaten herangezogen und diese zudem parallel zur

2 Siehe hierzu u. a. Andreas Kunz: Wehrmacht und Niederlage. Die bewaffnete Macht in der Endphase der nationalsozialistischen Herrschaft 1944 bis 1945. 2. Aufl. München 2007 (Beiträge zur Militärgeschichte, Bd. 64), S. 122, 167 sowie Michael Buddrus: Totale Erziehung für den totalen Krieg. Hitlerjugend und nationalsozialistische Jugendpolitik, Teil 1. München 2003, S. 55.

3 Anders als für Niedersachsen und Hessen liegen für Schleswig-Holstein keine kumulativen Abgeordnetenhandbücher vor, die entsprechenden Daten sind über das LIS-SH erfasst. Zu Niedersachsen und Hessen siehe Barbara Simon: Abgeordnete in Niedersachsen 1946–1994. Hannover 1996; Jochen Lengemann: Das Hessen-Parlament 1946–1986. Biographisches Handbuch des Beratenden Landesausschusses, der Verfassungsberatenden Landesversammlung Großhessen und des Hessischen Landtags 1.–11. Wahlperiode. Frankfurt a. M. 1986.

4 In einigen Fällen konnten die Informationslücken auch nach ausgiebigen Recherchen nicht geschlossen werden, so etwa im Fall von Walter Zappe.

5 Siehe hierzu den Abschnitt I des Gutachtens.

Hauptrecherche erfasst und ausgewertet.[6] Generell lässt sich jedoch feststellen, dass diese nur sehr vereinzelt Angaben zur NS-Zeit beinhalten. Häufig wird der Zeitraum 1933–1945 ausgespart oder aber die spärlichen Informationen lassen keine belastbaren Rückschlüsse auf die Rolle, die der Betreffende zur Zeit des Nationalsozialismus gespielt hat, zu. Anders verhält es sich im Falle von thematischen biografischen Nachschlagewerken, biografischen Schwerpunktartikeln und biografischen Monografien,[7] wobei auch deren Angaben teilweise nur als erster Hinweis erfasst und im Verlauf der Archivrecherchen anhand zeitgenössischer Quellen überprüft wurden.

Archivauswahl

Dem Untersuchungsgegenstand liegt kein geschlossener Quellenbestand zugrunde. Überlieferungen zu den Angehörigen der Untersuchungsgruppe waren daher nur auf dem Wege systematischer Archivrecherchen zu ermitteln. Am Anfang der Hauptrecherche stand die Auswahl der auszuwertenden Archive. In Anbetracht des Umfangs der Untersuchungsgruppe wurden zentrale Quellenbestände überprüft. Gegebenenfalls in Privatbesitz befindliche Aktenüberlieferungen fanden aus operationalen Erwägungen keine Berücksichtigung, da sie nicht systematisch zu erfassen waren. Die Recherche konzentrierte sich daher auf jene Archive, die zentral umfassende personenbezogene Quellenbestände zur Fragestellung verwahren. Dies betraf Archivalien aus der Zeit des Nationalsozialismus ebenso wie solche mit Bezug zur NS-Zeit, insbesondere Überlieferungen der NSDAP und ihr nahestehender Organisationen, der Reichsbehörden, sowie Überlieferungen zur Entnazifizierung (Entnazifizierungsakten). Darüber hinaus waren auch Überlieferungen zur Auseinandersetzung mit der NS-Zeit in Bezug auf Einzelpersonen (Unterlagen zu strafrechtlichen Ermittlungen bzw. Ahndung von Straftaten mit NS-Bezug, Spruchgerichtsakten, Entschädigungsakten, aber auch Berichtsakten des Ministeriums für Staatssicherheit der DDR (MfS)) und Verwaltungsakten mit personenbezogenem Charakter (behördliche Personalakten mit Laufzeiten vor und nach 1945), teilweise aber auch mit einem besonderen Schwerpunkt im Hinblick auf mögliche politische Belastungen aus der NS-Zeit, betroffen. Diese Erwägungen zur Quellenauswahl gaben die Auswahl der auszuwertenden Archive vor.

6 Vgl. Historische Kommission bei der Bayerischen Akademie der Wissenschaften (Hrsg.): Neue Deutsche Biographie (NDB); Walther Killy/Rudolf Vierhaus (Hrsg.): Deutsche Biographische Enzyklopädie (DBE); Hartwig Molzow/Alken Bruns (Hrsg.): Biographisches Lexikon für Schleswig-Holstein und Lübeck (SHLB); Munzinger Archiv GmbH: Internationales Biographisches Archiv; Kommission für Geschichte des Parlamentarismus und der Politischen Parteien (Hrsg.): M. d. B. Die Volksvertretung 1946–1972. Online-Biographie. Berlin 2007. URL: >http://www.kgparl.de/online-volksvertretung/online-az.html< (zuletzt aufgerufen: 30.5.2016); Martin Schumacher (Hrsg.): M. d. R. - Die Reichstagsabgeordneten der Weimarer Republik in der Zeit des Nationalsozialismus. Politische Verfolgung, Emigration und Ausbürgerung 1933–1945. Düsseldorf 1992; Udo Kempf/Hans-Georg Merz (Hrsg.): Kanzler und Minister 1949–1998. Biografisches Lexikon der deutschen Bundesregierung. Wiesbaden 2001; Franz Osterroth: Biographisches Lexikon des Sozialismus, Bd. 1: Verstorbene Persönlichkeiten. Hannover 1960.

7 Vgl. hierzu den Abschnitt I des Gutachtens.

Angesichts der Größe der Untersuchungsgruppe wurde einschlägigen personenbezogenen Beständen, in denen systematisch nach Personennamen recherchiert werden konnte, der Vorzug gegeben. Da der Fokus auf der Rolle der Betreffenden zur Zeit des Nationalsozialismus bzw. auf der späteren Wertung lag, bot es sich an, die Recherche auf die personenbezogenen Akten der staatlichen Behörden aus der NS-Zeit, die Überlieferungen der NSDAP und ihrer Gliederungen sowie weiterer Verbände aus dieser Zeit, auf die Entnazifizierungs- und Wiedergutmachungsakten sowie die Akten zur strafrechtlichen Behandlung und Wertung individuellen Verhaltens in der Zeit des Nationalsozialismus zu konzentrieren. Dementsprechend bezog sich die Recherche auf die Archive, in denen die entsprechenden Bestände vorlagen. Dies waren:

- das Landesarchiv Schleswig-Holstein (LASH),
- das Archiv der Hansestadt Lübeck (AHL),
- das Bundesarchiv Berlin (BArch Berlin),
- das Bundesarchiv Koblenz (BArch Koblenz),
- das Bundesarchiv Freiburg (BArch Freiburg),
- das Bundesarchiv Ludwigsburg/ Zentrale Stelle der Landesjustizverwaltungen zur Aufklärung nationalsozialistischer Verbrechen (BArch Ludwigsburg/ZS),
- das Institut für Zeitgeschichte München (IfZ),
- das Archiv des ehemaligen Ministeriums für Staatssicherheit der DDR bei der Behörde des Bundesbeauftragten für die Stasi-Unterlagen (BStU).

Ausgehend von den durch die Grundrecherche ermittelten Personendaten (Name, Geburtsname, Geburtsdatum, Geburtsort) wurden für jeden Einzelfall über elektronische Bestandsverzeichnisse, Findbücher und Karteien Recherchen in den Beständen der einschlägigen Archive angestellt. Im Rahmen der Hauptrecherche vor Ort wurden die ermittelten Bestände gesichtet und Kopien bzw. Abschriften angefertigt. Parallel hierzu wurden die Quellen bereits im Hinblick auf die Vervollständigung der lebensgeschichtlichen Kerndaten gesichtet. Im positiven Fall, d. h. bei Ermittlung von Überlieferungen und der Verifizierung der Personenidentität als mit der gesuchten Person übereinstimmend, wurde dies entsprechend vermerkt. Die so ermittelten Daten fanden Eingang in die weitere Recherche. Die Erweiterung und Präzisierung der lebensgeschichtlichen Angaben zu den Einzelpersonen (Tätigkeit, Zeitraum der Tätigkeit, Ort der Tätigkeit u. a. m.) kamen der Verifikation der Personenidentität der nachfolgend ermittelten Quellen zugute.

Häufig wurde nach Namen und Namensvarianten recherchiert und die Identität über Geburtsdaten und Geburtsorte verifiziert.[8] In vielen Fällen enthielten die Kataloge nur unvollständige Angaben. So musste bei Namensübereinstimmungen durch Akteneinsicht über die bekannten Geburtsdaten und -orte, im Einzelfall über weitere Informationen, wie bekannte

8 Insbesondere bei sehr verbreiteten Namen waren die Personendaten essentiell zur Identifikation der Betreffenden. So fanden sich beispielsweise bei der Recherche zu Willi Koch Unterlagen zu einer NSDAP-Mitgliedschaft einer Person namens Willi Koch, der jedoch statt am 23.9.1903 in Neustadt/Holstein am 23.5.1903 in Frankfurt a. M. geboren wurde, also nicht mit dem Gesuchten identisch war; vgl. BArch BDC RK I 288/Koch, Willi.

Wohnorte oder Berufsstand, ein Abgleich stattfinden; Daten und Quellen wurden nur bei zweifelsfrei belegter Personenidentität übernommen; in unklaren Fällen wurde dies entsprechend über die Projektdatenbank vermerkt. Sämtliche Suchwege im Projekt sind für jeden einzelnen Schritt dokumentiert und alle Rechercheentscheidungen transparent nachvollziehbar.

Im Bundesarchiv wurde vorwiegend mit der Rechercheanwendung „invenio" über Suchmasken gearbeitet. Auf Antrag wurden für die Recherchen personenbezogene Bestände freigegeben. Zudem wurde über die Suchmasken der Sammlung „NS-Archiv des MfS" recherchiert, im Bundesarchiv Ludwigsburg wurden zusätzlich die Karteibestände der Zentralen Stelle der Landesjustizverwaltungen zu Einzelpersonen überprüft. Zum Teil gaben bereits die Ergebnisse der Recherchen in der Datenbank „Die Verfolgung von NS-Verbrechen durch deutsche Justizbehörden seit 1945. Datenbank aller Strafverfahren und Inventar der Verfahrensakten" des Instituts für Zeitgeschichte in München Hinweise auf einzelne Bestände im Bundesarchiv Ludwigsburg. Diese Angaben konnten über die Karteibestände und die Akteneinsicht vor Ort bestätigt oder widerlegt werden. Auch ergaben die Karteirecherchen weitere Hinweise auf nicht in der Datenbank des IfZ vermerkte Verfahren. In der Bestandsdatenbank des LASH wurden zu allen Angehörigen der Untersuchungsgruppe weitere personenbezogene Bestände über Suchmasken recherchiert, insbesondere zu Entschädigungsverfahren, Personalakten der Landesbehörden und Justizakten zur Prüfung möglicher Ermittlungen mit NS-Bezug, aber auch Nachlässe und Bildmaterial.

Beschränkungen und Grenzen

Angesichts der Größe der Untersuchungsgruppe konzentrierte sich die Recherche auf die einschlägigen personenbezogenen Bestände. Im Rahmen der Möglichkeiten wurde in den Archiven zum gesamten Sample recherchiert.

In Archiven, für die ein elektronisches Bestandsverzeichnis vorlag (LASH, BArch, IfZ) sowie bei nach Personen durchsuchbaren Karteibeständen (BArch NSDAP-Mitgliederkartei, LASH Entnazifizierungskarteien, BArch Ludwigsburg: Karteibestand der Zentralen Stelle), wurde jeweils das gesamte Sample überprüft. Im Falle der Entnazifizierungskarteien im Landesarchiv Schleswig-Holstein wurde strategisch vorgegangen, abzüglich der im Archiv der Hansestadt Lübeck zu überprüfenden Personengruppe. Schlussendlich wurden alle Angehörigen der Untersuchungsgruppe überprüft.

In einigen Archiven legten praktische Erwägungen die Überprüfung einer Auswahlgruppe nahe oder die jeweiligen Nutzungsbedingungen gaben dies vor. So bot es sich an, die 38 Personen, zu denen die Grundrecherche bereits eindeutig auf Lübeck als Lebensmittelpunkt hindeutete, gesondert in den im Archiv der Hansestadt Lübeck lagernden Beständen auf mögliche Überlieferungen, insbesondere im Hinblick auf Entnazifizierungsverfahren, zu überprüfen. Rückläufe wurden zusätzlich im Karteibestand zur Entnazifizierung im Landesarchiv Schleswig überprüft. 81 Personen mit durch die Grundrecherche ermitteltem Lebensmittelpunkt in Kiel wurden im Bestandsverzeichnis des Stadtarchivs Kiel auf mögliche Überlieferungen hin untersucht. Die so ermittelten Aktenbestände wurden datentechnisch erfasst. Da es sich jedoch nicht um Bestände zur Fragestellung handelte, wurde von einer Aktensichtung und –auswertung abgesehen.

Das BStU gewährt keinen Zugang zu den Recherchemitteln, sondern führt die Bestandsüberprüfung für Einzelpersonen auf Anfrage hin durch. Auf Bitten des BStU wurde die Aktenabfrage auf eine Auswahlgruppe beschränkt, welche im Hinblick auf die politische Position nach 1945 gebildet wurde. Sie umfasste insbesondere Minister, Fraktionsvorsitzende, Vorsitzende der Landesparteien sowie Einzelpersonen, zu denen bereits Informationen aus vorangehender Recherche über ausgeübte Ämter in der Zeit des Nationalsozialismus vorlagen. Hierbei unterstellte der Bearbeiter der Recherche dem Ministerium für Staatssicherheit der DDR ein herausragendes Interesse an der Ermittlung möglicher belastender Informationen über Funktions- und Amtsträger der Nachkriegszeit sowie an Fällen anzunehmender starker Belastung. Das im BStU auf mögliche Überlieferung hin überprüfte Auswahlsample umfasste eine Gruppe von 99 Personen, zu 44 Personen konnten Überlieferungen in den Beständen des ehemaligen Staatssicherheitsdienstes der DDR ermittelt werden. Dies entspricht einem Überprüfungsanteil der Gesamtgruppe von 25,13 % und einer Trefferquote von 44,9 %. Da die Angehörigen der Auswahlgruppe bewusst gemäß dem gesonderten Untersuchungs- und Dokumentationsinteresse des MfS ausgewählt wurden, ist für die übrigen, nicht überprüften Angehörigen des Gesamtsamples eine weit geringere Trefferquote anzunehmen. Die Beschränkung auf eine Auswahlgruppe von 99 Personen ergab dennoch im Ergebnis Aktenmaterial im Gesamtumfang von rund 14.000 Seiten.

4. Bundesarchiv Berlin

Von herausragendem Interesse für die Untersuchung sind die Bestände „Deutsches Reich" (Abt. R) und die Bestände des ehemaligen Berlin Document Centers (BDC). In den Beständen der Abteilung R ist das Archivgut der zivilen Behörden des Deutschen Reiches (1867/71–1945) zentral zusammengeführt. Zu den im Sinne des Untersuchungsauftrags besonders interessanten Beständen zählen solche der obersten und oberen Reichsbehörden wie der Reichskanzlei, sowie des Reichsministeriums der Justiz und des Reichssicherheitshauptamtes, zudem die Unterlagen der NSDAP, ihrer Gliederungen und angeschlossenen Verbände, insbesondere die Akten der Partei-Kanzlei der NSDAP, des SS-Personalhauptamtes, die Personalunterlagen von SS- und SA-Angehörigen und der Mitgliederkartei der NSDAP, sowie weitere personenbezogene Unterlagen der „Sammlung NS des MfS". Der Bestand des ehemaligen Berlin Document Centers, das nach dem Zusammenbruch des Nationalsozialismus zur Vorbereitung der Nürnberger Prozesse als zentrales Archiv zur Sammlung von Unterlagen zur NS-Zeit gegründet worden war, wurde 1994 vom Bundesarchiv übernommen und sukzessive in die Abteilung R eingearbeitet.

Der Umstand, dass die aus dem BDC stammenden Bestände, wie z. B. bei der NSDAP-Ortskartei, aus dem geografischen Zusammenhang gelöst und alphabethisch nach Namen sortiert worden sind, kommt der personenbezogenen Recherche sehr entgegen. So wurden alle 390 Angehörigen der Untersuchungsgruppe auf Überlieferungen in der NSDAP-Mitgliederkartei und in der NSDAP-Ortskartei händisch überprüft. Beide Bestände geben Auskunft über die Mitgliedschaft der Betreffenden in der NSDAP. Sie wurden einerseits von den Ortsgruppen angelegt (Ortskartei), andererseits aber auch in der zentralen Mitgliederkartei der NSDAP. Potentiell können beide Karteien Überlieferungen in einem Einzelfall enthalten, deren Angaben sich aufgrund des gleichen Aufbaus der Karteien bei den zentralen Daten gleichen. Da die Bestände jeweils nur zu 80 % überliefert sind, erwies es sich als notwendig, alle Angehörigen der Untersuchungsgruppe in beiden Karteibeständen zu überprüfen. So ergab die Sichtung der mikroverfilmten Bestände der NSDAP-Zentralkartei Mitgliederkarteien zu 45 Angehörigen der Untersuchungsgruppe, die Sichtung der NSDAP-Ortskartei zu 123 Personen.[9] Insgesamt konnten zu 129 Personen Karteien in der NSDAP-Zentralkartei und/oder in der NSDAP-Ortskartei ermittelt werden. Die Personenidentität wurde durch Abgleichen der auf den Karteien vermerkten Angaben mit den im Rahmen der Grundlagenrecherche ermittelten Lebensdaten verifiziert.

Von besonderem Wert für den Untersuchungsgegenstand waren die Angaben zum Eintrittszeitpunkt und zum Zeitpunkt des Antrages auf Aufnahme in die NSDAP. Die Karteien geben potentiell Auskunft über die zum Zeitpunkt der Aufnahme von dem Betreffenden ausgeübte berufliche Tätigkeit, Funktionen oder Mitgliedschaften in anderen Parteigliederungen sowie die Wohnorte. Tatsächlich enthalten jedoch nur die wenigsten Karteien Angaben, welche über die Lebensdaten, den Zeitpunkt der Antragstellung und der Aufnahme sowie der ersten gemeldeten Ortsgruppe hinausgehen. Die Vermerke über die An- und Abmeldung bei verschiedenen Ortsgruppen der NSDAP können im Einzelfall potentiell der Ermittlung eines Bewegungsmusters dienen, doch sind diese Angaben oft nicht vollständig. Häufig wurden Wohnortwechsel nicht ordnungsgemäß bei Ortsgruppe oder Parteileitung gemeldet, wie die in den Akten der Parteikanzlei überlieferte Korrespondenz anschaulich illustriert.

Bei den Akten der „Sammlung NS des MfS" handelt es sich um eine Sammlung von mehrheitlich personenbezogenen Dokumenten sowie Sachakten, die zum überwiegenden Teil aus den Beständen des umfangreichen Behörden- und Parteiapparats des Dritten Reiches, aus allen Bereichen des Deutschen Reiches und den angegliederten und besetzten Gebieten stammt. Die Sammlung wurde zur Verwendung im Rahmen der „politisch-operativen" Aufgaben vom Ministerium für Staatssicherheit der DDR erstellt und diente als Quellengrundlage zur strafrechtlichen Verfolgung von Kriegsverbrechern, aber auch zum Zwecke der West-Pro-

9 Zum Teil standen Mikrofilme nicht zur Sichtung zur Verfügung. Mitarbeiter_innen des Archivs waren so freundlich, einzelne Fälle in der Originalkartei zu prüfen. Aus diesem Grund ist beispielsweise im Fall Dr. Ernst Neumann(-Silkow) statt der Nummer eines Films die Bezeichnung des Originalbestands angegeben. An dieser Stelle sei ausdrücklich Frau Jana Blumberg für ihre schnelle und unbürokratische Unterstützung gedankt.

paganda.[10] Sie wurde dem Bundesarchiv vom BStU übergeben, von diesem datentechnisch erfasst und nach dem Provenienzprinzip in den eigenen Aktenbestand eingepflegt oder an die entsprechend zuständigen Landesarchive abgegeben.[11] Da der Bestand elektronisch erfasst ist, kann er über eine Suchmaske in einem gesonderten elektronischen Bestandsverzeichnis recherchiert werden. Es wurden alle 390 Angehörigen der Untersuchungsgruppe überprüft, für 94 Personen konnten Aktenüberlieferungen ermittelt werden. Die Überprüfung ergab jedoch, dass in den überwiegenden Fällen die betreffenden Aktenstücke nicht mehr im Bundesarchiv lagerten, sondern zwischenzeitlich an andere Archive, insbesondere an Archive in den ostdeutschen Bundesländern, abgegeben worden sind. Zudem konnte in diesen Fällen zwar eine Namensübereinstimmung festgestellt, aufgrund oft unzureichender Angaben von Lebensdaten die Personenidentität jedoch nicht verifiziert werden. Auch in den weiterhin im Bundesarchiv vorliegenden Aktenteilen fanden sich keine Angaben, die eine eindeutige Identifizierung ermöglicht hätten. In einigen Fällen fand sich das Aktenstück nicht am angegebenen Ort und muss als Fehlbestand gewertet werden. Insgesamt konnte der Bestand die an ihn gestellten Erwartungen nicht erfüllen.

Als äußerst aufschlussreich erwiesen sich die Reichsakten zu einigen Einzelpersonen. So illustriert die Personalakte von Otto Flöl anschaulich sein Bemühen, seine Karriere im Justizdienst durch nationalsozialistisches Engagement voranzutreiben. Bereits 1931 erreichte er eine Vordatierung seiner Mitgliedschaft auf das Jahr 1928, was er mit einem entsprechenden Engagement im Sinne des Nationalsozialismus trotz fehlender Zugehörigkeit begründete. Entsprechend bemühte er sich aufgrund der nun offiziell früher angesetzten Mitgliedschaft im Jahre 1935 erfolgreich um das Ehrenzeichen als „Alter Kämpfer" der Partei[12] und wurde auch im weiteren Verlauf seiner Karriere nicht müde, seinem Wunsch nach Beförderung zum Landgerichtsdirektor mit dem Verweis auf sein nationalsozialistisches Engagement Nachdruck zu verleihen.[13] Im Fall von Peter Georg Cohrs illustrieren die überlieferten Akten des Obersten Parteigerichts der NSDAP

---

10 Vgl. Dagmar Unverhau: Das „NS-Archiv" des Ministeriums für Staatssicherheit. Stationen einer Entwicklung (Archiv zur DDR-Staatssicherheit 1). Münster 1998; Michael Hollmann: Das „NS-Archiv" des Ministeriums für Staatssicherheit der DDR und seine archivische Bewältigung durch das Bundesarchiv. In: Mitteilungen aus dem Bundesarchiv 9 (2001), S. 53–62; Sabine Dumschat: Archiv oder „Mülleimer"? Das „NS-Archiv" des Ministeriums für Staatssicherheit der DDR und seine Aufarbeitung im Bundesarchiv. In: Archivalische Zeitschrift 89 (2007), S. 119–146; dies./Ulrike Möhlenbeck: Aufarbeitung des „NS-Archivs" des Ministeriums für Staatssicherheit der DDR: Abschluss der ersten Projektphase. In: Mitteilungen aus dem Bundesarchiv 12 (2004), S. 40-46; Henry Leide: Die verschlossene Vergangenheit. Sammlung und selektive Nutzung von NS-Materialien durch die Staatssicherheit zu justiziellen, operativen und propagandistischen Zwecken. In: Roger Engelmann/Clemens Vollnhals (Hrsg.): Justiz im Dienste der Parteiherrschaft. Rechtspraxis und Staatssicherheit in der DDR (Analysen und Dokumente 16). Berlin 20002, S. 495–530; Henry Leide: NS-Verbrecher und Staatssicherheit. Die geheime Vergangenheitspolitik der DDR (Analysen und Dokumente 28). Göttingen 2008.

11 Vgl. Das Bundesarchiv: Abteilung Deutsches Reich (Abt. R). URL: > https://www.bundesarchiv.de/bundesarchiv/organisation/abteilung_r/index.html.de< (zuletzt aufgerufen: 28.5.2016).

12 Vgl. Kartei-Abteilung der NSDAP an die Gauleitung Thüringen der NSDAP, Schreiben vom 2.3.1931. BArch PK C237. Reichsschatzmeister an NSDAP-Reichsleitung, Schreiben vom 15.7.1935. BArch PK C237.

13 Flöl wurde schließlich mit Wirkung zum 1.10.1937 zum Landgerichtspräsidenten in Prenzlau ernannt. Otto Flöl an Reichsministerium der Justiz, Schreiben vom 17.1.1936. BArch R 3001/55984; RMJ Personalbogen Otto Flöl. BArch R 3001/55984.

die innerparteilichen Auseinandersetzungen im Einzelfall. Cohrs verlor aufgrund der Zusammenlegung zweier Parteikreise der NSDAP in Hamburg seinen Posten als Kreisleiter der NSDAP. Es entspann sich daraufhin ein erregter Briefwechsel der Eheleute Cohrs mit verschiedenen Parteistellen, bis hin zum Stellvertreter des „Führers". Aufgrund dieser Auseinandersetzung wurde Cohrs schließlich aus der Partei ausgeschlossen. Der Fall kam vor das Oberste Parteigericht der NSDAP, wo Cohrs schließlich mit Erfolg um seine Parteimitgliedschaft kämpfte.[14]

Der Großteil der Bestände, mit Ausnahme der NSDAP-Mitgliederkarteien und der „Sammlung NS des MfS", können über Suchmasken im elektronischen Bestandsverzeichnis des Bundesarchivs invenio an einem Bundesarchivstandort recherchiert werden. Sie umfassen alle erfassten Bestände aller Archivstandorte, sofern dem Nutzer Zugriff auf die Recherchetools für bestimmte Bestände gewährt wurde. Der Zugang zu personenbezogenen Beständen wird auf Antrag für einzelne Bestände gewährt. Es wurden alle 390 Angehörigen der Untersuchungsgruppe über die personenbezogene und die allgemeine Suche über das invenio-Bestandsverzeichnis überprüft. Zu 91 Personen konnten für den Bestand „Deutsches Reich" Überlieferungen ermittelt werden, zusätzlich zu den für 129 Personen ermittelten NSDAP-Mitgliederkarteien.

5. Landesarchiv Schleswig-Holstein

Als Staatsarchiv des Bundeslandes umfasst das Landesarchiv Schleswig-Holstein Archivgut aus vorpreußischer Zeit, aus der Zeit des Nationalsozialismus und der Besatzung und sichert zudem archivwürdige Unterlagen der Verwaltungen, Behörden und Gerichte in Schleswig-Holstein. Darüber hinaus führt es Schriftgut nichtstaatlicher Herkunft wie z. B. Nachlässe, Guts-, Familien-und Vereinsarchive.[15] Im Hinblick auf den Untersuchungsgegenstand sind insbesondere die (bis auf die in Lübeck geführten Verfahren) zentral gesammelten Akten zur Entnazifizierung in Schleswig-Holstein von Interesse sowie die Akten zu Entschädigungsverfahren, Strafverfahren und die Personalakten der Landesbehörden. Im LASH sind die Akten für die in Schleswig-Holstein geführten Entnazifizierungsverfahren zentral gesammelt, mit Ausnahme der in Lübeck geführten Verfahren.

Die Recherche zu den einzelnen Beständen wurde unterschiedlich geführt. Im zentralen elektronischen Bestandsverzeichnis wurde die gesamte, 390 Personen umfassende Untersuchungsgruppe auf mögliche Überlieferungen in allen Beständen ab preußischer Zeit, einschließlich der Nachlässe, durchgeführt. In Fällen, in denen Hinweise auf eine Tätigkeit an der Christian-Albrechts-Universität zu Kiel (CAU) vorlagen, wurde die Recherche auf den entsprechenden Bestand ausgeweitet.[16] Die Überprüfung des elektronischen Bestandsverzeich-

14 Vgl. BArch OPG C25.

15 Zur Aufgabenbeschreibung siehe Landesarchiv Schleswig-Holstein: Aufgaben. URL: > http://www.schleswig-holstein.de/DE/Landesregierung/LASH/Landesarchiv/WannWasWie/_documents/aufgaben.html < (zuletzt aufgerufen: 20.5.2016).

16 LASH Abt. 47.

nisses ergab Hinweise auf Aktenüberlieferungen für 210 Personen. Dies umfasst Akten zur Ordensverleihung und Bildmaterial ebenso wie Entschädigungsakten, strafrechtliche Ermittlungsakten sowie ministerielle Schriftwechsel, Pressehefte, Glückwunschschreiben und Beileidsbekundungen, Ernennungsurkunden und Personalakten der Landesverwaltung.

Die Sichtung von über das elektronische Bestandsverzeichnis ermittelten personenbezogenen Akten ergab im Einzelfall z. B. in Personalakten überlieferte Entnazifizierungsfragebögen oder Entnazifizierungsbescheide. Insgesamt konnten im Landesarchiv Schleswig-Holstein zu 283 Personen Quellen oder Hinweise auf den Verlauf oder das Ergebnis der Entnazifizierungsverfahren ermittelt werden.

Zu 352 Personen wurden die Karteibestände der Entnazifizierungsverfahren händisch gesichtet, zu weiteren 38 Personen wurden diese Recherchen aufgrund eindeutig feststellbaren Bezuges und Lebensmittelpunktes im Archiv der Hansestadt Lübeck durchgeführt. Da die Karteibestände in mehreren Schichten überliefert sind, gestaltet sich die Recherche komplex. Unter britischer Zuständigkeit geführte Verfahren sind über eine alphabetisch verzeichnete, nach Geschäftszeichen sortierte Kartei zugänglich. Der größte Teil der vorhandenen Akten ist jedoch in Beständen der ehemaligen Entnazifizierungshauptausschüsse der Stadt- und Landkreise überliefert, die jeweils über Findbücher und Namenskarteien zugänglich sind. Eine Gesamtrecherche über alle Kreise verbot sich angesichts des Aufwands von selbst. Stattdessen wurden auf der Basis der Personendaten der Grundrecherche für jede Person die erfolgversprechendsten Stadt- bzw. Landkreise festgelegt, im Idealfall jene, in denen die betreffende Person zwischen 1945 und 1952 gemeldet war, bzw. für die es entsprechende Hinweise gab. Teilweise sind innerhalb eines Bestandes die Akten ebenfalls in mehreren Schichten überliefert, sodass Namen hier jeweils mehrfach überprüft werden mussten. Einige der Verfahren sind, beispielsweise wenn sie mehrere Instanzen durchliefen, in den Akten des Landeshauptausschusses überliefert und ebenfalls über eine Kartei zugänglich. Für jede Person wurde daher ein bestimmtes Profil erstellt, aus dem sich die individuelle Recherchestrategie ergab. Rückläufe der Recherche wurden abschließend noch einmal in allen ausstehenden Karteibeständen überprüft.

Insgesamt konnten zu 267 Personen Entnazifizierungsakten oder, bei Fehlen der Akten, ersatzweise Entnazifizierungskarteien ermittelt werden. Dabei wurden in 253 Fällen originäre Entnazifizierungsakten ermittelt, für weitere 14 Fälle fanden sich Entnazifizierungsfragebögen und weitere Unterlagen aus dem Entnazifizierungsverfahren in anderen Aktenbeständen oder es wurden hilfsweise die Entnazifizierungskarteien als Quelle für die Entnazifizierung verwendet.

In Umfang und Materialfülle variieren die Entnazifizierungsakten mitunter erheblich. Die Spanne reicht von einseitigen Fragebögen mit sehr wenigen Angaben oder einer Karteikarte bis hin zu ausführlichen, zwölf Seiten umfassenden Fragebögen mit 133 Fragen, zahlreichen schriftlichen Zeugenaussagen, im Einzelfall dutzenden Leumundszeugnissen und penibel dokumentierten Verhandlungsprotokollen über mehrere Instanzen hinweg.

Im Rahmen des Projektes dienten Eigenangaben aus dem Entnazifizierungsverfahren als Grundlage für die weitere Recherche. Sie wurden während der umfassenden Recherchen im Bundesarchiv Berlin überprüft und anhand zeitgenössischer Akten aus der NS-Zeit verifiziert oder widerlegt. In Fällen, in denen keine zeitgenössischen Quellen vorlagen, wurden hilfsweise die Eigenangaben aus dem Entnazifizierungsverfahren zur Grundlage der Bewertung gemacht. Karteikarten zur Entnazifizierung wurden nur in Einzelfällen erfasst, falls die Kartei zwar auf ein einschlägiges Verfahren hinwies, die entsprechende Akte am angegebenen Ort jedoch nicht auffindbar war. Die Entnazifizierungskarteien überliefern üblicherweise nur sehr wenige Daten, häufig nur zu den zentralen NS-Organisationen, und nicht immer die Angaben zum Ergebnis des Entnazifizierungsverfahrens. Oft enthalten sie kaum mehr als die persönlichen Daten des Betreffenden und den Hinweis auf ein Entnazifizierungsverfahren. Die Entnazifizierungskartei wurde daher nur dann hilfsweise in die Datenerhebung mit einbezogen, wenn zum betreffenden Fall alternative Quellenüberlieferungen nicht zu ermitteln waren.

Bei Personalakten handelt es sich um Verwaltungsakten, die nur einen Ausschnitt der Lebenswelt einer Person widerzuspiegeln vermögen. Hingegen illustrieren sie durch die Sicht der Behörden geprägte Verfahrensvorgänge.[17] Der Schwerpunkt der Darstellung liegt auf diesen lebensgeschichtlichen Aspekten, die für die Tätigkeit des Betreffenden als personalpolitisch relevant angesehen werden, insbesondere auf schulischer und beruflicher Qualifikation und dem beruflichen Werdegang. Die Jahre vor 1945 werden vor allem bei Akten von Personen, die erst nach 1945 in den öffentlichen Dienst eintraten, nur sehr eingeschränkt behandelt. Dessen ungeachtet bieten die Personalakten wertvolle Informationen zu Lebenswegen, Karriereverläufen und zur Selbstdeutung im Hinblick auf die Zeit des Nationalsozialismus. In Bezug auf Bildungsweg und beruflichen Werdegang liefern sie oft weit umfassendere Lebensläufe mit einer größeren Anzahl von Detailangaben.

Zudem enthalten sie oftmals aufschlussreiche Unterlagen zum Handeln der jeweiligen Personen in der NS-Zeit, Hinweise auf regimekonformes oder auf abweichendes Verhalten – jeweils aus der Behördenperspektive. Wie bei nahezu allen Quellenarten sind für eine angemessene Auswertung genaue Kenntnisse über die Regeln und üblichen Formulierungen, beispielsweise bei dienstlichen Beurteilungen, erforderlich. Im Rahmen der Überprüfung der gesamten Untersuchungsgruppe über das elektronische Bestandsverzeichnis des LASH konnten zu 75 Personen Personalakten verschiedener Landesbehörden ermittelt werden.

Die Akten aus dem Wiedergutmachungsverfahren geben Abschnitte aus dem Leben der Betroffenen zur Zeit des Nationalsozialismus und der lebensweltlichen Dimensionen im Kontext ihrer Verfolgung wieder. Üblicherweise enthalten sie Beschreibungen des Schadensfalls durch die Betroffenen, im Einzelfall auch Beweismittel wie Abschriften von Entlassungspapieren oder Kopien aus dem Berlin Document Center, wie im Fall von Alfred Ahrens.[18] Es finden sich jedoch nur lebensgeschichtliche Teilaspekte, Bruchstücke, die strukturiert durch Verfahrensvorgänge und die Sicht der Behörden geprägt sind. Die historischen Einzelheiten des Schicksals der Betroffenen im Nationalsozialismus, ihre Bedürfnisse und Nöte, vermögen sie nicht umfassend wiederzugeben. Hingegen finden sich jene Elemente des Einzelschicksals, die von den Entschädigungsbehörden nach 1945 als essentiell angesehen worden sind, sowie die Bewertung derselben. Insbesondere die Wertung des Einzelfalles im Hinblick auf

17 Hierzu bereits Herbert Obenaus: Archivarische Überlieferung und gesellschaftliche Wirklichkeit. In: Archive und Gesellschaft (Der Archivar, Beiheft 1). Siegburg 1997, S. 9–33.

18 Vgl. LASH Abt. 761, Nr. 16227.

die Einschätzung und Beurteilung der Entschädigungswürdigkeit wirft ein erhellendes Licht, nicht nur auf die Entschädigungspraxis als solche, sondern auf die Einstellung der Beteiligten gegenüber den Opfern des Nationalsozialismus.[19] Im Rahmen der vorliegenden Studie dienten die Wiedergutmachungsakten insbesondere der Feststellung der Einleitung des Verfahrens und dessen Gegenstand sowie zur Beantwortung der Frage der Anerkennung oder Ablehnung des Status als Opfer des Nationalsozialismus und schließlich auch zur Ermittlung der Höhe der Entschädigungszahlung. Insgesamt konnten zu 36 Angehörigen der Untersuchungsgruppe Entschädigungsakten ermittelt werden.

Im Rahmen der allgemeinen Recherche über die Suchmasken des elektronischen Bestandsverzeichnisses des LASH wurde eine Reihe von Nachlässen ermittelt. Bei Nachlässen handelt es sich naturgemäß um Sammlungen von sehr heterogenem Charakter. Sie bestehen oft aus einem großen Teil von Einzelblättern, verschiedenen Dokumenten mit Bezug zum Betreffenden, Korrespondenzen und Manuskripten. Dabei folgt die Sammlung zunächst dem Sammlungsinteresse der betreffenden Person, kann also auch größere Lücken in der Überlieferung enthalten. Zudem geben Nach- und Rücklässe keine Gewähr auf Vollständigkeit. Handelt es sich bei Nachlässen um nach dem Tode des Sammelnden dem Archiv zur Aufbewahrung übergebene Sammlungen, so werden Rücklässe vom Sammler zu Lebzeiten übergeben. In beiden Fällen können entweder der Sammler selbst oder aber die Erben potentiell inkriminierende Quellenstücke entfernt oder die Überlieferung aufbereitet haben. Aufgrund des oft sehr großen Umfangs von Nach- und Rücklässen und dem als vergleichsweise gering einzuschätzenden Quellenwert im Hinblick auf den Untersuchungsauftrag wurde von einer vollständigen Auswertung von Nach- und Rücklässen abgesehen. Stattdessen wurde sich nach einer individuellen Bewertung auf einzelne beschränkt.[20]

Ebenfalls nur stichprobenartig ausgewertet wurden die für 82 Angehörige der Untersuchungsgruppe im LASH ermittelten Akten zur Ordensverleihung, da sie in keinem der gesichteten Fälle die NS-Zeit betreffende Informationen enthielten und von dem Bearbeiter in ihrem Quellenwert als äußerst niedrig eingestuft wurden.

6. Archiv der Hansestadt Lübeck (AHL)

Im AHL wurde eine Auswahlgruppe von 38 Personen mit im Rahmen der Grundlagenrecherche eindeutig ermitteltem Bezug zur Hansestadt Lübeck auf Aktenüberlieferungen hin überprüft. Hier waren insbesondere die Entnazifizierungsakten von Interesse, da diese – anders als für das restliche Schleswig-Holstein – nicht zentral im Landesarchiv Schleswig-Holstein in Schleswig archiviert werden, sondern im Archiv der Hansestadt Lübeck. Zu 29 Personen

19 Siehe hierzu: Raimond Reiter: Die Verfolgung der Sinti im Nationalsozialismus in Niedersachsen: Zur Aussagekraft von „Wiedergutmachungsakten". In: Der Archivar 56 (2003), H.3, S. 225–227, hier S. 226f.

20 So etwa den im LASH überlieferten Teilnachlass von Bernhard Leverenz, der bedeutende retrospektive Unterlagen zu seiner Rolle als Marinerichter enthielt, vgl. LASH Abt. 399.1380, Nr. 1.

konnten per Aktenabfrage beim Archiv Entnazifizierungsakten ermittelt werden. Zu 15 Personen wurden durch Abfrage und die Sichtung der Bestandsverzeichnisse weitere Überlieferungen ermittelt. Insgesamt konnten zu 32 der abgefragten 38 Personen der Untersuchungsgruppe Lübeck archivalische Überlieferungen ermittelt werden. Das Hauptinteresse galt den Entnazifizierungsakten, den Entnazifizierungskarteien und den Personalakten der Verwaltung. Bei den darüber hinaus ermittelten Akten der Stadtverwaltung, Handakten, Schriftwechsel, Vortragsmanuskripte u. Ä. wurde mit Rücksicht auf den Untersuchungsgegenstand von einer Sichtung weitestgehend abgesehen. Sie wurden jedoch im Rahmen der Forschungsdatenbank für mögliche künftige Forschungen erfasst.

Zu einzelnen Persönlichkeiten konnten mehrere Aktenbestände ermittelt werden. So fanden sich zum Beispiel zu Luise Klinsmann und Berta Wirthel je drei Bestände, zu Otto Passarge sogar vier. Die Überlieferung zu Otto Passarge umfasst neben dem Entnazifizierungsfragebogen biografische Texte, beispielsweise einen Gedenktext aus Anlass seines Todes,[21] sowie in den Akten des Personalamtes Lebensläufe mit detaillierten Auflistungen zu seinem beruflichen Werdegang, seinem politischen Engagement, u. a. als Mitbegründer der Sozialistischen Jugendbewegung in Lübeck 1908 und der politischen Verfolgung zur Zeit des Nationalsozialismus. Zudem enthält seine Personalakte eine Sammlung von Zeitungsberichten der Lübecker Nachrichten und der Lübecker Freien Presse zu seinen Geburtstagen.[22] Ähnliche Artikelsammlungen zu den Geburtstagen von Lübecker Politikern finden sich in entsprechenden Konvoluten u. a. zu Berta Wirthel[23] und Heinrich Wolff[24]. Ebenso wie im Fall der im Rahmen der Recherchen im LASH ausgewerteten Personalakten lieferten die Personalakten im Archiv der Hansestadt Lübeck insbesondere Angaben zur politischen Tätigkeit in der Zeit nach 1945 und nur in Einzelfällen – wie im Beispiel Otto Passarge – Informationen über die Zeit des Nationalsozialismus.

7. Stadtarchiv Kiel

Eine Auswahlgruppe von 81 Personen, bei denen die im LIS-SH erfassten Selbstauskünfte der Betroffenen auf einen starken persönlichen Bezug zu Kiel hindeuteten, wurde – parallel zu der systematischen personenbezogenen Quellerecherche – im elektronischen Bestandsverzeichnis des Stadtarchivs Kiel auf mögliche Überlieferungen hin überprüft. Zu insgesamt elf von 81 überprüften Personen konnten Aktenüberlieferungen ermittelt werden. In allen Fällen handelte es sich um allgemeine Verwaltungsvorgänge, Glückwunschschreiben oder Beileidsbekundungen aus der Nachkriegszeit. So wurde beispielsweise Julius Bredenbeck im Zu-

21 Vgl. Gerhard Gaul: Ein Mann der ersten Stunde. Zum Gedenken an Otto Passarge. In: Lübeckische Blätter, Nr. 11 vom 29.5.1976. AHL Hauptamt Nr. 448.

22 Vgl. AHL Hauptamt Nr. 448.

23 Vgl. AHL Hauptamt Nr. 450.

24 Vgl. ebd.

sammenhang mit Abschriften von einem Interview zu Wissenschaftlichen Vorarbeiten für ein Museum für Industrie und Alltagskultur genannt.[25] Zu Bruno Diekmann wurde ein Nachlass mit Reden, Zeitungsausschnitten, Korrespondenzen und Handakten aus der politischen Tätigkeit nach 1945[26] und zu Max Emcke im Bestand des „Sekretariats des Oberbürgermeisters" eine Sammlung von Reden und Grußworten ermittelt.[27] Alle auf diese Weise ermittelten Aktenbestände wurden datentechnisch erfasst. Da es sich jedoch nicht um Bestände zur Fragestellung handelte, wurde von einer Aktensichtung und -auswertung abgesehen.

8. Institut für Zeitgeschichte München (IfZ)

Das Institut für Zeitgeschichte erforscht als außeruniversitäre Forschungseinrichtung seit seiner Gründung im Jahre 1949 die gesamte deutsche Geschichte des 20. Jahrhunderts bis zur Gegenwart. Im Rahmen eines in Kooperation mit der Gedenkstätte Yad Vashem durchgeführten Projektes hat das IfZ ein Inventar aller von den Justizbehörden beider deutscher Staaten seit 1945 eingeleiteten Ermittlungsverfahren und Strafprozesse wegen nationalsozialistischer Verbrechen erstellt. Die Datenbank enthält per Suchmaske abfragbare Angaben über den Verfahrensgegenstand (Tatorte, Einheiten und Dienststellen, Opfergruppen, Tatvorwurf), die Beschuldigten, weitere namentlich genannte Beteiligte oder geladene Zeugen, den Verfahrensausgang, die Aktenzeichen und den Verbleib der Verfahrensakten zu rund 38.000 in Westdeutschland und zu 15.000 in Ostdeutschland geführten Verfahren. Unter dem Titel „Die Verfolgung von NS-Verbrechen durch deutsche Justizbehörden seit 1945 – Datenbank aller Strafverfahren und Inventar der Verfahrensakten" steht die Datenbank im Archiv des IfZ am Standort München seit Ende 2013 zur Datenabfrage zur Verfügung. Für zahlreiche in der Datenbank aufgeführte Verfahren finden sich Aktenkopien oder Mikroverfilmungen im Archiv des IfZ.[28]

Insgesamt betrachtet bietet die Datenbank wertvolle Hinweise auf die Beteiligung von einzelnen Personen an Strafverfahren mit NS-Bezug, sei es als Beklagter, als Zeuge oder als eine Person, deren Name im Laufe des Verfahrens genannt wird, ohne dass diese im Verfahren

25 Vgl. Stadtarchiv Kiel, Nr. 65335 (Stadtmuseum).

26 Vgl. Stadtarchiv Kiel, Nr. 67245–67273 (Nachlass).

27 Vgl. Stadtarchiv Kiel, Nr. 35832.

28 Vgl. Institut für Zeitgeschichte: Abgeschlossene Projekte: Die Verfolgung von NS-Verbrechen durch deutsche Justizbehörden seit 1945 – Datenbank aller Strafverfahren und Inventar der Verfahrensakten. URL >http://www.ifz-muenchen.de/forschung/abgeschlossene-projekte/projekt/projekt/die-verfolgung-von-ns-verbrechen-durch-deutsche-justizbehoerden-seit-1945-datenbank-aller-strafv/< (zuletzt aufgerufen: 27.5.2016); Andreas Eichmüller: Die Strafverfolgung von NS-Verbrechen durch westdeutsche Justizbehörden seit 1945. Eine Zahlenbilanz. In: Vierteljahrshefte für Zeitgeschichte 56 (2008), S. 621–640; Ders.: Die Datenbank des Instituts für Zeitgeschichte München-Berlin zu allen westdeutschen Strafverfahren wegen NS-Verbrechen. In: Jürgen Finger/Sven Keller/Andreas Wirsching (Hrsg.): Vom Recht zur Geschichte. Akten aus NS-Prozessen als Quellen der Zeitgeschichte. Göttingen 2009, S. 231–237.

selbst aktiv auftritt. Die elektronische Suchmaske ermöglicht sehr komfortabel die Überprüfung einer großen Personengruppe. Bedauerlicherweise sind die Lebensdaten der in der Datenbank erfassten Personen zum Teil unvollständig, was nur bedingt den ausgewerteten Verfahrensakten geschuldet ist. Dies machte mitunter sehr arbeits- und zeitaufwändige Nachrecherchen erforderlich.[29]

Zu allen 390 Angehörigen der Untersuchungsgruppe wurden über die Suchmaske der Datenbank des IfZ Datenabfragen durchgeführt. Zu insgesamt 32 abgefragten Personen zeigte das System Ergebnisse an. Zu 18 genannten Personen konnten vor Ort Aktenstücke aus den Verfahren gesichtet werden. In 24 Fällen lag eine Namensübereinstimmung vor, doch konnten die genannten Personen nach Sichtung der im Archiv lagernden Kopien von Verfahrensakten entweder ausgeschlossen oder die Identität aufgrund unvollständiger Angaben in der Datenbank oder in den Akten nicht eindeutig geklärt werden. Nur in acht Fällen ließ sich die Identität der Genannten unzweideutig verifizieren.

9. Bundesarchiv Ludwigsburg

Im Bundesarchiv Ludwigsburg lagern die Ermittlungsakten der „Zentralen Stelle der Landesjustizverwaltungen zur Aufklärung nationalsozialistischer Verbrechen" (ZS). Während in der Datenbank des Instituts für Zeitgeschichte lediglich die Verfahren erfasst sind, in denen ein förmliches Ermittlungsverfahren zu NS-Verbrechen eingeleitet und vor Gericht verhandelt worden ist, finden sich in den Beständen der ZS Karteikarten, Ermittlungsakten und Kopien aus den Verfahrensakten zu allen Fällen, in denen die ZS ermittlerisch tätig geworden ist. Anders als die normalen Staatsanwaltschaften, die auf eine Strafanzeige hin gemäß Wohn- oder Tatort, also nach Zuständigkeit, ermittelnd tätig wurden, ermittelte und ermittelt die Zentrale Stelle bei Hinweis auf das Vorliegen von NS-Verbrechen, die im Zusammenhang mit den Kriegsereignissen standen, jedoch außerhalb der eigentlichen Kriegshandlungen an der Zivilbevölkerung begangen wurden. Die ZS konnte unabhängig vom Wohnort der Beschuldigten oder vom Tatort tätig werden, zunächst jedoch nur für außerhalb des Bundesgebietes begangene Verbrechen. Ab

29 So wurde in einem der Fälle von Namensübereinstimmung mit einem Angehörigen der Untersuchungsgruppe der Name im Zusammenhang mit einem Verfahren gegen den Leiter der Sicherheitspolizei und des SD in Neu-Sandez genannt. Der Betreffende wurde im Verfahren gegen den ehemaligen SS-Obersturm- bzw. Hauptsturmführer Heinrich Hamann als Zeuge geführt. Das Verfahren wurde ebenfalls von der Staatsanwaltschaft Dortmund geführt und wurde in Bochum und später noch vor dem Bundesgerichtshof verhandelt. Aufgrund unzureichender Angaben zur Person war eine Verifizierung der Identität des genannten Zeugen nicht möglich. Die Urteilsschrift aus dem Jahre 1965 ist als Kopie im Archiv des IfZ überliefert. Auch die Sichtung ergab keine Gewissheit. Es fehlten ebenfalls die Lebensdaten des Betreffenden. Der Zeuge wurde jedoch in der Akte als „Polizeimeister i. R." genannt und sein Wohnort mit München angegeben. Aufgrund des Lebensalters und der Abweichungen beim beruflichen Hintergrund und beim Wohnort konnte in diesem Fall ausgeschlossen werden, dass es sich bei dem im Zusammenhang mit dem Verfahren genannten Zeugen um einen Angehörigen der Untersuchungsgruppe handelte.

1964 wurde die Zuständigkeit auf das Bundesgebiet erweitert; inzwischen ermittelt die Zentrale Stelle auch in Fällen von an Kriegsgefangenen verübten Verbrechen. Nach Durchführung von Vorermittlungen, im Rahmen derer die ZS Beweismaterial sammelt und Zeugenbefragungen durchführt, werden Dossiers zu den einzelnen Fällen angelegt und – sofern die ermittelnden Staatsanwälte die Grundlage für die Einleitung eines förmlichen Ermittlungsverfahren als gegeben erachten – an die zuständigen Staatsanwaltschaften abgegeben.[30] Aufgrund der systematisch betriebenen Vorermittlungen und der Koordinierungsfunktion der Zentralen Stelle für bereits anderweitig angeregte Ermittlungs- und Strafverfahren bietet die Zentrale Stelle nach Einschätzung des Bundesarchivs „einen nahezu vollständigen Überblick über die an bundesdeutschen Staatsanwaltschaften und Gerichten anhängig gewesenen NS-Verfahren".[31] Die Bestände umfassen Akten zu staatsanwaltschaftlichen Vorermittlungen, Sammlungen von Kopien zeitgenössischer Dokumente aus verschiedenen Archiven, Befragungsprotokollen von Beschuldigten, Opfern und sonstigen Zeugen, Dossiers über die historischen Hintergründe sowie den Schriftverkehr mit den einzelnen beteiligten Staatsanwaltschaften und im Rücklauf Kopien der Verhandlungsprotokolle und Urteilsabschriften der Strafverfahren. Hinzu kommt ein umfangreicher Karteibestand, der nach Personen und Orten durchsucht werden kann.[32] Die Akten beinhalten auch Angaben zur Zugehörigkeit zu NS-Organisationen, zur Wehrmacht und sonstigen bewaffneten Einheiten. Im Hinblick auf das Projekt ist die Klärung der Frage nach der Rolle von namentlich erwähnten Angehörigen der Untersuchungsgruppe im Verfahren von herausragendem Interesse: Handelt es sich um Beschuldigte oder um Zeugen, oder werden sie im weiteren Zusammenhang lediglich im Rahmen von Beschreibungen zum historischen Hintergrund genannt? Jenseits der rein juristischen Frage liegt der besondere Wert der Aussagen von Zeugen und Beschuldigten in der oft plastischen Darstellung der historischen Verhältnisse. Dabei ist jedoch zu berücksichtigen, dass es sich um subjektiv geprägte, retrospektive Darstellungen handelt, die im Einzelfall interessengeleitet sein können, insbesondere dann, wenn es sich um Aussagen von Beschuldigten handelt. Sowohl bei Beschuldigten als auch bei Zeugen kann das Aussageverhalten taktisch motiviert sein, entweder zur eigenen strafrechtlichen Entlastung oder aber zur Rechtfertigung des eigenen Handelns oder Nicht-Handelns. Hinzu kommen, neben dem möglichen vorsätzlichen Verschweigen von Details, auch mögliche Erinnerungslücken oder die Prägung des Narrativs durch retrospektive Erklärungsversuche der Betreffenden. Im Hinblick auf die Fragestellung des Projekts war dieser Aspekt jedoch von nachrangiger Bedeu-

30 Siehe Hans-Jörg Albrecht: Eine kritische Bilanz. Die Zentrale Stelle Ludwigsburg für NS-Verbrechen. In: Tribüne 43 (2004), S. 188–194; Hans Pöschko: „Uns treibt eine Vergangenheit um ...". In: Ders. (Hrsg.): Die Ermittler von Ludwigsburg. Deutschland und die Aufklärung nationalsozialistischer Verbrechen. Berlin 2008, S. 26–32, hier insbes. S. 29.

31 Bundesarchiv: Unterlagen der Zentralen Stelle der Landesjustizverwaltungen zur Aufklärung nationalsozialistischer Verbrechen. URL: >https://www.bundesarchiv.de/benutzung/zeitbezug/nationalsozialismus/01587/index.html.de< (zuletzt aufgerufen: 28.5.2016).

32 Zu den Beständen siehe Melanie Wehr: Die Unterlagen der Zentralen Stelle der Landesjustizverwaltungen zur Aufklärung nationalsozialistischer Verbrechen. Der Bestand B 162. In: Mitteilungen aus dem Bundesarchiv. Themenheft 2008 (nicht paginiert); Andreas Kunz: Justizakten aus NSG-Verfahren: eine quellenkundliche Handreichung für Archivbenutzer. In: ebd. (nicht paginiert).

tung. In manchen Fällen ermöglichten erst die Recherchen im Bundesarchiv Ludwigsburg die Überprüfung der Hinweise aus der Datenbank des Instituts für Zeitgeschichte.

Die Recherchen in Ludwigsburg beschränkten sich zunächst auf eine Auswahlgruppe von Angehörigen der Untersuchungsgruppe, die auf Anfrage durch die Mitarbeiter des Bundesarchivs auf Überlieferungen hin überprüft wurden.[33] Im weiteren Verlauf wurde dem Bearbeiter der Recherche jedoch Zugang zu den Karteien der Zentralen Stelle gewährt, sodass das komplette 390 Personen umfassende Untersuchungssample überprüft werden konnte. Zu 43 Personen konnten Akten oder Karteien ermittelt werden.[34]

10. Bundesbeauftragter für die Unterlagen des Staatssicherheitsdienstes der ehemaligen DDR (BStU)

Der BStU bewahrt in seinen Archiven die 1990 sichergestellten Unterlagen des Ministeriums für Staatssicherheit der DDR auf. Gemäß den Vorschriften des Stasi-Unterlagen-Gesetzes (StUG) stellt die Behörde die von ihr verwalteten Unterlagen Privatpersonen, Institutionen und der Öffentlichkeit zur Verfügung. Zu Beginn konzentrierte sich die Arbeit der Behörde auf Auskünfte zur Wiedergutmachung und Rehabilitierung sowie zur strafrechtlichen Ahndung von Straftaten und auf die Überprüfung von Abgeordneten und Beschäftigten der öffentlichen Verwaltung. Inzwischen wurde das Aufgabenfeld erweitert und der Behörde wurde der Auftrag erteilt, zur Förderung der historischen, politischen, juristischen und gesellschaftlichen Aufarbeitung der SED-Diktatur die Öffentlichkeit über Struktur, Methoden und Wirkungsweisen des MfS zu unterrichten. Akteneinsicht wird von der Staatssicherheit der DDR ausgespähten Einzelpersonen auf Antrag gewährt. Ebenso erhalten Wissenschaftler und Journalisten Zugang zu den Akten.[35]

Das beim BStU verwaltete Aktenmaterial spiegelt die gesamte Bandbreite nachrichtendienstlicher Arbeit wider, von Akten zu inoffiziellen und offiziellen Mitarbeitern über operative Vorgänge und Personenkontrollen bis hin zu allgemeinen Untersuchungsvorgängen,

33 So war beispielsweise in der Datenbank des IfZ der Name eines Angehörigen der Untersuchungsgruppe im Zusammenhang mit einem Verfahren gegen einen ehemaligen Angehörigen eines Feldgendarmerietrupps genannt, dem die widerrechtliche Tötung französischer Zivilisten, Widerständler, Kriegsgefangener und Häftlinge zur Last gelegt worden war. Die Staatsanwaltschaft Dortmund ermittelte. Anhand der Einträge konnte weder geklärt werden, welche Rolle der Genannte im Verfahren spielte, noch konnte aufgrund mangelnder Lebensdaten die Personenidentität geklärt werden. Zwar fand sich ein Aktenvermerk, demzufolge die Einstellungsverfügung aus dem Jahre 1992 als Kopie im Archiv des IfZ lagerte, doch erwies sich das Aktenstück auf Nachfrage als nicht auffindbar. Eine spätere Überprüfung des Namens in den Karteibeständen der Zentralen Stelle im Bundesarchiv Ludwigsburg ergab, dass es sich bei dem in der Datenbank des IfZ Genannten nicht um den entsprechenden Angehörigen der Untersuchungsgruppe handelte.

34 An dieser Stelle sei besonders Herrn Dr. Gohle für seine außerordentlich schnelle und unbürokratische Unterstützung gedankt.

35 Vgl. BStU: Aufgaben, Geschichte und Struktur. URL: >http://www.bstu.bund.de/DE/BundesbeauftragterUndBehoerde/AufgabenUndStruktur/_node.html< (zuletzt aufgerufen: 30.5.2016).

kontinuierlichen Berichten über Einzelpersonen im In- und Ausland und Beobachtungsberichten über die Arbeit des Sozialistischen Deutschen Studentenbundes an der Freien Universität Berlin. Die Informationen können dabei im Einzelfall sehr kleinteilig sein, aber es finden sich auch Memoranden zur Einschätzung der wirtschaftspolitischen Lage in Westdeutschland und zur allgemeinen politischen Lage. Dabei umfasst das Archiv Schriftsätze und Akten, Bildmaterial, Zeitungsausschnittsammlungen, Kopien von Literaturauszügen, Tonbandaufzeichnungen und Filmmaterial.[36]

Bei den im Rahmen der Recherche ermittelten Akten handelt es sich zumeist um thematische Sammlungen zu einzelnen Politikern oder gesammelte Konvolute zu Gruppen von Politikern. Im Einzelfall kann es sich dabei um äußerst umfangreiche Ordner handeln, in anderen Fällen sind nur einzelne Blätter zu ermitteln. Es kann sich, wie im Fall von Hermann Lüdemann, lediglich um ein Formular der Hauptabteilung IX handeln, auf dem handschriftlich auf Anfrage eines Mitarbeiters einer anderen Dienststelle Angaben zum Umfang der zur Einzelperson vorliegenden Informationen gemacht wurden.[37] Nicht selten finden sich Kopien von Archivalien, die von den Mitarbeitern der Staatssicherheit in verschiedenen Archiven in Ost- und Westeuropa zusammengetragen worden sind. So findet sich beispielsweise die Kopie des NSDAP-Parteibuches von Ingwer Ingwersen,[38] Kopien aus der Personalakte des damaligen Gerichtsassessors Helmut Lemke vom April 1933, in welchem seine Bitte um die Übernahme in die innere Verwaltung an das Reichsministerium des Innern weitergeleitet wird,[39] oder, wie im Fall von Julius Bredenbeck, Kopien eines gegen ihn durch das Militärtribunal Sachsen-Anhalt im Januar 1950 ergangenen Urteils zu 24 Jahren Arbeitslager.[40] In anderen Fällen enthalten die Akten Zeitungsausschnittsammlungen, wie im Fall von Gerhard Gaul, dem das Neue Deutschland in einem archivierten Artikel seine vormalige Tätigkeit als Marinegerichtsrat zur Last legte.[41]

Anders als in öffentlichen Archiven gewährt die Behörde dem Nutzer keinen Zugang zu den Recherchemitteln. Die Bestandsprüfung zu Einzelpersonen wird auf Antrag durch die Mitarbeiter durchgeführt. Auf Bitten des BStU wurde die Aktenabfrage auf eine Auswahlgruppe beschränkt. Diese wurde unter Berücksichtigung des gesonderten Sammlungsinteresses des MfS zusammengestellt. Da das Ministerium für Staatsicherheit ein gesondertes Interesse an

36 Vgl. BStU: Bestandsübersicht zu den Unterlagen des Staatssicherheitsdienstes in der Zentralstelle. URL: >http://www.bstu.bund.de/DE/Archive/Bestandsinformationen/_node.html;jsessionid=1B0F0FEE260EAB9D99C2B99C72FE2471.2_cid329< (zuletzt aufgerufen: 30.5.2016).

37 Beim Beispiel Lüdemann konnte kaum mehr angegeben werden als seine bekannten Lebensdaten und sein Abgeordnetenmandat im Schleswig-Holsteinischen Landtag als Angehöriger der SPD-Fraktion. Darüber hinaus war nur noch bekannt, dass Lüdemann vor 1933 als Oberpräsident in Niederschlesien amtiert hatte und nach 1933 in Berlin ein Lichtspielhaus betrieb; vgl. BStU MfS HA IX 11, Bd. 5, Teil 2 von 2, Bl. 569.

38 Vgl. BStU MfS HA IX 11 AV 2 – 79, Bd. 1, Bl. 383–386.

39 Vgl. ebd.

40 Vgl. BStU MfS HA IX 11 FV Nr. 13–71, Bl. 3ff.

41 Vgl. Anon.: Lübecks Stadtpräsident war ein gnadenloser Nazirichter. In: Neues Deutschland vom 14.7.1978. BStU MfS HA IX 22912, Bl. 270. Im selben Ordner finden sich weitere Artikel, auch von der westdeutschen Presse, so u. a. Anon.: CDU in Lübeck spricht Gaul ihre Hochachtung aus. „Angriffe der SPD gegen Ex-Marinerichter schäbige Attacke". In: Frankfurter Rundschau vom 10.7.1978. BStU MfS HA IX 22912, Bl. 274.

der Sammlung von Material hatte, das im Rahmen operativer Vorgänge, insbesondere der West-Propaganda, Verwendung finden konnte, wurde die Auswahl im Hinblick auf die politische Position nach 1945 getroffen. Sie umfasste insbesondere Minister, Fraktionsvorsitzende, Vorsitzende der Landesparteien sowie Einzelpersonen, zu denen bereits Informationen aus vorangehender Recherche über zur Zeit des Nationalsozialismus ausgeübte Ämter vorlagen.

11. Bundesarchiv Koblenz

Der Archivstandort Koblenz verwaltet die Bestände „Bundesrepublik Deutschland" und verantwortet die Archivierung und Verwaltung des zentralen zivilen staatlichen Archivguts der Bundesrepublik Deutschland, einschließlich der westlichen Besatzungszonen (1945–1949). Zudem umfasst der Bestand privates Schriftgut von Einzelpersönlichkeiten und Verbänden, von politischen Parteien und Gruppen, Bilder, Plakate, Karten und Tondokumente sowie die Kabinettsprotokolle der Bundesregierung.[42] Im Hinblick auf den Forschungsauftrag sind insbesondere die Spruchgerichtsakten[43] von gesondertem Interesse. Die Spruchgerichte waren in der britischen Besatzungszone eingerichtet worden. Ihnen mussten sich die militärinternierten ehemaligen Angehörigen der vom Nürnberger Kriegsverbrechertribunal im Urteil vom 30. September und 1. Oktober 1946 für verbrecherisch erklärten Organisationen vor ihrer Entlassung in einem Strafprozess stellen, in dem sie in öffentlicher Verhandlung wegen sogenannter Organisationsverbrechen belangt wurden. Dabei wurde ihnen zur Last gelegt, dass sie „trotz der spätestens seit 1939 erkennbar verbrecherischen Ziele ihrer jeweiligen Organisation beigetreten oder treu geblieben waren".[44] Die Verfahrensakten und Urteile der Britischen Spruchgerichte lagern im Bundesarchiv Koblenz. Ebenso wie für die Bestände des Bundesarchivs Berlin und des Bundesarchivs Militärarchiv Freiburg wurden die Bestände des Bundesarchivs Koblenz für die gesamte Untersuchungsgruppe über das elektronische Bestandsverzeichnis invenio auf Überlieferungen hin überprüft. Dabei konnten für 42 Personen Akten ermittelt werden, davon zu sechs Personen Spruchgerichtsakten. Die Akten umfassen Glückwunschschreiben des Bundeskanzleramtes, beispielsweise zum 70. Geburtstag von Bruno Diekmann,[45] oder Kondolenzschreiben des Bundeskanzlers, u. a. aus Anlass des Able-

42 Vgl. Bundesarchiv: Koblenz. URL: >https://www.bundesarchiv.de/bundesarchiv/dienstorte/koblenz/index.html.de< (zuletzt aufgerufen: 30.5.2016).

43 Siehe dazu Heiner Wember: Entnazifizierung 1945: Die deutschen Spruchgerichte in der britischen Zone. In: Geschichte in Gesellschaft und Unterricht 43 (1992), S. 405–422.

44 Cornelia Rauh-Kühne: Die Entnazifizierung und die deutsche Gesellschaft. In: Archiv für Sozialgeschichte 35 (1995), S. 35–70, hier S. 61. Es handelte sich dabei um das Korps der Politischen Leiter der NSDAP, die Geheime Staatspolizei, den Sicherheitsdienst (SD), die SS: Allgemeine SS, Waffen-SS, SS-Totenkopfverbände (ohne Reiter-SS); vgl. Heiner Wember: Umerziehung im Lager. Internierung und Bestrafung von Nationalsozialisten in der britischen Besatzungszone Deutschlands. Essen 1991, S. 276–282.

45 Vgl. BArch Koblenz B 136/3885.

bens von Wilhelm Gülich im Jahre 1960,[46] Trauerreden und Nachrufe,[47] aber auch persönliche und politische Korrespondenz, wie z. B. im Nachlass von Lauritz Lauritzen.[48] Im Sinne des Untersuchungsauftrags erwiesen sich diese Quellen als wenig hilfreich.

Von hohem Quellenwert sind jedoch die ermittelten Spruchgerichtsakten, obschon ihre Zahl, gemessen an der Anzahl ermittelter Entnazifizierungsakten, gering ist. Die Spruchgerichtsakten umfassen Datenblätter, die Auskunft über Beruf, Einkommensverhältnisse, Erwerbstätigkeit, die Wohnorte seit 1933, weitere familiäre Angaben und insbesondere die Zeit der Internierung geben. Ähnlich wie später im Rahmen der Entnazifizierungsverfahren wurden auch hier die Mitgliedschaften in der NSDAP und ihren Gliederungen, die eingenommenen Ränge und dergleichen abgefragt. Ungleich ausführlicher als die Entnazifizierungsverfahren befassen sich die öffentlichen Sitzungen mit den einzelnen Fällen. Nicht unüblich waren ausführliche schriftliche Einlassungen der Beklagten, beispielsweise im Fall Heinz Reinefarth vor dem Spruchgericht Bergedorf im Umfang von 13 Seiten, zudem umfangreiche Vernehmungsprotokolle.[49] In Einzelfällen haben die Spruchgerichte zu den Beschuldigten Nachforschungen an den ehemaligen Wohnorten durchgeführt. Darüber hinaus war man um die Beibringung von Beweismaterial bemüht. So findet sich in der Akte zum Spruchgerichtsverfahren von Fritz Völpel die Kopie seiner NSDAP-Mitgliederkartei.[50]

12. Deutsche Dienststelle – Wehrmachtsauskunftstelle (WASt)

Die Deutsche Dienststelle Berlin (WASt) ist die Rechtsnachfolgerin der ehemaligen „Wehrmachtauskunftstelle für Kriegsverluste und Kriegsgefangene", die am 26. August 1939, gemäß Artikel 77 der Genfer Konvention von 1929, als eine dem Oberkommando der Wehrmacht unmittelbar nachgeordnete Dienststelle eingerichtet worden war. Gemäß der Genfer Konvention war sie zuständig für die Erfassung von Verlusten und für die Anzeige von Kriegsgefangenen und Todesfällen unter Angehörigen der eigenen und gegnerischen Streitkräfte, der Erfassung und Auswertung des entsprechenden Aktenmaterials und für die Auskunftserteilung an die Schutzmächte und an das Internationale Komitee des Roten Kreuzes. Am Ende des Zweiten Weltkriegs erhielt die Deutsche Dienststelle umfangreiche Unterlagen anderer militärischer und militärähnlicher Verbände, einschließlich der erhalten gebliebenen Bestände der Waffen-SS, der Polizei-Verbände und des Reichsarbeitsdienstes. Im Dezember 1990 übernahm sie zudem eine Fülle von Unterlagen der ehemaligen Wehrmacht zur Auswertung und Bearbeitung aus dem Militärarchiv Potsdam und dem Staatsarchiv der ehemali-

46 Vgl. BArch Koblenz B 136/3886.
47 Vgl. BArch Koblenz N 1221/13.
48 Vgl. BArch Koblenz N 1282.
49 Vgl. BArch Koblenz Z 42-III/3820.
50 Vgl. BArch Koblenz Z 42-V/3732.

gen DDR. Die militärischen Aktenbestände sind archivarisch zum Zwecke der Ermittlung und Erfassung personenbezogener Daten strukturiert.[51]

Die Deutsche Dienststelle erteilt auf Anfrage Auskünfte über ehemalige Militärangehörige, einschließlich Angaben zu Truppenteilen, Dienstgrad, Kriegsgefangenschaft sowie Orden und Ehrenzeichen. Entsprechende Daten zu den Betreffenden in den Entnazifizierungsakten sind oft unvollständig und unpräzise und basieren auf Eigenangaben. Die Bestände der WASt können jedoch nicht direkt genutzt werden. Auf Antrag stellt die Dienststelle Dossiers mit den erhobenen lebensgeschichtlichen Daten und den ermittelten Angaben zusammen. Zeithistorische Dokumente, auch in kopierter Form, werden dem Nutzer grundsätzlich nicht ausgehändigt. Die Praxiserfahrung zeigt, dass die Inanspruchnahme der WASt äußerst zeitaufwändig ist und bei anderer Gelegenheit ein Vorgängerprojekt deutlich verzögert hat. Die Ergebnisse waren zudem sehr ernüchternd und hätten umfassende weitere Recherchen zu den einzelnen militärischen Verbänden im Bundesarchiv Militärarchiv Freiburg erfordert – eine Arbeit, die den Rahmen eines zeitlich befristeten und eine große Untersuchungsgruppe umfassenden Projektes deutlich gesprengt hätte.[52] Die Projektgruppe hat daher von einer Konsultierung der Deutschen Dienststelle Abstand genommen. Zur Klärung möglicher strafrechtlich relevanter Zusammenhänge im Einzelfall wurden stattdessen die einschlägigen, strukturiert recherchierbaren Bestände zu strafrechtlichen Ermittlungen und Strafverfahren konsultiert.

13. Bundesarchiv Freiburg

Die Abteilung Militärarchiv des Bundesarchivs mit Sitz in Freiburg im Breisgau verwaltet die Überlieferung staatlicher militärischer Stellen von 1867 bis in die Gegenwart, also die Unterlagen der preußisch-deutschen Armee, der Kaiserlichen Marine, der Schutztruppen und Freikorps, der Reichswehr und der Wehrmacht, zudem die Unterlagen der Nationalen Volksarmee und der Grenztruppen der DDR sowie umfangreiches Material des Bundesministeriums der Verteidigung und des nachgeordneten militärischen und zivilen Bereichs. Darüber hinaus finden sich im Militärarchiv zahlreiche Nachlässe und sachthematische Sammlungen zur deutschen Militärgeschichte.[53]

51 Zur WASt siehe Minerva-Handbücher: Archive. Berlin 1974, S. 81-83 sowie Wolfgang Remmers: Deutsche Dienststelle (WASt) 1939–1999: 60 Jahre im Namen des Völkerrechts. Berlin 1999; Deutsche Dienststelle (WASt): Wir über uns. Entstehung und Geschichte. URL: >https://www.dd-wast.de/de/ueber-uns/entstehung-und-geschichte.html< (zuletzt aufgerufen: 27.5.2016).

52 Die lange Bearbeitungszeit der Anfragen an die Deutsche Dienststelle hat die weiteren vorgesehenen Archivrecherchen, die auf den Ergebnissen der WASt aufbauen sollten, deutlich verzögert und somit den Projektablauf nachhaltig gestört; Stephan Alexander Glienke: Die NS-Vergangenheit späterer niedersächsischer Landtagsabgeordneter. Abschlussbericht zu einem Projekt der Historischen Kommission für Niedersachsen und Bremen im Auftrag des Niedersächsischen Landtags. Hannover 2012, S. 12.

53 Vgl. Das Bundesarchiv: Freiburg im Breisgau. URL: >https://www.bundesarchiv.de/bundesarchiv/dienstorte/freiburg/index.html.de< (zuletzt aufgerufen: 26.5.2016).

Aus recherchestrategischen Überlegungen im Sinne des Forschungsauftrags wurden die Bestände des Militärarchivs in die personenbezogene Recherche über das elektronische Bestandsverzeichnis invenio des Bundesarchivs mit einbezogen, für das auf Antrag durch den Projektbearbeiter die Recherchemittel zu den personenbezogenen Beständen freigeschaltet wurden. Es wurden alle 390 Angehörigen der Untersuchungsgruppe überprüft. Zu 17 Personen konnten Überlieferungen in den Beständen des Bundesarchivs Militärarchiv Freiburg/ Breisgau ermittelt werden. Dabei wurde etwa für Ernst Hinrich August Nagel ein Kriegstagebuch aus dem Jahre 1918 ermittelt,[54] andere Bestände nannten die Betroffenen im Zusammenhang mit Akten der Bundesmarine zur inneren Führung und Öffentlichkeitsarbeit in den 1980er-Jahren[55] oder sie wurden im Nachlass von ehemaligen Militärangehörigen namentlich erwähnt.[56]

Im Hinblick auf den Untersuchungsgegenstand erschien eine Sichtung der ermittelten Bestände als vernachlässigbar. Im Zuge einer umfassenden, aber mit großer Voraussicht sehr zeitaufwändigen Datenabfrage bei der Deutschen Dienststelle würde sich im Bundesarchiv Militärarchiv Freiburg die Möglichkeit ergeben, weitergehende Recherchen zu den einzelnen militärischen Verbänden, zu denen die Zugehörigkeit von Angehörigen der Untersuchungsgruppe festgestellt wurde, durchzuführen. Dies entspräche jedoch nicht dem Untersuchungsauftrag, würde den Blick übermäßig auf den militärischen Bereich lenken und Einzelfalluntersuchungen für jede betroffene Einheit erfordern, was für eine derart große Untersuchungsgruppe einen nicht zu vertretenden Aufwand bei zu erwartendem geringen Ertrag bedeuten würde. Im Hinblick auf die Klärung der Frage einer möglichen Beteiligung der Betroffenen an Kriegsverbrechen erschien es daher zielführender, die Akten bzw. Datenbanken zur strafrechtlichen Ermittlung im Institut für Zeitgeschichte und im Bundesarchiv Ludwigsburg heranzuziehen.

14. Gesamtbewertung

In 328 Fällen hat die Recherche Überlieferungen personenbezogener Unterlagen ermitteln können, davon in 135 Fällen in mehreren Archiven.[57] In 72 von 390 Fällen konnten keine Aktenüberlieferungen ermittelt werden. Die Quellendichte erwies sich im Einzelfall als höchst unterschiedlich. So ist die Überlieferung personenbezogener Quellen in den Fällen Hans-Adolf Asbach oder Paul Bromme beispielsweise sehr dicht. Für Hans-Adolf Asbach finden sich Überlieferungen in der NSDAP-Mitgliederkartei, in der NSDAP-Parteikorrespondenz, im Bestand Schriftverkehr des Bundeskanzleramtes, zudem zahlreiche Nennungen in Karteien und Akten der Zentralen Stelle Ludwigsburg und umfangreiches Aktenmaterial im Archiv

54 Vgl. BArch Freiburg Signatur PH 10-II/285.

55 Vgl. BArch Freiburg BM 10/1223.

56 Vgl. BArch Freiburg N 246/113: Nachlass Alexander von Falkenhausen.

57 U. a. bei Hans-Adolf Asbach, Paul Bromme, Andreas Gayk, Alfred Gille, Rudolf Katz u. a. m.

des ehemaligen Ministeriums für Staatssicherheit der DDR beim BStU. Darüber hinaus ist der Fall bereits ausführlich in der Sekundärliteratur behandelt worden.[58] Ähnlich verhält es sich bei Paul Bromme. Hier liegen zwar nicht, wie im Fall von Asbach, Überlieferungen aus mehreren Archiven vor, doch bieten die im Landesarchiv Schleswig-Holstein überlieferten Entschädigungsakten eine Fülle an Informationen und detaillierten Angaben. Im Archiv der Hansestadt Lübeck liegt des Weiteren der Nachlass von Paul Bromme vor.[59] In Fällen wie dem von Riewert Clausen konnten hingegen in keinem der zentralen Bestände Aktenüberlieferungen ermittelt werden. In zahlreichen Fällen haben die Recherchen durch Querverweise Hinweise auf Aktenüberlieferungen in anderen als den für die systematische Recherche ausgewählten Kernarchiven ergeben. Dabei handelt es sich oft um Nachlässe von Dritten, in deren Zusammenhang Angehörige der Untersuchungsgruppe genannt werden. In anderen Fällen konnten die Nachlässe von Angehörigen der Untersuchungsgruppe ermittelt werden. Auch sie sind über zahlreiche Archive verteilt. Nachlässe gestalten sich als eine für die systematische Recherche zu einer großen Untersuchungsgruppe problematische und wenig erfolgversprechende Überlieferungsart. Obschon sich ihre Auswertung für Einzelbiographien und biographische Detailstudien zu einzelnen Persönlichkeiten anbietet, hätte die Sichtung aufgrund der großen räumlichen Verteilung und des als gering einzuschätzenden Ertrages einen nicht zu vertretenden zeitlichen und finanziellen Aufwand bedeutet. Alle ermittelten und Angehörigen der Untersuchungsgruppe eindeutig zuzuordnenden Überlieferungen in Archiven, die nicht zu den Kernarchiven zählen, wurden in der Projektdatenbank entsprechend vermerkt.[60] Aktenabfragen für einzelne Archive wurden auf postalischem Wege erledigt.[61]

Bei der Quellenauswertung und der Übernahme der ermittelten Daten, beispielsweise zu Ämtern und Mitgliedschaften, wurde den aus der Zeit des Nationalsozialismus stammenden amtlichen oder halbamtlichen Quellen der Vorzug vor retrospektiven Eigenangaben gegeben. Hierbei wurde berücksichtigt, dass der Betreffende ein originäres Interesse daran hatte, seine Rolle im Nationalsozialismus im Rahmen von staatsanwaltschaftlichen Ermittlungen, Spruchgerichts- und Entnazifizierungsverfahren als möglichst unbedeutend darzustel-

58 Arne Bewersdorf: Hans-Adolf Asbach. Eine Nachkriegskarriere. Vom Kreishauptmann zum Landessozialminister. In: Demokratische Geschichte. Jahrbuch für Schleswig-Holstein 19 (2008), S. 71–112; Markus Roth: Herrenmenschen. Die deutschen Kreishauptleute im besetzten Polen – Karrierewege, Herrschaftspraxis und Nachgeschichte. Göttingen 2009 S. 354–372.

59 LASH Abt. 510, Nr. 9832; AHL: Paul Bromme: Nachlass; zudem zu Bromme: Ulrich Meyenborg: Paul Bromme (1906-1975). Ein Sozialdemokrat im politischen Exil und in der Lübecker Nachkriegspolitik. Erinnerungen und Einschätzungen. Lübeck 2013.

60 U.a. Landesarchiv Berlin; Archiv des BV des DGB Düsseldorf; Historisches Archiv der Stadt Köln; Nordrhein-Westfälisches Staatsarchiv Detmold; Institut für Zeitgeschichte München; Archiv für Christlich-Demokratische Politik der Konrad-Adenauer-Stiftung Sankt Augustin; AdsD – Archiv der sozialen Demokratie (Bonn); Evangelisches Zentralarchiv Berlin; Hamburger Bibliothek für Sozialgeschichte und Arbeiterbewegung; Stadtarchiv Kiel.

61 Landeshauptarchiv Schwerin: zu einer Person; Staatsarchiv Hamburg: Anfrage zu sechs Personen, für vier Personen Überlieferungen nachgewiesen.

len. Dabei zeigt die auch durch Einzelfälle im Rahmen dieser Studie bestätigte Erfahrung, dass die Wahrscheinlichkeit unrichtiger oder unpräziser Angaben zu politisch inkriminierenden Aspekten der eigenen Vita in dem Maße, wie die Wahrscheinlichkeit, dass diese unrichtigen Angaben unerkannt blieben, anstieg. Hingegen konnten die Angaben, die einschlägig vor Ort bekannte Personen im Rahmen des Entnazifizierungsverfahrens tätigten, durch die Quellenfunde in den Beständen des ehemaligen Berlin Document Centers weitestgehend bestätigt werden. Entnazifizierungskarteien hingegen haben sich im Vergleich zu den Entnazifizierungsakten als wenig belastbare Quelle erwiesen. Nicht selten stimmen die auf den Karteien angebrachten handschriftlichen Vermerke zu Mitgliedszeiten nicht mit den Angaben der Entnazifizierungsfragebögen überein oder sie sind unvollständig. Doch auch im Umgang mit den zeitgenössischen Quellen der NS-Zeit scheint Vorsicht geboten. Zwar enthalten sie eine Fülle von akribisch notierten Daten zu Mitgliedschaften und Ämtern, doch ebenso wie der Betreffende im Rahmen eines Entnazifizierungsverfahrens ein Interesse daran hatte, sein Verhältnis zum Nationalsozialismus als möglichst distanziert darzustellen, konnte er zur Zeit des Nationalsozialismus ein Interesse daran gehabt haben, gegenüber übergeordneten Behörden sein möglichst enges Verhältnis zum Nationalsozialismus und seine innere Übereinstimmung mit dessen Ideologie zu versichern. Es ist daher ratsam, die Eigenangaben der Betreffenden im Kontext der Zeit zu betrachten und sich die jeweilige Interessenlage des Betreffenden in der Zeit bewusst zu machen. Für die Auswertung bedeutet dies, dass offizielle Dokumente wie Mitgliederkarteien, Einträge in Personalakten und dergleichen in Bezug auf die Mitgliedschaft und mögliche Ämter die belastbarsten Quellen darstellen. Selbstauskünfte der Betreffenden hingegen sind immer im zeithistorischen Kontext zu verorten. Angaben aus den Entnazifizierungsverfahren dienen als erster Hinweis auf mögliche Mitgliedschaften, wobei davon auszugehen ist, dass der Betreffende tatsächlich den von ihm genannten Organisationen angehört hat. Doch auch bei der Nennung der Mitgliedschaft in der NSDAP (die ein Ortsfremder Zugezogener möglicherweise hätte verschweigen können) wird der vom Betreffenden angegebene Beitrittstermin als der vorläufig früheste bekannte Termin gewertet, der gegebenenfalls durch Heranziehung der NSDAP-Mitgliederkartei verifiziert oder korrigiert wird. Die so auf dem Wege der systematischen Recherche konsultierten Angaben sind daher bis auf Weiteres als Mindestangaben zu verstehen.

15. Vergleich zu den Referenzprojekten

Die Ausgangssituationen bei allen Landtagsprojekten, sowohl den im Auftrag der Fraktion „Die Linke" durchgeführten Untersuchungen als auch den im Auftrag der Landtage in Hessen und Niedersachsen sowie der für die Bremische Bürgerschaft durchgeführten biografischen Studien, ähneln sich. Am Anfang der Recherchen steht die Ermittlung der lebensgeschichtlichen Eckdaten. Dabei stützen sich alle Studien zu Beginn auf die Abgeordneten-Handbücher, sowohl die der einzelnen Wahlperiode als auch – soweit verfügbar – auf die kumulativen

Handbücher,[62] oder, im Fall von Schleswig-Holstein, auf das Landtagsinformationssystem,[63] im Einzelfall ergänzt um separate Listen zu den Vorgängerparlamenten.[64] Die Angaben der Abgeordneten-Handbücher beruhen zum größten Teil auf den Selbstauskünften der Abgeordneten zum Zeitpunkt der Erstellung und wurden weitestgehend in den kumulativen Handbüchern übernommen.[65] Als zweiter Schritt wurden in allen Projekten regionale biografische Sammlungen[66] und weitere biografische Handbücher herangezogen.[67] Hans-Peter Klausch weist in diesem Zusammenhang zutreffend auf die Lückenhaftigkeit der Angaben zur NS-Zeit hin.[68] Tatsächlich wird der Zeitraum 1933–1945 in zahlreichen biografischen und lexikalischen Werken ausgespart oder aber die spärlichen Informationen lassen keine veritablen Rückschlüsse auf die Tätigkeit des Betreffenden zur Zeit des Nationalsozialismus zu.

Alle Studien stützen sich insbesondere auf die Bestände des ehemaligen Berlin Document Centers im Bundesarchiv Berlin und damit auf die zeitgenössischen Quellen, insbesondere die Mitgliederkarteien von NSDAP, SA und SS sowie der NS-Gliederungen, die NSDAP-Parteikorrespondenz und die staatlichen Behörden, wie z. B. Reichsnährstand und die verschiedenen Ministerien, einschließlich der Personalakten.[69]

62 Vgl. Barbara Simon: Abgeordnete in Niedersachsen 1946–1994. Biographisches Handbuch. Hannover 1996; Jochen Lengemann: Das Hessen-Parlament 1946–1986. Biographisches Handbuch des Beratenden Landesausschusses, der Verfassungsberatenden Landesversammlung Groß-Hessen und des Hessischen Landtags 1.-11. Wahlperiode. Frankfurt a. M. 1986. Für Bremen nicht explizit genannt, doch ist von der Verwendung auszugehen: Norbert Korfmacher: Mitgliederverzeichnis der Bremischen Bürgerschaft 1946 bis 1996. Bd. 1: Kommunalpolitik. Münster 1997.

63 Vgl. Landtagsinformationssystem Schleswig-Holstein (LIS-SH). URL: >http://lissh.lvn.parlanet.de/shlt/start.html< (zuletzt aufgerufen: 14.5.2016).

64 Vgl. Alphabetisches Mitgliederverzeichnis Beratender Landesausschuss 26.02.–14.07.1946. URL: >http://starweb.hessen.de/cache/hessen/landtag/blaabgeordnete.pdf<(zuletzt aufgerufen: 18.5.2016); Alphabetisches Mitgliederverzeichnis Verfassungsberatende Landesversammlung Groß-Hessen 15.07.–30.11.1946. URL: >http://starweb.hessen.de/cache/hessen/landtag/vlvabgeordnete.pdf<(zuletzt aufgerufen: 18.5.2016).

65 Hierzu bereits Glienke (Anm. 52), S. 21.

66 Z.B. Martin Tielke (Hrsg.): Biographisches Lexikon für Ostfriesland, Bd. 1. Aurich 1993; Horst-Rüdiger Jarck/Günter Scheel (Hrsg.): Braunschweigisches Biographisches Lexikon. 19. und 20. Jahrhundert. Hannover 1996; Historischer Verein für Hessen (Hrsg.): Stadtlexikon Darmstadt. Darmstadt 2006.

67 So für Niedersachsen u. a. Rudolf Vierhaus (Hrsg.): Biographisches Handbuch der Mitglieder des Deutschen Bundestages 1949–2002. 3 Bde. München 2002/2003; Dirk Böttcher (Hrsg.): Hannoversches biographisches Lexikon, Hannover 2002; für Schleswig-Holstein insbesondere: Das Biographische Lexikon für Schleswig-Holstein und Lübeck.

68 Hier bezogen auf das Hessische Abgeordneten-Handbuch. Hans-Peter Klausch: Braunes Erbe – NS-Vergangenheit hessischer Landtagsabgeordneter der 1.–11. Wahlperiode (1946–1987). Wiesbaden 2011, S. 5.

69 Hier sind die Recherchen zu den Landtagen in Niedersachsen und Schleswig-Holstein deutlich umfassender als in den übrigen beiden Projekten, doch stimmen sie in den zentralen Beständen überein. Vgl. Glienke (Anm. 52), S. 123ff.; Albrecht Kirschner: Abschlussbericht der Arbeitsgruppe zur Vorstudie „NS-Vergangenheit ehemaliger hessischer Landtagsabgeordneter“ der Kommission des Hessischen Landtags für das Forschungsvorhaben „Politische und parlamentarische Geschichte des Landes Hessen“. Wiesbaden 2012, S. 14; Karl-Ludwig Sommer: Die NS-Vergangenheit früherer Mitglieder der Bremischen Bürgerschaft. Projektstudie und wissenschaftliches Colloquium. Bremen 2014, S. 112f.; doch auch bei Konsultierung dersel-

Ebenfalls übereinstimmend wurden die Dokumentensammlungen des Ministeriums für Staatssicherheit im BStU und die Entnazifizierungsakten zu Rate gezogen, wenn auch bezogen auf Auswahlgruppen von unterschiedlichem Umfang.[70] Es wird deutlich, dass die Bedeutung der Behörde in den verschiedenen Studien sehr unterschiedlich eingeschätzt wird. So konnten im Rahmen des niedersächsischen Projekts 229 von 755 Angehörigen der Untersuchungsgruppe im BStU überprüft werden, was einem Anteil von 30,33 % entspricht. Die Überprüfungsrate lag daher um fünf Prozentpunkte über der Überprüfungsrate des schleswig-holsteinischen Projektes.[71] Das hessische Projekt hingegen ließ nur zu 23 von insgesamt 403 Angehörigen der Untersuchungsgruppe die Bestände des BStU prüfen, was einen Anteil von 5,7 % des Untersuchungssamples ausmacht.[72] Eine Besonderheit im Vergleich zu den anderen Projekten ist der an das Staatsarchiv Bremen abgegebene Bestand aus dem ehemaligen NS-Archiv des Ministeriums für Staatssicherheit der DDR.[73]

Die Wehrmachtsauskunftstelle wurde nur im Rahmen der Studien zu Niedersachen und Hessen konsultiert. Im Rahmen des niedersächsischen Projekts wurden für Daten zu 203 von 755 Angehörigen der Untersuchungsgruppe eine Rechercheanfrage an die Deutsche Dienststelle – Wehrmachtauskunftsstelle (WASt) gerichtet,[74] das entspricht einem Anteil von 26,9 % der Untersuchungsgruppe. Im Verlauf der Recherchen zur Vorstudie des Hessischen Landtags wurde die Überprüfung von 206 von 403 Angehörigen der Untersuchungsgruppe auf Aktenüberlieferung bei der WASt veranlasst.[75] Das entspricht einem Anteil von 51,1 %. Angesichts des vergleichsweise große Aufwands, der fehlenden Möglichkeit persönlich Akten einzusehen und der ernüchternden Erfahrungen im Rahmen der Recherchen zur Studie zum Niedersächsischen Landtag entschieden die Projektgruppe des IZRG und der Bearbeiter der Studie zur Bremischen Bürgerschaft von eigenen Anfragen an die WASt Abstand zu nehmen.[76]

Obschon der Bearbeiter Albrecht Kirschner als Ergebnis das Auffinden einiger Anfragen von Ermittlungsbehörden in Bezug auf Ermittlungen und Vorermittlungen zu Kriegsverbrecherprozessen vermeldet, konnten diese Fälle im Rahmen der Vorstudie nicht weiterverfolgt werden. Angesichts des eng gesteckten zeitlichen Rahmens konnte den so ermittelten Hin-

ben Bestände ergeben sich Abweichungen. So konnte Albrecht Kirschner durch Sichtung der NSDAP-Mitgliederkartei und der NSDAP-Ortskartei für 87 hessische Landtagsabgeordnete Mitgliederkarteien ermitteln, Hans-Peter Klausch, der im Auftrag der Fraktion „Die Linke" im Hessischen Landtag zuvor bereits die Landtagsabgeordneten überprüft hatte, war es nur gelungen, für 74 Personen einen entsprechenden Nachweis zu ermitteln; vgl. Kirschner, ebd.

70 Siehe ebd.

71 Vgl. Glienke (Anm. 52), S. 26.

72 Vgl. Kirschner (Anm. 69), S. 15. Der Bericht zum Bremer Projekt nennt zwar Akten des BStU, macht jedoch keine Angaben über den Umfang der auf Überlieferungen hin überprüften Personen; Sommer (Anm. 69), S. 17, 113.

73 Ein entsprechender Bestand fand sich nicht für Schleswig-Holstein, doch gibt Sommer in seiner Studie zu Bremen an, dass der Bestand StAB 9, S 9–9 „keine thematisch relevanten Hinweise enthalten habe"; Sommer (Anm. 69), S. 15.

74 Vgl. Glienke (Anm. 52), S. 28.

75 Vgl. Kirschner (Anm. 69), S. 15.

76 Vgl. Sommer (Anm. 69), S. 17.

weisen auf Strafverfahren nicht nachgegangen werden.[77] Für Niedersachsen, Bremen und Schleswig-Holstein wurde zur Klärung der Frage nach möglichen Ermittlungen gegen die Angehörigen der Untersuchungsgruppe ein anderer Weg gewählt. Für beide Landtage und für die Bremische Bürgerschaft wurde die Datenbank des Instituts für Zeitgeschichte (IfZ) in München zu den Ermittlungen in NS-Strafsachen konsultiert,[78] für die Landtage in Kiel und Hannover zudem die Bestände der „Zentralen Stelle der Landesjustizverwaltungen zur Aufklärung nationalsozialistischer Verbrechen" im Bundesarchiv Ludwigsburg. Für Niedersachsen wurde eine Auswahlgruppe von 229 von 755 Personen (30,33 %),[79] für das schleswig-holsteinische Landtagsprojekt wurde die gesamte Untersuchungsgruppe in den Ludwigsburger Beständen überprüft. Die Projekte zur Bremischen Bürgerschaft und zum Hessischen Landtag haben von Recherchen in Ludwigsburg abgesehen.[80] Für die Angehörigen der Bremischen Bürgerschaft wurden hingegen die Akten des Landgerichts Bremen konsultiert.[81] Die im Auftrag der Fraktion „Die Linke" für Niedersachsen, Hessen und das Saarland durchgeführten Untersuchungen ziehen hingegen nur die Bestände des ehemaligen Berlin Document Centers im Bundesarchiv Berlin heran und darüber hinaus für den Nordrhein-Westfälischen Landtag auch die im Staatsarchiv Düsseldorf überlieferten Entnazifizierungsakten.[82]

77 Vgl. Kirschner (Anm. 69), S. 15f.

78 „Die Verfolgung von NS-Verbrechen durch deutsche Justizbehörden seit 1945. Datenbank aller Strafverfahren und Inventar der Verfahrensakten", bearbeitet im Auftrag des Instituts für Zeitgeschichte München-Berlin von Andreas Eichmüller und Edith Raim. Die Datenbank steht erst seit 2013 zur öffentlichen Nutzung zur Verfügung. Die Recherchen des im Auftrag des Niedersächsischen Landtags durchgeführten Projektes zu den NS-Biografien der Landtagsabgeordneten wurden in dieser Hinsicht durch die Bearbeiter des Datenbankprojektes des IfZ unterstützt. Das Institut übernahm auf Anfrage freundlicherweise die Überprüfung auf Basis von Namenslisten für die gesamte 755 Personen umfassende Untersuchungsgruppe.

79 Vgl. Glienke (Anm. 52), S. 27.

80 Vgl. Kirschner (Anm.69), S. 22; Sommer (Anm. 69), S. 112f.

81 Vgl. Sommer (Anm. 69), S. 17, 112.

82 Vgl. Michael Klepsch: Das vergessene braune Erbe – 60 Jahre Landtag NRW. Nahtloser Übergang in neue Führungspositionen. Alte Nazis in den nordrhein-westfälischen Landtagsfraktionen von CDU und FDP, Düsseldorf 2009, S. 10; Hans-Peter Klausch: Braune Spuren im Saar-Landtag. Die NS-Vergangenheit saarländischer Abgeordneter. Saarbrücken 2013, S. 5; Ders. (Anm. 68), S. 5; ders.: Braune Wurzeln – Alte Nazis in den niedersächsischen Landtagsfraktionen von CDU, FDP und DP. Zur NS-Vergangenheit von niedersächsischen Landtagsabgeordneten in der Nachkriegszeit. Hannover 2008, S. 6.

Stephan A. Glienke

Forschungsstand Referenzraum

Die Thematisierung personeller und struktureller Kontinuitäten in Staat und Gesellschaft zwischen NS-Zeit und junger Bundesrepublik findet seit den 1950er-Jahren statt. Die insbesondere in jüngster Zeit aufgeworfenen Fragen in Bezug auf die politische Vorgeschichte beziehungsweise potentielle politische Belastung von Funktionsträgern aufgrund ihrer Rollen im Nationalsozialismus sind also keineswegs neu. Deutlich jünger als die Behandlung von Einzelfällen in der politischen Auseinandersetzung und der politisch motivierten Thematisierung im Rahmen des deutsch-deutschen Sonderkonflikts ist jedoch die wissenschaftliche Behandlung der Thematik, beispielsweise im Rahmen der zeitgeschichtlichen Forschung, der politischen Wissenschaft oder der Rechtsgeschichte.

1. Kontinuitäten zur NS-Vergangenheit als Gegenstand der politischen Auseinandersetzung

Bereits kurz nach der Gründung der Bundesrepublik war die Frage der Reintegration von Exponenten und Funktionsträgern des NS-Regimes zum Gegenstand der politischen Auseinandersetzung gemacht worden. Insbesondere von linken Politikern und kritischen, oftmals aus dem politischen Exil zurückgekehrten Intellektuellen wurde bereits früh vor einer „Restauration" im Wiederaufbau gewarnt.[1] Seit Anfang der 1950er-Jahre war es wiederholt zu öffentlichen Protesten gekommen, so etwa im Rahmen der Auseinandersetzung um den NS-Filmregisseur Veit Harlan.[2] Nachdem die Verabschiedung des Artikel 131 GG im Jahre 1951 mehr als 55.000 ehemaligen Beamten des NS-Staates, die im Rahmen der alliierten Entnazifizierungspolitik aus ihren Ämtern entfernt worden waren, eine Rückkehr in den Staatsdienst ermöglicht hatte, konzentrierte sich die Kritik insbesondere auf die personelle Wiederverwendung von zum Teil eindeutig durch ihre vormalige Tätigkeit für den nationalsozialistischen Herrschaftsapparat politisch belasteten Funktionsträgern und Parteigängern.[3]

1 Genannt seien hier stellvertretend Walter Dirks und Eugen Kogon; vgl. Walter Dirks: Der restaurative Charakter der Epoche. In: Frankfurter Hefte (1950), S. 942–954; siehe dazu Karl Prümm: Entwürfe einer zweiten Republik. Zukunftsprogramme in den „Frankfurter Heften" 1946–1949. In: Thomas Koeber u. a. (Hrsg.): Deutschland nach Hitler. Zukunftspläne im Exil und aus der Besatzungszeit 1939–1949. Opladen 1987, S. 330–343.

2 Siehe dazu Siegfried Zielinski: Veit Harlan. Analysen und Materialien zur Auseinandersetzung mit einem Filmregisseur des deutschen Faschismus Frankfurt a. M. 1981; Wolfgang Kraushaar: Der Kampf gegen den „Jud Süß"-Regisseur Veit Harlan. In: Mittelweg 36(1995), H. 6, S. 4–33.

3 Eugen Kogon schrieb dazu 1954 in den Frankfurter Heften: „Die stille, allmähliche, schleichende, unaufhaltsame Wiederkehr der Gestrigen scheint das Schicksal der Bundesrepublik zu sein. Angetan mit alten und neuen Gesetzesmänteln der Gerechtigkeit, lassen sie sich einzeln auf den hohen, reihenweise auf den mittleren Sesseln der Verwaltung, der Justiz und der Verbände nieder."; Eugen Kogon: Beinahe mit dem Rücken an

2. Kontinuitäten zur NS-Vergangenheit als Gegenstand im deutsch-deutschen Sonderkonflikt

Ebenfalls in den 1950er-Jahren griff im Rahmen der sich verschärfenden deutsch-deutschen Auseinandersetzung zunehmend auch die ostdeutsche Propaganda das Thema auf. Seit Mitte der 1950er-Jahre lagen dem Ostberliner Ausschuss für Deutsche Einheit Listen über die in der westdeutschen Justiz wiederverwendeten ehemaligen NS-Justizjuristen vor. Unterstützt von polnischen und tschechoslowakischen Stellen hatte der Ausschuss umfassendes Material über Kriegs- und NS-Verbrecher in der Bundesrepublik zusammengetragen und zunehmend auch über die politische Vergangenheit von Funktionsträgern, zunächst insbesondere über wieder amtierende Richter und Staatsanwälte, aber auch über westdeutsche Parlamentarier in Bundestag und Landesparlamenten, Informationsmaterial gesammelt. Ab Mai 1957 erschien zunächst das Material über die ehemaligen NS-Juristen in zahlreichen Broschüren im Rahmen der sogenannten „Blutrichter"-Kampagne,[4] mit dem Ziel, die Bundesrepublik als militaristischen und revanchistischen Staat zu diskreditieren und das öffentliche Bild der DDR als das antifaschistische Deutschland im In- und Ausland zu etablieren. Die zu diesem Zwecke zusammengestellten Broschüren enthielten Namenslisten und Faksimile-Auszüge aus Personalakten des Reichsjustizministeriums und von Verhandlungsprotokollen nationalsozialistischer Sondergerichte.[5]

3. Kontinuitäten zur NS-Vergangenheit als Gegenstand der gesellschaftlichen Auseinandersetzung

Reagierten bundesdeutsche Politik und mediale Öffentlichkeit zunächst mehrheitlich mit Zurückhaltung oder klarer Ablehnung auf die ostdeutschen Informationen und zweifelten ihre Validität aufgrund der klar ersichtlichen propagandistischen Ausrichtung der Veröffentli-

der Wand. In: Frankfurter Hefte (1954), S. 641–645; siehe zu Artikel 131 GG insbesondere Michael Kirn: Verfassungsumsturz oder Rechtskontinuität? Die Stellung der Jurisprudenz nach 1945 zum Dritten Reich, insbesondere die Konflikte um die Kontinuität der Beamtenrechte und Art. 131 GG. Berlin 1972.

4 Stellvertretend für zahlreiche Broschüren sei hier genannt: Ausschuß für Deutsche Einheit (Hrsg.): 1000 Sonder- und Kriegsrichter im Dienste der deutschen Militaristen, Bonner Regierung deckt Hitlers Massenmörder. Berlin (Ost) 1959.

5 Vgl. dazu Michael Lemke: Kampagnen gegen Bonn. Die Systemkrise der DDR und die West-Propaganda der SED 1960–1963. In: Vierteljahrshefte für Zeitgeschichte (1993), H. 2, S. 153–174; ders.: Instrumentalisierter Antifaschismus und SED-Kampagnenpolitik im deutschen Sonderkonflikt 1960–1968. In: Jürgen Danyel (Hrsg.): Die geteilte Vergangenheit. Zum Umgang mit dem Nationalsozialismus und Widerstand in beiden deutschen Staaten. Berlin 1995, S. 61–86; Klaus Bästlein: „Nazi-Blutrichter als Stützen des Adenauer-Regimes". Die DDR-Kampagnen gegen NS-Richter und -Staatsanwälte, die Reaktionen der bundesdeutschen Justiz und ihre gescheiterte „Selbstreinigung" 1957–1968. In: Ders./Annette Rosskopf/Falco Werkentin: Beiträge zur juristischen Zeitgeschichte der DDR. Berlin 2000, S. 53–94; Klaus Bästlein: „Nazi-Blutrichter als Stützen des Adenauer-Regimes". In: Ders./Helge Grabitz/Johannes Tuchel (Hrsg.): Die Normalität des Verbrechens. Berlin 1994, S. 408–443.

chungen und Pressekonferenzen des Ausschusses für Deutsche Einheit an, so wurde das Thema dennoch im Rahmen von linken und studentischen Teilöffentlichkeiten zunehmend aufgegriffen. In den Jahren 1959 bis 1962 befassten sich studentische Gruppen aus dem gesamten Bundesgebiet im Rahmen der „Aktion Ungesühnte Nazijustiz" mit den gegen wieder amtierende Richter und Staatsanwälte erhobenen Vorwürfen bezüglich ihrer Amtsführung zur Zeit des Nationalsozialismus.[6] Ereignisse wie der Ulmer Prozess gegen die Einsatzgruppe Tilsit 1958,[7] verschiedene Prozesse wegen in nationalsozialistischen Konzentrationslagern begangener Verbrechen (Schubert-und-Sorge-Prozess[8], Frankfurter Auschwitz-Prozess[9]), zahlreiche Skandale im Zusammenhang mit Defiziten in der strafrechtlichen Ahndung von NS-Verbrechen oder der Ahndung antisemitischer Straftaten der späten 1950er-Jahre[10] sowie das Bekanntwerden des Ausmaßes, in dem schwer belastete NS-Täter durch gesellschaftliche Elitenangehörige geschützt wurden (Heyde/Sawade[11]), bereiteten den Weg für eine verstärkte gesellschaftliche Behandlung des Themas. Angeregt durch einzelne Ereignisse wurde die

6 Vgl. v. a. Stephan Alexander Glienke: Die Ausstellung „Ungesühnte Nazijustiz" (1959–1962). Zur Geschichte der Aufarbeitung nationalsozialistischer Justizverbrechen. Baden-Baden 2008, sowie Gottfried Oy/Christoph Schneider: Die Schärfe der Konkretion. Reinhard Strecker, 1968 und der Nationalsozialismus in der bundesdeutschen Historiografie. Münster 2013.

7 Vgl. Christa Hoffmann: Die justizielle „Vergangenheitsbewältigung" in der Bundesrepublik Deutschland. Tatsachen und Legenden. In: Uwe Backes/Eckhart Jesse/Rainer Zitelmann (Hrsg.): Die Schatten der Vergangenheit. Impulse zur Historisierung des Nationalsozialismus. Frankfurt a. M. 1990, S. 506f.; Stephan Alexander Glienke: Aspekte des Wandels im Umgang mit der NS-Vergangenheit. In: Jörg Calließ (Hrsg.): Die Reformzeit des Erfolgsmodells BRD. Die Nachgeborenen erforschen die Jahre, die ihre Eltern und Lehrer geprägt haben. Rehburg-Loccum 2004, S. 99–112, insbes. S. 106; Clemens Vollnhals: Zwischen Verdrängung und Aufklärung. Die Auseinandersetzung mit dem Holocaust in der frühen Bundesrepublik. In: Ursula Büttner (Hrsg.): Die Deutschen und die Judenverfolgung im Dritten Reich. Hamburg 1992, S. 357–392, hier S. 369; Kerstin Freudiger: Die juristische Aufarbeitung von NS-Verbrechen. Tübingen 2002; Hajo Funke: „Demokratie ist eine Sache des guten Gedächtnisses". In: Ders. (Hrsg.): Von der Gnade der geschenkten Nation. Zur politischen Moral der Bonner Republik. Berlin 1988, S. 7–18, hier S. 12; Werner Bergmann: Antisemitismus in öffentlichen Konflikten. Kollektives Lernen in der politischen Kultur der Bundesrepublik 1949–1989. Frankfurt a. M. 1997, S. 190; Peter Steinbach: Nationalsozialistische Gewaltverbrechen. Die Diskussion in der deutschen Öffentlichkeit. Freiburg 1981, S. 48.

8 Vgl. Glienke (Anm. 6), S. 251f.

9 Vgl. Ulrich Schneider (Hrsg.): Auschwitz – ein Prozeß. Geschichte – Fragen – Wirkungen. Köln 1994; Gerhard Werle/Thomas Wandres: Auschwitz vor Gericht. Völkermord und bundesdeutsche Strafjustiz. Mit einer Dokumentation des Auschwitz-Urteils. München 1995; Werner Renz: Der erste Frankfurter Auschwitz-Prozeß. Völkermord als Strafsache. In: 1999, Zeitschrift für Sozialgeschichte des 20. und 21. Jahrhunderts 15 (2000), S. 11–48; Irmtrud Wojak (Hrsg.): Auschwitz-Prozeß 4 Ks 2/63. Frankfurt a. M. 2004.

10 Hier sei stellvertretend auf den Fall Friedrich Nieland verwiesen; vgl. Rainer Hering: Der „Fall Nieland" und seine Richter. Zur Kontinuität in der Hamburger Justiz zwischen „Drittem Reich" und Bundesrepublik. In: Zeitschrift des Vereins für hamburgische Geschichte 81 (1995), S. 207–222. Glienke (Anm. 6), S. 73, 255ff.

11 Vgl. Klaus-Detlev Godau-Schüttke: Die Heyde/Sawade-Affäre: Juristen und Mediziner in Schleswig-Holstein decken den NS-Euthanasiearzt Prof. Dr. Werner Heyde und bleiben straflos. In: Helge Grabitz/Klaus Bästlein/Johannes Tuchel (Hrsg.): Die Normalität des Verbrechens. Bilanz und Perspektiven der Forschung zu den nationalsozialistischen Gewaltverbrechen. Festschrift für Wolfgang Scheffler zum 65. Geburtstag. Berlin 1994, S. 444–479; Klaus-Detlev Godau-Schüttke: Die Heyde/Sawade-Affäre. Wie Juristen und Mediziner den Euthanasieprofessor Heyde nach 1945 deckten und straflos blieben. Baden-Baden 1998.

mitunter ausführliche Behandlung der Frage wieder amtierender ehemaliger Funktionsträger und Parteigänger des Nationalsozialismus immer wieder von den westdeutschen Medien aufgegriffen, auch unter punktueller Heranziehung der kritischen Teilöffentlichkeit von themen- oder zielgruppengebundenen Spartenmedien.[12]

Mit Anregung und unter Beteiligung von kritischen Intellektuellen wie Wolfgang Abendroth und Wilhelm Weischedel bzw. mit Bezug auf diese, befassten sich studentische Lesezirkel im gesamten Bundesgebiet insbesondere mit der Frage der politischen Vergangenheit wiederamtierender Hochschullehrer. Besonders nachhaltig wurde die Diskussion von der bekannten, von Rolf Seeliger herausgegebenen Dokumentationsreihe „Braune Universität" beeinflusst, in der die Rolle westdeutscher Professoren und ihre gesellschaftliche Funktion der Wissenschaft im Nationalsozialismus reflektiert wird.[13] Als der erste Dokumentenband Seeligers erschien, fand in Tübingen im Wintersemester 1964/65 nach einer scharf geführten inneruniversitären Auseinandersetzung die erste Ringvorlesung über die „Braune Universität" statt. Zwar folgte ihr nicht die erhoffte weiterführende Auseinandersetzung über den Nationalsozialismus, vielmehr beendete die Vorlesungsreihe die Auseinandersetzung um die NS-Vergangenheit an der Universität Tübingen, doch wurde die Initiative an anderer Stelle fortgesetzt. Rolf Seeligers Dokumentenreihe trug mit dazu bei, dass an zahlreichen Universitäten die Frage nach der politischen Vergangenheit der Hochschullehrer gestellt wurde.[14] Bis zum Ende der 1960er-Jahre wurde die Frage der politischen Belastung des Lehrpersonals an deutschen Hochschulen zu einem der Hauptthemen der späteren Studentenbewegung, die die Fragestellung der politischen Belastung durch die NS-Vergangenheit auf Staat und Gesellschaft ausweitete.[15]

12 Siehe z. B. Glienke (Anm. 6), S. 91, 126, 244–270.

13 Vgl. Rolf Seeliger: Braune Universität. Deutsche Hochschullehrer gestern und heute. Eine Dokumentation, 6 Bde. München 1964–1968; vgl. dazu Andreas Flitner (Hrsg.): Deutsches Geistesleben und Universität. Tübingen 1965; Helmut Kuhn u. a. (Hrsg.): Die deutsche Universität im Dritten Reich. München 1966; Karl Christian Lammers: Die Auseinandersetzung mit der „braunen" Universität. Ringvorlesungen zur NS-Vergangenheit an westdeutschen Hochschulen. In: Axel Schildt/Detlef Siegfried/Karl Christian Lammers (Hrsg.): Dynamische Zeiten. Die 60er Jahre in den beiden deutschen Gesellschaften. Hamburg 2000, S. 148–165; Volker Paulmann: Die Studentenbewegung und die NS-Vergangenheit in der Bundesrepublik. In: Stephan Alexander Glienke/Volker Paulmann/Joachim Perels: Erfolgsgeschichte Bundesrepublik? Die Nachkriegsgesellschaft im langen Schatten des Nationalsozialismus. Göttingen 2008. S. 185–216.

14 Vgl. Paulmann (Anm. 13), S. 191; Christel Hopf: Das Faschismusthema in der Studentenbewegung und in der Soziologie. In: Heinz Bude/Martin Kohli (Hrsg.): Radikalisierte Aufklärung: Studentenbewegung und Soziologie in Berlin 1965–1970. Weinheim/München 1989, S. 71–87.

15 Vgl. Hans-Ulrich Thamer: Die NS-Vergangenheit im politischen Diskurs der 68er-Bewegung. In: Westfälische Forschungen 48 (1998), S. 39–54; Gabriele Metzler: 1968 – eine Zäsur? In: Hans-Otto Binder (Hrsg.): Die Heimkehrtafel als Stolperstein. Vom Umgang mit der NS-Vergangenheit in Tübingen. Tübingen 2007, S. 133–151.

4. Kontinuitäten zur NS-Vergangenheit als Gegenstand der historischen Forschung

Bis in die 1980er-Jahre hinein war die Frage der Kontinuität von Funktionsträgern im Übergang vom Nationalsozialismus zur Bundesrepublik kaum Gegenstand der historischen Forschung. Und auch die öffentliche Auseinandersetzung entzündete sich bis Ende der 1970er-Jahre fast ausschließlich an den Angehörigen der politischen Eliten, insbesondere – aber nicht ausschließlich – an den bekannten Fälle wie dem des Staatssekretärs im Bundeskanzleramt Hans Globke,[16] Bundesvertriebenenminister Theodor Oberländer oder dem baden-württembergischen Ministerpräsidenten Hans Filbinger.[17] Grundsätzliche Fragen zu den strukturellen Folgen, beispielsweise des Art. 131 GG, auf deutsche Behörden und Ministerialbürokratie wurden jenseits skandalisierter Einzelfälle kaum aufgeworfen, geschweige denn Untersuchungsgegenstand der Forschung. Ab 1979 befasste sich die „Kommission für Geschichte des Parlamentarismus und der politischen Parteien" (KGParl) mit dem Aufbau von Staat und Beamtenschaft nach 1945.[18] Die Ergebnisse wurden von Udo Wengst in zwei Monografien veröffentlicht. Davon ausgehend wird der Frage nach personellen Kontinuitäten in Staat und Gesellschaft und dem Umgang mit ebendiesen strukturiert und dezidiert wissenschaftlich seit Ende des Ost-West-Konfliktes verstärkt nachgegangen. Eine vor dem Hintergrund des deutsch-deutschen Sonderkonflikts und der DDR-Westpropaganda über Jahre nur zögerlich behandelte Thematik wurde nun zunehmend zum Gegenstand der Forschung. Im Jahre 1994 legte Ulrich Brochhagen eine der ersten quellengestützten Arbeiten zur „Vergangenheitsbewältigung" in der Ära Adenauer vor. Anhand von umfangreichem Aktenmaterial zeichnet er nach, wie die westdeutsche Justizpolitik in der zweiten Hälfte der 1950er-Jahre durch die DDR-Westpropaganda verstärkt unter Handlungsdruck geriet.[19] Zwei Jahre darauf publizierte Norbert Frei seine wegweisende Studie zur „Vergangenheitspolitik" in der Gründungsphase der Bundesrepublik. Hier behandelt Frei nicht allein die personelle Verfasstheit der Behörden, sondern auch die Folgen für den politischen Umgang mit der NS-Vergangenheit.[20] Noch im selben Jahr erschien Ulrich Herberts Biografie über Werner Best, eine der mächtigsten Führungsfiguren des Reichssicherheitshauptamtes (RSHA) und späterer

16 Vgl. Erik Lommatzsch: Hans Globke (1898–1973). Beamter im Dritten Reich und Staatssekretär Adenauers. Frankfurt a.M. 2009, S. 310–322.

17 Vgl. Wolfram Wette: Der Fall Filbinger. In: Ders. (Hrsg.): Filbinger – eine deutsche Karriere. Springe 2006, S. 15-34.

18 Vgl. Udo Wengst: Staatsaufbau und Regierungspraxis 1948–1953. Zur Geschichte der Verfassungsorgane der Bundesrepublik Deutschland. Düsseldorf 1984; ders.: Beamtentum zwischen Reform und Tradition. Beamtengesetzgebung in der Gründungsphase der Bundesrepublik Deutschland 1948–1953. Düsseldorf 1988; zuvor bereits zum Thema im Abriss: Walter Strauss: Die Personalpolitik in den Bundesministerien zu Beginn der Bundesrepublik Deutschland. In: Dieter Blumenwitz u. a. (Hrsg.): Konrad Adenauer und seine Zeit. Bd. 1: Beiträge von Weg- und Zeitgenossen. Stuttgart 1976, S. 275–282.

19 Vgl. Ulrich Brochhagen: Nach Nürnberg. Vergangenheitsbewältigung und Westintegration in der Ära Adenauer. Hamburg 1994.

20 Vgl. Norbert Frei: Vergangenheitspolitik. Die Anfänge der Bundesrepublik und die NS-Vergangenheit. München 1996.

Reichsbevollmächtigter für das besetzte Dänemark. Sie zählt zu den wohl einflussreichsten Arbeiten zum Themenkomplex der bundesdeutschen Amnestie- und Integrationspolitik.[21]

Die in der medialen und politischen Öffentlichkeit geführten Auseinandersetzungen der jüngeren Zeit vermitteln jedoch den Eindruck eklatanter Defizite in Bezug auf die Erforschung der Früh- und Entwicklungsgeschichte der Bundesrepublik, insbesondere im Hinblick auf die mögliche politische Vorbelastung ihrer Vertreter.

5. Kontinuitäten zur NS-Vergangenheit als Gegenstand der institutionell unterstützten Forschung

Innerhalb politischer Einrichtungen der Bundesrepublik wurden Fragen nach der eigenen NS-Vergangenheit lange Zeit nicht gestellt, zumindest nicht öffentlich. Die institutionell unterstützte historische Aufarbeitung der Vergangenheit politischer Institutionen mit gesondertem Fokus auf personellen und strukturellen Kontinuitäten lag bis in die jüngste Zeit brach, um dann umso intensiver wahrgenommen zu werden. Ein umfassender Überblick über den Forschungsstand zur Aufarbeitung der NS-Vergangenheit in Ministerien und zentralen Behörden der BRD und der DDR ist in der Endphase der Fertigstellung dieses Gutachtens durch das Zentrum für Zeithistorische Forschungen Potsdam und das Institut für Zeitgeschichte München – Berlin vorgelegt worden.[22] Er vertieft vieles, was in diesem Rahmen nur überblicksartig und anhand der wichtigsten Referenzstudien skizziert werden kann.

Eine Vorreiterrolle kommt der vom damaligen Bundesaußenminister Joschka Fischer am 11. Juli 2005 eingesetzten unabhängigen Historikerkommission zu, welcher der Untersuchung der Rolle des Auswärtigen Dienstes in der Zeit des Nationalsozialismus und des Umgangs mit der Vergangenheit und dessen Wiedergründung in der Bundesrepublik Deutschland diente. Sie steht am Anfang einer Entwicklung, in deren Zuge sukzessive Bundesministerien, Bundesbehörden und bald auch Landesparlamente sich ebenfalls mit ihrer eigenen Vor- und Frühgeschichte befassten, zum Teil eigene Forschungsprojekte ankündigten und Forschungsaufträge erteilten. Das im Forschungsauftrag zur Geschichte des Auswärtigen Amtes formulierte ausdrückliche Interesse an der Frage nach personeller Kontinuität und Diskontinuität nach 1945 entsprach jedoch nicht in allen Fällen dem der anderen Ministerien und Behörden. Da sich die Forschungsaufträge immer auch auf die Studie des Auswärtigen Amtes beziehen, erscheint es sinnvoll, nachfolgend einen kursorischen Abriss dieser und nachfolgender Forschungsprojekte im Auftrag der Ministerien und Parlamente zu geben. Ziel ist dabei, den durch das Auswärtige Amt angeregten Prozess dieser neuen Phase öffentlich finan-

21 Vgl. Ulrich Herbert: Werner Best. Biographische Studien über Radikalismus, Weltanschauung und Vernunft 1903–1989. 2. Aufl. Bonn 2001.

22 Vgl. Christian Mentel/Niels Weise: Die zentralen Behörden und der Nationalsozialismus. Stand und Perspektiven der Forschung. München/Potsdam 2016. URL: >http://www.ifz-muenchen.de/fileadmin/user_upload/Neuigkeiten%202016/2016_02_13_ZZF_IfZ_PM_BKM-Studie_FINAL_Neu.pdf< (zuletzt aufgerufen: 4.3.2016).

zierter historischer Forschung nachzuzeichnen und Gemeinsamkeiten und Unterschiede exemplarisch zu illustrieren. Es wird daher kein Anspruch auf Vollständigkeit erhoben.

Das Auswärtige Amt (AA)

Dem durch Bundesaußenminister Joschka Fischer erteilten Forschungsauftrag war eine zunächst hausinterne Auseinandersetzung vorausgegangen, ausgelöst durch einen in der Hauszeitschrift des Ministeriums „internAA" abgedruckten ehrenden Nachruf auf den ehemaligen Generalkonsul Franz Nüßlein. Dieser hatte – wie nach der Veröffentlichung bekannt wurde – zur Zeit des Nationalsozialismus nicht nur der NSDAP angehört, sondern war als Staatsanwalt in der besetzten Tschechoslowakei in Brünn und am Sondergericht Prag zuletzt in der Funktion des Generalstaatsanwalts der höchsten Anklagebehörde in der besetzten Tschechoslowakei mit der justizförmigen Bekämpfung des Widerstandes befasst. Fischer reagierte im September 2003 mit einer Anordnung, wonach Nachrufe für frühere Angehörige der NSDAP oder anderer NS-Organisationen fortan zu unterbleiben hätten, was erbitterte Proteste ehemaliger Angehöriger des Auswärtigen Amtes auslöste. Fischer reagierte auf die „Nachruf-Affäre" mit der Berufung einer Historikerkommission zur Untersuchung der „Geschichte des Auswärtigen Dienstes in der Zeit des Nationalsozialismus, den Umgang mit dieser Vergangenheit nach der Wiedergründung des Auswärtigen Amts 1951 und die Frage personeller Kontinuität bzw. Diskontinuität nach 1945".[23] Wie wenige andere historische Publikation in jüngerer Zeit sorgte die 2010 erschienene Studie „Das Amt und die Vergangenheit – Deutsche Diplomaten im Dritten Reich und in der Bundesrepublik" für Aufsehen.[24] Nach der ersten, sehr positiven Reaktion wurde jedoch in Fachrezensionen, Diskussionsrunden und Leserbriefen Kritik geäußert, sodass sich eine lebhafte und kontrovers geführte öffentliche Auseinandersetzung um die Ergebnisse der Studie, ihre Ausrichtung und grundsätzliche Konzeption entwickelte.[25] Seither initi-

23 Unabhängige Historikerkommission zur Aufarbeitung der Geschichte des Auswärtigen Amts in der Zeit des Nationalsozialismus und in der Bundesrepublik: Forschungsauftrag. URL: > http://www.historikerkommission-aa.uni-marburg.de/auftrag.html < (zuletzt aufgerufen: 9.9.2015).

24 Zur Debatte vgl.: Christian Mentel: Die Debatte um „Das Amt und die Vergangenheit". In: Aus Politik und Zeitgeschichte (APuZ) 32–34 (2012), 6.8.2012, S. 38ff.

25 Bemerkenswert für die zeithistorische Forschung erscheint hier insbesondere der Umstand, dass „Das Amt" keineswegs einen völlig neuen und bislang vernachlässigten Untersuchungsgegenstand behandelt. Tatsächlich konnte die Kommission auf zahlreiche Vorgängerstudien aufbauen, stellvertretend sei hingewiesen auf die Studien von Hans-Jürgen Döscher, der bereits seit den 1980er–Jahren umfangreich zum Auswärtigen Amt geforscht und publiziert hat; vgl. Hans-Jürgen Döscher: Seilschaften. Die verdrängte Vergangenheit des Auswärtigen Amts. Berlin 2005; ders.: Verschworene Gesellschaft. Das Auswärtige Amt unter Adenauer zwischen Neubeginn und Kontinuität. Berlin 1995; ders.: Martin Luther. Aufstieg und Fall eines Unterstaatssekretärs. In: Ronald Smelser/Enrico Syring/Rainer Zitelmann (Hrsg.): Die Braune Elite II. 21 weitere Biographische Skizzen. Darmstadt 1993, S. 179–192; Hans-Jürgen Döscher: SS und Auswärtiges Amt im Dritten Reich. Diplomatie im Schatten der „Endlösung". Frankfurt a. M. 1991; ders.: Das Auswärtige Amt im Dritten Reich. Diplomatie im Schatten der „Endlösung". Berlin 1987; zur Debatte um „Das Amt und die Vergangenheit" siehe Martin Sabrow/Christian Mentel (Hrsg.): Das Auswärtige Amt und seine umstrittene Vergangenheit. Eine deutsche Debatte. Frankfurt a. M. 2014.

ierten weitere Bundesministerien und Bundesbehörden ähnliche Studien zur Geschichte ihrer institutionellen Vorgänger und zu möglichen personellen und sachlichen Kontinuitäten zum Nationalsozialismus. In ihrer Dokumentation der Auseinandersetzung kommen Martin Sabrow und Christian Mentel zu dem Schluss, dass der langen und intensiven Debatte, die um „Das Amt und die Vergangenheit" geführt worden ist, eine „zäsurmarkierende Bedeutung" zukommt, die „weit über den konkreten Gegenstand" hinausreicht.[26] Die Auseinandersetzung um den Forschungsauftrag des Auswärtigen Amtes hat mittlerweile nicht nur die größeren Bundesministerien erreicht, sondern auch andere Einrichtungen, nicht nur von bundesstaatlicher Bedeutung. Auch hat sie den Druck auf Landtage bis hin zu Universitäten erhöht, ihre „zeitgeschichtliche Selbstbefragung zu intensivieren".[27] Und so kann im Nachhinein wohl konstatiert werden, dass die sichtbarste Wirkung der Studie zum Auswärtigen Amt in den inzwischen von zahlreichen anderen Bundesministerien, Behörden und anderen staatlichen Einrichtungen initiierten ähnlichen Forschungsprojekten liegt. „Das Amt und die Vergangenheit" kann daher als stellvertretend stehen für „eine neue Etappe sowohl der wissenschaftlichen als auch der gesellschaftlichen Aufarbeitung des Nationalsozialismus in der Bundesrepublik".[28] Im Folgenden werden wir auf konkrete Beispiele zu sprechen kommen, welche die immer wiederkehrende Rolle des Projektes, vor allem auch in politischer Hinsicht, als Referenzpunkt in aktuellen Auseinandersetzungen aufzeigen.

Bundesministerium der Finanzen (BMFi)

Noch vor Veröffentlichung der Studie zum Außenamt berief im September 2009 der damalige Bundesfinanzminister Peer Steinbrück (SPD) eine Unabhängige Kommission zur „Erforschung der Geschichte des Reichsfinanzministeriums in der Zeit des Nationalsozialismus" unter Berücksichtigung der personellen Kontinuitäten und funktionalen Übergänge zur Finanzverwaltung der Bundesrepublik Deutschland sowie der Finanzierung der NS-Politik über Steuern, Schulden und Konfiskation. Er folgte damit dem Beispiel der zu dieser Zeit noch laufenden Untersuchung im Auswärtigen Amt. Als wohl umfangreichstes Projekt plant das Ministerium die Erstellung von sieben Dokumentationsbänden, deren Auftaktband „Bürokratie und Verbrechen" im Juni 2013 vorgestellt wurde.[29]

26 Sabrow/Mentel (Anm. 25), S. 45.

27 Ebd., S. 44.

28 Christian Mentel: Das Amt und die Vergangenheit. In: Torben Fischer/Matthias N. Lorenz (Hrsg.): Lexikon der „Vergangenheitsbewältigung" in Deutschland. Debatten- und Diskursgeschichte des Nationalsozialismus nach 1945. 3. überarbeitete und erweiterte Auflage. Bielefeld 2015, S. 410–413, hier S. 413.

29 Vgl. Christiane Kuller: Bürokratie und Verbrechen. Antisemitische Finanzpolitik und Verwaltungspraxis im nationalsozialistischen Deutschland. München 2013.

Bundesministerium für Ernährung, Landwirtschaft und Verbraucherschutz (BMEL)

Bereits 2005 hatte das Bundesministerium für Ernährung, Landwirtschaft und Verbraucherschutz zwei Forschungsaufträge zur Geschichte des Ministeriums vergeben. 2006 und 2007 entstanden die ersten Studien. Das bereits zum Februar 2006 verfasste Gutachten zu „Rolle und Inhalt der Agrarpolitik und Agrarforschung von Vorgängerinstitutionen des Bundesministeriums für Verbraucherschutz, Ernährung und Landwirtschaft" wurde jedoch erst im Jahre 2011 vorgelegt.[30] Das Gutachten zur „Entwicklung von Kriterien zur Bewertung der Ehrwürdigkeit von ehemaligen Mitarbeiterinnen und Mitarbeitern des BML/BMVEL und der Dienststellen seines Geschäftsbereichs im Hinblick auf die Zeit des Nationalsozialismus" ist noch immer nicht öffentlich zugänglich.[31] Am 30. September 2015 hat das Ministerium schließlich die Einsetzung einer Historikerkommission zur Aufarbeitung seiner NS-Vergangenheit angekündigt.[32]

Deutscher Bundestag I

Die wachsende politische Relevanz des Themas verdeutlicht die starke Zunahme der Behandlung der Thematik in den Parlamenten, zunächst im Deutschen Bundestag über parlamentarische Anfragen zu Bundesministerien und -behörden, bald auch in den Landtagen im Hinblick auf die Frage möglicher politischer Belastung ehemaliger Landtagsabgeordneter. Am 6. Dezember 2010 stellte die Fraktion „Die Linke" im Deutschen Bundestag eine große Anfrage zum „Umgang mit der NS-Vergangenheit". Der 64 Punkte umfassende Fragenkatalog bezog sich auf „NS-belastete Personen" als Mitglieder des Bundestags sowie innerhalb der Bundesministerien und anderer Institutionen des Bundes Tätige. Zudem wurde nach dem Stand wissenschaftlicher Erforschung hinsichtlich NS-belasteter Mitglieder von Landtagen gefragt sowie nach dem Umfang der Beschäftigung NS-belasteter Personen in den staatlichen Organen

30 Vgl. das Sachverständigengutachten „Rolle und Inhalt der Agrarpolitik und Agrarforschung von Vorgängerinstitutionen des Bundesministeriums für Verbraucherschutz, Ernährung und Landwirtschaft" vom 28. Februar 2006. (Gedruckt veröffentlicht als: Andreas Dornheim: Rasse, Raum und Autarkie. Sachverständigengutachten zur Rolle des Reichsministeriums für Ernährung und Landwirtschaft in der NS-Zeit. Erarbeitet für das Bundesministerium für Ernährung, Landwirtschaft und Verbraucherschutz. Bamberg 2011.)

31 Allerdings ist die Möglichkeit zur teilweisen Einsichtnahme durch Journalisten mittlerweile juristisch erzwungen worden; vgl. die Pressemitteilung des Oberverwaltungsgerichts NRW vom 10.8.2015. URL: >http://www.ovg.nrw.de/behoerde/presse/pressemitteilungen/01_archiv/2015/38_150810/index.php< (zuletzt aufgerufen: 4.3.2016). Im Nachgang dazu hat die Ministeriumsspitze die Einsetzung einer unabhängigen Historikerkommission angekündigt; vgl. Mentel/Weise (Anm. 22), S. 29.

32 Vgl. Andreas Maisch: Agrarministerium arbeitet Nazi-Vergangenheit auf. In: Die Welt vom 30.9.2015. URL: >http://www.welt.de/politik/deutschland/article147048068/Agrarministerium-arbeitet-Nazi-Vergangenheit-auf.html< (zuletzt aufgerufen: 26.5.2016).

der DDR (Regierung, Ministerien, Volkskammer, NVA, Polizei, Geheimdienste).[33] Die 85 Seiten umfassende Antwort vom 14. Dezember 2011 gab Auskunft über alle von staatlichen Institutionen initiierten und geförderten Forschungsprojekte zur personellen Verfasstheit von Bundesbehörden und lieferte zudem einen Literaturüberblick über die allgemeine Forschung zum Themenbereich.[34]

Bundesministerium für Wirtschaft (BMWi)

Im November 2011, einen Monat bevor die Bundesregierung ihre ausführliche Antwort auf die Große Anfrage der Fraktion „Die Linke" vorlegte, berief das Bundesministerium für Wirtschaft (BMWi) die Mitglieder einer unabhängigen Geschichtskommission zur Erforschung der Geschichte des Bundesministeriums für Wirtschaft und Energie sowie seiner Vorgängerinstitutionen. Ausgehend von der Gründungsgeschichte des Reichswirtschaftsamtes umfasst das Forschungsprojekt den Zeitraum bis zur deutschen Wiedervereinigung im Jahre 1990. Ziel der Forschungsarbeit ist es, einen umfassenden Einblick in die Funktion und Wirkungsweise des Wirtschaftsressorts zu erarbeiten, wobei die Analyse der NS-Vergangenheit einen Themenschwerpunkt der Arbeit bildet. Die Untersuchung der Strukturen in der ehemaligen DDR sollen die gesamtdeutsche Perspektive des Projektes unterstreichen. Der vorbereitende Arbeitsstab Geschichtskommission war bereits Anfang 2011 eingesetzt worden.[35] Der Projektabschluss wurde für Ende 2015 angekündigt und die Publikation der Ergebnisse der Untersuchungen in Buchform für 2016 vorgesehen. Zuvor waren Zwischenergebnisse auf drei Fachtagungen im März, Oktober und Dezember 2014 vorgestellt worden.[36]

Bundesministerium der Justiz (BMJ)

Im April 2011, nur wenige Monate nachdem die Fraktion „Die Linke" die Große Anfrage zum „Umgang mit der NS-Vergangenheit" gestellt hatte, setzte das Bundesministerium der Justiz

33 Vgl. Große Anfrage der Abgeordneten Jan Korte, Sevim Dagdelen, Ulla Jelpke, Petra Pau, Jens Petermann, Raju Sharma, Frank Tempel, Halina Wawzyniak und der Fraktion „Die Linke" des Deutschen Bundestages: Umgang mit der NS-Vergangenheit, 17. WP, vom 6.12.2010, Drucksache 17/4126.

34 Vgl. Antwort der Bundesregierung auf die Große Anfrage der Fraktion „Die Linke" des Deutschen Bundestages (Drucksache 17/4126), 17. WP, vom 14.12.2011, Drucksache 17/8134.

35 Staatssekretär Dr. Bernhard Heitzer gelegentlich der Einsetzung der Kommission: „Das BMWi favorisiert einen breiteren Untersuchungszeitraum als andere Ressorts. Die Untersuchung der Gründungsgeschichte, der Rolle des Ministeriums im Dritten Reich und seiner Neuausrichtung im geteilten Deutschland nach 1945 soll eine umfassende Aufarbeitung der Geschichte des Ministeriums gewährleisten." Pressemitteilung des BMWi vom 1.11.2011.URL: >http://www.bmwi.de/DE/Presse/pressemitteilungen,did= 453288.html< (zuletzt aufgerufen: 11.9.2015).

36 Vgl. Bundesministerium für Wirtschaft und Energie: Geschichtskommission. URL: >http://www.bmwi.de/DE/Ministerium/Geschichte/geschichtskommission.html< (zuletzt aufgerufen: 11.9.2015).

eine Projektgruppe „Aufarbeitung der NS-Zeit in Justiz und Justizverwaltung" zur Prüfung des Bedarfs weiterer historischer Untersuchungen ein.[37]

Nach der Vorstellung des Berichts der Historikerkommission des Auswärtigen Amts, so beschreiben es Manfred Görtemaker und Christoph Safferling als Leiter der Unabhängigen Wissenschaftlichen Kommission beim Bundesministerium der Justiz, „wuchs im BMJ die Überzeugung, dass der Justizbereich ebenfalls eine entsprechende Untersuchung verdiene, ja dringend erfordere".[38] Am 11. Januar 2012, nach einer vorangehenden Vorbereitungs- und Planungsphase, setzte die damalige Bundesjustizministerin Sabine Leutheuser-Schnarrenberger (FDP) die „Unabhängige Wissenschaftliche Kommission beim Bundesministerium der Justiz zur Aufarbeitung der NS-Vergangenheit" ein. Gegenstand der Untersuchung ist „der Umgang des Ministeriums der Justiz mit den persönlichen und politischen Belastungen, die sich aus dem ‚Dritten Reich' ergaben".[39] Dabei liegt das Hauptaugenmerk auf dem Personenkreis, welcher „in der NS-Zeit bereits aktiv war und nach 1949 in den Dienst des BMJ übernommen wurde, und welche Kriterien und Maßstäbe bei der Einstellung sowie bei Beförderungen galten".[40] Neben der Frage nach personellen und sachlichen Kontinuitäten, also nach einer Kontinuität von Person und Inhalt, geht das Projekt der inhaltlichen Auseinandersetzung mit dem Unrecht der NS-Justiz und der Bereinigung der Gesetze von nationalsozialistischer Ideologie unter der Fragestellung: Welchen Einfluss hatte die politische „Belastung" auf Gesetzgebung und Rechtsprechung?[41] nach. Im Bereich des Strafrechts wird unter anderem die Haltung des Ministeriums zu den Nürnberger Prozessen sowie zur Verfolgung von Verbrechen im Zusammenhang mit dem Holocaust untersucht. Auch Amnestien und Verjährung, die Aufhebung von NS-Urteilen und das politische Strafrecht bis 1968 werden aufgegriffen. Zudem sollen die Arbeiten zur Wiedereinführung einer Wehrstrafgerichtsbarkeit in den Blick genommen werden.[42] Der Abschluss des Projekts ist für 2016 anvisiert.[43]

37 Vgl. Manfred Görtemaker/Christoph Safferling (Hrsg.): Die Rosenburg. Justiz und NS-Vergangenheit – eine Bestandsaufnahme. Bonn 2013, S. 12.

38 Ebd.

39 Ebd.

40 Ebd.

41 Hierzu auch Alexandra Kemmerer: Karrieren und Kontinuitäten: Das Bundesministerium der Justiz und seine Vergangenheit. In: Verfassungsblog vom 4.5.2012. URL: >http://verfassungsblog.de/rosenburg/< (zuletzt aufgerufen: 26.5.2016).

42 Vgl. Bundesministerium der Justiz und für Verbraucherschutz (Hrsg.): Die Rosenburg. Informationen zur Aufarbeitung der Unabhängigen Wissenschaftlichen Kommission zur Aufarbeitung der NS-Vergangenheit im Bundesministerium der Justiz und für den Verbraucherschutz. Informationsbroschüre. Berlin 2015. URL: >https://www.bmjv.de/SharedDocs/Publikationen/DE/Die_Rosenburg_Broschuere.pdf?__blob=publicationFile&v=7< (zuletzt aufgerufen: 30.5.2016).

43 Vgl. Deutscher Bundestag, 18. WP, Drucksache 18/4238 sowie Mentel/Weise (Anm. 22), S. 35–39.

Deutscher Bundestag II

Am 8. November 2012 forderte schließlich der Deutsche Bundestag die Bundesregierung mit großer Mehrheit auf, die Erstellung einer Bestandsaufnahme der wissenschaftlichen Forschung zum Themenfeld in Auftrag zu geben und so einen Überblick über laufende und abgeschlossene Forschungsprojekte zu schaffen. Nach der Bundestagswahl 2013 fand die Forderung nach einer Bestandsaufnahme, in der „der aktuelle Forschungsstand und bestehende Forschungsbedarf auf Bundesebene zur Aufarbeitung der frühen Nachkriegsgeschichte von Ministerien und Behörden der Bundesrepublik Deutschland und der DDR ermittelt werden", soll, Eingang in den Koalitionsvertrag von CDU/CSU und SPD.[44] Seit Ende 2012 liegt dem Präsidium des Bundestages eine Vorstudie der Kommission für Geschichte des Parlamentarismus und der politischen Parteien (KGParl) mit einem Forschungskonzept für eine Hauptuntersuchung zur Frage möglicher NS-Belastungen von Abgeordneten des Bundestages und den Mitarbeiterinnen und Mitarbeitern der Bundestagsverwaltung sowie den Abgeordneten der Volkskammer der DDR vor. Aufgrund des sehr großen, knapp 3000 Personen umfassenden Kreises von zu überprüfenden Abgeordneten und Parlamentsmitarbeitern schlägt die KGParl vor, die Glaubwürdigkeit der politischen Neuorientierung anhand biografischer Einzelfallstudien und kollektivbiografischer Porträts von Auswahlgruppen zu untersuchen. Obwohl der Konzeptentwurf zum Forschungsprojekt bereits seit Ende 2012 vorliegt, wurde über eine Umsetzung noch immer nicht entschieden.[45]

Bundesministerium für Arbeit und Soziales (BMAS)

Auf Grundlage einer Anfang 2013 vorgelegten Vorstudie berief das Bundesministerium für Arbeit und Soziales (BMAS) im April desselben Jahres die „Unabhängige Internationale Historikerkommission zur Geschichte des Reichsarbeitsministeriums 1933-1945", um die Geschichte der Vorgängerinstitutionen des Ministeriums in der NS-Zeit zu erforschen, die Anfang 2014 die Arbeit aufnahm. Das Projektende wird für Anfang 2017 anvisiert. Die Ergebnisse sollen in Form von Publikationen, Vorträgen und Tagungen öffentlich gemacht werden.[46]

44 CDU Deutschlands/CSU-Landesleitung/SPD: Deutschlands Zukunft gestalten. Koalitionsvertrag zwischen CDU, CSU und SPD zur Bildung der Bundesregierung Nov. 2013, Punkt 4.3 – Kultur, Medien und Sport. URL: > https://www.cdu.de/sites/default/files/media/dokumente/koalitionsvertrag.pdf< (zuletzt aufgerufen: 18.5.2016).

45 Vgl. Mentel/Weise (Anm. 22), 66ff.

46 Das Forschungsprojekt ist organisatorisch und räumlich an der Humboldt-Universität Berlin angesiedelt; vgl. Unabhängige Historikerkommission zur Aufarbeitung der Geschichte des Reichsarbeitsministeriums in der Zeit des Nationalsozialismus: Die Webpräsentation der Kommission. URL: >http://www.historikerkommission-reichsarbeitsministerium.de/< (zuletzt aufgerufen: 20.5.2015); Bundesministerium für Arbeit und Soziales (BMAS): Mitglieder einer unabhängigen Historikerkommission. URL: >http://www. bmas.de/DE/Ministerium/Geschichte/historiker-kommission-06-2013.html?nn=115264< (zuletzt aufgerufen: 20.5.2015); vgl. ebd.: Pressemitteilungen. URL: >http://www.bmas.de/DE/Service/Presse/Pressemitteilungen/historiker-kommission-2013-04-10.html< (zuletzt aufgerufen: 20.5.2015); vgl. auch Mentel/Weise (Anm. 22), S. 25ff.

Im Mittelpunkt der Forschungen der Historikerkommission stehen Personal und Handlungsfelder des 1919 gegründeten Reichsarbeitsministeriums und der ihm unterstellten Behörden im Kontext der nationalsozialistischen Arbeits- und Sozialpolitik. Dies schließt das breite Spektrum an Zuständigkeiten des Ministeriums mit ein, so unter anderem die Arbeitsmarkt- und Tarifpolitik, Arbeitsschutz und Arbeitsrecht, Sozialversicherungs- und Gesundheitswesen, Arbeits- und Sozialgerichtsbarkeit, Wohnungsbau und Siedlungswesen. Den Schwerpunkt der Untersuchung bilden die Institutionengeschichte zwischen 1933 und 1945 und die personellen Strukturen des Ministeriums, zudem die Rentenversicherung, die Arbeitsverwaltung, der Generalbevollmächtigte für den Arbeitseinsatz sowie das Arbeitsrecht.

Ziel ist die Erarbeitung einer Innenperspektive der Behördengeschichte und eine kollektivbiografische Untersuchung des leitenden Personals unter Herausarbeitung konkurrierender Kräfte und sich überlagernder Kompetenzen in der Arbeits- und Sozialpolitik sowie deren Verflechtung. Von besonderer Bedeutung und von herausgehobenem Forschungsinteresse ist die Rolle des Reichsarbeitsministeriums im Rahmen der Kriegswirtschaft und der besetzten Gebiete in der Zeit von 1939 bis 1945.

Im Zentrum der Betrachtung steht die Frage nach den personellen, institutionellen und politischen Kontinuitäten über die Zäsurjahre 1933 und 1945/49 hinweg. Hier ist die Gleichzeitigkeit von Kontinuitäten und Diskontinuitäten nach dem Ende des Nationalsozialismus von Bedeutung, ebenso wie die „rassisch" und politisch motivierten Entlassungen von Mitarbeitern des Ministeriums sowie der Arbeits- und Sozialverwaltungen nach der NS-Machtübernahme. In Anbetracht der bereits begonnenen und abgeschlossenen Forschungsprojekte ist hier der Vergleich mit anderen Ministerien zumindest angedacht. Abschließend sollen Verbindungen und Vergleiche zu den Entwicklungen in anderen europäischen und außereuropäischen Ländern angestellt werden.[47] Das Projekt gliedert sich in insgesamt sechs Teilprojekte.[48] Für 2017 ist die Veröffentlichung der Ergebnisse in Form einer wissenschaftlichen Schriftenreihe vorgesehen.[49]

---

47 Vgl. Unabhängige Historikerkommission zur Geschichte des Reichsarbeitsministeriums 1933–1945. URL: >http://www.historikerkommission-reichsarbeitsministerium.de/forschungsgegenstand/< (zuletzt aufgerufen: 10.9.2015).

48 1. Das Reichsarbeitsministerium. Anatomie einer Behörde, 2. Die personellen Strukturen des Arbeitsministeriums 1919–1960, 3. Das „System Sauckel" – Der Generalbevollmächtigte für den Arbeitseinsatz (GBA) 1942–1945, 4. Treuhänder der Arbeit. Ordnung und Kontrolle der Arbeits- und Lohnbedingungen im „Dritten Reich", 5. Arbeit oder Rente? Zur Funktion der Rentenversicherung im „völkischen Wohlfahrtsstaat", 1933–1945, 6. Die Reichsanstalt für Arbeitsvermittlung und Arbeitslosenhilfe in der Zeit des Nationalsozialismus 1933–1945; vgl. Unabhängige Historikerkommission zur Aufarbeitung der Geschichte des Reichsarbeitsministeriums in der Zeit des Nationalsozialismus: Teilprojekte. URL: > http://www.historikerkommission-reichsarbeitsministerium.de/teilprojekte/< (zuletzt aufgerufen: 5.3.2016).

49 Vgl. Alexander Nützenadel: Das Reichsarbeitsministerium im Nationalsozialismus – Symposium und Projektkonzeption, Vortrag vom 1. Oktober 2013. URL: >http://www.bmas.de/DE/Ministerium/Geschichte/symposiom-historiker-kommission-2013-10-01.html< (zuletzt aufgerufen: 15.9.2015).

Bundesministerium des Innern (BMI)

Ähnlich wie das Bundesministerium für Arbeit und Soziales veranlasste das Bundesministerium des Innern zunächst eine Vorstudie, indem es im Dezember 2014 das Zentrum für Zeithistorische Forschung Potsdam (ZZF) und das Institut für Zeitgeschichte (IfZ) mit der Aufarbeitung der frühen Nachkriegsgeschichte des Bundesministeriums des Innern und des Ministeriums des Innern der DDR auf mögliche personelle und sachliche Kontinuitäten zur Zeit des Nationalsozialismus beauftragte. Der Untersuchungszeitraum umfasst die Jahre 1949 bis 1970. Der im Oktober 2015 nach nur zehn Monaten Bearbeitungszeit vorgelegte Abschlussbericht zur Vorstudie lieferte, neben weiteren Forschungsperspektiven für eine Hauptstudie, bereits erste Ergebnisse, insbesondere zu den formalen Belastungen führender Mitarbeiter der Ministerien. Die formalen Belastungen im Sinne des Befreiungsgesetzes ergaben sich in erster Linie aus den Mitgliedschaften in NS-Organisationen.[50] Der Abschlussbericht des BMI kam zu dem Befund, dass das Ministerium einen außergewöhnlich hohen formalen Belastungsgrad aufweist. Der Anteil ehemaliger NSDAP-Mitglieder lag zwischen Mitte der 1950er- und Mitte der 1960er-Jahre bei zwei Drittel der führenden Beamten und sank zwischen 1950 und 1970 nie unter einen Anteil von 50 %.[51] Diese Ergebnisse wurden anhand exemplarischer Lebensläufe vertieft und darüber hinaus wurde auch ersten Fragestellungen zur Sachpolitik nachgegangen. Die Ergebnisse der Vorstudie wurden der Öffentlichkeit am 4. November 2015 im Rahmen einer gemeinsamen Fachtagung des BMI, des IfZ und des ZZF Potsdam vorgestellt.[52] Andreas Wirsching, der Vertreter des IfZ in der Projektleitung, erklärte: „Die Mitgliedschaft in der NSDAP alleine sagt noch wenig aus." Ausgehend von den in der Vorstudie ermittelten rein formalen Belastungen kündigte er für die nun folgende Hauptstudie eine tiefer gehende Untersuchung an: „Wir wollen wissen, was die Mitarbeiter der beiden deutschen Innenministerien in der Zeit des Nationalsozialismus getan haben. Wie sahen ihre Lebensläufe aus? Welche Prägungen brachten sie mit? Und wie wirkte sich dies auf die Innenpolitik der

50 Vgl. Gesetz zur Befreiung von Nationalsozialismus und Militarismus vom 5. März 1946, mit Ausführungsvorschriften, Formblättern, der Anweisung für die Auswerter der Meldebogen und der Rangliste in mehrfarbiger Wiedergabe. Biederstein, 1948. URL: > http://digital.library.wisc.edu/1711.dl/History.GesetzBefreiung< (zuletzt aufgerufen: 20.5.2016).

51 Vgl. Institut für Zeitgeschichte München-Berlin/Zentrum für Zeithistorische Forschung Potsdam: Abschlussbericht der Vorstudie zum Thema „Die Nachkriegsgeschichte des Bundesministeriums des Innern (BMI) und des Ministeriums des Innern der DDR (MdI) hinsichtlich möglicher personeller und sachlicher Kontinuitäten zur Zeit des Nationalsozialismus. (Leitung: Prof. Dr. Frank Bösch (ZZF Potsdam) / Prof. Dr. Andreas Wirsching (IfZ München-Berlin), Abb. 2, S. 36. URL: >http://www.ifz-muenchen.de/fileadmin/user_upload/Neuigkeiten%202015/BMI_Abschlussbericht%20der%20Vorstudie.pdf< (zuletzt aufgerufen: 4.3.2016).

52 Vgl. BMI: Aufarbeitung der eigenen Nachkriegsgeschichte. Pressemitteilung vom 4.11.2015. URL: >http://www.bmi.bund.de/SharedDocs/Pressemitteilungen/DE/2015/11/aufarbeitung-der-eigenen-nachkriegsgeschichte.html< (zuletzt aufgerufen: 18.5.2016); Christian Rau: Tagungsbericht: NS-Belastung und politischer Neuanfang: Die Innenministerien in Bonn und Ost-Berlin, 04.11.2015 Berlin. In: H-Soz-Kult, 18.12.2015. URL: >http://www.hsozkult.de/conferencereport/id/tagungsberichte-6293< (zuletzt aufgerufen: 18.5.2016).

Bundesrepublik und der DDR aus?" Zudem kündigte er an, die generellere Entwicklung der Anfangsjahre beider Ministerien in den Blick zu nehmen sowie Fragen danach, wie intern mit belasteten Mitarbeitern umgegangen wurde, welche Lern- und Anpassungsprozesse stattgefunden und welche Rolle die Ministerien im Gesamtgefüge des Regierungssystems angenommen hätten.[53] Der Abschluss der Hauptstudie und damit des Projekts ist für das Jahr 2018 anvisiert.

Behörden

Ebenfalls kursorisch zu erwähnen sind Studien zu verschiedenen Bundesbehörden, wie beispielsweise die 2008 in Auftrag gegebene Untersuchung zur Prägung der Organisation und Organisationskultur des Bundeskriminalamts (BKA) durch NS-Traditionslinien, deren Ergebnisse 2011 veröffentlicht wurden.[54] Im Februar 2011 hat der Bundesnachrichtendienst eine Unabhängige Historikerkommission zur „Erforschung der Geschichte des BND, seiner Vorläuferorganisationen sowie seines Personal- und Wirkungsprofils von 1945 bis 1968 und des Umgangs mit dieser Vergangenheit" eingesetzt. Der Abschluss des Projektes ist für 2016 angekündigt.[55] Im November 2011 gab das Bundesamt für Verfassungsschutz eine „Organisationsgeschichte des Bundesamtes für Verfassungsschutz 1950–1975" unter besonderer Berücksichtigung der NS-Bezüge der Mitarbeiter in der Gründungsphase des Bundesamtes in Auftrag. Die Zwischenergebnisse wurden 2013 im Rahmen einer Pressekonferenz vorgestellt, die Endergebnisse im September 2015 in Buchform veröffentlicht.[56] Eingebunden in die Organisationsgeschichte des BfV untersucht das Projekt insbesondere personelle Kontinuitäten bzw. NS-Bezüge der Mitarbeiter seit seiner Gründung im Jahre 1950 bis 1975, dem Ende der Amtszeit von Verfassungsschutzpräsident Günther Nollau.[57]

Neben den vorgestellten ausgewählten Studien auf Bundesebene nahmen Forschende, zum Teil institutionell unterstützt, einzelne Forschungsprojekte, Ausstellungen und Gutachten auf Landesebene in Angriff.

53 Vgl. BMI: Aufarbeitung der eigenen Nachkriegsgeschichte. Pressemitteilung vom 4.11.2015. URL: >http://www.bmi.bund.de/SharedDocs/Pressemitteilungen/DE/2015/11/aufarbeitung-der-eigenen-nachkriegsgeschichte.html< (zuletzt aufgerufen: 18.5.2016).

54 Vgl. Bundeskriminalamt (Hrsg.): Der Nationalsozialismus und die Geschichte des BKA – Spurensuche in eigener Sache. Köln 2011; vgl. auch den Sammelband, der eine Veranstaltungsreihe zum Thema dokumentiert: Bundeskriminalamt (Hrsg.): Das Bundeskriminalamt stellt sich seiner Geschichte. Dokumentation einer Kolloquienreihe. Köln 2008; vgl. auch Mentel/Weise (Anm. 22), S. 22ff.

55 Vgl. Deutscher Bundestag, 17. WP, Drucksache 17/8134; Deutscher Bundestag, 18. WP, Drucksache 18/2176, 18/4238, 18/4628; siehe auch Unabhängige Historikerkommission zur Erforschung der Geschichte des BND: Internet-Präsentation der UHK. URL: >http://www.uhk-bnd.de/< (zuletzt aufgerufen: 15.9.2015).

56 Vgl. Constantin Goschler/Michael Wala: „Keine neue Gestapo". Das Bundesamt für Verfassungsschutz und die NS-Vergangenheit. Reinbek bei Hamburg 2015.

57 Vgl. auch Mentel/Weise (Anm. 22), S. 18f.

6. Kontinuitäten zur NS-Vergangenheit in Landtagen

Niedersachsen

Bereits sehr früh, nämlich während die UHK zum Auswärtigen Amt forschte, wurde die Frage nach personellen NS-Belastungen auf Landesebene auch auf politische Repräsentanten ausgeweitet. Eine Äußerung des stellvertretenden Fraktionsvorsitzenden und parlamentarischen Geschäftsführers der CDU-Fraktion im Niedersächsischen Landtag nahm die Fraktion „Die Linke" zum Anlass, die Frage potentieller politischer Belastungen konservativer Landespolitiker zum Thema zu machen, und beauftragte daraufhin den Historiker Hans-Peter Klausch mit der exemplarischen Überprüfung der seit 1947 gewählten Landtagsabgeordneten der CDU hinsichtlich ihrer NS-Vergangenheit. In die Untersuchung wurden ebenfalls Abgeordnete der FDP und der Deutschen Partei (DP) mit einbezogen.[58] Im Nachgang zu der sich an die Vorstellung des Berichtes anschließenden Debatte im Plenum des Niedersächsischen Landtags erteilte im März 2009 der Ältestenrat des Niedersächsischen Landtags schließlich der Historischen Kommission für Niedersachsen und Bremen e. V. den Auftrag, die „Biographien von Abgeordneten des Niedersächsischen Landtages seit 1947 sowie seiner Vorgängerparlamente seit dem Ende des Zweiten Weltkrieges 1945" daraufhin zu untersuchen, „ob und inwieweit sie sich als Angehörige der NSDAP sowie der dieser Partei verbundenen Massenorganisationen in den Jahren zwischen 1933 und 1945 zu den Zielen der nationalsozialistischen Weltanschauung bekannt und in deren Sinne gewirkt haben".[59] Anders als die vorangehende exemplarische Untersuchung umfasste die Studie alle Abgeordneten bis einschließlich Geburtsjahrgang 1928 unabhängig von ihrer späteren Fraktionszugehörigkeit. Die ermittelten Daten wurden in Excel-Verzeichnissen erfasst und die Forschungsergebnisse in einer Dokumentation im Januar 2012 der Öffentlichkeit in Buchform und als PDF vorgestellt und zugänglich gemacht.[60]

58 Vgl. Hans-Peter Klausch: Braune Wurzeln – Alte Nazis in den niedersächsischen Landtagsfraktionen von CDU, FDP und DP. Zur NS-Vergangenheit von niedersächsischen Landtagsabgeordneten in der Nachkriegszeit. Hannover 2008.

59 Auftragnehmer: Historische Kommission für Niedersachsen und Bremen e. V., Bearbeiter: Dr. Stephan Alexander Glienke. Das Projekt fand unter der Verantwortung der Historischen Kommission statt, vertreten durch Prof. Dr. Thomas Vogtherr (Historisches Seminar der Universität Osnabrück, Vorsitzender der Historischen Kommission), Dr. Christine van den Heuvel (Archivdirektorin, Niedersächsisches Landesarchiv, Stellvertretende Vorsitzende der Historischen Kommission) und Dr. Christian Hoffmann (Archivoberrat, Niedersächsisches Landesarchiv, Geschäftsführer der Historischen Kommission), sowie von einem Wissenschaftlichen Beirat, bestehend aus Prof. Dr. Günther Heydemann (Direktor des Hannah-Arendt-Instituts Dresden und Inhaber des Lehrstuhls für Neuere und Zeitgeschichte am Historischen Seminar der Universität Leipzig), Prof. Dr. Detlef Schmiechen-Ackermann (Historisches Seminar der Universität Hannover) sowie Prof. Dr. Udo Wengst (Stellvertretender Direktor des Instituts für Zeitgeschichte München-Berlin, Historisches Seminar der Universität Regensburg); Stephan Alexander Glienke: Die NS-Vergangenheit späterer niedersächsischer Landtagsabgeordneter. Abschlussbericht zu einem Projekt der Historischen Kommission für Niedersachsen und Bremen im Auftrag des Niedersächsischen Landtags. Hannover 2012, S. 12.

60 Vgl. ebd.

Noch während der Bearbeitung wurden durch die Fraktion „Die Linke" – zunächst im März 2011 im Nordrhein-Westfälischen,[61] im Mai 2011 im Hessischen Landtag – weitere Studien, wie die bereits für Niedersachsen existierende, vorgestellt, die jedoch nur in Hessen zur Erteilung eines Forschungsauftrages durch den Landtag führte.

Der Hessische Landtag

Auf Veranlassung des Präsidenten des Wiesbadener Landtags befasste sich die Kommission des Hessischen Landtags für das Forschungsvorhaben „Politische und parlamentarische Geschichte des Landes Hessen" in ihrer Sitzung vom 16. Mai 2011 mit der am Anfang des Monats von der Fraktion „Die Linke" vorgelegten und ebenfalls von Hans-Peter Klausch erarbeiteten Studie „Braunes Erbe – NS-Vergangenheit hessischer Landtagsabgeordneter der 1.–11. Wahlperiode (1946–1987)".[62] Die Kommission setzte ihrerseits eine Arbeitsgruppe „NS-Vergangenheit ehemaliger hessischer Landtagsabgeordneter" ein, die sich Ende Oktober 2011 mit einer Stellungnahme zu der Untersuchung Klauschs äußerte. Sie enthielt die Empfehlung, die ermittelten NSDAP-Mitgliedschaften von Landtagsabgeordneten in Form einer Vorstudie zur Vertiefung des Forschungsstandes in den historischen Kontext einzuordnen. Die Ergebnisse sollten im Anschluss im Rahmen einer wissenschaftlichen Fachtagung diskutiert und das weitere wissenschaftliche Vorgehen ermittelt werden. An dieser Empfehlung orientierte sich im Februar 2012 der Auftrag an Dr. Albrecht Kirchner, der zwischen April und Oktober 2012 die Vorstudie zusammen mit einer Arbeitsgruppe umsetzte.[63] Die Vorstudie dokumentiert als Ergebnis die Mitgliedschaften späterer Abgeordneter (bis einschließlich des Jahrgangs 1928) in NSDAP, SS/Waffen-SS, SA und weiteren Gliederungen und Unterorganisationen der NSDAP sowie angeschlossener Verbände. Zudem liefert sie einige Hinweise auf Rollen und Tätigkeiten in staatlichen Organen und andere Verwicklungen in das NS-Regime sowie zur Entnazifizierung und strafrechtlichen Verfolgung.

Im Rahmen der Forschungsarbeit wurden eine Materialsammlung und eine Datenbank angelegt. Die Forschungsergebnisse wurden in Form einer digitalen Publikation veröffentlicht und im Rahmen einer wissenschaftlichen Fachtagung am 14. und 15. März 2013 im Wiesbadener Landtag vorgestellt und diskutiert.[64] Anstatt eines umfassenden nachfolgen-

61 Vgl. Michael C. Klepsch: Nahtloser Übergang in neue Führungspositionen – Alte Nazis in den nordrhein-westfälischen Landtagsfraktionen von CDU und FDP. Düsseldorf 2011; in Nordrhein-Westfalen wurde die Einberufung einer Kommission zur Erarbeitung einer Studie vorbereitet, doch wurde dies aufgrund der vorgezogenen Neuwahlen in der 15. Wahlperiode nicht mehr umgesetzt und bisher nicht wieder aufgegriffen; vgl. zu den Landtagsforschungen auch Mentel/Weise (Anm. 22), S. 68f.

62 Vgl. Hans-Peter Klausch: Braunes Erbe – NS-Vergangenheit hessischer Landtagsabgeordneter der 1.–11. Wahlperiode (1946–1987). Wiesbaden 2011.

63 Vgl. Albrecht Kirschner: Abschlussbericht der Arbeitsgruppe zur Vorstudie „NS-Vergangenheit ehemaliger hessischer Landtagsabgeordneter" der Kommission des Hessischen Landtags für das Forschungsvorhaben „Politische und parlamentarische Geschichte des Landes Hessen". Wiesbaden 2012, S. 3.

64 Vgl. NS-Vergangenheit ehemaliger hessischer Landtagsabgeordneter. Dokumentation der Fachtagung 14. und 15. März 2013 im Hessischen Landtag. Wiesbaden/Marburg 2014.

den Forschungsprojekts sollen aus der „Vorstudie" abgeleitete Einzeluntersuchungen entstehen.[65]

Bremische Bürgerschaft

In Anbetracht der für den Niedersächsischen Landtag im Januar 2012 vorgelegten Studie und der seit Ende 2011 in Hessen diskutierten und schließlich im März 2012 in Auftrag gegebenen Vorstudie zur NS-Vergangenheit von Landtagsabgeordneten beschloss auch die Bremische Bürgerschaft im Frühjahr 2012 die Durchführung eines Forschungsprojekts zur NS-Vergangenheit früherer Mitglieder der Bremischen Bürgerschaft.[66] Anders als in Niedersachsen und Hessen ging der Bremer Studie keine politische Auseinandersetzung voraus. Stattdessen hat sich die Bremische Bürgerschaft entschieden, dem Beispiel der beiden Bundesländer zu folgen und ebenfalls eine entsprechende Studie in Auftrag zu geben. Sie wurde von Dr. Karl-Ludwig Sommer im Rahmen einer auf 24 Monate befristeten halben Stelle am Staatsarchiv Bremen durchgeführt.[67] Auch diese Studie richtete sich in ihren Fragestellungen auf die „Betroffenheit" nachmaliger Abgeordneter der Bremischen Bürgerschaft (des Jahrgangs 1928 und älter) durch ihre Vergangenheit vor 1945, wobei „Betroffenheit" methodisch durch eine Reihe von Kriterien definiert wird, zu denen formale Belastung durch Mitgliedschaft in der NSDAP, SA und SS, eine „langjährige Zugehörigkeit und Führungsposition in einer NS-Jugendorganisation oder einem der NSDAP angeschlossenem Verband", die „Ausübung ranghöherer Funktionen im nationalsozialistischen Herrschaftsapparat auf regionaler oder überregionaler Ebene", eine „hauptamtliche Tätigkeit in einer der gleichgeschalteten wirtschaftlichen und berufsständischen Organisationen und Institutionen oder für eine nationalsozialistische Zeitung" oder „intensive, allerdings vergebliche Bemühungen um eine Aufnahme in die NSDAP" zählen.[68] Am 24. April 2014 wurden die Abschlussergebnisse im Rahmen eines Colloquiums im Haus der Bürgerschaft Bremen vorgestellt, der Abschlussbericht liegt seit Dezember 2014 zusammen mit der Tagungsdokumentation gedruckt vor. Er enthält neben den Auswertungen zu der Zugehörigkeit von „Betroffenen" zu Fraktionen, unter anderem aufgefächert nach Wahlperioden und Ähnlichem, Kurzbiografien der 96 anhand der Kriterien als „betroffen" eingestuften Bürgerschaftsmitglieder.[69]

65 Vgl. Mentel/Weise (Anm. 22), S. 69.

66 Vgl. Karl-Ludwig Sommer: Die NS-Vergangenheit früherer Mitglieder der Bremischen Bürgerschaft. Projektstudie und wissenschaftliches Colloquium. Bremen 2014.

67 Vgl. Konrad Elmshäuser: Die NS-Vergangenheit früherer Mitglieder der Bremischen Bürgerschaft – Zur Genese eines Bremer Forschungsvorhabens. In: Sommer (Anm. 66), S. 118–123, hier S. 121.

68 Sommer (Anm. 66), S. 18.

69 Vgl. ebd., S. 56–105.

Saarland

Im März 2013, als die Ergebnisse der Hessischen Landtagsstudie im Rahmen einer wissenschaftlichen Fachtagung im Hessischen Landtag präsentiert und diskutiert wurden und Dr. Karl-Ludwig Sommer bereits die Zwischenergebnisse der Bremer Studie präsentierte, legte die Fraktion „Die Linke" im Saarländischen Landtag eine weitere, ebenfalls von Hans-Peter Klausch erarbeitete Untersuchung unter dem Titel „Braune Spuren im Saar-Landtag" vor.[70] Über eine durch die Vorlage der Untersuchung angeregte, politische Auseinandersetzung oder Pläne für von Seiten des Landesparlaments in Auftrag zu gebende historische Studien liegen keine Erkenntnisse vor.

Die drei bisher vorliegenden, von den Institutionen in Auftrag gegebenen Landtagsstudien vereint, dass sie sich ihrem Projektansatz nach ausschließlich auf politische Belastungen konzentrieren – wobei in der Niedersachsen-Studie ein zusätzlicher Abschnitt das Thema Verfolgung behandelt.[71] Dieses Thema hatte der Bayrische Landtag, angeregt durch eine Dringlichkeitsanfrage der SPD-Landtagsfraktion, bereits früh aufgegriffen und zwischen 2005 und 2007 durch das Haus der Bayerischen Geschichte und das Institut für Zeitgeschichte München-Berlin eine Dokumentation erstellen lassen, die epochenübergreifend alle Biografien von Angehörigen bayrischer Parlamente umfasst, welche durch das NS-Regime verfolgt wurden, einschließlich der Nachkriegsabgeordneten des Bayrischen Landtags. Nach verschiedenen Kriterien durchsuchbar, liefert die online-Dokumentation stichwortartig biografische Informationen.[72] Angeregt durch die Forschungsaufträge der Landtage in Niedersachsen und Hessen sowie der Bremischen Bürgerschaft forderte der Bayerische Landtag am 20. Juni 2013 in einem fraktionsübergreifenden Antrag „die wissenschaftliche Aufarbeitung einer etwaigen NS-Belastung von Mitgliedern der Staatsregierung, Angehörigen der Staatskanzlei und der Ministerien sowie der weiteren obersten Landesbehörden".[73] Das Institut für Zeitgeschichte (IfZ) München wurde mit der Erarbeitung eines Forschungsplans beauftragt. Der Beginn des für die Dauer von drei Jahren angelegten Projektes ist für 2016 vorgesehen.[74]

70 Vgl. Hans-Peter Klausch: Braune Spuren im Saar-Landtag. Die NS-Vergangenheit saarländischer Abgeordneter. Saarbrücken 2013.

71 Vgl. Glienke (Anm. 59), S. 81–94.

72 Die Informationen gliedern sich nach den Kategorien „Opferschicksal", „Politische Biografie" und „Allgemeine Biografie"; vgl. Bayerisches Staatsministerium für Wissenschaft, Forschung und Kunst/Haus der Bayerischen Geschichte, Augsburg/Institut für Zeitgeschichte München-Berlin: Opfer und Verfolgte des NS-Regimes aus bayerischen Parlamenten. URL: >http://www.bayern.landtag.de/opfer_doku/web_gedenk_v2/< (zuletzt aufgerufen: 4.3.2016).

73 Bayerischer Landtag, 16. WP, 20.6.2013, Drucksache 16/17486.

74 Vgl. Institut für Zeitgeschichte: NS-Belastung in Bayern (ca. 1945–1970). URL: >http://www.ifz-muenchen.de/forschung/ea/projekt/ns-belastungen-in-bayern-ca-1945-1970/< (zuletzt aufgerufen: 26.5.2016).

Stephan A. Glienke

Betrachtungen zur Vergleichbarkeit der Studien

In der Nachfolge der für das Auswärtige Amt vorgelegten Studie der Unabhängigen Historikerkommission (UHK) im November 2010 wurden von zahlreichen staatlichen Einrichtungen historische Forschungsaufträge zur Aufarbeitung der eigenen Vergangenheit in Auftrag gegeben. Christian Mentel spricht in diesem Zusammenhang zutreffend von einer „Konjunktur zeithistorischer Auftragsforschung und NS-Aufarbeitung staatlicher Einrichtungen".[1] Beispiele derartiger Projekte finden sich – wie im Gutachten ausgeführt – inzwischen für mehrere Bundesministerien, aber auch in nachgeordneten Behörden bis hin zu den Landesparlamenten. Sie alle haben Historikerkommissionen eingesetzt oder finanzieren Forschung, um die Geschichte ihrer institutionellen Vorgänger zu erhellen oder potentielle politische Belastungen ihrer Angehörigen aus der NS-Zeit zu ermitteln und zu dokumentieren. Im Kern geht es dabei um die Frage, ob personelle oder sachliche bzw. inhaltliche Kontinuitäten vorliegen.[2] Doch im Detail weisen insbesondere die Projekte zu den Bundesministerien bei allen Ähnlichkeiten der Fragestellung doch höchst unterschiedliche methodische Zugänge auf. So gestaltet sich der direkte Vergleich der verschiedenen Projekte mitunter schwierig. Bereits die finanziellen Voraussetzungen und die personelle Ausstattung differieren stark. Der Bundesnachrichtendienst etwa wendet nach Auskunft der Bundesregierung zwei Mio. Euro und elf Mitarbeiter für die Aufarbeitung seiner Vergangenheit auf,[3] das Projekt zur Bremischen Bürgerschaft hingegen war nur mit 100.000 Euro zur Finanzierung einer halben wissenschaftlichen Mitarbeiterstelle für die Dauer von 24 Monaten ausgestattet.[4] Für die Bearbeitung der Vorstudie zu den Biografien der hessischen Landtagsabgeordneten standen sogar nur sieben Monate zur Verfügung.[5] Zudem können derart unterschiedliche Untersuchungsgegenstände wie Bundesministerien, Behörden, Nachrichtendienste oder Landesparlamente nur sehr eingeschränkt verglichen werden. Allen Projekten gemein ist jedoch die Frage der Ermittlung

1 Christian Mentel: Das 3. Rosenburg-Symposium. Stand und Perspektiven der Forschung zur NS-Vergangenheit von Ministerien und Behörden. In: Zeitgeschichte-online, Dezember 2013. URL: >http://www.zeitgeschichte-online.de/thema/das-3-rosenburg-symposium< (zuletzt aufgerufen: 28.5.2016).

2 Vgl. ebd.

3 Vgl. Deutscher Bundestag, 17. WP, Drucksache 17/8134; Deutscher Bundestag, 18. WP, Drucksache 18/2176, 18/4238, 18/4628; siehe auch die Internet-Präsentation der UHK, Unabhängige Historikerkommission zur Erforschung der Geschichte des BND: Internetpräsentation der UHK. URL: >http://www.uhk-bnd.de/ < (zuletzt aufgerufen: 15.9.2015).

4 Vgl. Konrad Elmshäuser: Die NS-Vergangenheit früherer Mitglieder der Bremischen Bürgerschaft – Zur Genese eines Bremer Forschungsvorhabens. In: Karl-Ludwig Sommer: Die NS-Vergangenheit früherer Mitglieder der Bremischen Bürgerschaft. Projektstudie und wissenschaftliches Colloquium. Hrsg. vom Präsidenten der Bremischen Bürgerschaft. Bremen 2014, S. 118–123, hier S. 121.

5 Vgl. Albrecht Kirschner: Abschlussbericht der Arbeitsgruppe zur Vorstudie „NS-Vergangenheit ehemaliger hessischer Landtagsabgeordneter" der Kommission des Hessischen Landtags für das Forschungsvorhaben „Politische und parlamentarische Geschichte des Landes Hessen". Hrsg. vom Hessischen Landtag. Wiesbaden 2012, S. 6.

möglicher politisch belastender Momente aus Tätigkeiten oder Mitgliedschaften während der Zeit des Nationalsozialismus, in einigen Fällen ebenfalls im Hinblick auf das Wirken in der Nachkriegszeit.

Untersuchungsgruppe

Selbst bei den Studien, die sich auf die Abgeordneten der Landtage konzentrieren, weichen die Untersuchungsgruppen mitunter ab. Beispielsweise bezieht die im Auftrag des Bayerischen Landtags erarbeitete Datenbank über „Opfer und Verfolgte des NS-Regimes aus bayerischen Parlamenten" zwar auch Abgeordnete der Nachkriegszeit mit ein, listet jedoch nur jene auf, die zur Zeit des Nationalsozialismus persönliche Nachteile zu erleiden hatten und als Opfer des Nationalsozialismus definiert werden.[6] Die Untersuchungsgruppe entspricht damit nicht den Erhebungskriterien für die bisher vorliegenden Studien zu den NS-Biografien von Abgeordneten in Niedersachsen, Hessen und Bremen. Auch die Frage nach Abgeordneten, die zur Zeit des Nationalsozialismus aus rassischen, religiösen, weltanschaulichen oder politischen Gründen Nachteile, Gewalt oder die Einschränkung der persönlichen und wirtschaftlichen Freiheit zu erleiden hatten, also nach den Opfern des Nationalsozialismus, ist in den seit 2009 im Auftrag von Landesparlamenten durchgeführten Studien bislang explizit nur von der niedersächsischen Landtagsstudie aufgegriffen worden.[7] In den nachfolgenden Studien zur Bremischen Bürgerschaft und zum Hessischen Landtag wurde dieser Frage nicht nachgegangen – im Falle der Bremischen Bürgerschaft mangels zeitlicher und finanzieller Ressourcen.[8] In der Niedersachsen-Studie wird der Aspekt zumindest kursorisch behandelt. Das vorliegende Projekt zu Schleswig-Holstein weist demgegenüber deutlich erweiterte Untersuchungsperspektiven auf. Obwohl in Bezug auf die Untersuchungsgruppe durchaus Überschneidungen vorliegen,[9] ist die bayerische Datenbank daher schwerlich mit den jüngsten Studien zu den NS-Biografien der Abgeordneten der Nachkriegslandtage zu vergleichen, zu-

6 Vgl. Katja Helmö: Eröffnung Dokumentation „Opfer und Verfolgte des NS-Regimes aus bayerischen Parlamenten". Bayerischer Landtag vom 29.1.2008. URL: >https://www.bayern.landtag.de/ aktuelles/panorama/historisches/eroeffnung-dokumentation-opfer-und-verfolgte-des-ns-regimes-aus-bayerischen-parlamenten/< (zuletzt aufgerufen:26.5.2016).

7 Vgl. Stephan Alexander Glienke: Die NS-Vergangenheit späterer niedersächsischer Landtagsabgeordneter. Abschlussbericht zu einem Projekt der Historischen Kommission für Niedersachsen und Bremen im Auftrag des Niedersächsischen Landtags. Hannover 2012, S. 81–94.

8 So explizit Sommer (Anm. 4), S. 13.

9 Als Beispiel sei hier Martin Albert (1909–1991) genannt, 1946–1958 Mitglied des Bayerischen Landtags für die SPD-Fraktion; Eintrag: „Albert, Martin". In: Bayerisches Staatsministerium für Wissenschaft, Forschung und Kunst/Haus der Bayerischen Geschichte, Augsburg /Institut für Zeitgeschichte München-Berlin: „Opfer und Verfolgte des NS-Regimes aus bayerischen Parlamenten". URL: >http://www.bayern.landtag.de/op fer_doku/web_gedenk_v2/< (zuletzt aufgerufen: 4.3.2016).

mal es sich hierbei um eine reine Dokumentation ohne wissenschaftliche Auswertung handelt.[10]

Vergleichbar sind hingegen die Untersuchungsgruppen der Studien zu den Abgeordneten in Bürgerschaft und Landesparlamenten nach 1945, da sie für jedes betroffene Landesparlament übereinstimmend die Abgeordneten der Geburtsjahrgänge 1928 und älter untersuchen.[11] Problematisch erscheint der Vergleich mit den im Auftrag der Fraktion „Die Linke" durchgeführten Untersuchungen für Niedersachsen, Hessen, Nordrhein-Westfalen und das Saarland. Beispielsweise sind dort für Niedersachsen nur männliche Angehörige der CDU, FDP und DP untersucht worden.[12] Für Hessen wurde die Untersuchungsgruppe zwar auf alle männlichen und weiblichen Abgeordneten unabhängig von ihrer Fraktionszugehörigkeit ausgeweitet, jedoch auf Abgeordnete der ersten bis elften Legislaturperiode begrenzt.[13] Gemäß dem Untersuchungsauftrag der Landtage in Niedersachsen und Hessen wurden hingegen alle Abgeordneten unabhängig von ihrer Fraktionszugehörigkeit untersucht und zudem alle Angehörigen der Geburtsjahrgänge 1928 und älter einbezogen, um möglichen Mitgliedschaften, etwa in der Waffen-SS und in anderen NS-Organisationen, Rechnung zu tragen. Zudem wurden, ebenso wie in Niedersachsen, die Abgeordneten der hessischen Vorgängerparlamente, des Beratenden Landesausschusses und der Verfassungsgebenden Landesversammlung Groß-Hessen untersucht. Die im Auftrag des Wiesbadener Landtags durchgeführte Vorstudie umfasste daher mit insgesamt 403 Personen 70 mehr als die zuvor im Auftrag der Fraktion „Die Linke" durchgeführte Untersuchung.[14] In Niedersachsen wurden im Auftrag des Landtags insgesamt 755 Abgeordnete aller Fraktionen des gewählten Landtags und der ernannten Landtage in die Studie mit einbezogen. Das sind 458[15] Abgeordnete mehr als in der zuvor im Auftrag der Fraktion „Die Linke" durchgeführten Untersuchung. Diese hatte sich auf

10 Denkbar wäre für Niedersachsen, Schleswig-Holstein und Bayern ein Vergleich der Abgeordneten der Landtage der Nachkriegszeit, die zur Zeit des Nationalsozialismus persönliche Nachteile zu erleiden hatten. Die im Rahmen der bayerischen Dokumentation präsentierten Daten zu den einzelnen Opfern können jedoch nur als erster Ansatz für eine vergleichende Gegenüberstellung dienen. Denkbar ist, ausgehend von diesen Daten, in weiteren Rechercheschritten die individuellen Hintergründe und den Kontext der Verfolgung zu ermitteln. Die Strukturen, Ideen und Erfahrungen von Opfern des NS-Regimes unter den Abgeordneten können dann in Bezug zu ihrem politischen Wirken in der Nachkriegszeit gesetzt werden. AnStelle von in Bezug auf die Opfergruppen des Nationalsozialismus oft angestellten abstrakten Vergleichen können länderübergreifende Vergleiche von Einzelfällen den Blick auf den politischen Einfluss und das politische Wirken von Opfern des Nationalsozialismus beim Aufbau der zweiten deutschen Demokratie erweitern. Weitere denkbare Fragestellungen beziehen sich auf Fragen der Kommunikation und Repräsentation von Verfolgungserfahrung in politischen Kontexten.

11 Vgl. Glienke (Anm. 7), S. 15 sowie Kirschner (Anm. 5), S. 7; Sommer (Anm. 4), S. 18.

12 Vgl. Hans-Peter Klausch: Braune Wurzeln – Alte Nazis in den niedersächsischen Landtagsfraktionen von CDU, FDP und DP. Zur NS-Vergangenheit von niedersächsischen Landtagsabgeordneten in der Nachkriegszeit. Hannover 2008.

13 Vgl. Hans-Peter Klausch: Braunes Erbe – NS-Vergangenheit hessischer Landtagsabgeordneter der 1.–11. Wahlperiode (1946-1987). Wiesbaden 2011.

14 Vgl. Kirschner (Anm. 5), S. 7; Klausch (Anm. 13), S. 5.

15 Vgl. Glienke (Anm. 7), S. 17.

297 männliche Abgeordnete von CDU, FDP und DP beschränkt.[16] Dadurch, dass ausschließlich männliche Abgeordnete in die Untersuchung mit einbezogen wurden, taucht die Gründerin des Kreislandfrauenverbandes und Abteilungsleiterin für die deutsche Landfrauenarbeit im Reichsnährstand Berlin, Hildegard von Rheden, in der von Hans-Peter Klausch für die Fraktion „Die Linke" angefertigten Untersuchung gar nicht erst auf.[17] Auch die von der Fraktion „Die Linke" im Düsseldorfer Landtag vorgelegte Untersuchung beschränkte sich auf 482 Abgeordneten von CDU, Zentrum und FDP, die bei Kriegsende mindestens 18 Jahre alt gewesen waren.[18]

Eine weitere Gemeinsamkeit der Studien für Niedersachsen, Hessen und Bremen besteht in der Fokussierung auf die Angehörigen der Landtage bzw. der Bürgerschaft. Mitglieder der Regierungen wurden nur dann in der Studie berücksichtigt, wenn sie zu irgendeinem Zeitpunkt dem Landesparlament angehört hatten, also nur in ihrer Eigenschaft als Parlamentarier. Zwar liegt inzwischen, als Reaktion auf eine parlamentarische Anfrage der Abgeordneten Pia-Beate Zimmermann („Die Linke") vom 17. Januar 2012, eine von der Niedersächsischen Staatskanzlei vorgelegte Liste mit Angaben zu insgesamt 35 ehemaligen Angehörigen niedersächsischer Landesregierungen vor, doch sind die dortigen Angaben unvollständig und zum Teil fehlerhaft.[19]

Für andere Landesregierungen liegen Daten als Ergebnis einer offiziellen Studie bislang nicht vor.

16 Vgl. Klausch (Anm. 12), S. 5; ebenso wie in den vorangehenden Untersuchungen i. A. der Fraktion „Die Linke" in den Landtagen von Niedersachsen und Hessen beschränkt sich Hans-Peter Klausch auch in seiner Untersuchung zu den Abgeordneten des Saarlandes auf jene 185 Abgeordneten, die bei Kriegsende mindestens das 18. Lebensjahr erreicht hatten; Klausch (Anm. 13), S. 5.

17 Vgl. Glienke (Anm. 7), S. 194.

18 Vgl. Michael Klepsch: Das vergessene braune Erbe – 60 Jahre Landtag NRW. Nahtloser Übergang in neue Führungspositionen. Alte Nazis in den nordrhein-westfälischen Landtagsfraktionen von CDU und FDP, Düsseldorf 2009, S. 10.

19 Statt zutreffend 36, nennt die Liste nur 35 ehemalige Angehörige von Landesregierungen, in vielen Fällen sind aus den Akten präzise Daten zur Mitgliedschaft in NS-Gliederungen bekannt, dennoch finden sich in den Listen entweder nur Jahreszahlen oder die Daten fehlen vollständig, in vielen Fällen werden die Daten unrichtig angegeben, in anderen werden zur Zeit des Nationalsozialismus ausgeübte politische Ämter nicht genannt. So wird beispielsweise für Curt Miehe (SPD) das Amt des Rottenführers beim NSKK genannt, bei Gustav Bosselmann (CDU) jedoch nicht das von ihm ausgeübte Amt des SA-Obergruppenführers. Ebenso fehlt bei Hermann Ahrens (GB/BHE) der Hinweis auf das von ihm in den Jahren 1933–1942 ausgeübte Amt des Bürgermeisters von Salzgitter, des Gauredners der NSDAP, des Beauftragten der NSDAP für den Kreis Goslar-Land und seine Tätigkeit als Kreisleiter Goslar-Land, obschon diese Angaben bereits umfassend und präzise in der i. A. des Niedersächsischen Landtags durchgeführten Studie im biografischen Abschnitt detailliert aufgeführt wird. Bei Helmut Andreas Koch (CDU) fehlt der Hinweis auf die von ihm ausgeübten Ämter als Landrat, Oberregierungsrat und Stellvertretender Leiter des Landwirtschaftsamts in Danzig. In insgesamt 17 von 35 Fällen sind die Angaben unvollständig, unpräzise oder fehlerhaft. Ein Minister fehlte vollständig; vgl. Kleine Anfrage der Abg. Pia-Beate Zimmermann („Die Linke") vom 17.1.2012. Niedersächsischer Landtag, 16. WP, Drucksache 16/4667; Niedersächsische Staatskanzlei: Antwort der Landesregierung vom 26.3.2012. Niedersächsischer Landtag, 16. WP, Drucksache 16/4667; vgl. Glienke (Anm. 7), S. 145; Klaus Wallbaum: Dunkle Vergangenheit – Mehrere Minister waren in der NSDAP. In: Hannoversche Allgemeine Zeitung vom 10.4.2012. URL: >http://www.haz.de/Nachrichten/Politik/Niedersachsen/Mehrere-Minister-waren-in-der-NSDAP< (zuletzt aufgerufen: 16.5.2016).

Die Frage nach Kontinuitäten

Die Frage nach „personeller Kontinuität bzw. Diskontinuität nach 1945“ (AA)[20] bzw. nach „personellen Kontinuitäten und funktionalen Übergänge(n)“ (BMS)[21] oder nach personellen und strukturellen Kontinuitäten und Brüchen (BMWi)[22] ist zentral für alle Forschungsaufträge zur Vor- und Entwicklungsgeschichte der Bundesministerien, aber auch für die Parlamentsstudien. Übertragen auf Institutionen und staatliche Strukturen erscheint es zunächst tatsächlich naheliegend, die Frage im Hinblick auf das Personal zu betrachten. Bereits früh zog die ostdeutsche Propaganda mit Verweis auf das Personal Parallelen zwischen bundesdeutschen Institutionen und denen aus der Zeit des Nationalsozialismus. Ab 1957 konzentrierte sie sich dabei auf die Angehörigen der Justizverwaltungen zur Zeit des Nationalsozialismus und im Westdeutschland der Nachkriegszeit und verwies auf die zuvor in der NS-Judikatur sowie die nach dem Zusammenbruch des NS-Staates in der bundesdeutschen Justiz ausgeübten Tätigkeiten von wieder amtierenden ehemaligen NS-Justizjuristen, ohne jedoch auf die Frage der tatsächlichen Amtsführung im westdeutschen Justizdienst näher einzugehen.[23] Hier wurden Übereinstimmungen beim Personal mit Übereinstimmungen von Struktur und Inhalt quasi selbstverständlich gleichgesetzt[24] und schließlich implizit auf eine politische Ausrichtung geschlossen, mit dem Umkehrschluss, wonach der in Ostdeutschland vorgeblich vollzogene Bruch mit dem ehemaligen Personal des Nationalsozialismus auch ein Bruch mit dessen Struktur und System bedeutete.[25] Als legitimatorischer Kern der Machtordnung der SED war diese Argumentation und ihre Untermauerung elementar für die Herr-

20 Unabhängige Historikerkommission zur Aufarbeitung der Geschichte des Auswärtigen Amts in der Zeit des Nationalsozialismus und in der Bundesrepublik: Forschungsauftrag. URL: > http://www.historikerkommission-aa.uni-marburg.de/auftrag.html < (zuletzt aufgerufen: 9.9.2015).

21 Markus Sievers: Der Kern der NS-Diktatur. Berliner Zeitung vom 9.11.2010. Die Stellungnahme der Bundesregierung. In: Deutscher Bundestag, 17. WP, Drucksache 17/8134, S. 20.

22 Vgl. Bundesministerium für Wirtschaft und Energie: Tagungsprogramm: Das Reichswirtschaftsministerium im Nationalsozialismus. Unabhängige Geschichtskommission zur Aufarbeitung der Geschichte des BMWi, Tagung am 10. März 2014. URL: >http://www.bmwi.de/DE/ministerium,did=628520.html< (zuletzt aufgerufen: 11.9.2015).

23 Vgl. dazu Klaus Bästlein: „Nazi-Blutrichter als Stützen des Adenauer-Regimes“. Die DDR-Kampagnen gegen NS-Richter und -Staatsanwälte, die Reaktionen der bundesdeutschen Justiz und ihre gescheiterte „Selbstreinigung“ 1957–1968. In: Helge Grabitz u. a. (Hrsg.): Die Normalität des Verbrechens. Berlin 1994, S. 415; Annette Weinke: Die Verfolgung von NS-Tätern im geteilten Deutschland. Vergangenheitsbewältigungen 1949–1969 oder: Eine deutsch-deutsche Beziehungsgeschichte im Kalten Krieg. Paderborn u. a. 2002, S. 101–108.

24 Sehr anschaulich illustriert dies der Untertitel eines ostdeutschen Propagandaartikels: „So sprachen die Nazis – So sprechen die Bonner Militaristen“. In: Ausschuss für Deutsche Einheit (Hrsg.): Bonn bereitet Revanchekrieg vor. Tatsachen über die Wiedergeburt des deutschen Militarismus im Adenauerstaat. Berlin o. J. (1954), hier S. 53; ähnlich auch: Ausschuss für Deutsche Einheit (Hrsg.): Jugendvergiftung als System. Eine Dokumentation über die Vorbereitung der westdeutschen Jugend auf einen neuen Krieg. Berlin 1960.

25 Vgl. hierzu: Manfred Agethen/Eckhard Jesse/Ehrhart Neubert (Hrsg.): Der missbrauchte Antifaschismus. DDR-Staatsdoktrin und Lebenslüge der deutschen Linken. Sankt Augustin 2002.

schaftsideologie im Osten Deutschlands.[26] Der Verweis auf die wiederverwendeten ehemaligen Funktionsträger des Nationalsozialismus in Behörden und Verwaltungen in Westdeutschland diente nach außen der Diskreditierung des westdeutschen Konkurrenten bei den westlichen Alliierten, innerhalb der Warschauer Pakt-Staaten und mit Zielrichtung auf die eigene Bevölkerung zur Bestätigung des in den 1950er- und 1960er-Jahren verstärkt propagierten Selbstverständnisses der DDR als Nachfolger des antifaschistischen Widerstands gegen den Nationalsozialismus.[27] Die Darstellung der Übereinstimmung des Personals und die damit verbundene Gleichsetzung von Struktur und Inhalt greift jedoch zu kurz, blendet sie doch die faktisch gewandelten gesellschaftlichen und politischen Kontexte aus.

Im strengen Sinne impliziert der Begriff „Kontinuität“[28] eine Stetigkeit und einen lückenlosen Zusammenhang ohne plötzliche Änderungen. Dieser lückenlose Zusammenhang war aber bereits durch den Zusammenbruch des NS-Staates und damit dem Ende seiner Behörden 1945 und der erst Jahre späteren Wiedergründung von Bundesministerien und -behörden nicht mehr gegeben.[29] In Bezug auf die Landtage erscheint dieses Verständnis umso problematischer. Während die Bundesministerien zumindest die Vergangenheit ihrer Vorgängerinstitutionen untersuchen können, existierten für die Landesparlamente keine Vorgängerparlamente.[30]

Bezogen auf das Politische, auf staatliche Institutionen und Verwaltung, unterstellt die Kontinuität einen Handlungszusammenhang von aufeinander aufbauenden politischen Handlungen der Vergangenheit und Gegenwart, die einer bestimmten Zielrichtung folgen, also ein Beibehalten von Handlungsmustern bzw. deren leichte Abwandlung bei Beibehaltung der mit ihr verfolgten politischen Zielrichtung. Demnach wäre nicht nur die Stetigkeit

26 Dass der Bruch nicht so umfangreich war wie propagiert, zeigen die Ergebnisse der jüngeren DDR-Forschung: vgl. Heinrich Best/Sandra Meenzen: „Da ist nichts gewesen.“ SED-Funktionäre mit NSDAP-Vergangenheit in Thüringen. In: Deutschland Archiv, Zeitschrift für das vereinigte Deutschland, 43 (2010), S. 222–231; Sandra Meenzen: Konsequenter Antifaschismus? Thüringische SED-Sekretäre mit NSDAP-Vergangenheit. Erfurt 2011.

27 Vgl. dazu Wolfgang Bialas: Antifaschismus als Sinnstiftung. Konturen eines ostdeutschen Konzepts. In: Wolfgang Bergen (Hrsg.): Die NS-Diktatur im deutschen Erinnerungsdiskurs. Wiesbaden 2003, S. 151–170.

28 Vgl. u. a. Hermann Bausinger/Wolfgang Brückner Hrsg.): Kontinuität? Geschichtlichkeit und Dauer als volkskundliches Problem. Berlin 1969; Hans Trümpy (Hrsg.): Kontinuität – Diskontinuität in den Geisteswissenschaften. Darmstadt 1973.

29 Auswärtiges Amt 1951 wiedergegründet.

30 Bei den bis 1933 existierenden Provinzialparlamenten handelt es sich nicht in dem Sinne um institutionelle Vorgänger der Landesparlamente. Wenn die zuerst im Rahmen des Forschungsauftrags an die Unabhängige Historikerkommission für das Auswärtige Amt formulierte Frage nach Kontinuität oder Diskontinuität die erneute Tätigkeit einer Person in einer Funktion, die eine vormalige Tätigkeit in vergleichbarer Funktion in derselben Institution bzw. einer Nachfolgerinstitution bezeichnet, kann eine personelle Kontinuität nur dann vorliegen, wenn eine Vorgängerinstitution existiert hat. Während also die Studien zu den Bundesbehörden und -ministerien, die den Personalbestand der Vorgängerinstitution zur Zeit des Nationalsozialismus dem Personalbestand des institutionellen Nachfolgers gegenüberstellen, und von diesem Punkt ausgehend Biografien, politischen Werdegang und Wirken der einzelnen Personen im institutionellen Kontext nachverfolgen, ist dieser Weg für die Landtagsstudien in der Weise nicht gangbar. Folgerichtig steht in den Studien der Landesparlamente die Untersuchungsgruppe aus dem Nachkriegsparlament im Zentrum der Untersuchung, wird der Lebensweg der Einzelpersönlichkeiten rekonstruiert.

vormaliger Funktionsträger aus der Zeit des Nationalsozialismus in vergleichbaren Funktionen nach 1945 nachzuweisen, sondern ebenso der Zusammenhang zwischen ihren politischen Handlungen vor 1945 und danach.

Hierzu zwei Beispiele: Der Fall des ersten amtierenden BGH-Präsidenten Hermann Weinkauff illustriert anschaulich, wie spezifische überkommene Denkmuster durch die Inkorporation ehemaliger juristischer Interpretationseliten des NS-Systems in die Institutionen der neuen deutschen Demokratie weiterhin in ihrem Bereich dominieren konnten.[31] Seine am BGH durchgesetzte Rechtsauffassung höhlte die gesetzliche Definition der Rechtmäßigkeit von Widerstand aus und hatte konkrete Folgen für die Wiedergutmachungsregelungen des Bundesentschädigungsgesetzes und damit für die Anerkennung der Leiden der Opfer des Nationalsozialismus und ihre finanzielle Entschädigung.[32] Das Beispiel Eduard Dreher hingegen zeigt, dass eine politische Vorbelastung aufgrund einer vormaligen Tätigkeit in der NS-Judikatur bei einem Abteilungsleiter in der Ministerialverwaltung allein nicht für die nachteiligen Auswirkungen einer neuen Gesetzgebung auf die NS-Strafverfolgung verantwortlich gemacht werden kann. Die Novellierung des § 50 Abs. 2 StGB im „Einführungsgesetz zum Ordnungswidrigkeitengesetz" aus dem Jahre 1968 beinhaltete die Verkürzung der Strafverfolgungsverjährung für Beihilfe zum Mord und hatte daher faktisch eine rückwirkende Verjährung von zur Zeit des Nationalsozialismus begangener Mordbeihilfe zur Folge. Das Gesetz war maßgeblich von Dreher vorformuliert worden. Hier bot sich zwar das Erklärungsmuster an, wonach ehemalige NS-Juristen auf verantwortlichen Posten im Sinne von NS-Tätern Einfluss auf die Gesetzgebung nahmen, doch wurde das Einführungsgesetz zum Ordnungswidrigkeitengesetz nicht von Dreher allein bearbeitet und erst nach eingehender Prüfung durch die parlamentarischen Gremien und die Fachjuristen der parlamentarischen Fraktionen vom Bundestag verabschiedet. Die Konzentration auf seine vormalige Tätigkeit und politische Belastung greift daher als Erklärungsansatz zu kurz. Eine einseitige Fokussierung auf Dreher verengt den Blick auf unzulässige Weise, enthebt er doch quasi die beteiligten Juristen, Minister und nicht zuletzt die Abgeordneten ihrer Verantwortung.[33]

Entsprechend befasst sich das Projekt des Bundesministeriums der Justiz und für Verbraucherschutz nicht allein mit der Frage des wiederverwendeten Personals im Sinne personeller Kontinuitäten, sondern greift weiter. Es geht im Hinblick auf mögliche sachliche Kontinuitäten u. a. der Frage des konkreten Einflusses auf die Haltung des Ministeriums zu den Nürnberger

31 Vgl. Claudia Fröhlich: Restauration. Zur (Un-)Tauglichkeit eines Erklärungsansatzes westdeutscher Demokratiegeschichte im Kontext der Auseinandersetzung mit der NS-Vergangenheit. In: Stephan Alexander Glienke/Volker Paulmann/Joachim Perels (Hrsg.): Erfolgsgeschichte Bundesrepublik? Die Nachkriegsgesellschaft im langen Schatten des Nationalsozialismus. Göttingen 2008, S. 17–52, hier S. 37.

32 Vgl. Fröhlich (Anm. 31), S. 38.

33 Vgl. hierzu: Stephan Alexander Glienke: Ein „Musterbeispiel vorbildlicher Sachaufklärung" – Die Berliner Ermittlungen gegen die Angehörigen des Reichssicherheitshauptamtes – Geschichte eines Scheiterns. In: Ders./Sonja Begalke/Claudia Fröhlich (Hrsg.): Der halbierte Rechtsstaat. Demokratie und Recht in der frühen Bundesrepublik und die Integration von NS-Funktionseliten. Baden-Baden 2015, S. 133–155, hier insbes. S. 142ff. und 150; Stephan Alexander Glienke: Die De-facto-Amnestie von Schreibtischtätern. In: Joachim Perels/Wolfram Wette (Hrsg.): Mit reinem Gewissen. Wehrmachtsrichter in der Bundesrepublik und ihre Opfer. Berlin 2011, S. 262–277.

Prozessen, zur strafrechtlichen Ahndung von NS-Verbrechen, zur Amnestiegesetzgebung sowie zur Strafverfolgungsverjährung von zur Zeit des Nationalsozialismus begangenen Totschlags und Mords, zur Aufhebung von NS-Urteilen und zum politischen Strafrecht bis 1968 nach.[34]

Auch die Studien zu den Landesparlamenten konzentrierten sich bisher vorwiegend auf die lebensgeschichtlichen Hintergründe der Abgeordneten zur Zeit des Nationalsozialismus, fragten nach Mitgliedschaften in NSDAP, SA, SS und in NS-Gliederungen,[35] zudem nach ausgeübten Funktionen und Ämtern zur Zeit des Nationalsozialismus.[36] Der Fokus der Untersuchungen lag also ausdrücklich auf der Zeit vor dem Zusammenbruch des NS-Regimes.[37] Der Hessische Landtag wollte zudem wissen, inwieweit für hessische Landtagsabgeordnete „einschlägiges Wirken im Sinne der nationalsozialistischen Weltanschauung nachzuweisen" ist.[38] Hier wird ein von der strikten Auslegung des Begriffs „Kontinuität" abweichender Ansatz verfolgt. Die Frage danach, ob eine betreffende Person vor dem Zusammenbruch des Nationalsozialismus eine Tätigkeit ausführte, die sie im Landtag nach 1945 erneut ausgeübt hat, muss daher negativ beantwortet werden. In einigen Fällen hatten Persönlichkeiten, die nach 1945 Mitglied eines Landesparlaments waren, bereits zur Zeit der Weimarer Republik einem Provinziallandtag angehört.[39] Doch auch hier trifft die Kontinuität im strengen Sinne aufgrund des zeitlichen Bruchs nicht zu, stattdessen wäre von einem „Wiederanknüpfen" zu sprechen. Im Hinblick auf die Frage möglicher Auswirkungen der politischen Prägung und gegebenenfalls Belastung von Abgeordneten der Landtage durch ihre vormalige Tätigkeit im oder ihr Engagement für das nationalsozialistische(n) Regime auf ihr politisches Wirken in der Nachkriegszeit, erscheint daher eine weitere Auslegung des Verständnisses von „Kontinuität" angezeigt. Liegt also, wenn schon nicht eine Kontinuität von Person und Posten, doch eine Kontinuität von Person und Handlung auf Grundlage einer überkommenen, nationalsozialistisch geprägten politischen Einstellung vor? Die Ausarbeitung von praktikablen Untersuchungsmethoden zur Beantwortung dieser und ähnlicher Fragestellungen ist Aufgabe zukünftiger Forschung.

34 Vgl. Bundesministerium der Justiz und für Verbraucherschutz (Hrsg.): Die Rosenburg. Informationen zur Aufarbeitung der Unabhängigen Wissenschaftlichen Kommission zur Aufarbeitung der NS-Vergangenheit im Bundesministerium der Justiz und für den Verbraucherschutz. Informationsbroschüre. Berlin 2015: URL: >https://www.bmjv.de/SharedDocs/Publikationen/DE/Die_Rosenburg_Broschuere.pdf?__blob= publicationFile&v=7< (zuletzt aufgerufen: 30.5.2016). Zur Frage des direkten Einflusses von durch seine vormalige Tätigkeit zur Zeit des Nationalsozialismus politisch vorbelasteten Justizpersonals siehe u. a.: Horst Dreier: Das Bundesministerium der Justiz und die Verfassungsentwicklung in der frühen Bundesrepublik Deutschland. In: Manfred Görtemaker/Christoph Safferling (Hrsg.): Die Rosenburg. Justiz und NS-Vergangenheit – eine Bestandsaufnahme. Bonn 2013, S. 88–118; Jan Thiessen: Wirtschaftsrecht und Wirtschaftsrechtler im Schatten der NS-Vergangenheit. In: Ebd., S. 204–295.

35 Übereinstimmend: Niedersachsen, Bremen und Hessen.

36 Übereinstimmend: Niedersachsen, Bremen und Hessen.

37 Ausführlicher zum politischen Umgang und zur politischen Instrumentalisierung der NS-Vergangenheit einzelner Abgeordneter in Niedersachsen bei: Stephan Alexander Glienke: Politische Belastungen von Mandatsträgern. NS-Biographien Niedersächsischer Landtagsabgeordneter. In: Jahrbuch der juristischen Zeitgeschichte, Band 14.Berlin 2013, S. 212–263.

38 Kirschner (Anm. 5), S. 6.

39 Vgl. Glienke (Anm. 7), S. 49.

Anlass

Nach einer Phase der verstärkt von Seiten der großen deutschen Wirtschaftsunternehmen vorangetriebenen historischen Auftragsforschung mit Schwerpunkt in den 1990er-Jahren[40] ist in jüngster Zeit das vermehrte Auftreten staatlicher Stellen als Geld- und Auftraggeber derartiger Studien zu beobachten. Dabei lagen den Entscheidungen zur Einsetzung einer Historikerkommission oder zur Initiierung eines historischen Forschungsprojektes immer politische oder firmenpolitische Erwägungen aus einem konkreten, oft von außen an das Unternehmen, an das Ministerium oder die Behörde herangetragenen Anlass zugrunde. So bemühten sich nicht von ungefähr insbesondere die Unternehmen der Finanz- und Versicherungsindustrie während der 1990er-Jahre, zur Zeit der öffentlich und auf internationaler Ebene geführten Auseinandersetzung um nachrichtenlose Vermögenswerte jüdischer Opfer des Nationalsozialismus, um die historische Aufarbeitung ihrer eigenen Vergangenheit. Schon damals wurden vonseiten des Schweizer Bundesrates verschiedene Historikerkommissionen zur Frage der nachrichtenlosen Vermögen und von NS-Raubgold in Schweizer Banken eingesetzt.[41] Vor dem Hintergrund der Zwangsarbeiterdebatte folgten weitere Aufträge deutscher Wirtschaftsunternehmen zum Thema.[42]

Im Nachgang zur Visa-Affäre um Missbrauchsfälle bei der Vergabe von Visa in deutschen Botschaften und Konsulaten[43] war aus Anlass der Nachrufaffäre um den ehemaligen Generalkonsul Franz Nüßlein ein interner, jedoch zunehmend öffentlich geführter Machtkonflikt zwischen dem Personalrat des Auswärtigen Amtes und dem Amtierenden Außenminister Joschka Fischer (Bündnis 90/Die Grünen) eskaliert.

40 Der VW-Konzern gehörte 1987 zu den ersten Unternehmen, die eine historische Erforschung der eigenen NS-Vergangenheit in Auftrag gegeben haben. Es folgten in den 1990er Jahren, nicht zuletzt angeregt durch die öffentliche und vor allem international geführte Auseinandersetzung um nachrichtenlose Vermögenswerte bei Schweizer Banken, Unternehmen aus dem Finanz- und Versicherungssektor, in der zweiten Hälfte der 1990er-Jahre kamen im Zuge der Zwangsarbeiterdebatte weitere Forschungsaufträge hinzu; vgl. Tim Schanetzky: Jubiläen und Skandale. Die „lebhafte Kampfsituation" der achtziger Jahre. In: Norbert Frei/Tim Schanetzky (Hrsg.): Unternehmen im Nationalsozialismus. Zur Historisierung einer Forschungskonjunktur. Göttingen 2010, S. 68–78; Neil Gregor: Wissenschaft, Politik, Hegemonie. Zum Boom der NS-Unternehmensgeschichte. In: Ebd., S. 82f.

41 Vgl. Außenministerium der Schweiz (Hrsg.): Schweiz – Zweiter Weltkrieg. Ergriffene Maßnahmen der Schweiz im Zusammenhang mit der Problematik des Nazi-Goldes und der nachrichtenlosen Vermögen. 1.2.1997. URL: >http://www.eda-tf.ethz.ch< (zuletzt aufgerufen: 15.10.1998); Schweizer Parlamentsdienst: Chronologie: Nachrichtenlose Vermögen / Schweiz im Zweiten Weltkrieg. Detaillierte Übersicht ab 1998. URL: >http://www.parlament.ch< (zuletzt aufgerufen: 20.10.1998).

42 Stellvertretend sei hier die Firma Degussa genannt; vgl. Sebastian Brünger: Unternehmensgeschichte und Erinnerungskulturen. Zeithistorische Auftragsforschung der 1990er Jahre am Beispiel der Degussa. URL: >http://www.zeitgeschichte-online.de/node/8670 < (zuletzt aufgerufen: 6.5.2016).

43 Vgl. Markus Wehner: „Glückwunsch, du kannst nach Deutschland". In: Frankfurter Allgemeine Zeitung vom 20.2.2005. URL: >http://www.faz.net/aktuell/politik/inland/visa-affaere-glueckwunsch-du-kannstnach-deutschland-1208351.html< (zuletzt aufgerufen: 25.5.2016); Anon.: Visa-Affäre: Fischer stellt sich der Verantwortung. In: Spiegel-Online vom 14.2.2005. URL: >http://www.spiegel.de/politik/deutschland/visa-affaere-fischer-stellt-sich-der-verantwortung-a-341607.html< (zuletzt aufgerufen: 25.5.2016).

Ursprünglich als politische Entscheidung zur Beilegung eines internen Konfliktes von Bundesjustizminister Fischer eingesetzt, wurden die Historikerkommission und ihr Forschungsauftrag selbst zum Politikum und boten Anlass, die Frage nach der Vorgeschichte von Behörden und Ministerien kritisch zu stellen. Der Forschungsbericht selbst und insbesondere die über mehr als ein Jahr andauernde mediale und politische Aufmerksamkeit wurden nun zum Initial der weiteren Entwicklung. Seit Vorliegen des Abschlussberichts der UHK wurden zahlreiche ähnlich geartete Forschungsprojekte aus der Taufe gehoben – in einzelnen Fällen ebenfalls aus politischem Anlass, zunehmend aber auch mit Verweis auf den Bericht der Historikerkommission und ihrem Beispiel folgend. Die UHK und ihr Forschungsbericht markieren den Beginn einer neuen Phase der staatlichen Auseinandersetzung mit der nationalsozialistischen Vergangenheit und der Frühphase der Entwicklung der Bundesrepublik.[44]

Auf Landesebene gaben die von der Fraktion „Die Linke" in Auftrag gegebenen Studien zu NS-Biografien von Landtagsabgeordneten Anlass zur parlamentarischen Auseinandersetzung.[45] Es folgten von den Landtagen in Niedersachsen und Hessen in Auftrag gegebene Studien als direkte Folge der Debatte um die von der Fraktion „Die Linke" herausgegebenen Broschüren. Seit Vorliegen des Berichts der UHK zum Auswärtigen Amt zwar immer auch mit Verweis auf diesen, den zentralen Referenzpunkt für Debatten um die Initiierung von historischen Forschungsprojekten zu den Biografien von Landtagsabgeordneten bildete tatsächlich jedoch die im Auftrag des Niedersächsischen Landtags erarbeitete Studie zu den niedersächsischen Landtagsabgeordneten. Die Bremische Bürgerschaft nahm denn auch die niedersächsische Landtagsstudie zum Anlass, die Vergangenheit ihrer eigenen Abgeordneten aufzuarbeiten.[46] Auf kommunaler Ebene haben die Ergebnisse dieser Studien zu lokalen Auseinandersetzungen um einzelne Parlamentarier mit lokalen Bezügen geführt und Debatten um die Ehrung von als politisch inkriminiert angesehenen Persönlichkeiten durch Straßennamen oder die Benennung von Schulen angeregt. Es folgten entsprechende kommunale Forschungsaufträge zur Überprüfung von Straßennamen und politische Debatten um den Umgang mit den Ergebnissen.[47]

---

44 Vgl. Christian Mentel: Zeithistorische Konjunkturen – Einleitende Bemerkungen. In: Ders. (Hrsg.): Auftragsforschung und NS-Aufarbeitung in der Bundesrepublik. In: Zeitgeschichte-online, Dezember 2012 (überarb. Juni 2015). URL: > http://www.zeitgeschichte-online.de/thema/zeithistorische-konjunkturen-einleitende-bemerkungen< (zuletzt aufgerufen: 23.5.2016).

45 Vgl. Klausch (Anm. 12); ders. (Anm. 13); ders.: Braune Spuren im Saar-Landtag. Die NS-Vergangenheit saarländischer Abgeordneter. Hrsg. von der Fraktion „Die Linke" im Saarländischen Landtag. Saarbrücken 2013. Klepsch (Anm. 18).

46 Vgl. Wigbert Gerling: Parlament untersucht eigene Geschichte. Bürgerschaft und Staatsarchiv lassen NS-Verstrickungen von späteren Abgeordneten erforschen. In: Verdener Nachrichten vom 14.3.2012.

47 Vgl. Bad Bevensen: Ines Bräutigam: Bevenser arbeiten NS-Zeit auf. In: AZ Online vom 11.2.2012. URL: > http://www.az-online.de/uelzen/bad-bevensen/bevenser-arbeiten-ns-zeit-1597357.html< (zuletzt aufgerufen: 6.5.2016); Oldenburg: Abschlussbericht: Wissenschaftliche Untersuchung der Straßennamen der Stadt Oldenburg. September 2013; Hannover: Conrad von Meding: Beirat startet Analyse von 400 Straßennamen. In: Hannoversche Allgemeine Zeitung (HAZ) vom 22.1.2014. URL:>http://www.haz.de/Hannover/ Aus-der-Stadt/Uebersicht/Beirat-startet-Analyse-von-400-Strassennamen< (zuletzt aufgerufen: 20.9.2015); Anon.: Hinrich-Wilhelm-Kopf-Platz wird zu Arendt-Platz. In: HAZ vom 15.9.2014.

Die Auseinandersetzung in den Landtagen

Eine andere Form der Auseinandersetzung als im Zusammenhang mit der „Nachruf"-Affäre im Auswärtigen Amt, bei der es sich in erster Linie um einen internen Konflikt des amtierenden Bundesaußenministers Joschka Fischer mit dem Personalrat und den ehemaligen Mitarbeitern des Auswärtigen Amtes handelte, ging dem Forschungsauftrag des Niedersächsischen Landtags zu den Biografien niedersächsischer Landtagsabgeordneter voraus. Die Einsetzung der Historikerkommission durch Bundesaußenminister Joschka Fischer spielte in diesem Vorgang keine Rolle. Stattdessen gab eine vom damaligen parlamentarischen Geschäftsführer der CDU-Fraktion Bernd Althusmann (CDU) im Rahmen einer parlamentarischen Debatte gemachte Aussage den Anlass, das Thema zum Gegenstand der politischen Auseinandersetzung zu machen. Althusmann hatte im Niedersächsischen Landtag in Richtung der Fraktion „Die Linke" geäußert: „Vielleicht müssen wir Ihrer Fraktion hier im Parlament hin und wieder doch einmal Geschichtslehrstunden erteilen" und erklärt: „Die CDU hat ihre geistigen und politischen Wurzeln im christlich motivierten Widerstand gegen den Terror des Nationalsozialismus."[48] Vorangegangen war eine heftig geführte Auseinandersetzung um die Vorgeschichte der Fraktion „Die Linke" und der PDS, die u. a. in der Erklärung von David McAllister gipfelte, man brauche „keine Belehrungen von den Kommunisten".[49] Die Fraktion „Die Linke" nahm daraufhin die Aussage von Althusmann zum Anlass, einen Historiker mit der Untersuchung der Biografien der Abgeordneten der Landtagsfraktionen der CDU, FDP und DP zu beauftragen.[50] Ursächlich für die Erteilung des Untersuchungsauftrags durch die Fraktion war also eine konkrete politische Auseinandersetzung im Niedersächsischen Landtag, in der Vertreter von CDU und FDP auf der einen und Abgeordnete der Fraktion „Die Linke" auf der anderen Seite aktuellen oder ehemaligen Fraktionsangehörigen eine nationalsozialistische respektive kommunistische Vergangenheit vorwarfen. Am 14. November 2008 stellte die Fraktion „Die Linke" schließlich den Untersuchungsbericht des Historikers Hans-Peter Klausch im Plenum vor.[51] Am 18. März 2009 erteilte der Ältestenrat des Niedersächsischen Landtags, veranlasst durch die von der Fraktion „Die Linke" vorgelegte Untersuchung und auf Vorschlag des Landtagspräsidenten, der Historischen Kommission für Niedersachsen und Bremen e. V. den Auftrag, die „Tätigkeit und Wirksamkeit niedersächsischer Landtagsabgeordneter der Jahre seit 1946 in der NSDAP und in nationalsozialistischen Organisationen zwischen 1933 und 1945" wissenschaftlich zu erforschen.[52]

Erst in den folgenden, in anderen Landesparlamenten geführten Auseinandersetzungen um die Vergangenheit von Abgeordneten, namentlich durch die Fraktion „Die Linke" im Hessischen Landtag, wurde auf die inzwischen vorliegende Studie des Auswärtigen Amtes Bezug genommen und auf die vorangehende Auseinandersetzung im Niedersächsischen Landtag

48 Bernd Althusmann (CDU) vor dem Niedersächsischen Landtag. Stenographischer Bericht des Niedersächsischen Landtages, 16. Wahlperiode, 7. Plenarsitzung, 9.5.2008, S. 626.

49 David McAllister (CDU), ebd., S. 678.

50 Vgl. Hans-Henning Adler: Vorwort. In: Klausch (Anm. 12), S. 3.

51 Vgl. Stenographisches Protokoll (16/22) des Niedersächsischen Landtages, 16. Wahlperiode, 28.10.2008, S. 2532-2541.

52 Vgl. Glienke (Anm. 7), S. 11.

verwiesen.[53] Auch die Presse nahm im Zusammenhang mit der neuen, von der Fraktion „Die Linke" im Hessischen Landtag vorgelegten Studie immer wieder Bezug auf die vorangehenden Auseinandersetzungen und die Broschüren der Fraktion in anderen Landtagen.[54] So wie in den Debatten um die Einsetzung von Historikerkommissionen in den Bundesministerien und -behörden immer auch die UHK des Auswärtigen Amtes als Referenzpunkt der Überlegungen diente, waren es im Zusammenhang mit den Überlegungen bezüglich der Untersuchung der Biografien von Landtagsabgeordneten im Hinblick auf die NS-Zeit die im Auftrag des Niedersächsischen Landtags durchgeführte Studie zu den NS-Biografien niedersächsischer Landtagsabgeordneter und die von der Fraktion „Die Linke" für die einzelnen Landtage vorgelegten Untersuchungen, auf die stets Bezug genommen wurde.

Die Reaktion der medialen und politischen Öffentlichkeit auf die vorgelegten Ergebnisse der Historikerkommissionen für die Landtage folgte dabei der Struktur, die schon im Zusammenhang mit der Vorstellung des Abschlussberichts der UHK des Auswärtigen Amtes zu beobachten war:[55] Die Studien wurden allenthalben in Medien und politischer Öffentlichkeit positiv aufgenommen, die Projekte als „vorbildlich" begrüßt,[56] ebenso wie positiv konstatiert wurde, dass sich der jeweilige Landtag „der Verantwortung" gestellt habe.[57] Bald wurde darauf verwiesen, dass die Untersuchungsergebnisse bereits Bekanntes nur bestätigen würden.[58] Insofern folgen die Auseinandersetzungen um die Untersuchungsberichte zu den Landtagen dem bekannten Muster, jedoch mit einer Besonderheit: der Verlegung der Debatte in die lokalen Medien und die lokalen Öffentlichkeiten.

Politische Auseinandersetzung im Nachgang

Die bislang bereits für die Landtage in Niedersachen und Hessen sowie für die Bremische Bürgerschaft vorgelegten Studien zur „Tätigkeit und Wirksamkeit in der NSDAP und in nationalsozialistischen Organisationen zwischen 1933 und 1945" von Landtagsabgeordneten der Nachkriegszeit[59] gingen in der Darstellung der Ergebnisse hinsichtlich Mitgliedschaften und

53 Vgl. Klausch (Anm. 13), S. 22 sowie ders. (Anm. 45), S. 4.

54 Vgl. Geschichte des Landtags brauner als bislang bekannt. Jeder dritte Abgeordnete hatte einst ein NSDAP-Parteibuch. In: HNA vom 19.2.2013. URL: >http://linksfraktion-hessen.de/cms/themen/kompakt/2281-braunes-erbe-in-hessen.html< (zuletzt aufgerufen: 26.5.2016).

55 Siehe hierzu: Martin Sabrow/Christian Mentel (Hrsg.): Das Auswärtige Amt und seine umstrittene Vergangenheit. Eine deutsche Debatte. Frankfurt a. M. 2014, S. 9–46.

56 Giorgio Tzimurtas: Erst der Anfang der Forschung. In: Oldenburger Volkszeitung vom 12.1.2012.

57 Vgl. Anon.: Landtag: Jeder 3. Abgeordnete der Nachkriegszeit war in der NSDAP. In: Neue Presse vom 13.1.2012.

58 Vgl. Buchbesprechung: Spurensuche. In: Rundblick Nord-Report vom 31.1.2012.

59 Hier zitiert aus der Formulierung zur Bremischen Studie, Karl-Ludwig Sommer: Fragestellung, Projektdurchführung und Quellenlage. In: Ders (Anm. 4), S. 10–17, hier S. 11.

Wirken der Betroffenen unterschiedliche Wege. Den i. A. der Fraktion „Die Linke" vorgelegten Broschüren waren Namenslisten der Abgeordneten angefügt, ergänzt um Lebensdaten, Angaben zum politischen Mandat nach 1945 und zur Mitgliedschaft in der NSDAP, mit Aufnahmedatum und Mitgliedsnummer.[60] Übereinstimmend weisen Glienke, Kirschner und Sommer, die Bearbeiter der von den Landtagen Niedersachsens und Hessens sowie von der Bremischen Bürgerschaft in Auftrag gegebenen Studien darauf hin, dass die Auflistung von Mitgliedschaften und Beitrittsdaten für sich genommen die hochkomplexe Materie unzulässig vereinfache und den oft stark voneinander abweichenden Lebenswegen der Betroffenen nicht gerecht werde.

In Niedersachsen hat die Historische Kommission für Niedersachsen und Bremen e. V. daher bewusst darauf verzichtet, lediglich Namen und Mitgliedschaften zu listen. Stattdessen war man bemüht, dem Leser über schematische Darstellungen zu den Beitrittsphasen die Problematik nahezubringen, jeweils illustriert durch typische Einzelfälle. In einem biografischen Anhang wurden zudem ausführlich die Biografien all jener dargestellt, die über die reine Mitgliedschaft in NS-Organisationen hinaus als Funktionsträger am Aufbau des Regimes mitgewirkt oder an dessen administrativem Bestehen zumindest Anteil hatten. Diese Darstellung beinhaltete die Lebensdaten, die schulische und darüber hinausgehende Ausbildung sowie die Daten zu den Mitgliedschaften in der NSDAP, NS-Gliederungen und diesen nahestehenden Organisationen, zur beruflichen Stellung zur Zeit des Nationalsozialismus und wahrgenommenen Ämtern, zum Dienst in bewaffneten Verbänden, insbesondere der Wehrmacht, Kriegsmarine und Luftwaffe einschließlich militärischer Ränge und Auszeichnungen, zur Kriegsgefangenschaft, über die Entnazifizierung bis hin zu den nach 1945 ausgeübten Tätigkeiten und politischen Mandaten und Ämtern.[61] In der sich an die Präsentation der Studie anschließenden, insbesondere in der medialen Öffentlichkeit ausgetragenen Debatte, wurde dieses Vorgehen z. T. heftig kritisiert.[62] Aus den Namen der Auswahlgruppe, zu denen das Niedersachsen-Projekt detaillierte Kurzbiografien vorlegte, ebenso wie aus den Namens- und Mitgliedslisten der Vorstudie zum Hessischen Landtag wurden in der politischen Debatte und im Rahmen der Medienberichterstattung zahlreiche Einzelfälle ausgewählt, die im Nachgang Anlass zu lokalen Auseinandersetzungen gaben. Die Debatten wurden alsbald nicht mehr auf Landesebene, sondern in einzelnen Kommunen geführt, jeweils angeregt durch die dokumentierten Fälle von einzelnen Personen des öffentlichen Lebens von regionaler, aber auch von lokaler Bedeutung. So regte die Veröffentlichung der Studie zu den Biografien der niedersächsischen Landtagsabgeordneten nicht nur in Hannover eine öffentliche Debatte über die Vergangenheit des ersten niedersächsischen Ministerpräsidenten Hinrich Wilhelm Kopf (SPD) und seine Rolle als Mitarbeiter der Haupttreuhandstelle Ost im Rahmen der national-

60 Vgl. hier z. B. Klausch (Anm. 12), S. 19–22.

61 Vgl. Glienke (Anm. 7), S. 145–206.

62 In seiner Untersuchung zum saarländischen Landtag unterstellt Hans-Peter Klausch dem Bearbeiter der niedersächsischen Pilotstudie unzutreffenderweise, dass der Entscheidung, ausführlichen Biografien von Amts- und Funktionsträgern den Vorzug vor Namenslisten zur Mitgliedschaft in der NSDAP zu geben, „vorauseilender Gehorsam oder aber diskret geäußerte Wünsche aus besonders betroffenen CDU- und FDP-Kreisen zugrunde" gelegen hätten; Klausch (Anm. 45), S. 4.

sozialistischen Arisierung an.[63] In Peine wurde eine Debatte um die Ehrung des ehemaligen Landesjustizministers Richard Langeheine (DP, CDU) durch die Benennung einer Straße geführt[64] und in Wildeshausen kam es zu einer Auseinandersetzung um den ehemaligen Bürgermeister und Landtagsabgeordneten Hermann Müller-Bargloy[65]. Im Laufe des Jahres 2013 heizte eine neu erschienene Biografie über Hinrich Wilhelm Kopf die Auseinandersetzung in Hannover weiter an. Am 2. April 2015 wurde der „Hinrich-Wilhelm-Kopf-Platz" vor dem Landtag schließlich nach mitunter heiß geführter Debatte in „Hannah-Arendt-Platz" umbenannt. Ebenso wie in Niedersachsen bestimmten auch in Hessen rasch prominente Einzelfälle die Auseinandersetzung um die Vorstudie zu den Biografien der Landtagsabgeordneten, verlagerte sich die weiterführende Behandlung der Thematik auf die lokale Ebene. So wurde beispielsweise, als direkte Folge der Studie, dem ehemaligen hessischen Landtagsabgeordneten Heinz Wolf (CDU) als vormaligem Ankläger beim Sondergericht Danzig die Ehrenbürgerwürde von Limburg entzogen.[66]

Als Konsequenz auf die Reaktionen zu den Studien aus Niedersachsen und Hessen entschieden sich die Herausgeber der Studie zur Bremischen Bürgerschaft zunächst, auf die individuelle Herausarbeitung und Nennung der Namen der als „Betroffene" identifizierten Personengruppe zu verzichten. Als Reaktion auf die nach der Vorstellung der Forschungsergebnisse im April 2014 geäußerte öffentliche Kritik wurde entschieden, der Studie, ähnlich wie in Niedersachsen, einen biografischen Abschnitt anzufügen. Jedoch wurden, anders als in Niedersachsen, nicht nur Amts- und Funktionsträger dargestellt, sondern alle „96 Betroffenen", also diejenigen früheren Mitglieder der Bürgerschaft, die von den Herausgebern als „unter der Fragestellung des Projekts von Bedeutung" angesehen wurden.[67] Dabei handelte es sich um Personen, die zur Zeit des Nationalsozialismus der NSDAP, SA oder SS angehört, Funktionen in NS-Gliederungen oder im NS-Staat wahrgenommen oder sich um Mitgliedschaft oder Funktionen bemüht hatten.

63 Vgl. Klaus Wallbaum: Ein Schatten über dem ersten Landesvater. In: Hannoversche Allgemeine Zeitung vom 12.1.2012; Klaus Wallbaum: Hinrich Wilhelm Kopf ist kein Vorbild mehr. In: HAZ vom 22.11.2013; Anon.: Erster Landesvater gilt als belastet. In: Weser Kurier 20.11.2013; Anon.: Hinrich-Wilhelm-Kopf-Platz wird zu Arendt-Platz. In: HAZ vom 15.9.2014; Anon.: Dieser Platz ist nun sehr angemessen. In: HAZ vom 2.4.2015.

64 Vgl. Klaus Wallbaum: Ein Schatten über dem ersten Landesvater. In: HAZ vom 12.1.1012; Jens Radulovic: „Richard Langeheine hat NS-Vergangenheit nicht verschwiegen". In: Peiner Nachrichten vom 13.11.2012. URL: >http://www.salzgitter-zeitung.de/lokales/Peine/richard-langeheine-hat-ns-vergangenheit-nicht-verschwiegen-id374445.html?service=zoom&action=json&img_size=472< (zuletzt aufgerufen: 20.5.2016); Anon.: Grüne wollen Umbenennung der Richard-Langeheine-Straße. In: Peiner Nachrichten vom 22.2.2012. URL: >http://www.salzgitter-zeitung.de/lokales/Peine/gruene-wollen-umbenennung-der-richard-langeheine-strasse-id602448.html?view=gallery< (zuletzt aufgerufen: 22.5.2016).

65 Vgl. Ute Wensemann: Nazi-Namen bleiben im Stadtbild. In: Weser Kurier vom 10.5.2012.

66 Vgl. Anon.: Ehrenbürger: Limburg streicht Wolf. In: Frankfurter Neue Presse vom 20.6.2013. URL: >http://www.nnp.de/lokales/limburg_und_umgebung/Ehrenbuerger-Limburg-streicht-Wolf;art680,558403< (zuletzt aufgerufen: 16.5.2016).

67 Henning Bleyl: Sonderrichter als Justizsenator. In: die tageszeitung vom 18.12.2014.

Fazit

Allen bisherigen Projekten zu Landesparlamenten und den im Auftrag der Ministerien erarbeiteten Studien ist gemein, dass sie die in der öffentlichen Wahrnehmung oft als klare Bruchlinie verstandene Entwicklung der westdeutschen Nachkriegsordnung relativieren. Dabei gehen die Ergebnisse der Auftragsarbeit zwar nicht selten weit von der in der breiten Öffentlichkeit wahrgenommenen Darstellung des institutionellen Bruchs und des personellen Neuanfangs auseinander, decken sich aber weitestgehend mit den Ergebnissen der historischen Forschung. Die in zahlreichen historischen Arbeiten zumindest anhand von Einzelfallstudien für einzelne Bereiche bereits aufgezeigten Tendenzen werden durch die Ergebnisse der im Auftrag von Landtagen und Ministerien durchgeführten Auftragsforschung weitestgehend bestätigt.

Vergleiche zwischen den Landtagen der einzelnen Bundesländer sind ohnehin erst seit Vorliegen einer Anzahl von Einzelstudien möglich. Doch auch nach Vorliegen von inzwischen immerhin drei Studien zu Abgeordnetenbiografien im Hinblick auf die NS-Zeit kann ein Vergleich nur vorläufigen Charakter haben. Nachfolgende Studien zu anderen Landtagen können hier zur weiteren Präzisierung dienen. Zu erwarten ist zudem eine wachsende Bedeutung lokaler struktureller Besonderheiten. Zumal, da der direkte Vergleich einzelner Bundesländer und damit auch Landesparlamente aufgrund der mitunter sehr verschiedenen regionalen Gegebenheiten nicht unproblematisch erscheint.

Zwar sahen sich die vier späteren Bundesländer Niedersachsen, Hessen, Schleswig-Holstein und der Stadtstaat Bremen nach dem Zusammenbruch des Nationalsozialismus grundsätzlich ähnelnden Herausforderungen gegenüber, jedoch unter zum Teil stark abweichenden Vorbedingungen. Dies betraf zunächst Fragen der Versorgung, der Schaffung von Notunterkünften und später den Aufbau der durch Luftkriegseinwirkung zerstörten Städte, von denen die vier späteren Bundesländer – je nach ländlicher oder urbaner Prägung ihrer Regionen – unterschiedlich stark betroffen waren. Hinzu kam die Aufnahme, Versorgung und Integration der Flüchtlinge aus den ehemaligen deutschen Ostgebieten, eine Aufgabe, von der die Bundesländer Schleswig-Holstein und Niedersachsen besonders betroffen waren. Im Jahre 1950 betrug der Anteil der Vertriebenen 27,5 % der Gesamtbevölkerung in Niedersachsen (1.869.707 von 6.790.392),[68] in Hessen hingegen nur 16,5 % (720.583 von 4.323.801).[69] Hinzu kam, dass Hessen und Bremen zur US-amerikanischen, Niedersachsen und Schleswig-Holstein jedoch zur britischen Besatzungszone gehörten. Zwar waren sich die beiden Besatzungsmächte in den Grundzügen des Besatzungskonzeptes weitgehend einig, doch weist die verfolgte Politik Abweichungen in der Gewichtung auf. So hatten die US-Behörden ein verstärktes Strafverfolgungsinteresse und zielten auf eine umfassende demokratische Umerziehung und Entnazifizierung ab. Die Britische Militärverwaltung ging in dieser Hinsicht weit

68 Vgl. Helmut R. Kollai: Die Eingliederung der Vertriebenen und Zuwanderer in Niedersachsen. (Untersuchungen zum deutschen Vertriebenen- und Flüchtlingsproblem). Berlin 1959, S. 135.

69 Vgl. Gerhard Albrecht: Die wirtschaftliche Eingliederung der Heimatvertriebenen in Hessen. (Untersuchungen zum deutschen Vertriebenen- und Flüchtlingsproblem). Berlin 1954, S. 14.

pragmatischer vor. Zwar wurden, ebenso wie in der amerikanischen Besatzungszone, Nationalsozialisten aus den hohen und höchsten öffentlichen Ämtern entfernt, „Mitläufer" wurden jedoch in ihren Ämtern belassen.[70] Weiterhin wurde in allen Besatzungszonen die Entnazifizierung durchgeführt, jedoch erwies sich die Überprüfung der Eigenangaben von Flüchtlingen aufgrund mangelnder oder unvollständiger Dokumente als schwierig.[71] Hiervon waren naturgemäß jene Besatzungszonen mit einem hohen Flüchtlingsanteil an der Bevölkerung,

70 Einen guten Überblick bieten immer noch die Werke von Clemens Vollnhals und Lutz Niethammer: Clemens Vollnhals (Hrsg.): Entnazifizierung. Politische Säuberung und Rehabilitierung in den vier Besatzungszonen 1945–1949. München 1991; Lutz Niethammer: Die Mitläuferfabrik. Die Entnazifizierung am Beispiel Bayerns. Berlin/Bonn 1982; Übersichtsstudien neueren Datums: Irmtrud Wojak: Entnazifizierung. München 2014; Frederick Taylor: Zwischen Krieg und Frieden. Die Besetzung und Entnazifizierung Deutschlands 1944–1946. Berlin 2011; Christoph Kucklick: Entnazifizierung: Ein Volk vor Gericht. In: Arno Surminski / Annette Krüger (Hrsg.): Der Neubeginn. Deutschland zwischen 1945 und 1949. Hamburg 2005, S. 120–137; Angela Borgstedt: Die kompromittierte Gesellschaft. Entnazifizierung und Integration. In: Peter Reichel / Harald Schmid / Peter Steinbach (Hrsg.): Der Nationalsozialismus – Die zweite Geschichte. Überwindung – Deutung – Erinnerung. München 2009, S. 85–104; Cornelia Rauh-Kühne: Die Entnazifizierung und die deutsche Gesellschaft. In: Archiv für Sozialgeschichte, 35 (1995), S. 35–70; Walter Schuster/Wolfgang Weber (Hrsg.): Entnazifizierung im regionalen Vergleich. Linz 2004; zu Niedersachsen: Stefan Brüdermann: Entnazifizierung in Niedersachsen. In: Dieter Poestges (Hrsg.): Übergang und Neubeginn. Beiträge zur Verfassungs- und Verwaltungsgeschichte Niedersachsens in der Nachkriegszeit. (Veröffentlichungen der Niedersächsischen Archivverwaltung 52). Göttingen 1997, S. 97–118; zu Hessen: Armin Schuster: Die Entnazifizierung in Hessen 1945–1954. (Veröffentlichungen der Historischen Kommission für Nassau 66, zugleich Vorgeschichte und Geschichte des Parlamentarismus in Hessen 29). Wiesbaden 1999; zu Nordrhein-Westfalen: Joachim Gödde: Entnazifizierung unter britischer Besatzung. Problemskizze zu einem vernachlässigten Kapitel der Nachkriegsgeschichte. In: Geschichte im Westen 6 (1991), S. 62–73; Peter Hüttenberger: Entnazifizierung im öffentlichen Dienst Nordrhein-Westfalens. In: Friedrich Gerhard Schwegmann (Hrsg.): Die Wiederherstellung des Berufsbeamtentums nach 1945. Geburtsfehler oder Stützpfeiler der Demokratiegründung in Westdeutschland? Düsseldorf 1986, S. 47–64; Wolfgang Krüger: Entnazifiziert! Zur Praxis der politischen Säuberung in Nordrhein-Westfalen. Wuppertal 1982; Jörg D. Krämer: Das Verhältnis der politischen Parteien zur Entnazifizierung in Nordrhein-Westfalen. Frankfurt a. M. u. a. 2001; zur französischen Besatzungszone: Reinhard Grohnert: Die Entnazifizierung in Baden 1945–1949. Konzeptionen und Praxis der „Epuration" am Beispiel eines Landes der französischen Besatzungszone. Stuttgart 1991; Rainer Möhler: Entnazifizierung in Rheinland-Pfalz und im Saarland unter französischer Besatzung von 1945 bis 1952. Mainz 1992; ders.: Entnazifizierung, Demokratisierung, Dezentralisierung – französische Säuberungspolitik im Saarland und in Rheinland-Pfalz. In: Stefan Martens (Hrsg.): Vom ‚Erbfeind' zum ‚Erneuerer'. Aspekte und Motive der französischen Deutschlandpolitik nach dem Zweiten Weltkrieg. Sigmaringen 1993, S. 157–173; Rainer Möhler: Politische Säuberung in Rheinland-Pfalz – französische Entnazifizierungspolitik zwischen Demokratisierung und Kontrolle. In: Tilman Koops/Martin Vogt (Hrsg.): Das Rheinland in zwei Nachkriegszeiten: 1919–1930 und 1945–1949. Koblenz 1995; zu Bremen: Hans Hesse: Konstruktion der Unschuld, die Entnazifizierung am Beispiel von Bremen und Bremerhaven 1945–1953. (Veröffentlichungen aus dem Staatsarchiv der Freien Hansestadt Bremen, 67). Bremen 2005; hinzu kommen zahlreiche Lokalstudien zu einzelnen Städten, Berufsgruppen oder öffentlichen Einrichtungen, insbesondere Universitäten; zu Schleswig-Holstein vgl. den Abschnitt zum regionalen Forschungsstand im Gutachten.

71 Vgl. Betrifft: Bundesminister des Innern (Hrsg.): Eingliederung der Vertriebenen, Flüchtlinge und Kriegsgeschädigten in der Bundesrepublik Deutschland. Informationsbroschüre. Bonn 1982, S. 25; Glienke (Anm. 7), S. 101f.

wie Schleswig-Holstein und Niedersachsen, stärker betroffen als jene mit einem weit geringeren Flüchtlingsanteil. Es ist danach zu fragen, inwiefern Landesparlamente der britischen (Niedersachsen, Schleswig-Holstein), der amerikanischen (Bremen, Hessen) und der französischen Besatzungszone (Saarland), der eher ländlich geprägten Länder (Schleswig-Holstein) oder Flächenstaaten (Niedersachsen) mit eher urban und industriell geprägten Ländern (NRW) ohne Weiteres unter Berücksichtigung der jeweiligen Unterschiede zu vergleichen sind.[72] Denkbar sind Vergleiche der Angehörigen von Berufsgruppen in den Landtagen, das Gegenüberstellen von Ausbildungswegen, beruflichen Stationen zur Zeit der Weimarer Republik, im Nationalsozialismus und in der Nachkriegszeit oder auch der Vergleich verschiedener Berufsgruppen in den Landtagen.

Die Forschungsergebnisse der bereits abgeschlossenen bzw. anstehenden Studien zu Ministerien und Landtagen können Anregung geben zu vergleichenden Querschnittsfragen, wie beispielswiese zum „Spannungsverhältnis von Person und Institution“,[73] zur vergleichenden Untersuchung von Verwaltungshandeln und Staatlichkeit[74] in der Ministerialverwaltung oder in Bezug auf lebensgeschichtlich politische Prägung und politisches Handeln in der Nachkriegszeit. Hier könnte dann auch – nach weiterer, vertiefender Recherche – an die bayerische Dokumentation über die Opfer unter den Abgeordneten angeknüpft werden sowie, ausgehend von der Untergruppe von ehemaligen Abgeordneten der Provinzialparlamente in den Nachkriegslandtagen, an die Dokumentationen und Untersuchungen zu Parlamentariern der Weimarer Zeit.[75] Der in der gegenwärtigen Forschung mitunter noch sehr verengte Blick auf die NS-Zeit könnte so erweitert werden im Hinblick auf zeitgenössische Einflüsse auf die persönliche politische und ideologische Entwicklung und die Verlaufsformen politischer Karrieren.

72 Das Saarland nimmt ohnehin eine Sonderrolle ein. 1947 wurde es aus dem Zuständigkeitsbereich des Alliierten Kontrollrats herausgelöst und erhielt eine eigene Verfassung, Staatsbürgerschaft und kurzzeitig ebenfalls eine eigene Währung. Am 1. Januar 1957 schloss sich das Saarland als zehntes Bundesland der Bundesrepublik Deutschland an; siehe ausführlich: Rainer Hudemann/Susanne Dengel/Armin Heinen: Das Saarland zwischen Frankreich, Deutschland und Europa 1945–1957. Saarbrücken 2007.

73 So die Anregung von Klaus-Dietmar Henke auf dem 3. Rosenburg-Symposium; Bericht: Mentel (Anm. 1).

74 Vgl. Alexander Nützenadel auf dem 3. Rosenburg-Symposium; ebd.

75 Vgl. Beatrix Herlemann: Biographisches Lexikon niedersächsischer Parlamentarier 1919–1945. Hannover 2004.

Anfügung II. Drei externe Vermessungen/Beiträge

Philipp Marti:

Der Fall Heinz Reinefarth: SS-General, Kriegsverbrecher, Bürgermeister, Volksvertreter

Klaus-Detlev Godau-Schüttke:

Justizpersonalpolitik in Schleswig-Holstein nach 1945 – eine Skizze

Heiko Scharffenberg:

Kontinuität und Kosten – Die Wiedergutmachung nationalsozialistischen Unrechts in Schleswig-Holstein

Philipp Marti

Der Fall Heinz Reinefarth: SS-General, Kriegsverbrecher, Bürgermeister, Volksvertreter

Die Karriere von Heinz Reinefarth sucht in der Bundesrepublik Deutschland ihresgleichen. Dass er der einzige ehemalige SS-General war, der jemals in einen deutschen Landtag einzog, bot als formales Unikum Stoff für kontroverse Diskussionen. Zusätzlich aufgeladen wurde sein Fall dadurch, dass Reinefarths Name mit den Gräueltaten während der Niederschlagung des Warschauer Aufstandes von 1944 verbunden war, also mit einem ereignisgeschichtlich klar fassbaren, mehr noch: dem größten Einzelkriegsverbrechen auf europäischem Boden während des Zweiten Weltkrieges. War die schleswig-holsteinische Politik der 1950er- und 1960er-Jahre gewiss nicht arm an Figuren mit einschlägiger NS-Vergangenheit, so sticht Reinefarth insofern heraus , als seine Geschichte dazu geeignet war, den gesellschaftlichen Minimalkonsens wie kaum eine andere auf den Prüfstand zu stellen: Zwar waren etliche andere demokratisch gewählte Amtsträger durch vormalige Parteimitgliedschaft, durch Funktionen in Verwaltung, Justiz oder im Besatzungsapparat ebenfalls belastet, doch war dies letztlich ein Ausdruck von Elitenkontinuität, den man – sofern überhaupt kritisch hinterfragt – eher bereit war hinzunehmen. Wie aber war mit einer Personalie wie Reinefarth umzugehen, der sich in herausgehobener Stellung in der SS betätigt hatte, der Institution also, die aus damaliger Sicht am ehesten alle abgründigen Aspekte des Dritten Reiches zu bündeln schien? Eine Annäherung an das Phänomen Reinefarth kann deshalb nicht unter Anlegung heutiger Wertmaßstäbe und Wissensbestände gelingen, bei denen vom Nationalsozialismus als eine in der deutschen Gesellschaft wurzelnde und diese zwischen 1933 und 1945 tief durchdringende Erscheinung ausgegangen wird. Sie muss vielmehr aus der Perspektive der frühen Bundesrepublik erfolgen, als das Dritte Reich gleichsam als Geniestreich der Verführungskunst, metaphysisch als historischer Unfall gedeutet wurde und mit der Frage von Schuld und, daraus abgeleitet, von In- und Exklusion in die westdeutsche Gesellschaft symbolisch umgegangen wurde.

An die öffentliche Figur Reinefarth stellen sich deshalb die folgenden Fragen: Welche Konstellationen und Projektionen ermöglichten seine erfolgreiche Integration in die Gesellschaft der Insel Sylt, wo er sich mit seiner Familie nach dem Krieg niedergelassen hatte, sodann seinen Aufstieg zum sowohl von Einheimischen als auch den zahlenmäßig ebenbürtigen Flüchtlingen anerkannten Gemeindeoberhaupt, schließlich seine Wahl in den vierten Schleswig-Holsteinischen Landtag? Welche Gegenkräfte sorgten dafür, dass Reinefarth mehr und mehr als Problemfall gesehen wurde? Wurden diese Gegenkräfte durch seinen Aufstieg in die Landespolitik hervorgerufen oder waren sie doch eher Ausdruck eines sich unabhängig davon verändernden Zeitgeistes? Die Grundthese dieses Beitrages geht davon aus, Reinefarth und seine Laufbahn gleichermaßen als Symptom und Testfall der lokal- und regionalpolitischen Strukturen Schleswig-Holsteins der 1950er- und 1960er-Jahre zu sehen: Reinefarth einigte und spaltete, er war Hoffnungsträger, Herausforderung und am Ende Altlast, kurz: Projektionsfläche und Seismograf von vergangenheitspolitischen Diskursen im Wandel der Zeit. In der Rückschau erscheint sein Fall – zu einer Erzählung verknüpft – deshalb als Lehrstück. Interessanterweise bleibt darin seine eigentliche politische Vita seltsam blass: So unbestritten Schaffenskraft und Erfolgsausweis als Bürgermeister von Westerland auch waren, so betont unpolitisch übte er das Amt aus, und als er die Arena der Landespolitik betrat, war er als Akteur aufgrund der praktisch zeitgleich einsetzenden Kontroverse um seine Person in seiner Handlungsfähigkeit von Anfang an stark eingeschränkt.

In dem oben skizzierten Lebensabschnitt von Heinz Reinefarth ist das inhaltliche Schwergewicht dieses Beitrages verortet. Die Darstellung seines Weges bis 1945 ist zum besseren Verständnis des Gesamtzusammenhanges in groben Strichen nachgezeichnet. Summarischen Charakter müssen dagegen Einblicke in die anhand seiner Person betriebene, langwierige juristische Aufarbeitung des Warschauer Aufstandes haben. Eine chronologische Herangehensweise an Leben und Wirken des Protagonisten bietet sich trotz unterschiedlicher Akzentsetzung an.[1]

Heinz Reinefarth kam 1903 in Gnesen in der preußischen Provinz Posen als Sohn eines Landgerichtsrates zur Welt. Sein Lebensweg entspricht bis zu Beginn der 1930er-Jahre in vielerlei Hinsicht der Blaupause der „Generation des Unbedingten"[2]: bildungsbürgerliche Herkunft, verpasstes Fronterlebnis im Ersten Weltkrieg, politische Sozialisation in der studentischen, völkischen Bewegung der 1920er-Jahre. Anders als vielen seiner Generations- und Gesinnungsgenossen ermöglichte sich dem studierten Juristen und Anwalt jedoch auch in der Krisenzeit der frühen 1930er-Jahre die Möglichkeit zu beruflicher Prosperität,[3] das Engagement für die NS-Bewegung war zwar intensiv, blieb aber auf den ehrenamtlichen Bereich beschränkt.[4] Der hauptamtliche Wechsel in die SS erfolgte trotz bester Beziehungen erst im

1 Der Beitrag stützt sich im Folgenden auf die für ein Dissertationsprojekt erarbeiteten Forschungsergebnisse des Verfassers, erschienen 2014 im Wachholtz Verlag, vgl. Philipp Marti: Der Fall Reinefarth. Eine biografische Studie zum öffentlichen und juristischen Umgang mit der NS-Vergangenheit (= Beiträge Zur Zeit- und Regionalgeschichte, Band 1, Hrsg. von Uwe Danker/Robert Bohn/Sebastian Lehmann für das Institut für schleswig-holsteinische Zeit- und Regionalgeschichte der Universität Flensburg). Neumünster/Hamburg 2014.
Der vorliegende Text entstand im Sommer 2015 während eines mehrwöchigen Aufenthaltes als Gastwissenschaftler am Lehrstuhl Didaktik der Geschichte der Universität Augsburg. Für die herzliche Aufnahme sowie die unvergesslichen Erinnerungen auf und neben dem Campus bedanke ich mich an der Stelle bei allen Beteiligten.

2 Vgl. Michael Wildt: Generation des Unbedingten. Das Führungskorps des Reichssicherheitshauptamtes. Hamburg 2008[2].

3 Das berufliche Beziehungsnetz des Vaters und die Betätigung für die NS-Bewegung wirkten hierbei unterstützend, das reiche Elternhaus seiner Frau machte ihn finanziell unabhängig. Vgl. Marti (Anm. 1), S. 31; Niclas Sennerteg: Warszawas bödel. Et tyskt öde [Der Henker von Warschau. Ein deutsches Schicksal.]. Lund 2003, S. 59–62.

4 Einen Namen machte er sich insbesondere als wichtigster Rechtsberater von NSDAP-Mitgliedern in der Niederlausitz sowie beim Aufbau des „Kameradschaftsbundes Deutscher Polizeibeamter". Vgl. etwa: Daluege an Himmler, 02.07.1940, Bundesarchiv (BArch), Berlin Document Center (BDC), SS-Führer-Personalakte Heinz Reinefarth; Daluege an Frick, 26.03.1942, ebd.

Krieg und nicht bereits während der Aufbaujahre von Himmlers und Heydrichs Sicherheitsapparat.[5]

Protegiert von Ordnungspolizeichef Kurt Daluege wirkte er 1942/43 als dessen rechte Hand im Reichsprotektorat Böhmen und Mähren. Nach Dalueges Entmachtung wurde er – nach kurzem Zwischenspiel in der Berliner Zentrale der Ordnungspolizei – von Himmler Anfang 1944 mit den Geschäften des Höheren SS- und Polizeiführers im Reichsgau Wartheland betraut. Auf einem der Hauptschauplätze der nationalsozialistischen Germanisierungs- und Vernichtungspolitik hatten sich die Machtstrukturen und Abläufe indes bereits so weit eingespielt, dass Reinefarth trotz seiner exponierten Position nicht in entscheidendem Maß in die wichtigen Entscheidungsprozesse einzugreifen vermochte.[6]

Die Stunde der eigentlichen Bewährung kam Anfang August 1944, als Himmler Reinefarth als Befehlshaber einer improvisiert zusammengestellten Kampfgruppe nach Warschau beorderte, um dort den eben ausgebrochenen Aufstand der polnischen Heimatarmee niederzuschlagen. Himmler befahl zudem ausdrücklich, an der Warschauer Bevölkerung ein Exempel zu statuieren und die gesamte nichtdeutsche Einwohnerschaft der Stadt unterschiedslos umzubringen. Am 5. August 1944 verübten Reinefarth unterstellte Einheiten im Warschauer Stadtteil Wola ein Massaker, bei dem mehrere zehntausend Zivilisten ums Leben kamen. Obwohl der allgemeine Bevölkerungsvernichtungsbefehl in den darauffolgenden Tagen und Wochen auf Betreiben des neu eingetroffenen militärischen Vorgesetzten, SS-Obergruppenführer Erich von dem Bach-Zelewski, stetig eingeschränkt wurde, kostete die Niederschlagung des Warschauer Aufstandes bis Anfang Oktober je nach Schätzung um die 200.000 Zivilpersonen das Leben.[7]

Die letzten Kriegsmonate verbrachte Reinefarth in verschiedenen militärischen Kommandofunktionen, ganz zum Schluss als Festungskommandant von Küstrin vor den Toren Berlins, bevor er Anfang Mai 1945 in amerikanische Kriegsgefangenschaft geriet.[8]

In der kritischen Situation von Gefangenschaft und drohender Auslieferung nach Polen gereichte Reinefarth sein Erscheinungsbild zum Vorteil – eine Konstante hinsichtlich des Verständnisses seines Lebensweges: Er war anpassungsfähig, gewandt, höflich und vertrauenerweckend, ein Mann von Welt, dem trotz der Aura des bürgerlichen Grandseigneurs die Zu-

5 1939 als einfacher Schütze der Reserve eingezogen, hatte er im Frankreich-Feldzug als erstes Mitglied der Allgemeinen SS (und als einer der ersten Soldaten, die nicht dem Offiziersstand angehörten) das Ritterkreuz erworben und war kurz darauf zum Leutnant der Reserve befördert worden. In diesem Rang schied er Anfang 1942 aus der Wehrmacht aus, stieg ins Hauptamt Ordnungspolizei ein und wurde im gleichen Zug innerhalb der SS-Hierarchie vom Hauptsturmführer direkt zum Brigadeführer befördert. Vgl. im Einzelnen das Unterkapitel „Dalueges rechte Hand". In: Marti (Anm. 1), S. 36–44.

6 Vgl. ebd., S. 49.

7 Vgl. dazu u. a. Bernd Martin/Stanisława Lewandowska (Hrsg.): Der Warschauer Aufstand 1944. Warschau 1999, S. 251.

8 Vgl. Marti (Anm. 1), S. 76.

gänglichkeit nicht abging. Es gelang ihm dergestalt, den Amerikanern gegenüber seine Vergangenheit auf eine Weise zu erzählen, dass die Befrager bei den verschiedenen Verhören – die zeitweise im Zeugenflügel des Nürnberger Justizgefängnisses über die Bühne gingen und der Beweisaufnahme für die alliierten Kriegsverbrecherprozesse dienten – in ihm nicht den frühen NS-Aktivist und Günstling Himmlers sahen, sondern eine Soldatennatur mit eher unfreiwilligen Abstechern in Funktionen der Besatzungsverwaltung.

Eine Schlüsselrolle spielte hierbei Reinefarths Darstellung der Belagerung der Festung Küstrin: Hatte er als Festungskommandant – ohne jegliche militärische Stabserfahrung – die Stadt unter Befolgung von Hitlers kompromisslosem Durchhaltebefehl in Tat und Wahrheit gleichermaßen dilettantisch wie unerbittlich verteidigen und sich in verzweifelter Lage innerlich widerstrebend erst auf Drängen seines Stabes zu einem Ausbruchsversuch bewegen lassen,[9] stilisierte er sich nun im Nachhinein zum selbstlosen Retter der Küstriner Zivilbevölkerung empor: Er habe für höhere Zwecke befehlswidrig gehandelt und für sich deshalb gravierende Konsequenzen bis hin zum Todesurteil vor dem Reichskriegsgericht in Kauf genommen. Von dessen Vollstreckung sei er nur durch das rasche Kriegsende verschont geblieben.[10] Reinefarths Widerstands- und Opfernarration half im Verbund mit seinem gewinnenden Auftreten nicht nur mit, sich bei den Amerikanern in ein günstiges Licht zu stellen und seine Auslieferung an Polen zu verhindern,[11] sondern trug ihn nach der Entlassung aus Gefangenschaft und Internierung auch maßgeblich durch das Spruchgerichts- sowie das anschließende Entnazifizierungsverfahren. Am Ende dieses erfolgreich betriebenen Reinwaschungs- und Reintegrationsprozesses stand das revidierte Urteil des Flensburger Entnazifizierungshauptausschusses vom 9. Dezember 1949. Darin wurde der vormalige SS-Gruppenführer in die Kategorie V der Entlasteten eingereiht mit der Begründung, „der Betroffene [habe] nicht nur in seinem militärischen, sondern auch in seiner ganzen politischen Gegeneinstellung zum Nationalsozialismus wiederholt Leben und Stellung aufs Spiel gesetzt [...]“.[12] Das Urteil hatte zur Konsequenz, dass Reinefarth als vollwertiges Mitglied und ohne jegliche rechtliche und berufliche Einschränkungen Einlass fand in die schleswig-holsteinische Gesellschaft. Längerfristig diente es ihm sowohl der inneren wie auch der äußeren Selbstlegitimierung: Es war Recht gesprochen worden, die eigene Interpretation seiner Geschichte im Nationalsozialis-

9 Vgl. zu Reinefarths Wirken als Festungskommandant von Küstrin wiederholt und ausführlich: Fritz Kohlase: 1945: Als Küstrin in Trümmer sank. Betrachtungen, Berichte und Briefe. Frankfurt/Oder 2006².

10 Zutreffend war dies freilich nicht. Wie Reinefarth in den 1960er-Jahren vor der Flensburger Justiz selbs aussagte, wurde er zwar vor dem Reichskriegsgericht vernommen, wurde jedoch daraufhin provisorisch aus der Haft entlassen und lediglich mit dem Auftrag versehen, sich zur weiteren Abklärung seines Falles auf eigene Faust in den bayrisch-österreichischen Grenzraum zu begeben, wohin das Gericht inzwischen kriegsbedingt verlegt worden war. Vgl. Marti (Anm. 1), S. 75f.

11 Von nicht minderer Bedeutung war in dieser Hinsicht, dass sich das Counter Intelligence Corps (CIC), der Abwehrdienst der US-Armee, im aufziehenden Kalten Krieg die Osterfahrung des ehemaligen Besatzungsfunktionärs Reinefarth zunutze machen wollte. Dass Reinefarth wenig gewinnbringende Informationen zu liefern imstande war, zeigte sich bald, aber doch spät genug, dass von einer Auslieferung an Polen aus Gründen der außenpolitischen Sicherheit und Opportunität abgesehen wurde. Vgl. Marti (Anm. 1), S. 84–86.

12 Revidierte Entscheidung des Entnazifizierungshauptausschusses Flensburg im Fall Heinz Reinefarth vom 09.12.1949, LASH Abt. 460.17, Nr. 313.

mus war nunmehr gleichsam mit einem amtlichen Siegel versehen und musste daher zutreffen. Wann immer seine Meistererzählung des unpolitischen Beamten und redlich kämpfenden Soldaten in der Öffentlichkeit oder in der juristischen Sphäre angezweifelt wurde, berief er sich mit aller Vehemenz auf die Freisprüche von Ende der 1940er-Jahre. Recht war gleichbedeutend mit historischer Wahrheit, gerade für den Juristen Reinefarth.

Hatte die viktimisierende Deutung der Vergangenheit (in welcher sich letztlich gesellschaftliche Trends widerspiegelten) also spätestens zu diesem Zeitpunkt den Zustand der Stabilität erreicht, war die wirtschaftliche Situation ungleich prekärer. Noch ohne festes Einkommen, fand sich Reinefarth in seiner neuen Westerländer Heimat in einer Flüchtlingshochburg wieder, in der alles Lebensnotwendige Mangelware darstellte: Wohnraum für die den Einheimischen an Zahl überlegenen Vertriebenen, Nahrung, Arbeit, Heizmaterial.[13] Die Präsenz der vielen Flüchtlinge sorgte aber auch für erhebliche gesellschaftliche Spannungen, sahen doch viele Einheimische die stark friesisch geprägte Identität der Sylter Gemeinschaft mehr als nur bedroht. In dieser Konstellation fand Reinefarth die Nische, in der seine ausgeprägten Sekundärtugenden vollauf zur Geltung kommen konnten: Er war der geborene Vermittler, der aufgrund seines Formats und seiner Herkunft für die Neuankömmlinge sprechen konnte, infolge seiner Vergangenheit als langjähriger Urlauber auf der Insel aber auch von der alteingesessenen Wohnbevölkerung akzeptiert werden konnte. Im Herbst 1950 wurde er deshalb von der Ortssektion des „Heimatbundes Deutscher Ostvertriebener" einstimmig als Flüchtlingsbeauftragter der Stadt Westerland vorgeschlagen.[14]

An den dunklen Punkten in Reinefarths Vergangenheit zeigte sich kaum jemand interessiert. Und dies, obwohl durchaus bekannt war, dass er innerhalb der SS einen hohen Rang bekleidet und bei der Niederschlagung des Warschauer Aufstandes eine entscheidende Rolle gespielt hatte. Aber darauf kam es nicht entscheidend an. Reinefarth war der einnehmende Zeitgenosse, der eine steilere Karriere hinter sich hatte als die allermeisten anderen, jemand, bei dem in der zeitgenössischen Wahrnehmung allein schon das Ritterkreuz Zeugnis davon ablegte, dass er sich bewährt haben musste, kurzum: eine eindrucksvolle Persönlichkeit, die weiterhin bereit war, anzupacken, und dies durchaus nicht nur in öffentlichkeitswirksamer Form. So sprach sich beispielsweise schnell herum, dass er sich nicht zu schade war, mittellose Vertriebene unentgeltlich juristisch zu beraten.[15]

Vor diesem Hintergrund ging der schnelle gesellschaftliche Wiederaufstieg von Heinz Reinefarth vonstatten. 1950 erneut zur Rechtsanwaltschaft zugelassen und somit von den drängendsten materiellen Sorgen befreit,[16] wurde er als Mitglied des „Blocks der Heimatvertrie-

13 Vgl. Frank Rosemann: Westerland. 100 Jahre Stadt – 150 Jahre Bad. Westerland 2005, S. 162; Thomas Steensen: Nordfriesland im 19. und 20. Jahrhundert. In: Nordfriisk Instituut in Zusammenarbeit mit der Stiftung Nordfriesland (Hrsg.): Geschichte Nordfrieslands. Bredstedt 1996^{2}, S. 381.

14 Vgl. Marti (Anm. 1), S. 103f.

15 Vgl. ebd., S. 104.

16 Vgl. Zulassungsurkunde zur Rechtsanwaltschaft vom 13.11.1950, LASH Abt. 786, Nr. 1543.

benen und Entrechteten" (BHE)[17] bereits ein Jahr später in die Stadtvertretung und kurz darauf auch in den Magistrat von Westerland gewählt.[18] Die Kommunalwahlen verliefen nicht nur für Reinefarth selbst erfolgreich, sondern gerieten, genau gleich wie die Landtagswahlen im Jahr zuvor, zu einem landesweiten Triumphzug seiner Partei. Möglich waren die Kommunalwahlen erst geworden, nachdem der aus dem Stand zur stärksten Kraft im Kieler Landtag avancierte BHE deren Vorverschiebung zu einer quasi unverhandelbaren Bedingung für die anstehenden Koalitionsverhandlungen mit der CDU gemacht hatte. Die politische Integration der Flüchtlinge in Schleswig-Holstein sei erst gewährleistet, so die BHE-Argumentation, wenn sie auch auf Kreis- und Gemeindeebene so schnell wie möglich angemessen repräsentiert seien. Davon konnte ein Jahr später fürwahr die Rede sein, mehr noch: Die Wahlgänge von 1950 und 1951 markieren auf Landes- und Kommunalebene insgesamt einen politischen Paradigmenwechsel: Die SPD, politische Vorreiterin in Schleswig-Holstein während der Ära des Neubeginns der späten 1940er-Jahre, trat die Macht an CDU, BHE, FDP und Deutschkonservative ab.[19] Es begann das Zeitalter der Restauration (bereits damals zutreffend auch als „Renazifizierung" bezeichnet), formal repräsentiert beispielsweise durch die Tatsache, dass die neue Landesregierung mit einer Ausnahme aus lauter ehemaligen NSDAP-Mitgliedern bestand, politisch manifestiert durch die Annahme des „Gesetzes zur Beendigung der Entnazifizierung" durch den Kieler Landtag im Jahr 1951.[20]

Der vorläufige Höhepunkt von Reinefarths zweiter Karriere kündigte sich an, als der parteilose bisherige Bürgermeister Fritz Lobsien unter dem breiten Vorwurf schwacher Amtsführung seinen Dienst kurz nach den Kommunalwahlen quittierte. Die vielfältigen und drängenden Probleme der Gemeinde Westerland, mit einer dramatischen finanziellen Schieflage und der weiterhin nicht nachhaltig gelösten Flüchtlingssituation an vorderster Stelle, ließen den möglichen Umstand einer längeren kommissarischen Führung oder gar Vakanz des Bürger-

17 Zur Geschichte dieser für die schleswig-holsteinische Politik der 1950er-Jahre so prägenden politischen Gruppierung vgl. Franz Neumann: Der Block der Heimatvertriebenen und Entrechteten 1950–1960. Ein Beitrag zur Geschichte und Struktur einer politischen Interessenpartei. Meisenheim 1968; Eva-Maria Rott: Der Block der Heimatvertriebenen und Entrechteten (BHE) in Schleswig-Holstein 1950 bis 1957 (Magisterarbeit). Kiel 2001. Längere Abschnitte sind u. a. zu finden bei: Heinz Josef Varain: Parteien und Verbände. Eine Studie über ihren Aufbau, ihre Verflechtung und ihr Wirken in Schleswig-Holstein 1945–1958. Köln u. a. 1964; Richard Stöss (Hrsg.): Parteien-Handbuch: Die Parteien der Bundesrepublik Deutschland 1945–1980. Opladen 1986; Michael Freund: Heimatvertriebene und Flüchtlinge in Schleswig-Holstein. Ein Beitrag zu ihrer gesellschaftspolitischen Bedeutung als Bundes- und Landtagsabgeordnete (Dissertation). Kiel 1975; Thomas Schäfer: Die Schleswig-Holsteinische Gemeinschaft 1950–1958. Mit einem Beitrag zur Entstehung des „Blocks der Heimatvertriebenen und Entrechteten" (Quellen und Forschungen zur Geschichte Schleswig-Holsteins, Bd. 92). Neumünster 1987. Der besseren Lesbarkeit halber wird die Partei in diesem Beitrag auch in Bezug auf die Zeit nach der 1952 vollzogenen Namensänderung in „Gesamtdeutscher Block/Bund der Heimatvertriebenen und Entrechteten" (GB/BHE) weiterhin als „BHE" bezeichnet.

18 Vgl. Sylter Rundschau vom 23.04.1951, 30.04.1951 und 17.05.1951.

19 Vgl. Schäfer (Anm. 17), S. 47–65; Rott (Anm. 17), S. 155.

20 Vgl. Robert Bohn: „Schleswig-Holstein stellt fest, dass es in Deutschland nie einen Nationalsozialismus gegeben hat." Zum mustergültigen Scheitern der Entnazifizierung im ehemaligen Mustergau. In: Demokratische Geschichte Band 17 (2006), S. 173–186, hier S. 173–176.

meisteramts als unhaltbar erscheinen. Eile war somit das Gebot der Stunde. Unter maßgeblicher Orchestrierung des sozialdemokratischen Urgesteins Andreas Nielsen rückte Reinefarth rasch als Hoffnungsträger in den Mittelpunkt. Ihm wurde weitherum zugetraut, über die notwendigen Eigenschaften und Fähigkeiten zu verfügen, die Stadtverwaltung im bestmöglichen Interesse der gesamten Einwohnerschaft Westerlands auszuüben und das Nordseebad in eine bessere Zukunft zu führen.[21] Störfeuer waren lediglich von Seiten des SSW und der SPD zu verzeichnen, mit unterschiedlichen Konnotationen: Kam der Opposition der SPD eher der Charakter einer alltagspolitischen Routineaktion zu, hatte das Insistieren des SSW schon eher eine persönliche Note. Dabei wurde auch Reinefarths SS-Vergangenheit für viele Jahre zum ersten und zugleich letzten Mal öffentlich thematisiert.[22] Dies verhinderte letztendlich nicht die Wahl, sorgte aber dafür, dass sich der Betroffene am Abend der Kür am 5. November 1951 im Westerländer Kursaal vor zahlreich aufmarschiertem Publikum zu einigen Klarstellungen veranlasst sah. Bezeichnenderweise war es mitnichten das geschichtsmächtige Wirken während des Warschauer Aufstandes, das einer Minderheit der Zuhörerschaft überhaupt erklärungsbedürftig schien, sondern der hohe SS-Rang und der 1942 im Vorfeld seiner Initiation in den Kreis von Himmlers Führungskorps erfolgte Kirchenaustritt. Reinefarth verstieg sich in seinen Ausführungen zu der Behauptung, den SS-Rang habe er als neu ernannter Polizeigeneral angleichungsmäßig erhalten, überhaupt sei er hauptamtlich nie Mitglied der SS gewesen. Den Kirchenaustritt tat er mit dem Verweis auf einen angeblichen privaten Streit mit dem Pfarrer seiner früheren Kirchengemeinde ab.[23] Daraufhin wurde Reinefarth – gegen zwei auswärtige Mitbewerber, die sich der Form halber ebenfalls hatten präsentieren dürfen – von Andreas Nielsen zur Wahl vorgeschlagen. Die fünf SPD-Stadtvertreter sowie zwei der vier SSW-Abgeordneten stimmten gegen ihn. Dazu kamen zwei Enthaltungen der beiden anderen SSW-Vertreter sowie seine eigene als zur Wahl stehender Kandidat. Die anderen elf Stimmen hingegen entfielen auf Reinefarth. Dieser war damit komfortabel gewählt und für die „Sylter Rundschau" schien klar, dass „wohl alle das Gefühl hatten, daß nunmehr der richtige Mann am richtigen Platz steht". Auch dem Wunsch des amtierenden Bürgervorstehers Otto Schmidt-Hannover schloss sich das Lokalblatt nur zu gerne an: „Gute und Reine-Fahrt für alle Zukunft!"[24]

Reinefarth als Stadtvater von Westerland – diese Konstellation passte, und sie tat es für etliche Jahre. Die Hintergründe ihres Zustandekommens zu skizzieren ist notwendig, um die gesellschaftlichen und sozialpsychologischen Mechanismen nachvollziehen zu können, die Reinefarths politische Karriere erst möglich machten. Ihre Anfänge gründeten auf einer Kombination aus akuter sozialer Not und einem Klima ausgesprochener Politikverdrossenheit, Verhältnisse, in welchen Handlungskraft und Führungsstärke um ein Vielfaches stärker gewichtet wurden als eine reine Weste: „Wir wollen alle miteinander, nie gegeneinander arbeiten.

21 Vgl. Marti (Anm. 1), S. 110.

22 Vgl. Sylter Rundschau vom 30.10.1951, 03.11.1951, 05.11.1951.

23 Vgl. Sylter Rundschau vom 06.11.1951.

24 Sylter Rundschau vom 06.11.1951.

[...] Unsere Arbeit ist nüchtern-sachliche Hausväterarbeit. Politik gehört nicht aufs Rathaus. Je mehr die Grenzen der Fraktionen sich vermischen, desto besser. [...] Wir sitzen alle im gleichen Boot! Es treibt in höchster Seenot. In solcher Lage nützt kein Parteiprogramm, und es ist töricht, bewährte Kräfte als Mitruderer auszuschalten, weil sie nicht in der Rudergruppe V eingestuft sind oder keiner Ruderergewerkschaft [sic] angehören. Hier hilft nur eins: Sich gemeinsam in die Riemen zu legen!"[25] Dies waren die Worte Schmidt-Hannovers, eines deutschkonservativen Monarchisten[26], der sich während der NS-Jahre nach Sylt in die innere Emigration zurückgezogen hatte, bei seiner Antrittsrede als Bürgervorsteher. Sie waren nicht direkt auf Reinefarth gemünzt, drückten aber eine generelle Haltung aus, der sich die Allermeisten anschlossen.

Reinefarths politische Laufbahn lässt sich relativ deutlich in zwei verschiedene Phasen unterteilen: Erstens in die von erfolgreichem Wiederaufbau geprägte Amtszeit als Bürgermeister von Westerland bis 1957[27], zweitens in die Jahre, in denen er zusätzlich für den BHE im Landtag saß, die aber insbesondere geprägt waren von der öffentlichen Skandalisierung seiner Person, von juristischen Ermittlungen, Beurlaubung und schrittweisem Rückzug aus seinen öffentlichen Funktionen. Ein weiterer Kontrast ist auffallend: Ging seine Wahl zum Bürgermeister in der Zeit der überwältigenden Anfangserfolge des BHE über die Bühne, erfolgte seine erfolgreiche Landtagskandidatur zum einem Zeitpunkt, als sich die Partei aufgrund des erfolgreichen Integrationsprozesses der Vertriebenen bereits in dem Stadium des fortgeschrittenen Zerfalls befand. Der BHE hatte als soziale Protestpartei geblüht, war Ende der 1950er-Jahre jedoch gleichsam Opfer seiner Erfolge geworden und war im Begriff, sich auf der Suche nach neuen Profilierungsmöglichkeiten zu einer rechten Sammlungspartei zu wandeln. Einige Exponenten hatten die Konsequenzen gezogen und den BHE Richtung CDU verlassen (darunter Waldemar Kraft und Theodor Oberländer). Im Landesverband gab nun Hans-Adolf Asbach den Ton an, von Ministerpräsident von Hassel kürzlich geschasster Sozialminister, der als ehemaliger Kreishauptmann im besetzten Generalgouvernement mitverantwortlich für die Ermordung von Tausenden von Juden gewesen war.[28] Von seinem Kieler Ministersessel aus hatte er über Jahre systematisch die Wiedereinstellung ehemaliger Nationalsozialisten in öffentliche Ämter betrieben und dabei auch die Karriere von Heinz Reinefarth intensiv gefördert.[29]

25 Zitiert nach: Sylter Rundschau vom 18.05.1951.

26 Vgl. zum Lebenslauf des Hugenberg-Vertrauten Otto Schmidt-Hannover: Maximilian Terhalle: Deutschnational in Weimar. Die politische Biografie des Reichstagsabgeordneten Otto Schmidt(-Hannover) 1888–1971. Köln u. a. 2009.

27 Vgl. Marti (Anm. 1), S. 115-121.

28 Vgl. dazu ausführlich Markus Roth: Herrenmenschen. Die deutschen Kreishauptleute im besetzten Polen – Karrierewege, Herrschaftspraxis und Nachkriegsgeschichte. Göttingen 2009, v. a. S. 396–409.

29 Bereits kurz nach Reinefarths Einzug in die politischen Gremien Westerlands hatte Asbach in seiner Funktion als Sozialminister der Gemeinde demonstrativ seine Aufwartung gemacht und damit die Position seines Protegés gestärkt. 1955 spielte er sogar mit dem Gedanken, Reinefarth als Bürgermeisterkandidat für die Stadt Flensburg zu lancieren. Interessanterweise zeigten sich anhand der Personalie Reinefarth jedoch bereits in den frühen 1950er-Jahren Risse innerhalb des BHE, die das spätere Auseinanderdriften der beiden Parteiflügel vorwegzunehmen schienen. So sprach Waldemar Kraft als schleswig-holsteinischer

Der Betroffene gehörte daher auch nicht zu denjenigen, die das sinkende Schiff BHE zu verlassen gedachten. Obwohl seine Fähigkeit, mit allen politischen Partnern gedeihlich und vertrauensvoll zusammenarbeiten zu können, zu den hervorgehobenen Auszeichnungen seines Wirkens als Gemeindeoberhaupt gehörte, reihte er sich auf Landesebene ohne erkennbare Opposition ein in einen zunehmend polemischen, kaum noch lösungsorientierten und sichtbar von persönlicher Verbitterung geprägten Kurs seines Ziehvaters Asbach. Was Reinefarth jedoch abging, war dessen polternde Art. Sprach Asbach etwa dem deutschen Parlament nach dem Nichtwiedereinzug des BHE bei der Bundestagswahl 1957 rundweg die Berechtigung ab, auch weiterhin über Fragen der Ostpolitik zu befinden,[30] argumentierte Reinefarth inhaltlich zwar auf der gleichen Linie, jedoch mit sanfterer Stimme: Er sah im BHE eine notwendige Kraft gegen eine angeblich drohende Diktatur des Zweiparteiensystems. Sich selbst betrachtete er als „gebranntes Kind" und „bekehrten Idealisten" und gerade deshalb als glaubwürdigen Vertreter einer Partei, deren Aufgabe es sei, als „Mahner" gegen hegemoniale Tendenzen im politischen Binnensystem zu wirken. Seine Grundorientierung machte er mit dem Hinweis offenbar, man dürfte sich vom Wirtschaftswunder nicht die Sinne vernebeln lassen und darum die Grundsätze von „Vaterland" und „Deutschtum" aus den Augen verlieren.[31]

Mit diesen politischen Versatzstücken schaffte Reinefarth im Herbst 1958 tatsächlich den Einzug in den vierten Kieler Landtag. Das Häuflein der Unverdrossenen um den selbstherrlichen Asbach aber war überschaubar geworden: Nur noch fünf Mitglieder zählte die BHE-Fraktion, hervorgegangen aus einer Landesliste, deren Zusammenstellung parteiintern zu heftigsten Verwerfungen geführt hatte und von Kai-Uwe von Hassel als Ansammlung „alte[r] SS-Leute und Obernazis"[32] betitelt worden war. In Bezug auf den Kandidaten Reinefarth bildete die erfolgreiche Wahl zu dem Zeitpunkt freilich nur noch ein Randthema. Der Einzug in den Landtag stellte vielmehr eine Facette einer viel größeren und für Schleswig-Holstein ungleich gewichtigeren Geschichte dar: Der öffentliche „Fall Reinefarth" um die Rolle des neuen Parlamentsmitglieds bei der Niederschlagung des Warschauer Aufstandes hatte eben begonnen.

Angefangen hatte alles mit einem plumpen Trick. Unter dem Vorwand touristischer Dokumentarfilmerei hatten zwei süddeutsche Kameraleute den Westerländer Bürgermeister bereits im Frühjahr 1957 auf Zelluloid gebannt und die harmlosen Aufnahmen hernach an das DDR-Filmemacher-Ehepaar Thorndike weitergereicht. Dort wurden sie in einen DEFA-Propagandastreifen mit dem Titel „Urlaub auf Sylt" eingebaut und früheren Aufnahmen Reinefarths sowie ihn belastenden NS-Dokumenten gegenübergestellt. Ziel des knapp 20-minüti-

Finanzminister in einer Kabinettssitzung davon, er habe vergeblich versucht, Reinefarth von einer Kandidatur als Bürgermeister von Westerland abzuhalten. Vgl. Marti (Anm. 1), S. 114, 124f.; Kabinettsprotokolle der schleswig-holsteinischen Landesregierung, Sitzung vom 23.10.1951, Mitteilungen des Ministerpräsidenten und der Minister, LASH Abt. 605.1, Nr. 5, Bl. 109.

30 Vgl. Roth (Anm. 28), S. 406.

31 Zit. nach: Sylter Rundschau vom 24.10.1959.

32 Zitiert nach: Mark Speich: Kai-Uwe von Hassel – Eine politische Biographie. Bonn 2001, hier S. 165.

gen Films sowie der Reihe „Archive sagen aus", zu der er gehörte, war es, personelle Kontinuitätslinien zwischen dem Dritten Reich und der Bundesrepublik anhand prominenter Persönlichkeiten herauszustreichen.[33] Der Vorgang war Teil einer groß angelegten Propagandakampagne gegen die BRD, letztere wiederum Ausdruck der innenpolitischen Krise der DDR im Vorfeld des Mauerbaus.[34]

Als das Werk im Herbst 1957 das Licht der Öffentlichkeit erblickte, waren die Reaktionen in Westdeutschland zunächst mau. Zu offensichtlich war der Propagandacharakter des Films, zu wenig hieb- und stichfest letztlich die vorgetragenen Anschuldigungen.[35] Ein Leserbrief änderte jedoch alles:[36] Abgedruckt im „Spiegel" zu Jahresbeginn 1958, ließ darin der 1944 in Warschau eingesetzte Wehrmachtsoffizier Hans Thieme eine persönliche Begegnung mit Reinefarth Revue passieren, anlässlich derer Letzterer die Bemerkung habe fallen lassen, er habe leider nicht genügend Munition, um alle Zivilisten „umzulegen"[37]. Thieme, ein angesehener Rechtshistoriker, Freiburger Hochschullehrer und Bruder eines NS-Widerstandskämpfers, verfügte offensichtlich über das notwendige Format und die Glaubwürdigkeit, um einer derart schwerwiegenden Anschuldigung Gewicht zu verleihen.[38]

Im März 1958 erreichte das Thema Reinefarth ein erstes Mal den Kieler Landtag. Dabei machte der sozialdemokratische Oppositionsführer Wilhelm Käber der Landesregierung relativ dezidiert klar, man werde in diesem Fall um Aufklärung nicht herumkommen und müsse dafür die geeigneten Voraussetzungen schaffen: „Ist es nicht geboten, den Bürgermeister einer schleswig-holsteinischen Stadt, dem grausamer Mord vorgeworfen wird, durch die Aufsichtsbehörde zu beurlauben?"[39] Innenminister Lemke jedoch, in dessen Zuständigkeitsbereich eine Umsetzung dieser unverblümten Forderung gefallen wäre, sah – auf die ein Jahrzehnt alten und zumindest seiner offiziellen Ansicht nach „eingehende[n] Untersuchungen"[40] des Spruchgerichtes rekurrierend – keinen dringenden Handlungsbedarf.[41] Doch damit war die Sache keineswegs ausgestanden. Zwar konnte eine Ausstrahlung von „Urlaub auf Sylt" auf ei-

33 Vgl. „Urlaub auf Sylt", Der Spiegel Nr. 50 vom 11.12.1957.

34 Vgl. dazu Heike Amos: Die Westpolitik der SED 1948/49–1961: „Arbeit nach Westdeutschland" durch die Nationale Front, das Ministerium für Auswärtige Angelegenheiten und das Ministerium für Staatssicherheit. Berlin 1999, S. 124–126, 258–267; Annette Weinke: Die Verfolgung von NS-Tätern im geteilten Deutschland. Vergangenheitsbewältigungen 1949–1969 oder: Eine deutsch-deutsche Beziehungsgeschichte im Kalten Krieg. Paderborn 2002, S. 141–160.

35 Vgl. „Urlaub auf Sylt", Der Spiegel Nr. 50 vom 11.12.1957.

36 Vgl. Leserbrief Hans Thieme, Der Spiegel Nr. 2 vom 08.01.1958.

37 Leserbrief Hans Thieme, Der Spiegel Nr. 2 vom 08.01.1958.

38 Zu Hans Thieme und seinen Erlebnissen in Warschau vgl. den auszugsweisen Abdruck seiner Kriegserinnerungen: Hans Thieme: Erinnerungen eines deutschen Stabsoffiziers an den Warschauer Aufstand. In: Bernd Martin/Stanisława Lewandowska: Warschauer Aufstand 1944 (Anm. 7), S. 301–307 (biografische Notiz S. 301).

39 Zitiert nach: Die WELT vom 31.03.1958.

40 Zitiert nach: Südschleswigsche Heimatzeitung vom 26.03.1958.

41 Vgl. ebd.

nem landesweiten britischen TV-Sender nach Intervention des Auswärtigen Amtes und mithilfe des früheren Hohen Kommissars Sir Ivone Kirkpatrick kurzfristig gestoppt werden[42], aber der entscheidende Schlag folgte unmittelbar im Anschluss: Andrew Thorndike, Co-Urheber des besagten Films, schickte die ihm vorliegenden Belastungsdokumente direkt an Lemke, sämtliche Landtagsfraktionen sowie an verschiedene Staatsanwaltschaften und Tageszeitungen.[43] Weniger durch selbigen Umstand als vielmehr durch die darauffolgende Presselawine veranlasst, sah Reinefarth nun selbst den Zeitpunkt gekommen, im übergeordneten Interesse eine juristische Aufklärung der Vorwürfe durch Antrag auf Beurlaubung von seinem Bürgermeisteramt zu erleichtern – nicht ohne jedoch im gleichen Zug öffentlich zu betonen, es könne sich bei den Unterlagen nur um Fälschungen handeln.[44]

Trotz solcher Äußerungen, die die anstehenden Nachprüfungen im Voraus zu einer lästigen Pflichtübung herabmindern sollten – eine Beurlaubung stellte ein starkes Signal dar. So sah das auch die Stadtverwaltung Westerlands, an welche Innenminister Lemke das ursprünglich an ihn gerichtete Gesuch mit Verweis auf das geltende Landesbeamtengesetz umgehend weitergereicht hatte. Die Verantwortung für die Handhabung einer Affäre, die inzwischen international beachtet wurde, lag damit in den Händen eines Kreises von Persönlichkeiten, die mit dem Angeschuldigten im Normalfall ein über Jahre gewachsenes und von gegenseitiger Wertschätzung und Verbundenheit geprägtes Verhältnis hatten. Aus dieser Konstellation erwuchs nun die Groteske, dass sich die Stadtvertretung weigerte, dem Ansinnen des eigenen Bürgermeisters zu folgen und sich dabei auf den Umstand berief, dass ein solch außergewöhnlicher Schritt nur im Falle von Amtsverfehlungen überhaupt in Betracht gezogen werden könne. Dass Lemke auf Empfehlung von Käber der Kommune die Beurlaubung dringend nahelegte, war für die Gemeindepolitiker nicht entscheidend. Dann jedoch brachte erheblicher Druck von Käber zunächst die SPD-Stadtvertreter zum Einlenken. Aber erst als aus Kiel Signale kamen, das Ermittlungsverfahren würde zur Not auch ohne Beurlaubung eingeleitet, und zudem Landesgeschäftsführer Pusch im Sinne von Hassels sowie der örtliche Landtagsabgeordnete Claussen intensiv auf die Westerländer CDU-Abgeordneten einredeten, gab auch die Mehrheitsfraktion der Stadtvertretung klein bei und ermöglichte damit, dass Reinefarths Gesuch nach einwöchigem Ringen formell entsprochen werden konnte.[45]

Das unverzüglich aufgenommene juristische Ermittlungsverfahren gegen Heinz Reinefarth fiel in die Zuständigkeit der Staatsanwaltschaft Flensburg und war eine Farce. Nach wenigen

42 Vgl. Marti (Anm. 1), S. 131f.

43 Der Verteiler ist aus dem Briefkopf einer beliebigen Kopie ersichtlich, so etwa in dem Schreiben Thorndikes an den Generalstaatsanwalt beim Hanseatischen Oberlandesgericht Hamburg vom 17.07.1958, LASH Abt. 354, Nr. 11199.

44 Vgl. Marti (Anm. 1), S. 135.

45 Vgl. Marti (Anm. 1), S. 135f.; vgl. zur Beurlaubung Reinefarths auch Bernd Kasten: „Das Ansehen des Landes Schleswig-Holstein". Die Regierung von Hassel im Umgang mit Problemen der nationalsozialistischen Vergangenheit 1954–1961. In: Zeitschrift der Gesellschaft für Schleswig-Holsteinische Geschichte 118 (1993), S. 267–284, hier S. 271.

Wochen wurde es ergebnislos eingestellt. Hans Thieme erhielt zwar Gelegenheit, seine Sicht der Dinge darzustellen, sah sich von den Ermittlungsbeamten jedoch mehr oder weniger niedergebügelt und seine Aussagen zerpflückt.[46] Demgegenüber erhielten die entlastenden Bekundungen des Kriegsverbrechers Erich von dem Bach-Zelewski sowie anderer schwer belasteter deutscher Zeugen ein erhebliches Gewicht zugesprochen.[47] Bach-Zelewski, Reinefarths Vorgesetzter in Warschau und darüber hinaus eine von Himmlers prominentesten Führungspersönlichkeiten bei der grausamen Umsetzung der NS-Vernichtungspolitik an der Ostfront, hatte alle seine früheren belastenden Aussagen gegen Reinefarth widerrufen sowie zudem den Schwerpunkt der Massentötungen wahrheitswidrig auf den Warschauer Stadtteil Ochota verlegt und damit an den Einsatzort der Einheit Kaminski, die Reinefarth angeblich nicht unterstellt gewesen sei.[48] Reinefarth selbst muss Wind bekommen haben von dem aus seiner Sicht günstigen Verlauf der Ermittlungen und holte noch während des Verfahrens öffentlich zum Gegenschlag aus. Trotz Beurlaubung als Bürgermeister mitten im Landtagswahlkampf stehend, legte er einmalig seinen Schafspelz ab: Nach einer ersten Spitze gegen Thieme, dessen Anhörung dem Vernehmen nach absolut nichts Ergiebiges zutage gefördert habe, höhnte er weiter. Seine Aussage zur der Munitionslage sei strafrechtlich ohne Belang, denn die Knappheit habe ja eben zur Folge gehabt, dass die betroffenen Menschen nicht umgebracht wurden: „Gewiß, es war unanständig von mir, aber die Leute sind ja nicht umgelegt worden! Darauf kommt es an! Daß ich widerrechtlich getötet hätte, kann auch dieser Herr aus Freiburg nicht beweisen."[49] Mit ähnlichem Tonfall trat er bei einer Sitzung des Kreistags Südtondern auf, wo er daraufhin nach Bericht der Sylter Rundschau mit einer spontanen Ovation bedacht wurde.[50] Anfang Oktober 1958 wurde Reinefarth von der Staatsanwaltschaft Flensburg in Kenntnis gesetzt, dass die Ermittlungen eingestellt worden seien. Konnte der Betroffene seine wenige Tage zuvor erfolgte Wahl in den Landtag ohne Beanspruchung von Immunität annehmen, ermöglichte das Timing der Justizbehörde, sich von dem möglichen Vorwurf zu befreien, man habe das Verfahren im Angesicht des Wahlgangs absichtlich verzögert.[51]

Wie aber war mit dem Faktum umzugehen, dass ein – wenn nicht juristisch, so doch nach der öffentlichen Meinung – mit einem Massenverbrechen in direktem Zusammenhang stehender ehemaliger SS-General als gewählter Volksvertreter im Kieler Landtag saß? Seitens der überregionalen Presse wurde mit Kritik nicht gespart, und dies durchaus nicht nur bei linksliberalen Medien. So konstatierte etwa die Frankfurter Allgemeine Zeitung, es bleibe trotz offensichtlicher Grenzen des strafrechtlichen Zugriffs „skandalös, daß ein Mann, der auch nur entfernt in solche Vorgänge [die Verbrechen während der Aufstandsniederschlagung] verwickelt war, in unserem Lande ein öffentliches Amt bekleidet und sogar einen Sitz in einer Volksver-

46 Vgl. Vermerk über den Verlauf der Vernehmung des Zeugen Prof. Dr. Thieme, LASH Abt. 354, Nr. 11219.

47 Vgl. Aktenvermerk zur Einstellungsverfügung der Ermittlungen gegen Reinefarth zum Komplex Warschau, 01.10.1958, Bl. 62, LASH Abt. 354, Nr. 11201.

48 Vgl. Vernehmung Erich von dem Bach-Zelewski vom 29.08.1958, Bl. 7f., LASH Abt. 354, Nr. 11200.

49 Zitiert nach: Frankfurter Rundschau vom 25.09.1958.

50 Vgl. Sylter Rundschau vom 27.08.1958.

51 Vgl. Marti (Anm. 1), S. 150.

tretung erlangt".[52] Dass Reinefarth selbiges überhaupt angestrebt habe, zeuge von Skrupellosigkeit, beschleunige im Endeffekt jedoch bloß den unaufhaltsamen Niedergang des BHE.

Der Landtag ging derweil zur Tagesordnung über und nahm die Geschäfte der neuen Legislaturperiode auf, ohne den Fall Reinefarth vorerst öffentlich zu verhandeln. Recht bald aber sollten die aufgestauten Emotionen an die Oberfläche geraten. Den Anlass hierzu bildete eine Veranstaltung des Landesjugendrings Schleswig-Holstein, bei welcher der Landesbeauftragte für staatsbürgerliche Bildung, Oberregierungsrat Dr. Ernst Hessenauer, von der Zuhörerschaft nach seiner Haltung zur beobachtbaren Zunahme von vormals höheren Nationalsozialisten in öffentlichen Ämtern des Landes Schleswig-Holstein gefragt wurde. Hessenauer sprach in seiner Replik zwar einerseits vom uneingeschränkten „Recht auf politischen Irrtum"[53], machte andererseits aber klar, dass es eine Belastung für die Bonner Demokratie sei, wenn die Integration derart weit getrieben werde, dass am Ende Persönlichkeiten wie Reinefarth zu einem Mandat in einem Landesparlament gelangten.[54] Hessenauer ging so weit, die politische Tätigkeit Reinefarths als „Todsünde für die Demokratie"[55] zu bezeichnen und ferner als Faktor, der das deutsche Ansehen im Ausland mit einem Schlag schwer schädige.[56]

Damit war der Brandsatz gelegt, an ein Aussitzen der Affäre war nun nicht mehr zu denken. In einer scharfen und an von Hassel adressierten Reaktion verurteilte zunächst der BHE-Abgeordnete Gille Hessenauers Positionsbezug als „üble parteipolitische Hetze"[57] aus dem Munde eines Landesbeamten,[58] um dann kurze Zeit später anlässlich einer Schulexkursion in das Landeshaus seinerseits zum Gegenangriff überzugehen: Der ehemalige Soldat Reinefarth, setzte Gille den heranwachsenden Lernenden auseinander, stelle auch heute noch ein leuchtendes Beispiel für die deutsche Jugend dar. Die Vorwürfe, Kriegsverbrechen begangen zu haben, seien „lediglich Verleumdungen der Kommunisten"[59]. Während der bei der Veranstaltung ebenfalls anwesende CDU-Abgeordnete Klinker sich in Floskeln flüchtete und davon sprach, die Aufstellung Reinefarths zur Landtagswahl sei „formal korrekt gewesen"[60], verlangte der für die SPD zugegene Landesvorsitzende Damm erregt, die Diskussionsrunde auf der Stelle abzubrechen.[61] Der Vorfall zog bei den beiden Volksparteien offizielle Stellungnahmen der Fraktionsvorsitzenden nach sich. Dabei schob die CDU dem BHE die alleinige Schuld an der verfahrenen Situation zu: Der BHE, so Fraktionschef Mentzel, habe es zu verantworten,

52 Frankfurter Allgemeine Zeitung vom 09.10.1958.
53 Zitiert nach: „Universitäts-Hörsaal als Tribunal", Die ZEIT Nr. 51 vom 19.12.1958.
54 Vgl. ebd.
55 Zitiert nach: Kasten (Anm. 45), S. 272.
56 Vgl. ebd.
57 Gille an von Hassel vom 27.11.1958, LASH Abt. 605, Nr. 2626 (Dokumentensammlung Reinefarth der Landeskanzlei).
58 Vgl. ebd.
59 Zitiert nach: Der Mittag vom 28.11.1958.
60 Ebd.
61 Vgl. ebd.

dass Reinefarth in den Landtag eingezogen sei. Sein Stellvertreter Gerlich fügte immerhin hinzu, es sei bedauerlich, dass viele derer, die heute protestierten, seinerzeit die Bürgermeisterwahl auf Sylt nicht kommentiert hätten, wollte aber auch betont haben, es könne nicht sein, dass jemand, der in der Zeit des Dritten Reiches eine höhere Funktion ausgeübt habe, deshalb „bis zu seinem Lebensende disqualifiziert sei".[62] Damm dagegen legte noch einmal nach, bezeichnete das Votum Gilles als „politische Geschmacklosigkeit"[63] und drohte – mit Bezug zu einer leisen Ermahnung von Kultusminister Osterloh an die Adresse seines Untergebenen Hessenauer – sogar einen Rückzug der SPD aus der staatsbürgerlichen Bildung an, sollte sich herausstellen, dass der Landesbeauftragte seinen Dienst nicht unabhängig versehen könne.[64]

An dem Punkt hielt von Hassel es für geboten, seine landesväterliche Zurückhaltung abzulegen und namens des CDU-Landesvorstandes eine Erklärung zum Fall Reinefarth abzugeben. Damms Wink erschien im Lager des Ministerpräsidenten als deutlicher Hinweis darauf, dass die SPD geneigt war, die Affäre Hessenauer-Reinefarth politisch zu instrumentalisieren, um auf diesem Feld schließlich „eine Festlegung der CDU auf bestimmte der SPD genehme Normen zu erreichen". Käber strebe letzten Endes „eine gemeinsame Bewusstseinsbildung über Fragen der inneren Entwicklung der Bundesrepublik" an. Eine öffentliche Stellungnahme müsse daher einen Kontrapunkt zum SPD-Umgang mit der Kontroverse setzen, dürfe jedoch keineswegs den Eindruck erwecken, man nehme übertrieben Rücksicht auf den BHE.[65] In der umgehend veröffentlichten Verlautbarung stellte sich von Hassel hinter Osterloh und stützte dessen mäßigendes Einwirken auf Hessenauer. Die Formulierung des Landesbeauftragten sei zu weit gegangen und er, von Hassel, lege „Wert darauf [...], dass der Schlußstrich unter die Entnazifizierung im Lande Schleswig-Holstein, der vom Gesetzgeber gezogen worden ist, auch durch die Beamten des Landes respektiert werde".[66]

Der Versuch, auf diesem Weg das geschichtspolitische Heft des Handelns wieder an sich zu reißen, ging allerdings gründlich schief. Kritik kam nicht nur vonseiten der überregionalen Presse, sondern wurde auch in Schleswig-Holstein und selbst in der eigenen Partei geäußert. Eine große Zahl privater Protestschreiben erreichte in der Folge die Landeskanzlei. Nicht selten bekannten sich die Verfasser zu ihrer CDU-Nähe, um dergestalt ihre Enttäuschung zu unterstreichen über ebenden entstandenen Eindruck, den von Hassel hatte verhindern wollen: die Wahrnehmung eines taktierenden CDU-Ministerpräsidenten, der mit Blick auf das potentielle Wählerpotential des untergehenden BHE bereit war, Hessenauers mutigen und wegweisenden Vorstoß ins Leere laufen zu lassen.[67] Verunsichert durch die breite Kritik, ruderte

62 Pressestelle der schleswig-holsteinischen Landesregierung, Protokoll eines Pressegesprächs mit dem CDU-Fraktionsvorstand vom 25.11.1958, LASH Abt. 605, Nr. 2626.

63 Pressestelle der schleswig-holsteinischen Landesregierung, Protokoll eines Pressegesprächs bei Oppositionsführer Käber vom 28.11.1958, Bl. 3f., LASH Abt. 605, Nr. 2626.

64 Vgl. ebd.

65 Zitate aus: Notiz für Herrn Ministerpräsident von Hassel vom 29.11.1958, ebd.

66 Erklärung des CDU-Landesverbandes Schleswig-Holstein zu der Auseinandersetzung Hessenauer-Gille-Käber um Reinefarth vom 29.11.1958, ebd.

67 Vgl. Marti (Anm. 1), S. 158–160.

von Hassel im Norddeutschen Rundfunk zurück und stellte klar, er sei in der Sache durchaus auf Hessenauers Seite. Hingegen missbillige er, dass dieser das Problem auf die Person Reinefarth zugespitzt habe, obwohl es keinerlei rechtlich haltbare Einwände gegen dessen Landtagsmandat gebe.[68]

Dem im Raum stehende Kerndilemma, nämlich wie eine junge Demokratie mit Altlasten umgehen soll, die den Geist der neuen Ordnung nicht repräsentieren, jedoch auf demokratischem Weg in ihre Positionen gelangt waren, begegnete von Hassel folgerichtig mit einer streng legalistischen Herangehensweise: „Demokratische Gesinnung und die Anerkennung demokratisch zustande gekommener Gesetze bedingen einander. Dürfen wir das eine um des andern willen einfach ignorieren? Das ließe keine gesittete Gesellschaftsordnung, das ließe auch kein Rechtsstaat zu."[69] Die mediale Reaktion folgte auf dem Fuß: Von Hassel sei unfähig, zwischen formalrechtlichem Gerüst und demokratischem Geist zu unterscheiden,[70] beziehungsweise auf bestem Weg, die Fehler der Weimarer Republik zu wiederholen: Auch selbige sei „nicht zuletzt daran gescheitert, daß sie allzusehr auf die Wahrung der formalen Rechtmäßigkeiten bedacht war". Die demokratisch fühlende junge Generation sehe nun betroffen zu, „wie die ältere Generation, widerwillig zwar, doch hilflos, ein bei aller Legalität undemokratisches Exempel statuiert".[71] Die angesprochene Hilflosigkeit äußerte sich indes nicht nur im Positionsbezug von Hassels, sondern auch im Verhalten des Landtages insgesamt: So wurden aus Anlass von Reinefarths erster Wortmeldung als Landtagsabgeordneter unter SPD-Vertretern zwar Boykottabsichten diskutiert, letztlich aber nicht umgesetzt und das aufgeladene Ereignis stattdessen mit förmlichen Erklärungen aller Fraktionen umrahmt.[72]

Bei all dem ist hervorzuheben, dass sich die Monate andauernde Kontroverse in erster Linie an Reinefarths früherem SS-Rang entzündete, während die Niederschlagung des Warschauer Aufstandes den Aufhänger darstellte, mit welchem das Wirken des Protagonisten im Dritten Reich assoziiert wurde, aber nicht mehr. Vereinzelt wurde zwar aus dem gebotenen Anlass medial reflektiert, „daß der letzte Krieg – vor allem seine Jahre im Osten – alles andere als ein ritterliches Spiel, mit leider vorkommenden Unfairnessen"[73] gewesen sei. Dass aber der Krieg, seine historischen Wurzeln und sein Gesamtkontext nicht zur Debatte standen und dass auch die Aufstandsniederschlagung letztlich als eine der Eigenlogik eines nicht weiter hinterfragten Handlungsrahmens geschuldete Maßnahme gesehen wurde, widerspiegelte sich nicht nur in polemischen Leserbriefen, sondern unmissverständlich auch in der reflektierteren Anschauung von Hans Thieme: „In der damaligen Situation – tausende braver deutscher Soldaten waren in dem Hexenkessel der aufständischen Stadt eingeschlossen und wur-

68 Vgl. Speich (Anm. 32), S. 210.

69 Zitiert nach: Ebd.

70 Vgl. Hamburger Abendblatt vom 13.12.1958.

71 Der Mittag vom 20.12.1958.

72 Vgl. Hamburger Abendblatt vom 17. und 18.12.1958.

73 Flensburger Presse vom 16.10.1958.

den z. T. grausam niedergemacht – konnte gar nicht anders gehandelt werden, wenn man überhaupt den Krieg fortsetzen wollte. [...] Man wird dies alles, worauf sich Herr Reinefarth bestimmt berufen wird, also von vornherein in Rechnung stellen müssen, damit man nicht nachher gezwungen ist, eine eigene Verkennung der Situation einzuräumen. Vielmehr wird man, wie ich dies von Anfang an zu tun bemüht war, nur die offenkundigen Ausschreitungen gegen Wehrlose und Unbeteiligte beanstanden dürfen [...].“[74] Der Fall Reinefarth, Ausgabe des Jahres 1958, stellte zuvorderst eine frühe öffentliche Auseinandersetzung mit der Vergangenheit der Diktatur dar, nicht mit dem Vernichtungskrieg.

So heftig der Sturm um Reinefarth getobt hatte, so ruhig wurde es um ihn in den darauffolgenden Jahren. Zurück aus der Beurlaubung nahm er seine Amtsgeschäfte als Bürgermeister mit aller Kraft wieder auf, hielt sich demgegenüber aber in seinem parlamentarischen Wirken auf Landesebene merklich zurück. Für seine einzige Legislaturperiode als Volksvertreter sind bloß ein gutes Dutzend Wortmeldungen dokumentiert, die zumeist um kommunalpolitische Geschäfte kreisten.[75] Reinefarth war ein geduldeter Hinterbänkler, der allerdings bei einer Gelegenheit prominent hervortrat: Nachdem Schleswig-Holstein um 1960 aufgrund zahlreicher personeller Affären um ehemalige Nationalsozialisten, Kriegs- und Menschlichkeitsverbrecher mit dem Attribut eines „Schlupfwinkel[s] für die braune Pest“[76] versehen bundesweit in die Negativschlagzeilen und die Landesregierung unter erheblichen Rechtfertigungsdruck geraten war, war sein Fall einer derjenigen, die in der Regierungserklärung von Hassels vom 16. Januar 1961 verhandelt wurde. Der Ministerpräsident strich dabei die Bemühungen der mit den jeweiligen Fällen betrauten Untersuchungsbehörden heraus, um vor einer nationalen und internationalen Öffentlichkeit darzustellen, dass die Probleme erkannt seien und nach bestem Wissen und Gewissen angepackt würden.[77] Direkt an die Adresse von Reinefarth gerichtet vergaß er dabei nicht zu erwähnen, dass seine persönliche Haltung „über die maßgebliche Mitwirkung früherer hoher SS-Führer in der deutschen Politik“ in der Öffentlichkeit hinlänglich bekannt sein dürfte.[78] Von Hassels Befreiungsschlag implizierte für den Angesprochenen deshalb, dass er im landespolitischen Kontext fortan praktisch auf Bewährung agierte, ein zweiter Fall Reinefarth also mit hoher Wahrscheinlichkeit gleichbedeutend mit dem Ende von dessen öffentlicher Laufbahn sein würde.

74 Thieme an Richard Hansen, 02.08.1958, LASH Abt. 354, Nr. 11223. Hansen war ein Kieler Sozialdemokrat und ehemaliger Sopade-Grenzsekretär, mit dem Thieme privat korrespondierte.

75 Vgl. Schleswig-Holsteinischer Landtag. 4. Wahlperiode. Fundstellenverzeichnis der Stenographischen Berichte über die 1.–84. Sitzung (27. Oktober 1958 bis 22. August 1962). Kiel 1962, S. 54f.

76 Zitiert nach: Uwe Danker/Astrid Schwabe: Schleswig-Holstein und der Nationalsozialismus. Neumünster 2005, S. 183.

77 Vgl. Speich (Anm. 32), S. 216f.

78 Stenographischer Bericht des Schleswig-Holsteinischen Landtages, 4. Wahlperiode, 55. Sitzung am 16.01.1961, S. 1894f.

So trug sich auf der Bühne des Kieler Landtages am Ende alles sehr schnell zu: Die Recherchearbeiten des Historikers Hanns von Krannhals[79] für dessen Monografie zum Warschauer Aufstand[80] hatten im Verlauf des Jahres 1961 nebst zahllosen weiteren Belastungsindizien ans Licht gebracht, dass Reinefarth seinerzeit auch den Chef der 9. Armee, von Vormann, hochoffiziell über die Munitionsknappheit und das aus seiner Sicht daraus resultierende praktische Problem, sämtliche Gefangenen zu erschießen, fernmündlich in Kenntnis gesetzt hatte. Damit war die Möglichkeit, wonach es sich bei Hans Thiemes Überlieferung des exakt gleichen Sachverhaltes um eine Übertreibung oder zumindest ein Missverständnis gehandelt haben könnte, mit einem Schlag selbst unter Anlegung juristischen Beweiskriterien sehr unwahrscheinlich geworden. Auf Insistieren von Justizminister Leverenz beantragte die Flensburger Justizbehörde deshalb umgehend die sofortige Aufhebung von Reinefarths parlamentarischer Immunität. Der Landtag kam diesem Begehren am 27. September 1961 einstimmig nach. Was die politische Öffentlichkeit drei Jahre zuvor in heftigen Aufruhr versetzt und landauf, landab die Leitartikel gefüllt hatte, bot zumindest im schleswig-holsteinischen Parlament keinen Diskussionsstoff mehr.[81] Formal zu Ende ging Reinefarths Zeit als Volksvertreter im Jahr darauf, als er sich – entgegen der ursprünglichen Absicht – trotz faktischer Kaltstellung erst relativ kurzfristig nicht mehr zur Wiederwahl stellte.

Auf kommunaler Ebene dagegen sollten sich die Rückzugsgefechte noch ein Jahr länger erstrecken. Selbst nach zwei Jahren der erneuten Beurlaubung vom Amt des Bürgermeisters und ohne Aussicht auf ein baldiges Ende der juristischen Ermittlungen bedurfte es dennoch des eindringlichen Zuredens vonseiten des zuständigen Landrates Petersen sowie der Abteilung kommunale Aufsicht im Innenministerium, um die Westerländer Stadtoberen zur Einsicht zu bringen, mit der Abwahl des hoch geschätzten Bürgermeisters nicht mehr länger zu warten und das Geschäft auf die Tagesordnung der Stadtvertretung zu setzen. Im Juli 1963 war dieser Akt schließlich vollzogen – begleitet von öffentlich geäußertem Bedauern, aber einstimmig.[82]

Reinefarth, zum Zeitpunkt seines Ausscheidens aus dem öffentlichen Dienst im 60. Altersjahr stehend, verbrachte einen sorgenvollen und unruhigen Lebensabend. Die 1961 von neuem aufgenommenen juristischen Ermittlungen wurden weitaus gründlicher geführt als das Alibi-

79 Zum ambivalenten Lebenslauf von Hanns von Krannhals, Historiker, NS-Kulturpolitiker, Polenexperte der bundesdeutschen Geschichtszunft der 1950er- und 1960er-Jahre und vielbeschäftigter Gutachter bei NS-Verfahren vgl. u. a. Julia Wahnschaffe: Die Rezeption des Warschauer Aufstands 1944 als Spiegelbild der deutsch-polnischen Beziehungen (Magisterarbeit). Freiburg i. Br. 2006, S. 36–50.

80 Die erste deutschsprachige Gesamtdarstellung über den Warschauer Aufstand war wegweisend, weil sie die deutsche Schuld an den vor allem zu Beginn des Aufstandes verübten Gräueltaten erstmals wissenschaftlich unterstrich. Der Hauptvorwurf richtete sich dabei gegen die Reinefarth unterstellten Einheiten. Das Buch gilt nach wie vor als Standardwerk, ist jedoch – insbesondere in Bezug auf die apologetische Darstellung der Rolle der beteiligten Wehrmachtseinheiten – in Teilen nicht mehr mit dem heutigen Forschungsstand vereinbar. Vgl. Hanns von Krannhals: Der Warschauer Aufstand 1944. Frankfurt a. M. 1962.

81 Vgl. hierzu das Unterkapitel „Neue Fakten“ in: Marti (Anm. 1), S. 171–184.

82 Vgl. „Ende einer öffentlichen Laufbahn“, ebd., S. 184–191.

Verfahren vom Herbst 1958 und zehrten an seiner Kraft. Sie wurden 1967 eingestellt, wobei das Fazit der Staatsanwaltschaft durchschimmern ließ, wie sehr die sorgsam zusammengetragenen, zahlreichen Belastungsindizien jeweils zugunsten Reinefarths ausgelegt worden waren: „Nach allem ist daher trotz mancherlei Umstände, die auf eine mögliche Tatbeteiligung des Angeschuldigten hinweisen, der zu einer Anklageerhebung erforderliche hinreichende Tatverdacht nicht begründet."[83] Sorgte die Nachricht in Polen für große Empörung, hatte sich das Interesse an dem Fall in Deutschland mittlerweile weitgehend gelegt. Zu lange hatten sich die Ermittlungen hingezogen, zu viele aufsehenerregende NS-Verfahren, die auch tatsächlich in Prozesse und Schuldsprüche mündeten, hatten das öffentliche Interesse an der juristischen Vergangenheitsbewältigung in der Zwischenzeit befriedigt und einen gewissen Sättigungseffekt bewirkt.[84] Reinefarth lebte in der Folge zurückgezogen auf Sylt, praktizierte wiederum als Rechtsanwalt, musste jedoch einen erneuten Rückschlag hinnehmen, als ihm 1971 wegen seiner NS-Belastung die Wiederzulassung zum Notar vor dem Bundesgericht in letzter Instanz verweigert wurde. Ängste, von Einzelpersonen oder Interessengruppen an der staatlichen Gewalt vorbei per Selbstjustiz für seine geschichtliche Rolle zur Rechenschaft gezogen zu werden, gesellten sich hinzu, gesundheitliche Probleme und stille Verbitterung taten ein Übriges. 1979 starb er, lokal in breiten Kreisen für seine Verdienste unverändert geschätzt, aber dennoch mit dem Makel des durch scheinbar tragische Umstände öffentlich Verstoßenen.[85] Blieb die Person von Heinz Reinefarth in Polen stets mit der traumatischen Erinnerung an den Warschauer Aufstand verbunden und daher im kollektiven Gedächtnis präsent, wurde seine Geschichte zum Zeitpunkt des Hinschieds in Deutschland schon längere Zeit nicht mehr und auf Sylt – damals und fortan – höchstens noch hinter vorgehaltener Hand erzählt.

Das Schweigen brach 2013/14 unter anderem als Folge der wissenschaftlichen Aufarbeitung seiner Karriere und löste auf Sylt einen erinnerungskulturellen Paradigmenwechsel aus.[86] Im Rahmen dieser Debatte beschäftige sich auch der Kieler Landtag noch einmal mit einem seiner umstrittensten früheren Mitglieder. Aus Anlass des 70. Jahrestages des Warschauer Aufstandes drückte er sein tiefstes Bedauern aus darüber, „dass es nach 1945 in Schleswig-Holstein möglich werden konnte, dass ein Kriegsverbrecher Landtagsabgeordneter wird" und bat die Opfer und ihre Angehörigen um Verzeihung für die während der Aufstandsniederschlagung deutscherseits begangenen und von Heinz Reinefarth maßgeblich mitzuverantwortenden Gräueltaten.[87]

83 Aktenvermerk zum Antrag der Staatsanwaltschaft Flensburg auf Außerverfolgungssetzung Reinefarths an die Große Strafkammer beim Landgericht Flensburg, 22.11.1966, LASH Abt. 354, Nr. 11217, Bl. 356.

84 Die Anatomie des zweiten Reinefarth-Verfahrens – etwa die vielfältigen juristischen Beweggründe, die zu der Außerverfolgungssetzung führten – kann hier nicht ausgeleuchtet werden. Vgl. dazu die beiden Kapitel „Die juristische Aufarbeitung des Warschauer Aufstandes im Spannungsfeld von rechtspolitischen Erwägungen und historischer Faktizität" sowie „Aufarbeitung ohne Anklage: Schwierigkeiten und Tendenzen einer ermittelnden Behörde" in: Marti (Anm. 1), S. 191–265.

85 Vgl. „Epilog: Selbstwahrnehmungen und wandelnde öffentliche Beurteilung eines prominenten Nationalsozialisten und Kriegsverbrechers" in: ebd., S. 265–274.

86 Zu den Hintergründen vgl. etwa: „Der fürchterliche Sylter", Der Tagesspiegel vom 02.08.2014.

87 Vgl. Pressemitteilung 69/2014 des Schleswig-Holsteinischen Landtages vom 10.07.2014.

Klaus-Detlev Godau Schüttke

Justizpersonalpolitik in Schleswig-Holstein nach 1945 – eine Skizze

Im Zentrum des vorliegenden Beitrags steht – überblickgebend – die Personalpolitik in der schleswig-holsteinischen Justiz nach 1945 bis Mitte der 1950er-Jahre. Dazu werden exemplarisch Karrieren von Justizjuristen sowie Ministerialbeamten im Justizministerium nachgezeichnet, sofern ihnen Verantwortung für Personalentscheidungen oblag. Da die im genannten Zeitraum durchgeführte Personalpolitik maßgeblich beeinflusst wurde durch den parallel erfolgten Prozess der Entnazifizierung, wird diese im Folgenden zunächst in ihren Grundzügen, dabei die Landes- und Bundesebene berücksichtigend, umrissen werden, um anschließend anhand von Fallbeispielen konkrete personelle Entscheidungen und in Teilen ihre Aus- und Nachwirkungen zu skizzieren.

1. Die Entnazifizierung in Schleswig-Holstein und auf Bundesebene

Nach dem Zweiten Weltkrieg gehörte Großbritannien neben den USA, der UdSSR und Frankreich zu den Siegermächten, die sich zeitweilig im Alliierten Kontrollrat vereinigt hatten, um innerhalb dieses Gremiums ihre Besatzungspolitik wie auch eine Denazification (Entnazifizierung) zu koordinieren. Letztere berührte dabei – nicht nur im Bereich der Justiz – Fragen der Wiedereinstellung ehemaliger NS-Bediensteter: Entsprechend eines vom Kontrollrat erlassenen Gesetzes vom 30. Oktober 1945 sollten in der britischen Zone (und damit u. a. in Schleswig-Holstein) im Justizbereich insbesondere diejenigen ehemaligen NS-Juristen ihren Dienst nicht wieder aufnehmen dürfen, die sich als Mitglieder der NSDAP „aktiv für deren Tätigkeit eingesetzt“[1] oder die „an den Strafmethoden des Hitlerregimes direkten Anteil“[2] hatten – dies bedeutete, dass kein kompletter Austausch der Eliten in diesem Bereich angestrebt wurde.[3]

In dieser Besatzungszone kam es zu keiner „Stunde Null“, da der „Stillstand der Rechtspflege“[4] nur bis Juni/Juli 1945 andauerte:[5] Die britischen Besatzungsbehörden ernannten im Sommer

1 Gesetz Nr. 4 zur Umgestaltung des Gerichtswesens. Abgedruckt in: Amtsblatt des Kontrollrats Nr. 2 vom 30.11.1945, S. 26f.

2 Ebd.

3 Diese Politik verfolgten aber nur die Westmächte; die UdSSR in ihrer Besatzungszone entließ alle ehemaligen Justizjuristen. Vgl. hierzu Clemens Vollnhals (Hrsg.): Entnazifizierung – Politische Säuberung und Rehabilitierung in den vier Besatzungszonen 1945–1949. München 1991, hier S. 43ff.

4 Vgl. Hans Wrobel: Verurteilt zur Demokratie. Justiz und Justizpolitik in Deutschland. Heidelberg 1989, hier S. 94ff.

5 Zu den Hintergründen vgl. Joachim R. Wenzlau: Der Wiederaufbau der Justiz in Nordwestdeutschland 1945–1949. Königstein/Ts. 1979, hier S. 55 m. Anm. 5; S. 105 m. Anm. 4.

1945 zunächst Oberlandesgerichtspräsidenten und Generalstaatsanwälte, die mit ihrer Zustimmung den personellen Wiederaufbau der Justiz bewerkstelligen sollten. Schon im Oktober 1945 setzten diese Spitzenjuristen aufgrund des großen Arbeitsanfalls in der Justiz die Einführung einer „Huckepack-Regel"[6] durch: Jeder im Zuge der Entnazifizierung als „unbelastet" Eingestufter konnte „gewissermaßen huckepack einen formell Belasteten in den Justizdienst schleusen".[7] Welche Konsequenzen diese Maßnahme hatte, ist noch nicht untersucht worden.[8]

Insgesamt verfolgten die britischen Besatzer kein konsequentes Konzept für die Entnazifizierung – so bestand dieses vielmehr aus einem „ständigen Wechselbad von nicht selten widersprüchlichen Anweisungen".[9] Es gab in ihrem Besatzungsgebiet z. B. keine Registrierungspflicht für die gesamte Bevölkerung; die Entnazifizierung beschränkte sich im Wesentlichen auf den öffentlichen Dienst und auf die Justiz[10], wobei jeder Betroffene einen Fragebogen[11] auszufüllen hatte, in dem u. a. der Lebenslauf und die Parteizugehörigkeit anzugeben waren. Außerdem konnten Entlastungs- bzw. Leumundszeugnisse eingereicht werden – diese verspottete man aber angesichts ihres überwiegend euphemistischen Inhalts schon bald als sogenannte „Persilscheine"[12]. Die Entscheidung über eine Entlassung bzw. Wiederverwendung trafen die britischen Besatzer mangels konkreter Vorgaben letztlich schematisch.[13] Um planvoller vorgehen zu können, bildeten sie Anfang 1946 erstmals deutsche Entnazifizierungsausschüsse, in die „Antinationalsozialisten"[14] berufen wurden, um die Entnazifizierung gutachtlich vorzubereiten.[15]

Eine individuellere Begutachtung[16] sollte dann über die Verordnung Nr. 79 vom 24. Februar 1947 erreicht werden, mit der Gruppierungen eingeführt wurden: I (Verbrecher/Hauptschuldige), II (Übeltäter/Schuldige), III (Geringere Übeltäter/Belastete), IV (Anhänger/Mitläufer), V (Entlastete Personen/Entlastete).[17] Diese Verordnung läutete den Schluss der von

6 Wenzlau (Anm. 5), S. 129. Zu den weiteren Einzelheiten vgl. ebd., S.129ff.

7 Ebd., S. 130.

8 Ansätze hierzu bei ebd., S. 130ff.

9 Vollnhals (Anm. 3), S. 24.

10 Vgl. ebd., S. 27f.; vgl. auch Justus Fürstenau: Entnazifizierung – Ein Kapitel deutscher Nachkriegspoltik. Neuwied/Berlin 1969, hier S. 121.

11 Justizangehörige mussten einen „spezial Fragebogen" ausfüllen, der den juristischen Lebenslauf betraf (hierzu im Einzelnen Wenzlau (Anm. 5), S. 119ff.).

12 Wrobel (Anm. 4), S. 148.

13 So wurden z. B. diejenigen entlassen, die vor dem 01.04.1933 in die NSDAP eingetreten waren (Vollnhals (Anm. 3), S. 25f.).

14 Fürstenau (Anm. 10), S. 50f.

15 Grundlage war die Kontrollratsdirektive Nr. 24 vom 12.01.1946 (Amtsblatt des Kontrollrats in Deutschland 1946, S. 98). Hierauf fußend, erließen die Briten die Zonen-Instruktion Nr. 3 mit drei Kategorien: „ 1. Muss entlassen werden 2. kann entlassen werden 3. ist einwandfrei", (hierzu Vollnhals (Anm.3), S. 27).

16 Hierzu Fürstenau (Anm. 10), S. 104.

17 Verordnung Nr. 79: „Einteilung von weniger gefährlichen Nationalsozialisten in Kategorien" (Amtsblatt der Militärregierung Deutschland, Britisches Kontrollgebiet, Nr. 16, S. 422ff.). Grundlage war die Kontrollratsdirektive Nr. 38 vom 12.10.1946 (Amtsblatt des Kontrollrats für Deutschland, S. 184ff.).

den Briten zu verantwortenden Entnazifizierung ein, über die für den Bereich Justiz keine gesicherten statistischen Zahlen vorliegen.[18] Mit Verordnung Nr. 110 vom 1. Oktober 1947 übertrugen die Briten schlussendlich die Durchführung der Entnazifizierung mit Ausnahme der Gruppen I und II auf die Länder und damit auch auf Schleswig-Holstein;[19] sie bildete somit die Ermächtigungsgrundlage für das „Gesetz zur Fortführung und zum Abschluss der Entnazifizierung" vom 10. Februar 1948,[20] nach dessen § 12 „Periodische Überprüfungen" konnten Belastete (III) und Mitläufer (IV) „nach Ablauf eines Jahres" dahingehend überprüft werden, ob eine „andere Einstufung" möglich sei – diese Regelung, auch Bewährungsklausel genannt, hatte in der Regel die Einstufung in Gruppe V (Entlastete) zur Folge.[21]

Für die Personalpolitik war allerdings § 48 Abs. 2 des Gesetzes von entscheidenderer Bedeutung: Entlastete „sind auf ihren Antrag wieder einzustellen" heißt es dort. Justizjuristen hatten damit, unabhängig von ihrer tatsächlichen Belastung, einen einklagbaren Anspruch auf Wiederherstellung ihrer alten Rechte.[22] Dieses so bezeichnete „48er-Gesetz" hatte aber nicht lange Bestand; es wurde abgelöst durch das „Gesetz zur Beendigung der Entnazifizierung" vom 17. März 1951.[23] Der Name dieses Gesetzes drückte aus, was die seit dem 5. September 1950 amtierende Landesregierung (CDU, FDP, DP, BHE) beabsichtigte: Es sollte mit der Entnazifizierung endgültig Schluss sein.[24] Der damalige Fraktionsvorsitzende des BHE (Bund der Heimatvertriebenen und Entrechteten), Alfred Gille, sprach das aus, was mit dem Gesetz bezweckt und auch erreicht wurde: Nach dem Gesetz seien „doch mit wenigen Ausnahmen alle der Gruppe V gleichzustellen"[25]. Wie bereits im „48er-Gesetz" geregelt, erhielten damit alle in Gruppe V eingereihten ehemaligen NS-Justizjuristen einen Anspruch auf Wie-

18 Ansätze sind vorhanden bei Vollnhals (Anm. 3), S. 28ff.

19 Durch Verordnung vom 23.08.1946 wurde die Provinz Preußen aufgelöst und u. a. das Land Schleswig-Holstein gegründet (Amtsblatt der Militärregierung Deutschland – Britisches Kontrollgebiet 1946, Nr. 46, S. 305f.).

20 Gesetzes- und Verordnungsblatt für Schleswig-Holstein (GVOBl. Schl.-H.) 1948, S. 33ff.

21 Vgl. die Beispiele bei Klaus-Detlev Godau-Schüttke: „Ich habe nur dem Recht gedient." Die Renazifizierung der Schleswig-Holsteinischen Justiz nach 1945. Baden-Baden 1993, hier S. 42ff.

22 Die Verordnung „über die Behandlung von der Entnazifizierung betroffener Richter" vom 04.01.1949 (Verordnungsblatt für die Britische Zone. Amtliches Organ zur Verkündung von Rechtsverordnungen der Zentralverwaltungen (VOBl. Britische Zone). 1949, S.15) bot der Justizverwaltung aber die Möglichkeit, einen Richter in den „Wartestand" zu versetzen, dessen „Unterbringung nicht möglich oder nicht angängig" war. Diese Verordnung galt aber nur bis zum Stopp der Entnazifizierung im November 1950. Von dieser Verordnung ist nach den bisherigen Recherchen nur in einem Falle (Richter Rogge) Gebrauch gemacht worden (vgl. Godau-Schüttke (Anm. 21), S. 48ff.; Personalakte Rogge, LASH Abt. 786, Nr. 218).

23 Gesetzes- und Verordnungsblatt für Schleswig-Holstein (GVOBl. Schl.-H.) 1951, S. 85ff.

24 Das „51er-Gesetz" bestimmte dann auch (§ 1 Abs. 1), dass „Entnazifizierungsverfahren mit dem Ziel der Einstufung in die Gruppen III, IV oder V [...] nicht mehr zulässig" sind. Die Kernvorschrift lautete (§ 2): „Wer auf Grund des [Gesetzes von 1948] in die Gruppen III oder IV [...] eingereiht worden ist, erhält [...] vom Inkrafttreten dieses Gesetzes an die Rechtsstellung der Gruppe V."

25 Wortprotokolle des Schleswig-Holsteinischen Landtages, 2. Wahlperiode, 54. Tagung, 16.12.1952, S. 281. Insoweit kann festgestellt werden, dass in Schleswig-Holstein im Zeitraum 1946–1950 niemand in die Gruppen I oder II fiel (Zahlen bei Uwe Danker/Astrid Schwabe: Schleswig-Holstein und der Nationalsozialismus. Neumünster 2005, S. 175).

derverwendung.[26] Um ihre Vergangenheit endgültig zu kaschieren, wurden ihre Personalakten von Amts wegen „gereinigt"[27]: Belastende Passagen (z. B. die Parteizugehörigkeit) wurden auf Wunsch überklebt und Seiten mit inkriminierenden Angaben über die Tätigkeit im Dritten Reich entfernt; die Anzahl der entnommenen Seiten wurde auf einem gesonderten Verfügungsblatt vermerkt.

Auch auf Bundesebene wurde nur wenige Wochen später der Prozess der Entnazifizierung durch das „Gesetz zur Regelung der Rechtsverhältnisse der unter Artikel 131 des Grundgesetzes fallenden Personen" vom 11. Mai 1951[28] für beendet erklärt.[29] Dieses Gesetz – auch „131er-Gesetz" genannt – hatte „eine fast vollständige Wiederherstellung der personellen Kontinuitäten vor allem in den Bereichen der Justiz und der öffentlichen Verwaltung"[30] zur Folge: So bot das Gesetz auch jenen, die im Rahmen der Entnazifizierung als Hauptschuldige (Gruppe I) oder Schuldige (Gruppe II) eingestuft worden waren, eine Chance zur beruflichen Rehabilitierung,[31] wenngleich ihr Anteil von den infrage kommenden Anspruchsberechtigten „weniger als ein halbes Prozent"[32] betrug. Als am 10. April 1951 das Gesetz den Bundestag bei nur zwei Stimmenthaltungen[33] passiert hatte, sprach Bundestagspräsident Ehlers von einer „Flurbereinigung für die Zukunft"[34].

2. Der personelle Wiederaufbau der Justiz unter britischer Leitung (1945–1946)

Bereits lange vor der Beendigung des Zweiten Weltkrieges hatten die britischen Besatzer Überlegungen zu einer möglichen Strukturierung des künftigen Justizwesens in Deutschland angestellt. So organisierten sie ihre Besatzungspolitik durch die „Legal Division of the Control Commission for Germany/British Element". Innerhalb dieser Institution war „The Ministry of Justice Branch" für den gesamten Aufbau der Justiz in der britischen Zone zuständig.[35] In ei-

26 § 2 des Gesetzes vom 17.03.1951 in Verbindung mit § 48 Abs. 2 des Gesetzes vom 10.02.1948.

27 Diese Aktenreinigung fußte auf zwei Erlassen vom 23.09.1952 (Amtsblatt für Schleswig-Holstein 1952, S. 396) und vom 18.12.1952 (Amtsblatt für Schleswig-Holstein 1953, S. 2).

28 BGBl. 1951 I, S. 307ff.

29 Wegen der Einzelheiten vgl. Norbert Frei: Die Anfänge der Bundesrepublik und die NS-Vergangenheit. München 1996, hier S. 69ff.

30 So Torben Fischer/Matthias M. Lorenz: Lexikon der „Vergangenheitsbewältigung" in Deutschland – Debatten- und Diskursgeschichte des Nationalsozialismus nach 1945. Bielefeld 2009[2], S. 94f.

31 Vgl. Frei (Anm. 29), S. 72.

32 Ebd., S. 73 m. Anm. 11.

33 Vgl. Gerhard Fieberg (Hrsg.): Im Namen des Deutschen Volkes – Justiz und Nationalsozialismus. Katalog zur Ausstellung des Bundesministeriums der Justiz. Köln 1998[5], S. 363. Damit hatten auch die Abgeordneten der KPD – die noch nicht verboten und im Bundestag vertreten war – für das Gesetz gestimmt.

34 Frei (Anm. 29), S. 83 m. Anm. 43.

35 Vgl. Wenzlau (Anm. 5), S. 75f.; in der Literatur wird nur von „Legal Division" gesprochen.

nem Planspiel hatten dessen Mitarbeiter zunächst radikale Maßnahmen vorgesehen: „Die Schließung der deutschen Gerichte auf zehn Jahre, die Einführung einer Kolonialjustiz und die zwischenzeitliche Erziehung einer neuen Richtergeneration."[36] – Die Durchsetzung war allerdings an den beiden übrigen Westmächten gescheitert, sodass die Politik der Entnazifizierung eingeleitet wurde.

So blieben die Gerichte in den Westzonen nach der Kapitulation im Mai 1945 nur für kurze Zeit geschlossen; schon im Juni/Juli 1945 wurden die Gerichte nach und nach wieder geöffnet. Insbesondere für die Bekämpfung der Schwarzmarktkriminalität wurden nun Staatsanwälte und Richter benötigt; zunächst aber mussten die Spitzenpositionen in der Justiz besetzt werden. Zur Vorbereitung hatte der britische Geheimdienst bereits vor der Kapitulation mithilfe emigrierter deutscher Juristen „neben schwarzen Listen [belastete Personen] auch [...] weiße Listen [unbelastete Personen]"[37] angefertigt, auf welche die Mitarbeiter des „Ministry of Justice Branch" (auch „Legal Division" genannt) nach Kriegsende zurückgreifen konnten, wobei sie auf Kuhnt stießen, den die britische Militärregierung am 7. Juli 1945 mit der verwaltungsmäßigen Wahrnehmung der Geschäfte des Oberlandesgerichtspräsidenten in Kiel beauftragte.[38] Dessen Schwerpunkt lag im Personalbereich und betraf (vorbehaltlich der Genehmigung durch die britischen Besatzer) Ernennungen, Versetzungen, Beförderungen und Pensionierungen von Richtern; Oberlandesgerichtspräsidenten waren in dieser Phase zudem den Generalstaatsanwälten übergeordnet.

Jener Gottfried Kuhnt (Jahrgang 1884) hatte bereits in der Weimarer Republik Karriere gemacht:[39] 1921, im Alter von nur 37 Jahren, wurde er Ministerialrat im preußischen Justizministerium unter dem langjährigen Justizminister Hugo am Zehnhoff (Deutsche Zentrumspartei). Seit 1926 war Kuhnt Mitglied der linksliberalen Deutschen Staatspartei (DDP) und bekannte sich voll und ganz zur Republik. Er bildete insoweit eine Ausnahme im überwiegend republikfeindlich eingestellten Heer der Justizjuristen. Im Jahr 1927 erfolgte seiner juristischen Befähigung entsprechend und durch am Zehnhoff gefördert im Alter von nur 43 Jahren die Beförderung zum Oberlandesgerichtspräsidenten in Kiel. Mit den administrativen Maßnahmen ab April 1933 wurde er im Rahmen der Aussonderung politisch nicht genehmer oder jüdischer Richter, Staatsanwälte und Beamte durch das „Gesetz zur Wiederherstellung des Berufsbeamtentums"[40] entlassen, da er aufgrund seiner bisherigen politischen Betätigung aus Sicht der Nationalsozialisten offenbar nicht mehr die Gewähr dafür bot, jederzeit rückhaltlos für den nationalen Staat einzutreten (§ 4 des Gesetzes).[41]

Der „Bund Nationalsozialistischer Deutscher Juristen" in Kiel ließ es sich in diesem Zusammenhang nicht nehmen, in einem mehrseitigen Pamphlet am 2. Mai 1933 die Stimmung in

36 Zitiert nach Wenzlau (Anm. 5), S. 98.

37 Ebd., S. 55 m. Anm. 5; S. 105 m. Anm. 4.

38 Einzelheiten bei Godau-Schüttke (Anm. 21), S. 29ff.

39 Angaben aus der Personalakte Kuhnt, LASH Abt. 786, Nr. 121 II.

40 RGBl. 1933 I, S. 175f.

41 Nach seiner Entlassung war er noch wenige Monate Senatspräsident am Oberlandesgericht Düsseldorf, ehe er endgültig in den Ruhestand versetzt wurde.

den dortigen Juristenkreisen zu verdeutlichen:[42] Kuhnt habe Justizbeamte und Richter, welche für die NSDAP offen eingetreten seien, nicht vor Angriffen der roten Presse in Schutz genommen.[43] Seine Mitgliedschaft im Republikanischen Club in Kiel beweise seine treue Anhängerschaft zum früheren System. Darauf verließ Kuhnt die Stadt Kiel und kehrte erst nach Kriegsende dorthin zurück; sein Beitritt zur CDU war sein Bekenntnis zum Aufbau eines demokratischen Gemeinwesens. Zurück in Kiel traf er viele seiner ehemaligen Kollegen wieder, die zwischenzeitlich im Dritten Reich beruflich erfolgreich gewesen waren – Kuhnt war also Insider und daher für die britischen Besatzungsbehörden ein wichtiger Helfer.

Ob er ein konsequenter Verfechter der britischen Entnazifizierungspolitik war, kann hier nicht analysiert werden; Zweifel sind aber angebracht, wenn die nachfolgende von ihm mitbeeinflusste Personalentscheidung beleuchtet wird.[44]

Am 22. Mai 1933 berichtete Landgerichtsdirektor Günther Scheer (Landgericht Kiel) dem amtierenden preußischen Justizminister Hanns Kerrl (NSDAP), der die dortige Justiz „gesäubert" – also Demokraten und Juden aus ihren Ämtern entfernt – hatte,[45] über ein Gespräch mit Kuhnt; eine für den bereits entlassenen Kuhnt nicht ungefährliche Situation. Scheers Zeilen belegen dabei seine eigene nationalsozialistische Gesinnung:

Kuhnt habe ihm, Scheer, im Gespräch erklärt, „dass er mit gleicher Offenheit und Förmlichkeit noch eine andere Angelegenheit mit mir besprechen möchte. Ihm sei mitgeteilt worden, dass ich an zwei Mitgliederversammlungen der NSDAP teilgenommen hätte. Ich erwiderte, dass ich [...] viele öffentliche nationalsozialistische Versammlungen besucht hätte [...]. Um nicht unaufrichtig zu sein, glaubte ich aber mit meiner Überzeugung nicht zurückhalten zu dürfen und bekannte mich mit längerer Begründung zu den Anschauungen und Zielen der nationalsozialistischen Bewegung. Herr [...] Kuhnt hörte mich aufmerksam an, ohne sich selbst zu äußern. Nur als ich darlegte, dass für mich in den Versammlungen die Beobachtung der starken seelischen und erzieherischen Einwirkung des Nationalsozialismus auf die Menschen immer wieder ein besonderes Erlebnis sei, warf er ein, dass er selbst hierüber kein Urteil habe, da er noch in keiner nationalsozialistischen Versammlung gewesen sei [...]."[46]

Scheer (Jahrgang 1883), der bereits 1930 zum Landgerichtsdirektor ernannt worden war, hatte seinen beruflichen Zenit bereits überschritten und machte bis 1945 keine weitere Karriere.

Es lässt sich zwar nicht feststellen, ob und wann Kuhnt von diesem Bericht Kenntnis erlangte, er war es jedoch, der den britischen Besatzern mit Erfolg vorschlug, die freie Stelle am Oberlandesgericht (OLG) mit Scheer zu besetzen, den diese bereits im August 1945 wieder zum Landgerichtsdirektor ernannt hatten, da er kein Mitglied der NSDAP gewesen war. Am

42 Abschrift in Personalakte Kuhnt, LASH Abt. 786, Nr. 121 II.

43 Vgl. Wulf Pingel: Kuhnt, Gottfried. In: Biographisches Lexikon für Schleswig-Holstein und Lübeck. Bd. 11, Neumünster 2000, S. 217–221, hier S. 219.

44 Angaben aus: Personalakte Kuhnt, LASH Abt. 786, Nr. 121 II; Personalakte Scheer, LASH Abt. 786, Nr. 275.

45 Ernst Klee: Das Personenlexikon zum Dritten Reich. Wer war was vor und nach 1945? Darmstadt 2003, S. 305.

46 Personalakte Kuhnt, LASH Abt. 786, Nr. 121 II.

22. November 1945 wurde Scheer dann Vizepräsident des Oberlandesgerichts – damit war ein (wie aus oben angeführter Quelle ersichtlich wird) augenscheinlich überzeugter Nationalsozialist zweiter Mann am höchsten ordentlichen Gericht in Schleswig-Holstein geworden.

Die Spitze der Staatsanwaltschaft wiederum besetzten die britischen Besatzer im Juli 1945 mit Goswin Dörmann, der seit 1919 als Staatsanwalt tätig war. Auch er war kein Mitglied der NSDAP gewesen und hatte sich zudem bei den Nationalsozialisten unbeliebt gemacht: Unter anderem wegen seiner Weigerung, den „Deutschen Gruß" zu zeigen, war er nach einer Denunziation bei der Gestapo nach Berlin strafversetzt worden, von wo er erst 1944 wieder an die Kieler Staatsanwaltschaft zurückkehren konnte. Er hatte also noch Glück gehabt.[47]

Doch auch ehemalige Parteigenossen und Ankläger am Sondergericht Kiel gingen unter den Briten wieder ihren Berufen nach. – Zwar galt ein Jurist mit einer derartigen Vergangenheit im Rahmen der Entnazifizierungsverfahren nach offizieller Lesart als „belastet" und sollte seinen Dienst nicht wieder aufnehmen dürfen, jedoch war diese Regelung mit der Zeit abgeschwächt worden; hinsichtlich Betätigungen an Sondergerichten zeigten sich die britischen Besatzer sogar ausgesprochen „liberal".[48]

Diese „Großzügigkeit" kam Paul Thamm zugute, den die britischen Besatzungsbehörden am 15. Juli 1945 zum ersten Chef der Kieler Staatsanwaltschaft ernannten unter gleichzeitiger Beförderung zum Oberstaatsanwalt (später Leitender Oberstaatsanwalt).[49] Damit galt er als durch die Siegermacht entlastet und wurde später nicht mehr förmlich entnazifiziert. Dabei ist davon auszugehen, dass Thamm auf keiner weißen Liste der Legal Division gestanden haben kann; wer ihn empfohlen hatte, ergibt sich jedoch auch nicht aus seiner Personalakte.[50]

Jener Thamm war von April 1937 bis zur Kapitulation Anklagevertreter am Sondergericht Kiel gewesen; ab 1942 leitete er sogar die Abteilung für Sondergerichtssachen. Der damalige Generalstaatsanwalt Paul Kramberg, ein überzeugter Nationalsozialist, hatte die Meinung, dass Thamm „als Lenkungskraft schlechthin unentbehrlich"[51] war. In der Tat war dieser ein bedingungsloser und zum Teil gnadenloser Vollstrecker der nationalsozialistischen Strafjustiz[52] – seine Mitgliedschaft in der NSDAP (Eintritt 1933) kann in diesem Zusammenhang wohl nicht nur als formeller Akt angesehen werden.

47 Vgl. Godau-Schüttke (Anm. 21), S. 32f.

48 Edith Raim: Justiz zwischen Diktatur und Demokratie. Wiederaufbau und Ahndung von NS-Verbrechen in Westdeutschland 1945–1949. München 2013, hier S. 375.

49 Das Folgende aus Godau-Schüttke (Anm. 21), S. 149ff.

50 Es ist belegt, dass sich der damalige Kieler Oberbürgermeister Max Emcke (CDU) für ihn einsetzte. Vgl. Raim (Anm. 48), S. 375f. m. Anm. 2056f.

51 Schreiben des Generalstaatsanwalts Kramberg vom 07.03.1945 an den Reichsverteidigungskommissar, LASH Abt. 351, Nr. 1548.

52 Im Einzelnen dazu Godau-Schüttke (Anm. 21), S. 149ff.

Die Frage drängt sich also auf, warum die britischen Besatzer seine Ernennung beschlossen – denn nachdem sie ihn zum Chef der Kieler Staatsanwaltschaft gemacht hatten, schienen sie nähere Kenntnis über seine Beschäftigung als Ankläger vor dem Sondergericht erlangt zu haben, weshalb erneut eine Enthebung in Betracht gezogen wurde: „It is noticed from the Special Fragebogen that [...] Thamm has been a prosecutor at the Sondergericht [...]. This is regarded as a very serious matter and it is likely that [...] Thamm will have to be removed."[53] Thamm blieb jedoch im Amt, sicherlich auch weil sich beispielsweise der Kieler Oberbürgermeister für ihn eingesetzt hatte: „Er sei ein NS-Gegner gewesen, der das Los derjenigen erleichtert habe, die von der Gestapo verfolgt worden seien."[54] Thamm machte sich diese Behauptung verständlicherweise zu eigen; jedoch konnte er keine Hilfsaktionen durch Tatsachen plausibel beschreiben, geschweige denn beweisen. Dennoch beließ er es nicht dabei, sondern stilisierte sich zudem als Widerstandskämpfer: Mit einer Gruppe Gleichgesinnter habe er seit 1944 „Abend für Abend" Plakate bzw. Zettel mit der Aufschrift „Nieder mit Hitler – der Krieg ist verloren" in Kiel verbreitet – dies ist reine Fiktion.[55] Nichtsdestotrotz scheint er sich darauf verstanden zu haben, mit Oppositionellen in Kontakt zu treten und sie gelegentlich zu unterstützen.

Nach 1945 war Thamm eine der Hauptfiguren der schleswig-holsteinischen Justiz: So baute er zum einen die Kieler Staatsanwaltschaft auf, wobei er auf Staatsanwälte zurückgriff, die sich bereits vor 1945 „bewährt" hatten. Zum anderen war er ein begehrter Aussteller von Leumundszeugnissen – aus seiner Perspektive war es nur konsequent, auch diejenigen reinzuwaschen, die angesichts ihrer Belastung um ihre Entnazifizierung und damit um eine Anstellung als Staatsanwalt zu kämpfen hatten.[56] – Nach Erreichen der Altersgrenze trat Thamm 1969 in den Ruhestand.

Auch am Beispiel der folgenden Personalie wird deutlich, wie oberflächlich die britischen Besatzungsbehörden die Entnazifizierung in ihrer Zone durchführten und wie dicht das Netzwerk der ehemals am Sondergericht Kiel tätigen Juristen war: Johann-Nikolaus Fürsen (Jahrgang 1908) wurde 1938 zum Amtsgerichtsrat ernannt.[57] Ob sein Parteibeitritt 1937 nur aus

53 Raim (Anm. 48), S. 376 m. Anm. 2056.

54 Ebd., S. 376 m. Anm. 2057.

55 Einzelheiten bei Godau-Schüttke (Anm. 21), S. 149ff. Der Verfasser hat alle Beweismittel gewürdigt und ist zu dem obigen Ergebnis gekommen. Auch Thamm hat in einem persönlichen Gespräch mit dem Verfasser am 19.03.1992 seine Behauptungen nicht belegen können (vgl. Godau-Schüttke (Anm. 21), S.151 m. Anm. 8).

56 Näheres bei Godau-Schüttke (Anm. 21), S. 160.

57 Der Verfasser hat Fürsen als Referendar am Landgericht Kiel noch kennengelernt. Von den Referendaren wurde er angesichts seiner wohlwollenden Art schlicht „Opa Fürsen" genannt. Er war in unseren Augen eine Richterpersönlichkeit (Vorsitzender der 7. Zivilkammer und gleichzeitig Vizepräsident): souveräne, ruhige Verhandlungsführung; imposante Erscheinung ohne autoritäres Gehabe. Er gewann rasch das Vertrauen der Parteien und auch der Anwälte, die ganz offensichtlich froh waren, dass ihr Fall vor seiner Kammer verhandelt wurde. Wir Referendare, die wir keine Kenntnisse von seiner Vergangenheit hatten, begrüßten diese Atmosphäre. Er war unser Vorbild, bei dem wir uns gut aufgehoben fühlten. Ein Blick in die Personalakte von Fürsen im Jahr 1989 ergab allerdings ein anderes Bild. Vgl. Personalakte Fürsen, LASH Abt. 786, Nr. 769; Godau-Schüttke (Anm. 21), S. 53ff.

Opportunismus erfolgt war, ist zweifelhaft – denn als er im Januar 1941 als beauftragter Staatsanwalt zur Kieler Staatsanwaltschaft wechselte und sogleich mit der Bearbeitung von Sondergerichtssachen beauftragt wurde, tat er dies freiwillig; in seiner Personalakte sind jedenfalls keine Hinweise enthalten, die seinen Widerstand gegen eine derartige Abordnung belegen, was ohne persönliche Nachteile möglich gewesen wäre.[58] Fürsen blieb bis April 1942 Staatsanwalt beim Sondergericht. Seine dortige Arbeit lobte der bereits genannte Generalstaatsanwalt Kramberg als „hochwertige Arbeitskraft [...] unersetzbar"[59]. Dieser veranlasste wiederum auch seine UK-Stellung (also seine Unabkömmlichkeit); Fürsen war es also möglich, an der „Heimatfront" seinen Beitrag für die Strafrechtspflege zu leisten.

Bereits im Juli 1945 stellten die britischen Besatzer ihn ohne Überprüfung wieder als Staatsanwalt ein;[60] auch er wird auf keiner der weißen Listen gestanden haben – somit trug wohl das Netzwerk der ehemals beim Sondergericht Kiel tätigen Juristen seine Früchte: Thamm (s. o.) war bereits als Chef der Kieler Staatsanwaltschaft wieder aktiv und schwärmte dann auch von seinem Untergebenen mit den Worten: „Ein hervorragender, begabter [...] Sachbearbeiter [...]. Seit mehreren Monaten ist er als Abteilungsvorsteher eingesetzt und hat sich dieser Aufgabe in vollem Umfange gewachsen gezeigt."[61] In der Folge ging es mit der Karriere von Fürsen zügig voran: 1948 wechselte er ins Justizministerium unter gleichzeitiger Ernennung zum Landgerichtsdirektor, wo er Leiter der Abteilung 3 (Rechtswesen) wurde. Die politische Verantwortung hierfür trug der damalige Justizminister Rudolf Katz (SPD). Besonders problematisch war jedoch, dass man Fürsen zugleich noch eine weitere Aufgabe anvertraute – er wurde auch Personalreferent für die Staatsanwälte in der Abteilung 2. Damit saß er an einer Schaltstelle und konnte den personellen Aufbau der Staatsanwaltschaften beeinflussen; Positionen, die er bis Ende Dezember 1952 innehatte, um dann an das Landgericht Kiel zu wechseln, wo er 1958 bis zum Vizepräsidenten aufstieg.

Nach seinem Weggang aus dem Ministerium betonte Wolfgang Praetorius, seinerzeit dortiger Amtschef, Fürsens berufliche Kompetenz, seine humanistische Allgemeinbildung und Hilfsbereitschaft – wohingegen er wenige Jahre zuvor noch andere „Qualitäten" aufgewiesen zu haben scheint:[62]

So regte er beispielsweise ohne Not die *Einlegung der Nichtigkeitsbeschwerde* an, wenn ihm eine Verurteilung zu milde erschien[63] – ein nationalsozialistisches Rechtsinstitut, das auch den letzten Rest von Rechtssicherheit zerstörte; es „wurde im Laufe des Krieges zu einem Instrument, um die Strafrechtspflege rigoros zu verschärfen und das Regime durch Abschreckung und ‚Unschädlichmachung' zu sichern".[64] Fürsen legte die Nichtigkeitsbeschwerde

58 Vgl. Klaus-Detlev Godau-Schüttke: Der Bundesgerichtshof. Justiz in Deutschland. Berlin 2006², hier S. 314ff.

59 Godau-Schüttke (Anm. 21), S. 54 m. Anm. 65.

60 Die bereits erwähnte Verordnung Nr. 79 (Anm. 17) erwähnte keine Richter oder Staatsanwälte der Sondergerichte, so dass dieser Umstand bei der Entnazifizierung kein Hindernis war; so auch bei Fürsen.

61 Beurteilung vom 01.11.1946, in Personalakte Fürsen, LASH Abt. 786, Nr. 769.

62 Vgl. Dienstleistungszeugnis vom 19.12.1952, in Personalakte Fürsen, LASH Abt. 786, Nr. 769.

63 Siehe Godau-Schüttke (Anm. 21), S. 54ff.

64 Lothar Gruchmann: Justiz im Dritten Reich. Anpassung und Unterwerfung in der Ära Gürtner. München 1988, hier S. 1088; weitere Einzelheiten hierzu bei Godau-Schüttke (Anm. 58), S. 79ff.

etwa zu dem Zweck ein, einen polnischen Verurteilten nach der „Verordnung über die Strafrechtspflege gegen Polen und Juden"[65] mit dem Tode statt wie geschehen mit fünf Jahren verschärftem Straflager zu bestrafen.[66] Diese Verordnung gilt als die juristische Ermächtigungsgrundlage zur „Ausrottung" der sogenannten „Fremdvölkischen".[67] Die Initiative Fürsens wird erst dann in all ihrer Brutalität sichtbar, wenn man sich die gegen den Polen erhobene Anklage vor Augen führt: Er habe mit derben Worten den nahen Untergang des Dritten Reiches vorausgesagt. Jedoch hatte der Mann Glück im Unglück: Das für die Nichtigkeitsbeschwerde zuständige Reichsgericht verwarf dieselbe.

Die Beispiele Thamm und Fürsen verdeutlichen, dass die britische Personalpolitik inkonsequent war. Die Briten waren Pragmatiker. Sie hatten mit der Versorgung der Bevölkerung und der Unterbringung der Flüchtlinge andere Probleme zu lösen, als sich intensiv um das Funktionieren der Justiz zu kümmern. Besonders deutlich wird dies an der schon im Herbst 1945 verabschiedeten „Huckepack-Regel", der gemeinsamen Einstellung von jeweils einem unbelasteten und einem belasteten Justizjuristen.[68]

Die Oberlandesgerichtspräsidenten im britischen Besatzungsgebiet hatten sich für eine solche Lösung bei den britischen Besatzern mit der Begründung stark gemacht, dass ansonsten die anfallenden Arbeiten nicht mehr erledigt werden könnten. Diese These akzeptierte die Siegermacht kritiklos. Bereits im Herbst 1945 verhinderte die „Huckepack-Regel" damit eine konsequente Entnazifizierung, die womöglich im Bereich der Justiz gar nicht ernsthaft gewollt war.

3. Die Personalstruktur des Schleswig-Holsteinischen Justizministeriums (1946–1975)

3.1 Die Gründungsphase: Justizminister Gottfried Kuhnt und seine wichtigsten Mitarbeiter

Mit der Errichtung des Landesjustizministeriums am 2. Dezember 1946 war einer deutschen Behörde die Zuständigkeit für die Justiz und damit auch die Verantwortung für die Personalpolitik übertragen worden, wenngleich die Briten weiterhin die Kontrollinstanz blieben, die

65 Verordnung vom 04.12.1941 (RGBl. 1941 I, S. 759ff.).

66 Siehe Godau-Schüttke (Anm. 21), S. 54ff.

67 Vgl. Michael Förster: Jurist im Dienst des Unrechts. Leben und Werk des ehemaligen Staatssekretärs im Reichsjustizministerium, Franz Schlegelberger (1876–1970). Baden-Baden 1995, hier S. 141ff. An der Ausarbeitung der Verordnung haben Franz Schlegelberger und Roland Freisler mitgewirkt. Vgl. Diemut Majer: „Fremdvölkische" im Dritten Reich. Ein Beitrag zur nationalsozialistischen Rechtssetzung und Rechtspraxis in Verwaltung und Justiz unter besonderer Berücksichtigung der eingegliederten Ostgebiete und des Generalgouvernements. Boppart am Rhein 1981, S. 807ff., 817ff.

68 Vgl. Wenzlau (Anm. 5), S. 130f.; Wrobel (Anm. 4), S. 146f.

jede Personalentscheidung zu genehmigen hatte; im Laufe der Zeit konnten im Ministerium zunehmend eigenständige Entscheidungen getroffen werden.

Erster Justizminister wurde wiederum Gottfried Kuhnt; seinen Wechsel von der Judikative in die Exekutive hatte Ministerpräsident Theodor Steltzer (CDU) mit Zustimmung des Koalitionspartners SPD erreicht. Steltzer war sich dabei der Schwierigkeiten bewusst, die Kuhnt im Personalbereich erwarteten, und für die der Prozess der Entnazifizierung ursächlich war, wie Steltzer selbst nüchtern, beinahe resignierend skizzierte: „Und es trat gerade das ein, was ich von Anfang an befürchtet hatte: Die Mitläufer wurden strenger behandelt als früher führende Nazis. Diesen gegenüber wurden bald die Augen zugedrückt, wenn man sie [...] für wichtige Experten hielt."[69]

Wie meisterte Kuhnt nun diese Aufgabe? Zunächst oblag es ihm, das Ministerium zu strukturieren – er gliederte es schließlich in vier Abteilungen[70]: Die Abteilung 2 etwa war (und ist) für Personalangelegenheiten der Richter und Staatsanwälte zuständig; hier wurden und werden die Weichen für Einstellungen von Richter_innen und Staatsanwält_innen gesetzt. Dafür war und ist jedoch auch der Amtschef des Hauses in hohem Maße verantwortlich, der darüber hinaus zusammen mit dem Minister über die Führungspositionen in der Justiz und die Besetzung des Ministeriums selbst entscheidet.

Erster Amtschef des Justizministeriums wurde Wolfgang Praetorius (Jahrgang 1910).[71] Nach seinem Assessorexamen 1935 war er nur für kurze Zeit Richter am Amts- bzw. Landgericht Stettin gewesen. Völlig unbelastet und von konservativ-liberaler Einstellung schien er der richtige Mann für diese Stelle zu sein; bereits am 1. April 1946 setzten die britischen Besatzer ihn auf Bitten Steltzers als Chef der Präsidialkanzlei ein. Dessen Nachfolger Lüdemann (SPD) ernannte ihn dann wie erwähnt im Juli 1947 zum ersten Amtschef im Justizministerium. Diese Position – seit 1964 im Range eines Staatssekretärs – hatte er bis zu seiner vorzeitigen und überraschenden Pensionierung durch Ministerpräsident Lemke im Jahre 1970 inne.[72] Er war, wenn man so will, der ruhende Pol des Ministeriums, während die Minister unterschiedlicher Parteizugehörigkeit kamen und gingen – von Kuhnt (CDU), Katz (SPD), Wittenburg (DP) und Kraft (BHE) über Schaefer (BHE), Leverenz (FDP) und Gaul (CDU) bis hin zu von Heydebreck (CDU) und Schwarz (CDU).

Praetorius' Nachfolger wurde Wolfgang Böning (Jahrgang 1927) im Alter von nur 42 Jahren. Zwar war er kein Jurist mit herausragenden Examensnoten wie so mancher Ministerialer – dafür hatte er im Ministerium selbst (zuletzt als Regierungsdirektor 1965) und in der

69 Theodor Steltzer: Sechzig Jahre Zeitgenosse. München 1960, S. 190.

70 Vgl. Godau-Schüttke (Anm. 21), S. 37 m. Anm. 9.

71 Alle Angaben aus derPersonalakte Praetorius, LASH Abt. 786, Nr. 6752; Godau-Schüttke (Anm. 21), S. 39f.

72 Er war nicht der Einzige, wie ein Artikel anlässlich seiner Entfernung aus dem Amt nahelegt, welcher die Personalentscheidung des Ministerpräsidenten Bartram raunend in eine Reihe weiterer unglücklicher Fälle stellt, vgl. „Der Fall Prätorius", Lübecker Nachrichten vom 21.10.1950. Im Ministerium hatte man mit seiner Entfernung gerechnet, da die Ministerialbeamten in seinem Haus glaubten, er ließe die Zügel schleifen, so die mündliche Auskunft von Dr. Köhler am 09.06.2015. Dieser war zeitweilig als Oberregierungsrat im Justizministerium tätig und zuletzt Oberlandesgerichtspräsident in Schleswig.

Justiz (zuletzt als Landgerichtsdirektor 1967) umfassende Kenntnisse und Erfahrungen gesammelt sowohl in der Exekutive als auch in der Judikative und wurde daher auch von seinen Spezialisten im Ministerium als kompetent wahrgenommen; geschätzt wurde besonders sein gutes Urteilsvermögen.[73]

3.2 Justizminister Rudolf Katz (SPD): Die Vergangenheit wird ausgeklammert

Im April 1947 errang die SPD in der Landtagswahl die absolute Mehrheit der Sitze. Kuhnt lehnte einen Eintritt als Justizminister in das Kabinett Lüdemann jedoch ab; er wurde wieder Oberlandesgerichtspräsident. Lüdemann übernahm das Justizressort selbst, wobei es ihm unmittelbar als „Abteilung Justiz" unterstellt wurde. Diese Abteilung wurde allerdings mit Amtsübernahme durch Rudolf Katz am 1. Dezember 1947 bald wieder aufgelöst und als eigenständiges Ministerium geführt. Katz blieb bis zum 5. September 1950 Minister.[74]

Der 1895 geborene Katz war in einem strenggläubigen jüdischen Elternhaus aufgewachsen, hatte sich jedoch im Laufe der Jahre von seinem jüdischen Ursprung entfernt. 1933 zur Emigration gezwungen, kehrte er 1946 zurück. – „Als ob die zwölf Jahre nicht existent gewesen seien, stürzte er sich in die Politik. Vergangenheitsanalyse und Schuldzuweisung waren nicht seine Sache."[75] Schon unmittelbar nach seinem Amtsantritt formulierte Katz seine Ziele in einem Beitrag in den Schleswig-Holsteinischen Anzeigen; was er den Justizangehörigen mitzuteilen hatte, muss diese hoffnungsfroh gestimmt haben:

„[...] auch eine Vertrauenskrise der Justiz muss vermieden werden. Dazu bedarf es noch weiterer Eigenschaften als der Unbestechlichkeit. Sie müssen innerhalb einer Justiz, die echt demokratisch werden soll, weiter entwickelt werden. Die Gefahr einer Justiz-Vertrauenskrise zu bannen, ist des Schweißes der Edlen wert [...]."[76]

Um eine solche Krise in der Gesellschaft erst gar nicht aufkommen zu lassen, machte er seinen Einfluss bei der Verabschiedung des „Gesetzes zur Fortführung und zum Abschluss der Entnazifizierung" vom 10. Februar 1948 geltend. Dieses Gesetz zielte nicht auf Rache, sondern auf Versöhnung und Integration der Ehemaligen ab.

73 Mündliche Auskunft von Dr. Köhler am 09.06.2015, Werdegang aus der Personalakte Böhning, LASH Abt. 786, Nr. 6404.

74 Zum Folgenden vgl. Gerhard Paul: „Herr K. ist nur Politiker und als solcher aus Amerika zurückgekommen". Die gelungene Remigration des Dr. Rudolf Katz. In: Ders./Miriam Gillis-Carlebach (Hrsg.): Menora und Hakenkreuz. Zur Geschichte der Juden in und aus Schleswig-Holstein, Lübeck und Altona (1918–1999). Neumünster 1998, hier S. 699–711; Godau-Schüttke (Anm. 21), S. 41ff.

75 Paul (Anm. 74), S. 706.

76 Schleswig-Holsteinische Anzeigen. Justizministerialblatt Schleswig-Holstein. (SchlHA) 1948, S. 1. Zum Begriff der „Vertrauenskrise" als Schlagwort der rechtspolitischen Diskussion in der Weimarer Republik vgl. Robert Kuhn: Die Vertrauenskrise der Justiz 1926–1928. Der Kampf um die „Republikanisierung" der Rechtspflege in der Weimarer Republik. Köln 1983.

In welchem Maße Katz die Vergangenheit ausblendete, wird durch einen Bericht des Generalstaatsanwalts Karl Mannzen deutlich.[77] In diesem Bericht wurden diejenigen Todesurteile überprüft, die unter dem stellvertretenden Vorsitzenden des Sondergerichts Kiel, Otto Lange, ergangen waren.[78] Das Ergebnis dieser Überprüfung ist mit den tatsächlichen Ereignissen am Sondergericht nicht in Einklang zu bringen.[79] Zunächst wurde festgestellt, dass Lange, der als einziger der Kieler Sonderrichter nicht in die Justiz zurückkehrte, sondern Anwalt wurde, keine Verbrechen gegen die Menschlichkeit begangen habe. Zu den Todesurteilen selbst heißt es dort: Die Verfahren seien sämtlich mit „peinlicher Sorgfalt"[80] durchgeführt worden. So sei schon „das polizeiliche und staatsanwaltschaftliche Vorverfahren [...] sichtlich in allen Fällen mit ruhiger Objektivität geführt worden"[81]. Die Anwendung der ordnungsgemäß verkündeten Gesetze könne „dem Gericht nicht zum Vorwurf gemacht werden"[82]. Allerdings musste der Bericht einräumen, dass acht Todesurteile „sehr hart und unter normalen Verhältnissen in einem Kulturstaat nicht denkbar"[83] gewesen seien. Zur Rechtfertigung wurde angeführt:

„In der Tat herrschten aber in der Zeit, in der diese Urteile ergingen, keine[84] normalen Verhältnisse, sondern es war Krieg, bei dessen Natur die ganze Bevölkerung unmittelbar in die Kriegsführung einbezogen[85] war [...]. Durch die hierzu ergangenen Strafgesetze stand die zivile Bevölkerung praktisch mit unter Kriegsrecht. Wenn Gericht und beteiligte Personen infolgedessen [...] aus eigener Überzeugung glaubten, die Rücksicht auf die Persönlichkeit des Täters weniger hoch bewerten zu sollen und zur Aufrechterhaltung der allgemeinen Kriegsdisziplin des deutschen Volkes den Abschreckungsgedanken stärker als sonst in den Vordergrund rücken zu sollen, wird bei ihnen der subjektive Tatbestand eines Menschlichkeitsverbrechens [...] nicht festgestellt werden können."[86]

Die alleinige Analyse der Todesurteile bildete Langes Agieren am Sondergericht in keiner Weise umfassend ab – so hätte bereits eine Durchsicht der Urteile, die unter seinem Vorsitz

77 Einzelheiten zur Person Mannzen bei Godau-Schüttke (Anm. 21), S. 59f. Der Bericht findet sich in LASH Abt. 351, Nr. 809.

78 Lange war er der Einzige, der nicht wieder in den Richterdienst zurückkehrte, sondern Anwalt in Kiel wurde. Als er den diesbezüglichen Zulassungsantrag stellte, wurde seitens des Justizministeriums die Überprüfung der unter seinem Vorsitz ergangenen Todesurteile angeordnet (Vgl. Vorgänge in LASH Abt. 351, Nr. 809). Zur Person Lange siehe Klaus Bästlein: Zur „Rechts" – Praxis des Schleswig-Holsteinischen Sondergerichts 1937–1945. In: Heribert Ostendorf (Hrsg.): Strafverfolgung und Strafverzicht. Festschrift zum 125-jährigen Bestehen der Staatsanwaltschaft Schleswig-Holstein. Köln 1992, S. 93–185, hier S. 154f.

79 Vgl. Godau-Schüttke (Anm. 21), S. 47ff.

80 LASH Abt. 351, Nr. 809.

81 Ebd.

82 Ebd. Hierzu gehörten die „Verordnung gegen Volksschädlinge" (VVO) vom 05.09.1939, die „Verordnung gegen Gewaltverbrecher" vom 05.12.1939 und die „Verordnung über die Strafrechtspflege gegen Polen und Juden in den eingegliederten Ostgebieten" vom 04.12.1941, allgemein „Polenstrafrechtsverordnung" genannt.

83 Ebd.

84 Unterstreichung im Original.

85 Ebenso.

86 LASH Abt. 351, Nr. 809.

wegen „verbotenen Umgangs mit Kriegsgefangenen" ergangen waren, die rassistische Rechtsprechung des Sondergerichts ans Tageslicht gebracht.[87] Das Strafmaß richtete sich hier überwiegend nach der Nationalität des Angeklagten: Gegen Polen und insoweit auch gegen die deutschen Frauen wurden die schärfsten Strafen verhängt, selbst wenn nur eine freundschaftliche Beziehung erwiesen war.[88]

Dieser Bericht diente weiterhin dazu, sämtliche ehemaligen Akteure am Sondergericht Kiel zu entlasten, besonders der Berichtsverfasser hatte in eigener Sache argumentiert. Katz hatte sich in dieser Angelegenheit quasi vor der Brutalität, die das Sondergericht bei den sogenannten „Fremdvölkischen" praktiziert hatte, blind gestellt. Hierunter fielen insbesondere Polen, die nicht nur bei Anklagen wegen „verbotenen Umgangs mit Kriegsgefangenen" schwere und schwerste Strafen erwarteten.

Als Katz 1961 im 66. Lebensjahr starb, hatte er eine erfolgreiche Karriere hinter sich: Er war Mitglied des Parlamentarischen Rates gewesen und zählt zu den Erfindern des in Artikel 67 GG niedergelegten konstruktiven Misstrauensvotums, das er als „Kern des neuen Regierungssystems" [89] vehement gegen Bedenken von CDU und FDP verteidigte. Außerdem war er Erster Vizepräsident des Bundesverfassungsgerichts gewesen, wo er für einen starken Rechtsstaat mit einer Notstandsgesetzgebung eintrat. Sein Freund Max Brauer urteilte, Katz sei ein „deutscher Jude" gewesen, der „seine ganze Kraft dem freiheitlich-demokratischen Sozialismus gewidmet" habe und der trotz Verfolgung der Juden „seinen Glauben an das deutsche Volk" nie verloren habe.[90]

Auch bei der Personalpolitik im Ministerium ließ Katz die Vergangenheit mehr oder weniger auf sich beruhen, so beispielsweise auch bei dem ehemaligen NSDAP-Mitglied Hans-Martin Krohn, der nach Zustimmung der britischen Besatzer bereits im Oktober 1945 ohne vorherige Entnazifizierung wieder zum Oberlandesgerichtsrat am kurz zuvor wieder eröffneten Oberlandesgericht ernannt worden war; für seine Vergangenheit interessierte sich die Besatzungsmacht dabei nicht – erst im März 1948 entnazifizierte man ihn gemäß der bereits genannten Verordnung Nr. 79 als „entlastet", wobei er auf Leumundszeugnisse des bereits genannten Oberstaatsanwalts Thamm und von Gerd Bucerius verweisen konnte.[91]

Seine richterliche Tätigkeit war jedoch lediglich von kurzer Dauer, da Minister Katz ihn im April 1948 ins Justizministerium als neuen Leiter der Abteilung 2 berief. Dort gelang Krohn ein rascher Aufstieg; er blieb als Regierungsdirektor auch noch Leiter der Abteilung, als Katz im September 1950 als Justizminister abgelöst wurde, und kehrte erst Ende Mai 1951 als Senatspräsident an das OLG zurück.

87 Vgl. hierzu Eckart Colmorgen/Klaus-Detlev Godau-Schüttke: „Verbotener Umgang mit Kriegsgefangenen". Frauen vor dem Schleswig-Holsteinischen Sondergericht (1940–1945). In: Demokratische Geschichte Band 9 (1995), S. 125–149.

88 Vgl. hierzu auch Bästlein (Anm. 78), S. 93ff., 128f.

89 Zitiert nach Paul (Anm. 74), S. 707.

90 Ebd., S. 710.

91 Vgl. Godau-Schüttke (Anm. 21), S. 51ff.; LASH Abt. 460, Nr. 7597; Personalakte Krohn, LASH Abt. 786, Nr. 142, 379.

3.3 Demokraten und ehemalige NS-Eliten haben das Sagen im Ministerium (1950–1954)

Im Kabinett Walter Bartram wurde Otto Wittenburg (Jahrgang 1891) nicht nur Minister für Ernährung, Landwirtschaft und Forsten, sondern übernahm auch das Justizressort.[92]

Wittenburg – NSDAP-Mitglied seit 1937[93] – war Vorsitzender der Deutschen Partei (DP), die in Schleswig-Holstein mit Nationalsozialisten durchsetzt war.[94] Wittenburg war vergeblich bestrebt, einen neuen Rechtsblock in Schleswig-Holstein zu schaffen, in welchem die DP führend sein sollte.[95]

Als Bartram am 25. Juni 1951 zurücktrat, musste auch er seine Ämter aufgeben. Nachfolger von Bartram als Ministerpräsident wurde der konservative Demokrat Friedrich Wilhelm Lübke (CDU), der gleichzeitig das Justizressort geschäftsführend leitete.[96] Auch dieses Nebenamt nahm er ernst; bei brisanten Personalentscheidungen im Justizbereich hatte er das letzte Wort, wobei er sich von Parteifreunden nicht beeinflussen ließ, wie folgender Fall zeigt:

Robert Lindhoft[97] war seit 1933 nicht nur einfaches Mitglied der NSDAP gewesen, sondern ebenfalls Inhaber von Parteiämtern. So war er Ortsgruppenamtsleiter und Kreisrichter, und in der SA hatte er als Standartenrechtsberater fungiert. In seinem eigentlichen Beruf als Richter übernahm er schließlich auch noch eine besondere Aufgabe: Als Landgerichtsdirektor in Kiel (seit 1938) war er am dortigen Sondergericht Vertreter des Vorsitzenden. Angesichts seines Engagements in der Partei und am Sondergericht wurde er 1948 in die Gruppe IV (Mitläufer) eingestuft, womit er keinen Anspruch auf Wiedereinstellung hatte. Als Lindhoft im Januar 1950 dann einen Gesuch auf Wiederaufnahme in die Justiz stellte, lehnte das Justizministerium den Antrag jedoch nicht einfach ab, sondern die Personalabteilung unter Krohn wandte sich zwecks Stellungnahme an den Kieler Landgerichtspräsidenten Carl-Viggo von Moltke. Dessen Antwort war eindeutig: Als Kreisrichter habe Lindhoft ein besonderes Amt innegehabt, er habe sich besonders häufig in Parteiuniform im Gericht gezeigt und sei in Richterkreisen als ausgewiesener Parteivertreter wahrgenommen worden.[98]

Oberlandesgerichtspräsident Kuhnt schloss sich dieser Meinung grundsätzlich an. Seine weitere Stellungnahme vom Mai 1950 hatte aber bereits die Zukunft im Blick, denn es zeichnete sich ab, dass die SPD bei den Landtagswahlen im Juli 1950 ihre absolute Mehrheit verlieren würde. Die Vermutung Kuhnts, dass sich damit auch die Einstellungspraxis bei Gesuchstellern vom Schlage Lindhofts ändern könnte, drängte sich daher auf – deshalb schloss er sei-

92 Das Folgende aus: Godau-Schüttke (Anm. 21), S.64; LASH Abt. 460.5, Nr. 307.

93 Vgl. LASH Abt. 460.5, Nr. 307.

94 Vgl. Holger Otten: Entnazifizierung und politische Säuberung in Kiel. In: Arbeitskreis „Demokratische Geschichte“ (Hrsg.): Wir sind das Bauvolk. Kiel 1945 bis 1950. Kiel 1985, S. 295–316, hier S. 301.

95 Vgl. Der Spiegel, Nr. 19 vom 09.05.1951, S. 6.

96 Vgl. Godau-Schüttke (Anm. 21), S. 66f.

97 Personalakte Lindhoft, LASH Abt. 786, Nr. 865; Godau-Schüttke (Anm. 21), S. 43f.

98 Vgl. Personalakte Lindhoft, LASH Abt. 786, Nr. 865.

ne Stellungnahme mit den Worten, dass es nicht möglich sei, „den Gesuchsteller schon jetzt wieder"[99] einzustellen. Kaum hatte die Regierung Bartram im September 1950 ihre Geschäfte aufgenommen, da betrieb Lindhoft wieder seine Einstellung. Als dann das „Gesetz zur Beendigung der Entnazifizierung" vom 17. März 1951 in Kraft trat, wurde er automatisch in die Gruppe V eingestuft (§ 2 des Gesetzes) – und erhielt damit ein Recht auf Wiedereinstellung.

Da Lübke als Ministerpräsident (seit dem 25. Juni 1951) sein Nebenamt als geschäftsführender Justizminister nicht effektiv ausüben konnte, führte Wolfgang Praetorius als Amtschef de facto das Ressort. Im Falle Lindhoft wurde er von sich aus aktiv, indem er ihm zum 1. Juli 1951 einen Geschäftsauftrag als Hilfsrichter am Amtsgericht Kiel erteilte.[100]

Da dieser mittlerweile jedoch einen Rechtsanspruch auf Wiedereintritt in seine alte Stelle als Landgerichtsdirektor hatte, gab er sich damit nicht zufrieden; CDU-Kreise waren es letztlich, die sich in der Folge im Februar 1952 an Lübke wandten, damit ihr Parteifreund seinen früheren Rang wiederlangen konnte. Für Lindhoft sei es „besonders schmerzlich", dass „er in seiner eigenen Heimat gleichsam als ‚Degradierter' umherlaufen müsse"[101], mokierten sie – doch Lübke lehnte eine Beförderung ab.[102] Eine Entscheidung mit Langzeitfolgen: Obwohl Oberlandesgerichtspräsident Hartz in einer Beurteilung am 28. Juni 1953 Lindhofts „Wiederbeschäftigung in seiner früheren Dienststellung für völlig unbedenklich"[103] hielt, wurde dieser zwar noch Landgerichtsrat, aber 1955 als solcher auch pensioniert. Lindhoft ist dabei, soweit ersichtlich, eine Ausnahme; aus seiner Personalakte ergibt sich nicht, weshalb er die ihm eigentlich zustehende Planstelle nicht erhielt.[104]

Lübke wiederum brauchte einen verlässlichen Leiter der Abteilung 2. Sein Vorgänger Wittenburg hatte diese Position allerdings schon besetzt – mit dem bis 1945 amtierenden Lübecker Landgerichtspräsidenten Günter Rischau.[105] Dieser wurde bereits im Oktober 1933 mit 35 Jahren Landgerichtspräsident und hatte in Kreisen der NSDAP einen guten Ruf – so hieß es von ihm, dass er „zur nationalsozialistischen Weltanschauung und Volksgemeinschaft in starker innerer Beziehung"[106] stünde. Wegen der nicht vollständig arischen Herkunft seiner Frau hätte er jedoch 1938 aus der NSDAP ausgeschlossen werden sollen – ein Urteil, das erst durch einen Gnadenerlass Hitlers aufgehoben worden war.[107] Zweifellos war Rischau als Jurist mit seinem Können eine Ausnahme.[108] Ob es zur Beförderung zum Landgerichtspräsidenten da-

99 Personalakte Lindhoft, LASH Abt. 786, Nr. 865.

100 Vgl. ebd.

101 Ebd., Schreiben des CDU-Politikers Andreas Matthiae aus Itzehoe an Lübke vom 05.02.1952.

102 Vgl. ebd.

103 Ebd.

104 Vgl. ebd.

105 Angaben aus: Personalakte Rischau, LASH Abt. 786, Nr. 210; Godau-Schüttke (Anm. 21), S. 64ff.

106 Zitiert nach Bästlein (Anm. 78), S. 105.

107 Am 14.06.1938 beschloss das oberste Parteigericht den Ausschluss Rischaus aus der Partei, weil „ein Urgroßelternteil" seiner Frau „birmanesischer bzw. siamesischer Abkunft war". Hitler verfügte jedoch am 19.04.1939 auf dem Gnadenwege, „dass [...] Rischau trotz nicht rein deutschblütiger Abstammung seiner Frau weiterhin der NSDAP ohne Einschränkung der Mitgliedschaft angehören kann". (Personalakte Rischau, LASH Abt. 786, Nr. 210).

108 2. Examen 1926: gut. Vgl. Personalakte Rischau, LASH Abt. 786, Nr. 210.

her auch noch eines Parteibeitritts im Mai 1933 bedurft hätte, erscheint fraglich. Auch mit seinem von Nationalsozialisten bevorzugten Bekenntnis, „gottgläubig“ zu sein, wollte er verdeutlichen, dass er sich zu einer „artgemäßen Frömmigkeit und Sittlichkeit“ bekennen wollte, „ohne konfessionell-kirchlich gebunden zu sein“.[109]

Nach 1945 interessierte seine Vergangenheit jedoch nicht mehr: Noch bevor seine Entnazifizierung abgeschlossen war, wandte sich Oberlandesgerichtspräsident Kuhnt im November 1948 eigeninitiativ an Justizminister Katz. Eine Tätigkeit in einer Eingangsstelle käme für Rischau in Betracht, und zwar abseits seiner alten Wirkungsstätte, nämlich am Amtsgericht Bad Schwartau. Als Begründung seiner Hilfsaktion merkte Kuhnt geradezu naiv an: „Nicht jedem leitenden Beamten wird, wenn er in Not geraten ist, von seinen früheren Untergebenen ein derartiges Zeugnis ausgestellt.“[110] Damit bezog er sich auf eine Eingabe des Betriebsrats des Land- und Amtsgerichts Lübeck, der sich „im Namen aller Kameraden“[111] für den früheren Chef eingesetzt hatte.

Der Vorstoß war jedenfalls erfolgreich – auch Amtschef Praetorius und sein Abteilungsleiter Krohn begrüßten eine Wiedereinstellung. Nur Katz zögerte, nicht etwa wegen dessen Vergangenheit, sondern allein aus politischen Gründen: Die Einstellung Rischaus, der im März 1949 als entlastet eingestuft worden war, sollte „auf keinen Fall im Bezirk Lübeck und vor den Bundestagswahlen erfolgen“[112].

Praetorius wartete die Wahl aber erst gar nicht ab, sondern wandte sich bereits Anfang August 1949 an das britische Hauptquartier, um von dort die Billigung der in Aussicht stehenden Entscheidung einzuholen: Er beschönigte nicht, dass Rischaus steile Karriere nur durch den Einfluss hochrangiger Nationalsozialisten möglich gewesen sei. Er schloss sein Schreiben damit, dass auch Minister Katz dem „tüchtigen Juristen die Möglichkeit verschaffen [wolle], in den Richterberuf zurückzukehren“[113]. Kaum hatten die ersten Bundestagswahlen am 14. August 1949 stattgefunden, wurde auch Krohn noch unterstützend aktiv: Fernmündlich bat er die Militärregierung um beschleunigte Bearbeitung, die auch ihre Zustimmung erteilte.[114]

Am 1. September 1949 kehrte Rischau schließlich in den richterlichen Dienst zurück, ohne lange dort zu bleiben: Justizminister Wittenburg traf noch kurz vor seinem Ausscheiden aus dem Amt (25.06.1951) eine wichtige personelle Entscheidung, die das Kabinett billigte: Rischau wurde am 1. Juni 1951 zum Regierungsdirektor ernannt und leitete damit bis zu seinem plötzlichen Tod im Januar 1952 die Abteilung 2 im Justizministerium, wobei er beispielsweise für folgende Personalfrage mit verantwortlich war, in der es um die Wiedereinstellung Karl

109 Alle drei Zitate aus Cornelia Schmitz-Berning: Vokabular des Nationalsozialismus. Berlin 2007², S. 281ff.

110 Kuhnt an Katz am 04.11.1948, in Personalakte Rischau, LASH Abt. 786, Nr. 210.

111 Schreiben des Betriebsrats des Land- und Amtsgerichts Lübeck und der Staatsanwaltschaft Lübeck am 18.05.1948 an den öffentlichen Ankläger beim Entnazifizierungsausschuss der Hansestadt Lübeck. In Personalakte Rischau, LASH Abt. 786, Nr. 210.

112 Vermerk des Abteilungsleiters 2 Krohn vom 16.07.1949 über eine Anweisung von Minister Katz. In Personalakte Rischau, LASH Abt. 786, Nr. 210.

113 Schreiben Praetorius an das britische Hauptquartier vom 05.08.1949. In Personalakte Rischau, LASH Abt. 786, Nr. 210.

114 Vgl. ebd. Vermerk Krohn vom 26.08.1949.

Christens ging[115]: Der 1899 geborene Christen war ein nur mittelmäßiger Jurist;[116] im Mai 1933 in die NSDAP eingetreten war er im selben Jahr Gerichtsassessor geworden und hatte es im Jahr 1937 zum Amtsgerichtsrat gebracht. Dabei ist davon auszugehen, dass Christen trotz seiner nur durchschnittlichen juristischen Fähigkeiten nach Wegen suchte, ein Beförderungsamt zu erlangen. Nach Ausbruch des Zweiten Weltkrieges und der Besetzung Polens waren Beamte und Richter gefragt, die sich im „Osteinsatz"[117] bewähren und auszeichnen konnten, und die sodann auch beruflich gefördert wurden. Der Einsatz erfolgte unter anderem im sogenannten Generalgouvernement,[118] wo deutsche Gerichte gebildet wurden, die für alle Zivilsachen zuständig waren, bei denen mindestens ein Deutscher beteiligt war, und für Strafsachen gegen Deutsche und Volksdeutsche.[119] Daneben wurden im Generalgouvernement auch Sondergerichte errichtet: Diese sollten wie im Reich als „Panzertruppe der Rechtspflege" dienen. Dieser Aufgabe wurden sie auch gerecht, so zum Beispiel in der Verhängung von Todesurteilen gegen Kinder und Jugendliche, die gegen die ab dem Oktober 1941 erlassene Verordnung wegen unbefugten Verlassens des Ghettos verstoßen hatten.[120] Bei den Angeklagten handelte es sich dabei überwiegend um junge Burschen und Mädchen, die durch die Kanalisation gekrochen waren, um Lebensmittel zu organisieren. Nach Erlass dieser Verordnung tagte das Sondergericht Warschau zweimal in der Woche im Ghetto und fällte bis zu 30 Todesurteile an einem Vormittag.[121]

Karl Christen wurde bereits im Februar 1940, also nach ganz kurzem Kriegsdienst, aus der Wehrmacht entlassen. Ab dem 1. Oktober 1941 war er beim Deutschen Gericht in Warschau tätig, wo er bis Ende Juli 1944 blieb. Diese Tätigkeit wäre nicht erwähnenswert, wenn er im Rahmen seiner Entnazifizierung nicht angegeben hätte, dass er von August 1943 bis Juli 1944 überdies Mitglied des Sondergerichts Warschau gewesen war und damit einer der Richter, in deren Verantwortungsbereich Todesurteile wie die angesprochenen verhängt wurden. Sein beruflicher Lebenslauf ergibt sich lückenlos aus seiner Personalakte; allerdings gab er an, dass seine „Abordnung [nach Warschau] gegen seinen Willen" erfolgt sei, und er diese „als Strafverfolgung angesehen"[122] habe. Man konnte sich aber einer solchen Abordnung widersetzen, ohne persönliche Nachteile vergegenwärtigen zu müssen: Sich einer sondergerichtlichen Tätigkeit zu entziehen, war beispielsweise möglich, indem mit Nachdruck auf einer Einberufung in die Wehrmacht bestanden wurde. – Der spätere Senatspräsident am OLG Schles-

115 Personalakte Christen, LASH Abt. 786, Nr. 57; das Folgende bei Godau-Schüttke (Anm. 21), S. 212ff.

116 1. Examen 1929: ausreichend; 2. Examen 1933: befriedigend. Vgl. Personalakte Christen, LASH Abt. 786, Nr. 57.

117 Vgl. Klaus-Detlev Godau-Schüttke: Die Heyde/Sawade-Affäre. Wie Juristen und Mediziner den NS-Euthanasieprofessor Heyde nach 1945 deckten und straflos blieben. Baden-Baden 2010[3], hier S.120ff.

118 Nach dem Ende des sog. Polenfeldzuges wurde Westpolen dem Deutschen Reich eingegliedert. Der Rest (Bezirke Warschau, Krakau, Radom, Lublin, ab 01.08.1941 Ostgalizien und Lemberg) wurde ab 26.10.1939 Deutsches Generalgouvernement (GG).

119 Erlass der Reichsregierung vom 12.10.1939 (RGBl. 1939 I, S. 2077f.).

120 Vgl. Verordnungsblatt für das Generalgouvernement, 1941, S. 595.

121 Alle Angaben aus: LASH Abt. 352 (Lübeck), Nr. 525, Bd. 1.

122 Personalakte Christen, LASH Abt. 786, Nr. 57.

wig, Willi Thomsen,[123], war wohl der einzige aus der schleswig-holsteinischen Richterschaft, der diesen Weg ging. Er überlebte den Kriegsdienst.

Bei Karl Christen ist dergleichen aus der Personalakte nicht zu entnehmen; er wurde bei seiner Entnazifizierung 1947/1948 in Gruppe III bzw. IV eingestuft. Als Belasteter bzw. Mitläufer hatte er hernach keine Chance auf eine schnelle Einstellung und ließ sich als Rechtsanwalt in Hamburg nieder. Kaum war er aber durch das Entnazifizierungsschlussgesetz vom März 1951 als Entlasteter (Gruppe V) nachgestuft worden, erkundigte sich Günter Rischau bei ihm, ob er nicht wieder als Richter arbeiten wolle. Christen nahm dieses Angebot verständlicherweise an; 1964 trat er als Amtsgerichtsrat nach Erreichen der Altersgrenze in den Ruhestand. Die Entscheidung in Sachen Christen traf Rischau nach Aktenlage allein, da Lübke sein Nebenamt mehr oder weniger durch die Ministerialbeamten im Justizressort verwalten ließ. Dieser Zustand änderte sich erst, als Waldemar Kraft am 8. Oktober 1951 neuer Justizminister wurde, obwohl auch er im Hauptamt Finanzminister und stellvertretender Ministerpräsident war.

Kraft, der 1950 in Ratzeburg den „Bund der Heimatvertriebenen und Entrechteten" (BHE) gründete und in der Folgezeit mit dieser Partei Einfluss auf die Landes- und Bundespolitik nahm, ist in der Nachkriegsgeschichte der Bundesrepublik kein Unbekannter:[124] Der schon als Angehöriger der deutschen Minderheit in Polen als Landwirtschaftspolitiker in Erscheinung getretene Kraft war während der Besatzung des NS-Regimes als Geschäftsführer der „Reichsgesellschaft für Landbewirtschaftung" an der Verwertung enteigneter polnischer und jüdischer Betriebe maßgeblich beteiligt gewesen.[125] Im Rahmen seines Entnazifizierungsverfahrens versuchte er allerdings, sich in die Nähe des militärischen Widerstands gegen Hitler zu bringen.[126] – Der Hauptausschuss glaubte ihm zumindest den „inneren Widerstand gegenüber dem Nationalsozialismus"[127] und stufte ihn trotz seiner Mitgliedschaft in der SS (seit 1939) und Parteimitgliedschaft (ab 1943) in die Gruppe V ein, nachdem er eineinhalb Jahre in britischer Zivilinternierung verbracht hatte und aus dieser mit der provisorischen Einstufung in Kategorie III entlassen worden war.[128]

Nach seinem Einzug in den Landtag im Jahr 1950 machte Kraft zunächst in verschiedenen Ressorts als Landesminister Karriere und war in seiner Funktion als Justizminister zwischen Oktober 1951 und 1953 unter anderem für folgende Personalentscheidung verantwortlich: Nach dem Tod Rischaus übernahm Fürsen als Leiter der Abteilung 3 des Justizministeriums zusätzlich die Verwaltung der Abteilung 2 – aus Perspektive Krafts ein Umstand ohne langfristige Perspektive, der mit Berufung Clemens von Jagows behoben werden konnte.

123 Personalakte Thomsen, LASH Abt. 786, Nr. 1026.

124 Zu den Einzelheiten vgl. Godau-Schüttke (Anm. 21), S. 63, 67.

125 Vgl. Michael Schwartz: Funktionäre mit Vergangenheit. Das Gründungspräsidium des Bundes der Vertriebenen und das „Dritte Reich". München 2013, S. 5–7.

126 Seine diesbezüglichen Ausführungen in der Anlage zu seiner Entnazifizierungsakte trugen den Titel: „Meine Teilnahme an Umsturzplänen gegen das Nazi-Regime". Vgl. LASH Abt. 460.5, Nr. 158, Anlage 5.

127 LASH Abt. 460.5, Nr. 158, Spruch des Ausschusses.

128 Vgl. ebd. Vgl. zur Internierung auch BArch N 1267, Nr. 2; BArch B 136, Nr. 20693.

Von Jagow war als Landgerichtsrat nur für wenige Monate am Sondergericht Kiel gewesen,vom 16. Februar 1942 bis Mai 1942.[129] Auch eine solche kurze Abordnung wurde als Einsatz für die nationalsozialistische Rechtspflege gewertet und war Voraussetzung für einen steilen Aufstieg. Dass allerdings nach Möglichkeit nur Richter zum Sondergericht herangezogen wurden, die als besonders zuverlässig galten,[130] wurde nach 1945 verschwiegen: Von Jagow, Parteimitglied seit 1933, hatte den Ruf, ein „besonderer Günstling"[131] der Partei zu sein; seine bedingungslose Hinwendung zum Dritten Reich stellte er auch während seiner Tätigkeit am Sondergericht Kiel unter Beweis, indem er ganz im Sinne der nationalsozialistischen Machthaber „Recht" sprach, wie beispielsweise in folgendem Fall aus dem April 1942.

Als Berichterstatter des Sondergerichts verfasste von Jagow die Urteilsbegründung im Fall einer polnischen Zwangsarbeiterin, die zu drei Jahren verschärften Straflagers verurteilt wurde.[132] Ihr Vergehen hatte im Wesentlichen darin bestanden, sich in einem Brief an ihre Schwester in deutlichen Worten über die schlechte Ernährungssituation zu beklagen.[133] Entsprechend von Jagows Vorschlag wandte das Sondergericht Kiel die „Verordnung über die Strafrechtspflege gegen Polen und Juden" vom 4. Dezember 1941 an, in der es unter anderem heißt, Polen und Juden „werden mit dem Tode, in minder schweren Fällen mit Freiheitsstrafe bestraft, wenn sie durch gehässige oder hetzerische Betätigung eine deutschfeindliche Gesinnung bekunden, insbesondre deutschfeindliche Äußerungen machen [...]"[134]. Begründet wurde die Strafhöhe unter anderem damit, dass

„[w]ären die Ausführungen der A. bei ihren Volksangehörigen bekannt geworden, so wären sie besonders durch die Mitteilung, dass die Polen geschlagen würden und man an ihnen Rache nehme, geeignet gewesen, die polnischen Leidenschaften in einer den deutschen Interessen schwer abträglichen Weise aufzustacheln. [...] Die Strafe muss dem Sühneverlangen und dem Schutzbedürfnis der deutschen Volksgemeinschaft entsprechen [...]."[135]

Zu diesem Zeitpunkt war von Jagow 39 Jahre alt und Landgerichtsrat. Nur für kurze Zeit, bis Juli 1940, leistete er Kriegsdienst. Hiernach war er als Personalreferent rechte Hand des Oberlandesgerichtspräsidenten Martin, und damit dessen engster Mitarbeiter. Diese Funkti-

129 Angaben aus Personalakte von Jagow, LASH Abt. 786, Nr. 123, 387; LASH Abt. 458, Nr. 2273; Godau-Schüttke (Anm. 21), S. 70ff.

130 So der ab 1950 amtierende Amtsgerichtsdirektor Lobsien (Lübeck), der unbelastet war (Godau-Schüttke (Anm. 21), S. 50 m. Anm. 40).

131 So Otto Begenmann, vor 1945 Landgerichtsdirektor in Lübeck und von 1946-1956 Landgerichtspräsident Lübeck. Begemann war kein ehemaliger Nationalsozialist, aber Aussteller zahlreicher „Persilscheine" (Godau-Schüttke (Anm. 21), S. 72 m. Anm. 27).

132 Ob sie dies überlebt hat, ist nicht bekannt.

133 Urteil vom 23.04.1942 (Az.:12 Son KLs 44/52). In LASH Abt. 358, Nr. 5313.

134 RGBl. 1941 I, S. 759ff. Diese Verordnung, die den Höhepunkt rassistischer Diskriminierung auf strafrechtlichem Gebiet markiert, hatten Franz Schlegelberger und Roland Freisler ausgearbeitet. Vgl. hierzu Förster (Anm. 67), S. 127ff.

135 Urteil vom 23.04.1942 (Az.:12 Son KLs 44/52). In LASH Abt. 358, Nr. 5313. Die genannte Verordnung stammte darüber hinaus zwar vom 04.12.1941, war aber erst am 18.12. in Kraft getreten und damit erst nach der Abfassung des Briefes vom 07.12. durch die Polin.

on übte er, auch als Landgerichtsdirektor, bis Kriegsende aus. Von Jagow hatte also bis 1945 eine der wichtigsten Positionen in der schleswig-holsteinischen Justiz inne.[136]

Es ist weiterhin davon auszugehen, dass von Jagow auch über die wahren Abläufe der NS-Euthanasie informiert gewesen war, denn sein Vorgesetzter Martin war Teilnehmer an der sogenannten Euthanasiekonferenz am 23./24. April 1941 in Berlin.[137] An diesem Treffen, das Franz Schlegelberger als kommissarischer Reichsjustizminister organisierte, nahmen unter anderen alle 34 Oberlandesgerichtspräsidenten und Generalstaatsanwälte des Reiches oder deren Vertreter teil. Zweck der Tagung war es, die Morde an Kranken und Behinderten im Rahmen der NS-Euthanasie unter Verletzung des Legalitätsprinzips strafrechtlich ungesühnt zu lassen.[138] Reichsjustizstaatssekretär Schlegelberger wies alle Oberlandesgerichtspräsidenten und Generalstaatsanwälte an, die ihnen unterstellten Führungskräfte über die Ergebnisse der Konferenz zu unterrichten, was auch geschah.[139]

Im Sommer 1948 strebte von Jagow schlussendlich seine Wiedereinstellung als Richter an, obwohl er in Gruppe IV (Mitläufer) eingestuft worden war. Abteilungsleiter Krohn war geneigt, von Jagow einzustellen; Oberlandesgerichtspräsident Kuhnt gab jedoch sinngemäß zu bedenken, dass von Jagow nicht ganz zu Unrecht als Günstling der NSDAP angesehen werde. Dennoch schlug er Justizminister Katz vor, von Jagow einen auf ein Jahr befristeten Geschäftsauftrag zu erteilen. Katz hingegen lehnte von Jagows Gesuch ab.

Im Rahmen der üblichen Nachprüfung stellten die Mitglieder des Entnazifizierungsausschusses ohne nähere Überprüfung fest, dass von Jagow kein überzeugter Nationalsozialist gewesen sei, sich vielmehr durch die „damaligen Verhältnisse gedrängt" gesehen habe, der „NSDAP beizutreten"[140]. Folglich wurde er in die Gruppe der Entlasteten eingereiht und hatte damit einen Rechtsanspruch auf Wiederverwendung. Aufgrund dessen stellte Justizminister Katz ihn letztlich zum 1. März 1949 als Amtsgerichtsrat auf Lebenszeit ein. Schon im Dezember 1949 bewarb er sich daher auf eine Direktorenstelle in Lübeck, und wieder war es Kuhnt, der seine Beförderung zu diesem Zeitpunkt als nicht opportun erachtete: Andernfalls würde von Jagow trotz seiner politischen Belastung gegenüber denen bevorzugt werden, die ihre frühere Stellung noch nicht zurückerhalten hätten, obwohl sie „politisch weniger belastet"[141] seien. Katz überzeugte dieser Einwand nicht; zum 1. Januar 1950 hatte von Jagow seine Vorkriegsposition als Landgerichtsdirektor wiedererlangt – und wurde nach dem Tod Rischaus von Ministerpräsident und Justizminister Kraft als Leiter der Abteilung 2 ins Ministerium geholt. Allerdings hatte von Jagow seinen Übertritt in die Exekutive von einer Bedingung abhän-

136 Vgl. Personalakte von Jagow, LASH Abt. 786, Nr. 123, 387.

137 Vgl. hierzu Förster (Anm. 67), S. 103ff.

138 Der Neurologe und Psychiater Prof. Dr. Werner Heyde, der als „Obergutachter" im Rahmen der Mordaktion fungierte, unterrichtete die Spitzenjuristen euphemistisch über die Mordaktion. Dieser Massenmörder tauchte nach 1945 in Schleswig-Holstein unter, getarnt als Dr. Fritz Sawade, und verdiente sein Geld als viel beschäftigter Gerichtsgutachter. (Vgl. hierzu Godau-Schüttke (Anm. 118)).

139 Vgl. ebd., S. 261f.; vgl. weiterhin Förster (Anm. 67), S. 118, sowie Lothar Gruchmann: Euthanasie und Justiz im Dritten Reich. In: Vierteljahreshefte für Zeitgeschichte 20 (1972), S. 255–279, hier S. 274.

140 So der Entnazifizierungsausschuss der Hansestadt Lübeck am 03.12.1948. In LASH Abt. 352.4, Nr. 7153.

141 Kuhnt an Katz am 10.12.1949. In Personalakte von Jagow, LASH Abt. 786, Nr. 123.

gig gemacht: Er forderte, Nachfolger des noch amtierenden Landgerichtpräsidenten in Lübeck zu werden. Seine Ernennung erfolgte schließlich zum 1. Oktober 1956 durch Ministerpräsident von Hassel; von Jagow hatte diese Position bis zu seiner Pensionierung 1968 inne.[142] Als Leiter der Abteilung 2 und als Landgerichtspräsident hatte er dabei entscheidenden Einfluss auf die Personalpolitik im Bereich Justiz – seine personellen Entscheidungen wirkten noch viele Jahre nach seinem Tod fort.

3.4 Justizminister Bernhard Leverenz (1954–1967): Apologet der Vergangenheit und Aufklärer für die Zukunft

Die Landtagswahl am 12. September 1954 war für den Landesvorsitzenden der FDP, Bernhard Leverenz (Jahrgang 1909),[143] eine herbe Enttäuschung: Seine Partei gewann nur vier Mandate. Leverenz, der die Partei seit 1952 anführte, ging mit der CDU und dem GB/BHE (Gesamtdeutscher Block/Bund der Heimatvertriebenen und Entrechteten)[144] eine Regierungskoalition unter Führung von Kai-Uwe von Hassel ein. Leverenz sollte das Amt des Justizministers mit einer kurzen Unterbrechung bis zum Mai 1967 ausüben und behielt seinen Posten auch unter Helmut Lemke.

Der Jurist Bernhard Leverenz war ein verschlossener Mecklenburger, dessen Parteimitgliedschaft in der NSDAP vom 1. Mai 1933 bisher unbekannt geblieben war, und der ab Mitte der 1930er-Jahre in Rostock als Rechtsanwalt praktiziert hatte. Ob er seine Kanzlei wegen seiner Einberufung als Hilfsrichter und später als Marinerichter vollständig schließen musste, ist an dieser Stelle nicht zu klären; jedenfalls erhielt er 1943 ein Notariat.[145] Von Januar 1942 bis zur Kapitulation im Mai 1945 war er Marinerichter, zuletzt im Rang eines Marineoberstabsrichters.[146]

Im Kabinett Lemke war Leverenz nicht der einzige ehemalige Marinerichter; neben ihm am Kabinettstisch saß Hartwig Schlegelberger, der Sohn des erwähnten Reichsjustizstaatssekretärs, der ebenfalls dort Richter gewesen war – doch war es ausschließlich dessen Vergangenheit, die 1962/1963 in der Presse scharf kritisiert wurde.[147]

Leverenz befürchtete offenbar ebenfalls einen Angriff aufgrund seiner Vergangenheit – um sich für eine derartige Situation zu wappnen, suchte er daher nach einem Weg, Kritik effektiv

142 Vgl. Kuhnt an Katz am 10.12.1949. In Personalakte von Jagow, LASH Abt. 786, Nr. 123.

143 Angaben aus LASH Abt. 352 (Kiel), Nr. 2433; LASH Abt. 399.1380, Nr. 1; Godau-Schüttke (Anm. 21), S. 83ff.

144 Im November 1952 benannte sich der BHE in diese Bezeichnung um.

145 Vgl. zu seiner Vita LASH Abt. 399.1380, Nr. 1; LASH Abt. 352.3, Nr. 2433; BArch BDC OK, Film 3200 N0032; die Angaben bei Godau-Schüttke (Anm. 21), S. 81–86.

146 Bis 1944 als Marinekriegsgerichtsrat (Majorsrang) bezeichnet.

147 Vgl. Der Spiegel, Nr. 18 vom 01.05.1963, S. 33–34. Vgl. hierzu auch Sebastian Lehmann: Dreifache Vergangenheitspolitik? Der Fall Schlegelberger. In: Harald Schmid (Hrsg.): Erinnerungskultur und Regionalgeschichte. München 2009, S. 191–216; Klaus Bästlein: Der Fall Hartwig Schlegelberger. In: Festschrift zum 65. Geburtstag von Jörn-Peter Leppien/Grenzfriedenshefte 3 (2008), S. 289–305.

abwehren zu können. Aus diesem Grund wandte er sich an seinen Vorgesetzten, Ministerpräsidenten Lemke, und bat um Einsicht in einschlägige Marinekriegsgerichtsakten.[148]

Zunächst aber legte er seine Erinnerungen in einem mehrseitigen Gedächtnisprotokoll dar, in dem er sich als untypischen Marinerichter inszenierte: Nicht nur auf die konsequente Durchsetzung der „Manneszucht" sei sein Handeln ausgerichtet gewesen, sondern nach Möglichkeit habe er um eine Strafmilderung gerungen, wenn diese angebracht gewesen sei. So habe er als Verhandlungsführer (Vorsitzender des Marinegerichts) nur insgesamt vier Todesurteile zu verantworten, wobei in drei Fällen eine Vollstreckung nicht stattgefunden habe, und als Anklagevertreter habe er nur einmal die Todesstrafe beantragt, die letztlich aber nicht vollstreckt worden sei.[149]

Leverenz selbst verfasste diesen Bericht, ohne in Quellen Einsicht genommen zu haben. Vielmehr will Lemke ihm diese aufwendige Archivarbeit abgenommen haben, wenn man dessen Angaben in seinem Schreiben vom 18. Juni 1963 an Leverenz folgt:

„Sie hatten angeregt, [...] die Akten über Verfahren einzusehen, an denen Sie s. Zt. als Untersuchungsführer, Vertreter der Anklage und verhandlungsleitender Richter in der Marinekriegsgerichtsbarkeit mitgewirkt haben. Obwohl ich keinerlei Veranlassung zu einer solchen Einsichtnahme sah, bin ich Ihrer Anregung aus kollegialer Verbundenheit [...] gefolgt und habe [...] Ministerialdirigent Dr. Neumann-Silkow[150] einen entsprechenden Auftrag erteilt. [Er] hat mir jetzt einen umfassenden Bericht vorgelegt, der die Feststellung rechtfertigt, daß Sie sich in Ihrer langjährigen Tätigkeit als Marinekriegsgerichtsrat [...] den Grundsätzen der Rechtsstaatlichkeit und Menschlichkeit verpflichtet wußten und danach handelten."[151]

Dabei beließ es Lemke aber nicht:

„Sie haben nicht nur im einzelnen Fall gebotene Milde walten lassen [...]. Ausgesprochenen Gewaltdelikten sind Sie mit der notwendigen Härte begegnet. Da, wo Sie in einem Einzelfall glaubten durch harten Urteilsspruch eine durch Disziplinlosigkeit herbeigeführte schwere Gefahr der Truppe abwehren zu müssen, haben Sie in Bestätigungsverfahren mit Erfolg eine der Person des Täters gerechtwerdende Strafmilderung gefördert."[152]

Eine Bewertung von Leverenz' tatsächlicher Urteilspraxis wäre nur auf der Basis einer detaillierten Untersuchung der entsprechenden Fallakten möglich, was in diesem Zusammenhang nicht leistbar ist. Erhellender ist dagegen, dass Leverenz, der um die menschenverachtende Gnadenlosigkeit der Marinejustiz wusste (und in ihr funktionierte), hier aktiv präventive Ver-

148 Schreiben von Lemke an Leverenz vom 18.06.1963, LASH Abt 399.1380, Nr. 1.

149 In einem undatierten, sechs Seiten (erste Seite fehlt) langen Bericht schildert Leverenz aus dem Gedächtnis heraus Einzelheiten über seine Zeit als Marinerichter. Der Bericht muss aber nach dem 18.06.1963 verfasst worden sein (LASH Abt. 399.1380, Nr. 1).

150 Später Chef der Staatskanzlei. Neumann-Silkow war seit 1932 selbst Parteigenosse, vgl. BArch PK I283; BArch BDC Ortskartei Neumann, Ernst.

151 Alle Zitate aus LASH Abt. 399.1380, Nr. 1.

152 Ebd.

gangenheitspolitik in eigener Sache machte, um eventuelle Angriffe wegen seiner Rolle vor 1945 abwehren zu können.[153]

Leverenz war allerdings kein Unbekannter in der Marinegerichtsbarkeit – eine Tatsache, die Lemke offensichtlich auch hatte betonen wollen, indem er anmerkte: „[Sie] haben darüber hinaus auch durch literarische Mitarbeit der Gefahr einer ausufernden Strafverfolgung besonders auf dem Gebiet sogenannter wehrkraftzersetzender Äußerungen verdienstvoll entgegengewirkt."[154]

In der Tat hatte Leverenz 1943 in einem Aufsatz in der „Zeitschrift für Wehrrecht"[155] zur Kriegssonderstrafrechtsverordnung vom 17. August 1938[156] einen weniger rigiden Umgang mit dem Thema „Wehrkraftzersetzung" gefordert.[157] Leverenz schrieb, aus rechtspolitischen Gründen sei zu fordern,

„dass Äußerungen allgemein zersetzenden Inhalts straffrei bleiben, selbst wenn der Täter mit einer Weitergabe rechnen musste, soweit sie nur im vertrauten Kreis gefallen sind [...]. Wieviele können sich frei davon sprechen, im Laufe des Krieges [...] nicht schon einmal Äußerungen negativen Inhalts gemacht zu haben? Kein Gesetz kann es [...] verbieten, sich Gedanken über die Vorgänge des Lebens zu machen. Wenn man sich festgrübelt [...], dann bietet eine Aussprache mit einem Ehegatten oder einem Freund die beste Chance zur Behebung des inneren Zwiespalts [...]. Soweit ein Soldat bei diesem seelischen Hilfsmittel die Grenzen dessen überschreitet, was die militärische Disziplin gebietet, bietet die Disziplinarstrafordnung eine ausreichende Handhabe!"[158]

Sein Aufsatz zählt „zu den ganz wenigen Zeugnissen einer öffentlich geäußerten Kritik der Militärjustiz gegenüber den gefährlichen Formeln der NS-Volksgemeinschaftsideologie im Kriege"[159]. Hieraus aber schließen zu wollen, dass Leverenz durch seine Publikation persönliche Nachteile hätte befürchten müssen, ist keineswegs zwingend. Er stellte nämlich den Grundtatbestand des entsprechenden Absatzes der Kriegssonderstrafrechtsverordnung überhaupt

153 Als Beweismittel für seine Zeit als Marinerichter legte er beispielsweise ein Schreiben von Otto Tschadek vom 13.09.1947 vor, in dem dieser ihm bescheinigte, „[...] dass er [Leverenz] das Gewaltregime in Deutschland innerlich ablehne [...]. Als Richter war [...] Leverenz äusserst korrekt, er hat in einigen Fällen für die Beschuldigten Stellung genommen, er hat sich gegen eine ungerecht verhängte Todesstrafe mit aller Energie eingesetzt [...]" (LASH Abt. 399.1380, Nr. 1). Am 03.09.2010 vermeldete die österreichische Zeitung „Der Standard" in ihrer Onlineausgabe „Ex-Justizminister Tschadek war ein ‚Blutrichter', vgl. Der Standard: Ex-Justizminister Tschadek war ein „Blutrichter". URL: >http://www.derstandard.at/ 1282978 899417/Ex-Justizminister-Tschadek-war-ein-Blutrichter< (zuletzt aufgerufen: 01.04.2016). Zu Einzelheiten und zur Person Tschadek wird auf diesen Artikel verwiesen.

154 LASH Abt. 399.1380, Nr. 1.

155 Bernhard Leverenz: Der Begriff der Öffentlichkeit in § 5 Abs.1 Ziff.1 KSSVO . In: Zeitschrift für Wehrrecht 8 (1943), S. 399–411.

156 RGBl. 1939 I, S. 1455ff.

157 Vgl. zum Sachverhalt auch Manfred Messerschmidt/Fritz Wüllner: Die Wehrmachtsjustiz im Dienste des Nationalsozialismus. Zerstörung einer Legende. Baden-Baden 1989, hier S. 155f.

158 Leverenz (Anm. 155).

159 Messerschmidt/Wüllner (Anm. 157), S. 156.

nicht infrage. In diesem Rahmen und bei Beachtung der eigentlichen Zielsetzung dieser Bestimmung konnte auch im Dritten Reich juristisch gestritten werden, ansonsten hätte auch die Schriftleitung der „Zeitschrift für Wehrrecht" eine Veröffentlichung des Aufsatzes verweigert. Und schließlich waren auch Leverenz die Grenzen einer juristischen Auseinandersetzung durchaus bekannt in einem System, in dem der Gerichtsherr in jedem Fall die Entscheidung über Bestätigung oder Aufhebung von Urteilen beanspruchte.

Leverenz war als Flüchtling 1947 nach Kiel gekommen; nachdem er zunächst als Staatsanwalt gearbeitet hatte, war er anschließend für mehrere Jahre als Rechtsanwalt und Notar tätig, bis er 1954 eine langjährige Politikerlaufbahn einschlug. Als er 1963 als Parteichef abgelöst wurde, lehnte er den von seinem Nachfolger Otto Eisenmann vollzogenen Schwenk nach rechts ab.[160] Er blieb jedoch weiterhin Justizminister, ehe er 1967 in den erlauchten Kreis der Rechtsanwälte beim Bundesgerichthof aufgenommen wurde.[161]

Die Bewertung seiner Rolle in vergangenheitspolitischer Hinsicht ist nicht eindeutig zu treffen: Tatsächlich fiel er immer wieder durch zum Teil klar apologetische Äußerungen auf. – So behauptete er 1959 auf einer Konferenz der Justizminister der Länder, es habe auch „aufrechte Richter am Volksgerichtshof gegeben"[162], anstatt anzuerkennen, dass der Volksgerichtshof „von Anfang an eine Unrechtsinstitution des Dritten Reiches gewesen"[163] ist, wie der hessische Ministerpräsident Zinn hierauf entgegnete, wobei dessen ehemalige Mitglieder „grundsätzlich nicht in der Justiz"[164] hätten beschäftigt werden dürfen.

Als außerdem Ende der 1950er-Jahre über die Schaffung der „Zentralen Stelle der Landesjustizverwaltungen zur Verfolgung von NS-Verbrechen" diskutiert wurde, waren Leverenz und der saarländische Justizminister die Einzigen, die eine solche Einrichtung ablehnten.[165] Auf den entsprechenden Konferenzen trat Leverenz dabei – wie der Historiker von Miquel es formuliert – „besonders unverfroren"[166] auf. Und weiter sagte Leverenz:

„Wenn man jetzt allem nachspüre und alles verfolge, was in der Vergangenheit geschehen sei, so bescheinige man sich selbst, nicht genügend getan zu haben. Man solle sich nicht zu Knechten der Presse oder der öffentlichen Meinung machen."[167]

160 Der Spiegel, Nr. 13 vom 05.06.1963, S. 33; Der Spiegel, Nr. 17 vom 21.04.1965, S. 42. Vgl. zu Eisenmann und seinem Geschichtsbild Godau-Schüttke (Anm. 21), S. 84f.

161 Vgl. Schreiben des Justizministers des Landes Schleswig-Holstein vom 08.10.1990 an den Verfasser; vgl. auch Godau-Schüttke (Anm. 21), S. 83 m. Anm. 4.

162 So Leverenz auf der Justizministerkonferenz vom 13.–15.10.1959 (Generalakten des S-H JuMi VII 2200-66-B-Band 2); hierzu weiter Godau-Schüttke (Anm. 21), S. 24.

163 So der hessische Ministerpräsident und Justizminister Zinn (SPD); vgl. Godau-Schüttke (Anm. 21), S. 24.

164 Ebd.

165 Bernd Kasten: Das Ansehen des Landes Schleswig-Holstein. In: Zeitschrift der Gesellschaft für Schleswig-Holsteinische Geschichte 118 (1993), S. 267–284, hier S. 275; Marc von Miquel: Ahnden oder Amnestieren? Westdeutsche Justiz und Vergangenheitspolitik in den sechziger Jahren. Göttingen 2004, hier S. 170f.

166 Von Miquel (Anm. 165), S. 185.

167 Zitiert nach Michael Greve: Der justitielle und rechtspolitische Umgang mit den NS-Gewaltverbrechen in den sechziger Jahren. Frankfurt a. M. 2001, S. 50f. m. Anm. 180.

Verhindern konnte er die Errichtung der Zentralen Stelle letztlich aber nicht; Ministerpräsident von Hassel stimmte intern zwar mit Leverenz überein – wohl aus politischem Weitblick und auch im Hinblick auf eine von ihm angestrebte bundespolitische Karriere verzichtete er aber auf eine offene Verhinderungspolitik.[168] Er versuchte jedoch, den Untersuchungsauftrag der noch zu errichtenden Zentralen Stelle eng zu halten und beauftragte Leverenz entsprechend.[169] Dieses Ziel erreichten sie wiederum: Ahndungen von Verbrechen der Wehrmacht und der NS-Justiz blieben ausgeschlossen.[170] – Mit diesem Kompromiss konnten augenscheinlich sowohl Leverenz als auch sein Chef von Hassel leben, die ihre Wählerschaft im nördlichsten Bundesland auf keinen Fall vergrämen wollten.

In welchem Maße Leverenz ein Mann der Vergangenheit war, wird durch seine Rede am 5. Mai 1960 anlässlich der Einführung eines neuen Präsidenten am Landgericht Flensburg deutlich. Das Thema lautete: „Die Verantwortlichkeit des Richters und Staatsanwalts für die Anwendung nationalsozialistischer Gesetze".[171] Zu Schleswig-Holstein hob er zunächst hervor, dass für die Einleitung strafrechtlicher Schritte nicht allein die Zugehörigkeit zu einem NS-Gericht Anlass geben könne. Dann kam er zum eigentlichen Kern:

„Um mir selbst ein Urteil über die Tätigkeit und Amtsführung der Richter und Staatsanwälte [...] zu bilden, habe ich eine Sichtung sämtlicher Todesurteile des Sondergerichts Kiel und, da vereinzelt Richter und Staatsanwälte aus Berlin jetzt [hier] amtieren, auch der entsprechenden Urteile des Sondergerichts Berlin veranlasst [...]. Das Ergebnis war einigermaßen beruhigend: Den überprüften 114 Verfahren und Urteilen lagen ausschließlich kriminelle Fälle zugrunde.

Zu allen diesen Verfahren sind die Urteilsgründe bis zum Zusammenbruch im Jahre 1945 sehr ausführlich abgefaßt worden, erörtern den Sachverhalt der Vorstrafen und begründen eingehend – allerdings mitunter auch mit den damals üblichen Schlagworten – die Annahme des besonders schweren Falles. Die Ausführungen zum Strafmaß fehlen nie, wenn auch die harten Maßstäbe der Kriegszeit in die Augen springen.

Die Aufgliederung der Urteile ergibt: Bei 1/5 war die Todesstrafe vom Gesetz zwingend vorgeschrieben; bei 3/5 lagen Verbrechen vor, die unter Ausnutzung der Verdunklung oder der besonderen Kriegsverhältnisse begangen worden waren; diese Verurteilungen beruhen auf den Tatbeständen der [...] sog. Volksschädlingsverordnung [...]; 1/5 der Angeklagten wurden als ‚gefährliche Gewohnheitsverbrecher' verurteilt, gegen die nach dem Gesetz [...] ausschließlich die Todesstrafe zu verhängen war.

---

168 Vgl. Kasten (Anm. 165), S. 276.

169 Ebd.

170 Im Einzelnen hierzu von Miquel (Anm. 165), S.146ff.

171 Bernhard Leverenz: Die Verantwortlichkeit des Richters und Staatsanwalts für die Anwendung nationalsozialistischer Gesetze. In: Informationsdienst der Landesregierung Schleswig-Holstein 8 (1960), H. 9, S. 61-65, hier S. 64. Auszüge aus dieser Rede, allerdings ohne einen Bezug zu Schleswig-Holstein, wurden auch in der Deutschen Richterzeitung veröffentlicht. Vgl. Bernhard Leverenz: Die Verantwortlichkeit des Richters und Staatsanwalts für die Anwendung und Auslegung der Gesetze des nationalsozialistischen Staates. In: Deutsche Richterzeitung 38 (1960), H. 6, S. 168–172.

Allen Angeklagten waren die damals noch verbleibenden Verfahrensgarantien gewährt worden."[172]

Und er kam zu dem Befund:

„Als Ergebnis bleibt festzustellen: Den Richtern und Staatsanwälten, die früher bei den Sondergerichten in Kiel und Berlin tätig waren und heute im schleswig-holsteinischen Landesjustizdienst stehen, kann aus ihrer damaligen Tätigkeit kein Vorwurf gemacht werden."[173]

Dass Leverenz gerade im Mai 1960 diese Rede hielt, hatte politische Gründe: Ende der 1950er-Jahre begann die DDR eine Propagandaschlacht gegen die in der Bundesrepublik tätigen ehemaligen NS-Juristen. Sie wird heute – nach einer 1957 erschienen Broschüre „Gestern Hitlers Blutrichter – heute Bonner Justizelite"[174] – als „Blutrichterkampagne" bezeichnet.[175] Die bundesdeutschen Justizjuristen mussten sich gegen diese Angriffe zur Wehr setzen, wollten sie in der Bevölkerung nicht unglaubwürdig erscheinen. So nahm Leverenz die Einführung des neuen Landgerichtspräsidenten in Flensburg zum Anlass, „seine" Richter und Staatsanwälte ins richtige Licht zu setzen.[176] – Leverenz' Rede wurde von der Justiz geradezu enthusiastisch aufgenommen, nachdem das Ministerium diese in Umlauf gebracht hatte.[177]

Auch der neue Landgerichtspräsident in Flensburg wird sich durch diese Rede angesichts seiner eigenen Vergangenheit exkulpiert gefühlt haben: Jener Franz Hannemann (Jahrgang 1901),[178] zunächst Leiter der Abteilung 3 (Rechtswesen), später der Abteilung 2 und damit enger Berater von Leverenz, war ein Jurist mit Bestnoten und dabei überaus ehrgeizig, sowohl in seinem Beruf[179] als auch in seiner Hinwendung zum Dritten Reich.[180] Ihm wurde attestiert, dass er bestrebt sei, die „Durchdringung des Rechts und seiner Anwendung mit der nationalsozialistischen Weltanschauung zu fördern"[181]. Als Landgerichtsdirektor war er noch knapp zwei Monate lang Vorsitzender des Sondergerichts Stettin gewesen, ehe er bis zur Kapitulation Kriegsdienst leistete – zuletzt als Hauptmann der Reserve. Als Flüchtling in Schles-

172 Leverenz (Anm. 171), S. 64.

173 Ebd., S. 65.

174 Sonja Boss: Unverdienter Ruhestand. Die personalpolitische Bereinigung belasteter NS-Juristen in der westdeutschen Justiz. Berlin 2009, hier S. 34 m. Anm. 84.

175 Einzelheiten bei ebd., S. 31ff.

176 Zur inhaltlichen Analyse der Rede vgl. Bästlein (Anm. 78), S. 93ff.; Godau-Schüttke (Anm. 21), S. 93ff.

177 Vgl. Godau-Schüttke (Anm. 21), S. 111f.

178 Angaben aus Personalakte Hannemann, LASH Abt. 786, Nr. 197, 365; Godau-Schüttke (Anm. 21), S. 93.

179 Beurteilung vom 10.02.1939, Oberlandesgerichtspräsident Kulenkamp (Stettin): „Hannemann stellt an sich selbst hohe Anforderungen und will vorwärts [...] zum selbstlosen Einsatz bereit."

180 Hannemann scheint eine Ausnahme zu sein. Er war nicht nur Parteigenosse seit 1933, sondern auch Mitglied in fast allen Nebenorganisationen der Partei: Sturmhauptführer im NSKK (NS-Kraftfahrerkorps), NSV (NS-Volkswohlfahrt), NSRB (NS-Rechtswahrerbund), NS-Reichskriegerbund, Reichsluftschutzbund. Die ihm verliehenen Kriegsverdienstkreuze I. und II. Klasse jeweils mit Schwertern lassen auf besondere „Verdienste" schließen, wobei Einzelheiten unbekannt bleiben.

181 Beurteilung des Senatsvorsitzenden des III. Zivilsenats des Oberlandesgerichts Stettin 1936.

wig-Holstein hat sein rasanter Aufstieg nach 1945 Ausnahmecharakter; nach einer Empfehlung von Krohn[182] wurde er 1949 wieder Landgerichtsdirektor in Kiel und wechselte bald über das OLG ins Ministerium.

Wie gesehen: Als Justizminister agierte Leverenz als Apologet der NS-Vergangenheit. Demgegenüber steht sein unbestreitbares Verdienst, maßgeblich an der Aufdeckung der Heyde/Sawade-Affäre beteiligt gewesen zu sein, die Ende der 1950er-Jahre für einen bundesweiten Skandal gesorgt hatte. Ohne Leverenz' beharrliche und rigorose Ermittlungen, ohne seine Skepsis auch gegenüber der Generalstaatsanwaltschaft, insbesondere gegenüber Generalstaatsanwalt Adolf Voss und schließlich auch gegenüber den Eliten in Schleswig-Holstein, wäre die Aufdeckung dieser Affäre nicht so umfassend gewesen: Er hatte in Erfahrung bringen wollen, wer den Massenmörder Dr. Fritz Sawade alias Prof. Dr. Werner Heyde, den sogenannten Obergutachter des euphemistisch als „Euthanasie" bezeichneten nationalsozialistischen Massenmordprogramms, nach 1945 über Jahre hinweg in Schleswig-Holstein gedeckt hatte.[183]

Um seine Verdienste bei der Aufklärung dieser Affäre zu verdeutlichen, sei nur darauf verwiesen, dass er im Ministerium gewissermaßen einen eigenen Ermittlungsstab schuf. Rückhaltlos ermittelten Leverenz und seine Mitarbeiter parallel zur eigentlich zuständigen Staatsanwaltschaft und wiesen diese gezielt an. Letztlich war es sein Verdienst, dass der amtierende Generalstaatsanwalt Adolf Voss sein Amt niederlegen musste – dieser nach der Machtergreifung der Nationalsozialisten von Roland Freisler protegierte Jurist,[184] der nach 1945 seinen schnellen Aufstieg der SPD nahestehenden Generalstaatsanwälten zu verdanken hatte,[185] war wohl mehr in die Affäre verstrickt, als jemals öffentlich wurde. Erleichtert kommentierte Leverenz den Rücktritt: „Und da sagte ich: Gott sei Dank, jetzt brauchen wir nicht mehr disziplinär [gegen Voss] vorzugehen, wir pensionieren ihn sofort, dann sind wir erst einmal aus der Verantwortung raus."[186]

4. Fazit

Die schleswig-holsteinische Justiz entpuppt sich als seit der Wiedereröffnung der Gerichte im Oktober 1945 stellenweise durchsetzt mit ehemaligen Nationalsozialisten und Richtern, die schon vor 1945 – mitunter sogar im Bereich der NS-Sondergerichte – tätig gewesen waren.

182 Vermerk Krohn vom 25.02.1949 (Persoalakte Hannemann, LASH Abt. 786, Nr. 107).
183 Vgl. hierzu im Einzelnen Godau-Schüttke (Anm. 117).
184 Einzelheiten bei Godau-Schüttke (Anm. 21), S. 78ff.
185 Dies waren Goswin Dörmann und dessen Nachfolger Arnold Heitzer (vgl. Godau-Schüttke (Anm. 21), S. 56f.), die beide „begeisterte Fürsprecher" von Voss waren (hierzu Godau-Schüttke (Anm. 21), S. 79); Voss' Ernennung zum Generalstaatsanwalt 1954 hatte Justizminister Carl-Anton Schaefer (BHE-Mitglied und Nachfolger von Waldemar Kraft) in die Wege geleitet (Einzelheiten bei Godau-Schüttke (Anm. 21), S. 77f.).
186 Der Spiegel, Nr. 20 vom 10.05.1961, S. 28–33, hier S. 33.

Ursächlich hierfür war unter anderem die von den britischen Besatzern genehmigte „Huckepack-Regel" und eine darüber hinaus in vielerlei Hinsicht inkonsequente, da pragmatischen Überlegungen geschuldete Durchführung der Entnazifizierung – nicht zuletzt auch mit der Übergabe der Abwicklung in die Hände deutscher und damit auch schleswig-holsteinischer Behörden, in deren Folge bisweilen äußerst fragwürdige Personalentscheidungen getroffen werden konnten. Unter dem langjährigen, nicht durch eine nationalsozialistische Vergangenheit belasteten Amtschef im Justizministerium, Praetorius, und unter den wechselnden Ministern, die teils einen Verfolgungshintergrund hatten (Katz), teils NSDAP-Mitglieder (Wittenburg) oder in Umsetzung von NS-Politik verstrickt gewesen waren (Kraft) sowie innerhalb der NS-Wehrmachtsjustiz funktioniert hatten (Leverenz), wurde eine Personalpolitik betrieben, bei der frühere NS-Juristen sowohl in den Gerichten wie auch im Ministerium in hohe Positionen gelangen konnten. Die Gründe hierfür sind auf drei Ebenen zu suchen: Erstens in der unzureichenden Entnazifizierung durch britische Besatzer und einheimische Deutsche, zweitens in einem positivistischen Rechts- und Justizverständnis, welches die Verantwortung für die Durchsetzung der NS-Gesetzgebung allein auf Seiten der Legislative verortete, und drittens in fortbestehenden und sich neu etablierenden persönlichen Netzwerken innerhalb der Justiz und des Justizministeriums in Schleswig-Holstein.

Heiko Scharffenberg

Kontinuität und Kosten – Die Wiedergutmachung nationalsozialistischen Unrechts in Schleswig-Holstein

1. Einleitung

Die Bundesrepublik Deutschland hat in den 70 Jahren seit dem Ende des Zweiten Weltkrieges rund 70 Milliarden Euro für die Wiedergutmachung von NS-Unrecht ausgegeben: für die Erstattung von Vermögen und Besitz, für Haftentschädigungen, Entschädigungen für berufliche Behinderungen während der NS-Zeit sowie für Witwen- und Erwerbsminderungsrenten.[1] „Die Wiedergutmachung kann insgesamt gesehen als eine historisch einzigartige Leistung angesehen werden, die auch die Anerkennung der Verfolgtenverbände im In- und Ausland gefunden hat."[2] So urteilte die Bundesregierung 1986 im Bundestag, als mit der Frage nach einer Entschädigung für NS-Unrecht an Sinti und Roma erstmals eine der sogenannten „vergessenen" Opfergruppen in den Fokus der Öffentlichkeit gelangte. Finanziert wurde die Wiedergutmachung gemeinsam durch Bund und Länder, abgewickelt wurden die Wiedergutmachungsverfahren durch Länderbehörden.

Unter Wiedergutmachung für NS-Verfolgte sind zwei grundlegende Bereiche zusammengefasst: Die Rückerstattung von geraubtem und enteignetem Besitz und die individuelle Wiedergutmachung für erlittene Schäden an der Gesundheit oder dem beruflichen Fortkommen, für Haft oder für den Verlust von Angehörigen. Beide Zweige der Wiedergutmachung hatten eigene Verwaltungs- und Gerichtswege. Die folgenden Betrachtungen untersuchen die Aspekte der individuellen Entschädigung und beziehen sich nicht auf die Rückerstattungsverfahren. Der Begriff Wiedergutmachung wird deshalb im Folgenden im Sinne von Entschädigung gebraucht.

2. Soforthilfe für politisch Verfolgte

Nach dem Zusammenbruch des nationalsozialistischen Staates im Mai 1945 stellte sich unmittelbar die Frage, wie man mit den befreiten Verfolgten der Nationalsozialisten umgehen

1 Vgl. Bundesfinanzministerium (BMF) (Hrsg.): Entschädigung von NS-Unrecht. Regelungen zur Wiedergutmachung. Berlin 2012, S. 29.

2 Bericht der Bundesregierung über die Wiedergutmachung und Entschädigung für nationalsozialistisches Unrecht sowie über die Lage der Sinti und Roma und verwandter Gruppen, Deutscher Bundestag, Drucksache 10/6287, Bonn 31.10.1986, S. 11.

sollte. Dabei standen zunächst ganz praktische Bedürfnisse im Vordergrund. Besonders die Befreiten aus den nationalsozialistischen Lagern und Gefängnissen mussten versorgt und die öffentliche Ordnung gewahrt werden. In den westlichen Besatzungszonen überließen es die Alliierten den Kommunen, sich nach losen Vorgaben um die deutschen NS-Opfer zu kümmern. Gegenüber ausländischen Verfolgten sollten die Deutschen jedoch keine Autorität haben.[3]

Durch die Fokussierung auf die deutschen Opfer bekamen die aus politischen Gründen Verfolgten ein deutliches Übergewicht bei der Gestaltung der ersten Phase der Entschädigung von NS-Opfern. In den Städten und Gemeinden hatten Politiker von SPD und KPD großen Einfluss und organisierten in sehr unterschiedlicher Weise eine Soforthilfe für befreite KZ-Häftlinge.[4] Im Dezember 1945 vereinheitlichte die britische Militärregierung das Vorgehen in ihrer Besatzungszone durch eine Zonenanweisung, die die Sonderhilfe für NS-Opfer regelte. In dieser Anweisung wird der Einfluss der ehemals politisch Verfolgten deutlich, indem klar beschrieben wurde, mit wem die politisch Verfolgten auf eine Stufe gestellt werden wollten und mit wem nicht: Sonderhilfe sollten nur Menschen bekommen, die wegen ihrer Rasse, ihrer politischen Einstellung oder ihres Glaubens verfolgt worden waren. Ausgeschlossen blieben von vornherein ehemalige NS-Parteimitglieder, Fahnenflüchtige, Kriminelle, ehemalige Kapos oder alle Menschen, die als „Person schlechten Charakters allgemein bekannt seien".[5] Die Bewertung der Ansprüche übernahmen Sonderhilfsausschüsse in den kreisfreien Städten und Landkreisen, in denen in der Regel ehemalige politische Verfolgte aus SPD und KPD den Ton angaben. Auch in der einflussreichen „Vereinigung der Verfolgten des Nationalsozialismus" (VVN) besaßen insbesondere die kommunistischen NS-Opfer eine bestimmende Position.[6]

3. Entschädigung nach Landesgesetzen und Dominanz der politisch Verfolgten

Neben einer Soforthilfe für befreite KZ-Häftlinge stellte sich schon bald die Frage nach einer Entschädigung im Sinne einer Wiedergutmachung für die Opfer des Nationalsozialismus. Doch die Länder der westlichen Besatzungszonen konnten sich nicht auf ein einheitliches Vorgehen verständigen. So überließ es die britische Militärregierung schließlich den Ländern seiner Zone, nach groben Vorgaben eigene Entschädigungsgesetze zu erlassen. Dabei machten die Briten deutlich, dass sie keine Regelungen wünschten, die am Ende durch britische Steuerzahler subventioniert werden mussten.[7]

3 Vgl. Constantin Goschler: Schuld und Schulden. Die Politik der Wiedergutmachung. Göttingen 2005, hier S. 66ff.

4 Vgl. z. B. für Flensburg: Heiko Scharffenberg: Sieg der Sparsamkeit. Die Wiedergutmachung nationalsozialistischen Unrechts in Schleswig-Holstein. Bielefeld 2004, hier S. 23f.; für Stormarn: Florian Bayer: Wiedergutmachung oder enttäuschte Hoffnung? Die Entschädigung von NS-Opfern in Stormarn nach dem Zweiten Weltkrieg (Dissertation). Hamburg 2012, S. 17f.

5 Anweisung HQ 2900 vom 22.12.1945, Landesarchiv Schleswig (LASH), Abt. 320 Plön, Nr. 2481.

6 Vgl. Scharffenberg (Anm. 4), S. 34f.

7 Vgl. Goschler (Anm. 3), S. 89ff.

An der grundsätzlichen Verpflichtung zur Wiedergutmachung zweifelte im Schleswig-Holsteinischen Landtag niemand. In der dritten Sitzung des ersten gewählten Landtages forderte die CDU-Fraktion die Landesregierung auf, möglichst bald ein Entschädigungsgesetz vorzulegen. Dieser Forderung schlossen sich auch die anderen Fraktionen an.[8] Nachdem klar war, dass es keine zoneneinheitlichen Regelungen geben würde, legte Innenminister Wilhelm Käber (SPD) Anfang 1948 einen Entwurf für ein Gesetz über die Gewährung von Renten für Opfer des Nationalsozialismus vor. Der Entwurf orientierte sich an dem bereits bestehenden nordrhein-westfälischen Gesetz und wurde im März 1948 einstimmig verabschiedet.

Die Bestimmungen des „OdN-Rentengesetzes"[9] bestätigten die Dominanz der ehemaligen politischen Verfolgten in der Diskussion. Allein unter den Abgeordneten der ersten Wahlperiode befanden sich 36 vorwiegend der SPD angehörende Politiker, die selbst Verdrängung, Verfolgung, Haft und Konzentrationslager erlebt hatten, darunter auch Innenminister Wilhelm Käber und Ministerpräsident Hermann Lüdemann.[10] Dementsprechend orientieren sich die Bestimmungen des OdN-Rentengesetzes am Erfahrungshorizont der politisch Verfolgten. Das Gesetz umfasste nahezu jede Konstellation politischer Verfolgung – von den Opfern der Saalschlachten vor 1933 über Emigrationsschicksale bis zu den in Kriegsgefangenschaft geratenen politischen NS-Gegnern und deren Hinterbliebenen. In den politischen Gegnern, die dem Nationalsozialismus getrotzt hatten, sahen die Landespolitiker offenbar die „echten Opfer", wie Innenminister Käber bei der Erklärung des Gesetzentwurfes fein unterschied.[11] Mit diesem Begriff der „echten Opfer" wandte sich Käber in erster Linie gegen Versuche besonders vonseiten der Vertriebenen, die NS-Opfer mit Kriegsopfern und „Entnazifizierungsopfern" zu einer Gruppe zusammenzufassen. Doch im Kontext schloss der Begriff „echte Opfer" auch viele andere Verfolgtengruppen von der Entschädigung aus: „Zigeuner", „Homosexuelle", „Asoziale", „Zwangssterilisierte" oder „Kriminelle". In dieser – auch von den Briten mitgetragenen – Ausgrenzung von Randgruppen zeigte sich die Kontinuität bürgerlicher Bewertungsmuster. Für diese Gruppen gab es auch unter den NS-Verfolgten keine Solidarität, egal welches Schicksal sie erlitten hatten. Mit diesen Opfern wollten die politisch Verfolgten nicht auf eine Stufe gestellt werden. Diese von allen getragene Ausgrenzung führte dazu, dass

8 Vgl. Wortprotokoll des Schleswig-Holsteinischen Landtages, 1. Wahlperiode, 3. Tagung, 03.08.1947, S. 88ff.

9 OdN = Opfer des Nationalsozialismus.

10 Diese 36 waren (auf Basis der Projektdatenbank ermittelt): Arp, Erich, o Fr (Bedeutung), SPD; Bundtzen, Hans, CDU; Cierocki, Josef, CDU; Clasen, Eduard, SPD; Clausen, Hermann Asmuss, SSW; Damm, Walter, SPD; Diekmann, Bruno, SPD; Dölz, Paul Richard, SPD; Dohrn, Peter, CDU; Esser, Peter Wilhelm, SPD; Feldmann, Karl, SPD; Gayk, Andreas, SPD; Haut, August, SPD; Hundt, Hubert, SPD; Jensen, Peter, CDU; Käber, Wilhelm, SPD; Kock, Heinz, SPD; Krahnstöver, Anni, SPD; Kuklinski, Wilhelm, SPD; Lohmann, Paul, SPD; Lübke, Friedrich Wilhelm, CDU; Lüdemann, Hermann, SPD; Nielsen, Andreas, SPD; Oldorf, Hans, SPD; Olson, Hermann, SPD, SSW; Passarge, Otto, SPD; Pohle, Kurt, SPD; Ratz, Karl Eduard Heinrich, SPD; Schenck, Richard Matthias Friedrich Dr., o Fr, SPD; Schmehl, Wilhelm, SPD; Schröter, Carl, CDU; Stade, Hans, SPD; Steinhörster, Willi, SPD; Steltzer, Theodor, CDU; Voß, Hugo, SPD; Werner, Theodor, SPD. Belege: siehe Quellennachweise des Gutachtens.

11 Vgl. Wortprotokoll des Schleswig-Holsteinischen Landtages, 1. Wahlperiode, 8. Tagung, 02.–04.02.1948, S. 35.

die Randgruppen erst Jahrzehnte später als sogenannte „vergessene Opfer" in die Debatten um die Wiedergutmachung von NS-Unrecht eingingen.

In den Beratungen für das erste schleswig-holsteinische Wiedergutmachungsgesetz 1947/48 wurde neben der Dominanz der politischen Verfolgten eine weitere Grundlinie der ersten Phase der Entschädigung für NS-Opfer deutlich: Die Wiedergutmachung wurde weiterhin als eine Fürsorge-Maßnahme begriffen. Den Anspruch auf eine tatsächliche Entschädigung im Sinne des bürgerlichen Rechts vermied man. In der einmütigen Debatte um das Gesetz betonte der SPD-Abgeordnete und ehemalige Verfolgte Otto Passarge, dass eine Wiedergutmachung gar nicht möglich sei und das Gesetz nur „ein Weg zur Hilfe" sein könne. Der CDU-Abgeordnete und Jurist Max Emcke machte deutlich, dass die Wiedergutmachung eine „selbstverständliche Ehrenpflicht" sei.[12] Die Politiker akzeptierten die Entschädigung also nur als eine „Ehrenschuld", die man freiwillig im Rahmen des Möglichen abtragen wollte, nicht aber den auf allgemeinen Rechtsgrundsätzen basierenden Entschädigungsanspruch. Die Gesetze zielten lediglich darauf ab, den NS-Opfern durch Vergünstigungen den sozialen Anschluss an die Nachkriegsgesellschaft zu ermöglichen und ihnen etwas Anerkennung für ihr Leid zu zollen. Deshalb war die Gewährung einer Rente an Bedürftigkeit gekoppelt, die ebenso wie der Kausalzusammenhang zwischen Gesundheitsschäden und Verfolgung regelmäßig überprüft wurde. Andere Sozialleistungen wurden auf „OdN-Renten" angerechnet, „überzahlte" Renten rigoros über Jahre zurückgefordert und sogar individuelle Haftentschädigung auf Rentenzahlungen gegengerechnet.[13]

Der große Einfluss der politisch Verfolgten auf die Fragen der Entschädigung zeigte sich zunächst auch in der Landesverwaltung. Im September 1948 wies die zuständige Referentin des Sozialministeriums, die KPD-Politikerin Agnes Nielsen, die Sonderhilfsausschüsse der Kreise an, mit „warmen Herzen die großzügige Anweisung für die Betreuung der OdN zu beachten"; es dürfe nicht sein, dass sich die Verfolgten „als Bettler fühlen, die um ein Almosen bitten".[14] Doch schon kurze Zeit später änderten sich die Vorzeichen. Die Zuständigkeit für die Entschädigung wechselte vom Wohlfahrtsministerium ins Innenministerium, wo die Bedürfnisse der NS-Opfer in deutlicher Konkurrenz zu anderen Aufgaben des Ressorts standen. Im Juli 1949 verabschiedete der Landtag einstimmig ein Haftentschädigungsgesetz, das den Betroffenen unabhängig von einer Bedürftigkeit 150 Mark für jeden erlittenen Haftmonat zusprach. Mit diesem Gesetz vollzog Schleswig-Holstein wie die übrigen westdeutschen Länder einen Schritt von der reinen Fürsorge zur Entschädigung und einer Wiederherstellung geschädigter Rechte.[15]

---

12 Vgl. Wortprotokoll des Schleswig-Holsteinischen Landtages, 1. Wahlperiode, 8. Tagung, 02.–04.02.1948, S. 39.

13 Vgl. Scharffenberg (Anm. 4), S. 56f., S. 83.

14 Sitzungsprotokoll des Kreissonderhilfsausschusses Flensburg vom 13.-15.09.1948, Stadtarchiv Flensburg (SAF) VIII D4.

15 Vgl. Goschler (Anm. 3), S. 122.

4. Entschädigung als Kostenfaktor

Bei der Entstehung und Durchführung des Haftentschädigungsgesetzes wurde klar, dass mit dem Wechsel von der Fürsorge zur individuellen Entschädigung die Kosten für die Wiedergutmachung ein wachsendes Gewicht in den Überlegungen von Verwaltung und Politik bekamen. So wies das Innenministerium die Sonderhilfsausschüsse im Land an, das Gesetz „nicht großzügig" auszulegen und Haftentschädigung nur dann zu gewähren, wenn „einwandfrei politische Motive" für die Verfolgung vorlagen und diese ausschlaggebend gewesen seien.[16]

Nach dem Regierungswechsel 1950 verschärfte sich dieser Trend massiv und die Wiedergutmachung wurde in Politik und Verwaltung vor allem als Kostenfaktor wahrgenommen. Die Entschädigung der NS-Opfer konkurrierte im finanzschwachen Schleswig-Holstein inzwischen politisch nicht nur mit allen übrigen Unterstützungsleistungen, sondern auch mit dem Ziel der „politischen Befriedung", womit die Wiedereingliederung der „Entnazifizierungsopfer" gemeint war. Das „131er-Gesetz"[17] von 1951 brachte auch in Schleswig-Holstein viele ehemalige NS-Verwaltungsbeamte und -Richter wieder in den Landesdienst.[18] Im Landtag bekräftigte vor allem die Flüchtlingspartei BHE mit den ehemaligen NS-Juristen Dr. Alfred Gille und Dr. Max Meinicke-Pusch, dass man sich zwar nicht gegen eine Wiedergutmachung für diejenigen sträube, die durch das nationalsozialistische System Schaden erlitten hätten. Aber man solle auch bedenken, „welches Schicksal diejenigen gefunden haben, die da nicht nur interniert gewesen sind, sondern die an den Bettelstab gebracht wurden".[19]

Der erhebliche finanzielle Aufwand für die Versorgungsfälle des 131er-Gesetzes minderte die Bereitschaft der Landesregierung zu einer wohlwollenden Entschädigung der NS-Opfer weiter. Das Finanzministerium übte Druck auf das Wiedergutmachungsreferat im Innenministerium aus, den Kreis der OdN-Rentner wirkungsvoll einzuschränken. Des Weiteren wurde die Auszahlung von Haftentschädigungen auf sechs Jahre gestreckt und eine Erhöhung der OdN-Renten bis ins Jahr 1952 verschleppt. Für das Haushaltsjahr 1951 strich das Finanzministerium die Mittel des Wiedergutmachungsreferats von 120.000 auf 50.000 Mark zusammen. Trotz der vehementen Proteste durch den Leiter des Wiedergutmachungsreferats, Hans Sievers (SPD), scheute Innenminister Paul Pagel (CDU) die Auseinandersetzung mit Finanzminister Waldemar Kraft (BHE). Erst im Juli 1951 schrieb Pagel an Kraft, dass noch immer 1700 Berechtigte auf die erste Rate ihrer Haftentschädigung warteten und die Landesregierung sich der Gefahr von Untätigkeitsklagen aussetze. Das Ziel der politischen Befriedung sei gefährdet, „wenn wir für diese Personenkreise [131er] beträchtliche Mittel aufwenden, aber gleichzeitig den Opfern des Nationalsozialismus ihre gesetzlichen Ansprüche wegen man-

16 Vgl. Sitzungsprotokoll des Kreissonderhilfsausschusses Flensburg vom 01.09.1949, SAF VIII D 4.

17 „Gesetz zur Regelung der Rechtsverhältnisse der unter Artikel 131 des Grundgesetzes fallenden Personen":Damit wurden die Ansprüche ehemaliger Staatsbediensteter geregelt, die durch Kriegseinflüsse ihre Stelle verloren hatten. Nach erfolgreicher Entnazifizierung profitierten von diesem Gesetz auch fast sämtliche NS-Verwaltungsbeamte.

18 Vgl. für die Justiz z. B. Klaus-Detlev Godau-Schüttke: „Ich habe nur dem Recht gedient." Die „Renazifizierung" der Schleswig-Holsteinischen Justiz nach 1945. Baden-Baden 1993.

19 Wortprotokolle des Schleswig-Holsteinischen Landtages, 2. Wahlperiode, 9. Tagung, 12.03.1951, S. 247.

gelnder Mittel kürzen". Kraft gab schließlich weitere Mittel frei, knüpfte dies allerdings an die Erwartung „merklicher Einsparungen bei den Rententiteln".[20]

Auch im Landtag hatte sich das Klima für Vergangenheitsfragen spürbar verändert. Die Zahl der Abgeordneten mit eigener Verfolgungsgeschichte war in der neuen Legislaturperiode von 36 auf 24 deutlich gesunken.[21] Auf der anderen Seite waren im bürgerlichen Block viele neue Parlamentarier in den Landtag eingezogen, die zwar die Notwendigkeit einer Entschädigung für die NS-Opfer nicht bestritten, für die aber eine Beendigung der Entnazifizierung und die Beseitigung von deren Auswirkungen mindestens ebenso große Priorität besaßen.

Die Verfolgten bekamen die zunehmend fiskalischen Prioritäten beim Wiedergutmachungsreferat zu spüren. Die Verfahren zogen sich in die Länge, da die Behörde detaillierte Beweise für die Verfolgung verlangte. Rentensätze wurden durch den gezielten Einsatz von strengen medizinischen Gutachtern rigoros gekürzt oder ganz gestrichen, Haftentschädigungsverfahren wurden gestreckt und Vorschüsse, die viele Verfolgte seit 1948 auf ihre zu erwartende Rente bekommen hatten, akribisch wieder eingetrieben. Im Januar 1952 bilanzierte Referatsleiter Sievers verbittert: „Die Alten sterben aus, ohne in den Genuss der ihnen zustehenden Entschädigung gekommen zu sein. Erwerbsfähige fristen ein jammervolles Dasein. Existenzen konnten nicht gegründet werden, weil die bevorzugten Zahlungen in den meisten Fällen versagt werden mussten. Bestehende Existenzen gehen zugrunde, weil im gegebenen Moment Mittel nicht bereitgestellt werden konnten. [...] Mit Recht weisen Sie [die Verfolgten] darauf hin, dass für die 131er genügend Geld vorhanden ist. Die von der Landesregierung vertretene Politik der allgemeinen Befriedung wird gefährdet, wenn die ehemals politisch Verfolgten immer wieder gegenüber früheren Mitgliedern der NSDAP benachteiligt werden."[22] Doch die wiederholten Berichte und Klagen des Leiters des Wiedergutmachungsreferats fanden weder bei Minister Pagel noch bei dessen Nachfolger Dr. Helmut Lemke (CDU) Gehör.

5. Bundesentschädigungsgesetz im Kontext der Westintegration

Anfang der 1950er-Jahre war der ehemals große Einfluss der politisch Verfolgten auf die Entschädigung geschwunden. Dafür gab es im Wesentlichen zwei Gründe. Zum einen war die heterogene Verfolgtengruppe in eine Vielzahl von politisch rivalisierenden Verfolgtenorganisa-

20 Scharffenberg (Anm. 4), S. 80f.

21 Diese 24 waren (auf Basis der Projektdatenbank ermittelt): Andersen, Jörgen, SSW; Basedau, Rudolf, SPD; Damm, Walter, SPD; Diekmann, Bruno, SPD; Dölz, Paul Richard, SPD; Gayk, Andreas, SPD; Hartmann, Emil, GB BHE; Jensen, Peter, CDU; Käber, Wilhelm, SPD; Katz, Rudolf Dr. jur., SPD; Kukil, Max, SPD; Lohmann, Paul, SPD; Lüdemann, Hermann, SPD; Oldorf, Hans, SPD; Olson, Hermann, SPD, SSW; Pagel, Paul Friedrich Wilhelm Dr. agr., Dr. rer. pol., CDU; Preller, Ludwig Prof. Dr., SPD; Ratz, Karl Eduard Heinrich, SPD; Sellmann, Heinrich, SPD; Sommerfeld, Max, SPD; Stade, Hans, SPD; Verdieck, Bruno, SPD; Wilckens, Heinrich, SPD; Wirthel, Berta, SPD. Belege: siehe Quellennachweise des Gutachtens.

22 Schreiben an Innenminister Pagel, 08.01.1952, Akten Sozialministerium, Wiedergutmachungsreferat (E) 3010: Nr. 3012.

tionen zerfallen, andererseits erfuhr die Gruppe der jüdischen Verfolgten große außenpolitische Aufmerksamkeit. Mit der Vereinigung der Verfolgten des Nationalsozialismus (VVN) hatten die politisch Verfolgten unmittelbar nach dem Krieg den Ton angegeben. Aber im aufkommenden Antikommunismus hatten Sozialdemokraten, bürgerlich orientierte Verfolgte und andere Gruppen die kommunistisch dominierte VVN verlassen und eigene Organisationen gegründet, etwa den „Arbeitskreis verfolgter Sozialdemokraten", den „Bund der Verfolgten des Naziregimes" oder die „Vereinigung naziverfolgter Südschleswiger".[23] Im Landtag monierte der BHE-Abgeordnete Dr. Gille, dass man kein Verständnis dafür habe, „dass man sehr wesentliche Beträge, und zwar als Haftentschädigung an Menschen auszahlt, die sich heute als erklärte Feinde des demokratischen Systems zu erkennen geben".[24] Während die Gruppe der politisch Verfolgten also mehr und mehr ihren Einfluss durch Zersplitterung verlor, gelang es den jüdischen Verfolgten, sich trotz zahlreicher interner Gegensätze wirkungsvoll zu organisieren. Mit dem neu gegründeten Staat Israel, der in Amerika gegründeten „Claims Conference" und dem 1950 gegründeten „Zentralrat der Juden in Deutschland" hatten die jüdischen Verfolgten einflussreiche Partner bei der Anmeldung ihrer Ansprüche.[25] Dementsprechend bekam die Entschädigung für jüdische Verfolgte für die von Bundeskanzler Konrad Adenauer betriebene Westintegration große außenpolitische Bedeutung. Der Druck aus dem Ausland führte zu einem 1952 geschlossenen Wiedergutmachungsabkommen mit Israel und der Claims Conference. Zudem erhöhte die Aufmerksamkeit des Auslandes indirekt auch den Druck auf den Bundestag, endlich ein bundeseinheitliches Entschädigungsgesetz zu verabschieden.

Die Zuständigkeit für das komplexe Thema der Wiedergutmachung erhielt nach längeren Diskussionen das Bundesfinanzministerium, womit folglich vor allem fiskalische Aspekte die Wiedergutmachung prägten. Die Folge war, dass sich Bund und Länder in erster Linie um die Lastenverteilung bei der Finanzierung der Entschädigung stritten und Bundesfinanzminister Schaeffer bis zuletzt versuchte, ein Entschädigungsgesetz zu verhindern. Deshalb gelang es dem Bundestag und Bundesrat im September 1953 nur auf den letzten Drücker, noch in der ersten Wahlperiode mit dem Bundesergänzungsgesetz (BergG) ein Entschädigungsgesetz zu verabschieden, das schon bei der Verabschiedung mit dem Zusatz versehen wurde, dass es in der nächsten Wahlperiode verbessert werden müsste.[26]

Das Bundesergänzungsgesetz zeigte deutlich die Handschrift des Finanzministeriums. Die NS-Verfolgten bekamen auch hier keinen Anspruch auf vollständigen Schadenersatz im Sinne des Bürgerlichen Gesetzbuches. Das Gesetz hielt daran fest, dass wegen der durch den Krieg verringerten Leistungsfähigkeit der Bundesrepublik nur ein Teil der Schäden wiedergutgemacht werden könnte.

23 Vgl. Scharffenberg (Anm. 4), S. 65ff.

24 Wortprotokoll des Schleswig-Holsteinischen Landtages, 2. Wahlperiode, 9. Tagung, 14.03.1951, S. 250.

25 Vgl. Goschler (Anm. 3), S. 125ff.

26 Vgl. ebd., S. 185ff.

6. NS-Verfolgte in der Warteschleife

Für die Bearbeitung der Anträge nach dem bundeseinheitlichen Entschädigungsgesetz baute das Kieler Innenministerium als nachgeordnete Behörde das Landesentschädigungsamt auf. Dessen Leiter wurde der bisherige Referatsleiter Hans Sievers. Wie schon bei den Verfahren nach Landesrecht zogen sich die Entschädigungsverfahren nach dem 1953 verabschiedeten und 1956 verbesserten Bundesentschädigungsgesetz (bzw. Bundesergänzungsgesetz) in vielen Fällen über Jahre hin. Allein das Landesentschädigungsamt brauchte im Schnitt zweieinhalb bis drei Jahre für die akribische Prüfung der Beweise für die angemeldeten Schäden. Daran schlossen sich dann oft ebenso langwierige Gerichtsverfahren vor den eigens eingerichteten Entschädigungskammern des Landgerichts Kiel, des Oberlandesgerichts Schleswig oder gar des Bundesgerichtshofes an. Im Januar 1955 berichtete Ministerpräsident Kai-Uwe von Hassel dem Landtag, dass in Schleswig-Holstein bereits 36.000 Anträge auf verschiedene Entschädigungsleistungen von 13.500 Personen vorlägen.[27] Ein Jahr später kritisierte Oppositionsführer Wilhelm Käber, dass erst 12.000 von inzwischen 38.000 Ansprüchen geregelt worden seien.[28] Nach der Novellierung des Gesetzes 1956 stieg die Zahl der Anträge noch einmal drastisch an und das zuständige Landesentschädigungsamt geriet noch weiter in Rückstand. Im Januar 1958 beklagte Wilhelm Käber im Landtag, dass nach ihm vorliegenden Berichten 35 von 100 Verfolgten verstorben seien, bevor ihre Ansprüche erfüllt worden konnten: „So kann man das Problem auch lösen", kritisierte er.[29]

Die schleppende Bearbeitung der Entschädigungsverfahren war kein schleswig-holsteinisches Phänomen und hatte mehrere Gründe. Ganz wesentlich lagen sie in den Entschädigungsgesetzen selbst. Statt pauschaler und im Zweifelsfall großzügiger Regelungen verfolgten die Gesetze Einzelfallgerechtigkeit. Das bedeutete detaillierte Würdigung des Einzelfalls und lange Verwaltungsverfahren mit anschließenden Verfahren vor überlasteten Gerichten. Angelehnt an die Praxis in der Unfallversicherung wurden in Entschädigungsverfahren von medizinischen Gutachtern im Abstand von 20 oder 25 Jahren die Prozentsätze „verfolgungsbedingter Gesundheitsschäden" taxiert. Während bei der Entnazifizierung der Täter „Persilscheine" als Belege gereicht hatten, mussten die Verfolgten möglichst mit amtlichen Unterlagen beweisen, dass sie verfolgt und dass ihre Verfolgung staatlich gebilligt worden war. In dem Kontext aus Verfolgung, Vertreibung und Kriegsschäden war dies ein schwieriges und langwieriges Unterfangen. Mit genauen Bestimmungen, Territorialprinzipien und Stichtagen schlossen die Gesetze Kommunisten, Randgruppen und zunächst auch Verfolgte aus dem Ausland aus.

Das politische Urteil über das erste Bundesentschädigungsgesetz reichte von „moralisch schlecht" (SPD-Bundestagsabgeordneter Adolf Arndt), „unpraktikabel"(Oppositionsführer

27 Vgl. Stenographischer Bericht des Schleswig-Holsteinischen Landtages, 3. Wahlperiode, 4. Tagung, 9. Sitzung, 25.01.1955, S. 355.

28 Vgl. Stenographischer Bericht des Schleswig-Holsteinischen Landtages, 3. Wahlperiode, 13. Tagung, 31. Sitzung, 01.02.1956, S. 1285.

29 Vgl. Stenographischer Bericht des Schleswig-Holsteinischen Landtages, 3. Wahlperiode, 31. Tagung, 78. Sitzung, 21.01.58, S. 3208.

Wilhelm Käber) bis „äußerst langwierig und kompliziert" (Ministerpräsident Kai-Uwe von Hassel).[30] Der baden-württembergische Entschädigungsexperte Otto Küster beschrieb den Geist des Gesetzes drastisch: „Da wird eingestuft und gleichgestellt, werden Prozentsätze von Prozentsätzen gewährt [...]. Es wird mit fuchtelnder Schere geschnitten und geschnippelt und man spürt, wie dem Gesetzgeber recht eigentlich erst wohl wird, wenn er [...] alles, was er vorher beschnitten, zerstückelt und vergessen hat, [über Härteregelungen] mit der Gebärde des Spenders mild bereinigt."[31]

Damit auch bei der Durchführung des Gesetzes niemand zu großzügig vorging, wurden die Kosten der Entschädigung nach einem Verteilerschlüssel zwischen Bund und Ländern aufgeteilt. Im Januar 1955 veranschlagte Ministerpräsident von Hassel in seiner Regierungserklärung die zu erwartenden Gesamtkosten für Schleswig-Holstein auf 150 Millionen Mark, ein Jahr später schon auf 250 Millionen Mark.[32] Allerdings verteilte sich diese Last wegen der langsamen Bearbeitung der Fälle auf viele Jahre, sodass die jährlichen Kosten für die Entschädigung keine übermäßige Größenordnung erreichten.

7. Entschädigung unter der Leitung von Parteigenossen

Erheblichen Einfluss auf die zähe Bearbeitung der Entschädigungsanträge im Kieler Landesentschädigungsamt hatte das Problem der Behörde, ausreichend geeignetes und motiviertes Personal zu finden. Die Arbeit auf dem Feld der Wiedergutmachung war weder für Beamte noch für Angestellte attraktiv. Man musste sich mit komplizierten Gesetzen und menschlichen Schicksalen auseinandersetzen, war notorisch überlastet und sowohl dem Druck der Antragsteller als auch dem Druck des Innenministeriums nach schnellerer Arbeit ausgesetzt. Zudem musste man die eigene Arbeit in vielen Fällen noch bei anschließenden Gerichtsverfahren rechtfertigen. Da die Entschädigung zeitlich befristet sein würde, fürchteten Angestellte eine anschließende Entlassung und Beamte sahen in dieser unpopulären Arbeit keine Karrierechancen. So entwickelte sich das Landesentschädigungsamt zum „Sorgenkind der Verwaltung", wie es Ministerpräsident von Hassel im Januar 1955 in seiner Regierungserklärung bezeichnete. Zwar wurden in dem Amt immer mehr Stellen eingerichtet (1957 waren es schon 140), die schließlich vorwiegend mit Beamten besetzt werden mussten, „da Angestellte dort nicht hinwollten", wie der CDU-Abgeordnete Carl-Christian Arfsten im Plenum feststellte, und wo ein hoher Krankenstand herrschte.[33] Im Februar 1956 berichtete Innenminister

30 Stenographischer Bericht des Schleswig-Holsteinischen Landtages, 3. Wahlperiode, 4. Tagung, 8. Sitzung, 24.01.1955, S. 297f.

31 Zitiert nach: Christian Pross: Wiedergutmachung. Der Kleinkrieg gegen die Opfer. Hamburg 1987, S. 84.

32 Vgl. Stenographischer Bericht des Schleswig-Holsteinischen Landtages, 3. Wahlperiode, 4. Tagung, 9. Sitzung, 25.01.1955, S. 355; Stenographischer Bericht des Schleswig-Holsteinischen Landtages, 3. Wahlperiode, 13. Tagung, 30. Sitzung, 31.01.1956, S. 1226.

33 Vgl. Schleswig-Holsteinischer Landtag: Drucksache3/687, 25.07.1957, Zitat: Stenografischer Bericht des Schleswig-Holsteinischen Landtages, 3. Wahlperiode, 25. Tagung, 63. Sitzung, 09.04.1957, S. 2632.

Helmut Lemke im Finanzausschuss von einem ungünstigen Betriebsklima, das er durch die Umwandlung von Angestellten- in Beamtenstellen etwas verbessern wolle. Aber noch im Februar 1959 musste das Innenministerium einräumen, dass es nicht gelungen war, jüngere Assessoren mit Prädikatsexamen dauerhaft für das Landesentschädigungsamt zu gewinnen.[34]

Das Innenministerium stand hier vor einem Dilemma: Einerseits brauchte man gute Juristen mit Kenntnissen der NS-Zeit für die verantwortlichen Stellen im Entschädigungsamt, andererseits durften diese aber möglichst auch keine eigene NS-Vergangenheit haben. Schon bei der Suche nach einem Stellvertreter für Amtsleiter Hans Sievers schlug das Justizministerium 1953 den Flensburger Landgerichtsrat Ernst Dogs vor. Dogs war ein erfahrener Jurist, der schon vor dem Krieg in Ostpreußen als Oberamtsrichter gearbeitet hatte. Aber Dogs war auch seit 1933 Mitglied der NSDAP, der SA und des NS-Rechtswahrerbundes (NSRB) gewesen, zudem seit 1939 Kreispropagandaleiter in seiner Heimatgemeinde. 1941 hatte der Stettiner Oberlandesgerichtspräsident über Dogs geurteilt: „Seine nationalsozialistische Einstellung hat Dogs durch rege aktive Mitarbeit in der Partei unter Beweis gestellt."[35] Gleichwohl ging Dogs aus seinem Entnazifizierungsverfahren zunächst als Mitläufer, später als Unbelasteter hervor. Und entsprechend fand er in der schleswig-holsteinischen Justiz einen beruflichen Wiedereinstieg.

Der Leiter des Landesentschädigungsamtes Sievers war trotz Vorbehalten mit seinem neuen Stellvertreter einverstanden – vermutlich mangels Auswahl und weil er dringend einen erfahrenen Juristen benötigte. Nach drei Monaten notierte er: „LGR [Landgerichtsrat] Dogs hatte als Außenseiter in der Verwaltung und als PG [Parteigenosse] von 1933 mit Ämtern bei Beginn seiner Tätigkeit mit Widerstand zu rechnen. Durch gewandtes, taktisch kluges Verhalten hat er die Schwierigkeiten in der Abteilung überwunden. Der Widerstand der Organisation gegen ihn ist im Abnehmen."[36] Neben der Vertretung des Amtsleiters war Dogs für eines der Referate verantwortlich, die Entschädigungsanträge auf das Vorliegen der grundlegenden Voraussetzungen für eine Wiedergutmachung prüften.

Dass das Landesentschädigungsamt bei der Auswahl seines Personals nicht wählerisch sein konnte, zeigen auch diverse Einstellungen von Referenten, die ihre Staatsprüfungen lediglich mit der Note „ausreichend" bestanden hatten. Im Mai 1954 gab der für das Personal zuständige Leiter der Allgemeinen Abteilung des Innenministeriums im Finanzausschuss des Landtages zu, dass es schwierig sei, qualifizierte Kräfte zu bekommen, die „politisch in der Vergangenheit unantastbar" gewesen seien. Er regte deshalb vorsichtig an, auch auf Personal mit nicht ganz einwandfreier politischer Vergangenheit zurückzugreifen.[37] Widerspruch gab es dafür im Finanzausschuss nicht. Es ist insofern wahrscheinlich, dass das Innenministerium den stetig wachsenden Personalbedarf des Landesentschädigungsamtes mit weiteren „131ern" deckte.

34 Vgl. Protokoll des Ausschusses für Finanzen des Schleswig-Holsteinischen Landtages, 4. Wahlperiode, 29.02.1959.

35 Personalakte Ernst Dogs, LASH Abt. 611, Nr. 1865.

36 Ebd.

37 Vgl. Protokoll des Ausschusses für Finanzen des Schleswig-Holsteinischen Landtages, 2. Wahlperiode, 21.05.1954.

Für Schlagzeilen sorgte 1957 die Nachfolge des Amtsleiters Hans Sievers. Trotz beständig wachsenden Personalstamm kam das Landesentschädigungsamt nur sehr langsam voran. Sievers bestand stur auf einer akribischen Prüfung der Anträge, da er sich nur durch sorgfältige Würdigung des Einzelfalls in der Lage sah, Forderungen abzuwehren und Prozessrisiken zu vermeiden. Alle Aufforderungen zur Beschleunigung der Arbeit gab er nur widerstrebend weiter und äußerte gegenüber seinen Mitarbeitern, dem Innenminister und auch dem Finanzausschuss, dass dann nur grob und schnell gearbeitet werden könne, wodurch Fehlentscheidungen in größerem Maße nicht zu vermeiden seien.[38] Im Innenministerium hatte man jedoch auch erkannt, dass die umständliche Struktur des Landesentschädigungsamtes zur Verzögerung der Arbeiten beitrug. Als Sievers sich gegen grundlegende Umstrukturierungen sperrte, stellte Innenminister Helmut Lemke dem widerstrebenden Amtsleiter einen neuen Stellvertreter zur Seite, der sämtliche Entscheidungsbefugnisse erhielt. Diese Entmachtung von Sievers führte schließlich zu dessen vorzeitiger Pensionierung im März 1957.[39]

Der neue führende Mann im Landesentschädigungsamt war der Erste Staatsanwalt aus Lübeck Karl-August Zornig, der 1948 als Entlasteter entnazifiziert und 1951 als „131er" in den Landesdienst aufgenommen worden war. Seine berufliche Laufbahn begonnen hatte Zornig 1933 bei der Staatsanwaltschaft in Flensburg, wo er ab 1935 als politischer Dezernent tätig gewesen war. Sein Vorgesetzter hatte Zornig 1936 attestiert, „dass er mit dem Wesen und den Zielen des Dritten Reiches nicht etwa nur äußerlich bekannt, sondern auch innerlich verbunden ist. Er bietet daher auch die Gewähr dafür, daß er seine Tätigkeit stets im Sinne des neuen Staates ausüben und Träger seines Gedankengutes sein wird."[40] Parteimitglied war Zornig zwar erst im Mai 1937 geworden, aber schon seit 1933 war er Mitglied in NS-Gliederungen gewesen. Beim Nationalsozialistischen Kraftfahrerkorps (NSKK) war er als Referent für weltanschauliche Schulung geführt worden. 1937 war Zornig als Kriegsrichter zur Luftwaffe gewechselt. Als Oberkriegsgerichtsrat war er im Luftgau Belgien/Nordfrankreich 1944 als Verhandlungsführer an mindestens einem Todesurteil beteiligt.[41] Dieser Umstand war spätestens 1967, ein Jahr vor der Pensionierung Zornigs, auch im Kieler Justizministerium durch eine entsprechende Liste des Bundesjustizministeriums bekannt. Allerdings entschied sich die Hausspitze des Kieler Ministeriums dafür, in dieser Sache nichts zu unternehmen.[42]

Im Landtag entspann sich um die Personalien Sievers und Zornig ein eingehender Schlagabtausch. Doch dabei ging es eher um die Art und Weise, wie Innenminister Helmut Lemke (CDU) den SPD-Mann Hans Sievers abserviert hatte und stattdessen den „Parteigenossen" Zornig, den Lemke zudem aus der gemeinsamen Schulzeit kannte, installierte. Die SPD warf Lemke vor, Sievers „in der Manier von Heckenschützen" abgesetzt zu haben. Lemke rechtfertigte sein Vorgehen mit der Notwendigkeit, etwas zu verändern, und verwahrte sich gegen

38 Vgl. z. B. Protokoll des Ausschusses für Finanzen des Schleswig-Holsteinischen Landtages, 3. Wahlperiode, 24.03.1955.

39 Vgl. Scharffenberg (Anm. 4), S. 146.

40 Personalakte Karl-August Zornig, LASH Abt. 786, Nr. 485.

41 Vgl. Bundesarchiv Militärarchiv Freiburg, AR 2.652/67.

42 Vgl. Liste des Bundesjustizministeriums über an Todesurteilen beteiligte Juristen sowie undatierter Aktenvermerk, LASH Abt. 786, Nr. 6029.

den Vorwurf, er habe einen alten Bekannten begünstigt. Der SPD-Abgeordnete Heinz Adler kritisierte, dass es „kein glücklicher Griff" sei, den aus dem Kreis der Verfolgten stammenden Leiter durch jemanden zu ersetzen, der diese Voraussetzung nicht mitbringe. Adler verwies darauf, dass der Gesetzgeber verlange, die Entschädigungsorgane mit Personen zu besetzen, die selbst Drangsalierung am eigenen Leib verspürt hätten.[43] Trotz dieses kurzen öffentlichen Schlagabtausches blieb es dabei: Das Landesentschädigungsamt wurde nun von einem ehemaligen NSDAP-Mitglied und Kriegsrichter geleitet, der an mindestens einem Todesurteil beteiligt war.

Angesichts der geschilderten personellen Schwierigkeiten in der Entschädigungsbehörde ist es nicht verwunderlich, dass dem Innenministerium und den Abgeordneten beständig Klagen von Verfolgten zugingen, dass „gewissen Herren jedes innere Verhältnis zum Problem der Verfolgten"[44] fehle, wie zum Beispiel der SPD-Abgeordnete Paul Bromme kritisierte. Im Januar 1958 warf Oppositionsführer Wilhelm Käber Innenminster Helmut Lemke im Landtag vor: „Es gibt in Ihrem Landesentschädigungsamt Persönlichkeiten, die als Sachbearbeiter oder an entscheidender Stelle gelegentlich an Wiedergutmachungsbegehrende die Frage richten: Ja sagen Sie mal, mussten Sie denn unter den obwaltenden Verhältnissen sich so und nicht anders verhalten? Hätten Sie nicht einfach den Mund halten können? Mussten Sie denn damals Flugschriften gegen den NS verbreiten usw.? Das ist die Atmosphäre, in der eine politisch so bedeutsame Angelegenheit abgewickelt wird."[45]

Die vorliegenden Studien zur Praxis der Wiedergutmachung in Schleswig-Holstein[46] zeigen deutlich, dass die Sachbearbeiter, Referenten und Gutachter in der Tat wenig Empathie für die Situation der Verfolgten an den Tag legten. In einem Grundsatzurteil hatte der Bundesgerichtshof 1954 formuliert: „Zweck und Ziel der Rückerstattungs- und Entschädigungsgesetzgebung ist, das verursachte Unrecht so bald und so weit als irgend möglich wiedergutzumachen. Eine Auslegung des Gesetzes, die möglich ist und die diesem Ziel entspricht, verdient daher den Vorzug gegenüber jeder anderen Auslegung, die die Wiedergutmachung erschwert und zunichte macht."[47] Von diesem Grundsatz ließ sich das Landesentschädigungsamt (LEA) in Kiel bei seiner Arbeit kaum leiten. Ermessensspielräume zugunsten der Antragsteller wurden nur in seltenen Fällen genutzt. Im Kern verstanden es die Mitarbeiter des Landesentschädigungsamtes als ihre Aufgabe, Forderungen an das Land im Großen wie im Kleinen abzuwehren. Exemplarisch für die fiskalische Herangehensweise ist der Fall einer rassisch Verfolgten, die ihren Antrag auf eine Gesundheitsschadensrente für die Verfolgung ab 1938 im Februar 1954 stellte. Als im August 1955 noch immer kein Bescheid vorlag, erschien ihr Ehemann persönlich beim Landesentschädigungsamt, um sich nach dem Stand des Verfahrens zu erkundigen. Bei der Gelegenheit unterbreitete das LEA ihm einen Vergleichsvorschlag, der eine ab

43 Vgl. Stenographischer Bericht des Schleswig-Holsteinischen Landtages, 3. Wahlperiode, 25. Tagung, 63. Sitzung, 09.04.1957, S. 2633.

44 Ebd.

45 Stenographischer Bericht des Schleswig-Holsteinischen Landtages, 3. Wahlperiode, 31. Tagung, 80. Sitzung, 28.01.1958, S. 3307.

46 Vgl. Scharffenberg (Anm. 4); Bayer (Anm. 4).

47 Urteil vom 12.11.1954, zitiert nach Rechtsprechung zur Wiedergutmachung (1955), H. 6, S. 55.

Oktober 1953 geltende Gesundheitsschadensrente von 125 Mark für seine Frau vorsah. Der Mann akzeptierte. Dabei verschwieg man ihm, dass das Verfahren bereits kurz vor dem erfolgreichen Abschluss stand. Die Entscheidung zugunsten der Frau war bereits in der Akte vermerkt, lediglich der Bescheid musste noch erstellt werden. Durch den Vergleich sparte das LEA einige tausend Mark für die Rente der Frau für die Jahre 1938 bis 1953.[48]

8. Schlussstrich-Mentalität auch in der Entschädigung

Auch wenn die Opposition 1958 noch die politische Bedeutung der Wiedergutmachung betonte, herrschte über alle Parteien hinweg spätestens seit Mitte der 50er Jahre eine „Schlussstrich-Mentalität" vor. Vordergründig ging es allen Politikern darum, dass die Betroffenen nach Jahren des Wartens endlich zu ihrem Recht kommen sollten, wie nahezu alle Fraktionen bei jedem Aufruf des Themas im Landtag unterstrichen. Doch im Kern wollte man sich des leidigen und unpopulären Themas Wiedergutmachung endlich entledigen. Die stockende Entschädigung für die Opfer störte die „Befriedungspolitik" der Landesregierung, die seit Anfang der 50er Jahre versuchte, Täter und Opfer des Nationalsozialismus in die Mitte der Gesellschaft zurückzuholen. Man wollte keiner Gruppe einen dauerhaften Sonderstatus zugestehen, um endlich mit der Vergangenheit abschließen zu können. In einer Debatte über die Behandlung der Ansprüche der „131er" und der NS-Opfer fasste der BHE-Politiker Dr. Alfred Gille diese Haltung bereits früh treffend zusammen: „Wir werden uns in diesem Landtag [...] nicht gegen eine Wiedergutmachung für diejenigen sträuben, die durch das nationalsozialistische System Schaden erlitten haben. [...] Wir wollen nicht nach der einen oder anderen Seite überspitzen; wir wollen die große Masse der Betroffenen sehen, und für sie wollen wir einen Schlussstrich ziehen."[49] Der CDU-Abgeordnete Ernst Schoof bestätigte dieses Bestreben nach Befriedung zu allen Seiten einige Jahre später: „Es ist in der Welt in den letzten Jahrzehnten so unendlich viel Unrecht geschehen und Menschen so unendlich viel Leid zugefügt worden, dass es immer wieder unser Anliegen sein muss, überall dieses Leid und dieses Unrecht, ganz gleich in welcher Form und von wem was zugefügt wurde, zu mildern und zu beseitigen."[50] Doch während die soziale Integration der meisten ehemaligen Nationalsozialisten in die Nachkriegsgesellschaft zügig und problemlos gelang, blieben viele Opfer oft außen vor und mussten über einen langen Zeitraum um ihre Ansprüche kämpfen. Je größer der Abstand zur NS-Zeit wurde, desto mehr erlahmte die Bereitschaft der Parteien, sich für den Sonderstatus der Verfolgten einzusetzen. In der dritten Landtagsperiode war Oppositionsführer Wilhelm Käber einer der wenigen verbliebenen Parlamentarier, der die NS-Zeit als Verfolgter erlebt hatte. Doch seine gelegentlichen kritischen Fragen, ob man in Schleswig-Holstein das Ent-

48 Vgl. Verfahrensakte LASH Abt. 761, Nr. 7991.

49 Wortprotokoll des Schleswig-Holsteinischen Landtages, 2. Wahlperiode, 9. Tagung, 12.03.1951, S. 250.

50 Stenographischer Bericht des Schleswig-Holsteinischen Landtages, 3. Wahlperiode, 4. Tagung, 8. Sitzung, 24.01.1955, S. 300.

schädigungsgesetz im „richtigen Geiste" durchführe,[51] blieben ohne Wirkung. Den „Geist der Entschädigung" in Schleswig-Holstein konnte man in den gesamten 1050er-Jahren vor allem daran ablesen, dass das Thema Entschädigung für NS-Opfer regelmäßig bei den Haushaltsverhandlungen behandelt wurde.

Dementsprechend wurde der neue Leiter des Landesentschädigungsamtes ab 1957 auch kaum noch hinterfragt, als es ihm binnen weniger Monate gelang, die Zahl der erledigten Entschädigungsverfahren deutlich zu erhöhen.[52] Es wurde nun weniger gründlich geprüft und schneller abgelehnt. Die Ablehnungsquoten schnellten unter dem neuen Amtsleiter bei den langfristig teuren Rentenanträgen um 25 Prozent nach oben.[53] In der politischen Öffentlichkeit jedoch blieb es bei Beschwerden über die grundlegende Haltung des Landesentschädigungsamtes und lediglich drastische Einzelfallentscheidungen fanden kurz Eingang in die Landtagsdebatten,[54] ehe Ministerpräsident von Hassel im August 1962 verkündete, Schleswig-Holstein habe als erstes Bundesland bereits diese Aufgabe erfüllt, „der ein besonderer politischer und sozialer Rang"[55] zukomme. Schon 1961 erklärte der Ministerpräsident, das Land habe die Wiedergutmachung stets als sittliche Verpflichtung angesehen und „nachdrücklich beschleunigt und mit jedem nur vertretbaren Wohlwollen ausgeführt".[56] 1969 endeten schließlich die letzten Fristen für die Anmeldung von Ansprüchen nach dem Bundesentschädigungsgesetz.

Die Entscheidungspraxis des Landesentschädigungsamtes Kiel war von einer weitgehenden Kontinuität der gesellschaftlichen Beurteilung der NS-Opfer geprägt. Angehörige der „Zigeunerrasse" wurden – egal welches Schicksal sie erlitten hatten – fast ausnahmslos als „Asoziale" und damit als nicht entschädigungswürdig angesehen. Zwangssterilisierte wurden beschieden, dass ihre Unfruchtbarmachung „in einem ordentlichen Verfahren" durchgeführt worden sei und nicht auf weltanschaulichen oder politischen Gründen erfolgte.[57]

Eine besondere Form der geistigen Kontinuität in der Entschädigungsbürokratie war die Tatsache, dass die Frage, ob jemand von den Nationalsozialisten verfolgt worden war, stets aus der Perspektive der Verfolger bewertet wurde. Dieses Einnehmen der Verfolgerperspektive, die schon in den Gesetzen angelegt war, führte zu einer weitgehenden Verfestigung nationalsozialistischer Gesellschaftskategorien in der Entschädigung. Die Berechtigung zur Entschädigung hing ganz wesentlich davon ab, ob der Verfolgte von den NS-Stellen in eine ent-

51 Vgl. z. B. Protokoll des Ausschusses für Inneres des Schleswig-Holsteinischen Landtages, 4. Wahlperiode, 29.02.1959.

52 Vgl. Antwort der Landesregierung auf eine Kleine Anfrage der SPD-Fraktion, 25.07.1957, Drucksache 3/687.

53 Vgl. Scharffenberg (Anm. 4), S. 181f.

54 Vgl. z. B. Stenographischer Bericht des Schleswig-Holsteinischen Landtages, 4. Wahlperiode, 3. Tagung, 10. Sitzung, 20.01.1959, S. 270.

55 Stenographischer Bericht des Schleswig-Holsteinischen Landtages, 4. Wahlperiode, 38. Tagung, 82. Sitzung, 20.01.1962, S. 2836.

56 Stenographischer Bericht des Schleswig-Holsteinischen Landtages, 4. Wahlperiode, 23. Tagung, 55. Sitzung, 16.01.1961, S. 1906.

57 Vgl. Scharffenberg (Anm. 4), S. 165ff.

schädigungswürdige Kategorie eingestuft worden war. Wenn die NS-Dienststellen einen Verfolgten als „asozial" kategorisiert hatten, reichte eine frühere Mitgliedschaft in der KPD nicht aus, um als politisch Verfolgter zu gelten. Frauen von ehemaligen Verfolgten bekamen für die Folgen von Verhören und Durchsuchungen keine Entschädigung, wenn die Nationalsozialisten nur ihren Mann als Gegner wahrgenommen hatten. Bis zum Auschwitz-Erlass von 1943 wurde die Verfolgung von Sinti und Roma generell als Maßnahmen gegen „Asoziale" gewertet und nicht entschädigt. Nach 1943 bestand eine geringe Chance, dass die gleichen Maßnahmen als rassische und damit entschädigungswürdige Verfolgung eingestuft wurden.[58]

9. Personelle und fachliche Kontinuität unter Medizinern

In den Entschädigungsverfahren trafen die NS-Opfer nicht nur in der Verwaltung auf ehemalige Nationalsozialisten. Auch unter den beteiligten Richtern und Ärzten waren viele Personen, die bereits in den Jahren 1933–45 mit oder ohne Parteizugehörigkeit Karriere gemacht hatten oder in der Wehrmacht den Zweiten Weltkrieg miterlebt hatten. Bei Rentenverfahren kam den medizinischen Gutachtern eine entscheidende Rolle zu. Bis Ende der 1940er-Jahre wurden von den lokalen Sonderhilfsausschüssen Vertrauensärzte mit der Begutachtung beauftragt, die die Verfolgtenorganisation zum Teil selbst benennen durften. Dementsprechend zeigten viele der Vertrauensärzte großes Entgegenkommen bei der Beurteilung von verfolgungsbedingten Gesundheitsschäden. Ein Indiz dafür ist, dass es zum Beispiel in Flensburg keine einzige Beschwerde von Verfolgten gegen die Gutachten der Vertrauensärzte gab.

Als es bei der Entschädigung mehr und mehr um Kostenbegrenzung ging, änderte sich die geforderte Haltung der Gutachter deutlich. Dies wird an einem Protokoll einer Tagung der Vertrauensärzte im September 1948 deutlich. Dort forderte ein Medizinalrat des inzwischen nicht mehr zuständigen Ministeriums für Volkswohlfahrt die Ärzte zu einer besonderen Haltung gegenüber den NS-Opfern auf. Sie sollten den Verfolgten „nicht nur als Arzt gegenüberstehen, sondern mit dem Empfinden eines wirklichen Helfers. Sehen Sie in erster Linie den Menschen, der vor Ihnen steht und den Sie beurteilen sollen", hieß es in dem Tagungsprotokoll. Darüber hinaus forderte der Medizinalrat die Vertrauensärzte auf, nicht nach den Paragrafen zu arbeiten, sondern neben dem körperlichen Schaden auch das seelische Moment zu sehen. Man solle sich „hineinfühlen, was für ein seelisches Leid [der Verfolgte] im KZ erlitten hat".[59] Diese Aufforderungen strich das Innenministerium aus dem Protokollentwurf. Auf die später jahrzehntelang diskutierte schwierige Frage nach psychologischen Spätfolgen von Verfolgung wollte sich das Ministerium nicht einlassen.

Nach den Landesentschädigungsgesetzen von 1948 wurden gesundheitlich geschädigte Verfolgte nach zwei bis drei Jahren erneut untersucht. Die Vorzeichen hatten sich 1950/51 deutlich geändert und das Wiedergutmachungsreferat war angehalten, Rentenkürzungen

58 Vgl. Scharffenberg (Anm. 4), S. 166f.

59 Sitzungsprotokoll des Kreissonderhilfsausschusses Flensburg vom 13.09.1948, SAF VIII D4.

durchzusetzen. Deshalb wurden mit den Nachuntersuchungen nur noch selten die Vertrauensärzte beauftragt. Stattdessen forderte das Innenministerium Ärzte aus öffentlichen Krankenhäusern zu Gutachten auf. Und diese externen Gutachter brachten die vom Ministerium gewünschten Ergebnisse und ermöglichten selbst in schwersten Verfolgungsfällen eine Kürzung oder vollständige Streichung der Opferrente.[60] Unter den nun bevorzugten Gutachtern befanden sich viele Mediziner, die ihre Karriere in der NS-Zeit begonnen hatten und deren Erfahrungshorizont durch den Krieg geprägt war. Exemplarisch dafür stehen die beiden Flensburger Internisten Prof. Dr. Helmut Vogt und Dr. Ernst Töppler. Beide promovierten während der NS-Zeit. Vogt trat aus Karrieregründen einer NS-Gliederung bei. Beide Ärzte nahmen als Lazarettärzte am Krieg teil. Danach wurden sie Leiter der inneren Abteilungen an Flensburger Krankenhäusern.[61] Beide Mediziner betrachteten bei ihren Gutachten nicht den Menschen im Kontext seines Schicksals, sondern suchten nach wissenschaftlich zweifelsfreien Kausalzusammenhängen zwischen der inzwischen zehn bis zwanzig Jahre zurückliegenden Verfolgung und den gesundheitlichen Beeinträchtigungen. Dies führte selbst bei Opfern mit einer langjährigen Haft- oder KZ-Leidensgeschichte zur Herabsetzung oder gar Ablehnung von Rentenansprüchen. Das Landesentschädigungsamt beauftragte in Flensburg keinen Mediziner häufiger als den besonders kritischen Dr. Töppler. Dabei störte es die Behörde auch nicht, dass dieser antisemitische Standpunkte vertrat, wenn er etwa in Gutachten wiederholt auf die „konstitutionsbedingte Veranlagung der jüdischen Rasse zur Gefäßsklerose und Depression" hinwies.[62] Kontinuität bewiesen die medizinischen Gutachter auch in Frage der Bewertung von psychischen Spätfolgen von Verfolgung. Während im Ausland längst Studien über die erheblichen Spätfolgen vorlagen, hielten die deutschen Entschädigungsgutachter dogmatisch an der „vorherrschenden Lehrmeinung" aus den 1920er-Jahren fest, nach der Gesundheitsstörungen durch Stressfaktoren bald abklingen und ihnen kein Krankheitswert zukommt. Aufgegeben wurde diese Position erst Ende der 1960er-Jahre, als keine neuen Entschädigungsanträge mehr gestellt werden konnten.[63]

Im Zuge der Heyde/Sawade-Affäre Ende der 1950er-Jahre wurde offenbar, in welchem Maße die medizinische Szene in Schleswig-Holstein NS-Täter wie den Euthanasie-Verantwortlichen Prof. Werner Heyde alias Dr. Fritz Sawade duldete und zum Teil sogar aktiv deckte.[64] Die ehemaligen NS-Opfer stießen in diesem Geflecht aus Solidarität und Verschwiegenheit auf wenig Empathie und Verständnis. Exemplarisch verdeutlichen das die Verhältnisse in Flensburg, wo Heyde/Sawade jahrelang unbehelligt wirkte. Dort spielte man sich unter Medizinern die Bälle zu. Dr. Töppler lehnte es etwa kategorisch ab, einen Verfolgten zu untersuchen, der eine Untersuchung von Prof. Vogt verweigert hatte, weil sein Kollege die Minderung der Erwerbsfä-

60 Vgl. Scharffenberg (Anm. 4), S. 87ff.

61 Vgl. für Vogt, Personalakte Prof. Dr. Helmut Vogt, LASH Abt. 47, Nr. 7086; für Töppler, Ärztekartei StadtA Flensburg.

62 Zit. nach Scharffenberg (Anm. 4), S. 192.

63 Vgl. ebd., S. 195ff.

64 Vgl. Klaus-Detlev Godau-Schüttke: Die Heyde/Sawade-Affäre. Baden-Baden 1998.

higkeit am besten beurteilen könne. In Beschwerdeverfahren vor dem Verwaltungsgericht schloss sich der Aktengutachter Heyde/Sawade in vollem Umfang den „wohlwollenden“ Beurteilungen der Vorgutachter an.[65] Dass Heyde/Sawade kein Interesse haben konnte, Gutachten zum Beispiel seines Förderers Prof. Hans Glatzel oder von Prof. Helmut Vogt, dem Gerüchte oder gar Tatsachen über die zweifelhafte Identität Sawades bekannt waren, zu kritisieren, liegt auf der Hand. Über 7000 Gutachten fertigte Heyde/Sawade bis zu seiner „Enttarnung“ für Gerichte und Behörden, darunter viele in Entschädigungssachen.[66] In diesem Geflecht aus Abhängigkeiten und Verschwiegenheit konnten die Verfolgten keine Verbesserung für ihre Anliegen erzielen. Bezeichnend für die allgemeine Schlussstrich-Mentalität Ende der 1950er- und Anfang der 1960er-Jahre ist die Tatsache, dass die Entschädigungsgutachten von Heyde/Sawade und deren möglicherweise interessengeleitete Ausrichtung nicht mehr kritisch hinterfragt wurden.

10. Entschädigungsgerichte „mit Hirn, aber ohne Herz“

Hatte das Landesentschädigungsamt nach jahrelanger Prüfung Ansprüche von NS-Verfolgten zurückgewiesen, konnten diese versuchen, ihre Anträge vor Gericht durchzusetzen. Dafür waren bis 1953 die Verwaltungsgerichte und ab 1954 eigens dafür eingerichtete Entschädigungskammern am Landgericht Kiel zuständig. Dort arbeiteten sich die Richter durch einen gewaltigen Berg von Klagen: Bis Ende der 1950er-Jahre waren weit über 5.000 Klagen in Entschädigungssachen anhängig, die in Spitzenzeiten von vier Entschädigungskammern abgearbeitet wurden.[67] Jede fünfte Entscheidung der Behörde mündete in eine Klage vor dem Landgericht. Nachdem die Kläger meist schon Jahre auf eine Entscheidung des Landesentschädigungsamtes hatten warten müssen, mussten sie sich auch beim Landgericht in Geduld üben und ein bis eineinhalb Jahre auf ein Urteil warten. Nicht selten nutzte das Landesentschädigungsamt diese Zeit, um die Klagen der vom Warten zermürbten NS-Verfolgten mit bescheidenen Vergleichsangeboten zu erledigen.[68] Und häufig verstarb der Verfolgte vor dem endgültigen Abschluss seines Verfahrens.

Auch an den Gerichten trafen die NS-Verfolgten auf einen juristischen Apparat, der in erheblichen Teilen den Wechsel vom nationalsozialistischen Staat in die Bundesrepublik erfolgreich absolviert hatte. Selbst führende Juristen der NS-Zeit hatten ohne größere Schwierigkeiten die Transition in das bundesdeutsche Rechtssystem geschafft. Auch am für die Entschädigungssachen zuständigen Landgericht Kiel gab es offenbar keine Richter, die selbst durch den NS-Staat verfolgt worden waren. Und kaum ein Richter war nicht zumindest Mitglied in einer der vielen NS-Gliederungen oder gleichgeschalteten Verbände gewesen. Doch immerhin fan-

65 Vgl. Scharffenberg (Anm. 4), S. 102.
66 Vgl. Godau-Schüttke (Anm. 67), S. 12.
67 Vgl. Scharffenberg (Anm. 4), S. 202.
68 Vgl. ebd., S. 212 ff.

den sich für die 1954 und 1956 eingerichteten beiden ersten Entschädigungskammern Richterinnen und Richter, die kein Parteimitglied gewesen waren. Der Vorsitzende der 1. Entschädigungskammer wurde Herbert Abromeit, ein ehemaliger Amtsrichter, der bis 1933 SPD-Mitglied gewesen war und während der NS-Zeit zwar in eine NS-Gliederung eingetreten war, aber keine Karriere gemacht hatte.[69] Somit hatte dieser Jurist aufgrund seiner Biografie zumindest eigene Erfahrung mit Zurücksetzung durch die Nationalsozialisten. Der Vorsitzende der 2. Entschädigungskammer, Helmuth Hochheim, war dagegen bei der Wehrmacht Oberstabsrichter der Reserve gewesen und erst 1953 aus russischer Kriegsgefangenschaft zurückgekehrt.[70] Die beisitzenden Richterinnen und Richter der ersten beiden Entschädigungskammern hatten zwar NS-Gliederungen angehört, jedoch nicht der Partei; und hatten auch keine großen Karrieren in der NS-Zeit gemacht.[71]

In seiner Grundhaltung machte sich das Landgericht ebenfalls eine fiskalische Sichtweise auf die Wiedergutmachung zu eigen. So schrieb Landgerichtspräsident Arp 1954 an seinen OLG (Oberlandesgericht)-Kollegen Walther Hartz, dass sich das Landgericht angesichts der Klageflut nicht zu schnelleren Entscheidungen drängen lasse: „Denn da es sich um erhebliche Werte handelt, die im Wesentlichen die Allgemeinheit zu tragen hat, bedürfen die Entscheidungen einer besonders sorgfältigen Prüfung."[72]

Ähnlich wie bei den Medizinern herrschte auch unter den Juristen der Entschädigungskammern die Haltung vor, dass man sich zu jeder Zeit lediglich an herrschende Lehrmeinungen oder die geltenden Gesetze gehalten habe und man das Verhalten vor 1945 nicht rückwirkend anders betrachten könne. Dies wird besonders in der Bewertung von Fällen im Kontext des Widerstandes deutlich. Dort argumentierte das Landgericht lange Zeit, dass politische Arbeit gegen den Nationalsozialismus nach den damals geltenden Gesetzen illegal gewesen sei und der Widerständler dementsprechend das Risiko seiner illegalen Tätigkeit selbst zu tragen hatte.[73] Wenig Verständnis zeigten die Richter auch bei Klagen von Frauen, die durch die jahrelange Verfolgung ihrer politisch aktiven Männer gelitten hatten: „Wie die Ehefrau auch im Übrigen das gesamte Lebensschicksal ihres Ehemannes zu teilen hat, so muss sie auch das aus der politischen Verfolgung ihres Mannes resultierende Ungemach als schicksalhafte Fügung hinnehmen."[74] Eine gewisse Empathie zeigten die Entschädigungsrichter nur in Härtefällen. Als das Landesentschädigungsamt etwa einem Mann, der die Zeit von 1933 bis 1945 fast durchgehend in Gefängnissen und Lagern verbracht hatte, aufgrund eines Töppler-Gutachtens keine Rente bewilligen wollte, urteilte das Landgericht, dass es nach Lebenserfahrung anzunehmen sei, dass die langjährige KZ-Haft des Mannes Gesundheitsschäden hinterlassen habe.[75] Insgesamt blieben die meisten Kläger vor dem Landgericht erfolglos. 63 Pro-

69 Vgl. Personalakte Herbert Abromeit, LASH Abt. 786, Nr. 331.

70 Vgl. Personalakte Helmuth Hochheim, LASH Abt. 786, Nr. 106.

71 Vgl. Personalakte, LASH Abt. 786, Nr. 214; Personalakte, LASH Abt. 786, Nr. 226; Personalakte, LASH Abt. 786, Nr. 843; Personalakte, LASH Abt. 786, Nr. 952.

72 Arp an Hartz 08.12.1954, LASH Abt. 786, Nr. 8280.

73 Vgl. Scharffenberg (Anm. 4), S. 210.

74 Ebd., S. 212.

75 Vgl. Urteil vom 12.12.1956, LASH Abt. 761, Nr. 11693, 11694.

zent der angenommenen Klagen wurden abgewiesen, in 30 Prozent der Fälle wurde den angenommenen Klagen teilweise stattgegeben oder Vergleiche erzielt. Nur in sieben Prozent der Fälle setzte sich der Klagende vollständig durch. Erfolgreich waren dabei aber vor allem Fälle, die sich gegen Verfahrensfehler der Behörde richteten, wenn diese unzulässige Gutachten als Begründung heranzog oder aber in frühen Jahren den Fehler machte, den grundsätzlichen Anspruch eines Verfolgten in einem Grundbescheid anzuerkennen und ihn später in einem Endbescheid zu widerrufen.[76]

Im weiteren Rechtszug vor dem Oberlandesgericht (OLG) Schleswig waren noch viel weniger Kläger erfolgreich. Acht Prozent der Entscheidungen des Landesentschädigungsamtes wurden in zweiter Instanz vor dem OLG verhandelt, nur fünf Prozent der Kläger hatten hier zumindest teilweisen Erfolg. Fast jede zweite Berufung wurde aus formellen Gründen oder wegen Mangel an Erfolgsaussicht verworfen oder zurückgenommen. Vor dem Bundesgerichtshof in Karlsruhe landeten schließlich 38 Fälle aus Schleswig-Holstein, wobei nur ein Revisionskläger erfolgreich war.[77]

Während das Landgericht Kiel für die Entschädigungssachen immerhin noch einen benachteiligten Richter stellen konnte, musste das Oberlandesgericht Schleswig hier passen, wie die Antwort des Justizministeriums auf eine schriftliche Nachfrage des SPD-Abgeordneten Heinz Adler 1957 dokumentiert.[78] Im Gegenteil bekamen es die NS-Verfolgten hier in der Regel mit einem Gericht zu tun, das ausschließlich mit ehemaligen NSDAP-Mitgliedern besetzt war. Der Senatspräsident Dr. Wolf Reese war im Krieg Marinerichter gewesen,[79] Beisitzer Hermann Meynen hatte dem für seine harten Urteile bekannten Sondergericht Kiel angehört[80] und der spätere Bundesrichter Wolfgang Gähtgens machte in der NS-Zeit im Reichswirtschaftsministerium Karriere .[81]

Inhaltlich unterschied sich die Haltung des OLG wenig von der des Landgerichts. Allerdings änderte sich die Bewertung von bestimmten Sachverhalten im Laufe der Jahre, etwa zum Widerstand. 1956 urteilte das Gericht im Falle einer Sozialdemokratin, dass die Betätigung für die SPD nach 1933 nun mal illegal gewesen sei und die Klägerin gegen geltende Strafgesetze verstoßen habe und somit keine spezifische nationalsozialistische Verfolgung erlitten habe. Der Bundestagsabgeordnete Adolf Arndt schaltete sich in den Fall ein und warnte das Gericht: „Würde jetzt gerichtlich ausgesprochen werden, dass [...] Widerstand rechtswidrig und sogar als Schuld vorwerfbar sei, müsste eine Schädigung des deutschen Ansehens in der freiheitlichen Welt die Folge sein." Offenbar aus Scheu vor großer öffentlicher Aufmerksamkeit gab das OLG der Klage schließlich doch noch statt. Erst Anfang der 1960er-Jahre hatte das OLG dann seine Haltung zum Widerstand korrigiert, indem es in einem Urteil klarstellte, dass der aus

76 Vgl. Scharffenberg (Anm. 4), S. 212.

77 Vgl. ebd., S. 216.

78 Vgl. Antwortschreiben vom 04.09.1957, LASH Abt. 786, Nr. 8280.

79 Vgl. Personalakte Dr. Wolf Reese, LASH Abt. 786, Nr. 233.

80 Vgl. Klaus-Detlev Godau-Schüttke: Justizalltag im „Dritten Reich". In: Informationen zur Schleswig-Holsteinischen Zeitgeschichte (1999), H. 35, S. 49–50.

81 Vgl. Personalakte Wolfgang Gähtgens, LASH Abt. 786, Nr. 770.

politischer Überzeugung gegen die nationalsozialistische Gewaltherrschaft geleistete Widerstand nicht strafwürdig und kein Unrecht war, „sondern ein Verdienst um das Wohl des deutschen Volkes und Staates".[82] Bis dahin waren aber schon viele NS-Verfolgte vor den Schranken des Gerichtes gescheitert.

Der Vorsitzende des Wiedergutmachungsausschusses des Bundestages, Otto-Heinrich Greve, kritisierte im Parlament, dass die Entschädigungsgerichte oft das erforderliche Einfühlungsvermögen in ihrer besonderen Aufgabe vermissen ließen, es werde zwar mit „Hirn, aber nicht mit Herz"[83] wiedergutgemacht. Die Justiz dagegen wies darauf hin, dass man ebenso wie die Verwaltung mit dem Entschädigungsrecht Neuland betreten habe und der Gesetzgeber die Arbeit durch mangelhafte Gesetze erschwert habe.[84] Für den Betrachtungsraum Schleswig-Holstein bleibt festzuhalten, dass die Richter wie die Verwaltung vorhandene Interpretationsspielräume zugunsten der NS-Verfolgten nur selten nutzten.

11. Fazit: Entschädigung mit zweierlei Maß

Verwaltung und Justiz haben den Versuch, das komplexe Unrecht eines diktatorischen Staates einschließlich der Verbrechen in einem Weltkrieg „wiedergutzumachen" durchaus mit einigem Recht als ehrenwerte Leistung der Bundesrepublik Deutschland gelobt. So etwas hatte es zuvor niemals gegeben. Trotzdem fällt die Beurteilung der Entschädigung spätestens ab 1951 eher kritisch aus. Diese ergab sich aus dem zweierlei Maß, mit dem Täter und Opfer der NS-Zeit in die Mitte der Gesellschaft zurückgeholt wurden. Während alle diejenigen, die mitgemacht hatten – und nach und nach sogar die meisten der aktiven Täter – von der Nachkriegsgesellschaft und dem Staat großzügig wiederaufgenommen und mit beruflichem Wiedereinstieg versorgt wurden, blieben die meisten Opfer im gefühlten Rang des Bittstellers und fanden oft keinen sozialen Anschluss mehr an die Gesellschaft. Während den Tätern einige eidesstattliche Erklärungen als Beweis für ihre politische Harmlosigkeit reichten, wurde bei den Opfern jeder Beweis und jeder Kausalzusammenhang sorgfältig und kritisch geprüft. Während Geld für die Wiederbeschäftigung der „131er ohne Diskussion ausreichend zur Verfügung stand, wurden die Entschädigungen der Opfer stets als Kostenfaktor betrachtet. Während die Verfolgung von NS-Verbrechen lange Zeit ohne jeden Eifer durchgeführt wurde, trieb man „überzahlte Renten" für NS-Opfer mit großem Elan wieder ein. Während sich die politischen Parteien mit großer Leidenschaft für das Ende der Entnazifizierung und die Wiedereingliederung der ehemaligen Parteigenossen engagierten, verloren sie schon bald das Interesse an der als Wähler wenig attraktiven Gruppe der NS-Verfolgten. Dass die Beendigung der Ent-

82 Zit. nach Scharffenberg (Anm. 4), S. 217f.

83 Zitiert nach: Adolf Pentz: Die Entschädigungsgerichte. In: Bundesminister der Finanzen/Walter Schwarz (Hrsg.): Entschädigungsverfahren und sondergesetzlichen Regelungen. München 1987, S. 111.

84 Vgl. ebd.

nazifizierung und das „131er-Gesetz“ deutlich vor dem ersten dürftigen Bundesentschädigungsgesetz durchgesetzt wurden, zeigt die politischen Prioritäten.

Diese Schieflage im Umgang mit Tätern und Opfern praktizierte auch das Land Schleswig-Holstein. Trotz der extrem schwierigen finanziellen Lage des nördlichsten Bundeslandes gelang die Wiedereinstellung der „131er“ in den Landesdienst binnen weniger Jahre. Die NS-Opfer mussten dagegen viele Jahre auf Entscheidungen der Behörden und der Gerichte warten. In jedem Haushaltsjahr gab das Land Schleswig-Holstein pro Kopf mindestens doppelt so viel Geld für „131er“ aus wie für die NS-Opfer.[85] Und in der Entschädigung wirkten diese Strömungen ineinander, indem viele „131er“ mit einschlägiger NS-Vergangenheit über Anträge von NS-Opfern entschieden.

Da in Behörden und Gerichten zu erheblichen Teilen Menschen saßen, die bereits vor 1945 beruflich aktiv waren, überrascht es wenig, dass sich in den Entscheidungen der Behörden und Gerichte in mancherlei Hinsicht eine Kontinuität der geistigen Haltung seit der NS-Zeit widerspiegelt. Die Kategorien der NS-Zeit, in die Menschen eingeteilt wurden, galten auch in der Entschädigung. Entscheidend war nicht, dass jemand verfolgt worden war, sondern warum er verfolgt worden war. Die gesellschaftlich ausgeschlossenen Opfergruppen wie „Asoziale“, „Zigeuner“ oder „Kriminelle“ wurden bewusst erneut ausgegrenzt. Die NS-Rasselehre fand ohne Widerspruch Eingang in medizinische Gutachten, der Widerstand gegen den NS-Staat wurde noch lange als zu recht bestrafte Handlung angesehen. Diese Kontinuität der geistigen Haltung, die sich auch in der kleinlichen Bearbeitung der Ansprüche niederschlug, hatte fatale Folgen. Trotz der erheblichen Summen, die Bund und Land für die Wiedergutmachung ausgaben, ging ein wesentlicher Faktor verloren, der den NS-Verfolgten besonders wichtig war: die gesellschaftliche Anerkennung ihres Leides.

85 Vgl. Scharffenberg (Anm. 4), S. 82.

Anhang

Literaturauswahl

Albert, Klaus: Entstehungsgeschichte und Politik der schleswig-holsteinischen Landesregierung und Ministerpräsident Dr. Bartram (1950–1951). Eine Untersuchung zur Übernahme der Regierungsverantwortung unter Führung der CDU im Lande Schleswig-Holstein. Kiel 1982.

Albert, Klaus: Die Übernahme der Regierungsverantwortung durch die CDU im Lande Schleswig-Holstein: Rückblick auf die Regierungszeit von Ministerpräsident Dr. Walter Bartram (1950/51). In: Zeitschrift der Gesellschaft für Schleswig-Holsteinische Geschichte 108 (1983), S. 281–317.

Alberts, Klaus: Theodor Steltzer: Szenarien seines Lebens. Eine Biographie. Heide 2009.

Albrecht, Gerhard: Die wirtschaftliche Eingliederung der Heimatvertriebenen in Hessen. Berlin 1954.

Albrecht, Hans-Jörg: Eine kritische Bilanz. Die Zentrale Stelle Ludwigsburg für NS-Verbrechen. In: Tribüne 43 (2004), S. 188–194.

Aly, Götz: Hitlers Volksstaat. Raub, Rassenkrieg und nationaler Sozialismus. Bonn 2005.

Andresen, Knud: Die Erfindung des Schleswig-Holstein-Tages. In: Demokratische Geschichte Band 20 (2010), S. 381–396.

Andresen, Knud: Schleswig-Holsteins Identitäten. Die Geschichtspolitik des Schleswig-Holsteinischen Heimatbundes 1947–2005. Neumünster 2011.

Andresen, Knud/Schmid, Harald: Geschichtspolitik in Schleswig-Holstein nach 1945. Skizze eines Forschungsprojektes. In: Demokratische Geschichte Band 19 (2008), S. 113–130.

Angrick, Andrej: Besatzungspolitik und Massenmord. Die Einsatzgruppe D in der südlichen Sowjetunion 1941–1943. Hamburg 2003.

Asmus, Rudolf/Maletzke, Erich: Das Haus an der Förde. 25 Jahre Schleswig-Holsteinischer Landtag 1947–1972. Kiel 1972.

Assmann, Aleida: Der lange Schatten der Vergangenheit. Erinnerungskultur und Geschichtspolitik. München 2006.

Assmann, Aleida: Das neue Unbehagen an der Erinnerungskultur. Eine Intervention. München 2013.

Ausschuß für Deutsche Einheit (Hrsg.): 1000 Sonder- und Kriegsrichter im Dienste der deutschen Militaristen. Bonner Regierung deckt Hitlers Massenmörder. Berlin (Ost) 1959.

Bade, Claudia: Die Wehrmachtsjustiz im Zweiten Weltkrieg: Forschungsüberblick und Perspektiven. Eine Einführung. In: Dies./Skowronski, Lars/Viebig, Michael (Hrsg.): NS-Militärjustiz im Zweiten Weltkrieg. Disziplinierungs- und Repressionsinstrument in europäischer Dimension. Göttingen 2015, S. 7–22.

Badendieck, Ernst: Ernst Neumann-Silkow zum 75. Geburtstag. In: Deutsche akademische Blätter 1 (1976), S. 212–213.

Bajohr, Frank: Parvenüs und Profiteure. Korruption in der NS-Zeit. Frankfurt a. M. 2001.

Bajohr, Frank/Hürter, Johannes: Auftragsforschung „NS-Belastung". Bemerkungen zu einer Konjunktur. In: Bajohr, Frank u. a. (Hrsg.): Mehr als eine Erzählung. Zeitgeschichtliche Perspektiven auf die Bundesrepublik. Festschrift für Axel Schildt. Göttingen 2016, S. 221–233.

Barschel, Uwe/Jürgensen, Kurt/Wuttke, Horst (Hrsg.): Helmut Lemke. Reden, Ansprachen, Gedanken. 1954–1983. Festgabe für Helmut Lemke zum 80. Geburtstag. Neumünster 1987.

Bästlein, Klaus: Schleswig-Holstein: Ein deutschnationales Naturschutzgebiet für NS-Verbrecher? Zur politischen Natur im nördlichsten Bundesland nach 1945. In: Diederichs, Urs J./Wiebe, Hans-Hermann (Hrsg.): Schleswig-Holstein unter dem Hakenkreuz. Bad Segeberg 1985, S. 209–261.

Bästlein, Klaus: Entwurf für ein Landesarchivgesetz Schleswig-Holstein. In: Mitteilungen des Beirats für Geschichte der Demokratie und Arbeiterbewegung in Schleswig-Holstein Nr. 10 (1990), S. 49–56.

Bästlein, Klaus: Die ‚Kinderfachabteilung' Schleswig 1941–1945. In: Informationen zur Schleswig-Holsteinischen Zeitgeschichte 20 (1991), S. 16–45.

Bästlein, Klaus: „Nazi-Blutrichter als Stützen des Adenauer-Regimes". Die DDR-Kampagnen gegen NS-Richter und -Staatsanwälte, die Reaktionen der bundesdeutschen Justiz und ihre gescheiterte „Selbstreinigung" 1957–1968. In: Ders./Rosskopf, Annette/Werkentin, Falco (Hrsg.): Beiträge zur juristischen Zeitgeschichte der DDR. Schriftenreihe des Berliner Landesbeauftragten für die Unterlagen des Staatssicherheitsdienstes der ehemaligen DDR, Band 12 (2000), S. 53–94.

Bästlein, Klaus: Der Fall Hartwig Schlegelberger. In: Grenzfriedenshefte 55 (2008), S. 289-304.

Bästlein, Klaus/Boehard, William/Danker, Uwe/Korte, Detlef: Grundforderungen an ein Landesarchivgesetz für Schleswig-Holstein. In: Mitteilungen des Beirats für Geschichte der Demokratie und Arbeiterbewegung in Schleswig-Holstein Nr. 10 (1990), S. 48.

Baumann, Imanuel/Reinke, Herbert/Stephan, Andrej/Wagner, Patrick: (Um-)Wege in den Rechtsstaat. Das Bundeskriminalamt und die NS-Vergangenheit seiner Gründungsgeneration. In: Zeithistorische Forschungen/Studies in Contemporary History 9 (2012), S. 33–53.

Bayer, Florian: Wiedergutmachung oder enttäuschte Hoffnung? Die Entschädigung von NS-Opfern in Stormarn nach dem Zweiten Weltkrieg. Hamburg 2012.

Becker, Regina-Maria: Rendsburg. 9. Oktober 1933 auf dem Paradeplatz. In: Schoeps, Julius H./Treß, Werner (Hrsg.): Orte der Bücherverbrennung in Schleswig-Holstein 1933. Hildesheim u. a. 2013, S. 61–68.

Becker, Stephanie/Studt, Christoph (Hrsg.): „Und sie werden nicht mehr frei sein ihr ganzes Leben." Funktion und Stellenwert der NSDAP, ihrer Gliederungen und angeschlossenen Verbände im „Dritten Reich". Münster 2012.

Bellmann, Geerd: Landrat Walter Mentzel. In: Jahrbuch der Heimatgemeinschaft Eckernförde e. V. 48 (1990), S. 16ff.

Benz, Wolfgang: Eine liberale Widerstandsgruppe und ihre Ziele. Hans Robinsohns Denkschrift aus dem Jahre 1939. In: Vierteljahrshefte für Zeitgeschichte 29 (1981), S. 437–471.

Benz, Wolfgang: Potsdam 1945. Besatzungsherrschaft und Neuaufbau im Vier-Zonen-Deutschland. München 2005.

Berghahn, Volker R.: Der Stahlhelm. Bund der Frontsoldaten (1918–1935). Düsseldorf 1966.

Bergmann, Werner: Antisemitismus in öffentlichen Konflikten. Kollektives Lernen in der politischen Kultur der Bundesrepublik 1949–1989. Frankfurt a. M. 1997.

Best, Heinrich/Meenzen, Sandra: „Da ist nichts gewesen." SED-Funktionäre mit NSDAP-Vergangenheit in Thüringen. In: Deutschland Archiv. Zeitschrift für das vereinigte Deutschland 43 (2010), S. 222–231.

Bewersdorff, Arne: Hans-Adolf Asbach. Eine Nachkriegskarriere: Vom Kreishauptmann zum Landessozialminister. In: Demokratische Geschichte Band 19 (2008), S. 71–112.

Bialas, Wolfgang: Antifaschismus als Sinnstiftung. Konturen eines ostdeutschen Konzepts. In: Bergen, Wolfgang (Hrsg.): Die NS-Diktatur im deutschen Erinnerungsdiskurs. Wiesbaden 2003, S. 151–170.

Bill, Claus H.: 750 Jahre Heydebrecks. Die Familie von Heydebreck vom Mittelalter bis heute. 1254–2004. Limburg an der Lahn 2004.

Billmayer, Ulf: ‚Entnazifizierung' und ‚Renazifizierung' im Spiegel der Auseinandersetzungen im Schleswig-Holsteinischen Landtag 1946–1954 (Masch. MA). Kiel 1991.

Biografien der Landschaft Angeln, Band 1–2. Husum 2007.

Biographisches Handbuch der Mitglieder des Deutschen Bundestages 1949–2002, Band 1–2. München 2002.

Biographisches Lexikon für Schleswig-Holstein und Lübeck, Band 1–13. Kiel 1970–2011.

Boehart, William: Zwischen Entnazifizierung und Renazifizierung. Zur Nachkriegsgeschichte der NS-Zeit im Kreis Lauenburg. In: Lauenburgische Heimat. Zeitschrift des Heimatbund und Geschichtsvereins Herzogtum Lauenburg 160 (2002), S. 94–110.

Bohn, Robert: „Schleswig-Holstein stellt fest, dass es in Deutschland nie einen Nationalsozialismus gegeben hat." Zum mustergültigen Scheitern der Entnazifizierung im ehemaligen Mustergau. In: Demokratische Geschichte Band 17 (2006), S. 173–186.

Bollmus, Reinhard: Das Amt Rosenberg und seine Gegner. Studien zum Machtkampf im nationalsozialistischen Herrschaftssystem. Stuttgart 1970.

Borgstedt, Angela: Die kompromittierte Gesellschaft. Entnazifizierung und Integration. In: Reichel, Peter u. a. (Hrsg.): Der Nationalsozialismus – Die zweite Geschichte. Überwindung – Deutung – Erinnerung. München 2009, S. 85–104.

Borup, Allan: Demokratisierungsprozesse in der Nachkriegszeit. Die CDU in Schleswig-Holstein und die Integration demokratieskeptischer Wähler. Bielefeld 2010.

Borzikowsky, Reinhold: Dr. Werner Schmidt: Ein Leben in Verantwortung und Pflichterfüllung, 1911–1990. Nekrolog zum 80. Geburtstag. In: Jahrbuch der Heimatgemeinschaft Eckernförde e. V. 49 (1991), S. 14–24.

Bösch, Frank/ Goschler, Constantin (Hrsg.): Public History: Öffentliche Darstellungen des Nationalsozialismus jenseits der Geschichtswissenschaft. Frankfurt a. M. 2009.

Bösch, Frank/Wirsching, Andreas: Abschlussbericht der Vorstudie zum Thema: Die Nachkriegsgeschichte des Bundesministeriums des Innern (BMI) und des Ministeriums des Innern der DDR (MdI) hinsichtlich möglicher personeller und sachlicher Kontinuitäten zur Zeit des Nationalsozialismus = http://www.ifz-muenchen.de/fileadmin/user_upload/Neuigkeiten%202015/BMI_Abschlussbericht%20der%20Vorstudie.pdf, aufgerufen am 09.06.2016.

Brammer, Jürgen/Schröder, Kurt: Norddeutsches Echo. Erinnerungen an eine kommunistische Zeitung. In: Demokratische Geschichte Band 4 (1989), S. 387–403.

Brandt, Hans-Heinz: Die Umschichtung der Machtverhältnisse 1933 im Kreistag des Landkreises Oldenburg in Holstein. In: Demokratische Geschichte Band 3 (1988), S. 495–509.

Bredenbeck, Julius: Im Auftrag des Reichsbanners: als Gegenredner auf Nazi-Kundgebungen. In: Hamer, Kurt/Schunck, Karl-Werner/Schwarz, Rolf (Hrsg.): Vergessen + verdrängt: Arbeiterbewegung und Nationalsozialismus in den Kreisen Rendsburg und Eckernförde. Eine andere Heimatgeschichte. Schleswig 1995, S. 89–92.

Brochhagen, Ulrich: Nach Nürnberg. Vergangenheitsbewältigung und Westintegration in der Ära Adenauer. Hamburg 1994.

Browning, Christopher R.: Ganz normale Männer. Das Reserve-Polizeibataillon 101 und die „Endlösung" in Polen. Reinbek 1993.

Brüdermann, Stefan: Entnazifizierung in Niedersachsen. In: Poestges, Dieter (Hrsg.): Übergang und Neubeginn. Beiträge zur Verfassungs- und Verwaltungsgeschichte Niedersachsens in der Nachkriegszeit. Göttingen 1997, S. 97–118.

Buchheim, Hans: Ein NS-Funktionär zum Niemöller-Prozeß. In: Vierteljahrshefte für Zeitgeschichte 4 (1956), Heft 3, S. 307–315.

Buchheim, Hans: SS und Polizei im NS-Staat. Duisdorf 1964.

Buddrus, Michael: Totale Erziehung für den totalen Krieg. Hitlerjugend und nationalsozialistische Jugendpolitik, Teil 1 und 2. München 2003.

Buddrus, Michael (Hrsg.): Die Städte Mecklenburgs im Dritten Reich. Ein Handbuch zur Stadtentwicklung im Nationalsozialismus, ergänzt durch ein biographisches Lexikon der Bürgermeister, Stadträte und Ratsherren. Bremen 2011.

Bundeskriminalamt (Hrsg.): Das Bundeskriminalamt stellt sich seiner Geschichte. Dokumentation einer Kolloquienreihe. Köln 2008.

Bundeskriminalamt (Hrsg.): Der Nationalsozialismus und die Geschichte des BKA – Spurensuche in eigener Sache. Köln 2011.

Bürklin, Wilhelm: Demokratische Einstellungen im Wandel: Von der repräsentativen zur plebiszitären Demokratie? In: Ders./Rebenstorf, Hilke (Hrsg.): Eliten in Deutschland. Rekrutierung und Integration. Opladen 1997, S. 391–420.

Buss, Hansjörg: „Ein Leben zwischen Christen-, Haken- und Verdienstkreuz". Der Kieler Theologe Martin Redeker. In: Prahl, Hans-Werner/Petersen, Hans-Christian/Zankel, Sönke (Hrsg.): UNI-Formierung des Geistes: Universität Kiel und der Nationalsozialismus, Band 2. Kiel 2007, S. 99–132.

Büthe, Julia-Kathrin: Die Entnazifizierung in Flensburg-Stadt und -Land während der britischen Besatzungszeit (Masch. MA.). Kiel 1998.

Christen, Ulf B.: Die Entnazifizierung im Schleswig-Holsteinischen Landtag 1946 bis 1951. In: Demokratische Geschichte Band 6 (1991), S. 189–212.

Christiansen, W. L.: Sozialdemokratische Partei Flensburg (SPF). Die kleinste sozialdemokratische Partei der Welt. In: Demokratische Geschichte Band 3 (1988), S. 569–575.

Clausen, Hermann: Der Aufbau der Demokratie in der Stadt Schleswig nach zwei Weltkriegen. Flensburg 1966.

Conrady, Karl O.: Ein Junge, der 1944 achtzehn wurde. In: Neven DuMont, Alfred (Hrsg.): Jahrgang 1926/27. Erinnerungen an die Jahre unter dem Hakenkreuz. München 2009, S. 205–220.

Conze, Eckart u. a.: Das Amt und die Vergangenheit. Deutsche Diplomaten im Dritten Reich und der Bundesrepublik. München 2010.

Cornelißen, Christoph/Mish, Carsten (Hrsg.): Wissenschaft an der Grenze. Die Universität Kiel im Nationalsozialismus. Essen 2009.

Dahrendorf, Ralf: Gesellschaft und Freiheit: zur soziologischen Analyse der Gegenwart. München 1961.

Danker, Uwe: Der Stand der historischen Forschung zum Nationalsozialismus in Schleswig-Holstein. In: Informationen zur Schleswig-Holsteinischen Zeitgeschichte 27 (1995), S. 55–67.

Danker, Uwe: Rechtsextreme im Schleswig-Holsteinischen Landesparlament. Erfahrungen, Gefahren und Perspektiven. In: Landeszentrale für politische Bildung (Hrsg.): Dem Rechtsextremismus begegnen. Kiel 1995, S. 103–124.

Danker, Uwe: „Wir subventionieren die Mörder der Demokratie." Das Tauziehen um die Altersversorgung von Gauleiter und Oberpräsident Hinrich Lohse in den Jahren 1951–1958. In: Zeitschrift der Gesellschaft für Schleswig-Holsteinische Geschichte 120 (1995), S. 173–199.

Danker, Uwe: Internieren, entnazifizieren und umerziehen. Erste Vergangenheitsbewältigung nach 1945. In: Paul, Gerhard/Danker, Uwe/Wulf, Peter (Hrsg.): Geschichtsumschlungen. Sozial- und kulturgeschichtliches Lesebuch Schleswig-Holstein 1848–1948. Bonn 1996, S. 286–292.

Danker, Uwe: NS-Opfer und Täter – Versorgungen mit zweierlei Maß. Lina Heydrich und Dr. Norbert L. mit Rentenangelegenheiten vor Gericht. In: Demokratische Geschichte Band 10 (1996), S. 277–305.

Danker, Uwe: Der gescheiterte Versuch, die Legende der ‚sauberen' Zivilverwaltung zu entzaubern. In: Bohn, Robert (Hrsg.): Die deutsche Herrschaft in den „germanischen Ländern" 1940–1945. Stuttgart 1997, S. 159–185.

Danker, Uwe: Verantwortung, Schuld und Sühne – oder: ‚... habe ich das Verfahren eingestellt'. Staatsanwaltliche Ermittlungen in Sachen ‚Euthanasie' 1945–1965. In: Landesarchiv Schleswig-Holstein/Institut für schleswig-holsteinische Zeit- und Regionalgeschichte (Hrsg.): Der Hesterberg. 125 Jahre Kinder- und Jugendpsychiatrie und Heilpädagogik in Schleswig. Ausstellung. Schleswig 1997, S. 75–94.

Danker, Uwe: Der Schutz der „Volksgemeinschaft": Zur Arbeit des schleswig-holsteinischen Sondergerichts in statistischer Hinsicht sowie an den Beispielen Rundfunk- und Volksschädlingsverordnung. In: Bohn, Robert/Danker, Uwe (Hrsg.): „Standgericht der inneren Front". Das Sondergericht Altona/ Kiel 1932–1945. Hamburg 1998, S. 39–87.

Danker, Uwe: Haft nach Beerdigung. Skurrile NS-Gewalt in der Provinz. In: Demokratische Geschichte Band 11 (1998), S. 161–175.

Danker, Uwe: Vergangenheits„bewältigung" im frühen Land Schleswig-Holstein. In: Landeszentrale für politische Bildung Schleswig-Holstein (Hrsg.): Die Anfangsjahre des Landes Schleswig-Holstein. Kiel 1998, S. 26–43.

Danker, Uwe: „Raus aus dem Elend". 20. April 1947: Der erste gewählte Landtag. In: Ders.: Die Jahrhundertstory, Band 1. Flensburg 1998, S. 248–267.

Danker, Uwe: „Die Täter bildeten ein Kartell des Schweigens." Die unglaubliche Affäre Heyde/Sawade. In: Ders.: Die Jahrhundertstory, Band 3. Flensburg 1999, S. 168–187.

Danker, Uwe: „... ich in einem ganz bescheidenen Maße auch teilhatte ...": schleswig-holsteinische Biographien im 20. Jahrhundert. Ernst Kracht und Johann Ohrtmann. In: Ders.: Die Jahrhundertstory, Band 3. Flensburg 1999, S. 248–267.

Danker, Uwe: Mit Fehlstart in vier Jahrzehnte bürgerlicher Regierungsmehrheit, 1950–1967: Landespolitik in der Ära Bartram, Lübke, von Hassel und Lemke. In: Ders.: Die Jahrhundertstory, Band 3. Flensburg 1999, S. 148–167.

Danker, Uwe: „Wir machen die Zukunft wahr!" Landespolitik in den 70er Jahren, Ära Stoltenberg-Steffen. In: Ders.: Die Jahrhundertstory, Band 2. Flensburg 1999, S. 228–247.

Danker, Uwe: „Wir wollen loyale Untertanen der dänischen Krone sein." Südschleswig 1945 bis 1955: Vom letzten Kampf zum dauerhaften Grenzfrieden. In: Ders.: Die Jahrhundertstory, Band 3. Flensburg 1999, S. 108–127.

Danker, Uwe: Der Landtag und die Vergangenheit. Das Thema „Vergangenheitsbewältigung" im Schleswig-Holsteinischen Landtag 1947–1992. In: Demokratische Geschichte Band 17 (2006), S. 187–208.

Danker, Uwe: Landwirtschaft und Schwerindustrie Schleswig-Holsteins seit 1960: Schlaglichter auf sektoralen Strukturwandel. In: Demokratische Geschichte 18 (2007), S. 167–216.

Danker, Uwe: Gustav Radbruch in Kiel. Eine vorsichtige Annäherung an den ‚Politiker'. In: Demokratische Geschichte Band 20 (2010), S. 77–100.

Danker, Uwe: Volksgemeinschaft und Lebensraum: Die Neulandhalle als historischer Lernort. Neumünster/Hamburg 2014.

Danker, Uwe: Schleswig-Holsteins Sozialdemokratie in der Regierungsverantwortung 1988–2009. Eine erste Analyse anhand ausgewählter Politikfelder. In: Demokratische Geschichte Band 26 (2015), S. 245–270.

Danker, Uwe/Nowottny, Eva (Hrsg.): „Ich bin sicher, dass eine erste politische Bewertung meines Vorschlags nur Vorteile bringen wird." Kurt Hamer. Landespolitiker und Grenzlandbeauftragter. Malente 2003.

Danker, Uwe/Schilf, Ingrid/Weber, Jürgen (Hrsg.): Jochen Steffen. Eine Dokumentation. Kiel 1990.

Danker, Uwe/Weber, Jürgen (Red.): Andreas Gayk, 1893–1954 (Broschüre der SPD-Landtagsfraktion). Kiel 1993.

Danker, Uwe/Schwabe, Astrid: Schleswig-Holstein und der Nationalsozialismus. Neumünster 2005.

Delius, Peter: Das Ende von Strecknitz. Die Lübecker Heilanstalt und ihre Auflösung 1941. Beitrag zur Sozialgeschichte der Psychiatrie im Nationalsozialismus. Kiel 1988.

Deneke, Klaus: Materialien zur Person von Dr. Gerhard Gerlich, zur Dr.-Gerlich-Schule Trappenkamp und zur Geschichte der Gemeinden Trappenkamp und Bornhöved. Trappenkamp 2007.

Deutsche Biographische Enzyklopädie, 13 Bde. München und Leipzig 1995–2003.

Dirks, Walter: Der restaurative Charakter der Epoche. In: Frankfurter Hefte 5 (1950) S. 942–954.

Dornheim, Andreas: Rasse, Raum und Autarkie. Sachverständigengutachten zur Rolle des Reichsministeriums für Ernährung und Landwirtschaft in der NS-Zeit. Erarbeitet für das Bundesministerium für Ernährung, Landwirtschaft und Verbraucherschutz. Bamberg 2011.

Döscher, Hans-Jürgen: Das Auswärtige Amt im Dritten Reich. Diplomatie im Schatten der „Endlösung". Berlin 1987.

Döscher, Hans-Jürgen: SS und Auswärtiges Amt im Dritten Reich. Diplomatie im Schatten der „Endlösung" Frankfurt a. M. 1991.

Döscher, Hans-Jürgen: Verschworene Gesellschaft. Das Auswärtige Amt unter Adenauer zwischen Neubeginn und Kontinuität. Berlin 1995.

Döscher, Hans-Jürgen: Seilschaften. Die verdrängte Vergangenheit des Auswärtigen Amts. Berlin 2005.

Dubiel, Helmut: Niemand ist frei von der Geschichte. Die nationalsozialistische Herrschaft in den Debatten des Deutschen Bundestages. München/Wien 1999.

Dumschat, Sabine/Möhlenbeck, Ulrike: Aufarbeitung des „NS-Archivs" des Ministeriums für Staatssicherheit der DDR: Abschluss der ersten Projektphase. In: Mitteilungen aus dem Bundesarchiv 12 (2004), S. 40–46.

Dumschat, Sabine: Archiv oder „Mülleimer"? Das „NS-Archiv" des Ministeriums für Staatssicherheit der DDR und seine Aufarbeitung im Bundesarchiv. In: Archivalische Zeitschrift 89 (2007), S. 119–146.

Eichmüller, Andreas: Die Strafverfolgung von NS-Verbrechen durch westdeutsche Justizbehörden seit 1945. Eine Zahlenbilanz. In: Vierteljahrshefte für Zeitgeschichte 56 (2008), S. 621–640.

Eichmüller, Andreas: Die Datenbank des Instituts für Zeitgeschichte München–Berlin zu allen westdeutschen Strafverfahren wegen NS-Verbrechen. In: Finger, Jürgen/Keller, Sven/Wirsching, Andreas (Hrsg.): Vom Recht zur Geschichte. Akten aus NS-Prozessen als Quellen der Zeitgeschichte. Göttingen 2009, S. 231–237.

Eichmüller, Andreas: Keine Generalamnestie. Die Strafverfolgung von NS-Verbrechen in der frühen Bundesrepublik. München 2012.

Eisert, Wolfgang: Die Waldheimer Prozesse. Der stalinistische Terror 1950. Ein dunkles Kapitel der DDR-Justiz. Esslingen u. a. 1993.

Eitz, Thorsten/Stötzel, Georg: Wörterbuch der „Vergangenheitsbewältigung". Die NS-Vergangenheit im öffentlichen Sprachgebrauch. Band 1. Hildesheim u. a. 2007.

Eppe, Heinrich/Herrmann, Ulrich (Hrsg.): Sozialistische Jugend im 20. Jahrhundert. Studien zur Entwicklung und politischen Praxis der Arbeiterjugendbewegung in Deutschland. Weinheim 2008.

Erdmann, Ulrich: Die Lebensstationen von Gerhard Gerlich bis 1947. Gutachten. Kiel 2013 = http://trappenkamp.de/img2/netGutachten GG.pdf, aufgerufen am 23.11.2015.

Finger, Jürgen/Keller, Sven: Täter und Opfer – Gedanken zu Quellenkritik und Aussagekontext. In: Dies./Wirsching, Andreas (Hrsg.): Vom Recht zur Geschichte. Akten aus NS-Prozessen als Quellen der Zeitgeschichte. Göttingen 2009, S. 114–131.

Finger, Jürgen/Keller, Sven/Wirsching, Andreas (Hrsg.): Vom Recht zur Geschichte. Akten aus NS-Prozessen als Quellen der Zeitgeschichte. Göttingen 2009.

Fischer, Rolf: Hermann Lüdemann und die deutsche Demokratie. Neumünster 2006.

Fischer, Torben/Lorenz, Matthias N. (Hrsg.): Lexikon der ‚Vergangenheitsbewältigung': Debatten- und Diskursgeschichte des Nationalsozialismus nach 1945. Bielefeld 2015.

Fraenkel, Ernst: Der Doppelstaat. Frankfurt a. M. 1974.

Frauenbüro der Hansestadt Lübeck (Hrsg.): Frauen in der Lübecker Geschichte: Lübecker Frauenportraits im Laufe der Jahrhunderte. Katalog zur Wanderausstellung. Lübeck 2005.

Frei, Norbert: Vergangenheitspolitik. Die Anfänge der Bundesrepublik und die NS-Vergangenheit. München 1996.

Frei, Norbert: Karrieren im Zwielicht. Hitlers Eliten nach 1945. Frankfurt a. M. 2001.

Frei, Norbert: Vergangenheitspolitik. Die Anfänge der Bundesrepublik und die NS-Vergangenheit. 2. Auflage. München 2003.

Frei, Norbert (Hrsg.): Transnationale Vergangenheitspolitik. Der Umgang mit deutschen Kriegsverbrechen in Europa nach dem Zweiten Weltkrieg. Göttingen 2006.

Frei, Norbert/Laak, Dirk van/Stolleis, Michael (Hrsg.): Geschichte vor Gericht. Historiker, Richter und die Suche nach Gerechtigkeit. München 2000.

Freudiger, Kerstin: Die juristische Aufarbeitung von NS-Verbrechen. Tübingen 2002.

Friedrich, Jörg: Die kalte Amnestie. NS-Täter in der Bundesrepublik. Neuausgabe Berlin 2007.

Fröhlich, Claudia: Restauration. Zur (Un-)Tauglichkeit eines Erklärungsansatzes westdeutscher Demokratiegeschichte im Kontext der Auseinandersetzung mit der NS-Vergangenheit. In: Glienke, Stephan A./Paulmann, Volker/Perels, Joachim (Hrsg.): Erfolgsgeschichte Bundesrepublik? Die Nachkriegsgesellschaft im langen Schatten des Nationalsozialismus. Göttingen 2008, S. 17–52.

Förster, Michael: Jurist im Dienste des Unrechts. Leben und Werk des ehemaligen Staatssekretärs im Reichsjustizministerium Franz Schlegelberger (1876–1970). Baden-Baden 1995.

Funke, Hajo: „Demokratie ist eine Sache des guten Gedächtnisses". In: Ders. (Hrsg.): Von der Gnade der geschenkten Nation. Zur politischen Moral der Bonner Republik. Berlin 1988, S. 7–18.

Gauger, Jörg-Dieter: Carl Schröter (1887–1952) Landtagsabgeordneter, Schleswig-Holstein. In: Buchstab, Günther/Kleinmann, Hans-Otto (Hrsg.): In Verantwortung vor Gott und den Menschen. Christliche Demokraten im Parlamentarischen Rat 1948/49. Freiburg 2006, S. 321–329.

Gerlach, Christian: Kalkulierte Morde. Die deutsche Wirtschafts- und Vernichtungspolitik in Weißrußland 1941–1944. Hamburg 1999.

Gerstenberg, Edith: Flensburger Sozialdemokraten während der NS-Diktatur 1933–1945. In: 125 Jahre SPD in Flensburg. Kleine Reihe der Gesellschaft für Flensburger Stadtgeschichte 24 (1993), S. 202–222.

Gesellschaft für Freiheitliche Politik e. V. (Hrsg.): 1949–1986: 40 Jahre Liberalismus in Schleswig-Holstein. Kiel 1986.

Glade, Felicitas: Ernst Bamberger – Wilhelm Hamkens. Eine Freundschaft in Mittelholstein unter dem NS-Regime. Norderstedt 2000.

Glawischnig, Rolf: Reventlow-Criminil, Graf Friedrich-Victor: geb. 5.5.1916 Berlin-Charlottenburg, gest. 27.6.1992 Belfair bei Seattle, USA-Staat Washington; Bürgermeister. In: Hamer, Berthold: Glücksburger Biografien. Husum 2010, S. 274ff.

Glienke, Stephan A.: Aspekte des Wandels im Umgang mit der NS-Vergangenheit. In: Calließ, Jörg (Hrsg.): Die Reformzeit des Erfolgsmodells BRD. Die Nachgeborenen erforschen die Jahre, die ihre Eltern und Lehrer geprägt haben. Rehburg-Loccum 2004, S. 99–112.

Glienke, Stephan A.: Die Ausstellung „Ungesühnte Nazijustiz" (1959–1962). Zur Geschichte der Aufarbeitung nationalsozialistischer Justizverbrechen. Baden-Baden 2008.

Glienke, Stephan A.: Die De-facto-Amnestie von Schreibtischtätern. In: Perels, Joachim/Wette, Wolfram (Hrsg.): Mit reinem Gewissen. Wehrmachtsrichter in der Bundesrepublik und ihre Opfer. Berlin 2011, S. 262–277.

Glienke, Stephan A.: Die NS-Vergangenheit späterer niedersächsischer Landtagsabgeordneter. Abschlussbericht zu einem Projekt der Historischen Kommission für Niedersachsen und Bremen im Auftrag des Niedersächsischen Landtages. Durchgesehener Nachdruck der ersten Auflage. Hannover 2012.

Glienke, Stephan A.: Politische Belastungen von Mandatsträgern. NS-Biographien Niedersächsischer Landtagsabgeordneter. In: Jahrbuch der juristischen Zeitgeschichte 14 (2013), S. 212–263.

Glienke, Stephan A.: Ein „Musterbeispiel vorbildlicher Sachaufklärung" – Die Berliner Ermittlungen gegen die Angehörigen des Reichssicherheitshauptamtes – Geschichte eines Scheiterns. In: Ders. u. a. (Hrsg.): Der halbierte Rechtsstaat. Demokratie und Recht in der frühen Bundesrepublik und die Integration von NS-Funktionseliten. Baden-Baden 2015, S. 133–155.

Godau-Schüttke, Klaus-Detlev: „Ich habe nur dem Recht gedient." Die „Renazifizierung" der schleswig-holsteinischen Justiz nach 1945. Baden-Baden 1993.

Godau-Schüttke, Klaus-Detlev: Die Heyde-Sawade-Affäre. Wie Juristen und Mediziner den NS-

Euthanasieprofessor Heyde nach 1945 deckten und straflos blieben. Baden-Baden 1998.

Godau-Schüttke, Klaus-Detlev: Entnazifizierung von Richtern und Staatsanwälten des Sondergerichts Altona/Kiel. In: Bohn, Robert/Danker, Uwe (Hrsg.): „Standgericht der inneren Front". Das Sondergericht Altona/Kiel 1932–1945. Hamburg 1998, S. 325–347.

Gödde, Joachim: Entnazifizierung unter britischer Besatzung. Problemskizze zu einem vernachlässigten Kapitel der Nachkriegsgeschichte. In: Geschichte im Westen 6 (1991), S. 62–73.

Göllnitz, Martin: Karrieren zwischen Diktatur und Demokratie: Die Berufungspolitik in der Kieler Theologischen Fakultät 1936 bis 1946. Frankfurt a. M. 2014.

Görtemaker, Manfred/Safferling, Christoph (Hrsg.): Die Rosenburg. Justiz und NS-Vergangenheit – eine Bestandsaufnahme. Bonn 2013.

Goschler, Constantin: NS-Altlasten in den Nachkriegsparlamenten – Überlegungen zum Umgang mit der personellen Kontinuitätsfrage. In: Kartmann, Norbert (Hrsg.): NS-Vergangenheit ehemaliger hessischer Landtagsabgeordneter. Dokumentation der Fachtagung 14. und 15. März 2013 im Hessischen Landtag. Wiesbaden/Marburg 2014, S. 79–86.

Goschler, Constantin/Wala, Michael: „Keine neue Gestapo". Das Bundesamt für Verfassungsschutz und die NS-Vergangenheit. Reinbek 2015.

Gregor, Neil: Wissenschaft, Politik, Hegemonie. Zum Boom der NS-Unternehmensgeschichte. In: Frei, Norbert/Ders. (Hrsg.): Unternehmen im Nationalsozialismus. Zur Historisierung einer Forschungskonjunktur. Göttingen 2010, S. 82f.

Grieser, Helmut: Die SPD als Regierungspartei und als Opposition während der Gayk-Ära im Spiegel der Vorstands- und Ausschußprotokolle des Bezirks Schleswig-Holstein (1947–1954). In: Merisalo, Outi (Hrsg.): Mare Balticum. Helsinki 1994, S. 451–464.

Grieser, Helmut: „Nationalste Partei" und „Männer der Restauration von 1933". SPD und BHE im schleswig-holsteinischen Landtagswahlkampf 1950. In: Fouquet, Gerhard u. a. (Hrsg.): Von Menschen, Ländern, Meeren. Festschrift für Thomas Riis zum 65. Geburtstag. Tönning u. a. 2006, S. 143–161.

Groeben, Klaus von der: Im Dienst für Staat und Gemeinschaft. Erinnerungen. Kiel 1996.

Groeben, Klaus von der: Streiflichter: persönliche Erinnerungen. Raisdorf 1997.

Grohnert, Reinhard: Die Entnazifizierung in Baden 1945–1949. Konzeptionen und Praxis der „Epuration" am Beispiel eines Landes der französischen Besatzungszone. Stuttgart 1991.

Grube, Gesa: Entnazifizierung und Öffentlichkeit in Schleswig-Holstein. Kiel 1993.

Grüttner, Michael: Biographisches Lexikon zur nationalsozialistischen Wissenschaftspolitik. Heidelberg 2004.

Haase, Norbert/Pampe, Bert (Hrsg.): Die Waldheimer „Prozesse" – fünfzig Jahre danach. Dokumentation einer Tagung der Stiftung Sächsische Gedenkstätten am 28. und 29. September 2000 in Waldheim. Baden-Baden 2001.

Haidn, Carl/Fischer, Ludwig (Hrsg.): Das Recht der NSDAP. München 1938.

Hamer, Berthold (Hrsg.): Biografien der Landschaft Angeln. 2 Bde. Husum 2007.

Hamer, Berthold: Glücksburger Biografien. Husum 2010.

Hamer, Kurt u. a. (Hrsg.): Vergessen + verdrängt: Arbeiterbewegung und Nationalsozialismus in den Kreisen Rendsburg und Eckernförde. Eine andere Heimatgeschichte. Schleswig 1995.

Hanisch, Manfred: Entnazifizierung in Schleswig-Holstein und in Lauenburg. Zum Stand der Forschung und ihren Defiziten. In: Opitz, Eckardt (Hrsg.): Ausgewählte Aspekte der Nachkriegsgeschichte im Kreis Herzogtum Lauenburg und in den Nachbarterritorien. Bochum 2004, S. 15–30.

Hausmann, Frank-Rutger: Anglistik und Amerikanistik im „Dritten Reich". Frankfurt a. M. 2003.

Hein, Bastian: Elite für Volk und Führer? Die Allgemeine SS und ihre Mitglieder 1925–1945. München 2012.

Heinen, Franz A.: Gottlos, schamlos, gewissenlos. Zum Osteinsatz der Ordensburg-Mannschaften. Düsseldorf 2007.

Heinen, Franz A.: NS-Ordensburgen. Vogelsang, Sonthofen, Krössinsee. Berlin 2011.

Heinen, Franz A.: Ordensburg Vogelsang. Die Geschichte der NS-Kaderschmiede in der Eifel. Berlin 2014.

Heldt, Perke: „Die politische Macht liegt in unserer Hand": Paul Dölz und die USPD in Tönning 1918–1922. In: Grenzfriedenshefte 4 (1989), S. 199-247.

Hemmie, Dagmar: Otto Passarge (1891–1976). Leben und Wirken für Lübeck. Lübeck 2011.

Henningsen, Lars N./Klatt, Martin/Kühl, Jørgen: SSW. Dansksindet politik i Sydslesvig 1945–1998. Flensburg 1998.

Henricks, Paul: Versiert, konsequent und erfolgreich: Knud Knudsen (1912–2000). In: Ders. (Hrsg.): Rendsburger Köpfe aus sieben Jahrhunderten (Autor: Edward Hoop), Band 2. Rendsburg 2006, S. 121–130.

Hensle, Michael P.: Rundfunkverbrechen. Das Hören von „Feindsendern" im Nationalsozialismus. Berlin 2003.

Herbert, Ulrich: Best. Biographische Studien über Radikalismus, Weltanschauung und Vernunft 1903–1989. Bonn 1996.

Herbert, Ulrich: Nationalsozialistische Vernichtungspolitik 1939–1945. Neue Forschungen und Kontroversen. Frankfurt a. M. 1998.

Herbert, Ulrich: NS-Eliten in der Bundesrepublik. In: Loth, Wilfried/Rusinek, Bernd. A. (Hrsg.): Verwandlungspolitik. NS-Eliten in der westdeutschen Nachkriegsgesellschaft. Frankfurt a. M. u. a. 1998, S. 93–115.

Herbert, Ulrich: Elitenkontinuität in Politik und Verwaltung? Zur NS-Belastung hoher Funktionsträger in der jungen Bundesrepublik. In: Bremische Bürgerschaft (Hrsg.): Die NS-Vergangenheit früherer Mitglieder der Bremischen Bürgerschaft. Projektstudie und wissenschaftliches Colloquium. Bremen 2014, S. 124–139.

Herbert, Ulrich: NS-Eliten in der Bundesrepublik: Beharrung, Anpassung, Konversion. In: Kartmann, Norbert (Hrsg.): NS-Vergangenheit ehemaliger hessischer Landtagsabgeordneter. Dokumentation der Fachtagung 14. und 15. März 2013 im Hessischen Landtag. Wiesbaden/Marburg 2014, S. 87–98.

Hering, Rainer: Der „Fall Nieland" und seine Richter. Zur Kontinuität in der Hamburger Justiz zwischen „Drittem Reich" und Bundesrepublik. In: Zeitschrift des Vereins für hamburgische Geschichte 81 (1995), S. 207–222.

Herlemann, Beatrix: Biographisches Lexikon niedersächsischer Parlamentarier 1919–1945. Hannover 2004.

Hesse, Hans: Konstruktion der Unschuld, die Entnazifizierung am Beispiel von Bremen und Bremerhaven 1945–1953. Bremen 2005.

Hessischer Landkreistag (Hrsg.): 60 Jahre Hessischer Landkreistag. Geschichte. Persönlichkeiten. Leitbilder. Wiesbaden 2008.

Heusterberg, Babette: Personenbezogene Unterlagen aus der Zeit des Nationalsozialismus. Das Bundesarchiv in Berlin und seine Bestände, insbesondere des ehemaligen amerikanischen Berlin Document Center (BDC). In: Herold-Jahrbuch N.F. 5 (2000), S. 149–186.

Heydebreck, Hans-Georg von: Biografie unseres Vaters Claus Joachim von Heydebreck von 1945–1985. Limburg an der Lahn 2012.

Hirschfeld, Gerhard/Jersack, Tobias (Hrsg.): Karrieren im Nationalsozialismus. Funktionseliten zwischen Mitwirkung und Distanz. Frankfurt a. M./New York 2004.

Hiio, Toomas (Hrsg.): Estonia 1940–1945. Reports of the Estonian International Commission for the Investigation of Crimes Against Humanity. Tallinn 2006.

Hoch, Gerhard: Die Zeit der „Persil-Scheine". In: Demokratische Geschichte Band 4 (1989), S. 355–372.

Hoffmann, Erich: Grundzüge des grenzpolitischen Wirkens Dr. Richard Schencks. In: Zeitschrift der Gesellschaft für Schleswig-Holsteinische Geschichte 107 (1982), S. 155–289.

Hoffmann, Jens: „Das kann man nicht erzählen". „Aktion 1005" – Wie die Nazis die Spuren ihrer

Massenmorde in Osteuropa beseitigten. Hamburg 2008.

Hoffmann, Jürgen/Lepszy, Norbert: Die DVU in den Landesparlamenten: inkompetent, zerstritten, politikunfähig. Eine Bilanz rechtsextremer Politik nach zehn Jahren. Sankt Augustin 1998.

Hohnsbein, Hartwig: Bekenntnisse aus dem Verlag V&R. In: Ossietzky Nr. 16 (2010), S. 587 = http://www.sopos.org/aufsaetze/4c5e9cd7b7676/1.phtml, aufgerufen am 23.06.2016.

Hollmann, Michael: Das „NS-Archiv" des Ministeriums für Staatssicherheit der DDR und seine archivische Bewältigung durch das Bundesarchiv. In: Mitteilungen aus dem Bundesarchiv 9 (2001), S. 53–62.

Hopf, Christel: Das Faschismusthema in der Studentenbewegung und in der Soziologie. In: Bude, Heinz/Kohli, Martin (Hrsg.): Radikalisierte Aufklärung: Studentenbewegung und Soziologie in Berlin 1965–1970. Weinheim/München 1989, S. 71–87.

Hudemann, Rainer u. a.: Das Saarland zwischen Frankreich, Deutschland und Europa 1945–1957. Saarbrücken 2007.

Hüttenberger, Peter: Entnazifizierung im öffentlichen Dienst Nordrhein-Westfalens. In: Schwegmann, Friedrich G. (Hrsg.): Die Wiederherstellung des Berufsbeamtentums nach 1945. Geburtsfehler oder Stützpfeiler der Demokratiegründung in Westdeutschland? Düsseldorf 1986, S. 47–64.

Ibs, Jürgen H.: Landtage in Schleswig-Holstein: Ernannt und gewählt. 1946 bis 1996. Kiel 1996.

Imberger, Elke: Widerstand „von unten". Widerstand und Dissens aus den Reihen der Arbeiterbewegung und der Zeugen Jehovas in Lübeck und Schleswig-Holstein 1933–1945. Neumünster 1991.

Jacobsen, Jens-Christian: „Der Stolz der Gesamtpartei?" Die SPD Schleswig-Holstein 1918–1933. In: Demokratische Geschichte Band 3 (1988), S. 211–239.

Jacobsen, Jens-Christian: Die Flensburger SPD in der Zeit der Weimarer Republik: 1924–1933. In: Börm, Erika (Hrsg.): 125 Jahre SPD in Flensburg. Flensburg 1993, S. 62–98.

Jakobczyk, Mandy: „Das Verfahren ist einzustellen." Staatsanwaltschaftliche Ermittlungen wegen nationalsozialistischer Gewaltverbrechen in Schleswig-Holstein bis 1965. In: Demokratische Geschichte Band 15 (2003), S. 239–291.

Jebens-Ibs, Sabine / Zachow-Ortmann, Maria (Hrsg.): Schleswig-Holsteinische Politikerinnen der Nachkriegszeit: Lebensläufe. Kiel 1994.

Jenner, Harald: ... ein langer Weg. Kropper Anstalten, Diakonissenanstalt, Diakoniewerk Kropp. 111 Jahre helfen, heilen, trösten. Flensburg 1990.

Jenner, Harald: Die Geschichte einer psychiatrischen Klinik. Schleswig-Stadtfeld. Schleswig 1995.

Jenner, Harald: „Euthanasie"-Verbrechen in Schleswig-Stadtfeld und Schleswig-Holstein. In: Ders. (Hrsg.): Frühjahrstagung des AK Geschichte der ‚Euthanasie' und Zwangssterilisation, Mai 1995. Schleswig/Hamburg 1996, S. 5–20.

Jensen, Jürgen/Rickers, Karl (Hrsg.): Andreas Gayk und seine Zeit. 1893–1954. Erinnerungen an den Kieler Oberbürgermeister. Neumünster 1974.

Jensen, Uwe: Rudolf Katz (1885–1961). In: Demokratische Geschichte Band 3 (1988), S. 633f.

Jessen, Hans: Dr. Werner Schmidt: 1911-1990. In: Jahrbuch der Heimatgemeinschaft Eckernförde e. V. 48 (1990), S. 11–15.

Jessen-Klingenberg, Manfred: Die Christian-Albrechts-Universität in der Zeit der nationalsozialistischen Diktatur. In: Ders.: Standpunkte zur neueren Geschichte Schleswig-Holsteins. Malente 1998, S. 133–144.

Jochims-Bozic, Sigrun: „Sie sind der erste Jude, der nach Kiel zurückgekehrt ist": Heinz Salomon, 1900-1969. In: Hering, Sabine (Hrsg.): Jüdische Wohlfahrt im Spiegel von Biographien. Frankfurt a. M. 2006, S. 395–403.

Jürgens, Jessica: Entnazifizierungspraxis in Schleswig-Holstein. Eine Fallstudie für den Kreis Rendsburg 1946–1949. In: Zeitschrift der

Gesellschaft für Schleswig-Holsteinische Geschichte 125 (2000), S. 145–174.

Jürgensen, Kurt: Die Gründung des Landes Schleswig-Holstein nach dem Zweiten Weltkrieg. Aufbau der demokratischen Ordnung während der britischen Besatzungszeit 1945–1949. 2., erw. Auflage. Neumünster 1998.

Kaiser, Wolf (Hrsg.): Täter im Vernichtungskrieg. Der Überfall auf die Sowjetunion und der Völkermord an den Juden. Berlin 2002.

Kartmann, Norbert (Hrsg.): NS-Vergangenheit ehemaliger hessischer Landtagsabgeordneter. Dokumentation der Fachtagung 14. und 15. März 2013 im Hessischen Landtag. Wiesbaden/Marburg 2014.

Kasten, Bernd: „Das Ansehen des Landes Schleswig-Holstein". Die Regierung von Hassel im Umgang mit Problemen der nationalsozialistischen Vergangenheit 1954–1961. In: Zeitschrift der Gesellschaft für Schleswig-Holsteinische Geschichte 118 (1993), S. 267–284.

Kavcic, Silvija: Dr. Herta Oberheuser – Karriere einer Ärztin. In: Schubert-Lenhardt, Viola/Korch, Sylvia (Hrsg.): Frauen als Täterinnen und Mittäterinnen im Nationalsozialismus. Gestaltungsspielräume und Handlungsmöglichkeiten. Beiträge zum 5. Tag der Frauen- und Geschlechterforschung an der Martin-Luther-Universität Halle-Wittenberg. Halle 2006, S. 99–113.

Kempf, Udo/Merz, Hans-Georg (Hrsg.): Kanzler und Minister 1949–1998. Biografisches Lexikon der deutschen Bundesregierungen. Wiesbaden 2001.

Kirschner, Albrecht: Abschlussbericht der Arbeitsgruppe zur Vorstudie „NS-Vergangenheit ehemaliger hessischer Landtagsabgeordneter" der Kommission des Hessischen Landtags für das Forschungsvorhaben „Politische und parlamentarische Geschichte des Landes Hessen". Wiesbaden 2013.

Kirschner, Albrecht: NS-Vergangenheit ehemaliger hessischer Landtagsabgeordneter. In: Kartmann, Norbert (Hrsg.): NS-Vergangenheit ehemaliger hessischer Landtagsabgeordneter. Dokumentation der Fachtagung 14. und 15. März 2013 im Hessischen Landtag. Wiesbaden/Marburg 2014, S. 137–206.

Klatt, Martin/Kühl, Jørgen: SSW. Minderheiten- und Regionalpartei in Schleswig-Holstein 1945-2005. Flensburg 2006.

Klausch, Hans-Peter: Braune Wurzeln – Alte Nazis in den niedersächsischen Landtagsfraktionen von CDU, FDP und DP. Zur NS-Vergangenheit von niedersächsischen Landtagsabgeordneten in der Nachkriegszeit. Hannover 2008.

Klausch, Hans-Peter: Braunes Erbe – NS-Vergangenheit hessischer Landtagsabgeordneter der 1.–11. Wahlperiode (1946–1987). Wiesbaden 2011.

Klausch, Hans-Peter: Braune Spuren im Saar-Landtag. Die NS-Vergangenheit saarländischer Abgeordneter. Saarbrücken 2013.

Klee, Ernst: Das Personenlexikon zum Dritten Reich. Wer war was vor und nach 1945. Koblenz 2011.

Klein, Peter (Hrsg.): Die Einsatzgruppen in der besetzten Sowjetunion 1941/42. Berlin 1997.

Klemp, Stephan: „Nicht ermittelt." Polizeibataillone und die Nachkriegsjustiz. Essen 2011.

Klepsch, Michael C.: Das vergessene braune Erbe. Düsseldorf 2009.

Klepsch, Michael C.: Nahtloser Übergang in neue Führungspositionen – Alte Nazis in den nordrhein-westfälischen Landtagsfraktionen von CDU und FDP. Düsseldorf 2011.

Klink, Ute: Anni Krahnstöver und Emmy Lüthje in ihrer politischen Arbeit während der ersten Nachkriegsjahre. Kiel 1995.

Knelangen, Wilhelm/Meinschien, Birte (Hrsg.): „Lieber Gayk! Lieber Freund!" Der Briefwechsel zwischen Andreas Gayk und Michael Freund von 1944 bis 1954. Kiel 2015.

Knigge, Volkhard/Frei, Norbert (Hrsg.): Verbrechen erinnern. Die Auseinandersetzung mit Holocaust und Völkermord. München 2002.

Kogon, Eugen: Beinahe mit dem Rücken an der Wand. In: Frankfurter Hefte (1954) S. 641–645.

Köhler, Ingo: Die „Arisierung" der Privatbanken im Dritten Reich. Verdrängung, Ausschaltung und die Frage der Wiedergutmachung. München 2008.

Köhler, Nils: Zwangsarbeit in der Lüneburger Heide. Organisation und Alltag des „Ausländereinsatzes“. 1939–1945. Bielefeld 2003.

Kohlwage, Karl L./Kamper, Manfred/Pörksen, Jens-Hinrich (Hrsg.): „Was vor Gott recht ist“. Kirchenkampf und theologische Grundlegung für den Neuanfang der Kirche in Schleswig-Holstein nach 1945. Dokumentation einer Tagung in Breklum 2015. Husum 2015.

Kollai, Helmut R.: Die Eingliederung der Vertriebenen und Zuwanderer in Niedersachsen. Berlin 1959.

Koop, Volker: Kai-Uwe von Hassel. Eine politische Biographie. Köln u. a. 2007.

Korte, Detlef: „Aktion Gewitter“ in Schleswig-Holstein. In: Demokratische Geschichte Band 3 (1988), S. 521–526.

Korte, Detlef: Erziehung ins Massengrab. Die Geschichte des Arbeitserziehungslagers „Nordmark“ Kiel-Russee. Kiel 1991.

Korte, Detlef: Der Hedler-Skandal 1949–53. Ein rechtsradikales MdB aus Rendsburg und eine Schlägerei im Bundestag. In: Demokratische Geschichte Band 9 (1995), S. 275–292.

Korte, Detlef: ‚In Schleswig und Umgebung war folgendes bekannt ...‘: die NS-Zeit in Schleswig und die Nachkriegsermittlungen der Polizei. In: Mitteilungen zur Schleswiger Stadtgeschichte 10 (1995), S. 16–22.

Kracht, Erna: Eine Dithmarscherin erzählt aus ihrem Leben: Rückblick auf politische Ereignisse an der Seite eines Beamten unter 4 Regierungen. Husum 1987.

Kracht, Ernst: Aus meinem Leben. Erinnerungen, Erlebnisse und Erfahrungen. Heide 1986.

Krämer, Jörg D.: Das Verhältnis der politischen Parteien zur Entnazifizierung in Nordrhein-Westfalen. Frankfurt a. M. u. a. 2001.

Kraushaar, Wolfgang: Der Kampf gegen den „Jud Süß“-Regisseur Veit Harlan. In: Mittelweg 36 6 (1995), S. 4–33.

Krausnick, Helmut/Wilhelm, Hans-Heinrich: Die Truppe des Weltanschauungskrieges. Die Einsatzgruppen der Sicherheitspolizei und des SD 1938–1942. Stuttgart 1981.

Krohn, Claus-Dieter (Hrsg.): Walter Damm: Arbeiter, Landrat und Flüchtlingsminister in Schleswig-Holstein. Bonn 1978.

Krüger, Wolfgang: Entnazifiziert! Zur Praxis der politischen Säuberung in Nordrhein-Westfalen. Wuppertal 1982.

Kucklick, Christoph: Entnazifizierung: Ein Volk vor Gericht. In: Surminski Arno/Krüger, Annette (Hrsg.): Der Neubeginn. Deutschland zwischen 1945 und 1949. Hamburg 2005, S. 120–137.

Kühl, Jørgen: Dänische Minderheitenpolitik in Deutschland: Südschleswigscher Wählerverband (SSW). In: Ders./Bohn, Robert (Hrsg.): Ein europäisches Modell? Nationale Minderheiten im deutsch-dänischen Grenzland 1945–2005. Bielefeld 2005, S. 142–206.

Kühl, Jørgen/Bohn, Robert (Hrsg.): Ein europäisches Modell? Nationale Minderheiten im deutsch-dänischen Grenzland 1945...2005. Bielefeld 2005.

Kuhn, Helmut u. a. (Hrsg.): Die deutsche Universität im Dritten Reich. München 1966.

Kuller, Christiane: Bürokratie und Verbrechen. Antisemitische Finanzpolitik und Verwaltungspraxis im nationalsozialistischen Deutschland. München 2013.

Kunkel, Hartmut: Der „Fall Heinz Reinefarth“: Diskussion um eine Nachkriegskarriere und ein Forschungsprojekt zu ehemaligen NS-Funktionären in Schleswig-Holstein. In: Informationen zur schleswig-holsteinischen Zeitgeschichte 55 (2014), S. 199–203.

Kunz, Andreas: Wehrmacht und Niederlage. Die bewaffnete Macht in der Endphase der nationalsozialistischen Herrschaft 1944 bis 1945. München 2007.

Kwiet, Konrad: Von Tätern zu Befehlsempfängern. Legendenbildung und Strafverfolgung nach 1945. In: Matthäus, Jürgen u.a. (Hrsg.): Ausbildungsziel Judenmord? „Weltanschauliche Erziehung“ von SS, Polizei und Waffen-SS im Kontext der „Endlösung“. Frankfurt a. M. 2003, S. 114–138.

Lagler, Wilfried: Die Minderheitenpolitik der schleswig-holsteinischen Landesregierung während des Kabinetts v. Hassel (1954–1963): ein Beitrag zur Integration nationaler Minoritäten. Neumünster 1982.

Lammers, Karl C.: Die Auseinandersetzung mit der „braunen" Universität. Ringvorlesungen zur NS-Vergangenheit an westdeutschen Hochschulen. In: Schildt, Axel u. a. (Hrsg.): Dynamische Zeiten. Die 60er Jahre in den beiden deutschen Gesellschaften. Hamburg 2000, S. 148–165.

Landesarchiv Schleswig-Holstein/IZRG (Hrsg.): Der Hesterberg. 125 Jahre Kinder- und Jugendpsychiatrie und Heilpädagogik in Schleswig. Ausstellung vom 19. März bis 5. Juni 1997. Schleswig 1997.

Landesbeauftragter für Staatsbürgerliche Bildung in Schleswig-Holstein (Hrsg.): Politischer Stil in einem Streitfall: die Auseinandersetzung zwischen Minister Dr. Schlegelberger und dem Abgeordneten Steffen. Kiel 1963.

Landesregierung Schleswig-Holstein (Hrsg.): Friedrich Wilhelm Lübke – Mensch und Politiker. Flensburg 1955.

Lehmann, Sebastian: Kreisleiter der NSDAP in Schleswig-Holstein. Lebensläufe und Herrschaftspraxis einer regionalen Machtelite. Bielefeld 2007.

Lehmann, Sebastian: Kreisleiter und Parteiorganisation der NSDAP in Kiel. In: Mitteilungen der Gesellschaft für Kieler Stadtgeschichte 84 (2008), S. 115–152.

Lehmann, Sebastian: Der Fall Schlegelberger – Dreifache Vergangenheitspolitik? In: Schmid, Harald (Hrsg.): Erinnerungskultur und Regionalgeschichte. München 2009, S. 191–226.

Lehmann, Sebastian: „... mit Stiehr von 21.00 bis 3.00 Uhr morgens Plakate geklebt". Das Werden eines „Straßenterroristen" im Spiegel der retrospektiven Tagebuchaufzeichnungen von Otto Gubitz, Bad Segeberg. In: Demokratische Geschichte Band 20 (2009), S. 147–196.

Lehmann, Sebastian: Reichskommissariat Ostland – Tatort und Erinnerungsobjekt. Einleitung. In: Ders./Bohn, Robert/Danker, Uwe (Hrsg.): Reichskommissariat Ostland – Tatort und Erinnerungsobjekt. Paderborn 2012, S. 9–32.

Lehmann, Sebastian/Bohn, Robert/Danker, Uwe (Hrsg.): Reichskommissariat Ostland. Tatort und Erinnerungsort. Paderborn 2012.

Lehmann, Sebastian (unter Mitarbeit von Uwe Danker): Zur Rolle des Landrats Waldemar von Mohl in der NS-Zeit. In: Demokratische Geschichte Band 24 (2013), S. 165–200.

Leide, Henry: Die verschlossene Vergangenheit. Sammlung und selektive Nutzung von NS-Materialien durch die Staatssicherheit zu justiziellen, operativen und propagandistischen Zwecken. In: Engelmann, Roger/Vollnhals, Clemens (Hrsg.): Justiz im Dienste der Parteiherrschaft. Rechtspraxis und Staatssicherheit in der DDR. Berlin 2000, S. 495–530.

Leide, Henry: NS-Verbrecher und Staatssicherheit. Die geheime Vergangenheitspolitik der DDR. Göttingen 2008.

Lemke, Michael: Kampagnen gegen Bonn. Die Systemkrise der DDR und die West-Propaganda der SED 1960–1963. In: Vierteljahrshefte für Zeitgeschichte 41 (1993), S. 153–174.

Lemke, Michael: Instrumentalisierter Antifaschismus und SED-Kampagnenpolitik im deutschen Sonderkonflikt 1960–1968. In: Danyel, Jürgen (Hrsg.): Die geteilte Vergangenheit. Zum Umgang mit dem Nationalsozialismus und Widerstand in beiden deutschen Staaten. Berlin 1995, S. 61–86.

Lengemann, Jochen: Das Hessen-Parlament 1946-1986. Biographisches Handbuch des Beratenden Landesausschusses, der Verfassungsberatenden Landesversammlung Großhessen und des Hessischen Landtags 1.–11. Wahlperiode. Frankfurt a. M. 1986.

Leverenz, Bernhard: Der Begriff der Öffentlichkeit in § 5 Abs. 1 Ziff. 1 KSSVO. In: Zeitschrift für Wehrrecht 8 (1943), S. 399–411.

Lilla, Joachim: Leitende Verwaltungsbeamte und Funktionsträger in Westfalen und Lippe (1918–1945/46). Aschendorf 2004.

Lilla, Joachim (Hrsg.): Der Reichsrat: Vertretung

der deutschen Länder bei der Gesetzgebung und Verwaltung des Reichs 1919–1934. Ein biographisches Handbuch. Düsseldorf 2006.

Linck, Stephan: Die Fahndung nach Kriegsverbrechern. Die Field Security Sections (FSS) in Schleswig-Holstein. In: Informationen zur Schleswig-Holsteinischen Zeitgeschichte 33/34 (1998), S. 141–152.

Linck, Stephan: Der Ordnung verpflichtet. Deutsche Polizei 1933–1949. Der Fall Flensburg. Paderborn 2000.

Linck, Stephan: Neue Anfänge? Der Umgang der Evangelischen Kirche mit der NS-Vergangenheit und ihr Verhältnis zum Judentum. Die Landeskirchen in Nordelbien. Band 1: 1945–1965. Kiel 2013.

Liste für Demokratie und Umweltschutz/Jungdemokraten, Landesverband Schleswig-Holstein/Jungsozialisten, Landesverband Schleswig-Holstein (Hrsg.): Von der NSDAP zur CDU. Politische Karrieren in Schleswig-Holstein. O. O. 1979.

Lommatzsch, Erik: Hans Globke (1898–1973). Beamter im Dritten Reich und Staatssekretär Adenauers. Frankfurt a. M. 2009.

Loose, Hans-Henning: Handlungsspielräume im „Armenhaus" Schleswig-Holstein: eine Untersuchung zur Wirtschaftspolitik der sozialdemokratischen Landesregierungen Lüdemann u. Diekmann (1947–1950) (Masch. Diss.). Kiel 1990.

Loose, Ingo: Kredite für NS-Verbrechen. Die deutschen Kreditinstitute in Polen und die Ausraubung der polnischen und jüdischen Bevölkerung 1939–1945. München 2007.

Lorek, Sabine: Retsopgør – Rechtsabrechnung. Die politische Säuberung nach dem Zweiten Weltkrieg in Nordschleswig. Eine Untersuchung unter besonderer Berücksichtigung der Rechtskreise Apenrade/Aabenraa, Gravenstein/Gråsten und Tondern/Tønder. Neumünster 1998.

Loth, Wilfried/Rusinek, Bernd A. (Hrsg.): Verwandlungspolitik. NS-Eliten in der westdeutschen Nachkriegsgesellschaft. Frankfurt a. M. u. a. 1998.

Lower, Wendy: „On Him Rests the Weight of the Administration": Nazi Civilian Rulers and the Holocaust in Zhytomyr. In: Brandon, Ray/Dies. (Hrsg.): The Shoa in Ukraine. History, Testimony, Memoralization. Bloomington 2008, S. 224–247.

Lower, Wendy: Hitlers Kolonisatoren in der Ukraine. Zivilverwalter und der Holocaust in Shitomir. In: Vogelsang IP Gemeinnützige GmbH (Hrsg.): Fackelträger der Nation. Elitebildung in den NS-Ordensburgen. Köln u. a. 2010, S. 199– 227.

Lubowitz, Frank: Wilhelm Käber: Regierung und Opposition. Kiel 1986.

Lüdtke, Alf: Einleitung: Herrschaft als soziale Praxis. In: Ders. (Hrsg.): Herrschaft als soziale Praxis. Historische und sozial-anthropologische Studien. Göttingen 1991, S. 9–63.

Maletzke, Erich/Volquartz, Klaus: Der Schleswig-Hosteinische Landtag. Zehn Wahlperioden im Haus an der Förde. Rendsburg o. J. [1985].

Mallmann, Klaus-Michael/Angrick, Andrej (Hrsg.): Die Gestapo nach 1945. Karrieren, Konflikte, Konstruktionen. Darmstadt 2009.

Mallmann, Klaus-Michael/Paul, Gerhard (Hrsg.): Karrieren der Gewalt: nationalsozialistische Täterbiographien. Darmstadt 2004.

Marsh, David: Der Euro. Die geheime Geschichte der neuen Weltwährung. Hamburg 2009.

Marten, Heinz-Georg: Der niedersächsische Ministersturz. Protest und Widerstand der Georg-August-Universität Göttingen gegen den Kultusminister Schlüter im Jahre 1955. Göttingen 1987.

Martens, Holger: Die Geschichte der Sozialdemokratischen Partei Deutschlands in Schleswig-Holstein 1945–1959. Band 1–2. Malente 1998.

Martens, Holger: Vor 50 Jahren: Sozialdemokratischer Wahlsieg bei der ersten Landtagswahl am 20. April 1947. In: Demokratische Geschichte Band 11 (1998), S. 189–208.

Martens, Holger: „Hoevermanns Berufung war ein Fehler." Die britische Militärregierung korrigiert die Besetzung des Oberpräsidentenamtes. In: Demokratische Geschichte Band 12 (1999), S. 191–206.

Martens, Holger: Zur Rolle von Andreas Gayk in der Kommunal- und Landespolitik 1945–1954. In: Mitteilungen der Gesellschaft für Kieler Stadtgeschichte 79 (1999), S. 241–269.

Marti, Philipp: Die zwei Karrieren des Heinz Reinefarth. Vom „Henker von Warschau" zum Bürgermeister von Westerland. In: Demokratische Geschichte Band 22 (2011), S. 167–192.

Marti, Philipp: Der Fall Reinefarth. Eine biografische Studie zum öffentlichen und juristischen Umgang mit der NS-Vergangenheit. Neumünster/Hamburg 2014.

Matzerath, Horst: Oberbürgermeister im Dritten Reich – Auswertung einer quantitativen Analyse. In: Schwabe, Klaus (Hrsg.): Oberbürgermeister – Büdinger Forschungen zur Sozialgeschichte 1979. Boppard am Rhein 1981, S. 157–200.

Meenzen, Sandra: Konsequenter Antifaschismus? Thüringische SED-Sekretäre mit NSDAP-Vergangenheit. Erfurt 2011.

Mentel, Christian: Die Debatte um „Das Amt und die Vergangenheit". In: Aus Politik und Zeitgeschichte 32–34 (2012), S. 38–46.

Mentel, Christian: Das Amt und die Vergangenheit. In: Fischer, Torben/Lorenz, Matthias N. (Hrsg.): Lexikon der „Vergangenheitsbewältigung" in Deutschland. Debatten- und Diskursgeschichte des Nationalsozialismus nach 1945. Bielefeld 2015, S. 410–413.

Mentel, Christian: Zeithistorische Konjunkturen – Einleitende Bemerkungen. In: Ders. (Hrsg.): Auftragsforschung und NS-Aufarbeitung in der Bundesrepublik. In: Zeitgeschichte-online, Dezember 2012 (überarb. Juni 2015) = http://www.zeitgeschichte-online.de/thema/zeithistorische-konjunkturen-einleitende-bemerkungen, abgerufen am 23.05.2016.

Mentel, Christian/Weise, Niels: Die zentralen deutschen Behörden und der Nationalsozialismus. Stand und Perspektiven der Forschung. München/Potsdam 2016 = http://www.ifz-muenchen.de/fileadmin/user_upload/Neuigkeiten%202016/2016_02_13_ZZF_IfZ_PM_BKM-Studie_FINAL_Neu.pdf, aufgerufen am: 04.03.2016.

Messerschmidt, Manfred: Die Wehrmachtsjustiz 1933–1945. Paderborn u. a. 2005.

Messerschmidt, Manfred: Das System Wehrmachtsjustiz. Aufgaben und Wirken der deutschen Kriegsgerichte. In: Baumann, Ulrich/Koch, Magnus (Hrsg.): „Was damals Recht war ..." Soldaten und Zivilisten vor Gerichten der Wehrmacht. Berlin 2008, S. 27–42.

Metzler, Gabriele: 1968 – eine Zäsur? In: Hans-Otto Binder (Hrsg.): Die Heimkehrtafel als Stolperstein. Vom Umgang mit der NS-Vergangenheit in Tübingen. Tübingen 2007, S. 131–151.

Meyenborg, Ulrich: Paul Bromme (1906-1975). Ein Sozialdemokrat im politischen Exil und in der Lübecker Nachkriegspolitik. Erinnerungen und Einschätzungen. Lübeck 2013.

Meyer, Beate: „Jüdische Mischlinge". Rassenpolitik und Verfolgungserfahrung 1933–1945. München 2002.

Meyer, Karl O.: Frihed, lighed og grænseland. Erindringer skrevet i samarbejde med Jørgen Mågård, Bind 1. København 2001.

Meyer, Kristina: Die SPD und die NS-Vergangenheit 1945–1990. Göttingen 2015.

Miquel, Marc von: Ahnden oder amnestieren? Westdeutsche Justiz und Vergangenheitspolitik in den sechziger Jahren. Göttingen 2004.

Moede, Martina: Die Geschichte der jüdischen Gemeinde von Ahrensburg. Von der ersten Ansiedlung 1788 bis zur Deportation 1941. Neumünster 2003.

Möhler, Rainer: Entnazifizierung in Rheinland-Pfalz und im Saarland unter französischer Besatzung von 1945 bis 1952. Mainz 1992.

Möhler, Rainer: Entnazifizierung, Demokratisierung, Dezentralisierung – französische Säuberungspolitik im Saarland und in Rheinland-Pfalz. In: Martens, Stefan (Hrsg.): Vom „Erbfeind" zum „Erneuerer". Aspekte und Motive der französischen Deutschlandpolitik nach dem Zweiten Weltkrieg. Sigmaringen 1993, S. 157–173.

Möhler, Rainer: Politische Säuberung in Rheinland-Pfalz – französische Entnazifizierungspolitik zwischen Demokratisierung und Kontrolle. In: Koops, Tilman / Vogt, Martin (Hrsg.): Das

Rheinland in zwei Nachkriegszeiten: 1919–1930 und 1945–1949. Koblenz 1995, S. 147–163.

Molt, Matthias: Von der Wehrmacht zur Bundeswehr. Personelle Kontinuität und Diskontinuität beim Aufbau der deutschen Streitkräfte 1955–1966 (Masch. Diss.). Heidelberg 2007.

Mommsen, Hans: Beamtentum im Dritten Reich. Mit ausgewählten Quellen zur nationalsozialistischen Beamtenpolitik. Stuttgart 1966.

Mosberg, Helmuth: 50 Jahre CDU Schleswig-Holstein 1946–1996. Kiel 1996.

Moseberg, Jochen: Eindeichung und Bewässerung in Nordfriesland zur Zeit des Nationalsozialismus (Masch. MA). Kiel 1996.

Mühlhausen, Walter (Hrsg.): Treuhänder des deutschen Volkes: die Ministerpräsidenten der westlichen Besatzungszonen nach den ersten freien Landtagswahlen. Politische Porträts. Melsungen 1991.

Müller-Boysen, Carsten: Auf der Suche nach „ardent Nazis". Anfänge der Entnazifizierung im Kreis Rendsburg. In: Rendsburger Jahrbuch 46 (1996), S. 64–106.

Musial, Bogdan: Deutsche Zivilverwaltung und Judenverfolgung im Generalgouvernement. Wiesbaden 1999.

Nathusius, Ingo: Am rechten Rand der Union. Der Weg der Deutschen Partei bis 1953. Mainz 1992.

Nationalrat der Nationalen Front des demokratischen Deutschlands (Hrsg.): Braunbuch: Kriegs- und Naziverbrecher in der Bundesrepublik. Berlin (Ost) 1965.

Neue Deutsche Biographie, Band 1–25. Berlin 1953–2013.

Neumann, Franz: Der Block der Heimatvertriebenen und Entrechteten 1950-1960. Ein Beitrag zur Geschichte und Struktur einer politischen Partei. Meisenheim am Glan 1968.

Nicholls, Christine S.: The history of St. Anthony's College, Oxford (1950–2000). London 2000.

Nicolaysen, Rainer: Laun, Rudolf. In: Kopitsch, Franklin/Brietzke, Dirk (Hrsg.): Hamburgische Biografie. Personenlexikon, Band 5. Göttingen 2010, S. 227–230.

Niethammer, Lutz: Die Mitläuferfabrik. Die Entnazifizierung am Beispiel Bayerns. Berlin 1982.

Nolzen, Armin: Parteigerichtsbarkeit und Parteiausschlüsse in der NSDAP 1921–1945. In: Zeitschrift für Geschichtswissenschaft 28 (2000), S. 965–989.

Nolzen, Armin: Vom „Jugendgenossen" zum „Parteigenossen". Die Aufnahme von Angehörigen der Hitler-Jugend in die NSDAP. In: Benz, Wolfgang (Hrsg.): Wie wurde man Parteigenosse? Die NSDAP und ihre Mitglieder. Frankfurt a. M. 2009, S. 123–150.

Obenaus, Herbert: Archivarische Überlieferung und gesellschaftliche Wirklichkeit. In: Archive und Gesellschaft. Der Archivar, Beiheft 1 (1997), S. 9-33.

Oddey, Markus u. a.: „Ich bleibe Optimist – trotz allem." Wilhelm Geusendam – Demokratischer Sozialist und Parteiorganisator. Eine biographische Dokumentation. In: Demokratische Geschichte Band 17 (2006), S. 33–114.

Oddey, Markus: Lizenzen, Entnazifizierung und Konzentration. Die Presse in Schleswig-Holstein und der Nationalsozialismus nach 1945. In: Demokratische Geschichte Band 18 (2007), S. 151–166.

Oelze, Dorothea: Wiederentdeckt: Die Tagebücher des schleswig-holsteinischen Innenministers Paul Pagel (29.12.1894–11.8.1955). Gründungsjahre und Regierungskrisen Schleswig-Holsteins im Spiegel einer zeitgenössischen Quelle. In: Historisch-Politische Mitteilungen 16 (2009), S. 305-323 = http:// www.kas.de/upload/ACDP/HPM/HPM_16_09/HPM_16_09_16.pdf, aufgerufen am 23.06.2016.

Osterloh, Jörg: Nationalsozialistische Judenverfolgung im Reichsgau Sudetenland 1938–1945. München 2007.

Osterroth, Franz: Biographisches Lexikon des Sozialismus, Band 1. Hannover 1960.

Otten, Holger: Entnazifizierung und politische Säuberung in Kiel. In: Arbeitskreis „Demokratische Geschichte" (Hrsg.): Wir sind das Bauvolk. Kiel 1945–1950. Kiel 1985, S. 295–316.

Oy, Gottfried/Schneider, Christoph: Die Schärfe der Konkretion. Reinhard Strecker, 1968 und der Nationalsozialismus in der bundesdeutschen Historiografie. Münster 2013.

Paul, Gerhard: Die Erschießungen in der Geltinger Bucht. Das blutige Geschäft der NS-Militärjustiz nach der deutschen Kapitulation und ihre justizielle Bearbeitung nach 1945. In: Demokratische Geschichte Band 9 (1995), S. 163-179.

Paul, Gerhard: „Herr K. ist nur Politiker und als solcher aus Amerika zurückgekommen." Die gelungene Remigration des Dr. Rudolf Katz. In: Ders./Gillis-Carlebach, Miriam (Hrsg.): Menora und Hakenkreuz. Zur Geschichte der Juden in und aus Schleswig-Holstein, Lübeck und Altona (1918–1998). Neumünster 1998, S. 699–711.

Paul, Gerhard: „... zwinkerte man mit den Augen und schwieg." Schweigekartell und Weißwäschersyndikat, oder: Wie aus NS-Tätern und ihren Gehilfen Nachbarn und Kollegen wurden. In: Stadtarchiv Flensburg/Universität Flensburg (Hrsg.): Lange Schatten. Ende der NS-Diktatur und frühe Nachkriegsjahre in Flensburg. Flensburg 2000, S. 311–376.

Paul, Gerhard: Widerstand an der Grenze. Das ‚Café Waldheim' und das Ehepaar Lützen. In: Ders. (Hrsg.): Landunter. Schleswig-Holstein und das Hakenkreuz. Münster 2001, S. 122– 135.

Paul, Gerhard: Dissens und Verweigerung. In: Steinbach, Peter/Tuchel, Johannes: (Hrsg.): Der Widerstand gegen die nationalsozialistische Diktatur 1933–1945. Bonn 2004, S. 226–248.

Paulmann, Volker: Die Studentenbewegung und die NS-Vergangenheit in der Bundesrepublik. In: Glienke, Stephan A./Ders./Perels, Joachim: Erfolgsgeschichte Bundesrepublik? Die Nachkriegsgesellschaft im langen Schatten des Nationalsozialismus. Göttingen 2008, S. 185–216.

Pawallek, Andreas: Theodor Steltzer – Stationen einer politischen Biographie. Flensburg 1998.

Pelke, Else: Der Lübecker Christenprozess 1943. Mainz 1974.

Perels, Joachim/Pohl, Rolf (Hrsg.): NS-Täter in der deutschen Gesellschaft. Hannover 2002.

Peters, Hermann: Die Ehrenbürger der Stadt Tönning: Paul Dölz. In: Mitteilungsblatt der Gesellschaft für Tönninger Stadtgeschichte 7 (1988), S. 18–36.

Peters, Horst/Schilf, Hans-Ulrich: Alles besiegend erhebt sich der Geist. In: Demokratische Geschichte Band 2 (1987), S. 411–417.

Petersen, Hans-Christian/Zankel, Sönke: „Ein exzellenter Kinderarzt, wenn man von den Euthanasie-Dingen einmal absieht." Werner Catel und die Vergangenheitspolitik der Universität Kiel. In: Prahl, Hans-Werner/dies. (Hrsg.): UNI-Formierung des Geistes. Universität Kiel und der Nationalsozialismus. Band 2. Kiel 2007, S. 133–178.

Petersen, Peter: De Buur steit op! Een Spill in veer Biller. Hamburg 1936.

Petersen, Peter: Fliegender Sand. Aus dem Leben eines Bauernjungen für das Bauerntum im 20. Jahrhundert. Norderstedt 1985.

Pfeil, Ulrich: Die KPD im ländlichen Raum. Die Geschichte der Heider KPD 1920–1935. In: Demokratische Geschichte 10 (1996), S. 167–206.

Pohl, Dieter: Nationalsozialistische Judenverfolgung in Ostgalizien 1941–1944. Organisation und Durchführung eines staatlichen Massenverbrechens. München u. a. 1996.

Pohl, Karl H.: Demokratisches Schleswig-Holstein? Zur politischen Kultur bei den Volksabstimmungen im Jahre 1920. In: Demokratische Geschichte Band 10 (1996), S. 105–124.

Pohl, Karl H.: Überlegungen zur „Vergangenheitsbewältigung" in Schleswig-Holstein nach 1945. In: Demokratische Geschichte Band 17 (2006), S. 209–220.

Pörksen, Jens-Hinrich: Der Beitrag von Missionsdirektor Martin Pörksen zum Weg der Breklumer Mission 1934-1956. In: Werner, Dietrich (Hrsg.): Ohne Erinnerung keine Zukunft: Beiträge zur Breklumer Missions- und Regionalgeschichte. Neumünster 2007, S. 331–393.

Pörksen, Jens-Hinrich: Die Breklumer Mission in der Zeit von Martin Pörksen 1934–1956. Kiel 2007.

Pöschko, Hans: „Uns treibt eine Vergangenheit um ...". In: Ders. (Hrsg.): Die Ermittler von Ludwigsburg. Deutschland und die Aufklärung nationalsozialistischer Verbrechen. Berlin 2008, S. 26–32.

Prahl, Hans-Werner (Hrsg.): UNI-Formierung des Geistes. Universität Kiel im Nationalsozialismus, Band 1. Kiel 1995.

Prahl, Hans-Werner/Petersen, Hans-Christian/Zankel, Sönke (Hrsg.): UNI-Formierung des Geistes. Universität Kiel im Nationalsozialismus, Band 2. Kiel 2007.

Prümm, Karl: Entwürfe einer zweiten Republik. Zukunftsprogramme in den „Frankfurter Heften" 1946–1949. In: Koeber, Thomas u. a. (Hrsg.): Deutschland nach Hitler. Zukunftspläne im Exil und aus der Besatzungszeit 1939–1949. Opladen 1987, S. 330–343.

Pusch, Thomas: Politisches Exil als Migrationsgeschichte. Schleswig-Holsteiner EmigrantInnen und das skandinavische Exil 1933-1960. Flensburg 2003.

Quinkert, Babette/Morré, Jörg (Hrsg.): Deutsche Besatzung in der Sowjetunion 1941–1944. Vernichtungskrieg, Reaktionen, Erinnerung. Paderborn 2014.

Ratschko, Karl-Werner: Kieler Hochschulmediziner in der Zeit des Nationalsozialismus. Die Medizinische Fakultät der Christian-Albrechts-Universität im „Dritten Reich". Essen 2014.

Rauh-Kühne, Cornelia: Die Entnazifizierung und die deutsche Gesellschaft. In: Archiv für Sozialgeschichte 35 (1995), S. 35–70.

Rauh-Kühne, Cornelia/Ruck, Michael (Hrsg.): Regionale Eliten zwischen Diktatur und Demokratie. München 1993.

Reibel, Carl-Wilhelm: Das Fundament der Diktatur. Die Ortsgruppen der NSDAP 1932–1945. Paderborn u. a. 2002.

Reichel, Peter: Vergangenheitsbewältigung in Deutschland. Die Auseinandersetzung mit der NS-Diktatur von 1945 bis heute. München 2001.

Reichsorganisationsleiter der NSDAP (Hrsg.): Partei-Statistik, 3 Bände. O. O. und o. J. [München 1937].

Reiter, Raimond: Die Verfolgung der Sinti im Nationalsozialismus in Niedersachsen: Zur Aussagekraft von „Wiedergutmachungsakten". In: Der Archivar 56 (2003), Heft 3, S. 225ff.

Renz, Werner: Der erste Frankfurter Auschwitz-Prozeß. Völkermord als Strafsache. In: Zeitschrift für Sozialgeschichte des 20. und 21. Jahrhunderts 15 (2000), S. 11–48.

Riecken, Claas: Berthold Bahnsen. Friesisch-schleswigscher Landtagsmann. Eine minderheitenpolitische Biographie. Bredstedt 2015.

Riedel, Matthias: Bergbau und Eisenhüttenindustrie in der Ukraine unter deutscher Besatzung (1941–1944). In: Vierteljahrshefte für Zeitgeschichte 21 (1973), S. 245–284.

Rietzler, Rudolf: „Kampf in der Nordmark". Das Aufkommen des Nationalsozialismus in Schleswig-Holstein 1919–1928. Neumünster 1982.

Rigoll, Dominik: Grenzen des Sagbaren. NS-Belastung und NS-Verfolgungserfahrung bei Bundestagsabgeordneten. In: Zeitschrift für Parlamentsfragen 45 (2014), S. 128–140.

Rohlfs, Angelo O.: Hermann von Mangoldt (1895–1953): das Leben des Staatsrechtlers vom Kaiserreich bis zur Bonner Republik. Berlin 1997.

Rohloff, Paul: Die rechtliche Stellung der Deutschen Arbeitsfront. Würzburg 1939.

Roon, Ger van: Theodor Steltzer und der Kreisauer Kreis. In: Landeszentrale für Politische Bildung Schleswig-Holstein (Hrsg.): Der Kreisauer Kreis. Porträt einer Widerstandsgruppe. Kiel 1986, S. 31–40.

Rosenfeldt, Jenspeter: „Nicht einer ... viele sollen leben!" Landreform in Schleswig-Holstein 1945–1950. Kiel 1991.

Roth, Claudia: Parteikreis und Kreisleiter der NSDAP unter besonderer Berücksichtigung Bayerns. München 1997.

Roth, Markus: Herrenmenschen. Die deutschen Kreishauptleute im besetzten Polen – Karrierewege, Herrschaftspraxis und Nachgeschichte. Göttingen 2009.

Rothert, Hans F. (Hrsg.): Kieler Lebensläufe aus sechs Jahrhunderten. Neumünster 2006.

Rott, Eva-Maria: Der Block der Heimatvertriebenen und Entrechteten (BHE) in Schleswig-Holstein 1950 bis 1957 (Masch. MA). Kiel 2001.

Ruck, Michael: Korpsgeist und Staatsbewusstsein. Beamte im deutschen Südwesten 1928–1972. München 1996.

Ruck, Michael: 60 Jahre Universität Flensburg 1946–2006. Verwissenschaftlichung, Diversifizierung, Expansion. In: Demokratische Geschichte Band 18 (2007), S. 255–266.

Ruck, Michael: Auf dem „Sonderweg"? Personelle Rekonstruktion und Modernisierung der Verwaltungen in Schleswig-Holstein bis zum „Ende der Nachkriegszeit". In: Demokratische Geschichte Band 19 (2008), S. 131–143.

Rückerl, Adalbert: NS-Verbrechen vor Gericht. Heidelberg 1984.

Sabrow, Martin/Mentel, Christian (Hrsg.): Das Auswärtige Amt und seine umstrittene Vergangenheit. Eine deutsche Debatte. Frankfurt a. M. 2014.

Sahner, Heinz: Die NPD in der Landtagswahl 1967 in Schleswig-Holstein. Eine Aggregatdatenanalyse unter besonderer Berücksichtigung einiger Hypothesen Rudolf Heberles. Köln 1969.

Sahner, Heinz: Rechtsradikale Strömungen in Schleswig-Holstein: NSDAP, NPD und KLA. In: Diederichs, Urs J./Wiebe, Hans-Hermann (Hrsg.): Schleswig-Holstein unter dem Hakenkreuz. Bad Segeberg 1985, S. 265–278.

Saldern, Adelheid von: Sozialmilieus und der Aufstieg des Nationalsozialismus in Norddeutschland (1930–1933). In: Bajohr, Frank (Hrsg.): Norddeutschland im Nationalsozialismus. Hamburg 1993, S. 20–51.

Sander, Susanne: Karrieren und Barrieren: Landtagspolitikerinnen der BRD in der Nachkriegszeit von 1946 bis 1960. Königstein/Ts. 2004.

Sandkühler, Thomas: Endlösung in Galizien. Der Judenmord in Ostpolen und die Rettungsinitiativen von Berthold Beitz 1941–1944. Bonn 1996.

Sauer, Wolfgang: Die Mobilmachung der Gewalt. In: Bracher, Karl-Dietrich/ders./Schulz, Gerhard (Hrsg.): Die nationalsozialistische Machtergreifung. Studien zur Errichtung des totalitären Herrschaftssystems in Deutschland 1933/34. Köln u. a. 1960, S. 685–972.

Sautter, Udo: Biographisches Lexikon zur deutschen Geschichte. München 2002.

Schäfer, Thomas: Die Schleswig-Holsteinische Gemeinschaft 1950–1958. Neumünster 1987.

Schanetzky, Tim: Jubiläen und Skandale. Die „lebhafte Kampfsituation" der achtziger Jahre. In: Frei, Norbert/ders. (Hrsg.): Unternehmen im Nationalsozialismus. Zur Historisierung einer Forschungskonjunktur. Göttingen 2010, S. 68–78.

Scharffenberg, Heiko: Sieg der Sparsamkeit. Die Wiedergutmachung nationalsozialistischen Unrechts in Schleswig-Holstein. Bielefeld 2004.

Schartl, Matthias: Landräte und Kapp-Putsch 1920 im nördlichen Schleswig-Holstein. In: Demokratische Geschichte Band 8 (1993), S. 173–204.

Schartl, Matthias: Eine Clique „Alter Kämpfer". Aufstieg und Fall regionaler NSDAP-Eliten in Stadt und Landkreis Schleswig. In: Demokratische Geschichte Band 15 (2003), S. 161–222.

Scheck, Thomas: Grundzüge nationalsozialistischer Kulturpolitik in Schleswig-Holstein. In: Informationen zur Schleswig-Holsteinischen Zeitgeschichte 30 (1996), S. 3–25.

Schenk, Dieter: Danzig 1930–1945. Das Ende einer freien Stadt. Berlin 2013.

Schepermann, Kathrin: Schicksale psychiatrischer Patienten der Lübecker Heilanstalt Strecknitz im Dritten Reich. Lübeck 2003.

Schildt, Axel: „Jetzt liegen alle großen Ordnungs- und Gesittungsmächte zerschlagen im Schutt". Die öffentliche Auseinandersetzung mit dem „Dritten Reich" in Schleswig-Holstein nach 1945 – unter besonderer Berücksichtigung von Stellungnahmen aus der Evangelisch-Lutherischen Kirche. In: Zeitschrift der Gesellschaft für Schleswig-Holsteinische Geschichte 119 (1994), S. 261–276.

Schildt, Axel: Zur Durchsetzung einer Apologie. Hermann Lübbes Vortrag zum 50. Jahrestag des 30. Januar 1933. In: Zeithistorische Forschungen/Studies in Contemporary History 10 (2013), Heft 1, S. 148-152. = http://www.zeithistorische-forschungen.de/1-2013/id=4679, aufgerufen am 12.06.2016.

Schilf, Ulrich u. a.: Der Wiederaufbau der SPD nach dem Krieg. Der Krieg ist beendet. Hunger, Not und Elend. In: Demokratische Geschichte Band 3 (1988), S. 537–558.

Schleswig-Holsteinischer Landkreistag (Hrsg.): 125 Jahre Kreise in Schleswig-Holstein. Neumünster 1992.

Schmid, Harald: Sonderzug nach Lübeck oder Der Schah im „Schabbelhaus". Der „freundliche Abschluss" des Staatsbesuchs des Schahs von Persien in Schleswig-Holstein am 4. Juni 1967. In: Demokratische Geschichte Band 20 (2010), S. 355–380.

Schmidt, Werner: Leben in einem Volk. Individuelle und kollektive Biografie 1930/1945. Husum 1989.

Schmiechen-Ackermann, Detlef: Der „Blockwart". Die unteren Parteifunktionäre im nationalsozialistischen Terror- und Überwachungsapparat. In: Vierteljahrshefte für Zeitgeschichte 48 (2000), S. 575–602.

Schmollinger, Horst W.: Die Deutsche Partei. In: Stöss, Richard (Hrsg.): Parteienhandbuch. Die Parteien der Bundesrepublik Deutschland 1945–1980, Band 1. Opladen 1983, S. 1025–1111.

Schneider, Michael: „Organisation aller schaffenden Deutschen der Stirn und der Faust". Die Deutsche Arbeitsfront (DAF). In: Becker, Stephanie/Studt, Christoph (Hrsg.): „Und sie werden nicht mehr frei sein ihr ganzes Leben." Funktion und Stellenwert der NSDAP, ihrer Gliederungen und angeschlossenen Verbände im „Dritten Reich". Münster 2012, S. 159–178.

Schneider, Sabine u. a.: Vergangenheiten. Die Kasseler Oberbürgermeister Seidel, Lauritzen, Branner und der Nationalsozialismus. Marburg 2015.

Schneider, Ulrich (Hrsg.): Auschwitz – ein Prozeß. Geschichte – Fragen – Wirkungen. Köln 1994.

Schröder, Karsten: Die FDP in der britischen Besatzungszone 1946–1948. Ein Beitrag zur Organisationsstruktur der Liberalen im Nachkriegsdeutschland. Düsseldorf 1985.

Schröder, Wilhelm H.: Sozialdemokratische Parlamentarier in den deutschen Reichs- und Landtagen: 1867–1933. Biographien, Chronik, Wahldokumentation. Düsseldorf 1995.

Schubert, Christina: Die Abgeordneten des Schleswig-Holsteinischen Landtags nach 1945 und ihre nationalsozialistische Vergangenheit. In: Zankel, Sönke (Hrsg.): Skandale in Schleswig-Holstein: Beiträge zum Geschichtswettbewerb des Bundespräsidenten. Kiel 2012, S. 71–128.

Schulte, Rolf/Weber, Jürgen: Die Unabhängige Sozialdemokratische Partei Deutschlands (USPD) in Schleswig-Holstein. In: Demokratische Geschichte Band 3 (1988), S. 307–317.

Schultheiß, Nicole: Geht nicht gibt's nicht ...: 24 Portraits herausragender Frauen der Kieler Stadtgeschichte. Kiel 2007.

Schulz, Alfred: Wilhelm Siegel: Lehrer, Landrat u. Volksbildungsminister. In: Mitteilungen des Beirats für Geschichte der Arbeiterbewegung und Demokratie in Schleswig-Holstein. Malente 1988, S. 13ff.

Schulz, Alfred: Otto Gramcko (geb. 1901) [Bünningstedt]. In: Demokratische Geschichte Band 3 (1998), S. 630ff.

Schulz, Kurt: Kurt Pohle. In: Demokratische Geschichte Band 3 (1988), S. 636ff.

Schulze, Winfried: Ego-Dokumente: Annäherung an den Menschen in der Geschichte? Vorüberlegungen für die Tagung „EGO-DOKUMENTE". In: Ders. (Hrsg.): Ego-Dokumente. Annäherungen an den Menschen in der Geschichte. Berlin 1996, S. 417–450.

Schumacher, Martin: M. d. B. – Die Volksvertretung 1946–1972 = http://www.kgparl.de/online-volksvertretung/online-az.html, aufgerufen am 30.05.2016.

Schumacher, Martin: M. d. R. – Die Reichstagsabgeordneten der Weimarer Republik in der Zeit des Nationalsozialismus. Politische Verfolgung, Emigration und Ausbürgerung 1933-1945. Düsseldorf 1992.

Schumacher, Martin/Hillen, Michael (Hrsg.):

M.d.B.: die Volksvertretung. Wiederaufbau und Wandel 1946–1972. Bundestagskandidaten und Mitglieder westzonaler Vorparlamente. Eine biographische Dokumentation. Düsseldorf 2006.

Schumacher, Martin/Höroldt, Ulrike/Ostermann, Christian: M. d. R. Die Reichstagsabgeordneten der Weimarer Republik in der Zeit des Nationalsozialismus. Politische Verfolgung, Emigration und Ausbürgerung 1933–1945. Düsseldorf 1992.

Schumann, Helmut: Heinz Adler – ein bedeutender sozialdemokratischer Oberbürgermeister. In: Sozialdemokratische Partei Deutschlands: 125 Jahre SPD in Flensburg. Flensburg 1993.

Schuster, Armin: Die Entnazifizierung in Hessen 1945–1954. Wiesbaden 1999.

Schuster, Walter/Weber, Wolfgang (Hrsg.): Entnazifizierung im regionalen Vergleich. Linz 2004.

Schwartz, Michael: Funktionäre mit Vergangenheit. Das Gründungspräsidium des Bundes der Vertriebenen und das „Dritte Reich". München 2013.

Schwarz, Rolf: Ausgrenzung und Vernichtung kranker und schwacher Schleswig-Holsteiner. Fragen zu einem unbearbeiteten Problem der Geschichte unseres Landes von 1939–1945. In: Demokratische Geschichte Band 1 (1986), S. 317–337.

Seeliger, Rolf: Braune Universität. Deutsche Hochschullehrer gestern und heute. Eine Dokumentation, Band 1–6. München 1964–1968.

Seggern, Jessica von: Alte und neue Demokraten in Schleswig-Holstein. Demokratisierung und Neubildung einer politischen Elite auf Kreis- und Landesebene 1945 bis 1950. Stuttgart 2005.

Seggern, Jessica von: Demokratischer Neubeginn in Lübeck: Emil Helms und Otto Passarge als oberste Repräsentanten der Stadt nach 1945. In: Zeitschrift des Vereins für Lübeckische Geschichte und Altertumskunde 86 (2006), S. 229–242.

Siegfried, Detlef: Die Befreiung Elmshorns durch SPD und KPD im Mai 1945. In: Demokratische Geschichte Band 3 (1988), S. 559–567.

Siegfried, Detlef: „Ich war immer einer von denen, die kein Blatt vor den Mund nahmen!" Kontinuitäten und Brüche im Leben des Kieler Kommunisten Otto Preßler. In: Demokratische Geschichte Band 4 (1989), S. 259–330.

Siegfried, Detlef: Zwischen Einheitspartei und „Bruderkampf". SPD und KPD in Schleswig-Holstein 1945/46. Kiel 1992.

Simon, Barbara: Abgeordnete in Niedersachsen 1946–1994. Biographisches Handbuch. Hannover 1996.

Sinner, Karl-Ernst: Tradition und Fortschritt. Senat und Bürgermeister der Hansestadt Lübeck 1918–2007. Lübeck 2008.

Smiatacz, Carmen: Ein gesetzlicher „Schlussstrich"? Der juristische Umgang mit der nationalsozialistischen Vergangenheit in Hamburg und Schleswig-Holstein, 1945–1960. Ein Vergleich. Berlin 2015.

Sommer, Ingeborg: Ein Leben für die Gewerkschaft. In: Peters-Hirt, Antje (Hrsg.) „Vom Bewußtsein der weiblichen Würde". Lübeck 1997, S. 137–141.

Sommer, Karl-Ludwig: Die NS-Vergangenheit früherer Mitglieder der Bremischen Bürgerschaft: Projektstudie und wissenschaftliches Colloquium. Hrsg. von der Bremischen Bürgerschaft. Bremen 2014.

Sörensen, Christian M.: Politische Entwicklung und Aufstieg der NSDAP in den Kreisen Husum und Eiderstedt, 1918–1933. Neumünster 1995.

Sörensen, Christian M.: Zur NS-Herrschaft in Husum. Gleichschaltung, SA-Ausschreitungen gegen Freimaurer (1934), Verfolgungen. In: Beiträge zur Husumer Stadtgeschichte 6 (1998), S. 84–116.

Sörensen, Christian M.: Ein Nachtrag: NS-Verfolgung 1933-1939 am Beispiel des Bücherrevisors Hans Ausborn. In: Beiträge zur Husumer Stadtgeschichte 7 (2000), S. 53–60.

SPD (Hrsg.): Der Freiheit verpflichtet. Gedenkbuch der deutschen Sozialdemokratie im 20. Jahrhundert. Marburg 2000.

SPD-Fraktion im Schleswig-Holsteinischen Landtag (Hrsg.): Andreas Gayk: 1893–1954. Kiel 1993.

Speich, Mark: Kai-Uwe von Hassel – Eine politische Biographie. Bonn 2001.

Steensen, Thomas: Johannes Oldsen (1894-1958). Bredstedt 1995.

Steensen, Thomas: Rudolf Muuß: Heimatpolitiker in Nordfriesland und Schleswig-Holstein. Husum 1997.

Steensen, Thomas: Kurt Hamer und die Nordfriesen: eine Dokumentation. Bredstedt 2006.

Steffen, Jens-Peter (Hrsg.): Personenbeschreibung: Biographische Skizzen eines streitbaren Sozialisten. Kiel 1997.

Steinbach, Peter: Nationalsozialistische Gewaltverbrechen. Die Diskussion in der deutschen Öffentlichkeit. Freiburg 1981.

Steinbach, Peter (Hrsg.): Lexikon des Widerstandes 1933–1945. München 1994.

Steinbach, Peter/Tuchel, Johannes: Der Widerstand gegen die nationalsozialistische Diktatur. In: Dies. (Hrsg.): Der Widerstand gegen die nationalsozialistische Diktatur 1933–1945. Bonn 2004, S. 11–25.

Stelbrink, Wolfgang: Der preußische Landrat im Nationalsozialismus – Studien zur nationalsozialistischen Personal- und Verwaltungspolitik auf Landkreisebene. Münster 1998.

Steltzer, Theodor: Sechzig Jahre Zeitgenosse. München 1966.

Steltzer, Theodor: Über die deutsche Opposition: Ein Bericht an die Alliierten, Juli 1944. In: Käßmann, Margot/Silomon, Anke (Hrsg.): Gott will Taten sehen: christlicher Widerstand gegen Hitler. Ein Lesebuch. München 2013, S. 331–338.

Stockhorst, Erich: 5000 Köpfe. Wer war wer im Dritten Reich. Kiel 1998[3].

Stöss, Richard (Hrsg.): Parteienhandbuch. Die Parteien der Bundesrepublik Deutschland 1945–1980, Band 1. Opladen 1983.

Struck, Claus O.: Grundlinien der Politik der Landesregierung Friedrich Wilhelm Lübke in Schleswig-Holstein (1951–1954). Kiel 1994.

Struck, Claus O.: Die Politik der Landesregierung Friedrich Wilhelm Lübke in Schleswig-Holstein (1951–1954). Frankfurt a. M. u. a. 1997.

Taylor, Frederick: Zwischen Krieg und Frieden. Die Besetzung und Entnazifizierung Deutschlands 1944–1946. Berlin 2011.

Teschke, John P.: Nazis, decent people, and propagandists: Controversies regarding the restoration of Nazi influences in postwar West Germany. Riverside 1995.

Thamer, Hans-Ulrich: Die NS-Vergangenheit im politischen Diskurs der 68er-Bewegung. In: Westfälische Forschungen 48 (1998), S. 39–54.

Thieler, Kerstin: „Volksgemeinschaft" unter Vorbehalt: Gesinnungskontrolle und politische Mobilisierung in der Herrschaftspraxis der NSDAP-Kreisleitung Göttingen. Göttingen 2014.

Titzck, Rudolf (Hrsg.): Landtage in Schleswig-Holstein gestern – heute – morgen: Zum 40. Jahrestag der 1. demokratischen Wahl am 20. April 1947. Husum 1987.

Titzck, Rudolf: Mein Lebensweg. Kiel 2005.

Treß, Werner/Wettig, Klaus: Göttingen. In: Schoeps, Julius H./Treß, Werner (Hrsg.): Orte der Bücherverbrennungen in Deutschland 1933. Hildesheim u. a. 2008, S. 377–391.

Troebst, Stefan: Geschichtspolitik. Version 1.0. In: Docupedia-Zeitgeschichte. 04.08.2014 = http://docupedia.de/zg/Geschichtspolitik, aufgerufen am: 23.04.2016.

Trümpy, Hans (Hrsg.): Kontinuität – Diskontinuität in den Geisteswissenschaften. Darmstadt 1973.

Ueberschär, Gerd R. (Hrsg.): Der Nationalsozialismus vor Gericht. Die alliierten Prozesse gegen Kriegsverbrecher und Soldaten 1943–1952. Frankfurt a. M. 1999.

Uhlig, Ralph (Hrsg.): Vertriebene Wissenschaftler der Christian-Albrechts-Universität Kiel nach 1933. Geschichte der CAU im Nationalsozialismus. Frankfurt a. M. 1991.

Uhlig, Ralph: Zur Vertreibung der Kieler Wissenschaftler von der Christian-Albrechts-Universität nach 1933. In: Zeitschrift der Gesellschaft für Schleswig-Holsteinische Geschichte 118 (1993), S. 211–240.

Unruh, Georg C. von: Klaus von der Groeben 1902–2002. In: Die Verwaltung 35 (2002), S. 289–292.

Unverhau, Dagmar: Das „NS-Archiv" des Ministeriums für Staatssicherheit. Stationen einer Entwicklung. Münster 1998.

Varain, Heinz J.: Schleswig-Holstein 1918–1957. Eine politische Bibliographie. Kiel 1958.

Varain, Heinz J.: Kandidaten und Abgeordnete in Schleswig-Holstein 1947–1958. In: Politische Vierteljahresschrift 2 (1961), Heft 4, S. 363–411.

Varain, Heinz J.: Parteien und Verbände. Eine Studie über ihren Aufbau, ihre Verflechtung und ihr Wirken in Schleswig-Holstein 1945-1958. Köln u. a. 1964.

Vereinigung der Verfolgten des Nazi-Regimes – Bund der Antifaschisten (Hrsg.): Von Asbach bis Lemke. Eine Dokumentation über Wirken und Einfluß von Alt-Nazis im öffentlichen Dienst Schleswig-Holsteins 1949–1976. Kiel 1976.

„Vergangenheitspolitik". Aus Politik und Zeitgeschichte. Themenheft Jg. 42 (2006).

Vollnhals, Clemens (Hrsg.): Entnazifizierung. Politische Säuberung und Rehabilitierung in den vier Besatzungszonen 1945–1949. München 1991.

Vollnhals, Clemens: Zwischen Verdrängung und Aufklärung. Die Auseinandersetzung mit dem Holocaust in der frühen Bundesrepublik. In: Büttner, Ursula (Hrsg.): Die Deutschen und die Judenverfolgung im Dritten Reich. Hamburg 1992, S. 357–392.

Vorphal, Dietrich: Die Segeberger Flüchtlingskonferenz 1947: Zu den Bemühungen der schleswigholsteinischen Landesregierung unter Hermann Lüdemann um einen Bevölkerungsausgleich. In: Zeitschrift der Gesellschaft für Schleswig-Holsteinische Geschichte 107 (1982), S. 291–326.

Weber, Hermann: Deutsche Kommunisten. Supplement zum biographischen Handbuch 1918 bis 1945. [Hermann Weber zum 85. Geburtstag gewidmet]. Berlin 2013.

Weber, Hermann/Herbst, Andreas: Deutsche Kommunisten: Biographisches Handbuch 1918 bis 1945. Berlin 2008.

Weber, Jürgen: Joachim Steffen – Der „rote" Jochen. In: Demokratische Geschichte Band 3 (1988), S. 597–602.

Weigel, Björn: „Märzgefallene" und Aufnahmestopp im Frühjahr 1933. Eine Studie über den Opportunismus. In: Benz, Wolfgang (Hrsg.): Wie wurde man Parteigenosse? Die NSDAP und ihre Mitglieder. Frankfurt a. M. 2009, S. 91–109.

Weinke, Annette: Die Verfolgung von NS-Tätern im geteilten Deutschland. Vergangenheitsbewältigungen 1949–1969 oder: Eine deutsch-deutsche Beziehungsgeschichte im Kalten Krieg. Paderborn u. a. 2002.

Weißbrod, Bernd (Hrsg.): Rechtsradikalismus in der politischen Kultur der Nachkriegszeit. Die verzögerte Normalisierung in Niedersachsen. Hannover 1995.

Welzer, Harald: Täter. Wie aus ganz normalen Menschen Massenmörder werden. Frankfurt a. M. 2005.

Wember, Heiner: Umerziehung im Lager. Internierung und Bestrafung von Nationalsozialisten in der britischen Besatzungszone Deutschlands. Essen 1991.

Wengst, Udo: Staatsaufbau und Regierungspraxis 1948–1953. Zur Geschichte der Verfassungsorgane der Bundesrepublik Deutschland. Düsseldorf 1984.

Wengst, Udo: Beamtentum zwischen Reform und Tradition. Beamtengesetzgebung in der Gründungsphase der Bundesrepublik Deutschland 1948–1953. Düsseldorf 1988.

Werle, Gerhard/Wandres, Thomas: Auschwitz vor Gericht. Völkermord und bundesdeutsche Strafjustiz. Mit einer Dokumentation des Auschwitz-Urteils. München 1995.

Wette, Wolfram: Der Fall Filbinger. In: Ders. (Hrsg.): Filbinger – eine deutsche Karriere. Springe 2006, S. 15–34.

Wette, Wolfram: Frühe Selbstentlastung der Wehrmachtsrichter – späte Rehabilitierung ihrer Opfer. In: Perels, Joachim/Ders. (Hrsg.): Mit reinem Gewissen. Wehrmachtsrichter in der Bundesrepublik und ihre Opfer. Berlin 2011, S. 81–96.

Wetzel, Juliane: Die NSDAP zwischen Öffnung und

Mitgliedersperre. In: Benz, Wolfgang (Hrsg.): Wie wurde man Parteigenosse? Die NSDAP und ihre Mitglieder. Frankfurt a. M. 2009, S. 74–90.

Wildt, Michael: Differierende Wahrheiten. Historiker und Staatsanwälte als Ermittler von NS-Verbrechen. In: Frei, Norbert/Laak, Dirk van/Stolleis, Michael (Hrsg.): Geschichte vor Gericht. Historiker, Richter und die Suche nach Gerechtigkeit. München 2000, S. 46–59.

Wildt, Michael: Generation des Unbedingten. Das Führungskorps des Reichssicherheitshauptamtes. Hamburg 2002.

Wilhelm, Friedrich: Die Polizei im NS-Staat. Die Geschichte ihrer Organisation im Überblick. Paderborn 1997.

Witt, Jann M./Vosgerau, Heiko (Hrsg.): Schleswig-Holstein von den Ursprüngen bis zur Gegenwart. Hamburg 2002.

Witte, Albert: Die Sozialistische Arbeiter-Jugend in Kiel, 1919–1925. In: Demokratische Geschichte Band 4 (1989), S. 163–174.

Wojak, Irmtrud (Hrsg.): Auschwitz-Prozeß 4 Ks 2/63. Frankfurt a. M. 2004.

Wojak, Irmtrud: Entnazifizierung. München 2014.

Wulf, Peter: „Sammlung rechts von der Sozialdemokratie“: Die Geschichte der CDU in Schleswig-Holstein 1945/46. In: Zeitschrift der Gesellschaft für Schleswig-Holsteinische Geschichte 126 (2001), S. 119–156.

Wulf, Peter: „Der Landesfürst“: Carl Schröter und die schleswig-holsteinische CDU 1945–1951. In: Zeitschrift der Gesellschaft für Schleswig-Holsteinische Geschichte 132 (2007), S. 211–254.

Zapf, Wolfgang: Wandlungen der deutschen Elite: ein Zirkulationsmodell deutscher Führungsgruppen 1919–1961. München 1965.

Zielinski, Siegfried: Veit Harlan. Analysen und Materialien zur Auseinandersetzung mit einem Filmregisseur des deutschen Faschismus Frankfurt a. M. 1981.

Zimmermann, Volker: Die Sudetendeutschen im NS-Staat. Politik und Stimmung der Bevölkerung im Reichsgau Sudetenland (1938–1945). Essen 1999.

Zocher, Peter: Edo Osterloh – Vom Theologen zum christlichen Politiker. Eine Fallstudie zum Verhältnis von Theologie und Politik im 20. Jahrhundert. Göttingen 2007.

Quellennachweise

Die folgende Quellenübersicht ordnet den Angehörigen der Untersuchungsgruppe personenbezogen Aktensignaturen und Literatur zu. Sie umfasst nur die wesentlichen, für unsere Zuordnungen und Einschätzungen zentralen Quellen und ggf. die Belege von Mitgliedschaften in der NSDAP und NS-Organisationen.

Angesichts der großen Menge an erhobenem Quellenmaterial haben wir uns hier auf das nach den genannten Kriterien ausgewählte Material beschränkt. Es handelt sich bei der Übersicht also weder um sämtliche von uns eingesehene Materialien noch um eine vollständige Dokumentation unserer Recherchewege, die auch beispielsweise Fehlanzeigen oder wegen mangelnder/zweifelhafter Personenidentität nicht berücksichtigtes Quellenmaterial einbeziehen müsste.

Gleiches gilt für die genannte Literatur, die hier keinesfalls die Gesamtheit der ermittelten bzw. benutzten Titel repräsentiert, sondern nur diejenigen, die für die Zuordnung relevante Informationen lieferten. Das gilt auch für eigene Publikationen von Angehörigen der Untersuchungsgruppe.

In jedem Fall wurden außerdem die Daten aus dem Landtagsinformationssystem Schleswig-Holstein berücksichtigt.

Adler, Heinz
LASH Abt. 460.8, Nr. 152
Schumann: Heinz Adler, S. 286–289

Ahrens, Alfred
BArch BDC OK, Film 3200 A0010
LASH Abt. 460.1, Nr. 158
LASH Abt. 761, Nr. 16227

Ahrens, Bernhard
LASH Abt. 460.15, Nr. 32

Albrecht, Karl
LASH Abt. 761, Nr. 16116
AHL, Entnazifizierung, „Unbetroffen“ Nr. 5308/6
Sinner: Tradition, S. 25

Ambrosius, Heinrich
SHBL, Bd. 13 (2011), S. 14ff.
AHL, Entnazifizierung, „Unbetroffen“ Nr. 84
Sinner: Tradition, S. 26f.

Ambs, Hans
LASH Abt. 460.1, Nr. 221
Weber: Deutsche Kommunisten, S. 67

Andersen, Hermann Dr.
BArch BDC OK, Film 3200 A0026
BArch B 162/2626
BArch PK A56
BArch SM/SS A15
BArch Z 42-IV/1939

Andersen, Jörgen
BArch BDC OK, Film 3200 A0026
LASH Abt. 460.12, Nr. 7

Andresen, Matthias
BArch BDC OK, Film 3200 A0027
LASH Abt. 394, Nr. 995 I und II
LASH Abt. 460.6, Nr. 75

Andresen, Thomas
BArch RK C19
LASH Abt. 460.18, Nr. 174

Arfsten, Carl-Christian
LASH Abt. 460.14, Nr. 254

Arp, Erich
BArch BDC OK, Film 3200 Aoo37
BStU MfS IX/11 PA 13
BStU MfS IX/11 PA 18
LASH Abt. 460.9, Nr. 143
Siegfried: Befreiung

Asbach, Hans-Adolf
BArch BDC OK, Film 3200 A0038,
BArch B 162/4130, 4131, 4132, 4144, 4145, 4146, 4417, 5178, 19305, 19306, 19941, 20039, 20946, 22009, 26929, 26930
BArch R 3001/50447
BStU MfS AP Nr. 6545/76 Bd. 1
BStU MfS IX 23018
BStU MfS IX Nr. 22542
BStU MfS IX/11 AS 111/66

BStU MfS IX/11 GStA SL 7/68
BStU MfS IX/11 PA 2353
BStU MfS IX/RHE 24/66
BStU MfS IX/11 RHE-West 412
BStU MfS XX 3155
LASH Abt. 352.3, Nr. 4492
LASH Abt. 352.3, Nr. 17312
LASH Abt. 605 Nr. 1992
LASH Abt. 786, Nr. 2478
Bewersdorf: Asbach
Roth: Herrenmenschen

Asmussen, Peter Christel
LASH Abt. 460.9, Nr. 24

Bachl, Kunigunde Dr.
BArch BDC OK, Film 3200 X0036
BArch BDC ZK, Film 3100 S0012
BArch VBS 1/1180014123

Bahnsen, Berthold
LASH Abt. 460.17, Nr. 119
Riecken: Bahnsen

Bannier, Theodor
LASH Abt. 460.12, Nr. 18

Bartram, Walter Dr.
BArch BDC OK, Film 3200 A0085
BArch BDC ZK, Film 3100 A0107
LASH Abt. 460, Nr. 1768
SHBL, Bd. 8 (1987), S. 28–31

Basedau, Rudolf
LASH Abt. 460.5, Nr. 25

Becker, Karl Prof. Dr.
LASH Abt. 721, Nr. 2360
SHBL, Bd. 13 (2011), S. 83–87

Beer, Herbert Dr.
BArch BDC ZK, Film 3100 B0029
BArch NS 38/3771
LASH Abt. 460, Nr. 1460
LASH Abt. 460, Nr. 3777
LASH Abt. 460.10, Nr. 196
LASH Abt. 611, Nr. 2106
LASH Abt. 761, Nr. 879

Beske, Fritz Prof. Dr.
LASH Abt. 460, Nr. 4301

Bischof, Hugo
BArch R 3009/352
LASH Abt. 460.9, Nr. 38
LASH Abt. 761, Nr. 16614
Weber: Deutsche Kommunisten, S. 117

Blöcker, Hans
BArch BDC OK, Film 3200 B0053
BArch BDC ZK, Film 3100 C0018
LASH Abt. 460.21, Nr. 173

Böge, Kurt
BArch BDC OK, Film 3200 B0061

Böhrnsen, Hermann
BArch BDC OK, Film 3200 B0065
LASH Abt. 460.11, Nr. 72/46

Böning, Wolfgang Dr.
LASH Abt. 786, Nr. 6404

Böttcher, Walther Dr.
LASH Abt. 786, Nr. 10733
AHL, Entnazifizierung, „Ohne Kosten" Nr. 2072
Sinner: Tradition, S. 44f.

Bols, Hans
BArch BDC OK, Film 3200 B0074
BArch BDC ZK, Film 3100 C0084
LASH Abt. 460.16, Nr. 171

Borzikowsky, Reinhold
BArch BDC OK, Film 3200 C0005
BArch BDC ZK, Film 3100 C0104
BArch ZA VI 0329 A. 01
BStU/MfS IX/11 PA 10733200 C5
BStU/MfS HA IX/11 PA 1073
LASH Abt. 460, Nr. 4281

Boyens, Claus Henning
BArch R 9361-I/341
LASH Abt. 460, Nr. 1467

Boyens, Claus Peter
LASH Abt. 460.3, Nr. 59

Boyens, Wilhelm Friedrich Dr.
BArch BDC OK, Film 3200 C0008
BArch R 9361-I/ 341
BArch NS 12/3015
LASH Abt. 460.11, Nr. 228

Brandes, Ilse
AHL, Entnazifizierung, „Unbetroffen" Nr. 4310/48
Jebens-Ibs/Zachow-Ortmann: Politikerinnen, S.13ff.

Bredenbeck, Julius
BArch R 3017/1001321
Bredenbeck: Gegenredner
Bremer, Fritz
LASH Abt. 460.16, Nr. 272
Brinkmann, Rudolf Dr.
Köhler: „Arisierung", S. 333
Brodersen, Anna
LASH Abt. 460, Nr. 439
Jebens-Ibs/Zachow-Ortmann: Politikerinnen, S. 16
Bromme, Paul
BArch R 58/9676
LASH Abt. 510, Nr. 9832
LASH Abt. 761, Nr. 8044
AHL, Entnazifizierung, „Unbetroffen" Nr. 3056/48
Meyenborg: Bromme
Pusch: Exil
SHBL, Bd. 13 (2011), S. 83
Sinner: Tradition, S. 52ff.
Brühl, Walther
BArch BDC OK, Film 3200 C0040
LASH Abt. 458, Nr. 1430
Bünemann, Richard Dr.
BArch BDC OK, Film 3200 C0053
BArch BDC ZK, Film 3100 D0059
StAHH 221-11 Z 6757
Nicholls: History, S. 26
Bues, Heino
BArch BDC OK, Film 3200 C0055
BArch BDC ZK, Film 3100 D0063
LASH Abt. 460.3, Nr. 140
Bundtzen, Hans
LASH Abt. 460.12, Nr. 74
Schartl: Clique, S. 175f.
Burmeister, Heinz
BArch BDC ZK, Film 3100 D0091
LASH Abt. 460.8, Nr. 239
Burmester, Rudolf
LASH Abt. 460.19, Nr. 1092
LASH Abt. 761, Nr. 6043
LASH Abt. 811, Nr. 9578

Callö, Iver
BArch BDC OK, Film 3200 J0071
BArch BDC ZK, Film 3100 D0112
LASH Abt. 460.1, Nr. 308
Carstens, Hans
BArch BDC OK, Film 3200 K0009
BArch BDC ZK, Film 3100 D0117
Cierocki, Josef
LASH Abt. 761, Nr. 8080
Clasen, Eduard
LASH Abt. 352.3, Nr. 10347
LASH Abt. 460.18, Nr. 230
Clausen, Hermann Asmuss
LASH Abt. 460.12, Nr. 88
SHBL, Bd. 2 (1971), S. 106f.
Clausen: Aufbau
Clausen, Riewert –
Claussen, Ludwig
BArch BDC OK, Film 3200 K0063
BArch BDC ZK, Film 3100 D0141
LASH Abt. 460.17, Nr. 293
LASH Abt. 811, Nr. 22531
Cohrs, Peter Georg
BArch BDC OK, Film 3200 C0076
BArch BDC PK B201
BArch OPG C25
LASH Abt. 460.9, Nr. 2
LASH Abt. 460.9, Nr. 34
LASH Abt. 460.9, Nr. 403
Conrady, Karl Otto Prof. Dr.
BArch BDC OK, Film 3200 C0076
LASH Abt. 811, Nr. 12053
Conrady: Junge, S. 207

Damm, Walter
LASH Abt. 460.9, Nr. 63
LASH Abt. 761, Nr. 965
Krohn: Damm
Delbrück, Dr. Ernst
BArch BDC OK, Film 3200 K0069
BArch BDC ZK, Film 3100 D0010
BArch R 58/9606
BArch R 1501/205720
BArch R 9361-I/511
LASH Abt. 611, Nr. 3440

Dennhardt, Oskar-Hubert
BArch SM C23
LASH Abt. 460.15, Nr. 88
LASH Abt. 605, Nr. 4104
LASH Abt. 611, Nr. 5361
Detlefsen, Max Werner –
Dieckmann, Hermann
LASH Abt. 460.19, Nr. 663
Diekmann, Bruno
LASH Abt. 460.19, Nr. 855
LASH Abt. 605, Nr. 1992, Fasz. 3
Ditz, Berthold
BArch BDC OK, Film 3200 D0030
BArch BDC ZK, Film 3100 E0145
BArch SA 98
LASH Abt. 460.5, Nr. 64
LH Schwerin ZA I 11927 A. 06
Dölz, Paul Richard
LASH Abt. 460, Nr. 1478
LASH Abt. 761, Nr. 8230
MTStG 7 (1988), S. 18-36
Doepner, Friedrich
BArch BDC OK, Film 3200 D0033
BArch BDC ZK, Film 3100 E0156
LASH Abt. 460, Nr. 1930
Dohrn, Peter
LASH Abt. 460.7, Nr. 182
Donath, Rudolf –
Drevs, Gustav
BArch BDC OK, Film 3200 D0046
BArch BDC ZK, Film 3100 F0042
LASH Abt. 460.5, Nr. 328
Drevs, Wolf-Dieter –
Dudda, Waldemar
LASH Abt. 460.9, Nr. 67

Ehlers, Wolfgang –
Eickhorst, Friedrich
LASH Abt. 761, Nr. 8330
Moede: Gemeinde
Eisenmann, Otto
BArch BDC OK, Film 3200 D0079
BArch BDC ZK, Film 3100 G0002
BStU/MfS ZAIG 11124
LASH Abt. 460.14, Nr. 313
LASH Abt. 761, Nr. 1022
Eltermann, Erich
AHL, Entnazifizierung, „Unbetroffen“ Nr. 1676/48
Emcke, Max Dr.
LASH Abt. 460, Nr. 1482
Empen, Peter
LASH Abt. 460, Nr. 1482
LASH Abt. 734.3, Nr. 2896
Engelbrecht-Greve, Ernst Dr.
BArch BDC OK, Film 3200 E0008
BArch BDC ZK, Film 3100 G0034
LASH Abt. 460.14, Nr. 91
Engels, Hermann
AHL, Entnazifizierung, „Unbetroffen“ Nr. 3029/48
Erich, Wolfgang Dr.
BArch BDC OK, Film 3200 E0014
BArch BDC ZK, Film 3100 G0058
Esser, Peter Wilhelm
LASH Abt. 460.15, Nr. 104
Ewers, Hans
BArch RK I102
BArch RK X0022
LASH Abt. 458, Nr. 284
LASH Abt. 686, Nr. 1218
LASH Abt. 761, Nr. 6302
AHL, Entnazifizierung, „Ohne Kosten“ Nr. 455
SHBL, Bd. 11 (2000), S. 104–108

Feldmann, Karl
BArch R 58/9679
LASH Abt. 460.11, Nr. 808
LASH Abt 605, Nr. 3383
LASH Abt. 761, Nr. 18440
Fischer, Heinrich
LASH Abt. 352.3, Nr. 1739
LASH Abt. 460.11, Nr. 285
Korte: Hedler-Skandal
Fleck, Rosemarie Dr. –
Fleischner, Ernst
LASH Abt. 460.11, Nr. 96
Flöl, Otto
BArch BDC OK, Film 3200 E0062
BArch R 3001/55984

BArch R 9361-II/245611
BArch PK C237
LASH Abt. 460, Nr. 6010
Fölster, Heinz-Wilhelm
BArch BDC OK, Film 3200 E0065
Frahm, Detlef
LASH Abt. 460.16, Nr. 60
Frahm, Heinrich
BArch ZA VI 0182 A. 05
LASH Abt. 611, Nr. 1879
LASH Abt. 786, Nr. 12164
Franck, Hermann
BArch BDC OK, Film 3200 E0071
LASH Abt. 460.5, Nr. 4
Franzenburg, Hans Jakob
BArch BDC OK, Film 3200 E0076
LASH Abt. 460.10, Nr. 223
Franzke, Alfred
LASH Abt. 460.16, Nr. 79
Frauböse, Max Dr.
LASH Abt. 460.7, Nr. 205
LASH Abt. 786, Nr. 1231
Frenzel, Jürgen Dr.
LASH Abt. 460.9, Nr. 86
LASH Abt. 786, Nr. 6476
Friede, Hans
LASH Abt. 460.7, Nr. 201
Friedrich, Günter
BArch BDC OK, Film 3200 F0005
LASH Abt. 811, Nr. 19731
Friese, Benvenuto-Paul –
Fuchs, Herbert Dr.
BArch BDC OK, Film 3200 F0018
BArch PK C342
BArch R 9361-I/830
BArch R 9361-II/267624
LASH Abt. 460, Nr. 612
Lilla: Verwaltungsbeamte, S. 152

Gaul, Gerhard
BArch BDC OK, Film 3200 G0086
BArch B 198/3675
BStU MfS IX Nr. 22912
BStU MfS IX/11 PA Nr. 6226
BStU MfS ZAIG 11438
LASH Abt. 460, Nr. 4441
Godau-Schüttke: ‚Renazifizierung', S. 126ff.
Klee: Personenlexikon, S. 174f.
Sinner: Tradition, S. 90ff.
Gayk, Andreas
LASH Abt. 460.19, Nr. 520
Jensen: Gayk
Knelangen/Meinschien: Briefwechsel
Martens: Gayk
Geib, Ekkehard Prof. Dr.
BArch BDC OK, Film 3200 F0042
BArch 2001/0030
BArch 3001/0030
BStU MfS HA IX/11 PA 2676
BStU MfS IX/11 PA 130
BStU MfS IX/11 PA 2676
LASH Abt. 47, Nr. 6588
Finanzministerium SH, Personalakte Geib
Gerisch, Herbert
BArch BDC OK, Film 3200 F0053
BStU/MfS IX/11 AV 2/79 Bd. 1
LASH Abt. 460.21, Nr. 279
Gerlich, Gerhard Prof. Dr.
BArch R 9361-III/53218
BArch RS B5131
LASH Abt. 460.21, Nr. 196
Erdmann: Lebensstationen
Gille, Alfred Dr.
BArch BDC OK, Film 3200 F0064
BArch B162/3452
BArch R 92-PA/252a
BArch R 93/13
BArch R 94/18
BStU MfS AP Nr. 6545/76 Bd. 1
LASH Abt. 786, Nr. 11044
AHL, Entnazifizierung, „Dena" Soll-Nr. 1341
Schwartz: Funktionäre
Gramcko, Otto
LASH Abt. 460.15, Nr. 10
LASH Abt. 460.15, Nr. 131
Schulz: Gramcko
Groeben, Klaus von der
BArch BDC OK, Film 3200 G0023
BArch B 162/5790
BArch B 162/21840

BArch Z 42-IV/39
BStU MfS IX/11 AK 3086/82
LASH Abt. 611, Nr. 3447
Groeben: Erinnerungen
Groß, Paul
LASH Abt. 460.19, Nr. 815
LASH Abt. 761, Nr. 19307
Grothe, Max
LASH Abt. 460.10, Nr. 346
LASH Abt. 761, Nr. 18983
Gülich, Wilhelm Prof. Dr.
LASH Abt. 460.5, Nr. 346
LASH Abt. 605, Nr. 1992, Fasz. 7
SHBL, Bd. 1 (1970), S. 151-153
Günther, Rudolf –

Haas, Ernst Otto –
Haase, Detlef
LASH Abt. 580, Nr. 1711
Hackhe-Döbel, Frieda
LASH Abt. 811, Nr. 36572
Jebens-Ibs/Zachow-Ortmann: Politikerinnen, S. 17–20
Hagelstein, Alfred
AHL, Entnazifizierung, „Unbetroffen" Nr. 3269
Sinner: Tradition, S. 102f.
Hagemann, Heinrich
BArch R 9361-II/48502
LASH Abt. 460.5, Nr. 103
Hagenah, Erich
BArch BDC OK, Film 3200 G0074
LASH Abt. 460.9, Nr. 116
LASH Abt. 811, Nr. 8748
Hagge, Johannes Jürgen Christian
LASH Abt. 460.12, Nr. 198
Biografien der Landschaft Angeln, 1 (2007), S. 270–272
Hahn, Graf, Ferdinand
BArch BDC OK, Film 3200 G0076
LASH Abt. 460.10, Nr. 179
Hahn, Werner
BArch BDC OK, Film 3200 G0077
LASH Abt. 460.11, Nr. 878
Hamer, Kurt
BArch BDC OK, Film 3200 G0086
LASH Abt. 460, Nr. 4190
LASH Abt. 811, Nr. 33436
Danker/Nowottny: Hamer
Hannemann, Kurt –
Hansen, Manfred
LASH Abt. 786, Nr. 6516
Harckensee, Walter
LASH 460.1, Nr. 149
Hardt, Friedrich
LASH 460.15, Nr. 145
Hart, Gerhard Dr.
LASH Abt. 352.3, Nr. 2680–2686
LASH Abt. 460.19, Nr. 709
LASH Abt. 761, Nr. 1971
Hartmann, Claudius
LASH Abt. 460, Nr. 4369
Hartmann, Emil
AHL, Entnazifizierung, „Unbetroffen" Nr. 8992/49
Hartz, Detlef
BArch BDC OK, Film 3200 H0014
AHL, Entnazifizierung, „Bezirk Lübeck" Nr. 323
Hassel, von, Kai-Uwe
BStU MfS IX/11 AS 99/67 Bd. 1
BStU MfS IX/11 PA 3
LASH Abt. 460.4, Nr. 259
Koop: von Hassel
Speich: von Hassel
Haut, August
LASH Abt. 761, Nr. 6305
LASH Abt. 761, Nr. 20229
AHL, Entnazifizierung, „Unbetroffen" Nr. 4437/48
Sinner: Tradition, S. 106f.
Hebbeln, Hanns-Günther
BArch BDC OK, Film 3200 H0026
LASH Abt. 460, Nr. 4068
LASH Abt. 605, Nr. 4336
LASH Abt. 721, Nr. 2732
LASH Abt. 786, Nr. 11112

Herbst, Hans-Joachim
BArch BDC OK, Film 3200 H0090
BArch BDC ZK, Film 3100 H0136
Herwarth, von, Hans
LASH Abt. 460, Nr. 3863
Heydebreck, von, Claus-Joachim
BStU MfS IX/11 PA 2033
LASH Abt. 460.14, Nr. 60
LASH Abt. 786, Nr. 1302
Bill: Heydebrecks
Hofer, Andreas Matthias
BArch BDC OK, Film 3200 I0036
BArch BDC ZK, Film 3100 I0133
Hoffmann, Curt Dr.
BArch BDC OK, Film 3200 I0038
BArch BDC ZK, Film 3100 I0140
AHL, Entnazifizierung, „Dena Soll-Liste" Nr. 6200
Hollmann, Wilhelm –
Holtorff, Hans
BArch BDC ZK, Film 3100 J0045
LASH Abt. 460.13, Nr. 168
Hundt, Hubert
LASH Abt. 460.9, Nr. 125
Husfeldt, Paul Jürgen Dr.
LASH Abt. 460.19, Nr. 524

Ingwersen, Hans
BArch BDC OK, Film 3200 J0014
BArch BDC ZK, Film 3100 K0006
BStU MfS HA IX/11 AV 2/79 Bd. 1
LASH Abt. 460, Nr. 1511
LASH Abt. 460, Nr. 3225
LASH Abt. 811, Nr. 33788
Iversen, Johannes –

Jahn, Emil
LASH Abt. 460.11, Nr. 457
LASH Abt. 761, Nr. 12047
Jensen, Carl-Axel
BArch BDC OK, Film 3100 K0082
BArch BDC ZK, Film 3200 J0039
BArch R 16/9816
LASH Abt. 460.10, Nr. 238
Jensen, Elisabeth
LASH Abt. 460, Nr. 1513
LASH Abt. 460, Nr. 3150
LASH Abt. 811, Nr. 10454
Jebens-Ibs/Zachow-Ortmann: Politikerinnen, S. 21ff.
Jensen, Peter
LASH Abt. 460.4, Nr. 261
SHBL, Bd. 4 (1976), S. 122f.
Danker: Haft
Johannsen, Willi
LASH Abt. 460.18, Nr. 355
LASH Abt. 786, Nr. 1337
Jürgens, Erwin
BArch BDC OK, Film 3200 J0051,
BArch BDC ZK, Film 3100 K0120
BArch PK F204
LASH Abt. 460.7, Nr. 272
Jürgensen, Julius
LASH Abt. 352.3, Nr. 9396
LASH Abt. 352.3, Nr. 9527
LASH Abt. 460, Nr. 443
LASH Abt. 761, Nr. 11898
Jürgensen, Wilhelm
BArch BDC OK, Film 3200 J0051
BArch BDC ZK, Film 3100 K0121
LASH Abt. 460, Nr. 1376
LASH Abt. 811, Nr. 14236
Lorek: Rechtsabrechnung

Käber, Wilhelm
LASH Abt. 460.14, Nr. 216
LASH Abt 611, Nr. 1934
LASH Abt. 761, Nr. 22984
SHBL, Bd. 11 (2000), S. 202–205
Kalk, Bernhard
LASH Abt. 761, Nr. 23035
AHL, Entnazifizierung, „Unbetroffen" Nr. 3047/48
Karde, Otto F.
BArch BDC OK, Film 3200 K0005
BArch Ludwigsburg (ZS), 414 AR 3387/64
LASH Abt. 358, Nr. 8385–8388
LASH Abt. 460.9, Nr. 149

Katz, Rudolf Dr.
BArch R 58, Nr. 9685
LASH Abt. 352.1, Nr. 1002
LASH Abt. 786, Nr. 138
Paul: Remigration
Kersig, Hans Dr.
BArch BDC OK, Film 3200 K0034
BArch PK F353,
LASH 460.19, Nr. 2230
Ketels, Hans Alwin
LASH Abt. 460, Nr. 1519
Moseberg: Eindeichung
Kiekebusch, Heinz Dr.
BArch R 9361-I/1596
LASH Abt. 460.15, Nr. 189
LASH Abt. 721, Nr. 6897
LASH Abt. 786, Nr. 1357
Kilkowski, Erna
LASH Abt. 460.16, Nr. 83
Jebens-Ibs/Zachow-Ortmann:
Politikerinnen, S. 23ff.
Kintzinger, Ernst Dr.
LASH Abt. 460.19, Nr. 520
Klaus, Friedrich –
Klingenberg, Hermann
LASH Abt. 460.9, Nr. 132
Klinke, Heinz
LASH Abt. 460, Nr. 4355
Klinker, Hans-Jürgen
LASH Abt. 460.12, Nr. 314
Klinsmann, Luise Dr.
AHL, Entnazifizierung, „Unbetroffen" 2018
AHL, Hauptamt Nr. 348
SHBL, Bd. 10 (1994), S. 207ff.
Knack, Hans-Joachim Dr.
LASH Abt. 460, Nr. 4508
LASH Abt. 786, Nr. 6609
Knudsen, Knud Broder
BArch BDC OK, Film 3200 L0012
BArch PK G75
LASH Abt. 460.11, Nr. 802
Rendsburger Köpfe, Bd. 2 (2006), S. 121–130
Koch, Willi
LASH Abt. 460.19, Nr. 513
Schubert: Abgeordnete
Kock, Franz
BArch BDC OK, Film 3200 L0016
BArch DS A 39
BArch R 3001/63898
LASH Abt. 460.19, Nr. 463
Grüttner: NS-Wissenschaftspolitik
Kock, Heinrich Dr.
BArch BDC OK, Film 3200 L0017
LASH Abt. 811, Nr. 42518
Kock, Heinz
AHL, Entnazifizierung, „Unbetroffen"
Nr. 3110/48
Sinner: Tradition, S. 138f.
Kohz, Martin Dr.
BArch R 3001/64180
BArch SA 116-A
BArch SA D 146,
LASH Abt. 460, Nr. 2821
Konrad, Klaus
BArch B162/18194
LASH Abt. 460.3, Nr. 72
LASH Abt. 786, Nr. 1378
Kracht, Ernst Dr. Dr.
BArch BDC OK, Film 3200 L0065
BArch SSO 205-A
BArch Z 42 III/1668
LASH Abt. 354, Nr. 2595
LASH Abt. 354, Nr. 2597
LASH Abt. 399.1295
LASH 460, Nr. 2826
Danker: Biographien
Klee: Personenlexikon, S. 333
Kracht: Leben
Kraft, Waldemar
BArch BDC OK, Film 3200 L0071
BArch Ludwigsburg Kartei zur
Gen.Akte 9-1/1388-Abt. V
BArch PK G216
BArch SSO 206A
BStU MfS IX/11 PA 2765
LASH Abt. 460.5, Nr. 158
Klee: Personenlexikon, S. 19
Schwartz: Funktionäre, S. 6

Krahnstöver, Anni
LASH Abt. 605, Nr. 1011
Jebens-Ibs/ Zachow-Ortmann: Politikerinnen, S. 28f.
Kühl, Ernst
LASH Abt. 460.9, Nr. 156
Kuhnt, Gottfried Dr.
BArch R 58/9641
LASH Abt. 460, Nr. 3139
LASH Abt. 761, Nr. 12073
LASH Abt. 786, Nr. 121, Bd. 1 und 2
SHBL, Bd. 11 (2000), S. 217–221
Kukil, Max
LASH Abt. 352.3, Nr. 10026
LASH Abt. 460, Nr. 1530
LASH Abt. 761, Nr. 25521
Kuklinski, Wilhelm
LASH Abt. 761, Nr. 12155

Langendorff, Lesko von
BArch R 16/12090
BArch R 9361-III/114253
LASH Abt. 460.1, Nr. 262
LASH Abt. 510, Nr. 15445
Langenheim, Konrad Prof.
BArch BDC OK, Film 3200 M0081
BArch R 3601/5201
Langmann, Leonhard –
Latendorf, Fritz
BStU/MfS IX/11 AV 2/79 Bd. 1
Lauritzen, Lauritz Dr.
BArch R 3012/354
BStU MfS IX/11 AF C III
BStU MfS IX/11 AS Nr. 99/67
BStU MfS IX/11 PA 7
Schneider u.a.: Vergangenheiten
Lausen, Gerd –
Lechner, Eugen
LASH Abt. 460.1, Nr. 221
Lemke, Helmut Dr.
BArch BDC OK, Film 3200 N0022
BArch R 3001/66213
BArch ZA VI 0215 A. 04
BStU MfS IX/11 AF 1 C III
BStU MfS IX/11 AS 310/68, Bd. 1
BStU MfS IX/11 PA 104
BStU MfS HA IX/11 AV 2/79 Bd. 1
LASH Abt. 460.12, Nr. 372
LASH Abt. 605, Nr. 4308
LASH Abt. 786, Nr. 11409
StA Eckernförde I K b 013
Klee: Personenlexikon, S. 365
Leverenz, Bernhard Dr.
BArch BDC OK, Film 3200 N0032
BStU MfS HA IX/11 PA 3057
LASH Abt. 352.3, Nr. 2433
LASH Abt 399.1380, Nr. 1
Godau-Schüttke: Heyde/Sawade-Affäre
Godau-Schüttke: Renazifizierung
Klee: Personenlexikon, S. 369
Lieth, Joachim von der
BArch BDC OK, Film 3200 N0040
LASH Abt. 460.5, Nr. 172
Linden, Elly Dr.
AHL, Entnazifizierung, „Unbetroffen" Nr. 5390
SHBL, Bd. 12 (2006), S. 291–293
Lindenmeier, Maria –
Lingk, Erwin
LASH Abt. 460.11, Nr. 468
Lober, Karl-Ernst
BArch BDC OK, Film 3200 N0054
Lohmann, Paul
LASH Abt. 460.21, Nr. 85
LASH Abt. 761, Nr. 19346
LASH Abt. 761, Nr. 22415
Loose, Siegfried
LASH Abt. 460.15, Nr. 231
Lübke, Friedrich Wilhelm
BArch RK I333
LASH Abt. 460.4, Nr. 265
LASH Abt. 605, Nr. 4307
SHBL, Bd. 7 (1985), S. 127–129
Struck: Politik
Lüdemann, Hermann
BArch R 58/9645
LASH Abt. 460, Nr. 1537
LASH Abt. 605, Nr. 1992 Fak. 12
LASH Abt. 761, Nr. 13091
Fischer: Lüdemann
SHBL, Bd. 1 (1970), S. 192f.

Lüth, Otto
LASH Abt. 460.8, Nr. 633
Lüthje, Emmy
LASH Abt. 460.19, Nr. 1090
Jebens-Ibs/Zachow-Ortmann: Politikerinnen, S. 31–36
Lund, Heinz
BArch BDC OK, Film 3200 N0082
LASH Abt. 460, Nr. 4016
Sinner: Tradition, S. 167
Lurgenstein, Walter
LASH Abt. 352.3, Nr. 13995
LASH Abt. 761, Nr. 22272

Mahler, Christian –
Mangoldt, Hermann Prof. Dr. von
BArch NSLB B67
BArch R 3001/67503
LASH Abt. 47, Nr. 6821
LASH Abt. 811, 12151
Rohlfs: Mangoldt
Marschner, Wilhelm
LASH Abt. 460.19, Nr. 1229
LASH Abt. 811, Nr. 34569
Martens, Volkert
BArch BDC OK, Film 3200 O0037
LASH Abt. 460.6, Nr. 67
Matthews, Emil
BArch R 3001/102770
LASH Abt. 458, Nr. 992
LASH Abt. 460, Nr. 1541
Matthiessen, Peter
BArch BDC OK, Film 3200 O0046
BArch BDC OPG Peter Matthiessen
BArch B162/2627
BArch DS A156
BArch PK H414
BArch R 92-PA/548
LASH Abt. 611, Nr. 1873
Matzen, Heinrich Johannes
BArch BDC OK, Film 3200 O0047
LASH Abt. 460.16, Nr. 248
Meinicke-Pusch, Max Dr.
LASH Abt. 460.14, Nr. 196
Godau-Schüttke: Heyde/Sawade-Affäre
Mentzel, Walter
BArch BDC OK, Film 3200 O0064
BArch B162/5106
BArch PK I41
BArch R 3001/68103
BArch SA 45-B
LASH Abt. 351, Nr. 346
LASH Abt. 460, Nr. 2844
LASH Abt. 611, Nr. 1978
LASH Abt. 786, Nr. 1450
StA Eckernförde Abt. 7, Nachlass Walter Mentzel
Meyer, Karl Otto
Meyer: Frihed
Meyer, Konrad
BArch BDC OK, Film 3200 O0019
LASH Abt. 460.15, Nr. 252
Meyn, Hermann
BArch 10 AR 143/63
BArch PK I069
LASH Abt. 352, Nr. 785
AHL, Entnazifizierung, Bezirksausschuss 11189/49
Milkereit, Willi
BArch BDC OK, Film 3200 O0082
LASH Abt. 460.13, Nr. 266
Mohr, Wilhelm
LASH 460.9, Nr. 183
Möller, Dora
AHL, Entnazifizierung, „Unbetroffen" Nr. 3511/48
Jebens-Ibs/Zachow-Ortmann: Politikerinnen, S. 36f.
Möller, Herbert
LASH Abt. 460.21, Nr. 286
Möller, Hinrich
LASH 460.11, Nr. 490
Möller, Paul
LASH Abt. 460.8, Nr. 683
Müller, Karl Friedrich Ernst Dr.
BArch BDC OK, Film 3200 P0037
LASH Abt. 460.5, Nr. 369
Müller, Otto
BArch PK I 203
LASH Abt. 460.14, Nr. 269

Münchow, Samuel
LASH Abt. 460, Nr. 439
Muuss, Rudolf Dr.
BArch RK I433
LASH Abt. 460.17, Nr. 292
Steensen: Muuß

Nagel, Ernst Hinrich August Dr.
LASH Abt. 352.2, Nr. 175
LASH Abt. 352.2, Nr. 1529
LASH Abt. 460, Nr. 3139
Narjes, Karl-Heinz Dr.
BStU MfS IX/11 AV 2/79 Bd. 1
Nebel, Hans –
Neumann-Silkow, Ernst Dr.
BArch BDC Ortskartei Neumann, Ernst
BArch DO 1/ Kartei der Waldheim-Verurteilten
BArch DP 3/484
BArch PK I283
BArch R 3001/69541
BStU/MfS IX/11 PA 2611
Nielsen, Agnes
BArch R 3003/104
LASH Abt. 352.3, Nr. 9056
LASH Abt. 460.19, Nr. 864
Jebens-Ibs/Zachow-Ortmann: Politikerinnen, S. 37f.
Nielsen, Andreas
LASH Abt. 460.17, Nr. 109
Noll, Friedrich
LASH 460.14, Nr. 58
Nonnsen, Herbert
LASH Abt. 460.12, Nr. 483

Oberberg, Arthur
LASH Abt. 460.14, Nr. 283
Obersteller, Bernhard
LASH Abt. 460.8, Nr. 719
Odening, Friedrich
BArch R 3001/146061
LASH Abt. 357.2, Nr. 13317
LASH Abt. 358, Nr. 6210
LASH Abt. 460.21, Nr. 95
Oesterle, Karl
BArch R 3017/1008072
LASH Abt. 460.15, Nr. 277
Ohff, Kurt
LASH Abt. 460, Nr. 3299
Ohmstede, Bernhard –
Ohnesorge, Lena Dr.
AHL, „Dena" Soll-Nr. 1007
SHBL, Bd. 10 (1994), S. 276
Oldenburg, Adolf von
LASH Abt. 460, Nr. 1553
Oldenburg, Jürgen –
Oldorf, Hans
LASH Abt. 352.3, Nr. 13587
AHL, Entnazifizierung, „Unbetroffen" A IV 29659
AHL, Entnazifizierung, „Unbetroffen" Nr. 3034/48
Oldsen, Johannes
BA PK I417
LASH Abt. 460, Nr. 1553
Steensen: Oldsen
Olson, Hermann
LASH Abt. 460.18, Nr. 149
LASH Abt. 605, Nr. 4199
LASH Abt. 761, Nr. 13808
Jacobsen: Flensburger SPD
Riecken: Bahnsen, S. 47f.
Osterloh, Edo
BArch BDC OK, Film 3200 Q0032
LASH Abt. 605, Nr. 1992, Fasz. 15
Zocher: Osterloh
Otto, Hans-Werner Dr.
BArch BDC OK, Film 3200 Q0037
BArch B 162/7132
BStU/MfS IX/11 PA 719
LASH Abt. 399.163, Nr. 219
LASH Abt. 611, Nr. 2923
LASH Abt. 761, Nr. 1133
Godau-Schüttke: Heyde/Sawade-Affäre
Klee: Personenlexikon, S. 446

Pagel, Paul Friedrich Wilhelm Dr. Dr.
LASH Abt. 605, Nr. 1011
LASH Abt. 761, Nr. 14019

Benz: Widerstandsgruppe
Oelze: Tagebücher
Panitzki, Karl
LASH Abt. 460.8, Nr. 731
Brandt: Umschichtung
Passarge, Otto
AHL, Entnazifizierung, „Ohne Kosten" Nr. 449
AHL, Hauptamt Nr. 431
Hemmie: Passarge
SHBL, Bd. 11 (2000), S. 310-312
Pauls, Jann Eduard
LASH Abt. 460, Nr. 1555
Paulsen, Gustav
LASH Abt. 460.3, Nr. 79
Petersen, Peter
BArch BDC OK, Film 3200 Q0067
BArch NSLB D38
BArch PK J047
BArch RS E 544
LASH Abt. 460.12, Nr. 520
Petersen: Sand
Petersen, Peter Ludwig
BArch BDC OK, Film 3200 Q0067
BArch R16-I/419
LASH Abt. 354, Nr. 1518
LASH Abt. 458, Nr. 1153
LASH Abt. 460, Nr. 1339
Poetzsch-Heffter, Georg
LASH Abt. 786, Nr. 6749
Pohle, Kurt
LASH Abt. 761, Nr. 24838
Schulz: Pohle
Sozialdemokratische Parlamentarier, S. 656
Pörksen, Martin Dr.
BArch RK B157
Pörksen: Beitrag
Pracher, Alexander Dr.
BArch BDC OK, Film 3200 R0019
BArch BDC ZK, Film 3100 M0087
BArch PK J174
LASH Abt. 460.8, Nr. 766
Prätorius, Wolfgang Dr.
LASH Abt. 786, Nr. 6752
Preller, Ludwig Prof. Dr.
BArch R 3901/100726a
DBE Bd. 8, S. 61.
Preßler, Otto
BArch R 3003/1000228
LASH Abt. 460.19, Nr. 541
Siegfried: Kontinuitäten
Preuss, Paul
BArch BDC OK, Film 3200 R0025
BArch SA 113B
LASH Abt. 460, Nr. 202
Probandt, Heinz
LASH Abt. 460, Nr. 3975
Pusch, Hanns Ulrich
BArch BDC OK, Film 3200 R0035
BArch PK J227
BArch RS E 5208

Qualen, Hans-Hellmuth
BArch BDC OK, Film 3200 R0037
BArch R2/102535
BArch R2/102538
BStU MfS IX/11 PA 3477
LASH Abt. 460, Nr. 1563
LASH Abt. 605, Nr. 4091

Raabe, Hermann Dr.
BArch R 3005/2522
LASH Abt. 460.9, Nr. 374
Ramler, Hans Gerhard
LASH Abt. 460.19, Nr. 284
Ratz, Karl Eduard Heinrich
BArch R 58/9692
LASH Abt. 460.19, Nr. 682
Redeker, Martin Prof. Dr. mult.
BArch BDC OK, Film 3200 R0062
BArch N 1367/246
BArch R 4901/23967
LASH Abt. 460, Nr. 4478
Buss: Redeker
Göllnitz: Karrieren
Klee: Personenlexikon, S. 483
Reeder, Waldemar
LASH Abt. 460, Nr. 1565
Rehs, Reinhold
BArch BDC OK, Film 3200 R0090
BArch B162/2971

BArch R 3001/71744
BStU MfS-HA IX/11 PA 1155
LASH Abt. 460.19, Nr. 500
Schwartz: Funktionäre
Reinefarth, Heinz
BArch B 162/20314
BArch B 162/20320
BArch B 162/21946
BArch PK O83
BArch R 9361-III/160712
BArch Z 42 III/3820
LASH Abt. 351, Nr. 353
LASH Abt. 354, Nr. 11315f.
LASH Abt. 460.17, Nr. 313
LASH Abt. 786, Nr. 2560
Klee: Personenlexikon, S. 487
Marti: Reinefarth
Reventlow-Criminil, Graf Victor von
BArch BDC OK, Film 3200 S0004
LASH Abt. 460.4, Nr. 272
Glawischnig: Reventlow-Criminil
Riecken: Bahnsen, S. 46
Richardsen, Carl
LASH Abt. 460.6, Nr. 69
Rickers, Willy
LASH Abt. 460.13, Nr. 327
Riedel, Eberhard
LASH Abt. 460, Nr. 1568
Riegel, Erwin
Sinner: Tradition, S. 205f.
Roedel, Gerhard Wilhelm Eduard Dr.
BArch BDC OK, Film 3200 S0036
BArch PK O 226
BArch R 55/23984
BArch R 3601/5286
LASH Abt. 460.19, Nr. 475
Rösler, Georg –
Rohloff, Paul Dr.
BArch BDC OK, Film 3200 S0045
StaHH 221-11, Nr. L 1177
Rohloff: Stellung
Rohwedder, Wilhelm Dr.
LASH Abt. 460.8, Nr. 819
Rohwer, Franz
LASH Abt. 460.21, Nr. 2
Ronneburger, Uwe
LASH Abt. 460.21, Nr. 2
Rosenberg, Alfred von
LASH Abt. 352.2, Nr. 922f.
Ryba, Franz Dr.
LASH Abt. 460, Nr. 1572

Saffran, Ernst-Willi
BArch BDC OK, Film 3200 S0077
BArch BDC ZK, Film 3100 N0160
LASH Abt. 460.21, Nr. 304
Salomon, Heinz
LASH Abt. 460, Nr. 3651
Jochims-Bozic: Salomon
Salomon, Ludwig
LASH Abt. 352.3, Nr. 6555
AHL, Entnazifizierung, „Ohne Kosten" Nr. 2322
Schaefer, Carl Anton Dr.
BArch BDC OK, Film 3200 T0010
BArch BDC ZK, Film 3100 O0035
BArch PERS 101/20335
LASH Abt. 605, Nr. 1992, Fasz. 20
Aly: Volksstaat
Loose: Kredite
Marsh: Euro
Schaefer, Ernst Leopold
BArch R 82/475
Schenck, Richard Matthias Friedrich Dr.
BArch BDC OK, Film 3200 T0030
Hoffmann: Grundzüge
Schäfer: Gemeinschaft
Schlachta, Eginhard –
Schlegelberger, Hartwig Dr.
BArch 416 AR Nr. 430/96
BArch R 3001/74190
BStU/MfS HA IX Nr. 23006
BStU/MfS ZAIG 11425
LASH Abt. 460.4, Nr. 209
LASH Abt. 611, Nr. 11258
Bästlein: Schlegelberger
Klee: Personenlexikon, S. 538f.
Lehmann: Schlegelberger
Schlotfeldt, Johannes
BArch BDC OK, Film 3200 T0058
BArch BDC ZK, Film 3100 O0129

LASH Abt. 460, Nr. 4412
Schmehl, Wilhelm
BArch R 58/9694
LASH Abt. 761, Nr. 14775
Paul: Widerstand
Schmelzkopf, Marie
Jebens-Ibs/Zachow-Ortmann: Politikerinnen, S. 43f.
Schmidt, Hanno Dr.
BArch RK D 87
LASH Abt. 460.18, Nr. 510
Schmidt, Werner Dr.
BArch BDC ZK, Film 3100 P0058
BStU MfS HA IX/11 PA 4194
LASH Abt. 460, Nr. 1778,
LASH Abt. 761, Nr. 1191
StA Eckernförde I K b 016
Schönemann, Friedrich Prof. Dr.
BArch BDC OK, Film 3200 U0031
BArch BDC ZK, Film 3100 P0144
BArch R 9361-I/3203
LASH Abt. 460.6, Nr. 153
Hausmann: Anglistik
Schoof, Carl-Friedrich
BArch BDC OK, Film 3200 U0039
BArch BDC ZK, Film 3100 Q0017
BStU MfS HA IX/11 AV 2/79 Bd. 1
LASH Abt. 460.7, Nr. 431
Schoof, Ernst
BArch BDC OK, Film 3200 U0039
BArch BDC ZK, Film 3100 Q0017
LASH Abt. 460, Nr. 3139
Schröder, Hans
LASH Abt. 460.19, Nr. 521
LASH Abt. 761, Nr. 1180
LASH Abt. 761, Nr. 11416f.
Schröder, Hinrich
LASH Abt. 460.13, Nr. 405
Schrörs, Adolf
LASH Abt. 460.3, Nr. 63
Schröter, Carl
LASH Abt. 460, Nr. 1662
Gauger: Schröter
Wulf: Schröter
Schübeler, Egon Dr. –
Schücking, Christoph Bernhard
BArch BDC OK, Film 3200 U0063
BArch BDC ZK, Film 3100 Q0088
BArch PK L73
HLKT: Landkreistag
Schult, Hans
LASH Abt. 460.1, Nr. 294
Schulz, Alfred –
Schulz, Kurt
BArch BDC OK, Film 3200 V0002
BArch BDC ZK, Film 3100 Q0147
LASH Abt. 460.1, Nr. 97
Schulze, Bertha
LASH Abt. 460.19, Nr. 338
Jebens-Ibs/Zachow-Ortmann: Politikerinnen, S. 43f.
Schuster, Annemarie –
Schwalbach, Hans –
Schwarz, Henning Michael Dr. –
Schwichtenberg, Hans
AHL, Entnazifizierung, „Unbetroffen" Nr. 3098/48
Schwieger, Hermann
LASH Abt. 460.16, Nr. 66
Schwinkowski, Arthur Dr.
BArch BDC OK, Film 3200 V0031
BArch BDC ZK, Film 3100 R0057
LASH Abt. 460.19, Nr. 655
Seeler, Georg
LASH Abt. 460.15, Nr. 351
Sellmann, Heinrich
LASH Abt. 460.9, Nr. 261
Semprich, Kurt
LASH Abt. 605, Nr. 4248
Siegel, Wilhelm
LASH Abt. 460.15, Nr. 354
Schulz: Siegel
Sieh, Claus
BArch BDC OK, Film 3200 V0048
BArch BA PK L275
BArch R 6-I/421
BArch R 16/18612
LASH Abt. 460.11, Nr. 658

Sierks, Johann
BArch BDC OK, Film 3200 V0055
BArch B162/21898
BArch SM R64
BArch SSO 136-B
LASH Abt. 460.16, Nr. 252
Sievers, Hannelore
BArch BDC OK, Film 3200 B0053
BArch BDC ZK, Film 3100 C0018
Sievers, Hans Wilhelm
LASH Abt. 460.11, Nr. 888
Siewert, Otto
LASH Abt. 460.17, Nr. 175
Simmann, Werner
LASH Abt. 460.3, Nr. 99
Sommer, Ingeborg
Jebens-Ibs/Zachow-Ortmann: Politikerinnen, S. 13–57
Sommerfeld, Max
LASH Abt. 460.15, Nr. 360
Spaeth, Leopold –
Specht, Fritz
BArch BDC OK, Film 3200 V0075
BArch ZB II 1752 A.20
LASH Abt. 458, Nr. 439
Stade, Hans
BArch RK D94
LASH Abt. 460.19, Nr. 354
Stäcker, Hans Detlef
BArch BDC OK, Film 3200 W0006
LASH Abt. 786, Nr. 11786
Stamer, Hans Prof. Dr.
BArch BDC OK, Film 3200 W0009
LASH Abt. 811, Nr. 16741
Stams, Walter
LASH Abt. 761, Nr. 1167
Steensen, Karl
LASH Abt. 460, Nr. 1591
Steffen, Joachim
LASH Abt. 460, Nr. 4032
Danker, Landespolitik
Stehn, Erich
BArch BDC OK, Film 3200 W0020
Steiger, Adolf
LASH Abt. 460, Nr. 3845
Steinhörster, Willi
LASH Abt. 460.14, Nr. 58
Steltzer, Theodor
BArch B 162/3232
LASH Abt. 460, Nr. 2280
Alberts: Steltzer
Steltzer: Zeitgenosse
Stojan, Ernst-Wilhelm
BArch BDC OK, Film 3200 W0050
LASH Abt. 460.17, Nr. 159
Stoltenberg, Gerhard Dr.
LASH Abt. 460, Nr. 1593
Danker: Landespolitik
Strack, Gerhard –
Struck, Hermann
LASH Abt. 460.19, Nr. 366
Sureth, Fritz –

Tackmann, Gerhard
BArch BDC OK, Film 3200 W0084
LASH Abt. 460.3, Nr. 57
Thee, Jürgen
BArch BDC OK, Film 3200 X0001
LASH Abt. 460.12, Nr. 688
Thietz, Rudolf Dr.
LASH Abt. 460.19, Nr. 548
Thole, Johannes
LASH Abt. 460.7, Nr. 466
Tiemann, Walter
LASH Abt. 460.19, Nr. 377
Timm, Emil
LASH Abt. 460.1, Nr. 99
Titzck, Rudolf
BStU MfS IX/11 AV 2/79 Bd. 1
LASH Abt. 460.12, Nr. 708
Finanzministerium SH, Personalakte Rudolf Titzck
Titzck: Lebensweg
Trapp, Anni –
Traulsen, Sönke Dr. –
Treml, Karl Dr. –

Urban, Georg
BArch BDC OK, Film 3200 X0056
BArch BDC ZK, Film 3100 S0073

BArch PK S3
LASH Abt. 460.13, Nr. 444

Verdieck, Bruno
LASH Abt. 460.19, Nr. 792
Völpel, Fritz
BArch BDC OK, Film 3200 X9069
BArch BDC ZK, Film 3100 S0100
BArch PK S 42
BArch R 3001/78995
BArch RS G 440
BArch SSO 207-B
BArch Z 42V/3732
BArch Ludwigsburg Versch. Bd. 124 Ord. 301
AAq, Bild 109
LASH Abt. 786, Nr. 11980
Vorbrook, Johann
LASH Abt. 460.12, Nr. 727
Voß, Hugo –
Voß, Karin
BArch BDC OK, Film 3200 J0044

Wartemann, Max
BArch BDC OK, Film 3200 Y0024
LASH Abt. 460.19, Nr. 435
Finanzministerium SH, Personalakte Max Wartemann
Sinner: Tradition, S. 246ff.
Weidemann, Ehrenfried
BArch BDC OK, Film 3200 Y0041
LASH Abt. 460, Nr. 2257
Weidling, Herbert
BArch BDC OK, Film 3200 Y0042
Weimar, Wolfgang Dr.
BArch BDC OK, Film 3200 Y0047
LASH Abt. 460.18, Nr. 580
Weiß, Margarete
BArch BDC OK, Film 3200 S0070
BArch BDC ZK, Film 3100 N0133
LASH Abt. 460.21, Nr. 341
Jebens-Ibs/Zachow-Ortmann: Politikerinnen, S. 50f.
Wendel, Brunhild –
Werner, Charlotte
LASH Abt. 460, Nr. 1606
Jebens-Ibs/Zachow-Ortmann: Politikerinnen, S. 53f.
Werner, Theodor
LASH Abt 352.3, Nr. 11256
LASH Abt. 460.19, Nr. 399
Westphal, Jürgen Dr.
BArch BDC OK, Film 3200 Y0079
Wetzel, Günter Dr.
BArch BDC OK, Film 3200 Y0081
BArch PK T56
LASH Abt. 786, Nr. 6848 I, II
Wiborg, Georg
BArch BDC OK, Film 3200 Y0083
LASH Abt. 460.7, Nr. 488
Wilckens, Heinrich
LASH 460.9, Nr. 342
Wirthel, Bertha
AHL, Entnazifizierung, „Unbetroffen" Nr. 3127/48
AHL, Kreissonderhilfsausschuß Nr. 2566
SHBL, Bd. 13 (2011), S. 491–494
Sinner: Tradition, S. 251f.
Witt, Georg
LASH Abt. 460, Nr. 1609
Witt, Peter Werner
BArch BDC OK, Film 3200 Z0025
LASH Abt. 460, Nr. 3518
LASH Abt. 721, Nr. 7362
Wittenburg, Otto
BArch BDC OK, Film 3200 Z0026
BStU MfS Swn. AP 120/58
LASH Abt. 460.5, Nr. 307
Wolff, Gottfried Dr. –
Wolff, Heinrich
BArch R 2001/80915
LASH Abt. 351, Nr. 4211
LASH Abt. 352.4, Nr. 1907
AHL, Hauptamt Nr. 450
AHL, Entnazifizierung, „Ohne Kosten" Nr. 4200
Sinner: Tradition, S. 253f.
Wolgast, Heinrich
BArch BDC OK, Film 3200 Z0045
BArch BDC ZK, Film 3100 T0109
LASH Abt. 460.15, Nr. 415

Wormit, Hans-Georg
BArch BDC OK, Film 3200 Z0050
BArch B 106/44428
BStU MfS IX/11 AK 2746/79
BStU MfS HA IX/11 PA 130
BStU MfS ZAIG Nr. 10663

Wulff, Otto
LASH Abt. 460.10, Nr. 448

Zander, Helmuth
BArch BDC ZK, Film 3100 T0134

Zappe, Fritz
AHL, Entnazifizierung, „Unbetroffen“ Nr. 3173/48
Sinner: Tradition, S. 258f.

Zappe, Walter –

Zimmermann, Hans-Joachim
BArch BDC ZK, Film 3100 T0178
LASH Abt. 460, Nr. 4087

Übersicht über die ausgewählten vergangenheitspolitischen Debatten im Schleswig-Holsteinischen Landtag

Erster und zweiter ernannter Landtag und Wahlperiode 1–13

Legislatur-/ Wahlperiode	Tagungs-/ Sitzungs-nummer	Titel des Tagesordnungspunkts	Seitenzahlen
01-ernannt	4. Tagung	Überprüfung der Durchführung der Euthanasie in Schleswig-Holstein	35–38
01-ernannt	5. Tagung	Beschluß über Bildung eines besonderen Denazifizierungsausschusses	126–133
01-ernannt	6. Tagung	Richtlinien über die Anwendung der Verordnung Nr. 24 des Kontrollrats betr. Entnazifizierung	29–32
01-ernannt	7. Tagung	Bildung eines Untersuchungsausschusses zur Frage der Euthanasie	15–16
01-ernannt	7. Tagung	Beschluß hinsichtlich der Richtlinien über die Anwendung der Verordnung Nr. 24 des Kontrollrats betr. Entnazifizierung	100–101
02-ernannt	2. Tagung	Entnazifizierung der Landwirtschaft	33–40
02-ernannt	2. Tagung	Große Anfrage der SPD betr. Stellungnahme des Landesministers Bundtzen zur Entnazifizierung der Landwirtschaft	40–43
02-ernannt	3. Tagung	Der Fall Garbe	59
02-ernannt	3. Tagung	Beratung eines Amnestiegesetzes	59–68
02-ernannt	5. Tagung	Antrag betr. Regelung der Eigentumsverhältnisse von Gebäuden antifaschistischer Organisationen	76–78
02-ernannt	7. Tagung	Antrag auf Erlaß von Ausführungsbestimmungen zu der Verordnung vom 8. Mai 1946 betr. Versorgung ehemaliger Konzentrationäre und politisch Vorbestrafter im Rahmen der Wiedergutmachung	17–22
01-gewählt	3. Tagung	Antrag betr. Wiedergutmachungsgesetz	88–91
01-gewählt	3. Tagung	Dringlichkeitsantrag der SPD-Fraktion betr. Eigentum von unter Gesetz 52 fallenden Personen, das ehemals politisch Verfolgten überlassen ist	180–183
01-gewählt	4. Tagung	Antrag der SPD betr. ein Gesetz über die Kosten der Entnazifizierung und Kategorisierung	73–74

Legislatur-/ Wahlperiode	Tagungs-/ Sitzungs-nummer	Titel des Tagesordnungspunkts	Seitenzahlen
01-gewählt	7. Tagung	Erste Lesung eines Gesetzes über die Fortführung und den Abschluß der Entnazifizierung	38–39 122–132
01-gewählt	8. Tagung	Erste Lesung eines Gesetzes über die Gewährung von Renten an die Opfer des Nationalsozialismus und deren Hinterbliebenen	35–37
01-gewählt	8. Tagung	Erste Lesung eines Gesetzes über das Verfahren bei Gewährung von Sondervergünstigungen und Hilfsleistungen an politisch Verfolgte	37–39
01-gewählt	8. Tagung	Zweite Lesung eines Gesetzes zur Fortführung und zum Abschluß der Entnazifizierung	98 104-118
01-gewählt	9. Tagung	Antrag des Abg. Hagelstein (CDU) betr. Bereitstellung von Mitteln für heimgekehrte Kriegsgefangene, -beschädigte, -hinterbliebene, ehemalige Berufs-soldaten und sonstige Opfer des Krieges	64–68
01-gewählt	11. Tagung	Antrag des Abgeordneten Hagelstein auf Bewilligung von Mitteln für heimgekehrte Kriegsgefangene, Kriegsversehrte, Kriegshinterbliebene, ehemalige Berufssoldaten und sonstige Opfer des Krieges zur Eingliederung in die Wirtschaft	113–114
01-gewählt	12. Tagung	Zurruhesetzung von Beamten in Verfolg des Entnazifizierungsgesetzes	90–91
01-gewählt	13. Tagung	Wahl eines Sonderhilfsausschusses gemäß § 5 des Gesetzes über das Verfahren bei Gewährung von Sondervergünstigungen und Hilfsleistungen an politisch Verfolgte vom 4. März 1948	106
01-gewählt	13. Tagung	Wahl von vier Stellvertretern für den Landesausschuß gemäß § 20 des Gesetzes zur Fortführung und zum Abschluß der Entnazifizierung vom 10. Februar 1948	106
01-gewählt	18. Tagung	Gemeinsamer Antrag der SPD- und CDU-Fraktion betr. beschleunigte Beendigung der Entnazifizierung	78
01-gewählt	20. Tagung	Dringlichkeitsantrag der SPD-Fraktion zur Wieder-gutmachung an den vom Nazisystem Verfolgten	72
01-gewählt	22. Tagung	Erste und zweite Lesung eines Gesetzes zur Abwick-lung der Entnazifizierung und Kategorisierung	38–39 47–49
01-gewählt	22. Tagung	Erste Lesung eines Gesetzes zur abschließenden Regelung der Rechte der Beamten, Angestellten und Arbeiter des öffentlichen Dienstes aus Anlaß der Entnazifizierung usw. in Schleswig-Holstein	51–56

Legislatur-/ Wahlperiode	Tagungs-/ Sitzungs-nummer	Titel des Tagesordnungspunkts	Seitenzahlen
01-gewählt	22. Tagung	Beantwortung der Großen Anfrage betr. drohende Verwilderung im politischen Kampf	110–126
01-gewählt	23. Tagung	Zweite Lesung eines Gesetzes zur Wiedergutmachung des den Beamten, Angestellten und Arbeitern des öffentlichen Dienstes durch den Nationalsozialismus zugefügten Unrechts (Wiedergutmachungsgesetz)	67–76
01-gewählt	23. Tagung	Zweite Lesung eines Gesetzes über die Wiedergutmachung von Schäden aus Anlaß der Auflösung von Versorgungskassen aus politischen Gründen	80–82
01-gewählt	23. Tagung	Erste Lesung eines Gesetzes zur Änderung des Gesetzes über das Verfahren bei Gewährung von Sondervergünstigungen und Hilfsleistungen an politisch Verfolgte	83–84
01-gewählt	25. Tagung	Erste und zweite Neu-Lesung eines Gesetzes über die Wiedergutmachung von Schäden aus Anlaß der Auflösung von Versorgungskassen aus politischen Gründen	82–83
01-gewählt	31. Tagung	Entschließung zum Hedlerprozeß	6–15
01-gewählt	34. Tagung	Erste und zweite Lesung eines Gesetzes zur Änderung des Gesetzes über die Gewährung von Renten an die Opfer des Nationalsozialismus und deren Hinterbliebenen	44–45
02-gewählt	3. Tagung	Antrag der Landtagsfraktion Deutscher Wahlblock (CDU/FDP/DP) betr. Entnazifizierung (zurückgezogen)	5–6
02-gewählt	3. Tagung	Erste und zweite Lesung eines Gesetzes über vorläufige Maßnahmen zum Abschluß der Entnazifizierung	5–6 49–60
02-gewählt	4. Tagung	Zweite Lesung eines Gesetzes über vorläufige Maßnahmen zum Abschluß der Entnazifizierung	207–210
02-gewählt	4. Tagung	Neuwahl des Berufungs- und Härteausschusses gemäß Wiedergutmachungsgesetz, des Landesausschusses für Entnazifizierung sowie des Sonderhilfsausschusses des Landes	215 273–274
02-gewählt	4. Tagung	Neuwahl von Entnazifizierungsausschüssen	216–217
02-gewählt	7. Tagung	Erste Lesung eines Gesetzes zur Beendigung der Entnazifizierung	269–297
02-gewählt	9. Tagung	Zweite Lesung eines Gesetzes zur Beendigung der Entnazifizierung	205–256

Legislatur-/ Wahlperiode	Tagungs-/ Sitzungs-nummer	Titel des Tagesordnungspunkts	Seitenzahlen
02-gewählt	10. Tagung	Fragestunde – Frage 18 Lüdemann (SPD) – Antwort Dr. Bartram, Ministerpräsident	118–121
02-gewählt	13. Tagung	Erste und zweite Lesung eines Gesetzes zur Berichtigung des Gesetzes zur Beendigung der Entnazifizierung	22–26
02-gewählt	14. Tagung	Große Anfrage Nr. 17/4 der SPD-Landtagsfraktion vom 20. September 1951 betr. Pension für den früheren nationalsozialistischen Oberpräsidenten Lohse	68–81
02-gewählt	14. Tagung	Antrag der SPD-Landtagsfraktion betr. Abberufung des Sonderbeauftragten für die Entnazifizierung	81–150
02-gewählt	15. Tagung	Fragestunde – Frage 34 Kukil (SPD) – Antwort von Hassel, Parlamentarischer Vertreter des Innenministers	129–132
02-gewählt	16. Tagung	Fragestunde – Frage Käber (SPD) – Antwort Dr. Dr. Pagel, Innenminister und Kultusminister	324–326
02-gewählt	17. Tagung	Antrag der Landtagsfraktion Deutscher Wahlblock und der BHE-Landtagsfraktion betr. Nationalhymne	133–142
02-gewählt	52. Sitzung	Antrag der SPD-Fraktion betr. Ausschuß für Verfassungsschutz (Drucksache Nr. 233)	154-200
02-gewählt	54. Sitzung	Frage Nr. 72: Vorlage von Entnazifizierungsunterlagen	280–281
02-gewählt	87. Sitzung	Bericht und Antrag des Ausschusses für Innere Verwaltung zum Antrag der Fraktion GB/BHE betr. Überprüfung der Personalpolitik (Drucksachen Nrn. 512, 661)	1837–1853
03-gewählt	8. Sitzung	Erste Lesung des Entwurfs eines Gesetzes zur Änderung des Gesetzes zur Wiedergutmachung des den Beamten, Angestellten und Arbeitern des öffentlichen Dienstes durch den Nationalsozialismus zugefügten Unrechts (Wiedergutmachungsgesetz) (Drucksache Nr. 99) und Erste Lesung des Entwurfs eines Gesetzes zur Änderung des Gesetzes über die Wiedergutmachung von Schäden aus Anlaß der Auflösung von Versorgungskassen aus politischen Gründen (Drucksache Nr. 105)	296–300
03-gewählt	9. Sitzung	Frage Nr. 18 Wiedergutmachungsanträge	355

Legislatur-/ Wahlperiode	Tagungs-/ Sitzungs-nummer	Titel des Tagesordnungspunkts	Seitenzahlen
03-gewählt	10. Sitzung	Zweite Lesung des Entwurfs eines Gesetzes zur Änderung des Gesetzes zur Wiedergutmachung des den Beamten, Angestellten und Arbeitern des öffentlichen Dienstes durch den Nationalsozialismus zugefügten Unrechts (Wiedergutmachungsgesetz) (Drucksachen Nrn. 99, 129)	373
03-gewählt	35. Sitzung	Erklärungen zu den Fällen Lautz und Schröder	1506–1509
04-gewählt	5. Sitzung	Bericht und Antrag des Ausschusses für Wahlprüfung zum Antrag des Landeswahlleiters betr. Bestätigung des Ergebnisses der Landtagswahl vom 28. September 1958 gemäß § 41 LWG (Drucksache Nr. 16)	94–96 101–102
04-gewählt	28. Sitzung	Fragestunde – Frage Nr. 8: Erklärung zu Angriffen gegen die Landesregierung im Informationsdienst der Landesregierung Schleswig-Holstein	815–818
04-gewählt	28. Sitzung	Fragestunde – Frage Nr. 9: Verhaftung des Prof. Dr. Heyde/Sawade	818–820
04-gewählt	28. Sitzung	Dringlichkeitsantrag der SPD-Fraktion betr. Einsetzung eines Untersuchungsausschusses in der Angelegenheit Prof. Heyde / Dr. Sawade (Drucksache Nr. 202)	820–834
04-gewählt	29. Sitzung	Antrag der SPD-Fraktion betr. Einsetzung eines Untersuchungsausschusses in der Angelegenheit Prof. Heyde/ Dr. Sawade (Drucksache Nr. 202) und Antrag der CDU-Fraktion und der FDP-Fraktion betr. Einsetzung eines Untersuchungsausschusses in der Angelegenheit Prof. Heyde/ Dr. Sawade (Drucksache Nr. 208)	843–871
04-gewählt	44. Sitzung	Bericht und Antrag des Ausschusses für Verfassung und Geschäftsordnung zum Antrag des Oberstaatsanwalts in Kiel vom 17. März 1960 – 2 Js 176/60 – auf Erteilung der Ermächtigung gemäß § 197 StGB zur Durchführung eines Strafverfahrens gegen den Oberverwaltungsrat Peter Orlowski, Kiel-Schilksee (Drucksache Nr. 311)	1366–1376
04-gewählt	55. Sitzung	Regierungserklärung	1885–1928
04-gewählt	56. Sitzung	Fortsetzung der Aussprache über die Regierungserklärung	1933–1939

Legislatur-/ Wahlperiode	Tagungs-/ Sitzungs-nummer	Titel des Tagesordnungspunkts	Seitenzahlen
05-gewählt	17. Sitzung	Antrag der SPD-Fraktion betr. Einsetzung eines Untersuchungsausschusses zur Aufklärung der Situation im Polizeiwesen (Drucksachen, Nrn. 136, 145)	446–449
05-gewählt	35. Sitzung	Fragestunde – Frage Nr. 11: Zahlungen an Angehörige von verurteilten Kriegsverbrechern	1189–1192
05-gewählt	41. Sitzung	Fragestunde – Frage Nr. 16: „Fall Bartels“	1444–1447
05-gewählt	42. Sitzung	Antrag der SPD-Fraktion betr. Aufklärung widersprüchlicher Ausführungen zur Initiative der Landesregierung in der Frage der Verjährungsfrist (Drucksache Nr. 487)	1450–1463
05-gewählt	63. Sitzung	Bericht des Untersuchungsausschusses zur Aufklärung der Situation im Polizeiwesen (Drucksachen Nrn. 136, 759)	2286–2335
05-gewählt	75. Sitzung	Bericht des Innenministers zur Situation in der Polizei	2738–2749
05-gewählt	76. Sitzung	Beratung des Berichts des Innenministers zur Situation in der Polizei	2754–2756
05-gewählt	76. Sitzung	Fortsetzung der Beratung des Berichts des Innenministers zur Situation in der Polizei	2798–2804
07-gewählt	14. Sitzung	Fragestunde – Frage Nr. 14: Untersuchung der Vorfälle an der Husumer Hermann-Tast-Schule	787–790
08-gewählt	45. Sitzung	Berücksichtigung der Empfehlung der deutsch-polnischen Schulbuchkommission	3063–3083
09-gewählt	10. Sitzung	Verteilung und Berücksichtigung der Empfehlungen der deutsch-polnischen Schulbuchkommission	464–477
10-gewählt	42. Sitzung	Hitler-Zitat in der Eingangshalle der Grundschule Hochtor, Schule Neustadt	2467–2470
10-gewählt	73. Sitzung	Nationalsozialistische Gewaltherrschaft in Schleswig-Holstein –Große Anfrage der Fraktion der SPD – Drucksache 10/1029 – Antwort der Landesregierung – Drucksache 10/1433	4504–4543
10-gewählt	83. Sitzung	Berücksichtigung der Empfehlungen für Schulbücher der Geschichte und Geographie in der Bundesrepublik Deutschland und in der Volksrepublik Polen in schleswig-holsteinischen Schulen – Antrag der Fraktion der SPD – Drucksache 10/1622	5213–5222
10-gewählt	98. Sitzung	Entschädigung für alle Opfer des Nationalsozialismus – Antrag der Fraktion der SPD – Drucksache 10/1856	6095–6104

Legislatur-/ Wahlperiode	Tagungs-/ Sitzungs-nummer	Titel des Tagesordnungspunkts	Seitenzahlen
12-gewählt	10. Sitzung	Entschädigung für alle Opfer des Nationalsozialismus – Antrag der Fraktion der SPD – Drucksache 12/77	422–428
12-gewählt	16. Sitzung	Fragestunde – Äußerungen des Direktors der Landes-zentrale für Politische Bildung über „europäische Bürgerkriege" im 20. Jahrhundert	820–823
12-gewählt	18. Sitzung	Berücksichtigung der „Empfehlungen für Schulbücher der Geschichte und Geographie in der Bundesrepublik Deutschland und in der Volksrepublik Polen" in schleswig-holsteinischen Schulen – Antrag der Fraktion der SPD – Drucksache 12/198	930–941
12-gewählt	21. Sitzung	Einzelplan 10 – Alfred Schulz (SPD)	1111
12-gewählt	26. Sitzung	Bericht zur Situation und Entwicklung des Archiv-wesens in Schleswig-Holstein – Antrag des Abgeord-neten Karl Otto Meyer (SSW) – Drucksache 12/344	1433–1438
12-gewählt	33. Sitzung	1. September 1939–1989: Mahnung zum Frieden – Antrag der Fraktion der SPD – Drucksache 12/464 – Antrag der Fraktion der CDU – Drucksache 12/497	1855–1861
12-gewählt	34. Sitzung	Bericht zur Situation und Entwicklung des Archiv-wesens in Schleswig-Holstein – Antrag des Abgeord-neten Karl Otto Meyer (SSW) – Drucksache 12/344 – Bericht und Beschlußempfehlung des Ausschusses für Kultur, Jugend und Sport – Drucksache 12/435	1959–1965
12-gewählt	45. Sitzung	Rechtsextremismus in Schleswig-Holstein – Große Anfrage der Fraktion der SPD – Drucksache 12/91 – Antwort der Landesregierung – Drucksache 12/608	2662–2687
12-gewählt	66. Sitzung	Gemeinsame Beratung – a) Rassismus-Vorwurf des Abgeordneten Börnsen gegenüber der CDU-Fraktion – Antrag der Fraktion der CDU – Drucksache 12/1124 – b) Kommunales Ausländerwahlrecht – Konsequenzen aus dem Urteil des Bundesverfassungsgerichts – Antrag der Fraktion der SPD – Drucksache 12/1143 – Antrag der Fraktion der CDU – Drucksache 12/1157	3913–3935
12-gewählt	67. Sitzung	Bericht zur Situation und Entwicklung des Archiv-wesens in Schleswig-Holstein – Landtagsbeschluß vom 10. Oktober 1989 – Drucksache 12/435 – Bericht der Landesregierung – Drucksache 12/1130	3990–4000

Legislatur-/ Wahlperiode	Tagungs-/ Sitzungs-nummer	Titel des Tagesordnungspunkts	Seitenzahlen
12-gewählt	70. Sitzung	Erste Lesung des Entwurfs eines Gesetzes über die Sicherung und Nutzung von Archivgut im Lande Schleswig-Holstein (Landesarchivgesetz Schleswig-Holstein LArchG SH) – Gesetzesentwurf des Abgeordneten Karl Otto Meyer (SSW)	4164–4172
12-gewählt	77. Sitzung	Gemeinsame Beratung – b) Bericht zur Situation und Entwicklung der Museen in Schleswig-Holstein – Landtagsbeschluß vom 7. Dezember 1988 – Drucksache 12/121 – Bericht der Landesregierung – Drucksache 12/1407	4482–4500
12-gewählt	86. Sitzung	Erste Lesung des Entwurfs eines Gesetzes über die Sicherung und Nutzung öffentlichen Archivgutes in Schleswig-Holstein (Landesarchivgesetz – LarchG) – Gesetzesentwurf der Landesregierung – Drucksache 12/1615	5087–5096
12-gewählt	98. Sitzung	Gemeinsame Beratung – b) Zweite Lesung des Entwurfs eines Gesetzes über die Sicherung und Nutzung von Archivgut im Lande Schleswig-Holstein (Landesarchivgesetz Schleswig-Holstein – LarchG SH) – Gesetzesentwurf des Abgeordneten Karl Otto Meyer (SSW) – Drucksache 12/1233 – Bericht und Beschlußempfehlung des Bildungsausschusses – Drucksache 12/1860 – Änderungsantrag der Fraktion der SPD – Drucksache 12/1885	5882–5892
13-gewählt	11. Sitzung	Gemeinsame Beratung – a) Nationalsozialistische Gewaltverbrechen und der neue Rechtsextremismus von DVU und anderen Organisationen – Antrag der Fraktionen der SPD, der CDU, der F.D.P. und des Abgeordneten Karl Otto Meyer (SSW) – Drucksache 13/471 – Änderungsantrag der Fraktion der DVU – Drucksache 13/474	666–683

Legende der Datenbank Landtagsprojekt

Alle Angaben beziehen sich auf unsere Datengrundlage, nicht auf denkbare weitere Informationen.

I. Maske: „Rollen vor 1933"

Feldname	**Erläuterung**
„Name"	Name der Person: Nachname, Vorname(n); in den meisten Fällen aus LIS-SH importiert aus dem Feld „Gesamtnamensansetzung", so auch der Feldname in der Datenbanktabelle
Ämter, Mandate; Mitgliedschaften	
„Politische Ämter vor 1933?"	Dropdown-Auswahlmenü: „ja", „nein", „unklar"; „ja": zutreffend, belegbare Information verfügbar „nein": Nichtzutreffen entweder belegbar (dann in der Regel mit Quellenangabe versehen) oder auf (mindestens ausreichender) zur Verfügung stehender Quellenbasis nicht belegbar „unklar": wegen mangelnder Quellenbasis weder „ja" noch „nein" hinreichend belegbar
„Ämter vor 1933"	belegbare öffentliche politische (nicht parteipolitische) Ämter vor der NS-Machtübernahme; unabhängig ob haupt- oder nebenamtlich, unabhängig von parlamentarischer Absicherung; dazu gehören Landrat, Kreisausschussmitglied, Bürgermeister, Amtsvorsteher usw.; Rollen in rätedemokratischen Gremien werden doppelt, nämlich auch als Mandat, angezeigt
„Quellen Ämter vor 1933"	Quellenhinweise als Beleg für die Informationen in dem Feld „Ämter vor 1933"
„Politisches Mandat vor 1933?"	Dropdown-Auswahlmenü: „ja", „nein", „unklar"; „ja": zutreffend, belegbare Information verfügbar „nein": Nichtzutreffen entweder belegbar (dann in der Regel mit Quellenangabe versehen) oder auf (mindestens ausreichender) zur Verfügung stehender Quellenbasis nicht belegbar „unklar": wegen mangelnder Quellenbasis weder „ja" noch „nein" hinreichend belegbar
„Mandat vor 1933"	belegbare Mandate in parlamentarischen Gremien vor der NS-Machtübernahme; Rollen in rätedemokratischen Gremien werden doppelt, nämlich auch als Amt, angezeigt

„Quellen Mandat vor 1933"	Quellenhinweise als Beleg für die Informationen in dem Feld „Mandat vor 1933"
„Politische Partei vor 1933?"	Dropdown-Auswahlmenü: „ja", „nein", „unklar"; „ja": zutreffend, belegbare Information verfügbar „nein": Nichtzutreffen entweder belegbar (dann in der Regel mit Quellenangabe versehen) oder auf (mindestens ausreichender) zur Verfügung stehender Quellenbasis nicht belegbar „unklar": wegen mangelnder Quellenbasis weder „ja" noch „nein" hinreichend belegbar
„Partei vor 1933"	belegbare Mitgliedschaften in beliebiger politischer Partei vor der NS-Machtübernahme, nur nicht nur in der NSDAP
„Quellen Partei vor 1933"	Quellenhinweise als Beleg für die Informationen in dem Feld „Partei vor 1933"
„Verschiedenes vor 1933"	relevante, belegbare biografische Informationen zur Person vor 1933; umfasst Mitgliedschaften und Rollen in Verbänden, Vereinen und Körperschaften sowie ggf. berufs- und laufbahnbezogene Informationen
„Quellen Verschiedenes vor 1933"	Quellenhinweise als Beleg für die Informationen in dem Feld „Verschiedenes vor 1933"
Viten	
„Vita 1"	aus dem LIS-SH importierte biografische Informationen zur Person (Feldname: „Vita"), zumeist Eigenangaben; basierend auf den Angaben in den Handbüchern des Landtags
„Vita 2"	aus dem LIS-SH importierte biografische Informationen zur Person (Feldname: „Ergänzungen zur Vita"); nachträglich recherchierte Informationen, keine Eigenangaben

II. Maske „Rolle(n) in der NS-Zeit“

Feldname	Erläuterung
„Name“	Name der Person: Nachname, Vorname(n); in den meisten Fällen aus LIS-SH importiert aus dem Feld „Gesamtnamensansetzung“, so auch der Feldname in der Datenbanktabelle
„Geburtsort“	Geburtsort der Person; in den meisten Fällen aus LIS-SH importiert aus dem Feld „Geburtsort“, so auch der Feldname in der Datenbanktabelle
„Geburtsdatum“	Geburtsdatum der Person; in den meisten Fällen aus LIS-SH importiert aus dem Feld „Geburtsdatum“, so auch der Feldname in der Datenbanktabelle
„Bio. Bezüge SH“	Biografische Bezüge der Person zu Schleswig-Holstein, bestimmt auf der Basis der kompletten Quellenrecherche; fünf Kategorien: a = „vor 1945 enger biografischer Bezug zu SH“ (aus Schleswig-Holstein stammend und in NS-Zeit größtenteils dort handelnd / lebend (Ausnahme Wehrdienst)) b = „vor 1945 biografischer Bezug zu SH“ (daher stammend oder während NS-Zeit dort (tw.) handelnd / lebend); Einordnung oft auch begrenzter Quellenlage geschuldet c = „nach 1945 Bezug zu SH“ (erst nach 1945 in der Region handelnd / lebend) d = „(anerkannter) Flüchtling“ (eindeutig als Flüchtling / Vertriebene_r identifizierbar) e = unklar
„Biografische Eigenangaben“	aus dem LIS-SH importierte biografische Informationen zur Person (Feldname: „Vita“), zumeist Eigenangaben; basierend auf den Angaben in den Handbüchern des Landtags
NSDAP	
„NSDAP?“	Zutreffen / Nichtzutreffen einer Mitgliedschaft in der NSDAP; Dropdown-Auswahlmenü: „ja“, „nein“, „unklar“; „ja“: zutreffend, belegbare Information verfügbar „nein“: Nichtzutreffen entweder belegbar (dann in der Regel mit Quellenangabe versehen) oder Mitgliedschaft auf (mindestens ausreichender) zur Verfügung stehender Quellenbasis verneinbar „unklar“: wegen mangelnder Quellenbasis weder „ja“ noch „nein“ hinreichend belegbar
„Eintrittsdatum NSDAP“	offizielles Aufnahmedatum in die NSDAP; nicht das Datum des Mitgliedsantrags

„Mitgliedsnummer NSDAP“	offizielle Mitgliedsnummer in der NSDAP; nur präzise Angaben hier übernommen, da Zahlenfeld
„Austrittsdatum NSDAP“	ggf. offizielles (erstes) Austrittsdatum aus der NSDAP; nicht notwendigerweise endgültiger Austritt => ggf. weitere Informationen im Feld „Unterbrochen NDSAP etc.“
„Rolle NSDAP“	ggf. über die bloße Mitgliedschaft hinausgehende Angaben zur Rolle in der NSDAP, insbesondere Ämter in der politischen Organisation der NSDAP (Blockleiter, Zellenleiter, Stützpunktleiter, Ortsgruppen-(amts)leiter, Kreis(amts)leiter, Gau(amts)leiter etc.; ggf. mit dem Zusatz „Eigenangabe“ bzw. in Anführungszeichen, sofern Quellenkritik relevant erschien
„Unterbrochen NSDAP etc.“	ggf. erläuternde Informationen zur Mitgliedschaft in der NSDAP: z. B. Wiedereintritte, Ausschließungen, Ausstoßungen, Status als Parteianwärter; Hinweise auf evtl. unterschiedliche Angaben in verschiedenen Quellen, v. a. auf abweichende Angaben in Entnazifizierungsverfahren
„Quellen NSDAP“	Quellenhinweise als Beleg für die Informationen in den Feldern „Eintrittsdatum NSDAP“, „Mitgliedsnummer NSDAP“, „Austrittsdatum NSDAP“, „Unterbrochen NDSAP etc.“, „Rolle NSDAP“
„Beitrittsalter“	ggf. Alter der Person zum Zeitpunkt des Beitritts zur NSDAP
„Ø“	ggf. Altersdurchschnitt der **aufgerufenen Personen** zum Zeitpunkt des Beitritts zur NSDAP
„Summe NSDAP“	Anzahl der Mitglieder der NSDAP **in der Menge der (jeweils) aufgerufenen Datensätze**
„% NSDAP“	prozentualer Anteil an Mitgliedern der NSDAP **in der Menge der (jeweils) aufgerufenen Datensätze**
SA	
„SA?“	Zutreffen / Nichtzutreffen einer Mitgliedschaft in der SA; Dropdown-Auswahlmenü: „ja“, „nein“, „unklar“; „ja“: zutreffend, belegbare Information verfügbar „nein“: Nichtzutreffen entweder belegbar (dann in der Regel mit Quellenangabe versehen) oder auf (mindestens ausreichender) zur Verfügung stehender Quellenbasis verneinbar „unklar“: wegen mangelnder Quellenbasis weder „ja“ noch „nein“ hinreichend belegbar
„Eintrittsdatum SA“	offizielles Aufnahmedatum in die SA, sofern überliefert
„Mitgliedsnummer SA“	offizielle Mitgliedsnummer in der SA, sofern überliefert

„Austrittsdatum SA"	ggf. offizielles (erstes) Austrittsdatum aus der SA; nicht notwendigerweise endgültiger Austritt => ggf. weitere Informationen im Feld „Unterbrochen SA"
„Rolle SA"	ggf. über die bloße Mitgliedschaft hinausgehende Angaben zur Rolle in der SA, insbesondere erreichte SA-Ränge bzw. -Führungspositionen etc.
„Unterbrochen SA"	ggf. erläuternde Informationen zur Mitgliedschaft in der SA
„Quellen SA"	Quellenhinweise als Beleg für die Informationen in den Feldern „Eintrittsdatum SA", „Mitgliedsnummer SA", „Austrittsdatum SA", „Rolle SA", „Unterbrochen SA"
SS	
„SS?"	Zutreffen / Nichtzutreffen einer Mitgliedschaft in der SS und / oder Waffen-SS; gilt auch für (zeitweise) fördernde Mitgliedschaft in der SS; Dropdown-Auswahlmenü: „ja", „nein", „unklar"; „ja": zutreffend, belegbare Information verfügbar „nein": Nichtzutreffen entweder belegbar (dann in der Regel mit Quellenangabe versehen) oder auf (mindestens ausreichender) zur Verfügung stehender Quellenbasis verneinbar „unklar": wegen mangelnder Quellenbasis weder „ja" noch „nein" hinreichend belegbar
„Eintrittsdatum SS"	offizielles Aufnahmedatum in die SS und / oder Waffen-SS, sofern überliefert
„Mitgliedsnummer SS"	offizielle Mitgliedsnummer in der SS und / oder Waffen-SS, sofern überliefert
„Austrittsdatum SS"	ggf. offizielles (erstes) Austrittsdatum aus der SS und / oder Waffen-SS; nicht notwendigerweise endgültiger Austritt => ggf. weitere Informationen im Feld „Unterbrochen SS"
„Rolle SS"	ggf. über die bloße Mitgliedschaft hinausgehende Angaben zur Rolle in der SS und / oder Waffen-SS, insbesondere erreichte SS- / Waffen-SS-Ränge bzw. -Führungspositionen etc.; hier auch Erwähnung Fördermitgliedschaft der SS
„Unterbrochen SS"	ggf. erläuternde Informationen zur (Förder-)Mitgliedschaft in der SS und / oder Waffen-SS
„Quellen SS"	Quellenhinweise als Beleg für die Informationen in den Feldern „Eintrittsdatum SS", „Mitgliedsnummer SS", „Austrittsdatum SS", „Rolle SS", „Unterbrochen SS etc."

Weitere Organisationen und Verbände (der NSDAP)	
„Weitere Mitgliedschaften?“	Zutreffen / Nichtzutreffen einer Mitgliedschaft in nationalsozialistischen oder gleichgeschalteten Organisationen, Verbänden und Vereinen; Dropdown-Auswahlmenü: „ja“, „nein“, „unklar“; „ja“: zutreffend, belegbare Information verfügbar „nein“: Nichtzutreffen entweder belegbar (dann in der Regel mit Quellenangabe versehen) oder auf (mindestens ausreichender) zur Verfügung stehender Quellenbasis verneinbar „unklar“: wegen mangelnder Quellenbasis weder „ja“ noch „nein“ hinreichend belegbar
„Weitere Mitgliedschaften“	ggf. Auflistungen von Mitgliedschaften in nationalsozialistischen oder gleichgeschalteten Organisationen, Verbänden und Vereinen, sofern möglich mit Eintrittsdaten oder Mitgliedszeiträumen, ggf. einschl. Ränge, Ämter und Funktionen. Die gängigsten Abkürzungen: RAD: „Reichsarbeitsdienst“ DJ: „Deutsches Jungvolk“, Jugendorganisation der HJ für Kinder / Jugendliche zw. 10 und 14 Jahren HJ: „Hitlerjugend“, Jugendorganisation der NSDAP für Kinder / Jugendliche zw. 10 und 18 Jahren NSDStB: „Nationalsozialistischer Deutscher Studentenbund“ NSDoB: „Nationalsozialistischer Deutscher Dozentenbund“ NSKK: „Nationalsozialistisches Kraftfahrkorps“ NSFK: „Nationalsozialistisches Fliegerkorps“ NSRB: „Nationalsozialistischer Rechtswahrerbund“ DAF: „Deutsche Arbeitsfront“ NSV: „Nationalsozialistische Volkswohlfahrt“ RLB: „Reichsluftschutzbund“ RKB: „Reichskolonialbund“ NSKOV: „Nationalsozialistische Kriegsopferversorgung“ VDA: „Volksbund für das Deutschtum im Ausland“
„Quellen Org Verb“	Quellenhinweise als Beleg für die Informationen in dem Feld „Weitere Mitgliedschaften“

Wehrmacht	
„Wehrmacht?“	Zutreffen / Nichtzutreffen von Dienst in der Wehrmacht; nicht berücksichtigt wird Heranziehung zum Volkssturm ggf. Einzelheiten zum Dienst in der Wehrmacht: Ränge, Dienstzeiten, Einsatzorte etc. „–“ = Nichtzutreffen von Dienst in der Wehrmacht belegbar bzw. nicht belegt oder Dienst sehr unwahrscheinlich „?“ = unklar; wegen mangelnder Quellenbasis weder „ja“ noch „–“ hinreichend belegbar
„Quellen Wehrmacht“	Quellenhinweise als Beleg für die Informationen in dem Feld „Wehrmacht“
Rolle in NS-Zeit	
„Rolle in NS-Zeit?“	Vorliegen / Nichtvorliegen einer klar erkennbaren und ausreichend konturierten beruflichen und / oder gesellschaftlichen Rolle in der NS-Zeit; Dropdown-Auswahlmenü: „ja“, „nein“; „ja“: Rolle lässt sich kontruieren, belegbare Information verfügbar „nein“: Rolle auf zur Verfügung stehender Quellenbasis nicht hinreichend konturierbar
„Rolle in NS-Zeit“	Informationen, die sich auf das Vorliegen einer klar erkennbaren und ausreichend konturierten beruflichen und / oder gesellschaftlichen Rolle in der NS-Zeit beziehen; umfasst Informationen zu Berufen, Laufbahnen, Funktionen etc.; **Vorliegen einer Rolle während der NS-Zeit bedeutet dabei also keineswegs, dass Person Stütze des Regimes gewesen ist**
„Quellen Rolle NS-Zeit“	Quellenhinweise als Beleg für die Informationen in dem Feld „Rolle in der NS Zeit“
„Verfolgung NS-Zeit?“	Vorliegen / Nichtvorliegen von Verfolgungserfahrungen in der NS-Zeit; Dropdown-Auswahlmenü: „ja“, „nein“, „unklar“, „m Qu“; „ja“: Verfolgungserfahrungen liegen vor, belegbare Information verfügbar; Bandbreite reicht von Entlassungen oder Haussuchungen bis zu KZ-Haft „nein“: keine Verfolgungserfahrungen „m Qu“: mangelnde Quellengrundlage, keine Aussage möglich „unklar“: Verfolgungserfahrungen bei Würdigung der vorliegenden Daten denk-, aber nicht belegbar oder (Eigen-)Angaben zu Verfolgungserfahrungen erscheinen zweifelhaft
„Verfolgung NS-Zeit“	Informationen zu Verfolgungserfahrungen der Person; ggf. Hinweise auf Abläufe, Gründe, Haftdauer etc.
„Quellen Verfolgung“	Quellenhinweise als Beleg für die Informationen in dem Feld „Verfolgung NS-Zeit“

„Summe Verf."	Anzahl der Verfolgten **in der Menge der (jeweils) aufgerufenen Datensätze**
„% Verfolgung"	prozentualer Anteil Verfolgter **in der Menge der (jeweils) aufgerufenen Datensätze**

III. Typisierung

Feldname / Kategorie	**Erläuterung**
Grundorientierung	
„Grundorientierung NS-Zeit"	**Grundlegende Einordnung des Verhaltens der aufgerufenen Person während der NS-Zeit.** Bezugspunkte sind der NS-Staat und dessen prinzipielles Kollaborationsangebot, die Verhaltensweisen gegenüber dem NS-Regime erzeugen, welche sich als Muster bündeln lassen. Diese Muster sind in erster Linie handlungsbezogen und sollen – soweit in diesem Rahmen möglich – soziale Praxis reflektieren. Die Muster beziehen sich vorwiegend auf die NS-Zeit, nehmen biografische Dispositionen vor 1933 soweit als möglich nicht auf. Formale Mitgliedschaften in NSDAP, NS-Organisationen und NS-Verbänden sind ein Baustein unter mehreren bei der Zuordnung. Entscheidend sind, soweit rekonstruierbar, Verhaltensweisen.
„oppositionell / ‚gemeinschaftsfremd'"	**Grundorientierung NS-Zeit**; Merkmale: Sie umfasst sowohl aktive Widerstandstätigkeit bis hin zu (nachweisbarem) Beharren auf nicht-regimekonformen Positionen, besonders, wenn das (nachweisbare) Folgen hatte, welche von schwerer Verfolgung bis hin zu erkennbaren gesellschaftlichen, wirtschaftlichen oder beruflichen Nachteilen reichen können. Einbezogen sind nichtfreiwillige Ausgrenzungen der Personen, beispielsweise aufgrund rassischer oder religiöser Gründe.
„angepasst / ambivalent"	**Grundorientierung NS-Zeit**; Merkmale: Sie vereint in Teilen oft uneinheitliche Verhaltensmuster (und in Teilen auch disparate Dispositionen), in der Regel ein nicht exponiertes Agieren in der NS-Zeit; kann sowohl ausgesprochenes Anpassungsverhalten, was sich auch in Mitgliedschaften der NSDAP, ihrer Gliederungen und Verbänden niederschlägt (dann in der Regel jedoch erst ab 1933), als auch Verfolgungserfahrungen, welche dann durch erwünschtes Verhalten im Sinne des NS-Regimes beantwortet werden müssen, beinhalten.
„systemtragend / karrieristisch"	**Grundorientierung NS-Zeit**; Merkmale: Sie kennzeichnet Zugehörigkeit zu wirtschaftlichen, gesellschaftlichen, administrativen und politischen Führungsgruppen, die

	während der NS-Zeit (weiterhin) eine Rolle spielen und auf diese Weise zum Funktionieren des NS-Staats wesentlich beitragen. In dieser Grundorientierung finden sich sowohl Akteure mit z. T. glaubhaft innerer Distanz zum Nationalsozialismus als auch offenbar klar überzeugte Unterstützer des Nationalsozialismus. Zentral sind ihre Funktion und ihr Funktionieren. In Ernst Fraenkels Sinne agieren sie überwiegend noch im „Normenstaat".
„exponiert / nationalsozialistisch"	**Grundorientierung NS-Zeit**; Merkmale: Damit sind herausgehobene und in ihrem Handeln (und in ihrer Repräsentation) ausgewiesene Nationalsozialisten bezeichnet; in der Regel ist von höheren Funktionären in NSDAP, NS-Gliederungen und NS-Verbänden auszugehen, aber auch von solchen, die in ausgesprochenen, die Diktatur kennzeichnenden staatlichen Positionen agierten, beispielsweise Besatzungsverwaltungsangehörige oder Akteure der Wehrmachts- und Sonderjustiz. In Ernst Fraenkels Sinne agieren sie überwiegend im „Maßnahmenstaat".
„ns-sozialisiert, ab Jg. 1918"	**Grundorientierung NS-Zeit**; Merkmale: Hierunter fallen grundsätzlich alle Angehörigen der Jahrgänge ab (einschließlich) 1918 bis (einschließlich) 1928; in besonderer Weise werden sie (trotz eventueller Kindheit in der Weimarer Zeit) durch ihr Aufwachsen in der Diktatur (politisch) sozialisiert, weshalb ihre Verhaltensweisen nicht den gleichen Kategorisierungskriterien unterliegen können wie bei älteren Personen, zumal z. B. Mitgliedschaften in (Jugendorganisationen) der NSDAP anderen Bedingungen unterlagen.
„nicht zuordenbar / Quellenlage"	**Grundorientierung NS-Zeit**; Merkmale: Für diese Personen reicht die Materiallage noch nicht einmal aus, um belastbar überhaupt eine Grundorientierung zu bestimmen
Typen	
„Typ"	**Differenzierung der Grundorientierung NS-Zeit**. Es geht dabei um wesentliche, die Person, ihr Handeln, ihre Biografie und ihre Wahrnehmung im Sinne der übergreifenden Fragestellungen des Projekts prägende und kennzeichnende Aspekte. Einbezogen sind neben Verhaltensweisen auch biografische Dispositionen, soweit relevanzentfaltend.
„Widerstandleistende_r"	**Typ der Grundorientierung „oppositionell / ‚gemeinschaftsfremd'"**; Merkmale: belegte Mitwirkung an (auch, aber nicht ausschließlich organisiertem) Widerstand, unabhängig der politischen Couleur; evtl. politisches Engagement vor 1933 (Arbeiterbewegung oder bürgerliches Lager); Verfolgungserfahrung durch NS-Regime ist die Regel
„Protagonist_in Arbeiterbewegung"	**Typ der Grundorientierung „oppositionell / ‚gemeinschaftsfremd'"**; Merkmale: langjähriges, exponiertes Engagement für die Arbeiterbewegung vor

	1933; Parteimitgliedschaften in SPD oder KPD vor 1933; nicht unbedingt organisierte und aktive Widerstandstätigkeit; teilweise Verfolgungserfahrungen; in der Regel keine Mitgliedschaft in der NSDAP oder ihrer Gliederungen und Verbände (einzelne Ausnahmen möglich)
„Emigrant_in"	**Typ der Grundorientierung „oppositionell / ‚gemeinschaftsfremd'"**; Merkmale: Emigration aus politischen oder anderen Verfolgungsgründen; Exilzeit umfasst einen wesentlichen Teil der NS-Zeit
„Nonkonformist_in"	**Typ der Grundorientierung „oppositionell / ‚gemeinschaftsfremd'"**; Merkmale: ggf. ns-ferne politische Vita (bspw. konfessionelle Bindung / Zentrum etc.); „Kritikaster", „Abseits-Stehende_r", unangepasste Person; in der Regel keine Mitgliedschaft in der NSDAP oder ihrer Gliederungen und Verbände (einzelne Ausnahmen möglich)
„(nicht politisch) Verfolgte_r"	**Typ der Grundorientierung „oppositionell / ‚gemeinschaftsfremd'"**; Merkmale: belegbar verfolgt aus rassischen oder religiösen o.ä. Gründen, beispielsweise als Jude, Sinti/Roma oder als Zeuge Jehovas; in der Regel verbunden mit KZ-Haft. Nicht eingeschlossen sind Personen, die aufgrund ihrer politischen Überzeugungen oder ihrer Rolle in der Arbeiterbewegung ausgeschlossen und verfolgt wurden; kein oder nur kurzzeitiges Exil
„Exkludierte_r Andere_r (n.z.)"	**Typ der Grundorientierung „oppositionell / ‚gemeinschaftsfremd'"**; Merkmale: Person erfüllt die Merkmale der Grundorientierung, ist jedoch (beispielsweise aufgrund der Quellenlage) keinem Typ der Grundorientierung zuzuordnen
„Innere_r Emigrant_in"	**Typ der Grundorientierung „angepasst / ambivalent"**; Merkmale: bewusster und belegbarer Rückzug ins Privatleben; Distanz zum NS; Abwesenheit von Mitgliedschaften (abgesehen von Massenorganisationen wie DAF / NSV) oder Engagement, in der Regel keine politische Betätigung vor 1933
„Jongleur_in"	**Typ der Grundorientierung „angepasst / ambivalent"**; Merkmale: charakterisiert durch einen in der Regel nicht einheitlichen Weg unter den Bedingungen des Regimes, wobei beides glaubhaft oder belegt sein muss: Anpassungsverhalten und abweichendes Verhalten; formale Anpassungsbereitschaft, belegt durch Mitgliedschaften, zugleich reale oder nach 1945 einigermaßen glaubhaft behauptete Distanz zum Regime; Behauptung, Mitgliedschaften als Schutzschild benutzt zu haben; Mischung aus Opportunismus und abweichendem Verhalten

„Angehörige_r traditioneller Elite"	**Typ der Grundorientierung „angepasst / ambivalent"**; Merkmale: hierbei spielen die Disposition und das Fortwirken eine ebenso große Rolle wie bei Angehörigen der Arbeiterbewegung in anderer Kategorie; kennzeichnend ist ein erkennbares Lavieren zwischen tradierter gesellschaftlicher Führungsrolle / Vorbildfunktion und zum Teil erkennbarer Distanz bzw. ein sich nicht (vollständiges) Einlassen-wollen auf die homines novi des NS
„Grenzpolitische_r Akteur_in"	**Typ der Grundorientierung „angepasst / ambivalent"**; Merkmale: intensives grenzpolitisches Engagement auch während der NS-Zeit; NS-Affinität, bzw. Übereinstimmung mit NS-Zielen / -Ideologie eher zweitrangig, oft abnehmend
„Politisch Enttäuschte_r"	**Typ der Grundorientierung „angepasst / ambivalent";** Merkmale: Person bringt Disposition für NS-Affinität mit bzw. findet bei sich früh Anschlussmöglichkeiten für den Nationalsozialismus, bringt sich früh (vor 1933 bis deutlich vor Kriegsbeginn) in die Bewegung ein, wird (i. d. R.) politisch desillusioniert, ohne jedoch oppositionell zu werden (Ausnahme ggf.: Mitgliedschaft in der Bekennenden Kirche); i. d. R. deutlich erkennbare Entwicklung im Laufe der NS-Zeit, frühes Engagement in Partei oder Verbänden; ggf beibehaltene Mitgliedschaften
„Politisch Angepasste_r"	**Typ der Grundorientierung „angepasst / ambivalent"**; Merkmale: belegbare Anpassungsschritte (Mitgliedschaften zu NSDAP, NS-Organisationen ab 1933) ohne glaubhafte Zwänge; bewusstes „Dazugehören"-Wollen
„Inkludierte_r ‚Volksgenosse_in'" (n.z.)	**Typ der Grundorientierung „angepasst / ambivalent"**; Merkmale: Person erfüllt die Merkmale der Grundorientierung, ist jedoch (beispielsweise aufgrund der Quellenlage) keinem Typ der Grundorientierung zuzuordnen
„Höherer Wehrmachtsakteur"	**Typ der Grundorientierung „systemtragend / karrieristisch"**; Merkmale: Berufsoffiziere der Wehrmacht sowie höhere Angehörige der Wehrmachtsverwaltung und Wehrmachtsjustiz (sofern diese nicht beispielsweise wegen nachgewiesener Todesurteile dem Typ Verfolgungsakteur zugeordnet werden)
„(Höhere_r) Verbandsfunktionär_in"	**Typ der Grundorientierung „systemtragend / karrieristisch"**; Merkmale: (hauptamtliche) Tätigkeit als Funktionär in einem angeschlossenen Berufsverband, z. B. Reichsnährstand, Reichshandwerkerschaft etc., vor allem, wenn Verband Mobilisierungsfunktion oder starke NS-Aufladung aufweist
„Höherer Staatsbediensteter"	**Typ der Grundorientierung „systemtragend / karrieristisch"**; Merkmale: Höhere (zumeist Verwaltungs- / Justiz-)Beamtenlaufbahn, zumeist

	bereits vor der Machtübernahme begonnen; zumeist konservative politische Bindung (z. T. frühere Mitgliedschaft in DNVP oder DVP); hohes Maß an Standesbewusstsein; evtl. Abgrenzung zu offener Gewalt des Nationalsozialismus
„Funktionale_r Träger_in (n.z.)“	**Typ der Grundorientierung „systemtragend / karrieristisch“**; Merkmale: Person erfüllt die Merkmale der Grundorientierung, ist (beispielsweise aufgrund der Quellenlage) keinem Typ der Grundorientierung zuzuordnen
„‚Alter Kämpfer‘“	**Typ der Grundorientierung „exponiert / nationalsozialistisch“**; Merkmale: lange, in der Regel bis mindestens 1930/31 zurückreichende Mitgliedschaft in der NSDAP, komplementiert mit Engagement in SA und / oder SS; weitere Mitgliedschaften; während NS-Zeit nicht unbedingt aktiv in Partei und Staat, genießt aber als ‚Alter Kämpfer‘ Status und Prestige
„NSDAP-Parteifunktionär“	**Typ der Grundorientierung „exponiert / nationalsozialistisch“**; Merkmale: Person ist (zumindest zeitweise) hauptamtlicher Parteifunktionär in der NSDAP bzw. ihren Gliederungen
„Besatzungsakteur_in“	**Typ der Grundorientierung „exponiert / nationalsozialistisch“**; Merkmale: Rolle in der Besatzungsverwaltung, v. a. in Polen oder Sowjetunion; Rolle ist bei der retrospektiven Gesamtwürdigung als so gewichtig zu bewerten, dass die zeitliche Beschränkung auf die Kriegszeit akzeptabel ist.
„Verfolgungsakteur_in“	**Typ der Grundorientierung „exponiert / nationalsozialistisch“**; Merkmale: nachweisbare (auch nur zeitweise) Tätigkeit im genuin nationalsozialistischen Verfolgungsapparat (beispielsweise Gestapo) Sondergerichtsbarkeit und auch Wehrmachtjustiz (letzteres nur bei nachgewiesener Beteiligung bei Todesurteilen berücksichtigt); direkt verantwortete Gewalt- und Verfolgungsmaßnahmen
„Exponierte_r Akteur_in (n.z.)“	**Typ der Grundorientierung „exponiert / nationalsozialistisch“**; Merkmale: Person erfüllt die Merkmale der Grundorientierung, ist jedoch (beispielsweise aufgrund der Quellenlage) keinem Typ der Grundorientierung zuzuordnen
Auswertung Grundorientierung	
Σ „oppositionell / ‚gemeinschaftsfremd‘“	Anzahl der Personen dieser Grundorientierung in der Menge der (jeweils) aufgerufenen Datensätze

Σ „angepasst / ambivalent"	Anzahl der Personen dieser Grundorientierung in der Menge der (jeweils) aufgerufenen Datensätze
Σ „systemtragend / karrieristisch"	Anzahl der Personen dieser Grundorientierung in der Menge der (jeweils) aufgerufenen Datensätze
Σ „exponiert / nationalsozialistisch"	Anzahl der Personen dieser Grundorientierung in der Menge der (jeweils) aufgerufenen Datensätze
Σ „ns-sozialisiert, ab Jg. 1918"	Anzahl der Personen dieser Grundorientierung in der Menge der (jeweils) aufgerufenen Datensätze
Σ „nicht zuordenbar / Quellenlage"	Anzahl der Personen dieser Grundorientierung in der Menge der (jeweils) aufgerufenen Datensätze
Auswertung Typen	
Σ „Widerstandleistende_r"	Anzahl der Personen dieses Typs in der Menge der (jeweils) aufgerufenen Datensätze
Σ „Protagonist_in Arbeiterbewegung"	Anzahl der Personen dieses Typs in der Menge der (jeweils) aufgerufenen Datensätze
Σ „Emigrant_in"	Anzahl der Personen dieses Typs in der Menge der (jeweils) aufgerufenen Datensätze
Σ „Nonkonformist_in"	Anzahl der Personen dieses Typs in der Menge der (jeweils) aufgerufenen Datensätze
Σ „(nicht politisch) Verfolgte_r"	Anzahl der Personen dieses Typs in der Menge der (jeweils) aufgerufenen Datensätze
Σ „Exkludierte_r Andere_r (n.z.)"	Anzahl der Personen dieses Typs in der Menge der (jeweils) aufgerufenen Datensätze
Σ „Innere_r Emigrant_in"	Anzahl der Personen dieses Typs in der Menge der (jeweils) aufgerufenen Datensätze
Σ „Jongleur_in"	Anzahl der Personen dieses Typs in der Menge der (jeweils) aufgerufenen Datensätze
Σ „Angehörige_r traditioneller Elite"	Anzahl der Personen dieses Typs in der Menge der (jeweils) aufgerufenen Datensätze
Σ „Grenzpolitische_r Akteur_in"	Anzahl der Personen dieses Typs in der Menge der (jeweils) aufgerufenen Datensätze
Σ „Politisch Enttäuschte_r"	Anzahl der Personen dieses Typs in der Menge der (jeweils) aufgerufenen Datensätze
Σ „Politisch Angepasste_r"	Anzahl der Personen dieses Typs in der Menge der (jeweils) aufgerufenen Datensätze
Σ „Inkludierte_r ‚Volksgenosse_in' (n.z.)"	Anzahl der Personen dieses Typs in der Menge der (jeweils) aufgerufenen Datensätze
Σ „Höherer Wehrmachtsakteur"	Anzahl der Personen dieses Typs in der Menge der (jeweils) aufgerufenen Datensätze

Σ „(Höhere_r) Verbands-funktionär_in“	Anzahl der Personen dieses Typs in der Menge der (jeweils) aufgerufenen Datensätze
Σ „Höherer Staats-bediensteter“	Anzahl der Personen dieses Typs in der Menge der (jeweils) aufgerufenen Datensätze
Σ „Funktionale_r Träger_in (n.z.)“	Anzahl der Personen dieses Typs in der Menge der (jeweils) aufgerufenen Datensätze
Σ „‚Alter Kämpfer'“	Anzahl der Personen dieses Typs in der Menge der (jeweils) aufgerufenen Datensätze
Σ „NSDAP-Parteifunktionär“	Anzahl der Personen dieses Typs in der Menge der (jeweils) aufgerufenen Datensätze
Σ „Besatzungsakteur_in“	Anzahl der Personen dieses Typs in der Menge der (jeweils) aufgerufenen Datensätze
Σ „Verfolgungsakteur_in“	Anzahl der Personen dieses Typs in der Menge der (jeweils) aufgerufenen Datensätze
Σ „Exponierte_r Akteur_in (n.z.)“	Anzahl der Personen dieses Typs in der Menge der (jeweils) aufgerufenen Datensätze
Σ „ns-sozialisiert, ab Jg. 1918“	Anzahl der Personen dieses Typs in der Menge der (jeweils) aufgerufenen Datensätze
Σ „nicht zuordenbar / Quellenlage“	Anzahl der Personen dieses Typs in der Menge der (jeweils) aufgerufenen Datensätze
Qualifizierungen der NSDAP-Mitgliedschaften	
„NSDAP bis 19300914“	Beitritt / Nichtbeitritt der Person bis zum 14.9.1930; Beitritt ausgedrückt durch „1“, Nichtbeitritt ausgedrückt durch „0“
„NSDAP 19300915 bis 19330129“	Beitritt / Nichtbeitritt der Person im Zeitraum 15.9.1930 bis 29.1.1933; Beitritt ausgedrückt durch „1“, Nichtbeitritt ausgedrückt durch „0“
„NSDAP 19330130 bis 19330501“	Beitritt / Nichtbeitritt der Person im Zeitraum 30.1.1933 bis 1.5.1933; Beitritt ausgedrückt durch „1“, Nichtbeitritt ausgedrückt durch „0“
„NSDAP 19330502 bis 19370430“	Beitritt / Nichtbeitritt der Person im Zeitraum 2.5.1933 bis 30.4.1937; Beitritt ausgedrückt durch „1“, Nichtbeitritt ausgedrückt durch „0“
„NSDAP 19370501 bis 19390831“	Beitritt / Nichtbeitritt der Person im Zeitraum 1.5.1937 bis 31.8.1939; Beitritt ausgedrückt durch „1“, Nichtbeitritt ausgedrückt durch „0“
„NSDAP 19390901 bis 19450501“	Beitritt / Nichtbeitritt der Person im Zeitraum seit dem 1.9.1939; Beitritt ausgedrückt durch „1“, Nichtbeitritt ausgedrückt durch „0“

„Σ NSDAP bis 19300914“	Anzahl der Personen dieses Beitrittszeitraums in der Menge der (jeweils) aufgerufenen Datensätze
„Σ NSDAP 19300915 bis 19330129“	Anzahl der Personen dieses Beitrittszeitraums in der Menge der (jeweils) aufgerufenen Datensätze
„Σ NSDAP 19330130 bis 19330501“	Anzahl der Personen dieses Beitrittszeitraums in der Menge der (jeweils) aufgerufenen Datensätze
„Σ NSDAP 19330502 bis 19370430“	Anzahl der Personen dieses Beitrittszeitraums in der Menge der (jeweils) aufgerufenen Datensätze
„Σ NSDAP 19370501 bis 19390831“	Anzahl der Personen dieses Beitrittszeitraums in der Menge der (jeweils) aufgerufenen Datensätze
„Σ NSDAP 19390901 bis 19450501“	Anzahl der Personen dieses Beitrittszeitraums in der Menge der (jeweils) aufgerufenen Datensätze

IV. Maske „NS-Vergangenheit“

Feldname	**Erläuterung**
„Name“	Name der Person: Nachname, Vorname(n); in den meisten Fällen aus LIS-SH importiert aus dem Feld „Gesamtnamensansetzung“, so auch der Feldname in der Datenbanktabelle
„Geburtsort“	Geburtsort der Person; in den meisten Fällen aus LIS-SH importiert aus dem Feld „Geburtsort“, so auch der Feldname in der Datenbank-tabelle
„Geburtsdatum“	Geburtsdatum der Person; in den meisten Fällen aus LIS-SH importiert aus dem Feld „Geburtsdatum“, so auch der Feldname in der Datenbanktabelle
Entnazifizierung	
„Entnazifizierung?“	Vorliegen / Nichtvorliegen von Informationen über ein Entnazifizierungsverfahren; Dropdown-Auswahlmenü: „ja“, „nein“, „unklar“; „ja“: Entnazifizierungsverfahren belegt „nein“: Entnazifizierungsverfahren entweder nachweislich nicht erfolgt oder bei Gesamtwürdigung der Daten (Geburtsdatum!) äußerst unwahrscheinlich „unklar“: Entnazifizierungsverfahren nicht überliefert / belegt bzw. nicht auszuschließen
„EH Ausschuss“	Name des (hauptsächlich) befassten Entnazifizierungsgremiums; sofern ein Entnazifizierungshauptausschuss, nur Nennung des Stadt- / Landkreises

„Datum Entnazifizierung"	ggf. Datum der ersten ergangenen Spruchentscheidung, bei evtl. Berufungs- oder Wiederaufnahmeverfahren Hinweise in Feld „Bemerkungen E."
„Kategorie"	Einstufung durch die erste ergangene Spruchentscheidung; Kategorien I–V, ausgedrückt in arabischen Ziffern
„Umgewandelt"	Einstufung nach ggf. erfolgter Umstufung; Kategorien I–V, ausgedrückt in arabischen Ziffern
„Weitere Auflagen"	Informationen zu evtl. weiteren, mit der Kategorisierung verbundenen Auflagen oder Strafen, beispielsweise finanzielle Beiträge zum Wiederaufbaufonds, Vermögenssperren etc.
„Quellen Entnazifizierung"	Quellenhinweise als Beleg für die Informationen in den Feldern „Entnazifizierung?", „EH Ausschuss", „Datum Entnazifizierung", „Kategorie", „Umgewandelt", „Weitere Auflagen" und „Bemerkungen E."
„Bemerkungen E."	weitere ggf. erläuternde Bemerkungen zum Entnazifizierungsverfahren bezogen auf die Person, beispielsweise Besonderheiten, Quellenlücken, weiterführende Hinweise etc.
Strafjustiz	
„Ermittlungsverfahren?"	Vorliegen / Nichtvorliegen von Informationen über ein staatsanwaltschaftliches (Vor-)Ermittlungsverfahren wegen NS-Gewaltverbrechen; Dropdown-Auswahlmenü: „ja", „nein", „unklar"; „ja": (Vor-)Ermittlungsverfahren wegen NS-Gewaltverbrechen belegt „nein": (Vor-)Ermittlungsverfahren wegen NS-Gewaltverbrechen nicht in den Karteien des BArch Ludwigsburg / Zentrale Stelle und der Datenbank des IfZ München oder in den Datenbanken des LASH (vgl. hierzu entsprechende Legenden) „unklar": (Vor-)Ermittlungsverfahren wegen NS-Gewaltverbrechen nicht eindeutig überliefert / belegt, beispielsweise wegen nicht eindeutiger Personenidentität bzw. nicht ausreichender persönlicher Daten oder problematischer Quellenüberlieferung (kassierte Akten, nicht berücksichtigte Provenienzen etc.) o. Ä.
„Inhalt Ermittlungsverfahren"	erläuternde Bemerkungen zu ggf. erfolgten staatsanwaltschaftlichen (Vor-)Ermittlungsverfahren wegen NS-Gewaltverbrechen
„Quelle Ermittlungsverfahren"	Quellenhinweise als Beleg für die Informationen in den Feldern „Ermittlungsverfahren?" und „Inhalt Ermittlungsverfahren"
„Gerichtliches (Straf-)Verfahren?	Vorliegen / Nichtvorliegen von Informationen über ein gerichtliches Eröffnungs- / Strafverfahren wegen NS-Gewaltverbrechen; Dropdown-Auswahlmenü: „ja", „nein", „unklar";

	„ja“: gerichtliches Eröffnungs- / Strafverfahren wegen NS-Gewaltverbrechen belegt „nein“: gerichtliches Eröffnungs- / Strafverfahren wegen NS-Gewaltverbrechen nicht in den Karteien des BArch Ludwigsburg/Zentrale Stelle und der Datenbank des IfZ München oder in den Datenbanken des LASH (vgl. hierzu entsprechende Legenden) „unklar“: gerichtliches Eröffnungs- / Strafverfahren wegen NS-Gewaltverbrechen nicht eindeutig überliefert / belegt, bspw. wegen nicht eindeutiger Personenidentität bzw. nicht ausreichender persönlicher Daten oder problematischer Quellenüberlieferung (kassierte Akten, nicht berücksichtigte Provenienzen etc.) o.ä.
„Inhalt Strafverfahren“	erläuternde Bemerkungen zu ggf. erfolgten gerichtlichen Eröffnungs- / Strafverfahren wegen NS-Gewaltverbrechen
„Bemerkungen Strafjustiz“	ggf. weitere erläuternde bzw. einordnende Bemerkungen
„Quelle Strafverfahren“	Quellenhinweise als Beleg für die Informationen in den Feldern „Gerichtliches (Straf-)Verfahren?“, „Inhalt Strafverfahren“ und „Bemerkungen Strafjustiz“
Internierung	
„Internierung?“	Vorliegen/Nichtvorliegen von Informationen über eine Internierung oder Kriegsgefangenschaft; Dropdown-Auswahlmenü: „ja“, „nein“, „unklar“; „ja“: Internierung / Kriegsgefangenschaft belegt „nein“: Nichtzutreffen Internierung / Kriegsgefangenschaft entweder belegt oder diese äußerst unwahrscheinlich „unklar“: Zutreffen Internierung / Kriegsgefangenschaft nicht belegbar / ausschließbar wegen nicht ausreichender Quellenbasis
„Internierungsdatum“	belegtes (erstes) Verhaftungsdatum, unabhängig davon, ob zwischenzeitliche Entlassung oder Änderung des Status etc. vorliegt
„Entlassungsdatum“	belegtes (letztes) Entlassungsdatum aus Internierung / Kriegsgefangenschaft
„Internierungsmonate“	(Brutto-)Zeitraum der Internierung / Kriegsgefangenschaft; entweder direkt aus Quellen übernommen oder errechnet aus Zeitraum zwischen „Internierungsdatum“ und „Entlassungsdatum“
„Internierungslager“	belegte Internierungs- / Kriegsgefangenlager
„Bemerkungen Internierung“	weitere erläuternde Informationen zum Komplex Internierung / Kriegsgefangenschaft bezogen auf die Person
„Quelle Internierung“	Quellenhinweise als Beleg für die Informationen in den Feldern „Internierung?“, „Internierungsdatum“, „Entlassungsdatum“, „Internie-

	rungsmonate", „Internierungslager" und „Bemerkungen Internierung"
Spruchgerichtsverfahren	
„Spruchgerichts-verfahren?"	Vorliegen / Nichtvorliegen von Informationen über ein Spruchgerichtsverfahren der Britischen Besatzungszone; Dropdown-Auswahlmenü: „ja", „nein", „unklar"; „ja": Spruchgerichtsverfahren belegt im BArch Koblenz oder durch Hinweise in anderen Provenienzen (Entnazifizierungsverfahren etc.) „nein": Spruchgerichtsverfahren nicht belegt in BArch Koblenz oder durch Hinweise in anderen Provenienzen (Entnazifizierungsverfahren etc.) „unklar": Vorliegen eines Spruchgerichtsverfahrens nicht eindeutig zu klären, bspw. durch mangelnde Personenidentität
„Spruchgericht"	Name des federführenden Spruchgerichts
„Spruchgerichts-urteilsdatum	Datum des erstinstanzlichen Urteils des Spruchgerichts
„Spruchgerichtsurteil"	erstinstanzliches Urteil des Spruchgerichts
„Haftmonate Urteil"	ggf. Anzahl der ausgesprochenen Haftmonate einer Gefängnisstrafe
„Reststrafe Urteil"	ggf. Anzahl der nach Abzug der angerechneten Internierungshaft übrig gebliebenen Haftmonate
„Bemerkungen Spruchgerichtsverfahren"	ggf. weitere erläuternde Bemerkungen zum Verfahren vor dem Spruchgericht bzw. zur Verbüßung der Strafe, z. B. Gnadenerweise etc.
„Quelle Spruchgerichts-verfahren"	Quellenhinweise als Beleg für die Informationen in den Feldern „Spruchgerichtsverfahren?", „Spruchgericht", „Spruchgerichtsurteilsdatum", „Spruchgerichtsurteil", „Haftmonate Urteil", „Reststrafe Monate" und „Bemerkungen Spruchgerichtsverfahren"
Wiedergutmachung	
„Wiedergutmachungs-verfahren?"	Vorliegen / Nichtvorliegen von Informationen über ein Wiedergutmachungs- / Rückerstattungsverfahren: „ja", „nein", „unklar"; „ja": Wiedergutmachungs- / Rückerstattungsverfahren belegt in LASH Abt. 352.3 oder Abt. 761 oder durch Hinweise in anderen Provenienzen „nein": Wiedergutmachungs- / Rückerstattungsverfahren nicht belegt in LASH Abt. 352.3 oder Abt. 761 oder durch Hinweise in anderen Provenienzen „unklar": Wiedergutmachungs- / Rückerstattungsverfahren nicht eindeutig zu klären, bspw. durch mangelnde Personenidentität oder unzureichende Quellensituation

„Quelle Wiedergutmachungsverfahren“	Quellenhinweise als Beleg für die Informationen in den Feldern „Wiedergutmachungsverfahren“, „Inhalt Wiedergutmachungsverfahren“ und „Bemerkungen Wiedergutmachungsverfahren“
„Inhalt Wiedergutmachungsverfahren“	ggf. weitere erläuternde Informationen zum Inhalt (Antragsgegenstand, Verlauf und Ausgang) des Verfahrens
„Bemerkungen Wiedergutmachungsverfahren“	ggf. weitere Bemerkungen zum Verfahren und zum historischen Hintergrund des Antrags, beispielsweise zu Verfolgungserfahrungen der Person in der NS-Zeit
Vergangenheitspolitik	
„Rolle Vergangenheitspolitik?“	Zutreffen / Nichtzutreffen einer möglichen Rolle als aktive_r Vergangenheitspolitiker_in; Dropdown-Auswahlmenü: „ja“, „nein“, „unklar“; „ja“: Zutreffen einer Rolle als aktive_r Vergangenheitspolitiker_in belegt, bspw. durch Mitarbeit in entsprechenden Ausschüssen des Landtags (Entnazifizierung, Euthanasie, Heyde / Sawade I und II, Situation im Polizeiwesen), aktive Teilnahme in geschichtspolitischen Debatten im Landtag (ab fünf Debattenbeiträgen oder 10 Zwischenrufe); Mitgliedschaften in Entnazifizierungshauptausschüssen, Kreissonderhilfsausschüssen und ähnlichen Gremien; ebenfalls bei Zutreffen des Umstands, dass Person Objekt von vergangenheitspolitischen Auseinandersetzungen wurde „nein“: Nichtzutreffen o. g. Kriterien „unklar“: Entscheidung über Zutreffen / Nichtzutreffen nicht möglich wegen nicht ausreichender Quellenbasis bzw. ungeklärter Personenidentität
„Quelle Vergangenheitspolitik“	Quellenhinweise als Beleg für die Informationen in den Feldern „Rolle Vergangenheitspolitik“ und „Bemerkungen Vergangenheitspolitik“
„Bemerkungen Vergangenheitspolitik“	ggf. erläuternde Hinweise zu einer möglichen Rolle als aktive_r Vergangenheitspolitiker_in

V. Maske „Politische Rolle(n) nach 1945“

Feldname	Erläuterung
„Name“	Name der Person: Nachname, Vorname(n); in den meisten Fällen aus LIS-SH importiert aus dem Feld „Gesamtnamensansetzung“, so auch der Feldname in der Datenbanktabelle

Parl. Name	im Fall von Nachnamensgleichheit von MdL in einer Wahlperiode Name zur Unterscheidung; bestehend aus dem Nachnamen und dem vertretenen Wahlkreis bzw. Wohnort des MdL; aus dem LIS-SH importiert
„Geburtsort“	Geburtsort der Person; in den meisten Fällen aus LIS-SH importiert aus dem Feld „Geburtsort“, so auch der Feldname in der Datenbanktabelle
„Geburtsdatum“	Geburtsdatum der Person; in den meisten Fällen aus LIS-SH importiert aus dem Feld „Geburtsdatum“, so auch der Feldname in der Datenbanktabelle
„Geschlecht“	Geschlechtsbezeichnung, in den meisten Fällen aus LIS-SH importiert aus dem Feld „Geschlecht“, so auch der Feldname in der Datenbanktabelle
„Todesdatum“	ggf. Todesdatum der Person, sofern vorliegend; in den meisten Fällen aus LIS-SH importiert aus dem Feld „Todesdatum“, so auch der Feldname in der Datenbanktabelle
„Biografische Bezüge SH“	Biografische Bezüge der Person zu Schleswig-Holstein, bestimmt auf der Basis der kompletten Quellenrecherche; fünf Kategorien: a = „vor 1945 enger biografischer Bezug zu SH“ (aus Schleswig-Holstein stammend und in NS-Zeit größtenteils dort aktiv (Ausnahme Wehrdienst)) b = „vor 1945 biografischer Bezug zu SH“ (daher stammend **oder** während NS-Zeit dort (tw.) aktiv) c = „nach 1945 Bezug zu SH“ (erst nach 1945 in der Region aktiv resp. lebend) d = „(anerkannter) Flüchtling“ (offizieller Status als Flüchtling / Vertriebener) e = unklar
„Vita 1“	aus dem LIS-SH importierte biografische Informationen zur Person (Feldname: „Vita“), zumeist Eigenangaben, basierend auf den Angaben in den Handbüchern des Landtags
„Beruf“	aus dem LIS-SH importierte biografische Informationen zum Beruf Person (Feldname: „Beruf“), zumeist Eigenangaben
„Orden“	aus dem LIS-SH importierte biografische Informationen zu ggf. verliehenen Orden und Ehrenzeichen (Feldname: „Orden und Ehrenzeichen“), einschließlich der vorschlagenden Institution und entsprechender Daten
Alterskohorten	
„Kohorte bis 1889“	Zugehörigkeit / Nichtzugehörigkeit zur Kohorte der Geburtsjahrgänge bis 1889 einschließlich; automatische Berechnung; Zugehörigkeit durch „1“, Nichtzugehörigkeit durch „0“ ausgedrückt
„Kohorte 1890–1899“	Zugehörigkeit / Nichtzugehörigkeit zur Kohorte der Geburtsjahrgänge 1890–1899 einschließlich; automatische Berechnung; Zugehörigkeit durch „1“, Nichtzugehörigkeit durch „0“ ausgedrückt

„Kohorte 1900–1909"	Zugehörigkeit / Nichtzugehörigkeit zur Kohorte der Geburtsjahrgänge 1900–1909 einschließlich; automatische Berechnung; Zugehörigkeit durch „1", Nichtzugehörigkeit durch „0" ausgedrückt
„Kohorte 1910–1919"	Zugehörigkeit / Nichtzugehörigkeit zur Kohorte der Geburtsjahrgänge 1910–1919 einschließlich; automatische Berechnung; Zugehörigkeit durch „1", Nichtzugehörigkeit durch „0" ausgedrückt
„Kohorte ab 1920"	Zugehörigkeit / Nichtzugehörigkeit zur Kohorte der Geburtsjahrgänge ab 1920 einschließlich; automatische Berechnung; Zugehörigkeit durch „1", Nichtzugehörigkeit durch „0" ausgedrückt
Auswertung Alterskohorten	
„Σ bis 1889"	Anzahl der Mitglieder der Kohorte der Geburtsjahrgänge bis 1889 in der Menge der (jeweils) aufgerufenen Datensätze; errechneter Wert
„Σ 1890–1899"	Anzahl der Mitglieder der Kohorte der Geburtsjahrgänge 1890–1899 in der Menge der (jeweils) aufgerufenen Datensätze; errechneter Wert
„Σ 1900–1909"	Anzahl der Mitglieder der Kohorte der Geburtsjahrgänge 1900–1909 in der Menge der (jeweils) aufgerufenen Datensätze; errechneter Wert
„Σ 1910–1919"	Anzahl der Mitglieder der Kohorte der Geburtsjahrgänge 1910–1919 in der Menge der (jeweils) aufgerufenen Datensätze; errechneter Wert
„Σ ab 1920"	Anzahl der Mitglieder der Kohorte der Geburtsjahrgänge ab 1920 in der Menge der (jeweils) aufgerufenen Datensätze; errechneter Wert
Politische Generationen	
„Politische Generation 1"	(nach Bürklin): Zugehörigkeit / Nichtzugehörigkeit zur Kohorte der Geburtsjahrgänge bis 1903 einschließlich, damit (überwiegend) in der Monarchie geprägt; automatische Berechnung; Zugehörigkeit durch „1", Nichtzugehörigkeit durch „0" ausgedrückt
„Politische Generation 2"	(nach Bürklin): Zugehörigkeit / Nichtzugehörigkeit zur Kohorte der Geburtsjahrgänge 1904 bis 1917 einschließlich, damit (überwiegend) in der Weimarer Republik geprägt; automatische Berechnung; Zugehörigkeit durch „1", Nichtzugehörigkeit durch „0" ausgedrückt
„Politische Generation 3"	(nach Bürklin): Zugehörigkeit / Nichtzugehörigkeit zur Kohorte der Geburtsjahrgänge ab 1918 einschließlich, damit (überwiegend) in der NS-Zeit geprägt; automatische Berechnung; Zugehörigkeit durch „1", Nichtzugehörigkeit durch „0" ausgedrückt
Auswertung Politische Generationen	
„Σ Pol Gen 1"	Anzahl der Mitglieder der Kohorte der Geburtsjahrgänge bis 1903 einschließlich, in der Menge der (jeweils) aufgerufenen Datensätze; errechneter Wert

„Σ Pol Gen 2"	Anzahl der Mitglieder der Kohorte der Geburtsjahrgänge 1904 bis 1917 einschließlich, in der Menge der (jeweils) aufgerufenen Datensätze; errechneter Wert
„Σ Pol Gen 3"	Anzahl der Mitglieder der Kohorte der Geburtsjahrgänge ab 1918, in der Menge der (jeweils) aufgerufenen Datensätze; errechneter Wert
Parlamentarische Arbeit	
„Mandate und Funktionen"	Informationen zu Mandaten und Funktionen im Schleswig-Holsteinischen Landtag mit präzisen Daten und Funktionen; aus dem LIS-SH importiert
„1. ern LT"	Mitgliedschaft / Nichtmitgliedschaft der Person im ersten ernannten Schleswig-Holsteinischen Landtag; errechneter Wert; Mitgliedschaft durch „1", Nichtmitgliedschaft durch „0" ausgedrückt
„2. ern LT"	Mitgliedschaft / Nichtmitgliedschaft der Person im zweiten ernannten Schleswig-Holsteinischen Landtag; errechneter Wert; Mitgliedschaft durch „1", Nichtmitgliedschaft durch „0" ausgedrückt
„WP01"	Mitgliedschaft / Nichtmitgliedschaft der Person im ersten gewählten Schleswig-Holsteinischen Landtag; errechneter Wert; Mitgliedschaft durch „1", Nichtmitgliedschaft durch „0" ausgedrückt
„WP02"	Mitgliedschaft / Nichtmitgliedschaft der Person im zweiten gewählten Schleswig-Holsteinischen Landtag; errechneter Wert; Mitgliedschaft durch „1", Nichtmitgliedschaft durch „0" ausgedrückt
„WP03"	Mitgliedschaft / Nichtmitgliedschaft der Person im dritten gewählten Schleswig-Holsteinischen Landtag; errechneter Wert; Mitgliedschaft durch „1", Nichtmitgliedschaft durch „0" ausgedrückt
„WP04"	Mitgliedschaft / Nichtmitgliedschaft der Person im vierten gewählten Schleswig-Holsteinischen Landtag; errechneter Wert; Mitgliedschaft durch „1", Nichtmitgliedschaft durch „0" ausgedrückt
„WP05"	Mitgliedschaft / Nichtmitgliedschaft der Person im fünften gewählten Schleswig-Holsteinischen Landtag; errechneter Wert; Mitgliedschaft durch „1", Nichtmitgliedschaft durch „0" ausgedrückt
„WP06"	Mitgliedschaft / Nichtmitgliedschaft der Person im sechsten gewählten Schleswig-Holsteinischen Landtag; errechneter Wert; Mitgliedschaft durch „1", Nichtmitgliedschaft durch „0" ausgedrückt
„WP07"	Mitgliedschaft / Nichtmitgliedschaft der Person im siebten gewählten Schleswig-Holsteinischen Landtag; errechneter Wert; Mitgliedschaft durch „1", Nichtmitgliedschaft durch „0" ausgedrückt
„WP08"	Mitgliedschaft / Nichtmitgliedschaft der Person im achten gewählten Schleswig-Holsteinischen Landtag; errechneter Wert; Mitgliedschaft durch „1", Nichtmitgliedschaft durch „0" ausgedrückt

„WP09"	Mitgliedschaft / Nichtmitgliedschaft der Person im neunten gewählten Schleswig-Holsteinischen Landtag; errechneter Wert; Mitgliedschaft durch „1", Nichtmitgliedschaft durch „0" ausgedrückt
„WP10"	Mitgliedschaft / Nichtmitgliedschaft der Person im zehnten gewählten Schleswig-Holsteinischen Landtag; errechneter Wert; Mitgliedschaft durch „1", Nichtmitgliedschaft durch „0" ausgedrückt
„WP11"	Mitgliedschaft / Nichtmitgliedschaft der Person im elften gewählten Schleswig-Holsteinischen Landtag; errechneter Wert; Mitgliedschaft durch „1", Nichtmitgliedschaft durch „0" ausgedrückt
„WP12"	Mitgliedschaft / Nichtmitgliedschaft der Person im zwölften gewählten Schleswig-Holsteinischen Landtag; errechneter Wert; Mitgliedschaft durch „1", Nichtmitgliedschaft durch „0" ausgedrückt
„WP13"	Mitgliedschaft / Nichtmitgliedschaft der Person im dreizehnten gewählten Schleswig-Holsteinischen Landtag; errechneter Wert; Mitgliedschaft durch „1", Nichtmitgliedschaft durch „0" ausgedrückt
„Anzahl WP"	Anzahl der Wahlperioden, in denen die aufgerufene Person Mitglied des Schleswig-Holsteinischen Landtags war
„Durchschn WP"	durchschnittliche Anzahl von Wahlperioden, in denen alle in den aufgerufenen Datensätzen enthaltenen Personen Mitglieder des Schleswig-Holsteinischen Landtags waren
„Vergangenheitspolitische Debattenbeiträge"	ggf. codiert dargestellte Beiträge der aufgerufenen Person zu jenen als vergangenheitspolitisch ausgewählten und gekennzeichneten Debatten im Schleswig-Holsteinischen Landtag; Codierung: „Wahlperiode_Sitzungsnummer_Seitenzahlen der ausgewählten Debatte im Plenarprotokoll_Charakterisierung des Beitrags_Seitenzahl (des Anfangs) des Debattenbeitrags im Plenarprotokoll"; Codierung Charakterisierung Beitrag: „D" = ordentlicher Redebeitrag „Z" = Zwischenruf „G" = Antrag zur Geschäftsordnung
„Anzahl VP Beiträge"	Anzahl der Redebeiträge der aufgerufenen Person in ausgewählten vergangenheitspolitischen Debatten
„Anzahl VP Zwischenrufe"	Anzahl der Zwischenrufe der aufgerufenen Person in ausgewählten vergangenheitspolitischen Debatten
„Anzahl VP GO"	Anzahl der Geschäftsordnungsanträge der aufgerufenen Person in ausgewählten vergangenheitspolitischen Debatten
„Durchschnitt DB"	Durchschnittszahl von „Anzahl VP Beiträge" bezogen auf die Menge der (jeweils) aufgerufenen Datensätze
„Durchschnitt Z"	Durchschnittszahl von „Anzahl VP Zwischenrufe" bezogen auf die Menge der (jeweils) aufgerufenen Datensätze

„Durchschnitt GO"	Durchschnittszahl von „Anzahl VP GO" bezogen auf die Menge der (jeweils) aufgerufenen Datensätze
Fraktionsmitgliedschaften	
„Fraktionsmitgliedschaften"	Fraktionsmitgliedschaften der aufgerufenen Person im Schleswig-Holsteinischen Landtag geordnet nach Wahlperioden mit präzisen Daten einschließlich der jeweiligen Funktion; importiert aus dem LIS-SH
„Fraktion SPD"	Mitgliedschaft / Nichtmitgliedschaft der aufgerufenen Person zur Fraktion „Sozialdemokratische Partei Deutschlands"; Mitgliedschaft durch „1", Nichtmitgliedschaft durch „0" ausgedrückt"; errechneter Wert
„Fraktion CDU"	Mitgliedschaft / Nichtmitgliedschaft der aufgerufenen Person zur Fraktion „Christlich Demokratische Union Deutschlands"; Mitgliedschaft durch „1", Nichtmitgliedschaft durch „0" ausgedrückt" ; errechneter Wert
„Fraktion FDP"	Mitgliedschaft / Nichtmitgliedschaft der aufgerufenen Person zur Fraktion „Freie Demokratische Partei"; Mitgliedschaft durch „1", Nichtmitgliedschaft durch „0" ausgedrückt" ; errechneter Wert
„Fraktion KPD"	Mitgliedschaft / Nichtmitgliedschaft der aufgerufenen Person zur Fraktion „Kommunistische Partei Deutschlands"; Mitgliedschaft durch „1", Nichtmitgliedschaft durch „0" ausgedrückt" ; errechneter Wert
„Fraktion GDP"	Mitgliedschaft / Nichtmitgliedschaft der aufgerufenen Person zur Fraktion „Gesamtdeutsche Partei"; Mitgliedschaft durch „1", Nichtmitgliedschaft durch „0" ausgedrückt" ; errechneter Wert
„Fraktion GB BHE"	Mitgliedschaft / Nichtmitgliedschaft der aufgerufenen Person zur Fraktion „Gesamtdeutscher Block / Bund der Heimatvertriebenen und Entrechteten"; Mitgliedschaft durch „1", Nichtmitgliedschaft durch „0" ausgedrückt" ; errechneter Wert
„Fraktion DP"	Mitgliedschaft / Nichtmitgliedschaft der aufgerufenen Person zur Fraktion „Deutsche Partei"; Mitgliedschaft durch „1", Nichtmitgliedschaft durch „0" ausgedrückt" ; errechneter Wert
„Fraktion DAP"	Mitgliedschaft / Nichtmitgliedschaft der aufgerufenen Person zur Fraktion „Deutsche Aufbaupartei"; Mitgliedschaft durch „1", Nichtmitgliedschaft durch „0" ausgedrückt" ; errechneter Wert
„Fraktion NPD"	Mitgliedschaft / Nichtmitgliedschaft der aufgerufenen Person zur Fraktion „Nationaldemokratische Partei Deutschlands"; Mitgliedschaft durch „1", Nichtmitgliedschaft durch „0" ausgedrückt" ; errechneter Wert
„Fraktion DVU"	Mitgliedschaft / Nichtmitgliedschaft der aufgerufenen Person zur Fraktion „Deutsche Volksunion"; Mitgliedschaft durch „1", Nichtmitgliedschaft durch „0" ausgedrückt" ; errechneter Wert

„Fraktion „DLVH“	Mitgliedschaft / Nichtmitgliedschaft der aufgerufenen Person zur Fraktion „Deutsche Liga für Volk und Heimat“; Mitgliedschaft durch „1“, Nichtmitgliedschaft durch „0“ ausgedrückt“ ; errechneter Wert
„Fraktion DRP“	Mitgliedschaft / Nichtmitgliedschaft der aufgerufenen Person zur Fraktion „Deutsche Rechtspartei – Konservative Vereinigung“; Mitgliedschaft durch „1“, Nichtmitgliedschaft durch „0“ ausgedrückt“ ; errechneter Wert
„Fraktion SHB “	Mitgliedschaft / Nichtmitgliedschaft der aufgerufenen Person zur Fraktion „Schleswig-Holstein-Block“; Mitgliedschaft durch „1“, Nichtmitgliedschaft durch „0“ ausgedrückt“ ; errechneter Wert
„Fraktion Dän VG, SSV, SSW“	Mitgliedschaft / Nichtmitgliedschaft der aufgerufenen Person zur Fraktion „Dänische Volksgruppe“ bzw. „SSV“ bzw. SSW; Mitgliedschaft durch „1“, Nichtmitgliedschaft durch „0“ ausgedrückt“ ; errechneter Wert
„o. F.“	Zutreffen / Nichtzutreffen des Status „fraktionslos“ auf die aufgerufene Person; Zutreffen durch „1“, Nichtzutreffen durch „0“ ausgedrückt“; errechneter Wert
Auswertung Fraktionsmitgliedschaften	
„Σ SPD“	Anzahl der Mitglieder der Fraktion „Sozialdemokratische Partei Deutschlands“ in der Menge der (jeweils) aufgerufenen Datensätze; errechneter Wert
„Σ CDU“	Anzahl der Mitglieder der Fraktion „Christlich Demokratische Union Deutschlands“ in der Menge der (jeweils) aufgerufenen Datensätze; errechneter Wert
„Σ FDP“	Anzahl der Mitglieder der Fraktion „Freie Demokratische Partei“ bezogen auf die aufgerufene Ergebnismenge; errechneter Wert
„Σ KPD“	Anzahl der Mitglieder der Fraktion „Kommunistische Partei Deutschlands“ in der Menge der (jeweils) aufgerufenen Datensätze; errechneter Wert
„Σ GDP“	Anzahl der Mitglieder der Fraktion „Gesamtdeutsche Partei“ in der Menge der (jeweils) aufgerufenen Datensätze; errechneter Wert
„Σ GB/BHE“	Anzahl der Mitglieder der Fraktion „Gesamtdeutscher Block / Bund der Heimatvertriebenen und Entrechteten“ in der Menge der (jeweils) aufgerufenen Datensätze; errechneter Wert
„Σ DP“	Anzahl der Mitglieder der Fraktion „Deutsche Partei“ in der Menge der (jeweils) aufgerufenen Datensätze; errechneter Wert
„Σ DAP“	Anzahl der Mitglieder der Fraktion „Deutsche Aufbaupartei“ in der Menge der (jeweils) aufgerufenen Datensätze; errechneter Wert

„Σ NPD“	Anzahl der Mitglieder der Fraktion „Nationaldemokratische Partei Deutschlands“ in der Menge der (jeweils) aufgerufenen Datensätze; errechneter Wert
„Σ DVU“	Anzahl der Mitglieder der Fraktion „Deutsche Volksunion“ in der Menge der (jeweils) aufgerufenen Datensätze; errechneter Wert
„Σ DLVH“	Anzahl der Mitglieder der Fraktion „Deutsche Liga für Volk und Heimat“ in der Menge der (jeweils) aufgerufenen Datensätze; errechneter Wert
„Σ DRP“	Anzahl der Mitglieder der Fraktion „Deutsche Rechtspartei – Konservative Vereinigung“ in der Menge der (jeweils) aufgerufenen Datensätze; errechneter Wert
„Σ SHB“	Anzahl der Mitglieder der Fraktion „Schleswig-Holstein-Block“ in der Menge der (jeweils) aufgerufenen Datensätze; errechneter Wert
„Σ Dän VG, SSV, SSW“	Anzahl der Mitglieder der Fraktion „Dänische Volksgruppe“ bzw. „SSV“ bzw. „SSW“ in der Menge der (jeweils) aufgerufenen Datensätze; errechneter Wert
„Σ o. F.“	Anzahl der Mitglieder des Landtags mit dem Status „fraktionslos“ in der Menge der (jeweils) aufgerufenen Datensätze; errechneter Wert
Ausschussmitgliedschaften	
„Ausschussmitgliedschaften“	ggf. Mitgliedschaften in Ausschüssen des Schleswig-Holsteinischen Landtags; mit präzisen Daten, geordnet nach Wahlperioden und Funktionen; importiert aus dem LIS-SH
„Anzahl Ausschussmitgliedschaften“	Anzahl der wahrgenommenen Ausschussmitgliedschaften der aufgerufenen Person; errechneter Wert
„Aus Mitg pro WP“	Durchschnittsanzahl wahrgenommener Ausschussmitgliedschaften der aufgerufenen Person pro Wahlperiode; errechneter Wert
„Durchschn Mitg pro WP“	Durchschnittsanzahl wahrgenommener Ausschussmitgliedschaften aller aufgerufenen Personen pro Wahlperiode, in der Menge der (jeweils) aufgerufenen Datensätze; errechneter Wert
„Anzahl Stellv Ausschussmitgliedschaften“	Anzahl der belegten stellvertretenden Ausschussmitgliedschaften der aufgerufenen Person; errechneter Wert
„Anzahl Ausschussvorsitz“	Anzahl der wahrgenommenen Ausschussvorsitze der aufgerufenen Person; errechneter Wert
„Gremien“	ggf. Mitgliedschaften der aufgerufenen Person in Gremien des Schleswig-Holsteinischen Landtags mit präzisen Daten, geordnet nach Wahlperioden und Funktionen; importiert aus dem LIS-SH
„Bundesversammlung“	ggf. Teilnahme der aufgerufenen Person an Bundesversammlungen mit präzisen Daten und Funktionen; importiert aus dem LIS-SH

„Enquetekommissionen	ggf. Teilnahme der aufgerufenen Person an Enquetekommissionen mit präzisen Daten und Funktionen; importiert aus dem LIS-SH
Regierungsämter / Bundespolitik	
„Regierungsämter"	ggf. Informationen zu Regierungsämtern in Schleswig-Holsteinischen Landesregierungen der aufgerufenen Person, geordnet nach Kabinetten, mit präzisen Daten, Informationen zu Ressort und Funktion
„Mandate und Funktionen BT"	ggf. Informationen zu Mandaten und Funktionen im Deutschen Bundestag der aufgerufenen Person mit präzisen Daten und Funktionen; aus dem LIS-SH importiert
„Fraktionsmitgliedschaft BT"	Fraktionsmitgliedschaften der aufgerufenen Person im Deutschen Bundestag geordnet nach Wahlperioden mit präzisen Daten einschließlich der jeweiligen Funktion; importiert aus dem LIS-SH
„Regierungsämter Bund"	ggf. Informationen zu Regierungsämtern in Bundesregierungen der aufgerufenen Person, geordnet nach Kabinetten, mit präzisen Daten, Informationen zu Ressort und Funktion

VI. Maske „Archivrecherche"

Feldname	**Erläuterungen**
„Gesamtnamensansetzung"	Name der Person: Nachname, Vorname(n); in den meisten Fällen aus LIS-SH importiert aus dem Feld „Gesamtnamensansetzung", so auch der Feldname in der Datenbanktabelle
„Geburtsdatum"	Geburtsdatum der Person; in den meisten Fällen aus LIS-SH importiert aus dem Feld „Geburtsdatum", so auch der Feldname in der Datenbanktabelle
„Geburtsort"	Geburtsort der Person; in den meisten Fällen aus LIS-SH importiert aus dem Feld „Geburtsort", so auch der Feldname in der Datenbanktabelle
Auswertungshinweise	
„Quellendichte"	Bewertung der Qualität der Quellenüberlieferung bezogen auf die jeweils aufgerufene Person; Kategorien: „gut", „befriedigend", „ausreichend", „unzureichend"; Kriterien: • „gut": Die Quellendichte ist gesättigt sowie durch ausreichende Forschung zusätzlich abgesichert. Es entsteht – bezogen auf die Fragestellungen und Einordnungen – ein umfassendes Bild der Person; sowohl zeitgenössische Überlieferungen als auch jene für die Nachkriegszeit sind aussagekräftig. • „befriedigend": Die Quellenüberlieferung entlang der im Forschungsdesign ausgeführten Recherchewege ergibt ein einiger-

	maßen kohärentes Bild – allerdings nur bezogen auf die Fragestellungen und die Quellenarten. Die Quellen (und gegebenenfalls genutzte Forschungen) reichen in der Regel nicht für eine Gesamtwürdigung der Person oder des/r Politikers_in. Gleichwohl sind die Einordnungen belastbar. In der Regel gehören dazu Überlieferungen von Entnazifizierungsunterlagen sowie zeitgenössische Unterlagen (PersAkten etc.). • „ausreichend“: Quellenmaterial reicht aus, um belastbare Aussagen jedenfalls zu bestimmten Fragestellungen zu treffen, v. a. Mitgliedschaften, wobei allerdings der Quellenvorbehalt gilt, nämlich dass diese Aussagen in der Regel auf einzelnen, z. T. retrospektiven Quellen basieren. Beispiel: Es liegen Unterlagen aus dem Entnazifizierungsverfahren vor, die nicht oder nur zum Teil durch (zeitgenössische) Parallelüberlieferungen abgesichert sind, weil etwa eine Recherche in BDC-Beständen negativ verlief. • „unzureichend“: Die mangelhafte Quellenüberlieferung erlaubt keine belastbaren oder auch nur vorsichtigen Aussagen über die Person und ihre Biografie vor 1945; abgesehen von evtl. Splitterüberlieferungen liegen keine aussagekräftigen zeitgenössischen oder Nachkriegsquellen vor, ebenso keine ausreichend umfassenden Entnazifizierungsunterlagen. In dieser Kategorie werden in einzelnen Diagrammen auch subsummiert jene hin und wieder statistisch mit berücksichtigten Regierungsmitglieder, die nach 1928 geboren wurden oder deren Geburtsdatum unbekannt ist: sieben plus vier in den Kabinetten Stoltenberg sowie eine Person in den Kabinetten von Hassel.
„Exemplarischer Fall“	Interne Arbeitsmarkierung; Dropdown-Auswahlmenü: „ja“, „nein“, „unklar“: bezieht sich auf die Eignung der aufgerufenen Person, als exemplarische Biografie zu dienen.
Sammelangabe Recherchedokumentation	
„BDC Mitgliederkartei“ „BDC Ortskartei“ „invenio“ „NS des MfS“ „BA Koblenz“ „BA Ludwigsburg“ „BA Freiburg“ „BStU“ „IfZ“ „Entnazifizierungsakten Recherche“ „LASH Recherchen“	Ergebnis der Recherche im jeweiligen Bestand; Dropdown-Auswahlmenü: „Treffer“, „Fehlanzeige“: „Treffer“: zu der Person konnte in dem Bestand eine Signatur ermittelt werden; damit ist noch keine Aussage getroffen, ob sich unter der Signatur tatsächlich verwertbare Informationen finden ließen „Fehlanzeige“: zu der Person konnte in dem Bestand keine Signatur ermittelt werden

„Weitere Archive“	
„Signatur“	Ermittelte Signaturen zu überprüfender Akten bezogen auf den jeweiligen Bestand
„Bearb“	Bearbeitervermerk bezogen auf die aufgerufene Person und den jeweiligen Bestand / Signaturen; Dropdown-Menü: „SAG“: Dr. Stephan Alexander Glienke „SA“: Sina Albuschat „SS“: Stephanie Schmitt, M.A. „JC“: Jana Clemens, B.A. „AW“: Amanda Wetzel, B.A. „SL“: Dr. Sebastian Lehmann-Himmel „UD“: Prof. Dr. Uwe Danker
„Stand“	Stand der Arbeiten bezogen auf den jeweils angegebenen Bestand Stufe 1: Signatur(en) ermittelt Stufe 2: durch wiss. Hilfskraft vorgesichtet Stufe 3: bei SAG in Bearbeitung Stufe 4: ausrecherchiert
„Bemerkungen“	Dokumentationsfeld für die Rechercheergebnisse zu der aufgerufenen Person bezogen auf den jeweiligen Bestand bzw. die angegebenen Signaturen; enthält u. a. Hinweise auf Personenidentität mit der gesuchten Person, Relevanz der Informationen bezogen auf Projektfragestellungen, ggf. Rechercheentscheidungen / -strategien, inhaltliche Exzerpte sowie Vermerke über angefertigte Kopien
„Suchstrategie“ Bundesarchiv Berlin	ggf. Vermerke über evtl. inhaltlich erweiterte Recherchestrategien im Bundesarchiv Berlin, die über personenbezogene Suchwege hinausgehen
„Suchstrategie EntnazAkten“	Vermerke über die jeweils eingeschlagenen Recherchestrategien nach Entnazifizierungsakten bezogen auf die aufgerufene Person; Prioritäten ggf. mit „1“, „2“ etc. angegeben
„EH Ausschuss“	ggf. Angaben über den für das Verfahren zu der aufgerufenen Person zuständigen Entnazifizierungshauptausschuss
„2. Lauf“	ggf. Vermerke über ergänzende Recherchestrategie zu Entnazifizierungsverfahren zu der aufgerufenen Person, sofern Recherche nach in „Suchstrategie EntnazAkten“ vermerkten Strategien erfolglos
„Literatur, Lexika u.a.“	ggf. Hinweise in Forschungsliteratur, Lexika etc. zu der aufgerufenen Person; ggf. Hinweise auf in Personenordnern abgelegte Scans
Erläuterungen zu spezifischen Suchwegen	
„Bemerkungen“ BDC Mitgliederkartei	Bestand Mitgliederkartei (oder „Zentralkartei“) *Erläuterung:* Zentralkartei (beim Reichsschatzmeister der NSDAP geführt), ermöglicht schnellen, personenbezogenen Zugriff auf alle akti-

	ven, ruhenden und beendeten Mitgliedschaften in der Partei; parallel zu den Ortskarteien der Ortsgruppen geführt; über 3167 nicht durchgängig alphabetisch sortierte Mikrofilmrollen zugänglich. **Gleichwohl ein nicht vollständiger Bestand!** *Durchsucht:* In Zentralkartei alle Angehörigen der Untersuchungsgruppe bis einschließlich Geburtsjahrgang 1928 überprüft und ggf. Kopien der Karteien angefertigt; in einzelnen Fällen Recherche aufgrund unvollständiger oder fehlender Lebensdaten nicht möglich; Bemerkungsfeld enthält ggf. Vermerke zur Bewertung und Ergebnisse in unklaren Fällen (beispielsweise Namensgleichheit).
„Bemerkungen" BDC Ortsdatei	Bestand NSDAP-Ortskartei (oder „Gaukartei") *Erläuterung:* Kartei parallel zu der NSDAP-Zentralkartei des Reichsschatzmeisters geführt; Ortskartei in 2275 nicht durchgängig alphabetisch sortierten Mikrofilmrollen zugänglich. **Gleichwohl ein nicht vollständiger Bestand!** *Durchsucht:* In Ortskartei alle Angehörigen der Untersuchungsgruppe bis einschließlich Geburtsjahrgang 1928 überprüft und ggf. Kopien der Karteien angefertigt; in einzelnen Fällen Recherche aufgrund unvollständiger oder fehlender Lebensdaten nicht möglich; Bemerkungsfeld enthält ggf. Vermerke zur Bewertung und Ergebnisse in unklaren Fällen (beispielsweise Namensgleichheit).
„Bemerkungen" invenio	„invenio": elektronische Rechercheanwendung und neues zentrales Rechercheinstrument des Bundesarchivs; damit Zugriff möglich auf sämtliche frei zugänglichen Erschließungsinformationen zu Schriftgutbeständen des Bundesarchivs sowie über personalisiert freigeschaltete Zugriffsrechte Zugriff auf die Erfassungsdaten personenbezogener Akten oder auf Bestände, deren Laufzeit den Zugriff unter normalen Umständen nicht gestattet. *Durchsucht:* Gesamte Untersuchungsgruppe im Katalog „invenio" des Bundesarchivs überprüft, sowohl in der „Personensuche" als auch in der „Allgemeinen Suche"; ggf. Angaben der Überprüfung durch die Einträge im Feld „Bemerkungen": Personensuche: durchgeführt / Allgemeine Suche: durchgeführt; positive bzw. negative Ergebnisse der Recherche ebenfalls im Feld „Bemerkungen" des Abschnitts „invenio" verzeichnet, jeweils bezeichnet mit den Namen der einzelnen Archive; ermittelte Angaben zu den Beständen zusätzlich in die Abschnitte zu den einzelnen Archiven (Bundesarchive Berlin, Koblenz und Freiburg) übernommen, dort ergänzt um Angaben über die weitere Behandlung der Akten, den Stand der Sichtung sowie das Sichtungsergebnis.
„Bemerkungen" NS des MfS	Bestand NS-Archiv des Ministeriums für Staatssicherheit der DDR (MfS) *Erläuterung:* Zentrale Sammlung personenbezogener Quellen des MfS für „operative" Zwecke; Personendossiers umfassten um das Jahr

	2000 noch ca. 6500 laufende Meter mit über 800.000 Akten. In den Jahren 2001–2006 erfolgten die archivfachliche Aufarbeitung der Sammlung und die provenienzmäßige Abgabe an andere Archive auf dem Gebiet der ehemaligen DDR. *Durchsucht:* Alle Mitglieder der Untersuchungsgruppe im entsprechenden Verzeichnis überprüft.
„Bemerkungen" BA Berlin	Bestände des Bundesarchivs Berlin *Erläuterung:* Bezogen auf die Projektfragestellungen v. a. von Bedeutung die Bestände Deutsches Reich: Weimarer Republik (1918–1933) sowie Deutsches Reich: Nationalsozialismus (1933–1945), genauer die Bestände der Abteilung R, die obersten und oberen Reichsbehörden wie die Reichskanzlei (1878–1945), das Auswärtige Amt (1870–1945) und das Reichskolonialamt (1907–1919) sowie die Reichsämter bzw. -ministerien des Innern (1879–1945), der Finanzen (1879–1945), der Justiz (1879–1945), der Wirtschaft (1917–1945), für Arbeit (1918–1945) und das Reichssicherheitshauptamt (1939–1945); weiterhin Unterlagen der NSDAP, ihrer Gliederungen und angeschlossenen Verbände – z. B. der Partei-Kanzlei (1933–1945), des Persönlichen Stabes Reichsführer-SS (1925-1945), des SS-Personalhauptamtes (1939–1945). *Durchsucht:* Bestände des Bundesarchivs Berlin mithilfe des Rechercheinstruments „invenio" durch gezielte personenbezogene Suche wie auch allgemeine Suche bezogen auf alle Mitglieder der Untersuchungsgruppe überprüft.
„Bemerkungen" BA Koblenz	Bestände Bundesarchiv Koblenz *Erläuterung:* Umfasst Bestände nach 1945, v. a. zivile Dienststellen und Gerichte des Bundes, Amtliche Drucksachen / Druckschriften, Unterlagen von Parteien, Verbänden und Organisationen, Unterlagen und Nachlässe von Personen mit überregionaler Bedeutung, Zeitgeschichtliche Sammlungen; bezogen auf Projektfragestellungen besonders interessant: Bestand Z 42 (Spruchgerichte der Britischen Besatzungszone). *Durchsucht:* Bestände des Bundesarchivs Koblenz mithilfe des Rechercheinstruments „invenio" durch gezielte personenbezogene Suche wie auch allgemeine Suche bezogen auf alle Mitglieder der Untersuchungsgruppe überprüft.
„Bemerkungen" BA Ludwigsburg	Bestände Bundesarchiv Ludwigsburg / Zentrale Stelle der Landesjustizverwaltung zur Aufklärung nationalsozialistischer Verbrechen *Erläuterung:* Umfasst Bestände der Zentralen Stelle (Ermittlungsakten und Kopien von Verfahrensakten) sowie Zentrale Namenskartei. *Durchsucht:* Per Sondergenehmigung Zugang zur zentralen Namenskartei, anhand derer sämtliche Mitglieder der Untersuchungsgruppe überprüft.

„Bemerkungen“ BA Freiburg	Bestände Bundesarchiv-Militärarchiv Freiburg *Erläuterung:* Umfasst Bestände militärischer Dienststellen, u.a.: Bundesministerium der Verteidigung, Streitkräfte, Bundeswehrverwaltung, Soldatenverbände und Verbände mit militärischem Bezug, Personalakten von Angehörigen der Streitkräfte und der Bundeswehrverwaltung, Nachlässe von Militärangehörigen *Durchsucht:* Bestände des Bundesarchivs Freiburg mit Hilfe des Rechercheinstruments „invenio“ durch gezielte personenbezogene Suche wie auch allgemeine Suche bezogen auf alle Mitglieder der Untersuchungsgruppe überprüft.
„Bemerkungen“ BStU	Bestände Bundesbeauftragter für die Unterlagen des Staatssicherheitsdienstes der DDR *Erläuterung:* Umfangreiche Personendossiers sowie operative Vorgänge in den Unterlagen des ehemaligen Ministeriums für Staatssicherheit der DDR *Durchsucht:* Da kein eigener Zugang zu den Findmitteln möglich, Recherchemöglichkeiten begrenzt; Auswahlgruppe von 90 Mitgliedern der Untersuchungsgruppe überprüfen lassen; durch Querverweise in den Akten insgesamt Informationen zu 99 Personen (Aktenfunde: 44 positiv, 55 negativ)
„Bemerkungen“ IfZ	Datenbank des Instituts für Zeitgeschichte in München „Die Verfolgung von NS-Verbrechen durch deutsche Justizbehörden seit 1945“ *Erläuterung:* Datenbank zu (dort erfassten) Justizverfahren zu NS-Verbrechen, die seit 1945 von Staatsanwaltschaften und Gerichten in West- und Ostdeutschland durchgeführt wurden (51.400 Verfahren). **Hinweis: kein vollständiger Bestand!** *Durchsucht:* Insgesamt 393 Angehörige der Untersuchungsgruppe überprüft.
„Bemerkungen“ Entnazifizierungsakten Recherche	Überlieferung der schleswig-holsteinischen Bestände zur Entnazifizierung im Landesarchiv Schleswig-Holstein (LASH) und im Archiv der Hansestadt Lübeck (AHL) *Erläuterung:* Sämtliche überlieferten Akten in Schleswig-Holstein vorgenommener Entnazifizierungsverfahren in den Beständen Abt. 460, 460.1-21 des LASH, Ausnahme: in Lübeck vorgenommene Entnazifizierungsverfahren, überliefert im AHL, Bestand Entnazifizierung. *Durchsucht:* Sämtliche Mitglieder der Untersuchungsgruppe bis einschl. Jg. 1928, mit (wahrscheinlichem) Wohnsitz in Schleswig-Holstein zwischen 1945 und 1951. Zusätzlich bei nachgewiesenem Wohnsitz in Hamburg (1945–1951) Anfragen an das Staatsarchiv Hamburg, Bestand 221-11 „Staatskommissar für die Entnazifizierung“ gerichtet.

„Bemerkungen" LASH Recherchen	Bestände ab Abt. 300 aufwärts des Landesarchivs Schleswig-Holstein. *Erläuterung:* Es handelt um sehr umfangreiche Aktenüberlieferungen von Provinz-, Provinzial- und Landesbehörden etc. (u. a. einschließlich der Bestände der Staatsanwaltschaften und Landgerichte Kiel, Lübeck, Itzehoe und Flensburg) *Durchsucht:* Sämtliche Mitglieder der Untersuchungsgruppe mit Hilfe der Datenbank „AIDA", die den kompletten Zugriff auf die Bestände zulässt.
„Bemerkungen" Weitere Archive	ggf. Hinweise auf Archivalien in anderen als den im Projektzusammenhang systematisch ausgewerteten Archiven, die im Projektverlauf ermittelt wurden. Hinweise stammen zumeist aus Abgabemitteilungen des Bundesarchivs Berlin, Bestand NS-Archiv des MfS an Archive auf dem Gebiet der ehemaligen DDR, in der Regel ohne Lebensdaten, sodass Klärung der Personenidentität zumeist nur anhand vorliegender Akten möglich war. Deshalb finden sich viele Bewertungsvermerke des Bearbeiters.
„Suchstrategie" Weitere Archive	ggf. Hinweise auf weitere, bezogen auf die aufgerufene Person erfolgversprechende Archive über die systematisch ausgewerteten Archive hinaus.
„Bemerkungen" Weitere Archive	ggf. Ergebnisse der Nutzung von online-Findmitteln von weiteren, bezogen auf die aufgerufene Person erfolgversprechenden Archiven über die systematisch ausgewerteten Archive hinaus (v. a. Stadtarchiv Kiel). Auch hier entsprechende Bewertungshinweise des Bearbeiters.
„Literatur, Lexika u.a."	Recherchierte (wissenschaftliche) Forschungsliteratur, (biografische) Lexikonbeiträge sowie weitere Publikationen wie Medienbeiträge etc. die aufgerufene Person betreffend.
„Bemerkungen" Literatur, Lexika u.a.	ggf. Hinweise zu und Stichworte oder Exzerpte aus eingesehener Forschungsliteratur, Lexika etc.

Personenregister